石林年鉴

2008

石林彝族自治县人民政府　主办
石林彝族自治县史志办公室　编辑

云南民族出版社

图书在版编目（CIP）数据

石林年鉴. 2008 / 石林彝族自治县史志办公室编 . —昆明：云南民族出版社，2008. 11

ISBN 978-7-5367-4274-1

I . 石… II. 石… III. 石林彝族自治县—2008—年鉴
IV. Z527. 44

中国版本图书馆CIP数据核字（2008）第161521号

责任编辑	扎　给　张海英
责任校对	刘世生　毕晓冬
装帧设计	刘世生　李维冉

出版发行	云南民族出版社
	（昆明市环城西路170号云南民族大厦5楼　邮编：650032）
邮　　箱	ynbook@vip.163.com
印　　制	昆明鹰达印刷有限公司
开　　本	889mm × 1194mm 1/16
印　　张	35.75
字　　数	1100千
版　　次	2008年11月第1版
印　　次	2008年11月第1次
印　　数	1~1000
定　　价	260.00元
书　　号	ISBN 978 -7-5367-4274-1/K · 1111

石林彝族自治县地方志编纂委员会

顾　　问：纳　麒（云南省社会科学院院长）
张淑静（云南省年鉴研究会常务副会长）
杨福泉（云南省地方志编纂委员会办公室主任）
赵德光（昆明市副市长、民族学博士）
李一是（云南省地方志编纂委员会办公室常务副主任）
马颖生（昆明市地方志编纂委员会办公室副主任）
罗朝峰（中共石林彝族自治县县委书记）

主　　任：李忠德（县委副书记、县人民政府县长）
副 主 任：李正平（县委常委、县委办公室主任、县旅游局局长）
段增华（县委常委、县人民政府常务副县长）
李福军（县委常委、县委宣传部部长）
朱玉和（县人大常委会副主任）
周兴荣（县政协副主席）
委　　员：苏云波（县政协副主席、县财政局局长）
王永乔（县委办公室常务副主任）
王彦平（县政府办公室主任）
李绍玉（县政协办公室主任）
李宏伟（县委办公室副主任）
付建生（县人大常委会办公室副主任）
王光学（县政府办公室副主任）
董建平（县委党史研究室主任）
赵一民（县发改局局长）
徐永平（县统计局局长）
刘世生（县史志办公室主任）
李　学（县国家保密局局长）
高凤玉（县档案局局长）
编委会办公室主任：刘世生（县史志办公室主任）

《石林年鉴》编辑部

主　　编：刘世生
副 主 编：毕晓冬
编　　辑：刘世生　毕晓冬　鲁建宏　蒋云明
图片摄影：刘世生　杨新民　李兰英　王丽梅　薛春华　昂继忠
许　华　张雪刚　韩福云　陈文玲　张继平　李俊英
图片编辑：刘世生
英文翻译：毕晓红

编辑说明

一、《石林年鉴》创刊于1999年，是石林彝族自治县人民政府主办的综合性地方年鉴，是系统反映石林县情的大型年刊，是集知识、信息、资料为一体的具有公报性、资料性、权威性的工具书。

二、《石林年鉴》的编辑出版，旨在逐年全面系统地记载石林县社会主义现代化建设的历史进程，为海内外了解石林、建设石林提供信息，也为编纂与续修地方志书积累资料。

三、本年鉴全面系统地反映了2007年石林彝族自治县广大干部群众进一步解放思想、深化改革、扩大开放的历史足迹，国民经济和社会发展各项事业的主要成绩和存在的不足，以及其他方面的情况。

四、全书设27个部类：特载、大事记、概况、中共石林县委、石林县人大常委会、石林县人民政府、政协石林县委员会、群团组织、军事、法制、经济管理、农业、烟草业、工商企业、旅游业、会展业、财税审计、金融、交通邮电、城乡建设、科教卫生、文化体育、社会生活、政策法规、艺文、人物、附录。

五、本年鉴采用分类编辑法，以条目为主体，分一、二、三级目。一级目为部类，如特载、军事等，二级目排在一级目与条目之间，三级目为撰写单元（条目），用黑体字加【 】号作标题。

六、因篇幅及表述的需要，本年鉴部分部类出现了一些简写和第一人称写法，“石林县”、“我县”等同于“石林彝族自治县”。

七、“艺文”部类中出现的对县域各事物特性的描述，具有一定的文学色彩和作者的主观意志，如有引用，请与县志及相关权威部门（专家）的表述核对后使用。

八、本年鉴采用的文字、图片稿件由县属各乡镇、各有关单位撰稿人提供，并经各单位主管领导审核。所用数据以县统计局公布的为准，未列入国家统计的数据使用部门统计资料。

九、本年鉴的编纂得到各级领导和社会各界的大力支持，在此谨表谢忱。

《石林年鉴》编辑部

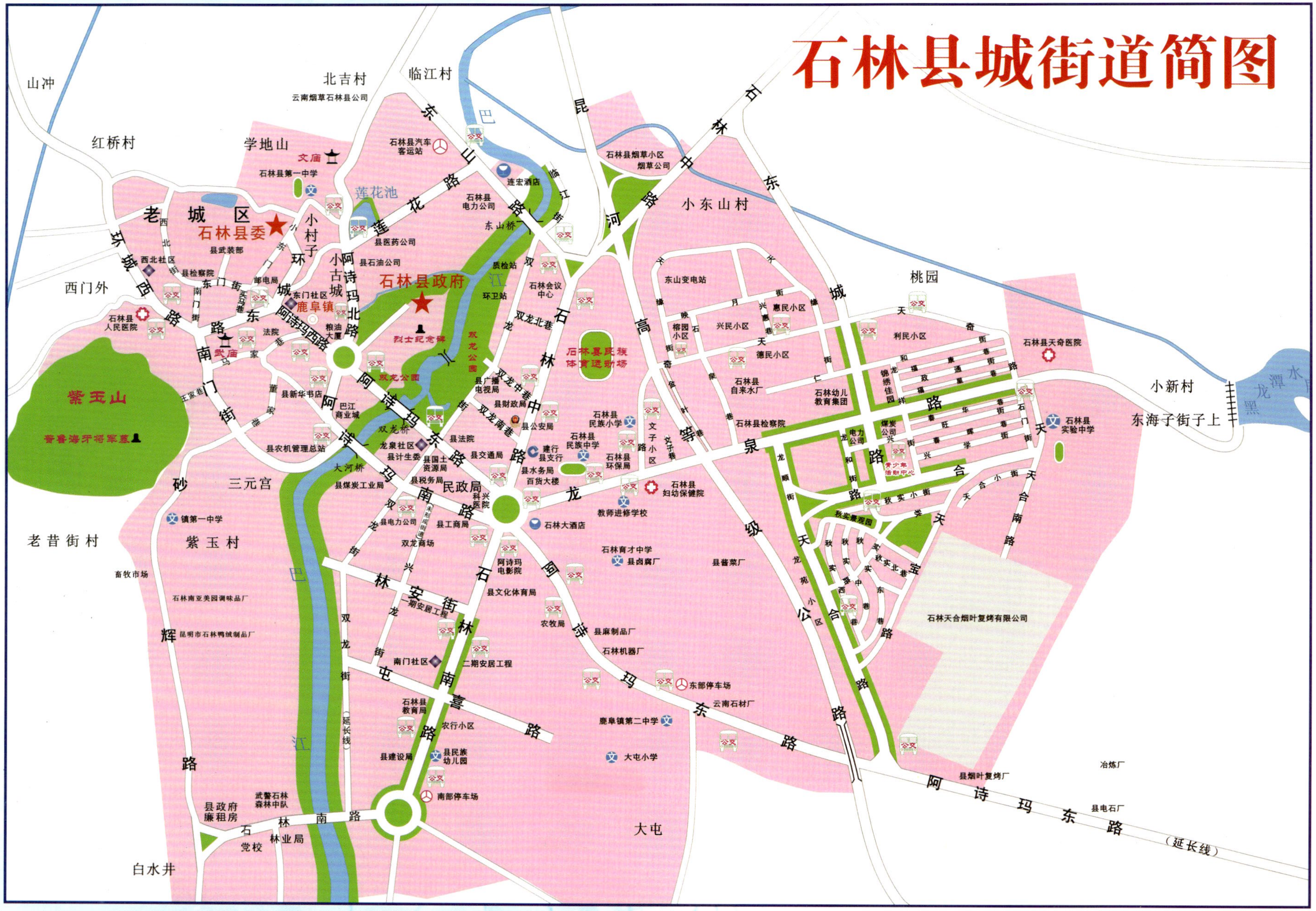
石林县城街道简图
山冲
北吉村
云南烟草石林县公司
临江村
红桥村
学地山
文庙
石林县第一中学
莲花池
老城区
石林县委
县武装部
西北社区
县检察院
西门外
石林县人民医院
环城西路
东门社区
鹿阜镇
小村子
小阿古城
阿诗玛北路
阿诗玛西路
石林县政府
烈士纪念碑
双龙公园
紫玉山
香普海开将军墓
南门街
武庙
法院
粮油大厦
县新华书店
巴江商业城
县农机管理总站
东山路
莲花路
石林县汽车客运站
石林县电力公司
县医药公司
县石油公司
连宏酒店
东山桥
临江街
质检站
环卫站
双龙北巷
双龙中巷
双龙南巷
双龙桥
龙泉社区
县计生委
县广播电视局
县财政局
县公安局
县法院
县交通局
县国土资源局
县税务局
县水务局
百货大楼
建行
县支行
民政局
科兴医院
石林县民族小学
石林县民族中学
石林县环保局
文子小区
文子巷
大河桥
县煤炭工业局
县电力公司
县工商局
双龙商场
石林大酒店
阿诗玛电影院
县文化体育局
农牧局
县麻制品厂
石林机器厂
林安街
一期安居工程
二期安居工程
南门社区
双龙街
石林县教育局
农行小区
县建设局
县民族幼儿园
南部停车场
南喜路
大屯路
延长线
武警石林森林中队
县政府廉租房
石林南路
林业局
党校
白水井
大屯
三元宫
砂辉路
镇第一中学
紫玉村
老昔街村
畜牧市场
石林南亚美园调味品厂
昆明市石林鸭绒制品厂
巴江
昆河路
石林中路
石林东路
石林县烟草小区
烟草公司
小东山村
石林会议中心
石林县民族体育运动场
东山变电站
棕园小区
兴民小区
惠民小区
德民小区
石林县自来水厂
石林县检察院
石林县妇幼保健院
教师进修学校
石林育才中学
县卤腐厂
县酱菜厂
高等级公路
阿诗玛东路
东部停车场
云南石材厂
鹿阜镇第二中学
大屯小学
桃园
天奇街
利民小区
石林县天奇医院
石林幼儿教育集团
锦绣佳园
电力公司
煤炭公司
青少年活动中心
泉龙路
龙顺街
秋实小街
秋实景观园
天合南路
宝合路
天合小街
天合路
石林县实验中学
小新村
东海子街子上
黑龙潭水库
石林天合烟叶复烤有限公司
县烟叶复烤厂
冶炼厂
县电石厂
阿诗玛东路
（延长线）

创建世界旅游品牌谱新篇

申遗成功再回首

6月27日，石林举行申报世界自然遗产成功庆典大会，柳文炜书记宣布石林申遗成功

6月28日，在石林景区举行活动，庆祝石林申遗圆满成功

7月6日，石林申遗代表团凯旋归来

当日，凯旋归来的石林申遗代表团召开新闻发布会

7月7日，石林县举行政府办公区世界自然遗产标志牌揭牌仪式

晚上，县委政府为代表团接风洗尘

7月26日，石林县召开全县干部大会，对石林申遗有功人员给予表彰

8月6日，石林县举行世界自然遗产申报成功答谢会

庆典花絮

静候佳音

佳音来时

我们成功了

欢呼雀跃

歌舞巡游

共话成功

举杯同庆

火树银花不夜天

兄弟姐妹舞翩跹

自然遗产标志牌揭牌

8月6日，世界自然遗产标志揭牌庆典在大小石林风景区举行

柳文炜书记讲话

副省长刘平等领导和专家为揭牌仪式剪彩

世界自然遗产标志牌揭牌

石林世界自然遗产标志说明牌揭牌

出席世界自然遗产标志牌揭牌仪式的领导和专家合影
（左三起：昆明理工大学教授梁永宁、联合国教科文组织全国委员会秘书长田小刚、云南省副省长刘平、省人大常委会常务副主任牛绍尧、昆明市委副书记代理市长张祖林、国家建设部风景园林司司长王凤武）

桑塞尔博士回访石林

10月3日，世界遗产专家桑塞尔博士回访石林

在跳月坪高兴地跳起彝族舞蹈

与南茜女士在他种植的纪念树前留影

当在地质博物馆前看到他考察石林的照片，桑塞尔博士感到很亲切

桑塞尔博士与南茜女士在石林

在石林世界自然遗产标志牌前合影

石林景区新殊荣

石林风景名胜区被评为中国首批五A级旅游景区

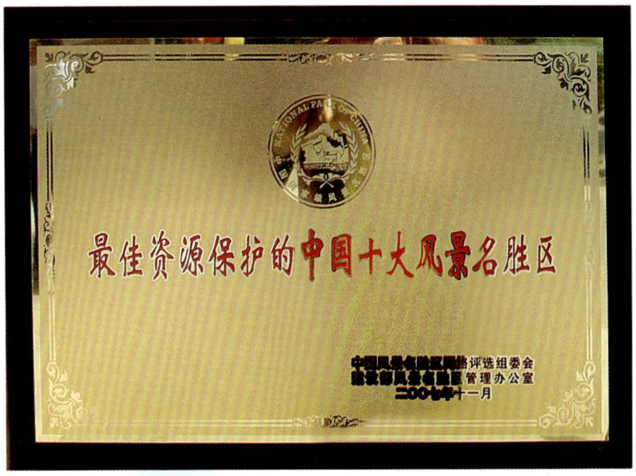

石林风景名胜区获得“最佳资源保护的中国十大风景名胜区”称号

石林风景名胜区获得“中国民间文化遗产旅游示范区”称号

石林风景名胜区管理局获得“3·15全国诚信维权承诺（示范）单位”称号

石林风景名胜区管理局导游组获得“全国五一劳动奖状”

石林“五创”工作结硕果

五创工作结硕果：石林荣膺“国家卫生县城”称号

2007年9月27日，石林县隆重举行石林县荣获国家卫生县城命名暨总结表彰会

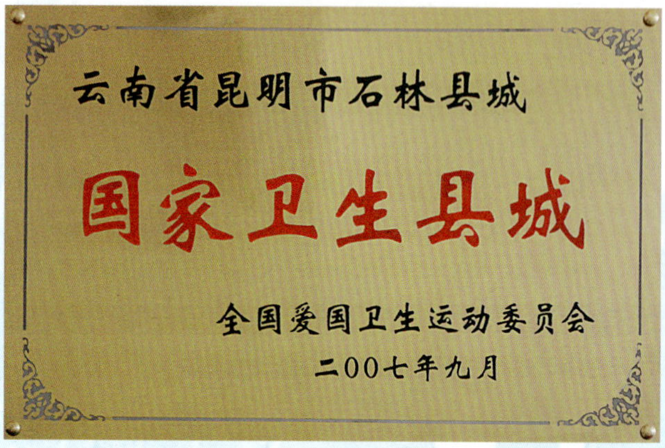

国家卫生县城匾牌

高峰副省长和有关部门领导出席创卫总结表彰会

张祖林代市长和市有关单位领导出席创卫总结表彰会

县直机关单位、各乡镇领导和有关单位全体干部职工参加创卫总结表彰会

省市领导为创卫突出贡献单位颁发奖状

一批做出突出贡献的单位获得表彰奖励

一批突出贡献者获得表彰奖励

省市领导为突出贡献者颁奖

昆明市奖励石林县50万元

与会领导查看创卫有关材料

出席表彰会的领导合影

五创工作结硕果：五创精彩回放

巴江河治理

治理后的巴江河

石林县城吃水河治理

昔日的臭水沟如今流清水

巴江河、吃水河治理

巴江带状公园

双龙公园

城市广场

城市广场

碧水蓝天宜居家园

3月30日，县领导擂响石林县创建文明县城战鼓

少先队员宣誓

县委书记、县长等县领导带头签名

公务员代表宣誓

社会各界代表纷纷在百米长卷上签字

4月12日，石林县召开“五创”动员会，全面部署五创工作

7月23日，市委市政府领导调研石林“五创”工作

6月15日，石林县举行创卫誓师大会，1000多名机关干部集体宣誓，苦战150天，创建国家卫生县城

柳文炜书记调研双龙集贸市场

李忠德县长调研大兴农贸市场

县委书记、人大主任、政协主席带头参加创卫劳动

基层群众踊跃参与创卫

云南省副省长高峰，昆明市代市长张祖林听取石林县委书记柳文炜、县长李忠德介绍石林巴江河治理情况

云南省省长助理米东生对石林农村公交工作进行调研

12月17日，石林创建省级平安县通过考评

12月27日，石林创建省级园林县城通过考评

阿诗玛文化联展：独特的廉政文化

闻名天下的遗臭碑

勤政廉政是执政兴国的第一要义和第一要务。惰生弊、贪生腐，弊多利少、官腐民困，社会就不能正常运转。石林素有“崇廉敬能”的文化传统，不仅创建了让清官良吏流芳千古的“会公祠”、“去思碑”，而且树立了让贪官污吏遗臭万年的“遗臭碑”。新世纪新阶段，石林再掀廉政文化风尚，继承弘扬地方优秀文化传统和文化精神，教育倡廉、格言树廉、短信传廉、书信说廉、文艺兴廉、考核促廉，不断丰富和拓展廉政文化内涵，并依托石林特有的“去思”、“遗臭”两大奇碑，于2007年10月建成开放廉政文化暨警示教育园，使得石林特有的廉政文化绽放异彩。

遗臭碑保护标志碑

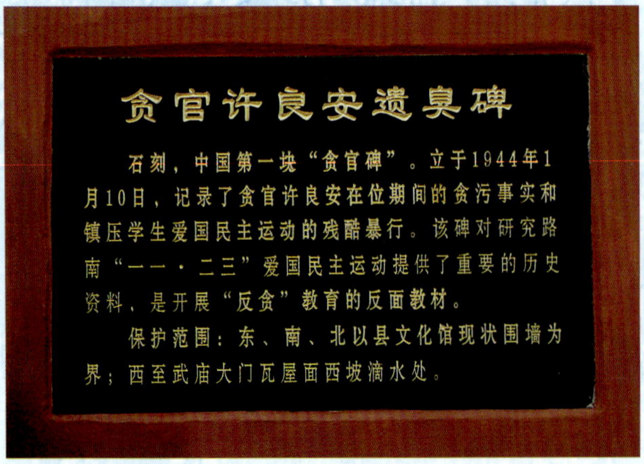

遗臭碑保护说明碑

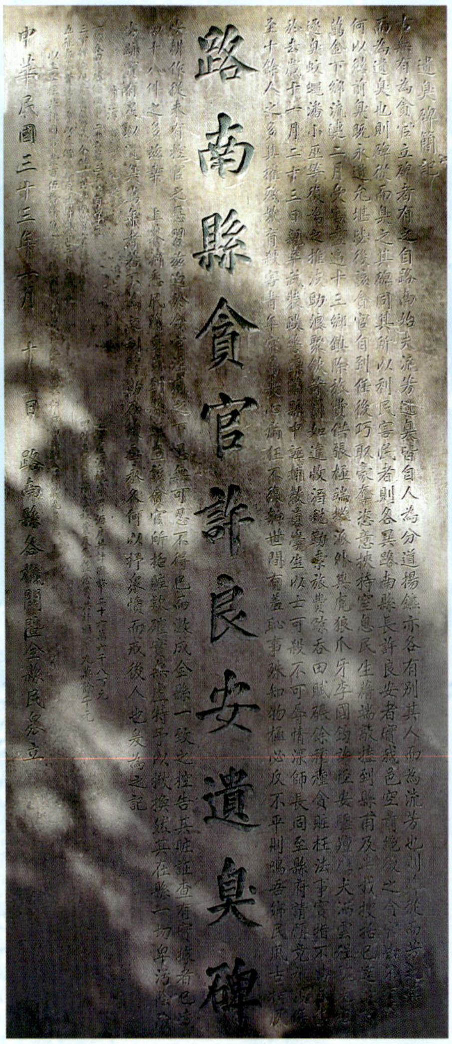

路南县贪官许良安遗臭碑铭文

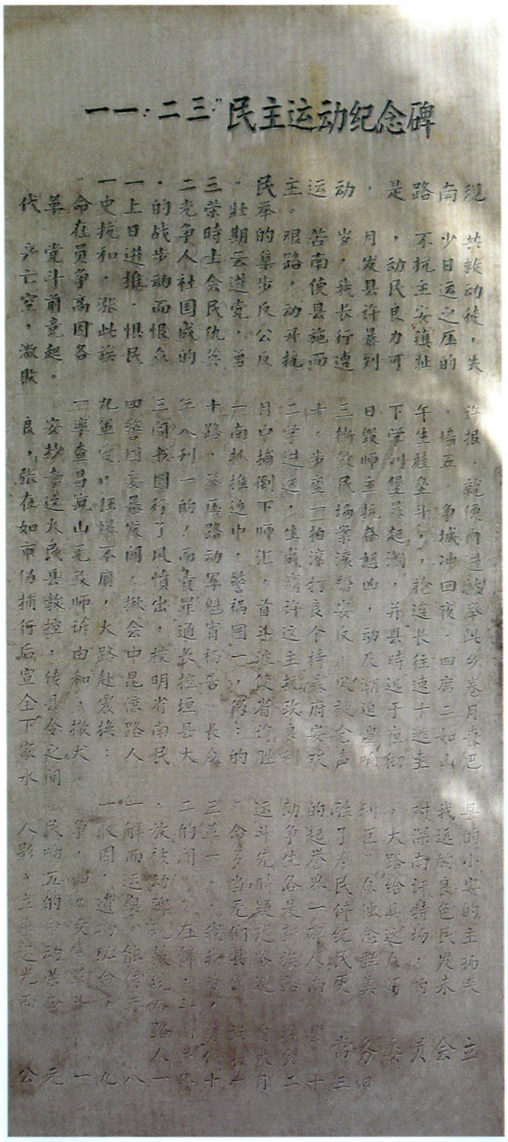

一一·二三民主运动纪念碑

民间俗称"香碑"的清朝路南知州陈先溶去思碑

去思碑保护标志碑

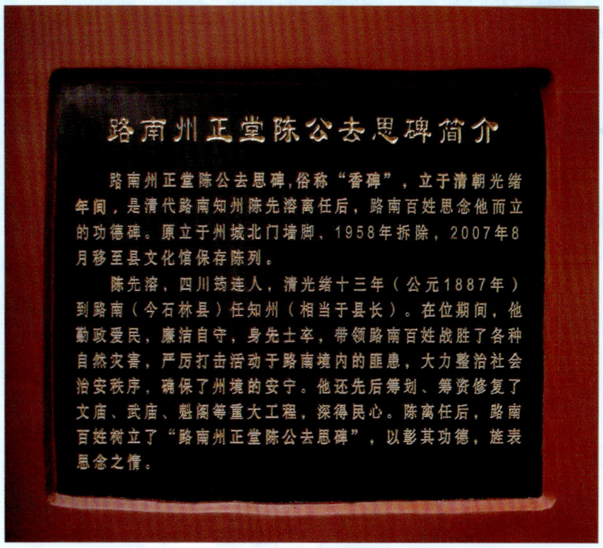

去思碑说明碑

县党政领导班子上任时都要到遗臭碑前进行警示教育

思廉亭

开园当天，省市纪委领导、县五班子领导和机关单位干部职工200多人参观了展览

2007年10月11日，石林县廉政文化暨警示教育园在县文化馆建成开园

领导为廉政文化园题词

社会各界踊跃参观展览

参观主展厅——廉政文化展

参观廉政书画展览

去思碑前知荣辱

遗臭碑前识香臭

阿诗玛文化联展：石林斗牛

昂继忠摄影作品《陆战》

石林斗牛是中国民间斗牛的典型代表，它历史悠久，源远流长，影响深远，具有广泛的群众参与性，产业发展潜力巨大。石林县内每年各级组织的斗牛大赛超过五十余场次，加上周边受辐射地区，斗牛数量在百场次以上，观众达数百万人次。斗牛文化深入人心，并出现了文学、摄影、绘画、雕塑、影视等形式多样、数量众多的文学艺术作品，成为重要的石林阿诗玛文化品牌。2008年火把节，石林县与云南卫视联合举办“牛王争霸大赛”，首次开启了民间斗牛卫星电视现场直播的先河。

昂继忠摄影作品《水战》

昂继忠摄影作品《混战》

昂继忠摄影作品《打滚》

昂继忠摄影作品《停战》

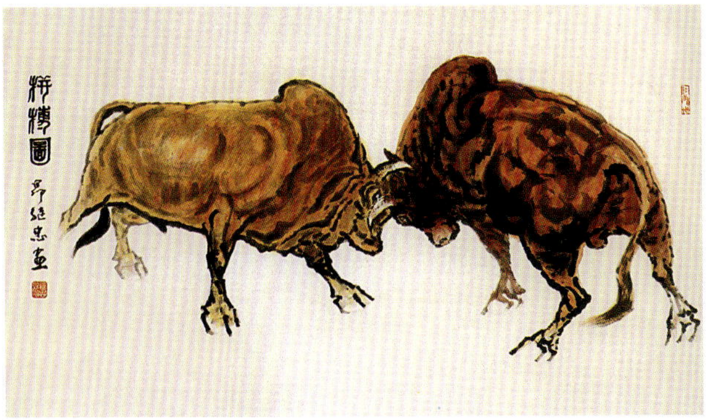

昂继忠中国画作品《拼搏图》

姚钟华油画作品《搏》

袁晓岑雕塑作品《搏》

胡松华题词

杨向阳题词

袁晓岑中国画《斗牛图》

反映石林斗牛的部分书刊和音像出版物

2008年石林彝族火把节，石林县策划并举办首届牛王争霸赛，由云南卫视现场直播。图为云南卫视主持人王益洲、小咪渣、苏志、蒋林共同主持当天的赛事

获得牛王称号的“擎天柱”和它的主人

县长李忠德为获胜牛主颁奖

胡晓幸画笔下的石林斗牛

胡晓幸，汉族，1951年7月出生于云南昆明，毕业于云南艺术学院，现为中国美术家协会会员、云南省美术家协会水彩画艺术委员会主任、昆明画院院长、昆明市美术家协会副主席。

胡晓幸多年从事水彩画研究，作品参加第八届、第九届“全国美术作品展”、“中国百年水彩画展”，获第九届全国美术作品展优秀作品奖，2005年7月在日本举办个人展览，2006年10月在马来西亚举办个人展览。他长期执着地从事石林斗牛的绘画创作，作品“拼”、“搏”系列已成为个人品牌，被誉为“时代精神”。

《搏》

《拼》(一号)

《拼》(二号)

《拼》(三号)

《争霸》

阿诗玛文化联展：马高骧石林作品选

马高骧（字荣府，笔名凌云），男，汉族，1939年1月27日生，石林人，广州美术学院教授，中国著名陶瓷艺术家、画家。1960年毕业于四川美术学院。历任四川美术学院陶瓷系主任、外国留学研究生导师、广州美术学院教授、硕士研究生导师，原中国轻工业部全国艺术陶瓷中心组壁画艺术组组长、专家评委。他擅长陶瓷艺术、装饰艺术和绘画艺术，兼任国外多所大学的客座教授，多次到国外讲学和举办个人艺术作品展。其中，1996年赴法国国际艺术城进行为期半年的学术交流，并在欧洲多个国家举办《马高骧艺术作品展》，获联合国教科文组织颁发的国际艺术家证书。1980年和2004年，马高骧分别创作了水粉画“石林情深”和油画“石林系列”两组作品，表达了游子对家乡的挚爱和深情。

阿诗玛（油画，石林系列之一）

夫妻怨——石林情深

曲径一线天——石林情深

石林神工（油画，石林系列之一）

万年灵芝——石林情深

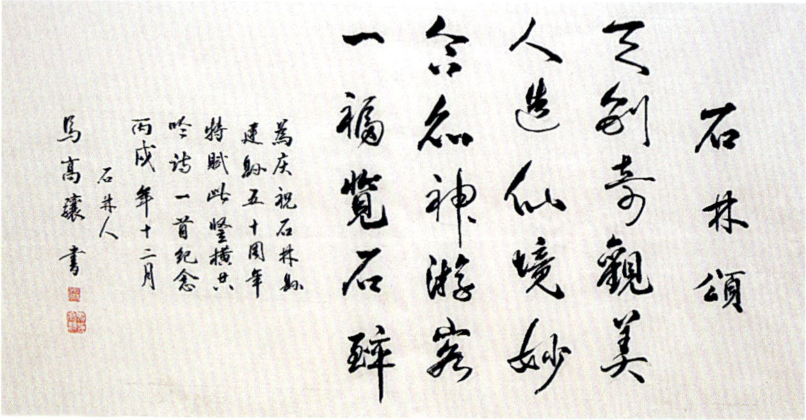

书法作品之一

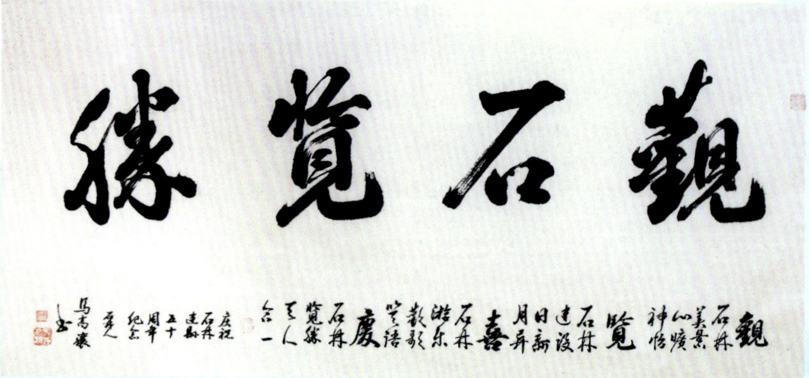

书法作品之二

阿诗玛——石林情深

石林仲夏——石林情深

剑石凌空（油画，石林系列之一）

象踞石台（油画，石林系列之一）

阿诗玛文化联展：画乡人物毕文贵

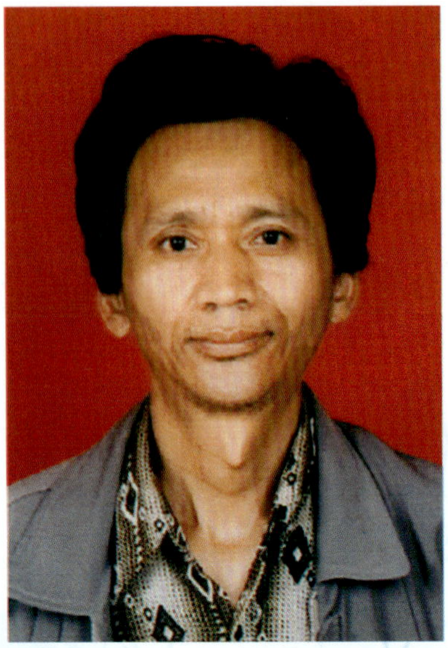

毕文贵，男，彝族撒尼人，1955年出生于石林县舍色村，石林著名农民画家。1986年参加农民画培训，次年参加省农民美术作品展，作品《收麻》、《割松种》获佳作奖。1989年参加昆明市首届现代民间绘画展，作品《闹亲》获一等奖，《织麻》获三等奖。同年12月，有3幅作品被中国美术馆收藏。1990年加入昆明市美协。同年参加省群众美术作品展，《林间休息》获三等奖。1991年9月，有20幅作品被中国美术馆收藏。同年11月，加入云南省美协。1993年10月，在昆明工人文化宫举办石林县农民画家的首次个人画展。1994年12月，参加昆明市群辉美术作品展，《收麻》获一等奖。此后，他的作品又多次在各级美术作品展览评比中获奖。其事迹被收入《中国民间名人录》、《中华文化艺术人才库》。他的作品贴近生活，真实再现了在喀斯特自然环境中世代生存的彝族撒尼人的物质生活和精神世界。

《洗麻》

《归途中》

《吃晌午》

《收麻》

《闹亲》

《割松种》

《吃晌午》

《林间休息》

《祭土》

《回娘家》

《打荞歌》

《山情》

《房前屋后》

《织麻布》

《做客》

《找水》

阿诗玛文化联展：画乡人物姜青云

姜青云，男，汉族，1963年10月出生，石林县大可乡雨落甸村人，石林著名农民画家。自幼喜爱绘画艺术，但由于家庭贫寒，高中未毕业即肄业进入社会。1986年县文化馆举办的农民画创作培训，给他带来了培育和发挥个人特长的机会。从此，只要是此类的培训他都积极参加，后来还成为他总结提高自己绘画水平的重要方式。他于1986年完成的第一幅作品《烤烟丰收》，次年获云南省首届农民绘画展览佳作奖，被云南群众艺术馆收藏，并被编入《中国民间绘画选萃》。1986年创作的第二幅作品《绣石林》，1989年被中国美术馆收藏，并被选送到国外巡回展出。以后他的创作热情不断高涨，作品的数量和质量都在不断增加和提高，作品获奖不断。1996年国庆节，在省市县文化部门的支持下，姜青云与呈贡画家高金华在昆明工人文化宫举办作品联展，其作品多达73件，占70%，受到美术界专家的好评。姜青云是石林作品最多，并与市场经济对接较好的农民画家。他至今共创作了五百余幅作品，现在手里只剩下五六十幅，其他大部分都通过各种市场渠道得以销售。姜青云的农民画场面宏大、民族风俗浓烈，具有较强的生活气息，受到社会各界尤其是商家的好评。

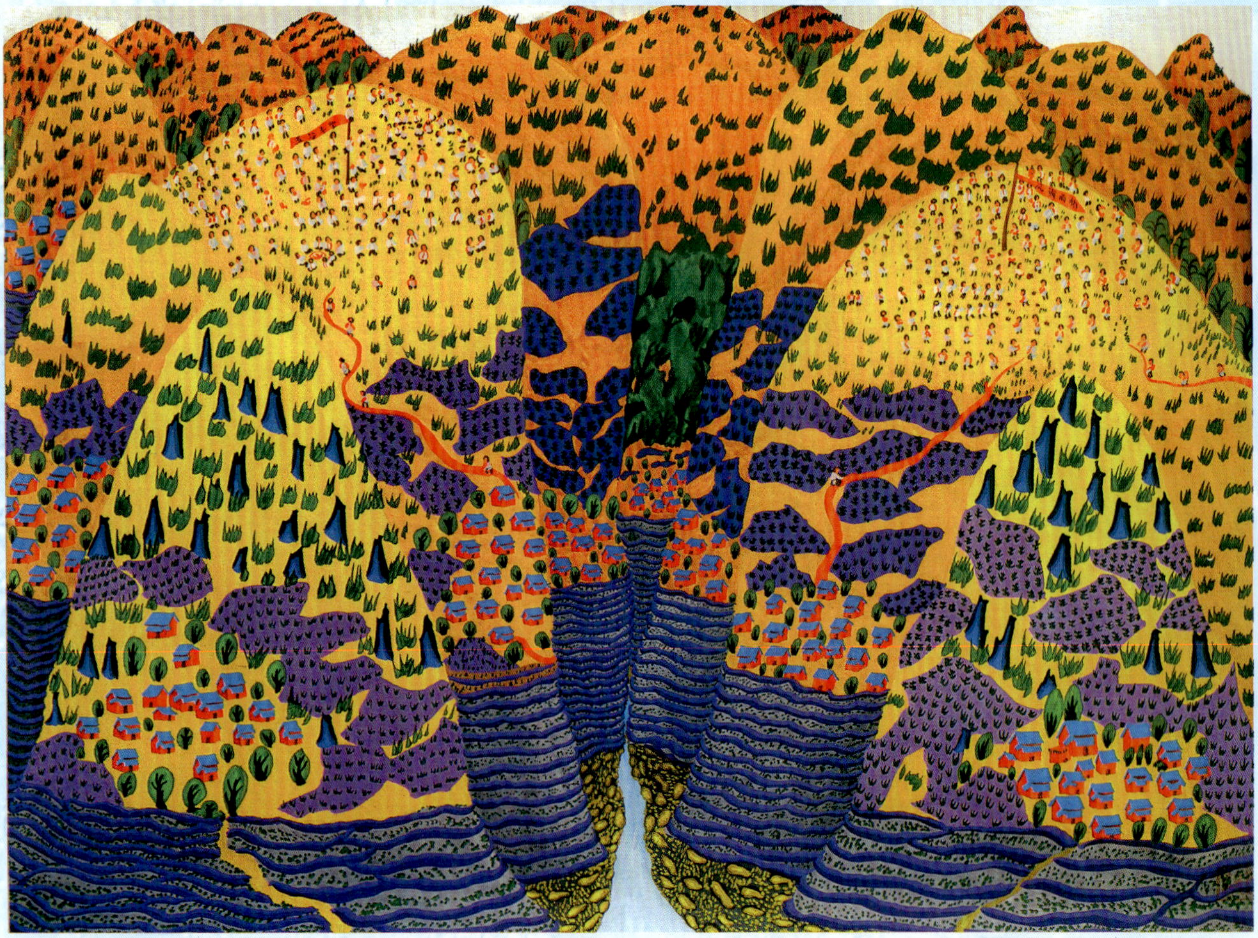

《山乡祈舞》

《石头寨》

《长街宴》

《村边养蜂》

《烤烟丰收》

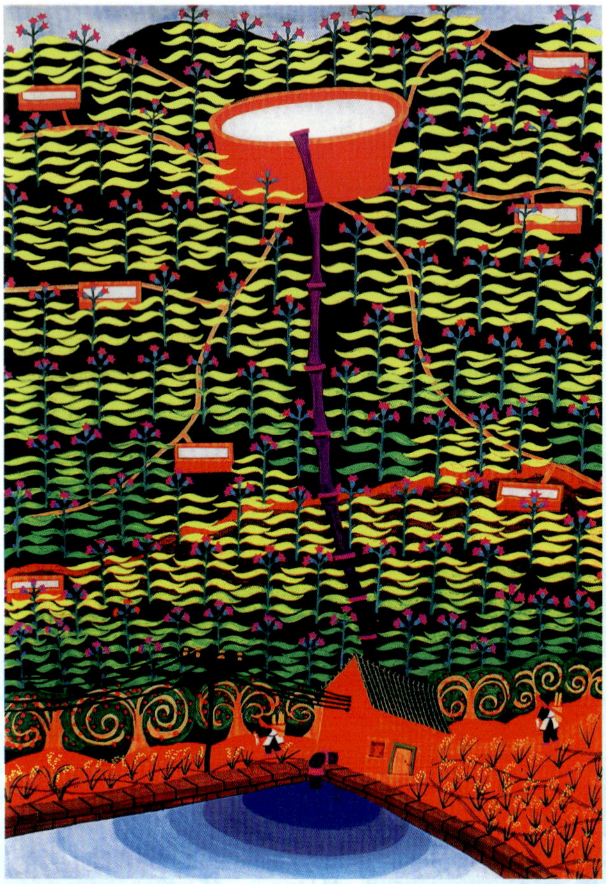

《水浇地》

《彝家花果山》

《牲畜预防》

《唱火草》

《采烟叶》

《林间劳作》

《采林果》

《勤劳的阿诗玛》

《丰年》

《收板栗》

阿诗玛文化联展：月湖民族文化生态村

月湖村全景

村边古道

石林镇月湖村位于石林风景名胜区月湖畔，九石阿旅游专线过境，北召公路从村中经过，旧称格温村，民间俗称“哑巴山”。全村土地面积29.88平方千米，2007年末有496户2088人，其中：汉族占43.7%，彝族占56.3%。这里属于半山半坝区，地表起伏平缓，湖泊众多，田畴纵横，村内村外绿树成荫，加之有全县水域面积最大的月湖，是石林县内风光最美的村寨之一，是云南省民族文化生态试点村和石林县阿诗玛民族文化旅游生态试点村，2007年9月同县内的糯黑、小叠水、阿着底村一起被评为首批“昆明市民喜爱的文化旅游特色村镇”。

进入密枝圣地的大门

彝族传统民居与田园

密枝祭祀仪式中的祭坛之一

密枝祭祀仪式中的毕摩

在密枝林里野餐

月湖村祖灵山撒尼神话传说石雕

老艺人普照光和他制作的部分民族特有乐器

传统的麻布纺织

穿着独特“歪包头”服饰的月湖村老艺人展示传统乐器口弦

本村活跃的老年文艺队应邀参加弥勒阿细人的文艺展演

本村男艺人的细乐表演

彝族传统舞蹈《叉舞》表演

彝族撒尼妇女的口弦集体表演

月湖村老艺人演奏传统乐器月琴

阿诗玛文化联展：老挖民族文化生态村

大老挖村景

老挖村是石林县石林镇的一个村委会，分大老挖、小老挖2个自然村，辖6个村民小组，土地面积15.49平方千米，九石阿旅游专线从两村之间穿过。2007年末有571户2357人，其中彝族人口占90%，是一个典型的彝汉杂居村寨。老挖村民的经济以农业和畜牧业为主，同时保存着极为丰厚的彝族传统文化，其中大老挖村在2006年被石林县列为“阿诗玛民族文化旅游生态试点村”。

由于地处石林县的半山半坝区，老挖村生态环境优美，古老的农耕文化和畜牧文化交相辉映，民族文化丰富多彩。全村有18支民族民间文艺表演队，每年举办群众性文艺展演8次以上。彝族毕摩毕凤林和挑花艺人毕跃英被定为云南省非物质文化遗产传承人。每年农历二月初十的斗牛远近闻名，农历十月首个子日开始举行的密枝节特色浓郁，传统的民居建筑茅草房、撒尼服饰歪包头、珍贵的火草衣制作、古老的牛力旱碾米房、人力木制龙骨水车等等，也在这里得到原生态的保留。肥沃的民族文化土壤，造就了一批包括书画摄影、音乐作曲、声乐舞蹈等在内的老挖籍的现代文化人才。同时，随着民族文化村建设的加快，这里正逐步成为民俗考察、绘画创作、影视拍摄的重要基地。

村旁水景

村边小景

手工制作火草布

仍在使用的龙骨水车

本村毕摩毕凤林在研读彝文典籍

毕凤林毕摩家中的神坛陈设

传统的撒尼女童服饰

远近闻名的老挖斗牛

本村文艺队表演

村民在节日表演洗麻舞

本村文艺队演出原生态歌舞《阿诗玛》剧照

古老的畜力碾磨

中外嘉宾在石林

2月12日，云南省委常委、宣传部部长张田欣在石林

4月10日，参加昆明市城市形象宣传定位研讨会的央视“感动中国”总策划陈蕾（后排右四）和国务院新闻办、新华社等知名媒体专家到石林考察

4月11日，中国外文局申遗地采访团在石林

5月13日，国家人事部副部长杨士秋在石林

5月15日，越南社会主义共和国国家主席阮明哲和夫人一行在石林

5月17日，中共中央委员、湖南省委书记杨正午在石林

6月6日，全国人大教科文卫委员会副主任徐荣凯，省政协副主席和占钧，著名电影演员张国立、邓婕夫妇参加长湖镇维则村希望小学竣工仪式

6月9日，中国邮政集团公司总经理刘安东到石林县视察工作

7月18日，程映萱副省长到石林检查烤烟生产

7月18日，安宁市考察团到石林参观考察城市建设和旅游发展

8月3日，云南省委统战部和昆明市委统战部考察团一行90余人到石林参观考察

7月20日，中宣部副部长，国家广电总局党组书记、局长王太华（右三）及国家广电总局有关领导一行到石林参观考察

8月6日，云南省副省长刘平，对石林的城市建设和招商引资建设项目情况进行检查调研

8月10日，宁蒗县民族文化考察团到石林参观考察

8月10日，全国政协副主席黄孟复在石林

8月10日，云南省政协主席王学仁到石林考察调研农业生产和农业龙头企业发展情况

8月11日下午，国际奥委会主席雅克·罗格及夫人安妮·鲍薇娜到石林游览

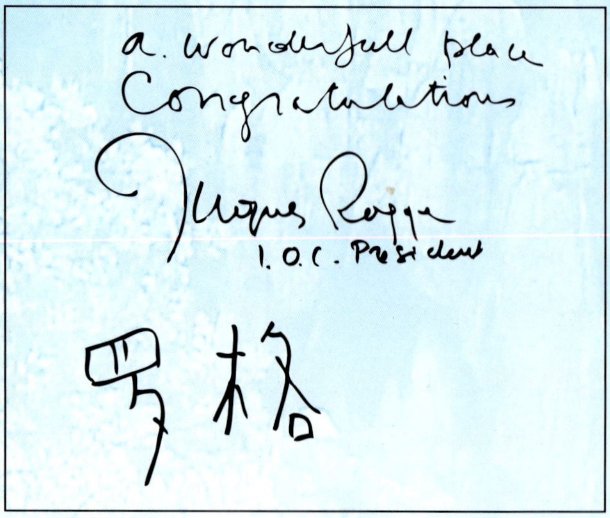

罗格为石林题词

8月15日，昆明市政协老领导王任才、张朝辉、宋文德、杨曦辉、杨孝文、刘承璋、庄毓文及工作人员一行15人到石林考察

8月27日，匈牙利国防部长塞凯赖什・伊姆雷在石林

8月30日，中共甘肃省委书记、省人大主任陆浩在石林

9月4日，由穆罕默德・阿里・阿里法率领的沙特基金会及佩克基金会代表团一行5人，在云南省财政厅、云南省民委有关领导的陪同下参观游览石林

9月4日，中国国民党副主席江丙坤携夫人一行在石林

9月6日，广西壮族自治区贵港市党政考察团一行35人，在中共贵港市委书记、市人大常委会主任赖德荣的带领下，到石林考察旅游业发展情况

9月19日，潞西市考察团到石林考察城市建设和旅游业发展情况

9月19日，苏伊士银行代表团参观考察石林民族刺绣

10月18日，参加“七彩云南”生物多样性保护国际论坛中外专家一行在石林参观考察

10月29日，世界自然保护联盟专家史密斯夫妇在石林

10月31日，世界自然保护联盟喀斯特专家、奥克兰大学教授威廉姆斯一行4人在石林

10月31日，老挝政府总理波松·布帕万到石林观光

11月1日，老挝国会主席通邢·塔马冯夫妇到石林观光

11月6日，泰王国曼谷市议会议长代表团到石林参观

12月4~5日，由贵州省建设厅副厅长姬保山带领的贵州省风景旅游区管理考察团一行70余人，到石林考察风景名胜区管理工作

12月31日，新任云南省委常委、昆明市委书记仇和到石林视察

年内大事图录

1月10日，石林县举办2007年“三下乡”活动启动仪式

1月11日，石林县城莲花池片区景观改造工程竣工验收，图为改造后的莲花池喷泉

1月11日，县城会议中心前绿化广场竣工验收

1月17日下午，石林县举行春节慰问残疾人活动启动仪式

1月18日，国家级风景名胜区监管信息系统暨数字化景区建设现场技术培训会在石林举行

1月23日，《数字石林（景区）一期工程》项目通过验收

1月23日，石林县举行2007年春节老干部团拜会

2月7日，全县各乡镇21个代表队、500多名群众演员在县城举行文艺演出活动，欢度新春佳节

2月12日，石林县召开四级干部大会

3月5日，日本电视剧组在老挖村拍摄专题片“梦见的中国古代文明”

3月5日，石林县举行旅游业发展战略规划评审会

3月5日，《乃古石林景区详细规划》通过专家组评审

3月22日，石林县在昆明翠湖宾馆召开石林风景名胜区2007年诚信合作旅游营销大会

3月30日，石林县在双龙广场举行响应昆明创建全国文明城市暨文明县城创建启动仪式，拉开了石林“五创”工作的序幕

4月17日，石林县召开新农村建设暨春耕生产动员会

4月26日，参加“2007中国昆明国际文化旅游节云南旅游形象大使”选拔赛进入前30名的佳丽到石林巡游

4月27日，石林县有关部门在双龙广场举办创建文明县城科普巡回展启动仪式

5月3日，《神州风貌系列第六号——昆明石林》邮票发行仪式

5月11日，石林县举行首批廉租住房入住仪式

5月30日，召开全县深化集体林权制度改革工作动员会，全面启动林改工作

6月13日，为期两天的“五创”工作知识竞赛进行总决赛

6月15日，石林县召开农村土地承包经营权证补换发工作会，要求到7月底按时按量完成补换发工作

6月18日，县污水处理厂开工

6月23日，昆明市委常委、市委宣传部部长张红苹率市调研组到石林调研“五创”工作开展情况

6月27日下午2点16分，从新西兰传来石林申遗成功的消息，石林庆典现场立即爆发出热烈的掌声

7月3日，石林县邀请省、市人大及有关部门领导和专家座谈，征求对《石林风景名胜区保护条例》修订的意见

7月7日，石林县人民政府在办公楼前举行中国南方喀斯特石林世界自然遗产石林县人民政府办公区标志牌揭牌仪式，书记、县长揭牌

7月9日，县第十届“园丁杯”篮球运动会，图为开幕式现场

7月9日，县政府无偿提供给养羊示范户的首批优良种羊交付到牧民手中

7月9日中午12点至14点，县领导柳文炜、李忠德、李正平及中国南方喀斯特申遗专家组组长梁永宁教授做客中央人民广播电台中国之声“新闻直播间”

7月11日，石林县召开富余劳动力转移培训输出推进会议

7月12日，石林县《生态美县》、《林业生态建设规划》通过评审

7月18日，石林县召开农村党建工作会

7月20日，石林创卫工作通过市级检查验收。图为检查反馈会现场

7月23日，市委市政府领导调研石林“五创”工作

7月29~30日，石林创卫工作通过省级检查验收。图为省检查团专家在查看有关材料

8月3日，石林县补贴60万元购买的20辆大型拖拉机交付到农民手中。图为县农机总站领导向农民发放车牌

8月3日，石林县召开集体林权制度改革工作会议，贯彻落实省林改办林权纠纷调处协商会议精神，确保全县林改工作顺利推进

8月5日，2007年中国石林国际火把节原生态歌舞展演在风景秀丽的长湖之滨举行

8月5日下午，石林县召开2007年中国石林火把节招商引资项目推介会暨签字仪式，7 个签约项目总投资达51.75亿元

8月6日，石林县举行中国彝族第一村（五棵树村搬迁）建设工程奠基典礼

8月6日，中国南方喀斯特云南石林世界自然遗产揭牌典礼在石林湖畔举行

8月6日晚，石林在继承传统的基础上不断创新，首次把电影《阿诗玛》的经典音乐和歌舞搬上了“2007中国石林国际火把节”大型文艺晚会的舞台

8月14日，昆明市人大常委会组织市人大代表对石林申遗和石林中路建设情况进行视察

8月21日，农业银行云南省分行营业部和石林县农行资助石林县被第一批普通高等院校录取的王春财等7名家庭贫困的本科新生每人5000元

8月21日上午，县委书记柳文炜与政协主席者培仙等领导一行，到建成并即将开学的石林幼儿教育集团新幼儿园进行检查指导

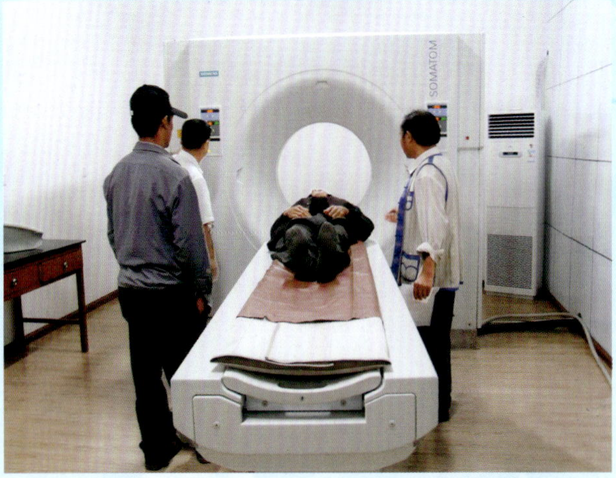

8月22日，美中慈善基金会捐赠给县人民医院的一台价值400多万元、世界上最先进的全新西门子8排4层螺旋CT机经过安装调试，正式开机运行

8月30日，由石林县委宣传部委托上海社会科学院文化产业研究中心编制的《石林县文化产业‘十一五’发展规划》通过省市县有关领导和专家的论证评审

9月3日，上海市委党史研究室与云南省市党史研究室领导一行来到石林县长湖镇张冲希望小学，为彝乡学子送来学习用品。图为副县长徐梅芬（右一）、上海市委党史研究室主任俞克明（左一）为上海党史希望小学揭牌

9月7日，石林县19个困难家庭获得市、县总工会的“寒窗助学”资金资助，使其子女顺利走进大学校门

9月7日，石林县各级领导与全县教师代表欢聚一堂，共同庆祝第23个教师节

9月12日，石林、陆良、弥勒三县政协联谊会在石林县举行

9月12日上午，第三届昆明国际农业博览会在昆明国际会展中心隆重开幕。当天，石林县领导柳文炜、李忠德、裴演兵、段增华专程赶赴农博会现场，看望参展的石林企业人员，了解展览交易情况

9月13日，石林县召开城镇居民基本医疗试点工作会，安排部署全县城镇居民基本医疗保险全国试点工作

9月14日，路美邑镇北山村养猪农户喜领能繁母猪补贴。全县共有7000多饲养户领到政府补贴

9月16日，石林县2007年“全国科普日”宣传活动暨科普宣传栏“村村通”工程正式启动

9月16日，预计总投资640万元的石林县工商局综合业务用房开工奠基

9月17日，石林县在双龙广场举行“全国科普日活动”启动仪式

9月20日，石林县举行2007年大中专毕业生双向选择招聘会，吸引了164名大中专毕业生、下岗再就业人员和零就业人员前来应聘、咨询

9月20日，石林县委宣传部等部门组织开展了丰富多彩的公民道德日主题宣传活动，以文艺演出为载体，寓教于乐宣传公民道德

9月20日，石林县召开重点建设项目征地拆迁工作动员会，在确保农民利益的前提下，尽快完成征地拆迁等各项工作任务，确保工程按期开工建设

9月21日上午，石林县分别在长湖镇三台山和西街口镇西街口村举行林权证首发仪式，两村的51户承包农户成为全县首批领取林权证的林农

9月26日，糯黑村、小叠水村、月湖村、阿着底村荣获首届“昆明市文化旅游特色村镇”称号

9月30日，石林景区应急民兵护卫分队成立

10月11日，县廉政文化暨警示教育园建成并正式开园

10月12日，石林县“创建国家园林县城”工作通过市级验收。图为副县长张忠贵陪同检查组查看巴江河带状公园

10月12日，石林县环保、国土资源、煤炭、安全监督、公安等部门与圭山镇联合行动，捣毁土法炼锌窑炉和冶炼设施，取缔非法土法炼锌

10月15日上午，石林镇小箐村党员干部群众集中收看十七大开幕式

10月18日，石林县召开新型农村合作医疗工作会议

10月19日，石林县召开2007年敬老节文艺汇演暨老龄工作表彰大会

10月23日下午，石林县召开县乡（镇）换届选举工作动员会，确保换届选举各项工作圆满顺利完成

10月24日，石林县举行县级党政机关办公用房建设奠基仪式

10月24日，县委书记柳文炜率领有关部门领导，对县城双龙集贸市场内的鲜猪肉超市及熟食品摊点卫生经营情况进行调研

10月31日，石林县见义勇为协会正式成立，12位勇士被石林县人民政府授予“见义勇为先进分子”荣誉称号

11月1日，石林旅游参展团在2007中国国际旅游交易会上精彩亮相。省长秦光荣（左二）等领导陪同老挝国会主席通邢·塔马冯（左三）参观石林展台

11月6日，石林县在县新华书店举行十七大文献发行仪式

11月10日下午六点四十六分，石林县全面完成“数字乡村”的数据、照片、视频资料上传。只要轻轻一点鼠标，全县91个村（居）委会、351个自然村的所有情况就跃入眼前

11月2日，石林县政府有关部门，对县内干红煤矿、文昌煤矿、鑫旺煤矿二号井三对不具备安全生产条件的煤矿矿井实施关闭

11月8日，石林县新闻工作者欢聚一堂共度第八届记者节

11月12日，台湾统一企业向国立希望小学捐资捐物，并举办快乐体育运动会

11月14日，石林县长湖镇、石林镇创建全国环境优美乡镇通过省级考评。图为省级专家在阿着底考察环境设施建设

11月15日，昆石高速公路石林段近万米景观林建设工程竣工验收

11月15日上午，石林县41名下岗失业人员每人领到3万元的无息小额担保贷款

11月22～25日，石林县首次举办非公经济组织入党积极分子培训班

11月22日上午，石林县第十八届中小学生田径运动会在县一中体育场隆重开幕

11月27日上午，石林县大屯超限运输检测站正式启用

11月28日，市人大检查组到石林对政府为民办“十件实事”完成情况进行检查。图为李培山主任（前排右二）观看石林民族高级职业中学就业培训班学员练习机绣

11月30日，县委宣传部召开迎接党的十七大暨精神文明建设推进会

12月1日，国家建设部在北京人大会堂召开贯彻落实《风景名胜区条例》暨推进风景名胜区综合整治表彰大会，云南省石林风景名胜区喜获“国家级风景名胜区综合整治十佳单位”和“最佳资源保护的中国十大风景名胜区”两项殊荣

12月3日，昆明——日本全国旅游协会旅游合作座谈会在石林大酒店召开

12月15日，长达3000多米、承载着祝福北京奥运、具有云南地方特色的滇派巨型风筝，由昆明风筝爱好者章腾云在石林飞机场上空试飞

12月17日，石林创建省级平安县通过考评

12月27日，石林县创建国家园林县城工作通过省级考核验收。图为汇报会会场

12月31日下午，石林举行旅游创佳绩庆祝大会

总　　目

1. 为方便阅读检索，根据年鉴内容编排顺序，编制此总目，作为全书的辅助性目录。
2. 本总目只列部类标题名称，以及本年鉴其他重要组成部分名目。
3. 标题后第一个括号内的数字为本标题内容所在目录页的位置，第二个括号内的数字为所在正文起始页号。

目 录
CONTENTS

特 载
Special Carriers

大 事 记
Major Events

概 况
An Overview

中共石林彝族自治县委员会
Shilin Yi Autonomous County Committee of the CPC

政协石林彝族自治县委员会
Shilin Yi Autonomous County Committee of the CPPCC

领导名录
Leading Members

重要会议
Significant Meetings

主要工作
Chief Work

群团组织
People's Organizations and Associations

县总工会
The Federation of Trade Unions of Shilin County

共青团石林县委
Shilin County Committee of the Chinese Communist Youth League

县妇联
The Women's Federation of Shilin County

县工商联（商会）
The Association of Industry and Commerce of Shilin County

县科协
The Association of Science and Technology of Shilin County

县残联
The Association of the Disabled

经济管理
Economic Management

计划管理
Management of Plans

质量技术监督
Supervision of Quality and Technology

工商行政管理
Industrial and Commercial Administration

统计管理
Administration of Statistics

物价管理
Price Administration

食品药品监督管理
Supervision and Administration of Food and Drugs

招商引资
Investment

安全生产
Safety in Production

农　业
Agriculture

气　象
Meteorology

水　利
Water Conservancy

农　牧
Agriculture and Animal Husbandry

电力工业
Power Industry

煤炭工业
Coal Industry

商业总公司
The General Commercial Corporation of Shilin County

供销合作
Supply and Marketing Cooperatives

粮食购销
Purchase and Sale of Grain

旅游业
Tourism

综 述
An Overview

旅游景点
Scenic Spots

旅游规划
Tourist Planning

景区建设
Scenic Area Construction

旅游经济
Tourist Economy

旅游管理
Tourism Administration

旅游宣传营销
Propaganda and Marketing Tourism

会展业
Fairs & Exhibitions

会议
Conferences

节庆活动
Festivals and Celebrations

财税审计
Finance, Tax and Auditing

财 政
Finance

国 税
State Tax

地 税
Local Tax

审 计
Auditing

金融
Banking

金融综述
An Overview

人行石林县支行
Shilin Branch of People's Bank of China

银行业监督管理
Administration and Supervision of Banking

工行石林支行
Industrial and Commercial Bank of China

农行石林县支行
Agricultural Bank of China

艺　文
Art and Literature

申遗文献
Bibliography for Application for the World Natural Heritage

名人笔下的石林
Shilin in Works by Celebrities

石林往昔
The Past of Shilin in Literary Works

音　像
Audiovisual Products

图　书
Books

人　物
Personages

新任县级领导简介
Profiles of Newly -Appointed County Leaders

知名人物
Celebrities

新闻人物
Newsmakers

乡土艺人
Folk Artists

逝世人物
Late Personages

人物表
A List of People with Superior Titles

附　录
Appendix

索　引
Index

特　载

全面贯彻落实党的十七大精神 为加快石林经济社会跨越式发展而努力奋斗

——在县委十届四次全体(扩大)会议上的报告

（2008 年 1 月 31 日）

县委书记　柳文炜

同志们：

这次全会的主要任务是，深入学习贯彻党的十七大、中央经济工作会、省委八届四次全会和市委九届四次全会精神，总结 2007 年工作，研究部署当前和今后一个时期的主要工作，动员全县广大党员干部群众进一步解放思想，抢抓机遇，乘势而上，一年一变样，三年大变样，五年新跨越，为实现富民强县目标而努力奋斗。

现在，我代表县委常委会作报告，请予审议。

一、2007 年工作回顾

2007 年是石林经济社会发展加快、人民群众受益最多、全县上下精神振奋的一年。一年来，在市委、市政府的正确领导下，县委全面落实科学发展观，团结带领全县各族人民，全力推进经济社会跨越式发展，全县保持了经济发展、社会和谐、民族团结、政治稳定、人民生活水平不断提高的良好局面。

（一）经济发展迈上新台阶

2007 年实现地区生产总值 22 亿元，同比增 11%；全社会固定资产投资 11.77 亿元，增 28.6%；社会消费品零售总额 9.18 亿元，增21.1%；地方财政一般预算收入 1.42 亿元，增 12.7%。粮烟基础地位继续巩固，粮食总产达 1.2 亿千克，再创历史新高；烤烟种植 11.8万亩，指令性收购 1640 万千克，均价 11.98 元，实现了政府、烟农、企业“三满意”；以羊产业为龙头的畜牧业稳步发展，畜牧业产值3.97 亿元，增 3.9%；农业结构调整迈出新步伐，农业增加值 6.5 亿元，增 6.7%。旅游二次创业取得重大突破，石林成功申报为世界自然遗产，创建为国家首批 5A 级旅游景区，荣获“中国民间文化遗产旅游示范区”、“全国旅游系统先进集体”、“国家级风景名胜区综合整治十佳单位”和“最佳资源保护中国十大风景名胜区”等称号，全年接待游客突破 300 万人次，入景区游客突破 260 万人次，旅游直接收入 3 亿元，综合收入 10 亿元。文化产业“十个一”工程继续实施，文化产业增加值占地区生产总值的 8%。工业经济平稳增长，工业增加值 4.7 亿元，增 11.7%。房地产、商贸、金融、保险等服务业较快发展，对经济增长的拉动作用日益明显。

（二）城乡面貌发生新变化

深入开展“五创”工作，城市形象明显提升，旅游环境进一步优化，成功创建为国家卫生县城，创建国家园林县城、省级平安县通过省级考评验收，创建国家环保模范城市列为市级目标责任单位，创建市级文明县城通过市级验收。县污水处理厂动工建设，西城区开发、巴江俪岛、水岸星城等工程建设稳步推进。石林中路建设进展顺利，鹿平公路和圭山国家森林公园道路改造竣工通车。石林景区供水工程、黑龙潭水库西干渠节水改造工程完工通水，东干渠节水改造工程全面启动。西部地区农网“二站三线”工程完工投入运行。新农村建设扎实推进，试点工作成效明显。中国彝族第一村建设正式启动，“一池三改”、村级卫生室、村文化室、广播电视“村村通”等工程积极推进，“数字乡村”一期工程按期完成。生态美县建设步伐加快，土地、矿产、森林、水资源保护和管理力度进一步加大。《石林风景名胜区保护条例》修编完成。昆石高速公路石林段景观林二期工程顺利实施，珠江石漠化水土保持一期治理项目建设顺利完成。

（三）改革开放实现新突破

集体林权制度改革全面展开，试点乡镇主体工作完成。教育综合改革进一步深化，民办公助顺利组建石林幼儿教育集团。卫生、财税、行政审批等各项改革稳步推进。以生态工业集中区、石林中路沿线为重点，充分发挥石林“申遗”成功的品牌效应，创新方式，优化环境，打造平台，招商引资工作取得重大进展，引进了万城阿诗玛旅游小镇、东南亚翡翠玉石加工基地、昆明石林太阳能电站试验示范工程等一批项目。全年实际到位国内市外资金 6.4 亿元。

（四）社会建设取得新进展

全面实施科普示范工程，顺利通过全国科技先进县、全国科普示范县复查。义务教育继续巩固，高中教育、幼儿教育规模不断扩大，职业教育稳步发展，民族职业高级中学搬迁迈出实质性步伐。成功举办了石林申报世界自然遗产庆祝活动和 2007 年中国石林国际火把节等系列活动，有力地宣传促销了石林。农村文化设施建设稳步推进，群众性文化体育活动蓬勃开展。新型农村合作医疗参合率达 97%，县乡村三级疾病预防控制体系继续完善。落实“奖优免补”政策，稳定低生育水平，提高出生人口素质，人口自然增长率控制在 5.2‰。人大、政协认真履职，在推进经济发展、构建和谐社会中发挥了重要作用。统战、工商联工作继续加强，工青妇、科协、残联等群团组织的工作富有成效。国防教育扎实开展，国防后备力量建设得到加强。民主法制建设稳步推进，社会矛盾纠纷排查调处力度加大，社会治安综合治理措施全面落实，打防控体系进一步完善，平安创建工作成效明显，全县社会政治保持稳定。财税、审计、工商、质监、环保等工作力度加大，民族、宗教、史志、档案和老龄等各项社会事业全面推进。

（五）人民生活有了新提高

农民人均纯收入 3708 元，增 7%；城镇居民人均可支配收入 11163 元，增 8.6%。认真落实积极的就业和再就业政策，进一步加大就业培训力度，转移输出农村富余劳动力 6063 人，城镇登记失业率控制在 1.5% 以内。贯彻落实“两免一补”、“粮食直补”政策，进一步减轻农民负担。实施城镇失业、医疗、工伤、生育、养老保险和城乡最低生活保障制度，积极探索失地农民保障机制，社会保障面不断扩大。实施“车头向下、服务农村”工程，农村客运站点建设加快推进。建成 148 套廉租住房，实现三年任务一年完成的目标。实施人饮解困、安全饮水工程，解决了 1.5 万人饮水困难问题。扶贫工作扎实开展，贫困地区群众生产生活条件进一步改善。

（六）党的建设得到新加强

认真学习贯彻落实党的十七大精神，多形式、分层次、大规模培训党员和干部。以我县列入云南省“科学规范和有效监督县（市）区委书记用人行为”调研试点县和昆明市“换届后健全党委领导班子新的运行机制”试点县为契机，制定完善了《县委常委分工负责制试行办法》、《县委常委议事决策规则（试行）》、《科学规范和有效监督干部选拔任用八项制度》。加大妇女、少数民族、年轻干部和非党干部的培养、选拔力度，领导班子结构得到优化。深入实施“云岭先锋”工程，“三级联创”活动扎实开展。村级组织换届选举工作圆满完成，村书记、主任“一肩挑”比例超过三分之二，大幅度提高村级干部岗位待遇。新农村指导员工作扎实推进。采取多种方式引进和培养人才，积极筹备石林人才协会。确定 2007 年为“作风建设年”、“环境建设年”和“行政问效年”，制定了干部作风建设实施意见和加强机关作风建设“十不准”规定、作风建设“六项制度”，开展了明查暗访、民主评议机关作风等活动，促进了机关作风转变。全面落实党风廉政建设责任制，加大宣传教育力度，积极推进以教育、制度、监督并重的惩治和预防腐败体系建设。

回顾过去，我们信心百倍。过去的一年是石林喜事频传、成绩显著的一年，是令人鼓舞、催人奋进的一年。一年来，全县上下励精图治、团结拼搏、务实创新、争创一流，朝着“跨越式发展”的奋斗目标迈出了坚实的一步，取得了一个接一个的佳绩，谱写了石林发展史上最为辉煌、最为灿烂的一页。特别是石林在创建为首批国家 5A 级旅游景区后，成功列入世界自然遗产名录，摘取了世界级的桂冠，圆了石林人民十七年的梦想，这是一个具有全局性、战略性的胜利，是一个划时代的重大成果，标志着石林真正实现了由国内品牌向国际品牌的转变，旅游发展由国内走向世界的转变，石林旅游迈入了一个全新的发展阶段；石林成功创建为国家卫生县城，成为昆明市第一家、云南省第三家、西南四省少数民族自治县中第一家获此殊荣的县，增强了我们“五创”必胜的信心。

成绩来之不易，奋斗充满艰辛。这些成绩的取得，是市委、市政府正确领导的结果，是县五套班子团结协作、和衷共济的结果，是各级各部门迎难而上、攻坚克难的结果，是广大干部群众团结奋进、勇于作为的结果。在此，我谨代表县委向所有为全县改革发展稳定作出贡献的各级党组织、全体共产党员、社会各界人士和广大干部群众表示崇高的敬意和衷心的感谢！

二、当前形势和今后一个时期的总体要求、奋斗目标

当前，石林正处于旅游产业提升、工业发展突破、城市建设加速的关键时期，面临着机遇与挑战并存、机遇大于挑战的新形势。从发展环境来看，随着党的十七大精神的深入贯彻，社会主义新农村建设的推进，西部大开发的实施，国家加大对民族地区、革命老区、贫困地区的扶持，为石林的发展创造了良好的条件。从战略机遇来看，世界旅游发展保持较快增长，国内消费结构升级拉动旅游市场需求，省委、省政府高度重视旅游、文化产业和县域经济的发展，市委、市政府把石林列为

旅游二次创业的重点，尤其是现代新昆明建设的推进，产业、资本向县区转移的加速，为石林的发展提供了千载难逢的机遇。从自身优势来看，石林世界自然遗产的“品牌效应”、阿诗玛文化的“特色效应”、国家卫生县城的“环境效应”、“三高一专”现代化交通网络的“通达效应”，使石林的发展优势更加明显，发展基础更加坚实，发展空间更加广阔，石林正在成为旅游休闲、投资创业的热土，即将迎来新一轮的发展热潮。

同时，我们也面临着十分严峻的挑战：国家宏观调控刚性约束继续加大，用地、信贷等要素瓶颈制约加剧；区域竞争日趋激烈，各地你追我赶、争先恐后、竞相发展的态势咄咄逼人。我县与全国同步进入全面小康社会的任务十分艰巨，从人均国内生产总值来看，2006 年，全国为 15930 元，全省为 8961 元，全市为 19663 元，我县仅为 8076 元；从国内生产总值的增长速度来看，2006 年与上年比，全国为 11.1%，全省为 11.9%，全市为 12.3%，我县为 11%。在发展中，招商引资薄弱，工业发展滞后，产业结构不合理；税源结构单一，财政收支矛盾突出；因农村集体资产管理、征地拆迁、历史遗留问题等引发的不和谐、不稳定因素仍然存在。相对滞后的城乡发展与世界级的景区不相匹配；相对滞后的基础设施建设与石林旅游发展不相匹配；旅游综合效益与石林品牌不相匹配。城市规划、旅游发展、招商引资、工业发展和企业经营管理等方面的人才紧缺，人才结构与经济社会发展不相适应；部分机关办事效率低、服务意识差，发展软环境与跨越式发展的要求不相适应；一些干部思想不解放、创新不强、办法不多、工作不实、经验不足、落实不力，思想、观念、素质、能力和作风与新形势发展不相适应。

机遇前所未有，挑战也前所未有。石林作为云南旅游业的龙头、昆明旅游二次创业的重点，承担着创建世界一流景区、打造国际旅游胜地的重任。新形势新任务要求我们必须具备与世界一流景区相适应的发展眼光和思想境界、工作标准和服务水平。如果我们目光短浅、见事迟、行动慢，习惯于传统的思维方式，习惯于常规的工作方法，习惯于满足以往取得的成绩，不敢突破制约发展的思想性、体制性、机制性障碍，就会在新一轮发展中落伍，就会在区域竞争中被淘汰。我们必须增强机遇意识，善于抢抓机遇，勇于破解难题，在宏观调控中找机遇，在应对挑战中谋发展；我们必须增强危机意识，把困难和问题估计得更充分一些，把政策措施研究得更深入一些，把工作干劲鼓得更足一些；我们必须增强责任意识，牢牢把握发展第一要务，把思想和行动统一到富民强县的大局上来，把改革的步子迈得更大，把开放的大门打得更开，把发展的速度提得更快。

当前和今后一个时期全县工作的总体思路是：高举中国特色社会主义伟大旗帜，认真贯彻落实党的十七大精神，坚持以科学发展观统领全局，紧紧围绕“跨越发展、富民强县”总要求，以“旅游立县、粮烟稳县、工业富县、生态美县”为目标，以加强党的建设为保证，以又好又快发展大旅游为主导，以大旅游带动经济结构大调整和经济发展方式大转变，全力推进旅游国际化、农业产业化、工业新型化、城乡一体化，创建世界一流景区，打造国际旅游胜地，努力把石林建成昆明市国际旅游度假休闲核心区和烤烟生产基地、畜牧业养殖基地、现代农业生产基地、旅游商品加工基地，建成云南省集旅游、文化、交通、商贸为一体的区域性中心，建成全国优秀生态旅游城市和国际知名精品旅游胜地。

跨越式发展就是要实现由农业大县向旅游立县的跨越，由工业弱县向工业富县的跨越，由初步小康向全面小康的跨越。跨越式发展，是立足石林实际、着眼长远发展提出的宏伟目标，既是全面落实科学发展观、构建和谐社会的客观要求，更是提高我县综合竞争力、提升人民生活水平的必然选择；既是全县广大党员干部负重前行的展现，更是全县各族人民的共同愿望。跨越式发展，就是要强化“石林的基础在粮烟，优势在旅游资源，特色在阿诗玛文化，后劲在工业发展”的县情认识，深化“33542”发展战略、“12345”旅游国际化发展战略、“一路三区、一河三片”现代化城市发展战略，推进石林旅游资源、阿诗玛文化资源、交通区位优势向经济优势转变，走具有石林特色的发展道路。

富民强县是“富民”与“强县”的高度统一。富民，就是群众富、地区富、城乡居民共同富；强县，就是企业强、产业强、全县综合实力强。富民强县就是要坚持“以人为本”，把富民作为发展的第一目标，坚持“科学发展”，把强县作为发展的第一要务，做到“五扩五增五减”，即扩大改革开放，扩大经济总量，扩大城市规模，扩大劳动就业，扩大社会保障；增快发展速度，增强经济实力，增强发展后劲，增加城市人口，增加居民收入；减少农村人口，减少贫困人口，减少资源消耗，减少环境污染，减少不和谐因素，走生产发展、生活富裕、生态良好的文明发展道路。

2008 年全县经济社会发展的主要目标是：力争地区生产总值增 13%；全社会固定资产投资增 25%；社会消费品零售总额增 16%；地方财政一般预算收入增 15%；农民人均纯收入增 6%；城镇居民人均可支配收入增 7%；城镇登记失业率控制在 3.5%以下；人口自然增长率控制在 6.5‰以内；单位生产总值能耗降低 3%以上。

三、认真做好 2008 年工作，推动全县经济社会发展新跨越

2008 年是全面贯彻落实党的十七大精神的第一年，是石林彝族自治县更名十周年，是“十一五”规划承上启下之年。做好 2008 年的工作，意义十分重大。必须把 2008 年作为招商引资项目落实年、机关服务提升年、发展环境优化年。

（一）坚持以发展为主题，又好又快发展县域经济

坚持以经济建设为中心，牢牢抓住发展第一要务，推进旅游国际化、农业产业化、工业新型化、城乡一体化，不断壮大县域经济，促进富民强县。

1. 做大做强旅游产业，壮大县域经济实力。县域经济是特色经济，有特色才有生命力，有优势才有竞争力。要充分发挥

石林品牌优势和文化特色，以成功创建为世界自然遗产品牌为新起点，紧紧围绕“创建世界一流景区，打造国际旅游胜地”目标，做大做强旅游业。一是扩大区域，提升功能。实施主景区改造、提升、扩容工程，加快老景区的改造提升，实现基础设施升级换代；开发李子园箐等新景点，整合游览线路，逐步使景区游览面积从现有的4.12平方公里扩大到12平方公里以上。二是做强品牌，做大规模。强化品牌意识，整合旅游宣传资源，突出促销重点，创新营销手段，努力开拓市场。牢牢抓住2008北京奥运会的重大机遇，加强宣传营销合作，巩固国内游客市场，开拓国外高端游客市场，把国内品牌做优，把世界品牌打响，确保游客持续稳定增长。三是强化管理，优化服务。进一步强化“三标一体”贯标工作，加快数字石林二期建设，推进景区标准化、科学化、精细化管理，提升景区管理服务水平，实现旅游经营、管理、服务与国际接轨。四是转型升级，延伸产业。围绕“吃、住、行、游、购、娱”旅游六要素，以旅游服务区中区建设为重点，加快“五中心一店一场”建设，逐步开发一批休闲旅游、商贸服务项目，建设一批上档次的宾馆酒店、商务会展设施、旅游购物网点，培育一批旅游商品加工企业，打造一批文化旅游特色村镇，推出一批阿诗玛文化演艺节目，丰富旅游内涵，延长产业链，带动现代服务业，提高旅游综合效益。2008年实现接待游客320万人次，入景区游客270万人次，旅游直接收入3.2亿元，综合收入12亿元；到2012年，实现接待游客350万人次，入景区游客300万人次，旅游直接收入6亿元，综合收入25亿元。

2. 大力发展新型工业，优化县域经济结构。石林的发展，差距在工业，后劲也在工业。要把工业作为跨越发展、富民强县的关键，强力推进工业富县战略，大打一场工业增量、工业提速、工业大发展的攻坚战。要牢固树立“发展抓经济，经济抓工业”的理念，以工业集中区为平台，以招商引资为突破口，大力发展低消耗、低污染、高利用率、高循环率“两低两高”新型工业，不断优化县域经济结构。整合壮大卤腐、乳饼等传统企业，巩固提高电力、烟叶复烤、建筑建材、煤炭等骨干企业，大力培育旅游商品加工、环保产品、先进制造业、特色农副产品加工、生物制药、电力装备等新型企业，促进产业优化升级。研究制订生态工业集中区相关配套政策和发展规划，理顺和创新园区管理体制，加快生态工业集中区水、电、路、通讯等配套设施建设，推动工业向园区集中，使工业集中区真正成为我县发展工业的主阵地、承接外资和发展民营经济的重要载体，力争由市级特色工业集聚区升格为省级工业园区。以提质、降耗、增效为主攻方向，引导企业靠科技创新，加快技术改造，搞好深加工，拉长产业链，增加附加值，增强市场竞争力。重视工业人才培养和引进，满足发展工业需要。加强企业创业培训、融资担保、维护权益等服务平台建设，优化工业发展环境，促进企业加快发展。着力抓好昆明石林太阳能电站试验工程、南亚焦化有限公司技改项目、官房水泥厂搬迁等一批上亿元工业项目。2008年，实现工业增加值5.5亿元；到2012年，力争工业增加值达到9.6亿元以上。

3. 扎实推进新农村建设，强化县域经济基础。按照“三化”化“三农”的工作要求，坚持以旅哺农、以农促旅，以农民增收为核心，以发展现代农业为方向，以产业发展为支撑，以建设有旅游特色的新农村为突破口，以“五新”为目标，扎实推进社会主义新农村建设。一是大力发展现代农业。认真实施现代农业“六抓”工程，突出在抓大户上规模，抓特色建基地，抓服务建体系，抓龙头促工贸，抓典型带全面上下功夫，着力推进农业产业化、规模化、特色化。按照产业化发展、区域化布局、龙头企业带动的思路，大力扶持发展一批带动力强的农业龙头企业，积极发展农村经济合作组织和专业协会，健全农村市场和农业服务体系，提高农民组织化程度，推动农业产业化经营。积极探索承包土地经营权流转机制，促进适度规模化经营。大力发展特色农业，新增一批绿色、无公害和标准化果菜花生产基地。积极发展以甜柿、红梨等名、特、优、新、稀果品为主的旅游观光果园，形成观光农业规模，与旅游互动，实现旅游与农业的协调、可持续发展。2008年，创建农业产业化强镇1个、特色产业基地强村10个、农业专业合作社20个、规模经营大户100个，市级农业龙头企业达到15个，全面提升农业发展质量和农业综合生产能力。二是巩固提升传统农业。稳定粮食播种面积，改善品质，提高效益，确保粮食安全。坚持烤烟支柱地位不动摇，进一步优化品种，稳定面积，提高质量，增加效益，着力打造国内烤烟知名品牌。开展国家级烤烟标准化生产示范县和现代烟草农业示范村建设，全面提升科技兴烟服务水平，提高烟叶质量。烤烟种植11.8万亩，收购32.8万担，均价11.9元以上，税收4500万元以上。巩固生猪生产，大力发展羊产业，加快禽类发展。抓好品种改良、饲料开发、科学饲养、疫病防治、市场营销，全面提高畜牧业综合生产能力和市场竞争力。推进广东温氏饲料加工项目。2008年，实现畜牧业产值4.2亿元。三是整体推进新农村建设。按照“九有”标准，积极与高校合作，切实搞好新农村建设总体规划和试点村村庄建设规划，着力抓好九石阿旅游专线阿诗玛文化旅游特色经济带新农村建设规划。继续投入不少于1000万元以旅哺农专项资金，重点实施产业发展、村容村貌特色化改造、农村道路硬化、安全饮水、能源替代等工程和支持景区周围村庄的发展。着力引进民间资本、工商资本、外商资本开发农业，引导农民和社会力量多渠道投资农村基础设施建设。巩固和发展试点村建设成果，探索产业带动型、乡村旅游型、“党组织＋协会”带动型等新农村发展模式，抓好中国彝族第一村建设，培育阿着底、大糯黑、小箐村、小叠水等一批典型示范村，带动新农村建设整体推进。发挥村民自治和农民主体作用，充分调动农民建设新农村的积极性和创造性。建立“市县指导、乡镇主抓、农民主体、部门服务、社会参与、整体联动”的工作机制，整合力量，形成合力，扎实推进全县新农村建设。

4. 加强基础设施建设，增强县域经济发展后劲。完善的基础设施是城乡建设和经济发展的强力支撑。坚持抓投入、上项目、打基础、增后劲，以重点项目为支撑，以项目聚集生产要素，以项目拉动投资增长，不断完善基础设施建设。一是加快道路交通建设步伐。坚持高标准，完成石林中路改扩建及其园林绿化景观建设；立足长远，抓紧石蒙高速公路与石林中路立交桥设计、县城环城公路规划研究；完成北召公路西街口至召夸段路面改造工程，改造、新建一批县、乡、村公路，形成连接城乡、方便快捷的交通网络。二是加强水利基础设施建设。启动团结水库加固扩建工程，实施月湖水库除险加固工程，完成黑龙潭水库东干渠节水改造工程，大力发展“五小”水利，抓好农村人饮、水源工程、城乡供水工程。三是加强电力基础设施建设。实施110千伏石林输变电等电力重点项目，完善城乡电网结构，满足县域经济发展电力需要。四是加强教育、文化、卫生、通讯等社会事业基础设施建设。加快广播电视“村村通”建设，进一步提高覆盖面；结合我县被列入县域信息化省级试点县，深入实施“数字乡村”工程，整合信息资源，推进信息化建设。五是做好基础设施建设项目的前期准备和实施管理工作。拓宽投融资渠道，积极争取国家、省、市支持，加大投入，确保项目竣工使用一批，抓紧续建一批，开工新建一批，论证储备一批，确保以长远的基础设施建设支撑经济社会的长足发展。

5. 不断推进改革创新，增强县域经济发展动力。环境是生产力，环境是竞争力。创业最宽松、社会最文明、人居最安全和低交易成本、低生产成本、低行政成本、低社会成本的环境才会吸引更多的企业来投资。好的思想环境、政策环境、法制环境、生态环境、人居环境，内有凝聚力，外有吸引力，发展才会有动力。要深化改革，激发活力；创新机制，增强动力；加快发展，壮大实力。一是深化行政管理体制改革，推动政府职能转变。按照流程最短、效率最高、收费最少、标准最低的原则，精简和规范行政审批事项。加强便民服务中心建设，实行“一窗式受理、一次性告知、一站式办结、一条龙服务”，真正做到进入无条件、审批无阻力、程序无障碍。大力推行“五办”作风，对基层、企业、群众亟待解决的问题“立即办”，对老大难问题“主动办”，对带普遍性的问题“上门办”，对条件暂不具备、一时难以解决的问题“跟踪办”，对涉及面广、政策性强的问题“公开办”，最大限度地实现行政提速、审批畅通和办事高效。二是创新经营土地、经营石林、经营城市的机制。加大土地收储力度，推行经营性土地经营权招标、拍卖、挂牌出让，实现土地资产市场化配置，最大限度地盘活土地资产。加快石林旅游企业经营机制和所有制结构的转变，促进旅游企业向市场化、品牌化、国际化方向发展。本着“谁投资、谁建设、谁经营”的原则，盘活存量资产，激活民间资金投向城市建设，形成多元投资发展的格局。三是推进社会事业改革。总结吸纳社会资本进入社会事业领域的成功探索经验，进一步建立政府扶持、政策引导、企业参与、社会兴办的机制，依靠市场和社会力量来推进教育、卫生、文化、公交、金融服务等各项社会事业的改革，不断增强发展的动力。

6. 加大招商引资力度，实现县域经济发展新突破。发展是第一要务，招商引资是第一要事。要把招商引资作为增加投入、加快发展的重要举措来抓，采取最硬的措施，确保全年招商引资目标任务圆满完成，推动全县招商引资工作有更大突破。一是实施招商引资“一把手”工程。各级领导要牢固树立“招商引资是第一责任、第一政绩、第一能力”的理念，带头走上招商引资第一线，从项目的洽谈到项目的落实，全程参与服务，做到大项目亲自跑、亲自谈、亲自定，以招商引资工作来体现领导工作能力。要把招商引资实绩作为考核干部的重要指标，作为选拔干部的重要依据，坚持把最优秀的干部放在招商引资岗位，把后备干部放到招商一线锻炼，选派一批肯学习、懂经济、善交往、事业心强的同志组建专业招商队伍，走出去驻点招商。二是再造招商引资流程。按照“从速、从便、简化、快捷”原则，规范审批事项流转，简化审批环节，公开服务流程。三是强化招商引资机制。健全完善招商引资目标责任考核制、项目联合审批制、招商引资领导小组例会制、重大项目现场办公和领导跟踪推进制等制度，构建统一、高效、透明的工作机制。四是突出招商引资重点。围绕产业发展导向，吸引资金投向旅游服务业、文化产业、生态工业、现代农业、农副产品加工业发展。五是创新招商引资方式。推进招商理念由被动接商向主动引商转变，招商对象由一般项目向好项目、大项目转变，招商项目由分散向产业园区聚集转变，招商力量由单一部门向多部门整体联动转变，招商方式由政府招商向政府推动、以商招商、全民招商转变，工作重点从项目包装推介向抓项目落实、强化后期服务转变。2008年，确保实际到位国内市外资金10亿元，外资600万美元。

7. 扶持发展民营经济，增强县域经济发展活力。县域经济发展，希望在民间、活力在民营、发展靠民力、稳定靠民富。民营经济是县域经济发展壮大的动力所在、潜力所在、活力所在，是实现“富民强县”的根本出路。实践证明，我县吸引民间资本和社会资本兴办高中教育集团、幼儿教育集团、天奇医院、兴隆公交公司是一条成功的经验。因此，要按照“民投民有、民办民营、民富民强、民乐民享”的要求，彻底放开，挖掘民智，吸引民资，依靠民力，放开、放活、放心、放胆、放手发展民营经济，增加民营企业数量，扩大民营经济总量，使之成为我县最具活力的经济增长点。一是放“宽”，扩大开放领域。不限发展比例、不限发展速度、不限经营方式、不限规模大小，只要对财政、就业有贡献的就鼓励民营参与；只要不是国家法律禁止的，就允许民资进入。二是搞“活”，壮大民营经济。从解决制约民营经济发展的思想、体制、环境、资金、人才等“瓶颈”问题入手，落实政策，优化环境，强化服务，促进民营经济快速发展。鼓励符合条件的民营企业上市融资，支持现有企业做大做强。三是抓“大”，培育民营大户。积极引导民营企业由家庭式、作坊式和产权单一的经营模式向股份制、集团化转变，扶持培育一批规模型民营企业；鼓励民营企业自主创新，闯市场、创品牌、上水平，扶持培育一批科技含量高、市场前景好、环境污染小的科技型民营企业；鼓励本地民营企业“走出去”，加强与县外民营企业合作，扶持培育一批外向型民营企业；大力发展农副产品加工为主的民营企业，扶持培育一批农业龙头型民营企业。四是促“小”，鼓励全民创业。广泛开展劳务输出培训、就业创业培训、农民适用技术培训，鼓励支持更多的人员务工经商。采取典型引路、示范带动、政策引导等措施，积极支持企业创实业、干部创事业、农民创家业，促进全民创业、自主创业，壮大民营经济群体，推动全县民营经济蓬勃发展。2008年，非公经济增加值增15%，实交税金增10%；力争民营企业集团达到10个以上。

（二）坚持以旅游城市为目标，加快城市建设步伐

深入实施“一路三区”、“一河三片”现代化城市发展战略，按照“三高、三化、三精”的要求，不断提高城市规划、建设、经营、管理水平，推进与世界级景区相匹配的生态旅游城市建设。

1.强化规划，完善旅游服务功能。坚持高起点、高标准、高品位，按照建设园林式、生态型、现代化城市的要求，突出石林特色、文化特色、生态特色，完善城市发展规划，优化城市功能，促进城市建设与旅游发展相得益彰、互动互促。严格执行城市总体规划、城市绿地系统规划、石林中路沿线控制性详细规划，科学划分旅游、餐饮、商贸、居住等功能分区，合理布局居民休闲、娱乐体验和公共服务设施。抓好石林中路重点地段城市设计、建筑形态设计、天际线设计，充分体现特色，确保建筑主风格、主色调既有特色又与石林自然环境和民族文化相协调。抓好石林中路沿线控制性详细规划整合，抓紧做好老城区、西城区、南城区控制性详细规划。严格执行城市规划“六线”制度，加大规划执法监察力度，严厉查处违法建筑行为，对规划区内的违法建筑强制拆除，确保规划的严肃性、权威性。重视小城镇规划，鼓励支持乡镇政府所在地加快特色集镇建设。

2.加快建设，扩大城市规模。按照建设施工标准化、规范化、工艺化的要求，提速、提效、提质，加快推进路网、市政配套设施、房地产开发、园林景观等工程建设。抓好县级党政机关办公用房、乐台旧生态公园、巴江俪岛、天奇花园、水岸星城、石林·上海新天地、万城阿诗玛旅游小镇、巴江治理三期、县污水处理厂等工程建设。实施县城建筑风貌二期改造，严格执行石林彝族自治县城市管理办法，临街房屋严禁违法乱搭乱建，已违规搭建的坚决拆除。创造条件，争取启动鹿阜古镇保护与开发。加快石林中路沿线和西城区开发建设，积极推进北大村片、板桥片小集镇建设。充分利用石林交通区位优势，着力培育汽车配件市场、物流市场、旅游商品交易市场和畜禽交易市场。加快石林中路城市经济带、九石阿旅游专线阿诗玛文化旅游特色经济带“两带”建设，推进城乡一体化进程，到2012年，城市规模扩大到12平方公里以上。

3.推进“五创”，提高城市品位。市容市貌是城市的品牌，“三分建七分管”。要树立“管重于建”、“管理也是生产力”的思想，按照精心、精细、精品的要求，坚持不懈地开展城市环境综合整治，做到全面覆盖、长效管理、不留死角、永久保洁。坚持把“五创”作为建设优秀生态旅游城市的基础性工作，全县动员、全民参与，以创建工作的深入推进提升城市品位。建立健全城市管理长效机制，巩固国家卫生县城、省级园林县城、省级平安县创建成果，争取2008年命名为昆明市文明县城，2010年创建为国家园林县城、国家环保模范城市。

（三）坚持环保优先，推进生态美县建设

坚持把资源节约和环境保护摆在更加突出的位置，加快生态美县建设，促进生态文明。

1.加强资源节约和环境保护。高度重视森林、草场、土地、石资源、水资源、矿产资源等的保护和合理开发。按照《世界遗产公约》和《石林风景名胜区保护条例》的要求，分批拆迁景区内与遗产保护不相符的人工设施，全面开展地质修复和生态恢复，科学保护石资源和生态环境，加快建设世界遗产模范展示基地。严格保护基本农田，推进土地集约经营和节约使用。加强水库、河流污染防治和饮用水源地保护。积极推进农村改厨、改厕、改厩，大力推广沼气，倡导节约、环保、文明的生活方式。落实节能减排工作责任制，突出抓好重点行业和重点企业的节能减排工作。大力推广节约、替代、循环利用的先进适用技术，提高资源利用率。

2.积极开展环境综合治理。加大宣传教育力度，增强全民环境意识。加强环境监察、监测能力建设，提高环境监管质量。加强对工业污染、生活污染的防治，提高污水和垃圾无害化处置率。继续实施“珠江流域水土保持治理重点县”项目，加大石漠化和水土流失治理力度。严厉打击私挖乱采、乱砍滥伐和毁林开荒等破坏生态的行为，严禁和取缔县城面山挖沙与采石。积极推行“农村小康环保行动计划”，加强农村生活垃圾、污水处理，推进畜禽养殖污染防治和村容村貌整治工作，减少农药、化肥、地膜等污染，控制农村面源污染。

3.深入推进生态美县建设。巩固集体林权制度改革试点成果，全面完成集体林权制度改革主体工作。坚持生态建设产业化，产业发展生态化，抓好核桃、甜柿产业的发展，充分调动农民和社会各界参与林业发展的积极性。继续投入资金1000万元用于生态美县建设，重点抓好旅游景区、水源涵养区、县城面山、城市交通主干道沿线绿化工程。大力开展封山育林、植树种草，加强森林防火和病虫害防治。加强公益林建设管理、资源监测工作，争取列入云南省公益林补偿管理示范县。

（四）坚持以创新为动力，推动文化繁荣发展

充分利用我县民族文化氛围浓厚和“全国文化先进县”的优势，创新内容，创新形式，创新机制，推进文明创建，提升文明素质，拓展文化阵地，繁荣文化事业，创作文化精品，保护文化遗产，发展文化产业，大力推进文化石林建设。

1.提炼石林精神，凝聚加快发展合力。石林是阿诗玛文化的摇篮，是云南的革命老区，有着灿烂的民族文化和光荣的优良传统。在自治县成立50多年来的发展中，全县各族人民形成了“励精图治、团结奋斗，顽强拼搏、自强不息”的县庆精神，形成了“坚定信心、持续奋斗，团结拼搏、追求卓越”的申遗精神，形成了“自加压力、争创一流，攻坚克难、再创辉煌”的“创卫”精神。在新形势下，需要继承、升华和发扬新时期的石林精神，以迎接石林彝族自治县更名十周年为契机，结合思想大解放，开展石林精神大讨论，进一步挖掘、提炼和发扬具有时代特征、地方特色的石林精神，鼓舞全县人民的斗志，激发全县人民的干劲，凝聚全县人民的力量。

2. 强化精神支撑，加强和谐文化建设。坚持用科学理论武装头脑，广泛开展理想信念教育，坚定全县广大党员干部群众发展中国特色社会主义的信念。大力弘扬以爱国主义为核心的民族精神和以改革创新为核心的时代精神，加强以“八荣八耻”为主要内容的社会主义荣辱观教育。切实加强青少年思想道德教育，深入推进群众性精神文明创建活动。积极推进殡葬改革，倡导文明新风，移风易俗。着力推动广大人民群众生产生活方式转变和变革，为推进跨越式发展注入新的动力。

3. 推进文化创新，增强文化发展活力。坚持把发展公益性文化事业作为保障人民基本文化权益的主要途径，推进基层文化基础设施、民族民间传统文化保护、广播电视村村通等工程建设。开展丰富多彩的城乡文化活动和全民健身运动，促进文化事业繁荣发展。认真组织2008年北京奥运火炬传递石林接力活动。高起点、高标准编制全县文化产业发展规划，研究制定文化产业发展优惠政策，深入推进文化产业“十个一”工程建设。启动石林演艺中心建设，组建中国阿诗玛演艺公司。积极探索文化品牌的策划和营销机制，打造阿诗玛文化精品项目，大力提升阿诗玛文化品牌影响力。深化文化体制改革，充分调动广大文化工作者的积极性、主动性和创造性，支持和鼓励文化创新，增强文化发展活力，推进文化与旅游相结合，与经济相融合，促进文化大发展大繁荣。

（五）坚持以民生为根本，加快推进和谐社会建设

发展之道、为政之要是富民；民心所向、民意所在也是富民。要牢固确立以人为本、以民为主的理念，致力于让人民群众成为经济发展的主体、民主政治的主人、文化繁荣的主角、社会进步的主力，下大力解决好关系民生的迫切问题，使全县各族人民成为全面建设小康社会的最大受益者。

1. 加强民主法制建设，保障群众合法权益。规范党委与人大、政府、政协以及人民团体的关系，支持它们依据自身职责开展工作，努力形成党委执政、人大督政、政府行政、政协参政、群众议政的良好局面。巩固和壮大爱国统一战线，凝聚加快发展的合力。贯彻党的民族宗教政策，全面实施自治条例，维护民族团结，促进各民族共同团结奋斗、共同繁荣发展。不断扩大基层民主，加强基层政权建设，健全基层党组织领导下充满活力的基层群众自治机制。深化党务、政务、厂务、村务公开，拓宽人民群众参与管理经济和社会事务的渠道。充分发挥工青妇、科协、残联等人民团体联系群众、服务社会的作用，维护群众合法权益。推进“五五”普法和“四五”依法治县工作，建设法制石林。坚持党管武装，加强国防后备力量建设。做好双拥工作，巩固军政军民团结。

2. 深化教育综合改革，办人民满意的教育。坚持教育优先发展，不断深化教育综合改革，全面提升教育水平，促进各类教育和谐发展。加强幼儿教育集团管理，改善乡镇中心幼儿园办学条件，扩大优质幼儿教育规模。继续实施“集、靠、收”发展战略，优化教育资源配置。大力推进农村中小学标准化建设，逐步缩小城乡教育发展差距。优化高中教育集团管理，提升普高办学质量和效益。加大高中普及力度，把发展职业教育放在更加突出的位置，完成县民族职业高级中学新校址一期建设，启动中国石林国际旅游职业学院建设工作。

3. 千方百计扩大就业，完善社会保障体系。大力实施“双后双百”工程，对初、高中毕业后不能升学的学生实行100%培训、100%外输内转就业。深入实施城乡劳动力资源开发“四全”工程，通过全员普查、全员分类、全员培训、全员转化，加快人力资源开发，使人口变人手、人手变人力、人力变人才、人才变资本、资本变财富。今年要完成培训1万人和转移输出7000人农村劳动力的任务。健全对困难特殊群体的再就业援助制度，全面消除零就业家庭。加快建立覆盖城乡居民的社会保障体系，扩大养老、失业、医疗、工伤、生育保险覆盖面。完善城镇基本养老保险和农村社会养老保险制度，探索建立失地农民养老保险机制。全面推进城镇职工医疗保险、城镇居民基本医疗保险、新型农村合作医疗制度建设，扩大医疗保险覆盖面。完善城乡最低生活保障制度，做到应保尽保，解决好困难群众的基本生活。完善城镇低收入家庭住房保障制度，加快廉租房和经济适用房建设，真正做到“住有所居”。

4. 不断改善民计民生，让人民共享发展成果。积极支持公交企业推进农村公交客运站点建设，切实解决群众“出行难”问题，到2010年实现全县行政村“村村通公交车”目标。继续实施人饮解困工程，切实解决1万人的饮水困难。完善对口帮扶机制，实施扶贫整村推进工程，减少贫困人口7676人。开展计划生育优质管理服务，落实“奖优免补”政策。高度关注弱势群体生产生活，加快推进城乡社会救助、社会救济、社会福利、优抚安置和社会互助事业发展。积极发展妇女儿童、老龄、残疾人和金融、史志、档案、气象等各项社会事业，不断改善民计民生，实现发展成果由人民共享。

5.切实加强社会管理，维护社会安定团结。高度重视和正确处理新时期人民内部矛盾，进一步完善社会矛盾纠纷排查调处和信访工作机制，注重引导、疏导、倡导、指导、劝导，有效预防、妥善处理、积极化解各类社会矛盾。强化安全生产管理和监督，健全安全生产责任制，有效遏制重特大安全事故，维护人民生命财产安全。完善突发事件应急管理机制，提高保障公共安全和处置突发事件的能力。坚持打防结合、预防为主、专群结合的方针，健全社会治安打防控体系，严厉打击违法犯罪行为。加大对治安重点地段和突出问题的集中整治，深入开展打击“两抢一盗”等多发性案件专项整治行动，增强人民群众的安全感。全面落实维护社会稳定领导责任制，切实加强社会治安综合治理，巩固省级“无毒县”和“平安县”创建成果，深化平安石林创建活动，努力营造安定有序、和谐稳定的社会环境。

（六）坚持以改革创新的精神，全面推进党的建设

加快石林经济社会跨越式发展，实现富民强县，关键在党，关键在人，关键在领导。要“围绕发展抓党建，抓好党建促发展”，以提高执政能力和先进性建设为主线，按照为民、务实、清廉的要求，全面加强党的建设，为加快石林全面建设小康社会提供坚强的组织保障。

1. 着眼于解放思想，切实加强思想建设。思想是行动的先导。实现跨越发展、富民强县目标，必须进一步解放思想，更新观念，扫除一切阻碍发展的思想障碍，清除一切影响发展的制度瓶颈，改变一切束缚发展的做法和规定，革除一切影响发展的体制和机制。要以学习贯彻党的十七大精神为契机，扎实开展“解放思想、跨越发展、富民强县”大讨论、大调研活动，在全县广大干部群众中形成一个新的冲击波，着力提升信念、理念、观念和思想、思维、思路，真正做到思想大解放、作风大转变、工作大促进、经济大发展。

2. 着眼于提高执政能力，加强干部队伍建设。牢固树立“凭实绩用干部、以发展论英雄”的理念，坚持干部“四化”方针和德才兼备原则，大力选拔政治上靠得住、发展上有本领、作风上过得硬、老百姓信得过的干部。加强后备干部队伍建设，加大优秀年轻干部、女干部、党外干部和少数民族干部的培养、选拔力度。认真贯彻《党政领导干部选拔任用条例》，巩固提升云南省“科学规范和有效监督县（市）区委书记用人行为”调研成果，扩大干部工作中的民主。深化干部人事制度改革，积极推行公开选拔、竞争上岗、任前公示、公推公选、公推直选、勤廉公示、引咎辞职等做法，真正让想干事的有机会、能干事的有舞台、干成事的有地位，让不干事的有压力、干不好事的没市场、干不成事的让位子。面向全国、面向社会公开招聘全县急需的紧缺人才，选拔年轻干部到经济发达地区挂职招商，引导、鼓励和支持年轻干部到基层一线培养锻炼。各级领导干部要加强学习和实践，着力提高领导经济发展的能力、解决实际问题的能力、应对复杂局面的能力，注重创新领导方式和领导方法，善于抓重点、攻难点、出亮点、带全面，创造性地开展工作。

3. 着眼于保持党的先进性，加强基层组织建设。围绕实现富民强县目标，切实加强和改进基层党组织建设。深入实施“云岭先锋”工程，巩固和扩大“三级联创”成果。找准社会主义新农村建设和农村党建工作结合点，实施“素质教育工程”，加强农村党建示范点建设，全面提高农村基层组织建设整体水平。重视社区、企业、学校和“两新”组织党建工作，扩大党的工作覆盖面。以建设“六型”机关为重点，切实增强机关党建工作的针对性。重视党员培养教育和发展工作，不断优化党员队伍结构。

4. 着眼于提高执行力，加强作风建设。全面落实作风建设“六项制度”，切实转变作风，提高执行力。建立健全领导干部抓落实责任制，实行重大项目、重点工作分解立项督办制，推行领导在一线指挥、决策在一线落实、问题在一线解决、创新在一线体现、成效在一线检验的“一线工作法”，快节奏、高效率地推进工作落实。完善目标管理机制，大力实施“工作成果倒逼法”，以目标倒逼进度，以时间倒逼程序，以社会倒逼部门，以下级倒逼上级，以督查倒逼落实，从上到下形成紧张、快捷、高效运转的工作模式。改进工作方法，下决心精简会议和文件。积极开展行政效能监察，建立最科学的岗位责任制、最严厉的问责制度、最严格的限时办结制度和最严肃的服务承诺制度，着力解决“上热下冷、上活下死、上急下怠、中层梗阻、基层板结、力度递减、效能低下”的问题，以良好的作风营造良好的发展环境。

5. 着眼于密切党群关系，加强反腐倡廉建设。坚持标本兼治、综合治理、惩防并举、注重预防的方针，着力加强以完善教育、制度、监督并重的惩治和预防腐败体系建设，突出源头治理、效能监察、制度建设、督查问责四个重点，实行项目评审，加强对项目资金的监管，反对乱议论、乱告状、乱编造、乱猜测等歪风，坚决查处影响石林发展、稳定和损害群众利益的案件。强化“一岗双责”，全面落实党风廉政建设责任制，以反腐倡廉的实际成果取信于民，以风清气正的干事环境促进发展。

同志们，展望新的一年，我们站在新的历史起点上，石林的发展任重道远。让我们高举中国特色社会主义伟大旗帜，深入贯彻党的十七大精神，在市委、市政府的领导下，团结带领全县广大干部群众，进一步解放思想，振奋精神，凝聚力量，锐意进取，为加快推进石林跨越式发展，实现富民强县目标而努力奋斗！

注 释

文化产业“十个一”工程：即拍摄一批以“阿诗玛”为题材的影视作品，打造一组以“阿诗玛”歌舞剧为代表的民族艺术精品，办好一批以火把节为代表的重大国际性节庆活动，建设一批以阿诗玛文化生态园为代表的标志性文化设施，改制激活一批文艺团队，建设一批以“九石阿”旅游专线为依托的阿诗玛民族文化生态休闲度假村，保护开发一片以鹿阜古镇为代表的历史文化街区，建设一条以石林中路为代表的阿诗玛文化景观大道，培养一支民族民间文化艺术人才队伍，培育一批民营资本开发经营旅游文化产业的龙头企业。

“五创”：即创建国家卫生县城、国家园林县城、国家环保模范城市、省级平安县、昆明市文明县城。

数字乡村：是通过互联网这一平台，以文字、数据、图片、视频等形式，采用图、文、声、像等方式展示和反映以自然村为起点的农村基本情况，形成一个集信息采集、分析、预测、发布等功能

为一体的农村信息网络服务体系。

“两免一补”：免课本费、免杂费、补助寄宿生生活费。

“粮食直补”：是国家为调动农民的种粮积极性，在主要粮食作物种植上对农民的直接补贴。

“十不准”规定：不准对上级党委、政府的重大决策和决定的重大事项阳奉阴违，另搞一套，各自为政，各行其是；不准对群众需要办的事项拖着不办、顶着不办、不负责任、相互推诿、互相扯皮和吃、拿、卡、要；不准无故迟到、早退、擅离岗位和从事与学习、工作无关的活动；不准是非不分、无事生非，乱猜测、乱编造、乱议论、乱告状，传播流言蜚语或散布消极言论和反动言论；不准利用职权和工作上的便利为本人及其亲友谋取不正当利益；不准赊账吃喝、公款相互宴请、进行高消费娱乐活动和超标准更换小汽车、豪华装修办公室；不准赌博或参与涉及钱物输赢的扑克、麻将等娱乐活动；不准酒后驾车、酗酒闹事和饮酒影响工作；不准私自占用下属单位、企业、服务对象的小汽车、办公设备等资产和报销应由个人支付的各种费用；不准做与社会道德相违背、影响形象之事。

“六项制度”：作风建设责任制、告知制、承诺制、问责制、督查制、查处制。

“33542”发展战略：发挥石林资源、阿诗玛文化、交通区位三个优势，实施对外开放、科教兴县、城镇化发展三个战略，加快以旅游业为龙头的服务业，以阿诗玛文化为龙头的文化产业，以加工业为龙头的新型工业，以粮烟果菜为龙头的种植业，以羊产业为龙头的畜牧业五个重点产业发展，实现旅游立县、粮烟稳县、工业富县、生态美县四个目标，逐步形成两个经济带——石林中路城市经济带和九石阿旅游专线阿诗玛文化旅游特色经济带。

“12345”旅游国际化发展战略：以创建世界一流景区，打造国际旅游胜地为目标；实现单一观光型旅游向观光、休闲、度假、康体、生态、科考、会展综合型旅游转变，国内名牌向国际名牌转变；构建三个旅游圈——以石林景区和石林古城为中心的核心旅游圈，以石林风景名胜区为中心的长湖、大叠水、圭山森林公园等八个景点石林大旅游圈，以石林为中心辐射宜良九乡、陆良彩色沙林、泸西阿庐古洞、丘北普者黑和弥勒白龙洞的滇东南喀斯特精品旅游圈；实施品牌化、特色化、产业化、多元化四个战略；实现五个突破——在展现彝族撒尼文化和风情上实现新突破，在创新体制机制上实现新突破，在人才培养和人才引进上实现新突破，在生态保护、园林建设和景区提升上实现新突破，在宣传营销上实现新突破。

“一路三区、一河三片”现代化城市发展战略：通过石林路、东城区、石林古城区、生态工业集中区“一路三区”建设，加速形成石林中路城市经济带，加快城市发展步伐，逐步形成以巴江为绿色主轴的县城至石林片、石林镇片、板桥镇片“一河三片”块状城市新格局，争取在“十一五”期间撤县设市，建成旅游城市，2015年建成优秀旅游城市，2030年建成与国际接轨的现代化生态旅游城市。

县域经济：县域经济是指以行政县（包括县级市、旗等）为区域范围，以县一级独立财政为标志，以县城为中心、集镇为纽带、农村为腹地、不同层次经济要素间的联系为基本结构，通过双向反馈的人力流、物资流、资本流和信息流而发挥整体功能的经济系统。具体来讲，县域经济是以县级行政区划为地理空间，以市场为导向，以县级政权为调控主体优化配置资源，具有地域特色和功能完备的区域经济系统。

“三标一体”：即ISO9000质量管理体系、ISO14000环境管理体系和OHSMS18000职业健康安全管理体系的“三标一体”国际认证。

“五中心一店一场”：指游客中心、演艺中心、餐饮中心、购物中心、散客中心，国际标准的五星级酒店，生态民族体育运动场。

“三化”化“三农”：指“三化”（工业化、城市化、市场化）化“三农”（农业、农村、农民）、“三化”带“三农”、“三化”服务“三农”。

“五新”：社会主义新农村建设二十字方针，生产发展就是新的生产方式、生活宽裕就是新的生活方式、乡风文明就是新的社会风尚、村容整洁就是新的村容村貌、管理民主就是新的体制机制。

“六抓”工程：即抓“两转”（劳动力转移和土地流转）、抓“两动”（大户带动和政府推动）、抓“两队”（农民经纪人队伍和技术服务队伍培养）、抓“两向”（市场取向和老百姓意向的结合）、抓“两高”（高商品率和高复种指数模式的推广）、抓“两效”（经济效益和示范效应）。

“九有”标准：指社会主义新农村建设的总体目标，分为三种：

自然村“九有”标准：有团结干事的好班子和一套符合法律法规、行之有效的村规民约；有正确的发展思路、科学的发展规划和切实可行的实施措施；有稳定增收的产业项目；有专业经济合作协会（学会）；有进村公路和连户的硬化道路及入户的水、电、气及广播电视、通讯信号；有良好的生态（绿化）环境、公共卫生设施及环境卫生日常管理机制；有一批富余劳动力转移就业并有稳定的劳务收入；适龄儿童有学上并能就近上学；有不低于60%的农户家为“七星级”及以上的文明户，不低于20%的农户成为“十星级”文明户。

行政村“九有”标准：有团结干事的好班子、好队伍和健全的、行之有效的工作及管理制度；有涵盖经济、社会、文化、生态等方面的科学的发展规划和切实可行的实施措施；有达到四级标准的进村公路和其他基础设施；有支柱产业和具有一定规模的特色产业；有专业经济合作协会（学会）、龙头企业或与龙头企业紧密联系的联合体以及较好的集体经济收入；有能满足需求的办公室、文化室、活动室或活动场所；有为民服务站、达标的卫生室、兽医室、农家店或综合服务社；有普及九年义务教育的保障措施；有不低于70%的所辖自然村实现致富发展村“九有”目标。

致富发展村农户“九有”标准：有安全、整洁的住房；有生态良好、清洁卫生的生活环境；有入户的安全饮用水；有沼气或电、燃气、太阳能等清洁能源；有电视机；有转移就业的人员；有农业科技明白人；有稳定增收的生产或经营项目；有参与新型农村合作医疗的保障。

“五小”水利：指小水窖、小坝塘、小水沟、小水池、小水井。

“三高、三化、三精”：“三高”即“高起点、高标准、高品位”；“三化”即施工标准化、规范化、工艺化；“三精”即“精心、精细、精品”。

城市规划“六线”：建设用地控制及城市道路规划控制—红线，城市各类绿地及生态保护区规划控制—绿线，水域岸线规划控制—蓝线，城镇建设区不良地质条件用地及高压电力规划控制—黑线，历史文化及文物保护规划控制—紫线，市政公用设施规划控制—

黄线。

“农村小康环保行动计划”：是国家环保总局提出的农村生态环境建设的一项行动计划：紧紧围绕全面建设小康社会的总体目标，坚持以人为本、环保为民，坚持以土壤污染和畜禽养殖污染防治为重点，强化农村环境综合整治，坚持因地制宜、重点突破，以试点示范为先导，用15年左右的时间，基本解决农村“脏、乱、差”问题，有效遏制农村环境污染加剧趋势，改善农村生活与生产环境，建设“清洁水源、清洁家园、清洁田园”的社会主义新农村，为全面建设小康社会提供环境安全保障。

“双后双百”：指初中、高中毕业生百分之百的培训和百分之百的外输内转就业。

“两抢一盗”：指抢劫、抢夺、盗窃等三类多发性侵财案件。

“六型”机关：即“学习型、创新型、实干型、服务型、廉洁型、节约型”机关。

“一岗双责”：指既要抓好分管的业务工作，又要以同等的精力抓好分管部门的党风廉政建设，把反腐倡廉、案件防范工作与业务工作同研究、同规划、同布置、同检查、同考核、同问责，真正做到“两手抓、两手硬”。

石林彝族自治县人民代表大会常务委员会工作报告

——在石林彝族自治县第十五届人民代表大会第一次会议上

（2008年1月24日）

县人大常委会主任 李绍增

各位代表：

我受县人大常委会的委托，向本次会议作县人大常委会工作报告，请予审议。

一、五年工作回顾

石林彝族自治县第十四届人大常委会自2003年3月2日县第十四届人民代表大会第一次会议选举产生以来，在县委的正确领导和市人大的关心指导下，以邓小平理论和“三个代表”重要思想为指导，全面贯彻落实科学发展观，深入学习党的十六大、十七大精神以及省、市、县委人大工作会议精神，紧紧围绕全县改革发展稳定的大局和关系群众切身利益的问题，以贯彻实施监督法为重点，进一步增强监督实效，规范重大事项决定权和人事任免权，加强代表培训，充分发挥代表作用，完善常委会制度，着力推进社会主义民主法制建设，圆满完成了各次会议所确定的各项工作任务，为构建富裕开放文明和谐新石林，开创我县经济社会跨越式发展新局面作出了应有的贡献。

（一）以科学发展观为指导，依法做好民族自治地方的立法工作

一是认真修订《云南省路南彝族自治县自治条例》。石林彝族自治县第十四届人民代表大会第一次会议，将修订自治条例列为议案。为了办理好这个议案，县人大常委会成立了修订工作领导小组和工作班子，深入调查研究，广泛征求意见，整个修订工作历时3年多，八易其稿，于2006年3月31日经云南省第十届人民代表大会常务委员会第21次会议批准，由县第十四届人大常委会第26次会议公布施行。新修订的自治条例符合立法法和上位法的规定，凝聚了全县广大干部群众的智慧，既反映时代精神，又体现我县各族人民的意志，比原条例更切合自治县的实际，更具有可操作性。该条例的批准实施，促进了我县经济社会全面协调可持续发展，促进了民主法制建设。

二是积极配合修订《石林风景名胜区保护条例》。昆明市第十二届人大常委会第十次会议审议通过的“昆明市人大常委会2007年年度立法计划”，将修订《石林风景名胜区保护条例》确定为市人大常委会年度的立法项目。为积极配合市人大的立法工作，县人大常委会多次召开专题会议，听取修订工作进展情况，研究存在问题，提出合理化建议，2007年4月19日县第十四届人大常委会第三十四次会议，听取和审议了县人民政府关于《石林风景名胜区保护条例》修订工作进展情况的专项工作报告，并经2007年8月24日县第十四届人大常委会第三十六次会议审议，原则通过修订草案送审稿，市人大常委会已通过了一审。

（二）依法决定重大事项，促进经济社会协调发展

讨论和决定本行政区域内的重大事项，是人大及其常委会行使国家权力的重要内容，也是人民管理国家事务、当家作主的重要途径，是实现决策民主化、科学化的重要形式。五年来，共召开县人民代表大会5次，常委会会议41次，主任会议138次。听取和审议了“一府两院”报送的26个工作报告，作出决议26个，审议通过了巴江河管理办法、城市管理办法、黑龙潭水库水源区管理办法、黑龙潭水库东西干渠管理办法，制定实施了重大事项报告制度，促进了经济社会的协调发展。

（三）围绕构建和谐社会，进一步强化法律监督和工作监督

一是开展执法检查。常委会组织检查组重点检查了县人民政府贯彻实施人口与计划生育法、人口与计划生育条例、科学技术普及法、职业教育法、民族区域自治法、环境保护法、农业法、土地管理法等法律法规的情况。通过执法检查，提高了乡村医生的报酬，保障了乡镇计生服务站人员工资按时全额拨款，启动了搬迁新建高级职业中学，推进了素质教育，保障了科技三项经费。

二是创新监督方式，增强监督实效。县第十四届人民代表大会第一至五次会议所列议案共12件，截止2007年10月20日，12件议案已按规定办理完毕。我们对这些议案的办理工作进行了“回头看”，并将“回头看”的建议转交县人民政府办理。通过“回头看”，增强了监督实效，促进了问题的解决。如通过对2003年1号议案办理的“回头看”，促成县人民政府启动了黑龙潭水库东干渠节水改造工程，预计2008年4月底竣工；通过对2007年1号议案办理的“回头看”，促成县人民政府更加重视月湖水库水源区保护工作，在明确库区保护范围的同时，提出了保护和治理的措施。

三是认真组织工作视察、检查和调研。为发挥常委会在创建平安石林、构建和谐社会中的积极作用，常委会组织县人大代表对九石阿旅游专线工程建设、旅游工作三场建设、民营企业发展、粮食安全生产、少体校工作、鹿阜古镇保护与开发工作、民用爆炸物品管理工作、低速载货汽车和拖拉机管理工作情况进行了视察，对农村税费改革、县人民政府每年着力办好的十件实事、办理代表议案、建议、批评和意见工作情况进行了检查，对民族文化与旅游产业互动发展工作、“红花大金元”烤烟生产情况、九年一贯制教育综合改革工作、新农村建设、殡葬改革、农业产业结构调整、生态环境保护、村委会三职干部履职情况等进行了专题调研，对我县创建国家级卫生县城工作进行了专项督查。通过组织视察、调查和检查工作，推动了科学发展，促进了社会和谐。例如在对全县农村税费改革试点工作的专项检查中，常委会针对检查中发现的问题，及时向县人民政府提出整改建议，县人民政府根据所提建议及时采取措施，加大工作力度，较好地完成了全县农村税费改革试点工作，获得了省市一等奖。在对村委会三职干部履职情况的调研中，常委会撰写了切合县情的调研报告供县委政府决策参考。目前村委会三职干部待遇偏低的问题得到了解决。

四是关注民生，督促县人民政府落实承诺事项。在县第十四届人大第五次会议上，县人民政府向全县人民作出了办好十件实事的承诺，这十件实事关系人民群众的切身利益和实际需要。人大常委会对此高度重视，把督促政府办理、落实十件实事作为强化监督的重要内容，适时组织对县人民政府承诺的十件实事的办理、落实情况进行跟踪检查。通过检查，督促政府各职能部门强化工作措施，加大工作力度，确保目标实现。十件实事整体完成情况良好，受到了广大人民群众的赞扬和好评。如完成31.4公里西干渠节水改造工程，完善灌溉面积5.86万亩，惠及2个乡镇10个村委会3万余人，使该工程成了一项惠民工程；“二站三线”工程竣工为石林经济社会的跨越式发展提供了强大的能源支持；申遗、创卫、国家5A级旅游景区的创建先后成功，为打造世界级景区奠定了坚实的基础。

五是做好人大信访工作，着力维护社会稳定。常委会把来信来访作为联系人民群众的桥梁和纽带，把信访工作作为反映和保护公民合理要求，了解民意、倾听民声的重要渠道，及时处理、转办、交办群众来信来访件，督促有关部门及时调查核实，依法按政策秉公处理，有效化解社会矛盾。对群众反映属实的重大信访件由主任会议专题研究，限期办理，做到了件件有着落，事事有交待。

六是自觉接受人民群众监督，保障人民群众的监督权。县人大常委会按照监督法的规定，适时在县的政务公开栏内向社会公布2007年度的监督事项，同时要求“一府两院”及时向社会公布2007年的重要事务，尤其是政府年内要办的关系人民群众切身利益的实事，以保障人民群众的知情权，同时接受人民群众的监督，最终达到依法行政、公正司法，真正做到情为民所系、权为民所用、利为民所谋。

（四）严格依法办事，认真行使人事任免权

常委会深刻认识到，构建和谐石林，关键在人，关键在干部。想干事、会干事、能干事、干好事的干部队伍建设是建设和谐石林的组织保证。常委会认真行使法律赋予的人事任免权，始终坚持党管干部与依法任免干部相统一的原则，坚持民主集中制，充分发扬民主，严格依照法律程序办事。为提高被任命干部的法律意识、责任意识和公仆意识，坚持对被任命干部进行任前法律知识考试，在常委会会议上与组成人员见面，表态发言，颁发任命书等制度。先后依法任免国家机关工作人员149人次。常委会还通过工作检查和代表视察，了解干部履职情况，对任命的国家机关工作人员进行任后监督，促使被任命的干部认真履职，努力工作。

（五）强化代表工作，充分发挥人大代表作用

保障人大代表依法行使职权、充分发挥人大代表作用，对于坚持和完善人民代表大会制度、构建社会主义和谐社会具有重要意义。因此，常委会始终把代表工作作为一项基础性工作来抓。一是结合代表小组活动，认真组织开展了“三个代表”重要思想、科学发展观和社会主义荣辱观，宪法、地方组织法、代表法、监督法以及人民代表大会制度理论和人大代表履职知识培训，代表意识、责任意识得到进一步提高。为保障代表依法履职，常委会还为代表订阅了人大刊物，寄送《石林人大》等，并要求“一府两院”定期向代表通报工作情况、经济社会发展信息等，为代表和组成人员依法履职奠定了坚实的基础。二是加强与代表的联系，建立了县人大代表列席常委会会议制度，代表接待日制度，代表持证视察办法，试行公民旁听县人大常委会会议制度，邀请人大代表参与常委会组织开展的监督事项，常委会组成人员联系代表等，常委会及时把代表的意见转交“一府两院”各职能部门研究办理，促进各项工作顺利开展。三是加强议案、建议督办工作，保障代表所提议案和建议得到落实。县第十四届人大一至五次会议上，广大代表以饱满的政治热情和高度的历史责任感，有针对性地提出反映社情民意的议案12件，建议、批评和意见1075件。常委会组织对政府办理代表议案、建议情况进行了检查，及时指出存在的问题。通过各方面的努力，12件议案和1075件建议已全部办理完毕并答复代表。办复率达100%，满意率达99.23%，解决率由第一次会议的25.1%提高到第五次会议的51.8%。这些议案、建议、批评和意见的办理，推动了经济社会全面协调可持续发展，促进了社会和谐。四是认真贯彻落实中央、省、市、县委关于加强人大工作的文件精神，保障了县、乡镇人大代表经费，保证了代表工作顺利开展；指导乡镇建立健全乡镇人大主席团各项制度和乡镇人大代表学习活动制度；对乡镇人大主席团成员首次进行了全员培训；协调配齐配强了乡镇人大办公室工作人员；坚持和完善乡镇人大工作联系会议制度，力求做到主题突出、内容丰富、具有实效性和指导性；坚持开展创先争优活动，充分调动代表积极性，5年内评选出县先进代表小组13个，优秀代表143名。五是认真组织和指导市、县代表小组活动。每年初都下发县人大代表活动安排意见，各代表小组均按照文件要求，结合乡镇实际情况，认真开展了活动，收到了明显成效。例如：鹿平公路改扩建工程，县第十四届人大第三次会议列为议案后，由于资金等各方面的原因，工程进度缓慢。市人大代表石林小组有针对性地视察了该项工程建设情况，积极协调市级有关部门加大资金投入力度，自2005年11月开工至2007年12月竣工验收，全长35公里，投资3200万元（市级1400万元），惠及三个乡镇9万余农户的民心工程终于圆满完成，成为一条连接县城和石林南大门的致富通道。

（六）结合工作实际，进一步加强人大宣传工作

人大宣传工作是推进人民代表大会制度发展与完善，让人民群众了解人大工作的一项重要举措。常委会高度重视人大宣传工作，坚持贴近实际、贴近生活、贴近群众的原则，进一步加强与省、市、县新闻媒体的沟通联系，不断增强人大理论研究和新闻宣传工作的指导性、实效性。一是紧密结合新形势下人大工作的特点，围绕我县经济社会发展、基层民主政治建设等事项，协助市人大研究室、昆明电视台“人大之窗”拍摄了三期我县人大“代表风采”。组稿在《云南人大》、《云南日报》、《昆明人大》、《昆明日报》等报刊上宣传我县人大工作、代表风采、工作动态等文章100多篇，为人大工作更好地服务经济社会发展和民主政治建设提供了宣传导向。二是编辑出版了石林县第一本人大工作文集《守望》，向自治县成立五十周年献礼。三是抓好人大宣传阵地建设，充分发挥《石林人大》内部刊物的作用，积极宣传人民代表大会制度，及时通报我县县、乡镇人大工作动态、宣传人大代表履职风采，同时，积极主动通过省、市新闻媒体，把我县的人大工作推向全市、全省。宣传工作的广泛深入开展，使广大人民群众进一步认识和了解到人民代表大会制度是我国的根本政治制度，“中华人民共和国的一切权力属于人民”是人民代表大会制度的核心。

（七）坚持党的领导，积极完成各项任务

县人大常委会始终坚持在县委的领导下开展工作，对工作中遇到的重大问题或将要开展的涉及面较广的工作，做到事先向县委请示，事后向县委汇报。对县委的决策坚决执行，努力完成。如2006年初，我县按照上级要求，对乡镇区划进行调整。根据昆明市人民政府昆发〔2005〕7号和云南省人民政府云政复〔2006〕5号文件精神，我县乡镇区划调整的各项选举工作，在县委的领导下，县人大常委会下发了石人发〔2006〕7号、10号文件，制定了乡镇区划调整后人大代表选举工作的实施方案，成立了选举工作领导小组，深入乡镇做好指导工作。从2006年2月15日开始至3月26日结束，圆满完成了各项工作任务。

县第十四届人民代表大会2008年初届满，根据选举法和地方组织法的规定，需进行换届选举。按照省、市委的要求和省、市人大常委会的安排部署，县人大常委会党组于2007年10月7日向县委报送了《关于成立换届选举委员会的请示》和《关于我县县、乡镇人大换届选举工作安排意见的请示》，县委石发〔2007〕26号文件转发了县人大常委会党组的安排意见。县第十四届人大常委会第38次会议，通过了“关于县人民代表大会换届选举工作的实施方案”，任命了县选举委员会组成人员。县人大常委会先后多次召开主任会议，专题研究换届选举工作，印发了有关材料，召开了培训工作会议，抽调12人组成4个指导组，分别深入到各乡（镇）、各选区指导工作。这次县、乡镇人大代表换届选举工作同步进行，时间紧、任务重、涉及面广，但在县委的统一领导下，依靠各级党组织和广大人民群众，积极认真地开展工作，至2007年12月26日止，按照县委的意图和代表结构要求，依法按程序足额选举产生县第十五届人大代表172名，五镇一乡人大代表382名。

（八）以作风建设为契机，着力提高常委会的工作水平

加强作风建设是机关自身建设、依法行使职权、充分发挥地方国家权力机关作用的重要保证和基础工作。因此，常委会多次召开干部职工大会，认真学习了4月29日全市干部大会精神、市委第19次常委会关于加强干部作风建设的精神、石办发〔2007〕21号文件《关于进一步加强干部作风建设的实施意见》，根据机关作风建设实际，查找存在问题，有针对性地制定整改措施。例如在常委会会议室门口制作悬挂了会议“温馨提示”：提前进入会场，不迟到和早退；做好会务准备，准时召开会议；手机调于振动，排除铃声干扰；尽量避免走动，保持良好秩序；发言直奔主题，做到言简意赅；集中精力开会，认真做好记录；大家共同努力，提高会议质量。通过作风建设，一是会风好了，开会人员齐，手机不再响。二是工作作风扎实，更加贴近民生。常委会领导以身作则，率先垂范，经常深入基层、深入实际，帮助基层和群众排忧解难。委室的同志按照县委、政府的要求，团结协作，深入支农联系点，协调解决群众生产、生活用水困难等问题。三是机关学习风气日渐浓厚。四是制订出台机关内外环境卫生轮值制度，使机关清洁卫生工作有序开展。五是再创市级文明单位，树立了良好的机关形象。六是深入学习贯彻党的十七大精神。通过学习，领会精神实质，达到统一思想、提高认识、凝心聚力、转变作风、狠抓落实，全面落实科学的发展观，努力构建和谐石林、和谐机关，为把石林县建设得更加美好作出更大的贡献。

回顾五年的工作实践，这是县人大常委会全体组成人员和广大代表共同实践、共同探索、共同奋斗、不断开拓创新、奋发前行的五年。大家深切地认识到：坚定不移地坚持和依靠县委的领导，是搞好人大工作的根本保证；紧紧围绕全县工作大局，发挥地方国家权力机关的职能作用，是搞好人大工作的重要前提；始终保持同人民群众的密切联系，是搞好人大工作的最大优势；坚持思想引领、实践创新，是搞好人大工作的强大动力；既充分发扬民主，又坚持民主集中制原则，是搞好人大工作的制度保障。近五年的实践归结到一点，就是坚持党的领导、人民当家作主、严格依法办事的有机统一，自觉把三者的有机统一作为做好人大工作的最高准则，作为推进民主法制建设的根本指针，是中国特色社会主义政治道路的必然选择。

各位代表，本届人大常委会所取得的每一项成绩，都是县委加强领导、市人大精心指导、全体人大代表共同努力的结果，是“一府两院”大力支持配合的结果，是全县各族人民、社会各界大力支持的结果。在此，我代表县第十四届人大常委会，向参与、支持和关心人大工作的各位代表、同志们、朋友们，表示衷心的感谢并致以最崇高的敬意！

在看到成绩的同时，我们也清醒地认识到，常委会的工作还存在一些不足，主要是：深入基层、深入实际调查研究还不够，履职行权离党和人民群众的要求还存在差距，提高代表素质的途径还有待进一步探索，机关自身建设仍需进一步加强。我们要高度重视这些问题，继续认真加以解决。

二、做好新一届人大工作

未来的五年，将是大展宏图、谱写华章的五年。我们将在县委的正确领导下，按照科学发展观的要求，努力做好新一届人大的各项工作，为构建和谐新石林、推动石林经济社会跨越式发展作出新的贡献。

（一）坚定不移地确保县委意图的实现

今后五年是贯彻党的十七大精神，全面建设小康社会的关键五年，人大及其常委会担负着重要的法律责任和政治责任，因此，要牢固树立党委总揽全局的观念，始终从全局高度准确定位，思考问题，开展工作，履行职能，更加自觉地贯彻落实县委的指示和意图，把县委作出的重大决策和部署，及时贯彻到人大工作中去，使县委推荐的人选经过法定程序成为国家机关领导人员，确保县委意图的实现。发挥人大重要民主渠道和国家权力机关的作用，以人为本，服务大局，和谐谋事，依法办事，团结共事，科学干事，到位不越位，监督不越权，民主不分散。

（二）全心全意地推进科学发展

发展是执政兴国的第一要务，发展是硬道理，监督支持发展是任务。人大及其常委会要把审定国民经济和社会发展计划、财政预决算、组织实施重大建设项目等重大事项列为监督重点，适时作出决议、决定。同时，还要按照县委的统一部署，主动参与经济建设，在参与中开展监督，在参与中促进发展，支持政府，动员群众，为经济社会又好又快发展作出贡献。

（三）依法有效地做好督政工作

对“一府两院”实施监督，是宪法和法律赋予地方人大及其常委会的重要职权。人大及其常委会要按照党的十七大提出的“完善制约和监督机制，保证人民赋予的权利始终用来为人民谋利益，确保权力正确行使，必须让权力在阳光下运行”的要求，把监督工作作为一项重要工作来抓，坚持依法监督，集体行使职权和不包办代替的原则，进一步改进监督工作方式，拓展监督工作领域，增强监督工作实效，使人大监督工作有位、有为、有威。

（四）科学有效地发挥人大代表作用

代表工作是人大工作的基础，人大代表有神圣的职责。人大及其常委会要切实贯彻落实好党的十七大提出的“保障人大代表依法行使职权，密切人大代表同人民群众的联系”的要求，加强代表培训，积极为代表知情知政和执行职务创造条件。加强与代表的联系，认真督办代表建议，积极组织代表在闭会期间的活动，支持人大代表开展视察、调研，为代表联系群众拓宽渠道，增强代表对选民和选举单位负责的意识，增强代表意识的光荣感、责任感，调动代表参与管理国家和社会事务的积极性，真正做到人民选我当代表，我当代表为人民。

（五）真心实意关注民生问题

人大及其常委会要牢固树立以人为本的理念，把关注民生，倾听民声，务求民富贯穿于工作的全过程，围绕人民群众最关心、最直接、最现实的子女上学、看病就医、住房、收入分配等利益问题，抓住直接影响和损害人民群众利益的社会治安综合治理、突发事件处置等热点难点问题，紧扣事关发展稳定的重大问题，开展调研、实施监督、促进和谐。

三、2008 年的主要任务

各位代表，2008 年是承前启后、继往开来、实现石林经济社会跨越式发展的关键一年。面对新的形势和新的任务，我们必须加倍努力工作，充分发挥好地方国家权力机关的职能作用。在新的一年里，县人大常委会工作的指导思想是：高举中国特色社会主义伟大旗帜，以邓小平理论和“三个代表”重要思想为指导，深入贯彻落实科学发展观，继续解放思想，坚持改革开放，推进科学发展，促进社会和谐，按照县委第十次党代会作出的工作部署，认真履行宪法和法律赋予的各项职权，不断提高依法履职的能力，着力推进社会主义民主法制建设，构建富裕开放文明和谐新石林，努力开创我县经济社会跨越式发展的新局面。

建议新一届人大常委会在新的一年里继续抓好以下工作：

（一）深入学习贯彻党的十七大精神，开创人大工作新局面

党的十七大是我国进入新世纪全面建设小康社会关键阶段召开的一次十分重要的会议。胡锦涛同志的报告高瞻远瞩，内涵丰富，思想深刻，富于创新，体现了以胡锦涛同志为总书记的党中央应对挑战和困难的勇气，体现了与时俱进开拓创新的精神。学习贯彻十七大精神，要坚持正确的政治方向，坚持党的领导，坚持人民当家作主与依法治国的有机统一，进一步发展社会主义民主政治，在县委的正确领导下，继续扩大公民有序政治参与，丰富民主形式，拓宽民主渠道，不断加强和改进地方人大工作；以十七大精神指导实践，推动工作，以强烈的政治责任感和良好的精神状态，开创人大工作新局面。

（二）依法决定重大事项，保障经济社会的良好运行

听取和初审政府工作报告、国民经济和社会发展计划、地方财政预算以及县人大、法检两院工作报告，并将这些报告提请县第十五届人大一次会议审查；

听取和审议“一府两院”上半年工作报告；

听取和审议县人民政府上半年财政预算和国民经济与社会发展计划执行情况报告；

听取和审议2007年度地方财政预算执行和其他财政收支的审计工作报告；

听取和审议县人民政府关于办理县第十五届人大一次会议议案、建议、批评和意见以及闭会期间代表所提建议办理情况报告；

审查和批准2007年度财政决算报告。

（三）进一步做好监督工作，促进经济社会又好又快发展

依法履职行权，是宪法和法律赋予人大及其常委会的工作职责。要确保权力正确运行，必须让权力在阳光下运行，完善各类公开办事制度，提高人大工作透明度和公信力，保证人民赋予的权力始终用来为人民谋利益。常委会要按照围绕中心、突出重点、讲求实效的工作思路，积极探索加强和改进人大监督工作的方式方法。一是严格按照监督法的要求，适时向社会公开监督事项；二是把关系改革发展稳定全局和社会普遍关注、影响社会和谐的突出问题作为监督重点，运用各种监督形式，不断增强监督工作的实效性；三是加大对代表议案、建议的督办力度，在办理过程中既要保证满意率，更要注重提高解决率；四是继续坚持邀请县人大代表参加视察、调查和检查的制度，进一步拓宽代表知情知政的渠道，使常委会的工作在人大代表和人民群众的监督下更好地开展。2008年将着力做好以下几个方面的检查、视察和调研工作：

检查我县“十一五”规划执行情况；

检查县人民政府着力办好的十件实事的落实情况；

检查我县创建国家园林城市、国家环保模范城市工作进展情况；

检查我县贯彻实施《广播电视管理条例》的工作情况；

检查县人民政府办理县第十五届人大一次会议所列议案、建议、批评和意见以及闭会期间代表所提建议办理工作情况；

视察工业园区建设情况；

视察维则人饮工程运行情况。

调研是谋事之基，成事之道，我们将围绕工作重心，开展调查研究，形成调研报告，为县委、政府决策提供参考。

（四）依法做好人事任免工作，确保县委意图实现

县人大常委会要依法行使任免权，对县委推荐或“一府两院”提请任免的国家机关工作人员，任免前主任会议听取有关部门的情况介绍，经过认真审核后再提请常委会议任免。对任命的国家机关工作人员进行任后监督，促使被任命的干部认真履职，努力工作，推进各项事业发展。

（五）加强代表履职培训，充分发挥代表作用

人大代表是国家权力机关的组成人员，是人民利益的代言人，是党和国家联系人民群众的桥梁和纽带。常委会要把充分发挥代表作用作为一项重要的基础性工作，着力抓好增强代表责任意识和提高代表履职能力两个支点，完善工作机制，打造服务平台，依法指导和组织代表有计划、有组织、有成效地开展工作。加强代表培训，提高代表素质。组织好代表小组活动，促进代表之间的联系交流。邀请代表全程参与议案、建议督办，提高建议解决率。进一步改进代表工作，规范代表活动，发挥代表作用，履行代表职责，保障人民当家作主的民主权利。坚持主任会议组成人员接待代表制度，常委会组成人员联系代表制度，邀请代表参加县人大常委会组织的视察、调查和检查制度，保障代表的知情权、参与权。建立优秀建议激励机制，激励代表提出高质量的建议。继续开展创先争优活动，调动代表依法履职的积极性、主动性和创造性。指导乡镇人大主席团开展好各项工作，推动乡镇人大工作再上新台阶。

（六）宣传人民代表大会制度，推进民主法制建设

抓好阵地建设，着力办好《石林人大》内部刊物；完善宣传网络，加强宣传工作队伍建设；围绕中心，积极向省、市新闻媒体推介我县人大工作中的亮点、代表履职的先进典型事迹；不断创新宣传的形式和方法，提升人大宣传水平，让人民群众全面了解人大常委会的工作情况，增强人大工作的透明度，强化全社会的民主意识、法制意识、人大意识。

（七）继续加强机关自身建设，努力提高整体素质

2008年，县人大常委会要根据新形势对人大工作提出的新要求，进一步加强常委会自身建设和制度建设。一是加强政治理论学习，用邓小平理论、“三个代表”重要思想、科学发展观武装头脑；深入学习十七大精神，提高常委会组成人员和机关工作人员的政治素质；二是认真学习法律知识、人大业务知识，举办法律知识、财经知识专题讲座，努力提高法律素质和业务素质。三是不断加强制度建设，进一步完善常委会各项工作制度，推进常委会工作的制度化、法律化、规范化建设。四是进一步落实机关各项规章制度，提高工作效率，争创一流工作业绩。五是不断增强人大常委会党组织的凝聚力、战斗力、创新力，充分发挥党组织的战斗堡垒和党员的先锋模范作用，为全县的改革、发展、稳定作出贡献。六是加强机关干部队伍建设，努力建设一支政治坚定、业务精通、作风过硬、充满生机活力的人大机关干部队伍，着力提高工作效率和服务水平。

各位代表，彝乡欢腾庆盛会，人心思进奔小康。党的十七大提出了实现全面建设小康社会奋斗目标的新要求，描绘了一幅物质更加丰富、生活更加美好、社会更加和谐的宏伟蓝图。当前和今后一个时期，摆在我们面前的首要政治任务，就是认真学习贯彻党的十七大精神，始终保持昂扬向上的精神风貌，在县委的正确领导下，刻苦学习、埋头苦干、同心同德、开拓进取，为推进社会主义民主法制建设、实现旅游立县、粮烟稳县、工业富县、生态美县的宏伟目标而努力奋斗！

政府工作报告

——在石林彝族自治县第十五届人民代表大会第一次会议上

(2008 年 1 月 23 日)

县 长 李忠德

各位代表:

现在,我代表县人民政府,向大会作政府工作报告,请予审议,并请县政协委员和其他列席人员提出意见。

一、过去五年的工作

2003 年县第十四届人民代表大会第一次会议以来,在市委、市人民政府和县委的正确领导下,在县人大、县政协的监督支持下,县人民政府坚持以邓小平理论和“三个代表”重要思想为指导,全面落实科学发展观,团结带领全县各族人民,解放思想,抓住机遇,负重前行,锐意进取,开创了石林经济社会发展的良好局面,成为自治县成立五十年来发展最好的时期。

经济实力显著增强。五年来,立足实际,不断发展和完善县域经济支柱内涵,积极培育旅游、烤烟、畜牧等支柱产业,被列为云南省加快县域经济发展试点县,县域经济平稳较快发展。旅游以石林申报为世界自然遗产、首批世界地质公园,创建为首批国家 5A 级旅游景区为标志,成为县域经济主导产业;烤烟以稳定种植规模、效益稳步增长,多次荣获省、市烤烟先进县称号为标志,成为农民增收、财政增收的支柱产业;畜牧以羊产业迅速发展壮大为标志,成为农民持续增收的支柱产业;文化以列为云南省文化产业特色县、昆明市文化产业重点县为标志,产业发展初具规模。初步核算,2007 年实现地区生产总值 22 亿元,同比增 11%,年均增 9.6%;农业增加值 6.5 亿元,同比增 6.7%,年均增 4.1%;工业增加值 4.7 亿元,同比增 11.7%,年均增 9.4%;全社会固定资产投资 11.77 亿元,同比增 28.6%,年均增 35.6%;社会消费品零售总额 9.18 亿元,同比增 21.1%,年均增 17.3%;地方财政一般预算收入 1.42 亿元,同比增 12.7%,年均增 6.4%。大小石林景区接待游客 260 万人次,旅游直接收入 3 亿元,同比分别增 8.3%、15.4%,年均分别增 11.4%、21.6%,全县接待游客突破 300 万人次,综合收入 10 亿元,同比增 53.8%;烤烟收购总值 1.96 亿元,均价 11.98 元,同比分别增 16.7%、11.1%,年均分别增 4.6%、2.8%;畜牧产值 3.97 亿元,同比增 3.9%,年均增 13.3%;文化产业增加值 1.77 亿元,同比增 32.8%。

改革开放不断深化。农村税费改革主体工作、乡镇机构改革主体工作和乡镇行政区划调整工作全面完成,财政体制改革、部门预算改革成效明显,教育、卫生等社会事业改革和农村信用社改革、集体林权制度改革扎实开展,国企改革进入扫尾阶段,民营经济集团化、规模化发展步伐不断加快,行政审批制度改革稳步推进,成立了县便民服务中心和乡镇为民服务中心,“阳光政务”试点取得实效,行政服务质量和效率不断提高。对内对外开放迈出坚实步伐,制定实施了一系列鼓励投资和支持非公有制经济发展的优惠政策,以五大产业为重点,以县城东城区、石林旅游服务区、生态工业集中区为载体,全力打造招商引资平台,创新招商引资方式,五年累计引进国内市外到位资金 14.9 亿元,一大批招商引资项目的落户和建设,有力增强了全县经济发展活力。

城乡建设步伐加快。立足长远发展,坚持优先改善基础设施条件,全面加快城市、交通、水利、电力、生态等基础设施建设，五年累计完成固定资产投资37.8亿元。县城东城区一期开发基本完成，建成巴江城市带状公园，实施了县城建筑风貌一期改造和石林集镇风貌改造，阿诗玛文化生态园建成开园，城市建成区面积由“九五”末的2.4平方公里扩展到6.2平方公里，初步形成了石头特色、旅游特色、地方民族文化特色的城市风貌。昆石高速公路、西石一级公路、九石阿旅游专线建成通车，鹿平公路改造竣工，石林中路改扩建一期工程完工，二期工程正抓紧进行，农村公路硬化率达11.6%，城乡公交客运覆盖率达74%，初步形成了现代交通网络。石林风景区供水、威黑水库防渗加固及灌区中低产田改造一期、黑龙潭水库中型灌区西干渠节水改造等工程相继建成，全县水利化程度提高到60%，被评为云南省水利建设先进县。农村电网、城市电网改造、110千伏路南变电站二期改扩建和西部农网“二站三线”工程全面完成，供电可靠性显著提高。加快生态美县建设，完成了昆石高速公路石林段景观林一、二期工程，实施33万亩国家重点公益林补偿项目和3万亩退耕还林工程，生态治理、土地整理、环境保护有序推进，森林覆盖率提高到37%。社会主义新农村建设稳步推进，25个试点村的村容村貌、产业发展等发生了明显变化，开创了广大农民积极参与、社会各界热心支持新农村建设的良好局面。

人民生活明显改善。2007年农民人均纯收入3708元，城镇居民人均可支配收入11163元，同比分别增7%、8.6%，年均分别增11.4%、6.4%。积极实施城镇养老、失业、医疗、工伤、职工生育保险和城乡最低生活保障制度，新型农村合作医疗参合率达97%，实现了城乡医疗保险全覆盖。居民住房条件不断改善，汽车、电话、电脑、旅游等家庭消费水平逐年提高。建成148套廉租住房。扶贫开发扎实开展，年均减少贫困人口0.35万人。

社会建设全面展开。科技对经济增长的贡献率保持在46%以上，荣获全国农村科普工作先进集体称号。教育改革不断深化，实施义务教育“集、靠、收”战略成效显著，农村中小学一体化管理稳步推进，以民办公助形式建成石林实验学校，组建了高中教育集团和幼儿教育集团，优质教育规模稳步扩大，被评为云南省教育先进县、云南省规范教育收费示范县。人口自然增长率控制在6.5‰以内。公共卫生体系、基本医疗体系和三级医疗预防保健网络不断完善，食品药品市场逐步规范，人民健康水平稳步提高。彝族撒尼语口传叙事长诗《阿诗玛》列入首批国家级非物质文化遗产名录，石林景区荣获首批中国民间文化遗产旅游示范区、国家级风景名胜区综合整治十佳单位、最佳资源保护的中国十大风景名胜区等称号，石林管理局导游组荣获全国“五一”劳动奖状，完成彝文输入软件开发，圆满承办全国青少年航海模型锦标赛、昆明市第八届民运会等重要赛事，少儿绘画、农民画、抢花炮、残疾人田径等项目在国际国内比赛中取得优异成绩。通过开展“迎县庆、创一流”系列活动，激发了全县各族人民热爱彝乡、建设彝乡、发展彝乡的热情。去年以来，全面启动了创建国家卫生县城、国家园林县城、国家环保模范城市、省级平安县、昆明市文明县城“五创”工作，成为全国民族自治县第二家、昆明市首家国家卫生县城，创建云南省园林县城、省级平安县通过考评，创建昆明市文明县城通过年度评审，创建国家环保模范城市纳入昆明市区县责任单位。广播电视事业持续发展，荣获全国广电系统先进集体称号。“数字乡村”一期、第一次经济普查、第二次农业普查、人口抽样调查按期完成。国防动员、后备力量建设、双拥和人民防空工作扎实开展。妇女儿童、老年人、残疾人权益得到切实保障。气象、防震、邮政、通信、档案、电子政务、外事侨务、机构编制、民族宗教等各项社会事业不断取得新成绩。

民主法制扎实推进。普法与依法治县稳步开展，第二届、第三届村级组织换届圆满完成，基层民主政治建设成效显著，成为全国村民自治模范县，荣获全国村务公开民主管理示范单位称号。自觉接受人大及其常委会的法律监督、工作监督和政协的民主监督，认真办理人大代表议案建议和政协提案，解决率、满意率稳步提高。强化行政监察和审计监督，廉政建设、纠风治乱和反腐败工作深入推进。持续加强安全生产监管和整治，安全生产形势基本稳定。不断加强和改进社会治安综合治理，始终保持对各类违法犯罪行为的高压态势，有力维护了全县社会政治和谐稳定，被授予云南省“无毒县”称号。从2005年起，县人民政府每年承诺办好10件实事，通过积极努力，三年来承诺的30件实事均取得了实效，得到了广大干部群众和社会各界的肯定。

五年来，在全面建设小康社会的进程中，全县干部群众的思想观念发生了深刻变化，干事创业的氛围日益浓厚，加快发展的积极性空前高涨。今天的石林，已经站在了一个新的历史起点上！

五年的成就令人振奋，积累的经验弥足珍贵。在实际工作中，我们深切体会到：

一是必须坚持把发展作为富民强县的第一要务，千方百计推动经济社会又好又快发展。发展不足、发展不快是石林最突出的矛盾和问题，必须坚定不移地贯彻落实科学发展观，紧紧扭住经济建设这个中心，着力把握发展规律、创新发展理念、转变发展方式、破解发展难题、提高发展质量和效益，实现经济社会全面、协调、可持续发展。

二是必须坚持把群众利益作为科学执政的第一目标，千方百计解决关系群众切身利益的突出问题。解决人民群众最关心、最直接、最现实的民生问题，是我们一切工作的出发点和落脚点，必须坚持生产发展、生活富裕、生态良好的文明发展道路，坚持以人为本，实现好、维护好、发展好人民群众的根本利益，充分调动和激发全县各族人民加快发展的积极性和创造性。

三是必须坚持把优化环境作为加快发展的第一要素，千方百计塑造石林新形象。环境制约着发展的进程，实现石林跨越式发展，必须全力营造人人关心石林发展、人人爱护石林形象、人人支持环境建设的良好氛围，着力塑造石林诚实守信、善谋实干、文明规范、改革开放的新形象。

四是必须坚持把争创一流作为攻坚克难的第一动力，千方百计把握发展的主动权。过去五年，我们经受了"非典"冲击、高致病性禽流感疫情、旱涝灾害及各种突发事件的严峻考验，也经历了申报石林世界自然遗产、世界地质公园，创建国家5A级旅游景区、国家卫生县城等超强磨练，既是对我们执政能力的考验，更是对我们践行"三个代表"重要思想和执政为民宗旨的检验。在灾害、困难和压力面前，我们在上级党委、政府和县委的坚强领导下，紧密团结和依靠全县干部群众，积极主动，众志成城，"非典"防控取得了全面胜利，高致病性禽流感防治和抗灾救灾取得了决定性胜利，创建石林旅游国际国内品牌实现了历史性突破；在灾害、困难和压力面前，广大共产党员和基层干部群众苦战在第一线，涌现了一大批先进典型，彰显了共产党员和人民公仆的新风采，铸就了"团结奋斗、攻坚克难，志在必胜、争创一流"的精神。

各位代表，过去五年的发展，充满着困难和压力，充满着艰辛与汗水，也充满了成功和喜悦，谱写了全面建设小康社会的新篇章，为推进跨越式发展奠定了坚实基础。这是市委、市人民政府和县委正确领导的结果，也是全县各族人民齐心协力、奋力拼搏的结果。在此，我谨代表县人民政府，向辛勤工作在全县各条战线上的广大干部群众，向给予政府工作大力支持与监督的人大代表、政协委员、人民团体和其他各界人士，向离退休老干部、老职工，向驻石解放军、武警官兵、政法干警，向在我县创业的境内外投资者、建设者，向所有关心支持石林建设与发展的同志们、朋友们，致以崇高的敬意和衷心的感谢！

回顾过去的五年，我们也清醒地看到，前进中还面临一些突出矛盾和问题：产业结构不合理，工业化水平低的问题依然突出；经济发展的速度、规模和总量与全市平均水平存在不小差距；经济外向度不高，招商引资仍处于爬坡阶段；财政收入结构不优，收支矛盾突出；城镇化水平低，统筹城乡发展任重道远；农业产业化经营还处于起步阶段，农民增收渠道不宽，社会主义新农村建设任务艰巨而繁重；社会热点难点问题和不稳定因素依然存在，上访风、告状风、议论风时有发生，人民群众对发展的要求和期望越来越高、干部破解发展难题的压力越来越大；在少数地方和部门，还存在着门难进、人难找、事难办等作风不实、落实不力的问题，经济发展软环境有待进一步优化。对这些矛盾和问题，我们必须高度重视，创新化解矛盾的有效机制，落实处理问题的积极措施，不断取得发展的新突破。

二、新一届政府工作的主要目标和任务

新一届政府任期的五年，是我县推动跨越式发展的重要时期，是实现旅游立县、粮烟稳县、工业富县、生态美县建设目标的关键时期。未来五年，既是全面完成县第十次党代会和"十一五"规划确立的各项目标任务的五年，也是为"十二五"规划开好头、起好步的五年，石林面临着历史上难得的发展机遇。从国际看，求和平、谋发展、促合作成为不可阻挡的时代潮流，经济全球化正朝着均衡、普惠、共赢方向发展，世界旅游发展势头强劲，和平发展的中国已成为世界公认最安全的旅游目的地之一，中国——东盟自由贸易区加快建设，国际及区域经济交往不断扩大，石林已拥有两项世界级旅游品牌，石林旅游国际化发展必将获得更大空间和更多机会。从国内看，我们将迎来国家实施西部大开发战略进入基础设施建设与产业发展并重的新阶段，迎来国际资本和我国东部地区资本向西部地区加快转移的新变化，迎来省委、省人民政府加快现代新昆明建设，市委、市人民政府加快第二板块发展等众多机遇，我县有着便捷的交通、独特的区位、世界一流的旅游资源等优势，有着较为坚实的发展基础，必将赢得抢先发展的主动权，同时也面临着工业化水平低、经济增长方式粗放等诸多困难和挑战。为此，我们必须坚定不移地用科学发展观统领经济社会发展全局，以高度的政治责任感和历史使命感，以强烈的机遇意识、忧患意识和危机意识，始终把发展作为石林最大的政治、最硬的道理和最根本的任务，不争论、不扯皮、不分心、不走神、不折腾，以更大的气魄、更好的效益、更快的速度推进跨越式发展。

今后五年政府工作的总体要求是：高举中国特色社会主义伟大旗帜，以邓小平理论、"三个代表"重要思想和科学发展观为指导，认真贯彻党的十七大精神，全面落实市委九届四次全会、县第十次党代会精神，以现代新昆明建设为契机，以又好又快地发展大旅游为主题，以旅游立县、粮烟稳县、工业富县、生态美县为目标，坚持好中求快、稳中求进，坚持改革开放、激发活力，坚持统筹城乡、协调发展，坚持以人为本、促进和谐，创建世界一流景区，打造国际旅游胜地，全力推进旅游国际化、城乡一体化、农业产业化和工业新型化，努力把石林建成集旅游、文化、交通、商贸为一体的区域性中心，建成全国知名的生态旅游城市，为实现跨越式发展奠定坚实基础。

今后五年经济社会发展的主要预期目标建议为：全县地区生产总值年均增11%，2008年提前实现人均生产总值比2000年翻一番；全社会固定资产投资年均增20%；社会消费品零售总额年均增16%；地方财政一般预算收入年均增12%；农民人均纯收入年均增6%，城镇居民人均可支配收入年均增6%；每年城镇登记失业率控制在3.5%以下；每年人口自然增长率控制在6.8‰以内；单位生产总值能耗降低12%以上。

实现今后五年的主要目标，要着力抓好四方面的重点工作：

（一）全力建设富裕石林，推动县域经济新跨越

紧紧围绕富民强县目标，坚持好字优先、好中求快，牢牢扭住经济建设这个中心，全力推动县域经济持续健康快速发展。

加快提升旅游国际化，实现旅游产业新跨越。坚持把旅游作为立县之基，实施旅游发展六大工程，加速推进石林旅游国际化进程，2012年大小石林景区接待游客突破300万人次，旅游直接收入突破6亿元，全县接待游客突破350万人次，旅游综合收入突破25亿元。一是实施品牌巩固工程。全

面拆除大小石林景区有碍遗产保护的建（构）筑物，搬迁旅游服务设施，游览区范围逐步扩大到12平方公里以上，创建世界自然遗产、国家5A级旅游景区模范展示地；开展乃古石林环境整治和景前区建设，建成世界自然遗产展示、地质科普知识教育基地；科学开发长湖景区，打造康体休闲旅游区；提升大叠水、圭山国家森林公园景区建设管理水平，形成石林旅游新亮点。二是实施旅游转型工程。面向高端游客接待需求，加快石林旅游服务区中区建设，构建“五中心一店一场”旅游服务新格局；实施以旅哺农、以农促旅政策，建成中国彝族第一村，完成五棵树村整体搬迁，开发一批乡村旅游点。三是实施景区生态建设工程。认真贯彻《石林风景名胜区保护条例》，严厉打击破坏遗产生态行为，全面开展地质修复和生态恢复，满足遗产保护要求。四是实施旅游营销工程。整合旅游宣传资源，开展旅游立体营销，扩大石林旅游品牌的国际国内影响力，吸引更多的海内外游客关注石林、光顾石林。积极协调，完成石林景区门票调价工作。五是实施旅游人才工程。按照打造国际旅游胜地对旅游人才的要求，培育一批旅游服务优秀人才，引进一批旅游经营管理高端人才。六是实施旅游质量工程。强化“三标一体”贯标工作，推行卓越绩效管理和标准化、科学化、精细化管理，实现旅游经营、管理、服务与国际接轨。

加快推进农业产业化，实现现代农业新跨越。坚持把农业作为稳县之本，实施现代农业发展五大工程，加快传统农业向现代农业转变进程，实现农业增加值年均增6.5%，为不断开创社会主义新农村建设新局面奠定坚实的物质基础。一是实施粮食安全工程。稳定粮播面积，大力推广优质高产品种，确保粮食安全。二是实施烤烟提质工程。科学规划，合理轮作，健全基本烟田保护制度，不断提高烟田可持续生产能力；开展国家级烤烟标准化生产示范县和现代烟草农业示范村建设，坚持一乡一品，全面提升科技兴烟服务水平，稳步提高烟叶质量；完善种烟扶持政策和服务体系，调动种烟积极性，年种植11.8万亩左右，收购量稳定在32万担左右，确保均价和收购总值稳中有增。三是实施畜牧富民工程。巩固生猪生产，突出发展羊产业，加快禽类发展，稳步扩大畜牧生产规模，畜牧产值年均增6%以上。四是实施农业产业化和特色化工程。产业化是特色化的载体，特色化是产业化的核心。在巩固提升粮烟、畜牧产业化发展的同时，要加快发展果、菜、花等特色农业，加快形成户户有项目、组组有大户、村村有特色、乡乡有规模、业业有龙头的农业产业化格局，新增以甜柿、枇杷等为主的水果4万亩以上，无公害蔬菜、核桃、花卉分别发展到1万亩、15万亩和5千亩以上。大力引进、培育一批带动力强的龙头企业尤其是加工型龙头企业，延伸产业链，提高农产品附加值；扶持鲜活农产品批发市场建设和发展，加快培育农村经纪人、农产品营销专业户和农村各类流通中介组织，努力提高农业生产的组织化程度。五是实施农业科技工程。强化先进适用农业科技示范和推广，高度重视农产品质量安全，建设一批标准化、集约化、规模化和绿色、无公害、有机农产品生产基地，打造石林生态农产品品牌。

加快形成工业园区化，实现生态工业新跨越。牢固树立工业是富县之源的思想，以生态工业集中区建设为重点，提速全县工业化进程，工业增加值年均增15%以上。一是加大生态工业集中区规划控制力度，按照园区城市化、产业高新化、布局专业化、机制市场化的原则优化园区布局；严把入园工业项目“生态门槛”，积极引进科技含量高、无污染、效益好的项目入园，坚决杜绝高消耗、高污染项目入园，大力发展以旅游商品加工为主的轻工业、生物制药、农特产品加工和先进制造业；坚持把园区作为“特区”来办，创新管理和服务体制机制，引导一批生态型工业项目向园区聚集；整合资源，加大对园区基础设施建设的投入，力争到2012年，园区建成面积达3平方公里，固定资产投资40亿元以上，工业年产值15亿元以上，形成生态工业特色园区和石林中路城市经济带的增长极，积极争取进入省级开发区行列。二是坚持走工业门类集中、空间布局聚集、发展模式集群之路，抓住沿海和东部地区产业转移的机遇，充分发挥企业和园区的主体作用，在促进生态工业产业链整体向我县转移方面取得突破。三是加快工业循环经济发展，提高资源综合开发和回收利用率；实施重点节能工程，2010年完成落后产能淘汰工作，确保节能减排目标顺利实现。

加快打造文化产业化，实现文化繁荣新跨越。牢固树立文化是活县之魂的理念，培育与石林旅游业互动共促的阿诗玛文化产业，到2012年，文化产业增加值占地区生产总值的12%以上。一是按照融于旅游、服务旅游、发展旅游的思路，围绕打造文化石林目标，高起点、高标准编制文化产业规划，科学指导文化产业发展。二是加快推进文化体制改革，建立面向市场、服务旅游的文化发展机制，营造有利于出精品、出人才、出效益的文化发展环境。三是深度挖掘、提升阿诗玛文化内涵，申报成功一批世界级、国家级非物质文化遗产，策划、包装一批立足传统性、体现时代性、增强参与性的文化产业项目，建立文化产业项目库。四是制定文化产业发展优惠政策，加大文化产业项目招商引资力度，引进一批国际国内知名文化企业，建设一批文化产业基地，打造一批具有重大影响力的阿诗玛文化品牌，推动阿诗玛文化传承与繁荣，开创文化产业发展新局面。

（二）全力建设开放石林，推动改革开放新突破

坚定不移地推进思想解放、观念更新，内增活力、外拓空间，着力构筑全方位、多层次、宽领域的对内对外开放新格局。

加大招商引资力度。经验表明，一个地区引进资金和技术的能力越强、数量越多，其经济发展就越快、发展水平就越高。研究政策不透、转变观念不够、超前意识不强、大胆突破不足是全县经济发展不快的重要因素，无论什么时候，都必须坚定狠抓招商的信念决不动摇，保持攻坚克难抓引资的精神决不滑坡，持续加大招商引资的力度决不削弱。树立“招商引资是第一政绩”的理念，实施招商引资“一把手”工程，创新机制，改进方法，外引内培，努力形成领导带动、部门联动、企业主动、全民行动的招商引资新格局。建立重大项目推进机制，着力提高项目的谈判成功率、资金到位率、工程开工率和投产达产率，确保招商引资额年均增20%以上。

推动全民创业。按照政府引资促创业、百姓参与广就业的思路，深入开展全民创业行动，努力形成“百姓创家业、能人创企业、干部创事业”的浓厚氛围。牢固树立希望在民间、活力在民营、发展靠民力、稳定靠民富的思想，放宽领域、放宽政策，凡是国家法律法规未禁止的行业和领域，一律向民营经济创业主体开放，让一切劳动、知识、技术、管理和资本的活力竞相迸发，让一切创造社会财富的源泉充分涌流。加快培育一批市场主体，让创业者放心投资、放胆经营、放手发展。到2012年，力争非公有制经济增加值占地区生产总值的50%以上，在跨越式发展中发挥主力军作用。

优化发展软环境。强力推动行政管理体制创新，加快投融资体制改革，从严从快查处乱作为、不作为、慢作为以及各种破坏市场经济秩序的行为。全面实行限时办结制、特事特办制，严禁有令不行、办事拖拉、吃拿卡要、态度蛮横。严厉打击以权谋私、执法不公、欺行霸市、制假售假、坑蒙拐骗等行为，全力营造创业最宽松、社会最文明、人居最安全，低生产成本、低交易成本、低行政成本、低社会成本的投资环境。

（三）全力建设文明石林，推动城乡建设新发展

坚持以城乡统筹为主导，以基础设施建设为重点，以文明创建为支撑，加速提升城市化水平，加快新农村建设步伐，使城乡面貌五年内发生较大变化。

加快城市发展步伐，建设生态旅游城市。紧紧围绕建设生态旅游城市、打造国际旅游胜地的目标，高起点、高标准、高品位规划城市，标准化、规范化、工艺化建设城市，精心、精细、精品管理经营城市。一是按照生态、休闲、旅游、宜居的思路，依托石林拥有的国际国内品牌，深入研究“一路三湖、一片三林、一城三镇”生态旅游城市新构思，完善石林现代化城市发展战略，推动城市建设与旅游、地方民族文化相互渗透、有机融合。编制西城区、南城区控制性详细规划，完善石林中路沿线控制性详细规划，整合县城总体规划范围内的控制性详细规划，优化城市功能布局。严格执行城市规划“六线”制度，严厉查处违反规划审批和违法建设行为，维护规划的权威性和严肃性。二是完成石林中路改扩建工程；积极支持石蒙高速公路建设，科学处理好石蒙高速公路与石林中路、324国道、昆河公路之间的互通关系，构建安全、通达、便捷的城市交通网络。三是积极推进县级党政机关办公用房、旅游商贸城等重点项目建设，加速构建城市新格局。四是抓好西城区开发，加快北大村片、板桥片小集镇建设，不断拓展城市规模；加快中低价位、中小户型普通商品房建设，引导更多人口向县城和小集镇聚集，加快城乡一体化进程。五是编制城市规划区内村庄改造方案，分期分批组织实施。六是统一规划、市场运作，启动鹿阜古镇保护与开发。七是巩固国家卫生县城创建成果，加强城市园林绿化、环保、文明建设，突出抓好城市风貌改造和市容市貌、环境卫生、交通秩序、市场秩序整治，健全城市管理长效机制，确保2012年前步入国家园林县城和国家环保模范城市行列，基本达到生态旅游城市标准，城市规模发展到12平方公里，城市化率达30%以上。

加大基础设施投入，建设生态文明农村。坚持把改善农村生产生活基础设施条件作为新农村建设的重大任务，科学规划，突出重点，突破难点，稳步推进，不断增强农业农村可持续发展能力。一是全面完成新农村建设总体规划和单项规划。二是实施农村公路畅通工程和通达工程，改造、硬化乡村公路530公里，覆盖面达80%，2010年实现行政村“村村通公交车”目标。三是加快电力建设，实施110千伏石林输变电等重点工程，全面提升城乡电网供电能力。四是持续大干农田水利基本建设，实施团结水库加固扩建、月湖水库除险加固、黑龙潭水库中型灌区建设、三角水库供水管网改造等一批骨干工程，全面解决人畜饮水困难和人饮安全问题；全力争取列为国家农业综合开发县，全面提升农业综合生产能力。五是扎实推进广播电视“村村通”工程，2012年有线电视用户达4万户，广播电视人口实现全覆盖。六是加快推进集体林权制度改革，深入开展以植树造林、饮用水源区环境保护、推广“一池三改”等为重点的生态美县建设，重点地区生态治理取得突破性进展，到2012年森林覆盖率提高到46%，石漠化治理率达60%。通过五年努力，全县农村出行难、用水难、信息不畅、环境不优等状况得到明显改善，大部分村委会实现“九有”目标，30%以上的自然村成为小康示范村，为实现农村整体小康奠定坚实基础。

加大创建工作力度，提升社会文明程度。加强全民社会主义荣辱观教育，积极倡导“爱国守法、明礼诚信、团结友善、勤俭自强、敬业奉献”的基本道德规范，全面提高公民的思想道德素质。广泛开展创建文明乡村、文明社区、文明单位等活动。加强农民素质教育，大力培育新型农民；推进农村精神文明建设，倡导健康文明的生活方式和乡风民俗，实现干群融洽和谐、邻里和睦友善、民风健康文明、社会安定有序，营造人人知荣辱、讲正气、促和谐的良好氛围。

（四）全力建设和谐石林，推动社会建设新进步

坚定不移地贯彻落实科学发展观，在着力推进经济发展的同时，加快构建和谐石林，以和谐保发展，以发展促和谐。

积极推进民主政治进程。全面推行政务公开、村务公开、厂务公开，加强社区建设和村民自治建设，依法实行民主选举、民主决策、民主管理、民主监督，保障人民群众的知情权、参与权、表达权、监督权，把社区、村委会建设成为管理有序、服务完善、文明祥和的社会生活共同体。充分发挥社会组织在扩大群众参与、反映群众诉求方面的积极作用，增强社会自治功能。

全面推进社会建设。大力推动科技进步，增强自主创新能力，科技对经济增长的贡献率逐步提高到48%以上。坚持教育优先发展，全面推进义务教育改革，提高“两基”水平；实施农村中小学标准化建设，改善办学条件，促进义务教育均衡发展；深化高中教育改革，提升高中教育质量；搬迁新建县民族职业高级中学，创建县职教中心；加速幼儿教育普及进程，扩大优质教育规模。加大文化体育基础设施建设力度，积极支持民间文化体育团体发展，满足城乡居民广泛多样的文化体育需求。加强信息化建设，积极发展电子政务和电子商务。加快公共卫生和基本医疗服务体系建设，加强初级卫生保健和妇幼卫生工作，努力实现“人人享有基本医疗卫生服务”目标。加强国防动员和后备力量建设，积极开展双拥共建。扎实推动妇女儿童、人口计生、老龄、残疾人、人防、档案、史志、保密、统计、气象、邮政、通信、外事侨务、民族宗教、机构编制等事业取得新发展。

高度重视民生民享。坚持发展成果由人民共享，更加突出关注民生、重视民生，改善民生、保障民生。重点推进与整村推进相结合，大力实施农村富余劳动力转移、产业化带动、扶贫助学助医和扶贫济困等工程，基本解决绝对贫困人口的温饱问题，稳定提高低收入人口的收入水平。把就业作为民生之本，强化政府促进就业的公共服务职能，全面消除“零就业家庭”。加快建立覆盖城乡居民的社会保障体系，五年内实现“五大”保险全覆盖。完善城乡特困医疗救助制度，逐步提高城乡低保和农村五保户供养标准。完善、规范“一事一议”筹资筹劳办法，坚决防止农民负担反弹。

着力构建“平安石林”。全面完成“五五”普法任务。高度重视并正确处理新时期人民内部矛盾，完善矛盾纠纷排查调处机制，切实做好信访工作。建立健全社会预警、突发公共事件应急和社会动员机制，提高保障公共安全和处置突发事件的能力。抓好安全生产，坚决防止重特大事故的发生。加强社会治安综合治理，积极开展平安乡镇、平安村组、平安社区、平安校园创建活动，强化禁毒防艾工作，深入开展“严打”斗争和专项整治行动，巩固省级“无毒县”、“平安县”创建成果，全力维护社会稳定。

大力保护资源环境。加快构建资源节约型、环境友好型社会，严格执行国家关于节能减排的标准和措施，制定并实施科学发展目标考核指标体系。加大环境保护力度，落实环评制度，强化资源综合利用和环境整治，积极发展节能、降耗、减污、增效的产业和项目。着力解决农村环境保护中的突出问题，加快推进农村生产生活方式向环境友好型方向转变。妥善处理发展用地与耕地保护的关系，积极组织土地开发和复垦整理，确保耕地总量动态平衡；严格执行工业用地和经营性用地招拍挂出让制度，提高土地利用的投资强度和集约程度。

三、开创届首之年政府工作新局面

2008年是深入贯彻党的十七大精神，落实科学发展观，实现县第十次党代会和“十一五”规划目标任务的关键一年，也是新一届政府任期的第一年和自治县更名十周年，做好今年的工作，意义十分重大。

2008年经济社会发展的主要预期目标建议为：地区生产总值增11%；全社会固定资产投资增20%；社会消费品零售总额增16%；地方财政一般预算收入增12%；农民人均纯收入增6%，城镇居民人均可支配收入增7%；城镇登记失业率控制在3.5%以下；人口自然增长率控制在6.5‰以内；单位生产总值能耗下降3%以上。

实现上述目标，要切实抓好五项重点工作，着力办好十件实事。

（一）突出重点，壮大县域经济支柱

推动旅游发展再上新台阶。加快推进大小石林景区有碍遗产保护服务设施拆迁搬迁工作，提升环林路生态景观质量，开发李子园箐、步哨山景点，整合游览线路，扩大景区游览容量；开展乃古石林、长湖、大叠水景区环境整治，完成乃古石林景前区服务设施建设，全面改造石林景区卫生间；完成石林旅游服务区中区“五中心一店”规划设计并开工，启动石林生态民族体育运动场建设，加快中国彝族第一村建设步伐，启动五棵树村整体搬迁。实施数字石林二期工程。健全旅游安全保障机制，巩固平安、诚信石林旅游良好形象。积极协调，做好石林景区门票调价准备工作。创新宣传营销方式，努力开拓国际国内旅游市场，大小石林景区接待游客270万人次，实现旅游直接收入3.2亿元，全县接待游客320万人次，综合收入12亿元。

加快现代农业发展。坚持烤烟支柱产业地位不动摇，抓住国家提高烟叶收购价格和加大烟叶基础设施建设投入的重大机遇，切实宣传好、引导好、调动好农民的种烟积极性，扎实开展国家级烤烟标准化生产示范县和现代烟草农业示范村建设；继续坚持一乡一品原则，科学规划，择优布局，突出规模化种植，严管生产收购合同，种植11.8万亩；优质服务，强化科技，全面提升种植水平，提高烟叶质量；精心组织、严肃纪律、严格执法、平稳收购，收购烟叶32.8万担，上等烟比例达40%以上，上中等烟比例达90%以上，均价11.90元以上（按现行政策）。稳定粮播面积，扩大优质品种覆盖面，实现粮食丰产丰收。稳定生猪生产，扩大山羊存栏，加快禽类发展，抓好重大动物疫病防治，实现畜牧产值4.2亿元。大力扶持发展一批带动力强的农业龙头企业，推动农业产业化经营快速发展；壮大特色农业发展规模，新增一批绿色、无公害、有机和标准化果、菜、花生产基地，有效推动农业结构调整。

开创生态工业发展新局面。强力推进生态工业集中区开发，开工建设旅游商贸城、翡翠珠宝玉石加工基地、阿诗玛风情街、汽车配件生产基地、广东温氏畜牧基地等项目，完成固定资产投资5亿元以上。推行现代企业管理制度，推动技术革新，发展工业循环经济，着力抓好太阳能发电项目建设，巩固提高电力、烟叶复烤、建筑建材业的整体实力，实现工业增加值5.5亿元，规模以上工业万元增加值能耗下降4.5%。

实现文化产业发展新突破。编制全县文化产业规划，建立文化产业项目库。政府引导、市场运作，启动鹿阜古镇保护与开发一期和石林演艺中心建设，组建中国阿诗玛演艺公司，开放7个阿诗玛民族文化旅游生态村。高度重视非物质文化遗产保护，确保《彝族大三弦舞》、《撒尼挑花》申报成为国家级非物质文化遗产。打造阿诗玛文化精品节目，扩大阿诗玛文化品牌在全国的影响力和在国际文化产业市场的吸引力，确保文化产业增加值占地区生产总值的9%以上。

（二）与时俱进，加大改革开放力度

进一步深化改革。扎实推进行政管理体制改革和创新。完善鼓励非公有制经济发展政策，引导和鼓励一批科技含量高、发展前景好、产品适销对路的民营企业上规模、上档次、创品牌，促进民营经济更好更快发展。全面完成国企改革任务。加快推进事业单位管理体制和分配制度改革。深化农村综合改革，完成集体林权制度改革主体工作。

全力扩大开放。体现科学发展要求，完善招商引资政策措施和奖惩办法，整合招商资源，实施专业招商；优化招商引资结构，挖掘和推出一系列产业招商项目；着力优化投资环境，开展招商引资项目落实年、服务年活动，实行领导联系项目、单位与项目推进挂钩、工资奖金与项目落实情况挂钩的激励机制，充分发挥社会主义市场经济条件下政府有形之手的力量，为市场无形之手创造优良环境，努力实现优惠政策零折扣、生产经营零干扰、优质服务零缺陷，务求在招商引资总量和质量上实现新突破，确保引进国内市外到位资金6亿元，外资300万美元。

（三）强化基础，持续推进城乡建设

加快城市发展步伐。完成石林中路改扩建工程和县城东山路延长线至狮子山公园道路一期工程。积极支持石蒙高速公路建设。加快工商业务用房、巴江俪岛小区二期、水岸星城小区、天奇电力小区等项目建设，启动上海石林新天地、汽车客运站等项目，完成县级党政机关办公用房主体工程，扩大城市规模。实施县城建筑风貌二期改造和巴江综合治理三期工程，提升城市品位。完成巴江桥至县污水处理厂截污廊道工程，建成县污水处理厂。加大城市品牌创建力度，全面提高城市管理水平，稳步推进创建国家园林县城、国家环保模范城市工作。

努力改善农村基础设施条件。完成北召公路西街口至召夸段路面改造工程；实施畅通工程和通达工程，改造、硬化乡村公路140公里；新开农村公交线路1条，新建西街口镇、长湖镇2个四级客运站；加大超限超载整治力度，减轻公路破损程度。加快以“五小”、农村人饮、水源工程、烟水工程、病险水库除险、月湖水库珠江石漠化治理、城乡供水为重点的水利建设，启动团结水库加固扩建工程，建成黑龙潭水库中型灌区东干渠节水改造工程；解决1万人的饮水困难，新增“一池三改”2000户。加强协调，争取列为国家农业综合开发县，以项目开发提升农业综合生产能力。开发整理土地2万亩。实施110千伏石林输变电等电力重点工程，进一步完善城乡电网结构，满足县域经济发展的电力增长需求。加快广播电视“村村通”建设，进一步提高覆盖面。完成县、乡镇两级新农村建设总体规划和试点村村庄发展与建设规划，扎实推进村容村貌整治；以村委会为单位，按照“九有”标准建设一批试点村。

（四）增收节支，提升财政综合实力

加快公共财政体系建设。进一步强化财政法制观和绩效观，牢固树立大局意识、民本意识、和谐意识和节约意识，不断提升财政调控、监督能力；牢固树立过紧日子思想，集中财力办大事、保重点，让更多群众共享经济社会发展成果。

强化财税收入征管。巩固现有财源，积极培育新税源，增强县、乡镇财政的自我保障能力。加大税收征管力度，确保收入及时足额入库。依法打击偷逃骗税行为，努力做到应收尽收。

严格财政支出管理。强化预算支出管理，完善财政专项资金报账制，开展财政投资项目评审，提高财政资金使用效益。实施有利于调动乡镇积极性的财政管理体制，完善国库集中支付管理。新增财力分配向新农村建设、民生工程倾斜，确保工资、社保等稳定性支出需要，严控公务费、会议费、接待费等支出。加强银企对接，积极争取金融部门支持。用足用活国家对新农村建设、民生工程等的各种扶持政策，积极争取上级更多的支持。

（五）统筹兼顾，促进社会全面进步

广泛开展文明创建活动。加强公民道德教育，切实抓好文明乡村、文明社区、文明单位创建工作，弘扬社会正气，树立文明典型，提高全民文明素质。加大文明县城创建工作力度，争取进入昆明市文明县城行列。

推动科教文卫等事业持续发展。加强科技推广和自主创新，促进科技成果转化，推动经济社会各领域的科技进步。优先发展教育，切实抓好农村中小学标准化建设，大力改善办学条件，加强“九年一贯制”管理，巩固“集、靠、收”改革成果，促进义务教育均衡发展；推进非义务教育管理改革，提高高中教育集团办学质量，发挥幼儿教育集团的示范辐射作用；积极探索职业教育民办公助、社会办学形式，完成县民族职业高级中学搬迁建设项目主体工程；认真落实学生资助政策，促进教育事业和谐发展。深化文化体制改革，构建与社会主义市场经济相适应的文化体系；新建、改造村级文化室27个，改善农村文化基础设施条件；开展丰富多彩的城乡文化体育活动和全民健身运动，促进文化体育事业繁荣发展。精心组织，确保2008年北京奥运会火炬石林接力活动圆满成功。加强公共卫生体系建设，提高疾病预防和医疗救治能力；完善新型农村合作医疗制度，实施7个乡镇卫生院新（改）建国债项目，确保农村初级卫生保健工作通过省级复审。开展以改厕为重点的爱国卫生运动，巩固国家卫生县城创建成果。加强国防动员和后备力量建设，做好双拥工作，促进军政、军民团结。开展第二次经济普查和第三次文物普查，抓好信息公开网站公共平台应用试点工作。努力推动妇女儿童、老龄、残疾人、档案、史志、保密、气象、邮政、通信、外事侨务、机构编制等事业取得新发展。

加强民生建设。全面落实就业和再就业政策，统筹做好城镇劳动力就业、农村富余劳动力转移就业、下岗失业人员再就业工作；切实帮助城镇“零就业家庭”和“低保户家庭”的就业困难人员就业；高度关注弱势群体生产生活，加快推进城乡社会救助、社会救济、社会福利、优抚安置和社会互助事业发展。积极探索建立失地农民养老保险机制，扩大城乡“五大”保险覆盖面。抓好扶贫工作，减少贫困人口7676人。强化监督检查，严防农民负担反弹。

维护社会稳定。扎实开展“五五”普法，推进依法治县进程。认真贯彻党的民族宗教政策，促进各民族团结和谐。全面推进政务、村务、厂务公开，健全社区居民和村民自治制度，扩大基层民主，保障人民依法行使各项权利。抓好信访工作，推动人民调解、行政调解和司法调解有机结合，着力解决群众反映强烈的问题。完善应急管理体制机制，提高危机管理和抗风险能力。坚持安全第一、预防为主、综合治理方针，全面落实安全生产责任制，夯实乡镇和企业两个基层基础，深入开展煤矿、非煤矿山、交通、消防、建筑、学校、旅游、危化、民爆、食品药品等领域的安全生产专项整治，有效遏制重特大安全事故发生，确保安全生产形势持续稳定。坚持预防为主、打防结合，专群结合、依靠群众的方针，完善社会治安防控体系，广泛开展平安创建活动，把社会治安综合治理措施落实到基层；进一步做好禁毒防艾工作，严厉打击各种刑事犯罪和经济犯罪，切实保障人民生命财产安全，全力维护社会稳定，增强广大人民群众的安全感。

促进可持续发展。进一步增强人口和计划生育管理服务能力，稳定低生育水平，提高人口素质。切实保护好耕地、水、森林、矿产等资源，严格节约、集约利用土地，确保耕地占补平衡；加大矿产资源整顿和整合力度，严厉打击无证开采、以探代采及破坏生态环境等违法行为。持续开展环保专项行动，大力推广使用可再生能源，强化节能减排，杜绝各类污染事故发生。深入实施生态美县战略，扎实开展植树造林和生态公益林管护；切实抓好农村饮用水源地环境保护和饮用水质改善，推进农村生活污染治理，严格控制农村地区工业污染，加强规模化畜禽养殖、农业面源和土壤污染防治，营造人与自然和谐的农村生态环境。

着力办好十件实事。坚持突出重点、突破难点、关注民生原则，办好十件实事，辐射带动全县经济社会发展各项工作扎实推进。一是建成县污水处理厂；二是完成北召公路西街口至召夸段路面改造工程；三是改造、硬化乡村公路140公里；四是启动团结水库加固扩建工程；五是建成黑龙潭水库中型灌区东干渠节水改造工程；六是解决1万人的饮水困难；七是实施110千伏石林输变电工程；八是新建、改造村级文化室27个；九是实施7个乡镇卫生院新（改）建国债项目；十是减少贫困人口7676人。

四、切实加强政府自身建设

面对纷繁复杂的新情况、新问题，推进跨越式发展，构建富裕开放文明和谐的新石林，对政府自身建设提出了新的更高的要求，要加快转变政府职能，推进管理创新，改进工作方式，全面提高科学行政、依法行政和民主行政水平。

（一）坚持科学施政，构建学习政府

加强对科学发展观的学习、理解和把握，增强贯彻落实科学发展观的自觉性和坚定性，真正做到把“富民强县”摆在落实科学发展观的核心位置。认真学习现代经济、科技、社会管理和法律知识，提高抢抓发展机遇的能力、驾驭市场经济的能力、推进自主创新的能力、管理社会的能力和依法办事的能力，按照科学发展观的要求研究问题、改进方法、推动工作，切实把经济社会引入科学发展的轨道上来。

（二）严格依法行政，构建法治政府

认真贯彻行政许可法和国务院依法行政纲要，严格按照法定权限和程序履行职责。自觉接受人大依法督政，积极支持政协民主议政，热忱欢迎社会各界、人民群众、新闻媒体对政府工作进行监督。改进工作方法，善于综合运用法律、政策、经济和说服教育的办法推动工作、促进发展。全面推行“阳光政务”，建立健全领导、专家、群众相结合的科学决策机制。强化行政执法监督，规范行政行为，坚持用制度管人、管事、管财。

（三）切实转变职能，构建服务政府

把工作重点转移到调节经济发展、加强公共管理、提供优质服务和营造良好环境上来。加强诚信政府建设，增强政府公信力。坚定不移地落实富民优先政策，时刻把人民利益、群众冷暖放在心上，认认真真察民情、诚诚恳恳听民意、实实在在帮民富、兢兢业业保民安，让广大人民群众在加快发展中得到更多实惠。

（四）突出发展至上，构建有为政府

始终坚持发展至上的理念，始终保持奋发有为的精神状态，努力营造鼓励创新者、褒奖实干者、鞭挞平庸者、淘汰落后者的浓厚氛围。加强机关效能建设，切实转变作风，增强行政执行力。积极推行电子政务，提高工作效率。实施最科学的岗位责任制、最严格的限时办结制、最严肃的服务承诺制和最严厉的问责制，简化办事流程，实行结果倒查，强化督查推动，严格奖惩激励。大力推行“一线工作法”，广大干部要置身一线，靠前指挥，决策在一线落实、问题在一线解决、创新在一线体现、成效在一线检验，真正做到为政一任，活一方经济、富一方百姓，保一方平安、正一方风气。

（五）促进团结稳定，构建和谐政府

坚持把和谐的理念贯穿政府自身建设的始终，体现在政府工作的各个方面。政府组成人员及工作人员要倍加顾全大局、珍视团结、维护稳定，做增进团结的模范、促进和谐的表率。建立健全行为规范、运转协调、公正透明、廉洁高效的行政管理体制，形成齐抓共管、密切配合，高效率、快节奏的工作格局。建立科学有效的利益协调机制、诉求表达机制、矛盾调处机制、权益保障机制，统筹协调各方面利益关系，妥善处理社会矛盾，保障社会稳定与和谐。

（六）推进反腐倡廉，构建廉洁政府

政府组成人员及工作人员要树立正确的权力观、利益观和幸福观，全面落实党风廉政建设和反腐败责任制，严格执行财政资金“收支两条线”、政府采购、建设工程招投标等制度。坚持有贪必反、有腐必惩、有乱必治，强化行政监察和审计监督，加大对贪污、决策失误造成损失以及宁愿少干事甚至不干事、保证不出事导致失去机遇影响发展等案（事）件的查处力度，对违法、腐败分子和违纪人员，坚决严肃查处，决不姑息迁就。

各位代表、各位委员，同心同德是最大的和谐，互勉共为是最实的和谐，同甘共苦是最真的和谐。让我们以邓小平理论和“三个代表”重要思想为指导，深入贯彻党的十七大精神，牢固树立和全面落实科学发展观，在县委的正确领导下，在县人大和县政协的监督支持下，凝聚全县各族人民的智慧和力量，团结一心，励精图治，开拓创新，锐意进取，为全力推动石林经济社会又好又快发展，建设富裕开放文明和谐的新石林而奋斗！

广聚民心民智 共建和谐石林
为加快推进石林全面建设小康社会献计出力

——在政协石林彝族自治县第八届委员会第一次会议上的报告

（2008 年 1 月 22 日）

县政协主席 者培仙

各位委员：

我受政协石林彝族自治县第七届委员会常务委员会的委托，向大会做工作报告，请予审议。

一、过去五年工作的回顾

政协石林彝族自治县第七届委员会任期的五年，是我县改革开放取得新突破，经济社会发展取得显著成效的五年，也是县政协工作在继承中前进、在开拓中发展的五年。五年来，在中共石林彝族自治县委的正确领导和省、市政协的指导下，县人民政府大力支持，社会各界积极配合，县政协以邓小平理论、“三个代表”重要思想和科学发展观为指导，认真贯彻落实党的十六大、十七大和省、市、县党代会精神，高举爱国主义、中国特色社会主义旗帜，始终坚持中国共产党领导的多党合作和政治协商制度，牢牢把握团结和民主两大主题，紧紧围绕县委、县人民政府的中心工作，团结和带领全体县政协委员，认真履行政协职能，积极推动工作创新，大力开展理论学习，努力加强自身建设，不断推进政协工作扎实深入、活跃有序开展，各项工作都取得了新的进展，为实现我县经济社会又好又快发展做出了积极贡献。

（一）讲学习，强素质，政协自身建设得到进一步加强

五年来，县政协常委会严格按照“讲学习、强素质、增活力、树形象”的要求，切实采取有力措施，着力加强自身建设，为履行政协职能打下坚实的基础。一是理论学习系统深入。注重学习中国特色社会主义理论、政协统战理论和相关业务知识，营造了良好的学习环境和工作环境。县政协先后邀请了省、市有关领导、知名专家学者分别就党的十六大、十七大和省、市党代会精神，新形势下如何发挥政协职能作用、如何抓好提案工作、如何发挥委员主体作用、如何构建和谐社会等内容对县政协委员进行了培训。通过学习培训，县政协委员们系统掌握了政协的工作知识，在石林经济社会发展中发挥了重要的作用。二是队伍素质不断提升。县政协采取党组会、常委会、全委会、机关例会、专题调研会、政协联系组会等学习形式，注重向书本学习、向实践学习、向基层学习，建立完善了形式多样、内容丰富、注重实效的学习制度。通过开展“云岭先锋”、“保持共产党员先进性教育”、“作风建设年”、“行政问效年”等一系列活动，狠抓了思想建设、组织建设、作风建设、队伍建设、党风廉政建设等工作，加大了政协组织与广大政协委员、社会各界和人民群众的联系，增强了服务大局、服务社会的意识，形成了风清气正、严守纪律、为人民群众办好事办实事的良好氛围，赢得了社会各界的广泛认可和人民群众的普遍满意。在学习和实践中，县政协常委、政协委员及机关工作人员的综合素质和工作能力得到进一步提高，政协常委会的主导作用、政协委员的主体作用、专委会的基础作用、政协联系组的桥梁纽带作用得到充分发挥。三是“三化”建设稳步推进。按照

《中共中央关于加强人民政协工作的意见》、《中共中央关于进一步加强中国共产党领导的多党合作和政治协商制度建设的意见》和省、市、县委的有关要求，精心策划，全面部署，在不断完善各项工作制度的同时，及时把工作中的有效做法和成功经验规范为长效机制，稳步推进政协履行职能的规范化、制度化、程序化的进程，形成了党委重视、政府支持、政协主动、社会各界配合的政协工作格局，为政协履行职能提供了强有力的制度保障。四是政协委员作用充分发挥。紧紧围绕我县的工作大局，针对全县的税费改革、城市风貌改造、民族旅游产品开发、撒尼民居建筑研究、环境整治、招商引资、集体林权制度改革等事关全县经济社会改革、发展和稳定的热点、难点问题，组织全体政协委员献计出力，当好县委、县人民政府的参谋助手，认真组织政协委员开展“送温暖，献爱心”等活动，积极参与抗旱救灾、抗击非典、防治禽流感等应急工作，解决了人民群众的实际困难和问题，圆满完成了县委交办的各项工作任务。

（二）谋全局，务实效，政协基本职能得到进一步发挥

始终坚持“谋全局，务实效”的履职原则，为县委分忧，为政府解难，切实履行政治协商、民主监督、参政议政三大职能作用。一是政治协商规范有序。协商体现民主，协商反映民意，协商集中民智，协商增进理解和支持。五年来，县政协组织委员认真协商讨论了各年度的《石林彝族自治县人民政府工作报告》、《石林彝族自治县国民经济和社会发展计划（草案）的报告》、《石林彝族自治县国民经济和社会发展第十一个五年规划及2015年远景规划纲要》、《石林彝族自治县财政预算执行情况和财政预算（草案）的报告》以及《石林彝族自治县人民法院和人民检察院工作报告》，提出各种修改意见和工作建议245条。共组织专题协商会8次，先后对生态工业集中区建设、阿诗玛生态园建设、“十一五”规划、乡镇机构改革方案、环境保护规划、《中共石林彝族自治县委关于加强人民政协工作的意见》（征求意见稿）等进行了专题协商，提出意见建议64条。同时，各专委会就对口联系部门的相关重点工作多次进行专题协商，形成了“全体会议全面协商，常委会议重点协商，专题会议对口协商”的协商格局。通过协商讨论，提出了具有前瞻性、全局性、可行性的意见建议。二是民主监督切实有力。积极探索新思路、新措施，用新的办法拓宽领域，加大力度开展各种民主监督活动，不断提高民主监督的实效。共组织各类视察12次，县政协委员参加视察600人（次），提出意见建议89条。建立健全联系和反馈机制，向公、检、法、司、审计等部门派出23名政协委员担任特邀监督员，充分发挥了政协委员的民主监督作用。积极做好政协委员和群众来信来访工作，收集社情民意，及时向党委、政府和有关部门传递信息，共收到群众和政协委员来信62件，接待来访人员180人（次），所反映的问题都给予了妥善处理。积极组织政协委员参加县委、政府组织的对各部门的考核评议工作。三是参政议政稳步推进。为充分发挥政协委员主体作用，县政协积极组织政协委员参政议政。共组织政协小组活动167次，委员们围绕全县改革发展中出现的重点问题和事关人民群众切身利益的热点问题，在深入调研的基础上，提出各类意见建议1400条，促进了相关工作的稳步开展。四是提案工作取得实效。五年来，共收到政协委员提案487件，通过审查，共立案487件，内容涉及改善农业基础设施建设、生态环境建设、产业结构调整、非公经济发展、招商引资、文教卫生事业发展、群众福利等各个领域和行业。县政协在进一步完善提案办理工作机制的基础上，实行主席、副主席督办方式，对重点提案进行跟踪督办，加大督办力度。同时，实行重点提案连年跟踪回访督查机制，初步形成了政协领导重点督办、专委会协助督办的新格局，提案工作取得了实效。政协委员提出的《关于适当提高机关工作人员下乡补助标准》、《狮子山道路修建》、《进一步加强县城交通治理》、《加强巴江河环境整治》等提案都得到了全面的落实。目前全部提案均已办理完毕，办复率100%，满意和基本满意的达98.97%。对优秀提案和提案工作先进承办单位进行了表彰，激发了政协委员提提案的积极性、主动性，提高了提案的质量。五是视察调研扎实有效。按照科学发展观及构建和谐社会的要求，切实加大视察调研力度。共开展各类视察调研活动47项，参加调研的政协委员970余人（次），完成30项专题调研报告，提出意见建议150条。《村民委员会换届选举工作调研报告》、《基层农村卫生院所工作情况调研报告》、《化肥零售经营情况调研报告》得到了县委、县人民政府的高度重视。

（三）讲团结，促和谐，政协的两大主题得到进一步弘扬

团结和民主是政协的两大主题。县政协始终坚持团结和民主两大主题，认真做好统一战线工作，积极协助县委、县人民政府做好联系社会各界、维护社会稳定工作，在履行职能中体现团结和民主，在团结和民主中履行职能。一是参谋助手作用得到充分发挥。县政协充分发挥职能优势，密切与各族各界的联系，广泛听取各方面意见，积极反映社情民意。充分发挥政协的参谋助手作用，协助县委和县人民政府做好协调关系、化解矛盾、理顺情绪、维护稳定工作。积极主动参与全县的各项重点工作和重大活动，为经济社会发展搭建有效的交流平台，在深入实施“33542”发展战略、“12345”旅游国际化发展战略和石林现代化城市发展战略中，县政协在对外协调、招商引资、石林申报世界自然遗产、工业生态集中区建设、化解社会矛盾和“五创”等工作中都发挥了重要的作用。二是联系交往空间更加开阔。以增进友谊、共同发展为目的，县政协积极加强与全国各级各地政协的联系与交往，不断延伸联系与交往的空间。先后组织政协委员到外地参观考察学习400人（次），共接待全国各级各地来客180批2500人（次）。在考察学习中增进了各级各地政协之间的了解，宣传了石林，促进了发展。三是周边联谊作用得到不断加强。每年都积极参加或承办石林、陆良、弥勒等政协联谊会、政协工作联系会、政协工作研讨会。充分发挥周边联谊的作用，增进周边县之间相互了解、相互学习，共同为促进经济社会的和谐发展而做出积极的努力。五年来，共参加联谊研讨10次，对宣传石林、促进对外开放、保持周边地区社会稳定、促进周边地区经济社会发展起到了积极的作用。四是社会各界联系更加紧密。进一步加强与各人民团体、民族宗教、工商联和各界人士的交往与合作，扩大与港澳台同胞、海外侨胞的交往与联系，每年都与县委统战部共同召开台侨属、非党人士中秋座谈会，并开展节日慰问活动，增进了与社会各界、各阶层人士的友谊与合作。五是扶贫工作更加深入。五年来，县政协机关全体工作人员为灾区、贫困党员、结对帮扶户等捐款18600元。政协机关为所联系的村委会解决经费20500元，促进了各年度的春耕生产工作。通过开展形式多样的“送温暖、献爱心”活动，密切了干群关系，激发了社会活力，为构建和谐石林发挥了积极作用。

（四）重史实，显特色，文史资料征集取得新的成果

按照以史为鉴、参政议政，发挥优势、服务中心，潜移默化、存史育人的要求，五年来，县政协广征博采，精选精编，严把政治、史实、文字关，认真做好文史资料的收集、整理和编辑出版工作，编辑出版了三辑思想内容丰富、时代气息浓郁的文史资料，其中，第10辑为20余万字的《政协联谊会资料》；第11辑为300余首古今名人赞美石林奇观和民族风情的《石林诗词集锦》；第12辑为48篇反映近10年来在县委的正确领导下，石林人民所取得的辉煌业绩的《辉煌石林》。这三辑文史资料与历届九辑文史资料一脉相承，切实发挥了“团结、存史、资政、育人”的作用，为配合市政协及县有关部门做好文物保护的调研工作，积极探索石林彝族阿诗玛文化的保护与开发利用，对石林如何进一步发掘文化旅游资源提出了很多意见建议，为地方社会文化事业的发展做出了积极的贡献。

各位委员，七届政协工作所取得的成绩，是县委的正确领导、县人民政府的大力支持、社会各界的通力配合、县政协各组成单位密切协作、全体政协委员和政协机关干部职工共同努力的结果。在此，我谨代表县政协常委会向长期以来关心支持政协工作的各位领导和同志们表示衷心的感谢！

回顾过去五年的工作，我们深深感到，要做好政协工作：一是要始终坚持党的领导，坚定正确的政治方向；二是要增强学习能力，提高整体素质，加强自身建设；三是要始终围绕全县的中心工作，履行好政协基本职能；四是要紧扣全县的发展主体，提高政协参政能力；五是要充分发挥政协的优势作用，扩大对外联系与交往；六是要高度重视文史资料的收集征编出版工作。

各位委员，在总结工作，肯定成绩的同时，我们也清醒地认识到工作中还存在着不足，离党和人民的希望还有一定的差距：一是充分发挥政协优势作用，调动各方面的积极性，提高政协工作实效性还不够；二是政协工作的制度化、规范化、程序化建设有待进一步完善；三是政协委员的主体作用发挥还不够明显；四是政协工作的民主监督形式有待进一步探讨；五是政协工作的调研方式有待进一步创新；六是政协工作的提案连年跟踪督办机制有待进一步总结。所有这些不足和问题，我们要在今后工作中认真研究和解决。

二、今后五年工作的思路

今后五年，是我县全面建设小康社会、构建和谐石林的关键时期，也是县政协牢记使命，继往开来，进一步开创人民政协工作新局面的五年。

今后五年工作的指导思想是：高举中国特色社会主义伟大旗帜，以邓小平理论和“三个代表”重要思想为指导，认真贯彻落实党的十七大和县第十次党代会精神，以科学发展观统揽工作全局，围绕“旅游立县，粮烟稳县，工业富县，生态美县”目标，认真履行政治协商、民主监督、参政议政职能，加强“三化”建设，解放思想，团结奋进，开拓创新，广聚民心民智，共建和谐石林，为加快推进石林全面建设小康社会献计出力。

（一）高举旗帜，统一思想，全面贯彻党的十七大精神

胡锦涛总书记在党的十七大报告中系统阐述了中国特色社会主义道路和中国特色社会主义理论体系，鲜明地回答了当代中国走什么路、举什么旗、以什么样的精神状态、朝着什么样的发展目标继续前进的根本问题。同时，胡锦涛总书记站在民主政治建设的高度，对政协工作和统一战线工作提出了新的更高的要求，明确指出，要支持人民政协把政治协商纳入决策程序，完善民主监督机制，提高参政议政实效；加强政协自身建设，发挥协调关系、汇聚力量、建言献策、服务大局的重要作用。这充分表明了党对政协工作和统一战线工作的高度重视，为政协工作和统一战线工作指明了前进的方向。作为县委领导下的县政协组织，当前和今后一个时期的主要任务，就是要始终高举爱国主义、中国特色社会主义的伟大旗帜，找准政协工作的结合点和切入点，把全县各民族、各团体、各阶层和各界人士的思想行动统一到贯彻党的十七大精神上来，用真诚搞好协商，用真心搞好监督，用真情参政议政，最大限度地把人民群众的愿望集中起来、智慧凝聚起来、力量发挥出来，千方百计，群策群力，把各方面的力量凝聚到实现县委、县人民政府确定的各项目标任务上来，在全面建设小康社会的伟大实践中做出积极的贡献。

（二）紧扣中心，共谋发展，唱响参政议政主旋律

紧紧围绕经济社会实现又好又快发展这一主题和我县实现跨越式发展这一目标，按照聚精会神搞建设，一心一意谋发展的要求，始终坚持把促进经济社会发展作为政协履行职能的第一要务，进一步把社会各界人士的力量汇聚到我县的经济社会建设中，切实在政治协商、民主监督、参政议政上发挥重要作用。一是要切实增强政协的协商议政能力。探索和试行联组协商会议，在每年召开全会期间，均要组织一次联组发言，并请有关县级领导参加听取意见和建议。积极推行协商议政，采取面商座谈、专题协商等方式，邀请县委、县人民政府领导或部门负责同志，就各个时期的重点工作与县政协委员面对面进行协商。二是要创新民主监督方式。在总结经验的基础上，把民主监督工作推向规范化和经常化的轨道。对全县经济社会发展中存在的重点、难点问题，多提出一些具有前瞻性、开创性的意见建议，多出新思路、新措施，积极建言献策。从2008年开始，每年向县人民政府提出一个高质量的建议案。三是要充分发挥县政协常委的主导作用和县政协委员的主体作用。在政协常委中开展“五个一”活动，即每年“写一件有质量的提案，提一项合理化的建议，反映一条有价值的社情民意，办一桩力所能及的实事，写一篇有价值的调研报告”，提高政协常委的参政议政能力。在政协委员中开展“四个一”活动，即每年“重温一次政协章程，提一项合理化建议，反映一条有价值的社情民意，写一件有质量的提案”，在学习和实践中不断提高县政协委员提提案的能力和水平。加大提案办理跟踪督办力度，全面做好提案工作。四是要创新调研工作方式，提高调研工作实效。要紧紧围绕我县改革开放、经济建设和社会发展中的热点难点问题，主动选择一些具有综合性、全局性和前瞻性的课题，创新调研方式，深入开展调研，提高调研的质量和实效，破解发展难题，积极为县委、县人民政府科学决策、民主决策提供参考依据。五是要继续做好文史资料征编出版工作。坚持“以史为鉴、参政议政，发挥优势、服务中心，潜移默化、存史育人”的原则，做好文史资料征编出版工作，使文史资料更好地为经济社会发展服务。六是要积极参与事关全县发展大局的重要工作。按照县委的安排，直接参与事关全县发展大局的重要工作，形成在参与中监督，在监督中参与，提高政协的履职水平，为全面建设小康社会，推进我县经济社会又好又快发展做出新的贡献。

（三）团结民主，为民履职，促进经济社会和谐发展

坚持团结和民主两大主题，积极为构建社会主义和谐社会服务。要充分调动各方面的积极性和创造性，团结一切可以团结的力量，为全县经济社会的跨越式发展汇聚力量。一是要充分发挥优势作用，加大招商引资力度。要充分发挥政协代表面广、包容性强的优势，团结各界力量，凝聚各方智慧，进一步营造民主、和谐的政治氛围。充分发挥资源、文化、区位优势，在深入实施“33542”发展战略、“12345”旅游国际化发展战略中，充分利用政协工作大团结、大联合、大发展的平台，广交朋友，加大招商引资力度，做好沟通、协调和跟踪服务工作，优化招商环境，搭建引资平台，使招商引资工作取得更大突破，为石林民营经济不断发展壮大作出积极贡献。二是要创新联谊会方式，拓宽联系交往空间。加强与各级各地政协的联系，采取“走出去，请进来”的学习方式，参加与发达地区、世界自然文化遗产地政协的联谊会和研讨会，分批安排人员到外地参观调研和考察学习。要创新联谊会方式，联谊会在于精而不在于多，着眼于提高联谊会的质量，为把石林打造成全国最具魅力的生态旅游城市、世界自然遗产模范展示地、世界自然与文化完美融合的国际知名精品旅游胜地贡献力量。要继续加强与周边县区政协的联系，开展好联谊活动，为构建和谐社会，建设平安石林，推进石林经济社会又好又快发展创造安定团结、文明和谐的社会环境。三是要积极反映社情民意，促进社会和谐发展。要充分发挥政协联系广泛、上下通达的优势，密切与各族各界的联系，建立健全“主席接待日”、“委员约谈会”制度，广泛听取各方面的意见，积极反映社情民意。积极协助县委、县人民政府做好协调关系、化解矛盾、理顺情绪、维护稳定的工作，为建设富裕、开放、文明、和谐的新石林，为推进石林全面建设小康社会，加快石林经济社会跨越式发展做出新的更大的贡献。

（四）继承完善，开拓创新，全面推进政协事业发展

做好政协工作贵在继承，重在创新。为切实发挥政协协调关系、汇聚力量、建言献策、服务大局的作用，要以发挥委员主体作用和加强机关建设为重点，全面推进政协事业发展。一是要扎实推进“三化”进程。要认真贯彻落实《中共中央关于加强人民政协工作的意见》、《中共中央关于进一步加强中国共产党领导的多党合作和政治协商制度建设的意见》及省、市、县委的有关文件精神，在不断完善政协各项工作制度的同时，及时把工作中的有效做法和成功经验规范为长效机制，积极推进政协履职的制度化、规范化和程序化进程。二是要切实发挥专委会的基础作用。要加强专门委员会建设，充分调动各专门委员会的积极性、主动性和创造性，注重发挥专门委员会的基础作用，为委员参政履职创造良好的条件。三是要注重发挥委员的主体作用。要加强对委员的业务培训，提高理论素养和业务能力，帮助委员更全面地了解形势、掌握政策，为委员知情出力、参政议政创造条件，使委员在经济社会发展中充分发挥主体作用。四是要探索工作新思路。要增强政协工作的主动性、创新性和有效性，与时俱进地完善工作思路，不断探索政协工作的新领域、新途径，要以新的观念推动制度创新，以新的内容推动活动创新，以新的活动推动工作创新。五是要加强对外宣传，抓好简讯办刊工作。创新宣传方式，提高宣传效果，创办政协刊物，丰富刊物内容，提高刊物质量，每季度至少创办一期政协简讯，及时反映政协调研、调查的一些重点意见和建议及委员提案跟踪督办等政协工作情况。力争在石林县第八届政协委员会期间编辑出版《石林政协志》。六是要加强政协机关自身建设。努力推进学习型政协组织建设，切实加强政协机关的思想作风、工作作风、生活作风和党风廉政建设。加强干部队伍建设，优化干部年龄结构，不断提高政协机关的工作水平和创新能力，推进政协事业蓬勃发展。

三、2008年的工作任务

2008年是深入贯彻党的十七大精神，全面落实科学发展观，实现县第十次党代会和“十一五”规划目标任务的关键一年，也是新一届政协任期的第一年。开好头，起好步，对于全面完成县政协今后五年的目标任务具有十分重要的意义。

（一）加强学习，用党的十七大精神统领政协工作

学习是人民政协的优良传统。开展学习是人民政协的一项重要任务，是一项重要的基础性工作。县政协要以建设学习型组织为载体，采取有力措施，组织各位政协委员和各界人士、政协机关工作人员积极参加学习教育活动。倡导终身学习理念，用党的十七大精神统领政协工作全局，继续认真学习贯彻《中国人民政治协商会议章程》和《中共中央关于坚持和完善中国共产党领导的多党合作和政治协商制度的意见》以及省、市、县委关于加强人民政协工作的有关文件精神，学习社会主义市场经济和社会主义法制的基本理论、基本知识和现代科学技术知识，进一步提高素质，开拓思维，更新观念，创新工作，不断提高履职能力。

（二）围绕中心，认真履行政协职能

要围绕县委、县人民政府的中心工作和民生发展问题，切实履行人民政协政治协商、民主监督、参政议政的职能。针对在政治协商方面存在通报情况多，决策协商少的现象，尤其是协商于决策之前做得不够等问题，由专委会牵头，组织举办专题协商会，就有关方面的重要问题进行协商。要具体规定哪些问题必须进行政治协商，什么时候协商以及协商的具体形式和程序。在总结经验的基础上，把民主监督工作推向规范化和经常化的轨道。要在继续发扬政协的民主传统，充分运用并不断完善各种例会、提案、视察、信息等已有形式的同时，积极探索新形势下加强民主监督的有效形式。要对民主监督员工作进行总结，加强指导，统筹协调，保证民主监督员发挥作用。加大参政议政工作力度，着重抓好三方面的工作：第一，以石林跨越式发展为中心，以促进经济社会协调发展和维护社会政治稳定为着眼点，组织委员开展系列调查调研视察工作，提出有质量的意见建议。第二，更加紧密地结合县委、县人民政府的重大举措开展视察调研，2008年要重点做好两项专题视察和三项调研工作，两项视察：结合石林县委、县人民政府提出的“五创”工作目标任务及巩固工作情况进行视察；对石林县招商引资工作的推进落实情况进行视察；三项调研：对如何创新联谊会方式，提高联谊会质量，加强与周边县及世界自然文化遗产地政协的联谊开展调研；对如何提高新一届政协常委、政协委员素质，推进政协工作“三化”建设，提高履职能力开展调研；对如何提高提案工作质量，推进提案隔年跟踪落实情况开展调研。第三，进一步强化委员小组工作，努力提高小组工作的实效性，充分发挥小组工作在参政议政方面的作用。

（三）质量为先，继续做好提案工作

在新形势下，社会各界对提案工作的要求越来越高，期望值越来越大，提案工作的地位越来越突出，作用越来越明显。要在继承传统做法的基础上，探索新形势下加强提案工作的新途径、新办法，在提案质量上下功夫，力争使提案质量有一个新的提高。

（四）增强活力，进一步加强专委会工作

各专委会要加大自身建设力度，充分发挥基础性作用，进一步加强同本界别委员的联系，针对石林经济社会发展中的重点、难点问题，组织委员开展扎实有效的调查调研视察工作。召开专题协商座谈会，为维护社会稳定，促进石林经济社会又好又快发展积极建言献策。进一步重视和发挥界别的作用，发挥各界别的专长和优势，开展有特色的活动，为全县的物质文明、精神文明、政治文明、生态文明建设做出积极的贡献。

（五）广辟渠道，加大信息宣传工作力度

一是要继续强化反映社情民意工作。广大委员要深入实际，拓展视野，了解民情，体察民意，积极反映群众的意见、愿望和要求。二是要认真办好《石林政协》简报，反映全县政协工作动态，反映委员的参政议政之声，体现履行职能的工作成果。三是加大政协宣传力度，加强同市政协和新闻单位的联系，及时宣传报道政协的重要活动和工作动态，反映委员参政议政的工作成果和在各条战线、各自岗位建功立业的先进事迹。

（六）注重实效，加强团结联谊工作

政协是最广泛的爱国统一战线组织，团结和民主是政协工作的两大主题。要从创新联谊方式入手，拓宽联系与交往空间，加强与各级各地政协的联系，参加与发达地区、世界自然文化遗产地政协的联谊会和研讨会。要积极开展联谊交友活动，加强与外地政协的联系和交流，广泛宣传石林的优势品牌，学习外地政协的经验，为推动石林经济社会又好又快发展献计献策，促进我县政协工作的新发展。

（七）增强素质，积极推进自身建设

认真贯彻落实省、市、县政协工作会议精神，努力加强政协自身建设，积极推进政协履行职能的规范化、制度化和程序化建设进程。科学制定政协工作方案，合理规范政协工作流程，不断提高政协整体工作水平，为积极推进我县的民主政治建设，构建文明、和谐、开放、发展的新石林做出努力。

各位委员，新形势新任务对人民政协工作提出了新的更高的要求，也为人民政协事业的发展提供了新的机遇。立足当前，着眼未来，这是历史赋予我们的重任;求真务实，开拓创新，这是时代赋予我们的使命。在今后五年的工作中，县政协将继续高举中国特色社会主义伟大旗帜，以邓小平理论、“三个代表”重要思想和科学发展观为指导，在县委的统一领导下，深入学习贯彻党的十七大精神，坚持团结和民主两大主题，继往开来，与时俱进，奋发有为，认真履行政治协商、民主监督、参政议政职能，努力开创政协工作新局面，为促进石林经济社会又好又快发展做出新的更大的贡献。

全面加强反腐倡廉建设 为石林经济社会又好又快发展提供有力保证

——在中共石林彝族自治县纪委十届三次全会上的工作报告

（2008年2月21日）

县纪委书记 陈菊珍

同志们：

我代表县纪委常委会作工作报告，请予审议。

这次全会的主要任务是：认真学习贯彻党的十七大精神，高举中国特色社会主义伟大旗帜，以邓小平理论和“三个代表”重要思想为指导，全面落实科学发展观，按照中央纪委二次全会，省、市纪委三次全会和县委十届四次全会的要求，总结2007年反腐倡廉工作，部署2008年工作任务。

一、2007年主要工作回顾

2007年，我县的反腐倡廉工作在县委的领导下，认真贯彻落实党的十七大精神，按照中央、省、市纪委全会的工作部署，紧紧围绕县委、县政府的中心工作，坚持标本兼治、综合治理、惩防并举、注重预防的方针，把反腐倡廉工作融入全县经济建设、政治建设、文化建设、社会建设之中，努力构建惩治和预防腐败体系，取得了明显成效，为全县经济社会发展作出了积极贡献。

（一）作风建设成效明显

2007年是我县确定的“作风建设年”、“环境建设年”和“行政问效年”，全县各级各部门紧紧围绕“六项制度”，全面开展作风建设。

实行责任制。组织召开作风建设工作会议，通报市、县明察暗访情况，对作风建设工作作了全面安排部署并签订作风建设责任书。实行告知制。将作风建设的有关规定进行汇编，印发宣传材料3200册；制作机关作风监督牌，公布举报电话，接受群众监督。实行承诺制。各单位职工结合自己的本职工作，从工作纪律、服务态度和服务质量等方面向单位领导作出书面承诺。实行督查制。对60家单位进行了明察暗访，责成7家单位进行限期整改；每周确定一个主题，由党风巡查员适时察访；在非公企业中开展百人问卷调查，分析存在问题，研究对策；每个单位确定一名督察员适时督查。实行问责制。根据《乡科级领导班子和成员问责制（试行）》，对4名工作作风方面存在问题的乡科级干部进行诫勉谈话，责令限期整改，对整改不力的3名副科干部建议县委进行了组织处理。实行查处制。对一名违反“公务员八条禁令”的国家机关工作人员进行了立案查处。

（二）党风廉政建设责任制全面落实

一是层层签订责任书，做到责任制全覆盖。二是进行任务分解，明确牵头单位和责任单位的工作职责。三是严格考核奖惩，促进领导干部自觉履行“一岗双责”。

（三）反腐倡廉教育不断深化

一年来，全县各级党政组织和纪检监察机关坚持以人为本，关口前移，超前防范，不断创新教育形式，积极拓展教育载体，开展了形式多样、内容丰富的宣传教育活动。以“加强领导干部作风建设，进一步提高执行力”为主题，开展专题教育活动。以全县重大工程为重点，分批分层次在建设工程领域中开展警示教育活动。以村组换届为契机，对乡镇、村组干部进行党规、党纪培训。以“执政为民，勤政廉政”为主要内容，每月向科级干部发两条手机短信，每季度发一封公开信。以廉政文化为载体，积极开展一系列的教育活动，在征集“自律格言”的同时，编印了《人生的航标》一书；开展廉政书画竞赛活动；在县文化馆建立“廉政文化暨警示教育园地”，受教育人数达5000余人。组织全县副县以上领导到昆明市警示教育基地接受教育。

（四）廉洁自律意识不断增强

认真贯彻落实《中共中央纪委关于严格禁止利用职务上的便利谋取不正当利益的若干规定》，347名乡科级干部对收入和个人有关事项进行了申报。开展领导干部任前廉政谈话110人，干部廉政谈话407人，述职述廉415人。对党政机关、事业单位超标准配备使用小汽车和党政领导干部拖欠公款、利用职权将公款借给亲友或担保贷款等情况，进行了清理。

（五）查办案件势头良好

2007年全县纪检监察机关受理群众来信、来访、电话举报156件（乡科级12件），办结152件，办结率为97.44%；信访立案12件，跟踪反馈18件，初核线索19件，正式立案查处4件4人（其中：开除党籍2人，党内严重警告1人，行政警告1人）。对1名违反政纪的科级干部进行调查，并建议县委作出组织处理。坚持惩处与保护并重，先后为57名被举报的党员干部澄清了问题，保护了广大党员干部改革创新的积极性。

（六）损害群众利益的不正之风得到遏制

会同有关部门继续巩固治理教育收费和公路“三乱”成果；坚决纠正医药购销和医疗服务中的不正之风，取缔无证经营个体诊所32家，实行药品集中采购811.68万元，占医院用药的90.3%；落实减轻农民负担“四项制度”，兑付粮食直接补贴710万元；集中整治土地征用、农民工工资支付、安全生产、环境保护、食品药品安全、各类社保基金等方面涉及群众切身利益的问题。

围绕县委、县政府的中心工作，对“申遗”工作、“五创”工作、集体林权制度改革和全县重点工程进行监督检查，开展党风巡查3次，开展干部政治思想巡查2次，深入开展民主评议机关作风工作，确保各项工作的顺利开展。

（七）源头治理稳步推进

配合有关部门继续深化干部人事制度改革，深化行政审批制度改革，积极推进乡镇财政预算管理方式改革，稳步推行国库集中支付制度改革。对4名领导干部进行了任中审计，对2名领导干部进行了离任审计。认真执行《招投标法》，全县32项重点工程都按程序进行了招投标。实施经营性用地招拍挂17宗；实施政府采购2225万元，节约资金160万元，节约率为7.19%。

（八）队伍素质逐步提高

深入学习贯彻党的十七大精神，认真践行“学习进取、团结干事、务实创新、遵纪守法、勤政廉洁”五个表率，全面加强纪检监察机关思想、组织、作风和制度建设，积极组织干部参加中央纪委、省纪委组织的培训和市纪委的跟班学习培训，队伍自身素质逐步提高，为不断开创反腐倡廉建设新局面奠定了坚实的基础。2007年县纪委监察局被县委、县人民政府命名为基层满意的县直单位，被市纪委评为全市纪检监察系统先进单位。

在充分肯定成绩的同时，我们也清醒地看到，当前反腐倡廉建设的形势依然严峻，任务仍然艰巨。一是少数领导干部对反腐倡廉建设的重要性认识不够，党风廉政建设责任意识不强，落实不到位；二是对权力运行的监督和制约不够，有效预防腐败的措施和办法还不够多；三是少数干部作风不实、效率不高、执行力不强；四是乱议论、乱编造、乱告状等歪风时有发生；五是少数部门大局意识、服务意识不强，考虑部门利益多，全局利益少，办事推诿扯皮，影响石林发展环境；六是农村基层党风廉政建设存在薄弱环节，一些损害群众利益的不正之风尚未从根本上得到纠正；七是纪检监察机关的思想观念、履职能力和工作水平还不完全适应形势和任务的要求。对此，我们必须高度重视，采取有力措施，认真加以解决。

二、2008年主要工作任务

今年是全面贯彻落实党的十七大精神的第一年，是县委、县政府确定的“招商引资项目落实年、机关服务提升年、发展环境优化年”，做好今年的反腐倡廉工作意义重大。

2008年反腐倡廉建设的指导思想是：深入学习贯彻党的十七大精神，高举中国特色社会主义伟大旗帜，以邓小平理论和“三个代表”重要思想为指导，全面贯彻落实科学发展观，认真执行党风廉政建设责任制，按照中央纪委二次全会，省、市纪委三次全会和县委十届四次全会的部署和要求，坚持标本兼治、综合治理、惩防并举、注重预防的方针，把反腐倡廉建设融入全县经济、政治、文化、社会建设之中，以党的执政能力建设和先进性建设为主线，加强以保持党同人民群众血肉联系为重点的作风建设，加强以完善惩治和预防腐败体系为重点的反腐倡廉建设，坚持改革创新，突出工作重点，加大工作力度，狠抓任务落实，着力营造良好的经济社会发展环境，为加快石林经济社会跨越式发展提供有力保证。

（一）加强监督检查，推动科学发展

加强监督检查，做到关口前移，是有效预防腐败，履行保护干部职能，促进经济社会发展的关键。石林要实现跨越式发展，需要一大批负重奋进、开拓创新的领导干部。面对发展中的石林，全县纪检监察机关要通过认真学习贯彻党的十七大精神，促进思想大解放。要勇于用新的信念、理想、观念指导反腐倡廉建设实践，善于用新的思想、思维、思路破解纪检监察工作难题。理直气壮地支持广大党员干部敢于走前人未走过的路，敢于干前人未干过的事，只要我们的干部做到“权为民所用、情为民所系、利为民所谋”，我们就要允许失误、宽容失败，用党的政策保护党员干部解放思想、敢于负责、敢担风险、谋求发展的勇气和魄力。

强化执法监察，确保政令畅通。政令畅通是政府有效运行的基石，要围绕党的十七大精神，按照县委十届四次全会的决策部署，加强对贯彻落实科学发展观情况的监督检查，坚决纠正有令不行、有禁不止的现象。纪检监察机关要坚持自觉服务科学发展、保障科学发展、促进科学发展，以科学发展观要求来研究、谋划和检验工作成效，更加自觉地把科学发展观的要求贯彻落实到纪检监察工作的各个方面；要不断探索拓宽服务科学发展观的有效途径，认真履行监督检查职能，纠正不符合科学发展观的错误行为，督促有关部门着力解决影响、制约科学发展的矛盾和问题，坚决维护中央政策的权威性和严肃性。今年重点做好三项工作：一是对中央有关教育、医疗卫生、社会保障等方面的政策落实情况进行立项监察；二是配合有关部门对安全生产、节能减排、固定资产投资、土地管理、环境保护等有关法律法规的执行情况进行监督检查；三是围绕县委、县政府作出的重大决策，对责任单位开展工作的情况进行跟踪督查，促进目标任务的落实。

强化监督制约，确保权力正确行使。加强民主集中制执行情况的监督检查，确保重大决策、重要干部任免、重大项目安排和大额资金使用等问题按照民主集中制原则决定；突出对“一把手”的监督，防止权力失控、决策失误、行为失范；突出对管人管财管物等重点部位和关键环节的监督，立足于早打招呼，早提醒，早预防，促使领导干部政治上把住方向、工作上把住原则、生活上把住小节，少犯或不犯错误。同时，要严格执行述职述廉、诫勉谈话和党员领导干部报告个人有关事项制度，积极开展批评和自我批评，提高民主生活会的质量。

拓宽监督渠道，形成监督合力。充分发挥党代表的监督作用，尊重党员主体地位，保障党员行使民主权利，全面推进党务公开，扩大公开的范围和层次，让权力在阳光下运行。拓宽监督渠道，把党内监督与法律监督、民主监督、专门机关监督、舆论监督和群众监督有机结合起来，形成优势互补、齐抓共管的有效机制。

（二）加强作风建设，密切党群关系

良好的作风是凝聚党心民心的巨大力量，是维护清正廉洁的重要保障。要大力倡导八个方面的良好风气，进一步落实我县作风建设“六项制度”和执行昆明市软环境建设有关规定，积极推行“一线工作法”和“五办”作风，努力促进领导干部作风的进一步转变。2008年重点抓好以下工作：

1. 协助县政府做好四项工作：一是按照流程最短、效率最高，收费最少、标准最低的原则，规范行政审批事项和行政事业性收费项目；二是切实加强便民服务中心建设，做到人进中心、公章进中心、所有手续进中心，实行“一窗式受理、一次性告知、一站式办结、一条龙服务”，真正做到进入无条件、审批无阻力、程序无障碍。三是充分利用科技手段开展工作，建立电子监察系统；四是大力推行“五办”作风，对基层、企业、群众亟待解决的问题“立即办”，对老大难问题“主动办”，对带普遍性的问题“上门办”，对条件暂不具备、一时难以解决的问题“跟踪办”，对涉及面广、政策性强的问题“公开办”，最大限度地实现行政提速、审批畅通和办事高效。

2. 督促有关部门进行“流程再造”和服务承诺，公开办事流程，进行服务承诺，通过对行政审批进行适时监控、预警纠错和绩效测评，促进我县机关作风的转变和行政效能的提高。

3. 协同县委、县政府目督办，围绕县委、县政府提出的十项重点工程、十件实事和推行的“领导在一线指挥，决策在一线落实、问题在一线解决、创新在一线体现、成效在一线检验”的工作方法进行监督检查，快节奏、高效率地推动各项工作的落实。

4. 认真贯彻落实《昆明市领导干部问责办法》、《昆明市首问首办责任制规定》、《昆明市服务承诺制规定》等规定，在领导干部中大力倡导雷厉风行的作风，积极开展行政效能监察，实行最科学的岗位责任制、最严厉的问责制、最严格的限时办结制和最严肃的服务承诺制，简化办事流程，大力实施“工作结果倒逼法”，以目标倒逼进度，以时间倒逼程序，以社会倒逼部门，以下级倒逼上级，以督查倒逼落实，从上到下形成紧张、快捷、高效的工作模式。着力解决“上热下冷、上活下死、上急下怠、中层梗阻、基层板结、力度递减、效能低下”的问题，以良好的作风营造良好的发展环境。

（三）加强领导责任，落实“一岗双责”

党风廉政建设责任制是深入开展反腐倡廉建设的重要制度保证。各级党委是反腐倡廉建设的责任主体，党政领导班子尤其是主要负责人要认真履行“一岗双责”，有关职能部门要各负其责，确保责任落到实处。

纪检监察机关要加强组织协调，继续采取“六项措施”：一是推行目标责任制，做到责任制全覆盖。二是推行全面安排制，细化责任分解，明确目标任务。三是推行考核奖惩制，把党风廉政建设纳入各乡镇、各单位的综合考核。四是推行适时提醒制，对落实责任制情况适时通报提醒。五是推行延伸制，把责任制延伸到所辖的基层党组织，做到不空、不漏。六是推行责任追究制，对落实不力的，严格责任追究。

加强农村基层党风廉政建设。各乡镇党委、政府和纪委要围绕社会主义新农村建设，进一步落实县委办、县政府办《关于加强农村基层党风廉政建设的实施意见》和党风廉政建设联席会议制度，重点抓好以下工作：一是抓队伍建设。要对村、组、中心（站、所）干部进行党纪党规培训并开展警示教育活动。二是建立和完善一套行之有效的集体资金、资产和资源管理制度，全面推行农村财务委托代理制，切实把村、组的帐务管好。三是实行农村基层干部离任和任期经济责任审计，使农村资金有效运行。四是认真落实村“两委”班子述职述廉制度。五是强化党务、政务、村务公开工作，积极探索公开质询制。

（四）加强宣传教育，增强自律意识

宣传就是要让广大党员干部知道反腐倡廉的重要性及有关规定；教育就是要从思想上消除产生腐败的温床，清除思想垃圾，提高思想境界，增强廉洁自律和自我保护意识，筑牢思想道德和党纪国法两道防线。

各级党政组织要从关心、爱护干部出发，加强对党员干部特别是领导干部的理想信念、党风党纪、廉洁从政和艰苦奋斗教育，用身边的人和身边的事，深入开展先进典型示范教育和反面案例警示教育。今年重点做好“五个一”工作：抓好一个主题，在全县开展以加强作风建设为主线、以规范权力运行为主题的争当优秀公务员教育活动，进一步提高广大干部的廉洁从政意识。巩固一块阵地，在“两个园地”建设的基础上，根据新的任务和要求，赋予园地新的内容。落实一项制度，对2007年以来提拔的科级干部进行一次廉政谈话，分期分批地对重点行业、重要岗位的领导干部进行廉政谈话。贯彻一项规定，认真贯彻落实《中共中央纪委关于严格禁止利用职务上的便利谋取不正当利益的若干规定》。着力解决超标准配备小汽车;以赌博和交易等形式收受财物;利用工作时间、办公设施买卖股票;违规多占住房;违规插手招标投标、土地出让、产权交易、政府采购等市场交易活动谋取私利的问题。突出一个重点，以廉政文化建设为重点，开展系列活动，进一步推进廉政文化“六进”工作，在全县上下大力倡导以“文”论廉、以“艺”颂廉、以“媒”传廉、以“情”助廉的良好氛围，进一步形成“大宣教”格局。

（五）加强纠风治乱，促进社会和谐

坚持以人为本、关注民生，坚决纠正损害群众利益的不正之风，是实践全心全意为人民服务的必然要求，是促进社会和谐的重要工作。要围绕群众反映强烈的热点问题、矛盾突出的棘手问题，加大治理力度，推动问题的解决。重点督促有关部门继续巩固治理教育乱收费示范县和治理公路“三乱”工作成果；继续纠正医药购销和医疗服务中的不正之风，做好减轻农民负担工作。对不认真履行职责、严重损害群众权益的，要追究有关人员特别是领导干部的责任。进一步抓好民主评议机关工作，促进行风建设。

（六）加强源头治理，有效预防腐败

腐败是社会的毒瘤，影响社会和谐，阻碍经济发展；源头治理工作就是要从根本上铲除腐败现象滋生蔓延的土壤和条件。要紧紧抓住重点领域和重要环节开展工作，配合有关部门继续推进行政体制改革，确保务实高效；支持财政部门进一步强化对资金的监管，确保资金安全有效；深化干部人事制度改革，严格执行《党政领导干部选拔任用工作条例》。进一步完善和落实工程招投标、经营性土地使用权出让、政府采购和产权交易等制度。实行建设工程项目评审，支持审计部门对领导干部实行经济责任审计，确保资金有序运行。

深入开展清查“小金库”、违规开户及宕欠公款和规范非税收入管理工作。坚决取缔违规开户，新开户的必须严格审批；对宕欠公款的要限期归还，严禁公款私借；对未入国库的非税收入，要限期全额上缴国库。清理结束后，凡设立“小金库”的部门和单位，对其责任人一律给予免职；凡是用“小金库”资金为小团体和个人谋私利的部门和单位，对其责任人依纪依法严肃查处;对个人贪污、挪用或小团体私分“小金库”资金的，坚决从严惩处，触犯刑律的，移送司法机关追究其刑事责任。

（七）加强案件查办，严肃党的纪律

查办违纪案件是对教育无效、引导无望、目无党纪国法者而采取的一种最严厉的手段。今年，要继续保持查办案件工作力度，严厉查处官商勾结、钱权交易和损害群众利益的案件；严肃查处因工作作风问题，影响县委、县政府重大项目落实，行政不作为、乱作为的案件；严肃查处重点领域中的商业贿赂案件；严肃查处贪污、挪用、侵占扶贫、救灾、社保基金等专项资金的案件。进一步健全协调机制，用足内力，借助外力，形成合力，增强执纪办案的整体合力。正确把握政策，综合运用组织处理和纪律处分手段，注重办案的政治、经济、社会和法纪效果。坚持查教结合、查纠结合、查建结合，充分发挥查办案件的治本功能。

（八）加强队伍建设，确保任务完成

按照党的十七大报告提出的“讲党性、重品行、作表率”和“政治坚强、公正清廉、纪律严明、业务精通、作风优良”的要求，进一步加强纪检监察干部队伍建设，使纪检监察干部具有“亮剑”的勇气，应用“亮剑”的智慧，达到“亮剑”的效果，真正成为党的忠诚卫士和群众的贴心人。

今年，重点抓好以下工作：一是建立县纪委中心学习组学习制度，每季度确定一个主题组织一次学习。二是采取“走出去、请进来”的方式加强培训，积极参加中央纪委和省纪委组织的各类培训，参加市纪委的跟班学习培训；请有关专家对纪检监察干部进行一次讲座培训。三是进一步加强内部管理，严肃工作纪律尤其是办案纪律和保密纪律，坚决防止以权谋私问题的发生。四是加强思想、组织、作风建设，认真学习贯彻党章，开展理想信念和党规党纪教育，增强纪检监察干部的政治意识、大局意识、服务意识和廉洁自律意识，努力在拓展思路，探索办法，提高本领上下功夫，以适应形势和任务要求。

同志们，反腐倡廉建设任务艰巨而繁重。让我们更加紧密地团结在以胡锦涛同志为总书记的党中央周围，高举中国特色社会主义伟大旗帜，在县委的领导下，以更加坚定的信心、更加积极的态度、更加有力的措施，努力开创反腐倡廉建设新局面，为石林经济社会又好又快发展做出新的更大的贡献！

大事记

2007年大事记

1月

1日，第二次全国农业普查入户登记工作正式启动。

同日，石林县城巴江桥以下段园林绿化工程全面开工建设；5月15日，工程竣工。

5日，石林县召开妇女儿童发展规划中期监测评估工作总结会。

同日，石林县举行2006年度扶残助学“春雨行动”轮助制项目资助金发放仪式。

同日，在昆明电视台举办的《兴滇品牌盛典》颁奖晚会上，石林与昆百大、大益普洱等一道荣获“十大兴滇传统品牌”称号。

7日，省公安消防总队、石林风景名胜区管理局联合在石林景区日月广场举行“世纪百年·云岭消防·走进石林”为主题的消防宣传演出活动。

同日，由云南旅游信息网络有限公司承建的《石林旅游网一期工程》通过专家评审验收。

8日，石林县召开县级领导班子和领导干部2006年度综合考核民主测评大会。

10日，石林县组织有关部门和单位在县城双龙广场开展农业、科技、卫生知识宣传、文艺演出等丰富多彩的活动，拉开了2007年文化科技卫生“三下乡”的序幕。

11日，8辆装满粮食和衣物的大卡车组成的车队，从石林县城出发，前往各个乡镇，将党和人民的关怀和温暖送到灾区困难群众手中。

同日，昆明市歌舞剧院儿童艺术团在石林县民族中学报告厅上演儿童剧《小小聂耳》。

同日，全球跨国食品饮料集团法国达能集团总裁弗兰克·里布到石林参观游览。

同日，石林县城驾驶员城片区环境整治工程竣工验收。

同日，石林县城莲花池片区景观改造工程竣工验收。

16日，中共石林县委十届二次全会召开。

同日，昆明市打假治劣考核工作领导小组到石林县考核2006年度打假治劣工作。

17日，省卫生厅、市卫生局领导到石林天奇医院调研运行情况。

同日，石林县组织有关部门和有关乡镇对甜柿基地建设项目进行交叉检查验收。

17~18日，国家级风景名胜区监管信息系统暨数字化景区建设现场技术培训会在石林举行。

17~23日，石林县组织干部赴江西赣州学习考察。

22日，昆明市红十字会常务副会长阮姮一行在石林县大可村举行2007年市红十字会“博爱送万家”物资交接仪式。

23日，省、市民委到石林县考核民族团结稳定工作。

同日，《数字石林（景区）一期工程》项目通过验收。

24日，昆明市2006年目标管理考核组对石林县进行年终考核。

29日，政协石林县第七届委员会第五次会议开幕。

同日，昆明市副市长梁晓谷到石林县进行春节慰问。

同日，楚雄市市长邓斯云、副市长王斌率市有关部门负责人到石林县参观城市街景风貌改造工作。

30日，石林县第十四届人民代表大会第五次会议开幕。

2月

7日，昆明市春运警民共建和谐交通大型文艺巡回演出活动在石林县举行。

8日，石林县召开2007年春运交通安全工作会。

同日，石林县方志馆建设被列为省级试点。

同日，石林县举行年鉴撰稿人培训会，市志总编室主任、编审字应军应邀授课，100余个单位的撰稿人参加了会议。

10日，石林县森林资源规划设计调查（二类调查）通过省林业厅评审验收。

12日，在云南省委常委、省委宣传部部长张田欣的带领下，省委宣传部考察团一行180余人到石林县考察文化产业发展和社会主义新农村建设情况。

13日，昆明市委常委、市委统战部部长金志伟到石林县慰问老党员和困难群众。

同日，石林县召开2006年度农村沼气国债项目建设工作会，全面启动国债沼气建设工作。

15日，昆明市人大副主任、市总工会主席杨丽一行到石林慰问节日期间坚守工作一线的导游。

28日，国务院信息化工作办公室推广应用组副组长董宝青一行到石林考察信息化建设情况。

同日，东川区人大组织区有关部门领导到石林考察学习医疗卫生改革和资源整合工作。

3月

1日，石林县召开村级组织换届选举动员暨培训工作会。

同日，呈贡县省、市、县三级人大代表到石林参观学习。

同日，石林县农村信用合作联社撤销所有网点的现金业务库，归并到联社总库统一管理。

1日起，石林县乡镇中小学非税收入纳入县级管理。

3日，石林县农村信用合作联社举行亩竹箐信用社搬迁暨更名仪式，将亩竹箐的营业点搬迁至县城莲花路，并更名为石林县农村信用联社城北信用社。

5日，由上海市人民政府研究中心历时一年多编制的《石林旅游业发展战略规划》通过国内一流专家的论证评审。当天下午，由上海同济城市规划设计研究院规划编制完成的《乃古石林景区详细规划》也通过专家组的评审。

6日，深圳盐田国际集装箱码头有限公司员工向长湖镇大海子希望小学捐赠35万元援建款。

7日，全国旅游景区质量等级评定委员会发布公告，对云南石林在内的全国66家通过5A级旅游景区试点验收单位进行公示。

8日，石林县召开“三八”国际劳动妇女节纪念表彰大会暨女性心理健康知识讲座。

同日，石林岔口园林绿化广场开工建设。

9日，石林镇举行首届民族民间文艺比赛。

同日，昆明食品放心工程管理指标考评组到石林县检查指导食品放心工程。

14日，昆明市防震减灾局局长蔺建平一行到石林县调研工作。

15日，石林县举行第四届企业家联谊会。

20日，石林县在县城开展2007年建设“平安石林”宣传月活动。

22日，石林县在昆明翠湖宾馆召开石林风景名胜区2007年诚信合作旅游营销大会。

同日，石林县召开县城东山路至狮子山脚段城市道路一阶段施工设计图评审会议。

22日起，石林县在全县范围内开展规范统一各类企业（个体工商户）使用名称登记工作，以保护名称所有人的合法权益，维护良好的市场经济环境。

24日，在北京举行的2007（第三届）中国景区博览会上，云南石林与山东泰山、江西庐山、山西平遥古城等15处风景区被命名为“中国民间文化遗产旅游示范区”。

24~26日，石林县组织宣传、文化、旅游、城建、广电等部门的有关人员，到西双版纳州进行考察学习。

26日，省、市广播电视厅有关领导和技术人员到石林县调研新时期广播电视村村通无线覆盖站点建设工作。

同日，石林县民族小学300多名小学生来到双龙公园，用实际行动义务宣传环保知识，清扫垃圾，争做“环保小卫士”。

27日，云南行政学院第十三期县处级公务员政府管理创新与电子政务培训班的60余名学员到石林开展现场教学。

28日，省气象局组织专家评审《石林县气象局迁建项目实施方案》。6月5日，省气象局批复同意方案。

29日，石林县养殖协会小尖山奶羊分会挂牌成立。

30日，石林县举行响应昆明市创建全国文明城市暨石林创建文明县城启动仪式。

4月

1日，石林县举办首届春季“地狗杯”钓鱼邀请赛，来自县内外的93名选手参加了比赛。

1日起，石林县食盐经营权交由县糖烟酒副食品有限公司经营。

3日，副省长孔垂柱到石林县视察抗旱救灾工作。

4~5日，省政府督查组一行4人在昆明市妇儿工委副主任陈洁薇等有关领导陪同下，对石林县2001~2006年实施妇女儿童发展规划情况进行督导检查。

5日，圭山国家森林公园至九石阿旅游专线4.43千米公路建成通车。

7日，石林县公安局成功破获“2·12”故意杀人抛尸案，在安徽省阜阳市太和县关集镇一砖厂将犯罪嫌疑人毛某某抓获。

11日，中国外文局采访团一行16人在总编室副主任唐书彪的带领下，到石林景区采访。

12日，石林县召开全县“五创”工作动员会。

同日，省农业厅、省财政厅检查石林县2006年村容村貌整治等工程项目。

同日，石林县禁毒大队查获一起特大运输毒品案，缴获冰毒5000粒。

14~15日，石林县组织有关部门在县城联合开展治理自行车被盗宣传活动。

16日，石林县举行开发和保护板桥白石岭古人类文化遗址研讨会。

17日，省委常委、省委宣传部部长张田欣到昆医附二院石林天奇医院调研医疗卫生改革工作。

同日，市安全生产委员会第三督查组到石林县检查指导安全生产工作。

同日，石林县召开全县社会主义新农村建设暨春耕生产动员会。

同日，黑龙潭水库中型灌区西干渠4号隧洞顺利贯通。

18日，石林县组织有关人员到红河州蒙自县考察学习创建国家卫生县城工作经验。

同日，县纪委组织副县级以上领导到五华监狱开展警示教育活动。

19日，参加中国少数民族综合扶贫示范项目的会员到石林县调研少数民族民间刺绣产品开发情况。

同日，石林县史志办与云南大学西南古籍研究所签定协议，共同整理开发康熙《路南州志》、续编乾隆《路南州志》、民国六年《路南县志》、《路南县乡土志草本》、《路南县乡土志资料》等五部地方志文献。

19~20日，昆明、曲靖、红河三州市近5万名群众从四面八方汇集到石林圭山国家森林公园，争赶“三月三”庙会，观原生态民族歌舞，赏精彩斗牛比赛。

20日，在第四届《滇池》文学奖评选会上，石林县农民杨继平的中篇小说《烟农》荣获2006年度昆明文坛最高奖项“《滇池》文学奖”。

同日，石林景观大道一期工程完工。

21日，石林县举行农民补贴“一折通”存折发放仪式。

23日，副省长程映萱到石林检查指导烤烟生产工作。

同日，昆明市委常委、副市长杨宁到小叠水村、雨胜村玉米“118工程”样板地、万家欢、生龙生态科技示范园调研农业农村工作。

25日，石林县邀请省委党校党委书记、常务副校长黄顺作国际国内形势报告。

同日，石林风景区导游部阿诗玛导游组被中华全国总工会授予“全国五一劳动奖章”。

26日，石林县老干部党校挂牌成立。

同日，参加“2007中国昆明国际文化旅游节云南旅游形象大使”选拔赛进入前30名的佳丽到石林巡游。

同日，石林镇在全县率先成立了“农业新时空”信息服务站。

27日，全市大春生产现场会在石林县召开。

同日，昆明市委常委、副市长杨宁在市农业局局长孟少波等领导的陪同下到石林镇检查指导农业信息工作。

同日，由人事部、国家旅游局联合举办的全国旅游系统先进集体、劳动模范和先进工作者表彰大会在北京人民大会堂举行，石林风景名胜区管理局荣获“全国旅游系统先进集体”荣誉称号。

28日，石林县创建昆明市文明县城巡回展览在县城双龙广场正式拉开帷幕。

5月

1日，黑龙潭水库中型灌区一期（西干渠节水改造）工程竣工通水。

同日，石林风景区供水工程通水。

1日起，石林县辖区内的所有企事业单位、机关的工会经费和筹备金统一由县地方税务局征收。

3日，上午10时，石林县在石林景区日月广场设立发布会场，举行《神州风貌系列第六号——昆明石林》特别邮票发行仪式；下午，参加完发行仪式的昆明市委常委、副市长杨宁检查石林县春耕生产工作。

4日，共青团石林县委召开大会，隆重纪念“五四”运动88周年、中国共青团建团85周年。

10日，省委检查组对石林县贯彻落实中央四个长效机制文件和省十八项基层党建制度情况进行检查。

同日，石林县启动村级计划生育宣传员招考竞聘工作。

11日，石林县举行廉租住房入住仪式，第一批廉租住户乔迁新居。

12日，老挝国家审计署审计长波西·罗万塞一行8人在省审计厅副厅长吴绍吉的陪同下，到石林参观考察。

13日，石林县残疾人运动员毕涛夺得第七届全国残运会S10级蝶泳100米铜牌。

15日，石林县召开第一批小额信贷暨党员“一对一”帮扶资金启动仪式。

同日，昆明市组织专家组对石林县教育综合改革试点工作进行专题调研。

16日，石林县土地利用现状更新调查成果通过省级验收组验收。

17日，《石林彝族自治县农村信用合作联社志》编纂工作启动。

17~18日，云南省水利厅副厅长陈坚一行到石林县检查珠江流域石漠化治理、黑龙潭水库西主干渠道等水利工程建设工作。

18日，石林县医保分中心与全县12个定点医疗机构签订2007年度基本医疗保险服务协议书。

21~22日，来昆访问的泰国曼谷青年代表团到石林县访问考察。

22日，省财政厅副厅长胡苓菩到石林调研旅游工作。

同日，昆明市委副秘书长郭焕波到石林县检查指导烤烟生产工作。

23号，石林县召开机关作风建设工作会议。

24日，昆明市人大常委会副主任林爽爽带领市督查组检查指导石林文明县城创建工作。

同日，副市长、市公安局局长杜敏到石林县调研民族宗教工作。

25日，由云南日报报业集团和云南省旅游局共同策划主办的“世纪创举2006盘点云南旅游颁奖盛典”在昆明世博吉鑫园盛大开奖，石林景区捧回“年度最具突出贡献的杰出人物”、“年度海内外游客最向往的景区”、“年度最具影响力的老景区改造项目”、“年度最具影响力的旅游节庆活动”四项大奖。

同日，《昆明人大》在石林县召开改版后的第一次组稿通讯员座谈大会。

28日，石林县举行《石林风景名胜区旅游规划研究报告》评审会。

29日，石林县举行《乃古石林景前区修建性规划设计方案》评审会。

同日，省审计厅副厅长段义田到石林县调研工作。

30日，石林县2007年民营企业招聘周活动开幕。

同日，石林县召开集体林权制度改革工作动员会，启动集体林权制度改革试点工作。

同日，石林县举行纪念海城起义61周年座谈会。

同日，昆明市县（市）区旅游局联谊会在石林县召开。

31日，石林县举办首届国际数棋科普学习竞赛活动。

同日，昆明市农村文化阵地建设现状调整及发展对策研究课题组一行5人到石林县调研。

6月

6月初，石林县黑龙潭水库发现大批桃花水母。

1日，昆明市关工委、市妇儿工委到石林县龙溪春蕾小学进行慰问。

2日，石林县180名志愿者骑车巡游宣传环保，纪念即将到来的“6·5”世界环境日。

同日，石林县2007年“爱心送考”活动正式启动。

5日，石林县与内蒙古自治区赤峰市克什克腾旗结为友好旗县。

同日，“林业珍稀植物、名木古树、石漠化专项调查”通过省林业厅验收。

6日，云南省第1000所希望小学暨长湖镇维则村马帮茶道·明星·青联·国立希望小学竣工，捐款20万元援建该校的著名演员张国立、邓婕夫妇出席竣工仪式，全国人大教科文卫委副主任、原省长徐荣凯等领导也出席了仪式。

同日，昆明市政协对石林县农业产业化经营暨优势农产品区域规划布局情况进行调研。

同日，昆明市图书馆在板桥镇图书馆设立图书流通点。

8日，日本云南联谊协会顾问曹光先生到石林县走访省春蕾高中班春蕾生家长。

9日，以印度青年与体育部部长、基层政府部部长、东北地区发展部部长、内阁成员马尼·尚卡尔·艾亚尔为团长的印度青年代表团一行5人，到石林参观游览。

同日，中国邮政集团公司总经理刘安东到石林县视察工作。

10日，云南省财政厅、石林县财政局组织相关人员对石林万家欢农业科技生态园珍稀树种培育基地的建设项目进行检查验收。

同日，以阿诗玛艺术团为主的12名演员代表昆明市参加云南省少数民族健身操展演，荣获展演二等奖，并被推选为全国第八届少数民族运动会参赛项目。

12日，石林县在石林镇召开强化乡镇为民服务中心建设。市委常委、市委组织部部长张荣明到会作指导。

12~13日，石林县举办“石林是我家，‘五创’靠大家”为主题的知识竞赛活动。

14日，昆明市人大检查组对石林县档案安全保密工作进行专项检查。

15日，石林县在县城双龙广场举行创建卫生城市工作誓师大会。

18日，石林县污水处理厂项目工程正式开工建设。

同日，石林县2007年第一期公务员“8＋X”培训班开班。

20日，石林县领导与中央、省、市数十家新闻媒体记者举行见面会，介绍石林“申遗”工作，回答记者的提问。

同日，在昆明举办的第三届中国西部城市地方志编修研讨会上，石林县史志办作了《大力发展服务人民大众的地方志事业》的大会交流，受到与会领导、专家和地方志工作者的好评。

21日，昆明市中共党史学会在石林县举行座谈会，考察调研党史工作，纪念中国共产党建党86周年。

21~22日，昆明市延安精神研究会新农村建设片区工作会在石林召开。

22日中午，赴新西兰参加第31届世界遗产大会的云南石林申遗代表团一行乘机离开昆明。

同日，符合城镇安置政策的2006年的31名退役士兵，参加了择优选岗。

23日，昆明“迎奥运”全国公开水域游泳邀请赛在长湖举行。

26日起，石林县开展流浪犬专项整治行动。

27日，下午2时16分，在新西兰基督城第31届世界遗产委员会会议表决通过了云南石林、贵州荔波、重庆武隆捆绑申报的“中国南方喀斯特”世界自然遗产项目。当天晚上，石林县举行了盛大的庆典晚会，庆祝石林申报世界自然遗产圆满成功。28日上午，县委、县政府在石林风景名胜区举行石林申报世界自然遗产庆典大会，向中外游客宣布石林成功申报世界自然遗产的好消息，并以世界自然遗产的崭新姿态欢迎中外游客到石林旅游观光。

同日，县第十四届人大常委会第35次会议上，两位旁听人首次亮相。

29日，全国各省（市）自治区妇联主席、发展部部长、项目实施地干部，到石林镇水塘铺村参观“大地之爱·母亲水窖”实施项目。

6月起，每月组织一次全县性爱国卫生大扫除活动，时间为每月第一周星期五下午4：00至6：00，以推进国家卫生县城创建工作。

7月

1日，石林县召开庆祝中国共产党成立86周年纪念大会。

同日，2007年“全民健身与奥运同行”健身操（舞）展演活动在县民族体育场举行。

同日，石林县举行廉租住房验收会，对市下达的三年建设任务148套廉租住房建设工程进行验收。

同日，石林县第四期职工医疗互助活动正式启动。

同日，石林县滇南重点火险区综合治理项目通过省林业厅验收。

3日，石林县邀请省、市人大及有关部门领导和专家座谈，对《石林风景名胜区保护条例（修订草案）》（征求意见稿）进行修订。

同日，昆明市烟草公司总经理郑天一到石林县检查指导烤烟生产工作。

5日，九石阿旅游专线公路石林段竣工交付使用，并被有关部门评定为优良工程。

6日，赴新西兰参加第31届世界遗产大会的石林申遗代表团一行凯旋归来。

7日，石林县举行中国南方喀斯特石林世界自然遗产石林县人民政府办公区标志牌揭牌仪式。

8日，中央人民广播电台“中国之声”《新闻直播间》栏目播出特别节目“自然奇观·世界遗产”，县委书记柳文炜、县长李忠德等领导向全国的听众朋友介绍了石林申报世界自然遗产的艰辛历程。

9日，参加民建中央十九次中常委会议、民建八届二十三次会议、民建全国宣传思想工作会和民建章程修改座谈会的领导和会议代表140余人到石林风景区参观考察。

同日，昆明市委常委、市政法委书记海文达到石林县检查指导政法工作。

同日，石林县在石林万家欢羊场无偿发放16只优良种公羊给圭山、板桥、大可、西街口等乡镇养羊示范户。

9~11日，石林县举行第十届“园丁杯”篮球运动会。

9~12日，石林县组织3000名教职工免费到石林景区参观游览。

11日，石林县召开石林风景区拆迁、搬迁领导小组工作会议，研究部署有碍自然遗产保护的设施搬拆工作。

12日，国务院政策研究室农村经济研究司、中央农村工作办公室、中国电机工程学会农电分会调研组到石林调研农电体制改革情况。

同日，昆明市2007年烟叶烘烤工作安排暨技术培训会在石林县召开。

同日，石林县政协组织市、县政协委员督查石林县各部门创建国家卫生县城工作。

同日，《石林彝族自治县生态美县建设规划》、《石林彝族自治县林业生态工程建设规划》通过省、市、县的评审。

13日，见义勇为先进分子王永祥将昆明市政府奖励给他的5000元奖金捐献给筹建中的县见义勇为协会。

17日，以昆明市政协主席田云翔为组长的市委督查组到石林县进行工作督查。

同日，昆明市人大常委会副主任张显忠到石林县调研民营企业。

18日，副省长程映萱到长湖镇维则村连片烤烟种植基地检查指导工作。

同日，由安宁市委书记李喜、市长王剑辉等领导率领的安宁市考察团，到石林参观考察城市建设和旅游发展。

19日，中宣部副部长、国家广电总局党组书记、局长王太华到石林参观考察。

同日，石林县社会主义新农村建设试点村干部培训班开班。

同日，石林县举行礼仪修养专题讲座，云南艺术学院副院长、艺术学专业硕士生导师潘红教授应邀作专题讲座。

19~20日，由昆明市爱国卫生运动委员会组织的创卫检查团检查验收石林县创建国家卫生县城工作。

20日，昆明市“创建杯”信访工作巡回演讲报告会在石林县举行。

22日，昆明市委常委、副市长杨宁到长湖镇视察烟水工程建设和烤烟生产工作。

23日，由昆明市委常委、市委宣传部部长、市文明办主任张红苹率领的市调研组到石林县调研“五创”工作开展情况。

23~25日，昆明市县（市）区审计业务培训班在石林县举行。

27日，石林县开展打击非法行医专项行动会议。

31日，石林县启动县城“吃水河”治理行动工作领导小组；8月20日，工程竣工并开闸通水。

31日，昆明市纪委副书记王富昌到石林县调研案件查办工作。

31日晚，石林县在县民族中学礼堂隆重纪念中国人民解放军建军80周年。

本月，石林县“12369”环保投诉热线开通。

8月

1日，昆明市烤烟收购暨基础设施建设现场会在石林召开。

同日，石林县2006年度省级农业综合开发项目通过省农业综合开发项目检查组的验收。

2日，广东游客黄杨重游石林后，向石林县捐赠1000元人民币用于希望工程建设。

3日，省委统战部、市委统战部考察团一行90余人到石林参观考察。

同日，遗失多年的半截清代“去思碑”出土。“去思碑”是为纪念路南知州陈先溶功绩而立的。

3日，清华大学13名学生深入石林县各中小学和幼儿园，对学生进行理想教育。

5日，省建设厅厅长冯志成到石林县检查指导创国家园林县城工作。

5~6日，石林县举行“2007中国石林国际火把节”。

6日，上午10时，石林县在石林景区举行世界自然遗产揭牌典礼。参加典礼的副省长刘平、昆明市代市长张祖林等省市领导当天检查指导了石林县城市建设和重大项目的规划建设工作。

8日，昆明市委副秘书长郭焕波一行对石林县“发展现代农业、推进新农村建设”情况进行督查调研。

同日，石林县林业综合行政执法大队、石林县森林防火指挥部地方专业扑火队正式挂牌成立。

同日，石林县2007年第二期公务员“8+X”培训班开班。

9日，石林县档案馆标准化建设通过市有关部门的考核验收，成为全市唯一获得“四星级”标准的县级档案馆。

10日，省政协主席王学仁到石林县调研农业生产和农业龙头企业发展情况。

同日，省发改委副主任马晓佳到石林县检查指导农村能源建设情况。

同日，宁蒗县民族文化考察团到石林县参观考察。

11日，国际奥委会主席罗格及夫人游览石林。

13日，小密枝村挂牌成立“石林升农辣椒开发技术协会”。

同日，省审计厅副厅长苏黎到石林县调研工作。

同日，石林县邀请中国农业科学院蔬菜花卉研究所副所长穆鼎教授，在科普中心报告厅举办“ALA在农业中的应用”知识讲座。

14日，昆明市人大常委会组织市人大代表对石林申遗和石林中路建设情况进行视察。

16日，昆明市政协老领导到石林参观考察石林申报世界自然遗产情况和石林世界自然遗产保护情况。

同日，石林县开展“爱心助你上大学”募捐活动。

同日，石林镇举行“教育发展促进会”成立大会。

17日，国家旅游局在北京召开中国旅游协会旅游景区分会成立暨全国5A级景区颁牌大会，正式向云南石林等66家首批国家5A级景区颁发标牌和证书。

同日，省政协视察组对石林县《云南省实施〈中华人民共和国民族区域自治法〉办法》贯彻落实情况进行视察。

18日，石林县30个烤烟收购点全面开点收购。

19日，昆明市委调研组到石林县开展县级领导班子及领导干部思想政治巡查。

20日，石林县创建国家卫生县城申报材料通过国家级评审。

同日，国家民政部社会福利和社会事务司巡视员左永仁带领全国整治非法用工、打击违法犯罪专项行动督查组到石林检查工作。

同日，石林县在全县范围内开展废旧金属收购行业专项整治活动，此项活动9月20日结束。

21日，省委办公厅助理巡视员牟建国到石林县调研领导干部作风建设情况。

21~22日，昆明市农村党建工作暨新农村建设工作队工作会议在石林召开。市委常委、副市长杨宁，市委常委、市委组织部部长张荣明参加了会议。

同日，美中慈善基金会向石林县人民医院捐赠的一台价值400多万元、目前世界上最先进的全新西门子8排4层螺旋CT机正式投入使用。

23日，石林县举行公益性岗位安置签字仪式。

23~24日，在石林县科协主办的“学科学，助我快乐成长”科普夏令营活动中，36名营员考察了中国科学院云南天文台、云南国家基准地震台、中国科学院昆明动物博物馆和云南电信展览馆。

28日，昆明市政法系统践行社会主义法制理念英模事迹巡回报告团到石林作巡回报告。

30日，甘肃省委书记陆浩一行7人到石林参观考察。

同日，昆明市委常委、副市长王晓光到石林县调研指导城市建设及旅游发展情况。

同日，石林县2007年甜柿开园仪式在石林恒泰农产品开发有限公司甜柿生产基地举行。

同日，石林县第三届老年大学开学。

9月

1日，石林县矿产资源有偿使用费征收工作启动。

2~7日，石林县组织卫生监督执法人员，对县城区32家“黑诊所”进行依法取缔。

3日，石林县幼儿教育集团东园和西园开园迎接新生。

同日，具有革命传统教育意义的长湖镇张冲小学综合楼修缮完毕，迎接新生。

4日，沙特基金会及欧佩克基金会代表团到石林参观考察。

同日，中国国民党副主席江丙坤到石林参观游览。

同日，石林35千伏圭山输变电工程顺利竣工投入运行。它的成功投运，标志着云南电网公司完善西部地区农网改造工程石林县投资项目任务全部完成。

6日，石林县“两控区”（烟尘控制区、噪声达标区）建设通过市级专家组验收。

同日，广西壮族自治区贵港市党政代表团到石林参观考察。

7日，石林县隆重举行第23个教师节庆祝大会。

10日，石林县史志办被评为2004~2005年度全省地方志先进集体，受到表彰奖励。

11日，石林县启动“数字乡村”工程建设。

12日，石林、陆良、弥勒三县政协联谊会在石林县举行。

12~18日，石林县开展2007年食品安全宣传月活动。

13日，石林县举行全县督查工作暨办公室主任业务培训会。

同日，石林县城镇居民基本医疗保险试点工作启动。

14日，昆明市委常委、市纪委书记应永生一行对石林县党风廉政建设和反腐败工作进行专题调研。

14~16日，昆明市环保局在石林县召开创建国家环保模范城市暨节能减排工作推进会。

15日，2007第三届昆明国际农业博览会圆满落幕，石林县参展农产品获两金、两银、两优的好成绩。

同日，广西壮族自治区来宾市党政考察团到石林参观考察。

16日，全国人大常委会副委员长热地到石林视察工作。

同日，石林县引进的首家房地产项目——石林海川投资有限公司“水岸星城”举行开盘仪式，一期工程开发的600套住房被抢购一空。

同日，预计总投资640万元的石林县工商局综合业务用房举行开工奠基仪式。

17日，石林县“全国科普日”活动启动。

同日，昆明市政府总值班室领导到石林县调研应急管理工作。

同日，石林县召开会议，对参加第七届全国残疾人运动会并取得好成绩的 3 名运动员进行表彰奖励。

18 日，上午 10：00 至 10：13 分，石林县拉响防空警报，提醒市民勿忘国耻、居安思危，加强国防意识。

19 日，全省政协主席考察团到石林考察。

同日，石林县召开特岗教师选岗大会。

同日，石林县组织新农村建设工作队队长，就弘扬延安精神、促进新农村建设进行研讨。

同日，德宏州潞西市矿产资源考察团到石林县考察。

20 日，石林县召开重点建设项目征地拆迁工作动员会。

21 日，石林县在长湖镇三台山村和西街口镇西街口村举行集体林权制度改革林权证首发仪式。

24~25 日，昆明市政协组织有关领导和专家对石林风景名胜区保护管理工作进行专题视察。

26 日，首届“昆明市文化旅游特色村镇”授牌仪式在昆明新闻中心举行，石林县圭山镇糯黑村、板桥镇小叠水村、石林镇月湖村、长湖镇阿着底村荣获“2007 昆明市文化旅游特色村镇”称号。

同日，石林县组织有关部门对特种设备安全进行检查。

28 日，石林县举行创建国家卫生县城命名暨表彰大会。会后，副省长高峰到石林天奇医院、石林幼儿教育集团等单位检查工作。

同日，石林县防震减灾监测预报中心开工建设。

29 日，石林县纪委组织副县级以上领导到昆明市博物馆参观全市党风廉政教育展。

30 日，石林景区应急民兵护卫分队成立。

本月，《石林彝族自治县概况》由国家民族出版社出版发行。

10 月

11 日，石林县廉政文化暨警示教育园地在县文化馆开园。

12 日，昆明市园林绿化局副局长汪天祥率市级考评专家检查考核石林县创建省级园林县城工作。

14 日，石林县举办首届秋季“地狗杯”钓鱼邀请赛，来自县内外的 132 名选手参加了比赛。

15 日，石林县启用“平安石林”城市报警与监控系统，在县城交通要道、治安复杂地段、公共场所和重点单位等设置 51 个监控探头与县公安 110 指挥中心和监控中心联网。

同日，石林县在双龙广场举行重阳节老年健身舞比赛。

同日，昆明市交通安全委员会评价考评石林县道路交通安全及创建“平安畅通县”工作。

同日，《石林县城市总体规划修编（2005~2020）》通过市级专家评审。

16 日，昆明市产品质量和食品安全整治工作监督检查组到石林县检查工作。

同日，昆明市住房公积金管理中心主任杨琼华到石林县调研工作。

同日，石林县 2007 年刺绣技能培训开班。

18 日，“七彩云南”生物多样性保护国际论坛中外专家一行 50 人到石林考察生态环境保护工作。

19 日，石林县举行 2007 年老龄工作表彰会暨敬老节文艺汇演。

22~25 日，石林县邀请国内知名青少年心理教育专家、家庭成功教育专家宁国辉到部分中小学校、幼儿园开展家庭教育讲座。

23 日，国家质检总局派驻云南工作组对石林县产品质量和食品安全专项整治工作进行督查指导。

同日，石林县召开县乡（镇）换届选举工作动员会。

同日，昆明市检查组对石林县 2007 年保密工作进行考核检查。

24 日，石林县举行县级党政机关办公用房建设奠基仪式，标志着项目建设进入实施阶段。

同日，石林县检察院举行仪式，为第二届人民监督员颁发证书。

25 日，石林县召开城镇居民基本医疗保险试点工作动员会。

26 日，石林县召开全县干部大会，认真学习贯彻党的十七大精神。

同日，石林县举行全民科学素质行动科普知识竞赛活动。

同日，昆明市政府法制办领导检查调研石林县推行“阳光政务工程”工作情况。

29 日，中、法旅游界联合组织的“云南长跑之旅”石林站赛事在石林景区举行。

同日，石林镇林口铺村委会和摩村村民小组长张国保荣获中华农业科教基金会“神内基金农技推广奖”。

31 日，石林县召开见义勇为协会成立暨见义勇为先进分子表彰大会。

同日，昆明市“文明随我行”宣讲团到石林县开展宣讲演出活动。

11 月

1~4 日，石林景区参加 2007 中国国际旅游交易会。

2~3 日，云南师范大学课改专家、语文教学法研究室主任、教育专业硕士生导师张承明教授应邀到石林县对中学七年级 40 余名语文老师进行培训。

6 日，石林县在县委党校举办彝族民间文化传承人培训班。

同日，泰王国曼谷市议会议长代表团到石林县参观考察。

同日，昆明市农村富余劳动力转移办公室到石林县检查指导工作。

同日，石林中路扩建工程沿线给水工程规划设计评审会在石林中路扩建工程指挥部举行。

同日，中国国际旅游交易会海外旅行商代表团到石林考察。

8 日，石林县举行第八届记者节座谈会。

8~9 日，石林县 2006~2007 年度农村有线电视“村村通”工程通过昆明市广播电视局验收。

10 日，石林县全面完成“数字乡村”资料上传工作。

同日，台湾统一企业向石林县“马帮茶道·明星·青联·国立希望小学”捐赠 2 万元的体育器材和 2000 元的奥运礼包，并开展了“统一快乐体育运动会”。

12~13 日，石林县组织部分乡村医生进行中医适宜技术培训。

13 日，石林县石林、长湖两镇申报“全国环境优美乡镇”通过省级专家评审。

同日，昆明市人大代表石林代表小组及石林县人大机关相关委室共 40 余人对滇池保护治理情况进行了视察。

14 日，四川省成都市应急办考察组到石林县考察应急管理工作。

15 日，昆石高速公路景观林建设一、二期工程通过验收。

同日，石林县 41 名小额担保贷款户（属下岗失业人员）与中国银行滇池路支行签订承贷合同，获贷 122 万元。

19~23 日，石林县举办乡（镇）党委副书记、村党总支（支部）书记学习十七大精神专题培训班。

20 日，省禁毒委对石林县巩固“无毒县”工作进行检查考核。

21 日，石林县召开驻石部队退役士兵座谈会。

22~25 日，石林县非公经济组织入党积极分子培训班开班。

22~24 日，石林县举办第十八届中小学生运动会。

26~27 日，昆明市政府人口与计划生育工作考核组到石林县检查考核计生工作。

27 日，经省人民政府批准设置的石林县大屯超限运输管理检测卸载站正式启用。

同日，昆明市“未成年人流动剧场”专业演出团莅临石林县民族小学演出。

同日，楚雄州武定县人民政府及有关部门领导到石林县考察城市风貌改造工作。

同日，石林县委办、县政府办联合印发《石林彝族自治县地方志事业发展规划（2007~2010）》（石办发〔2007〕39 号文件）。

28 日，由昆明市人大常委会主任李培山带队的市人大检查组到石林县，对市政府 2007 年为民办十件实事中的“转移农村富余劳动力”、“解决农村饮水困难和安全问题”两件实事完成情况进行检查。

同日，石林县纪委和县委组织部开展领导干部廉政谈话活动。

29 日，石林县举办 2008 年度整村推进扶贫实施方案及项目管理培训班。

同日，石林县开展女领导干部“缅怀革命前辈，建设生态美县”活动。

30 日，昆明市商务局和市有关部门组成检查组，对石林县整顿和规范市场经济秩序工作进行检查考评。

同日，湖南省农业厅厅长程海波在云南省农业厅厅长段兴祥的陪同下，到石林镇参观考察。

12 月

1 日，石林风景名胜区荣获“国家级风景名胜区综合整治十佳单位”和“最佳资源保护的中国十大风景名胜区”称号。

3 日，昆明市政府 2007 年安全工作目标考核组到石林县考核。

同日，昆明市有关部门对石林县“数字乡村”工程建设情况进行检查验收。

同日，昆明市政协副主席林怡萍到石林县西街口镇调研。

同日，昆明—日本全国旅游协会旅游合作座谈会在石林大酒店召开。

4 日，昆明市政协常务副主席张建伟一行代表市政府检查石林县扶贫开发工作。

4 日起，石林县对 60 家单位开展“千人评议”机关作风活动。

4~5 日，贵州省建设厅及贵州省各风景名胜区领导一行 70 人到石林考察。

5 日，昆明市县乡换届选举工作指导组在市人大常委会副主任董利华的率领下到石林县检查指导工作。

同日，云南省新闻出版局颁布 2005、2006 年度云南省获奖年鉴名单，《石林年鉴（2005）》、《石林年鉴（2006）》分获综合特等奖和综合一等奖（云新出〔2007〕245 号文件）。

6 日，昆明市县乡换届选举工作指导组到石林县检查指导工作。

同日，昆明市政府纠风办公室对石林县 2007 年纠风目标管理责任制落实情况进行检查考核。

同日，由原昆明市政协副主席徐声瑛、市文明委有关领导组成的考评组对石林县创建市级文明单位工作进行实地考评。

7 日，石林县教育局与少儿出版社及其实验基地——云南冶金集团总公司幼儿园的 11 名幼教专家，联合举办石林县上海市三期课改《多元整合幼儿园活动课程及安全教育》观摩研讨会。

17 日，省平安创建考核组到石林县考评验收省级平安县创建工作。

21 日，以昆明市委常委、市委宣传部部长、市文明办主任张红苹为组长的市委、市政府检查考评组到石林县检查考评文明县城创建工作。

同日，云南省农业综合开发办公室组织专家评估组，就石林县申报国家级农业综合开发县的有关条件进行实地考察评估。考评组一致认为，石林县已具备了列为国家级农业综合开发县的条件，将尽快报请国家农业综合开发办公室予以审核批准。

同日，昆明市“知识工程”挂牌表彰大会在昆明市图书馆报告厅举行，石林县石林镇图书馆在挂牌乡镇图书馆行列，晋升为“昆明市乡镇图书馆”（全市仅10家）。会上，石林县圭山镇图书室、板桥镇图书馆受到表彰奖励。

同日，石林县启动乡镇统计体制改革工作；25日，县机构编制委员会批复，同意在七镇一乡设置统计站。

23日，石林镇成人文化技术学校被中国成人教育协会授予“2007年农村成人教育先进单位”。

26日，石林县在县城双龙广场开展义务献血活动。

26~27日，省建设厅副厅长郭五代及西南林学院园林学院院长樊国盛等一行30人到石林县，考评石林县创建省级园林县城工作。石林县最终获得93.8分，通过省级园林县城考评工作。

27日，《石林风景名胜区保护条例》(修订草案)首次提请市人大常委会审议。

同日，石林县阿黑酒业合作社挂牌成立。

31日，石林县召开旅游庆功大会。

本月，石林绿汀甜柿科普示范基地被中国科协和财政部评为“全国科普整农兴村计划”先进单位。

本月，《石林年鉴(2007)》由云南民族出版社出版发行。

概　况

县域概况

【行政区划与人口】 石林县位于昆明市东南部，属昆明市所辖的远郊县。县域东部和南部与红河哈尼族彝族自治州泸西县、弥勒县接壤，北部与曲靖市陆良县相邻，西部和西北部与昆明市宜良县毗连。2007年底，全县辖7镇1乡，88个村委会和4个社区居委会，459个村民小组和50个居民小组，387个自然村，县域面积1725平方千米。县城鹿阜镇距昆明78千米，县城海拔1679.8米。2007年年均气温16.5℃，年降雨量954.2毫米。全县年末人口238865人，其中：男性120371人，女性118494人；非农业人口27183人，占总人口的11.38%；少数民族人口83149人，占总人口的34.81%；彝族人口80993人，占少数民族人口的97.41%。全县人口出生率为10.53‰，死亡率为5.33‰，自然增长率为5.2‰。

【经济综述】 2007年全县实现地区生产总值22亿元，比上年增长11%。其中：第一产业实现增加值6.6亿元，增长6.7%；第二产业实现增加值5.8亿元，增长14.7%；第三产业实现增加值9.8亿元，增长11.8%。一、二、三产业的比重为30∶26∶44，经济结构不断优化。

【旅游业】 2007年，石林县深入实施“12345”石林旅游国际化发展战略，旅游二次创业取得重大突破，石林申报世界自然遗产的成功，标志着石林真正实现了由国内品牌向国际品牌的转变，石林旅游发展由国内走向国际的转变，石林旅游迈入了一个全新的发展阶段。年内，石林列入世界自然遗产名录，成功创建为国家首批5A级旅游景区，荣获“中国民间文化遗产旅游示范区”、“全国旅游系统先进集体”、“国家级风景名胜区综合整治十佳单位”和“最佳资源保护中国十大风景名胜区”等称号，旅游局导游组被全国总工会授予“五一劳动奖状”，门票组被云南省总工会授予“工人先锋号”称号；《石林风景名胜区总体规划》修编获国家建设部批准，《石林旅游业发展战略规划》、《石林风景名胜区旅游规划研究报告》、《乃古石林景区保护性开发详细规划设计》、《乃古石林景前区修建性规划》、《石林“中国彝族第一村”修建性详细规划》通过专家评审；旅游基础设施建设不断完善，石林撒尼古城建设项目引进了云南圆通投资有限公司开发建设，中国彝族第一村建设完成了项目立项和规划设计；完成阿诗玛文化生态园建设工程、石林景区供水工程和石林景区扩容改造、环境整治和美化工作；加大宣传促销力度，进一步扩大了石林在海内外的知名度，增强了石林在国际国内旅游市场的吸引力和竞争力，旅游业综合效益明显提高。年内全县接待游客总人数突破300万人次，旅游综合收入10亿元，增长53.8%；大小石林景区接待游客260万人次，景区旅游直接收入3亿元，增长15.4%。

与旅游业配套的文化产业进一步发展，年内完成了《彝族(撒尼)挑花》等申报第二批国家级非物质文化遗产工作，彝族撒尼语口传叙事长诗《阿诗玛》传承人经文化部批准公布，糯黑村、小叠水村、月湖村、阿着底村（以得票多少为序)荣获“2007年昆明市文化旅游特色村镇”称号；成立了鹿阜古镇保护与开发工作协调领导小组，按照统一规划、分期实施的原则，推进鹿阜古镇保护与开发工作；发掘民族民间文化艺术，一批民间文化实体企业逐步形成和壮大。2007年全县文化产业增加值1.77亿元，同比增长33.08%，占地区生产总值的8%。

【农 业】 以调整结构、强壮支柱、发展现代农业和特色农业为重点，努力实现农民增收。农业基础设施进一步改善，全年完成水利建设工程798件，总投资10278.7万元，新增有效灌溉面积8600亩，解决和改善了1.51万人及7300头大牲畜的饮水困难。2007年，全县实现农林牧渔业总产值11.82亿元，比上年增长8.2%。

粮烟生产实现了丰产丰收，粮食总产量达119861吨，比上年增长0.4%。烤烟生产荣获云南省烤烟收购先进县称号，全县种植烤烟11.8万亩，完成收购1640万千克，收购总值1.94亿元，均价12.42元，创历史新高。

全年出栏猪214542头，比上年增长1.65%；出栏牛9079头，增长12.95%；出栏羊85296只，增长10.89%；出栏家禽904048只，增长8.96%；禽蛋产量1300.6吨，增长5.98%。年末，大牲畜存栏73410头，比上年增长1.23%；猪存栏166856头，下降2.23%；山羊存栏178318只，增长7.84%。

蔬菜、水果等绿色产业发展迅速。全年蔬菜产量80187吨，比上年增长9.84%；水果产量20130.7吨，增长33.24%。年内，新建红梨基地2078亩、甜柿基地5000亩。

【工 业】 2007年全县实现工业总产值186959万元，比上年增长17.19%。其中：规模以上工业实现产值60964万元，增长22.41%；规模以下工业实现产值125995万元，增长15.58%。主要工业产品产量完成情况：发电量1613万千瓦小时，原煤产量71万吨，焦炭产量34.6万吨，水泥产量17.6万吨，耐火材料制品622吨，卤腐产量1468吨，大理石板材193万平方米。规模以上工业企业能源消耗总量为53810.72吨标准煤，与上年相比，万元增加值能耗下降23.98%。

加快民营经济的发展，2007年完成增加值60282万元，增长15.85%；实交税金4623万元，增长10.99%。国企改革不断深化，完成县塑料厂、县食品公司产权制度改革，完成县百货公司改制扫尾工作。

【财政金融】 2007年全县实现财政收入总计27210万元，比上年增长17%。地方财政收入17128万元，比上年增长29%，其中：一般预算收入14215万元，增长13%；基金收入2913万元，增长371%。财政支出总计44359万元，比上年增长24%，其中：一般预算支出40219万元，增长20%；基金支出4140万元，增长89%。

2007年末，全县金融机构各项存款余额280308万元，比年初增长16.21%，其中：企业存款96073万元，增长33.15%；储蓄存款126123万元，增长1.59%。各项贷款余额227580万元，比年初增长19.82%。全年累计现金收入706471万元，比上年增长17.99%；现金支出621557万元，比上年增长10.21%；现金净回笼84915万元，比上年多回笼50159万元。

【招商引资工作】 高度重视招商引资工作，年内成立了由县级领导带队的4个招商小分队，向沿海和市外发达地区主动招商。重视项目策划，抓好项目包装，制作中英文版《石林投资指南》、重点招商项目册及《投资石林》多媒体光盘。招商引资成效显著，引进了万城阿诗玛旅游小镇、水岸星城、东南亚翡翠玉石加工基地、昆明石林太阳能电站实验示范工程等一批重点项目。全年招商引资新上项目45个，结转上年在建项目4个，到位国内市外资金6.4亿元，完成计划的128%，同比增长66.25%；实际利用外资4.15万美元，实现外贸出口30万美元。

【固定资产投资】 2007年全社会固定资产投资累计完成117696万元，比上年增长29%，其中：城镇及农村固定资产投资完成87669万元，增长10%；农村私人投资完成4287万元，增长4%；房地产开发投资完成25740万元，增长233%。东城区、生态工业集中区建设进展顺利，石林旅游服务区开发有序进行；完成了黑龙潭水库西干渠建设工程、石林中路改扩建一期沥青路面和二期路基工程、鹿平公路改造工程、巴江河道治理二期工程和石金幼儿园建设工程；县污水处理厂建设和北召公路（西街口至召夸段）路面改造工程动工。

【生态建设】 2007年，继续投入1000万元用于生态美县建设。年内编制完成《石林彝族自治县生态美县建设规划》，并通过专家评审。长湖镇、西街口镇集体林权制度改革试点主体工作顺利完成，全县林改工作即将全面启动。完成昆石高速公路石林段景观林建设二期工程。推进珠江石漠化水土保持一期治理项目建设。石林镇、长湖镇申报“全国环境优美乡镇”通过省级专家评审。积极开展创建国家园林县城和国家环保模范城市工作，人均公共绿地面积达15.81平方米，绿地率达36.48%，绿化覆盖率达37.57%。完成森林资源规划设计调查（二类调查），并通过省林业厅的评审验收，石林县森林覆盖率为37.03%，林木绿化率为45.13%。

【交通邮电】 2007年底，全县公路总里程1109.46千米，其中：国道82.23千米，省道75.689千米，县道263.661千米，乡道499.096千米，村道174.258千米，专用道路14.526千米；南昆铁路穿境48.5千米。2007年全县汽车客运量为5215855人次（其中：石林客运站客运量632832人次，石林景区客运站客运量83023人次，城乡公交车客运站4500000人次）。石林铁路客运站运输发送73740人次，到达127750人次，客运周转量为52778955人千米；货物周转量为30299461吨千米。

2007年邮政累计完成业务收入280.46万元，完成年计划的116.86%，同比增长48.41%。分项业务完成情况为：函件完成18.67万元，包件完成25.15万元，报刊完成41.74万元，集邮收入完成29.26万元，代办业务收入完成1.93万元，特快专递完成21.97万元，物流业务完成53.42万元，汇兑业务完成13.13万元，储蓄完成70.99万元，销售商品收入完成3.5万元，其他业务收入0.7万元。业务总量完成240.15万元，同比增长11.74%，收支完成-12.40万元，亏损减少。

2007年电信完成业务收入1759.27万元，占年计划的101.34%，比上年增长7.40%。固定电话新增683部，在网用户达17354部；小灵通新增873部，在网用户达3327部；ADSL业务新增1350部，在网用户达2844部；新增“致富通”（无线座机）1065户，在网用户达2594户；新增“平安石林”视频监控和网吧全球眼60多个点。

2007年，中国移动石林公司净增用户6000户，在网用户达到75000余户，全年公司完成业务收入3500万元。中国联通石林公司年内净增用户2056户，在网用户突破25000户，全年公司完成业务收入1086万元。

【人民生活】 2007年全县在岗职工年平均工资15215元，比上年增长18.07%。城镇居民人均可支配收入11159元，比上年增长8.5%。农民人均纯收入3708元，比上年实际增长7%。

2007年社会消费品零售总额91800万元，比上年增长21.10%，其中：批发业7103万元，增长11.65%；零售业49226万元，增长18.05%；住宿业2876万元，增长13.54%；餐饮业20895万元，增长33.63%；其他行业11700万元，增长22.21%。

【社会事业】 2007年，石林县成功创建为国家卫生县城，省级园林县城、省级平安县城、昆明市文明县城通过验收，创建国家环保模范城市纳入昆明市区县责任单位。积极推进科技与经济的结合，逐步提高科技对经济增长的贡献率。实施教育综合改革，大力改善办学条件，启动西街口、紫玉两所农村中小学标准化建设。深化卫生体制改革，新型农村合作医疗参合人员192728人，参合率达97%；启动城镇居民基本医疗保险试点工作，全年有4711名城镇居民办理了参保手续。就业和再就业工作进一步加强，城镇新增就业人员786人。完成城市低收入居民廉租房建设148套。实施扶贫“整村推进”，解决了2080人绝对贫困人口的温饱问题，巩固了4320人相对贫困人口的温饱问题。由国家民委统一部署的“中国少数民族自治地方概况”丛书中的《石林彝族自治县概况》正式由国家民族出版社出版发行，《石林旧志集成》（标点注释本）编纂工作启动。

2007年石林县新创各级文明单位（村、社区、小城镇）99个，其中：市级文明单位22个，市级文明村9个，市级文明小城镇1个，县级文明单位

41个，县级文明村24个，县级文明社区2个；2007年底届期内各级文明单位（村、社区）及文明小城镇达217个，其中：省级文明单位11个，省级文明村4个，市级文明单位30个，市级文明村11个，市级文明小城镇1个，县级文明单位110个，县级文明村48个，县级文明社区2个。

鹿阜镇

【机构设置】 2007年，鹿阜镇内设党政综合办公室、农林水综合服务中心、村镇规划建设服务中心、文化广播电视服务中心、畜牧兽医服务中心。年末，有职工72人。年内，昆明市委、市政府授予鹿阜镇“人口和计划生育工作先进集体”，市政府授予“2007年度政府消防安全责任制先进乡镇”；县委、县政府授予“创建国家卫生县城突出贡献单位”、“石林申报世界自然遗产工作先进集体”，县政府授予水利工作三等奖、国土资源管理二等奖。

【行政区划】 鹿阜镇位于县境西部，县城所在地。全镇辖山冲、宏图、铺兵、阿乌、三板桥、大屯、上蒲草、大乐台旧、小乐台旧、东海子、清水塘、新宅12个村委会和东门、南门、西北、龙泉4个社区居民委员会，75个村民小组和50个居民小组。

【自然状况】 全镇土地面积137.5957平方千米，耕地面积23059.5亩，其中：水田13879.5亩，旱地9180亩。森林面积56415.7亩，森林覆盖率达27.33%。最低海拔1666米，最高海拔2076.4米，最高气温31.6℃，最低气温0.8℃，平均气温16.5℃，年降雨量954.2毫米，日照时间1616.6小时。

【人口与计划生育】 2007年末，全镇有21127户58802人，其中：男29154人，女29648人；农业人口39868人、非农业人口18934人；少数民族人口10936人，占总人口的18.6%，其中彝族10351人，占总人口的17.6%。人口密度平均每平方千米427人。2007年，全镇开展“三查”工作2期10574人次，有88户办领了《独生子女父母光荣证》，其中农业人口39户。加强流动人口计划生育管理，全镇出生610人，人口自然增长率3.38‰。

【经济综述】 2007年，全镇工农业总产值33989万元，其中：工业总产值20520万元，农业总产值13469万元。农村经济总收入30843万元，比上年增12%。镇级财政收入1925.2万元，比上年增10.7%。农民人均纯收入3181.8元，比上年增8%，实交税金1650万元。

【农 业】 2007年，全镇完成了水稻多样性、蜂巢式栽培11000亩，成效明显。加强粮烟生产的扶持力度，全镇兑现了9900亩烤烟用煤价外补贴56.4万元和14000亩水稻优质粮种种植直接补贴14万元及生产资料综合补贴79.38万元，提高了农民粮烟种植的积极性。

全镇小春粮食种植面积21067亩，总产量520万千克；大春粮食种植27206亩，总产量1300.53万千克。全年粮食总产量1820.53万千克，人均占有粮470千克。

种植烤烟9900亩，推行集中预检和统一运输制，完成指令性收购130万千克和收购出口备货烟叶11万千克，收购总值达1681万元，均价12.62元，上等烟比例64.3%，实现烟叶税收363.6万元，占财政税收完成数的18.89%。

全年四旁义务植树13.5万株，公益林补植200亩，退耕还林620亩，石林景区植被恢复500亩，病虫害防治13000亩，查处林政案件20起。兑现了退耕还林生活补助及粮食折现补助308834元。加大绿色企业科技推广力度，推广葡萄套袋500亩，引入大粒红提葡萄试种100亩，新增果园800亩，以梨、桃、葡萄、板栗为主的林果种植面积达5310亩，水果产量达430.4万千克。新建无公害西兰花基地300亩，全年蔬菜产量2795.9万千克。

全年大牲畜出栏872头(匹)，肥猪出栏45000头，山羊出栏4662只，禽类出栏412055只；年末大牲畜存栏7135头(匹)，生猪存栏22956头（其中能繁母猪2373头），山羊存栏9998只，禽类存栏215667只，奶产量66万千克，禽蛋产量达31万千克。兑现能繁母猪补贴12.25万元，涉及1282户2450头。

全年全镇完成各项水利建设工程124件，投入资金364.54万元，其中：上级补助336.94万元，群众自筹27.6万元。完成了阿乌、大新冲、清水沟烟水工程，西河大路兴村口段的治理，黑龙潭水库中型灌区西干渠节水改造，小乐台旧、上新宅人饮改造工程，秧草凹、平地村人饮解困等水利设施建设；完成116件沟渠、河道、坝塘维修及清淤清障工程。工程做到了当年投资，当年发挥效益，改善了农业生产条件。

组织拖拉机完成本镇及周边乡镇机耕29500亩，机耙29100亩。开展农村地区无牌无证机动车清理整治工作，清理无牌无证摩托车1400辆并全部督促落户；清理无牌无证拖拉机184辆，落户95辆；清理无牌无证三轮汽车11辆，低速载货汽车13辆。加强农机安全宣传工作，增强农机驾驶员及广大群众的安全意识，完成了变拖、手拖检验换证154台。组织人员上路检查农用车及拖拉机612台，纠正农机违章载人150起，发放安全宣传材料30500份，实现了全镇农机无特重大事故发生。

年内清理违法用地案件2起280642.67平方米，上报审批农户住宅89户11441.56平方米，审核上报生产性用地249宗8225.6平方米，实施“空心村”治理，审批落实老宅基地翻建113户12204平方米。受理农户建房规划审批手续78起，调处建房纠纷4起。

【乡镇企业】 2007年，完成招商引资项目8个，投资额2075万元，比县下达任务2000万元增75万元。全镇民营企业新上项目和续建项目3个，实到投资3000余万元。乡镇企业工业产值完成20402万元，增加值完成20520万元，实交税金1650万元，从业人员12720人。强化安全生产和环保工作，全年组织安全生产大检查12次，查出和整改不安全隐患164条，全面开展矿山安全生产专项整治工作，落实环保“三同时”制度和环境影响评价报告制度，开展节能减排专项行动，切实做好环境保护工作。

农村富余劳动力转移输出工作进一步强化，全年共组织培训1195人，转移输出897人，其中：省外120人，省内县外149人，县内628人。

【科教文卫】 2007年，全镇有中小学教职工409人，教学班189个8186名在校生，其中学前班44个1252名在校生。

加大农业科技培训力度，全年举办各类科技培训118期，参训达12897人次，科技培训力度和科技推广工作进一步得到加强。

搞好宣传，活跃文化。全年组织全镇58支文艺队演出节目100余场次，观众达10000余人(次)，放映电影126场次。加强文化市场管理，辖区内共有文化经营户181户，其中：歌舞厅、卡拉OK厅23家，电子游戏厅10家，音像制品经营56家，电脑网吧12家，其他文化产品经营户80个。全年配合有关单位检查文化娱乐市场8次，整顿和规范了文化市场经营秩序。完成4184户4346面卫星接收设施的转星调整工作。年内新建了上赵公庄村、上蒲草村、小乐台旧村、南门社区村级文化室。

全镇共完成了10662户37817人的参合任务，占县下达指标任务37422人的101%。兑现2882人次门诊及住院医疗费用104.62万元。启动了城市居民医疗保险试点工作。完成村级标准化卫生室建设4个，以灭鼠防病为重点的爱国卫生运动深入开展。

全面推进创建国家卫生县城的各项工作，确定三板桥村、大屯村、街子上村和小新村、沙地村争创为省级卫生村，启动了以卫生厕所、垃圾池、村内道路硬化为主的基础设施建设，4个卫生村共建卫生厕所10个，垃圾池20个，标准化村卫生室1个。为做好社区环境卫生整治，组织机关干部职工对4个社区的37条共41700余平方米的背街背巷进行环境整治和卫生清扫，并筹集资金9万余元落实了各社区街巷的日常保洁工作。积极配合相关部门做好双龙集贸市场和大兴商场的改造工作，全力整理和完善“创卫”相关资料和台账。4个卫生村顺利通过省级验收、命名。

【精神文明及民主法制建设】 2007年推荐上报市级文明单位（村）3个，县级文明单位（村）11个，县级文明社区2个，其中：下赵公庄村已经通过市级文明村的考评验收，老长坡村、上蒲草村、三板桥村已经通过县级文明村考评验收，龙泉社区、南门社区已经通过县级文明社区考评验收。

全力巩固“平安镇”工作，进一步维护社会稳定。认真落实创安工作责任制，在全镇16个村（居）委会开展创安工作，责任书签订率达100%，创安群众知晓率达90%以上。通过大量的宣传工作，营造了浓厚的创建“平安鹿阜”氛围；禁毒防艾宣传深入开展，巩固“无毒镇”工作扎实有效；安全生产、道路交通、森林防火、消防等工作的监管力度得到进一步增强；环保污染源整治工作取得实效；全镇治安状况进一步好转，反邪防邪工作稳步推进，法制宣传教育进一步加强，增强了公民的法律意识，预防和减少违法犯罪的工作成绩突出。2007年全镇共评出平安村委会11个，平安社区4个，平安小组121个，平安家庭9182个。认真办理县、镇人大代表议案、建议、意见和政协提案8件，面商率、面复率、满意率达100%；积极催收原农村合作基金会借款，全年偿还欠款45.2万元。接待群众来信来访39件，办结35件。调解民间纠纷137起，成功133起，成功率97.2%。镇人民政府狠抓安全生产教育防范和检查，认真落实企业安全生产责任制和农机交通安全责任制，及时发现并清除安全隐患，杜绝了各类重特大安全事故的发生，全年安全生产死亡率为零。

【民政残联工作】 年内发放各项社会福利救济款114668元，涉及1229人次；优抚费294902元，涉及1563人次；救济粮19325千克，涉及1433人次。完成农村低保扩面工作，农村低保户有546户1197人，全年发放低保金564270元。调查审批上报城市居民最低生活保障金领取户94户。分两批受理城市住房困难户廉租住房申请187户，第一批调查核实入住41户，第二批调查核实上报35户。完成国防教育和国防动员工作，完成新兵征集任务，扶贫政策全面落实。

【新农村建设】 大力开展社会主义新农村建设。下赵公庄村被列为市级试点村，投资235.6万元，进行村内道路硬化、村容村貌整治、新建村级文化室及待客处、修缮老年活动中心、村内池塘改造，新建公厕、垃圾房、篮球场等；上蒲草村被列为县级试点村，投资60余万元对631米长的进村道路硬化、新建公厕、垃圾池、民族文化生态村牌坊、爱国主义教育基地，修缮文化室及待客处、村内主干道外墙立面改造等。完成国债项目沼气池建设170个。“数字乡村”工程完成16个村（居）委会、55个自然村和镇级机构共71个单位的数据采集、审核、录入、网页制作、上网发布工作，并做好日常的管理和维护。

【领导名录】

书　　记：段正平
副 书 记：张　奕
　　　　　高云锋（彝族）
人大主席：沈学文
镇　　长：张　奕（3月起）
副 镇 长：张　奕（代理镇长，2月止）
　　　　　秦卫强
　　　　　赵晓梅（女）
　　　　　雷振涛
纪委书记：李金明（彝族，10月止）

村（居）委会

【山冲村委会】 山冲村委会驻唐家村，海拔1684米，土地面积6.43平方千米，村委会辖8个村民小组、7个自然村，即：杨家村、唐家村、符家村一组、符家村二组、董家村、山冲村、大路兴、毕家院。2007年末有938户3186人，其中：汉族3060人，彝族108人，白族4人，哈尼族4人，壮族4人，傣族2人，苗族3人，蒙古族1人。耕地面积2325亩，其中：水田1866亩，旱地459亩。实现经济总收入1936.6万元，农民人均纯收入3062元，粮食总产量159.8万千克。全年大牲畜出栏31头（匹），肥猪出栏3210头，羊出栏300只；年末大牲畜存栏404头(匹)，生猪存栏1493头，羊存栏1122只。

书　记：魏丕泽

主　任：杨立红

副主任：毕林生

办公室电话：7796336

【宏图村委会】　宏图村委会驻红土坡村，海拔1702米，土地面积4.04平方千米，辖7个村民小组、3个自然村，即：老门洞、红土坡一组、红土坡二组、红土坡三组、红土坡四组、上峰一组、上峰二组。2007年末有608户2164人，其中：汉族1900人，彝族261人，哈尼族3人。耕地面积1321.5亩，其中：水田990亩，旱地331.5亩。实现经济总收入1167.657万元，农民人均纯收入2542.4元，粮食总产量161.18万千克。全年大牲畜出栏20头（匹），肥猪出栏2840头，羊出栏112只；年末大牲畜存栏376头（匹），生猪存栏1694头，羊存栏417只。

书　记：杨凤楼

主　任：赵红芬（女）

副主任：李永福

公室电话：7796341

【铺兵村委会】　铺兵村委会驻铺兵村，海拔1735米，土地面积8.472平方千米，辖6个村民小组、5个自然村，即：秧草凹、小西村、三家村、铺兵一组、铺兵二组、大石桥。2007年末有329户1130人，其中：汉族750人，彝族367人，回族9人，布依族4人。耕地面积691.5亩，其中：水田403.5亩，旱地288亩。实现经济总收入322.8万元，农民人均纯收入1087元，粮食总产量103.2万千克，烤烟总产量29000千克。全年大牲畜出栏20头(匹)，肥猪出栏1500头，羊出栏600只；年末大牲畜存栏325头（匹），生猪存栏1200头，羊存栏1620只。

书记、主任：高福安

副　书　记：普树生

副　主　任：张金才

办公室电话：7784606

【三板桥村委会】　三板桥村委会驻雨中堂村，海拔1680米，土地面积7.3935平方千米，辖5个村民小组、5个自然村，即：平地、老昔街、白水井、雨中堂、三板桥。2007年末有1182户4055人，其中：汉族3885人，彝族145人，白族5人，哈尼族3人，壮族10人，傣族3人，苗族1人，回族3人。耕地面积2527.5亩，其中：水田1879.5亩，旱地648亩。实现经济总收入2758.8万元，农民人均纯收入3022元，粮食总产量191.3万千克，烤烟总产量185300千克。全年大牲畜出栏220头(匹)，肥猪出栏5800头，羊出栏100只；年末大牲畜存栏760头（匹)，生猪存栏3645头，羊存栏400只。

书记、主任：张丽萍（女）

副　书　记：王天祥

副　主　任：万张海

办公室电话：7796854

【阿乌村委会】　阿乌村委会驻阿乌村，海拔1670米，土地面积8.3208平方千米，辖7个村民小组、6个自然村，即：阿乌一组、阿乌二组、老长坡、下赵公庄、上赵公庄、大黑塘、干山冲。2007年末有1039户3582人，其中：汉族3490人，彝族78人，哈尼族2人，壮族5人，苗族2人，回族2人，满族1人，其他民族2人。耕地面积3222亩，其中：水田2166亩，旱地1056亩。实现经济总收入2611.3162万元，农民人均纯收入3095.3元，粮食总产量164.05万千克，烤烟总产量633600千克。全年大牲畜出栏180头（匹），肥猪出栏4210头，羊出栏64只；年末大牲畜存栏439头(匹)，生猪存栏1878头，羊存栏337只。

书记、主任：杨金富

副　书　记：杨竹秀（女）

副　主　任：李　伦

办公室电话：7780469

【新宅村委会】　新宅村委会驻上新宅村，海拔1711米，土地面积15.67平方千米，辖6个村民小组、6个自然村，即：上新宅、中新宅、下新宅、清水沟、大新冲、小新冲。2007年末有854户3147人，其中：汉族1797人，彝族1341人，哈尼族2人，壮族4人，回族3人。耕地面积2494.5亩，其中：水田1360.5亩，旱地1134亩。实现经济总收入797.5万元，农民人均纯收入2206元，粮食总产量196.53万千克，烤烟总产量165200千克。全年大牲畜出栏63头（匹），肥猪出栏3700头，羊出栏1400只；年末大牲畜存栏1079头（匹），生猪存栏1470头，羊存栏1410只。

书记、主任：李玉贵（彝族）

副　主　任：张国华（彝族）

副　书　记：彭　云

办公室电话：7783666

【大屯村委会】　大屯村委会驻大屯村，海拔1687米，土地面积4.15平方千米，辖4个村民小组、1个自然村，即：大屯一组、大屯二组、大屯三组、大屯四组。2007年末有649户2094人，其中：汉族2012人，彝族76人，回族6人。耕地面积405亩，其中：水田304.5亩，旱地100.5亩。实现经济总收入1472.8万元，农民人均纯收入3178元，粮食总产量119.8万千克，烤烟总产量16300千克。全年大牲畜出栏62头（匹)，肥猪出栏3030头，羊出栏53只；年末大牲畜存栏272头（匹），生猪存栏984头，羊存栏124只。

书　记：许正友

主　任：韩林华

副主任：韩国云

办公室电话：7796942

【上蒲草村委会】　上蒲草村委会驻上蒲

草村，海拔1780米，土地面积18.9平方千米，辖5个村民小组、2个自然村，即：上蒲草一组、二组、三组、四组、五组。2007年末有399户1381人，其中：汉族27人，彝族1353人，哈尼族1人。耕地面积1630.5亩，其中：水田444亩，旱地1186.5亩。实现经济总收入757.6万元，农民人均纯收入2672元，粮食总产量106万千克。烤烟总产量81000千克。全年大牲畜出栏20头（匹），肥猪出栏1300头，羊出栏570只；年末大牲畜存栏665头（匹），生猪存栏265头，羊存栏569只。

书　记：高有华（彝族）
主　任：毕志学（彝族）
副主任：高正学（彝族）
办公室电话：7780316

【东海子村委会】 东海子村委会驻街子上村，海拔1700米，土地面积5.7平方千米，辖8个村民小组、5个自然村，即：下蒲草一组、下蒲草二组、下蒲草三组、下蒲草四组、下蒲草五组、街子上、老寨子、小新村。2007年末有661户2221人，其中：汉族1711人，彝族496人，白族1人，壮族2人，傣族7人，拉祜族2人，纳西族2人。耕地面积1236亩，其中：水田715.5亩，旱地520.5亩。实现经济总收入1464.506万元，农民人均纯收入2778元，粮食总产量120.2万千克。全年大牲畜出栏20头（匹），肥猪出栏3010头，羊出栏131只；年末大牲畜存栏437头（匹），生猪存栏1570头，羊存栏513只。

书　记：李秀云
主　任：陶正林
副书记：符艳芬（女）
副主任：王云春
办公室电话：7796337

【大乐台旧村委会】 大乐台旧村委会驻沙地村，海拔1685米，土地面积8.1平方千米，辖3个村民小组、3个自然村，即：大乐台旧、大昌乐村、沙地村。2007年末有1156户3843人，其中：汉族3613人，彝族213人，壮族3人，傣族1人，苗族1人，回族5人，佤族2人，纳西族2人，满族1人，布依族2人。耕地面积1575亩，其中：水田1027.5亩，旱地547.5亩。实现经济总收入1906.3万元，农民人均纯收入3011元，粮食总产量116.39万千克，烤烟总产量5400千克。全年大牲畜出栏86头（匹），肥猪出栏3200头，羊出栏100只；年末大牲畜存栏659头（匹），生猪存栏1700头，羊存栏600只。

书记、主任：陶家林
副　主　任：洪正荣
办公室电话：7796332

【小乐台旧村委会】 小乐台旧村委会驻小乐台旧村，海拔1682米，土地面积4.32平方千米，辖9个村民小组、5个自然村，即：东山、桃园、大坝、小乐台旧一组、小乐台旧二组、小乐台旧三组、小乐台旧四组、小昌乐一组、小昌乐二组。2007年末有1499户4594人，其中：汉族4364人，彝族202人，白族2人，哈尼族5人，壮族11人，傣族3人，傈僳族1人，回族2人，蒙古族4人。耕地面积909亩，其中：水田759亩，旱地150亩。实现经济总收入3115.8万元，农民人均纯收入3256元，粮食总产量95.71万千克。全年大牲畜出栏54头（匹），肥猪出栏3000头，羊出栏60只；年末大牲畜存栏540头（匹），生猪存栏1500头，羊存栏400只。

书记、主任：梁红林（4~7月）
副　书　记：李建云
副　主　任：杨云春（女）
办公室电话：7793003

【清水塘村委会】 清水塘村委会驻清水塘村，海拔1800米，土地面积34.8257平方千米，辖7个村民小组、3个自然村。即：尾博邑、清水塘、马石坎。2007年末有527户1867人，其中：汉族125人，彝族1742人。耕地面积2830.5亩，其中：水田180亩，旱地2650.5亩。实现经济总收入695.5615万元，农民人均纯收入1615.6元，粮食总产量118.19万千克，烤烟总产量260000千克。全年大牲畜出栏66头（匹），肥猪出栏1400头，羊出栏1060只；年末大牲畜存栏1064头（匹），生猪存栏1057头，羊存栏2366只。

书　记：毕建刚（彝族）
主　任：毕世明（彝族）
副主任：张红星（彝族）
办公室电话：7795340

【南门社区居委会】 南门社区居委会驻南苑居民小组，海拔1673米，土地面积2.23平方千米，辖17个居民小组，即：横街、马家巷、大街兴、石街路、水阁、三元宫、槐树、龙泉、龙树、南正街、小围、紫玉、大兴、双龙、石苑、农苑、南苑居民小组。2007年末有844户2516人（不包括驻社区单位人口），其中：汉族2374人，彝族85人，白族2人，哈尼族3人，壮族22人，傣族6人，苗族2人，回族21人，满族1人。耕地面积1128亩，其中：水田973.5亩，旱地154.5亩。实现经济总收入3566.5万元，农民人均纯收入4138.8元，粮食总产量83.3万千克。全年大牲畜出栏16头（匹），肥猪出栏3800头，羊出栏72只；年末大牲畜存栏74头（匹），生猪存栏1200头，羊存栏36只。

书　记：李春荣
主　任：李祝喜
副主任：毕志辉（彝族）
办公室电话：7786432

【东门社区居委会】 东门社区居委会驻东门居民小组，海拔1674米，土地面积1.42平方千米，辖12个居民小组，即：学地山、小村子、古城、小东门、民康巷、古楼、卖马巷、东门、巴江、麻地兴、新桥、环城居民小组。2007年末有514户1398人（不包括驻社区单位人口），其中：汉族1349人，彝族40人，哈尼族2人，傣族2人，苗族2人，其他族3人。耕地面积25.5亩（旱地）。实现经济总收入1514.3万元，农民人均纯收入3296元，粮食总产量2.38万千克。全年肥猪出栏2200头；年末大牲畜存栏2头（匹），生猪存栏

1300头，羊存栏57只。

书记、主任：李自红

副 书 记：李崇明

副 主 任：王翠芳（女，彝族）

办公室电话：7796528

【西北社区居委会】 西北社区居委会驻西北居民小组，海拔1674米，土地面积1.66平方千米，辖8个居民小组，1个自然村，即：西北、北门、西环、镇觉寺、西门、古楼、红桥、鹿阜山居民小组。2007年末有834户2775人（不包括驻社区单位人口），其中：汉族2703人，彝族61人，壮族4人，傣族1人，回族6人。耕地面积738亩，其中：水田619.5亩，旱地118.5亩。实现经济总收入为1762.9万元，农民人均纯收入3312元，粮食总产量为82.5万千克。全年大牲畜出栏14头（匹），肥猪出栏2800头，羊出栏40只；年末大牲畜存栏39头（匹），生猪存栏2000头，羊存栏227只。

书记、主任：李朝元（彝族）

副 书 记：赵其之

副 主 任：官利华（女）

办公室电话：7796464

【龙泉社区居委会】 龙泉社区居委会驻竹庄居民小组，海拔1688米，土地面积1.56平方千米，辖13个居民小组，即：双龙山、双龙桥、竹庄、科兴、双龙街、双龙南巷、双龙中巷、石林中路、龙泉路、蚊子口、天合、天桥、东城区居民小组。2007年末有9084户18849人（包括石林县城驻社区单位人口），其中：汉族14706人，彝族3783人，白族64人，哈尼族29人，壮族66人，傣族24人，苗族21人，傈僳族1人，回族81人，拉祜族4人，佤族3人，纳西族12人，瑶族9人，藏族10人，独龙族1人，蒙古族1人，水族12人，满族5人，布依族3人，其他民族14人。

书记、主任：魏丕林

副 书 记：李水生

副 主 任：李彦芬（女）

办公室电话：7796411

（撰稿人：鹿阜镇人民政府 邓建明）

石 林 镇

【机构设置】 2007年，石林镇内设党政综合办公室、文化广播电视服务中心、便民服务中心、农林水综合服务中心、畜牧兽医服务中心、村镇规划服务中心，办公地点在石林镇胜利中路78号。年末，有职工90人。年内，石林镇获县级表彰先进集体22次，市级表彰2次，省级表彰1次，国家级表彰2次（石林镇中心学校获全国科学“十一五”规划教育部重点课题——“有效推进区域教师专业化发展”研究与实验工作先进集体、石林镇成人文化技术学校获全国农村成人教育先进单位）；获县级表彰先进个人31人次，市级表彰5人，国家级表彰2人（林口铺村委会和摩村村民小组长张国保荣获中华农业科教基金会“神内基金农技推广奖”、文广电中心职工毕敏获共青团中央全国乡村青年文化名人）。

【行政区划】 石林镇位于县境东北部，镇政府所在地距县城14千米，距石林火车站7千米。全镇辖北大村、天生关、林口铺、螺蛳塘、长夸、松子园、小密枝、小村、月湖、老挖、水塘铺、小箐、乐尔村、和摩站、占屯15个村委会，41个自然村，64个村小组。

【自然状况】 2007年，全镇土地面积334.2平方千米。有耕地41662.5亩，其中：水田12135.45亩，旱地29527.05亩。境内森林覆盖率27.8%，最高海拔2096米（小密枝村委会山神庙峰），最低海拔1645米（螺蛳塘村委会双包凹），年平均气温14.5℃，年降雨量为970毫米。辖区为典型喀斯特地貌，大小石林、乃古石林均在镇境内。

【人口与计划生育】 2007年末，全镇有11537户38387人，其中：男19342人，女19045人；农业人口34503人，非农业人口3884人；汉族20674人，彝族17454人，其他民族259人。全年出生404人，死亡218人，人口自然增长率为4.89‰，计划生育率达99.8%，综合节育率87.77%；办理农业人口《独生子女光荣证》866户，享受“奖优免补”政策493户。

【经济综述】 2007年，全镇工农业总产值完成48384万元，其中：工业总产值28001万元，农业总产值20383万元。农村经济总收入19608万元，实现镇级财政收入1096.3万元，超额完成146.8万元，农民人均纯收入2600元。全年税费收入1647.6万元，其中工商税收入1100万元，农业税收入（烤烟）547.6万元。

【农 业】 2007年全镇种植粮食7.25万亩，产量18860吨，农民人均占有粮食555千克。其中：小春粮食产量5640吨，大春粮食产量13220吨；水稻种植面积11001亩，产量4530吨；玉米种植面积16000亩，产量7350吨；薯类10101亩，产量1891吨；豆类8701亩，产量1266吨。实现粮食总产值4313万元。

种植烤烟1.44万亩，收购烟叶1950吨，总产值2445.3万元，均价12.54元，实现烟叶农业税547.6万元，比下达烟叶税463.3万元超额完成84.4万元。

全年大牲畜出栏2244头（匹），肥猪出栏40360头，羊出栏13684只，家禽出栏87446只；年末大牲畜存栏12489头（匹），生猪存栏32216头，羊存栏31857只，家禽存栏94972只；鲜奶产量1866吨，蛋产量332吨。实现畜牧总产值8330万元。

完成蔬菜种植面积7900亩，产量12860吨，产值1655万元；水果面积9586.5亩，产量4087.5吨，产值874万元；茶叶面积1755亩，投产面积1650亩，产量13吨；花卉面积550亩，产量140万枝（株）；蚕桑2200亩，产量80吨。推广台湾尖椒1500亩；引进试验、示范中药材品种17个，发展板兰根400亩、半夏15亩；林口铺村委会推广种植泡核桃40万株，面积1.1万亩。

完成人工造林3000亩，其中：早食核桃2500亩，针阔树种大苗混交造林500亩；完成苗木培育6万株，幼林

石林升农辣椒产业技术开发协会成立

抚育2000亩，封山育林3000亩。

水利工程总投资355万元，完成工程9件，其中：松子园人饮工程，山头上人饮工程，大田长夸人饮工程，老挖人饮工程，小箐人饮水池工程，小沙邑门前坝扩建工程，天生桥高稳产工程，路星村烟水工程，占屯、和摩村水保工程。建成旱地节水灌溉及烤烟水浇地3块，改造中低产田地2500亩，解决和完善5846人3145头大牲畜的饮水困难，治理水土流失面积3.5平方千米，完成抽水站改造3座，修复管道23处。

全镇共兑现农民补贴资金398.6063万元，其中：优质水稻良种补贴资金11万元，涉及农户8370户；生产资料增支综合补贴资金102.06万元，涉及农户8694户；退耕还林补贴资金285.5463万元，涉及农户1261户。

【乡镇企业】 2007年，乡镇企业完成增加值15908万元，实交税金1100万元，从业人员6596人。预计投资30亿元的太阳能发电站已通过省发改委的审批，并上报至国家发改委；广东温氏养殖公司投资2000万元的养殖场，前期工作已经做完；荣祥石材厂投资1800万元的石林群山物流综合服务中心已开始动工；香港德宏发展有限公司已投资1190万元进行水泥粉磨技改及更新配套设施；台湾升农科技农业发展有限公司投资200多万元，种植青花400亩、台湾尖椒1200亩，直接包装出口。完成农村富余劳动力转移1144人，其中省外153人，省内县外192人，县内799人，实现劳务收入1098万元。

文艺比赛现场

【新农村及民族生态文化建设】 完成了和摩村（1.5千米）、天生桥村（2.4千米）、水塘铺村（1.35千米）进村道路硬化；推广省柴节能灶1250眼，完成农村户用沼气建设3459户，“一池三改”2767户，配套合格率达80%，建池成功率100%。和摩村沼气建设成效尤为典型，覆盖率达98.35%，村民小组长张国保荣获中华农业科教基金会“神内基金农技推广奖”。10月19日成立了“石林镇沼气服务部”，为农户提供管材配件、灶具修理等服务。“数字乡村”工程将15个行政村、41个自然村的环境、面貌以文字、图片、数据、视频图像等形式展现在互联网上，为各村招商引资、旅游宣传、农产品销售等搭建了良好的平台。4月出台了《石林镇农村财务管理办法》，规范了村组资源、资产、资金的管理、审批、公示等制度，理顺了村财和村务管理工作。

围绕“生态美镇”战略目标，加强矿产、土地、森林、水源等资源保护工作，努力盘活土地资源；严厉整治私挖滥采行为，最大限度地减少对生态环境的破坏，编制了《石林镇地质灾害防治应急预案》；完成昆石公路景观林建设二期工程；2007年被省人民政府授予“云南省生态乡镇”荣誉；创建“国家级环境优美乡镇”工作通过省环保局的考评，已报国家环保总局进行审批；月湖村被昆明市旅游局、昆明市文产办评为“昆明市文化旅游特色村”。

【科教文卫】 2007年，全镇共举办各类新技术培训126期12628人次，科技示范户培训9期589人次。结合产业结构调整，招收以养羊、养鸡为重点的农函大培训班2期190人。8月13日在小密枝村成立“石林升农辣椒产业开发技术协会”；4月26日，成立了石林县首家“农业新时空”信息服务站，通过网络和手机信息等方式，为发展农村经济，传播农民科技知识奠定了重要基础。

2007年8月16日，石林镇成立“教育发展促进会”，募集资金43万元，用于帮助广大贫困农户，解决子女“上学难”问题。奖励在教学、教育科研工作中取得优异成绩的教育工作者和品学兼优的学生。年底，全镇在职教职工369人，中小学生5798人。

全年共组织村（组）文艺演出活动47场次；组织的女子摔跤队在石林县2007年“火把节”比赛中，获得冠军；镇图书室完成修缮和整理工作，对社会开放，晋升为“昆明市10个乡镇图书馆”之一；全面开展卫星电视节目转星调整工作，加大“村村通”建设工作力度，使群众文化生活丰富多彩。

卫生事业全面发展，医疗服务质量不断提高，疾病防控工作扎实有效，共建农村卫生室10个；农村合作医疗工作成效明显，全年共报销医药费573536元，受益农民920人，人均受益623元。全镇33754人参合，参合率达98.41%；积极开展了防治艾滋病入户宣传活动，发放入户宣传手册6000册，入户率达100%。

【精神文明及民主法制建设】 2007年申报市级文明单位4个、文明村1个，已通过上级考评组的考核；被命名的县级文明单位6个、文明村2个。届期内有省级文明单位（村）2个，市级文明单位（村）7个，县级文明单位（村）24个。获“2005～2007年昆明市文明小城镇”，申报“2007～2009年昆明市文明小城镇”，已通过市文明委的考核。

实施“平安石林”创建活动，开展平安创建宣传月活动，发放2000多份防止诈骗和传销的宣传资料。建立社会矛盾隐患信息员制度，禁毒、反邪防邪、铁路护路、交通安全、生产安全、社会矛盾排查和调处等工作得到强化。大力开展了农村地区无牌无证车辆专项整治行动，规范拖拉机管理，为消除普遍存在的黑车非驾、违章载人现象打下了坚实的基础。认真做好信访和矛盾纠纷调处工作，及时化解各类社会矛盾。全年无重大群体性死伤事件发生，群众越级到省、市、县上访大幅下降，由上年的27批327人次下降到2批40余人次 。

【交通邮电】 全镇95%的村委会开通乡村公交车，切实解决了广大群众行路难的问题。电信业发展迅速，年内新装电话用户548户，年末全镇有4948部固定电话；安装宽带57户，设专线28条。有线电视网连通9个村委会，共有用户2900户。

【民政扶贫工作】 2007年共发放救济粮37290千克，发放救灾款8000元，发放社会临时救济款22160元，发放棉被149床、棉衣94套。积极做好拥军优属工作，全年发放优扶临时救济款10100元。省级重点扶贫村小密枝村，共争取到省市县补助资金134.7万元，完成文化室修缮、2.4千米村道路硬化、房后坝除险加固工程等项目。

【领导名录】

书　　记：普光强（彝族，2月止）
　　　　　李　湖（2月起）
副 书 记：刘琴龙
　　　　　艾世武
纪委书记：赵保祥（12月止）
　　　　　虎志兰（女，彝族，12月起）
镇　　长：刘琴龙
副 镇 长：陈宇杰（12月止）
　　　　　毕志锋（彝族）
　　　　　刘　淘（12月止）
　　　　　岭红芝（女，彝族，12月起）
　　　　　槐树波（12月起）
人大主席：赵恒谦（彝族，2月起）

村委会

【北大村村委会】 北大村村委会驻北大村小寨，土地面积19.86平方千米，辖5个村民小组、5个自然村，即：海子、大寨、小寨、后首田、普豆村。2007年末有826户2990人，其中：汉族2015人，彝族962人，其他民族13人。耕地面积1506亩，实现经济总收入950万元，粮食总产量1666吨，烤烟总产量155吨、产值198.5万元。全年大牲畜出栏146头（匹），肥猪出栏4220头，羊出栏1720只，家禽出栏14520只；年末大牲畜存栏994头（匹），生猪存栏3698头，羊存栏3340只，家禽存栏36225只，蛋产量139吨。

书　记：赵良勇
主　任：刘志聪
副主任：李存红

【天生关村委会】 天生关村委会驻天生关村，土地面积18.81平方千米，辖6个村民小组、1个自然村，即：天生关村。2007年末有819户2988人，其中：汉族2941人，彝族39人，其他民族8人。耕地面积3022.5亩，实现经济总收入1013.11万元，粮食总产量1382吨，烤烟总产量201.9吨、产值255.8万元。全年大牲畜出栏140头（匹），肥猪出栏2400头，羊出栏720只，家禽出栏3650只；年末大牲畜存栏781头（匹），生猪存栏1930头，羊存栏1220只，家禽存栏2150只，蛋产量12吨。

书　记：周卫东
主　任：徐建堂
副主任：洪平华
办公室电话：7702366

【林口铺村委会】 林口铺村委会驻大林口铺村，土地面积35.91平方千米，辖4个村民小组、4个自然村，即：大林口铺、小林口铺、老木哨、和摩村。2007年末有698户2548人，其中：汉族994人，彝族1548人，其他民族6人。耕地面积5301亩，实现经济总收入入1012.98万元，粮食总产量1581吨，烤烟总产量220.3吨、产值278.5万元。全年大牲畜出栏181头（匹），肥猪出栏3056头，羊出栏998只，家禽出栏8120只；年末大牲畜存栏1131头（匹），生猪存栏2718头，羊存栏3080只，家禽存栏14556只，蛋产量51吨。

书记、主任：李志德（彝族）
副 书 记：毕绍兴（彝族）
副 主 任：冯桂林

【螺蛳塘村委会】 螺蛳塘村委会驻螺蛳塘村，土地面积36.85平方千米，辖5个村民小组、5个自然村，即：螺蛳塘、路星村、起堵渣、响水箐、大塘子。2007年末有839户3110人，其中：汉族1488人，彝族1517人，其他民族105人。耕地面积5301亩，实现经济总收入1110.69万元，粮食总产量1693.3吨，烤烟总产量177.3吨、产值226.7万元。全年大牲畜出栏203头（匹），肥猪出栏3560头，羊出栏1520只，家禽出栏4789只；年末大牲畜存栏1029头（匹），生猪存栏3360头，羊存栏3300只，家禽存栏7005只，蛋产量28吨。

书　记：桂正林（回族）
主　任：谢永华
副主任：昂玉才（彝族）
办公室电话：7702936

【松子园村委会】 松子园村委会驻松子园村，土地面积21.58平方千米，辖4个村民小组、4个自然村，即：松子园、小沙邑、上打磨箐、下打磨箐。2007年末有520户1948人，其中：汉族944人，彝族995人，其他民族9人。耕地面积2862亩，实现经济总收入619.09万元，粮食总产量1011.7吨，烤烟总产量98.39吨、产值121万元。全年大牲畜出栏130头(匹)，肥猪出栏2065头，羊出栏795只，家禽出栏3986只；年末大牲畜存栏810头（匹），生猪存栏1630头，羊存栏1960只，家禽存栏3585只，蛋产量22吨。

书记、主任：王志才
副 书 记：段建华
副 主 任：李春燕（女）

【小密枝村委会】 小密枝村委会驻小密枝村，土地面积17.27平方千米，辖3个村民小组、3个自然村，即：小密枝、山头上、爱买龙。2007年末有608户2323人，其中：汉族900人，彝族1423人。耕地面积3393亩，实现经济总收入729.8万元，粮食总产量1198吨，烤烟总产量204.7吨、产值248.4万元 。全年大牲畜出栏133头（匹），肥猪出栏1650头，羊出栏795只，家禽出栏3987只；年末大牲畜存栏838头（匹），生猪存栏1250头，羊存栏1910只，家禽存栏2350只，蛋产量13吨。

书记、主任：虎志德（彝族）
副 书 记：武正兴（彝族）
副 主 任：张树华

【长跨村委会】 长跨村委会驻大长跨村，土地面积9.99平方千米，辖4个村民小组、4个自然村，即：大长跨、小长跨、大田、落水洞。2007年末有297户1105人，其中：汉族469人，彝族631人，其他民族5人。耕地面积2383.5亩，实现经济总收入426.32万元，粮食总产量1154.6吨，烤烟总产量109.4吨、产值136.2万元。全年大牲畜出栏118头（匹），肥猪出栏1765头，羊出栏859只，家禽出栏4012只；年末大牲畜存栏463头（匹），生猪存栏1565头，羊存栏1640只，家禽存栏3356只，蛋产量23吨。

书　记：刘忠祥（彝族）
主　任：王学志（彝族）
副主任：赵忠祥（彝族）
办公室电话：7715006

【北小村村委会】 北小村村委会驻北小村，土地面积12.5平方千米，辖4个村民小组、1个自然村，即：北小村。2007年末有482户1868人，其中：汉族770人，彝族1098人。耕地面积2128.5亩，实现经济总收入712.5万元，粮食总产量931.7吨，烤烟总产量64吨、产值80.2万元。全年大牲畜出栏113头（匹），肥猪出栏2188头，羊出栏813只，家禽出栏5640只；年末大牲畜存栏701头（匹），生猪存栏1748头，羊存栏1962只，家禽存栏3154只，蛋产量49吨。

书　记：袁天才
主　任：张志彪（彝族）
副主任：张雄林（彝族）
办公室电话：7701690

【月湖村委会】 月湖村委会驻月湖村，土地面积29.88平方千米，辖6个村民小组、1个自然村，即：月湖村。2007年末有496户2088人，其中：汉族913人，彝族1170人，其他民族5人。耕地面积3427.5亩，实现经济总收入630.53元，粮食总产量940.7吨，烤烟总产量51.9吨、产值63.25万元。全年大牲畜出栏137头（匹），肥猪出栏1956头，羊出栏805只，家禽出栏4502只；年末大牲畜存栏597头（匹），生猪存栏1645头，羊存栏1835只，家禽存栏3660只，蛋产量31吨。

书　记：张　宏（彝族）
主　任：普剑彪（彝族）
副主任：张云恩（彝族）

【老挖村委会】 老挖村委会驻大老挖村，土地面积15.49平方千米，辖6个村民小组、2个自然村，即：大老挖、小老挖。2007年末有571户2357人，其中：汉族946人，彝族1411人。耕地面积3237亩，实现经济总收入411.34万元，粮食总产量1380吨，烤烟总产量98.1吨、产值120万元。全年大牲畜出栏193头（匹），肥猪出栏2100头，羊出栏867只，家禽出栏5690只；年末大牲畜存栏706头（匹），生猪存栏1799头，羊存栏2010只，家禽存栏2645只，蛋产量20吨。

书记、主任：赵文明（彝族）
副 书 记：毕跃光（彝族）
副 主 任：高玉祥（彝族）

【水塘铺村委会】 水塘铺村委会驻水塘铺村，土地面积18.24平方千米，辖4个村民小组、1个自然村，即：水塘铺村。2007年末有306户1173人，其中：汉族576人，彝族592人，其他民族5人。耕地面积1738.5亩，实现经济总收入483.31万元，粮食总产量880.7吨，烤烟总产量115.1吨、产值144.9万元。全年大牲畜出栏160头（匹），肥猪出栏1535头，羊出栏745只，家禽出栏3870只；年末大牲畜存栏613头（匹），生猪存栏1185头，羊存栏1256只，家禽存栏1135只，蛋产量14吨。

书 记：王 平（彝族）

主 任：昂文义（彝族）

副主任：毕劲锋（彝族）

【小箐村委会】 小箐村委会驻小箐村，土地面积15平方千米，辖3个村民小组、3个自然村，即：小箐、阿玉林、三家村。2007年末有620户2470人，其中：汉族629人，彝族1780人，其他民族61人。耕地面积801亩，实现经济总收入1586.28万元，粮食总产量1136.3吨，烤烟总产量35.5吨、产值45.09万元。全年大牲畜出栏132头（匹），肥猪出栏4200头，羊出栏778只，家禽出栏7500只；年末大牲畜存栏772头（匹），生猪存栏2848头，羊存栏2100只，家禽存栏3565只，蛋产量20吨。

书记、主任：年德富（彝族）

副 书 记：赵有兰（女）

副 主 任：年志刚（彝族）

办公室电话：7711468

【乐尔村村委会】 乐尔村村委会驻小箐村，土地面积15.6327平方千米，辖4个村民小组、2个自然村，即：乐尔村、天生桥。2007年末有992户3127人，其中：汉族2697人，彝族430人。耕地面积1746亩，实现经济总收入2302.93万元，粮食总产量1345.7吨，烤烟总产量44.6吨、产值56.5万元。全年大牲畜出栏146头（匹），肥猪出栏4565头，羊出栏546只，家禽出栏7560只；年末大牲畜存栏1049头（匹），生猪存栏3370头，羊存栏1489只，家禽存栏4089只，蛋产量20吨。

书记、主任：李明红

副 书 记：张树平（彝族）

副 主 任：孙丽萍（女）

办公室电话：7710968

【和摩站村委会】 和摩站村委会驻和摩站村，土地面积19.0684平方千米，辖4个村民小组、4个自然村，即：寺背后、和摩站、高石哨、石板哨。2007年末有708户2699人，其中：汉族2202人，彝族491人，其他民族6人。耕地面积3599亩，实现经济总收入1120.28万元，粮食总产量1267.7吨，烤烟总产量210.1吨、产值260.19万元。全年大牲畜出栏179头（匹），肥猪出栏3450头，羊出栏1250只，家禽出栏5640只；年末大牲畜存栏1196头（匹），生猪存栏2580头，羊存栏3468只，家禽存栏4287只，蛋产量23吨。

书记、主任：刘志生

副 书 记：彭季存

副 主 任：高自林

【站屯村委会】 站屯村委会驻站屯村，土地面积6.0063平方千米，辖2个村民小组、1个自然村，即：站屯村。2007年末有431户1709人，其中：汉族1681人，彝族28人，其他民族3人。耕地面积1272亩，实现经济总收入727.18万元，粮食总产量1289.7吨，烤烟总产量163吨、产值210.31万元。全年大牲畜出栏133头（匹），肥猪出栏1650头，羊出栏512只，家禽出栏3980只；年末大牲畜存栏809头（匹），生猪存栏890头，羊存栏1287只，家禽存栏3210只，蛋产量22吨。

书记、主任：张建寿

副 书 记：郭竹先

副 主 任：王小启

（撰稿人：石林镇人民政府 张妍皎）

路美邑镇

【机构设置】 2007年，路美邑镇内设党政综合办公室、农林水综合服务中心、村镇规划建设服务中心、文化广播电视服务中心和畜牧兽医服务中心，有职工84人。年内，路美邑镇政府被昆明市政府表彰为“烤烟生产表扬乡镇”，市委、市政府授予镇综合办秘书张金明“十五人口计划控制先进个人”称号。

【行政区划】 路美邑镇位于县城北部，镇政府所在地路美邑村，距县城6千米。全镇辖大哨、小河、步卜所、阿怒山、路美邑、北山、麦地庄、堡子、鱼龙坝9个村委会，39个自然村，70个村民小组。

【自然状况】 全镇土地面积95.4平方千米，耕地面积21891.9亩，其中：水田15945.9亩，旱地5946亩。境内森林覆盖率达27.5%，最高海拔1980米，最低海拔1678米，年平均气温15.6℃，全年日照数2679小时，属低纬高原季风气候，年温差小而日温差大，干湿分明。

【人口与计划生育】 2007年末，全镇有10217户30357人，其中：男15089人，女15268人；农业人口29015人，非农业人口1342人；汉族人口24965人，少数民族人口5392人（其中彝族4955人）。全年出生295人，死亡149人，人口自然增长率为4.81‰，计划生育率达100%，办理《独生子女父母光荣证》17户。

【经济综述】 2007年，全镇工农业总产值完成21661万元，其中：工业总产值5761万元，农业总产值15900万元。农村经济总收入28000万元。实现镇级财政收入903.4万元，超额完成90.4万元。农民人均纯收入2433元。

【农 业】 2007年，全镇种植小春19448亩，总产量4690万千克；大春种植18300亩，总产量9858万千克。粮食总产量达14584万千克，人均占有粮502千克。全镇水稻旱育秧568.2亩，推广水稻多样性栽培5500亩，优质稻推广7000亩，其中样板4000亩，平均每亩比常规增产45.2千克。

种植烤烟16800亩，完成收购任务225万千克，总产值2832.76万元，均价12.59元，实现税收632.9万元。

加快推进农业机械化推广应用进

程，认真落实中央农机补贴政策款7.9万元，购置大拖拉机2台，微耕机4台，进一步推进了全镇的机耕工作。

全年大牲畜出栏1465头（匹），肥猪出栏30020头，山羊出栏7386只，禽类出栏125900只；年末大牲畜存栏6661头（匹），生猪存栏19810头，山羊存栏12875只，禽类存栏122345只。推广黑麦草350亩，对48902头牲畜和228884只家禽进行了强制免疫和常规防疫，对4个集贸市场的畜产品进行常规检疫，对查出上市交易的4头病死牲畜进行了无害化处理。

投资1113.6万元完成农田水利基本建设项目工程7件，其中：西干渠清淤清障和节水改造工程19.2千米，投资1048.863万元；新建项目工程6件，投资64.75万元。

完成石林景观大道建设的租地及植树任务325亩，退耕还林133.1亩，荒山造林132.76亩，完成石林景区植被恢复200亩，四旁义务植树11.6万株，完成森林病虫害防治2000亩。

年内审核上报拆旧翻新17户，面积1933.67平方米；完成202本《集体土地使用证》换证、发证工作，完成土地经营权证补发工作任务，共换发《土地承包经营权证》7634本、补发380本；积极配合完成了“中国彝族第一村”涉及西纳村村民小组的征地工作。

【新农村建设】 2007年，小滑坡、白龙潭两个自然村分别被列为市、县新农村建设试点，年内共投资76.60万元（小滑坡43.85万元、白龙潭32.75万元），其中自筹资金19万元（小滑坡10万元，白龙潭9万元），实施了小滑坡村规划、村内道路硬化、人畜饮水、村容村貌整治4个建设项目；白龙潭村规划、村内道路修缮、农家乐及乡村旅游建设、村容村貌整治4个建设项目。

镇级试点路美邑村完成了党员村级活动室修缮和设备配置，在村内新建垃圾池30个、农贸市场改扩建工程已列入规划。投资15万元对堡子村进行了控制性规划和修建性详细规划的编制，规划范围2.09平方千米，新建了4个公厕和20个垃圾池，完善了村内道路的硬化，并在村西连片种植了甜柿1192亩。

投入“数字乡村”工作人员13人，计算机9台，完成了9个村委会39个自然村的基础信息采集，拍摄并处理图片35000多张、文字信息10万字，采集和制作视频49个，并将信息、图片成功上传互联网。

【乡镇企业】 2007年，全镇有乡镇企业981个，共完成增加值3101万元，工业总产值5761万元，工业增加值1106万元，营业收入16392万元，实现税金176万元。全年共转移农村劳动力464人，其中：省外81人，省内136人，县内247人。全年安全生产事故为零。

【科教文卫】 加大科技培训力度，全年共举办科技培训120期，培训农民12077人次；利用橱窗进行科普知识宣传4期；开办农函大班2个，培训学员213人，绿色证书培训158人，新型农民培训175人，发展科技示范户15户。

全镇共有中小学教师270人，中小学生4246人。年内投资65万元建成路美邑小学教学楼，投资4万元改扩建北山小学厕所1个；有偿划拨原乡农机站给中学，并支砌学校围墙，确保了学校安全。

丰富农村文化活动，春节期间组织68名业余演员编排了《奖优免补政策好》、《好日子》等6个节目参加全县的迎新春文艺演出，组织16名演员参加“中国昆明国际文化旅游节”开幕式演出。年内组织文艺演出126场，联合宣传、团委等部门放映科教片44场次，投资35.07万元，改扩建堡子、路美邑、鱼龙坝三个村委会农村文化室。

做好村级卫生室和活动场所的建设。稳步推进新型农村合作医疗工作，2007年参合人数为25695人，参合率为96.49%；受益1051人（次），补偿金额为617992.7元，受益面为15.76%。

【民政残联工作】 民政部门扶弱济困工作得到落实，全年共发放各种救灾、救济款127286元，救济粮15500千克；发放抚恤金256967元。积极推进残疾事业，年内组织一期残疾人实用技术培训会，落实了3户残疾人危房改造。

【精神文明及民主法制建设】 2007年，新创的2家市级文明单位、1个市级文明村、5个县级文明单位、1个县级文明村通过考评。届期内有市级文明单位6个，市级文明村2个，县级文明单位17个，县级文明村8个。

2007年，全镇共立刑事案件43件，破32件；治安案件16件，查处16件，刑事案件与上年同期相比下降15件。受理和调处各类民间纠纷167件，调处率达100%，调解成功161件，成功率97%。认真落实企业安全生产责任制和农机交通安全责任制，及时发现并消除安全隐患，杜绝了各类安全事故的发生，实现了安全生产事故为零的工作目标。

【领导名录】

书　　记：潘佳良（12月止）
　　　　　毕福祥（12月起）
副 书 记：毕福祥（12月止）
　　　　　李忠华（彝族，12月起）
副书记兼纪委书记：赵子华（12月止）
　　　　　毕绍军（12月起）
镇　　长：毕福祥（12月止）
　　　　　李忠华（彝族，12月起代理镇长）
副 镇 长：李忠华（彝族，12月止）
　　　　　牛云祥
　　　　　高俊春（女）
　　　　　李国兵（12月起）
人大主席：张永刚

村委会

【大哨村委会】 大哨村委会驻大哨村，海拔1870米，土地面积15.1平方千米，辖5个村民小组、4个自然村，即：大哨、小新村、小糯衣、秦家寨。2007年末有464户1617人。耕地面积1648.5亩，实现经济总收入600.81万元，粮食总产量935吨，烤烟总产量224吨，水果产量25吨，蔬菜产量532吨。全年大牲畜出栏143头（匹），肥猪出栏3045头，羊出栏1181只；年末大牲畜存栏820头（匹），生猪存栏1690头，羊存栏1765只。

书记、主任：杨海生

副 书 记：秦 辉

副 主 任：李云峰

办公室电话：7718308

【小河村委会】 小河村委会驻张家庄村，海拔1780米，土地面积12.9平方千米，辖7个村民小组、6个自然村，即：董家庄、小河、张家庄、小尖山、干龙潭、王家庄。2007年末有543户1943人。耕地面积1620亩，实现经济总收入687.58万元，粮食总产量1004吨，烤烟总产量564.5吨，水果产量20吨，蔬菜产量650吨。全年大牲畜出栏148头（匹），肥猪出栏3054头，羊出栏922只；年末大牲畜存栏921头（匹），生猪存栏1802头，羊存栏2760只。

书记、主任：王家林

副书记：李永生

副主任：袁绍才

办公室电话：7704798

【萝卜所村委会】 萝卜所村委会驻大萝卜所村，海拔1758米，土地面积12.5平方千米，辖3个村民小组、3个自然村，即：大萝卜所、小萝卜所、松树凹。2007年末有506户1592人。耕地面积675亩，实现经济总收入957.47万元，粮食总产量641吨，烤烟总产量252.6吨，水果产量23吨，蔬菜产量625吨。全年大牲畜出栏84头（匹），肥猪出栏2634头，羊出栏810只；年末大牲畜存栏325头（匹），生猪存栏1400头，羊存栏1361只。

书记、主任：杜绍春

副 书 记：毕绍林（彝族）

副 主 任：徐时和

办公室电话：7718336

【阿怒山村委会】 阿怒山村委会驻阿怒山村，海拔1705米，土地面积16.8平方千米，辖12个村民小组、8个自然村，即：青龙凹、阿怒山、打野山、大地梁子、小新村、四家村、南山甲、喃石箐。2007年末有886户3110人。耕地面积2698.5亩，实现经济总收入1975.88万元，粮食总产量1751吨，烤烟总产量280吨，水果产量29.3吨，蔬菜产量1111吨。全年大牲畜出栏277头（匹），肥猪出栏3063头，羊出栏1360只；年末大牲畜存栏1027头（匹），生猪存栏1900头，羊存栏2105只。

书记、主任：张文平

副 书 记：何跃平

副 主 任：杨福寿

办公室电话：7795315

【路美邑村委会】 路美邑村委会驻路美邑村，海拔1698米，土地面积5.0平方千米，辖8个村民小组、1个自然村，即路美邑。2007年末有1717户3027人。耕地面积1956亩，实现经济总收入4033.26万元，粮食总产量1717吨，烤烟总产量261.9吨，水果产量106吨，蔬菜产量1160吨。全年大牲畜出栏162头（匹），肥猪出栏2962头，羊出栏1200只；年末大牲畜存栏279头（匹），生猪存栏1703头，羊存栏1662只。

书记、主任：杨永喜（彝族）

副 主 任：毕文林（彝族）

办公室电话：7795331

【北山村委会】 北山村委会驻北山村，海拔1687米，土地面积5.8平方千米，辖6个村民小组、2个自然村，即：大北山、小北山。2007年末有931户3202人。耕地面积2185.5亩，实现经济总收入2563万元。粮食总产量1854吨，烤烟总产量137.2吨，水果产量111.6吨，蔬菜产量1600吨。全年大牲畜出栏75头（匹），肥猪出栏3585头，羊出栏350只；年末大牲畜存栏381头（匹），生猪存栏2908头，羊存栏600只。

书 记：吉有清

主 任：吉保兵

副主任：李 伟

办公室电话：7795335

【麦地庄村委会】 麦地庄村委会驻小麦地庄村，海拔1686米，土地面积4.8平方千米，辖9个村民小组、4个自然村，即：大麦地庄、小麦地庄、北吉村、小滑坡。2007年末有971户3286人。耕地面积1609.5亩，实现经济总收入4091.86万元，粮食总产量1533吨，烤烟总产量77.9吨，水果产量562.4吨，蔬菜产量2170吨。全年大牲畜出栏83头（匹），肥猪出栏3360头，羊出栏401只；年末大牲畜存栏324头（匹），生猪存栏2300头，羊存栏600只。

书 记：杨学云

主 任：董云祥

副主任：谢合云

办公室电话：7712794

【堡子村委会】 堡子村委会驻堡子村，海拔1692米，土地面积13.4平方千米，辖13个村民小组、5个自然村，即：堡子、大坡厂、白龙潭、大山沟、小山沟。2007年末有1779户5986人。耕地面积3979.5亩，实现经济总收入5534.05万元，粮食总产量3037吨，烤烟总产量310吨，水果产量35.3吨，蔬菜产量230.7吨。全年大牲畜出栏241头（匹），肥猪出栏4784头，羊出栏812只；年末大牲畜存栏1483头（匹），生猪存栏3605头，羊存栏1462只。

书 记：石 亮

主 任：徐志勇

副主任：沈家彬

办公室电话：7795341

【鱼龙坝村委会】 鱼龙坝村委会驻西纳村，海拔1690米，土地面积9.1平方千米，辖8个村民小组、5个自然村，即：大鱼龙坝、小鱼龙坝、小坡头、西纳村、大冲村。2007年末有1123户3867人。耕地面积2305.5亩，实现经济总收入2814.59万元，粮食总产量207.6吨，烤烟总产量261.9吨，水果产量75.4吨，蔬菜产量104.4吨。全年大牲畜出栏252头（匹），肥猪出栏3445头，羊出栏350只；年末大牲畜存栏1080头（匹），生猪存栏2502头，羊存栏560只。

书记、主任：李正宏
副 主 任：陈保华
办公室电话：7795346
（撰稿人：路美邑镇人民政府 韩亚丽）

板桥镇

【机构设置】 2007年，板桥镇内设党政综合办公室、农林水综合服务中心、畜牧兽医服务中心、村镇规划建设服务中心和文化广播电视服务中心，有职工60人。年内，板桥镇政府获市政府表彰3次，获县政府表彰1次，2人获县政府表彰。

【行政区划】 板桥镇地处石林县城东南方，镇政府所在地板桥村委会马街，距石林县城9千米。全镇辖板桥、黄家庄、矣马伴、龙溪、叠水、大叠水、青山、冒水洞、小戈丈、者乌龙、小屯、龙潭12个村委会，60个自然村，78个村民小组。

【自然状况】 全镇土地面积148.32平方千米，耕地面积24093.3亩，其中：水田14780.9亩，旱地9312.4亩。果园面积4500亩，森林覆盖率为28.2%。境内海拔在1500～2204米之间，年平均气温16.4℃，年平均降雨量在984.6毫米。辖区内有享有“珠江第一瀑”美誉，落差96米、宽54米的大叠水瀑布。

【人口与计划生育】 2007年末，全镇有人口33137人，其中：农业人口31943人，占总人口的96.4%；非农业人口为1194人，占总人口的3.6%。境内居住着彝族、白族、哈尼族、佤族、壮族、回族等15个少数民族4895人（其中彝族4704人，占总人口的14.2%）。全年实际出生321人，死亡198人，人口自然增长率为3.73‰。

【经济综述】 2007年，全镇工农业总产值完成8035.9万元，其中：农业产值5034.9万元，工业产值3001万元。农村经济总收入完成11563.7万元，实现镇级财政收入778.9万元。农民人均纯收入2215.6元。

【农 业】 2007年开展水稻简化育秧、大田摆秧、多样性混栽、蜂巢式栽培、包谷“节水”栽培和朝鲜蓟种植等培训60期（次），受训人员达8000余人次，发放科技宣传材料6000余份；举办各级水稻、包谷等样板3600余亩。完成水稻大田移栽11300亩，包谷节水栽种5000亩，薯类杂粮种植2026亩。年末粮食总产量20175.5吨，人均有粮608千克。

按照“品种种纯、数量种够、质量种好、效益提高”的方针，圆满完成烤烟收购任务220万千克，烟叶均价为12.85元，实现收购总产值2851万元。

全年大生畜出栏537头（匹），肥猪出栏2219头，羊出栏7220只；年末大牲畜存栏9643头（匹），生猪存栏19520头，山羊存栏12155只。非公有制造林378亩，新造林地管护15400亩，申请核发林权证1个，四旁义务植树10.1万株。蔬菜产量11800万千克；推广种植朝鲜蓟1803.6亩，引进甜柿种植8万余株，红犁种植1万余株。全镇共有果园面积4515.5亩，实现水果产量1425.5吨。

全年共完成基础设施建设工程114件。投资42万元完成小戈丈村烟水工程，新增灌溉面积765亩；投资34万元完成小官庄开沟支石工程；投资83万元完成龙溪片区人饮工程，解决432户农户1494人饮水困难。

【乡镇企业】 全镇有418户个体私营经济、3个大理石厂、3个红砖厂、2个碎石厂、2个步梨厂、1个面粉厂、5个非煤采矿点。2007年，企业从业人员1911人，实现乡镇企业增加值1902万元，工业总产值3001万元，实交税金140万元，完成营业收入8460万元。输出富余劳动力610名。

【集市贸易】 板桥集镇是石林县比较繁荣的一个商业网点，每周二和周五为赶集日。2007年镇党委政府高度重视集镇建设工作，完成城镇体系规划修编、板桥集镇3.5平方千米1∶500地形图的测绘工作和新区20公顷土地控制性详细规划，城市化水平达3.08%，旧城区面貌有较大改观，新城区框架基本拉开，中心镇带动作用增强。

【交通邮电】 全年新装电话156户，年末镇内共有固定电话1942部，随着人民生活水平的不断提高，很大一部分群众也用上了移动电话，12个村委会60个自然村已通公路，路面状况不断改善。

【科教文卫】 2007年，举办各级各类培训班216期，培训人数达32100人次，推广科技项目12项。全镇共有教师295名，中小学生4888名，升学率达81%。

全面实施新型农村合作医疗制度，全镇有卫生院1个，有卫生室9个；全镇新农合参合人数29170人，参合率达98.07%。全镇领取《独生子女父母光荣证》30户。

【民政残联工作】 2007年完成残疾人危房改造5户，各级政府资金补助4万元，建成砖混房5栋。完成因灾倒塌民房5户，补助资金15000元；发放抚恤事业费482678元，五保户定救补助24900元；发放救灾粮11860千克，救灾款740元。五保户28人交纳了农村医疗合作金280元。

【精神文明及民主法制建设】 全年共创建文明单位7个，其中：市级文明单位1个，县级文明单位3个，文明村3个。对原有文明单位（村）进一步加强、巩固，按文明单位（村）复查标准完成了年度复查任务，县级文明单位（村）的巩固率达100%。组织开展普法宣传和法制教育工作，参与重大疑难民间纠纷调解工作，调处治安、民间纠纷和排查社会矛盾纠纷等，全年援助解决10例。

【新农村建设】 2007年，板桥镇新农村建设工作稳步推进，一是市级试点黄

家庄村于7月中旬开始实施村内道路硬化，11月完工，全长2150米，宽2.5米，厚0.18米，总投资25万元。该项目主要由村民投工投劳实施，将村内劳动力分为5个小组，每天由各个小组轮流出动约50人投工投劳进行建设。11月投资4.12万元完成科技文化室建设；12月投资10万元，完成公厕建设8个。二是县级试点龙井沟村于6月底启动了村庄风貌改造工程，完成砂浆粉刷约3000平方米，占工程量的60%；9月完成人畜饮水工程建设，投资20万元，其中：上级补助15万元，群众集资5万元，解决全村61户225人和3000余头牲畜的饮水问题；11月完成村内道路路面硬化工程，投资15万元，全长1307米，宽3米，厚0.18米；12月完成太阳能安装52户。

2007年10月，板桥镇"数字乡村"经过两个多月的努力，完成了数据采集、摄像、统计、制作视频、连网等工作。"数字乡村"工程建设抽调工作人员87人，召开党委会议2次，培训3期，参会人员96人次；购置计算机7台，数码照相机14台，打印机4台，摄像机2台；共完成数据报表70套，文字编录70套，照片采集8000多张，摄象编辑80个。

【领导名录】

书　　记：杨春宝（12月止）
副 书 记：毕少学（彝族，12月止）
　　　　　李　勇
镇　　长：毕少学（彝族，12月止）
副 镇 长：王谷明（12月止）
　　　　　陈雪梅（女，彝族，12月止）
　　　　　段鹏光
人大主席：昂自华（彝族，12月止）

村委会

【板桥村委会】　板桥村委会驻板桥集镇，海拔1661米，土地面积7平方千米，辖11个村民小组、6个自然村，即：邓家山、碧落甸、板桥马街、虎街、桃溪、新发。2007年末有1080户4135人，其中：汉族3858人，彝族262人，哈尼族2人，回族2人，白族1人，壮族5人，瑶族1人，佤族3人，瑶族1人。耕地面积2806.3亩，实现经济总收入1552万元，粮食总产量2022吨，烤烟总产量29.25万千克、产值380.9万元。全年大牲畜出栏10头（匹），肥猪出栏2230头，羊出栏423只；年末大牲畜存栏538头（匹），生猪存栏1920头，羊存栏746只。

书　记：李炳兴
主　任：潘元林
副主任：张洪流
办公室电话：7742376

【小屯村委会】　小屯村委会驻小屯村，海拔1682米，土地面积为14.1平方千米，辖12个村民小组，7个自然村，即：小屯、石哑口、大官庄、龙井沟、太平田、山田、张家坝塘。2007年末有1386户5268人，其中：汉族4690人，哈尼族2人，回族2人，壮族9人，瑶族13人，彝族546人，傣族1人，苗族1人，蒙古族2人，水族2人。耕地面积4187亩，实现经济总收入3482.9万元，粮食总产量2905吨，烤烟总产量32.14万千克、产值412.2万元。全年大牲畜出栏76头（匹），肥猪出栏2529头，羊出栏689只；年末大牲畜存栏1564头（匹），生猪存栏2433头，羊存栏1323只。

书记、主任：谢有兴
副　书　记：严桂兰
副　主　任：雷从富
办公室电话：7743397

【龙潭村委会】　龙潭村委会驻小官庄村，海拔1707米，土地面积19.5平方千米，辖6个村民小组、6个自然村，即：初为村、小龙潭、慈门村、小官庄、黑泥塘、保家哨。2007年末有872户3166人，其中：汉族2955人，彝族197人，回族7人，壮族3人，苗族2人，瑶族2人。耕地面积2114亩，实现经济总收入1043.3万元，粮食总产量1737吨，烤烟总产量15.4万千克、产值192.2万元。全年大牲畜出栏18头（匹），肥猪出栏2427头，羊出栏719只；年末大牲畜存栏727头（匹），生猪存栏1825头，羊存栏1430只。

书记、主任：陈跃平
副　书　记：王　汉
副　主　任：胡增云
办公室电话：7743305

【黄家庄村委会】　黄家庄村委会驻黄家庄村，海拔1660米，土地面积9平方千米，辖6个村民小组、4个自然村，即：黄家庄、段家坝、陈家田、安仁村。2007年末有692户2561人，其中：汉族2462人，彝族89人，壮族1人，纳西族8人，蒙古族1人。耕地面积2280亩，实现经济总收入791.1万元，粮食总产量1901吨，烤烟总产量22.73万千克、产值293.6万元。全年大牲畜出栏23头（匹），肥猪出栏2131头，羊出栏502只；年末大牲畜存栏862头（匹），生猪存栏1625头，羊存栏803只。

书记、主任：黄家礼
副　书　记：韩树仙（女）
副　主　任：段　华
办公室电话：7742445

【龙溪村委会】　龙溪村委会驻大龙溪村，海拔1645米，土地面积10.1平方千米，辖4个村民小组、4个自然村，即：大龙溪、小龙溪、板田、龙潭河。2007年末有488户1831人，其中：汉族1768人，彝族57人，白族2人，傣族3人，蒙古族1人。耕地面积1350亩，实现经济总收入241.8万元，粮食总产量1138吨，烤烟总产量14.27万千克、产值184.6万元。全年大牲畜出栏78头（匹），肥猪出栏1840头，羊出栏643只；年末大牲畜存栏613头（匹），生猪存栏1422头，羊存栏1101只。

书记、主任：吴永红
副　书　记：李奉成
副　主　任：陆光林
办公室电话：7743588

【叠水村委会】　叠水村委会驻中村，海拔1657米，土地面积为6.9平方千米，辖5个村民小组、5个自然村，即：小叠水、中村、洗洒海、秧田冲、大麦地。2007年末有328户1112人，其中：汉族1081人，彝族27人，白族3人，布朗族1人。耕地面积772亩，实现经济总收入352.2万元，粮食总产量875吨，烤烟总产量11.8万千克、产值154.1万元。全年大牲畜出栏20头（匹），肥猪出栏1700头，羊出栏562只；年末大牲畜存栏428头（匹），生猪存栏1209头，羊存栏1105只。

书记、主任：吴荣慧
副 书 记：陆忠福
副 主 任：范家喻
办公室电话：7742390

【矣马伴村委会】 矣马伴村委会驻大矣马伴村，海拔1650米，土地面积13.8平方千米，辖7个村民小组、7个自然村，即：大矣马伴、小波落黑、西林村、大马鞍山、小马鞍山、小矣马伴、海巴地。2007年末有956户3418人，其中：汉族3081人，彝族308人，哈尼族7人，白族13人，壮族6人，瑶族3人。耕地面积2720亩，实现经济总收入990.5万元，粮食总产量2217.5吨，烤烟总产量25.1万千克、产值321.9万元。全年大牲畜出栏90头（匹），肥猪出栏2426头，羊出栏660只；年末大牲畜存栏1257头（匹），生猪存栏1715头，羊存栏1104只。

书 记：李树有
主 任：董贵金
副主任：杨云红
办公室电话：7743386

【青山村委会】 青山村委会驻青山口村，海拔1705米，土地面积为9.6平方千米，辖10个村民小组、7个自然村，即：三家村、小色多、杨福村、青山口、周家村、段家村、吴家村。2007年末有903户3531人，其中：汉族2697人，彝族809人，哈尼族14人，回族8人，白族2人，苗族1人。耕地面积2391亩，实现经济总收入1020万元，粮食总产量2293吨，烤烟总产量23.9万千克、产值310.3万元。全年大牲畜出栏54头，肥猪出栏2435头，羊出栏693只；年末大牲畜存栏995头（匹），生猪存栏2152头，羊存栏1306只。

书记、主任：李 雄
副 书 记：郑立学
副 主 任：周福章
办公室电话：7742394

【小戈丈村委会】 小戈丈村委会驻小戈丈村，海拔1705米，土地面积为3.6平方千米，辖3个村民小组、1个自然村，即：小戈丈村。2007年末有521户1864人，其中：汉族1657人，彝族194人，白族5人，哈尼族2人，苗族3人，傣族2人，蒙古族1人。耕地面积1307.5亩，实现经济总收入855.2万元，粮食总产量1546吨，烤烟总产量14.1万千克、产值178.7万元。全年大牲畜出栏13头（匹），肥猪出栏1876头，羊出栏467只；年末大牲畜存栏887头（匹），生猪存栏1417头，羊存栏745只。

书记、主任：杨汉辉
副 书 记：罗进明
副 主 任：鲁有仙
办公室电话：7742391

【冒水村委会】 冒水村委会驻上冒水洞村，海拔1730米，土地面积为29平方千米，辖5个村民小组、3个自然村，即：上冒水洞、下冒水洞、大湾箐。2007年末有558户2188人，其中：汉族405人，彝族1766人，白族5人，苗族6人，佤族6人。耕地面积2228亩，实现经济总收入448.3万元，粮食总产量1692吨，烤烟总产量11.2万千克、产值137.4万元。全年大牲畜出栏121头（匹），肥猪出栏1880头，羊出栏935只；年末大牲畜存栏854头（匹），生猪存栏1415头，羊存栏1978只。

书记、主任：罗家祥
副 书 记：李松峰（彝族）
副 主 任：方 宏（彝族）
办公室电话：7742392

【者乌龙村委会】 者乌龙村委会驻大者乌龙村，海拔1674米，土地面积为5.7平方千米，辖5个村民小组、3个自然村，即：大者乌龙、小者乌龙、山咀。2007年末有574户2228人，其中：汉族2013人，彝族210人，白族2人，佤族2人，哈尼族1人。耕地面积1696亩，实现经济总收入670.4万元，粮食总产量1489吨，烤烟总产量18.3万千克、产值236.7万元。全年大牲畜出栏27头（匹），肥猪出栏2026头，羊出栏510只；年末大牲畜存栏720头（匹），生猪存栏1616头，羊存栏632只。

书记、主任：姚树祥
副 书 记：唐文云
副 主 任：韩永云
办公室电话：7742209

【大叠水村委会】 大叠水村委会驻陷塘村，海拔1657米，土地面积为20.02平方千米，辖4个村民小组、4个自然村，即：大叠水、陷塘、小狗黑地、小团山。2007年末有172户643人，其中：汉族596人，彝族43人，壮族2人，苗族2人。耕地面积242亩，实现经济总收入116.2万元，粮食总产量360吨，烤烟总产量1.89万千克、产值24.9万元。全年大牲畜出栏7头（匹），肥猪出栏914头，羊出栏417只；年末大牲畜存栏198头（匹），生猪存栏771头，羊存栏551只。

书 记：沈家才
主 任：李树生
副主任：普家兴

（撰稿人：板桥镇人民政府 俸金林）

长湖镇

【机构设置】 2007年，长湖镇内设党政综合办公室、农林水综合服务中心、文化广播电视服务中心、村镇规划建设服务中心和畜牧兽医服务中心，全镇有职工71人。年内，昆明市政府授予长湖镇民政助理毕仙兰为民政工作先进个人荣誉称号；市委组织部授予长湖镇村级组织活动场所建设工作先进乡镇；市纪委、市委组织部、市监察局、市人事局授予长湖镇纪委为昆明市纪检监察系统先进单位；受到县委、县政府表彰先进个人16人次，先进集体3个；县政府表彰先进个人3人，先进集体2个；县政协表彰先进个人1人。

【行政区划】 长湖镇地处石林县境中部。全镇辖祖莫、雨胜、宜政、舍色、蓑衣山、豆黑、所各邑、维则、海宜、乍龙10个村委会，31个自然村，40个村民小组。镇政府所在地维则村，距县城17.5千米。

【自然状况】 全镇土地面积299.06平方千米，其中：有耕地82216亩，林地233916亩。森林覆盖率49.59%。2007年平均气温17.9℃，降雨量1050.2毫米，降雨天数99天。境内海拔最高点窝子山2071米，最低点塘上1880米。地处石林县岩溶发育的中心部位，全镇皆为典型的喀斯特地貌，多为一些宽缓的垄岗、山丘和洼地，岗顶石灰岩裸露，洼地漏斗溶隙较多，其间有长湖、圆湖等溶蚀潜流性盆地。

【人口与计划生育】 2007年末，全镇有4641户16908人，其中：农业人口16380人，非农业人口528人；男9532人，女8376人；汉族1049人，彝族15854人（占总人口的93.76%），其他民族有苗族、回族等。长湖镇是全县彝族人口最为集中的一个乡镇。全年出生150人，死亡93人；502对夫妇自愿领取《独生子女父母光荣证》，1孩户1064户，人口自然增长率3.38‰。

【经济综述】 2007年，全镇工农业总产值完成6327.26万元，其中：工业总产值771.26万元，农业总产值5556万元。农村经济总收入完成9378.55万元，农民人均纯收入2152.65元。全年财政收入692.8万元，其中：工商税收入91.3万元，烟叶税收入601.5万元。

【农 业】 2007年完成大春种植29070亩，总产量9700吨；小春种植24300亩，总产量3500吨。完成1177.5亩的昆明市包谷“118”样板示范，样板亩产635.1千克，产量683.4吨。4月27日，举办了昆明市粮食生产移栽现场会。

种植烤烟16600亩，收购烟叶228万千克（含8万千克中储烟），均价12.31元，比上年增0.88元，实现烤烟生产总值2734万元，户均收入6956元，人均烤烟收入1708元。

全年大牲畜出栏1549匹（头），肥猪出栏18096头，山羊出栏14835只；年末大牲畜存栏7833匹，生猪存栏17105头，山羊存栏30468只；鲜奶产量1455吨，实现畜牧业产值3781万元。长湖琦源PIC养殖场和新鑫养殖场带动了长湖养殖业的发展。

种植甜柿856.97亩，高接换种红梨5274株，引种雪莲果2250亩，亩产值600元；人生果153亩，亩产值400元；推广人工菌栽培4亩，亩产值3.5万元；一叶瓜种植80亩，亩产值975元；推广种植“云麻一号”1000亩，亩产量153.2千克。水果计划种植3800亩，完成种植3964.8亩，完成计划数的104．3%。农业科技示范企业——彝之源农产品开发有限公司占地100亩，年产值70万元，成为长湖镇首家规模化科技化示范基地。

保护、发展和限额采伐森林，建公益林管护林214289.2亩，其中：中央森林生态效益85440亩，管护昆明市封山育林2000亩；造林绿化917.62亩，补植建房采伐更新造林18万株；清理查处毁林开垦、私挖乱采、非法占用林地、非法移植树木等违法案件11件。

投资713.67万元，加大农业、农村工作的基础建设，其中：投资32.67万元，完成一池三改沼气建设198口；投资35万元完成蓑衣山人饮小水窖建设142口；投资260万元完成维则、海宜、所各邑烟水配套设施工程建设；投资40万元完成老海宜村道路硬化，舍色村科教室及沼气池建设等扶贫项目；投资346万元进行山门——乍龙、维则——祖莫的路基改造。

【林权制度改革】 长湖镇有林业用地262543亩，占土地面积的58.4%。2007年6月作为全县试点正式启动林权制度改革，11月底结束。完成林权登记面积238311.5亩，1669宗，其中：公益林确权总面积213789.2亩，确权595宗（自留山7727.9亩，266宗；集体统一管理206010.8亩，158宗；退耕还林50.5亩，171宗）；商品林确权总面积24022.3亩，1074宗（自留山涉及海宜村委会19307亩，685宗，农户数388户；均山涉及乍龙、祖莫1984.89亩，363宗，涉及农户363户；均利150亩，1宗，涉及雨胜村1户；集体统一管理2580.41亩，25宗）。

【新农村建设】 2007年，共投入资金115.75万元完成所各邑、大海子新农村试点村内道路建设，其中：投入资金53.75万元，规划、硬化市级试点所各邑村内道路2200米；投入资金62万元，规划、硬化县级试点大海子村内道路2360米、村容村貌整治2180米。

【科教文卫】 2007年，举办新型农民培训5期，180人；绿证培训1期，90人；农函大专业技术培训2期，221人；实用技术培训100期，8000人次。实施了“云麻一号”、人工菌栽培、一叶瓜种植等示范项目。

教育教学稳步推进，全镇在校学生2527人，教职工168人。小学毕业统测成绩排名全县乡(镇)第二，初中毕业生升学考试总评再次提升；投资103万元完成张冲小学建设和大海希望小学排危及绿化工程。

群众文化蓬勃发展，成功举办中国石林国际火把节长湖分会场活动；彝族农民歌手昂美仙、毕有和二人专辑畅销县内外。全镇建有卫生所9所，其中2007年投资30万元新建6所，乡村卫生所覆盖全镇各村；经过考试，聘用了10名乡村医生和10名保健员。2007年度住院补偿报销545人，补偿金额200539.27元；门诊补偿800人，补偿金额22379元。全镇参加农村医疗保险14740人，参合率达96.8%（镇农村合作医疗管理办公室提供）。

【精神文明及民主法制建设】 2007年，继续在全镇范围内开展“十星级文明户”和文明单位（村）等创建活动，已申报和正在创建市级文明单位3个，创建并评审通过县级文明单位（村）6个，届期内有省级文明单位1个，市级文明单位1个。办结县、镇人大代表议案、建议 39 件，满意率达 100%。全年排查调处社会矛盾和民事纠纷 53 起，查破刑事案件 26 件，治安案件 10 件。投资 52.5 万元，完成司法所、舍色村委会附属工程建设。

【民政残联工作】 认真落实扶贫救济工作，全年发放棉被、衣、鞋等 456 户（件）；发放救灾救济款 26700 元，涉及 1149 户 6467 人，救济粮 25000 千克。有最低生活保障对象 386 户 1076 人，发放保障金 374190 元；办理 60 周岁以上《云南省老年人优待证》1085 人。残疾人危房改造 3 户，救助金 2.1 万元，残疾人困难、疾病、上学、生产等救助 24 户，发放救助金 0.78 万元。

【交通邮电】 昆河公路、九石阿旅游专线及昆泸公路穿越境内，与各乡村公路相连接，形成了四通八达、纵横交错的交通网络。2007 年，投资 103 万元，新建、扩建维则旅游集镇道路 246 米，完成该项目污水管网铺设与道路建设工程；实施有线电视村村通工程，投资 90 余万元，完成所各邑、宜政、豆黑、蓑衣山 11 个村小组 1632 户的有线电视安装工程。邮政业务完成汇款 4300 元，取款 12030 元，实现收入 34060.38 元。固定电话用户 1524 户，新增移动电话用户 600 户。

【领导名录】

书　　记：黄玉林（彝族）
副 书 记：李雄彬（彝族，12 月止）
　　　　　宗家富（12 月起）
副书记兼纪委书记：尹桂华（彝族，10 月止）
　　　　　赵相平（10 月起）
镇　　长：李雄彬（彝族，12 月止）
　　　　　宗家富（12 月起）
人大主席：赵存仙（女，12 月止）
　　　　　王谷明（12 月起）
副 镇 长：曾跃祥
　　　　　黄宏星（彝族，12 月止）
　　　　　张　灿（彝族，12 月起）
　　　　　李国兵（12 月止）
　　　　　刘云芬（女，12 月起）

村委会

【雨胜村委会】 雨胜村委会驻雨胜村，海拔 1985 米，土地面积 41.85 平方千米，辖 2 个村民小组、2 个自然村，即：雨胜村、宜普勒村。2007 年末有 523 户 2071 人，其中：彝族 2063 人，汉族 8 人。耕地面积 5668.5 亩，实现经济总收入 1235.7946 万元，粮食产量 1635.8 吨，烤烟产量 26 万千克、产值 318.7 万元。全年大牲畜出栏 176 头（匹），肥猪出栏 1982 头，山羊出栏 1713 只；年末大牲畜存栏 970 头（匹），生猪存栏 1598 头，山羊存栏 33283 只。

书记、主任：金　成（彝族）
副 书 记：普绍祥（彝族）
副 主 任：高玉辉（彝族）
办公室电话：7734059

【祖莫村委会】 祖莫村委会驻老四社，海拔 1930 米，土地面积 37.68 平方千米，辖 8 个村民小组、8 个自然村，即：小团山、山脚、老四社、老五社、的玛尼、松元口、关阳洞、窝子山。2007 年末有 423 户 1629 人，其中：彝族 1298 人，汉族 331 人。耕地面积 3826.5 亩，实现经济总收入 829.15 万元，粮食产量 1306.2 吨，烤烟产量 28.5 万千克、产值 347.1 万元。全年大牲畜出栏 234 头（匹），肥猪出栏 1793 头，山羊出栏 2131 只；年末大牲畜存栏 918 头（匹），生猪存栏 1521 头，山羊存栏 5034 只。

书　记：高文华（彝族）
主　任：高兴文（彝族）
副主任：毕　磊（彝族）
办公室电话：7734043

【维则村委会】 维则村委会驻维则村，海拔 1900 米，土地面积 28.26 平方千米，辖 5 个村民小组、1 个自然村，即：维则村。2007 年末有 326 户 1254 人，其中：彝族 1206 人，汉族 48 人。耕地面积 4738.5 亩，实现经济总收入 709.7901 万元，粮食产量 1040.7 吨，烤烟产量 19 万千克、产值 235.4 万元。全年大牲畜出栏 130 头（匹），肥猪出栏 1613 头，山羊出栏 813 只；年末大牲畜存栏 545 头（匹），生猪存栏 1794 头，山羊存栏 1296 只。

书　记：杨　红（彝族）
主　任：杨　忠（彝族）
副主任：毕继华（彝族）
办公室电话：7734063

【所各邑村委会】 所各邑村委会驻所各邑村，海拔 1890 米，土地面积 23.53 平方千米，辖 3 个村民小组、3 个自然村，即：老寨、新寨、大平地。2007 年末有 301 户 1239 人。其中：彝族 1231 人，汉族 8 人。耕地面积 3037.5 亩，实现经济总收入 970.9972 万元，粮食产量 1102.6 吨，烤烟产量 18 万千克、产值 220.2 万元。全年大牲畜出栏 115 头（匹），肥猪出栏 1274 头，山羊出栏 1191 只；年末大牲畜存栏 845 头（匹），生猪存栏 1284 头，山羊存栏 2346 只。

书记、主任：毕正学（彝族）
副 书 记：毕正明（彝族）
副 主 任：黄绍光（彝族）
办公室电话：7734047

【豆黑村委会】 豆黑村委会驻豆黑村，海拔 1875 米，土地面积 21.95 平方千米，辖 5 个村民小组、2 个自然村，即：豆黑村、戈衣黑村。2007 年末有 377 户 1460 人，其中：彝族 1452 人，汉族 8 人。耕地面积 3094.5 亩，实现经济总收入 1064.7393 万元，粮食产量 1111.6 吨，烤烟产量 13 万千克、产值 160.7 万元。全年大牲畜出栏 133 头（匹），肥猪出栏 1813 头，山羊出栏 1214 只；年末大牲畜存栏 648 头（匹），生猪存栏 1741 头，山羊存栏 2283 只。

书记、主任：黄志成（彝族）
副 书 记：毕永明（彝族）
副 主 任：黄万祥（彝族）
办公室电话：7735352

【舍色村委会】 舍色村委会驻舍色村，海拔 1887 米，土地面积 30.74 平方千米，辖 6 个村民小组、2 个自然村，即：舍色村、宜邑村。2007年末有485户1901人，其中：彝族1774人，汉族127人。耕地面积6703.5亩，实现经济总收入1228.2712万元，粮食产量1626.04吨，烤烟产量22.5万千克、产值270.4万元。全年大牲畜出栏183头（匹），肥猪出栏1954头，山羊出栏1841只；年末大牲畜存栏823头（匹），生猪存栏1932头，山羊存栏3741只。

书记、主任：张建学（彝族）
副 书 记：普志光（彝族）
副 主 任：李建才（彝族）
办公室电话：7735351

【宜政村委会】 宜政村委会驻大海子，海拔1992米，土地面积37.26平方千米，辖3个村民小组、3个自然村，即：老寨、大海子、干塘子。2007年末有470户1908人，其中：彝族1602人，汉族306人。耕地面积7108.5亩，实现经济总收入1223.2201万元，粮食产量1529.1吨，烤烟产量19.5万千克、产值240.4万元。全年大牲畜出栏160头（匹），肥猪出栏1889头，山羊出栏1334只；年末大牲畜存栏829头（匹），生猪存栏1743头，山羊存栏2340只。

书记、主任：王同明（彝族）
副 书 记：李华明
副 主 任：毕绍生（彝族）
办公室电话：7735155

【蓑衣山村委会】 蓑衣山村委会驻新寨，海拔1918米，土地面积26.36平方千米，辖3个村民小组、3个自然村，即：老寨、新寨、塘上。2007年末有408户1659人，其中：彝族1570人，汉族89人。耕地面积1681.9亩，实现经济总收入1097.2580万元，粮食产量1185.3吨，烤烟产量22.5万千克、产值270.8万元。全年大牲畜出栏173头（匹），肥猪出栏1824头，山羊出栏2110只；年末大牲畜存栏802头（匹），生猪存栏1892头，山羊存栏3546只。

书 记：李绍成（彝族）
主 任：李文宏
副主任：赵永红（彝族）
办公室电话：7735305

【海宜村委会】 海宜村委会驻老海宜，海拔2000米，土地面积40.71平方千米，辖3个村民小组、3个自然村，即：老海宜、新海宜、三台山。2007年末有529户1951人，其中：彝族1877人，汉族74人。耕地面积5876.4亩，实现经济总收入516.3468万元，粮食产量1562.7吨，烤烟产量28.5万千克、产值331.9万元。全年大牲畜出栏126头（匹），肥猪出栏2256头，山羊出栏845只；年末大牲畜存栏818头（匹），生猪存栏1949头，山羊存栏3103只。

书记、主任：张霖祥（彝族）
副 书 记：何永德（彝族）
副 主 任：黄德光（彝族）

【乍龙村委会】 乍龙村委会驻大乍龙，海拔1967米，土地面积10.90平方千米，辖2个村民小组、3个自然村，即：大乍龙、小乍龙、金子寨。2007年末有311户1185人，其中：汉族4人，彝族1181人。耕地面积2832亩，实现经济总收入419.2580万元，粮食产量1124.6吨，烤烟产量24.5万千克、产值312.4万元。全年大牲畜出栏119头（匹），肥猪出栏1698头，山羊出栏1643只；年末大牲畜存栏635头（匹），生猪存栏1651头，山羊存栏3496只。

书记、主任：毕光明（彝族）
副 书 记：赵卫学（彝族）
副 主 任：金和祥（彝族）

（撰稿人：长湖镇人民政府 万秀芬）

圭 山 镇

【机构设置】 2007年，圭山镇内设一个党政综合办公室，五个中心：农林水综合服务中心、文化广播电视服务中心、村镇规划建设服务中心、畜牧兽医服务中心、便民服务中心。年末全镇有干部职工100人。年内，圭山镇政府被昆明市委授予昆明市“十五”人口和计划生育工作先进集体，镇计生办李志光被昆明市委、市政府授予“人口和计划生育先进个人”称号；受到县委、县政府先进集体表彰5次，干部职工4人次。

【行政区划】 圭山镇位于石林县境东南部，距县城36千米，全镇辖海邑、亩竹箐、小板田、红路口、水补衣、矣维哨、法块、普拉河、和合、小圭山、尾乍黑、当甸、糯黑、额冲衣14个村委会，53个村民小组，53个自然村。

【自然状况】 2007年，全镇土地面积370.36平方千米，有耕地面积40876.1亩，农民人均占有耕地1.74亩，80%的土壤为中性偏酸红土壤。森林覆盖率为51.28%，最高海拔老圭山2601.4米，最低海拔小圭山1236米。年平均气温13.2℃，年降雨量900～1000毫米。境内有煤、铁、铅、锌、硫等矿藏及海棠、花岗岩、青石等石材，以煤、青石为最佳。

【人口与计划生育】 2007年末，全镇有7124户24777人，其中：男12877人，女11900人；农业人口23509人，非农业人口1268人；汉族10218人，彝族14057人，其他民族502人。2007年出生239人，死亡156人，计划生育率达100%，《生育证》发证合格率达98%，人口自然增长率3.6‰。

【经济综述】 2007年全镇工农业总产值完成43649万元，其中：工业总产值达28668万元，农业总产值14981万元。农村经济总收入6436万元。完成本级财政收入1109.5万元。乡镇企业实交税金774万元，增14%；超额完成168.5万元。农民人均纯收入1739元。

【农 业】 圭山镇是一个以旱粮生产为主的典型山区农业大镇。2007年，粮食总产量1575万千克、产值2681万元，水果产量255万千克，蔬菜产量380万千克。小春播种面积48320.1亩，产量35522.4吨；大春播种面积60959.7亩，产量12228吨。加大产业结构调整力度，大力发展优势产品。加大加工型马铃薯、甜脆玉米、三七、樱桃、翠珠豌豆、青花、雪莲果的推广力度，引导农民调整产业结构，增加农民收入。完成一个市级特色产业示范基地建设（海邑平永刚养殖场），确立了三七、樱桃、豌豆冷藏室3个科技储备项目。

全镇种植烤烟16600亩，指令性计划收购烟叶235万千克，实际收购烟叶235万千克（其中出口备货烟叶10万千克），均价达13.23元，位居全县第一，产值达2977万元。

完成人饮工程9件，解决了3120人和1560头大牲畜的饮用水问题。完成矣维哨村容村貌整治，糯黑民族文化旅游生态村石板路建设，海邑老寨村级综合服务中心，海邑、糯黑农村文化室修缮，小团田、大圭山、糯斗、所西达、立马村人畜饮水工程，立马村村内道路硬化6项工程建设，正在实施海邑老寨和糯黑村容村貌整治工程。在矣维哨、红路口实施“一池三改”项目189口（户），节能改灶200眼（户）。年内累计投入基础设施建设资金1397.2万元。发放小额贷款70万元，争取扶贫资金54.4万元，完成糯斗村道路硬化及科技文化室建设，红路口双龙箐道路硬化及科技文化室建设。

农业机械推广工作有新进展，新增大中型拖拉机2台、小型耕整机1台、深耕犁1台、旋耕机1台，获直补资金58400元。镇与村委会、中心学校签定了15份安全责任书。全年路检路查13次，发放宣传材料1959份、张贴标语112条、横幅8幅、喷涂警示标语58条。

全年共审核上报新建住房46户，面积9000平方米；翻建住宅43户，面积5314平方米；生产性用地346户，面积14901.8平方米。发放5305宗集体土地使用证。

全年大牲畜出栏2111头（匹），肥猪出栏24024头，羊出栏15419只，禽类出栏50847只；年末大牲畜存栏11860头（匹），生猪存栏24150头（其中能繁母猪859头），羊存栏31971只，禽类存栏51841只，鸡蛋产量64吨。

全年造林4000余株。加强森林病虫害防治，全年防治面积2400亩。加强资源林政管理工作，全年查处林政案件38起。

【乡镇企业】 2007年有乡镇企业450个，从业人员5360人，实现乡镇企业增加值10405万元，工业增加值8661万元，工业生产总值28668万元，实交税金774万元。年内完成新上项目（含计改）固定资产投资5610万元。以煤炭企业和白酒加工业为主的企业经济发展不断加快。招商引资平台得到打造，方式得到创新，完成招商引资4030万元，比县下达任务数增3030万元，超303%。坚决打击私挖滥采行为，加强矿山和非煤矿山的监督整治工作，9月18日至10月18日的专项整治行动，共填封私挖滥采矿点384个，矿山整治效果明显。对芋头得、断山、糯斗、当甸土法炼锌、炼焦、非法以探代采矿点进行了取缔。制定并实施了《镇对重点产煤村委会工作考核办法》和《镇对护矿队工作考核办法》，对产煤村委会的基础设施建设、贫困党员救助资金、社会低保等惠民利民政策给予了倾斜，确定了5项重点建设项目。矿山整治和生态环境建设得到加强和巩固。加大对农村富余劳动力的输出力度，全年共转移、输出885人，其中：省外119人，省内147人，县内619人。

【科教文卫】 加大科普培训体系、农业科技推广体系、社会化服务体系建设，巩固和发展科普创建成果。年内共举办农村实用技术培训100期12500人次，农函大培训1期110人。加大科技宣传，共发放各种宣传资料15000多份，创办科普宣传栏14期。积极开展电影下乡放映工作，全年放映电影52场次。成功主办了“三月三”文艺汇演、篮球比赛、斗牛比赛，组织10人参加昆明国际文化旅游节游演活动，组织200人参加申遗成功庆典大会。

积极推进教育体制综合改革，顺利完成“四校合一”的合并工作，全面普及九年义务教育，100%实现了“两免一补”政策，“两基”成果进一步巩固。年底，有教职工278人（其中：专职教师262人），有学生4032人。

镇内有卫生院1个、卫生室14个。加强新型农村合作医疗工作，全镇参合21354人，参合率达100%。全年门诊13425人次，住院303例，业务总收入50余万元。

【交通邮电】 “九石阿”旅游专线开通，辖区内乡村公路、生产生活便道的修建维护逐步形成村委会积极争取、群众自发投工投劳、上级政府适当补助的模式。实行电信“村村通”工程，年内新增电话用户173户，年末电话用户达1536户。

【精神文明及民主法制建设】 2007年，创建市级文明单位3个，县级文明单位（村）6个，届期内市级文明单位2个，县级文明单位2个。年内全镇设人民调解委员会15个，调解领导小组53个，人民调解员117人。全年普法宣传12期，参学人数240人；全镇普法总人口为23149人，参学人数为18763人，参学率达81.1%；法律咨询31次，接待来访31次。受理社会热点难点及各类民间纠纷79件，调解79件，调解率达100%；调解成功78件，未成功1件。切实做好刑释解教人员的安置帮教工作，全镇共帮教131人。举行“平安圭山”知识宣传8次，发放各类宣传材料9000余份。

【民政残联工作】 全年办理农村低保552户1382人，农村五保户18户19人，发放救灾款21.5万元，发放粮食8550千克，涉及农户500余户2150人。完成了全镇90多名退伍军人的基本信息采集和上报工作。全镇有残疾人521人，残疾人联络员12人，组织2名残疾人参加电脑培训、12人参加免费茶艺师培训，完成4户贫困残疾人危房改造，为24名白内障患者做了免费手术。

【领导名录】

书　　记：刘明春

副 书 记：窦兴亮（彝族，12月止）

副书记兼纪委书记：王斌宁

镇　　长：窦兴亮（彝族，12月止）
副 镇 长：毕连兴（彝族）
　　　　　岁汉霖（12月止）
　　　　　槐以东
人大主席：姬卫国

村委会

【海邑村委会】　海邑村委会驻新寨村，土地面积15.4平方千米，海拔1906米，辖4个村民小组、4个自然村，即：新寨、中寨、老寨、下海子。2007年末有545户1996人，其中：汉族1278人，彝族694人，其他民族24人。耕地面积2875.5亩，实现经济总收入586万元，粮食总产量926.2吨，烤烟总产量137.98吨、均价13.32元、产值183.75万元。全年大牲畜出栏193头（匹），肥猪出栏3018头，羊出栏1125只，家禽出栏4174只；年末大牲畜存栏945头（匹），生猪存栏3690头，羊存栏2679只，家禽存栏4314只。禽蛋产量6吨，鲜奶产量97吨。

书记、主任：杨建能（彝族）
副 书 记：王张福（彝族）
副 主 任：杨崇文

【亩竹箐村委会】　亩竹箐村委会驻蝴蝶村，土地面积22.4平方千米，海拔2115米，辖2个村民小组、2个自然村，即：蝴蝶村、铁厂。2007年末有314户1190人，其中：汉族8人，彝族1181人，其他民族1人。耕地面积4845.15亩，实现经济总收入276万元，粮食总产量1295吨，烤烟总产量96.37吨、均价13.14元、产值126.6万元。全年大牲畜出栏171头（匹），肥猪出栏1630头，羊出栏1135只，家禽出栏3360只；年末大牲畜存栏645头（匹），生猪存栏1211头，羊存栏2679只，家禽存栏3160只。禽蛋产量3吨，鲜奶产量103吨。

书记、主任：昂玉光（彝族）
副 书 记：昂仕彬（彝族）
副 主 任：毕　高（彝族）

【小板田村委会】　小板田村委会驻小板田中寨，土地面积14.6平方千米，海拔2008米，辖3个村民小组、3个自然村，即：店房、板田中寨、小板田老寨。2007年末有306户1137人，其中：汉族686人，彝族443人，其他民族8人。耕地面积2799亩，实现经济总收入247万元，粮食总产量768.2吨，烤烟总产量173.9吨、均价13.6元、产值236.57万元。全年大牲畜出栏152头（匹），肥猪出栏1420头，羊出栏920只，家禽出栏3013只；年末大牲畜存栏976头（匹），生猪存栏1301头，羊存栏1690只，家禽存栏3125只。禽蛋产量3吨，鲜奶产量107吨。

书记、主任：虎剑祥（彝族）
副 书 记：冯光辉
副 主 任：黄志祥（彝族）

【红路口村委会】　红路口村委会驻红路口村，土地面积30平方千米，海拔2125米，辖3个村民小组、3个自然村，即：红路口、口子上、双龙箐。2007年末有339户1273人，其中：汉族684人，彝族573人，其他民族16人。耕地面积3757.95亩，实现经济总收入353万元，粮食总产量1474吨，烤烟总产量91.62吨、均价13.28元、产值121.65万元。全年大牲畜出栏149头（匹），肥猪出栏1498头，羊出栏920只，家禽出栏3360只；年末大牲畜存栏851头（匹），生猪存栏1240头，羊存栏1900只，家禽存栏3323只。禽蛋产量3.5吨，鲜奶产量106吨。

书记、主任：窦兴荣（彝族）
副 书 记：普跃兰（女，彝族）
副 主 任：李国先（彝族）

【水补衣村委会】　水补衣村委会驻水补衣村，土地面积20平方千米，海拔2150米，辖3个村民小组、3个自然村，即：水补衣、汪家河、洗洒衣。2007年末有309户1299人，其中：汉族848人，彝族443人，其他民族8人。实现经济总收入267万元，粮食总产量750吨，烤烟总产量194.74吨、均价13.65元，产值265.9万元。全年大牲畜出栏131头（匹），肥猪出栏1450头，羊出栏1003只，家禽出栏3466只；年末大牲畜存栏899头（匹），生猪存栏1407头，羊存栏2082只，家禽存栏3830只。禽蛋产量4吨，鲜奶产量145吨。

书　记：汪　洪
主　任：岳增兴
副主任：陈建华

【矣维哨村委会】　矣维哨村委会驻矣维哨村，土地面积31.8平方千米，海拔2095米，辖3个村民小组、3个自然村，即：矣维哨、立马村、前哨。2007年末有397户1628人，其中：汉族67人，彝族1559人，其他民族2人。耕地面积3210亩，实现经济总收入419万元，粮食总产量1082.8吨，烤烟总产量86.2吨、均价13.09元、产值112.85万元。全年大牲畜出栏124头（匹），肥猪出栏1520头，羊出栏1222只，家禽出栏4063只；年末大牲畜存栏481头（匹），生猪存栏1475头，羊存栏2218只，家禽存栏4766只。禽蛋产量6吨，鲜奶产量106吨。

书记、主任：黄正开（彝族）
副 书 记：杨跃祥（彝族）
副 主 任：杨永明（彝族）

【法块村委会】　法块村委会驻法块村，土地面积16.9平方千米，海拔1807米，辖5个村民小组、5个自然村，即：法块、拖弯、芋头得、老庄科、海纳。2007年末有765户2865人，其中：汉族2402人，彝族446人，其他民族17人。耕地面积1561.65亩，实现经济总收入725元，粮食总产量913吨，烤烟总产量113.87吨、均价14.06元、产值160.09万元。全年大牲畜出栏147头（匹），肥猪出栏1510头，羊出栏1311只，家禽出栏3870只；年末大牲畜存栏721（匹），生猪存栏1347头，羊存栏2210只，家禽存栏4130只。禽蛋产量5.5吨，鲜奶产量109吨。

书记、主任：杨跃翔
副 书 记：毕光祥（彝族）
副 主 任：王晓礼

【普拉河村委会】　普拉河村委会驻河外村，土地面积10.3平方千米，海拔

1636米，辖6个村民小组、6个自然村，即：河外、中寨、上寨、新寨、下部龙、暮山。2007年末有774户2837人，其中：汉族2225人，彝族459人，其他民族153人。耕地面积1101.75亩，实现经济总收入665万元，粮食总产量860.1吨，烤烟总产量2.71吨、均价14.19元、产值3.84万元。全年大牲畜出栏152头（匹），肥猪出栏2168头，羊出栏920只，家禽出栏3695只；年末大牲畜存栏1017头（匹），生猪存栏3050头，羊存栏1850只，家禽存栏3564只。禽蛋产量5吨，鲜奶产量98吨。

书记、主任：方建兴

副 书 记：王云国

副 主 任：毕兰仙（女，彝族）

【和合村委会】 和合村委会驻和合村，土地面积18平方千米，海拔1960米，辖5个村民小组、5个自然村，即：和合、小团田、雨美堵、大圭山、石岩脚。2007年末有396户1508人，其中：汉族765人，彝族742人，其他民族1人。耕地面积3057亩，实现经济总收入489万元，粮食总产量991.9吨，烤烟总产量219.23吨、均价13.2元、产值289.28万元。全年大牲畜出栏164头（匹），肥猪出栏1800头，羊出栏993只，家禽出栏3790只；年末大牲畜存栏882（匹），生猪存栏1249头，羊存栏2131只，家禽存栏3830只。禽蛋产量5吨，鲜奶产量117吨。

书记、主任：毕 荣（彝族）

副 书 记：普正有（彝族）

副 主 任：赵吉宏

【尾乍黑村委会】 尾乍黑村委会驻尾乍黑村，土地面积41.4平方千米，海拔1850米，辖6个村民小组、6个自然村，即：尾乍黑、林森村、敢布黑、左溪、戈厂、土瓜黑。2007年末有625户2280人，其中：汉族313人，彝族1962人，其他民族5人。耕地面积4767.3亩，实现经济总收入492万元，粮食总产量2276.2吨，烤烟总产量434.27万千克、均价12.9元、产值560.2万元。全年大牲畜出栏153头（匹），肥猪出栏1900头，羊出栏1889只，家禽出栏4131只；年末大牲畜存栏974头（匹），生猪存栏2506头，羊存栏3194只，家禽存栏4236只。禽蛋产量6吨，鲜奶产量162吨。

书 记：刘海彬

主 任：陈福军（彝族）

副主任：毕志武（彝族）

【当甸村委会】 当甸村委会驻当甸村，土地面积15.4平方千米，海拔2200米，辖5个村民小组、5个自然村，即：当甸上寨、当甸下寨、革腻、所西达、小板田。2007年末有354户1400人，其中：汉族429人，彝族960人，其他民族11人。耕地面积1912.95亩，实现经济总收入388万元，粮食总产量963吨，烤烟总产量130.66吨、均价13.4元、产值175.14万元。实现大牲畜出栏150头（匹），肥猪出栏1645头，羊出栏902只，家禽出栏3969只；年末大牲畜存栏974头（匹），生猪存栏1696头，羊存栏2557只，家禽存栏3895只。禽蛋产量5吨，鲜奶产量110吨。

书记、主任：毕德宏（彝族）

副 主 任：许国明

【小圭山村委会】 小圭山村委会驻小圭山村，土地面积22.4平方千米，海拔1236米，辖3个村民小组、3个自然村，即：小圭山、野核桃树、糯斗。2007年末有348户1356人，其中：汉族9人，彝族1122人，其他民族225人。耕地面积2059.5亩，实现经济总收入480万元，粮食总产量847.5吨，烤烟总产量176.34吨、均价13.32元、产值234.85万元。实现大牲畜出栏141头（匹），肥猪出栏1565头，羊出栏1128只，家禽出栏3385只；年末大牲畜存栏882头（匹），生猪存栏1550头，羊存栏2573只，家禽存栏3243只。禽蛋产量3.5吨，鲜奶产量136吨。

书记、主任：毕志德（彝族）

副 书 记：明跃清（彝族）

副 主 任：杨云波（彝族）

【糯黑村委会】 糯黑村委会驻小糯黑村，土地面积39.8平方千米，海拔1985米，辖2个村民小组、2个自然村，即：大糯黑、小糯黑，其中大糯黑村2007年被列为市级社会主义新农村建设试点村。2007年末有392户1495人，其中：汉族26人，彝族1466人，其他民族3人。耕地面积3763.8亩，实现经济总收入635万元，粮食总产量1308.5吨，烤烟总产量228.38吨、均价12.63元、产值288.36万元。全年大牲畜出栏153头（匹），肥猪出栏1500头，羊出栏986只，家禽出栏3080只；年末大牲畜存栏810头(匹)，生猪存栏1228头，羊存栏2211只，家禽存栏3080只。禽蛋产量3吨，鲜奶产量126吨。

书 记：何文航（彝族）

主 任：何耀彪（彝族）

副主任：李 江（彝族）

【额冲衣村委会】 额冲衣村委会驻额冲衣村，土地面积33.3平方千米，海拔2010米，辖3个村民小组、3个自然村，即：额冲衣、新戈冲里、老戈冲里。2007年末有369户1460人，其中：汉族3人，彝族1457人。耕地面积3306亩，实现经济总收入414万元，粮食总产量1294吨，烤烟总产量163.73吨、均价13.34元、产值218.41万元。全年大牲畜出栏131头（匹），肥猪出栏1400头，羊出栏965只，家禽出栏3469只；年末大牲畜存栏768头（匹），生猪存栏1200头，羊存栏2405只，家禽存栏3345只。禽蛋产量5吨，鲜奶产量128吨。

书记、主任：毕永光（彝族）

副 书 记：昂光宗（彝族）

副 主 任：黄云锋（彝族）

（撰稿人：圭山镇人民政府 杨金丽）

西街口镇

【机构设置】 2007年，西街口镇内设党政综合办公室、农林水综合服务中心、文化广播电视服务中心，村镇规划建设服务中心，畜牧兽医服务中心。年末，有干部职工56名。

【行政区划】 西街口镇地处石林县东北部，镇政府所在地西街口村，距县城33千米。辖雨布宜、绿水塘、西街口、紫处、威黑、芭茅、宜奈、新木凹、格渣、糯衣10个村委会，29个村民小组，31个自然村。

【自然状况】 2007年末，全镇土地面积288.81平方千米，海拔1900～2160米之间，最低在月湖大雨布宜，最高在宜奈坡顶。属典型的喀斯特地貌。耕地面积39613亩，其中：水田6000亩，旱地33613亩。疏林地较广，森林覆盖率35.44%，林木绿化率39.76%。地形成条形状，地势东高西低，山梁起伏较低，丘陵、山梁多为石灰岩所覆盖。天然小湖泊和龙潭星落棋布。气候特征属亚热带季风气候，日温差小，冬无严寒，夏无酷暑，年降雨量大多都集中在夏秋两季，年平均气温15.2℃，年均降雨量为741.8毫米。

【人口与计划生育】 2007年末，全镇总户数5553户19459人，其中：非农业人口525人，农业人口18934人。镇内有彝、白、哈尼、壮、傣、苗、回、满、瑶、拉祜、纳西等11个少数民族，共11113人，其中彝族11076人。全年出生224人，死亡108人，计划生育率100%，人口自然增长率为6‰。

【经济综述】 2007年，全镇工农业总产值完成10050.47万元，其中：工业总产值7200万元，农业总产值2850.47万元。农村经济总收入完成5989万元，实现地方财政收入569.7万元，与上年相比增16%，农民人均纯收入2252.6元，与上年相比增8.09%。

【农 业】 2007年完成粮食作物种植12490.3亩，粮食总产量1397.7万千克，与上年同比增0.9%。大春粮食作物种植17566.2亩，总产量11711.3吨；小春粮食作物种植11692.5亩，总产量2265.7吨。

种植烤烟13100亩，品种云烟87。育苗140亩，其中：漂浮育苗40亩，常规育苗100亩。总收购烟叶175万千克，产值达2212万元，均价12.64元，烟叶税收完成475.2万元。

全年大牲畜出栏666头（匹），肥猪出栏19599头，山羊出栏16009只，禽类出栏39780只，鲜奶产量1953.4吨，蛋产量38.9吨。年末大牲畜存栏7261头（匹），生猪存栏18599头，山羊存栏37912只，禽类存栏40188只。

【林权制度改革】 2007年，西街口镇列为石林县“林改”试点乡镇之一。全镇31个“林改”单位，实行均山方案的15个，均利方案的11个，均山均利方案的1个，集体统一管理的4个。完成“林改”面积33206.8亩，其中：均山13080.2亩，均利2258.5亩，退耕还林4155.2亩，流转承包4404亩，集体统一经营管理9308.9亩；争议1847亩。共签订家庭承包合同1713份；发放均利证2768个；公益林确权153215.6亩，填报申请表345份。

【新农村建设】 新农村建设稳步推进，县级试点小宜奈村投资35万元建设人饮工程；投资45万元对小宜奈村进村道路和村内路面进行了硬化，完成村庄建设规划和总体规划。市级试点绿水塘村投资15万元完成村内道路硬化1000米；投入5.1万元建盖公厕3个，完成村庄建设规划和总体规划。投资98.6万元完成小集镇建设征地、拆迁补偿等工作，24米大街路基基础工程已基本结束；投资386万元完成糯衣村委会、大宜奈村、西街口村等一批人饮工程；投资197.86万元完成新木凹、雨布宜等村委会的3件烟水工程；投资768万元实施芭茅土地开发整理。

【交通邮政】 交通便利，北召公路、南昆铁路穿境而过。有线电视通信光缆和移动电话接收塔的建设步伐加快，广播电视信息网络等覆盖面不断扩大，全镇程控电话实现“村村通”，程控电话达2600部，其中新增400部。

【乡镇企业】 全镇有乡镇企业201个，从业人员1042人。其中：石材企业18个，冶金企业3个。2007年引进市外资金1800万元，完成工业总产值6900万元。2007年共转移输出1709人次，劳务收入974万元。

【科教文卫】 2007年，全镇组织实施科技项目2个，举办农函大培训2个班189人；素质工程与科技培训103期11318人次。继续实施以德育为核心，培养学生创新精神和实践能力为重点的素质教育，积极探索收缩办学模式，优化资源配置，改善教育设施，投资50万元启动农村标准化学校建设项目前期工作，完成征地35亩、地形测绘、建设规划。全镇现有教职工176人，学生3521人。全面落实“两免一补”政策，解决1612名贫困学生“两免一补”费用60.03万元。

充分发挥文化资源优势，以芭茅村为重点，大力挖掘优秀传统彝族文化，积极开展丰富多彩、健康向上的群众文化体育活动56场次19400余人次。

城镇居民医疗保险和新型农村合作医疗继续推行，新农合参合人数17741人，参合率达98.1%。全年住院人数537人，住院医疗费用1038701.56元，补偿金额299966.58元；门诊总人数2361人，门诊费用62115.6元，补偿金额61357.8元。10个村级卫生室已建成，并投入使用。

【民政残联工作】 全年发放救灾（济）衣物、棉被140件（套），累计投入救灾、救济资金24000元，大米26000千克。安排改造残疾人危房2户。

【精神文明及民主法制建设】 2007年，创建1个市级文明单位，6个县级文明单位（村），届期内有14个县级文明单位，3个市级文明单位。继续加强治安防控体系建设，探索并建立了多元化调处机制，强化社会矛盾纠纷排查调处机制，加大对社会矛盾纠纷排查调处力度，全年共排查调处各类民间纠纷37件。“无毒乡镇”、“无毒社区”建设成果进一步得到巩固，2007年成功创建为省级“平安乡镇”。

【领导名录】

书　　记：毕丽英（女，彝族）
副 书 记：喻永生
　　　　　张　彪
镇　　长：喻永生
人大主席：李绍玉（12月止）
副 镇 长：刘春泉（12月止）
　　　　　岁汉霖（12月起）
　　　　　黄继斌（彝族）
　　　　　段云梅（女，10月止）
　　　　　毕德辉（彝族，10月起）

村委会

【雨布宜村委会】 雨布宜村委会驻大雨布宜村，海拔1903米，土地面积34.35平方千米，辖4个村民小组、4个自然村，即：茂舍祖、大雨布宜、小雨布宜、板田心。2007年末有884户3544人，其中：汉族2668人，彝族868人，其他民族8人。耕地面积6886.5亩，实现农村经济总收入1206万元，粮食总产量2001吨，烤烟总产量30.86万千克、产值387.55万元。全年大牲畜出栏74头（匹），肥猪出栏3215头，羊出栏1681只；年末大牲畜存栏1157头（匹），肥猪存栏3062头，羊存栏3515只。

书记、主任：王冲林
副　书　记：杨张贵
副　主　任：李冲华

【绿水塘村委会】 绿水塘村委会驻绿水塘村，海拔1919米，土地面积29平方千米，辖2个村民小组、2个自然村，即：绿水塘、寨海。2007年末有356户1430人，其中：汉族532人，彝族891人，其他民族7人。耕地面积3090亩，实现经济总收入526万元，粮食总产量1070.2吨，烤烟总产量10.64万千克、产值132.91万元。全年大牲畜出栏43头（匹），肥猪出栏1764头，羊出栏1020只；年末大牲畜存栏539头（匹），生猪存栏1727头，羊存栏1854只。

书　记：高志华（彝族）
主　任：毕绍生（彝族）
副主任：黄小兵

【西街口村委会】 西街口村委会驻西街口村，海拔1945米，土地面积40.55平方千米，辖3个村民小组、3个自然村，即：西街口、大尾堵渣、小尾堵渣。2007年末有552户2029人，其中：汉族632人，彝族1391人，其他民族6人。耕地面积3960亩，实现经济总收入615万元，粮食总产量1427吨，烤烟总产量19万千克、产值236.36万元。全年大牲畜出栏88头（匹），肥猪出栏2498头，羊出栏16602只；年末大牲畜存栏713头（匹），生猪存栏2248头，羊存栏5950只。

书记、主任：张雄雁（彝族）
副　书　记：毕奋强（彝族）
副　主　任：虎孝文（彝族）

【威黑村委会】 威黑村委会驻威黑小学，海拔2050米，土地面积23.91平方千米，辖3个村民小组、3个自然村，即：威黑老寨、威黑中寨、清水塘。2007年末有402户1603人，其中：汉族420人，彝族1182人，其他民族1人。耕地面积3259.05亩，实现经济总收入481万元，粮食总产量1360吨，烤烟总产量17万千克、产值204.68万元。全年大牲畜出栏62头（匹），肥猪出栏1772头，羊出栏4314只；年末大牲畜出栏758头（匹），生猪存栏1754头，羊存栏1826只。

书记、主任：周春生
副　书　记：昂永红（彝族）
副　主　任：刘得喜（彝族）

【紫处村委会】 紫处村委会驻大紫处村，海拔2037米，土地面积18.37平方千米，辖2个村民小组、2个自然村，即：大紫处、小紫处。2007年末有303户1215人，其中：汉族580人，彝族635人。耕地面积1956亩，实现经济总收入537万元，粮食总产量1351吨，烤烟总产量16万千克、产值199.36万元。全年大牲畜出栏55头（匹），肥猪出栏1527头，羊出栏1601只；年末大牲畜存栏534头（匹），生猪存栏1567头，羊存栏3326只。

书记、主任：刘跃光（彝族）
副　书　记：李桂明
副　主　任：虎志升（彝族）

【芭茅村委会】 芭茅村委会驻芭茅村，海拔2017米，土地面积23.95平方千米，辖2个村民小组、2个自然村，即：芭茅、路花。2007年末有490户1948人，其中：汉族527人，彝族1421人。耕地面积4357.5亩，实现经济总收入604万元，粮食总产量1514吨，烤烟总产量20.4万千克、产值260.02万元。全年大牲畜出栏78头（匹），肥猪出栏2227头，羊出栏1809只；年末大牲畜存栏636头（匹），生猪存栏2208头，羊存栏3886只。

书记、主任：黄文林（彝族）
副　书　记：陈德志
副　主　任：李学成（彝族）

【宜奈村委会】 宜奈村委会驻宜奈火车站旁，海拔2130米，土地面积14.70平方千米，辖2个村民小组、2个自然村，即：大宜奈、小宜奈。2007年末有450户1750人，其中：汉族1710人，彝族31人，其他民族9人。耕地面积2926.5亩，实现经济总收入624万元，粮食总产量1030吨，烤烟总产量10.9452万千克、产值139.44万元。全年大牲畜出栏45头（匹），肥猪出栏1571头，羊出栏1430只；年末大牲畜存栏569头（匹），生猪存栏1334头，羊存栏3155只。

书　记：王书荣
主　任：冯小寿
副主任：虎吉祥
办公室电话：7706602

【新木凹村委会】 新木凹村委会驻新木凹村，海拔2085米，土地面积14.68平方千米，辖3个村民小组、3个自然村，即：新木凹、老木凹、沙坡。2007年末有311户1130人，其中：汉族281人，彝族847人，其他民族2人。耕地面积2242.5亩，实现经济总收入438万元，粮食总产量975.9吨，烤烟总产量9万千克、产值109.26万元。全年大牲畜出栏59头（匹），肥猪出栏1533头，羊出栏1319；年末大牲畜存栏 521 头，生猪存栏 1331 头，羊存栏 3886 只。

书记、主任：赵建生（彝族）

副　书　记：赵建光（彝族）

副　主　任：赵云锋（彝族）

【格渣村委会】 格渣村委会驻格渣新寨，海拔 2045 米，土地面积 44.2 平方千米，辖 4 个村民小组、6 个自然村，格渣新寨、格渣中寨、格渣老寨、石字场老寨、石字场中寨、箐门前 6 个自然村。2007 年末有 394 户 1488 人，其中：汉族 228 人，彝族 1260 人。耕地面积 4965 亩，实现经济总收入 372 万元，粮食总产量 1661 吨、烤烟总产量 20.16 万千克，产值 265.4 万元。全年大牲畜出栏 78 头（匹），肥猪出栏 1901 头，羊出栏 1792 只；年末大牲畜存栏 837 头（匹），生猪存栏 1831 头，羊存栏 4315 只。

书　记：毕映保（彝族）

主　任：龙利生（彝族）

副主任：张文兴（彝族）

办公室电话：7733813

【糯衣村委会】 糯衣村委会驻糯衣上寨，海拔 2050 米，土地面积 45.1 平方千米，辖 4 个村民小组、4 个自然村，即：糯衣上寨、中寨、下寨、舍波。2007 年末有 520 户 2063 人，其中：汉族 393 人，彝族 1670 人。耕地面积 5970 亩，实现经济总收入 541 万元，粮食总产量 1639 吨，烤烟总产量 20.96 万千克、产值 276.3 万元。全年大牲畜出栏 84 头（匹），肥猪出栏 1591 头，羊出栏 1871 只；年末大牲畜存栏 997 头（匹），生猪存栏 1537 头，羊存栏 4250 只。

书记、主任：毕贵兴（彝族）

副　书　记：黄文学（彝族）

副　主　任：许学友

办公室电话：7733580

（撰稿人：西街口镇人民政府　杨学光）

大可乡

【机构设置】 2007 年，乡政府内设党政综合办公室、农林水综合服务中心、畜牧兽医服务中心、文化广播电视服务中心、村镇规划建设服务中心，年末有职工 68 人。

【行政区划】 大可乡位于县境西南端，乡政府驻地大可村，距县城 20 余千米。全乡边界线长达 67 千米。辖大可、中龙、结胜、南大村、水尾、岩子脚 6 个村委会，48 个村民小组，67 个自然村。

【自然状况】 2007 年，大可乡土地面积 114.5 平方千米。有耕地 14145 亩，其中：水田 6315 亩，旱地 7830 亩。有林地面积 40627 亩，森林覆盖率 25.6%，国营禄丰村林场阿慈林区就在本乡境内。乡内最低海拔 1655 米（长麦地下村），最高海拔 2067 米（老黑山），属高原浅丘地貌，年平均气温 16℃。巴江支流大可河自南向北纵贯全乡。

【人口与计划生育】 2007 年末，全乡有 5115 户 17038 人，其中：男 8694 人，女 8344 人；农业人口 16490 人，非农业人口 548 人；汉族 14496 人，彝族 2542 人。全年组织计划生育宣传教育培训 12 期，受教育人员 2369 人；开展优质服务 4 次，共检查 5271 人次，占检查对象的 96.7%。全年出生 138 人，死亡 90 人，人口自然增长率 2.81‰，计划生育率 100%，综合节育率达 85.9%，“奖优免补”政策兑现率达到 100%。

【经济综述】 2007 年，全乡工农业总产值完成 6419 万元，其中：工业总产值 1560 万元，农业总产值 4859 万元。农村经济总收入 5034 万元，实现乡级财政收入 459.7 万元，超额完成 66.7 万元。农民人均纯收入 2386 元。

【农　业】 2007 年，全乡大春粮食种植面积 17626.5 亩，其中：水稻 5002.5 亩，玉米 8002.5 亩，大豆 2002.5 亩，薯类杂粮 1800 亩，其他谷物 819 亩。完成小春粮食种植面积 12385.5 亩，其中：蚕豆 4050 亩，小麦 5520 亩，大麦 301.5 亩，薯类杂粮 2514 亩。实现粮食总产量 10000.1 吨，其中：秋粮 7400 吨，小春粮食 2600.1 吨。人均占有粮 619.2 千克。全年种植朝鲜蓟 450 亩，蔬菜 5550 亩，枇杷 666 亩。完成农业总产值（粮畜果蔬）4859 万元。其中：粮 1866 万元，畜 2298 万元，果 215 万元，蔬 480 万元。

种植烤烟 1.42 万亩（红花大金元品种），收购烟叶 170 万千克，收购总值 1737.4 万元，实现烟叶税 385.7 万元。均价 10.22 元。

全年大牲畜出栏 1211 头（匹），肥猪出栏 13061 头，羊出栏 5620 只；年末大牲畜存栏 9650 头（匹），生猪存栏 12500 头，羊存栏 11422 只。

完成四旁义务植树 13 万株，育苗 6 亩，封山育林工程 3000 亩，兑现退耕还林生活补助款 187512 元。认真执行土地利用年度计划，全年共上报审批新建住房 25 户 3083 平方米；拆旧翻新 20 户 1736 平方米；生产性用地 118 户 2504.43 平方米。加大执法力度，全年共查处各类土地违法案件 30 件。做好土地资料归档工作，整理装订综合类档案 41 件。以大磨土地开发治理为契机，完成长梁子土地整治 2000 余亩，投资 400 余万元。

2007 年，新建水利工程 8 件，总投资 173.9 万元；建设大可河流域白龙潭水库灌溉区 6700 亩中低产田改造工程，投资 486 万元。

【新农村建设】 2007 年，做好市级新农村小波溪建设，投资 55.8 万元，建盖综合活动室，改建公厕 1 所，篮球场 1 块，修缮学校，村小组办公楼，村内道路硬化 700 米；县级新农村小月牙山河村建设，投资 21.2 万元，建盖综合活动室，改建公厕 1 所，垃圾池 1 个，场院硬化 450 平方米，村内道路硬化 420 平方米，修建挡土墙 76 米；投资 41.6 万元，新建岩子脚村委会省列扶贫项目科技文化活动室 3 所；投资 15.8 万元完成黑古塘村内道路硬化 874 米；大可村新建沼气池 52 个，改灶 105 台。9 月 12 日全面启动“数字乡村工程建设”，至 10 月底，建成 1 个乡级子网，6 个村委会子网，48 个村民小组子网。该项工作于 2008 年 1 月 23 日通过县级阶段性验收。

【乡镇企业】 本着“抓大促小，扶优扶强”的原则，扶持养殖业和绿色企业，大力发展乡镇企业。2007年末，全乡有企业334个，从业人员621人。全年乡镇企业增加值完成941万元，工业总产值完成1560万元，营业收入完成3489万元，实交税金75万元，完成投资714万元。农村剩余劳动力转移就业培训9期720人，转移输出582人，其中：省外76人，省内县外107人，县内399人。

【科教文卫】 农村职业技术教育不断加强，全年共举办各类科技培训班82期，参训人数达12674人次，印发各种科普宣传材料3600份。加强对全乡3个科技示范村和275户科技示范户的管理工作。加大科普法的实施力度，举办科普知识竞赛7期，参加人员达1620人；举办科普宣传4次，发放宣传材料4200份。组织中小学生开展科技创新活动，向县上推荐科普作品178幅；举办农函大1班，学员120人。

始终坚持教育优先发展的战略，继续巩固“两基”成果，全面推进素质教育，进行全乡教育综合改革。年末有中小学生1687人，教师151人。

全乡23支文艺队利用元旦、春节等节假日为群众演出文艺节目80场次，积极开展文体活动，举行篮球、拔河等体育活动70场次，观众达3万余人次。科教电影放映48场次，观众达1.8万人次。

2007年全乡有卫生院1所，6个卫生室，继续抓好农村医疗预防保健网络建设，加强传染疾病防治工作，做好艾滋病预防宣传、控制等健康教育工作，黑板报宣传12期。继续推进新型农村合作医疗工作，全乡参合15300人，参合率96.5%。

【精神文明及民主法制建设】 认真贯彻落实《公民道德建设实施纲要》，形成良好的社会氛围。全年创建市级文明单位（村）2家，县级文明单位（村）7家。届期内有25个文明单位（村），“十星”级文明户3164户。加大社会矛盾纠纷排查调处力度，及时化解调解民间纠纷，维护全乡社会稳定。年内受理各类民间纠纷13起，调处成功13起。深入开展严打整治斗争和治安案件查处工作，始终保持对各类犯罪行为的高压态势。全乡立各类刑事案件5件，其中：重特大刑事案件1件，抓获犯罪嫌疑人23人；治安案件4件，查处4件。全乡无一般性群体性治安事件发生。

【民政残联工作】 积极做好查灾、救灾、救济和拥军优属工作，全年拨发民政经费308943元，其中：抚恤事业费167823元，社会救济款82880元，救灾款58240元。发放救灾救济粮9700千克。认真做好全乡346户828人农村低保户的动态管理工作。积极开展拥军优属活动，全年召开军烈属座谈会8次，组织7个慰问组对军烈属、残废军人、现役军人家属、老复员军人及特困户进行走访慰问。2007年有残疾人274名，年内办理残疾证108本，筛选15名眼白内障病人进行摘除术。贫困残疾人危房改造2户，每户补助8000元。

【领导名录】

书　　记：蒋开彦（彝族）
副 书 记：槐建华
副书记、纪委书记：王余秋
乡　　长：槐建华
副 乡 长：何永德
　　　　　毕晓红（女，彝族）
　　　　　李云湖
人大主席：杨礼有（彝族）

村委会

【大可村委会】 大可村委会驻大可村，海拔1680米，土地面积16.3平方千米，辖大可、小波溪、长麦地（上、中、下三个自然村）、小沙河、者衣冲5个村民小组7个自然村。2007年末有1131户3845人，其中：汉族3527人，彝族298人，其他民族20人。耕地面积2535亩，实现经济总收入1150万元，粮食总产量2301.4吨，烤烟总产量31万千克。全年大牲畜出栏285头（匹），肥猪出栏2861头，羊出栏1010只；年末大牲畜存栏1885头（匹），生猪存栏2750头，羊存栏2300只。

书记、主任：毕建业
副 书 记：赵燕芳（女）
副 主 任：李双时
办公室电话：7741007

【中龙村委会】 中龙村委会驻大月牙山河，海拔1664米，土地面积11.7平方千米，辖大月牙山河、小月牙山河、花园村、小干河、下海子、上龙潭、中龙潭、下龙潭、草子地、大波落黑（大波落黑、大平地两个自然村）10个村民小组11个自然村。2007年末有543户1915人，其中：汉族1822人，彝族85人，其他民族8人。耕地面积1795.7亩，实现经济总收入647万元，粮食总产量1266.8吨，烤烟总产量20万千克。全年大牲畜出栏215头（匹），肥猪出栏1450头，羊出栏600只；年末大牲畜存栏1385头（匹），生猪存栏1500头，羊存栏1250只。

书记、主任：李　勇
副 书 记：李秀琼
副 主 任：周大昌

【结胜村委会】 结胜村委会驻大密枝，海拔1687米，土地面积21.9平方千米，辖结胜、大密枝、雨落甸、小河新村、石头寨、黑古塘6个村民小组6个自然村。2007年末有817户2876人，其中：汉族2085人，彝族789人，其他民族2人。耕地面积2349.8亩，实现经济总收入928万元，粮食总产量2253.8吨，烤烟总产量36万千克。全年大牲畜出栏260头（匹），肥猪出栏2400头，羊出栏1060只；年末大牲畜存栏1650头（匹），生猪存栏2200头，羊存栏2330只。

书记、主任：赵映伟
副 书 记：王绍永
副 主 任：李银莲（女，彝族）
办公室电话：7741003

【南大村村委会】 南大村村委会驻南大村，海拔1730米，土地面积13.5平方千米，辖南大村、南小村、平田、山头上、西齐路、小河、大凹子7个村民小组7个自然村。2007年末有821户2889人，其中：汉族2543人，彝族321人，其他民族25人。耕地面积1870.1亩，实现经济总收入994万元，粮食总产量1523.2吨，烤烟总产量28万千克。全年大牲畜出栏225头（匹），肥猪出栏1900头，羊出栏690只；年末大牲畜存栏1495头（匹），生猪存栏1700头，羊存栏1365只。

书记、主任：罗　云

副 书 记：武春佑

副 主 任：王金祥

办公室电话：7740043

【水尾村委会】 水尾村委会驻水尾村，海拔1685米，土地面积18.1平方千米，辖水尾、大平滩、小松棵、水豆田、老黑山、大龙村、老马地、大石岩、上堵泥、下堵泥10个村民小组26个自然村。2007年末有486户1784人，其中：汉族1676人，彝族86人，其他民族22人。耕地面积1679亩，实现经济总收入403万元，粮食总产量939.2吨，烤烟总产量21万千克。全年大牲畜出栏279头（匹），肥猪出栏1472头，羊出栏880只；年末大牲畜存栏1500头（匹），生猪存栏1600头，羊存栏1777只。

书　记：张臣刚

主　任：沈建才

副主任：严明彩

【岩子脚村委会】 岩子脚村委会驻岩子脚，海拔1800米，土地面积33.0平方千米（含社办林场305.44公顷），辖岩子脚、石子凹、新村、大泥西、四角田、刁克丈、高家村、阿慈、小高田、树密寨10个村民小组10个自然村。2007年末有901户3182人，其中：汉族2294人，彝族831人，其他民族57人。耕地面积2627亩，实现经济总收入911万元，粮食总产量1715.7吨，烤烟总产量34万千克。全年大牲畜出栏280头（匹），肥猪出栏2800头，羊出栏1380只；年末大牲畜存栏1735头（匹），生猪存栏2750头，羊存栏2400只。

书记、主任：詹　伟（彝族）

副 书 记：黄文学（彝族）

副 主 任：杨光学

办公室电话：7741016

（撰稿人：大可乡人民政府　杨晶晶）

中共石林彝族自治县委员会

领导成员

【县委领导名录】

县委书记：柳文炜
副书记：李忠德（彝族）
裴演兵
常　委：柳文炜、李忠德（彝族）、裴演兵、王国亮（10月止）、李正平、彭颖、李兴国、陈菊珍（女）、段增华、毕春华（女，彝族）、王昆（10月起）、李福军（彝族）
委　员：（按姓氏笔画为序）马海荣（彝族）、王国亮（10月止）、王彦平、毕丽英（女，彝族）、毕春华（女，彝族）、刘明春、李正平、李兴国、李忠德（彝族）、李绍增、李鸿平（2月止）、李福军（彝族）、杨春宝、余春、张忠贵、陈菊珍（女）、者培仙（女，彝族）、周兴荣、柳文炜、段增华、徐梅芬（女）、殷琨（女）、黄玉林（彝族）、彭颖、蒋开彦（彝族）、裴演兵、潘佳良
候补委员：（按得票多少为序）徐永平（女）、周保能、李光正（彝族）、赵一民、吴剑平

【县纪委领导名录】

书　记：陈菊珍（女）
副书记：彭天寿（常务）
毕东红（彝族）
马雪娟（女）
常　委：陈菊珍（女）、彭天寿、毕东红（彝族）、马雪娟（女）、娄林华、钱琼珍（女，2月止）、王留云（2月止）、赵文平、王家智、李海林（10月起）
委　员：（按姓氏笔画为序）马雪娟（女）、王云龙（彝族）、王丽红（女）、王余秋、王留云（2月止）、王家智、王斌宁、尹桂华（彝族）、毕东红（彝族）、李勇、李云柯、李石友（彝族）、李金明（彝族）、李海林（10月起）、张培一、陈永宁、陈菊珍（女）、赵子华、赵文平、赵良廷、赵保祥、柏安云、娄林华、钱琼珍、黄宗祥（彝族）、彭天寿

重要文件目录

石　发

《中共石林彝族自治县委关于印发县委十届二次全会报告及决议的通知》
石发〔2007〕1号
2007年1月18日

《中共石林彝族自治县委关于构建和谐石林的实施意见》
石发〔2007〕2号
2007年1月16日

《中共石林彝族自治县委、石林彝族自治县人民政府关于表彰奖励世界自然遗产石林申报地环境整治工作领导小组的决定》
石发〔2007〕3号
2007年1月25日

《中共石林彝族自治县委、石林彝族自治县人民政府关于表彰奖励石林风景名胜区创建国家5A级景区领导小组的决定》
石发〔2007〕4号
2007年1月25日

《中共石林彝族自治县委、石林彝族自治县人民政府关于表彰奖励石林风景名胜区管理局的决定》
石发〔2007〕5号
2007年1月31日

《中共石林彝族自治县委、石林彝族自治县人民政府关于命名2006年度平安乡镇、平安单位无毒村委会的决定》
石发〔2007〕6号
2007年2月5日

《中共石林彝族自治县委、石林彝族自治县人民政府关于命名2006年度基层满意的县直单位的决定》
石发〔2007〕7号
2007年1月25日

《中共石林彝族自治县委关于命名第二十三批县级文明单位（村）的决定》
石发〔2007〕8号
2007年1月25日

《中共石林彝族自治县委、石林彝族自治县人民政府关于对2006年度优秀干部和专业技术人员进行表彰奖励的决定》
石发〔2007〕9号
2007年2月12日

《中共石林彝族自治县委、石林彝族自治县人民政府关于认真做好全县村级组织换届选举工作的通知》
石发〔2007〕10号
2007年2月28日

《中共石林彝族自治县委关于做好全县村级党组织换届选举工作的实施意见》
石发〔2007〕11号
2007年2月28日

《中共石林彝族自治县委、石林彝族自治县人民政府关于做好全县第三届村民委员会换届选举工作的实施意见》
石发〔2007〕12号
2007年2月28日

《中共石林彝族自治县委、石林彝族自治县人民政府关于深入开展“五创”工作的通知》
石发〔2007〕13号
2007年4月13日

《中共石林彝族自治县委、石林彝族自治县人民政府印发〈石林彝族自治县创建昆明市文明县城工作三年规划（2006～2008年）〉的通知》
石发〔2007〕14号
2007年4月13日

《中共石林彝族自治县委、石林彝族自治县人民政府关于做好2007年社会主义新农村建设工作的意见》
石发〔2007〕15号
2007年4月12日

《中共石林彝族自治县委印发〈石

林彝族自治县乡科级领导干部选拔任用工作程序（试行）》等八个制度的通知》

石发〔2007〕16 号

2007 年 5 月 28 日

《中共石林彝族自治县委关于命名“共产党员示范窗口”和“共产党员先锋岗”的决定》

石发〔2007〕17 号

2007 年 6 月 29 日

《中共石林彝族自治县委、石林彝族自治县人民政府关于对梁永宁、李玉辉等五位石林申报世界自然遗产专家进行嘉奖的决定》

石发〔2007〕18 号

2007 年 7 月 26 日

《中共石林彝族自治县委、石林彝族自治县人民政府关于表彰奖励石林申报世界自然遗产工作先进集体和先进个人的决定》

石发〔2007〕19 号

2007 年 7 月 26 日

《中共石林彝族自治县委、石林彝族自治县人民政府关于嘉奖石林风景名胜区管理局为石林申报世界自然遗产成功作出重大贡献的决定》

石发〔2007〕20 号

2007 年 7 月 26 日

《中共石林彝族自治县委印发县委常委分工负责制试行办法及县委议事决策规则（试行）的通知》

石发〔2007〕21 号

2007 年 8 月 20 日

《中共石林彝族自治县委关于推进依法治县建设法治石林的实施意见》

石发〔2007〕22 号

2007 年 7 月 30 日

《中共石林彝族自治县委、石林彝族自治县人民政府关于表彰创建国家卫生县城工作先进集体和先进个人的决定》

石发〔2007〕23 号

2007 年 9 月 28 日

《中共石林彝族自治县委关于成立石林彝族自治县县乡（镇）换届选举工作领导小组的通知》

石发〔2007〕24 号

2007 年 10 月 22 日

《中共石林彝族自治县委关于认真做好县乡镇换届选举工作的实施意见》

石发〔2007〕25 号

2007 年 10 月 31 日

《中共石林彝族自治县委转发〈中共石林彝族自治县人大常委会党组关于县、乡镇两级人民代表大会换届选举工作安排意见〉的通知》

石发〔2007〕26 号

2007 年 10 月 31 日

《中共石林彝族自治县委转发〈中共政协石林彝族自治县委员会党组关于八届县政协委员安排协商意见〉的通知》

石发〔2007〕27 号

2007 年 10 月 31 日

《中共石林彝族自治县委关于认真学习宣传贯彻党的十七大精神的通知》

石发〔2007〕28 号

2007 年 11 月 2 日

《中共石林彝族自治县委关于进一步加强和改进督促检查工作的实施意见》

石发〔2007〕29 号

2007 年 11 月 12 日

《中共石林彝族自治县委、石林彝族自治县人民政府关于嘉奖石林风景名胜区管理局为石林旅游业发展迈上新台阶作出突出贡献的决定》

石发〔2007〕30 号

2007 年 12 月 31 日

石办发

《中共石林彝族自治县委办公室、石林彝族自治县人民政府办公室关于对2007 年全县重点工作任务分解立项督查的通知》

石办发〔2007〕1 号

2007 年 4 月 2 日

《中共石林彝族自治县委办公室、石林彝族自治县人民政府办公室关于表彰全县 2006 年农村富余劳动力转移培训就业工作先进集体和先进工作者的通知》

石办发〔2007〕2 号

2007 年 1 月 25 日

《中共石林彝族自治县委办公室、石林彝族自治县人民政府办公室关于兑现 2006 年度县对乡（镇）工作综合考核以奖代补经费的通知》

石办发〔2007〕3 号

2007 年 1 月 31 日

《中共石林彝族自治县委办公室、石林彝族自治县人民政府办公室关于2006 年度县对县直机关单位工作综合考核结果的通知》

石办发〔2007〕4 号

2007 年 1 月 31 日

《中共石林彝族自治县委办公室、石林彝族自治县人民政府办公室关于兑现 2006 年度县对乡（镇）领导班子工作综合考核奖的通知》

石办发〔2007〕5 号

2007 年 1 月 31 日

《中共石林彝族自治县委办公室、石林彝族自治县人民政府办公室关于对县级领导联系乡镇和部门联系村委会开展社会主义新农村建设工作进行调整的通知》

石办发〔2007〕6 号

2007 年 2 月 5 日

《中共石林彝族自治县委办公室、石林彝族自治县人民政府办公室关于成立石林彝族自治县村级组织换届工作领导小组的通知》

石办发〔2007〕7 号

2007 年 2 月 5 日

《中共石林彝族自治县委办公室关

于2006年度基层党委“五个好”星级评选结果的通知》

石办发〔2007〕8号

2007年1月25日

《中共石林彝族自治县委办公室关于2006年度永葆先进性·“云岭先锋”工程目标考核综合评分结果的通知》

石办发〔2007〕9号

2007年1月25日

《中共石林彝族自治县委办公室、石林彝族自治县人民政府办公室关于成立石林彝族自治县村级组织换届工作组和指导组的通知》

石办发〔2007〕10号

2007年2月28日

《中共石林彝族自治县委办公室关于分工落实县委十届二次全会报告和〈中共石林彝族自治县委关于构建和谐石林的实施意见〉确定的主要任务的通知》

石办发〔2007〕11号

2007年3月12日

《中共石林彝族自治县委办公室、石林彝族自治县人民政府办公室关于下派社会主义新农村建设工作队及指导员的通知》

石办发〔2007〕12号

2007年3月14日

《中共石林彝族自治县委办公室印发〈中共石林彝族自治县委关于召开以加强领导干部作风建设为主题的县委常委会专题民主生活会工作方案〉的通知》

石办发〔2007〕13号

2007年3月12日

《中共石林彝族自治县委办公室、石林彝族自治县人民政府办公室印发〈关于进一步做好我县“十一五”农村定点挂钩帮带扶贫工作的方案〉的通知》

石办发〔2007〕14号

2007年3月18日

《中共石林彝族自治县委办公室关于做好2007年实职副科以上党员领导干部到基层上党课工作的通知》

石办发〔2007〕15号

2007年4月3日

《中共石林彝族自治县委办公室、石林彝族自治县人民政府办公室印发〈石林彝族自治县2007年县对县直机关单位工作目标管理考核办法〉的通知》

石办发〔2007〕16号

2007年3月30日

《中共石林彝族自治县委办公室、石林彝族自治县人民政府办公室印发〈石林彝族自治县2007年县对乡镇工作目标管理考核办法〉的通知》

石办发〔2007〕17号

2007年3月30日

《中共石林彝族自治县委办公室、石林彝族自治县人民政府办公室关于推进2007年重点工程建设的通知》

石办发〔2007〕18号

2007年4月2日

《中共石林彝族自治县委办公室、石林彝族自治县人民政府办公室印发〈石林彝族自治县基层司法行政机构改革实施方案〉的通知》

石办发〔2007〕19号

2007年4月9日

《中共石林彝族自治县委办公室、石林彝族自治县人民政府办公室关于2007年党风廉政建设和反腐败工作主要任务分解安排的通知》

石办发〔2007〕20号

2007年4月23日

《中共石林彝族自治县委办公室、石林彝族自治县人民政府办公室关于进一步加强干部作风建设的实施意见》

石办发〔2007〕21号

2007年4月27日

《中共石林彝族自治县委办公室、石林彝族自治县人民政府办公室关于表彰全县深化乡镇机构改革工作先进集体先进单位和先进工作者的通知》

石办发〔2007〕22号

2007年4月16日

《中共石林彝族自治县委办公室、石林彝族自治县人民政府办公室转发〈中共中央办公厅、国务院办公厅关于进一步加强和完善机构编制管理严格控制机构编制的通知〉的通知》

石办发〔2007〕23号

2007年5月14日

《中共石林彝族自治县委办公室、石林彝族自治县人民政府办公室关于对全县重点招商项目实行县级领导联系和责任单位全程跟踪服务制的通知》

石办发〔2007〕24号

2007年5月15日

《中共石林彝族自治县委办公室、石林彝族自治县人民政府办公室关于切实加强集体林权制度改革期间森林资源管理工作的通知》

石办发〔2007〕25号

2007年5月15日

《中共石林彝族自治县委办公室、石林彝族自治县人民政府办公室关于加强农村基层党风廉政建设的实施意见》

石办发〔2007〕26号

2007年6月4日

《中共石林彝族自治县委办公室、石林彝族自治县人民政府办公室印发作风建设相关规定和制度的通知》

石办发〔2007〕27号

2007年5月22日

《中共石林彝族自治县委办公室、石林彝族自治县人民政府办公室印发〈石林彝族自治县2007年法制宣传教育与依法治县工作计划〉的通知》

石办发〔2007〕28号

2007年6月1日

《中共石林彝族自治县委办公室、石林彝族自治县人民政府办公室关于对

创建国家卫生县城重点工作任务进行分解立项督办的通知》

石办发〔2007〕29号

2007年6月1日

《中共石林彝族自治县委办公室、石林彝族自治县人民政府办公室关于开展作风建设自检自查工作的通知》

石办发〔2007〕30号

2007年6月8日

《中共石林彝族自治县委办公室、石林彝族自治县人民政府办公室关于切实加强甜柿基地建设管理的通知》

石办发〔2007〕31号

2007年7月9日

《中共石林彝族自治县委办公室、石林彝族自治县人民政府办公室印发〈石林彝族自治县实施全民科学素质行动计划纲要工作方案（2006～2010～2020）〉的通知》

石办发〔2007〕32号

2007年7月10日

《中共石林彝族自治县委办公室、石林彝族自治县人民政府办公室关于举办2007年中国石林国际火把节活动的通知》

石办发〔2007〕33号

2007年7月20日

《中共石林彝族自治县委办公室、石林彝族自治县人民政府办公室关于切实抓好当前防汛抗灾工作的紧急通知》

石办发〔2007〕34号

2007年7月25日

《中共石林彝族自治县委办公室、石林彝族自治县人民政府办公室转发昆明市防汛抗旱指挥部关于启动昆明市防汛抗旱应急预案紧急通知文件的通知》

石办发〔2007〕35号

2007年7月26日

《中共石林彝族自治县委办公室转发〈省委副书记李纪恒同志在全省农村党建工作会议上的讲话〉的通知》

石办发〔2007〕36号

2007年7月31日

《中共石林彝族自治县委办公室、石林彝族自治县人民政府办公室关于表彰全县信访、信息、督查、保密等工作先进集体和先进个人的决定》

石办发〔2007〕37号

2007年9月13日

《中共石林彝族自治县委办公室、石林彝族自治县人民政府办公室关于调整充实县信息化工作领导小组成员的通知》

石办发〔2007〕38号

2007年10月18日

《中共石林彝族自治县委办公室、石林彝族自治县人民政府办公室印发〈石林彝族自治县地方志事业发展规划（2007—2010年）〉的通知》

石办发〔2007〕39号

2007年11月27日

《中共石林彝族自治县委办公室关于开展党的十七大精神宣讲活动的通知》

石办发〔2007〕40号

2007年11月30日

《中共石林彝族自治县委办公室印发〈中共石林彝族自治县委2007年度县委常委会民主生活会工作方案〉的通知》

石办发〔2007〕41号

2007年12月20日

《中共石林彝族自治县委办公室、石林彝族自治县人民政府办公室关于对各乡镇和县直各单位2007年度工作进行目标管理考核的通知》

石办发〔2007〕42号

2007年12月24日

石办通

《中共石林彝族自治县委办公室、石林彝族自治县人民政府办公室关于报送县对县直各单位2007年度工作综合考核“工作实绩考核内容”的通知》

石办通〔2007〕1号

2007年1月30日

《中共石林彝族自治县委办公室、石林彝族自治县人民政府办公室关于认真做好冬春帮扶困难群众工作的紧急通知》

石办通〔2007〕2号

2007年1月29日

《中共石林彝族自治县委办公室关于核拨2007年四级干部大会表彰经费的通知》

石办通〔2007〕3号

2007年2月8日

《中共石林彝族自治县委办公室关于县委办公室领导分工调整的通知》

石办通〔2007〕4号

2007年2月8日

《中共石林彝族自治县委办公室关于对2006年度先进科室和先进工作者进行表彰的决定》

石办通〔2007〕5号

2007年2月10日

《中共石林彝族自治县委办公室、石林彝族自治县人民政府办公室关于2007年春节放假的通知》

石办通〔2007〕6号

2007年2月11日

《中共石林彝族自治县委办公室、石林彝族自治县人民政府办公室关于表彰奖励2006年度目标管理考核先进单位和特别表扬单位的通知》

石办通〔2007〕7号

2007年2月11日

《中共石林彝族自治县委办公室、石林彝族自治县人民政府办公室关于调整充实石林彝族自治县社会主义新农村建设工作领导小组成员的通知》

石办通〔2007〕8号

2007年2月10日

《中共石林彝族自治县委办公室关于核拨2006年度目标管理考核特别表扬单位表彰奖励经费的通知》
石办通〔2007〕9号
2007年2月13日

《中共石林彝族自治县委办公室、石林彝族自治县人民政府办公室关于成立鹿阜古镇保护与开发工程协调领导小组的通知》
石办通〔2007〕10号
2007年2月27日

《中共石林彝族自治县委办公室、石林彝族自治县人民政府办公室关于成立石林彝族自治县石林风景区有碍自然遗产保护设施拆迁搬迁领导小组的通知》
石办通〔2007〕11号
2007年2月27日

《中共石林彝族自治县委办公室、石林彝族自治县人民政府办公室印发〈石林彝族自治县村级组织换届选举工作督促检查方案〉的通知》
石办通〔2007〕12号
2007年3月2日

《中共石林彝族自治县委办公室、石林彝族自治县人民政府办公室关于对部分重点项目建设进展情况进行督查的通知》
石办通〔2007〕13号
2007年3月7日

《中共石林彝族自治县委办公室、石林彝族自治县人民政府办公室关于调整充实县石林中路扩建工程指挥部相关处室领导成员的通知》
石办通〔2007〕14号
2007年3月13日

《中共石林彝族自治县委办公室、石林彝族自治县人民政府办公室关于切实抓好当前森林防火工作的紧急通知》
石办通〔2007〕15号
2007年3月16日

《中共石林彝族自治县委办公室关于成立县委督查工作领导小组的通知》
石办通〔2007〕16号
2007年3月19日

《中共石林彝族自治县委办公室关于李云梅、李海涛等同志任免职的通知》
石办通〔2007〕17号
2007年3月19日

《中共石林彝族自治县委办公室、石林彝族自治县人民政府办公室关于成立县〈石林风景名胜区保护条例〉修订工作领导小组的通知》
石办通〔2007〕18号
2007年3月21日

《中共石林彝族自治县委办公室关于调整充实县委机关大院平安创建精神文明建设等工作领导小组成员的通知》
石办通〔2007〕19号
2007年4月24日

《中共石林彝族自治县委办公室、石林彝族自治县人民政府办公室关于成立石林彝族自治县申报第二批国家级非物质文化遗产工作领导小组的通知》
石办通〔2007〕20号
2007年4月5日

《中共石林彝族自治县委办公室、石林彝族自治县人民政府办公室关于抽调县〈石林风景名胜区保护条例〉修订工作领导小组办公室工作人员的通知》
石办通〔2007〕21号
2007年4月16日

《中共石林彝族自治县委办公室关于成立石林彝族自治县老干部党校校务委员会的通知》
石办通〔2007〕22号
2007年4月23日

《中共石林彝族自治县委办公室、石林彝族自治县人民政府办公室印发〈石林彝族自治县2007年度春耕生产督促检查方案〉的通知》
石办通〔2007〕23号
2007年4月23日

《中共石林彝族自治县委办公室、石林彝族自治县人民政府办公室转发市委办公厅、市人民政府办公厅〈关于切实抓好当前春耕生产工作的通知〉的通知》
石办通〔2007〕24号
2007年4月26日

《中共石林彝族自治县委办公室、石林彝族自治县人民政府办公室关于开展新农村建设和春耕生产调研的通知》
石办通〔2007〕25号
2007年4月30日

《中共石林彝族自治县委办公室印发〈中共石林彝族自治县委办公室2007年工作要点〉的通知》
石办通〔2007〕27号
2007年5月14日

《中共石林彝族自治县委办公室印发〈中共石林彝族自治县委办公室2007年工作目标管理考核办法〉的通知》
石办通〔2007〕28号
2007年5月14日

《中共石林彝族自治县委办公室、石林彝族自治县人民政府办公室关于调整充实县创建国家卫生县城工作指挥部办公室成员的通知》
石办通〔2007〕29号
2007年5月14日

《中共石林彝族自治县委办公室、石林彝族自治县人民政府办公室关于成立石林彝族自治县集体林权制度改革工作领导小组的通知》
石办通〔2007〕30号
2007年5月16日

《中共石林彝族自治县委办公室、石林彝族自治县人民政府办公室关于开

展村级组织换届选举“回头看”工作的紧急通知》

石办通〔2007〕32号

2007年5月18日

《中共石林彝族自治县委办公室关于成立石林彝族自治县人才协会筹备工作领导小组的通知》

石办通〔2007〕33号

2007年5月23日

《中共石林彝族自治县委办公室、石林彝族自治县人民政府办公室关于抽调县集体林权制度改革工作领导小组所属各工作组人员的通知》

石办通〔2007〕34号

2007年5月29日

《中共石林彝族自治县委办公室、石林彝族自治县人民政府办公室关于成立县党政机关楼堂馆所建设项目清理工作领导小组的通知》

石办通〔2007〕35号

2007年6月2日

《中共石林彝族自治县委办公室、石林彝族自治县人民政府办公室转发昆明市纪委等部门关于认真开展党政机关楼堂馆所建设项目清理工作相关文件的通知》

石办通〔2007〕36号

2007年6月2日

《中共石林彝族自治县委办公室、石林彝族自治县人民政府办公室关于成立石林彝族自治县作风建设和行政问效工作领导小组的通知》

石办通〔2007〕37号

2007年6月8日

《中共石林彝族自治县委办公室关于成立县委机关大院创建国家卫生县城工作领导小组的通知》

石办通〔2007〕38号

2007年6月6日

《中共石林彝族自治县委办公室关于成立干部作风建设工作领导小组的通知》

石办通〔2007〕39号

2007年5月14日

《中共石林彝族自治县委办公室印发〈中共石林彝族自治县委办公室2007年法制宣传教育与依法治理工作计划〉的通知》

石办通〔2007〕40号

2007年6月11日

《中共石林彝族自治县委办公室、石林彝族自治县人民政府办公室关于对2007年全县重点工作和重点工程进展情况进行督查的通知》

石办通〔2007〕41号

2007年6月11日

《中共石林彝族自治县委办公室关于在全县组织开展纪念中国共产党成立86周年活动的通知》

石办通〔2007〕42号

2007年6月21日

《中共石林彝族自治县委办公室、石林彝族自治县人民政府办公室关于举行石林申报世界自然遗产成功庆祝活动的通知》

石办通〔2007〕43号

2007年6月24日

《中共石林彝族自治县委办公室、石林彝族自治县人民政府办公室印发〈石林申报世界自然遗产成功庆祝活动方案〉的通知》

石办通〔2007〕44号

2007年6月25日

《中共石林彝族自治县委办公室、石林彝族自治县人民政府办公室转发石林申报世界自然遗产成功部分贺电的通知》

石办通〔2007〕45号

2007年7月2日

《中共石林彝族自治县委办公室、石林彝族自治县人民政府办公室关于成立石林彝族自治县迎接2007年全国科普示范县复查工作领导小组的通知》

石办通〔2007〕46号

2007年7月2日

《中共石林彝族自治县委办公室、石林彝族自治县人民政府办公室关于成立石林彝族自治县档案星级目标管理工作领导小组的通知》

石办通〔2007〕47号

2007年7月2日

《中共石林彝族自治县委办公室印发〈关于开展“无差错”活动的实施办法（试行）〉的通知》

石办通〔2007〕48号

2007年6月29日

《中共石林彝族自治县委办公室关于调整爱国卫生运动领导小组的通知》

石办通〔2007〕49号

2007年6月26日

《中共石林彝族自治县委办公室关于调整县级在职领导联系同级老干部安排的通知》

石办通〔2007〕50号

2007年7月30日

《中共石林彝族自治县委办公室关于成立石林彝族自治县推选表彰“优秀中国特色社会主义事业建设者”领导小组的通知》

石办通〔2007〕51号

2007年7月5日

《中共石林彝族自治县委办公室转发〈中共云南省委办公厅关于认真学习胡锦涛总书记在中央党校重要讲话的通知〉的通知》

石办通〔2007〕52号

2007年7月5日

《中共石林彝族自治县委办公室、石林彝族自治县人民政府办公室关于开展建军80周年纪念活动的通知》

石办通〔2007〕54号

2007年7月26日

《中共石林彝族自治县委办公室、石林彝族自治县人民政府办公室关于2007年中国石林国际火把节活动管理规定的通知》
石办通〔2007〕55号
2007年7月31日

《中共石林彝族自治县委办公室、石林彝族自治县人民政府办公室印发〈石林彝族自治县2007年中国石林国际火把节庆祝活动后勤接待工作方案〉的通知》
石办通〔2007〕57号
2007年8月3日

《中共石林彝族自治县委办公室、石林彝族自治县人民政府办公室关于成立县卫星广播电视转星调整工作领导小组的通知》
石办通〔2007〕58号
2007年8月13日

《中共石林彝族自治县委办公室、石林彝族自治县人民政府办公室转发市委办公厅、市人民政府办公厅关于开展重大事项社会稳定风险评估化解工作意见的通知》
石办通〔2007〕59号
2007年8月14日

《中共石林彝族自治县委办公室、石林彝族自治县人民政府办公室转发石林彝族自治县加强学校安全工作实施意见的通知》
石办通〔2007〕60号
2007年8月14日

《中共石林彝族自治县委办公室、石林彝族自治县人民政府办公室关于成立石林彝族自治县农业和农村信息化建设工作领导小组的通知》
石办通〔2007〕61号
2007年8月8日

《中共石林彝族自治县委办公室、石林彝族自治县人民政府办公室关于认真做好2007年烤烟收购专卖管理执法工作的通知》
石办通〔2007〕62号
2007年8月20日

《中共石林彝族自治县委办公室、石林彝族自治县人民政府办公室印发〈石林彝族自治县2007年烤烟收购工作督查方案〉的通知》
石办通〔2007〕63号
2007年8月27日

《中共石林彝族自治县委办公室、石林彝族自治县人民政府办公室对〈石林彝族自治县2007年主要工作目标〉进行责任分解的通知》
石办通〔2007〕64号
2007年8月30日

《中共石林彝族自治县委办公室、石林彝族自治县人民政府办公室关于开展提高村组干部待遇调研工作的通知》
石办通〔2007〕65号
2007年8月31日

《中共石林彝族自治县委办公室、石林彝族自治县人民政府办公室印发〈石林彝族自治县农村基层党风廉政建设任务分解〉的通知》
石办通〔2007〕67号
2007年9月17日

《中共石林彝族自治县委办公室、石林彝族自治县人民政府办公室关于对整治私挖滥采煤炭资源工作情况进行督办的通知》
石办通〔2007〕68号
2007年9月17日

《中共石林彝族自治县委办公室、石林彝族自治县人民政府办公室关于抓好当前烤烟收购工作的紧急通知》
石办通〔2007〕69号
2007年9月19日

《中共石林彝族自治县委办公室、石林彝族自治县人民政府办公室关于调整县国家安全工作领导小组成员的通知》
石办通〔2007〕70号
2007年9月20日

《中共石林彝族自治县委办公室、石林彝族自治县人民政府办公室关于成立石林彝族自治县法治石林建设工作领导小组的通知》
石办通〔2007〕71号
2007年7月30日

《中共石林彝族自治县委办公室关于认真做好2008年度党报党刊征订发行工作的通知》
石办通〔2007〕72号
2007年9月29日

《中共石林彝族自治县委办公室、石林彝族自治县人民政府办公室关于组织参观石林彝族自治县廉政文化暨警示教育园地的通知》
石办通〔2007〕73号
2007年10月9日

《中共石林彝族自治县委办公室关于认真做好2008年〈中共中央办公厅通讯〉征订和学用工作的通知》
石办通〔2007〕74号
2007年10月10日

《中共石林彝族自治县委办公室、石林彝族自治县人民政府办公室印发〈石林彝族自治县网上信访工作实施方案〉的通知》
石办通〔2007〕75号
2007年10月9日

《中共石林彝族自治县委办公室、石林彝族自治县人民政府办公室关于在全县开展2007年"送温暖·献爱心"社会捐助活动的通知》
石办通〔2007〕77号
2007年10月20日

《中共石林彝族自治县委办公室、石林彝族自治县人民政府办公室关于举行石林彝族自治县庆祝昆明市第十七届环卫工人节活动的通知》
石办通〔2007〕78号
2007年10月24日

《中共石林彝族自治县委办公室、石林彝族自治县人民政府办公室关于对2007年全县目标管理考核部分重点工作进展情况进行督查调研的通知》

石办通〔2007〕79号

2007年10月24日

《中共石林彝族自治县委办公室关于组织干部职工参加文明随我行宣讲活动的通知》

石办通〔2007〕80号

2007年10月30日

《中共石林彝族自治县委办公室、石林彝族自治县人民政府办公室关于提高全县村干部岗位待遇的通知》

石办通〔2007〕81号

2007年10月30日

《中共石林彝族自治县委办公室印发县级领导联系乡镇工作等制度的通知》

石办通〔2007〕82号

2007年10月6日

《中共石林彝族自治县委办公室、石林彝族自治县人民政府办公室关于开展全县经济社会发展各项工作专题调研的通知》

石办通〔2007〕83号

2007年11月12日

《中共石林彝族自治县委办公室、石林彝族自治县人民政府办公室印发〈石林彝族自治县集中整治不文明交通行为实施方案〉的通知》

石办通〔2007〕84号

2007年11月19日

《中共石林彝族自治县委办公室、石林彝族自治县人民政府办公室关于报送2007年主要目标任务分解落实情况自检自查报告的通知》

石办通〔2007〕85号

2007年11月27日

《中共石林彝族自治县委办公室、石林彝族自治县人民政府办公室印发〈石林彝族自治县县属企业离休干部有关经费纳入财政统管实施办法〉的通知》

石办通〔2007〕86号

2007年10月15日

《中共石林彝族自治县委办公室、石林彝族自治县人民政府办公室关于成立石林彝族自治县公安“三基”工程建设领导小组的通知》

石办通〔2007〕87号

2007年11月29日

《中共石林彝族自治县委办公室关于成立文明县城创建工作督查组的通知》

石办通〔2007〕88号

2007年11月30日

《中共石林彝族自治县委办公室关于举办乡科级干部培训班的通知》

石办通〔2007〕89号

2007年12月7日

《中共石林彝族自治县委办公室、石林彝族自治县人民政府办公室关于做好迎接2007年度全市党风廉政建设责任制工作检查考核有关事项的通知》

石办通〔2007〕90号

2007年12月19日

《中共石林彝族自治县委办公室、石林彝族自治县人民政府办公室关于成立石林彝族自治县公安“三基”工程建设领导小组的通知》

石办通〔2007〕91号

2007年12月20日

《中共石林彝族自治县委办公室、石林彝族自治县人民政府办公室关于认真做好当前工作的通知》

石办通〔2007〕92号

2007年12月21日

《中共石林彝族自治县委办公室、石林彝族自治县人民政府办公室关于举行2007年全县“送温暖·献爱心”社会捐赠物资发送仪式的通知》

石办通〔2007〕93号

2007年12月30日

重要会议

【县委十届二次全会】 1月16日，石林县召开县委十届二次全会，全面总结2006年的工作，研究部署2007年改革和发展的主要任务及构建和谐石林有关事宜。县委委员24人、候补委员4人出席了会议；不是县委委员、候补委员的县级领导，县纪委委员，各乡（镇）、县直各部委办局、人民团体、企事业单位党员主要领导列席了会议。会议听取和讨论了县委书记柳文炜代表县委常委会所作的题为《坚持科学发展，构建和谐社会，为开创石林跨越式发展新局面而努力奋斗》的工作报告，审议通过了《中共石林彝族自治县委关于构建和谐石林的实施意见（讨论稿）》，审议通过了《中国共产党石林彝族自治县第十届委员会第二次全体会议决议》，并决定了有关干部任用事项。

全会充分肯定了2006年县委常委会的工作。一致认为，过去的一年，在市委、市政府的正确领导下，县委常委会全面贯彻落实科学发展观，团结和依靠全县各族人民，全力推进经济社会跨越式发展，实现了“十一五”的良好开局：县域经济加快发展，综合实力快速提升；项目建设快速突破，城乡面貌明显改善；各项事业全面发展，城乡居民受益较多；党的建设得到加强，执政能力不断提高；全县上下团结奋进，取得丰硕成果。

全会认真回顾了自治县成立50年来的发展历程，总结了50年来改革发展的成功经验。

全会指出，2007年是改革发展的重要一年，是实施“十一五”规划的关键一年。2007年要全面落实科学发展观，加快构建和谐社会，以现代新昆明建设为契机，以又好又快发展大旅游为主题，以“旅游立县、粮烟稳县、工业富县、生态美县”为目标，创建世界一流景区，打造国际旅游胜地，全力推进旅游国际化、城乡一体化、农业产业化、工业新型化，以大旅游带动经济结构大调整和经济增长方式大转变，加快社会主义新农村建设，加强和改进党的建设，努力实现石林经济社会跨越式发展的新突破。

全会总结分析了石林县和谐社会建设取得的成绩以及存在的矛盾和问题，提出了构建和谐石林的指导思想和到2020年的目标任务，对当前和今后一个时期构建和谐石林作出了全面部署，强调要全面推进富裕、生态、文化、民本、开放、诚信、法治、平安石林建设。全会认为，构建和谐社会，经济发展是基础，要坚持科学发展观，实现石林经济跨越式发展的新突破；核心是以人为本，着力解决关系民生的迫切问题，大力发展社会各项事业；关键在党，关键在人，要加强和改进党的建设，为构建和谐石林提供坚强的保证。

全会号召，全县各级党组织和全体共产党员，要高举邓小平理论和“三个代表”重要思想伟大旗帜，全面贯彻落实科学发展观，努力构建和谐石林，在市委的正确领导下，团结拼搏、务实创新、争创一流，全力推进石林跨越式发展，以优异的成绩迎接党的十七大胜利召开。

【县十四届人大五次会议和县政协七届五次会议全体党员会议】 1月29日，石林县召开县十四届人大五次会议和县政协七届五次会议全体党员会议。县委书记柳文炜指出，召开此次会议，目的是为了进一步统一思想，提高认识，充分发挥党的政治优势和党员的先锋模范作用，团结与会非党代表和委员，同心同德，共商大计，顺利完成会议各项议程，确保“两会”开成团结鼓劲的大会、共谋发展的大会、圆满成功的大会。对参会党员代表和委员提出两点要求：一是统一思想，提高认识，增强加快发展的责任感和紧迫感。二是明确任务，认真履职，确保这次大会圆满成功。紧扣跨越式发展主题，审议好各项报告；围绕构建和谐石林，积极建言献策；坚持党性原则，做好大会选举工作；自觉维护党的领导，带头贯彻党的主张；正确处理好共产党员和人大代表、政协委员双重身份的关系，做到党的意志和人民利益的有机统一；与非党代表团结合作，共商大计；遵守会议纪律，集中精力开好会议。

【县纪委二次全会暨党风廉政建设工作会】 2月3日，石林县召开县纪委二次全会暨全县党风廉政建设工作会。县纪委委员、各乡(镇)纪委书记，县级领导，各乡（镇）、县直各部委办局、人民团体、企事业单位党政主要领导等参加了大会。会上，县委常委、县纪委书记陈菊珍代表县纪委常委会作工作报告，对2006年党风廉政建设和反腐败工作进行总结，明确提出了2007年的主要工作任务；签订了2007年党风廉政建设责任书。县委书记柳文炜作了题为《大力倡导八大良好风气，全面加强干部作风建设，深入推进党风廉政建设和反腐败工作》的讲话，指出会议的目的是为了更好地领会中央、省、市纪委全会精神，重点学习贯彻胡锦涛在中央纪委第七次全体会议上的重要讲话精神，在全县各级领导干部中大力倡导八大良好风气，深入推进党风廉政建设和反腐败工作，加快石林经济社会跨越式发展，并提出四点要求：一是统一思想，提高认识，充分认识加强领导干部作风建设的极端重要性和紧迫性。二是明确目标，从制定规划、组织领导、制度保障、督促检查等方面采取措施，切实加强领导干部作风建设。三是围绕中心，服务大局，进一步优化发展环境，加强重点工程项目资金监管，抓好有关规章制度的落实，切实提高执行力，抓好村级换届工作，不断开创反腐倡廉工作新局面。四是加强领导，明确责任，加强组织协调和纪检监察队伍自身建设，确保反腐倡廉各项任务落到实处。同时，要求领导干部要当好勤奋学习、践行宗旨、求真务实、艰苦奋斗、遵守纪律、团结干事、廉洁从政、端正品行八个方面的表率。

【全县平安创建暨政法工作会】 2月5日，石林县召开全县平安创建暨政法工作会。县委、县人大、县政府、县政协主要领导，县直各部委办局、人民团体、企事业单位及省、市驻石单位主要领导，县公安局、县法院、县检察院、县司法局副科以上领导干部，各乡（镇）领导及受表彰代表等参加了会议。会上，县委常委、县委政法委书记、县公安局局长李兴国作工作报告，回顾总结了2006年的工作，安排部署了2007年的任务；县教育局、鹿阜镇、路美邑村委会作了平安创建工作经验交流；表彰了一批先进集体和先进个人。县委书记柳文炜作了题为《坚持以科学发展观统领政法工作全局，深入扎实推进平安和谐石林建设》的讲话，并提出四点要求：一是统一思想，提高认识，进一步深化对“平安石林”创建工作重要性的认识。二是坚持以科学发展观统领政法工作全局，全力维护社会平安和谐。牢固树立稳定观、政绩观、执法观、群众观、管理观、大局观，以促进社会和谐为工作的最高标准，以化解矛盾为主线，把维护人民群众的合法权益作为工作的出发点和落脚点，把维护社会公平正义作为工作的生命线，用正确的稳定观谋划政法工作，全面发挥维护国家安全、化解矛盾纠纷、维护公平正义、坚持执法为民、服务改革发展的职能，切实提高维护社会稳定、化解矛盾纠纷、公正司法、执法为民、服务发展“五种能力”，以卓有成效的工作不断推进平安和谐石林建设。三是突出重点，开拓创新，全面推进平安和谐石林建设。深化“严打”整治斗争，全力维护社会治安秩序；进一步健全完善治安防范体系，防范和控制违法犯罪；正确处理人民内部矛盾，全力维护社会和谐稳定；高度重视安全生产，切实维护人民群众生命财产安全；坚持重心下移，加强基层基础工作。四是切实加强党对政法工作的领导，建立长效工作机制，坚持齐抓共管，加强政法队伍建设，为平安和谐石林建设创造良好的环境。

【组织工作会】 2月8日，石林县召开全县组织工作会。各乡镇党委书记、分管组织工作的副书记、组织委员，县直各基层党委负责人或专职副书记，县直机关党委下属党总支（支部）负责人，县委组织部全体干部职工（含老干局、机关党委）参加了会议。会上，县委常委、县委组织部部长王国亮对2006年全县的组织工作进行了总结，并就

2007年全县的组织工作进行了安排部署；基层党组织交流了党建工作经验，签订了《石林彝族自治县2007年永葆先进性·“云岭先锋”工程目标考核责任书》。县委副书记裴演兵出席会议并作重要讲话，在充分肯定过去一年全县组织工作取得的成绩的同时，就做好2007年的组织工作提出三点要求：一是提高认识，明确任务，切实增强做好组织工作的责任感和紧迫感。要充分认识组织工作在构建和谐石林中的重要地位和作用，以更加宽阔的视野服务于构建和谐石林的大局。进一步明确目标定位，更加奋发有为；拓展党员教育和干部培训的内容，为促进社会和谐奠定思想基础；扎实有效地推进基层党组织和党员队伍建设，夯实促进社会和谐的组织基础；激发党内活力，活跃党内生活；加强领导班子、干部队伍和人才队伍建设，为促进石林和谐提供组织保障和人才支持。二是统筹兼顾，突出重点，扎实做好2007年的组织工作。要认真做好迎接党的十七大胜利召开，学习贯彻党的十七大精神的有关工作；进一步加强党员干部的思想政治建设和道德建设、领导班子和干部队伍建设、作风建设、加强人才队伍建设、加强基层组织建设和党员队伍建设、加强党内民主建设、加强老干部工作。三是求真务实，勇于创新，加强组织部门自身建设。加强学习锻炼，努力提高素质和能力；整合组织资源，不断推动工作创新；改进工作作风，保持奋发有为的精神状态；发扬优良传统，树立组工干部良好形象；创新工作机制，积极推进和谐机关建设。

【四级干部大会】 2月12日，石林县召开四级干部大会。全县县级领导，县直各部委办局、人民团体、企事业单位党政主要领导，各乡（镇）党委书记、乡（镇）长，各村（社区）党支部（总支）书记，各村民委员会、社区居民委员会主任，各村民小组、居民小组组长等共900人参加了会议。会议全面回顾总结了2006年全县各项工作，提出了2007年发展目标和工作思路，兑现了2006年度县对乡（镇）工作和县对县直机关单位工作综合考核奖，进行了经验交流，表彰了先进，签订了2007年目标责任书。会上，县委书记柳文炜作了题为《转变作风抓落实，鼓足干劲创一流，努力实现石林跨越式发展新突破》的重要讲话，指出构建和谐石林，要全面落实科学发展观，强化旅游引领石林经济发展的主导地位，深入实施“33542”发展战略、“12345”旅游国际化发展战略、“一路三区、一河三片”现代化城市发展战略，发展壮大“五业”，建设生态旅游城市，促进经济跨越式发展，夯实构建和谐社会的物质基础；构建和谐社会，核心是以人为本，要注重解决好扶贫、就业、社保、安全生产等民生问题，着力解决关乎人民群众切身利益的迫切问题，积极推进教育、文化、科技、卫生等各项社会事业的发展，让广大群众共享发展的成果，并要求2007年着重抓好几个方面的工作：坚持民本思想，着力解决关系民生的迫切问题；坚持科教兴县，大力发展社会各项事业；坚持依法治县，维护社会公平正义。柳书记最后强调，实现石林经济社会跨越式发展、构建和谐石林的奋斗目标，需要有一个安定团结的政治局面，需要有一个良好的发展环境，需要有一支干事创业、勤政为民、作风扎实的干部队伍。全面完成十分艰巨的工作任务，关键在党，关键在班子，关键在干部。要坚持党要管党、从严治党的方针，牢牢把握加强党的执政能力建设和先进性建设这条主线，切实加强党的思想、组织、作风和制度建设。强调2007年的党建工作要突出抓好干部作风建设和村级“两委”换届工作。

【全县干部大会】 2月26日，石林县召开全县干部大会对全年工作进行安排部署。县委书记柳文炜在会上提出三点要求：一是转变工作作风，营造良好的发展环境。2007年是石林县作风建设年、环境建设年和行政问效年，要全面加强思想作风、学风、工作作风、领导作风、干部生活作风建设，以实际成效推进行政效能建设，以实际成果促进各项工作，努力在全县营造聚精会神搞建设、一心一意谋发展、团结干事促和谐的良好氛围。二是创新工作方法，提高抓落实的能力。善于抓全局、抓大事，学会“十指弹钢琴”。善于抓重点、攻难点、出亮点，从众多的工作任务中分清主次，抓住主要矛盾，把握矛盾的主要方面，创造性地开展工作，抓出工作特色，抓出工作实效。重调研、变观念、打基础、抓重点、优环境、强队伍、促和谐。三是狠抓工作落实，全面完成各项目标任务。要把思想统一到加快跨越式发展、构建和谐石林的工作大局上来，统一到县委、县政府的安排部署上来。始终保持勇挑重担、奋发有为的工作热情，牢固树立不甘落后、锐意进取的坚定信心，始终保持昂扬向上、奋发有为、负重奋进的精神状态，继续发扬2006年迎接50周年县庆形成的良好作风，全面推进各项工作的落实。围绕全县工作大局，加强协调配合，努力形成领导带头、部门联动、群众参与抓落实的合力。要加强组织领导，建立健全激励约束机制，形成抓落实的长效机制。

县委副书记、县长李忠德就跟踪问效、狠抓落实，推动全县经济社会实现又好又快发展从四个方面提出要求：一要进一步密切党群干群关系抓落实、同实效，牢固树立为人民执政、靠人民执政的思想，与群众同甘共苦，设身处地为群众着想，真心实意为群众谋利益。二要妥善处理各方面利益关系抓落实、求实效，抓住群众利益这个根本性问题，把群众增收作为第一目标，把实现社会公平作为重要的政策导向，把维护群众合法权益作为第一任务，把维护社会稳定作为重要举措。三要建立融洽人际关系抓落实、谋实效，大力提倡平等友爱、团结互助、宽容谦和、诚实守信，不断增强社会的亲和力、凝聚力。大力加强宣传和教育工作，努力形成社会主义新型人际关系。四要提高执政能力抓落实、见实效。县级领导干部要把保持党的先进性，体现在提高决策水平、加强宏观领导上；乡镇、局级领导干部要把保持党的先进性，体现在兴一方经济、富一方百姓、保一方稳定上。村党总支部（支部）书记要把保持党的先进性，体现在带领群众共同致富上。全县广大党员要把保持党的先进性，体现在加强党性修养上。

【村级组织换届选举动员暨培训工作会】 3月1日，石林县召开村级组织换届选举动员暨培训工作会。县五套班子主要领导，县村级组织换届工作领导小组成员及办公室工作人员，县派村换届指导组组长、成员，各乡（镇）党委书记、乡镇长、分管组织工作的副书记、组织委员、民政助理员，各村党支部（总支）书记、各村民委员会主任参加了会议。会议对石林县2007年村级组织换届工作进行了安排，并对有关人员进行了业务培训。县委书记柳文炜在会上作重要讲话，强调三点意见：一是提高认识，讲大局，讲法律，讲纪律。要把村级组织换届选举工作作为推进村民自治、扩大基层民主的一件大事来抓，作为当前工作的重中之重来抓，坚持法定的程序不变，规定的步骤不少，确保选举程序的合法性和选举结果的有效性。要发挥党员的先锋模范作用，形成选举中的正气和主流，共同营造一个风清气正的换届环境。二是强化措施，抓重点，抓难点，抓落实。要抓好选举环节这个换届工作的重点，严把“六关”：村民选举委员会成员推选关、选民登记关、村民代表推选产生关、村委会候选人提名和确定关、投票选举关、唱票计票关。村民委员会成员与村级党组织成员交叉任职比例不少于三分之二，村民委员会主任、村党支部（总支）书记“一肩挑”的村级组织达到三分之二。实现这“两个比例”，是这次村级换届选举工作中的难点，必须坚决完成。要抓好工作落实，确保责任到位、宣传到位、组织到位、保障到位。三是明确任务，保时效，保稳定，保发展。要确保换届选举工作于2007年4月15日前圆满完成，同时又不能放松春耕生产工作。要采取有效措施，避免因村级换届选举问题引发群众集体上访和群体性事件。要认真细致地做好离任、落选人员和新一届村级班子的工作，确保顺利交接过渡。

县委副书记裴演兵作动员讲话，对这次村级组织换届选举工作进行了安排部署：一是统一思想，提高认识，增强做好村级组织换届选举工作的责任感。要从促进石林县经济社会跨越式发展、构建和谐农村、推进社会主义新农村建设的高度来认识这次村级组织换届选举工作。二是明确目标，把握原则，扎实开展村级组织换届选举工作。此次村委会换届选举工作从3月1日开始，到4月15日结束。要教育帮助广大党员和群众增强民主法制意识，了解政策法规，正确行使好自己的民主权利，营造风清气正的换届环境。要对换届选举工作的各个重要环节深入研究，周密部署，把握进度。村党组织的换届要安排在村委会换届之后。实行“一肩挑”必须因地制宜、分类指导，根据不同情况积极而又稳妥地推进。三是加强领导，明确要求，确保村级组织换届选举工作圆满完成。要加强领导，切实把加强党的领导贯穿于换届选举工作的始终，把党组织的意图和群众意愿有机结合起来；要依法办事，严格按照有关法律法规，动员和引导广大党员、群众珍惜自己的民主权利，积极参与“两委”换届选举工作；要发扬民主，把有关法律、法规和政策交给群众，把工作的意义、目的、方法、程序告知群众；要落实责任，各级各有关部门要协调一致，形成合力。建立换届选举工作责任追究制度；要严明纪律，坚决严肃查处选举中的违法违纪行为；要顺利过渡，对离任的村干部要安慰、尊重、关心，教育他们立党为公、顾全大局，真心实意支持新班子的工作。要监督新老班子工作交接，培训新一届村“两委”班子成员，保证新班子成员尽快进入角色，依法履职，使各项工作逐步走向制度化、规范化的轨道。

【村级组织换届选举工作汇报会】 3月14日，石林县举行村级组织换届选举工作汇报会，听取了各乡镇前一阶段工作情况，对下步工作进行了安排部署。县委副书记、县村级组织换届选举工作领导小组组长裴演兵在会上就下一阶段的工作提出五点要求：一是要加强领导，做到总揽全局，领导有力，把党的意图和群众意愿统一起来，加强对选举委员会的领导和指导。二是要注重宣传发动，大张旗鼓地宣传书记、主任“一肩挑”和换届选举的方法、步骤。三是要强化培训，尤其是选举委员会主任、副主任的培训。四是要认真落实好会议精神，按照县委、县政府的安排部署扎实开展工作。五是要切实做到统筹兼顾努力协调好换届选举工作的每一个环节。

【全县财税工作会】 3月15日，石林县召开财税工作会，传达了省、市财税工作会议精神，对全县2006年财税工作进行总结并对2007年财税工作进行了安排部署。县委书记柳文炜就做好2007年的财税工作提出了四点要求：一是加强领导，确保年度财税目标任务圆满完成。要盯住目标不放，紧紧围绕抓财税指标任务扎实开展工作。要制定切实可行的措施，认真抓好落实。二是加强监管，确保财政资金运行的质量和效益。财政部门要当好资金的“大管家”，充分发挥参谋助手的作用，制定和完善资金管理制度；要深化改革，不断推进财政工作的发展；要搞好服务，保障全县经济健康持续发展。三是严肃纪律，确保财政资金的安全。四是加强建设，确保财税系统自身素质的提高，注重抓好硬件建设、软件建设和党风廉政建设。县委副书记、县长李忠德在会上作了题为《提高认识，团结协作，开拓进取，狠抓落实，开创石林财税工作又好又快发展的新局面》的讲话，对2006年全县财税工作进行了充分肯定，分析了当前存在的困难和问题，明确了全县2007年的财税工作目标任务，并就加强税收征管和非税收入管理、财政支出管理、财税自身建设等方面提出了具体要求。县委常委、常务副县长段增华作会议总结并提出两点要求：一是要认真学习领导讲话和财税工作会议精神，并认真贯彻实施；二是要狠抓落实，确保财税工作健康发展，圆满完成财税工作目标任务。

【旅游工作会】 3月23日，石林县召开2007年旅游工作会。会上，县委书记柳文炜要求紧紧抓住石林被列为云南旅游二次创业的重点和昆明六大重点旅游景区之首的机遇，进一步强化“旅游是石林经济社会发展的生命线”的理念，坚定培育壮大旅游主导产业的信心和决心，肩负起“创建世界一流景区、打造国际旅游胜地”的历史重任，切实加大六个方面的工作力度，又好又快地发展大旅游，做大做强旅游大产业。一是加大培训力度，采取职工自学、集体培训、外出学习等方式，多形式、分层次、全方位培训干部职工，加强学习型、创新型班子和机关建设，提高干部队伍素质，增强旅游二次创业的能力；二是加大基础设施建设力度，重点加快石林撒尼古城、数字化石林二期工程、中国彝族第一村、石林景区引水工程和石林中路景观大道等重点项目建设，为旅游发展提供一个完善的服务设施；三是加大宣传营销力度，破除“酒好不怕巷子深”的旧观念，研究市场，注重效果，创新方式，分区域、有重点、持续不断地开展宣传营销活动，不断提高石林的知名度，拓展游客客源市场；四是加大生态建设力度，制订好规划，处理好绿化与景观塑造的关系，高水准搞好园林绿化，为旅游可持续发展营造一个良好的生态环境；五是加大招商引资力度，充分发挥石林资源优势，拓宽渠道，推进在吃、住、娱、购等方面的项目招商；六是加大民族文化的挖掘力度，打好“民族风情”牌，充分体现和突出彝族撒尼风情特色，促进旅游与文化的融合，增强旅游参与性、体验性，以旅游为载体，推动石林文化产业的发展。

【县委常委会专题民主生活会】 3月26日，石林县召开以加强领导干部作风建设为主题的县委常委会专题民主生活会。县委常委、县人大常委会主任、县政协主席参加会议，市级联系领导、市纪委、市委组织部领导到会作指导。各位县委常委对照胡锦涛在中央纪委七次全会上提出的八个方面良好风气和在2007年“两会”期间提出的增强三个意识的要求，结合征求到的意见、建议，深入查找自身在思想作风、学风、工作作风、领导作风、生活作风等方面存在的不足和问题，深刻剖析思想根源，并提出切实可行的整改措施。会上，县委书记柳文炜对上次常委班子民主生活会整改措施落实情况、班子和个人征求意见进行了通报，指出了班子和个人存在的问题，提出初步整改措施。并对会议进行了总结，认为本次专题民主生活会质量高、效果好，收到了预期的效果：提高了认识，统一了思想；交换了意见，找准了问题；加强了沟通，增进了团结；开拓了思路，明确了方向。下步工作中，各位常委要针对存在问题提出具体的整改措施，认真落实，以扎实的作风推进各项工作，促进全县经济社会的发展。

【县委议军会议】 3月30日，石林县召开县委议军会议。县委、县人大、县政府、县政协主要领导，县委、县政府分管、联系武装工作的领导，各乡（镇）党委书记、乡（镇）长、武装部部长，县国防动员委员会成员单位主要领导或分管领导，县国防动员委员会7个办公室主任、副主任，县旅游局、天合公司武装部长、干事参加了会议。会议传达贯彻了昆明市国防动员委员会第五次全会精神，总结部署了石林县国防动员工作，专题研究了石林县国防后备力量建设。县委书记、县人武部党委第一书记柳文炜作了《以科学发展观为指导，全面加强国防后备力量建设》的讲话，提出五点要求：一是统一思想，提高认识，切实增强抓好国防后备力量建设的紧迫感和使命感。二是抓基层，打基础，不断提高国防后备力量建设水平。认真落实上级指示，切实抓好基层武装部正规化建设；改进民兵编组，积极推进民兵预备役基层连队建设；改进民兵组训方式，不断提高民兵训练质量和水平。三是加强法规制度建设，增强国防后备力量建设发展后劲。强化依法建设国防后备力量的思想，制定完善石林县国防后备力量建设的各项制度措施，完善国防后备力量建设的经费保障机制。四是落实党管武装原则，切实加强对国防后备力量建设的领导。坚持党委议军，落实好双重领导，坚持抓好“四个纳入”。五是组织民兵参治参建，民兵要当好经济建设排头兵，当好农村精神文明建设排头兵，积极参与社会治安综合治理，为构建和谐石林作贡献。

【响应昆明市创建全国文明城市暨石林创建文明县城启动仪式】 3月30日，石林县举行响应昆明市创建全国文明城市暨石林创建文明县城启动仪式。县级领导，县直各部委办局、人民团体、企事业单位及省、市驻石单位全体干部职工，各乡（镇）党委书记、乡（镇）长、人大主席，鹿阜镇人民政府全体干部职工，四个社区居民委员会书记、主任、副主任、居民小组长，驻石部队全体官兵，窗口行业单位代表以及城区部分教师和学生参加了启动仪式。仪式上，县委书记柳文炜作了《做文明市民，创文明县城，建和谐石林》的动员讲话，指出文明城市是一个城市综合实力、发展水平、文明程度的集中体现，是城市物质文明、政治文明、精神文明建设成果的集中反映，是一个城市的形象和品牌。创建文明城市，是贯彻落实科学发展观，构建社会主义和谐社会的迫切需要；是践行社会主义荣辱观，提高市民文明素质的重要途径；是改善投资发展环境，提高城市竞争力的重大举措；是满足人民群众意愿，提高市民生活质量的具体措施。石林创建文明县城，其目的是：乘昆明市创建全国文明城市的东风，以创建文明县城为平台，围绕“创建世界一流景区、打造国际旅游胜地”目标，广泛开展“做文明市民、创文明县城、建和谐石林”主题活动，着力实施素质工程、诚信工程、净化工程、新风工程、生态工程、平安工程，努力营造廉洁高效的政务环境、公平公正的法治环境、规范守信的市场环境、健康向上的人文环境、安居乐业的生活环境、可持续发展的生态环境，以一流的市民素质、一流的公共秩序、一流的服务水平、一流的城市环境、一流的社会风尚，塑造石林良好形象，提升石林影响力，把石林建成思想解放、道德进步、市容整洁、环境优美、交通有序、治安良好、政治稳定、经济繁荣、社会和谐的新型城市。柳书记指出，创建文明县城，是全县人民的共同责任。

每一位居民是城市的主人，是创建文明县城的实践者、建设者和受益者。全县各级各部门和广大干部群众要积极响应县委、县政府的号召，以主人翁的姿态，从自身做起，从一言一行做起，为创建文明县城作贡献。创建文明县城，是一项覆盖面广、涉及范围大、关联度高的社会系统工程，需要全县上下的积极参与和大力支持。各级各部门要加强领导、建立机制，完善规划、落实责任，统筹兼顾、增强实效，全民动员、人人参与，领导带头、率先垂范，广泛宣传、营造氛围，扎扎实实推进文明县城创建活动，务求取得实实在在的效果。机关干部代表、团员青年代表、少先队员代表进行了宣誓。

【2007年目标管理工作会】 4月2日，石林县召开2007年目标管理工作会。县级领导，县委办、县政府办、县发改局、县财政局、县旅游局、县统计局、县农牧局、县建设局、县乡镇企业局、县国土资源局、县旅管会、县工管会主要领导参加了会议。会上，县委副书记裴演兵通报了市对石林县目标管理考核情况及石林县目标管理考核工作，县委副书记、县长李忠德安排部署了石林县2007年重点工程和重点工作，县委书记柳文炜作了题为《强化目标抓落实，突出重点带全局，确保今年各项经济社会发展任务顺利实现》的重要讲话，指出要进一步统一思想，认清形势，增强危机感、责任感和紧迫感，按照市目标考核管理的要求，就强化目标管理推进工作落实讲了三点意见：一是实行目标管理制度是推进各项工作的有力措施。二是强化目标责任管理，加强组织领导，加强协调配合，加强督促检查，严格考核制度，狠抓各项工作措施的落实。三是突出重点抓全局，以重点工作的突破推进全县各项工作。主要是围绕市对县目标管理考核任务和县委十届二次全会、县十四届人大五次会议确定的目标任务，抓好四类指标的落实，以重点工作带动全面工作的开展，扎实推进重点工作，加快重点工程进度，确保重点工程质量，加强资金监管，全面完成2007年各项经济社会发展任务。

【县委中心学习组学习研讨会】 4月10日，石林县召开县委中心学习组学习研讨会。县级领导、有关职能部门主要领导参加了会议。会议就石林县“五创”（创建国家卫生县城、国家园林县城、国家环保模范城市、省级平安县、市级文明县城）工作进行了专题研讨。县建设局、县卫生局、县环保局、县委政法委和县委宣传部五个职能部门主要领导进行专题发言。县委书记柳文炜主持会议，并就深入开展好“五创”工作提出八点要求：一要统一思想，形成共识。要树立抓创建就是抓环境、抓创建就是抓旅游、抓创建就是抓发展、抓创建就是抓品牌、抓创建就是抓和谐的理念，促进全县工作一年上一个新台阶，三年实现一个大跨越。二要明确目标，落实责任。“五创”工作按照近期、中期、远期的创建目标分步实施。2007年内要创建成国家卫生县城、省级园林县城、省级平安县，争取进入市创建文明县城工作先进县；2008年要创建成昆明市文明县城；2010年要创建成国家园林城市，并力争创建成国家环保模范城市。各责任单位要明确职责，对照目标任务抓创建，积极争取省市有关部门的支持，加快创建的步伐，确保各项创建工作按照目标实现。三要加强领导，精心组织。县委、县政府成立“五创”工作领导小组，下设一个办公室和五个工作指挥部，形成主要领导亲自抓、几套班子合力抓、条块结合共同抓、专门机构具体抓的工作格局，努力做到思想认识、领导力量、工作班子、具体措施、创建合力和保障机制“六个落实”。四要突破重点，整体推进。对照“五创”目标，抓住“五创”工作之间的结合点和各自侧重点，突出重点，突破难点，有针对性地开展工作，在创建内容上把“五创”工作有机结合起来，做到经验互相借鉴、工作相互推进；在创建措施上坚持条块结合、专群结合，坚持发动群众、依靠群众，做到条块联动、上下互动；在创建和管理上坚持创建工作与管理工作相结合，基础设施建设与强化教育宣传相结合，综合整治与日常工作相结合。五要密切配合，共创共促。全县树立“一盘棋”的思想。县“五创”工作领导小组切实负起组织、协调、指导、督促的责任。各创建工作牵头单位要真正发挥牵头协调作用，积极主动地组织实施；对涉及创建工作全局的重大问题，定期或不定期地组织有关单位、相关部门通过联席会议、专题会议或现场办公等形式，及时加以研究解决。六要创新机制，务求实效。注重创新机制，加强制度建设，健全完善长效管理机制、综合管理机制、日常监督机制，使创建工作有分工、有检查、有落实、有成效。七要广泛动员，营造氛围。多渠道、多层次开展宣传活动，真正使创建活动家喻户晓，深入人心，形成人人关心、支持、参与创建活动的良好氛围。八要强化督查，严格考核。要把创建工作纳入年度目标管理考核。县委督查室、县政府督办科要会同县“五创”工作领导小组办公室，加强对创建工作的督促检查，对“五创”工作进度及时通报。县纪委、县监察局要对创建工作中的作风不实、落实不力等问题加强监管。县委副书记、县长李忠德要求认清形势、坚定信心，明确目标、统一眼光，突出重点、形成特色，尽快全面启动“五创”具体工作。县委副书记裴演兵，县人民政府副县长徐梅芬、张忠贵结合分管工作实际，就如何开展好“五创”工作提出建议。

【全县“五创”工作动员会】 4月12日，石林县召开全县“五创”工作动员会，安排部署石林县创建国家卫生县城、国家园林县城、国家环保模范城市、省级平安县、昆明市文明县城工作。省爱卫办主任李玉勤、市卫生局副局长吴争鸣到会作了指导。县级领导，各乡（镇）党委书记、乡镇长、人大主席，鹿阜镇各村、社区党支部（总支）书记、村（社区）委员会主任，县直各部委办局、人民团体、事业单位全体干部职工，县属企业、驻石单位、驻石部队负责人，县城区中小学校负责人参加了会议。县委副书记、县长李忠德就“五创”工作进行了具体的安排部署。县委书记柳文炜在会上作动员讲话，提出三点意见：一要统一思想，形成共识，增强做好“五创”工作的责任感和紧迫感。开展“五创”工作是县委、县政府从石林实际出发，抢抓机遇，提高城市品位，提升石林影响力所作出的一项重大决策；是创建世界一流景区，打造国际旅游胜地的一项重大举措；是石林举全县之力申报世界自然遗产之后开展的又一重大活动，对于石林县深入实施大旅游主导发展战略，推进石林旅游二次创业，加快石林经济社会跨越式发展，构建和谐石林，具有十分重要的意义。二要明确目标，突出重点，推进“五创”工作扎实有效开展。要按照“创建世界一流景区、打造国际旅游胜地”的总体要求，坚持以人为本、创建为民的原则，抓住“优美环境、优良秩序、优质服务”三个核心，突出“塑造城市形象、提高市民素质、营造良好环境、提升管理水平”四个重点，“五创”联动，把石林建成文明开放、道德进步、市容整洁、交通有序、环境优美、生态协调、治安良好、政治稳定、经济繁荣、社会和谐的新型城市。各级各部门要把近期、中期、远期的工作任务科学合理规划，有步骤、分阶段认真组织实施。要抓住“五创”工作之间的结合点和各自侧重点，有针对性地开展工作，实现“五创”联动，达到共创共促的效果。要突出重点，突破难点，整体推进。要抓住重点，主攻难点，创出亮点。三要强化措施，狠抓落实，确保“五创”工作目标如期实现。县委、县政府决定成立“五创”工作领导小组，下设办公室和“创卫”、“创园”、“创模”、“创安”、创建文明县城5个指挥部。要求全县各级各部门把思想统一到县委、县政府的安排部署上来，统一到创建工作的目标要求上来，积极支持和参与创建活动，形成上下一心、各方参与、齐抓共管的良好氛围。要采取各种群众喜闻乐见、富有成效的形式，多渠道、多层次开展宣传活动，深入宣传，广泛发动，形成人人关心、支持、参与创建活动的良好氛围。要创新机制，强化领导，形成坚强有力的创建指挥体系；明确责任，形成高效有序的创建运转机制；协调行动，形成步调一致的创建工作合力；全面发动，形成广泛参与的创建工作局面；完善措施，形成常抓不懈的长效管理机制；加强监管，形成有跟踪、有督查、有反馈的督促检查机制；做好服务，建立有效的投入保障机制。通过确保“五创”工作全面推进，让广大群众亲身感受到实实在在的效果，在创建中得到实惠，在创建中提高生活质量，从而进一步激发广大群众参与“五创”工作的热情。

【社会主义新农村建设暨春耕生产动员会】 4月17日，石林县召开全县社会主义新农村建设暨春耕生产动员会。县级领导，县直各部委办局、人民团体、企事业单位主要领导，县新农村建设领导小组办公室全体成员，新农村建设工作指导员，各乡（镇）、村（社区）领导和相关同志参加了会议。县委副书记裴演兵对2007年新农村建设工作作了安排部署；县委副书记、县长李忠德就抓好2007年春耕生产和新农村建设工作进行动员，对新当选的村组干部提出了要求。县委书记柳文炜在会上作重要讲话，提出四点意见：一、要按照“二十字”总要求，扎实推进全县新农村建设。重点要开展好以“好产业、好环境、好风尚、好制度、好班子”为主要内容的“五好村”建设。2007年全县要从6个方面扎实推进新农村建设：一是抓规划编制，重点是编制完成全县16个市、县级试点村的村庄建设规划和经济社会发展总体规划。二是抓宣传发动，充分调动人民群众的积极性和创造性，提高群众参与率。三是抓产业发展，把推进新农村建设与当前春耕生产相结合，与发展现代农业紧密结合，把精力集中在发展农村经济、促进农民增收上。四是抓薄弱环节，从群众最迫切、事关长远发展、最有条件解决、效果最直接、老百姓能看到成效、得到实惠的事干起。五是抓组织保障，更加重视抓基层组织建设，巩固和发展农村党员先进性教育活动成果，继续开展“三级联创”活动，加强以村党组织为核心的村级组织配套建设，加大对基层干部的培训力度。六是抓机制创新，充分调动方方面面的积极性，整合和动员全社会力量支持和参与社会主义新农村建设。二、苦战30天，圆满完成春耕生产任务。要提高认识，加强领导，把春耕生产作为当前工作的重中之重来抓。要抢抓节令，按期栽种，确保在最佳节令内全面完成春耕生产任务。要强化科技，确保质量，提高春耕生产水平。要强化供水预案，树立防大灾、抗大灾、长期抗灾的思想，确保春耕生产顺利进行。要加强配合，加快进度。牢固树立全县一盘棋的观念，齐抓共管，改进作风，真抓实干，各级干部要深入联系点，下到生产一线，真正做到下得去、蹲得住、抓得实、出效益。三、以兴林富民为目标，全面推进集体林权制度改革。根据省委、省政府的部署，2007年要迅速启动并力争到2009年完成全省集体林权制度改革任务。县委、县政府将研究出台相关措施，春耕生产一结束就迅速启动工作，进一步理顺林业生产关系，推进综合配套改革，让农民依法享有对林木的所有权、处置权、收益权，实现“山有其主，主有其权，权有其责，责有其利”，充分调动各方面造林营林积极性，推动生态产业建设。四、村组干部要不负重托，成为新农村建设的组织者、推动者和实践者。新一届村级组织领导班子要不辜负人民的信任、不辜负组织的重托，带领广大群众在新农村建设的伟大实践中建功立业。要提高能力，增进班子团结，大事讲原则，小事讲风格。要勤于工作，坚持为民干事，努力为群众谋取看得见、摸得着的利益。要严于律己，树立农村正气，要坚决反对独断专行，个人说了算；坚决反对高高在上，脱离群众，脱离实际；坚决反对作风简单粗暴，习惯于强迫命令，甚至欺压百姓；坚决反对拉帮结伙、搞家族和宗派势力等不正之风。

【创建文明县城工作推进会】 5月15日，县创建昆明市文明县城工作指挥部召开工作推进会。县委常委、县委宣传部部长、县创建昆明市文明县城工作指挥部指挥长李福军主持会议，指出石林县文明县城创建工作自启动以来，取得了明显成效，一些单位行动迅速、落实有力、效果明显，但仍存在一些不可忽视的问题，并对下步工作提出三点要求：一是进一步统一思想，提高认识。要广泛宣传，动员全县广大干部职工和全县人民积极投身创建工作，确保2007年成为昆明市创建文明县城工作先进县城，2008年进入昆明市文明县城行列。二是明确职责，落实到人。各责任单位要把创建工作的每一项任务具体分解到人，抓好落实。三是全县上下要迅速行动起来，积极开展创建工作，使创建工作取得实实在在的成果，让广大群众享受到创建文明县城带来的成效。县委宣传部副部长万春林总结了前阶段工作，安排布置了下步工作任务。会议还听取了县建设局、县环保局、县卫生局等7个责任单位的工作进展情况汇报。

【招商引资工作会】 5月16日，石林县召开2007年招商引资工作会，总结2006年招商引资工作，安排部署2007年招商引资工作，并对完成招商引资工作任务的部门和乡镇进行了表彰奖励。会上，县委书记柳文炜对招商引资工作提出了三点要求：一是招商引资工作要提高思想认识。要认识招商引资工作是经济工作的“生命线”，认识石林县招商引资工作的优势和条件，转变招商引资观念。二是招商引资工作要提高工作水平。要创新招商引资方式，注重项目包装，制订优惠政策，突出工作重点，项目准确定位，注重招商引资信息宣传。三是招商引资工作要提高工作效率。要成立协调领导小组，实行一站式服务，提高服务水平，优化工作环境。县委副书记、县长李忠德也对全县招商引资工作提出了要求。

【深化集体林权制度改革工作动员会】 5月30日，石林县召开全县深化集体林权制度改革工作动员会。县集体林权制度改革工作领导小组成员，各乡（镇）党委书记、乡（镇）长、分管领导，各村委会书记、主任，县直各部委办局、人民团体、企事业单位主要领导，县林改办全体工作人员及试点工作组人员参加了会议。会上，县委书记柳文炜作了题为《把握政策，突出重点，扎实工作，全力推进全县集体林权制度改革》的讲话，为圆满完成石林县林改工作提出三点要求：一是统一思想，提高认识，增强深化集体林权制度改革的政治责任感。集体林权制度改革是农村第三次重大改革，是广大农民群众的迫切愿望，是新农村建设的重点工作，是推进生态美县的重要举措。二是明确任务，把握重点，积极稳妥地推进集体林权制度改革。理清思路，明确目标任务。把握原则，坚持依法依规、“兴林富民”、生态受保护、分类指导、尊重历史、群众主体、稳定第一的原则，确保政策不走样。突出重点，强势推进产权改革，明晰林木所有权和林地使用权、放活林地经营权、落实林木处置权、保障业主收益权。统筹兼顾，着力推进配套改革，同步建立健全林业经营体系、服务体系和森林资源“三防”体系、流转体系等四大服务体系。勇于创新，完善林业管理体制。因地制宜，加快林产业发展。扶持龙头企业，带动产业升级；发挥优势，积极发展森林旅游；多方结合，加快特色经济林建设。三是加强领导，精心组织，圆满完成石林县集体林权制度改革任务。加强领导，落实工作责任；广泛宣传发动，营造良好环境；通力协作，形成改革合力；制定方案，完善改革措施；严格程序，确保稳妥推进。

【社会主义新农村建设驻村指导员培训会】 6月7日，为期两天的社会主义新农村建设驻村指导员培训会正式开班。县委副书记裴演兵在开班典礼上作重要讲话，就确保新农村建设指导员下得去、在得住、干得了、有实效，稳步推进全县新农村建设工作纵深发展提出三点意见：一要认清形势，统一思想，增强做好驻村指导工作的责任感。把思想统一到中央决策上来，统一到集中精力抓新农村建设的目标任务上来，努力实现好、维护好、发展好最广大人民的根本利益。二要明确任务，突出重点，掀起全县新农村建设新高潮。重点抓好6个方面的工作：发展现代农业，壮大农村经济；改善农民生活环境，提升村镇建设水平；培育新型农民，增强农民致富能力；扶持新经济组织，提高带动农民能力；加强社会事业建设，塑造农村新风貌；加强农村基层民主政治建设，巩固党的执政基础。三要明确职责，理顺关系，确保新农村建设扎实推进。驻村指导员要努力当好村情民意调查员、政策法规宣传员、富民强村服务员、矛盾纠纷调解员、制度建设督导员、组织建设指导员，抓好政策法规的宣传贯彻、农村经济发展、农村基础设施建设、农村基层组织建设、和谐农村建设，认真完成各级党委、政府交办的工作任务。要正确处理好“四个关系”：处理好主导与主体的关系，充分尊重农民群众，坚持走群众路线；处理好点与面的关系，既要营造整体推进的氛围，又要因地制宜，量力而行，重点推进；处理好有形与无形的关系，做到“三个文明”协调发展；处理好当前与长远、近期与远期的关系，立足现实，打好基础，谋划长远。

【县工商联（商会）第四次代表大会】 6月8日，石林县召开县工商联（商会）第四次代表大会。县工商联（商会）第四次代表大会正式代表、特邀嘉宾、各乡（镇）分管领导参加了会议。会议回顾总结过去五年的工作，安排部署今后五年的工作，并选举产生了新一届领导班子。县委书记柳文炜到会作重要讲话，就做好工商联工作提出三点要求：一是统一思想，提高认识，增强做好工商联工作的责任感和使命感。要充分认识工商联工作对促进非公有制经济发展、促进石林经济社会跨越式发展的极端重要性，紧紧围绕全县工作大局，进一步总结经验、理清思路，团结带领广大非公有制经济人士，为石林县跨越式发展作出新贡献。二是发挥优势，正确引导，推进石林县非公有制经济实现新跨越。要引导企业科学管理、创新体制，提高企业竞争力；引导广大非公有制企业及业主努力实现管理制度创新和经营机制创新，促进非公有制经济总量上规模；引导企业提高企业运行质量，提升企业竞争力，树立品牌意识，提高企业知名度和产品市场占有率。要致力做好招商引资工作，搭建非公有制经济发展平台。积极组织、引导石林县非公有制企业借助外力发展，借助外资扩张，提升非公有制经济发展的水平和质量。积极引导非公有制企业参与全县经济社会建设，紧紧围绕县委、县政府的总体规划和部署，为实现“旅游立县、粮烟稳县、工业富县、生态美县”目标作出积极的贡献；引导非公有制企业间相互学习，依法纳税，以德经商，义利兼顾，带动和帮助更多的人走上致富之路。三是围绕中心，服务大局，提高工商联履职水平。发挥好“参谋”作用，当好县委、县政府的参谋助手，做到有位有为。发挥好“桥梁”作用，积极协调政府管理部门支持企业发展。发挥好“服务”作用，找准服务的着力点，帮助非公有制企业解决实际问题，积极扶持他们发展壮大。

【乡镇为民服务中心建设现场会】 为进一步整合乡镇、村组资源，巩固和完善乡镇为民服务中心建设，从根本上实现干部作风从“管理型”向“服务型”转变，6月12日，石林县在石林镇召开强化乡镇为民服务中心建设现场会。各乡（镇）领导和相关部门主要领导参加了现场会。会上，参观了石林镇为民服务中心，石林镇党委、政府领导介绍了石林镇为民服务中心建设及运行情况。市委常委、市委组织部部长张荣明到会作指导。县委书记柳文炜就加强乡镇为民服务中心建设提出四点要求：一是提高认识，强化为民服务职能。二是整合资源，构建为民服务大格局。要本着“方便群众、简便易行”的原则，充分整合乡镇、村组资源，巩固完善乡镇为民服务中心建设，形成县、乡（镇）、村级上下联动的为民服务网络，把服务范围覆盖到广大农村、企业，为群众提供优质、高效服务。整合党政资源，完善服务网络；整合人力资源，建设服务队伍；整合社会资源，拓展服务主体。三是加强队伍建设，提高为民服务能力。加强岗位培训，加强作风建设，加强教育和管理。四是创新工作机制，搭建为民服务平台。从定职能、创机制、抓落实三方面强化乡镇为民服务中心建设，并针对当前机关作风建设和乡镇为民服务运行中存在的问题，要求坚持“一站式”提高服务效能、推行“阳光式”增强服务透明度、实行“开放式”延伸服务范围、探索“多元化”拓展服务领域。在下步工作中，石林县将创新工作思路，积极探索为民服务中心“六定两推一建”制度，即：定岗位人员，着力解决“人员不固定”的问题；定岗位职责，着力解决“职责不清晰”的问题；定首问责任，着力解决“办事不热情”的问题；定工作流程，着力解决“办事不明白”的问题；定公开内容，着力解决“办事不透明”的问题；定办事时限，着力解决“办事不高效”的问题；推行绩效考评制，着力解决“干好干坏一个样”的问题；推行重大事项请示、报告制度，着力解决“政令不畅”的问题；建立为民服务中心建设经常抓、长期抓的长效机制，不因领导变动而影响工作的推进，切实把为民服务中心建设作为一项长抓不懈的工作做好做实，确保机关作风建设取得实效。

【创建卫生县城誓师大会】 6月15日，石林县在县城双龙广场召开全县创建卫生县城工作誓师大会。县委副书记、县长李忠德在会上作动员讲话，并提出两点要求：一是创建国家卫生县城，是石林县为加快石林“创建世界一流景区，打造国际旅游胜地”步伐而做出的一项重大决策，是一个地区物质文明、精神文明、政治文明和谐统一的具体体现，全县广大人民群众要积极行动起来，投入到“创卫”工作中，掀起创建国家卫生县城新高潮。二是创建国家卫生县城工作已进入攻坚阶段，各级各部门要进一步增强“创卫”工作的紧迫感和责任感，采取超常规措施，苦战150天，全力以赴打好“创卫”攻坚战，确保“创卫”工作取得圆满成功。

【庆祝建党86周年大会】 7月1日，石林县召开庆祝中国共产党成立86周年纪念大会。县级领导、各乡（镇）领导、县委直属各党组织主要负责人和党员领导干部、受命名的“共产党员示范窗口”负责人及“共产党员先锋岗”党员、上台宣誓的机关新党员和外来流动党员代表等参加了会议。会上，“共产党员示范窗口”负责人和“共产党员先锋岗”党员代表发言，命名了100个“共产党员示范窗口”单位和100名“共产党员先锋岗”党员，对10家示范窗口单位代表和10名先锋岗党员代表进行了授牌，62名新党员举行了入党宣誓仪式。

县委书记柳文炜作了题为《缅怀党的历史，加强党的建设，为全面建设小康石林提供坚强保证》的重要讲话。柳书记在讲话中回顾了中国共产党86年的光辉历程，回顾了石林县各级党组织和广大共产党员在中国共产党的领导下，团结和带领全县广大人民群众，一心一意谋发展，聚精会神搞建设，以团结拼搏、务实创新、争创一流的精神，用勤劳、智慧和汗水，众志成城谱写了改革开放的新篇章，开创了现代化建设的新局面，铸就了石林县成立50多年来的辉煌成就。指出要认真学习贯彻胡锦涛总书记在中央党校的讲话精神，深刻理解“四个坚定不移”，进一步增强贯彻落实科学发展观的自觉性和坚定性，牢牢把握建设中国特色社会主义这个主题，以优异的成绩迎接党的十七大胜利召开。当前和今后一个时期，全县党建工作的总体思路是：以“三个代表”重要思想为指导，巩固全省基层组织建设先进县成果，全面推进党的思想建设、组织建设、作风建设和制度建设，充分发挥各级领导班子的领导核心作用、基层党组织的战斗堡垒作用和广大共产党员的先锋模范作用，为实现石林跨越式发展、全面建设小康社会、构建和谐石林提供坚强的保证，并对加强党的建设提出五点要求：一是切实加强思想政治建设，坚持不懈地抓好理论武装；二是加强领导班子和干部队伍建设，努力提高执政水平；三是切实加强基层组织建设，夯实党的执政基础；四是切实加强干部作风建设，切实提高执行力；五是加强制度建设，健全完善党建工作长效机制。会议结束后，全体参会人员参加了爱国卫生大扫除活动。

【创建国家级卫生县城督查工作会】 7月6日，县创建国家级卫生县城（以下简称“创卫”）指挥部组织召开创卫督查工作会，县委书记柳文炜参加会议并对创卫工作提出要求。

一是进一步统一思想，提高认识，增强创卫工作的责任感和紧迫感。创建国家卫生县城是2007年县委、县政府工作的重中之重，当前已进入攻坚冲刺阶段，时间紧、任务重，要举全县之力，全力以赴抓好这项工作。要做到三个集中：一是集中时间。从7月6日开始到国家爱卫办检查这段时间，各乡镇、各部门要集中时间抓好落实，打好创卫攻坚战。二是集中精力。18个责任单位要集中人力财力物力，集中精力抓好落实。三是集中执法。由创卫指挥部牵头，工商、建设、公安、卫生等加强联合执法；创卫办要加强督促检查，每天把问题找准，并发出整改通知书，对拒不执行的将进行组织处理。通过采取过硬的措施，有效的手段，切实解决好问题。要做到三个落实：一是工作落实。创卫指挥部的指挥、措施、手段要有力，安排部署的工作按期按时限完成。食品行业整治、健康教育、农贸市场整治、公厕改造新建、整个城市的环境卫生等5个面的亮点要突出出来，采取措施抓好。进一步明确大兴市场的改造、吃水河的整治、县医院至文化馆沿街经营户的规范、资料的收集整理等方面牵头单位和责任人职责，按要求抓好落实。二是经费落实。7月9日前，各块的工作经费和6月26日现场办公会议确定的工作经费必须全部落实到位。三是人员到位。从县委、县政府各抽调2人，从县人大、县政协各抽调1人充实到县创卫指挥部办公室上班，7月9日前必须到位，原来从教育局抽调的同志集中全部精力到创卫办工作。

二是建立责任制和台账。指挥部要有准确的指令、具体的部署、强有力的措施，进一步加强领导、加强协调、加强管理、加强宣传、加强督查，要做出范本，发给各单位，建好创卫台账；县建设局负责建立门前三包责任制。

三是广泛宣传，积极行动，掀起高潮。每个星期都要开展群众性创卫活动，党员、团员、妇女等要发挥优势，积极组织参与创卫活动；对创卫工作不重视的单位和个人要进行通报批评。县创卫指挥部领导和各责任单位领导参加督查工作会并发言。

【县委中心学习组学习研讨会】 7月14日，石林县召开县委中心学习组学习研讨会，学习贯彻胡锦涛总书记“6·25”重要讲话精神，总结上半年工作，明确下半年工作重点、工作目标和工作思路。县级领导，各乡（镇）党委书记，县委办、县政府办、县发改局、县统计局、县建设局、县环保局、县财政局、县农牧局、县水务局、县林业局、县卫生局、县新农办、县乡企局（经济局）、县交通局、县国土资源局、县教育局、县文体局主要负责人参加了会议。9位县领导就学习贯彻“6·25”重要讲话精神作了专题发言。县委书记柳文炜主持会议并作重要讲话，要求全县把学习胡锦涛总书记“6·25”重要讲话精神作为当前全县的一项政治任务，切实把思想和行动统一到胡锦涛总书记重要讲话精神上来，牢牢把握一个主题：走中国特色社会主义道路、夺取全面建设小康社会的新胜利；牢牢把握一面旗帜：中国特色社会主义旗帜；牢牢把握一个基调：“四个坚定不移”，即解放思想必须坚定不移地加以坚持，改革开放必须坚定不移地加以推进，科学发展、社会和谐必须坚定不移地加以落实，全面建设小康社会必须坚定不移地为之奋斗；牢牢把握一个主旋律：贯彻落实科学发展观；牢牢把握“四个一定要”、“三个始终”的政治要求：全党同志一定要居安思危、增强忧患意识，一定要戒骄戒躁、艰苦奋斗，一定要加强学习、勤奋工作，一定要加强团结、顾全大局，做到思想上始终清醒、政治上始终坚定、作风上始终务实；做到“五个统一”：统一到坚持改革开放、推动科学发展、促进社会和谐、全面建设小康社会上来，统一到市委对石林提出积极跟跑“第一板块”的要求上来，统一到构建和谐石林的目标上来，统一到加快石林跨越式发展的实践上来，紧紧围绕“迎接党的十七大胜利召开、学习贯彻十七大精神”这个主题做好相关工作，为党的十七大胜利召开营造良好氛围。要以“6·25”重要讲话精神为指导，以石林“申遗”成功为契机，把“申遗”中焕发出来的精神风貌体现在加快跨越式发展的各项工作中，突出重点，集中精力抓好事关全局的十项重点工作、十项重点工程、七个重点招商项目。十项重点工作：一是要确保2007年各项指标的完成和市对石林县2007年主要考核目标的实现。二是扎实开展“五创”工作。三是扎实推进新农村建设，着力抓典型、出亮点。四是以集体林权制度改革为契机，加快推进“生态美县”建设。积极推进文化产业“十个一”工程，启动阿诗玛演艺中心等项目建设，加快文化产业发展。五是加快旅游二次创业步伐，推进旅游提质增效。六是抓好火把节筹办工作。七是做好粮烟中耕管理工作和烤烟收购工作。八是认真做好2007年在县人代会上提出的“十件实事”。九是抓紧做好《石林风景名胜区保护条例》的修订工作。十是加强党的建设，抓好作风建设，抓好十七大精神的学习贯彻。十项重点工程包括五个启动建设项目，即启动行政中心建设、启动中国彝族第一村建设、启动鹿阜古镇建设、启动民族职业高级中学建设、争取启动石蒙高速公路石林段建设；五个加快建设项目，即加快撒尼古城建设、石林中路建设、县污水处理厂建设、石林景区搬迁改造工程建设以及电力小区、巴江俪岛、西城区、巴江三区、东城区新建幼儿园建设。七个重点招商项目，即撒尼古城、石林旅游商贸城、田园式高档酒店、上海恒联集团开发的房地产项目以及奇石博物馆、巴江三区、东南亚翡翠玉石加工基地。

【全县干部大会】 7月26日，石林县召开全县干部大会。县级领导，县公安局、县检察院、县法院正副职领导，除公、检、法以外的全县实职副科级以上领导干部，县建设局中层以上干部，受表彰的“申遗”工作突出贡献专家、先进个人，受表彰的先进单位、表扬单位、先进村委会（村民小组）代表各1人参加了会议。会议总结了2007年上半年工作，安排部署下半年工作任务，对创建国家园林县城推进工作作安排，对2006年度星级园林式单位（小区）

和绿化先进单位授牌，签订园林式单位（小区）创建工作目标责任书，并表彰了“申遗”工作先进集体和先进个人。县委书记柳文炜作了题为《大力发扬申遗精神，坚定信心乘势而上，以优异的成绩迎接党的十七大胜利召开》的重要讲话。就学习好、贯彻好胡锦涛总书记“6·25”重要讲话精神，动员全县广大干部群众，以申遗成功为契机，再接再厉，再鼓干劲，再创佳绩，全力以赴向创建国家卫生县城目标冲刺，以优异的成绩迎接党的十七大胜利召开，讲三点意见：一是认真学习胡锦涛总书记“6·25”重要讲话精神，坚定全面建设小康石林的信心和决心。通过学习，切实做到“四个统一”：把思想和行动统一到“构建和谐石林、全面建设小康社会”的奋斗目标上来，统一到“石林经济社会跨越式发展”的工作大局上来，统一到石林经济社会“三大”发展战略上来，统一到“立足本职、岗位创优、争创一流”的工作要求上来。二是客观总结上半年工作，扎实抓好下半年工作。上半年的工作，呈现出“势头好、亮点多、干劲足、机遇好、压力大”五个特点：整体工作进展快，势头好；重点工作有突破，亮点多；全县上下人心齐，干劲足；石林申遗成功，机遇好；发展任务艰巨，压力大，增强加快发展的紧迫感和危机感，加快推进石林经济社会跨越式发展。三是再鼓干劲，再接再厉，乘势而上，以优异的成绩迎接党的十七大胜利召开。各级干部要善于抓重点、抓难点、抓亮点，要善于抓学习、抓作风、抓落实。抓重点带全局，集中精力抓好事关全局的十项重点工作、十项重点工程，确保全县工作整体推进。攻难点求突破，集中力量在最突出、最紧迫、对全局影响比较大的工作上下功夫，着力解决影响发展的突出问题。出亮点创特色，全力推进旅游发展、“五创”、新农村建设、党建、作风建设等各项工作再上新台阶。全县各级各部门要围绕县委、县政府重点工作、重点工程，结合部门工作实际，强化工作措施，狠抓责任落实，开创性地开展工作，抓出工作亮点，抓出工作特色来。抓学习促提高，加强干部队伍建设，促进学习型机关、学习型干部创建活动的深入开展。抓作风动真格，营造良好的发展环境。抓落实重实效，确保全年目标圆满完成。抓好落实，要勇挑重任，始终保持奋发有为的工作热情；要振奋精神，始终保持昂扬向上的精神状态；要再鼓干劲，协同作战；要强化责任，落实目标管理责任制，细化目标任务，加大对重大项目、重点工程、重点工作的督促检查力度。全面完成全县2007年经济社会发展目标任务，以优异的成绩迎接党的十七大胜利召开。

【2007年中国石林火把节招商引资项目推介会】 8月5日下午，石林县召开2007年中国石林火把节招商引资项目推介会暨签字仪式，广邀四方宾客到石林投资兴业，促进全县经济社会又好又快发展。在当天的项目推介会上，县发改局、县招商促进局、县旅游服务区管委会、县生态工业集中区管委会分别与中外客商和企业签定了南亚、东南亚珠宝翡翠玉石加工基地、旅游商贸城、云南汽车配件生产基地、广东温氏饲料加工、商住房地产开发、云林宾馆拆迁重建、动力三角翼飞行等7个投资项目，7个签约项目总投资达51.75亿元。

【县委中心学习组学习研讨会】 8月31日，石林县召开县委中心学习组学习研讨会，认真学习贯彻市委九届三次全会精神，安排部署2007年后四个月的工作，确保2007年各项工作目标任务圆满顺利完成。县委常委、县委委员、候补委员，其他县级领导，各乡（镇）党委书记、乡（镇）长，县委办、县政府办、县旅游局、县财政局、县发改局、县统计局、县建设局、县农牧局、县水务局、县林业局、县卫生局、县新农办、县乡企局（经济局）、县交通局、县国土资源局、县教育局主要负责人参加了会议。会上，县委副书记、县长李忠德传达中共昆明市委九届三次全会精神，县委副书记裴演兵就2007年市对石林县主要考核目标任务作分解安排，县旅游局、县财政局、县发改局、县统计局和县有关领导作研讨发言。县委书记柳文炜在会上强调三点意见：一是要做到“四个认识、四个把握、四个结合、四个统一”。“四个认识”，即：要深刻认识解放思想是我们应对现代新昆明建设前进道路上各种新情况新问题、不断开创事业新局面的根本保证；要深刻认识改革开放是加快推进现代新昆明建设的强大动力；要深刻认识科学发展、和谐发展是建设现代新昆明的内在需要；要深刻认识全面建设小康社会是我们党和国家到2020年的奋斗目标，是全国各族人民根本利益之所在，也是全市600多万各族人民的共同愿望。“四个把握”，即：把握好全会的主题、把握好全会的主线、把握好“现代新昆明”的新内涵、把握好全会的主调。“四个结合”，即：要与学习贯彻胡锦涛总书记“6·25”重要讲话精神结合起来、与学习贯彻省委、省政府第五次现代新昆明建设调研会精神结合起来、与石林实际结合起来、与抓好当前工作结合起来。“四个统一”，即：要切实把思想和行动统一到“构建和谐石林、全面建设小康社会”的奋斗目标上来，统一到“石林经济社会跨越式发展”的工作大局上来，统一到石林经济社会“三大”发展战略上来，统一到“抓重点、攻难点、出亮点、抓学习、抓作风、抓落实”的工作要求上来，全面把握、深刻领会，认真贯彻落实市委九届三次全会精神。二是要立足当前，突出重点，全面抓好2007年后四个月的各项工作。主要抓好十项重点工作，即确保今年各项指标的完成、确保市对石林县考核目标的实现、深入推进“五创”工作、以石林“申遗”成功为契机确保旅游工作再上新台阶、加快推进集体林权制度改革、抓好烤烟收购工作、落实好年初人代会上提出的“十件实事”、把迎接党的十七大胜利召开作为重要政治任务抓紧抓好、认真做好县乡两级人大和政府换届选举工作、加强党的建设；抓好十项重点工程，启动和推进五个建设项目，加快和督促五个在建项目。五个启动和推进建设项目，即启动行政中心建设、推进中国彝族第一村建设、启动鹿阜古镇建设、启动民族职业高级中学建设、争取启动石蒙高速公路石林段工程建设；五个加快和督促建设项目，即加快和督促撒尼古城建设、石林中路建设、县污水处理厂建设、石林景区搬迁改造工程建设以及电力小区、巴江俪岛、西城区、巴江三期项目建设；抓好十个招商引资重点项目，即促进云南兴云烟草圆通投资有限公司加快建设“撒尼古城”，桂林七彩房地产开发有限公司开发建设“旅游商贸城”，上海电气集团恒联企业发展有限公司开发房地产项目，匈牙利莱特兰德公司在九石阿旅游专线投资建设葡萄加工厂、酒庄及田园式高档酒店，以及促成奇石博物馆、巴江三期、东南亚翡翠玉石加工基地、云南汽车配件生产基地、广东温氏饲料加工、云林宾馆拆迁重建、动力三角翼飞行等一批项目及早落户、开工建设。三是要改进作风，狠抓落实，加快石林经济社会跨越式发展。要讲究工作方法，抓工作要抓重点、攻难点、出亮点，抓干部要抓学习、抓作风、抓落实；狠抓工作落实，责任要明确、领导要带头、作风要务实；加强督促检查，要定期不定期对重点工作、重点工程开展专项督查，进行跟踪督查，对主要经济指标、重点工作、重点工程进展情况及时通报，促进各项工作的落实。

【全县信访工作会】 9月11日，石林县召开全县信访工作会。县直各部委办局、人民团体、企事业单位和各乡（镇）分管领导，县人大、县政协一位领导到会作了指导。会上，传达学习了全国、省、市信访工作会议精神，通报石林县2007年1～8月份信访工作情况，并对后四个月的信访工作作安排。县委副书记裴演兵在会上作了《转变作风，创新务实，努力开创我县信访工作新局面》的重要讲话，对做好全县信访工作提出四点要求：一是统一思想，提高认识，深刻认识做好新时期信访工作是构建社会主义和谐社会的必然要求，是密切党和群众血肉联系的必然要求。二是认清形势，明确使命，进一步增强做好新形势下信访工作的责任感和紧迫感。石林县当前信访工作总的形势是好的，但信访工作的形势依然严峻。一定要正确对待信访工作，热情接待群众来访，积极帮助群众解决实际问题。三是突出重点，狠抓落实，不断提升石林县信访工作整体水平。认真抓好六项重点工作：以高度的政治责任感做好信访维稳工作，为十七大的召开和奥运会的举办营造和谐稳定的社会环境；切实加强矛盾纠纷排查调处工作，把问题解决在基层，化解在萌芽状态；妥善解决信访突出问题，积极预防和妥善处理大规模聚集上访以及到省、市甚至进京非正常上访；进一步畅通信访渠道，努力搭建多种形式的沟通平台，充分尊重和保护人民群众的信访权利，确保信访渠道畅通，民情、民意、民智顺畅上达；进一步完善处理信访突出问题及群体性事件联席会议机制，建立起上下联动、左右协调、运转高效、综合施治的工作机制；着力加强基层基础工作，做到重心下移、关口前移，及时化解矛盾，就地解决信访问题。四是加强领导，认真落实信访工作领导责任制，加强信访机构和队伍建设，切实增强信访工作的整体合力，全面推进信访工作再上新台阶。

【督查工作暨办公室工作会】 为认真贯彻省、市委督查工作会和全市办公室主任座谈会议精神，扎实推进新时期督查工作和办公室工作向科学化、规范化、高效化方向发展，9月13日，县委、县政府召开全县督查工作暨办公室主任业务培训会，表彰全县信访、信息、督查、保密等工作先进集体和先进个人，并举行为期4天的办公室主任培训。此次培训邀请了市委办公厅、市政府办公厅、市委宣传部、市委目督办等部门领导和省委党校教授进行文稿写作、综合协调、外宣接待、督查工作等10余个方面的专题知识培训。

会上，县委书记柳文炜作了《加强建设，强化服务，努力开创全县办公室工作新局面》的讲话，提出四点要求：一是认清形势，提高认识，进一步增强做好办公室工作的紧迫感和责任感。二是围绕中心，服务大局，进一步提高办公室的工作质量和服务水平。发挥参谋助手作用，努力为领导决策提供服务；发挥综合协调作用，为机关高效运转提供服务；加强督促检查，确保各项决策和重点工作落到实处；做好后勤接待工作，不断提高接待水平；统筹兼顾，认真抓好外宣、保密、信访维稳等其他工作。三是加强学习，改进作风，努力提升办公室工作人员的素质和能力。四是加强领导，改善条件，不断优化办公室工作环境。

县委常委、县委办主任、县旅游局局长李正平对培训会作了总结，指出此次培训会领导重视、内容丰富、管理严格、学有所获，达到了预期的目的，并对抓好办公室工作提出五点要求：一是勤学习，有深厚的马列主义理论功底，有较强的政策水平，有较强的业务能力，增强工作适应性。二是讲政治，坚定政治立场，坚持党性原则，有崇高的道德品质，增强政治坚定性。三是守纪律，强化政治纪律，强化组织纪律，强化工作纪律，强化廉政纪律，强化保密纪律，增强组织纪律性。四是钻业务，办文有精品意识，办会有效率意识，办事有超前意识，增强服务主动性。五是求实干，带头苦干，从小事干，力求干好，增强工作绩效性。

【林改工作推进会】 9月21日，石林县召开全县集体林权制度改革工作推进会。部分县级领导，县集体林权制度改革工作领导小组成员，乡（镇）党委书记、分管林业工作的副乡(镇)长、农林水综合服务中心负责林业工作的主任或副主任，县林业局、县林改办、林改试点工作组组长、技术员、社会主义新农村建设指导员参加了会议。上午，在长湖镇海宜村和西街口镇西街口村举行了集体林权制度改革林权证首发仪式，西街口镇、长湖镇分别作了经验交流发言；副县长段增华传达了省、市林改工作推进会议精神，回顾总结了石林县林改试点工作情况，安排部署了下步林改工作。市林业局局长高常寿对推进集体林权制度改革作了重要讲话，对石林县抓好林改工作寄予了希望，提出了要求。县委书记柳文炜作了《强化措施，扎实工作，坚定不移地推进全县集体林权制度改革》的重要讲话，提出五点要求：一、推进集体林权制度改革，中央的要求十分明确，其目的是要明晰林地使用权和林木所有权，放活经营权，落实处置权，确保农民得实惠、林业快速发展、生态有效保护。二、推进集体林权制度改革，省市的决心十分坚定，必须在规定时限内不折不扣地贯彻落实。三、推进集体林权制度改革，在保持林地集体所有制不变的前提下，让农民依法享有对林木的所有权、经营权、处置权和收益权，实现“山有其主，主有其权，权有其责，责有其利”的目标，符合广大群众的迫切愿望。四、石林县林改试点工作顺利推进，效果比较明显。自2007年5月30日召开动员会启动以来，以长湖镇、西街口镇为试点乡镇，先行试点，整体推进，扎实开展工作。截止当前，改革试点工作进展顺利，成效初步显现：健全了机构，确立了县、乡（镇）、村三级书记抓林改的领导机制；各工作组、各有关部门各负其责，齐抓共管，形成了“县直接领导、乡（镇）组织、村组具体操作、部门搞好服务、上下协同推进”的工作机制；深入广泛宣传林改，让林改政策深入人心，营造了人人关心、支持、参与林改工作的良好氛围；试点工作顺利推进，有效调动了农民的积极性，得到了省、市的充分肯定，也得到了广大群众的普遍支持。五、总结试点经验，扎实推进全县林权制度改革。一是要把“还山于民，还权于民，还利于民”的政策贯穿于整个林改过程中，使农民从林改中真正得到实惠，充分调动广大人民群众的积极性。二是要规范操作，依法推进集体林权制度改革，保障村民的知情权、参与权、决策权和监督权的落实，三是认真做好确权发证工作，建立一套有序的工作机制，责任到人，层层把关，确保图、表、册一致，人、地、证相符合。四是2007年10月底要完成长湖镇、西街口镇林改主体工作，11月底完成总结和验收；12月全面启动其他6个乡镇的林改工作，2008年12月全面完成全县深化集体林权制度及其配套改革任务。五是进一步开展宣传教育活动，把宣传工作贯穿于林改工作的全过程。六是加大林权纠纷调处力度，积极化解社会矛盾。七是抓好集体林权制度改革的配套政策，在明晰产权的基础上，因地制宜，因势利导地对林木采伐管理、资产流转、资产评估、森林资源保护体系、林业投融资改革、林业行政管理体制等方面开展积极的探索，切实推进集体林权制度配套改革。八是集体林权制度改革要与全县发展战略的实施相结合，与各乡镇实际情况相结合，大力发展林产业，发展特色经济，努力实现经济效益、社会效益和生态效益的有机统一，达到协调发展的目的。当前，全县林改工作已进入了攻坚克难、全面铺开的关键时刻，要统一思想，坚定信心，采取更加有效的办法、更加有力的措施，扎实工作，强势推进，圆满完成全县集体林权制度改革任务，为加快社会主义新农村建设、全面建设小康社会作出更大的努力。会上，副县长段增华就全县林改试点工作进展情况作了简要通报，并结合全省林改临沧现场会议和全市林改推进会议精神对全县下步林改工作提出具体要求。

【石林县荣获国家卫生县城命名暨总结表彰大会】 9月4日，石林县县城成功进入国家卫生县城行列。为及时总结创建工作，表彰创建先进集体和先进个人，巩固创建成果，9月28日，石林县召开荣获国家卫生县城命名暨总结表彰大会。县级领导，各乡（镇）、县直各部委办局、人民团体、企事业单位和省、市驻石单位主要领导，县创卫指挥部成员单位分管领导、受表彰人员，县创卫办全体人员等参加了会议。会上，省卫生厅厅长陈觉民宣布了全国爱卫会命名石林县为“国家卫生县城”的决定，市委常委、宣传部部长张红苹和副市长廖晓珊代表市委、市政府进行了授奖，副省长高峰和市委副书记、代市长张祖林作了重要指示。县委书记柳文炜在会上作重要讲话，总结回顾了石林县创卫的艰辛，多年来，县委、县政府抢抓机遇、果断决策、乘势而上，紧紧围绕“创建世界一流景区、打造国际旅游胜地”目标，把创建国家卫生县城作为继石林“申遗”环境整治工作后的一项重点工作，作为石林县“五创”工作的首要任务，强化“抓创建就是抓环境、抓创建就是抓品牌、抓创建就是抓发展、抓创建就是抓和谐”的理念，坚持“以人为本、创建为民”的原则，集全县之智，举全民之力，深入实施市容市貌环境整治、环境保护、公共卫生、食品卫生、健康教育、城市环境秩序整治、科学除“四害”、卫生社区（村）创建、疾病预防控制九项工程，广泛开展了一场全民动员、全民参与的爱国卫生运动。历经多年努力，石林县创卫工作于2007年7月20日顺利通过市检查组验收，7月30日通过了省级考核组检查，并以98分的高分通过国家级材料评审，石林县城获得了“国家卫生县城”荣誉。总结创卫经验，领导重视、落实责任是成功创卫的前提，以人为本、创建为民是成功创卫的动力，广泛宣传、营造氛围是成功创卫的基础，上下联动、全民参与是成功创卫的关键，突出重点、注重创新是成功创卫的保证，措施到位、狠抓落实是成功创卫的保障。在充满艰辛的创卫过程中，全县上下形成和发扬了励精图治、攻坚克难、干事创业的精神，形成了坚定信心、持续奋斗、团结拼搏的精神，形成了立足本职、岗位创优、争创一流的精神，赢得了创卫的胜利。

【全县干部大会】 10月13日，石林县召开全县干部大会。县委委员、候补委员，县人大、县政府、县政协领导班子成员，县人大常委、县政协常委，县法院、县检察院、乡（镇）、县委工作部门、县政府工作部门、人民团体、部分企事业单位、省市驻石单位的主要领导成员及各界代表参加了会议。会议对县人大、县政府、县政协领导班子及成员、法检两长进行了民主测评。会上，县委书记柳文炜作动员讲话，提出三点要求：一是统一思想，提高认识，增强综合考核评价工作的政治责任感和历史使命感。县人大、县政府、县政协领导班子换届，既是当前全县的一项重点工作，也是全县政治生活中的一件大事。综合考核评价好县人大、县政府、县政协领导班子及成员，加强领导班子建设对于推进全县各项工作，促进石林跨越式发展意义重大。二是既要准确把握市委对领导班子职数、任职和提名年龄界限、领导班子结构的规定和要求，又要

从石林县领导班子性别、年龄、党外干部比例出发，好中选优，选优配齐县级领导班子，不折不扣地贯彻落实市委推进领导班子配备改革的要求。三是讲政治、讲大局、讲纪律，圆满完成换届各项工作任务。一要端正态度，认真负责地做好各个环节的工作，真正把那些政治上靠得住、工作上有本事、作风上过得硬、人民群众信得过的优秀干部推荐上来。二要增强大局意识，正确对待个人的进退留转，树立正确的权力观、地位观和利益观，讲党性，讲原则，讲纪律，充分发挥领导干部的表率作用，切实做到思想不散、秩序不乱、工作不断，确保换届和各项工作“两不误、两促进”。三要严格组织人事纪律，营造风清气正的换届氛围，以对党和人民事业高度负责的态度，同心协力，紧密配合市委考察组圆满完成换届考察工作任务。

【收听收看党的十七大开幕式】 10月15日上午9：00，中国共产党第十七次全国代表大会在京开幕。石林县按照中央、省、市有关要求，认真组织全县广大干部职工和群众收听收看中国共产党第十七次全国代表大会开幕实况，并对收听收看情况进行了督查，确保收听收看的质量和效果。通过收听收看，石林县各级领导、干部、群众认为，胡锦涛代表第十六届中央委员会所作的报告，从十二个方面进行了深刻阐述，充分展示了五年来的成就，对今后的工作提出了新的要求，明确了主题、指导思想和路线方针。认为报告高瞻远瞩、令人鼓舞、振奋人心、催人奋进，表示将结合实际，在下步工作中深入学习贯彻好党的十七大精神，按照科学发展观的要求，全面构建和谐社会，推进石林经济社会又好又快发展。在石林县收听收看十七大开幕式现场，县委书记柳文炜就如何学习贯彻党的十七大精神作了安排。一要学习好党的十七大精神。把学习党的十七大精神作为当前的首要政治任务，作为指导全县工作的纲领性文件，认真领会十七大精神实质和内涵，用党的十七大精神武装头脑，指导工作。二要宣传好党的十七大精神。全县各级各部门要认真学习，广泛宣传，使党的十七大精神家喻户晓，深入人心。三要贯彻好党的十七大精神。要与当前工作和石林实际结合起来，高举中国特色社会主义伟大旗帜，推动石林经济社会跨越式发展，构建和谐石林。

【县乡（镇）换届选举工作动员会】 10月23日，石林县召开县乡（镇）换届选举工作动员会。县级领导，各乡（镇）党委书记、乡(镇)长、人大主席、党委副书记、组织委员，各村委会（社区）党支部（总支）书记，县直各部委办局、人民团体、企事业单位、省市驻石各单位主要负责人、办公室主任参加了会议。会上，县委书记柳文炜作了《提高认识，明确要求，狠抓落实，圆满完成县乡镇换届选举工作》的动员讲话，就抓好换届选举工作提出三点要求：一是统一思想，提高认识，切实增强做好县乡(镇)换届选举工作的政治责任感。全县各级各部门要以推进石林跨越式发展、加强领导班子和干部队伍建设、进一步发挥人大和政协作用的高度来认识这次换届工作，切实把这件事关全县改革发展稳定的大事抓紧抓实抓好。二是把握政策，明确要求，高质量完成县乡（镇）换届选举工作。要准确把握中央、省、市委关于加强领导班子和干部队伍建设的新要求，认真贯彻落实省、市委的部署和相关配套政策措施，严格按照有关法律法规，规范运作，稳妥实施，确保石林县县乡（镇）换届选举工作顺利开展。一要明确要求，把思想认识统一到县委的部署上来。二要分步实施，按照统一的时间安排有序进行。三要抓住关键，抓好换届工作中的重要环节。四要突出重点，积极推进换届选举工作。五要坚持原则，确保换届选举顺利推进。三是加强领导，严肃纪律，确保县乡（镇）换届选举工作顺利进行。各有关部门要本着对党和人民高度负责的精神，科学谋划，统筹兼顾，加强领导，明确责任，精心组织，周密安排，确保换届工作顺利进行。要加强组织领导，做好舆论宣传，严肃换届纪律，正确处理好换届工作与日常工作的关系，以换届选举为契机，进一步理清发展思路，明确工作目标，充分调动各方面的积极性，进一步凝聚人心、增进团结、振奋精神，确保思想不散、秩序不乱、工作不断，确保以发展保换届、以换届促发展，确保换届工作和日常工作“两不误、两促进”。

【石林县见义勇为协会成立暨见义勇为先进分子表彰大会】 为传承和弘扬“见义勇为光荣，见义不为可耻”的中华民族传统美德和社会正气，推动全县社会治安综合治理和平安创建活动深入开展，10月31日，石林县召开县见义勇为协会成立暨见义勇为先进分子表彰大会。县委、县人大、县政府、县政协分管或联系领导，县直单位和乡镇领导、派出所所长、综治干事、政法各部门中层以上干部参加了大会。会上，命名表彰了12名县“见义勇为先进分子”，通报和表彰向县见义勇为协会捐款的先进单位和先进个人。县委副书记裴演兵宣布石林县见义勇为协会成立，并向协会授牌，要求全县各级各部门要充分认识见义勇为事业的重要意义，激发调动广大人民群众参与社会治安综合治理的积极性；要大力弘扬见义勇为精神，在全社会形成关心见义勇为、支持见义勇为、参与见义勇为的良好社会风气；要充分发挥见义勇为协会的作用，在搞好表彰奖励的同时，关心见义勇为人员，认真负责地做好对见义勇为人员的救助、康复、抚恤等工作，使见义勇为人员的合法权益得到有效保障。

【全县干部大会】 10月26日下午，石林县召开全县干部大会学习贯彻党的十七大精神。县级领导、实职副科以上干部、新农村建设指导员参加了会议。会上，县委书记柳文炜结合省、市关于认真学习贯彻党的十七大精神的有关要求，提出石林县从三个方面认真学习贯彻党的十七大精神。一、深入学习，领会实质，用党的十七大精神统一全县广大党员干部群众的思想，切实做到“四个把握”和“四个统一”。“四个把握”，即：牢牢把握中国特色社会主义这一面旗帜；牢牢把握夺取全面建设小康社会的新胜利、开创中国特色社会主义事业新局面这一主题；牢牢把握贯彻落实科学发展观这一条主线；牢牢把握“解放思想、改革开放、科学发展、社会和谐”这一精髓。“四个统一”，即：把思想和行动统一到党的十七大精神上来，用党的十七大精神调动和激发全县广大党员干部群众的热情和干劲，凝聚全县力量，开拓创新，突出重点，扎实工作，全面推进石林经济社会又好又快发展；把思想和行动统一到“构建和谐石林、全面建设小康社会”的奋斗目标上来，着力建设富裕石林、生态石林、文化石林、民本石林、开放石林、诚信石林、法治石林、平安石林；把思想和行动统一到“石林经济社会跨越式发展”的工作大局上来，积极跟跑，加快发展增实力，力争从全市三大发展板块的第二板块跨入第一板块；把思想和行动统一到“33542”发展战略、“12345”旅游国际化发展战略、“一路三区、一河三片”现代化城市发展战略上来。二、立足发展，抓好当前，全面推进石林经济社会跨越式发展，着重抓好十个方面的工作。一是按照市委下达的目标管理任务，对照县委、县政府的目标管理任务，结合各自实际，查缺补漏，确保各项目标完成。二是做好县乡镇换届选举工作，选好人大代表和协商好政协委员，选好配强县乡领导班子。三是抓好重点工程、重点项目建设。四是扎实推进“五创”工作。五是搞好新农村建设。六是抓好生态环境建设。七是协调发展各项社会事业。八是做好安全生产和社会稳定工作。九是关心群众生产生活。十是及时总结2007年工作和筹划好2008年工作。三、加强领导，精心组织，迅速掀起学习宣传贯彻党的十七大精神的热潮。要求各部门、各单位要针对党员干部的实际，把学习贯彻十七大精神作为当前和2008年在职干部理论学习的主要内容来安排，通过形势报告、专题辅导、座谈讨论、党课教育等形式，组织好广大党员和在职干部的学习；突出学习重点，紧密联系石林县改革开放和现代化建设实际，紧密联系各级各部门的工作实际和党员、干部及各族群众的思想实际，紧密联系当前各项工作的实际，把党的十七大精神宣传到群众中，应用到工作上，落实到行动上。全县各级党委（党组）要以学习贯彻十七大精神为主线，统筹兼顾，突出重点，妥善处理好学习传达十七大精神与推进当前各项工作的关系，以学习十七大为契机，进一步理清发展思路，明确2008年和今后一个时期的奋斗目标、工作重点和主要任务，充分调动各方面的积极性，推动全县经济社会健康协调发展。

【收看收听党的十七大精神报告会实况】 11月8日，石林县组织收看收听中央宣讲团在昆明举行的党的十七大精神报告会。会议由省委书记白恩培主持，中央组织部副部长欧阳淞作报告。县级领导，实职副县级以上离退休老同志，各乡（镇）、县直各部委办局、人民团体、企事业单位实职副科以上领导，省、市驻石单位主要负责人，驻石部队连级以上干部；县委党校全体教师和石林县第二批、第三批机关年轻干部培训班全体学员参加了报告会。

【收听收看省委宣讲团党的十七大报告会】 11月16日下午，省委宣讲团党的十七大报告会在市政府举行。石林县组织各乡（镇）、县直各部委办局、人民团体、企事业单位主要负责人通过云南省电信会议传输系统收听收看了报告会。省委宣讲团成员、省委政策研究室副主任郑维川作了精彩讲解，宣讲报告紧扣主题，思路清晰，重点突出，阐述深入浅出。报告会结束后，县委书记柳文炜指出，按照市委、市政府的要求，目前，石林县全面掀起了学习党的十七大精神热潮。按照县委分阶段抓好学习的要求，在第一阶段收听收看、及时传达和初步学习宣传的基础上，要按时转入下一阶段，准确领会和把握党的十七大精神实质。一是各部门各单位要认真组织原文学习，县委宣传部等部门要组织好市宣讲团到石林县的学习辅导。二是县委组织部、县委党校等部门要充分利用好党校平台，认真组织全县副科以上领导干部进行一次辅导轮训。三是县委宣传部要牵头组织宣讲团，采取灵活多样的形式，深入机关、乡镇、农村、企业进行广泛宣传。四是及时发现和宣传学习典型，总结学习好经验、好做法、好形式。五是学以致用，结合工作实际，及时开展年底工作调研、总结等工作，总结好2007年的工作，结合党的十七大精神，筹划好2008年的工作。

【县第十二次团代会】 12月22日，石林县召开县第十二次团代会。开幕式上，县委书记柳文炜作了《贯彻十七大精神，落实科学发展观，全面建设小康石林的实践中谱写新的青春篇章》的讲话，对全县团员、青年朋友们提出希望和要求：一是团员青年要争做有识、有志、有德、有才、有为的时代青年；要争做勤于学习、敏于求知的知识青年；要争做胸怀理想、志存高远的有志青年；要争做知荣明耻、崇尚文明的道德青年；要争做锐意开拓、争创一流的创新青年；要争做肩负重任、敬业奉献的有为青年。二是共青团工作要有思路、有创新、有重点、有作为。有思路才有出路，有创新才有发展，抓重点才会出亮点，有作为才会有地位。全县各级共青团组织要紧紧围绕全县中心工作，坚持“建设、服务、创新、发展”的理念，把服务大局和服务青年有机结合起来，团结带领广大团员青年创造性地开展工作，在加快石林跨越式发展中建功立业。

【县委民主生活会】 12月26日，石林县委召开2007年度民主生活会。会议的主题是学习贯彻党的十七大精神，进一步提高落实科学发展观的能力，切实加强领导班子执行力、创新力、凝聚力建设，查找不足和问题，积极开展批评和自我批评，提出切实可行的整改措施。会上，每一位班子成员坚持实事求是的原则，从团结的愿望出发，本着对同志、对组织、对事业高度负责的态度，开诚布公，畅所欲言，大胆进行了批评，切实做到讲党性不讲面子，讲原则不讲关系，讲主观不讲客观，讲要害不讲枝节。县委书记柳文炜还通报了2006年度常委班子民主生活会整改措施落实情况、对班子和个人征求到的意见和存在问题，明确了下步整改措施和工作重点。通过此次会议，达到了提高认识、统一思想，交换意见、找准问题，加强沟通、增进团结，开拓思路、明确方向的目的。

【石林旅游庆功大会】 12月31日，石林县召开旅游庆功大会。县委书记柳文炜作了《发扬申遗精神，发挥品牌效应，再创旅游新业绩，再铸发展新辉煌》的讲话，全面总结了2007年的旅游工作：2007年石林接待游客突破300万人次，入园游客突破260万人次，直接收入实现3亿元，综合收入实现10亿元，旅游发展再创新佳绩。2007年，石林县紧紧围绕“创建世界一流景区、打造国际旅游胜地”目标，坚持不懈地巩固申遗环境整治成果，扩大景区品牌效应，全力搞好资源保护，改善景区旅游环境；加大宣传营销力度，积极开拓客源市场；石林景区先后创建为首批国家5A级旅游景区，荣获“中国民间文化遗产旅游示范区”；石林成功列入世界自然遗产名录，摘取了世界级的桂冠，石林真正由国内品牌转变为国际品牌，石林旅游发展由国内走向了国际。

县委办公室

【县委办公室】 1949年4月至1951年10月设专职秘书1人；1951年11月至1956年4月设秘书处；1956年4月至1958年11月称秘书科；1964年2月设办公室；1968年11月，为县革委办事组取代；1971年8月恢复办公室（实行县委办公室、县革委办公室两块牌子一套班子）；1980年12月，党、政分设办公室。2007年，办公室下设综合科、秘书科、信息政研室、县委目标督查管理办公室、行政后勤科，县接待处归口县委办公室，县委县政府信访局、国家保密局、县委机要局隶属县委办公室管理，其中国家保密局、县委机要局实行两块牌子一套班子。办公地点在石林县环城东路137号县委机关大院内，其中县政府信访室单设在县政府值班室旁。年底，县委办公室有在职干部职工39人。2007年单位获昆明市保密工作先进单位、昆明市机要部门先进集体、昆明市党委系统信息工作一等奖、昆明市党委系统督查工作二等奖以及石林县申遗工作先进单位、石林县创卫工作先进单位、石林县平安单位等荣誉称号。2007年，协调资金11.5万元，修缮路美邑镇阿怒山村委会打野山蓄水坝塘和大地梁子进村道路约3千米，维修阿怒山村人饮管道。同时，动员干部职工捐资捐物1.5万余元，帮助解决贫困户生产生活问题。

主　　任：李正平
常务副主任：王永乔
副 主 任：王松梅（女，11月止）
　　　　　毕卫东（彝族）
　　　　　李宏伟
　　　　　周林春

【综合协调工作】 围绕中心，服务大局，加强同市委办公厅的工作联系，主动询问和了解市委、市委办公厅的工作重点和工作动向，全力为县委提供超前服务。密切同全县党政办公室系统的横向联系，联合组织、宣传等部门组织召开了全县督查工作暨办公室工作会，进行了表彰奖励和业务培训，提高了全县党政办公室系统服务经济社会发展的水平。对重要活动和工作，加强与“四办”的会商与联络，共同为全县的重大活动和重要工作做好保障服务。根据县委的决策部署和领导安排，充分发挥主观能动性，收集县委领导班子重要工作和重大活动事项，积极发挥县委总揽全局、协调各方的领导核心作用。认真细致做好上级机要文件和本级文件的收发、承办、传阅及管理工作，处理好各类来电来访，及时、高效地办理领导批示事项。2007年共收发各级文件60355份，其中：上级文件715份，本级文件11000份，下发文件48640份；办理上级和本级文件、明传电报、会议通知及各类请示、通知、请柬、函及领导批示交办件等各类办件1016份。加强档案规范化建设管理，做好2007年上级和本级文件材料的分类整理、编目装订、立卷归档工作，共整理归档文件材料90卷1350件。做好县委大事记编写及党报党刊征订工作。较好地完成了办公室内部干部统计、人事劳动、年终考核及民主评议党员等各项工作。

【办文办会工作】 2007年起草、综合、修改县委领导四干会、县委十届二次全会、建党86周年纪念大会、林权制度改革等各类讲话材料110篇；办理、校核各类稿件440件；制发石字头公文284个（“石干”除外），其中：“石发”文件30个4300份，“石办发”文件42个6000份，“石办通”文件93个13500份，“石党批”文件51个400份，会议通知49个6000份，编发《工作通报》8期1200份，“会议纪要”3个，“石复函”7个，“石复函复”1个；承办、协办重要文稿、领导讲话110个；办理县委常委会决定事项47份，拟办请示件110多份。在公文承办中，规范公文制发程序，改进文风，提倡写短文、讲实话，努力做到“准”、“新”、“深”、“细”、“快”。发挥职能，加强对各乡（镇）、县直各部门党办的办文业务培训、指导力度，组织开展了“好公文”评选活动，规范了公文制发程序，进一步提高了全县办公室工作人员的办文业务水平，办公室在公文制作、运转及印制方面都上了一个新台阶。

严格按“会前抓准备、会中抓服务、会后抓管理”三个环节，认真细致搞好会务工作，确保会务工作制度化、办会规范化。2007年，积极参与办理和独立办理县委常委会议、县委中心学习组会议、县委全体（扩大）会议、四级干部大会、时代前沿知识讲座、十七大收听收看、县委领导主持召开的协调会等各类大中型会议以及申遗庆典、火把节活动等大型活动，做到了组织周密、服务完善、程序规范，会务服务保障质量明显提高。

【信息政研工作】 坚持创新观念、改进方式、注重效能的原则，对加强党委系统信息工作进行了积极探索和尝试，不断推进和完善信息工作机制，积极开展工作，使信息服务质量和水平得到进一步提高。加大信息网络阵地建设力度，全县已形成了一个纵到底、横到边、反应灵敏快捷的信息网络。加强对信息员的业务培训，深入各乡（镇）、各部门指导信息采集、编发工作。强化节假日和重大信息日报制度，充分发挥信息主渠道作用，使上级部门、县委领导及时了解掌握石林县经济社会发展的主要情况和县内发生的重大事件并及时处理。全年上报中央、省、市上级部门各类信息630篇，其中：中央办公厅采用23篇，省委办公厅采用63篇，市委办公厅采用135篇；编发信息80期，信息内刊9期，及时、全面、准确地为中央、省、市、县委和基层提供信息保障服务。围绕县委、政府中心工作，组织开展了旅游产业转型升级、新农村建设、经济社会发展等专题调研活动，撰写了调研报告3篇，为县委决策提供了参考服务。

【督查工作】 围绕县委、县政府中心工作，强化决策督查反馈，切实抓好专项查办，始终坚持把发现和解决重大决策落实过程中不落实的问题和讲求实效性作为督查工作的出发点和落脚点，在抓不落实的问题上狠下功夫、见成效，努力追求决策目标的实现，在协助县委、县政府抓好重大决策、重要工作部署的贯彻落实中发挥了应有的作用。成立了县委目督办，进一步强化督查职能，建立了与新形势相适应的科学规范、严谨有效的督查工作运行机制，在实践中积极探索不断创新督查工作。加大立项督查和专项督办工作力度，狠抓粮烟生产、新农村建设、申遗环境整治、"五创"工作、基础设施建设等重点工程、重点项目、重大活动的决策落实，有力地推动了各项工作的顺利进行。全年共开展联合督查20次，先后进行了1次春耕生产情况督查、1次火把节筹备情况检查、2次森林防火检查、3次烤烟揭膜和移栽情况检查、3次村级组织换届选举督查和5次烤烟收购督查，形成《督查简报》15期。全年向省委办公厅督查室报送督查专报10期，向市委目督办报送督查专报13期，向县委、县政府领导报送督查专报18期，完成领导批示件办理32件，督查办结率达100%。保质保量完成了市委、县委交给的督查工作任务，确保了各项重大活动、重点工程的顺利、快速推进。

【保密机要工作】 扎实开展"五五"保密法制宣传教育，在全县7500名在职在编干部中广泛开展了保密知识竞赛和保密工作征文活动。举办了入党积极分子、中青班、党校函授学员、办公室主任等保密业务培训。依法行政，加大保密督促检查力度，组织开展了计算机网络保密安全、废旧物品收购站点、印刷复印行业等保密专项检查10次。强化保密技术防范水平的提高，全县共安装网络安全物理隔离卡47套（台）。注重环节监管，严格对试卷运送、保管、考试等各个环节的监管，协助人事、财政、卫生、党校、教育等部门圆满完成各类考试工作。向市委办公厅清退了2005年、2006年度中央、省、市委"三密"文件资料437份，清退集中销毁各类内部文件和涉密资料9890千克，确保了国家秘密安全。全年全县无失泄密事件发生。机要人员坚持"人在密在，密不离人"的工作态度，严格执行机要工作制度，坚守24小时值班岗位，始终把围绕党的中心工作服务全局作为机要工作的主题，为全县党政领导和机关提供了机密、及时、准确的密码通信和信息传输服务，全年无延、压、误、漏、错发电报事故发生。

【信访工作】 认真贯彻执行《信访条例》，坚持把矛盾化解在一线、化解在萌芽状态的信访处置原则，化解各种社会矛盾。2007年受理群众来信来访362件，其中：来信102件，来访260起1319人次，与上年相比，来信总量减少56件，来访总量减少33起373人次。县级领导接待来访群众40批75人次，办理交办信访案件90件，领导批示件34件，大力开展矛盾纠纷排查调处工作，预防化解社会矛盾，确保全县社会政治稳定。

【接待工作】 树立"大接待、大服务"意识，早谋划、早布置、早落实，加强沟通协调，认真制定方案，落实每一环节，把接待工作做深做透。2007年，圆满完成了县级以上（含县级）五班子领导的公务性接待和联络以及领导交办的其他接待工作；和上级对口业务部门完成中央、省、市、县在石林县举办的各类大型会议、活动等有关接待工作；做好上级部门领导到石林县检查指导和兄弟友好县（市）区到石林县考察等各项接待工作，做到了规范、节俭、务实，充分发挥了"接待也是生产力"的重要作用。

【行政后勤工作】 加强规范化管理，严格履行财务核算和财务监督职能，认真做好县委机关部委办局（县纪委除外）、群团组织财政拨款和预算外资金的核算管理和服务、协调工作。严格财经纪律和开支标准，管理好县委和县委办公室各项经费，防止国有资产流失。认真做好县委机关大院水、电、固定资产及生活、办公用品的管理工作，进一步改善机关食堂膳食条件。合理调度安排领导用车和各科室工作用车，实行定点车辆维修、加油，做到安全驾驶无交通事故发生。严格落实安全保卫工作的各项措施，坚持昼夜值班、巡查制度，消除火灾隐患，确保县委大院安全无事故。美化机关环境，坚持每周一打扫办公室卫生制度及清扫县城大街活动，并落实专人做好平时县委大院的环境卫生工作，确保机关大院整洁干净，年内获得了"五星级"园林单位称号。

【组织建设工作】 一是加强领导班子建设。强化理论学习，提高理论水平和决策能力，增强了班子整体凝聚力、战斗力和创新力；维护领导班子团结，讲党性、顾大局，相互尊重，相互信任，相互理解，相互补台；坚持民主集中制，凡涉及办公室的重大事情和重要工作，都由集体研究决定。二是加强干部队伍建设。坚持凭实绩论奖惩、以成绩看干部，调动干部职工的工作积极性。坚持每月集中学习制度，开展机关干部作风、细节决定成败等大讨论活动，进行办文、信息、保密、接待等业务知识讲座和计算机技能竞赛，安排人员到市委办公厅跟班学习，做好干部职工轮岗锻炼和下农村基层锻炼工作，创造条件组织干部职工外出参观考察学习，全力提高办公室干部职工知识水平、业务技能、文稿写作、语言表达、综合协调等方面的能力。大力培养年轻干部，主动给年轻干部出题目、压担子、加任务，提高他们的工作能力，在全体干部职工中形成比奉献、比工作、比成绩的良好氛围。2007年，办公室干部职工在“申遗”、“创卫”、乡镇机构改革等工作中受到县委、县政府表彰奖励22人次。

（撰稿人：县委办公室 赵 丹）

组织工作

【县委组织部】 1950年2月，成立县委组织部。2007年，内设办公室、干部科、组织科、干部监督科、人才科5个职能科室和县直机关党委、县委老干部局、县委党员电化教育中心3个部门归口县委组织部管理。年底实有干部职工26人（含3个归口管理部门人员）。2007年，石林县卓有成效地开展了全省“科学规范和有效监督县（市）区委书记用人行为”调研试点县和全市新的领导体制和工作运行机制试点县工作；县委组织部被市委组织部评为全市村级组织活动场所建设工作先进集体、2006年度领导班子统计年报表全优报表单位、2006年党内统计报表全优报表单位、2006年度机关干部统计年报表优秀报表单位、2007年度全市党员电化教育工作先进集体，拍摄制作的《圆石林申遗梦》获昆明市第十届党教片三等奖；被县委、县政府命名为2007年度基层满意县直单位、县委大院“平安单位”。2007年，资助支农联系点石林镇和摩站村委会7000元。

部　　长：王国亮（7月止）
　　　　　王　昆（10月起）
常务副部长：王云龙（彝族）
副 部 长：高云曦（女）
　　　　　赵　蓉（女，1月起，兼）
　　　　　杨春宝（11月起，兼）

【党组织情况】 2007年12月31日止，县委管辖的基层党委有17个，其中：乡镇党委8个，县直部门党委9个。全县建有党总支39个，其中：农村党总支17个，机关企事业党总支22个。党支部346个，其中：农村党支部151个，机关企事业党支部195个。全县有党员9705名，其中：女党员2113名，占党员总数的21.77%；少数民族党员3181人，占党员总数的32.78%。

党员职业结构：在岗职工党员2841名，占党员总数的29.27%；非公有制经济单位党员199名，占党员总数的2.05%；农村党员5395名，占党员总数的55.59%；离退休党员1068名，占党员总数的11%；其他党员401名（主要指个体劳动者、县直单位家属党员、自由职业者、个私企业主和大中专毕业生尚未就业人员），占党员总数的4.13%；新的社会阶层党员240名，占党员总数的2.5%。

年龄结构：35岁以下党员2080名，占党员总数的21.43%；36～45岁党员2630名，占党员总数的27.10%；46～54岁党员1753名，占党员总数的18.06%；55～60岁党员840名，占党员总数的8.66%；60岁以上党员2402名，占党员总数的24.75%。

学历结构：研究生12名，占党员总数的0.12%；本科1023名，占党员总数的10.54%；专科1293名，占党员总数的13.32%；高中1747名，占党员总数的18%；初中及以下党员5630名，占党员总数的58.01%。

【科级干部情况】 2007年底，全县有科级干部385名，其中：正科171名，副科214人；妇女干部68名，占17.66%；少数民族干部123名，占31.95%；非党干部30名，占7.79%。

【领导班子建设】 加强领导班子思想政治建设，开展民主集中制教育，建立健全各级领导班子抓分管业务工作、分管部门思想政治建设工作的“一岗双责”机制，增强各级领导班子自我提高、自我完善、自我解决问题的能力。推进领导班子配备改革，抓好全市健全换届后党委领导班子新的运行机制试点县工作，制定《中共石林县委常委分工负责制试行办法》和《县委议事规则》，规范了领导体制、工作机制、运行方式，形成了用制度管权、按制度办事、靠制度管人的有效机制，增强了县委领导班子的整体效能。

【干部人事制度改革】 2007年，以石林县被省委组织部确定为“科学规范和有效监督县（市）区委书记用人行为”调研试点县为契机，规范干部选拔任用初始提名权，拓展提名渠道，框定提名标准，严肃提名纪律，制定了乡科级领导干部选拔任用工作流程和巡察、测评、评议、推荐制度及考核等8项配套制度，调研试点工作取得了理论和实践成果，《石林县规范干部选拔任用初始提名权》被中组部《干部监督工作通讯》第6期、《党建文汇》第9期刊载，得到上级组织部门的充分肯定和全县干部、群众的好评，有力地推进了干部人事制度的改革。开展调研试点工作一年来，县委常委会进行5次票决，全部获得了通过，共任免干部162人，其中：提拔任用85人（副科提为正科41名，一般干部提为副科44名），平职交流43人，程序性免职7人，免职5人，任改非9人，职务名称变更1人，提前退休1人，兼职任免11人。

【领导干部执政能力建设】 以“三力建设”为重点，建立完善思想政治建设巡察制度，全年开展两次巡察，巡察结果作为调整班子和干部任用的重要依据，探索领导干部“能下”机制，推行任职到龄任改非和末位淘汰制，加大对工作不在状态、违规违纪干部的惩戒力度，免职干部4人，疏通干部“出口”，着力提高领导干部的执行力。扎实开展创新教育培训，推进“学习型”班子创建活动，建立健全鼓励创新工作机制，大力褒奖敢闯、敢试、敢于负责的领导干部，不断强化各级领导干部的创新力。完善领导班子议事决策机制，坚持民主决策、科学决策和依法决策，2007年增开了以“加强领导干部作风建设”为主题的专题民主生活会，形成了团结干事的良好氛围。

【干部教育管理工作】 2007年，落实大规模培训领导干部要求，选派7名副县领导进行异地挂职和培训，选送55名乡科级以上干部参加了各级各类培训，办理了2名市下派干部到石林县挂职工作，下派了92名新农村建设指导员。完成石林县享受“7·23”（按照市委7月23日会议精神，符合条件提高享受正、副县职级待遇的干部）待遇的43位同志、28名副县以上领导的工资套改工作，组织副县以上33名在职领导干部参加全市统一组织的干部体检。加强干部的监督管理，对6名乡科级领导干部进行经济责任审计，对全县347名乡科级领导干部的收入和有关事项进行严格申报，办理22批28位同志因公出国（境）人员的审批手续、6批6人次因私出国境手续。

【党员教育管理工作】 坚持发展党员“四制”工作，2007年底发展党员224名。强化党员教学工作，创新案例教学新模式，完善农村党员电化教育体系，圆满完成各级各类培训任务。落实农村党员管理各项措施，农村党员户评星挂牌占97.17%、无职党员设岗定责达90%以上。重视流动党员教育管理服务工作，把流出的58名、流入的18名党员全部纳入教育管理服务范围，在流入党员较多的石林镇成立了流入流动党支部。健全党内互助机制，对建国前入党和70周岁以上农村党员进行定期补助，对特殊困难党员开展关爱活动。正常开展党员政治生日谈话、机关党员身份公示、党建理论研讨、“三会一课”、创先争优等活动。突出“迎接、学习、贯彻十七大精神”为主题，以开展征文活动、收看电视直播实况、党委中心学习组学习讨论、副科以上干部收看中央、省、市有关电视电话会、年末党员领导干部入村宣讲、专题培训村支部（总支）书记、全县经济社会发展各项工作专题调研等形式，在全县掀起“大学习、大宣传、大贯彻”十七大精神高潮。

【党的基层组织建设】 注重村级组织班子建设，扩大“两委”成员“交叉任职”。2007年村级组织换届选举中，书记、主任“一肩挑”比例达到67.4%；建立村“三职”干部的激励约束机制，把村“三职”岗位补贴由每人每月正职390元、副职379元分别提高到“一肩挑”的800元、分设的正职750元、副职700元，增强村干部岗位吸引力，激发干事创业的工作热情。扩大党内民主，全面推行党务公开制度，积极探索党代表常任制度，建立健全了党委委员联系党代表、党代表联系党员、党员联系群众的“三级联系”制度。筑牢村级组织活动阵地，圆满完成9家新建、2家修缮村级组织活动场所建设检查验收工作，统一订购7万余元的配套设施，进一步强化活动场所“一室多用”的综合功能。社区党建工作有序推进，“两新”组织党建工作彰显活力，9个规模以上非公有制企业党组织建设覆盖率达100%，党的基层组织建设全面推进。

【党建创新工作】 2007年党员联系、服务群众工作取得新突破，在落实“三培养”五年规划和年度计划的基础上，建立百名党员领导干部与百名农村党员“一对一”捆绑培养机制，担保提供数额5000元为期一年的低息贷款作为发展资金，培养壮大新农村建设的带头人。创新了基层党组织工作方式，探索建立了以农户为基础，以产业为依托，以协会为载体，党组织抓协会、联公司、带农户的“党组织＋协会”、“党组织＋公司”等模式，形成了以长湖镇阿着底等村为代表的示范点。强化乡镇为民服务中心建设，积极探索“一站式”、“阳光式”、“开放式”、“多元化”等运行机制，形成了县、乡、村和村民小组四级联动、覆盖全县、功能完备的为民服务网络，为民服务中心（站、点）在帮助群众解决生产、生活困难，化解社会矛盾等方面发挥了积极作用。有效提升机关效能建设水平，广泛开展“六查六看、六解决、一主题实践活动”，推行“双岗双责两考核”为主体的机关党员绩效考评机制。进一步加强流动党员教育管理工作，开通流动党员咨询服务专用电话，建立流动党员服务中心，设立流动服务窗口，采取“样本式”、“登门式”、“协作式”、“拉网式”四种方式，积极探索双重管理、双向联系等有效措施，保证流动党员“流动”不“流失”、离乡不离党。

【人才工作】 人才工作环境进一步优化，牵头制定了《2007～2010年干部教育培训规划》、《石林县2007年干部培训计划》，普遍建立“一把手”抓人才工作目标责任制，进一步整合人才工作的力量和资源，形成县委统一领导，组织部门牵头抓总，有关部门各司其职、密切配合，社会力量广泛参与的人才工作格局。搭建“引智”“激才”平台，积极筹备人才协会成立相关工作，初步推荐121名领军人才作为首批石林人才协会预备人选。建立优秀人才激励机制，坚持“一年一评比，两年一表彰”，2007年命名表彰了70名各条战线上的优秀人才。组织推荐参加了第二批云南省拔尖乡土人才和人才工作先进工作者评选活动，营造了有利于各类优秀人才脱颖而出的良好环境。拓展育才渠道和规模，畅通党政人才培训渠道，

6月12日，石林县召开强化乡(镇)为民服务中心建设现场会

采取外学、内培、上挂、下派等形式，继续开展机关年轻干部到基层锻炼工作，有序开展“8+X”培训，选派干部到发达地区挂职和参加行政院校培训，推进学习型领导干部队伍建设。精心组织开展“科技之光”工程培训，加大专业技术人才培训。继续开展卫星远程企业大学培训，组织23名企业经营管理人员远赴西安、西藏等地考察民营企业，提高企业管理人员的管理水平。分层次、分类别加强农村实用人才和乡土人才培训，培养培训了一批“土专家”和“田秀才”。2007年投入经费140万元，培训各类人才29期、2786人次，其他政治理论培训、政策法规培训等非主体培训27期、8893人次，副科级以上领导干部参训率达100%，五支人才队伍（党政人才队伍、专业技术人才队伍、企业经营管理人才队伍、高技能人才队伍、农村实用人才队伍）整体素质得到提高。

【组织部自身建设】 2007年，对照省委组织部“三个一流”的目标要求，开展机关效能建设“六个一”岗位大练兵活动，即开展一组体育锻炼活动，增强组工干部的体质；开展一次计算机操作比赛，提高组工干部的基本业务技能；开展一次演讲比赛，提高组工干部的语言表达能力；开展一次好公文评比活动，提高组工干部的写作能力；开展一次查找错字、别字、漏字比赛，增强组工干部的严谨工作意识；开展组工干部联系一名“三培养”对象活动，增强组工干部带领群众致富的责任意识。继续坚持执行《组织工作失误登记制度》，建立重点工作任务分解落实机制和工作例会制度，推动部机关沟通协调和高效有序运转。建立覆盖组织部各科室的组织系统专网，同步完善了党组织党员基本信息库、县管干部信息库、人才信息库和干部人事电子档案，建立健全部内各科室信息资源安全共享、省市县三级组织部门业务协同服务的办公网络平台，提高了公文的处理速度，缩短了公文的处理流程，降低了行政成本。

（撰稿人：县委组织部 陈树萍）

宣传工作

【县委宣传部】 1950年2月，成立县委宣传部。2007年，内设部办公室、宣传科、理论科、创建科、文产办5个科室，主管联系县文明办、县延安精神研究会办公室、县广电台、县外宣办，年底有干部职工12人（含县文明办1人）。单位住址在县委大院内。2007年，县委宣传部被县委命名为基层满意的县直单位；被县委、县政府授予申遗“先进集体”荣誉称号，表彰为创卫工作先进单位，命名为2007～2009年度文明单位。张鹏翔被县委、县政府表彰为申遗突出贡献者、创卫工作积极贡献者，万春林、赵振虹、艾平被表彰为申遗工作先进个人，万红刚被表彰为创卫工作先进个人。2007年资助支农联系点长湖镇舍色村委会3000元生产经费，资助3000元用于村委会办公楼的建盖。

部　　长：李福军（彝族）
常务副部长：万春林（彝族）
副 部 长：唐纯武
　　　　　张鹏翔

【干部理论教育】 用邓小平理论、“三个代表”重要思想和科学发展观武装全党、教育群众，构筑共同理想信念。在形式上，各级党委坚持每年开展两次以上中心学习组学习活动；坚持副科以上领导干部到基层上党课制度；坚持县级领导联系老干部、联系民营企业制度；坚持后备干部、农村基层干部党校培训制度。在内容上，与社会主义新农村建设、党的作风建设等主题活动相结合，以政治理论、形势政策、科技教育、法律规章等为主要内容，根据年初印发的《全县在职干部理论学习安排意见》，结合实际，采取举办专题讲座、专家报告会、参观考察等形式，认真组织开展形式多样、内容丰富的理论学习宣传教育活动。组织副科以上干部积极参加省委组织的领导干部前沿知识专题讲座14期。组织全县干部群众深入学习十七大、贯彻十七大、落实十七大精神，在全县范围内组织征订十七大文献和学习读物、《理论热点面对面（2007年）》。成立石林县十七大精神宣讲团深入各乡镇、机关、企事业单位对党的十七大精神进行40余场理论学习宣讲辅导。

【舆论引导工作】 2007年，县委宣传部围绕县委、县政府的中心工作，进一步整合县级媒体资源，充分利用广播、电视、报刊、宣传栏等载体，加大内宣工作力度，做好舆论引导工作。持续开展“三下乡”活动，加大对新农村建设、村级组织换届选举、林权制度改革、“五创”等重点工作的宣传报道。指导县广电台共播出《石林新闻》156期，采集制作广播电视新闻1300多条，制作播出各种专题片60部；县外宣办在市级以上主流媒体刊出稿件370余篇（条），专题版54个，有8个专题被人民日报和国家新闻出版署免费收录进入《中国的改革与发展》等书；县公众信息网全年上载信息近1500条，“今日石林”栏目被新华网评为云南省8个优秀网群之一。组织制作县政务公开宣传栏6期60块，不断营造有利于全县工作大局的舆论氛围。

【创建文明县城工作】 按照市委、市政府用5年时间（2007～2011年）将昆明市创建成为全国文明城市，以及在全市范围内开展文明县城创建评比活动的部署和要求，县委、县政府决定在开展创建国家卫生县城、国家环保模范城市、国家园林城市和省级平安县的同时，开展昆明市文明县城创建工作。3月30日上午，在县城双龙广场举行了启动仪式，正式启动了石林县创建昆明市文明县城工作。4月14日、17日县委分别下发了《关于开展“五创”的通知》和《石林县创建昆明市文明县城三年规划》，成立了由县委主要领导任指挥长的“五创”工作指挥机构，同时成立了5个专项指挥部，文明县城创建指挥部设在县委宣传部，指挥长由县委常委、宣传部长李福军担任，形成了党政一把手亲自抓、分管领导协同抓、职能部门具体抓的齐抓共管的创建机制。4月10日，县委召开中心学习组会议，专题研讨“五创”工作，各项创建工作主体单位在会上作了交流发言。4月12日，县委、县政府召开“五创”工作动员大会。4月27日，在县城双龙广场举行了创建文明县城科普巡回展启动仪式，科普巡回展先后到城区各中小学、各乡(镇)中学、中心学校和社会主义新农村建设示范村等进行了展出，参观展览的人数达4万余人次。

5月22日，县文明委印发了《石林彝族自治县创建昆明市文明县城2007年主题活动实施意见》，对2007年重点抓好的科普巡回展、文明通行、文明公交、文明机关、文明社区、环境优美、文明广告、文化活动和文明公民等九项活动进行了安排，明确了各项活动的牵头单位、协作单位、活动内容及工作目标。县委宣传部印发了《关于组织开展“五创”工作知识竞赛的通知》，在全县范围内开展以“石林是我家，‘五创’靠大家”为主题的知识竞赛活动。全县各级机关、企事业单位共1500多人参加了初赛段的答题；有34个代表队进入半决赛，有10个代表队进入决赛；通过6月12日、13日两天在石林会议中心举行的半决赛和决赛，路美邑镇代表队勇夺第一，县环保局、大可乡等代表队分别获得了第二、第三名的成绩。同时，对创建任务进行了分解和量化，形成了《石林彝族自治县创建昆明市文明县城各项工作指标对照表》，细化责任，多次召开文明县城创建推进会和点评会，加强督促检查，狠抓落实。特别是“车头向下、服务农村”的农村公交发展工作方面取得了突出的成效，市创建全国文明城市工作指挥部督查组组长林爽爽、省长助理米东生在石林检查指导工作时，均对石林大力发展农村公交、整治城市客运市场秩序、满足群众出行需要工作给予了高度评价，石林县发展农村公交工作取得的成效还被新华社内刊进行了刊载。

利用公民道德宣传日、科技活动周等机会，通过广播、电视、报纸、网络等载体，广泛宣传动员，组织编印了《石林县创建国家卫生县城宣传册》6万余册、《石林县创建昆明市文明县城知识读本》3万余册，做到全县机关干部职工和县城中小学生人手一册，鹿阜镇辖区居民户均一册，努力为文明县城创建等“五创”工作营造良好的舆论氛围。为积极配合“全国科普日”活动，牵头组织开展了全民科学素质行动科普知识竞赛。

12月21日，以市委常委、宣传部长、市文明办主任张红苹为组长的市委、市政府检查考评组，对石林县创建昆明市文明县城工作进行了检查考评。通过实地查看考评、查阅相关档案资料和听取工作汇报，市委、市政府检查考评组认为石林县创建昆明市文明县城工作做得非常好、非常出色，工作实在，效果明显。

【申遗宣传】 以石林成功申报为世界自然遗产和2007年火把节为契机，积极组织了来自中央、省、市各级报刊、电视、广播、网络等30余家主流新闻媒体的100余名新闻记者，对石林成功申报世界自然遗产进行了聚焦式的宣传报道，使石林申遗成功这一消息在第一时间内向全国各地广泛宣传。中央电视台一套6月27日下午3：00“整点新闻”对石林成功申报世界自然遗产进行了新闻报道；《昆明日报》提前策划，精心组织，从6月27日开始便在头版对石林申遗工作进行了系列宣传报道，刊发了石林申遗“特刊”和“号外”，其所属《彩龙中国网》全程直播了石林申遗成功过程，全面、深入报道了石林申遗工作艰辛历程；昆明电视台采取聚焦式宣传的方式，利用《昆明新闻》、《社区时空》、《我挨你说》等多个栏目全面宣传报道；《春城晚报》对石林申遗工作深入挖掘，进行有深度的宣传报道；新华社、中新社、新华网、人民网、新浪网等媒体对申遗成功进行了重点报道，人民日报、中央人民广播电台、光明日报、农民日报、中国旅游报、中国青年报、中国日报、中国环境报、香港阳光卫视、澳门莲花卫视、云南日报、云南电视台、云南经济日报、都市时报、昆明教育电视台、生活新报等各级媒体也对石林申遗成功进行了形式多样的宣传报道，创造了石林县在国家和省、市各级媒体宣传报道石林的最高纪录，对外宣传工作取得了显著成效。

2007年，还组织了中央电视台少儿频道《暑期快乐搜友大行动》、《美丽中国》等栏目组到石林摄制并播出了石林宣传节目；昆明电视台到石林拍摄播出了《石林变了》(直播昆明)、《一周看石林》(综合)和《别说我土》(MTV)；香港有线电视23台《直通世界》栏目组摄制播出了《和谐彝乡·魅力中国》；香港凤凰卫视《城市纵横》栏目组到石林拍摄石林风光电视专题片；日本亚洲宽步传播公司赴石林拍摄了电视片《梦见的中国古代文化》；德国VOX电视台到石林拍摄电视片《中国——全球经济一环》。

【文化产业发展】 加强了县文化馆、县图书馆、县文管所、县民族体育场等文化事业单位的劳动、人事、分配三项制度的改革力度，在阿诗玛艺术团和石林艺术团的基础上，正积极酝酿组建成立云南石林阿诗玛民族歌舞团。利用网络、报刊、第三届中国（深圳）国际文化产业博览交易会等载体，加强对石林撒尼古城、阿诗玛演艺中心、中国彝族第一村、石林民族工艺品交易中心、保护开发鹿阜古镇等重点文化产业项目的宣传推介力度。完成了2006年度全县文化及相关产业的调查统计工作。《石林县文化产业发展规划（2006—2010）》原则通过论证评审。组织参加了首届中国云南民族之花选拔赛，组织近600人的民间文艺队参加了2007昆明国际文化旅游狂欢节的巡游表演，获得良好宣传效果。5月3日，在石林风景区举办了《神州风貌系列第六号——昆明石林》特别邮票发行仪式，并发行相关邮品。火把节和“十一”黄金周期间，与云南日报大观周刊合作推出两期石林文化旅游专刊；与人民网云南频道合作开展石林国际火把节徽、吉祥物有奖征集活动，已征集设计方案10余种。9月26日，圭山镇糯黑村、板桥镇小叠水村、石林镇月湖村、长湖镇阿着底村四村寨荣获由昆明市文产办和市旅游局主办的“2007昆明市文化旅游特色村镇”殊荣。组织专家开发彝文电脑输入法软件取得了实质性成果。不断加大对鹿阜古镇保护与开发工作力度，成立鹿阜古镇保护与开发工作协调领导小组，组织召开了不同层次的调研会，进一步摸清情况，统一思想认识。不断加强基础设施建设，石林撒尼古城一期工程、阿诗玛文化景观大道等重点工程正抓紧建设。已建成开放的双龙文化广场、县民族体育场、数字信息化石林景区、阿诗玛文化生态园等成为全县城乡大力开展全民健身运动、推动和繁荣群众文化的重要载体，推动了农村群众文化活动。2007年，“中国石林国际火把节”被“CFIC”中国节庆产业年度评选活动组委会评为“中国节庆产业十大民俗类节庆”。2007年文化产业增加值占全县GDP的8.1%。

【机构建设情况】 2007年12月12日县编委下发文件，一是同意将石林县新闻中心更名为石林县对外宣传办公室（简称“县外宣办”），同时加挂“石林县人民政府新闻办公室”牌子，为财政全额拨款正科级事业单位，由县委宣传部主管，核定事业编制8名，至2007年底，县外宣办实有干部职工3人。二是明确石林县精神文明建设指导委员会办公室（简称“县文明办”）为财政全额拨款的正科级事业单位，由县委主管，挂靠县委宣传部，核定编制4名，设1名主任（由县委宣传部长兼任，不占编制），设1名常务副主任（由县委宣传部1名副部长兼任，不占编制），设1名副主任，至2007年底，县文明办实有人员1人

（撰稿人：县委宣传部 赵振虹）

统战工作

【县委统战部】 1955年2月，成立县委统战部。2007年内设办公室、台湾事务办公室、侨务办公室，年底有干部职工6人。办公地址在县委大院内。2007年资助支农联系点板桥镇黄家庄村委会3000元生产经费，并向有关单位协调4000元支持村委会。

部　长：周兴荣

副部长：李光正（彝族，2月起）

黄宏星（彝族，12月起）

【荐贤党外干部】 2007年，利用换届之机，坚持原则，任人唯贤，积极提名推荐党外人士担任县第八届政协委员、常委，支持和鼓励他们充分发挥政治协商职能和委员应有的作用，积极广开言路、建言献策，党外人士参政议政、民主监督渠道进一步得到畅通。县政协第八届委员中非中共党员96名，占56.8%；常委中非中共党员16名，占60%。协助县政协开好一年一度的政协全会，做好其他相关工作。

坚持“统筹兼顾，全面安排”的方针，加大对党外干部的培养选拔工作力度。2007年底，全县有副科级以上党外干部33人，其中：副县级4人，正科级7人，副科级22人，党外干部在领导层中所占的比例有了较大提高。认真抓好党外后备干部队伍建设，拥有一支数量充足、结构合理、素质良好的党外后备干部队伍。2007年底，有股所级党外后备干部248人，其中：男178人，女70人；少数民族137人；中职以上知识分子1425人。

【关心党外人士】 加强同党外干部的合作共事，关心党外干部的成长，认真做好党外人士待遇享受工作。2007年中秋节前夕，与县委组织部共同召开了一次副科级以上党外干部座谈会，与他们交心谈心，沟通思想，帮助他们解决困难和问题，充分调动他们的积极性，为民主政治建设凝聚力量；推荐了1位副县级领导参加市社会主义学院举办的青年干部培训学习，不断加强思想政治教育，提高工作能力；为符合条件的党外人士再次增加生活费补助标准，人均月增额175元，使党外人士进一步感受到了党的温暖。

【预防和处理民族事件】 切实加强与民族事务部门的协作，围绕各民族共同团结奋斗、共同繁荣发展的主题，大力弘扬“三个离不开”的民族工作指导方针，深入开展宣传，不断巩固和发展平等、团结、互助、友爱、发展的民族关系。坚决防范和打击敌对势力利用民族问题进行的各种分裂、破坏活动，正确解决和处理了“藏文化保护同盟”以“石林街景风貌改造侵犯藏文化”为由企图破坏全县民族团结、政治安定等一系列信访事件，切实维护了团结、进步、稳定、发展的大局。

【引导宗教健康发展】 坚决贯彻党的宗教信仰自由政策，充分尊重信教群众的信仰，利用“密枝节”、“三月三”等重大节庆活动深入群众广泛宣传《宗教事务条例》。积极配合宗教事务部门依法加强对宗教事务的管理，打击非法活动和组织，维护正当的宗教活动场所和爱国宗教团体的合法权益。深入宗教代表人士做好思想政治工作，支持宗教团体加强自身建设，引导他们在合法合规下开展活动，积极与社会主义社会发展相适应。

中秋座谈会现场

【团结社会新阶层人士】 坚持充分尊重、广泛联系、加强团结、热情帮助、积极引导的工作方针，把团结新阶层人士作为新世纪新阶段统战工作的战略目标和工作任务，深入非公企业宣传有关政策，调查、了解情况，帮助他们解决困难。倾听意见，畅通他们的政治诉求和维护权益的渠道，做好各项服务工作，最大限度地团结他们的队伍，凝聚他们的力量，发挥他们应有的积极作用。重视和关心社会新阶层人士的培养、选拔工作，积极提名推荐社会新阶层人士担任政协委员。县政协第八届委员中非公经济人士 42 人，占 25%。重视和支持非公经济发展，引导广大非公经济人士致富思源、富而思进，积极参与光彩事业建设和社会再就业工程，推荐了 1 家优秀企业负责人参加第二届“优秀中国特色社会主义事业建设者”评选表彰活动，并获得市委授予的“优秀中国特色社会主义事业建设者”荣誉称号。不断加强与工商联的指导和联系，共同筹备、召开了第四次会员代表大会，圆满完成会议各项任务，选举产生了新一届领导班子，为进一步做好工商联工作提供了组织保障。

【团结海内外同胞】 2007 年，全县有华侨华人 10 户 28 人、港澳同胞 4 户 16 人、归国华侨 2 户 6 人、侨眷 29 户 71 人，去台人员 45 人、台属 105 户 388 人。充分发挥阵地作用，深入企业走访调查，切实维护台商的合法权益，帮助他们解决和处理开发经济活动中遇到的困难和问题，调查落实了台胞杨立仁先生致县委领导要求解决杨家祠堂的信访件，成立了石林县台侨（联）工作领导小组，加强了基层工作网络。认真做好海内外游客接待工作，热情接待好每一位到石林旅游观光的海外、境外和台湾友人，努力增进与他们的沟通特别是与年轻一代的联络交流，全力争取人心，做好人心的统一和回归工作。圆满完成了国民党副主席考察团，民建中央领导考察团、越南阵线主席访问团、省市委统战部领导干部考察团等重点团队到石林观光的重要接待，不断提高接待水平。与此同时，利用接待之机，大力宣传石林，为吸引更多的朋友到石林旅游观光，促进石林旅游业发展做出了一定的贡献。

【慰问起义投诚人员】 石林是云南的革命老区，全县有起义投诚人员 295 人，2007 年底健在的有 58 人，其中有 7 人领取定期生活补助，家属 1170 人。这部分人是为民族解放事业和社会主义建设事业出过力、流过血的功勋之臣。但由于受当时政治环境的影响，他们中的绝大部分没有兑现落实有关政策，致使晚年无收入、生活无保障，处于拮据窘困状态。他们经常到省、市、县上访，要求解决生活、治病困难。为做好这部分人的工作，确保社会和谐安定，县委统战部积极向县委政府争取资金，对特别困难的人员给予适当照顾和补助，进一步缓和了矛盾。利用春节和中秋节进行看望慰问他们，抚慰他们的心灵；海城起义、抗美援朝、抗日战争、世界反法西斯战争胜利等纪念日组织召开座谈会，为他们提供一个共同回忆历史、抒发情怀、了解现情、憧憬未来的良好机会，丰富了他们的生活。

（撰稿人：县委统战部 杨丽华）

老干部工作

【县委老干部局】 1983 年设立老干科。1987 年 9 月，成立县委老干部局。2007 年底有职工 7 人。2007 年资助支农联系点板桥镇者乌龙村委会春耕生产和换届选举工作经费 3500 元。

组织部副部长、局长：赵　蓉（女，1 月起）

副局长：杨　梅（女，彝族，9 月起）

【离休干部情况】 至 2007 年底，石林县办理了离休手续的离休干部人数为 304 人，历年去世 148 人（其中 2007 年去世 7 人），取消离休待遇 1 人，健在的离休干部 155 人中属行政编制的 81 人、事业编制 45 人、企业单位的 29 人；正县级及享受正县级待遇的 4 人，副县级及享受副县级待遇的 39 人，其他待遇 112 人。155 名离休干部均享受了高龄补贴（现统称护理费），平均年龄 79.296 岁，其中 80 周岁以上的 63 人，离休干部已进入高龄期、多发病期、高自然减员期。其他还有异地安置在石林县代管的离休干部 7 人；副县以上退休干部（含享受待遇）77 人，其中副县级实职以上退休干部 21 人。

【落实“两费”情况】 老干部局始终把落实离休干部离休费、医疗费作为工作的重中之重。在落实完善“三个保障机制”（离休费保障机制、医疗费保障机制、财政支持机制）基本要求的同时，从制度上保证离休干部“两费”落在实处。2007 年初，县级财政预算安排离休干部医疗费保障统筹 2625000 元，另加属地代管离休干部医疗保障统筹 71000 元，总计 2696000 元，实际支出 1815434.78 元（含奖励 309008.11 元），比上年减支 362375 元。2007 年县财政安排团拜会专项经费 80000 元，老干部生日走访、离休干部遗属走访慰问经费 40000 元，老干部特殊困难补助费 50000 元，合计 170000 元。全年共发放离休干部保健费 48320 元；发放就地休养补助费 48500 元；发放住院陪护费 30980 元；解决老干部特殊困难 70 人，支付补助费 39000 元；走访离休干部遗属 89 人，发放慰问费 8900 元；支付老干部理论培训班经费 38240 元，支付为老干部订阅的《老同志之友》、《老干部参考》、《云南老年报》及活动中心报刊费 27830 元，支付老干部学习日就餐费 18000 元。年初县财政预算安排老年大学经费 20000 元，支出 39651 元，安排活动中心补助经费 10000 元，支出 16977 元，从活动中心设备购置费中支付 24200 元，对健身器材进行了维修，对麻将室椅子进行了更新。

【老干部政治待遇】 在落实老干部政治待遇中坚持按制度组织好每月 20 日下午的老干部政治学习日，认真组织学习十六届五中、六中全会精神和十七大报告、省委八次党代会、市委九次党代会及县第十届三次全委会精神，使广大老干部及时了解党中央、省、市、县委的重大方针政策。在落实老干部政治待遇中，不断完善学习方法，把离休干部划分成6个学习小组，有利于老干部在学习中交流发言，对副县以上实职退休干部采取每季度集中学习活动一次，以上学习方法受到老干部的好评。

1月23日，县委召开了全县离休干部和副县实职退休干部春节团拜会，县委书记柳文炜向到会的160名老干部作重要讲话，就全县总体情况和当前一个时期的发展思路、工作重点作了通报，并就新形势下进一步做好老干部工作提出了要求；县委副书记、县长李忠德通报了上一年全县经济和各项社会事业发展情况及新的一年的工作安排意见。5月20日，县委常委、县旅游局局长李正平就石林县旅游业发展情况、石林县景区发展规划和石林申遗情况向老干部作了通报。

4月24～27日，举办了为期4天的政治理论培训班，省委党校常务副校长黄顺及教授李敏、蒋光贵、欧黎明分别作"国际国内形势"、"云南社会主义新农村建设"、"构建和谐社会的相关问题"、"马克思主义中国化的最新成果"四个专题讲座，并组织老干部到昆明参观呈贡新区建设，组织副县实职退休干部和部分离休干部参观考察石林县水利建设情况。通过培训和参观考察，增强了老干部对县委政府工作的支持力度。

9月组织实职副县离退休干部到九寨沟、峨眉、成都参观考察旅游工作，共支出经费130000元，返回后老干部及时向县委政府就石林申遗成功后进一步创建世界一流景区、打造国际旅游胜地，做大做强石林旅游支柱产业提出了建议。

4月成立了石林彝族自治县老干部党校。11月13～14日，举办了120余名全县离退休干部党员读书班，从县提留党费中支出经费20000元。

2007年，从县提留党费中支付11880元为副县离退休干部订阅昆明日报59份。

离休干部党支部双月活动正常，老党员按时按规定缴纳党费，所缴纳党费按80%返回作为支部活动经费，党支部两次组织身体适应的老党员到澄江、陆良参观建设发展情况。全年支部活动8次。

【老干部信访】 建立信访制度，加强和重视老干部来信来访工作，对老干部来信来访按政策规定答复并做好解释和协调落实。全年接待来信来访3件，全部作了落实答复，做到解决信访件不上交、不下转，把矛盾化解在部门管辖范围内，为维护社会稳定发挥部门职能。

【发挥老干部整体作用】 积极鼓励和引导老干部发挥作用，注重引导他们加强学习、保持晚节，争做改革开放的动力、维护社会稳定的模范、关心教育下一代的引路人。2007年老干部中从事医疗的3人，返聘的3人，自我管理服务的5人，在农村老年协会任职的5人，共提出合理化建议6条，受到县委政府的重视。

【老干部活动中心】 在配齐相关设备后，进一步加强老干部活动中心健身器材的维护，麻将室、阅览室、健身室坚持常年开放。9月举办了麻将比赛，敬老节举办了游园活动。全年共接待27000人次。

【老年大学】 石林县老年大学自2005年开班以来，连续开设了文艺、书法、乐器三个班。2007年招收学员239名，并在龙泉社区和山头上村成立了老年学校，教学进展顺利，经费纳入财政预算；结合"五四"、"九九重阳节"和支农联系点的工作，开展了老年大学慰问演出暨文艺展演，丰富了老年大学的办学内容，提升了办学质量；根据老年大学教学进展和上级要求，9月成立了昆明市老干部书画协会石林大组，为书画爱好学员提供了展示平台。

【部门自身建设】 2007年对市局下达的调研题目进行了调研，全年上报信息27条，市局共采用19条。主动及时向领导汇报情况，5月30日召开老干部工作领导小组会，研究落实军队已故离休干部遗属的医保问题。2007年到医院看望住院老干部36人次，生日走访慰问老干部186人次，走访慰问遗属89人次，把县委政府对老干部的关怀送到老干部家中。加强机关作风建设，注重提高工作效率，完善部门工作职责，明确个人岗位职责，做到对老干部政治上关心、生活待遇上尽心、日常服务上热心。

（撰稿人：县委老干部局　李　国）

县直机关党委工作

【县直机关党委】 1984年4月，成立县直机关党委。2005年增设中共石林县县直机关纪律检查委员会。2007年底，县直机关党委有委员6名（1名因工作变动未补），其中：书记1名（县委领导兼任），专职副书记2名（1名为常务副书记，1名兼任纪委书记），4名委员为兼职；县直机关纪律检查委员会有委员7名，其中：书记1名，6名委员为兼职。单位住址在县委大院。年内办理了一起来访件，撰写调研文章1篇。

书　记：王国亮（11月止，兼）

王　昆（11月起，兼）

常务副书记：马海荣（彝族）

副书记兼纪委书记：张培一

【签订目标责任书】 年初，县直机关党委按照县委组织工作会议和县纪委二次全会的部署和要求，结合县直机关的工作实际，制定了具有可操作性的两个目标责任书，即：《石林彝族自治县县直机关2007年永葆先进性·"云岭先锋"工程目标考核责任书》和《石林彝族自治县县直机关2007年党风廉政建设责任书》，分别与所属的22个党总支、28个独立党支部进行签订，签订率达100%。并实行各基层党组织党政主要领导亲自部署，亲自抓落实，一级抓一级，一级向一级负责的机制，即党政主要领导对副职，副职领导对科室，科室领导对工作人员逐一签订党建和党风廉政建设责任书。为进一步指导所属各基层党组织开展好、落实好2007年县直机关党建和党风廉政建设工作，在签订目标责任书的基础上，制定了具有可操作性的2007年度党建工作要点和纪检工作要点，并以文件的形式印发所属基层党组织贯彻落实。

【思想建设】 为认真学习领会好十七大精神，县直机关各基层党组织按照县委的统一部署，积极组织党员干部职工学习贯彻十七大精神，采取中心组学习、座谈交流讨论、形势报告、讲座、撰写心得体会等形式领会十七大精神。通过学习，党员干部的思想进一步统一到了党的十七大精神上来，统一到了县委县政府的重大战略部署上来。同时，还组织广大党员干部认真学习领会中央四个长效机制文件和云南省十八项制度的精神。学习中，把巩固和发展先进性教育活动成果，深入推进“云岭先锋”工程，与学习贯彻中央四个长效机制文件和云南省十八项基层党建工作制度相结合。机关党委明确要求各基层党组织注意做到了三个结合：把深入学习贯彻中央四个长效机制文件和云南省十八项制度落实到县直机关党的建设各方面的工作之中，切实推进党的执政能力建设和党的先进性建设，不断增强党的创造力、凝聚力和战斗力；把学习贯彻好中央四个长效机制文件和云南省十八项制度落实到党的思想理论建设之中，用党的基本理论和科学发展观武装党员干部的头脑，推动工作不断创新；把学习贯彻好中央四个长效机制文件和云南省十八项制度落实到党的组织建设之中，加强党员干部队伍的建设。积极支持各基层党组织的政治理论学习，全年深入基层上党课27次，参加听课的党员干部职工1300余人次。

【组织建设】 做好新时期非公经济组织党建工作，不断探索新的工作方法、活动形式，以增强党的阶级基础和扩大党的群众基础、扩大党的工作覆盖面为工作重点，深入基层调研，与基层党组织共同探讨非公经济党建工作。在调研的基础上，对具备条件，符合《党章》规定的两家非公经济党组织上报县委组织部批准成立了云南众友集团党支部、云南石金集团党支部。对县扶贫办、县科协、县质量技术监督局达到《党章》规定成立支部委员会条件的三个党支部，由支部提出请示，并报经县委组织部批准撤销了原党支部，新组建了中共石林彝族自治县扶贫办公室支部委员会、中共石林彝族自治县科学技术协会支部委员会、中共石林彝族自治县质量技术监督局支部委员会。根据工作需要和基层党组织的实际情况，对县委办党总支、县纪委机关党支部、县工商局党总支、县林业局党总支、县计生局党支部、电信石林分公司党支部、县地税局党总支、县交通局党总支、县信用联社党总支、天合公司党总支、县科协党支部、妇联共青团党支部、政法统战党支部13个党总支（支部）班子成员进行了调整充实，基本做到了组织建立健全，班子配强配齐，活动正常有序，效果扎实明显。根据昆明市委组织部《关于将昆明市烟草专卖局所属系统党组织关系上划至昆明市烟草专卖局党委统一管理的批复》文件精神和县委的要求，县直机关党委严格按照上级有关指示，于2007年7月31日前，将县烟草公司党总支所属2个党支部61名党员、天合公司党总支所属3个党支部54名党员的党组织关系成建制上划市管。截至2007年12月31日，县直机关党委管辖的基层党组织有20个党总支，28个独立党支部，共计1353名党员。

认真做好党员发展工作，制定发展党员计划，坚决贯彻落实发展党员“四制”(公示制、预审制、入党介绍人资格审查制、发展党员票决制)工作程序。2007年，对所属各基层党组织发展党员材料把关审查52份，找入党积极分子谈话25人次，审批接收预备党员19名，办理预备党员转为正式党员手续27名。通过分阶段的多层次组织摸底排查，县直机关党委所属各基层党组织没有发现有流出或流入党员，做好了流动党员管理工作。

【作风建设】 2007年，各基层党组织结合本单位实际，以解决存在问题为切入点和突破口，组织开展形式多样的机关效能建设主题实践活动。突出表现在：积极参与到石林申报世界自然遗产工作中，按照各单位的工作职责，狠抓落实，为申遗做了大量的卓有成效的工作；在“两栽一种”中，在党政主要负责人的带领下，走出机关，走进田间地头，克服种种困难，尽其所能，帮助各支农联系点保证在规定时间内完成“两栽一种”任务；积极响应县委、县政府的号召，积极投身到“五创”工作中，按时组织全体干部职工到划分区域内和办公区域内清扫环境卫生；主动向“石林县见义勇为基金会”捐款、为普洱地震灾区及贫困地区捐款捐物；积极协助和支持村（社区）“两委”换届工作，圆满完成了村(社区)“两委”换届选举工作。

【制度建设】 进一步开展基层党组织和党员星级动态管理，把推行“五好”星级动态管理工作作为拓宽“三级联创”活动的一个有效载体，作为落实全国农村党的建设“三级联创”活动工作视频会议精神的具体措施。县直机关党委认真督促、指导各基层党组织全面开展党组织和党员“五星”动态管理工作。按照县委组织部文件的要求，向县委推荐48个“党员示范窗口”和36个“党员先锋岗”，县委于“七一”进行了命名授牌。通过党员评星和设立“党员示范窗口”和“党员先锋岗”，广大党员在学习、工作、生活中亲身感受到共产党员不是名声好听，而是要事事带头，吃苦在前，享受在后，同时也感受到党组织的关心和爱护，增强他们克服一切困难，勇挑重担的勇气和决心，在构建和谐石林中更好地发挥先锋模范作用。

【党建理论研讨】 11月8日，在县建设局大会议室召开了县直机关学习贯彻十七大精神暨机关党建理论研讨会。县直机关党委所属基层党组织负责人和组织委员共98人出席了会议。县委常委、县委组织部长、县直机关党委书记王昆就如何保持党的先进性，抓好机关党建理论创新提出了工作要求。本次研讨会共收到理论研讨文章25篇。通过9位评委认真细致的评阅，对评选出来的9篇文章进行了奖励，并选取了具有代表性的5篇文章在理论研讨会上进行交流。

【入党积极分子培训】 11月22～25日，县直机关党委与县委组织部联合，在县经济局会议室首次举办石林县非公经济组织入党积极分子培训班。参加这期培训班的入党积极分子来自县经济局所辖的非公经济组织中的职工、县工商局所辖的个体工商户共计30人。培训学员中年龄最大的52岁，最小的25岁，培训结束，经严格考试，全部合格。

11月28日至12月1日，在县科协报告厅举办了一期县直机关入党积极分子培训班。来自不同系统、不同行业的县直机关单位入党积极分子共计97人参加了培训学习。培训学员中年龄最大的46岁，最小的23岁。经严格的闭卷考试，最高分83.5分，最低分60分，平均分69.49分，及格率100%。

【机关党风廉政建设】 指导督促各基层党组织全面抓好廉政文化“十进”机关活动，工作注重做到把党风廉政教育和职业道德教育结合起来，把廉政文化与建学习型机关、服务型机关结合起来，把廉政文化建设与各基层党组织和各单位各部门工作职责结合起来，使机关党员干部牢固树立为民、务实、清廉的形象。2007年3～7月，分四个阶段（学习教育阶段、查找问题阶段、开展警示教育阶段、建立健全制度阶段），突出抓好“以加强领导干部作风建设，进一步提高执行力”为主题的党风廉政教育活动。为确实加强领导，确保教育活动顺利进行，成立了教育活动领导小组，负责县直机关教育活动的组织协调和日常工作的督促检查，使整个教育活动有人抓、有人管，工作进展良好。在教育活动中，各基层党组织采取专题集中辅导，座谈讨论、领导干部谈心、个人自学的方式进行，并且每周的学习时间都在八小时以上，通过教育活动，每个领导干部写出了一篇不少于1500字的心得体会文章上报党委办公室。围绕“五问”为主要内容，认真督促指导各基层党组织召开班子民主生活会。

5月18日，协助县纪委组织有关人员参加昆明市信访系统“创建杯”演讲选拔赛，并获得三等奖。深入到基层党组织，开展以转变机关作风为主要内容的党课教育10余节，受教育的党员干部职工1200余名。

【党费收缴】 严格按《党章》的规定，督促、指导各基层党组织积极按时足额上缴党费，截至12月31日，22个党总支（烟草公司党总支、天合公司党总支缴到6月底）和28个独立支部上缴党费共计232275.02元。

（撰稿人：县直机关党委 张培一）

党校教育

【县委党校、县行政学校】 1956年5月，成立石林县委党校。2007年，内设办公室、教务处、教研室、总务处，年底有教职工23名。单位住址在鹿阜镇朱家花园。2007年县委党校荣获“基层满意的县直单位”称号，被市委宣传部、市社会科学学会评为“社科工作先进单位”；张云喜被县委、县政府评为2007年度“优秀专业技术人员”。2007年为支农联系点长湖镇雨胜村委会硬化路面协调资金7万元，并资助6880元生产经费。

党校校长：柳文炜
行政学校校长：李忠德（彝族）
党校常务副校长：毕富兴（彝族）
党校副校长：黄甫生（彝族）
李光亮
时月慧（女，10月起）

【乡科级干部培训】 为提高乡镇干部、涉农单位科级干部素质，切实增强开展社会主义新农村建设的责任感和紧迫感，进一步理清新农村建设工作的思路，全力推进社会主义新农村建设工作，2007年7月31日至8月4日，县委组织部、县委党校联合举办了乡镇干部、涉农单位科级干部培训班，参训人员共计46人。

为深入学习宣传贯彻党的十七大精神，把全县乡科级干部的思想统一到党的十七大精神上来，2007年12月13～23日，县委组织部、县委党校联合举办了两期石林县领导干部十七大精神专题培训班，参训人员共计397人。

【公务员“8+X”培训】 2007年6月18日至8月24日，县委组织部、县人事劳动和社会保障局在县委党校举办了两期全县国家公务员“8+X”培训班。培训对象为县、乡党政群机关中年龄在50岁以下的公务员及已参加公务员登记的参公管理事业人员，两期培训人数共计261人。培训内容由8门公共管理核心课程和若干专业课程组成。“8”的部分为：宪法与政府、公共行政、公共政策、公务员制度、行政伦理、行政法、组织行为学、公共经济。“X”部分为：石林县“十一五”规划、石林县新农村建设实施方案、加强党的执政能力建设等内容。通过学习培训，广大学员掌握了有关培训内容，增长了知识，提高了运用理论分析和解决现实问题的自觉性，进一步增强了做好新形势下各项工作的责任感。

【机关年轻干部培训】 2007年10月29日至11月28日，县委组织部、县委党校联合举办了全县机关年轻干部培训班。培训对象为县级机关下派到基层锻炼的年轻干部，培训人数为39人。在培训中，学员们较好地克服了工学矛盾，积极投入，刻苦钻研，顺利完成各项学习任务。通过学习，不断提高了自身的政治素质，增强了自身的党性修养；培养了思维能力，提高了学员的理论水平和解决实际问题的能力；增强了学员的党纪、法纪意识；拓宽了学员的思路，开阔了视野。

【“云岭先锋·素质教育”工程市县统筹培训】 2007年县委党校举办了水稻栽培、人参果栽培技术、民族民间刺绣技能培训、乡村旅游、枇杷栽培技术、甜柿栽培技术、葡萄栽培技术、农技推广技术（2期）等9期培训班，培训对象来自昆明市的官渡区、西山区、东川区、禄劝县、寻甸县、石林县的农村党员、基层干部，共计1213人。通过培训学习，广大农村基层党员干部的综合素质得到进一步提高，增强了致富本领。

【全县村组干部培训】 2007年7月5～14日，在县委党校举办了两期农村党支部（总支）书记、副书记，村委会主任、副主任培训班；7月15～17日，举办了农村妇女干部素质培训班；7月18～20日，举办了村治保主任培训班；7月19～23日，举办了新农村建设试点村组干部培训班；11月19～23日，举办了村党支部书记十七大学习培训班。以上培训，参训人员共计615人。通过学习培训，进一步提高了农村基层党员干部的政治素质和业务水平，为发展农村经济，实现“三增一稳定”，全面建设小康社会打下了坚实的理论基础。

【社会主义新农村建设驻村指导员培训】 2007年6月7～8日，县新农办、县委党校联合举办了石林县2007年新农村建设指导员培训班。培训对象为社会主义新农村建设指导员、县新农村建设办公室工作人员、乡镇联络员，共计101人。通过学习培训，进一步提高了社会主义新农村建设指导员的理论水平、政策水平，增强了指导工作的能力。

【办公室主任培训】 2007年9月13～15日，为扎实推进新时期督查工作和办公室工作向科学化、规范化、高效化方向发展，县委办、县政府办在县委党校举办了全县办公室主任培训班。培训对象为各乡镇党委、政府，县直各部委办局、人民团体、企事业单位的办公室主任，共计119人。

【石林民族民间文化传承人培训】 2007年11月6～11日，为弘扬民族文化，抢救、保护和传承彝族优秀的毕摩文化，提高毕摩的文化知识和毕摩在实际应用中的操作能力，服务于彝族农村社会和民族文化的保护、开发和利用，丰富石林旅游内涵，石林县在县委党校举办了石林民族民间文化传承人培训班。这次培训为保护、开发、利用彝族文化和毕摩文化起到了加强和促进作用。

【党员干部统计培训班】 2007年6月23日，在党校计算机培训中心举办了全县党员统计培训班，参加培训人数50人。培训内容为：讲解2007年报表变化、党内统计软件使用和2007年党内统计报表填报指标解释及填报要求等。

【城镇退役士兵安置培训】 2007年4月16日至5月5日，县民政局在县委党校对符合城镇安置条件的石林县退役士兵进行了考前培训，培训人数31人。培训内容为：邓小平理论、“三个代表”重要思想、国情、省情、语文知识、安置政策、法律常识、综合素质知识等。

【行政执法培训】 2007年7月25～26日，县法制办在县委党校举办了全县行政执法培训班。培训对象为各乡（镇）人民政府、县级行政执法机关、法律法规授权组织、部分垂直管理部门的部分行政执法人员及普法骨干，参训人员共计112人。通过学习培训，使参训人员进一步提高了理论水平和综合素质，为推进依法行政、构建法治政府打下了坚实的基础。

【全国卫星远程大学培训】 2007年，全国卫星远程企业大学在石林县开讲《企业经理管理技能提升》、《员工精神塑造与团队》、《销售团队管理》、《企业规模化经营》等10个专题，有1233人次参加了学习培训。

【党校学历教育】 至2007年12月底，党校有研究生、本科、大专共12个班级，在校学员613人（含当年毕业生人数）。2007年度共完成省函经济管理本科班84人、西南科技大学成人网络教育本专科班30人、云南大学成人高考工商管理专科班110人、云南农业大学成人高考烟草专科班36人、与云南电大联合招录的“一村一名大学生计划”试点班82人的招生任务。

在2007年内毕业班级及人数为：2004级省函经管大专班47人，2005级中函法律本科班86人，合计133人。

【党校科研成果】 全年教职工撰写科研论文或调查报告32篇，其中：有22篇分别发表于国家、省、市公开刊物上，4个专题调研课题上报了县委办、县政府办，1篇入选县直机关党委组织的理论研讨会，并被评为三等奖。

（撰稿人：县委党校 黄文云）

党史研究

【县委党史研究室】 1983年3月，成立县委党史资料征集办公室。1994年机构改革，县委党史资料征集办公室与县政府县志办公室合并成立县史志办公室。1998年6月，县委决定把党史工作从县史志办公室中单列出来，成立县委党史研究室。2007年，县委党史研究室内设秘书科、征编科，年底有在职职工3人。办公地点在县委大院内。2007年，县委党史研究室被评为昆明市党史大事记征编研究工作先进单位。2007年资助了支农联系点石林镇天生观村委会2200元生产经费。

主　任：董建平

副主任：李卫萍（女，彝族）

【编纂《中共石林地方史（第一卷）》】 经过多年努力，石林县征编了大量丰富翔实的地方党史专题资料，但没有形成完整的党史书籍。按照省、市委党史研究室的要求，经报请县委批准后，石林县委党史研究室组织人员着手编纂《中共石林地方史（第一卷）》。编纂人员认真查找了上万份档案资料，走访了部分老同志、老领导及当事人，收集到石林县早期有党组织活动以来的上千份历史资料。在资料收集的基础上，编纂人员按照撰写地方党史正本的要求认真撰写，力求全面系统地反映从1927年石林县有党的活动以来至1950年，石林县各族人民在中国共产党的领导下，经过艰苦卓绝的革命斗争所取得的伟大胜利。年底，已形成《中共石林地方史》初稿，为正式出版发行打下了基础。

【编辑《石林县重要文件汇编（第一辑）》】 为丰富党史资料，反映中共石林县地方党组织团结和带领石林各族人民革命、建设和改革的活动，充分发挥文件作为印证历史的重要作用，方便广大干部群众学习和了解历史、查阅检索和利用文件，县委党史研究室与县委办、县纪委办、县档案局联合，收编石林县有党的文件开始至2005年止的县委、县纪委重要文件。2007年底完成了80余万字的录入校对任务，基本完成编纂工作。

【大事记编研工作】 大事记编研工作是党史研究的一大基础性工程，也是地方党史的一项长期性、经常性的工作。县委党史研究室坚持按季度编发，并指导各乡（镇）、各单位采集、编写上报大事记，编辑的质量不断提高。全年完成4期《石林县大事摘编》编辑工作。从2007年5月开始，按照县委的要求，县委党史研究室与县委办联合编发《石林彝族自治县委大事记》，分发到县级领导供参阅。

【各类资料文稿撰写】 2007年，县委党史研究室按照省、市委党史研究室的要求，积极撰写各类专题资料及调研文章，并按时按质上报材料。一是完成《抗战时期路南人口伤亡及财产损失调研》课题；二是完成《当代云南大事纪要》“石林篇”的县情介绍、大事记等组稿工作；三是完成了5篇口述资料的征集编撰上报工作；四是完成《路南的“三反”运动》专题资料的撰写上报工作。

在撰写地方党史资料中，一是协同县委组织部完成了《组织史资料(2001.1~2005.12)》的编纂出版工作；二是协同县委组织部、县委党校完成《石林彝族自治县党员干部教育教训教学案例选编》的编辑出版工作。

【石林县革命遗址普查】 为了摸清全县革命遗址现状，认真分析石林县红色旅游开发中存在的问题，为红色旅游资源的抢救、保护、开发利用提供参考依据，探索红色文化与旅游相结合的方式与途径，县委党史研究室2007年对全县的革命遗址进行了全面摸底调查，形成了《石林县革命遗址普查调研报告(初稿)》。

【党史宣传教育】 一是在建党86周年之际，县委党史研究室圆满完成了承办昆明党史学会在石林县举行的建党86周年纪念活动任务。二是十七大胜利召开后，县委及时成立了十七大精神宣讲团，县委党史研究室积极参与宣讲活动，到部分乡（镇）、县直单位党组织以及入党积极分子培训班开展十七大精神宣讲6场。三是开展地方党史进党校、进机关、进学校活动。对新进入公务员队伍的年轻同志进行地方党史教育1场；到县妇联开展党史宣讲1场；到鹿阜镇中心学校开展党史宣传教育2场。四是协助县教育局、长湖镇政府举办张冲希望小学教学楼竣工暨开学典礼。由上海党史研究室捐资10万元在石林县维则村援建的希望小学于2007年9月竣工投入使用，上海市委党史研究室主任俞克明、云南省委党史研究室主任王元辅以及昆明市委党史研究室副主任杨万河等领导参加了开学典礼。

（撰稿人：县委党史研究室 李卫萍）

纪检监察

【县纪委、县监察局】 1951年8月，成立县纪委。1983年12月，纪律检查委员会由县委的工作机构升格为县级领导机构。1993年6月，根据中央、省、市纪委文件通知，县纪委、县监察局合署办公，实行“一套机构、两个机关名称”的体制，履行《党章》和《行政监察条例》规定的党的纪律检查和政府的行政监察两项职能，县纪委对县委和市纪委全面负责，县监察局属于县政府序列，受县政府的领导。2007年县纪委、县监察局下设办公室、信访室、纪检监察室、案件审理室、党风廉政建设室、执法监察室。年底有职工17人。办公地点在县委大院内。

2007年县纪委监察局被县委、县人民政府命名为基层满意的县直单位，被市纪委评为全市纪检监察系统先进单位。2007年资助了支农联系点板桥镇叠水村委会、西街口格渣村委会6800元生产经费（其中含价值2800元的化肥）。

【领导干部作风建设】 按照县委、县政府提出的“作风建设年”和“行政问效年”的各项目标任务，县纪委、县监察局认真研究，制定了《关于进一步加强干部作风建设的实施意见》、《2007年作风建设考核办法》和《关于加强机关作风建设“十不准”的规定》，围绕“六项制度”，注重抓典型、出实效，全面开展作风建设，全县机关作风有了明显改善。

实行责任制。县委成立了作风建设和行政问效工作领导小组，各乡（镇）、各单位也成立了相应的领导小组并落实了具体的工作班子。5月23日，组织召开了全县副科以上干部参加的作风建设工作会议，全面分析石林县作风方面存在的问题，通报市、县明察暗访情况，对作风建设工作作了全面安排部署。同时，县纪委书记与各乡（镇）和各部委办局的主要领导，各单位正职与副职、副职与分管的部门，分别签订作风建设责任书。

实行告知制。一是县纪委将中央、省、市、县有关作风建设的一些行政法规、禁令以及违反行政法规、禁令的处分规定汇编成册，向全县机关干部职工发放3200份；各职能部门结合行业特点，将各自的行业规范向干部职工实行告知。二是利用手机廉政短信和公开信告知领导干部抓好作风建设。三是制作机关作风建设监督牌，公布举报电话，悬挂在各单位，接受群众监督。

实行承诺制。组织召开窗口单位作风建设会议，传达“5·31”市委常委扩大会议精神，对窗口单位作风建设提出更高更严的要求。同时，要求各单位职工根据自己的本职工作，向本单位领导作出书面承诺。

实行督查制。一是围绕“提高工作效率、改善投资环境”这一主题，在全县范围开展作风建设自检自查活动，并要求各单位确定一名作风建设督察员，对本单位的作风建设情况随时进行督查，每月向县纪委报送一次督查情况。二是由纪检监察、组织、人事部门抽调人员组成暗访组，对全县60个单位的机关作风建设情况进行了暗访，并责成相关单位对察访出的20个工作作风方面的问题进行了限期整改。同时聘请2

名退休干部，每周确定一个主题，适时进行察访。三是从投资环境评价、政策落实、基础设施、社会治安、工作效率等涉及石林县投资环境建设的11个方面的问题，在全县非公企业中开展百人问卷调查，对存在问题的单位，由纪检监察机关通知本单位，采取提醒、打招呼的方式，由各单位提出整改方案和措施。

实行问责制。按照《乡科级领导班子和成员问责制（试行）》，对4名作风方面存在问题的乡科级干部进行诫勉谈话。

实行查处制。对督查出的问题和对问责后的问题整改不力、顶着不办、拖延不办的，视情节进行严肃查处。对1名违反"云南省公务员八条禁令"的国家机关工作人员进行了立案查处。

机关作风建设工作会现场

【反腐倡廉教育和领导干部廉洁自律工作】 以坚定理想信念为目标，以领导干部为重点，深入开展党性党风党纪教育。一是3～7月在全县开展了以"加强领导干部作风建设，进一步提高执行力"为主题的党风廉政教育活动。二是依托历史文化遗物"遗臭碑"和"去思碑"，在县文化馆建立"廉政文化暨警示教育园地"，该园地集展览、绘画、实物为一体，自2007年10月11日开园以来，受教育人数达5000余人。三是在全县开展廉政书画竞赛活动，共征集作品194幅。四是继续在建设工程领域开展警示教育活动。五是继续坚持每月向全县科级干部发2条廉政短信。六是继续坚持每季度向科级干部发一封公开信。七是继续抓好党课教育和电化教育，播放电教片14部130余场（次），受教育人数达7800余人。八是按照市纪委的安排，组织副县级以上领导到五华监狱开展警示教育活，到市博物馆观看党风廉政教育展。

按照"四大纪律、八项要求"和领导干部廉洁自律各项规定的要求，督促各级领导干部严格遵守党的纪律特别是政治纪律，做到"五个决不允许"，在政治上、思想上、行动上与县委保持高度一致。认真贯彻落实《中共中央纪委关于严格禁止利用职务上的便利谋取不正当利益的若干规定》，对347名乡科级干部收入和个人有关事项进行了审报。制定《廉政谈话制度》和《述职述廉制度》，开展领导干部任前廉政谈话110人，干部廉政谈话407人，述职述廉415人。对党政机关事业单位超标准配备使用小汽车和党政领导干部拖欠公款、利用职权将公款借给亲友或担保贷款等问题，进行了清理。支持审计部门对6名领导干部进行离任审计、任中审计。严肃村级换届工作纪律，保证村级换届的顺利进行。

【落实党风廉政建设责任制】 认真贯彻中纪委《关于纪委协助党委组织协调反腐败工作的规定（试行）》，切实履行组织协调职责，加强与各方面的联系和沟通，及时协调解决工作中的矛盾和问题。一是按照党风廉政建设责任制的规定，对党风廉政建设和反腐败工作主要任务进行分解，明确了各牵头单位、责任单位的责任内容，同时，调整充实了领导小组，并按时召开领导小组会议。二是按照"一岗双责"的要求，县委书记与各基层党委、县人大主任、县政协主席、县委常委，县长与各位副县长，各位副县长与分管部门，部门主要领导与副职，副职与分管的科室分别签订目标责任书，做到责任书全覆盖。三是县廉责办把责任书印发到县委、县政府每位领导干部手中，适时以书面的形式提醒班子和班子成员认真履行"一岗双责"，每半年县委常委向县委书记、副县长向县长书面报告个人落实责任制的情况。四是结合县委、县政府对乡（镇）和县直单位的综合考核，进一步完善《党风廉政建设责任制考核办法》，明确了考核内容和评分标准，并严格按照标准进行半年抽查和年终考核。五是制定《关于加强农村基层党风廉政建设的实施意见》，召开全县基层党风廉政建设工作会，对农村基层党风廉政建设工作进行分解安排。六是制定党风巡查计划，年内组织进行了3次巡查。

【违纪违法案件查处】 认真贯彻落实中纪委《关于纪检监察机关严格依纪依法办案的意见》，建立《纪检监察系统案件检查分片联查办法》和《关于推行纪检监察信访举报工作办事公开的实施意见》，召开纪检监察信访举报工作联席会议，对信访举报工作先进单位和先进个人进行表彰奖励。2007年受理群众来信、来访、电话举报156件，办结152件，办结率为97.44%；信访立案12件，按期结案率100%；跟踪反馈18件，办结17件，办结率为94.44%；初核线索19件，正式立案查处4件4人，开除党籍2人，党内严重警告1人，行政警告1人。对4名受处分党员进行了回访教育。

【纠风工作】 把涉及民生的突出问题纳入治理内容，会同有关部门，继续巩固治理教育收费成果；坚决纠正医药购销和医疗服务中的不正之风，依法取缔无证经营个体诊所32家，实行药品集中采购811.68万元，占医院用药的90.3%；继续巩固治理公路“三乱”成果，开展明察暗访7次；全面落实减轻农民负担“四项制度”，兑付农民直接补贴710万元；严厉打击假冒伪劣行为，开展5次专项检查，查处各类违规行为8起；针对损害群众利益的新情况新问题，集中整治土地征用、房屋拆迁、企业改制、农民工工资支付、安全生产、环境保护、食品药品安全、各类保障基金、资金及救灾救济款管理等方面群众反映强烈的问题，查处拖欠农民工工资案件5件，解决农民工工资15人2.5万元，维护了群众的切身利益。深入开展民主评议机关作风工作，积极推进纠风工作长效机制建设。

【治本抓源头工作】 配合有关部门继续深化干部人事制度改革，严格执行《党政领导干部选拔任用工作条例》，实行公开选拔、竞争上岗等制度；继续深化行政审批制度改革，强化为民服务体系建设；继续深化财政管理体制改革，积极推进乡镇财政预算管理方式改革。进一步规范工程招投标、经营性土地使用权招标拍卖挂牌出让、产权交易和政府采购制度，参与工程招投标15件；实施经营性用地招拍挂17宗，面积14804.91平方米，成交总额903.588万元；实施政府采购2225万元，节约资金160万元，节约率为7.19%。进一步深化政务、村务、厂务公开，全面推行党务公开，做到关口前移、超前防范。

【加大监督检查力度】 认真贯彻落实《党内监督条例（试行）》和《中国共产党党员权利保障条例》等党内重要法规，完善党风巡查制度，加强对领导干部的监督。进一步落实民主生活会、述职述廉、领导干部任前廉政谈话、诫勉谈话、纪委负责人同下级党政主要负责人谈话制度。紧紧围绕县委、县政府的中心工作，对贯彻执行《行政许可法》、省政府“八条禁令”和县政府“三条禁令”情况进行监督检查；配合有关部门对“申遗”、“创卫”、烤烟收购、林权制度改革和全县重点工程、专项资金的使用情况进行监督检查，确保各项工作的顺利开展。

【调研及制度建设】 2007年，县纪委、县监察局坚持把党风廉政建设放到石林改革、发展和稳定的大局中去思考，放到加快石林经济社会全面发展的进程中去把握，积极寻找与经济发展、社会进步的结合点。一是深入基层，调查研究，形成调研论文48篇，被《昆明纪检监察调研》采用2篇，《石林纪检监察调研》出刊4期，采用20篇。二是建立完善了《廉政谈话》、《述职述廉》、《纪检监察系统案件检查分片联查办法》、《关于推行纪检监察信访举报工作办事公开的实施意见》和《下基层巡回接访》等8项制度，先后深入基层接访28次，协助基层解决了一些实际问题。

【县纪委内设机构领导名录】
办公室主任：娄林华
信访室主任：钱琼珍（女，2月止）
纪检监察室主任：王留云（2月止）
李海林（10月起）
案件审理室主任：王家智
党风廉政建设室主任：王丽红（女）
执法监察室主任：赵文平

【县监察局领导名录】
局　长：毕东红（彝族）
副局长：李立宏（彝族）

（撰稿人：县纪委办 娄林华）

石林彝族自治县人大常委会

领导成员

【县人大常委会领导名录】

主　任：李绍增（2月2日起）

副主任：邓世林

金琼英（女）

毕文华（彝族，1月23日止）

者培仙（女，彝族，1月23日止）

朱玉和

李家云（彝族，2月2日起）

委　员：段兴昌

王云龙（彝族）

王邦海

杨　林（女）

尹家福

刘老五

昂有德（彝族）

昂荣云（彝族）

段维亚

岁永宁

重要会议

【县第十四届人大常委会第三十二次会议】 2007年1月23日，县第十四届人大常委会第三十二次会议在县人大常委会三楼会议室召开，会期1天。

县人大常委会常务副主任邓世林主持了会议，副主任毕文华、者培仙、朱玉和，委员段兴昌、王云龙、王邦海、刘老五、尹家福、杨林、昂荣云、段维亚、岁永宁出席了会议。县人民政府常务副县长段增华、县人民法院院长李石友、县人民检察院检察长柏安云、县发展和改革局局长赵一民、县财政局副局长陈永宁，县人大常委会各委室主任、副主任，各乡(镇)人大主席列席了会议。

会议听取和初审通过了提交县第十四届人大五次会议审查的《政府工作报告》、《2006年国民经济和社会发展计划执行情况和2007年国民经济和社会发展计划(草案)的报告》、《2006年地方财政预算执行情况和2007年地方财政预算(草案)的报告》、《县人大常委会工作报告》、《县人民法院工作报告》、《县人民检察院工作报告》。

会议审议决定了县第十四届人大五次会议的干部任免事项。根据本人辞呈，经审议并通过无记名投票表决，决定接受毕文华辞去县人大常委会副主任职务、者培仙辞去县人大常委会副主任职务。根据县人大常委会主任会议提请，经审议并通过无记名投票，任命李绍增为县人大常委会代理主任。根据县长李忠德提请，经审议并通过无记名投票表决，决定任命叶扬为县人民政府副县长。

【县第十四届人民代表大会第五次会议】 1月29日至2月2日，县第十四届人民代表大会第五次会议在石林会议中心举行，会期5天。

会议应到会代表171名，实际到会代表171名。县委、县政府、县政协及法、检“两院”等有关人员列席了会议。

会议听取和审查了县长李忠德作的《政府工作报告》；审查批准石林县2006年国民经济和社会发展计划执行情况和2007年国民经济和社会发展计划、石林县2006年财政预算执行情况和2007年财政预算；听取和审查了县人大常委会代理主任李绍增作的《石林彝族自治县人大常委会工作报告》，县人民法院院长李石友作的《石林彝族自治县人民法院工作报告》，县人民检察院检察长柏安云作的《石林彝族自治县人民检察院工作报告》，并作出相应的决议。选举李绍增为昆明市第十二届人民代表大会代表，补选李绍增为石林县人大常委会主任，补选李家云为石林县人大常委会副主任。

会议审议通过了议案审查委员会关于县第十四届人大五次会议的议案审查报告。会议期间共收到代表向大会提交的议案14件，经过认真审查，将《关于实施月湖水库水资源保护工程》列为大会议案，交县人民政府办理，其余13件转为建议。大会收到代表建议批评和意见114件，加上议案转为建议的13件，共有建议127件。以上议案、建议，交各有关单位研究办理，并要求2007年8月2日以前办理结束，答复代表。

会议表彰了2006年度先进代表小组3个，先进代表34名。

【县第十四届人大常委会第三十三次会议】 2月11日，县第十四届人大常委会第三十三次会议在县人大三楼会议室召开，会期半天。

县人大常委会主任李绍增主持了会议，副主任朱玉和、李家云，委员段兴昌、王云龙、杨林、尹家福、刘老五、昂有德、岁永宁出席了会议。县人民法院院长李石友、县人民检察院检察长柏安云，县人大常委会各委室主任、副主任以及各乡镇人大主席列席了会议。

会议通过了干部任免事项。根据县人大常委会主任李绍增提请，经审议并通过无记名投票表决，任命赵磊明为县人大常委会民族工作委员会主任，因工作变动，赵恒谦不再担任县人大常委会民族工作委员会主任职务。根据县人民政府常务副县长段增华受县长委托提请，经审议并通过无记名投票表决，决定任命普光强为县教育局局长，因工作变动，李鸿平不再担任县教育局局长职务。根据县人民法院院长李石友提请，经审议并通过无记名投票表决，任命储平为县人民法院副院长。根据县人民检察院检察长柏安云提请，经审议并通过无记名投票表决，任命毕秀明为县人民检察院副检察长，王虹为县人民检察院副检察长、检察委员会委员，因工作变动，毕金兰不再担任县人民检察院检察委员会委员、检察员职务。

【县第十四次人大常委会第三十四次会议】 4月19日，县第十四届人大常委会第三十四次会议在县人大三楼会议室召开，会期半天。

县人大常委会常务副主任邓世林主持会议，副主任朱玉和、李家云，委员段兴昌、杨林、刘老五、尹家福、段维亚、岁永宁出席了会议。县人民政府常务副县长段增华，县检察院检察长柏安云，县法院副院长赵景文，县政府办、县法制办、县旅游局、县监察局领导和《石林风景名胜区保护条例》修订办人员，县人大常委会各委室主任、副主任及各乡(镇)人大主席列席了会议。

会议听取县人民政府关于修订《石林风景名胜区保护条例》工作进展情况的专项工作报告、关于对石林县人大常委会办公室《关于县人大常委会组成人员联系代表所提建议的报告的函》中所提建议办理情况的报告，县人大常委会教科文卫工委通报代表持证视察少体校工作情况。

【县第十四届人大常委会第三十五次会议】 6月27日，县第十四届人大常委会第三十五次会议在县人大三楼会议室召开，会期半天。

县人大常委会主任李绍增主持了会议，副主任金琼英、朱玉和、李家云，委员段兴昌、杨林、王邦海、尹家福、刘老五、昂荣云、段维亚、梦永宁出席了会议。县人民政府副县长张忠贵，县法院副院长赵景文，县检察院检察长柏安云，县委组织部、县政府办、县纪委办、县财政局、县旅游局、县发展和改革局、县教育局、县文体局、县法制办领导，县人大常委会各委室主任、副主任，石林镇、路美邑镇人大主席列席了会议。

会议通过了干部任免事项。根据县人民法院院长李石友提请，经审议并通过无记名投票表决，任命段竹琼为县人民法院审判员，袁敏生为县人民法院审判员，王燕为县人民法院审判员，任命李发文为县人民法院审判员。因工作变动，免去黄鸿萍县人民法院审判员职务。

会议听取和审议了县人民政府上半年财政预算和国民经济与社会发展执行情况的报告，听取县人民政府关于对《县人大常委会关于对县人民政府关于〈石林风景名胜区保护条例〉修订工作进展情况专项工作报告的审议意见的办理情况报告》，听取县人大常委会教科文卫工委《关于对我县贯彻落实〈中华人民共和国职业教育法〉、〈国务院关于大力发展职业教育的决定〉工作情况的检查报告》、《关于对鹿阜古镇保护与开发工作情况的视察报告》。

【县第十四届人大常委会第三十六次会议】 8月24日，县第十四届人大常委会第三十六次会议在县人大三楼会议室召开，会期1天。

县人大常委会主任李绍增主持会议，副主任邓世林、金琼英、朱玉和、李家云，委员段兴昌、王邦海、尹家福、昂荣云、段维亚、梦永宁出席了会议。县人民政府副县长段增华、叶扬，县人民法院院长李石友、县人民检察院检察长柏安云，县委办、县政府办、县旅游局、县发展和改革局、县建设局、县文体局、县教育局、县审计局、县财政局、县法制办领导，县人大常委会各委室主任、副主任和部分乡(镇)人大主席列席了会议。

会议听取和审议通过了法、检两院2007年上半年工作情况的报告，县人民政府《关于2006年度财政预算执行和其它财政收支情况的审计工作报告》，县人民政府关于《石林风景名胜区保护条例》的修订草案。听取县人大常委会人事代表工委《关于征求代表对县人大常委会及“一府两院”上半年工作意见的情况报告》，县人大常委会法工委《关于对我县民用爆炸物品管理工作的视察报告》，县人民政府关于对县人大常委会《关于2007年上半年国民经济和社会发展计划执行情况及地方财政预算执行情况报告》的审议意见的办理情况报告、关于对县人大常委会办公室关于对石林县贯彻落实《中华人民共和国职业教育法》、《国务院关于大力发展职业教育的决定》工作情况的检查报告的函中所提建议的办理情况报告、关于对县人大常委会办公室关于对鹿阜古镇保护与开发工作情况视察报告的函中所提建议的办理情况报告。

【县第十四届人大常委会第三十七次会议】 10月18日，县第十四届人大常委会第三十七次会议在县人大常委会三楼会议室举行，会期半天。

县人大常委会主任李绍增主持会议，副主任金琼英、朱玉和、李家云，委员段兴昌、王云龙、王邦海、杨林、昂荣云、梦永宁出席了会议。副县长潘华光，县人民法院院长李石友，县人民检察院检察长柏安云，县委办、政法委、县政府办、县公安局、县交通局、县教育局、县国土资源局、县建设局、县民政局、县环保局、县广电局、县电力公司领导，县人大常委会各委室的主任、副主任及乡(镇)人大主席列席了会议。

会议听取县人大常委会办公室关于对县人民政府2007年着力办好的十件实事落实情况的检查报告，县人大常委会法工委关于对石林县低速载货汽车和拖拉机管理工作情况的视察报告，县人大常委会人事代表联络工作委员会关于对县第十四届人大第五次会议代表议案、建议办理情况的检查报告，县人大常委会办公室关于对县第十四届人民代表大会第一至五次会议所列议案办理工作和2007年1至8月县人大常委会监督事项“回头看”的情况报告。听取县人民法院关于对县人大常委会《关于县人民法院2007年上半年工作报告》的审议意见的办理情况报告、听取县人民检察院关于对县人大常委会《关于县人民检察院2007年上半年工作报告》的审议意见的办理情况报告、听取县人民政府关于对县人大常委会办公室《关于对我县民用爆炸物品管理工作的视察报告》的函中所提建议的办理情况报告。

会议通过干部任免事项。根据县人民法院院长李石友提请，经审议并通过无记名投票表决，任命杨勤为县人民法院专职审判委员会委员（副科级），曹勇为县人民法院专职审判委员会委员（副科级）。根据县人民检察院检察长柏安云提请，经审议并通过无记名投票表决，任命丁立为县人民检察院检察员、专职检察委员会委员（副科级），槐丽华为县人民检察院专职检察委员会委员（副科级）。因工作调动，免去杨国屏、徐贵云、毕欧阳县人民检察院检察员职务。

【县第十四届人大常委会第三十八次会议】 11月22日，县第十四届人大常委会第三十八次会议在县人大常委会三楼会议室举行，会期半天。

县人大常委会主任李绍增主持会议，副主任邓世林、金琼英、朱玉和、李家云，委员段兴昌、杨林、尹家福、段维亚、岁永宁出席了会议。县人民法院院长李石友，县人民检察院检察长柏安云，县人大常委会各委室主任、副主任及乡(镇)人大主席列席了会议。

会议听取和审议通过了县选举委员会组成人员名单，关于成立乡镇选举委员会和选举领导小组的决定，关于县、乡镇两级人民代表大会换届选举工作实施方案。

【县第十四届人大常委会第三十九次会议】 12月7日，县第十四届人大常委会第三十九次会议在县人大常委会三楼会议室举行，会期1天。

县人大常委会主任李绍增主持会议，副主任邓世林、金琼英、朱玉和、李家云，委员段兴昌、王云龙、杨林、刘老五、尹家福、昂荣云、段维亚、岁永宁出席了会议。县人民政府常务副县长段增华，县人民检察院副检察长李劲松，县委办、县政府办领导，县人大常委会各委室主任、副主任，乡（镇）人大主席列席了会议。

会议通过干部任免事项。根据县人大常委会主任李绍增提请，经审议并通过无记名投票表决，任命杨礼有为县人大常委会财政经济工作委员会主任，昂自华为县人大常委会教科文卫工作委员会主任，赵存仙为县人大常委会办公室副主任，李世雁为县人大常委会财政经济工作委员会副主任。因到龄，段兴昌不再担任县人大常委会财政经济工作委员会主任职务，普光荣不再担任县人大常委会教科文卫工作委员会主任职务。根据县长李忠德提请，经审议并通过无记名投票表决，决定任命杨春宝为县人事劳动和社会保障局局长，潘佳良为县农牧局局长，窦兴亮为县民政局局长，周保能为县卫生局局长，张海斌为县文体局局长。因工作需要，马光云不再担任县人事劳动和社会保障局局长职务，徐朝光不再担任县农牧局局长职务，徐跃高不再担任县文体局局长职务。因到龄，李增喜不再担任县民政局局长职务。因工作变动，毕卫红不再担任县卫生局局长职务。

【县第十四届人大常委会第四十次会议】 12月28日，县第十四届人大常委会第四十次会议在县人大常委会三楼会议室举行，会期1天。

县人大常委会副主任邓世林主持会议，副主任朱玉和、李家云，委员段兴昌、杨林、王邦海、尹家福、昂有德、昂荣云、段维亚、岁永宁出席了会议。县人民政府常务副县长段增华，县政府办、县财政局、县旅游局、县发展和改革局、县交通局、县建设局、县教育局、县民政局、县安监局、县经济局、县林业局、县国土资源局、县广电局领导，县人大常委会各委室主任、副主任和乡(镇)人大主席列席了会议。

会议听取和初审通过了提交县第十五届人大一次会议审查的县人民政府工作报告、2007年国民经济和社会发展计划执行情况和2008年国民经济和社会发展计划（草案）的报告、2007年财政预算执行情况和2008年财政预算(草案)的报告、县人民法院工作报告、县人民检察院工作报告、县人大常委会工作报告、2007年度财政预算部分变更情况的报告、县第十五届人民代表大会代表资格审查报告。听取县人民政府关于县人大常委会办公室对县人民政府2007年着力办好的十件实事落实情况检查报告的函中所提建议办理情况报告、关于县人大常委会办公室对我县低速载货汽车和拖拉机管理工作视察报告的函中所提建议办理情况报告、关于县人大常委会办公室对县第十四届人大第五次会议议案、建议及闭会期间代表所提建议办理情况的检查报告的函中所提建议办理情况报告、关于县人大常委会办公室对县第十四届人民代表大会一至五次会议所列议案办理工作和2007年1至8月县人大常委会监督事项“回头看”情况报告的函中所提建议办理情况报告。

会议研究决定了石林县第十五届人大一次会议的有关事项。

主要工作

【县人大常委会】 1950年11月9日至1953年3月28日召开的三次各界人民代表大会为第一届人民代表大会，至1968年10月召开的第七届人民代表大会的七届中，县级只召开人民代表大会，未设人民代表大会常务委员会机构。从1980年9月召开第八届人民代表大会开始，设立常设的县人大常务委员会。2007年县人大常委会下设办公室、法制工作委员会、财政经济工作委员会、教科文卫工作委员会、民族工作委员会、人事代表联络工作委员会6个正科级工委，年底有在职职工29人。2007年县人大常委会获昆明市人大宣传工作先进集体和县基层满意的县直单位等称号。资助了支农联系点大可乡中龙村委会4000元生产经费。

办公室主任：段维亚
副主任：付建生（9月晋升为正科级）
赵存仙（女，12月起）
财经工委主任：段兴昌（12月止）
杨礼有（彝族，12月起）
副主任：李世雁（女，12月起）
法制工作委员会主任：岁永宁
教科文卫工委主任：普光荣（彝族，12月止）
昂自华（彝族，12月起）
副主任：杨永俊
民族宗教工委主任：赵恒谦（彝族，2月止）
赵磊明（彝族，2月起）
副主任：张纯武
人事代表联络工委主任：张明华
副主任：杨　炳

【听取和审议工作报告】 2007年，县人大常委会召开常委会议10次，主任会议28次，共听取和审议各种工作报告21项，其中：初审提交县第十四届人大五次会议审议的县人大常委会和“一府两院”工作报告6项。为审议好有关方面的工作报告，组织了县人大代表对县人民政府办理议案、建议、批评和意见工作情况进行检查，形成检查报告1个，提出2条建议，分别在审议“一府两院”的工作报告时，向常委会议作了报告。对上述审议的报告，会后都形成决议、决定或审议意见，交“一府两院”办理，并要求将办理情况在2个月内向县人大常委会报告。年内共听取“一府两院”对审议意见和视察、检查所提建议的办理情况报告12次，有效推动和促进了“一府两院”各项工作的顺利开展。

【增强监督实效】 县第十四届人民代表大会第一至五次会议所列议案共12件，截至2007年10月20日，12件议案已按规定办理完毕。县人大常委会对这些议案的办理工作进行了“回头看”，并将“回头看”的建议转交县人民政府办理。通过“回头看”，增强了监督实效，促进了问题的解决。通过对2003年县人代会上所列1号议案办理的“回头看”，促成县政府启动黑龙潭水库东干渠节水改造工程；通过对2007年1号议案办理的“回头看”，促成县政府更加重视月湖水库水源区保护工作，在明确库区保护范围的同时，提出了保护和治理的措施。

【督促县人民政府落实承诺事项】 在县第十四届人大第五次会议上，县政府向全县人民作出了办好十件实事的承诺，这十件实事关系人民群众的切身利益和实际需要。县人大常委会对此高度重视，把督促政府办理、落实十件实事作为强化监督的重要内容，适时组织对县政府承诺的十件实事的办理、落实情况进行跟踪检查。通过检查，督促政府各职能部门强化工作措施，加大工作力度，确保目标实现。十件实事整体完成情况良好，受到了广大人民群众的赞扬和好评。完成31.4千米西干渠节水改造工程，完善灌溉面积5.86万亩，惠及2个乡（镇)10个村委会3余万人，使该工程成了一项惠民工程；“二站三线”工程竣工为石林经济社会的跨越式发展提供了强大的能源支持；申遗、创卫、国家5A级旅游景区的创建成功，为打造世界级景区奠定了坚实的基础。

【履行监督权】 县人大常委会按照监督法的规定，适时在县上的政务公开栏内向社会公布2007年度的监督事项，同时要求“一府两院”及时向社会公布2007年的重要事务，尤其是政府年内要办的关系人民群众切身利益的实事，以保障人民群众的知情权，接受人民群众的监督。

为进一步加强执法监督和工作监督，县人大常委会根据县第十四届人大五次会议决议和年初工作计划安排，全年开展视察、检查8次，提出44条建议。先后组织县人大代表和有关工作人员，对鹿阜古镇保护与开发情况、民用爆炸物品管理情况、低速载货汽车管理工作进行了视察。对石林县贯彻落实《中华人民共和国职业教育法》、《国务院关于大力发展职业教育的决定》工作情况，县人民政府办理代表议案、建议、批评和意见工作情况，县人民政府2007年着力办好的十件实事落实情况进行了检查。对石林县少体校工作情况进行了一次代表持证视察。对县第十四届人大一至五次会议所列议案办理和2007年1~8月监督事项进行了回头看。对石林县加快民族文化与旅游产业互动发展工作情况、“红花大金元”烤烟生产情况进行了调研。对检查和视察中提出的建议交“一府两院”办理。通过上述检查和视察工作，较好地监督、支持和促进了“一府两院”的工作，收到了明显的效果。

【依法行使人事任免权】 县人大常委会依法行使任免权，对县委推荐或“一府两院”提请任免的国家机关工作人员，任免前听取有关部门的情况介绍，经过认真审核后再提请常委会议任免。2007年共任免国家机关工作人员17人次，其中接受辞职2人。

【办理和督促办理议案建议】 县第十四届人大五次会议通过列为议案1件、建议138件。认真督促承办单位着力解决实际问题，努力提高办复质量，对代表不满意的建议，要求“一府两院”进行重新办理，对有条件解决而未及时解决的，督促、协调有关部门积极解决。代表对办复工作表示满意的议案、建议139件，满意率达100%，解决率达51.8%。

【征求代表意见】 2007年7~8月，县人大常委会印发了征求意见表，征求全体代表对县人大常委会和“一府两院”上半年工作的意见，共发出征求意见表170份。从收回的166份征求意见表来看，对县人大常委会上半年工作表示满意的166票；对县人民政府上半年工作表示满意的166票；对县人民法院上半年工作表示满意的163票，基本满意的3票；对县人民检察院上半年工作表示满意的163票，基本满意的3票。代表们共提出23条建议，其中：人大工作方面的4条，政府工作方面的14条，法院工作方面的3条，检察院工作方面的2条。人事代表工委将意见归纳整理，形成《关于县人大代表对县人大常委会及“一府两院”上半年工作所提建议情况的报告》，向县第十四届人大常委会第36次会议报告，并将代表所提建议转送有关机关办理，促进了全县经济社会的全面协调发展。

【来信来访】 2007年，县人大常委会把来信来访作为联系人民群众的桥梁和纽带，把信访工作作为反映和保护公民合理要求，了解民意、倾听民声的重要渠道，及时处理、转办、交办群众来信来访件，督促有关部门及时调查核实，有效化解了社会矛盾。对群众反映属实的重大信访件由主任会议专题研究，限期办理，做到了件件有着落，事事有交待。全年接待来信来访37件79人次。

【配合修订《石林风景名胜区保护条例》】 昆明市第十二届人大常委会第十次会议审议通过的“昆明市人大常委会2007年年度立法计划”，将修订《石林风景名胜区保护条例》确定为市人大常委会年度的立法项目。为积极配合市人大的立法工作，县人大常委会多次召开专题会议，听取修订工作进展情况，研究存在问题，提出合理化建议。2007年4月19日县第十四届人大常委会第三十四次会议，听取和审议了县人民政府关于《石林风景名胜区保护条例》修订工作进展情况的专项工作报告。8月24日县第十四届人大常委会第三十六

次会议审议，原则通过修订草案送审稿，转县政府按程序上报审批。

【组织指导市县代表小组活动】 2007年初，下发了《关于县人大代表2007年活动安排意见》。各代表小组按照文件要求，结合本地实际情况，认真开展了活动。县人大常委会领导和各委室工作人员积极参加，了解情况，听取意见，帮助指导提高活动质量。组织昆明市人大代表石林小组开展活动4次，每次活动做到围绕中心，突出重点，求真务实，注重实效。

【宣传人大制度】 2007年，紧密结合新形势下人大工作的特点，围绕石林县经济社会发展、基层民主政治建设等事项，协助市人大研究室、昆明电视台“人大之窗”拍摄了石林县的市人大代表在旅游、私营企业领域的“代表风采”三期。在《云南人大》、《云南日报》、《昆明人大》、《昆明日报》等报刊上组稿宣传石林县人大工作、代表风采、工作动态等文章20余篇，为人大工作更好地服务于经济社会发展和民主政治建设提供了宣传导向。

县人大常委会认真抓好人大宣传阵地建设，充分发挥《石林人大》内部刊物和县新闻中心的作用，积极宣传人民代表大会制度。重点抓好《石林人大》内部刊物和县电视台的人大宣传阵地建设和宣传报道工作，及时通报石林县县乡人大工作动态、宣传人大代表履职风采。同时，积极主动通过省、市新闻媒体，把石林县的人大工作推向社会，交流学习，相互借鉴。宣传工作的广泛深入，使广大人民群众进一步了解和认识到人民代表大会制度是我国的根本政治制度，“中华人民共和国的一切权力属于人民”是人民代表大会制度的核心。

【人大代表换届工作】 县第十四届人民代表大会2008年年初届满，根据选举法和地方组织法的规定，需进行换届选举。按照省、市委的要求和省、市人大常委会的安排部署，县人大常委会党组于2007年10月7日向县委报送了《关于成立换届选举委员会的请示》和《关于我县县、乡镇人大换届选举工作安排意见的请示》。10月31日，中共石林彝族自治县委转发《中共石林彝族自治县人大常委会党组关于县、乡镇两级人民代表大会换届选举工作安排意见》的通知。县第十四届人大常委会第38次会议，通过了“关于县人民代表大会换届选举工作的实施方案”，任命了县选举委员会组成人员。县人大常委会先后多次召开主任会议，专题研究换届选举工作，印发有关材料，召开培训工作会议，抽调12人组成4个指导组，分别深入到各乡（镇）、各选区指导工作。12月26日，按照县委的意图和代表结构要求，依法按程序足额选举产生县第十五届人大代表172名，因1人被调走，最后确定为171名；产生鹿阜镇、路美邑镇、板桥镇、圭山镇、西街口镇、大可乡人大代表382名。

石林县第十五届人民代表大会代表名录

编号	姓名	性别	出生年月	民族	学历	工作单位及职务（职称）	选区名称
1	赵晓庆	女	1982.3	汉	中专	石林电力公司工人	电力公司
2	耿灿华	女	1964.2	汉	大专	县烟草公司助农师	烟草公司
3	计思贵	男	1970.6	汉	大专	县烟草公司助农师	烟草公司
4	自成相	男	1965.9	彝	大专	县人武部部长	驻军
5	民晓宁	男	1958.12	汉	大专	石林天合公司工人	天合公司
6	李家云	男	1955.1	彝	大专	县人大常委会副主任	天合公司
7	李正平	男	1957.1	汉	本科	石林风景名胜区管理局局长	旅游口
8	张劲涛	男	1972.7	汉	专科	石林风景名胜区管理局处长	旅游口
9	普国亮	男	1963.2	彝	初中	石林农工商集团总公司经理	旅游口
10	尹家福	男	1956	汉	中专	县医院副院长	医院口
11	杞建民	男	1975	彝	本科	县医院医师	医院口
12	方跃章	男	1969.9	彝	大专	县文物管理所所长	县教育文体口
13	昂锦红	女	1970.7	彝	本科	幼儿教育集团园长	县直属学校
14	曾海丽	女	1973.7	彝	本科	县鹿阜小学高级教师	县直属学校
15	张文武	男	1959.12	汉	研究生	高中教育集团中学特级教师，集团一中支部书记、副校长	石林高中教育集团
16	金迎花	女	1975.12	彝	本科	县农资公司工人	供销口

续表

编号	姓名	性别	出生年月	民族	学历	工作单位及职务（职称）	选区名称
17	管水仙	女	1965.5	汉	大专	中国人民银行石林县支行副行长	金融保险
18	张　霖	男	1962.1	汉	本科	县商业总公司副总经理	商业
19	李彦群	女	1971.1	汉	大学	县水务局副书记	水务局
20	王邦海	男	1963.1	汉	大学	县农牧局农技推广总站站长、高级农艺师	农、林、气象
21	杨明森	男	1964.1	彝	大专	县农牧局党委副书记	农、林、气象
22	王　宏	男	1956.9	汉	大专	县交通局局长	交通运输
23	赵一民	男	1957.9	汉	研究生	县发改局党委书记、局长	发改局
24	苏云波	男	1963.8	汉	大学	县财政局局长	县财粮税邮政
25	吴剑平	男	1961.6	汉	本科	县建设局党支书记、局长	建设、国土、房地产
26	柏安云	男	1956.6	汉	大专	县检察院检察长	检察院
27	李云柯	男	1964.11	汉	大学	县公安局政委	公安局
28	者培仙	女	1962.1	彝	大学	县政协主席	政府口二
29	段增华	男	1966.5	汉	大学	县人民政府常务副县长	政府口二
30	李忠德	男	1962.12	彝	大学	县人民政府县长	政府口一
31	王彦平	男	1973.1	汉	大学	县政府办公室主任	政府口一
32	裴演兵	男	1961.7	汉	大学	中共石林县委副书记	县委口二
33	李福军	男	1971.11	彝	大学	县委宣传部部长	县委口二
34	柳文炜	男	1966.6	汉	研究生	中共石林县委书记	县委口一
35	王永乔	男	1964.8	汉	大学	县委办公室常务副主任	县委口一
36	朱玉和	男	1957.7	汉	研究生	县人大常委会副主任	圭山镇机关
37	刘明春	男	1965.1	汉	大学	圭山镇政府党委书记	圭山镇机关
38	姬卫国	男	1968.9	汉	大学	圭山镇政府人大主席	圭山镇机关
39	毕宏志	男	1962.11	彝	大学	县政协教文卫史委员会主任	中心学校
40	徐彬剑	男	1968.11	汉	大学	圭山镇中心学校校长	中心学校
41	王张福	男	1962.2	彝	初中	海邑村委会副书记	海邑村委会
42	普成英	女	1969	彝	初中	亩竹箐村铁厂村小组农民	亩竹箐村委会
43	黄勇祥	男	1968.4	彝	初中	小板田村委会中寨村小组组长	小板田村委会
44	普跃兰	女	1963.4	彝	初中	红路口村委会副书记	红路口村委会
45	陈建华	男	1951.7	汉	初中	水补衣村委会副主任	水补衣村委会
46	毕跃红	男	1971.7	彝	小学	矣维哨村委会前哨村小组农民	矣维哨村委会
47	饶会仙	女	1969.3	汉	初中	法块村委会妇女主任	法块村委会
48	毕兰仙	女	1949.12	彝	高中	普拉河村委会副主任	普拉河村委会
49	何桂花	女	1979.12	彝	初中	当甸村委会革宜村小组农民	当甸村委会
50	陈福金	男	1965.4	彝	初中	尾乍黑村委会主任	尾乍黑村委会
51	毕梅芳	女	1984.5	彝	初中	小圭山村野核桃树村小组农民	小圭山村委会
52	毕　荣	男	1973.7	彝	高中	和合村委会书记、主任	和合村委会

续表

编号	姓名	性别	出生年月	民族	学历	工作单位及职务(职称)	选区名称
53	何耀彪	男	1963.3	彝	初中	糯黑村委会主任	糯黑村委会
54	毕永光	男	1956.5	彝	初中	额冲衣村委会书记、主任	额冲衣村委会
55	陈菊珍	女	1963.10	汉	大学	县纪委书记	板桥镇机关
56	昂自华	男	1957.7	彝	大专	县人大教科文卫主任	教育口
57	毕少学	男	1970.10	彝	大学	板桥镇党委书记	板桥镇机关
58	陈宇杰	男	1976.7	汉	大学	板桥镇人大主席	板桥镇机关
59	徐　宝	男	1965.11	汉	研究生	板桥镇中心学校校长	教育口
60	李梅云	女	1969.12	汉	初中	龙潭村委会小官庄村妇代主任	龙潭村委会
61	谢有兴	男	1963.10	汉	高中	小屯村委会书记、主任	小屯村委会
62	严桂兰	女	1958.12	汉	高中	小屯村党支部副书记	小屯村委会
63	潘元林	男	1963.10	彝	初中	板桥村委会主任	板桥村委会
64	黄家礼	男	1964.2	汉	高中	黄家庄村委会书记、主任	黄家庄村委会
65	吴荣慧	男	1966.8	汉	中专	叠水村委会书记、主任	叠水村委会
66	吴永红	男	1972.4	汉	高中	龙溪村委会书记、主任	龙溪村委会
67	李　雄	男	1967.9	汉	初中	青山村委会书记、主任	青山村委会
68	姚树祥	男	1962.7	汉	初中	者乌龙村委会书记、主任	者乌龙村委会
69	罗定祥	男	1968.6	汉	初中	小戈丈村委会二组村民	小戈丈村委会
70	李秀仙	女	1957.7	汉	初中	矣马伴村委会大矣马伴村村民	矣马伴村委会
71	汪海旭	女	1980.4	苗	初中	冒水洞村委会上冒水洞村村民	冒水洞村委会
72	盛朝萍	女	1986.5	汉	初中	大叠水村委会大叠水村村民	大叠水村委会
73	王　昆	男	1962.1	汉	大学	县委组织部部长	石林镇机关
74	李　湖	男	1963	汉	大学	石林镇党委书记	石林镇机关
75	刘老五	男	1952.2	汉	大专	云南省水利建筑机械化公司总经理	教育口
76	赵恒谦	男	1963.12	彝	大学	石林镇人大主席	教育口
77	陈永平	男	1958.9	汉	大学	石林镇中心学校校长	教育口
78	徐建堂	男	1958.10	汉	高中	天生关村委会主任	天生关村委会
79	李　刚	男	1969.4	彝	初中	小林口铺村农民	林口铺村委会
80	昂玉才	男	1956.8	彝	初中	螺蛳塘村委会副主任	螺蛳塘村委会
81	张桂花	女	1974.6	苗	初中	大塘子村农民	螺蛳塘村委会
82	赵艳红	女	1972.10	汉	初中	北大村大寨农民	北大村村委会
83	虎志德	男	1962.4	彝	初中	小密枝村委会书记	小密枝村委会
84	孔如林	男	1958.12	汉	小学	松子园村农民	松子园村委会
85	李兰香	女	1953.1	彝	小学	大长夸村农民	长夸村委会
86	刘志生	男	1952.6	汉	初中	和摩站村委会书记、主任	和摩站村委会
87	年德富	男	1954.2	彝	初中	小箐村委会书记、主任	小箐村委会
88	张建寿	男	1964.3	汉	初中	站屯村委会书记、主任	站屯村委会

续表

编号	姓名	性别	出生年月	民族	学历	工作单位及职务(职称)	选区名称
89	赵光红	男	1967.5	汉	高中	乐尔村委会农民	乐尔村村委会
90	赵文明	男	1961.8	彝	高中	大老挖村委会书记、主任	老挖村委会
91	王美芳	女	1981.1	彝	初中	月湖村农民	月湖村委会
92	赵芝兰	女	1971.6	彝	初中	北小村农民	北小村村委会
93	昂艳玲	女	1984.8	彝	初中	水塘铺村农民	水塘铺村委会
94	付建生	男	1969.1	汉	大学	县人大常委会办公室副主任	路美邑镇机关
95	杨礼有	男	1967.5	彝	大学	县人大财经委主任	教育口
96	毕福祥	男	1961.11	汉	大学	路美邑镇党委书记	路美邑镇机关
97	张永刚	男	1961.11	汉	大学	路美邑镇人大主席	路美邑镇机关
98	杨琼芬	女	1978.1	彝	大专	萝卜所小学小教一级	教育口
99	李云峰	男	1969.5	彝	中专	大哨村委会副主任	大哨村委会
100	王家林	男	1962.11	汉	高中	小河村委会书记	小河村委会
101	毕绍林	男	1956.7	彝	高中	萝卜所村委会副书记	萝卜所村委会
102	张文平	男	1960.9	汉	初中	阿怒山村委会书记	阿怒山村委会
103	杞庆雄	男	1983.12	彝	初中	路美邑村委会农民	路美邑村委会
104	张秀芬	女	1970.1	汉	初中	北山村委会小组会计	北山村委会
105	董云祥	男	1955.1	汉	初中	麦地庄村委会主任	麦地庄村委会
106	陈红芬	女	1974	壮	高中	小滑坡村农民	麦地庄村委会
107	石　亮	男	1954.5	汉	中专	堡子村委会书记	堡子村委会
108	赵福英	女	1965.6	彝	初中	白龙潭村农民	堡子村委会
109	阮保全	男	1961.4	汉	初中	小坡头村小组长	鱼龙坝村委会
110	王云龙	男	1965.10	彝	大学	县委组织部副部长	长湖镇政府
111	张明华	男	1959.9	汉	大专	县人大人事委主任	教育口
112	黄玉林	男	1973.10	彝	大学	长湖镇党委书记	长湖镇机关
113	王谷明	男	1965.9	汉	大专	长湖镇党委委员	长湖镇机关
114	付　祥	男	1964.1	汉	大专	长湖镇中心学校校长	教育口
115	毕宗英	女	1973.3	彝	初中	雨胜村农民	雨胜村委会
116	高文华	男	1962.7	彝	高中	祖莫村委会书记	祖莫村委会
117	黄金兴	男	1947.7	彝	小学	维则村农民	维则村委会
118	昂美仙	女	1971.1	彝	高中	所各邑村民小组长	所各邑村委会
119	高兰珍	女	1979.3	彝	高中	豆黑村会委委员	豆黑村委会
120	毕兰英	女	1965.4	彝	初中	舍色村委会妇女主任	舍色村委会
121	王光义	男	1978.10	彝	初中	宜政村小组副组长	宜政村委会
122	李绍成	男	1960.8	彝	高中	蓑衣山村委会书记	蓑衣山村委会
123	方秀丽	女	1979.6	彝	高中	海宜村计生员	海宜村委会
124	金云仙	女	1979.1	彝	中专	乍龙村卫生员	乍龙村委会
125	蒋开彦	男	1970.12	彝	大学	大可乡党委书记	大可乡机关

续表

编号	姓名	性别	出生年月	民族	学历	工作单位及职务(职称)	选区名称
126	王余秋	男	1965.10	汉	大学	大可乡人大主席	大可乡机关
127	徐丽琼	女	1970.7	汉	大学	县残联理事会理事长	大可乡机关
128	段维亚	男	1970.11	汉	大学	县人大常委会办公室主任、总支副书记	教育口
129	赵映萍	女	1969.9	汉	大专	大可中学教师	教育口
130	赵燕芳	女	1960.12	汉	高中	大可村委会副书记	大可村委会
131	赵燕萍	女	1974.5	汉	高中	中龙村委会下海子村民小组	中龙村委会
132	罗　云	男	1944.8	汉	小学	南大村村委会书记、主任	南大村村委会
133	沈建才	男	1969.5	汉	初中	水尾村委会书记、主任	水尾村委会
134	白剑刚	男	1974.1	彝	初中	结胜村委会小河新村村小组长	结胜村委会
135	詹　伟	男	1963.3	彝	初中	岩子脚村委会书记、主任	岩子脚村委会
136	李绍增	男	1956.1	汉	大学	县人大常委会主任	鹿阜镇机关
137	段正平	男	1967.8	汉	大学	鹿阜镇党委书记	鹿阜镇机关
138	张春学	男	1968.1	彝	大学	鹿阜镇人大主席	鹿阜镇机关
139	赵磊明	男	1963.1	汉	大学	县人大民工委主任	教育口
140	杨丽英	女	1961.1	汉	大专	紫玉小学副校长	教育口
141	昂丽芬	女	1985.7	彝	大专	清水塘村委会农民	清水塘村委会
142	毕志学	男	1974.11	彝	初中	上蒲草村委会主任	上蒲草村委会
143	韩林华	男	1962.3	汉	初中	大屯村委会主任	大屯村委会
144	高福安	男	1952.8	汉	高中	铺兵村委会书记、主任	铺兵村委会
145	杨永明	男	1967.1	汉	初中	宏图村委会红土坡村农民	宏图村委会
146	张丽萍	女	1964.5	汉	初中	三板桥村委会书记、主任	三板桥村委会
147	杨竹秀	女	1957.12	汉	初中	阿乌村委会副书记	阿乌村委会
148	陶家林	男	1954.1	汉	初中	大乐台旧村委会书记、主任	大乐台旧村委会
149	董建春	男	1968.12	汉	高中	小乐台旧村委会小组长	小乐台旧村委会
150	梅国生	男	1963.2	汉	高中	山冲村委会农民	山冲村委会
151	陶正林	男	1972.4	汉	高中	东海子村委会主任	东海子村委会
152	高凤兰	女	1963.2	彝	高中	上新宅村农民	新宅村委会
153	李建红	男	1961.7	汉	初中	东门社区居古楼小组小组长	东门社区
154	官丽华	女	1960.1	汉	高中	西北社区居委会副主任	西北社区
155	李彦芬	女	1957.3	汉	初中	龙泉社区居委会副主任	龙泉社区
156	李祝喜	男	1956.12	汉	初中	南门社区居委会主任	南门社区
157	毕丽英	女	1964.6	彝	大学	西街口镇党委书记	西街口镇机关
158	刘春泉	男	1969.1	汉	大学	西街口镇党委委员，主持人大工作	西街口镇机关
159	徐梅芬	女	1960.1	汉	研究生	县人民政府副县长	西街口镇机关
160	杨炳亮	男	1958.10	彝	大专	西街口镇中心学校副校长	教育口

续表

编号	姓名	性别	出生年月	民族	学历	工作单位及职务(职称)	选区名称
161	岁永宁	男	1972.5	汉	大学	县人大常委会法工委主任	教育口
162	黄小兵	男	1974.10	汉	初中	绿水塘村委会副主任	绿水塘村委会
163	陈德志	男	1963.4	汉	初中	芭茅村委会副主任	芭茅村委会
164	赵云峰	男	1962.2	彝	高中	新木凹村委会副主任	新木凹村委会
165	黄毕英	女	1971.2	彝	初中	紫处村委会农民	紫处村委会
166	毕文亮	男	1964.3	彝	初中	威黑村委会农民	威黑村委会
167	李文昌	男	1969.3	彝	初中	糯衣村委会农民	糯衣村委会
168	毕志英	女	1962.5	彝	初中	西街口村委会妇女主任	西街口村委会
169	王冲林	男	1975.3	汉	初中	雨布宜村委会书记	雨布宜村委会
170	冯小寿	男	1954.6	汉	初中	宜耐村委会主任	宜耐村委会
171	张琼芬	女	1969.6	彝	初中	格渣村委会农民	格渣村委会
172	李石友	男	1965.6	彝	大学	县法院院长	县法院

石林彝族自治县人民政府

领导成员

【县人民政府领导名录】

县　长：李忠德（彝族）
副县长：段增华
　　　　毕春华（女，彝族）
　　　　徐梅芬（女）
　　　　潘华光
　　　　张忠贵
　　　　叶　扬

重要文件目录

石政发

《石林彝族自治县人民政府关于认真做好2007年农业工作的通知》
石政发〔2007〕1号
2007年2月11日

《石林彝族自治县人民政府关于认真做好2007年旅游工作的通知》
石政发〔2007〕2号
2007年2月9日

《石林彝族自治县人民政府关于认真抓好2007年烤烟生产收购工作的通知》
石政发〔2007〕3号
2007年2月11日

《石林彝族自治县人民政府关于认真做好2007年工业和乡镇企业发展工作的通知》
石政发〔2007〕4号
2007年5月7日

《石林彝族自治县人民政府印发〈石林彝族自治县行政执法责任制实施办法〉的通知》
石政发〔2007〕6号
2007年2月27日

《石林彝族自治县人民政府印发县十四届人大五次会议县人民政府三个报告的通知》
石政发〔2007〕7号
2007年3月27日

《石林彝族自治县人民政府关于认真做好2007年招商引资工作的通知》
石政发〔2007〕8号
2007年5月15日

《石林彝族自治县人民政府印发〈石林彝族自治县人民政府关于规范县城范围内文明出殡管理通告〉的通知》
石政发〔2007〕9号
2007年5月29日

《石林彝族自治县人民政府印发〈石林彝族自治县鼓励投资优惠政策〉的通知》
石政发〔2007〕10号
2007年5月31日

《石林彝族自治县人民政府关于加强节能工作的通知》
石政发〔2007〕11号
2007年5月25日

《石林彝族自治县人民政府印发〈石林彝族自治县城市园林绿化管理暂行办法等四个规定〉的通知》
石政发〔2007〕12号
2007年6月23日

《石林彝族自治县人民政府关于命名表彰2006年度星级园林式单位（小区）和绿化先进单位的决定》
石政发〔2007〕13号
2007年7月23日

《石林彝族自治县人民政府印发〈石林彝族自治县村民委员会成员罢免和辞职办法〉的通知》
石政发〔2007〕14号
2007年7月30日

《石林彝族自治县人民政府印发〈石林彝族自治县城市公园管理规定〉的通知》
石政发〔2007〕15号
2007年7月31日

《石林彝族自治县人民政府印发〈威黑水库灌区配套工程设施管理试行办法〉的通知》
石政发〔2007〕16号
2007年8月17日

《石林彝族自治县人民政府关于加强县便民服务中心运行管理工作的通知》
石政发〔2007〕17号
2007年8月20日

《石林彝族自治县人民政府印发〈石林彝族自治县城市医疗救助暂行办法〉的通知》
石政发〔2007〕18号
2007年6月20日

《石林彝族自治县人民政府关于表彰2007年度优秀教师、先进教师和先进教育工作者的决定》
石政发〔2007〕19号
2007年9月7日

《石林彝族自治县人民政府印发〈石林彝族自治县石林中路沙地片区建设工程征地拆迁补偿办法〉的通知》
石政发〔2007〕20号
2007年9月21日

《石林彝族自治县人民政府印发〈石林彝族自治县西城区建设工程征地拆迁补偿办法〉的通知》
石政发〔2007〕21号
2007年9月21日

《石林彝族自治县人民政府印发〈石林彝族自治县产品质量和食品安全专项整治工作方案〉的通知》
石政发〔2007〕22号
2007年8月29日

《石林彝族自治县人民政府关于授予徐忠春等12位同志“见义勇为先进分子”荣誉称号的决定》
石政发〔2007〕23号
2007年10月25日

《石林彝族自治县人民政府关于公

布第一批县级重点文物保护单位保护范围和建设控制地带调整情况的通知》

石政发〔2007〕24号
2007年11月23日

《石林彝族自治县人民政府关于公布第二批县级重点文物保护单位保护范围的通知》

石政发〔2007〕25号
2007年11月23日

《石林彝族自治县人民政府印发〈石林彝族自治县财政投资评审管理暂行办法〉的通知》

石政发〔2007〕26号
2007年12月5日

《石林彝族自治县人民政府印发〈石林彝族自治县乡镇统计体制改革实施方案〉的通知》

石政发〔2007〕27号
2007年12月21日

石政办发

《石林彝族自治县人民政府办公室关于进一步加强安红、大凹子等9对煤矿安全监管的紧急通知》

石政办发〔2007〕2号
2007年1月8日

《石林彝族自治县人民政府办公室关于进一步规范临时工使用相关事项的通知》

石政办发〔2007〕7号
2007年1月26日

《石林彝族自治县人民政府办公室印发〈2007年政务信息工作要求及考核规定〉的通知》

石政办发〔2007〕14号
2007年2月13日

《石林彝族自治县人民政府办公室关于规范统一各类企业（个体工商户）使用名称的通知》

石政办发〔2007〕21号
2007年3月6日

《石林彝族自治县人民政府办公室关于认真做好财政直接补贴农民资金“一折通”发放管理工作的通知》

石政办发〔2007〕26号
2007年3月8日

《石林彝族自治县人民政府办公室关于认真做好2007年人大代表建议和政协提案办理工作的通知》

石政办发〔2007〕28号
2007年3月15日

《石林彝族自治县人民政府办公室转发〈石林彝族自治县特种设备重特大事故应急预案〉的通知》

石政办发〔2007〕30号
2007年3月19日

《石林彝族自治县人民政府办公室转发〈昆明市2007年度政府集中采购目录及限额标准〉的通知》

石政办发〔2007〕35号
2007年3月22日

《石林彝族自治县人民政府办公室转发〈石林彝族自治县便民服务中心窗口设置和行政审批事项进出管理办法〉的通知》

石政办发〔2007〕42号
2007年4月9日

《石林彝族自治县人民政府办公室转发〈石林彝族自治县2007年规范化村卫生所建设工作方案〉的通知》

石政办发〔2007〕47号
2007年4月10日

《石林彝族自治县人民政府办公室转发〈石林彝族自治县2007年地质灾害防灾减灾方案和突发性地质灾害应急预案〉的通知》

石政办发〔2007〕48号
2007年4月10日

《石林彝族自治县人民政府办公室转发〈石林彝族自治县2007年新型农村合作医疗实施方案〉的通知》

石政办发〔2007〕53号
2007年4月23日

《石林彝族自治县人民政府办公室关于加快推进第二代居民身份证换发工作的通知》

石政办发〔2007〕58号
2007年5月8日

《石林彝族自治县人民政府办公室转发〈石林彝族自治县推行“阳光政务”试点工作实施方案〉的通知》

石政办发〔2007〕85号
2007年5月15日

《石林彝族自治县人民政府办公室转发〈石林彝族自治县突发重大动物疫情应急预案〉的通知》

石政办发〔2007〕87号
2007年7月9日

《石林彝族自治县人民政府办公室关于认真抓好高致病性猪蓝耳病防控工作的紧急通知》

石政办发〔2007〕89号
2007年7月19日

《石林彝族自治县人民政府办公室转发〈石林彝族自治县2007年烟尘控制区和噪声达标区建设实施意见〉的通知》

石政办发〔2007〕101号
2007年4月8日

《石林彝族自治县人民政府办公室转发〈云南省村民一事一议筹资筹劳管理实施办法〉的通知》

石政办发〔2007〕110号
2007年8月28日

《石林彝族自治县人民政府办公室转发〈石林彝族自治县农村居民最低生活保障工作实施方案〉的通知》

石政办发〔2007〕111号
2007年8月20日

《石林彝族自治县人民政府办公室关于公布县级行政审批事项目录的通知》

石政办发〔2007〕113 号
2007 年 9 月 6 日

《石林彝族自治县人民政府办公室关于实施“数字乡村”工程建设的通知》
石政办发〔2007〕114 号
2007 年 9 月 10 日

《石林彝族自治县人民政府办公室转发〈石林彝族自治县城镇居民基本医疗保险试点工作实施方案〉的通知》
石政办发〔2007〕116 号
2007 年 9 月 13 日

《石林彝族自治县人民政府办公室转发〈昆明市人民政府关于举行“无车日”活动公告及实施方案〉的通知》
石政办发〔2007〕120 号
2007 年 9 月 19 日

《石林彝族自治县人民政府办公室关于公布县级行政执法部门执法种类及职权职责的通知》
石政办发〔2007〕129 号
2007 年 9 月 14 日

《石林彝族自治县人民政府办公室转发〈石林彝族自治县 2008 年度新型农村合作医疗筹资方案〉的通知》
石政办发〔2007〕136 号
2007 年 10 月 17 日

《石林彝族自治县人民政府办公室关于公布“阳光政务”试点单位应公开事项的通知》
石政办发〔2007〕140 号
2007 年 10 月 15 日

《石林彝族自治县人民政府办公室转发〈石林彝族自治县会计电算化管理办法〉的通知》
石政办发〔2007〕145 号
2007 年 10 月 31 日

《石林彝族自治县人民政府办公室转发〈石林彝族自治县城市绿线管理暂行规定〉的通知》
石政办发〔2007〕148 号
2007 年 10 月 20 日

《石林彝族自治县人民政府办公室转发〈石林彝族自治县农村中小学标准化建设实施意见〉的通知》
石政办发〔2007〕160 号
2007 年 12 月 10 日

重要会议

【县十四届人民政府第八次全体会议】 2007 年 1 月 18 日，县十四届人民政府第八次全体会议在石林会议中心召开。县人民政府组成人员参加会议，各乡(镇)人民政府乡(镇)长，不是县人民政府组成部门的县人民政府直属各委办局、企事业单位的主要领导，中央、省、市驻石各行政、事业、国企独立部门的主要负责人列席会议。会议讨论了 2007 年《政府工作报告》(讨论稿)。

【县十四届人民政府第九次全体会议暨 2007 年廉政工作会议】 2007 年 3 月 2 日，县十四届人民政府第九次全体会议暨 2007 年廉政工作会议在石林会议中心召开。县人民政府组成人员参加会议，各乡(镇)人民政府乡(镇)长，不是县人民政府组成部门的县人民政府直属各委办局、企事业单位的主要领导，中央、省、市驻石各行政、事业、国企独立部门的主要负责人列席会议。县委常委、常务副县长段增华主持会议，县人民政府各位副县长就分管工作讲话，县长李忠德作题为《狠抓落实，苦干实干，确保今年全县经济社会实现又好又快发展》的重要讲话。

【县十四届人民政府第十五次常务会议】 2007 年 3 月 29 日，县十四届人民政府第十五次常务会议在县人民政府三楼会议室召开。县长李忠德主持会议。会议讨论通过了《石林彝族自治县威黑水库灌区配套工程设施管理试行办法》、《石林彝族自治县人民政府关于加强县城范围内文明出殡管理的通告》、《石林彝族自治县村民委员会成员罢免和辞职办法》。

【县十四届人民政府第十六次常务（扩大）会议】 2007 年 6 月 11 日，县十四届人民政府第十六次常务（扩大）会议在石林会议中心召开。县长李忠德主持会议。会议通报了县人大代表、县政协委员的意见建议，讨论通过了《石林彝族自治县财政投资评审管理暂行规定》和《石林彝族自治县城市建筑风貌管理办法》、《石林彝族自治县城市园林绿化管理暂行办法》、《石林彝族自治县城市古树名木和古树后续资源保护管理暂行规定》、《石林彝族自治县城市绿地、树木认建认养管理暂行规定》、《石林彝族自治县“绿色图章”管理规定》等 5 个城市规划建设管理方面的规章。

【县十四届人民政府第十七次常务会议】 2007 年 8 月 28 日，县十四届人民政府第十七次常务会议在县人民政府三楼会议室召开。县长李忠德主持会议。会议讨论了《石林风景名胜区保护条例（修订草案)》。

【县十四届人民政府第十八次常务会议】 2007 年 12 月 19 日，县十四届人民政府第十八次常务会议在县人民政府三楼会议室召开。县长李忠德主持会议。会议讨论了《政府工作报告（讨论稿)》，讨论通过了《石林彝族自治县月湖水库水源区保护管理办法》、《石林彝族自治县县级地方公益林生态效益补偿项目管理办法》、《石林彝族自治县县级地方公益林森林生态效益补偿基金管理试行办法》、《石林彝族自治县县级地方公益林管护试行办法》、《石林彝族自治县县级地方公益林管护核查试行办法》、《石林彝族自治县机关事业单位招用辅助工管理办法》、《石林彝族自治县城市绿线管理暂行规定》、《石林彝族自治县村干部管理办法(试行)》。

县人民政府办公室

【县人民政府办公室】 1949 年 7 月成立路南县临时人民政府后，设立秘书室。随后几经变动，1980 年 9 月恢复县人民政府办公室。2007 年，县人民政府办公室内设综合科、秘书信息科、行政后勤科、督办科（县人民政府县长热线电话办公室）、县人民政府对外事务办公室、县人民政府法制办公室和县人民政府便民服务领导小组办公室，年底有在职职工42人。单位住址在鹿阜镇双龙山18号。2007年，县政府办集体、个人获得市级表彰13次、县级表彰27次。2007年，资助支农联系点鹿阜镇大屯村委会2000元生产经费。

主　任：王彦平
副主任：王光学
　　　　李玉华（彝族）
　　　　张　奕（1月止）
　　　　陈永宁（2月起）
　　　　普向梅（女，彝族，2月起）
　　　　李林青（女，彝族）
　　　　苏健康（2月起）
　　　　李劲松（12月起）

【综合工作】 加强各单位的工作协调与联系，协助县政府领导处理日常事务和对外事务，2007年共收转办理请示、报告1020份，处理率达100%，办结率达98%；收到上级机要文件1726份，送发本级文件1.4万余份。

【文秘工作】 负责联系与县政府工作有关的部门和单位，及时掌握各部门、单位的工作情况，做好文件、文稿的起草、修改、审核、校对，把好文件、文稿出口关。2007年共完成各类文件1124个，起草讲话稿287篇，编发政务信息40期，上报信息120篇，采用20篇，超额完成了市政府对县政府的信息考核任务。

【督办工作】 认真履行督促、检查职能，2007年共承办省人大代表建议1件，转办、督办县十四届人大五次会议议案、建议139件，面商率、答复率、满意率均为100%；转办、督办县政协七届五次会议提案82件，面商率、答复率为100%，满意率为98.8%；转办、督办市政府市长热线办公室受理交办件29件，县政府县长热线受理群众来电来访58人次，办结率均达100%。

【外事工作】 认真贯彻执行国家的对外方针、政策，做好石林县对外事务、对外友好交往、礼宾接待等工作，2007年共办理全县有关领导因公出国手续32件（次），参与协调外事接待4起。

【便民工作】 建立健全便民服务的各项规章制度并组织实施；根据县政府的决定，会同相关部门做好县政府各部门行政审批事项进入便民服务中心的工作，组织、协调需由几个部门联合办理的事项。2007年共受理各类行政审批件22551件，其中：承办件4485件，即办件18066件，办结率98%；换、办第二代居民身份证40483件。总办件数达63034件。

【会务工作】 严格按照规范程序做好以县政府名义召开的各类会议的会务工作，2007年共承办县政府全会、县政府常务会议、县长办公会议、县政府专题工作会议等114次。

（撰稿人：县政府办 王光学、灶兴明、李贵平、李红仙、毕贵荣、李宏先、汤学明、袁春霖）

人事劳动工作

【县人事劳动和社会保障局】 1951年10月，县人民政府设人事科。1983年12月10日，成立县人民政府劳动人事局。1995年2月26日，更名为县人事与劳动局。2002年6月，县人事与劳动局又更名为县人事劳动和社会保障局。2007年，局机关设办公室、人事科、工资福利科、劳动科、劳动监察科（队），有职工20人（含机关工勤人员3人）；局直属单位4个，即县社会保险事业管理局、县医疗保险分中心、县劳动就业服务局（于2007年12月20日升为副科级单位）、县农村社会养老保险事业管理所。局机关住址在鹿阜镇双龙山18号县政府三楼。

2007年，县人事劳动和社会保障局荣获2006年度基层满意县直单位、2006年深化乡镇机构改革先进单位，被昆明市劳动和社会保障局表彰为2007年度农民工工资保障金征缴先进单位称号。资助支农联系点路美邑镇北山村委会4500元生产经费。

总支书记：马光云
局　　长：马光云（12月止）
　　　　　杨春宝（12起）
专职副书记：岳劲松（彝族）
副 局 长：宗家富（12月止）
　　　　　黄　丽（女，彝族）

【公务员管理】 按昆明市人事局批准登记，2007年底，石林县实有公务员1144人，其中政府行政机关实有公务员685人，暂缓登记1人（县民宗局），不予登记3人（属乡镇人员）。全县非领导职务中，主任科员、副主任科员有149人，科员293人，办事员27人。按要求做好公务员登记后人员增减、变更的管理，同时与县编办、县财政局、县法制办共同审核上报参公管理事业单位72个，稳妥做好石林县参公管理事业单位的审批上报工作。2007年办理抽调41人，调动132人（其中：县内调动122人，调出县外10人）；通过公开、公平、公正、择优的原则计划招录31名国家公务员（至年底1人已录用，30名进入替补公示阶段）。举办全县公务员“8+X”培训2期，培训261名。

【专业技术人员职称评聘工作】 2007年底，全县企事业单位职工总数为5463人，其中专业技术人员3868人（初级资格数1896人，中级资格数1668人，高级资格数232人，未定职称72人）本年度晋升副高资格数50人，中级资格数132人，初级资格数288人。

【事业单位工作人员管理】 全年完成350人的知识分子补贴审批工作；168人专业技术人员初级职务评审工作；审核推荐上报评审中高级职称170人；完成大中专毕业生考核定职134人；鉴定事业单位专业技术人员聘用合同2600份；完成专业技术人员继续教育培训教材征订、发放和考试组织、试卷批阅工作，分别发放培训教材3751套，考试试卷3751份；推荐云南省第二批农村乡土人才人选2人；完成职称外语考试报名135人，考试合格92人；开展计算机应用能力培训、考试工作，共200余人参加；经济师资格考试报名99人；根据专业技术人员管理规定，办理辞退手续1人，解聘合同2人，辞职1人，取消试用期资格1人。

【军转干部稳定工作】 按照省、市有关政策，积极开展企业军转干部、自谋职业军转人员的座谈和慰问工作，及时发放特殊困难军转干部补助9人9.7445万元，切实做好军转干部解困维稳工作。

【严格执行工资政策】 认真贯彻中央、省、市工资政策，完成机关事业单位工作人员及离退休人员艰苦边远地区津贴审批3017人。完成机关事业单位工作人员工资套改5480人，月增资平均达259.2元。调整离退休人员待遇3188人。审批机关工作人员办理职务工资568人。办理山区教师享受山区教师工作津贴92人，享受特级教师津贴1人。办理机关事业单位工作人员职务变动工资审批568人，提高警衔津贴71人、法官津贴20人。核定石林风景名胜区管理局新聘人员工资12人。办理大中专毕业生转正定级60人。组织召开劳动能力鉴定会共鉴定56人，办理正常退休136人，丧葬抚恤55人，办理一次性抚恤金54人，发放《退休证》98本。

【规范劳动管理】 全力推进劳动合同（集体合同）制度，2007年完成对5375人劳动合同的登记管理工作，劳动合同签订率达98%。按照市劳动和社会保障局安排，在建筑业、住宿和餐饮业开展签约行动，共发放劳动合同5000份，督促78家企业与1515名劳动者签订劳动合同，完成任务数1500人的101%。初步建立劳动用工登记制度，办理劳动用工登记单位172户，涉及职工人数4349人，其中办理网上登记单位94户，涉及职工2948人。及时处理各种来信来访及劳动争议仲裁案件，结案率达100%。组织《劳动合同法》宣传1天，举办培训班2期。认真组织2007年全县机关事业单位工人技术等级考核晋升申报工作，按时完成50人参加省、市职业技能培训的初审推荐工作，其中：初级工13人（复核认定1人），中级工25人，高级工12人。完成合同工转移5人，临时工审批200人，审定工龄79人。

【劳动执法监察】 举办劳动保障执法年审培训2期，完成劳动保障执法年审638户，超额完成年度目标任务。查处劳动监察案件84件，结案率达100%。受理拖欠农民工工资案件38起108人，追讨工资42868元。为27户企业补发了年审合格证，督促57户用人单位办理了用工登记手续，补签劳动合同2826份。完善农民工工资保障金管理制度，全年共有19户用人单位按规定缴纳了保障金，至年底，专户保障金缴纳达293.7688万元。按照省、市安排，8月份对全县砖（瓦）窑厂、石灰（石料）厂开展劳动用工专项检查，查处使用童工案件3起，并处以罚款。

【基金监管】 严格执行基金管理规定，不断健全、完善管理程序及内控制度，定期开展基金监督抽查及交叉检查，及时了解、掌握各项社会保险基金的运行状况，确保了基金安全、完整。

（撰稿人：县人事劳动和社会保障局 李焰）

机构编制工作

【县机构编制委员会办公室】 2002年7月县乡党政群机构改革以前，县机构编制委员会办公室一直设在县人事与劳动局。机构改革后，单独设立了县机构编制委员会办公室，与县人事劳动和社会保障局合署办公。2003年10月29日，设立了县事业单位登记管理局，与县编办合并办公。2007年底，有职工3人。单位住址在鹿阜镇双龙山18号县政府三楼。2007年，单位被县委、县人民政府评为深化乡镇机构改革“先进单位”，两人评为“先进个人”。

主　任：马光云（12月止）
　　　　杨春宝（12月起）
副主任：赵永宇

【事业单位清理整顿和机构改革】 在2007年事业单位清理整顿和改革中，共对13个单位进行了更名，4个单位被撤销，9个单位并入其他机构，8个单位理顺职能关系，5个单位调整机构规格或领导职数；共明确副县级机构2个、正科级23个、副科级12个、正股级71个、不定级别20个，涉及编制调整723名。通过开展清理整顿和机构改革，对各事业单位进行了“九定”（即机构名称、主管部门、职能职责、机构规格、内设机构、人员编制、编制结构、领导职数、经费形式），进一步规范了机构的设置，事业单位管理水平不断得到提高。

【开展机构编制实名制管理】 为进一步加强机构编制管理工作，逐步实现机构编制动态管理，结合石林县实际情况，从2007年8月起分两步在全县机关、事业单位开展机构编制实名制管理工作，第一步在使用国家行政编制的县委、政府的工作部门，人大、政协、法院、检察院、群团组织、乡镇机关推行。至年底，县级机关和乡镇机关已开展了机构编制实名制管理。在总结经验的基础上，下步将在事业单位全面铺开。

【机构编制监督检查】 2007年9月，为认真贯彻落实《地方各级人民政府机构设置和编制管理条例》和中共中央办公厅、国务院办公厅《关于进一步加强和完善机构编制管理 严格控制机构编制的通知》等规定，县编办联合县监察局、县人事劳动和社会保障局，对县政府所属工作部门的机构设置、职能配置、编制使用、领导配备等情况进行了检查。针对检查中发现的问题，县编办、县监察局对存在问题的单位及时下发了整改通知书。2007年10月，市联合检查组对石林县机构编制管理工作进行了检查，并给予了高度的评价。

【规范机构编制管理】 严格办事程序，严把“进口”关。按照改革发展与机构编制严格控制相结合的原则，处理好改革发展和严格监管的矛盾。全年出具人员入编审核意见30份，办理更名机构1个，设立机构3个。对4个单位的职能和编制等进行了调整，对县公安机关机构进行了规范设置，开展了乡镇统计体制改革。

【事业单位登记管理】 按照《事业单位登记管理暂行条例》及《实施细则》的相关规定，对2006年事业单位法人进行了年检，此次年度检验共涉及174个单位。经审查，涉及年度检验的174个单位均为合格，合格率达到100%。对单位信息发生变化、证书遗失和机构撤销的单位进行了变更登记、证书补办和注销登记，变更登记34份、证书补办5份、注销登记3份、设立登记1份。

（撰稿人：县编办 徐 伟）

民政工作

【县民政局】 1949年7月，设立临时人民政府民政科。1973年1月，改称县民政局。2007年，县民政局内设办公室、救灾救济科、优抚安置科、社区与基层政权建设科、社会事务与民间组织管理科、城市低保科，下辖区划地名办、老龄委办公室、军队干休所。年底有在职职工25人，离退休人员24人（其中军队干休所7人）。单位住址在鹿阜镇阿诗玛南路199号民政宾馆二楼。2007年，县民政局承办、协办人民代表建议、政协委员提案5件，其中：承办人民代表建议4件，承办政协委员提案1件，办复工作满意率达100%。2007年，县民政局被昆明市退伍军人安置办公室评为“2006年度退役士兵安置工作先进单位二等奖”，被市老龄委评为“老龄事业发展先进单位”，被县委、县政府评为“石林申报世界自然遗产工作先进单位”。资助支农联系点大可乡水尾村委会5000元生产经费。

书　记：毕建春（彝族）
局　长：李增喜（12月止）
　　　　窦兴亮（彝族，12月起）
副局长：毕金星（彝族）
　　　　龚树明（12月止）
　　　　施丽红（女，12月起）

【基层政权建设】 石林县2007年村级换届选举工作于3月1日正式启动，经过宣传培训、民主评议、村财审计、选举实施、建章立制和验收总结六个阶段的工作，至4月24日结束，全县88个村“两委”均按期进行了换届，换届选举成功率高。

通过选举，产生了村党总支（支部）书记85名（应选88名），占96.59%；村党总支（支部）副书记57名（应选副书记60名），占95%；支委委员457名（应选支委委员468名），占97.65%。

通过选举，产生新一届村民委员会主任88个，占100%；村民委员会副主任88个，占100%；选出委员259名（应选委员264名），占98.11%。

通过换届选举，全县88个村民委员会中，支部书记兼任村委会主任的有59个，占69.41 %。在新一届的村委会成员中，党员有282名，占64.83%，其中兼任村党总(支部)委员的有209人，占村民委员会成员的48.05%。“一肩挑”和“两委交叉”任职，有利于村“两委”成员自觉团结配合，形成工作合力，保证政令畅通。

2007年底，全县辖7镇1乡，88个村民委员会和4个社区居民委员会，459个村民小组和50个居民小组。

【拥军优属工作】 在春节即将来临之际，由县五套班子领导带队于2007年2月9日组成10个慰问组，对烈属、因公牺牲军人家属、病故军人家属、一等残废军人、军队离退休干部、部分在乡老复员军人、带病回乡退伍军人进行慰问，每户慰问金100元、食品一份（价值100元）、被子一床（价值150元），150户共52500元。对驻石部队县人民武装部、武警县中队、武警消防大队、武警森警中队、石安大队三中队进行慰问，5个部队合计30000元；慰问个人每人150元，350人共52500元。伙食费5000元。慰问费合计140000元。

在“八一”建军节期间，对驻石部队县人民武装部、武警县中队、武警消防大队、武警森警中队、石安大队三中队进行慰问，5个部队合计慰问现金30000元。

慰问企业单位中困难的复、退、转军人173户、军队离退休干部7户、三级伤残军人2户、荣立一等功的烈士家属1户，慰问金每户200元，183户共发放慰问金36600元。

慰问在农村的优抚对象代表160人，开支慰问费16600元。下拨每个乡镇“八一”座谈会经费补助1000元，全县共8000元。下拨各乡镇优抚临时困难补助费2万元。

【优待抚恤工作】 2007年按照财政部、民政部优抚对象的抚恤补助标准，及时足额发放优抚对象抚恤金，定补面达100%，确保了优抚对象的生活。农村义务兵家属优待金按照2006年石林县农民人均纯收入3339元的标准兑现；城镇义务兵家属优待金按照500元的标准兑现；在部队服役的士兵按荣立三等功一次奖励200元、评为优秀士兵一次奖励100元的标准给予奖励。共兑现优待金203户496121元，发放立功受奖人员77户8600元，共计504721元。

【安置工作】 2007年共接收退役士兵、转业士官100人，其中：转业士官3人，退役士兵97人。符合安置政策的31人在2007年6月22日进行择优选岗。21名退役士兵选择了工作岗位，10名选择了自谋职业。安置工作做到了公开、公平、公正。

认真组织军队离退休干部开展文化、体育、娱乐活动，丰富军休人员精神文化生活，积极组织军休人员到大连、山东、青岛、西安等地参观考察，军休人员“两个待遇”进一步落实。

【社团和民办非企业单位管理】 强化民间组织管理，坚持培育与监督管理的方针，对民间组织进行依法登记和监督管理。全县有登记在册社会团体28家、民办非企业单位5家。

【“五保”供养工作】 2007年全县已纳入“五保”供养的人员有254户258

人，其中：集中供养人员 73 户 74 人，分散供养人员 181 户 184 人。全年共发放五保生活费 160848 元。

【老龄工作】 认真抓好老龄工作，解决好老龄事业发展中的热点和难点，全年为老年人办理省级优待证 361 人、市级优待证 274 人、县级优待证 12650 人。在敬老节时，对 202 名高龄特困老年人进行走访慰问，发放慰问金 2.74 万元。认真抓好老年节活动，组织了适合老年人身心健康文艺、体育活动，受到社会的好评。对 10 个老年协会工作先进集体、10 个老龄先进单位和 10 个孝亲敬老之星进行了表彰。

【行政区划与地名管理】 2007 年完成了与周边县的边界界线勘定工作，依法处理好乡镇、村委会、村与村之间的边界争议问题，维护社会稳定。结合换发第二代居民身份证，经过充分调查、论证，命名了城区 42 条街、路、巷、园地名。认真做好全县街、路、巷和农村门牌的调查统计编号查缺补漏复审工作。

【殡葬管理工作】 在"殡葬管理宣传月"和"平安石林"宣传周活动期间，利用街天大力宣传殡葬管理的有关法律、法规，进一步提高广大人民群众的文明出殡意识。根据部分人民代表提出的《关于改变陈规陋习，实行文明出殡》议案，县政府于 2007 年 5 月 29 日颁布实施了《石林彝族自治县人民政府关于规范县城范围内文明出殡管理的通告》，以各种形式开展宣传，积极推行丧葬改革工作。

【婚姻登记】 2007 年共办理婚姻登记 1218 对，其中：结婚 975 对，离婚 139 对，补办 73 对，补领 31 对。登记合格率达 100%。

（撰稿人：县民政局 孔雪梅）

民族宗教工作

【县民族宗教事务局】 1983 年 12 月成立县民族事务委员会，1992 年改称县民族宗教事务委员会，1994 年正式定名为县民族宗教事务局。2007 年内设办公室、民族科、宗教科、民族文史研究室，年底有在职职工 9 人，单位住址在县鹿阜镇双龙山 18 号政府大院三楼。2007 年，县民宗局获昆明市民族团结目标管理责任制考核一等奖、昆明市民委系统先进集体、县委县政府"2007 年度新农村建设指导工作先进派出单位"称号；毕华玉被命名为文化部"国家级非物质文化遗产项目阿诗玛代表传承人"，毕玉昌获省民委、省人事厅表彰的 2007 年度"全省民委系统先进个人"，李毅飞分别获市委、市政府表彰的"2007 年度社会主义新农村建设指导员先进个人"和全市民委系统"先进工作者"，王向方获全市民委系统"先进工作者"。年内办政协提案 1 件，处理了 3 件信教群众来信来访问题，满意率均达 100%。

支部书记、局长：毕玉昌（彝族）
副局长：李毅飞

【民族宗教法规宣传】 2007 年，县民宗局筹措资金编印《民族法律法规政策选编》分发给县、乡领导干部；继续办好《石林民族与宗教》简刊，发挥《今日民族》、《中国宗教》等报刊杂志的宣传作用。利用"民族团结宣传日"和"法制宣传周"，积极深入基层开展宣传工作。在为期 1 个月的宣传活动中，共发放《中华人民共和国民族区域自治法》、《石林彝族自治县自治条例》、《宗教事务条例》等材料 6000 份。并先后抽调 30 多人次，到鹿阜镇、板桥镇、石林镇、圭山镇、堡子、南大村进行宣传。通过持续不断的宣传，增强了广大干部群众的民族区域自治意识和法制观念，让广大人民群众了解了民族法律、法规政策，营造了全社会关心支持民族宗教工作的良好氛围，为促进石林县的民族团结，创建"平安石林"起到了极积的作用。

【民族宗教目标管理责任工作】 调整充实了县民族宗教工作领导小组和部分乡镇民族宗教分管领导，明确了民族宗教兼职干部，明确了协调民族关系的工作人员。4 月 25 日与 8 个乡(镇)签订了《民族团结、宗教工作目标管理责任书》，与 7 个宗教活动场所签订了责任书。在日常工作中，把加强民族团结、维护社会稳定的工作做到基层，坚持"团结、教育、疏导、化解"的方针，严格区分和正确处理两类不同性质的矛盾，把各种矛盾解决在基层，解决在萌

5 月 24 日，昆明市副市长杜敏（左二）视察石林民族宗教工作

芽状态。认真开展影响民族团结矛盾纠纷隐患的排查工作，做好影响民族团结矛盾纠纷调处表的上报工作，实行零报告制度。制定和完善了民族宗教群体性突发事件应急预案，并以县政府办文件印发了《石林彝族自治县民族宗教群体性事件应急预案》，提高了民族宗教群体性突发事件的应急能力。安排民族团结稳定工作专项经费，确保民族团结顺利开展。2007 年，县民宗局安排 11.5 万元作为全县民族团结稳定工作专项经费。其中：圭山镇 1.5 万元，长湖镇 2 万元，石林镇 1 万元，西街口镇 2 万元，县司法局民族法制宣传经费 1 万元；民族团结目标责任制考核经费 4 万元。通过安排民族团结稳定工作专项经费，为民族团结工作的开展提供了强有力的经费保障。

8 月 30 日，第 16 届世界民族学与人类学大会昆明筹委会领导到糯黑村选田野考察点

【民族机动金项目管理】 2007 年度，市民委安排给石林县的民族专项资金总计达 245 万元，其中：少数民族发展资金 200 万元。种植业项目 1 个，资金 100 万元；道路建设 3 个，资金 70 万元；集镇建设 1 个，资金 30 万元。市级民族机动金 45 万元中：人畜饮水项目 4 个，资金 15 万元；道路修建项目 3 个，资金 11 万元；种植业项目 1 个，资金 3 万元；教育项目 1 个，资金 4 万元；民族团结稳定项目 2 个，资金 8 万元；民族文化项目 1 个，资金 4 万元。民族专项资金文件下达后，县民宗局及时深入到各乡镇项目点，检查项目实施情况。并按《昆明市民族机动金管理暂行办法》规定与受援单位和乡镇分管领导签订了民族机动金使用合同书，确保做到专款专用。民族专项资金涉及少数民族地方项目建设的方方面面，有力地改善民族地区的基础设施，解决了群众的交通、人畜饮水等困难，提高了少数民族群众的科技意识，为民族地区经济社会各项事业的发展奠定了基础。

2007 年安排县级民族机动金 43 万元，超过年增长 3% 的比例。县级民族机动金共安排 28 个项目，解决了大塘子、糯斗苗族村寨、小滑坡壮族村及所西达、芋头得、洗洒衣、宜邑、舍色、寨黑、中龙村委会、糯黑村、林口铺学校等民族落后地区村寨春耕生产时期抽水拉水和人畜饮水困难，让少数民族及边界地区的人民群众感受到党和政府的关怀。

【民族团结示范村建设】 按照“民族关系好、经济发展好、社会治安好、教育科普好、村容村貌好、生态环境好”的要求，县民宗局结合“糯黑民族团结示范村”的特色，认真规划、制定方案、精心指导，积极向上级争取资金，不断完善村中基础设施，提高村寨民族文化内涵。2007 年，在省、市民委的大力支持下，投入资金 40 多万元，于 7 月 11 日完成了大糯黑村长 3100 米、总计 13546 平方米的道路硬化，改善了村内交通和环境条件；8 月投入 1 万多元，完成了具有民族特色的密枝林门的建设。通过几年的努力，糯黑村容村貌大为改观，民族文化品位不断提升。2007 年获昆明市“文化旅游特色村镇”殊荣。2008 年第 16 届世界国际人类学与民族学大会昆明筹委会已将糯黑村作为大会的一个学术考察点，欢迎世界各地的专家学者前来考察。

【民族宗教图书编写工作】 2007 年，完成《昆明市少数民族概况》石林卷、《昆明市少数民族志》及彝文古籍《指路经》的撰写、翻译、出版工作。为配合彝文输入法的开发和利用，普及彝族文化，让更多的人关注、了解、学习古老的彝族文字，进行《石林彝语 900 句》的编写工作，至年底已完成初稿。

【彝文电脑输入软件】 “石林彝文电脑字库制作和输入软件开发项目”在县委、县政府的支持下，由县民族宗教事务局牵头与云南省民委专家联合开发，于 2007 年 12 月成功研发并进行了安装调试。“石林彝文电脑字库”以《彝汉简明词典》为基础，共收录了 2000 个彝文字符，可运行于 windows98 以上的 windows 操作系统，凡可处理汉字的软件都可以处理彝文，如公文处理系统、排版系统、网页设计、广告制作等，应用领域非常广泛。“彝文软件”的开发极大地促进了石林彝文的推广和应用，标志着石林彝文向现代科技迈进了一大步。年内开展了 2 期彝文输入法培训班。

【举办民间文化传承人暨毕摩文化培训班】 按照县委《人才工作实施意见》，民间文化传承人暨毕摩已被列入石林县乡土人才培养计划，每年应培训 30～40 名毕摩。11 月 6～11 日，县民宗局在县委党校举办了为期 6 天的石林县 2007 年民间文化传承人暨毕摩文化培训班，参加培训的有来自全县各乡镇彝族村寨的75名彝族毕摩和彝文爱好者。培训内容为：1200个彝文字识读，详细讲解彝族毕摩的重要经典《指路经》的内容，民族宗教政策，彝族的历史文化，彝族撒尼人的历史文化。

【民族宗教法律法规培训】 2007年举办民族宗教法律法规培训班3期，共628人次。其中3月12日，县民宗局举办了2007年度乡镇分管民族宗教的领导培训班。培训内容为：《宗教事务条例》及宗教政策和知识，民族机动金管理办法，签订2007年民族宗教目标管理责任书等。参加培训的人员有县委统战部、县财政局的相关领导和各乡镇分管民族宗教工作的领导共30余人。培训会上，县民宗局副局长李毅飞宣传讲解了《宗教事务条例》和党的宗教政策。

【召开民族宗教界人士学习十七大座谈会】 10月29日，县民宗局召开了民族宗教界人士座谈会，学习宣传贯彻党的十七大会议精神。县民宗局、县史志办全体党员干部及石林县天主教、基督教、佛教、民族民间信仰宗教界代表人士共30余人参加了会议。会上，县民宗局局长毕玉昌结合石林县近五年来在政治、经济、文化方面取得的可喜成绩，阐述了十七大报告的重要意义，分析了石林县民族宗教工作面临的新形势、新任务。副局长李毅飞宣读了国家宗教局局长叶小文《发挥宗教在促进社会和谐方面的积极作用》的文章，并结合石林县宗教工作实际，就如何发挥宗教在促进石林县社会和谐方面的积极作用提出了具体要求。通过学习，石林县民族宗教界进一步统一了思想，纷纷表示要结合各自的工作实际进一步学习贯彻十七大会议精神，深化对党的民族宗教政策学习和认识，积极投身中国特色社会主义建设中，为实现石林和谐、进步、繁荣的小康社会而奋斗。

【模范宗教活动场所创建活动】 县民宗局结合年检、目标管理责任书，对照“五好”宗教活动场所的量化指标，在7个已开放的宗教活动场所开展争创“五好”活动。通过评比，石林县狮子山妙光寺连续4年被市佛教协会评为“五好”宗教活动场所，路美邑天主教堂连续4年被省、市天主教爱国会评为“五好”宗教活动场所。2007年下半年，根据市宗教局下发的文件精神，县民宗局要求各宗教活动场所按照创建模范宗教活动场所的管理组织好、规章制度好、依法活动好、团结和谐好、自养发展好、消防安全好、环境卫生好“七个好”要求进行逐项落实，并在年度考核评定评选出模范宗教活动场所，予以表彰。2007年，狮子山妙光寺被昆明市宗教事务局评为模范宗教活动场所。

【举办信教群众农用科技培训班】 为引导石林县民族民间信仰群众走科学养殖、集中精力搞活经济的路子，按照“实用、实际、实效”的原则，2007年4月2日，县民宗局在有民族民间信仰的糯黑村委会开展科技培训。培训班邀请了县农牧局的专业技术人员为彝族群众讲授了科学养猪、家畜疾病预防和控制、农家乐乡村旅游服务等内容，参加培训人员200余人。通过开展科学技术培训，使糯黑信教群众增强了依靠科技致富和发展农家乐乡村旅游的信心和能力。

【电脑农业推广工作】 2007年成立了石林县电脑农业推广领导小组，副县长毕春华担任领导小组组长，县民宗局局长毕玉昌、副局长李毅飞、县农牧局局长徐朝光、县科协主席李建民、县科技局局长李韬担任领导小组副组长，办公室设在县民宗局。聘请省里的专家组成顾问组，并由县内相关单位及人员组成技术推广组，对全县的畜牧、粮作、茶叶、果树等项目进行指导。2007年匹配经费情况为：省电脑办匹配8万元，县乡两级匹配20万元。原计划推广15000亩，其中：水稻5000亩，玉米5000亩，小麦5000亩。实际完成情况为24100亩，其中：水稻完成14800亩，玉米完成8300亩，小麦完成1000亩。2007年实现增产粮食189.63万千克，农民增收218.78万元，节支成本42.57万元，总增收节支261.35万元。

近年来，县电脑办在完成推广任务的同时，还办出了地方特色，完成了具有一定技术含量和应用价值的《石林县高床厩养羊软件》的开发工作，更加有效地为全县养羊户提供了指导和服务，推动了石林县羊产业的健康发展，为其他县乃至全省全国的养羊业起到借鉴和指导作用。

（撰稿人：县民族宗教事务局 王向方）

档案工作

【县档案局（馆）】 1981年12月10日，成立县档案馆。1988年9月19日，成立县档案局（二级局），隶属于县政府领导。1998年更名为县人民政府档案局。2007年，县档案局（馆）内设办公室、业务法规科、档案管理科，年底有职工8人。单位住址在县委大院内。2007年，县档案局（馆）被省人事厅、省档案局记“全省档案工作集体三等功”一次，1名职工被市人事局、市档案局表彰为先进个人。

局(馆)长：高凤玉（彝族）

【档案法制化建设】 2007年，县档案局继续开展档案法制宣传教育工作。一是印发《中华人民共和国档案法》知识读本130本给参加全县档案管理骨干培训班的学员，并邀请市档案局政策法规处领导对学员进行档案法制宣传教育。二是充分利用各种宣传媒体，采取多种形式宣传档案法制工作。如利用石林县“政务公开宣传栏”专题宣传档案工作、利用大型户外电子广告屏宣传档案法制建设标语、在县政府电子政务信息网建立县档案局（馆）网页。三是组织全县各级立档单位，参加“剑南春杯”档案法制知识竞赛活动。四是在全县范围内拟发《关于开展档案行政执法检查的通知》文件，并于9月26～30日，在县司法局、县民政局、县交通局、县粮食局、县史志办、县气象局等单位的大力支持下，联合开展了档案行政执法检查工作。通过检查，发现绝大多数单位都能认真贯彻执行《档案法》、《云南省档案条例》，档案工作得到了健康发展，同时也发现少数单位领导对档案工作重视不够，档案工作很被动，检查组当场对成绩和不足进行了反馈，检查结果在全县范围内进行了通报。

【全县档案工作会议】 2007年3月12日上午，石林县档案局召开了全县档案工作会议。全县一级立档单位分管档案工作的领导及档案员共200余人参加了会议。县档案局局长高凤玉回顾并总结了2006年全县档案工作开展情况，安排部署了2007年的工作任务。县委常委、县政府常务副县长段增华作了题为“围绕中心、服务大局，推动全县档案事业健康发展”的讲话，对加强全县档案工作提出了六点要求：一是提高认识，加强领导；二是规范业务，夯实基础；三是加强宣传，作好服务；四是重在利用，贵在收集；五是与时俱进，开拓创新，实现“六个转变”；六是抓好建设，做好保障。

【档案干部队伍建设】 2007年3月12～14日，县档案局举办了全县档案干部骨干培训班，127名档案管理干部参加培训，邀请了市档案局政策法规处、信息处等部门领导讲授专业课，县档案局干部现场为学员作了归档演示，并组织学员参观了县档案馆的“爱国主义教育基地”和县财政局的“五星级”机关档案室建设情况。年内，县档案局还先后选送档案业务骨干10人次参加省、市档案局组织的专题业务技术培训。

【档案业务建设】 2007年，县档案局（馆）在完成申报“四星级”档案馆工作的同时，还派出287人次指导县人大、县政府、鹿阜镇、路美邑镇、县财政局、县司法局、县国税局、县地税局、县人行、县纪委、县妇联等17个单位，指导整理档案8069件，建立完善制度48个，为石林县机关档案室规范化建设打下良好的基础。此外，石林县集体林权制度改革一开始，县档案局就提前介入，由一名副局长到林权改革办公室负责档案工作，以保证林权改革档案的完整与安全。

县档案馆标准化建设通过验收，成为全市首家晋升为云南省县综合档案馆建设“四星级”档案馆。

【实施档案工作“八项工程”】 2007年，为认真贯彻执行省档案局《关于实施档案工作“八项工程”加快云南档案事业发展的意见》，石林县人民政府加强了对档案工作“八项工程”建设的领导力度。县委办公室、县政府办公室联合发文，成立了以县委常委、常务副县长段增华为组长，县委办公室常务副主任王永乔、政府办公室主任王彦平为副组长，县人大、县政协、县纪委办公室主任，县财政局、县保密局、县档案局领导为成员的石林县档案星级目标管理工作领导小组，统一领导石林县档案星级目标管理工作。一是做好县档案馆申报“四星级”综合档案馆的各项工作。8月9日，经市档案局“八项工程”考评验收组的严格考评，县档案馆以高分通过了云南省县（市、区）综合档案馆建设“四星级”标准考评验收，成为昆明市郊县区当中率先进入“四星级”标准的综合档案馆。二是重点指导县公安局、县地税局、县人行三个机关档案室开展申报“星级”档案室工作。经过努力，县公安局档案室建设达“五星级”档案室、县地税局和县人行档案室建设达“四星级”档案室。到年底，全县共有“星级”档案室13个，其中：“五星级”的有2个，“四星级”的有7个，“三星级”的有4个。

【档案信息化建设】 2007年，县档案局（馆）以建设数字化档案馆为工作目标，采取措施，加快馆藏档案的数字化转化进程。加强基础设施建设，投资6.8万元，购置了扫描仪、摄像机、电脑、办公桌椅等设备，使硬件设施进一步完善。年内，共完成文件级目录著录28207条，为年初计划数的188%。

【档案社会效益】 2007年，县档案馆充分利用紧张的库房资源，积极丰富馆藏档案资料，接收档案228卷、收集资料126册，尽力抢救破损民国档案286卷。年底，馆藏档案22373卷10453件、资料13770册、实物档案4600余件、照片4518张。积极发挥爱国主义教育基地的作用，全年共接待各类参观者9批160人次，接待查阅者1242人次，调阅档案资料3949卷（册），复制档案资料2615页，提供证明600余份。特别是在配合县民政局帮助解决部分退伍军人及援外民工优抚政策时，干部职工放弃“双休”日，最大限度的为退伍军人及援外民工落实政策提供证据，为石林县的社会稳定作出了积极的贡献，取得了良好的社会效益。

【档案安全工作】 2007年，县档案局认真落实安全管理制度，坚持把制度落到实处。同时，根据实际情况新增灭火器两支，投资5000元修缮了库房屋顶渗水问题，确保了馆藏的安全保管。6月14日，昆明市人大教科文卫委、市档案局、市保密局、市政府法制办联合组成的档案安全保密专项执法检查组，到石林县检查档案安全保密工作，检查组在实地检查和听取县领导的工作汇报后，对石林县档案馆的档案安全保密工作给予了充分的肯定。

（撰稿人：县档案局　张云宏）

地方志工作

【县史志办公室】 1987年4月，成立县志办公室。1994年，县志办公室与县委党史研究室合并成立县史志办公室。1998年6月县委党史研究室单设，同时继续保留县史志办公室。2007年底有在职干部职工4人，办公地址在县政府大院。向支农联系点圭山镇和合村委会捐助3000元生产资金。2007年9月，县史志办公室被省地方志编纂委员会评为2004～2005年度云南省地方志系统先进集体，刘世生同时被评为先进工作者；刘世生、毕晓冬被昆明市地方志编纂委员会办公室评为《昆明年鉴》（2006年版、2007年版）“优秀撰稿人”；毕晓冬被县委、县政府评为2007年度“优秀专业技术人员”。

主　任：刘世生（彝族，2月起）

副主任：刘世生（彝族，2月止）

【编制《石林彝族自治县地方志事业发展规划》】 为明确石林县地方志事业发展的目标和任务，更好地发挥地方志事业在“文化石林”和经济社会建设发展中的积极作用，县史志办公室于2006年12月开始编制《石林彝族自治县地方志事业发展规划（2007～2010年）》。2007年1月18日，县领导审阅同意规划。11月27日，县委办、县政府办联合下发了《石林彝族自治县地方志事业发展规划》，要求各单位认真组织实施。规划从指导思想、发展基础、目标任务、保障措施四个方面，提出了石林县地方志事业的发展方向和目标。至2010年，力争把县史志办建成县情资料信息中心、地方文献收藏编纂中心和阿诗玛文化研究展示中心。

【编辑出版《石林年鉴（2007）》】 2007年1月22日，县史志办公室组织启动了《石林年鉴（2007）》的编写工作；12月，由云南民族出版社正式出版发行。全书配有68页彩图，设特载、大事记、概况、中共石林县委、石林县人大常委会、石林县人民政府、政协石林县委员会、群团组织、军事、法制、经济管理、农业、烟草业、工商企业、旅游业、会展业、财税审计、金融、交通邮电、城乡建设、科教卫生、文化体育、社会生活、政策法规、艺文、人物、附录27个部类，总字数88万字，定价186元。全面系统客观地记述了2007年度石林县自然、政治、经济、文化、社会等方面的情况。

在2007年云南省第七届年鉴评奖中，经专家审读、评委会评定、省新闻出版局核准，《石林年鉴（2005）》荣获综合特等奖，2005年版获此殊荣的全省仅10卷；《石林年鉴（2006）》荣获综合一等奖。《石林年鉴》保持了在全省的领先地位。

【修改出版《石林彝族自治县概况》】 2007年2月，根据国家民委《概况丛书》修订编委会对《石林县概况》初稿的修改意见，县史志办公室补充了10个乡镇简介等资料。4月18日，国家民委《中国少数民族自治地方概况丛书》修编委员会发出通知，《石林县概况》通过审查。石林县修编的概况体例规范、内容全面、编写质量好，是云南省首次送审的四部《概况》中最成熟的一部，受到修编委员会的一致好评，并将其推荐给其他自治地方作为修编工作的参考范本。6～7月，县史志办公室向国家民委《概况丛书》修订编委会和省民委提出建议，又对民族出版社的修改出版稿件进行了最后审阅，尽量消除了存在的错误。9月，《概况》由国家民族出版社作为全国第一批自治地方概况统一出版发行，全书配有16幅图片和1张地图，设地理环境、历史沿革和社会变革、民族区域自治、农业、工业、交通通信、财政金融、贸易、旅游、对外开放、社会事业、城乡建设、环境保护13章，总字数22万字，定价20元。此书将与《民族问题五种丛书》一道作为2009年在昆明召开的世界民族学人类学大会的献礼，向来自世界各地的专家学者和政府官员，集中展示我国实行民族区域自治政策取得的成果和我国自治地方的发展成就。

【编写报送省市年鉴石林部分稿件】 3月29日，县史志办公室完成编写《云南年鉴（2007）》石林部分的稿件，报送到省年鉴编辑部。石林部分3200余字，主要记述了石林县2006年人文地理、工农业生产、经济社会发展和旅游业发展情况，以及年内大事记和年末县级五套班子正职领导干部名录。

3月30日，完成编写《昆明年鉴（2007）》石林部分的稿件，报送到市志办。石林部分5600余字，设有年内大事、行政区划及人口、经济综述、农业、旅游业、工业、固定资产投资、财税金融、交通邮电、生态建设、人民生活、社会事业、领导名录13个条目内容。

5月17日，完成编写《云南小康年鉴（2007）》石林部分的稿件。石林部分4000余字，设有概况、石林旅游经济快速增长、阿诗玛文化产业助推石林发展、石林加大新农村建设资金投入、石林烤烟生产收购情况、畜牧业为石林经济发展注入新活力、石林县农业产业结构调整迈出新步伐、石林县城镇居民生活状况、石林县农村居民生活状况9个条目内容。

【收集整理旧志】 历史上石林县保存有三部州县志，一部为康熙《路南州志》，一部为乾隆《路南州志》，一部为民国时期的《路南县志》；清末到民国时期，还编纂了《路南乡土志》等多本乡土志书。以上旧志均为石印本或手抄本，所存甚少，社会各界纷纷反映工作查考不便。从抢救历史、传承历史、弘扬民族传统文化和促进全县各项工作的角度考虑，经县人民政府同意，由县史志办公室整理开发旧志。

经过多方努力，县史志办公室从国家图书馆、天津图书馆和省图书馆收集齐全了石林县自清朝康熙年间以来的历代地方志书资料。4月19日，县史志办公室与云南大学西南古籍研究所签订协议，共同整理开发康熙《路南州志》、乾隆《续编路南州志》、民国六年《路南县志》、《路南州乡土志》、《路南县乡土志草本》、《路南县地志资料》等六部地方志文献，首次标点注释、简体横排，并选择前四部全文影印对照汇集整理成《云南石林旧志集成》。11月，形成了初稿。

【组织编纂“石林地方史志丛书”】 为系统深度挖掘石林地方民族文化，补充石林县地方志编纂的不足，充分展示“文化石林”魅力，服务阿诗玛文化产业发展，2007年11月经县人民政府同意，从2008年起每年拨给经费30万元，由县史志办公室组织编纂“石林地方史志丛书”。首批拟编纂出版《民国石林社会调查研究文集》、《石林地方史》、《阿诗玛文化发展史》、《石林彝族文化志》、《石林彝经志》、《石林风物志》等六册，预计到2010年全部出齐。丛书突出石林自然和文化特色，以“石林”、“阿诗玛”品牌为依托，以石林自然、民族、文化特性为主线，突破石林县域界限，以图文并茂的方式全面记述和反映以石林为中心的地方社会状况，并着力展现区位特点、民族特性和文化亮点。第一辑编写完成后，还将适时组织策划以后各辑的编辑出版，使之成为石林县一项重大民族文化资源建设工程，从源头上为石林民族文化的创新和文化产业的发展提供重要的文化资源支持。

【石林方志馆的策划和筹建工作】 2006年下半年，县史志办公室根据《地方志工作条例》、《石林彝族自治县自治条例》的有关规定，多次向省、市志办领导进行了汇报，提出筹建“石林方志馆”的构想。2007年2月8日，省志办正式批复，同意将石林县方志馆列为省级试点建设。批复认为，设立石林县方志馆，将有利于弘扬、传承石林县民族文化资源，有助于建设民族文化大县，有益于石林县“十一五”社会经济文化的全面发展，并促进全省州、市、县(区)方志馆的建设。4月15日，县史志办公室制定了《石林方志馆筹备建设工作方案》，并通过了县级领导审定。根据工作方案，县史志办公室采取交换、购买的方式，向全国有特色的省市县收集志书、年鉴以及其他文献资料，进一步扩大资料室的图书规模，为筹建石林方志馆奠定基础。

【地方志信息网络建设】 为加强地方志工作的信息化建设，充分发挥地方志的县情资料功能，积极开拓社会用志新途径，为地方经济社会的全面发展服务，根据国务院颁布实施的《地方志工作条例》，结合石林县地方志工作规划，县史志办公室以县域网为物质基础，以清华大学主办的“中国知网”及其研制开发的“中国年鉴网络出版平台”为技术支撑，积极开展地方志网络筹建工作。

2007年11月1日，县人民政府批准地方志信息网络建设方案，第一期投资3.5万元，由县信息产业办组织建设。项目在12月中旬启动，当月底完成了设备和线路的安装调试工作。计划开通的“中国年鉴网络出版平台”，是全国各类年鉴编辑部编辑出版发行的网络服务平台，是全球著名知识网络传媒“中国知网”的重要组成部分。该平台开通后，不仅可以实现年鉴编辑的策划、预编、编审、出版和传播的网络化，还可以让全球读者通过该平台获取《石林年鉴》出版信息，在线阅读和订购年鉴，并将订单及时发送到年鉴编辑部，对做强做大《石林年鉴》和宣传石林具有十分重要的作用。

【地方志服务】 2007年4月18日，县史志办公室配合县政府办做好收集“昆明——苏黎世结谊25周年成果展”资料的工作，共搜集整理出6条相关文字信息。5月25日，对《马帮茶道·明星·青联·国立希望小学碑文》提出了修改意见和建议。6月29日，与县党史办共同完成了《云南大事记·石林县大事记(1997～2006年)》的撰稿工作。9月以来，积极做好上海电影制片厂拍制《新阿诗玛》的前期准备和立项工作。全年，热情接待了查阅和借阅资料者68人次，及时向各级领导、全国各地需了解石林的专家学者提供相应的材料；向县内各单位及其撰稿人、县级领导赠送2006版《石林年鉴》480余册；向县内各单位、县级领导及专家学者赠送《石林彝族自治县志》270余册、其他图书180余册。

（撰稿人：县史志办公室 鲁建宏）

政协石林彝族自治县委员会

领导名录

【县政协领导名录】

主　席：者培仙（女，彝族，2月起）
副主席：黄桂芳（女，彝族）
　　　　何中清
　　　　周和祥
　　　　赵淑珲（女，7月止）
　　　　周兴荣
　　　　苏云波（兼）
　　　　严华明（兼）
常　委：袁志明
　　　　毕宏志（彝族）
　　　　高云华（彝族）
　　　　赵磊明
　　　　毕丽英（女，彝族）
　　　　李　湖
　　　　严　涛
　　　　金　路（彝族）
　　　　李彦铭
　　　　李云珍（女）
　　　　许岷春（女）
　　　　普　菲（女，彝族）

重要会议

【县政协七届五次会议】 2007年1月28日至2月1日，政协石林县第七届委员会第五次会议在石林会议中心举行。会议由县政协常务委员会主持，市政协常务副主席张建伟莅会指导，县委、县人大、县政府、县纪委的领导出席了会议，原县政协部分老领导应邀参加了大会，152名委员出席会议，不是县政协委员的中央、省、市驻石单位、驻石部队、县属各部门主要领导列席了会议。

会议在县委的领导下，以邓小平理论和"三个代表"重要思想为指导，坚持科学发展观和构建社会主义和谐社会的重大战略思想，深入贯彻党的十六届五中、六中全会、《中共中央关于加强人民政协工作的意见》和县委十届二次全会精神，听取并审议了第七届政协常务委员会工作报告和提案工作情况报告，列席县人代会听取并协商讨论了政府工作报告、国民经济和社会发展计划执行情况与计划草案的报告、财政预算执行情况和预算草案报告、县人民法院工作报告和县人民检察院工作报告。会议补选了政协石林县第七届委员会主席者培仙，表彰了2006年度政协工作4个先进集体、22位先进个人和7件优秀提案。委员们紧紧围绕县委十届二次全会确定的目标和政府2007年的工作任务，充分发扬民主，积极建言献策，提出了许多建设性的意见和建议。会议圆满完成了各项议程，是一次统一思想，增进共识，凝聚力量，团结奋进的大会。

县委书记柳文炜作重要讲话，讲话充分肯定了全县政协各级组织、广大政协委员、各人民团体和各族各界人士，在巩固和发展爱国统一战线，推动实施"十一五"规划，实现跨越式发展目标中所作的积极贡献，要求全县政协各级组织和全体政协委员要进一步认清形势，发挥优势，为推进石林县跨越式发展、科学发展、和谐发展作出新的贡献。县政协主席者培仙作总结讲话，在总结历届政协所取得的成绩和经验的同时，对政协组织和委员提出了希望和要求。委员们深受鼓舞，深感责任重大，表示要把讲话精神贯彻落实到各项工作中去。

会议赞同县长李忠德所作的《政府工作报告》，赞同《石林彝族自治县2006年国民经济和社会发展计划执行情况及2007年国民经济和社会发展计划（草案）的报告》和《石林彝族自治县2006年财政预算执行情况和2007年财政预算（草案）的报告》，赞同县人民法院、县人民检察院工作报告。会议认为，过去的一年，县委、县人民政府团结和带领全县各族人民，坚持以科学发展观为指导，紧紧围绕旅游立县、粮烟稳县、工业富县和生态美县建设，攻坚克难，顽强拼搏，苦干实干，全县经济社会保持了良好的发展态势，实现了"十一五"良好开局，特别是成功举办了县庆50周年庆典活动，回顾了50年的辉煌历程，鼓舞了人心，凝聚了力量，树立了做好今后工作的信心，工作卓有成效，委员们对此表示满意。委员们深信，经过全县各族人民的共同努力，政府工作报告中提出的2007年的工作目标和任务一定能够实现。

会议同意者培仙代表常务委员会所作的《政协石林彝族自治县第七届委员会常务委员会工作报告》，同意何中清副主席代表常务委员会所作的《关于七届四次会议以来提案工作情况的报告》。会议认为，过去的一年，政协常委会在县委的领导下，认真贯彻《中共中央关于加强人民政协工作的意见》和县委政府工作会议精神，坚持团结和民主两大主题，以促进发展为第一要务，认真履行职能，全面完成了县政协七届四次会议确定的各项任务，为"十一五"规划跨越式发展目标的实现作出了积极的贡献。会议同意报告提出的2007年工作任务，并对进一步做好政协工作提出了建议。

会议强调，2007年是全面落实"十一五"规划目标任务的重要一年，也是在自治县50周年发展取得辉煌成就的基础上，实现新的起步、新的跨越的关键一年，做好2007年的工作具有十分重要的意义。会议要求，全体政协委员要进一步增强政治意识、责任意识、大局意识和创新意识，坚持科学发展观，紧紧围绕"十一五"规划跨越式发展目标的实现努力工作，以优异的工作实绩迎接中共十七大的胜利召开！

会议号召，全体政协委员、工商联、有关人民团体和各族各界人士，要紧密团结在以胡锦涛同志为总书记的中共中央周围，在县委的领导下，围绕全县"建设富裕石林、生态石林、文化石林、民本石林、开放石林、诚信石林、法治石林、平安石林"的目标任务，扎实工作，为全面实现"十一五"规划目标，推进石林县经济社会跨越式发展而努力奋斗。

【县政协七届二十四次常委会议】 1月22日，政协石林县第七届委员会常务委员会举行第二十四次会议。会议由副主席黄桂芳主持，党组书记者培仙、副主席何中清、周和祥、赵淑珲、周兴荣、严华明，常委李云珍、李彦铭、金路、赵磊明、毕宏志、高云华、严涛、毕丽英、袁志明、李湖出席了会议，县委副书记裴演兵到会作指导，政协机关各委室主任、副主任及各委员联系组长参加了会议。

会议协商讨论了党组书记者培仙作的关于政协常委会工作报告和副主席何中清作的关于政协常委会提案工作的报告；协商讨论了政协七届五次会议议程（草案），政协七届五次会议日程安排表（草案），政协七届五次会议秘书长、副秘书长名单（草案）；协商决定了政协七届五次会议召开的时间，委员增补建议名单及委员调整情况说明，政协七届五次会议主席台上就座人员名单，政协七届五次会议特邀领导及列席人员名单，政协七届五次会议讨论分组名单，政协石林县委员会关于表彰2006年度政协工作先进集体、先进个人和优秀提案的决定，常委会工作报告、常委会提案工作报告报告人和大会主持人，政协七届五次全会执行主席分组名单；会议决定增补裴演兵、者培仙为七届政协委员；会议决定免去窦友森（因到龄）教文卫史委员会主任职务，改任非领导职务。

会上，县委副书记裴演兵作了重要讲话，要求政协各级组织统一思想，提高认识；明确任务，认真履职；加强领导，维护团结。党组书记者培仙明确指出提高提案质量，认真组织好政协七届五次全会，表示作为政协党组书记，将认真履行好自己的岗位职责，不辜负组织和大家的希望。

【县政协七届二十五次常委会议】 1月31日，政协石林县第七届委员会常务委员会举行第二十五次会议。会议由副主席周和祥主持，县政协党组书记者培仙，副主席黄桂芳、何中清、周和祥、赵淑珲、周兴荣、苏云波、严华明，常委毕宏志、袁志明、许岷春、金路、李湖、赵磊明、严涛、高云华、毕丽英、普菲、李彦铭、李云珍出席了会议，县政协机关各委室主任、副主任和政协各联系组长参加了会议。

会议听取各组审议、协商讨论者培仙代表常务委员会所作的《政协石林彝族自治县第七届委员会常务委员会工作报告》、何中清副主席代表常务委员会所作的《关于七届四次会议以来提案工作情况的报告》，通过认真审议和协商讨论，委员们对这两个报告表示同意。会议协商讨论了《政府工作报告》、《石林彝族自治县人民法院工作报告》、《石林彝族县人民检察院工作报告》，委员们对上述“一府两院”的报告表示赞同。会议还听取了各组协商讨论政协主席候选人酝酿情况和监计票人的推荐情况。同时还协商讨论了《选举办法（草案）》、确定政协主席候选人者培仙、提案审查情况报告、县政协七届五次会议决议（草案）。

【县政协七届二十六次常委会议】 3月27日，政协石林县第七届委员会常务委员会举行第二十六次会议，者培仙主席主持，副主席黄桂芳、何中清、周和祥、赵淑珲、周兴荣、苏云波、严华明，常委李云珍、许岷春、毕丽英、赵磊明、毕宏志、袁志明、高云华、李湖、严涛、李彦铭出席了会议，副县长段增华，县委组织部副部长王云龙，县政协机关各委室主任、副主任，县委办、人大办、政府办、纪委办有关领导，政协各联系组长参加了会议。

会议协商讨论了政协石林县委员会2007年工作要点和政协石林县委员会关于2007年主要工作任务的责任分解实施计划；听取了县委组织部副部长王云龙作的人事安排说明；决定任命毕宏志为县政协教文卫史委员会主任职务；决定免去罗文章（因退休）县政协办公室副主任职务。最后，者培仙主席传达了全国“两会”精神。

【县政协七届二十七次常委会议】 7月27日，政协石林县第七届委员会常务委员会举行第二十七次会议，者培仙主席主持，副主席黄桂芳、何中清、周和祥、赵淑珲、苏云波、严华明，常委李彦铭、普菲、毕丽英、毕宏志、赵磊明、袁志明、李湖、严涛、金路、李云珍、许岷春出席了会议，县委副书记裴演兵、副县长段增华、县委组织部长王国亮等领导到会指导，县政协机关各委室主任、副主任及各联系组长参加了会议。

会议听取了副县长段增华所作的县人民政府关于上半年工作情况的通报；协商讨论了《政协石林彝族自治县委员会关于城市规划和路网建设情况的调查报告》、《政协石林彝族自治县委员会关于全县药监工作开展情况的调查报告》和《政协石林彝族自治县委员会关于农业项目开发情况的调查报告》，会议对有关报告提出了修改意见；会议还听取了政协各委员活动小组上半年活动情况汇报。

会上，县委组织部部长王国亮宣读了市委和县委关于赵淑珲（因退休）免职的决定文件。县委副书记裴演兵宣读了县委对赵淑珲的综合评价。县政协主席者培仙提议：让我们以热烈的掌声感谢赵淑珲对石林县经济社会发展和政协工作所做出的贡献。

【县政协七届二十八次常委会议】 10月22日，政协石林县第七届委员会常务委员会举行第二十八次会议，副主席黄桂芳主持，主席者培仙、副主席何中清、周和祥、周兴荣、严华明，常委普菲、许岷春、金路、李湖、毕宏志、袁志明、赵磊明、毕丽英、严涛、李彦铭、李云珍出席了会议，副县长毕春华到会作指导，县政协机关各委室主任、副主任及各联系组长参加了会议。

会议听取了县政协提案社会联络委员会主任槐可跃同志所作的《关于县政协七届五次会议以来的提案工作情况报告》；协商讨论了《政协石林彝族自治县委员会关于对我县社会主义新农村建设工作情况的视察报告》、《政协石林彝族自治县委员会关于对我县重点工程和重点项目的视察报告》、《政协石林彝族自治县委员会关于对我县创建平安工作情况的视察报告》和《政协石林彝族自治县委员会关于对我县民族文化旅游生态试点建设和乡(镇)村(社)文化站室建设情况的视察报告》，会议对有关报告提出了修改意见。

会上，县委组织部者云珍传达县委《中共石林彝族自治县委关于提议陈永能同志任职的通知》，并介绍了陈永能的简历，通过举手表决，到会的政协常委一致同意陈永能任县政协办公室副主任职务。协商讨论了周兴荣副主席作的《政协石林彝族自治县第八届委员会委员名额分配方案》，全体鼓掌通过。

会上，者培仙主席强调了三个方面的工作：第一，对第八届政协常委、委员、界别的设置作进一步的说明，即：政协常委设27名、委员169名、界别17个，中共党员占40%，党外人士占60%。第二，严格按照县委的要求于2008年1月底以前完成县乡两级换届工作任务。第三，要求政协全体干部职工要集中精力努力做好当前的各项工作，认真履行好各自的职能，要把下半年的委员活动组织好，圆满完成2007年政协的各项工作任务。

【县政协七届二十九次常委会议】 12月28日，政协石林县第七届委员会常务委员会举行第二十九次会议，者培仙主席主持，副主席黄桂芳、何中清、周和祥、周兴荣、苏云波、严华明，常委毕宏志、袁志明、金路、许岷春、赵磊明、李湖、严涛、高云华、普非、毕丽英、李云珍、李彦铭出席了会议，县政协机关各委室主任、副主任以及政协各联系组长参加了会议。

会议深入贯彻学习了党的十七大精神；协商讨论了《政协石林彝族自治县委员会关于对世界自然遗产石林如何保护开发利用的调查报告》；听取和审议了《政协石林彝族自治县委员会提案社会联络委员会七届一次会议以来五年工作总结及今后五年工作计划的报告》、《政协石林彝族自治县委员会七届一次会议五年来和今后五年教文卫史委员会工作报告》、《政协石林彝族自治县委员会经济建设委员会2003年至2007年工作总结及今后五年的工作计划的报告》及《政协石林彝族自治县委员会办公室关于七届一次会议以来的工作情况的报告》，会议就上述报告提出了许多很好的意见和建议。

会议根据县委《关于提议李绍玉等同志任免职务的通知》，讨论通过并决定任命李绍玉任县政协办公室主任；槐丽琼任县政协教文卫史委员会副主任（正科级）；因工作变动，张春学不再担任县政协办公室主任职务。

【政协联谊会议】 9月12日，政协石林县委员会、政协陆良县委员会、政协弥勒县委员会联谊会议在石林县会议中心举行。

会议由石林县政协副主席黄桂芳主持，者培仙主席致欢迎词。中共石林县委书记柳文炜，中共陆良县委副书记、县长唐宝友，陆良县政协主席赵鸿翔，弥勒县政协主席周树华分别在会上作了热情洋溢的讲话。中共石林县委、县人大、县政府、县纪委的领导到会祝贺。

会上，石林县圭山镇、陆良县召夸镇、弥勒县西三镇，石林县芭茅村民委员会、陆良县新村村民委员会、弥勒县大麦地村民委员会分别代表参会乡镇和村民委员会作了交流发言。会议认真总结了几年来石林与陆良、弥勒两县政协联谊会所取得的成绩和经验，交流了经验，互通了信息，增进了友谊，探讨了共同发展的新路子，对今后进一步开好联谊会提出了许多很好的意见和建议。

会议认为自石林与陆良、弥勒两县开展联谊活动以来，经过多年的探索，积累了宝贵的经验，取得了丰硕的成果，加深了相互之间的了解，增进了相互之间的团结，促进了相互的共同发展，为共同相互交流、相互学习、相互支持与合作创造了很好的机会。

会议认为，这次会议以“交流与合作、和谐与发展”为主题，体现了时代主题，顺应了当今社会潮流，符合中央有关精神，具有鲜明的时代特征，是一个非常有意义的主题。会议认为，三县政协在今后开展联谊活动中，要不断扩大交流的范围和内容，为三县人民全方位交流创造更多的机会，搭建更多的平台，通过交流与沟通形成更多的合作领域和项目，促进共同发展，同时要为构建和谐稳定发展的社会环境作出积极的努力。会议希望在今后的发展中，石林与弥勒、陆良两县人民要一如既往地珍惜友谊，携手合作，共同发展，共创未来。

会议期间，与会人员还将参观了石林县城东城区、石林中路、石林游客接待中心、石林阿诗玛生态园、乃古石林甜柿基地，并听取相关的情况介绍。

会议协商决定，2008年石林、陆良、弥勒三县政协联谊会在弥勒县举行，由弥勒县政协承办。

主要工作

【政协石林县委员会】 1965年12月，成立政协石林县委员会。2007年政协机关设办公室、提案社会联络委员会、经济建设委员会、教文卫史委员会，年底有干部职工20人。2007年，办公室被评为昆明市政协工作先进集体，政协机关先后荣获“申遗工作先进单位”、“创卫工作先进单位”、“基层满意的县直单位”等称号。资助了支农联系点石林镇水塘铺村委会3000元生产经费。

办公室主任：张春学（彝族，12月止）
李绍玉（12月起）
副主任：罗文章（3月止）
陈永能（彝族，10月起）
提案社会联络委员会主任：槐可跃
教文卫史委员会主任：窦友森（1月止）
毕宏志（彝族，3月起）
副主任：槐丽琼（女，12月起）
经济建设委员会主任：罗有华

【政治协商】 2007年，县政协组织委员重点对政府工作报告、国民经济和社会发展计划执行情况与计划草案的报告、财政预算执行情况和预算草案的报告以及县人民法院、县人民检察院的工作报告进行了协商，委员们以高度的主人翁责任感，围绕县委、县政府决策部署的贯彻落实和事关经济社会发展全局的重大问题，积极建言献策，提出了68条建设性的意见和建议，供县委、县政府决策参考。县政协全委会、主席会和常委会始终围绕中心，服务大局，坚持把促进发展作为履行职能的第一要务，特别在“申遗”和“创卫”等重大工作中，积极出谋划策；各专门委员会就对口联系部门的相关重点工作组织专题协商，推进了党政部门决策的科学化、民主化。县政协已基本形成了全体会议全面协商，主席会议、常委会议重点协商，政协领导参会协商，专题会议对口协商的政治协商新格局，取得了较好的协商效果。

【民主监督】 2007年，县政协组织部分县政协委员先后对石林县社会主义新农村建设工作情况、重点工程和重点项目、创建平安工作情况以及石林县民族文化旅游生态试点建设、乡（镇）村(社)文化站室建设情况进行了视察，共提出意见建议16条。同时建立健全联系和反馈机制，向公、检、法、司、审计、工商等部门派出23名政协委员担任特邀监督员，充分发挥政协委员的民主监督作用。积极组织政协委员参加县委、县政府组织的对各部门的考核评议工作，发挥政协民主监督的有效作用。

【参政议政】 为充分发挥政协委员主体作用，县政协积极组织政协委员参政议政。2007年共组织政协小组活动33次，委员们围绕全县改革发展中出现的重点问题和事关人民群众切身利益的热点问题，在深入调研的基础上，提出各类意见250条，促进了相关工作的稳步开展。

县政协紧紧围绕全县工作大局，针对全县城市风貌改造、民族旅游产品开发、撒尼民居建筑研究、环境整治、招商引资、集体林权制度改革等事关全县经济社会改革、发展和稳定的热点、难点问题，组织全体政协委员献计出力，当好县委、县政府的参谋助手。

【团结协作】 2007年，参谋助手作用得到充分发挥。县政协充分发挥职能优势，密切与各族各界的联系，广泛听取各方面意见，积极反映社情民意，充分发挥政协的参谋助手作用，协助县委、县政府做好协调关系、化解矛盾、理顺情绪、维护稳定工作，积极主动参与全县的各项重点工作的重大活动，为经济社会发展搭建有效的交流平台，在深入实施“33542”发展战略、“12345”旅游国际文化发展战略和石林现代化城市发展战略中，县政协在对外协调、招商引资、石林申遗、生态工业集中区建设、化解社会矛盾和“五创”等工作中都发挥了重要作用。

联谊交往空间更加开阔。以增进友谊、共同发展为目的，县政协积极加强与全国各级各地政协的联系与交往，不断延伸联系与交往的空间。先后组织政协委员到外地参观考察学习18批120人（次），热情接待来石林视察工作、学习考察的各级政协组织46批900余人（次）。组织参加了4州市10县区政协联谊会师宗会议和丘北会议、昆明市14县市区政协工作联系会东川会议。在学习考察中增进了各级各地政协之间的了解，宣传了石林，促进了发展。

周边联谊作用得到不断加强。积极承办石林、陆良、弥勒三县政协联谊会和政协工作联系会、政协工作研讨会。充分发挥周边联谊的作用，增进周边县之间的相互了解、学习，共同促进经济社会和谐发展。对宣传石林、促进对外开放、保持周边地区社会稳定、促进周边地区经济社会发展起到了积极的作用。

社会各界联系更加紧密。进一步加强与各人民团体、民族宗教、工商联和各界人士的交往与合作，扩大港澳台同胞、海外侨胞的交往与联系，与县委统战部共同召开台侨属、非党人士中秋座谈会，并开展节日慰问活动，增进了与社会各界、各阶层人士的友谊与合作。

扶贫工作更加深入。县政协机关全体工作人员为灾区、贫困党员、结对帮扶户捐款捐物，为所联系的村委会解决工作经费，促进了当地生产生活的正常开展。通过开展形式多样的“送温暖、献爱心”活动，密切了干群关系，激发了社会活力，为构建和谐石林发挥了积极作用。

【政协提案】 2007年，广大政协委员、有关人民团体以及政协各专门委员会，为石林县“三个文明”建设以提案的形式坦诚己见、建言献策，共提出提案88件。经提案审查委员会审查，立案88件，其中：委员个人提案56件，委员联名提案32件。88件提案中，涉及土地、城建、交通、环保、乡镇企业方面的44件，占50%；涉及农、林、水方面的12件；涉及教育、科技、文体、卫生、宗教方面的10件；涉及财税、金融、旅游方面的10件；涉及公安、法院、民政、劳动人事方面的10件；涉及政协方面的2件。

88件提案的办理情况是：满意的86件，占97.73%；基本满意的2件，占2.27%；被采纳的38件，占43.2%；纳入计划逐步解决的39件，占44.3%；因条件限制或其他原因不能解决但已向委员作出解释说明的11件，占12.5%。

经主席会议研究，确定5件提案为重点提案，分别是：彭天寿委员提出的《关于制定土地征收征用补偿分配使用管理办法》的提案，承办单位为国土资源局，督办领导为者培仙主席；周兴荣委员提出的《关于积极探索解决失地农民问题》的提案，承办单位为县国土资源局，督办领导为何中清副主席；陈兴委员提出的《以人为本，构建和谐社会，搞好石林物业管理》的提案，承办单位为县建设局，督办领导为周和祥副主席；周和祥委员提出的《关于东城区建盖公厕和警务站》的提案，承办单位为县东城区管理委员会，督办领导为赵淑珲副主席；赵淑珲委员提出的《加强县城道路建设》的提案，承办单位县建设局，督办领导为周兴荣副主席。

对以上重点提案的跟踪督办，引起了各承办部门的高度重视。各承办部门表示，要确保5件重点提案得到有效的办理和落实，为促进石林县的经济发展、社会稳定和民族团结，构建和谐石林，加快石林现代化建设步伐服务。

【调研】 2007年，先后就全县城市规划和路网建设情况、药监工作开展情况、农业项目开发情况、社会主义新农村建设情况、重点工程和重点项目建设情况、创建平安工作情况、民族文化旅游生态试点建设和乡（镇）村（社）文化站室建设情况以及世界自然遗产石林如何保护开发利用情况等分别进行了调研和视察，写出专题调研报告4个、视察报告4个。这些专题报告就如何解决好存在的问题提出了28条意见和建议，为县委、县政府科学决策提供重要参考。

【委员活动】 常委会高度重视政协各委

9月24~25日，昆明市政协组织部分委员和专家到石林，对石林风景名胜区的保护和管理工作进行专题视察。

员活动小组的活动，继续认真落实主席、副主席联系各活动组制度，全年16个小组共组织活动41次，活动形式和活动内容逐步有所创新，履行职能效果明显。多数小组都组织委员听取了所属乡镇和部门的行政工作情况通报，对一些重点工作进行协商讨论，提出了一些合理化的意见和建议；认真组织委员学习，提高委员的综合素质，增强委员的履职能力；部分乡镇活动组开展了对部门站所的工作评议，对一些重点工作进行了视察，对改进站所工作，加快重点工作进程起到了积极的促进作用。通过以上各种活动形式的开展，为政协委员了解情况、知情明政、参政议政提供了良好的条件，使政协各级组织展现了蓬勃向上的生机，委员的参政议政意识和能力不断提高，委员的主体作用越来越强，委员活动更具有特色和活力。

【来信来访】 继续坚持主席、副主席及常委联系委员制度，广泛听取各族各界委员的意见和建议，认真对待群众来信和回复，热情接待群众来访，及时将委员和群众的意见建议向有关部门转达，按领导的批示及时将收到的信件送交有关部门酌情处理，切实做好群众的来信来访工作，理顺情绪、化解矛盾，尽力协调解决。全年共收到来访信件13件，接待来访人员9批32人次，都进行了妥善处理。

【文史征集】 2007年配合市政协及县有关部门做好文物保护的调研工作，积极探索石林阿诗玛文化的保护与开发利用，对石林如何进一步发掘文化旅游资源提出了许多意见建议，预计于2008年征集出版一辑赞美和讴歌石林的《名人名家手迹》专辑，切实发挥政协文史资料“团结、存史、资政、育人”的作用，为地方社会主义文化事业的发展作出积极的贡献。

【学习活动】 县政协严格按照“讲学习、强素质、增活力、树形象”的要求，采取有力措施，集中学习中国特色社会主义理论、政协统战理论和相关业务知识，营造良好的学习环境和工作环境。县政协先后邀请了省市有关领导、知名专家学者分别就党的十六大、十七大和省、市党代会精神，新形势下如何发挥政协职能作用，如何抓好提案工作，如何发挥委员主体作用，如何构建和谐社会等内容对县政协委员进行了培训。通过学习培训，使广大政协委员系统掌握了政协工作知识。

【政协委员换届工作】 政协石林县第七届委员会于2008年初届满，根据《政协章程》和《地方组织法》的规定，需进行换届选举。按照省、市、县委的统一部署，根据《中国人民政治协商会议章程》和《中共石林彝族自治县委转发〈中共政协石林彝族自治县委员会党组关于政协委员安排协商意见〉的通知》和《政协石林彝族自治县委员会关于安排协商第八届政协委员的通知》，从2007年10月1日开始，县八届政协委员的协商工作分三个阶段进行。在各级各单位各界别初步协商提名的基础上，中共党员委员由县委组织部按所占比例审核提名，非中共党员由县委统战部按所占比例审核提名。县委组织部和县委统战部共组成四个考察小组，对所提名人选按照组织程序进行了认真的协商、考察、审核。所有提名人选汇总后又提交县纪委、县监察局进行了纪律审查，未发现违法违纪行为。169名政协委员的提名协商工作至2007年12月25日顺利结束。

中国人民政治协商会议第八届石林县委员会委员名录

编号	姓名	性别	民族	学历	单位及职务（职称）	界别
1	裴演兵	男	汉	大学	中共县委副书记	中共
2	毕卫东	男	彝	研究生	县委办副主任	中共

续表

编号	姓名	性别	民族	学历	单位及职务（职称）	界别
3	毕春华	女	彝	研究生	副县长	中共
4	王光学	男	汉	大学	县政府办副主任	中共
5	槐丽琼	女	汉	大学	县政协教文卫史委副主任	中共
6	罗有华	男	汉	大专	县政协经济建设委主任	中共
7	李绍玉	男	汉	大学	县政协办公室主任	中共
8	槐可耀	男	汉	中专	县政协提案社会联络委主任	中共
9	者培仙	女	彝	大学	县政协主席	中共
10	周和祥	男	汉	大学	县政协副主席	中共
11	周兴荣	男	汉	大学	县政协副主席	中共
12	彭天寿	男	汉	大专	县纪委副书记	中共
13	高云曦	女	汉	大学	县委组织部副部长	中共
14	黄宏星	男	彝	大学	县委统战部副部长	中共
15	董建平	男	汉	大学	县委党史研究室主任	中共
16	陈德富	男	汉	中专	县信访局局长	中共
17	杨小林	女	汉	大专	县接待处副处长	中共
18	杨　梅	女	彝	大学	县老干局副局长	中共
19	黄　丽	女	彝	大学	县人事局副局长	中共
20	何茂龙	男	白	大专	县劳动就业局局长	中共
21	李贵祥	男	彝	大学	县发改局副局长	中共
22	赵家林	男	彝	大专	县扶贫办主任	中共
23	普向梅	女	彝	研究生	县便民中心主任	中共
24	刘　林	女	白	大学	县工商局局长	中共
25	赵子华	男	汉	大学	鹿阜镇党委副书记	中共
26	艾世武	男	汉	大学	石林镇党委副书记	中共
27	张　彪	男	汉	大学	西街口镇党委副书记	中共
28	王斌宁	男	汉	大学	圭山镇党委副书记	中共
29	赵相平	男	汉	大学	长湖镇党委副书记	中共
30	李　勇	男	汉	大学	板桥镇党委副书记	中共
31	李雪梅	女	汉	大学	大可乡党委副书记	中共
32	毕绍军	男	汉	大专	路美邑镇党委副书记	中共
33	李永华	男	汉	大专	县政法委副书记	公检法司、中共
34	陈雪梅	女	彝	大学	团县委副书记	群众团体、中共
35	毕金兰	女	彝	大学	县妇联主席	群众团体、中共

续表

编号	姓名	性别	民族	学历	单位及职务（职称）	界别
36	李琼仙	女	白	大学	县工商联副主席	工商联、中共
37	毕富兴	男	彝	大学	县委党校常务副校长	教文体艺、中共
38	李建民	男	汉	大学	县科协主席	群众团体、科学技术、中共
39	江同清	男	汉	大学	县人武部副部长	驻石部队、中共
40	徐永平	女	汉	大学	县统计局局长	经济财贸、中共
41	李光亮	男	彝	大专	县旅游局副局长	城乡环保、中共
42	普立云	男	彝	大学	县建设局副局长	城乡环保、中共
43	何建华	女	汉	大学	县环保局副局长	城乡环保、中共
44	毕文祥	男	彝	大学	县财政局副局长	经济财贸、中共
45	赵智红	女	彝	大学	县国土局副局长	城乡环保、中共
46	杨炳学	男	彝	大学	县煤管办主任	城乡环保、中共
47	李　韬	男	汉	大学	县科技局局长	科学技术、中共
48	毕玉昌	男	彝	大专	县民宗局局长	民族宗教、中共
49	黄丽英	女	汉	大学	县计生局副局长	医药卫生、中共
50	杨国云	男	汉	大学	县交通局副局长	城乡环保、中共
51	念晓春	男	汉	大学	县经济局局长	经济财贸、中共
52	张永祥	男	彝	大学	县林业局副局长	农林水、中共
53	赵志忠	男	彝	大专	县国税局局长	经济财贸、中共
54	周家全	男	汉	大学	县地税局副局长	经济财贸、中共
55	毕卫华	男	彝	大学	县教育局副局长	教文体艺、中共
56	李云锋	男	彝	大学	县一中教师	教文体艺、中共
57	万春林	男	彝	研究生	县委宣传部常务副部长	教文体艺、中共
58	黄文学	男	彝	大学	县卫生局副局长	医药卫生、中共
59	金卫红	女	汉	大学	县中医院书记	医药卫生、中共
60	李劲松	男	彝	大学	县检察院副检察长	公检法司、中共
61	严　波	男	汉	大专	县烟草公司专卖局局长	农林水、中共
62	桂铸平	女	汉	大学	电力公司副书记	工商企业、中共
63	陈　琳	女	汉	大学	县信用联社理事长	经济财贸、中共
64	李灿全	男	汉	中专	石林房地产开发公司董事长	工商企业、中共
65	王兆祥	男	彝	大学	县质量技术监督局局长	经济财贸、科学技术、中共
66	袁家林	男	汉	大学	县药监局局长	医药卫生、中共
67	李金宝	男	汉	大学	县安监局局长	城乡环保、中共
68	张　勇	男	汉	大专	森警中队指导员	驻石部队、中共

续表

编号	姓名	性别	民族	学历	单位及职务(职称)	界别
69	李升福	男	汉	大学	消防大队大队长	驻石部队、中共
70	梁　斌	男	汉	大学	交通规费征稽所所长	科学技术、中共
71	张　琳	女	汉	大学	云南铜业房地产公司中职	新阶层、中共
72	潘凤杰	男	汉	大专	石林恒联置业有限公司董事长	新阶层、中共
73	赵磊明	男	汉	研究生	县人大民工委主任	非党
74	何中清	男	汉	大专	县政协副主席	非党
75	苏云波	男	汉	大学	县政协副主席	非党
76	尹佩兰	女	汉	大专	县医保中心科员	非党
77	李立宏	男	彝	大学	县监察局副局长	非党
78	李菊萍	女	汉	大学	县民政局主任科员	非党
79	毕晓冬	男	彝	大学	县史志办副主编	非党
80	李　华	男	壮	大学	石林火车站站长	非党
81	严华明	男	汉	大专	县政协副主席	新阶层、非党
82	徐春林	男	汉	大专	县总工会办公室主任	群众团体、非党
83	张雪刚	男	汉	大专	县新闻中心副主任	教文体艺、非党
84	许岷春	女	汉	大专	县广电局记者	台侨联、教文体艺、非党
85	黄志林	男	彝	大学	县审计局审计科科长	经济财贸、非党
86	杨光荣	男	彝	大专	县旅游局绿化处长	城乡环保、非党
87	杨朝晖	男	彝	中专	县农牧局副站长	农林水、非党
88	陈春林	男	汉	中专	县农牧局高级农艺师	农林水、非党
89	桂　明	男	汉	大学	县水务局副局长	农林水、非党
90	李培志	男	汉	大专	县粮食局主任科员	经济财贸、非党
91	娄冲富	男	汉	初中	县邮政局营业员	工商企业、非党
92	张　俊	男	汉	大学	县气象局工程师	农林水、非党
93	吉世彧	女	汉	大学	县民族中学中教高级	教文体艺、非党
94	李瑶琳	女	彝	大学	县民族职业高中中教二级	教文体艺、非党
95	韩丽英	女	彝	大专	县民族小学小教一级	教文体艺、非党
96	毕玉珍	女	彝	大学	县文体局副局长	教文体艺、非党
97	孙瑚霙	女	彝	大专	县阿诗玛艺术团三级演员	教文体艺、非党
98	金　路	男	彝	大专	县文体局图书馆馆长	教文体艺、非党
99	李云珍	女	汉	中专	县医院护理部主任	医药卫生、非党
100	王　华	男	汉	大学	石林天奇医院外科主任	医药卫生、非党
101	李春云	女	汉	中专	县妇幼保健院副院长	医药卫生、非党
102	严　涛	男	汉	大专	县东管会常务副主任	城乡环保、非党

续表

编号	姓名	性别	民族	学历	单位及职务(职称)	界别
103	朱红麟	男	汉	大专	县商业总公司总工程师	工商企业、非党
104	张云兰	女	彝	大专	县供销社工会主席	经济财贸、非党
105	郭跨存	男	汉	研究生	石林高中教育集团董事长	教文体艺、非党
106	范　劲	男	汉	大学	县公安局警务保障室副主任	公检法司、非党
107	周丽萍	女	汉	大学	县公安局警察	公检法司、非党
108	储　平	男	汉	大学	县法院副院长	公检法司、非党
109	苏晓松	男	汉	大专	县司法局副局长	公检法司、非党
110	毕琼英	女	彝	大专	县烟草公司助理农艺师	农林水、非党
111	民晓宁	男	汉	大专	天合公司总经理	工商企业、非党
112	普先华	男	彝	大学	县人行基础业务科副科长	经济财贸、非党
113	方继明	女	汉	大专	县农行财务部经理	经济财贸、非党
114	普周元	男	汉	大学	县人保财险公司总经理	经济财贸、非党
115	王一萍	女	汉	大专	县人寿保险公司会计员	经济财贸、非党
116	李　斌	男	汉	高中	移动公司客户经理	工商企业、非党
117	李宏鸣	男	汉	大专	县残联副理事长	群众团体、非党
118	裴　蓉	女	汉	研究生	石林大酒店会计师	新阶层、非党
119	杨建兰	女	彝	高中	鹿阜镇运输公司会计	民族宗教、非党
120	雷正荣	男	汉	初中	鹿阜镇平地村民小组长	基层农民、非党
121	杨云珍	女	汉	初中	鹿阜镇南门社区十社居民	台侨联、非党
122	李绍益	男	汉	小学	南门街建筑公司企业经理	工商企业、非党
123	李永琼	女	汉	大专	鹿阜镇中学会计	教文体艺、非党
124	保林芬	女	汉	高中	昆明津津商贸公司经理	工商联、非党
125	代玉康	男	汉	大学	石林镇石峰寺主持	民族宗教、非党
126	毕华生	男	彝	大专	石林镇北小村小学	教文体艺、非党
127	毕志兴	男	彝	初中	石林镇小箐村村民小组副组长	基层农民、非党
128	李双喜	女	汉	中专	石林镇鸿鑫生态农厂高级农艺师	工商企业、非党
129	毕向锋	男	彝	初中	石林镇小老挖村村民	工商企业、非党
130	杨贵良	男	汉	小学	西街口镇大雨布宜村村民小组长	基层农民、非党
131	毕继学	男	彝	初中	西街口镇沙坡村村民小组长	基层农民、非党
132	赵文兰	女	彝	大学	西街口镇中学一级教师	教文体艺、非党
133	杨　竣	男	彝	大专	西街口镇中学教务副主任	群众团体、非党
134	浦仕雷	男	汉	初中	西街口镇石林麒联冶金有限公司总经理	工商企业、非党
135	何凤琼	女	汉	大专	圭山镇圭山卫生院医师	医药卫生、非党
136	者雄珍	女	彝	大学	圭山镇妇联主席	群众团体、非党

续表

编号	姓名	性别	民族	学历	单位及职务（职称）	界别
137	钱　云	男	彝	初中	圭山镇福泉餐馆户主	工商企业、非党
138	徐晏明	男	汉	高中	圭山镇盛丰煤业公司总经理	工商企业、非党
139	李曾华	男	彝	高中	圭山镇海邑村委会计生员	基层农民、非党
140	张　勇	男	彝	大学	长湖镇团委副书记	群众团体、非党
141	毕　坤	男	彝	初中	长湖镇乍龙村村民	基层农民、非党
142	冯　婧	女	彝	中专	长湖镇卫生院副院长	医药卫生、非党
143	普　菲	女	彝	高中	长湖镇阿着底村村民小组副组长	基层农民、非党
144	李映光	男	彝	高小	长湖镇宜政老寨村村民	民族宗教、非党
145	毕　英	女	彝	大学	板桥镇中学一级教师	教文体艺、非党
146	张菊兰	女	彝	初中	板桥镇青山村委会小色多村村民	基层农民、非党
147	陈竹仙	女	汉	初中	昆明市石林兴农粮油经贸有限公司总经理	工商企业、工商联、非党
148	王令全	男	汉	中专	板桥镇农林水中心主任	科学技术、非党
149	普连宏	男	汉	初中	石林连宏酒店董事长	工商企业、工商联、非党
150	孙云富	男	汉	中专	大可乡政府助理农艺师	科学技术、非党
151	陈静蓉	女	彝	大学	大可乡中学一级教师	教文体艺、非党
152	毕绍平	男	汉	初中	大可乡建业石材厂经理	工商企业、非党
153	刘昌德	男	汉	中专	大可乡金果枇杷有限公司农技师	基层农民、非党
154	李晓全	男	彝	大专	路美邑镇农林水中心副主任	农林水、非党
155	李树平	男	汉	初中	路美邑镇喃喃石箐村村民小组长	基层农民、非党
156	赵继春	男	汉	初中	路美邑镇路美邑村村民	台侨联、基层农民、非党
157	毕映祥	男	彝	高中	路美邑镇路美邑村村民	民族宗教、非党
158	杨树云	男	汉	中专	万家欢农业发展公司董事长	新阶层、非党
159	吴方波	男	汉	大专	石林海川投资公司总经理	新阶层、非党
160	阮慕生	男	汉	大专	云南官房水泥有限公司副总经理	新阶层、非党
161	赵文良	男	汉	研究生	石林石材有限公司董事长	新阶层、工商联、非党
162	陈　兴	男	汉	大专	兴亚风情园执行董事	新阶层、工商联、非党
163	杨永华	男	汉	高中	兴隆交旅集团总经理	新阶层、非党
164	梅为云	男	汉	大学	绿汀甜柿公司总经理、会长	新阶层、非党
165	李剑云	男	汉	初中	赢鸿农产品公司经理	新阶层、非党
166	徐天祥	男	汉	高中	温氏畜牧有限公司副总经理	新阶层、非党
167	刘秩瑞	男	汉	大专	云南省水利建筑公司副总经理	新阶层、非党
168	韦　薇	女	汉	大学	石林万城投资公司高级建筑师	新阶层、非党
169	张云元	男	汉	高中	石林县商联担保公司总经理	工商联、非党

（撰稿人：县政协办公室 窦友森）

群团组织

县总工会

【县总工会】 1951年11月，成立县总工会。2007年底，有干部职工4人。下属单位有石林县工人俱乐部、昆明市困难职工帮扶服务中心石林县分中心、昆明市农民工维权中心石林县分中心。单位住址在鹿阜镇东城区九号地。

主　　席：李绍增
常务副主席：李静江
副 主 席：陈国斌（彝族）
　　　　　段云梅（女，彝族，10月起）

【工会组织建设】 截至2007年底，全县有系统工会50个，基层工会373个，会员15452人。其中：新增系统工会1个，基层工会9个，会员1823人。新成立的工会组织全部按照《工会法》和《中国工会章程》的相关规定，选举产生了工会主席，成立经审委员会和女工委员会，并正常开展工作。县总工会根据新建企业工会的特点，在180家新建企业工会中开展“双爱双评”和“六有一签三培训”活动，占新建企业工会的89%。

【职工医疗互助】 2007年7月1日正式启动实施第四期职工医疗互助活动，参加单位115家，比上一期增加了4家。参加总人数8711人，比上一期增加269人，其中：继续参加8343人，新参加368人。7月1日至12月31日，享受医疗互助人员210人次，共补助金额203906元。

【送温暖工作】 2007年1月26日，市总工会组织文艺队到石林县慰问演出，全县1200余名各条战线的职工现场观看了演出。2月15日，市人大副主任、市总工会主席杨丽率市总工会班子成员，到石林风景名胜区看望慰问春节期间坚守工作岗位的230多名导游。

县总工会在春节、中秋节来临前，走访慰问了困难企业20多家，慰问困难职工257人，慰问标准人均200元，慰问特困职工70人，慰问标准人均300元，共支出慰问金7.24万元；组织召开劳模座谈会，为劳模们发放中秋月饼和慰问品，帮扶困难劳模12人次；积极开展“寒窗助学”活动，全年共资助考入大专院校的困难职工、特困职工、单亲职工子女19人，发放资助金2.6万元。

【再就业培训】 2007年4月，县总工会与县劳动就业服务局共同组织举办了两期SIYB（创业）培训，为64名下岗失业人员重新走上工作岗位奠定了基础。6～8月，组织来自全县各大宾馆、酒店及从事计算机操作的从业人员415人参加技能提升培训活动。培训结束后，由市劳动就业服务局组织鉴定考试，有367人参加鉴定考试，其中319人通过考试并取得中级《国家职业资格证书》，考试合格率达86.92%。

【创优争先】 2007年，在市总工会组织的评比验收中，县水务局工会、县公安局工会2家单位顺利通过验收，被评为“模范职工之家”；板桥镇工会、县建设局工会2家单位荣获“模范职工小家”的殊荣。

在“五一”劳动节期间，全市开展的系列活动中，石林风景名胜区管理局阿诗玛导游组荣获全国“五一劳动奖状”，县天合烟叶复烤有限公司被评为昆明市“劳动关系和谐企业”，石林风景名胜区管理局旅游服务处门票组荣获昆明市“五一劳动奖状”，石林风景名胜区管理局导游组荣获昆明市“五一巾帼标兵岗”；县公安局金志峰、县一中李玎荣获“昆明市五一劳动奖章”，县供销社王萍荣获“五一巾帼建功标兵”。

10月31日，在全县职工中组织开展了一次以“文明随我行”为主题的宣讲演出活动，全县1200余名干部职工聆听了报告。

10月31日，昆明市总工会“文明随我行”宣讲团到石林县开展宣讲活动

【职工维权工作】 2007年3月19～23日，县总工会邀请西安医科大学具有38年妇科病临床防治经验的柳苏莲教授到全县8个乡（镇）进行妇女安康知识讲座20余场次，听讲座的人数达4600余人，为女职工送上了健康知识。首次对20家企业的女职工签订了专项劳动合同，涉及人数达469人。6月，调整并重新成立了石林县劳动法律监督委员会，县总工会常务副主席、副主席分别担任主任和副主任。年内县总工会有1名主席和1名职工加入石林县劳动争议仲裁委员会，参加对劳动争议案件的仲裁；督促企业参加养老保险、

工伤保险、失业保险、生育保险和医疗保险。

【工作恳谈会】 2007年8月31日，市总工会领导与县领导举行恳谈会。会上，讨论决定由市总工会拨付15万元、县委政府拨付20万元支持困难职工帮扶中心的建设。

【八届六次全委(扩大)会议】 2007年3月12日，县总工会组织召开八届六次全委（扩大）会议。会议认真总结2006年工作，全面部署2007年各项工作。县工会第八届委员、经审委员及不是第八届工会委员的系统工会主席共60余人参加了会议。县委常委、宣传部部长李福军，昆明市总工会副主席方越、组织部部长雷光智到会作指导。会议听取并审议了县总工会常务副主席李静江代表县工会第八届委员会作的题为《牢固树立工会维权观，构建新型和谐劳动关系，为进一步推动石林经济的跨越式发展做出新贡献》的工作报告和陈国斌副主席作的石林县总工会2006年经审工作报告；表彰奖励了在2006年度目标责任考核和工会工作中做出突出贡献的先进集体和先进个人；签订了2007年度工会工作目标责任书。

【八届六次全委会议】 2007年10月9日上午，在昆明市困难职工帮扶服务中心石林县分中心三楼会议室召开了第八届七次全委会议，补选段云梅为县工会第八届委员会副主席。

（撰稿人：县总工会 徐春林）

共青团石林县委

【共青团石林县委】 1957年5月25日，正式成立共青团路南县委。2007年底有干部职工4人，单位地址在县委大院内。年内荣获共青团昆明市委团内目标管理考核一等奖，农村劳动力转移培训就业工作先进集体，云岭先锋工程——“三级创联”活动基层满意县直单位称号。向支农联系点鹿阜镇阿乌村委会支持生产资金3000元。

12月22日上午，共青团石林县第十二次代表大会开幕。

书　记：殷　瑕（女，11月止）
　　　　普建勇（彝族，11月起）
副书记：普建勇（彝族，11月止）
　　　　陈雪梅（女，彝族,11月起）
　　　　朱加智（11月起）

【团组织建设】 2007年全县共有团委22个，团总支108个（新增4个），团支部554个，团员15729人（新增1611人），14周岁至28周岁青年51158人，团青比例26.2%。其中：女团员8039人，占团员总数的51.1%；少数民族团员5799人，占团员总数的38.6%。专职团干部106人，具有大专以上学历31人。兼职团干部67人，具有大专以上学历67人。全县少先队总队13个，大队99个，中队705个，共有少先队员27422名，兼职少先队辅导员14名。

【第十二次团代会】 2007年12月21～23日，召开了共青团石林县第十二次代表大会。县委书记柳文炜，县委副书记、县长李忠德，共青团昆明市委副书记张勤勋等领导到会并作了重要讲话。

大会审议并通过了由普建勇代表共青团石林县第十一届委员会所作的题为《立足新起点，创造新业绩，团结带领广大团员青年为推进石林跨越式发展奉献青春》的工作报告。大会认为，《报告》对过去三年全县共青团工作的总结是实事求是的，对未来三年工作的规划是科学合理的。大会通过了《关于学习贯彻党的十七大的决议》。决议认为，党的十七大顺应时代潮流，符合党心民心，代表了全县各族人民包括全县团员青年的共同愿望，是激励全县各族团员青年为夺取全面建设小康社会新胜利贡献力量的强大精神动力。为此，全县各级团组织和团员青年，要高举中国特色社会主义伟大旗帜，以邓小平理论和“三个代表”重要思想为指导，深入贯彻落实科学发展观，更加紧密地团结在以胡锦涛为总书记的党中央周围，在县委的领导下，为石林县夺取全面建设小康社会新胜利而努力奋斗！

大会选举产生了共青团石林县第十二届委员会书记普建勇，副书记陈雪梅、朱加智；委员会常委普建勇、陈雪梅、朱加智、万勇、张金梅、李文翔、毕艳华、杨和平、朱吉洪；委员会委员普建勇、陈雪梅、朱加智、万勇、张金梅、李文翔、毕艳华、杨和平、朱吉洪、黄志兴、张继文、郭云丽、杨金丽、杨恩情、汤学明、李菊芬、张灿、肖添译、黄燕、张勇、董艳玲、常瀚月、杨东平。

【希望工程】 2007年，经过共青团石林县委多方筹措与努力，石林县顺利完成长湖镇马帮茶道·明星·青联·国立希望小学、板桥镇矣马伴爱福希望小学、大可乡岩子脚一览希望小学3所希望小学的建设，有效改善了当地教学条件，受益学生2500多人。

6月6日，长湖镇马帮茶道·明星·青联·国立希望小学作为云南省第1000所希望小学，进行了隆重的竣工典礼，全国人大教科文卫副主任、原云南省省长徐荣凯，省政协副主席、省青基会顾问和占钧，团省委副书记、省青联主席饶南湖，昆明市委常委、宣传部部长张红苹，石林县委书记柳文炜等领导出席了竣工典礼。云南希望工程爱心大使张国立、邓婕夫妇参加竣工典礼并再次向希望工程捐款25万元援建一所“国立希望小学”。云南省青基会秘书长沈光鑫接受了张国立、邓婕夫妇的捐赠。省政协副主席、省青基会顾问和占钧向马帮茶道·明星·青联·国立希望小学颁发了“云南省第1000所希望小学”纪念牌，并为张国立、邓婕夫妇颁发了希望工程捐赠纪念牌。“云南省第1000所希望小学”的竣工，凝聚了云南希望工程17年的光荣与梦想，肯定了共青团石林县委多年来开展希望工程的成绩。

【爱心圆梦行动】 2007年6～10月，共青团石林县委、县工商业联合会、石林县青年联合会联合开展了“圆梦行动——2007年石林县爱心助你上大学”活动。

活动制定了严格的管理机制，所有的受助学生都经过了实地走访调查、筛选、确定、公示的程序，对筹集到的捐款，专款专用，接受监督，并进一步增强服务意识，定期与受资助学生联系，了解受助学生的生活、学习状况和心理适应能力，真正走进受助学生的心灵深处，帮助他们正确对待捐款，树立感恩思想，懂得与捐赠方进行沟通，树立自信、自立、自强的精神。截至12月31日，全县“爱心助你上大学活动”共募集捐款6.7万元，帮助15名大学贫困新生顺利进入校园。

【服务“五创”工作】 2007年，共青团石林县委结合县委、县政府“五创”工作的重点，深入开展了一系列“五创”主题活动。3月30日，创建文明县城启动仪式上，共青团石林县委组织2000余名团员青年和少先队员参加，向广大青年和在场群众发放“争创文明城市，共建和谐社会”倡议书2000余份。6月12日成功承办了由县委宣传部主办的石林县“五创”知识竞赛，全县各乡镇、县直各机关、企事业单位、学校共计56个单位参与竞赛。经过两天的角逐，路美邑镇代表队以200分的绝对优势获得一等奖，县环保局、县粮食局获得二等奖，大可乡代表队、县发改局、县国土资源局获得三等奖，县人事局、县政府办、县工商局和圭山镇代表队获得优胜奖。

【青年志愿者行动】 2007年，全县60余支青年志愿者服务队、5000余名青年志愿者活跃于助春耕、抵毒品、防艾滋、保环保等多条社会战线上。3月7日，在以“激扬青春，和谐文明”为主题的青年志愿服务活动启动仪式上，共青团石林县委分别对景区服务、交通执勤、禁毒、植绿护绿、义务助耕、环保、爱心敬老、消费者权益维护等15支志愿服务队举行授帽授旗仪式。4月7日，以“文明举止树形象，志愿服务迎残运”为主题的志愿者服务活动，2000余名志愿者在共青团石林县委的组织下开展全城助跑。6月2日，在第三十六个世界环境日，保护“母亲河”专题志愿者活动中，共青团石林县委组织500余名志愿者对巴江河沿岸的垃圾、小广告、卫生死角等进行了彻底的清理。6月26日，19支禁毒志愿者中队500余人，在全县8个乡（镇）开展了“四深入”禁毒宣传活动，发放宣传册10000余份，粘贴禁毒标语1000余张，举办毒品知识讲座3场，播放禁毒宣传电教片10场次，发放倡议书10000余份，2000余人参加了“珍爱生命、远离毒品”签字活动。

【青年人才工程】 2007年，共青团石林县委继续落实石林县人才工作实施意见和开展“千人培训，百人创业计划”活动，充分整合社会资源，深入实施人才工作实施意见，确立了一批石林青年创业示范岗和培训基地，培养了30名县级“青年致富能手”和40名县级“星火带头人”，创建2个县级青年创业示范培训基地。

年初，在共青团石林县委全委扩大会期间，采取以会代训的方式对全县机关、企事业单位、学校和乡镇、村委会的广大团干部共计132名进行了新知识、新技能、新团务的知识培训和农村实用技术讲座。全年与相关部门联合举办农村实用技术培训班46期12972人次，为科技兴农注入了新的活力，带动了大批农村青年和农民群众增收致富。创建科技示范园2个，进一步推进了科技示范基地建设，为石林县农业产业结构调整作出了大胆的探索和实践。全年协助相关部门完成3184人的富余劳动力输出任务。

年内，公安局团委被评为市级“五四红旗团委”，阿乌村团总支和工商局团总支被评为市级“五四红旗团总支”，南门社区被评为市级“青年文明社区”，矣维哨村被评为市级“青年文明示范村”，石林镇团委、维则村团总支被确定为市级团建示范点，县一中被评为市级“优秀学生会”；张继文、毕艳华、朱吉洪、黄志学、赵宏文被评为市级优秀团干部和优秀团员，范成科、马克祥被评为市级“新农村建设先进个人”。

【青年文明号】 2007年，全县有国家级“青年文明号”1个，省级“青年文明号”2个，市级“青年文明号”13个，县级“青年文明号”15个。共青团石林县委制定出台了石林县星级青年文明号的管理规定，按照共青团昆明市委的要求对全县所有青年文明号进行了星级管理工作，并于5月份对全县青年文明号进行了命名的认定。全县共有五星级青年文明号1家，四星级青年文明号2家，三星级青年文明号13家，二星级青年文明号15家。

【纪念建团八十五周年】 2007年5月4日是中国共产主义青年团成立85周年、

五四爱国主义青年运动88周年的纪念日，共青团石林县委开展了以“传承文明，共铸和谐”为主题的纪念建团85周年暨“五四”运动88周年系列活动，倡导“全团广泛参与，重点项目承办，鼓励自主创新”的理念，激励广大青年以服务奉献、锐意进取、奋发向上的昂扬斗志，围绕服务“五创”、成人宣誓等方面深入开展工作。联合县延安精神研究会举办了以“弘扬延安精神，塑造青年形象”为主题的纪念建团85周年文艺汇演，2000多名团员青年参加了庆祝活动，并观看了演出。

（撰稿人：共青团石林县委 槐永俊）

县 妇 联

【县妇联】 1950年11月，成立县民主妇女联合会。1956年12月，改称县妇女联合会。2007年10月，石林县机构编制委员会下发了《关于增加县妇女儿童工作委员会专项编制的通知》，解决了县妇儿工委行政编制1人。2007年，县妇联内设县妇联办公室、县妇女儿童工作委员会办公室，年底有在职干部职工5人。办公地点在县委大院内。2007年，县妇联被评为昆明市农村“双学双比”活动先进集体，板桥镇黄家庄村被省妇联命名为“新农村科技致富示范村”，长湖镇阿着底村正在申报“全国巾帼科技致富示范村”；大可乡大可村委会妇女之家被省妇联评为2005～2006年度“优秀妇女之家”，石林镇北小村、鹿阜镇山冲村的妇女之家被评为昆明市“优秀妇女之家”。2007年协助支农联系点路美邑镇娄卜所村委会解决村内道路硬化资金5万元。

主　席：毕金兰（女，彝族，2月起）

副主席：符锐冰（女，彝族）

【农村“双学双比”活动】 切实抓好农村妇女的文化科技和先进适用技术培训工作，完成组织农村妇女参加绿证、农函大培训任务。全年县妇联共组织农村妇女参加各类短期实用技术培训391期45590人次；配合县科协组织举办农函大培训班13期共1312人次，其中培训妇女827人次；组织举办了农村妇女民族刺绣培训班和城镇妇女民族刺绣培训班各1期180人次。

积极向上级妇联及县级有关部门争取各类发展项目资金，扶持妇女发展致富，资金回收率达100%。年内共争取实施农村小额扶贫贷款、妇女发展循环金、香港回归扶贫资金650万元，扶持3000余名妇女发展种养殖业及其他产业。大力开展“巾帼科技致富示范村”创建活动，培养“女科技致富带头人”30人，先后选送了10名种养殖女能人、女经纪人参加全国、省、市级培训，有效发挥她们的致富示范带头作用。

配合就业部门积极做好农村富余女劳动力转移培训输出工作。全年共组织农村富余女劳动力培训9期1143人次，转移输出510人。

【巾帼志愿者活动】 围绕全县“五创”工作，积极开展巾帼志愿者活动。4月，县妇联与县委宣传部、县科协、团县委联合举办了创建文明县城科普巡回展示活动。6月，县妇联先后联合环保部门举办了以“污染减排与环境友好型社会”为主题的纪念“六五”世界环境日——巾帼、青年环保志愿者自行车巡城环保宣传活动；联合县总工会、团县委开展了“创建国家卫生县城工、青、妇在行动”宣传活动，共发放宣传材料10000余份；配合“五创”工作领导小组办公室成功举办了“五创”知识竞赛。以“三八”庆祝活动为契机，通过新闻媒体宣传报道了一批先进女典型及文明家庭范例，倡导广大妇女争先创优，树立文明新风尚，以自身的发展和家庭的文明和谐促进社会的和谐进步。

推进“巾帼文明示范岗”创建活动，拓展“巾帼文明示范岗”创建领域。年内县妇联命名了昆石高速公路半截河收费站、石林收费站两个“巾帼文明示范岗”。开展对下岗、失业女性职业技能培训及创业培训，做好城镇妇女的创业和再就业工作。组织实施了第二批城市下岗失业人员小额担保贷款72万元，帮助24名下岗失业妇女创业和再就业。

【维护妇女儿童合法权益】 2007年8月建立了维护妇女儿童合法权益联席会议制度并召开第一次会议，推进维护妇女儿童权益保障工作社会化、法制化、规范化发展。强化信息报送工作，及时、客观、真实地反映社情民意和妇女诉求。认真接待来信来访，引导妇女以理性合法的形式表达利益诉求，解决利益

3月8日下午，石林县各界妇女欢聚一堂，隆重纪念“三八”国际劳动妇女节97周年，表彰先进集体和先进个人。

矛盾。以“妇女之家”活动和“三下乡”活动为契机，开展内容丰富、形式多样的禁毒和预防艾滋病及高致病性禽流感知识的宣传教育，先后深入全县8个乡（镇）组织开展了有乡镇妇联、村妇女主任、部分妇女代表小组组长共638人参加的“禁毒”、“防艾”健康知识传播骨干培训。利用“6·26”、“10·26”禁毒宣传日的有利时机，深入联系挂钩社区、村组进行帮教，组织开展戒断巩固人员现身说教报告会。关爱妇女健康，“三八”期间组织机关妇女共517人进行了妇科病健康检查。关注贫困妇女家庭，春节慰问贫困妇女16名。结合平安石林创建，认真开展留守儿童调研工作。

【“双合格”教育实践活动】 2007年，联合县教育局在5个乡镇，认真组织举办了“关注未来—和谐家庭亲子教育知识讲座”8场，3000余名家庭教育骨干及学生家长参加了培训。

【春蕾扶贫助学活动】 “六一”儿童节期间，多方筹资18150元，慰问救助了140名贫困及残疾儿童。同时，市妇儿工委、市妇联、市关工委领导走访慰问了“龙溪春蕾小学”全体师生，捐赠慰问金6000元。积极争取市妇儿工委、市妇联的关心支持，为板桥镇“龙溪春蕾小学”解决了5万元学生宿舍改造工程款；县水务局捐资5000元，解决了“龙溪春蕾小学”餐厅用水困难；争取省妇联“乡村少年助学金”1800元，资助原“龙溪春蕾小学”5名贫困学生完成学业。

【县妇联第十届七次执委会议】 2007年3月2日，县妇联召开第十届七次执委（扩大）会议。会议认真传达贯彻了市妇联第十三届三次执委会议精神和县委十届二次全会精神，总结了过去一年的工作，研究部署2007年各项工作任务，并对妇女如何参与社会主义和谐社会建设进行了培训。

【省政府督查石林县妇女儿童发展规划实施情况】 4月4~5日，省政府督查组一行4人在市妇儿工委副主任陈洁薇等有关领导的陪同下，对石林县2001~2006年实施妇女儿童发展规划情况进行督导检查。督查组认真听取了副县长、县妇儿工委主任徐梅芬所作的工作情况汇报，查阅了相关资料，并分别到县就业服务局、县妇幼保健院、县疾控中心、县幼儿园、和摩站村委会及村卫生院等13个部门进行了现场督查。通过督查，对石林县实施两个规划工作成效给予充分肯定，认为石林县各级党委政府及有关部门做到领导重视，机构健全，经费落实，措施有效，成绩突出，真正起到了省、市列示范县的示范带头作用，希望石林县在中期评估的基础上进一步总结经验，结合实际增加投入，改进措施，确保两个规划各项目标任务的如期实现，促进石林妇女儿童事业与经济社会协调、健康发展。

【女领导干部座谈会】 9月17日下午，县妇联召开了全县实职副科以上女领导干部共90多人参加的中秋座谈会。县委书记柳文炜，县委副书记、县长李忠德，县人大常委会主任李绍增，县委常委、县纪委书记陈菊珍，县委常委、宣传部部长李福军，县人大常委会副主任金琼英，县人民政府副县长徐梅芬，县政协常务副主席黄桂芳，县政协副主席周兴荣等领导应邀到会作指导。会上，县妇联主席毕金兰总结了2007年1~8月全县妇女工作情况及今后4个月的工作安排。县委组织部副部长王云龙通报了全县妇女干部培养使用情况。

（撰稿人：县妇联　符锐冰）

县工商联（商会）

【县工商联（商会）】 1956年5月，成立县工商联（商会）。2007年底有驻会干部3人，有会员164人。单位办公地点在县委大院内。年内县工商联（商会）被评为昆明市工商联第九届“先进集体”；李琼仙被市工商联评为“先进工作者”，普连宏、李彦铭、张云元被评为“先进会员”；刘老五荣获“昆明市第二届优秀中国特色社会主义事业建设者”称号。2007年资助支农联系点板桥镇青山村委会2000元生产经费，协助解决村委会进村道路硬化资金4万元。

主　席（会　长）：何中清

副主席（副会长）：李琼仙（女，白族）、严华明、赵文良、李建东、张云元、陈新龙、李双喜（女，6月起）、普连宏（6月起）、郭跨存（6月起）、陈　兴（6月起）、张玲仙（女，6月止）、普玉花（女，6月止）

【学习培训活动】 2007年2月、4月，组织工商联驻会干部和部分会员企业法人代表共14人，分别参加市、县组织的“非公经济参与和谐社会建设论坛”学习。5月22~25日，选派云南梦达尔集团副总经理和云南众友集团石林众友电缆桥架有限公司厂长参加中共昆明市委组织部、中共昆明市委党校、昆明市工商联在昆明市委党校举办的“昆明市非公经济代表人士培训班”学习。9月19日，组织12名企业家参加“EMBA高层管理论坛·如何打造强势品牌”的学习培训。11月12~13日，组织5名经理参加昆明市非公经济代表人士理论培训班学习，深入学习党的十七大精神、中小企业科学管理等相关知识。12月5~7日，组织商会干部参加昆明市商会干部培训班的学习，认真学习商会的公文写作和宣传工作。

【参政议政】 2007年，积极组织非公经济人士参与地方经济、社会重大问题的政治协商和民主监督。非公经济人士人大代表和政协委员在人代会、政协会上积极建言献策，提出意见和建议。积极开展调研活动，组织会员企业对全县重点工程建设进行调研，深入会员企业石林商联担保集团就企业融资问题进行调研，形成了《石林县民营企业融资现状与担保》的调研报告并上报相关领导和单位供决策参考。

【县工商联第四次会员代表大会】 6月7~8日，县工商联第四次会员代表大会在石林会议中心召开。会议认真总结了石林县工商业联合会（商会）第三次会员代表大会以来的工作；讨论确定今后五年的工作任务；选举产生了由毕少平、刘老五等47人组成的县工商业联合会（商会）第四届执行委员会；选举产生了由何中清任主席（会长），李琼仙、严华明、赵文良、李建东、张云元、陈新龙、李双喜、普连宏、郭跨存、陈兴任副主席（副会长）的新一届县工商联领导班子。

【广泛搭建政企交流平台】 2月6日，在石林会议中心召开石林县2007年春节企业家座谈会。会议由副县长叶扬主持，县委副书记裴演兵，县委常委、公安局局长李兴国，县委常委、武装部政委彭颖，县政协副主席、工商联主席何中清等领导出席座谈会。座谈会上，与会领导和企业家欢聚一堂，畅叙友情，喜迎新春。县委副书记裴演兵向参会人员介绍了2006年全县经济社会发展情况和2007年工作思路。石林万家欢农业科技开发有限公司董事长杨树云、云南石金集团董事长赵文良、万佳电器总经理钱昱龙等7位企业家从不同角度，结合企业发展中存在的问题和行业特点作了发言，并对政府部门的服务工作和非公经济的发展提出了意见和建议。县政协副主席、县工商联主席何中清，县经济局局长念晓春提出了加强民营经济发展的意见。

4月18日，在石林连宏酒店举办了县工商业联合会第四届企业家联谊会。围绕"团结友谊、和谐发展、探索科学经营理念"，企业家们就企业发展、管理、经营、创新等方面进行了广泛的沟通、交流，进一步增进了友谊，增进了相互了解。

9月17日，在石林大酒店组织召开石林县中秋节企业家座谈会。县委书记柳文炜、县长李忠德、县委副书记裴演兵等县五套班子领导，县直有关委办局的领导，国有企业代表，金融系统代表，在石林县投资的外地企业家代表，县工商联执委及本县企业家代表等共100多人参加了会议。会议由县政协副主席、县工商联会长何中清主持。县长李忠德向企业家们介绍了石林县经济社会发展情况、发展思路和发展目标。14位企业家围绕县委、县政府的发展目标、发展战略，畅谈了企业由小到大、由弱变强的发展历程和切身体会，对县委、县政府给予的投资优惠政策、营造的优质投资环境及良好的服务质量给予了高度的评价和感谢，对下步工作的开展提出了意见、建议。县委书记柳文炜代表县五套班子领导向企业家们致以节日的问候，对企业的发展壮大和企业家们付出的辛勤劳动给予充分肯定，对企业下步发展壮大、做大做强寄予殷切期望。

【考察学习】 2月19～22日，由县政协副主席、工商联主席何中清带领的工商联干部、工业集中区领导和部分执委共10人到河口、建水等地考察学习。通过实地考察，形成了《关于赴河口、建水考察报告》，为石林县非公经济参与生态工业集中区的建设提出意见、提供借鉴。10月7～14日，组织民营企业家23人，赴西藏、西安进行考察学习，主要考察了西藏、西安的旅游经济和西安知名民营企业西安开米集团、杨凌本香集团等，形成了《石林县民营企业家赴西藏、西安考察报告》。

【参与重点工程建设】 2007年，引导会员企业积极参与重点工程建设。云南石金集团参与幼儿教育集团的组建工作，石林县花砖坡砂厂参与城市环境综合整治工程建设，石林绿汀甜柿产品开发有限公司、石林绿垦生物科技开发有限公司参与甜柿开发建设工程，云南水利建筑机械化工程公司、石林兴亚集团参与石林中路改扩建工程等。

【招商引资】 2007年引进林口铺文学忠宝铅锌矿项目，由湖南省灵宝市湘豫石墨矿业有限责任公司投资，协议投资额1100万元，实际投入资金1080万元。

（撰稿人：县工商联 杨 明）

县 科 协

【县科协】 1986年正式成立县科协。2007年设办公室、科普部、综合部，年底有干部职工8人（含抽调人员2人）。单位住址在东城区九号地。2007年，县委第19次常委会议决定，乡镇党委书记兼乡镇科协主席，1名分管科技工作的副职分管科协工作，各乡镇调整充实各村委会科普小组。调整充实了县科普工作领导小组，成立了实施《全民科学素质纲要》领导小组，科普经费按人均0.8元列入县财政预算。在农函大办学工作中，县科协被省科协、省农大评为先进集体。2007年向支农联系点长湖镇乍龙村委会资助3000元生产经费。

主　席：李建民

副主席：武经旭

段圳宗

高云峰（彝族，12月起）

【科普宣传】 2006年12月至2007年4月，县科协在县科普中心举办中国科协"中小科技馆支援计划"云南第一站巡展活动。春节期间以石林县50年成就展和科技馆为背景，开展迎新春科普知识有奖问答活动，共有1000余名参观者参加了有奖问答。巡展期间，参观体验人数达2万余人次。

4月27日，在双龙广场举行了"石林县创建昆明市文明县城科普巡回展启动仪式"。科普巡回展活动由县委宣传部牵头，县科协具体承办，教育、妇联、团委、"五创"责任单位共同参与。制作科普宣传展板80余块展板，开展科普巡回展进学校、进农村、到集镇活动。到6月30日止，共展出20场次，受益人数突破4万余人次。

5月20～26日"科技周活动"期间，组织相关单位及工作人员参加"三下乡"科技咨询宣传服务活动4天，发放科普宣传挂图、科普读物、科普知识问答等4000余份（册）。

9月17日上午，以"节约能源资源、保护生态环境"为主题"全国科普日"系列活动在双龙广场举行了启动仪式。县委常委、宣传部部长李福军主持启动仪式，县委副书记裴演兵作讲话，副县长张忠贵宣布活动启动，县人大副任朱玉和、县政协副主席周和祥到会作指导，县直各部委办局、人民团体、企事业单位共2000余人参加了启动仪式。

10月26日，由县委宣传部、县科协共同举办的2007年石林县全民科学素质行动科普知识竞赛在东城区青少年活动中心举行

下午，县委宣传部、县科协、县科技局、县卫生局、县计生局等15家单位在双龙广场开展展览、咨询、宣传服务系列活动。全县各乡（镇）、县直各单位相继围绕主题开展系列活动。为期一个周的活动期间，共展出科普展板320块次，更新科普宣传栏（画廊）16个，播放科教电影8场次，设立科普咨询、宣传点9个，接受咨询0.5万人次，发放资料2万份，举办各类科普讲座2场，悬挂科普标语60条，粘贴科普挂图250张。参与科普日的科技工作者、科普志愿者150余人次，全县受教育人数达3万人；出动科普宣传车4辆次，翻印发放《全民科学素质行动计划纲要》5000余册。

【科普知识竞赛】 9月20日，石林县启动全民科学素质科普知识竞赛活动。活动由县委宣传部、县科协主办，全县各单位、中小学校参与。10月26日，有18个单位组队在县科普中心举行复赛和决赛，县卫生局代表队获得一等奖，县水务局代表队和县交通局代表队获得二等奖，县委党校、县林业局和县国土局获得三等奖。县委常委、宣传部部长李福军，副县长叶扬，县政协副主席周和祥为获奖代表队颁奖。通过竞赛活动，在石林县营造了提高全民科学素质的社会氛围。

【科普讲座】 2007年，针对提高农民科学素质，培养新型农民，积极开展科普讲座20场次，听众达2500余人次。5月25日，由县科协、县妇联共同邀请了农业推广研究员王加积到路美邑镇为农村妇女干部和养羊大户100余人进行养殖知识讲座。8月13日，邀请到中国农业科学院蔬菜花卉研究所副所长穆鼎教授，就“ALA在农业中的应用”在县科协科普中心三楼报告厅举办科普知识讲座，县农牧局、县林业局、县科协、县科技局、各乡（镇）农林水中心相关人员及分管领导70余人聆听讲座。

【科普培训】 5月5～10日，分别在县民族小学、县鹿阜小学、鹿阜镇紫玉小学、石林实验小学、县科普中心举办国际数棋辅导教师培训5期200余人，全县万余名学生接受训练。11月13～15日在科普中心举办农技协骨干培训班，21家协会和乡镇科协的70余名人员参加了培训，由省市科协业务领导、云南农大博士生导师李元和欧盟认证中心中国技术专家吴春山教授分别授课。年内农函大开办了蔬菜、薯芋、养猪、养鸡、养羊、刺绣、水稻、雪莲果、葡萄、刺绣等15个专业培训，学习结业2022名。

【青少年科普活动】 5月31日，县科协、县教育局在县科普中心联合举办以“提高素质、学习创新、体验成功”为主题的首届石林县国际数棋科普学习竞赛活动，来自全县各个乡（镇）中心学校和县直各小学精心选拔的120名小棋手及辅导教师参加了开幕式。长湖镇中心学校代表队以团体总分第一的好成绩获得一等奖，民族小学和板桥镇中心学校代表队获得二等奖，圭山镇中心学校、实验学校和大可乡中心学校代表队获得三等奖。闭幕式上，县科协、县教育局领导为评选出的30名优秀小棋手、10名优秀辅导员和获奖代表队进行表彰奖励。

8月23～24日，县科协主办了“学科学，助我快乐成长”科普夏令营活动。36名营员考察了中国科学院云南天文台、云南省国家基准地震台、中国科学院昆明动物博物馆和云南省电信展览馆。

科普中心利用暑期开办了科幻绘画、航模、钢琴、电子琴、手风琴、拉丁舞、阅读写作与书法、突破英语等专业科目的校外科技培训活动，共200余名学生参加了培训活动。3月，第22届昆明市青少年科技创新大赛中，石林县有115件作品获奖。9月，县科协、县教育局、县科技局、县环保局、县文体局、县妇联、团县委联合举办了第四届石林县青少年科技创新大赛，全县18所学校6000多名青少年参加比赛，评选推荐了253件优秀作品参加第23届昆明市青少年科技创新大赛。

【农技协工作】 2007年成立了石林镇农机技术服务协会、石林县路花人参果产业开发技术协会、石林升农辣椒产业技术协会、石林县语鹤食用菌生产技术协会。针对2006年新成立的5家农技协，建立了协会的公开栏，将协会的章程、财务管理制度等制作上墙，积极组织部分会长到昆明参加市科协举办的业务培训。甜柿协会、油桃协会、刺绣协会开通了网站，甜柿协会开通了生产技术服务手机短信服务。

【科普示范创建】 11月，鹿阜镇西北社区、石林镇小密枝村、板桥镇小叠水村、石林绿汀甜柿产品开发有限公司被省科协命名为云南省第二批科普示范创建达标单位。12月，石林绿汀甜柿科普示范基地被中国科协和财政部评为“全国科普惠农兴村计划”先进单位；西街口镇老木凹村委会被列入云南省科普惠农兴村计划试点单位。

【科技工作成果】 2007年县科协推荐参加第九届昆明市自然科学论文评选中，有2篇科技论文荣获二等奖。7月，向市级申报农民技师29名，其中评审通过13名。12月，王邦海、吉树全被市委组织部、市科协、市人事局评为第二届“昆明市优秀科技工作者”。

【迎接全国科普示范县复查】 8月，中国科协发出正式通知，将对首批全国科普示范县进行复查。县委、县政府成立了以县委书记柳文炜为组长、县长李忠德为副组长的迎接全国科普示范县复查工作领导小组，下设办公室在县科协，县科协主席李建民兼任办公室主任，全县各部委办局、各乡（镇）也成立了相应工作机构。9月4日，召开领导小组工作会议研究安排了工作，明确了各部门工作职责。9月11日，领导小组办公室召集各成员单位工作人员进行复查工作业务培训。各有关单位根据通知要求，按时上报了复查工作所需相关材料，工作进展顺利。

（撰稿人：县科协 娄玉泉）

县残联

【县残联】 1999年6月，单列成立县残联。2007年设办公室、综合科，直管5个专门协会，年底有职工6人。单位住址在石林县城西北街老检察院原址。

理 事 长：徐丽琼（女）

副理事长：李宏鸣

【残联组织】 2007年，石林县登记在册的六类残疾人共有7600余人。在农村建有乡镇残联8个，乡镇残联工作人员由民政助理1人兼任，村级残疾人工作由村委会三职负责。设农村残疾人联络员61人，服务覆盖全县17万人口。

【康 复】 2007年，组织11名残疾人免费安装大腿假肢8条、小腿假肢4条，为7名残疾人安装简易假手，为残疾人节省6万元的假肢装配、更换费用。投入2.4万元，购买40辆折叠轮椅发放给下肢重度残疾的残疾人。向残疾人免费供应拐杖、四脚手杖等180件，价值1.8万元。介绍2名农村贫困唇腭裂患者到昆明红十字会医院进行免费手术，组织4名唇腭裂患者在石林县进行免费手术，为患者节约医疗手术费2.4万元。临时救济中，解决特困残疾人医疗费用1万元。

【扶贫解困】 2007年县民政局开展的农村低保工作中，贫困残疾人家庭基本落实了农村低保，得到了长效救济。新型农村合作医疗中，由县民政局和县残联对特困残疾人进行了补贴，承担特困残疾人在农村合作医疗中的个人集资款，县残联承担1920元。利用春节、助残日、中秋佳节等节日对全县贫困残疾人进行走访慰问5次，慰问各类残疾人440人，送去慰问金、慰问品折合人民币9.7万元。配合生龙生态公司落实市残联养殖努比亚羊扶贫项目，对完成圈舍改造的34户残疾家庭每户奖励300元，共发放圈舍改造款1.02万元。资助9户残疾家庭发展红梨、甜柿等林果业，共补助种苗、化肥等折合人民币0.8万元。投入6.35万元，开展新希望养殖项目。与刺绣协会联系，为重度残疾妇女进行民族刺绣加工就业寻找门路，向残疾人发放补助加工费6800元。开展各类生产、生活、医疗临时救济，共救助102人，发放救助金2.5万元。

【劳动就业】 2007年县残联对达不到安排残疾人就业比例的用人单位，依法收取政府性基金——残疾人就业保障金98万元，县直机关、事业单位的征收率达到98%。配合民政、税务部门开展福利企业税制改革，做好撤销福利企业后残疾职工重新安置工作8人。全年安排在各类福利企业就业的86人，在各企事业单位、私营企业就业的62人。

【教 育】 2007年残疾儿童的义务教育工作随班就读率达90%，在“两免一补”中共有60名残疾学生受益。积极资助残疾学生到特教学校接受特殊教育，“春雨行动”扶残助学轮助制中，对17名在读聋哑学生人均资助1350元，对5名盲生人均资助500元。资助贫困残疾学生、残疾家庭子女学生、低视学生64人，资助金、资助品折合人民币1.2万元。资助2007年新考取大中专院校的应届残疾学生、残疾家庭子女学生12人，按大学生3000元、大专生2000元、中专生1000元，共发放一次性入学资助金2.7万元。

【培 训】 1月5日至2月12日，举办石林县残联第三期残疾人电脑培训班，减免21名残疾青年食宿费、培训费1.4万元，经一个多月的学习全部学员获得了中级资格证。3月23日至12月20日，与企业合作，开展希望养猪、母猪繁育、仔猪管理、疾病防疫等养猪培训12期，培训残疾人及残疾家庭养猪“明白人”700多人次。6月14～15日举办第二批拟任联络员培训，培训基层推荐人选54人，经考试考核合格择优选拔30人拟任联络员进行试用。7月18日至12月11日，对农村残疾人开展各类实用技术培训，在8个乡(镇)举办葡萄种植、蔬菜种植、鸡、山羊饲养管理等农村实用技术培训8期，培训残疾人700多人次。8月2日，选送14名残疾家庭子女参加市残联举办的茶艺师培训，并取得执业资格证，为残疾家庭节约2.24万元的培训开支。8～10月，选送2名盲人参加市残联举办的按摩培训，食宿全免，减免费用4800元。开展师带徒式一对一、一对二零散培训，全年接受省、市、县、乡（镇）残疾人组织各类培训的残疾人达1600余人次。

【残疾运动员参加第七届全国残运会】

2007年5月12～20日，第七届全国残运会在昆明举办，石林县何称恩、杨晓俊、毕涛3名残疾人运动员参赛。县残联投入3000元制作各类布标、宣传品在石林县城和石林景区进行广泛宣传。第七届残运会上，何称恩取得男子田径T36级800米、1500米2块金牌，400米1块铜牌；毕涛取得男子游泳S10级蝶泳1块铜牌；张晓俊所参加的云南聋人女子篮球队获得金牌。县财政发放奖励金2万元。

【残疾人危房改造】 2007年初，对2006年31户残疾人危房改造进行检查验收，保证24.8万元危改资金百分之百发放到残疾人手中，使之成为民心工程、廉洁工程。年内共争取市残联、县政府各配套资金9.6万元，残保金列支6.2万元，共计筹集24.8万元，启动31户残疾人危房改造项目。通过全县开展残疾人危房改造调查，争取到了2008年100户危改项目。

【白内障复明手术】 6月，县残联、县人民医院共同组织对全县白内障患者进行检查筛查800余人，对适宜手术的患者进行登记。8月3～4日，深圳狮子会高新会、龙城会联合深圳市国际商会一行45人到石林开展“彩云之南，视觉第一光明行动”，由深圳眼科医院专家姚晓明博士、冯其高主任医师首批为石林县83名白内障患者免费实施白内障复明手术。8月12～14日由市残联组派的医疗队继续为石林县患者实施白内障复明手术，再次组织对500余名患者进行筛查，第二批实施白内障复明手术135例，共补助患者手术费用13.5万元。第一批手术成功率95%，第二批手术成功率100%。2007年所实施218例白内障复明手术，做到了患者全免费，为患者节约医疗手术费用共计21.8万元。

【希望养猪项目】 根据农村残疾家庭生产生活调查情况和全国养猪业景气度上升的实际，2007年初开始实施希望养猪项目，鼓励残疾人发展养猪业，共动员498户残疾养猪户加入项目。与新希望、中亚等企业合作，由几家公司竞争性地向加入项目的残疾家庭提供质优价廉的饲料，并进行科学养殖技术的指导和培训。全年县残联举办残疾人养猪培训7期，饲料企业技术人员下乡开展猪瘟及蓝耳病防治培训4期，举办母猪仔猪饲养管理培训班1期，对残疾人及残疾养猪明白人进行700多人次的培训；向加入项目的残疾家庭补助5万元的饲料款、1.35万元的优良母猪种苗款；在饲养户中推广自动饮水器及保温箱等技术，在石林县遭受蓝耳病重大疫情的情况下，仍有150多户残疾家庭出栏肥猪700余头，实现产值110万元。

（撰稿人：县残联 李宏鸣）

延安精神研究会

【县延安精神研究会】 石林县延安精神研究会（简称县延会）经中共石林县委2004年10月14日批准，并于2004年12月27日召开一届一次会员大会，正式成立。工作机构设办公室、理论教育委员会、组织发展委员会、联络基金委员会。县延会设理事会，设理事39人；组建了由15人组成的延安精神宣讲团，30余人组成的延安精神艺术团。会址设在县委大院内。2004年12月27日，县委宣传部制定了《石林彝族自治县延安精神研究会章程》。章程分为总则，业务范围，会员，组织机构和负责人的产生、罢免，资产管理，使用原则，章程的修改程序，终止程序及终止后的财产处理，附则等共8章38条。

县延会的业务范围是：学习、研究、宣传、实践延安精神，努力把延安精神与时代精神紧密结合起来，在各条战线，特别是在建立社会主义市场经济体制过程中，以身作则地把延安精神传播到广大干部，人民群众、青少年中间去。

会　　长：黄有德
常务副会长：毕春华（女，彝族）
　　　　　李万全（彝族）
副 会 长：李绍增
　　　　　徐梅芬（女）
　　　　　赵淑珲（女）
　　　　　昂智灵（彝族）
秘 书 长：昂智灵（彝族,兼）
副秘书长：陈廷选　李　国
　　　　　李光亮　艾　平

【组织建设】 2007年底，县延会有鹿阜分会、教育分会、卫生分会，共有会员500人。其中：男371人，女129人；汉族350人，少数民族150人；党员418人，共青团员4人，非党78人；26～60岁469人，61～80岁31人；研究生22人，大专、大学327人，中专、高中107人，小学、初中44人；在职461人，离退休39人；担任党内职务127人，担任行政职务173人，有专业技术职称的253人。

【一届三次年会】 4月13日上午，县延会在县会议中心召开了一届三次年会（全会）。县委分管领导、县延会领导及成员共120余人参加了会议，会议由县委宣传部副部长张鹏翔主持。

黄有德会长作了《与时俱进，开拓创新，继续为石林经济社会跨越式发展作贡献》的工作报告。报告就2006年3月10日召开一届二次会员大会以来，县延会全面推进延安精神进机关、学校、农村，组织延安精神艺术团宣传长征精神、延安精神，开展纪念长征胜利70周年纪念活动，撰写论文，开展会员小组活动等工作，总结了10个方面的成绩，对2007年的工作提出了10个方面的安排。县教育局党委书记、局长、教育分会名誉会长普光强作了《弘扬延安精神，促进教育发展》的经验交流；县委常委，宣传部部长李福军作了《弘扬实践延安精神，促进和谐石林》的重要讲话。

【宣教活动】 3～11月，县延会组织县延安精神宣讲团成员到县人武部、县发改局、县工商局、县政府办、县供销社、县信用社、县医院、圭山中心学校、长湖中心学校、县委党校、县直机关党委、入党积极分子培训班等机关、部门、学校宣讲延安精神、党建知识、十七大精神、法律常识等共17场，受教育面达1800余人（次）。

1～11 月，县延安精神艺术团在县新农村建设办公室、县交通局、县旅游局、县政法委等单位的支持配合下，深入到 8 个乡（镇）、部分村委会、机关、学校等，用喜闻乐见的文艺形式宣传延安精神、新农村建设、创五 A 级风景区、石林“申遗”、十七大精神等演出 31 场，观众达 24000 余人次。

4 月 26 日晚，由县延会牵头，会同团县委、县关工委、县一中共同在县一中操场举办了一台“弘扬延安精神，纪念五四运动 88 周年”文艺联欢晚会。县延安精神艺术团、县老年大学、县一中、教育分会、卫生分会、鹿阜分会共 6 个文艺代表队同台演出。县级领导、县一中师生、机关部分团员代表共 2000 余人参加联欢，节目内容健康向上，形式多样，台上台下互动，掌声不断。

8 月 17～18 日，县延会组织延安精神艺术团一行 30 余人赴嵩明，与嵩明县延安精神艺术团共同举办了一台“弘扬延安精神，促进社会和谐”的联欢晚会，受到嵩明县领导和县延会领导的热烈欢迎和盛情款待。返回中又参观了曲靖“红军长征过曲靖”展览，接受长征精神的再教育。

【参与廉政文化警示教育园地展览】 6～7 月，县延会与县纪委联合发出通知，向会员和部分老干部征集廉政书法绘画作品 197 件，参加县纪委举办的“廉政文化警示教育园地”展览，30 件作品和 11 个单位分获一、二、三等奖。

【考察学习】 5 月，县延研会参加了省延安精神研究会召开的全省延安精神研究会首次工作经验交流会，会长黄有德被推荐作了大会发言交流。10 月，县延会组织 4 名会员参加市延会组织的百人红色旅游考察团赴山西太行山、河北西柏坡，身临其境，上了一堂终生受益的坚定革命理想和革命信念的必修课。

（撰稿人：县延会 陈廷选）

军　事

县武装部

【县武装部】 1951年12月成立县武装部。2007年，县武装部被昆明警备区评为“军事训练先进单位”、“安全稳定工作先进单位”、“全面建设先进单位”，获县级表彰2次。

部　　长：自成相（彝族）
政治委员：彭　颖
副 部 长：江同清
鹿阜镇人武部长：秦绍林
路美邑镇人武部长：杨兴有
石林镇人武部长：张志强（彝族）
西街口镇人武部长：董贵林（彝族）
圭山镇人武部长：（缺）
长湖镇人武部长：王　兴
板桥镇人武部长：李春华
大可乡人武部长：朱树霖
天合公司人武部长：杨世雄（11月止）
李德友（彝族，11月起）
旅游局人武部长：（缺）

【思想政治工作】 2007年，部党委始终把思想政治建设放在政治工作的首位，紧紧围绕“赞颂新成就，履行新使命，迎接十七大”主题教育这条主线，先后进行了“听党指挥、英勇善战、服务人民”、“爱国奉献、爱党忠诚、爱军精武、爱岗奉献”、“比思想、比作风、比贡献”等活动，将科学发展观学习引向深入。坚持把抓好理论武装、促进作风转变、提高工作成绩作为出发点和落脚点，通过理论学习、心得交流、外出参观学习、结合省军区组织爱军精武活动开展岗位竞赛等多种方式，不断丰富教育形势和内容，使理论武装得到切实落实，确保了干部职工和民兵预备役人员政治合格。

【军事训练】 2007年，机关全体干部职工积极开展每天1小时的体能达标训练，训练内容主要有5000米、3000米长跑，单腿深蹲，直体前曲，100米短跑等课目；9月份，进行了射击训练、军事理论学习和微机培训，并组织7名干部参加警备区考核，考核成绩总评第一。

入伍新兵整装待发

3月2～16日，组织完成了年度民兵军事训练任务，训练以队列、射击、战术、盾牌术、军体拳、擒敌拳等6个课目为主要内容，经警备区交叉考核，总评成绩良好；6月，安排1名干部2名民兵参加警备区大练兵比武活动；7月，尝试组建了一支常驻石林景区的应急民兵护卫分队，训练15天后，通过了警备区工作组的考核验收，为深化全县城市民兵改革探索了新路子。

3月9日至4月9日，组织完成了石林县第二批机关年轻干部到部队锻炼，圆满完成了20名公务员为期30天的训练任务。

【议军会议】 3月30日，召开县委2007年议军会议，对今后一个时期国防动员和后备力量建设工作进行了安排部署，并重点增加了年度国防工作经费预算，落实了武装部搬迁建设工程款项100万元，使石林县国防动员和后备力量建设的重点难点问题得到解决。

【正规化建设】 根据警备区《基层武装部规范化建设纲要》，为加强机关正规化建设和基层武装部规范化建设，协调县委、县政府解决经费15万元，对机关、路美邑镇武装部、长湖镇武装部实施了正规化建设。按照实用、实效的原则，着眼于未来军事斗争需要，完善了硬件设施建设，购买安装了电脑、投影仪、办公室桌椅、电话及软件设备等，进一步规范了基层武装部的文件资料、统计数据的管理和武装工作流程。年内，完成了机关、路美邑镇武装部、长湖镇武装部的A类规范化建设。

【参建参治】 在抓好军事斗争准备的同时，积极组织民兵参治参建。一是抓好联系点圭山镇当甸村委会的支农工作。春耕生产期间，资助支农联系点2000元，并指导好村委会换届、林权改革等工作。二是组织民兵参与抢险救灾，维护国家和人民群众生命财产安全。3月13日，石林镇松子园地区发生森林火灾，接到县政府指示后，县武装部迅速组织应急民兵分队、机关干部140余人赶赴火灾现场，帮助森警官兵运送灭火用水150余桶3000余千克，清理火线2000余米。至14日凌晨6时，顺利将火扑灭。3月15日，西街口镇格渣地区发生森林火灾，出动民兵应急分队100余人，顺利扑灭火灾。三是组织民兵完成好其他任务。8月6日，组织民兵应急分队100人，配合做好石林“火把节”大型民族歌舞表演活动的安全警卫值勤；安排战备值班分队做好维稳战备工作，确保“申遗”期间安全稳定；组织民兵和干部职工参加“创建国家卫生城市”工作，前后出动车辆10余台次，清理街道垃圾17余吨。

【国防教育】 坚持以点带面，促进国防教育活动不断深化。积极组织各种类型的国防教育活动，重点抓好全民国防教育日的教育宣传活动，不断提高群众的国防观念和军事技能。“八一”军事日，邀请上级领导为全县120位实职正科以上领导讲授国际国内形势，并组织进行了实弹射击。积极组织驻军为两所高级中学新生进行军事训练，训练中学生1500余人。深入开展国防知识宣传，形成了全社会关心国防建设、支持国防建设、参与国防建设的良好氛围。

【双拥工作】 在春节和“八一”期间，组织开展驻石部队拥政爱民座谈会和军政座谈会，县主要领导和驻石部队首长带民政部门走访慰问了驻军和军烈属；积极引导驻石部队开展“四尊重”教育和军民共建活动，进一步密切军政军民关系，巩固和发展军政军民团结的良好局面，不断促进和谐石林的建设。

（撰稿人：县武装部 李章勇）

武警石林中队

【武警石林中队】 武警石林中队于1983年12月组建成立。2007年，中队圆满完成了看守及上级赋予的各种临时性勤务工作，受到了总队、支队和县委、县政府的表彰和奖励，中队有1人荣立三等功，9人评为优秀士兵，10人受到支队嘉奖。

中队长：刘　义

指导员：张　锋（3月起）

【支部班子建设】 中队始终坚持把支部自身建设作为部队建设的核心和重点，注重解决班子建设中存在的问题，从五个方面入手，狠抓班子建设。一是以调整班子为契机，在提高支部班子自身建设和领导部队全面建设上下功夫，成立了由干部和素质过硬的党员士官组成的5人支委。二是注重搞好班子团结，加强交心通气，树牢中心意识。三是注重应用制度，发动群众管干部、管党员，实现党员无违纪、党组无违规。四是广开渠道，发扬民主，在对待士兵入党、考学、学技术等敏感问题时，实行层层推荐，讨论时坚持端平“一碗水”，由士官支委先发言，有效解决了“干部说、士官听”、“个人说了算”的问题，群众满意率达到90%以上。五是把学习应用党的创新作为首要任务，严格落实每月2天的理论学习制度，增强党员、干部政治信念，提高理论思维能力。

【政治教育】 2007年，中队扎实抓好“赞颂新成就，履行新使命，迎接十七大”主题教育和“弘扬人民军队优良传统，忠实履行新的历史使命”、“增强事业心责任感，有效履行职能使命”、“三珍惜”、“四不一保持”等专题教育，教育成效明显。坚持榜样引导和发现身边的人和事相结合，经常性教育与随机性教育相结合，利用黑板报、墙报、电脑、图书资料、广泛开展读书演讲、法律知识学习、电脑知识竞赛、新闻写作培训等配套活动，努力为中队战士营造轻松浓厚的学习教育氛围。建立“指导员之家”，规范学习室、图书室、文体活动室、荣誉室，完善营区宣传标语等，营造良好的警营政治氛围。全年中队共完成48个教育日、20余场读书影评和电脑操作技能知识竞赛，9人参加部队的警营育才考试，全部获得高中毕业证书。

【军事训练】 全年中队共完成90个训练日，主要围绕提高信息条件下的执勤和处突能力，突出抓好以执勤为中心任务的各种军事基础训练和各种专勤专训，坚持加强科技强军，从新时期部队建设发展需要出发，加强官兵对各种知识技能的学习，增强广大官兵执勤处突能力。全年完成30余个军事科目的训练，参训率达85%以上，中队年度训练成绩达到良好，在支队组织的第一届军事比武中，获得第三名。年内培养军事骨干15人、军事能手8人，1人获得支队射击第一名，并获得三等功奖励。支持地方工作，全年训练学生、经警和地方人员300余人。

【战备执勤】 2007年，中队认真贯彻落实武警部队“三级党委会议”精神，结合中队驻地的实际，及时修改完善了“执勤”和“处突”的方（预）案，围绕做好军事斗争准备，增强战备观念，努力抓好战备教育。在节假日和特殊时期加强同目标单位的联系联防，共同分析解决执勤中的各种隐患；同目标单位签署相关的安全责任书，确保目标安全。

【行政管理】 中队坚持以人为本，努力构建和谐警营。通过日常管理的加强，进一步提高部队正规化管理水平。在加强条令条例学习的同时，针对中队内部存在的问题进行排查整顿。为提高中队官兵的执勤、处突能力，中队组织开展了勤务专项治理整顿，主要对“三班四哨”、哨兵履职等情况进行整顿。通过整顿加强了“三班四哨”的正规化，提高了哨兵的履职能力和自身形象。

【后勤保障】 大力发展农副业生产，除了积极争取地方资助外，还把发展养猪、种菜作为农副业生产的突破口，全年共养猪9头，出栏肥猪5头，产菜1000余千克，大大改善了官兵的生活水平。

（撰稿人：武警石林中队 张 锋）

武警石林消防大队

【武警石林消防大队】 1993年成立武警石林消防大队。2007年，大队官兵以创建平安石林为中心，认真贯彻《中华人民共和国消防法》、《云南省消防条例》、《机关、团体、企业、事业单位消防安全管理规定》，确保全县火灾形势的基本稳定。年内大队被昆明市消防支队评为“三基工程”达标大队、先进基层党委和省级青年文明号等殊荣，大队军政主官被授予一对好主官，有1人荣立三等功，1人被评为优秀共产党员，2名青年加入中国共产党，3人评为优秀士兵，6人受总队、支队嘉奖。

大队长：种法令（8月止）

李升福（10月起）

教导员：杨晓明（8月起）

【灭火救援】 2007年，县消防大队共扑救火灾34起，其中成灾的5起，烧死1人，烧毁房屋213平方米，直接财产损失15455元。参与抢险救援24次，参加社会执勤4次，出动警力1080人次，出动消防车207台次，救援遇险人员17人，疏散被困人员25人，为群众抗旱送水11天550余吨，为国家和人民挽回经济损失860余万元。圆满完成了“三月三”、“春节消防安全保卫”、“石林彝族火把节”、“石林申报世界自然遗产庆典消防安全保卫”等大型活动消防保卫工作。

【执勤训练】 2007年，县消防大队按照“练为战”的指导思想，组织官兵对全县42家消防安全重点单位进行了熟悉，开展消防实地演练36次，修订完善灭火作战预案56份，建立消防水源档案87份，训练工作日达180天，熟悉演练达90个工作日。在市消防支队组织的三级战斗员考核中，全体官兵均通过考核验收，合格率达100%。

【消防宣传】 为有效推动消防工作社会化，提高全民的消防安全意识，大队建立了全天候对外消防宣传站，接待参观群众3000余人次。先后组织学校、公众聚集场所、人员密集场所和易燃易爆行业管理人员进行了消防安全知识培训，培训人员达3500余人次。开展了消防进家庭、消防进学校、企业、农村，设置消防宣传点，火灾隐患举报点、悬挂消防宣传布标等形式多样、内容丰富的宣传活动，营造了良好的消防安全宣传氛围，切实提高人民群众的消防安全意识。全年共悬挂标语30余处，组织消防重点单位培训演练5次，发放消防宣传传单2000余份。

【专项治理】 2007年，县消防大队在全县开展了春季防火安全大检查、火灾隐患排查专项治理、加油站专项治理、网吧专项治理、公共聚集场所专项治理、红盾3号火灾隐患排查专项治理等专项治理，对全县400余个单位场所进行了消防安全大检查。下发《建筑设计防火审核意见书》21份，《建筑工程竣工消防验收意见书》7份，《消防安全检查意见书》26份，《责令限期整改通知书》41份（其中2份为《重大火灾隐患限期改正通知书》），《复查意见书》40份，《当场处罚决定书》4份，《行政处罚决定书》2份，处罚金额5200元，警告2人，“三停”2起，发现火灾隐患192起，当场整改109起，派出“错时检查工作组”96个，整改隐患86处，促使隐患单位投入整改隐患资金达70多万元。

【队伍建设】 按照消防“四进”和多种形式加强消防队伍建设的要求，大队从地方人员中择优招收了10名合同制消防员充实到消防部队中，并在原有15支农村志愿消防队的基础上，新增了20支农村志愿消防队，有效解决了公安消防警力不足的实际问题，增强了全县抗御火灾的能力。

（撰稿人：武警石林消防大队 罗远洪）

武警石林森林中队

【武警石林森林中队】 2001年2月28日，武警石林森林中队进驻石林县。2002年9月3日，正式挂牌成立。2007年，中队连续6年被武警云南森林总队评为“基层建设先进中队”，被昆明市政府评为市级园林单位；1人荣立三等功，11人被支队评为优秀士兵，15人受支队嘉奖，中队政治指导员张勇被武警森林指挥部评为“优秀政治四会教员”。

中队长：韩立国

指导员：张　勇

【支部班子建设】 2007年，中队成立了5人组成的支委领导班子，大力加强自身建设，不断提高中队党支部的凝聚力和战斗堡垒作用。年内发展党员4人，转正2人，选送8人学技术。同时加强共青团组织建设，中队团支部被武警森林总队评为“先进支部”。

【政治教育】 充分发挥战士在教育中的主体作用，增强官兵的“主人翁”意识，教育“一感三性”得到明显增强。全体官兵迅速掀起了学习《军队基层建设纲要》的热潮，并扎实做好新兵“第二适应期”思想工作。深入开展以“忠实履行新世纪新阶段历史使命，永远做党和人民的忠诚卫士”为主题的学习教育。坚持以人为本，满足新兵活泼、好动的心理，举办丰富多彩的文化娱乐活动，使其个性、特长得到充分展示。鼓励新兵每月读一本科技书籍，写一篇读书体会，每日写进步小日记，以饭前小演讲、警营小广播、新闻小点评为载体，交流学习心得。生动活泼的文化活动激发了新兵甘于寂寞、乐于吃苦、勇于奉献的斗志。

【军事训练】 2007年，共完成军事训练385课时，主要进行了单兵徒手队列动作、班队列、擒敌拳、器械、常用灭火机具使用技术、分队灭火战术、火场紧急避险、紧急拉动、5000米跑、400米障碍等科目训练。分队警官完成82课时，主要进行了战术训练、灭火战斗警官编组作业、灭火作战中的管理工作、教学法、军事地形学、体能等科目训练。在总队组织的年度考核中，以总分969分的优异成绩取得了武警昆明森林支队第一名的好成绩。2007年，为石林县两所学校军训学生2150人。

【防期工作】 2007年，中队共灭火作战8次，出动兵力320人次，车辆19台次，跨区灭火作战2次，24小时内扑灭森林火灾5次，扑灭率达63%。在做好驻地的灭火作战工作的基础上，根据支队命令，中队连续完成了“宜良3·30”、安宁“3·31”等重大森林火灾的作战任务，得到了上级领导的一致好评。全年中队参加林政执勤5次，出动兵力150人次，圆满完成了“三月三”、石林国际火把节庆典活动及清明节的巡逻、林政执勤任务。

【管理工作】 在强化官兵安全意识、自觉落实安全制度确保安全教育上，主要采取集中授课的方式进行正面引导和随机教育。在教育内容上，突出条令学习、安全警句七字诀、五个重点问题、灭火作战安全、安全防护常识等内容学习教育；在教育对象上，在抓好普遍教育的基础上，侧重于干部和战士的教育，特别是加强司务长、给养员、出纳员、军械员的管理教育，取得了良好的成效。

大力开展警民共建活动，全年共建单位为中队开展“两用人才”培训提供切实帮助，有10名战士退伍前拿到了计算机等级证书。

【后勤工作】 中队坚持“一保生活、二保中心、三保应急”的原则，强化后勤管理制度。因地制宜、科学规划提高农副业的生产效益与管理力度。全年中队在农副业生产方面共投入资金1100元，总收入为5032.77元，实际收入3933.5元，补助官兵伙食1570元，出产各类蔬菜1567.7千克，肥猪出栏11头。

（撰稿人：武警石林森林中队 李 鹏）

法　制

政法工作

【县委政法委】 1980年3月，建立县委政法领导小组。1982年10月，成立县委政法委员会。1989年5月，撤销县委政法委员会，成立政法领导小组。1990年5月，撤销政法领导小组，恢复县委政法委员会。2001年2月，成立县委610办公室。2002年7月成立县综治办。县委政法委、县委610办公室、县综治办合署办公，县委政法委下设办公室、政治处。2007年，县委政法委、县委610办公室、县综治办共有干部职工10人，办公地址在县委大院内。2007资助支农联系点石林镇占屯村委会生产经费3000元。

书　　　记：李兴国
常务副书记：李永华
副　书　记：赵永勤（8月止）
　　　　　　李何红（12月起）
610办主任：陈咏冰（女，彝族，11月起）

【省级平安县创建工作】 为抓好省级平安县创建活动，县委调整充实了由县委书记担任组长，县长和县“四班子”分管、联系政法工作的领导为副组长，县各有关部门主要领导为成员的县创建省级平安县工作指挥部。全县各乡镇、各部门也调整了创安工作领导班子，充实了工作人员。2007年2月5日，召开全县平安创建暨政法工作会议，全面安排部署平安创建工作。4月12日，县委、县政府组织召开了声势浩大的“五创”工作动员部署会，县委书记柳文炜在会上作了重要讲话，进一步统一了全县各级干部的思想，坚定了信心，为扎实推进创安工作起到了重要作用。会后，县创安工作指挥部和全县各级各部门加强领导，精心组织，明确目标，落实责任，狠抓各项平安创建工作措施的落实。12月17日，石林县的平安创建工作顺利通过省级考评验收。2008年1月22日，石林县被省委、省政府授予“平安县”称号。

【严打整治】 2007年县委政法委组织政法各部门，坚持“什么犯罪突出就重点打击什么犯罪，哪里治安问题严重就重点整治哪里，什么方式有效就采用什么方式”的原则，开展严厉打击刑事犯罪活动。特别是把“两抢一盗”等多发性，严重影响人民群众安全感和农业生产的犯罪活动作为打击的重点。先后开展了“打黑除恶”、“治爆缉枪”、“打击盗窃破坏‘三电’设施犯罪”、“打击整治盗窃自行车”、“打击大牲畜犯罪”等一系列专项行动，严厉打击了各类刑事犯罪活动。通过严打斗争，全县刑事发案趋于平稳，杀人、抢劫等严重刑事犯罪得到有效遏制，有效防止了“黑恶”势力的滋生，确保了全县社会治安稳定。

【矛盾纠纷化解】 针对山林土地、矿产资源、土地征用、房屋拆迁、农村集体资产管理等矛盾纠纷多发领域和问题，县委政法委组织协调各级各部门，进一步健全矛盾纠纷排查调处机制，重点关注容易引发群体性事件的矛盾纠纷，对具备解决条件的及时解决，对暂不具备解决条件的，积极做好稳控工作。县政协坚持开展周边县政协组织联谊活动，互通经济发展、社会稳定等情况，共商促进经济发展和社会稳定之策；县司法局坚持行政接边地区矛盾纠纷联防联调制度，积极预防社会矛盾纠纷；针对集体林权制度改革等重点工作，各级各部门认真摸排矛盾纠纷，严格按照“六个一”的要求，妥善疏导化解。全年全县未发生重大群体性事件，确保了社会稳定。

【严密治安防范】 推进科技防范工作，落实各项人防、物防和技防措施。进一步建立和完善了街面治安防控体系、重点部位和要害单位治安防范体系、单位内部治安防范体系、农村“四级”治安防范体系、行政接边地区治安防范体系，积极推进治安防范社会化、市场化、职业化建设，大力推广联户联防、十户联防、农村党员干部包片包户、机关干部巡逻等群防群治经验。县财政投资340万元，由公安机关负责建成了城市报警监控系统；石林风景区管理局投资1200万元建成了石林景区报警监控系统；金融系统等重点要害部门安装使用技防固定目标报警装置135个；73家旅店安装了旅店信息系统；11家公共娱乐场所安装了监控系统；农村安装变压器防盗锁190台，安装“气死贼”防盗报警器400多个，科技创安水平跃上了一个新台阶。

【防范邪教】 610工作以“无邪教乡镇”巩固活动为载体，坚持教育转化攻坚与教育巩固并重，打击与防范并举，着力在加大打击和防范邪教组织的违法犯罪活动工作上下功夫，深入开展宣传揭批活动，努力营造“崇尚科学，反对邪教”的社会氛围。以“四个纳入”为载体，落实工作责任制，全力维护社会政治稳定，确保“两会”、“残运会”、党的“十七大”等重大节庆活动及“敏感日”的安全，实现了“三零”目标。12月29日，全县8个乡（镇）顺利通过了市级“无邪教乡镇”巩固工作复核。

【巩固无毒县和防艾】 县委政法委始终把禁毒工作作为平安创建的重要内容来抓，按照“四禁并举”的工作方针，以宣传教育和戒吸帮教为重点，扎实有效地开展组织协调工作。充分利用广播电视、宣传展板、发放宣传材料等形式，广泛开展禁毒宣传，进一步提高人民群众反毒、防毒意识和能力，形成人人参与禁毒的良好局面；加大对过境贩毒的打击力度。开展“天网四号”扫毒行动，通过堵卡查缉、布控蹲守等方式，严厉打击制贩毒品违法犯罪；开展针对外出务工、娱乐场所从业人员的摸底调查，掌握吸毒人员、艾滋病感染者和病人的底数，加强艾滋病疫情监测，不断扩大监测面；实施对高危人群的行为干预，综合整治，切断艾滋病的传播途径。11月17日，无毒县巩固工作顺利通过省级复核。

【安全生产】 县委政法委高度重视安全生产工作，加强宏观管理，组织协调和督促各有关部门进一步完善监管工作机制，把工矿企业、交通、消防安全作为重点，加大监督管理力度，完善领导干部安全生产责任制、安全生产问责制和黄牌警示制，确保安全生产责任和措施的落实；建立和完善安全事故预防、预警体系和突发公共安全事件应急机制，形成较为完善的安全信息、安全预警控制、应急救助和安全监督执法体系，构筑全社会齐抓共管安全生产的工作格局，有效预防了重大安全生产事故的发生。

【石林县成立见义勇为协会】 为进一步规范、保护和奖励见义勇为公民活动，2007年10月31日，石林县正式成立见义勇为协会。在县委政法委的努力下，43个协会单位会员和31家县直单位、5位个人共向协会捐资38余万元。在协会成立大会上，表彰了赵国军、徐忠春、王永祥、毕福祥、张林、杨永明、毕万学、毕跃明、李云红、郑国繁、槐可云、赵家瑞12名见义勇为先进分子，表彰了向协会捐资的云南省水利建筑机械化工程总公司、石林风景名胜区管理局等12家先进单位和王永祥、王树荣2名先进个人。见义勇为协会的成立标志着石林县奖励和保护见义勇为公民工作进入了一个新的阶段，石林县见义勇为事业上了一个新的台阶。

【安全保卫】 在县委、县政府的高度重视和正确领导下，县委政法委和各有关部门精心组织、周密部署、全力以赴，全年共投入警力5500余人次先后圆满完成了春节、县“两会”、“火把节”、“石林申遗成功庆典”、党的“十七大”等重要节日、重大活动安全保卫以及各种警卫工作，确保了全县各项活动顺利举行。

【政法队伍建设】 县委政法委按照县委和省市政法委的安排部署，组织政法各部门开展社会主义法治理念教育，打牢政法队伍为民服务的思想根基。在各项工作中坚持权为民所用、情为民所系、利为民所谋，努力改进工作方法，转变工作作风，简化了办事程序，方便了群众，完善了诉讼制度、人民陪审员制度、人民监督员制度，促进了司法民主。坚持政治练兵、岗位练兵，深入开展法律基础知识三考，全面提高了广大政法干警的综合素质。政法各部门、各乡镇、各有关单位结合辖区和行业特点，对综治维稳干部开展了形式多样的政治理论和业务知识培训，进一步提高了全县综治、维稳干部的工作能力。全年，全体政法干警和综治维稳干部未发生违法事件。

（撰稿人：县委政法委 陈咏冰）

公　　安

【县公安局】 1951年3月成立县公安局。2007年，设警令部、政治部、纪委、督察大队、计算机信息监察大队、刑侦大队、治安大队、经侦大队、国保大队、禁毒大队、监管大队、巡警大队、交警大队、法制工作室、鹿阜派出所、石林风景区派出所、路美邑派出所、石林岔口派出所、北大村派出所、西街口派出所、长湖派出所、圭山派出所、板桥派出所、大可派出所，年底有民警职工246人。县公安局住所在鹿阜镇石林中路73号。年内获县委、县政府表彰的先进集体1个、先进个人13人；受市局表彰的先进集体3个、先进个人4人。

党委书记、局长：李兴国
副书记、政委：李云柯
副　局　长：张永清
　　　　　　李红星
　　　　　　金志锋
　　　　　　陈春云（彝族）
　　　　　　杨郭华（女，7月止）
副　政　委：梁开毅

【公安基层基础设施建设】 2007年县财政按人均24474元的标准保障了县公安局的公用经费，超过了公安部要求的标准1个百分点。全面实施社区和农村警务改革，在鹿阜所和石林风景区所建立“三队一组”和“一警一区”警务模式，其他派出所不设所队，实行“一警一区”与“一警多区”相结合的社区警务模式。将全县辖区划分为36个警务区，配备了37名社区民警。大力推进社区和农村警务室建设，共建社区警务室4个、农村警务室20个，完成了10幅派出所辖区平面图和36幅社区（警务区）地理警务平面图的绘制工作。投入6余万元和利用政法配套经费购买了100台对讲机，投资49.67万元在县城和石林岔口交通要道安装了4套红绿灯。投资1余万元购买了100个数字身份证书，更换了县局中心路由器，对岔口派出所、石林风景区派出所路由器进行修理维护，确保了公安三级网络的畅通，有力保障了二代证换发和警务综合应用平台的推广应用以及各项公安业务工作的正常开展。新增了2辆警务用车和20台电脑，使上网计算机总数达168台。投入经费2余万元，对机关办公环境进行修缮，新建老干部活动室，为离退休老干部活动提供了方便。投资28余万元，购买了公安单警装备187套，装备了一线实战部门。投资6余万元，对刑侦信息采集室进行了改造，改变了石林县公安机关过去无专门的刑侦信息采集室的历史。

【严打刑事犯罪】 2007年在全县范围内组织开展了“严打整治当前突出犯罪专项会战”，打击“两抢一盗”、“打击整治盗窃自行车”专项行动，打击“三电”违法犯罪专项行动。在严打的基础上，加大对辖区打架斗殴、寻衅滋事等违法犯罪活动的摸排和打击。深入贯彻公安部追逃工作新机制，采取“破案追逃”、“网上追逃”等多种形式，将历年上网逃犯进行梳理，多渠道获取各类逃犯信息，建立逃犯工作档案，及时进行上网比对，发现线索紧紧咬住不放，共抓获逃犯56名。

2006年10月21日至2007年10月20日，全县共立刑事案件701起，破467起，破案率66.62%，与上年同期立692起破420起破案率60.69%相比，立案数增加9起，破案率上升了5.93个百分点。其中：命案立12起破11起（杀人案立6起破5起，伤害致死案立6起破6起）破案率91.67%；放火案立2起破2起，破案率100%；故意伤害案立31起破29起（包括命案、伤害致死案6起），破案率93.5%；

两抢案件立33起破14起；盗窃案立450起破303起；诈骗案立24起破11起；强奸案立10起破8起；破坏公用电信设施案立68起破39起；破坏电力设备案立50起破27起；其他案件立27起破23起。

重特大刑事案件立506起破264起，破案率52.17%，同比立案数增加25起，破案率上升11.21个百分点。

【治安行政管理】 全年受理治安行政案件1151件，查处1135起，查处率为98.61%，处罚违法人员766人，同比案件查处数增加272件，处罚人数增加218人次。

组织开展"治爆缉枪"专项行动。群众和单位主动上交炸药8.1千克、雷管43枚、导火索20米、猎枪1支、火药枪4支、子弹3195发、管制刀具1把。与全县77家民用爆炸物品使用单位、200余个涉爆场点、6家涉枪单位签订了安全责任书，层层落实责任制，严密防范措施。进一步健全和完善爆炸物品审批、运送、保管、使用制度，共审批使用炸药2744292千克、雷管671170枚、导火索554977米、导爆索37750米、导爆管67200米。出动警力1000余人次，对使用公务用枪、爆炸物品的单位和场点进行了300余次检查，收缴非法枪支2支、管制刀具12把、炸药893千克、雷管5315枚。处罚违法人员16人，其中：治安拘留5人，治安罚款5人，治安警告7人。有效保障了无涉枪涉爆案事件发生。

强化行业场所管理。以堵塞违法犯罪分子销赃渠道为重点，对254家行业场所、13家收购行业签订了《治安管理责任书》。治安大队、各派出所进一步对108家容易发生"黄、赌、毒"案件的特种行业和公共娱乐场所进行清理整顿，共查处"黄赌毒"案件123起。结合《娱乐场所管理条例》的颁布实施，采取有力措施，对全县的娱乐场所开展清理和备案登记工作。出动警力600余人次，对犯罪分子容易藏身落脚的旅店，销赃的废旧物品收购站等特种行业进行定期不定期的检查和清理、整顿；按时开展审验工作，对65家旅店、10家打字复印印刷业进行了审验，为11家电子游戏室换证并办理了备案登记卡；按照"底数清、情况明"的要求，加强常住人口管理工作，共办理"二代证"163471证，完成市局下达任务数的86.67%。对923家出租房进行登记造册，录入暂住人口信息平台1849条，达到了市局考核要求。以"信息情况清楚，工作开展有序，帮教工作落实"为目标，认真做好重点人群的管控工作。将469名刑释解教人员纳入重点人口管理，帮教违法青少年40人，建立帮教力量201人，依法做好保外就医、缓刑等76名五种罪犯的监管和改造。共登记管理来自34个国家和地区的境外人员44400人，受理出国（境）材料495人次，未发生由于服务不到位而引发的申请人投诉和法定不准出境人员骗取证照、蒙混出国（境）案（事）件。2007年8月，外管科被省公安厅评为"省级文明窗口"。

【交通管理】 2007年共出动警力7000余人次、警车3100余辆次，查处各类交通违法行为6700余起。以集中整治低速载货汽车、拖拉机违法载客行为为重点，进一步加强交通安全宣传"五进"活动，深入开展交通安全宣传教育活动。严把驾驶证考试关和年检关，加强驾驶员的源头管理。全年全县发生交通事故478起，死亡23人，受伤101人，直接经济损失99.969万元。各项指数与上年同比，事故起数下降31.12%，死亡人数下降45.24%，受伤人数下降59.92%，经济损失下降16.17%。

【消防安全管理】 2007年，积极探索农村志愿消防队建设管理模式和长效机制，在200户以上大村设立35支志愿消防队，招聘10名义务消防员，缓解了消防队员紧缺的问题。以重大节庆安全保卫工作、全县在建重点工程为重点，定期不定期组织对宾馆、饭店、学校、医院、公共娱乐场所及道路改造，新建、改建的建筑等重点单位和场所进行经常性的检查、监督和指导，落实安全制度和措施。督促各单位、场所进一步落实消防安全责任，强化消防管理，加强巡查值班工作，对发现的安全隐患及时进行整改。对有重大火灾隐患的县人民医院一分院和铂金时代KTV进行县政府挂牌督办，切实消除火灾隐患。

全年共下发《消防安全检查意见书》23份，《责令限期整改通知书》33份，《复查意见书》35份。以消防安全宣传日为契机，利用展板、发放宣传材料和文艺演出等方式，深入开展消防安全宣传活动，使受教育的群众达10余万人次，进一步增强了广大群众防火意识。以预防重特大火灾事故为重点，健全和完善各种防火救灾预案，经常性地开展灭火实战演练，为有效扑救火灾、减少火灾损失打下了坚实基础。组织开展"三合一、多合一"、"预防重特大火灾事故"、"百日安全竞赛"等消防专项工作，进一步强化消防安全措施，使全县消防工作得到了进一步加强。年内共发生火灾事故7起，死亡1人，与上年同比事故数下降65%，直接经济损失下降90.82%。

【禁毒人民战争】 2007年通过堵卡查缉、布控蹲守等方式，共查破毒品案件20起，缴获毒品5763.7克，打击处理涉毒人员29名。加大对新型毒品、零星贩毒、以贩养吸等违法犯罪活动的打击力度，严防新型毒品流散社会；进一步强化对吸毒人员的动态管控，对吸毒人员通过落实控制措施、落实责任人、掌握动态等手段，提高了戒断巩固率，共收戒吸毒人员29人，送劳动教养17人，使社会面上基本无新增吸毒人员。

【城市报警监控系统建设】 2007年，采取电信投资建设、政府租用、公安管理的办法，由电信公司投资340余万元，县公安局出资30万元，县政府出年租费45万元，在县城交通要道、治安复杂地段、公共活动场所和重点单位启动第一期共51个视频监控探头建设，建成的监控探头全部与县公安局110指挥中心和监控中心联网，同石林风景区、金融系统、公共娱乐场所、单位、

队列训练

社区共261个监控探头和135个技防固定目标报警系统互为补充，用现代科技手段有力构建了全县“平安石林”社会治安防控体系。

【强化邪教打击力度】 加强对法轮功、门徒会等邪教的调查分析和管理，适时组织开展“打邪制非”等专项行动，全年共收缴法轮功等邪教组织宣传材料5页、信件1封、光碟2张、卡片26张、塑料玉坠18个，有效防止了邪教组织的破坏活动，实现了“三零”目标。组织对境外人员、新疆“三股势力”等组织的活动情况开展专项调查，严防敌对势力的渗透活动，有力维护了全县社会政治稳定。

【安全保卫】 高度重视石林彝族自治县成立50周年庆祝活动、春节、“两会”、“五一”、“火把节”、“石林申遗”、党的“十七大”等重要节日和重大活动安全保卫工作。提前认真落实各项安保措施，投入警力5000余人次，全力以赴保证活动期间未发生影响稳定的案事件。全年完成各级警卫任务56起，其中：一级警卫1起，二级警卫13起，三级警卫26起，其他和团体警卫任务16起，确保了警卫对象的安全；共出动警力700余人次、车辆100余辆次，确保村级组织换届选举各项工作有序开展，圆满完成了县第三届村民委员会换届选举安全保卫工作。

【公安信访】 继续坚持和完善每月10日、25日局长接待日制度，对群众的每一起信访，局领导亲自审核把关，对一些重访、缠访案件，实行局领导、法制部门、纪委督察部门、辖区派出所责任制，落实专人负责，使群众反映的问题及时得以解决。全年共接待群众来信来访39件，办结率100%，与上年同比信访件减少了3件。

【执法质量】 2007年县公安局共报捕122件260人，批捕率达到94.23%，移送起诉150件301人，起诉率达98%。全年无被检察机关通知立案情况，无增捕、增诉情况；未发生行政复议、国家赔偿和被新闻媒体曝光或被上级公安机关通报的案件。

（撰稿人：县公安局 鲁贵红）

检　察

【县检察院】 1955年6月20日，成立县检察院。2007年，设有院党组、检察委员会、机关党总支委员会（下设机关党支部、离退休党支部）、团支部、工会、妇委会、政治处、纪检组、办公室、反贪污贿赂局、反渎职侵权局、侦查监督检察科、公诉科、民事行政检察科、控告申诉检察科、监所检察科、刑事技术检察科、法警大队，年底有干部职工35人。单位住址在鹿阜镇龙泉路161号。2007年，县检察院公诉科被昆明市委宣传部、市综治办、团市委评为优秀青少年维权岗，县检察院被县委、县政府评为五星级园林单位，25人次被县委、县政府评为先进个人。向普洱地震灾区、石林县见义勇为基金会、贫困儿童献爱心送温暖捐款4140元。

检 察 长：柏安云
副检察长：李劲松（彝族）
　　　　　毕秀明（2月起）
　　　　　王　虹（女，彝族，2月起）

【刑事检察】 2007年坚持“严打”方针，配合有关部门积极开展“打黑除恶”专项斗争。依法严厉打击故意杀人、故意伤害等严重暴力犯罪，带黑恶性质的有组织犯罪和团伙犯罪，“两抢一盗”等侵犯财产、人身权利犯罪，破坏公用电信、电力设施案件。侦查监督科共受理公安机关及本院自侦部门移送审查批捕的各类刑事案件共计130件290人。经审查批准（决定）逮捕118件250人，不批准逮捕7件20人（其中不构成犯罪的1件8人；事实不清、证据不足的4件5人；情节轻微，无逮捕必要的2件7人）。公安机关撤案5件20人，结案率为100%。

公诉科共受理公安机关及本院自侦部门移送审查起诉的各类案件共计160件335人（其中：移送昆明市检察院审查起诉18件26人，向县法院提起公诉133件282人，本院决定不起诉4件12人，公安机关撤案2件5人，退回公安机关补充侦查3件10人），结案率为100%。收到法院判决124件263人，均做了有罪判决。

【查处和预防职务犯罪】 积极查办发生在医疗卫生领域、新农村建设以及国有企业的贪污、贿赂、失职渎职犯罪案件，依法查办发生在群众身边、损害群众利益、社会影响恶劣的职务犯罪案件。在查办职务犯罪案件的过程中，加大对典型案例发案原因、特点的剖析，把握犯罪规律和趋势，积极提出对策和建议。先后与县林业局、县国税局、县烟草专卖局等单位建立了预防职务犯罪工作协调小组，共同商讨预防职务犯罪的对策；利用“反渎职侵权宣传月、举报宣传周”活动、实职副科以上干警到基层上党课和上法制课的机会，制作预防职务犯罪宣传材料及展板，深入到各乡镇、学校、各联系单位、村委会，展示典型案例，进行法制宣传。组织县国税局、卫生系统等多家单位共170余人先后到云南省五华监狱、晋宁女子监狱，开展警示教育活动。建立重大工程同步预防工作制度，派员参加县内重大工程的招投标工作，及时进行监督。全年共受理职务犯罪线索13件，开展初查7件，立案侦查5件5人，中止侦查1件1人，移送审查起诉4件4人，为国家和集体挽回经济损失7.88万元，结案率为100%。

【履行法律监督职能】 2007年坚持适时介入引导侦查制度，共适时介入引导侦查15件次。加大对侦查活动和审判活动的监督力度，发出《提供刑事诉讼证据意见书》、《不予批准逮捕案件补充侦查提纲》、《不批准逮捕理由说明书》等16份。严把案件证据关、事实关、程序关、适用法律关，做到准确定性，不错不漏、不枉不纵，在审查案件中发现立案监督线索4件，监督公安机关立案3件，其中2件已被人民法院作了有罪判决。发现不该立案而立案的，监督公安机关撤案1件1人。向公安机关发出检察建议3份，向人民法院提起刑事抗诉案件1件1人。

坚持驻所检察、检察官约见谈话制度，配合看守所清监，认真做好各种法律文书的审查工作，将纠防超期羁押作为日常工作的重点，规范提前告知和定期催办制度，严格执行换押制度，全年无一起超期羁押案件，有效保障了在押人员的合法权益和诉讼活动的顺利进行。根据上级机关要求，积极开展核查纠正暂予监外执行罪犯脱管、漏管专项行动，在县综治委组织协调下，与县公安局、县人民法院、县司法局通力合作，确保核查工作按时按质完成。经核查，石林县共有暂予监外执行罪犯258人，其中有17人出现漏管问题。针对发现的问题，及时与有关部门沟通协调，提出整改意见。

【社会矛盾纠纷排查化解工作】 2007年民事行政检察科共受理民事申诉案13件，通过审查立案2件。在审查中，以化解社会矛盾为主线，遵循息诉与抗诉并重的工作思路，对法院判决、裁定正确的申诉案件，认真做好息诉工作，使当事人息诉服判，办结息诉案件11件，达到了社会效果和法律效果的统一。

积极开展涉检涉法信访排查化解工作，以促和谐保平安为目标，对上访群众热情接待，耐心说服，化解矛盾，及时处理告急访和集体访，把问题解决在首办环节，确保了国庆节和党的“十七大”胜利召开期间石林县的社会稳定工作。全年共受理来信、来访、控告、举报线索38件113人。

【完善人民监督员工作】 2007年，及时组织人民监督员换届工作，选任了5名第二届人民监督员，其中有政协委员、人大代表、政法部门离退休老干部代表。进一步完善人民监督工作制度，邀请人民监督员听取不捕、不诉案件的讨论汇报，对公诉案件出庭情况进行旁听，加强对检察机关查办职务犯罪过程中“三类情形”以及“五种情况”的监督，进一步增强检察机关执法的透明度，增强法律监督的刚性，确保检察机关严格公正文明执法，提高检察机关法律监督的公信力。

（撰稿人：县检察院 杨云锋）

审 判

【县法院】 1951年1月1日，成立县法院。2007年内设办公室、政治处、纪检监察室、刑事审判庭、民事审判第一庭、民事审判第二庭、行政审判庭、立案庭、执行局、司法警察大队，下设石林（新建石林法庭2007年2月18日开工建设，2007年12月18日竣工验收，总面积572平方米）、板桥、圭山三个派出人民法庭，年底有干部职工57人。单位地址在鹿阜镇小乐台旧村对面石林中路旁。2007年，个人受县级表彰5次、市级5次。春耕生产期间，向支农联系点石林镇月湖村委会捐资4000元生产经费。

院　长：李石友（彝族）
副院长：赵景文（彝族）
　　　　张国忠（彝族）
　　　　储　平（2月起）

【案件受理】 2007年，县法院共受理各类案件1624件，审、执结1551件，结案率为95.50%。其中：受理诉讼案件1170件，审结1142件，审结率97.60%；受理执行案件454件，执结409件，执结率90.08%。

【刑事审判】 2007年县法院共受理各类刑事案件153件317人，审结153件，审结率为100%。判处十年以上有期徒刑12人，三年以上十年以下有期徒刑97人，三年以下有期徒刑157人，拘役、缓刑、免予刑事处罚、单处罚金、无罪等118人。

【民商事审判】 2007年县法院共受理民商事案件989件，审结961件，审结率为97.5%。其中：受理婚姻家庭、赡养、抚养、扶养、分家析产、收益分配等涉及人民群众切身利益的案件310件，审结302件；受理权属、侵权、相邻纠纷等争议大、矛盾深的案件409件，审结398件；受理借贷、买卖、租赁、承包、保险、运输等各类合同纠纷案件270件，审结261件。全年调解、撤诉578件，调撤率60.14%。

【行政审判】 2007年县法院共受理行政诉讼案件4件，审结4件，审结率为100%。按照合法性原则对24件非诉行政案件进行审查，裁定准予执行22件，申请人撤回申请2件。

【执行工作】 2007年县法院共收执行案件454件，执结409件，结案率达90.08%，执结标的达600余万元。2007年9月正式建立和启动人民法院执行工作联动机制，改变法院单打独斗的执行工作现状，形成依靠国家和社会力量的共同参与，多管齐下，多措并举，合力破难的新的执行工作格局，切实保护当事人的合法权益，维护党的威信和法律的尊严。

【强化审判流程管理】 县法院认真做好案件受理审查工作，严把管辖关、证据关、收费关和转办关，同时做好司法统计工作，加强审限流程管理；严格执行案件质量评查制度，按每月30%的比例对已结案件进行质量评查，审判委员会把好案件最后一道关口，对评查中发现的问题和不足，及时通报，并限期整改，随着案件质量的不断提高，从源头上减少了涉诉信访、上访案件；不断加强学习，转变工作作风，增强接访人员的综合素质和服务意识，并严格执行登记制度，认真处理每一件涉诉信访、上访案件，做到件件有回音，事事有着落，全年共接待来信、来访40余人次，均妥善予以处理，未出现长期缠诉、缠访的情况，取得了较好的效果。

【社会治安综合治理】 县法院认真实施司法救助，使孤寡老人、残疾人等经济确有困难的当事人打得起官司，使其诉讼权利得以保障，全年共对40件案件实行了诉讼费的缓、减、免。抓好预防工作，对审判中发现的治安隐患和管理漏洞，及时向有关方面提出司法建议，全年共提出司法建议3份，对预防和减少纠纷起到了积极的作用。抽调干警参加村级“两委”换届选举工作和新农村建设，积极参与东城区兴建、双龙公园改扩建、巴江河治理、西石公路拆迁、申遗环境整治、石林中路修建过程中遇到的一些涉法问题的研究，提供法律建议，配合做好相关工作。

（撰稿人：县法院 李发文、赵祥玺）

司法行政

【县司法局】 1981年3月，成立县司法科。1984年6月，改称司法局。2007年，内设办公室、基层法律服务管理科、法制宣传教育科、法律援助科，下辖1个国办律师事务所、1个合作制律师事务所、1个公证处、8个乡镇司法所，年底局机关有干部职工14人。单位地址在鹿阜镇环城东路66号。县普法与依法治县办公室、刑释解教人员安置教育办公室、社会矛盾调处中心、“148”法律服务指挥中心设于其内。2007年，县司法局被市司法局评为2005～2007年度昆明市司法行政系统先进集体。年内，局机关、律师事务所及公证处向支农联系点西街口村委会捐资8000元用于农业生产、创安和党建工作。

局　长：龙贵生（彝族）

副局长：苏晓松

【法制宣传教育】 2007年6月，印发《石林彝族自治县2007年法制宣传教育与依法治县工作计划》到各乡镇、县直各部委办局、人民团体、企事业单位贯彻实施。10月份，组织全县77个单位共3576人参加普法知识考试。11月20日，组织全县村两委干部123人参加全省法律知识考试。深入农村基层、社区、学校、厂矿企业，开展法制宣传活动，普及法律法规10余部，发放宣传资料86450份、法律书籍1000余册、挂图1000余张，展出展板79块，悬挂宣传标语6条，接待法律咨询100余人次。

【民主法治村创建】 2007年有29个村委会开展创建民主法治村工作，制作“民主法治村创建标准”永久性标牌24块上墙公开，制作创建台账145本。至2007年底，石林县共创建民主法治村67个，创建率达到73%。

【人民调解】 2007年全县有100个人民调解委员会组织，其中：乡(镇)调委会8个，村（居)委会调委会92个。调解人员660人，其中高中以上文化132人。全年受理各类民间纠纷1390件，调解1390件，调解成功1335件，履行1323件，调解率达100%，调解成功率达96%，履行率达99.1%。其中：婚姻家庭纠纷207件，邻里纠纷333件，合同纠纷63件，赔偿纠纷147件，劳动纠纷85件，村务管理纠纷42件，土地承包纠纷94件，征地拆迁纠纷37件，计划生育纠纷11件，施工扰民纠纷13件，房屋宅基地纠纷236件，其他纠纷122件。纠纷诉讼情况：判决变更撤销或确认无效6件，申请支付令5件。

【社会矛盾调处】 2007年全县设置社会矛盾调处中心9个，其中：县级1个，乡（镇）8个；有工作人员74人，其中：专职人员13人，兼职人员61人。全年共调处矛盾纠纷148件，成功140件，其中：移交有关部门处理2件，财务管理18件，土地承包43件，计划生育1件，征地拆迁26件，劳资关系12件，其他46件。调处群体性矛盾纠纷41件，成功39件（群体性械斗8件404人，群体性上访31件728人）。

【联合接待调处】 2007年全县设鹿阜镇、石林镇、板桥镇、路美邑镇4个治安纠纷、民间纠纷联合接待调处室。年内各联合接待调处室共受理并调处各类治安纠纷、民间纠纷141件(治安纠纷48件，民间纠纷93件)，调处率达100%，调处成功136件，成功率达96.45%。

【联防联调】 全年开展行政接边地区社会矛盾纠纷排查工作10次，排查涉及行政接边地区各类社会矛盾及民间纠纷12件，调处成功11件，调处成功率达91.7%，维护了行政接边地区的社会稳定。

【安置帮教】 2007年全县共建立县、乡、村三级安置帮教机构及网络101个，其中：县级1个，乡(镇)8个，村(居)委会92个。工作人员706人，其中：县级13人，乡（镇)级60人，村

(居)委会 633 人。全年共接管刑释解教人员 49 人，其中：刑满释放的 35 人，解除劳动教养的 14 人。采取面对面帮教谈心活动，宣传党和国家的方针政策、法律法规，实施过渡性安置，签订帮教协议书 49 份，安置 46 人，帮教率达 100%，安置率达 93.88%。

【基层司法行政】 2007 年全县有乡镇司法所 8 个，工作人员 13 人。全年宣讲法律 139 场次，受教育人数 202560 人，受理疑难纠纷 146 件，调解成功 141 件，开展矛盾纠纷排查 102 次，制止群体性上访 41 件，制止群体性械斗 17 件，参与严打整治及专项活动 374 人次，为基层政府提出司法建议 35 条，基层政府采纳建议 34 条，协助基层政府制定规范性文件 38 件，指导村委会制定村规民约 157 件 。

【律师公证工作】 2007 年，全县有律师事务所 2 个，律师 8 人。全年共代理案件 345 件，其中：民事经济案件 244 件，刑事辩护、代理案件 95 件，行政诉讼案件 1 件，非诉讼案件 5 件，代写各类法律文书 450 件，解答法律咨询 400 余件。

有公证处 1 个，公证工作人员 4 名。全年共办理各类公证 340 件，其中：民事公证 148 件，经济公证 187 件，抵押登记 5 件。公证事项涉及总金额 25600 万元。

【法律援助】 2007 年法律援助中心共受理各类法律援助案件 315 件，其中：刑事案件 38 件，民事案件 173 件，免费代写法律事务文书 104 份。涉及宅基地纠纷案件 79 件，赡养案件 70 件，婚姻案件 87 件，请求支付劳动报酬案件 19 件，交通事故案件 18 件，医疗事故案件 2 件，其他 40 件；涉及农民工 17 人，残疾人 56 人，妇女 83 人，未成年人 44 人，老年人 77 人，其他困难群众 83 人。免费接待解答法律咨询 1927 件。

【基层法律服务】 2007 年全县有法律服务机构 9 个，基层法律服务工作者 20 人。全年担任法律顾问 8 家，其中：基层政府、村（居）委会 3 家，各类企业 5 家；代理诉讼事务 107 件，非诉讼事务 32 件，调解各类纠纷 397 件，协办公证 2 件，办理见证 67 件，代写法律事务文书 409 件，解答法律咨询 2342 件，办理法律援助事务 164 件，参与司法行政工作 210 人次，避免、挽回经济损失 358 万元。年内无法律服务工作者违法违纪现象发生。

【“148”法律服务】 全年“148”法律服务指挥中心接待人民群众来访 949 人次，接听咨询电话 211 次，委托办理法律事务 10 件，提供上门服务 69 件，解决纠纷 193 件，与有关部门联动 138 件，避免、挽回经济损失 155 万元。

【基层司法行政机构改革】 2007 年，完成基层司法行政机构改革，全县共设立 8 个乡（镇）司法所。司法所为县司法局的派出机构，实行县司法局和乡（镇）政府双重领导，以县司法局为主的管理体制。从全县 32 名司法行政专项编制中核定司法所编制 16 名，其中每个乡镇定编 2 名，设所长 1 名。工作人员统一纳入司法行政编制管理，工资由县财政承担，县司法局统一发放。人员经费、办公经费、通讯费和交通工具维修费用纳入县级财政预算。通过基层司法行政机构改革，解决了部分司法所工作人员在岗不在编、部分司法所长期无工作人员的问题，理顺了管理关系，推进了基层司法行政工作。

（撰稿人：县司法局 杨玉文、张丽萍）

政府法制

【县法制办】 1992 年设立县人民政府法制办公室（行政复议办公室）。2005 年 3 月，县法制办正式成立，归口县政府办公室管理，为正科建制，核定行政编制 3 名。2007 年底有干部职工 2 人。办公地址在县政府大楼。各乡镇、县级各行政执法部门至少设有 1 名专（兼）职法制工作人员。

副主任：段顺波

【行政执法培训】 2007 年 7 月 25 ~ 27 日，按照县干部教育领导小组的部署，在县委党校、县政府法制办的共同组织协调配合下，石林县 2007 年行政执法培训班在县委党校举办。各乡镇人民政府、县级行政执法机关、法律法规授权组织、部分垂直管理部门的行政执法人员及普法骨干，共 40 余个单位 112 人参加了培训。昆明市政府法制办公室的老师为培训班授课，培训内容为行政执法基础知识、行政复议法、国家赔偿法、行政许可法、行政处罚法、行政执法程序等。

【完善执法职权职责细化分解工作】 2007 年，县级各行政执法部门在 2006 年进行执法职权清理工作的基础上，对照国家、省、市新颁布实施、修订和废止的法律、法规、规章，对本部门的行政执法事项进行认真梳理、查缺补漏，进一步完善行政执法事项，细化分解执法职责。至 8 月底，各部门完成执法职权职责的细化分解工作，并连同电子文档报送到县法制办。9 月，县法制办完成了执法职权职责审查工作，以石林县人民政府办公室《关于公布县级行政执行部门执法种类及职权职责的通知》文件和石林县政务公众信息网（http://www.shilin.gov.cn）将县级行政执法部门执法种类及职权职责向社会公开。

针对各乡镇长期存在着行政执法不够规范、执法人员素质参差不齐，部分乡镇领导不够重视，不能按时、按质完成行政执法职权职责的细化分解工作的现状，县法制办加强了对各乡镇的指导力度。通过查询相关法律、法规及规章制度，初步形成《石林县各乡镇人民政府执法种类及职权职责》，并下发至各乡镇。各乡镇的执法人员结合自身执法及执法岗位数的设置等情况，对该材料进行补充和完善，形成了各乡镇人民政府的行政执法职权职责的细化分解材料，提高了各乡镇人民政府的行政执法水平。

【落实执法人员资格管理制度】 2007 年 6 月，为严格执行行政执法人员资格审查和培训上岗制度，全面落实执法人员资格管理制度，县法制办在全县各乡镇、各县级行政执法部门对所有行政执法人员再次进行彻底的清理。从行政执法人员的年龄、学历、专业结构、执法区域、执法类别和有效期限等方面，对行政执法人员情况进行详细的了解，建立行政执法人员档案库，分别以纸质和电子文档的形式将执法人员的情况进行保存。

【清理行政审批事项】 2007年，为进一步深化行政审批制度改革，建立公开透明的行政审批约束机制，提高行政效能，促进石林县的政务公开工作，各行政执法部门对本部门的行政许可事项和非行政许可的行政审批事项进行了认真、彻底的清理，共清理出行政许可217项、非行政许可审批127项。9月6日，县政府办下发了《关于公布县级行政审批事项目录的通知》的文件，将各行政执法部门的行政审批项目进行了公布。

【阳光政务试点工作】 按照市委、市人民政府关于在县级部门开展“阳光政务”试点工作的要求，石林县高度重视，确定在涉及行政审批事项和非行政审批事项相对集中的县发改局和县安监局开展“阳光政务”试点工作。在石林县全面推进依法行政工作领导小组办公室的指导下，两个试点单位于10月底前以县政府办《关于公布“阳光”政务试点单位应公开事项的通知》的文件和石林县政务公众信息网向社会公开行政执法制度、行政许可项目和非行政许可项目、行政处罚程序、行政赔偿程序等，完善了行政审批的内部管理制度和行政执法内部管理机制。11月，石林县“阳光政务”试点工作荣获“昆明市2007年‘阳光政务’试点工作先进集体”称号。

（撰稿人：县法制办 昂玉芳）

典型案例

【故意杀人抛尸案】 2007年2月12日下午4时，县公安局接报在鹿阜镇大昌乐村东侧的田里发现1具无名男尸。经勘验，死者头部有钝器伤，认定系他杀。4月7日，经专案组民警历经一个多月的追踪侦查，在安徽省阜阳市太和县关集镇一砖厂内将嫌疑人毛某某（男，36岁，小学文化，住鲁甸县茨院镇沿闸村）抓获。查明死者马某某（男，38岁，回族），与毛某某是多年的好友，两人于2月6日在鲁甸县城开发区因债务纠纷发生争执，情急之下，毛某某用铁锤击打马某某头部致马死亡，后抛尸石林县鹿阜镇大昌乐村大塘桉树林旁驾车逃匿的犯罪事实。

（县公安局提供）

【非法经营案】 2007年3月15日凌晨4时，县公安局经侦大队在圭山镇海邑岔口堵获了一辆装载初烤烟叶的货车（湘D15028）。经检查，共计470包烟叶，货主罗某某无合法有效的运输手续，便依法对该车进行了扣押。3月26日凌晨3时许，罗某某再次贩运40包烟叶行至弥勒县境内时，又被县公安局民警和烟草专卖局工作人员查获。经天合复烤厂称量、分级、定价，罗某某非法收购的烟叶净重86777千克，涉案价值40余万元。

（县公安局提供）

【破坏公用电信设施案】 2007年6月14日凌晨2时许，刑侦大队、路美邑派出所民警在路美邑镇歹卜所村瞭望台至干龙潭村路段查获嫌疑人汪某某（绰号“老包”，男，30岁，云南省宣威市人）、罗某（绰号“长毛”，男，22岁，湖南省新邵县人）、柴某某（绰号“胖子”，男，26岁，云南省宣威市人）三人。根据三人提供的线索，在昆明广福路口抓获嫌疑人陈某某（绰号“小贵州”，男，21岁，贵州省纳雍县人）、黄某某（男，16岁，云南省宣威市人）。查明该团伙自2006年2月以来，时分时合，先后在昆明市、安宁市、呈贡县、宜良县、石林县等辖区作案53起的犯罪事实。

（县公安局提供）

【“7·03”特大杀人案】 2007年7月3日22时17分，鹿阜镇董家村男子赵某某（41岁）因琐事与哥哥赵某某（64岁）发生纠纷后，在哥哥赵某某家中持刀将哥哥赵某某及儿子赵某某（37岁）、赵某某（30岁）杀伤，经抢救无效死亡，其妻李某某（女，61岁）、大儿媳杨某某（女，37岁）及其女赵某某（女，41岁）重伤。县公安局接报后，及时组织警力调查，于4日上午在县城联合医院附近将逃逸的赵某某抓获。

（县公安局提供）

【“4·27”特大贩毒案】 2007年4月27日，禁毒大队根据线索获知，有一名长期居住在保山一带的中年妇女（基本情况不详）近期要从缅甸组织一批毒品（数量不祥）运至保山进行贩卖。获此线索后，禁毒大队立即成立了专案组，组织民警赶赴保山开展侦破工作。经过一个多月的艰苦侦查，2007年6月7日、8日，在施甸县公安局禁毒大队的配合下，在保山市抓获涉嫌贩毒的嫌疑人付某某（男，27岁，云南省保山籍人）、孔某某（男，23岁，云南省保山籍人）、范某某（女，50岁，云南省保山籍人）、曾某某（女，48岁，湖北省武汉籍人）、程某某（男，43岁，湖北省武汉籍人），缴获用于购买毒品海洛因的毒资25万元人民币。

（县公安局提供）

【盗窃电动自行车案】 2007年10月5日，鹿阜派出所便衣抓捕组民警通过尾随跟踪，现行抓获盗窃电动自行车的嫌疑人黄某某（男，22岁，重庆市铜梁县福果镇石门村人，现暂住昆明市马军场村）、李某某（男，17岁，贵州省织金县马场乡大陌人）、叶某某（男，17岁，白族，大理市祥云县禾甸镇人）三人。查破三人先后在石林县城盗窃电动自行车6辆并藏匿于大屯村一出租房的犯罪事实。经深挖审讯，又查破7起电动自行车被盗案件。

（县公安局提供）

【聚众斗殴致人死亡案】 2007年10月20日，石林镇水塘铺村男子毕某某（17岁）因与该镇北小村男子虎某（19

岁）有矛盾纠纷。毕某某于20日晚9时许，邀约同村毕某某（男，16岁）、清水塘村赵某某（男，18岁，鹿阜镇清水塘村人）等人在石林镇五棵树村口持刀和钢管追打虎某。随后，虎某邀约多人与毕某某等人发生群殴，致赵某某死亡，毕某某重伤。案发后，经县公安局迅速开展案侦工作，于22日在石林镇先后将嫌疑人李某某（男，20岁，石林镇北小村人）、张某（男，17岁）等19名涉案人员抓获。

（县公安局提供）

【视频监控破获砸撬车窗玻璃盗窃案】 2007年10月24日中午12时许，县公安局指挥中心通过视频监控系统发现停放在县城莲花路云贵宾馆门前的一辆牌号为云AE4204的三菱越野车车窗玻璃被人撬开，车内的一个女式皮包和一部手机被盗。经迅速出警，在长湖镇戈衣黑村附近的老公路将一辆云ALR596长安之星微型车截获，抓获罗某某（男，28岁，镇雄县泼机镇海子丫口村人）、王某某（男，18岁，镇雄县果林乡高坡村母享寨人）等五名嫌疑人。经审，五人对2006年8月以来窜至石林、宜良、昆明、开远、建水、曲靖、楚雄、大理等地，采用撬、砸车窗玻璃的手段盗窃车内物品，共作案20余起的犯罪事实供认不讳。

（县公安局提供）

【骗取国家高致病性禽流感扑杀补助款贪污案】 梁某某、张某贪污案由县检察院反贪污贿赂局于2007年6月开展初查，经侦查查明：2004年在石林县开展防治高致病性禽流感工作期间，梁某某利用职务之便，与养鸡专业户张某内外勾结，采取虚报冒领的手段，骗取国家高致病性禽流感扑杀补助款182160元。在侦查过程中还查明梁某某利用职务便利，收受包工头贿赂款23000元。2007年9月10日，石林县检察院以梁某某涉嫌贪污罪、受贿罪，张某涉嫌贪污罪，向县人民法院提起公诉。经审理，县人民法院一审以梁某某犯贪污罪、受贿罪，数罪并罚判处梁某某有期徒刑十二年；以张某犯贪污罪判处张某有期徒刑十年；梁某某、张某非法所得继续予以追缴。梁某某、张某不服一审判决向昆明市中级人民法院提出上诉，昆明市中级人民法院二审以梁某某犯贪污罪、非国家工作人员受贿罪，数罪并罚判处梁某某有期徒刑十年零六个月；维持一审法院对张某犯贪污罪的判决；梁某某、张某非法所得继续予以追缴。

（县检察院提供）

【侵吞国家退耕还林补助款贪污案】 严某某贪污案由县检察院反贪污贿赂局于2007年9月开展初查，经侦查查明：严某某在2001～2004年任石林县路美邑乡林业站站长期间，利用职务便利，采用虚报退耕还林面积、冒领退耕还林工程补助款的手段，侵吞国家退耕还林补助款54260元（其中11024元贪污未遂）。2007年12月18日，县检察院以严某某涉嫌贪污罪、受贿罪向县人民法院提起公诉。经审理，县人民法院以严某某犯贪污罪，判处严某某有期徒刑三年，缓刑五年。

（县检察院提供）

【寻衅滋事案】 县检察院侦查监督科在下乡办案的过程中了解到，西街口镇西街口村冯某某经常纠集当地一些有劣迹的青年，无理挑起事端，寻衅滋事，多次随意殴打他人。侦查监督科经过初查后查明：冯某某平时横行乡里，在2006年9月至11月间，冯某某先后多次在村里无故随意殴打他人，甚至打人后还让被打的人跪地称其为“爹”，其中一次致人轻伤，一次致被害人自尊心受到严重伤害后服毒自杀身亡，一次致被害人住院治疗十多天，在当地造成恶劣影响。

在掌握大量证据后，根据《中华人民共和国刑事诉讼法》第八十三条“公安机关或人民检察院发现犯罪事实或者犯罪嫌疑人，应当按照管辖范围，立案侦查”的规定，侦查监督科与县公安局法制科对本案进行分析研究，认为冯某某的行为已涉嫌寻衅滋事罪，应当追究其刑事责任。在侦查监督科的建议下，公安机关于2006年12月21日对本案进行立案侦查，并于2007年1月23日向县检察院提请批准逮捕。县检察院于2007年1月30日以冯某某涉嫌寻衅滋事罪作出批准逮捕决定，并于2007年6月6日以冯某某涉嫌寻衅滋事罪向县人民法院提起公诉。县法院于2007年7月9日以寻衅滋事罪判处冯某某有期徒刑三年。被告人冯某某不服法院一审判决，向市中级人民法院提起上诉。2007年9月12日，昆明市中级人民法院作出裁定，驳回上诉，维持原判。

（县检察院提供）

【家族集体上访案】 2007年9月5日11时许，路美邑镇堡子村的20多名石姓群众到县检察院上访称：堡子村石家祖坟在2007年8月25日至28日期间遭到盗墓人的洗劫，30多个坟墓被破坏，殉葬物品被盗。石姓家族在8月29日晚组织人员将盗墓人普某某抓住后移交给当地派出所处理。当他们得知派出所以普某某达不到刑事犯罪标准要“放人”的消息后，认为公安机关处理此案不合理，是放纵罪犯，要求县检察院责成公安机关追究嫌疑人的刑事责任。当时来访人员情绪非常激动，声称如果县检察院不处理此事，他们将采取过激的行动。县检察院耐心倾听他们的意见，并表示会秉公执法，及时调查落实相关情况，及时反馈信息。

检察长柏安云及分管控申工作的副检察长王虹高度重视此次集体上访，要求控申部门要从整个社会稳定大局出发，多与公安机关沟通，不能就案办案，不单纯从形式上监督，一定要积极妥善处理此案。控申科本着“群众利益无小事”的理念，对本案进行了深入细致的调查了解：本案石姓群众上访时反映坟墓被盗掘的情况基本属实，但隐瞒了对普某某进行殴打，并非法拘禁在村中十余个小时的事实。公安机关对嫌疑人普某某所盗殉葬物品进行了价值鉴定，涉案物品价值1000余元，情节轻微，并考虑到石姓家族有上述违法情节，故对嫌疑人普某某作出治安拘留15天的决定。县检察院掌握案情后，主动找到上访石姓群众，认真细致地对石姓群众进行思想疏导和法制教育。上访的石姓群众认识到自己的行为已经违法，认为公安机关的处理决定合理合法，今后不再上访。

（县检察院提供）

【聚众斗殴、故意伤害案】 2006年5月，以敖某某为首的团伙和以李某为首的团伙之间因为琐事发生矛盾。2006年5月27日至11月22日，双方成员之间先后在石林双龙公园金碧辉煌迪高厅、石林裕泰酒店、北大村街上白媚康美容美发厅门口、鹿阜镇小围村、石林县东城区花样年华时尚娱乐会所等公共场所，多次发生斗殴、故意伤害等相互报复行为，参与人数众多，严重扰乱公共秩序，社会影响恶劣。

县法院审理认为：被告人敖某某、李某出于逞凶、争霸、报复等目的，各自纠集数十人，在公共场所持械斗殴，人数多，规模大，社会影响恶劣。被告人敖某某、赵某某、徐某某、陈某等人多次聚众斗殴。其中被告人敖某某、李某、王某、毕某某在聚众斗殴中起组织、策划、指挥作用，系首要分子，其余被告系积极参加者。在聚众斗殴中，被告人敖某某、李某等部分参与者故意伤害他人身体健康，其行为已构成故意伤害罪。县法院依据《中华人民共和国刑法》第二百九十二条、三十四条、第二十五条第一款、第十七条第一款第三款、第六十五条、第六十七条第一款、第六十八条第一款、第六十九条第一款、第七十二条第一款、第七十三条第二款第三款、第三十六条第一款及《中华人民共和国民法通则》第一百一十九条、第一百三十条等规定，于2007年7月12日做出判决：被告人敖某某犯聚众斗殴罪，判处有期徒刑六年，犯故意伤害罪，判处有期徒刑二年，总和刑期有期徒刑八年，决定执行有期徒刑七年零六个月；被告人李某犯聚众斗殴罪，判处有期徒刑四年，犯故意伤害罪，判处有期徒刑一年，总和刑期有期徒刑五年，决定执行有期徒刑四年零六个月；其他构成犯罪的二十余名参与者也分别受到了刑事处罚。

（县法院提供）

【受贿案】 1999年至2004年期间，王某某利用担任石林县人民医院院长职务之便，在县医院购买医疗器械的时候，先后十余次向医疗器械销售商收受回扣款共40.3万元。

县法院经审理认为：被告人王某某利用职务上的便利，非法收受他人财物，为他人谋取利益，其行为已构成受贿罪。公诉机关指控被告人王某某犯罪的事实清楚，证据确实充分，指控罪名成立，对其依法应予惩处。鉴于案发后被告人王某某的家属已在侦查机关代王某某退赃12万元，可酌情予以从轻处罚。县法院依据《中华人民共和国刑法》第三百八十五条的规定，做出判决：被告人王某某犯受贿罪，判处有期徒刑十年。

本判决宣判后，被告人王某某不服提出上诉，昆明市中级人民法院审理后于2007年6月8日作出终审判决，驳回被告人王某某的上诉，维持原判。

（县法院提供）

【故意伤害案】 2006年11月26日12时许，被告人李甲某发现和其以夫妻名义同居的李乙某口袋内有10元人民币，便怀疑李乙某积攒私房钱，为逼迫李乙某承认并交出私房钱，李甲某用棍棒等物多次击打李乙某，致使李乙某手臂、背部等多处大面积软组织挫伤出血，导致创伤性失血性休克，当晚送往石林县人民医院救治无效死亡。

县法院认为：被告人李甲某仅因怀疑被害人李乙某积攒私房钱，便对李乙某进行长时间殴打，造成被害人李乙某死亡的严重后果，其行为已构成故意伤害罪，依法应予惩处。县法院依照《中华人民共和国刑法》第二百三十四条第二款、第六十七条第一款、第六十一条之规定，作出判决：李甲某犯故意伤害罪，判处有期徒刑十二年。

（县法院提供）

【婚姻无效案】 原告王某某与被告金某某双方的母亲系亲姐妹，原、被告双方系表兄妹关系，自小认识，1996年自由恋爱后于1997年9月7日登记结婚，至今近十年的时间，双方生育有两个孩子。2007年8月原告王某某以“夫妻”感情破裂为由向本院提起离婚诉讼。

县法院经过审理认为：王某某与金某某系三代以内的旁系血亲关系，这种自然的血缘联系并不因时间的推移而消灭，无论时间的长短，当事人之间的关系仍属于禁止结婚的自然血亲。原、被告虽领取了结婚证，但违反了婚姻法关于“直系血亲和三代以内的旁系血亲禁止结婚”的规定，其婚姻属无效婚姻。我国《婚姻法》中关于有三代以内旁系血缘关系的人禁止结婚的规定，其立法目的是避免双方把生理上的缺陷遗传给后代，提高我国人口素质。县法院依照《中华人民共和国婚姻法》第十条的规定，作出判决，依法宣告原告王某某与被告金某某的婚姻无效。

（县法院提供）

【土地承包经营权侵权纠纷案】 原告张某某与被告毕某某均系鹿阜镇大兴冲村民。张某某1986年由石林县西街口镇芭茅村入赘到石林县鹿阜镇大兴冲村郭某某家生活，1995年张某某与郭某某离婚后，张某某在没有责任田地的情况下继续在大兴冲村生活。毕某某在1982年土地分产到户时分配有两个人的责任田地，共计五块田地，1995年毕某某到石林县鹿阜镇东海子村车某某家入赘时，将其承包的责任田地交由村上代管，1996年10月毕某某之妻车某某去世，毕某某就离开东海子村到石林县鹿阜镇大屯村帮人打工。其间，毕某某的户口一直在大兴冲村，大兴冲村村民小组于1997年将毕某某承包的五块责任田地承包给张某某耕种，并由张某某代交毕某某拖欠的1995年和1996年的公益粮和各种税费及提留，1999年土地顺延承包时，该五块土地没有办理土地承包经营权证书。毕某某因在外无法生活下去，于2007年4月返回大兴冲村要求耕种原来的责任田地，并将该田地耕犁准备栽种庄稼。张某某遂以毕某某侵犯其土地承包经营权为由于2007年5月9日诉至石林县法院，要求毕某某归还其耕种的田地。

考虑到当前春耕生产正忙，如不及时审结，将影响农作物在最佳栽种节令，石林县法院遂在立案当天向被告毕某某送达诉状副本并确定5月14日上午开庭审理。在庭审过程中，双方当事人都认为其有权耕种该土地，通过审判员释明该承包地的所有权属和耐心细致的调解，大兴冲村民小组干部也参与做调解工作，原告张某某与被告毕某某最终互谅互让达成调解协议：张某某将已经耕种10年的田地交由毕某某耕种，由毕某某补偿张某某1995年和1996年的公益粮和各种税费及提留共计300千克大米。石林县法院仅用了5天时间最终化解了一场土地承包经营权纠纷，保证了春耕生产的顺利进行。

（县法院提供）

【互诉财产损害赔偿案】 李甲某与李乙某系石林县石林镇小老挖村同村村民，双方系亲戚关系，在产生矛盾前，双方互有往来。两家在村北头的责任地相邻，自2005年以来，双方为争李甲某地头的一点耕地使用权遂产生纠纷，为此双方在2006年发生打斗并诉诸法庭（另案处理）。2007年6月13日，李甲某以李乙某在2006年挖了争议地中自家栽上的烟苗、2007年又挖了已种上的玉米为由，将李乙某诉至法庭，要求李乙某赔偿1654元。同年7月2日，李乙某则以李甲某在2006年、2007年两次挖了自家在争议地中种上的洋芋为由，反过来将李甲某诉至法庭，要求李甲某赔偿损失2000元。

在庭审中，审判人员对双方举了很多亲戚、相邻团结互助而有利于生产生活的典型案例，同时也举出一些因小事互不忍让最终导致恶果的事件。通过大量的疏导说服，双方当事人对自己以往的行为都进行了深刻的反思并有了新的认识。李乙某表示以后双方所争议的地由李甲某家耕种管理，自己不再干涉，2006年、2007年两次被李甲某毁坏的洋芋也不要李甲某赔偿。李甲某当庭也表示不再要李乙某赔偿被损坏的烟苗和玉米，并补偿李乙某100元人民币。

通过庭审调解，双方当事人不仅解决了争议的问题，更是化解了多年留下的积怨，对双方今后的生产、生活发挥了非常积极的作用。

（县法院提供）

【拒不履行法院生效裁判案】 原告毕丙某、沈某某与被告毕甲某系父母与儿子关系，与被告毕乙某系祖父母与孙子关系。2006年，石林县征用了毕甲某、毕乙某两户的五亩余田地，补偿款458217元被毕甲某、毕乙某分别据为己有。两原告与两被告协商未果遂向法院提起诉讼。县法院认为：我国农村土地采取的是家庭承包方式，承包的土地被征用、占用，获得的相应补偿，归承包的家庭成员所有，故判决两被告支付两原告征地补偿款114554元。

因两被告未自动履行上述判决，而进入执行程序。在执行过程中，执行人员多次做工作，被执行人毕甲某、毕乙某均不予配合，且转移财产、过户房产欲逃避履行义务。尤其是在法院拘留了毕甲某后，毕乙某以暴力相威胁，将另一笔征地补偿款64825.8元提走后藏匿。根据《中华人名共和国刑法》第三百一十三条的规定，毕甲某、毕乙某的行为已涉嫌构成拒不执行判决、裁定罪。

因涉拒不执行判决、裁定罪案件在石林县尚属首例，石林县法院向县委政法委作了汇报，县委政法委专门召集公、检、法三家做了专题研究布署。后在公安机关立案侦查过程中，毕甲某、毕乙某悬崖勒马，主动承认了错误，并交纳了执行案款。最终考虑到本案的特殊性，毕甲某、毕乙某的行为未作犯罪处理，石林县法院依法决定对毕甲某实施司法拘留十五日、罚款一千元，对毕乙某罚款一千元，以示惩戒。

（县法院提供）

经济管理

计划管理

【县发改局】 1957年9月，成立县计划委员会。1983年12月，县计委、县经委合并成立县计划经济委员会。1994年10月，成立县计划与经济贸易局。2005年3月，更名为县发展和改革局，4月1日正式启用新印章。2007年3月，工业经济管理职能划归县乡企局（经济局）。2007年，县发改局内设局办公室、招商促进局（2005年3月15日成立）、企业科、政教科、计划投资科、物价科、物价检查所、价格认证中心，年底，有在职职工33人。办公地点在鹿阜镇阿诗玛西路80号。2007年，县发改局被县委、县政府评为“创卫工作先进单位”、“申遗工作表扬单位”。2007年，资助支农联系点板桥镇龙溪村委会换届工作经费3000元、春耕生产经费3000元。

党委书记、局长：赵一民

党委副书记、纪委书记：李贵祥（彝族）

副局长：熊有翼

高云华（彝族）

杨若平（女）

洪正富

【地区生产总值（GDP）】 2007年全县实现地区生产总值222321万元，同比增11.1%。其中：一产业66361万元，增6.7%；二产业58047万元，增14.7%；三产业97913万元，增11.8%。一、二、三产业的比重为30∶24∶46，经济结构不断优化。

【农村经济】 2007年全县实现农业增加值66361万元，增6.7%；农民人均纯收入3708元，增7%。农业基础设施进一步改善，全年完成水利建设工程798件，总投资10278.7万元，新增有效灌溉面积8600亩，解决和改善了1.51万人及7300头大牲畜的饮水困难。

粮烟生产实现了丰产丰收。粮食总产达11986万千克，同比增1.58%。烤烟生产荣获“云南省烤烟收购先进县”称号，全县烤烟收购总值1.96亿元，同比增16.7%；均价为11.98元，同比增11.1%，种烟农户户均收入7256元。

新农村建设进展顺利，完成18个试点村的村庄规划编制，新建27个规范化村卫生室，完成“一池三改”沼气1850户，完成广播电视“村村通”工程200千米主干线，新增入网7500户，改造和修缮乡村公路27条78千米。

【旅游经济】 按照“创建世界一流景区，打造国际旅游胜地”的要求，着力实施“12345”旅游国际化发展战略，规划编制进展顺利，《石林风景名胜区总体规划》修编获国务院批准，《石林旅游业发展战略规划》等五个规划通过专家评审。品牌创建取得历史性突破，石林成功申报为世界自然遗产和全国首批5A级旅游景区，石林还被列为中国民间文化遗产旅游示范区，石林国际国内品牌创建全面丰收。旅游基础设施建设不断完善，石林撒尼古城建设项目引进了云南圆通投资有限公司开发建设，中国彝族第一村建设完成项目立项和规划设计。完成阿诗玛文化生态园建设工程、石林景区供水工程和石林景区扩容改造、环境整治和美化工作。加大宣传促销力度，不断提高石林知名度，海内外游客持续增长，有力地促进了旅游、餐饮、住宿、交通、购物、娱乐等相关行业的发展，旅游业综合效益明显提高，大小石林景区接待国内外游客260万人次，增8.3%，景区旅游直接收入3亿元，为年计划的107%，增15.4%；全县接待游客突破300万人次，旅游综合收入10亿元，增53.8%。

【固定资产投资】 2007年，东城区建设进展顺利，石林旅游服务区开发有序推进，工业集中区招商引资明显。完成黑龙潭水库西干渠建设工程、石林中路改扩建一期沥青路面铺筑和二期路基工程、巴江河道治理二期工程和石金幼儿园建设项目。鹿平公路改造工程完工通车，动工建设北召公路西街口至召夸段路面改造工程，县污水处理厂开工建设。全年完成固定资产投资11.77亿元，增28.6%。

【财税金融】 2007年，实现地方财政一般预算收入14215万元，同比增长12.7%，完成调整预算；地方财政支出29405万元，同比增长13.4%。年末全县各项存款余额280308万元，增16.2%；各项贷款余额227580万元，增19.8%。年末居民储蓄存款余额126123万元，增1.6%，人均储蓄存款5280元。城镇居民人均可支配收入11159元，增长8.6%。

【商贸流通】 在全县8个乡（镇）继续开展“万村千乡市场工程”试点，设立15个村级日用消费品农家店，杜绝不合格食品和日用品在农村泛滥；加强食品、药品安全整治，全年没有发生食品、药品安全事故；开展红盾护农行动，稳定农资市场。全年社会消费品零售总额完成9.18亿元，增21.1%。

【生态环境建设】 实施生态美县战略，编制完成《生态美县规划》，并通过专家评审；加大生态环境建设力度，投资495万元，完成9910米昆石高速路沿线面山426亩景观林建设工程；完成申遗环境整治；稳步推进集体林权制度改革；加强环境整治，积极开展创建国家环保模范城市工作；重视城市绿化美化，全面推进国家园林县城创建工作，加强对城市绿地的建设和养护，人均公共绿化面积达15.81平方米，绿地率达36.48%，绿化覆盖率达37.57%。

【社会事业发展】 “五创”工作全面启动，国家卫生县城、省级园林县城、省级平安县城创建成功，昆明市文明县城通过验收。积极推进科技与经济结合，狠抓科技创新、成果示范和技术推广应用，提高科技对经济增长的贡献率。实施教育综合改革，大力改善办学条件，启动西街口和紫玉两所农村中小学标准化建设。卫生体制改革进一步深化，新型农村合作医疗参合人员192728人，参合率达97%。贯彻执行“奖优免补”政策，降低生育率，全年人口自然增长率5.2‰。文化、体育、广播电视事业加快发展，广场文化丰富多彩，“村村通”广播电视建设有序进行，电视传输质量不断提高，全民健身活动蓬勃开展，体育竞技水平不断提高。就业和再就业工作进一步加强，城镇新增就业人数786人。实施农村特困居民最低生活保障制度，社会保险覆盖面进一步扩大。完成城市低收入居民廉租房建设148套。实施扶贫“整村推进”，解决了2080人绝对贫困人口的温饱问题，巩固了4320人相对贫困人口的温饱问题。

（撰稿人：县发展和改革局 槐玲芬）

质量技术监督

【县质量技术监督局】 1999年11月，按照质量技术监督机构改革工作的统一安排，上划原隶属于县计划与经济贸易局管理的县技术监督所（股所级），成立正科级建制的石林彝族自治县质量技术监督局，同时加挂“石林彝族自治县质量技术监督稽查队”牌子，为昆明市质量技术监督局下属机构，实行省以下垂直管理。2007年2月成立党组。2007年内设局办公室和综合管理科，年底有在职职工9人。单位地址在鹿阜镇环城东路66号。

2007年，县质监局在昆明市质监系统第二届迎新春文艺汇演中获优胜奖；王兆祥、昂云鸿被市质监局评为“先进个人”，晏冰冰被市质监局评为“优秀公务员”。2007年资助支农联系点西街口镇绿水塘村委会工作经费4000元。

党组书记、局长：王兆祥（彝族）
纪 检 组 长：陶余平（4月起）
副 局 长：冯华忠（4月起）

【特种设备安全监察】 2007年共检查设备200余台次，发出《特种设备安全监察指令书》37份，提出各类隐患整改要求72条。全县在用锅炉定期检验率100%，作业人员持证上岗率98%以上，注册登记率100%；电梯、客运索道定期检验、注册登记率100%；起重机械定期检验率100%；风景区电瓶游览车定期检验率、作业人员持证上岗率、注册登记率100%；在用压力容器定期检验率100%，注册登记率100%，持证上岗率100%。对新增设备及时进行登记造册，基本消除监察盲区、盲点。

在各种节假日期间，认真开展检查工作，确保特种设备的安全运行。对液化石油气充装站、起重机械和场内机动车、客运架空索道应急救援、工业管道的普查工作等开展了专项整治；召集起重机械作业人员取证培训1期。依法查处各类特种设备生产、使用的违法行为，全年共查处各类特种设备生产、使用违法行为4起。

实施承诺制，与全县70家特种设备使用单位签订了《特种设备使用安全承诺书》，强化使用单位第一责任人责任；更新“特种设备安全监察台账”，年底在册监管各类设备共193台件。

【食品质量安全监管】 按照全县产品质量和食品安全专项整治工作中生产领域食品质量整治的要求，10月上旬对全县108家食品生产加工业分8期召开了专项整治工作会，传达专项整治的政策要求，发放《原辅料进货台账》和《产品销售台账》216册，制作《质量安全手册》并下发各食品生产企业和作坊；帮扶企业积极创造条件申请生产许可证，新增食品企业6家；加大对白酒、鲜米线、饮料等食品的监督抽查，共抽查各类重点食品54个批次，查处食品安全违法案件30起；对全县160余种食品所使用的添加剂和食品标准进行了登记和备案；加大巡查力度，督促企业严格执行原辅材料进货登记和食品销售登记制；建立《名优企业联系制度》、《日常监管责任制度》等长效监管机制。通过整治，全县108家食品生产加工业中，19家食品生产加工企业已取得食品生产许可证，89家食品生产加工小作坊全部做出了食品质量安全承诺。

【质量管理与监督】 9月底至10月上旬，按照产品质量和食品安全专项整治工作中产品质量整治的要求，对低压电器、农资产品、人造板、建筑钢材等产品为主的14类消费品，实施了专项监督抽检，共抽检产品41个批次，查处各类消费品案件26起。全县4家14类消费品生产企业，全部建立了质量档案并录入国家级电子网络。认真开展全县工业企业质量档案更新工作，除对2005年度建立的工业企业数据进行全面更新外，还对新增实行QS（食品质量安全）制度管理的生产企业进行了普查、建档，同时纳入数据库管理，全县2006年度纳入数据库管理的企业共76家。加大对工业产品生产许可证获证企业的帮扶和许可证初审，2007年共有2家眼镜加工店获证，对2家白酒、2家农资生产厂的生产许可证进行了初审。

对食品生产加工企业和小作坊开展巡查200余家次，出动人员350余人次、车辆70余台次，查处各类食品违法案件37件（现场处罚3件，立案34件）；发出《责令改正通知书》15份。继续推进食品市场准入工作，2007年共有2家茶厂、3家卤腐厂的5种产品获证，2家卤腐厂、5家挂面厂的8种产品通过C级现场核查。受理质量、计量等投诉6起，为群众挽回经济损失3000余元。结合全县实际，重点开展了农资、建材产品、白酒、桶装饮用水、酱油、小麦粉、人造板、润滑油、手机等产品的监督检查，共抽查生产（经销）企业156家次、各类重点产（商）品166个批次，检验合格130个批次，抽查合格率为78.3%。同时，加大对监督抽查不合格企业的帮扶力度，采取有效措施，严防不合格产（商）品流入市场。

【标准化管理】 1月，组织新一批农业标准化示范区建设项目的申报，完成“石林烤烟”、“石林甜柿”和“石林县圭山山羊”3家企业3个国家级示范区建设项目的申报工作。4月，组织全县普洱茶分装企业、鲜粮制品生产加工企业参加了《普洱茶》、《鲜米线》等地方标准的培训。全年对3家食品生产企业的4个食品执行标准进行了初审，并交市局登记、备案和年审。

【计量管理】 制定《2007年计量器具强制检定计划》，重点组织对粮食系统、医疗卫生系统等单位在用计量器具的强制检定和计量监督检查，共强检计量器具2042台（件）。组织开展好节能降耗工作，成立节能降耗工作领导小组，制定《石林县质监局加强节能降耗工作实施方案》，按要求完成了全县2家用能企业的能源计量状况调查，为下步工作奠定良好的基础。

【组织机构代码管理】按时完成组织机构代码证书年度审查工作，全年共年审组织机构代码证书690套，新办和换证467套，清整废置数据86条，数据合格率达100%，按要求完成了代码电子档案的建档工作。

【打假治劣与行政执法】 2007年，紧紧围绕县委、县政府的中心工作，以食品和特种设备“两个安全”为重点，对各类食品、特种设备、农资、建材、润滑油、手机等产（商）品实施监督检查，全年共查处有关质量、计量、安全等方面的违法案件214件，其中：立案查处75件，现场处罚139件。全年未发生行政复议和行政诉讼的案件。

（撰稿人：县质量技术监督局 晏冰冰）

工商行政管理

【县工商行政管理局】 1974年9月30日，成立县工商行政管理局。1999年5月18日，县工商行政管理局上划市局垂直管理。2007年，局机关内设9个科室，即：局办公室、党务办公室、信息化办公室、纪检监察室、人事教育科、法制科、企业个体登记注册管理科、市场监督管理科、公平交易科；有派出机构5个，即：城区工商分局、石林风景区工商分局、板桥工商所、北大村工商所、圭山工商所；有群团组织2个，即：石林县个体私营经济协会、石林县保护消费者权益委员会。至年底，有在职职工78人。单位住址在鹿阜镇阿诗玛南路240号。

2007年，县工商局被市人民政府评为“平安创建工作先进单位”；被团市委评为“五四红旗团支部”；被市工商局评为先进单位二等奖，办公室、城区工商分局被评为先进集体；获县政府表彰7次。刘林被省工商局评为“普法宣传教育先进个人”、市工商局“先进工作者”；陶宏平被市工商局评为“先进个人”。2007年资助支农联系点圭山镇海邑村委会2000元生产经费。

书记、局长：刘　林（女，白族）
副 局 长：张　华（4月止）
　　　　　洪　敏（4月起）
　　　　　李冬梅（女）
纪检组长：彭海欧

【法制建设】 采取“一一核对、查缺补漏”的方式，对执法人员的执法证件进行了清理和统计，梳理执法依据、行政许可与非行政许可事项，确认了正在执行的行政许可事项36项、行政处罚事项230项、行政强制事项16项、行政征收事项4项、行政确认事项4项、行政裁决事项1项。严格责任追究，细化“行政执法责任制”，与8个办案单位签订了《2007年行政执法责任书》。开展法律、法规培训，多渠道向广大群众宣传，不断提高执法人员履职能力及经营者的法律意识。年内共开展法制监督员培训3次，执法经验交流1次，案件评析会2次，登记人员业务培训6次，“司法授课”活动1次；在广大经营户中开展法律法规培训6次，发放宣传材料56000份。坚持法制监督员初审、一般案件集体讨论、法制科核审的“三级核审”制度，全年经集体讨论案件99件，召开重大案件案审会议4次。加强案件的监督把关力度，全年经核审把关的一般程序案件99件、简单方式案件备案467件、简易程序案件备案12件，发出案件整改建议90份，撤销案件1件，移送司法机关案件1件。年内无听证、行政复议、应诉及行政赔偿案件发生。

【人事教育】 制定下发《创建十佳工商所具体标准和责任细化方案》，将“十个好”创建指导工作分解到机关职能科室，从制度上规范各部门的工作职责；加强创建工作督查力度，采取一听、二看、三抽查、四座谈的方式，组织机关各科室工作人员对各基层部门的创“十佳”工作进行了深入细致地检查指导。全年共下到各分局、所指导工作25次，完成季度考核4次，帮助基层规范、完善了各类制度、记录、台账。积极开展精神文明创建工作，设立党员示范窗口3个，党员先锋岗17个，党员服务窗口1个，党员责任区1个，“巾帼文明岗”2个，成功申报市级文明单位2个、县级文明单位3个。继续推行OA办公自动化系统应用，加大信息化培训力度。实行分工负责制，分别对机关及5个基层分局（所）进行全员培训，全年共组织培训8次。

【个私协会工作】 充分发挥协会的“三自”作用，利用个体验（换）照的机会，做好广大个私会员的入会登记工作，广泛宣传国家支持和鼓励非公经济发展的方针政策；年底共有个私会员15153人，其中：个体工商户5029户，从业人员7960人，比上年减少330户、376人；私营企业513户，从业人员7193人，比上年增加152户、1913人。采取邀请专家及领导讲课、发放倡议书、观看宣传片等形式，积极开展禁毒知识、防治艾滋病、申报世界自然遗产、创建设平安石林、创建国家卫生县城等宣传工作，号召广大个私会员积极投身到建设新石林、树文明公民形象活动中。开展活动期间，共发放宣传材料6万多份。动员广大会员向见义勇为英雄捐款，共向见义勇为协会捐款10218元。积极引导成立行业小组，2007年先后成立了牛联行业小组、手机行业小组、凉菜行业小组、卤菜行业小组、摄影行业小组、餐饮行业小组。

【企业注册登记管理】 2007年底，全县有个体工商户5038户，注册资金10353万元，全年共办理个体设立登记628户、注销341户；有私营企业503户，注册资金88905万元，全年共办理私营企业设立登记84户、变更65户、注销31户；有国有、集体企业321户，注册资金61936万元，全年共办理内资企业设立登记4户、变更46户、注销48户；全年共收取企业个体登记费

37251元。按照属地管理的原则，组织各分局（所）开展年检验换照工作，全年应验个体户4549户，实验4154户，个体验照率达91%；应验企业727户，实验632户，企业验照率达87%。对到期未验的个体户、企业实施跟踪了解，对查无下落的个体户、企业实施吊销程序。

【公平交易】2007年共开展"慢严舒柠"、易制毒化学品、农资市场、成品油市场、非法政治恐怖出版物、手机市场等10余项专项清理整治工作。清理整治过程中，主要查缴《死亡笔记》、《鬼故事》等恐怖类非法出版物144本，价值1074元；查获各类假冒伪劣手机138台，价值5万余元；查缴过期农药杀虫剂、甲基硫菌灵杀菌剂、大捷杀虫剂等144瓶，大功臣杀虫剂、千祥杀虫剂等302包；查获不合格商品"羽丝蕊"特效护理套装化妆品9套，价值1620元；查获推销的"三无"产品相机230台，价值16100元。

全年共查处各类违法违规经济案件663件，罚没金额合计1466612.86元。其中：一般程序案件109件，简单方式案件542件，简易程序案件12件；无照经营案件529件，制假售假案件70件，登记违法案件2件，逾期年检案件24件，"两虚一抽"（虚报注册资本、提交虚假材料、抽逃出资金额）案件9件，广告违法案件7件，商标侵权案件1件，传销案件1件，其他案件20件。

【市场监督管理】一是做好"农贸市场"创卫工作。创卫过程中，帮助市场主办单位制定《市场公共厕所卫生保洁制度》、《城市公共厕所卫生标准》、《商品购销台账制度》等11项制度，并上墙公示；制作各类创卫宣传标语8条、创卫知识宣传栏5块、商品信息公示栏2块、各种指示标牌10块；动员和鼓励双龙集贸市场主办单位投资470余万元，对整个市场进行整体提升改造，实现了农贸市场达到D级标准的创卫目标。二是积极开展红盾护农、经纪活农、合同帮农、商标富农、权益保农、政策爱农、市场助农活动。在全县62户种植户、20户养殖户中发放7种涉农合同示范文本3500份；培养、发展农村经纪人13户。在178户农资经营户中全面建立了"两账两票、一书一卡"管理制度，对46户种子经营户经营的99个品种的种子作了留样备查，全年共检查规范农资主体178户次，查处涉农案件36件。积极培育发展农村市场，规范登记农村市场14个，办理农村展销会登记80宗。三是元旦、春节及"五一"黄金周期间，以石林景区和县城为市场监督重点，紧紧围绕食品质量安全、景区旅游秩序和服务设施安全等开展检查整治工作，对涉及节日消费的粮、油、肉、蔬菜、蛋禽、饮料、乳制品、酒类、儿童食品、保健品食品安全和旅游索道等服务设施安全进行全面检查。全局共出动执法人员954人次，车辆167台次，检查各类市场12个，食品经营户2443户，景区景点22个次。检查过程中，先后取缔无照经营74件，立案查处了两起喊客拉客、纠缠消费者行为和一起出售假冒伪劣商品行为的案件，制止和纠正游击兜售商品行为23起，没收各类商品89件，实现了整个节庆活动旅游市场秩序良好，人民群众所需物品供求平衡。四是按属地管理原则，积极组织开展校园周边环境整治行动，出动执法人员31人，执法车辆9车次，对全县中、小学及幼儿园周边200米范围内的87户经营户进行检查，对3户经营户进行了责令停业整顿。年内共办理动产抵押登记5件，抵押物价值589万元；办理合同鉴证1件，鉴证金额853万元；办理房地产拍卖监拍业务1件，监拍金额600万元。

【商标广告监督管理】2007年，围绕房地产、医疗、药品、食品广告等行业，积极开展打击商标假冒侵权及"傍名牌"等户外广告及商标的专项整治工作，全局共出动执法人员66人次，执法车辆16车次，检查户外广告54条，检查经营户74户、超市4个、商场2个、集贸市场4个，查出违法广告22条、商标侵权的"boss"皮包119个、"阿迪达斯"、"耐克"衣裤23件，帽子10顶。按广告有关法律法规，共办理42户户外广告登记。

【消费者权益保护】开展以"消费·和谐"为主题的大型"3·15"文艺宣传活动，组织14家石林县第五届诚信企业到活动现场进行产品展示，现场受理消费投诉1起，答复群众咨询1000余人次，发放各种宣传材料46650份；制作悬挂宣传布标62条；集中销毁假冒伪劣食品和卷烟58种，过期、假冒伪劣药品1039个批次，非法出版物50册、假冒试卷5000张等物品，销毁物品总价值为579779.81元；出动工商干部132人次，在北大村、石林、板桥、圭山集镇开展"'3·15'进农村，服务农村维权"宣传活动，现场受理投诉2起，答复群众咨询500人次，发放宣传材料12000份。

在上年开展维权进农村的基础上，继续加大推进"一会两站"（消费者协会、"12315"投诉站及工作联络站）建设和完善工作，到2007年底已建"一会两站"15个。

积极配合市消协开展第二届创建"消费者满意企业"活动，推荐了13家"诚信企业"参加创建活动，均被市消协评为昆明市第二届"消费者满意企业"。13家企业为：石林县自来水公司、石林县立新电器城、石林县连宏酒店、石林天合烟叶复烤有限责任公司、石林彝嘉醇酒厂、昆明石林兴隆交通旅游集团有限公司、石林电力工程发展有限公司天奇阿诗玛大酒店、石林县黑龙潭酒厂、石林黎明建筑装饰装璜有限责任公司、石林县风景区云湖供排水有限责任公司、石林县花木有限公司、石林风景区农工商集团总公司、石林兴亚石材石雕有限公司。

【打击非法传销】成立石林县打击传销集中行动工作领导小组，制定集中行动实施方案，向全县各乡镇人民政府、县直各部委办局、人民团体、企事业单位转发《石林彝族自治县开展打击传销集中行动工作实施方案的通知》120份，对开展打击传销集中行动工作作了全面部署和安排。8月中旬，出动执法人员65人次，重点对龙泉社区小围村、麻地心、临江村、西门外、南门社区董家巷等出租房和集聚场所进行外来人员梳理检查，准确掌握涉嫌传销组织、窝点、人员及活动区域等情况；联合公安部门对重点监管区域排查检查出租房、旅社、宾馆21个，教育劝返驱散外来涉嫌传销人员81人，捣毁传销窝点4个。10月初，为巩固打击非法传销成果，县工商局再次出动执法人员12人、车辆4车次，检查出租屋、宾馆、旅社45户次，发放《致石林县宾馆酒（旅）店的一封信》45份；发放和粘贴《致出租屋业主的公开信》100份。在检查过程中，查获本地人涉嫌从事组织传销违法案件1起，案值17.3万元，涉案参与传销人员150余人次，该案已移送公安机关处理。

【食品安全监管】 在全县4个集贸市场、3个商场、14个超市中100%建立了索证索票制度；在乡镇、街道和社区食品店100%建立进销货台账制度；安排36000元专项经费用于印制《食品进销货台账》4000册、《食品经营自律手册》2000本，发放到食品经营户中；在全县食品经营户中建立完善商品购销台账及七项自律制度。对食品经营主体资格进行清理，通过清理，全县共有食品经营户2411户，清理出37户无照经营小食杂店、小摊点，并进行了整改、取缔。全年共出动执法人员1500余人次、车辆373台次，检查各类食品经营户6921户次；开展了元旦、春节食品市场、儿童食品市场、猪肉及禽蛋市场、盐业市场等12项食品专项整治工作；查处了8种不合格膨化食品，过期饮料10千克、劣质酒151瓶、散装食品7.2千克、保健食品3.5千克、糕点5千克、儿童食品90千克、奶制品5千克、肉268.2千克。对查获的部分不合格食品采取了"责令下柜"的行政措施，发出《商品下柜通知书》79份。查处违法经营食品案件109件，罚没款7.5万元，维护了人民群众食品安全利益。

（撰稿人：县工商局　李建波）

统计管理

【县统计局】 1997年7月，县统计局由计划与经济贸易局分出单独设立。2007年，县统计局内设办公室、农村经济统计调查科、企业统计调查科、社会统计调查科，下设农村社会经济调查队，年底有在职职工11人。办公地点在鹿阜镇双龙山18号县政府大楼四楼。2007年12月21日，县政府印发《石林彝族自治县乡镇统计体制改革实施方案》，启动石林县乡镇统计体制改革工作。12月25日，根据《石林彝族自治县机构编制委员会关于设置乡镇统计站的批复》，设置了鹿阜镇统计站、路美邑镇统计站、石林镇统计站、西街口镇统计站、板桥镇统计站、长湖镇统计站、圭山镇统计站和大可乡统计站。乡镇统计站作为县统计局的派驻机构，与乡镇农林水综合服务中心合署办公。

2007年1月25日，县统计局被县委、县政府命名为2006年度"基层满意的县直单位"。2007年，在昆明市统计系统专业评比中，农村综合统计和定期报表、乡级经济卡片、农村住户调查、统计单位注册登记及年审、劳动力调查被评为先进单位，工业统计、统计教育培训、贸易业统计荣获先进单位二等奖，基本单位统计荣获单位三等奖；在国家统计局昆明调查队的考评中，城镇居民住户调查荣获先进单位二等奖。2007年资助了支农联系点鹿阜镇东门社区居委会3500元工作经费。

局　长：徐永平（女）

副局长：马院华

【统计信息服务】 2007年，县统计局收集、整理、出版了《2006年石林县社会经济统计资料》，为县人代会、政协会编印了《石林县2006年经济运行情况》小册子。县统计局发挥统计信息的主渠道作用，全年编发了12期《石林县国民经济主要指标》月度卡片，编印了5期《统计信息》专刊，通报全县经济运行情况，为各级领导掌握和了解全县经济社会发展态势提供参考依据，充分发挥统计信息、咨询、监督作用。围绕县委、县政府中心工作，服务于全县经济社会发展的大局，为石林创建国家卫生县城、国家园林县城、国家环保模范城市、省级平安县、昆明市文明县城的评估验收提供数据资料。热情接待社会各界来访人员136人次，成为社会公众了解石林县情县力的窗口。拓展服务领域，组织撰写了《到2020年我县与全国同步实现全面建设小康社会奋斗目标所面临形势》、《石林县2007年国民经济运行情况及全面建设小康社会形势分析报告》等统计分析文章。2007年提供上报各种信息、分析共122篇，被昆明市统计系统内网采用46篇，被市级刊物《昆明统计》采用1篇，县委办《信息》和县政府办《石林政务信息》采用17篇。

【定期统计调查】 县统计局认真贯彻国家统计报表制度，履行统计调查、统计报告、统计监督三大职权，做好农业、工业、能源、建筑业、劳动工资、商贸、住宿餐饮业、固定资产投资、基本单位等定期统计报表的收表、审表、数据处理及资料分析运用工作，规范基层统计台账，全面实行统计报表签收制度，加强业务培训、业务指导和部门协作，夯实统计基础工作。做好县域国民经济核算，加强社会统计工作，如实反映全县经济实力和社会发展水平。

【专项统计调查】 文化产业调查。按照昆明市的统一部署，县统计局组织开展了文化产业调查工作。县乡两级统计人员密切配合，经过摸底清查、调查登记、调查表审核、数据处理、评估论证等阶段工作，取得了文化及相关产业主要统计数据，客观、全面地反映了石林县的文化产业发展情况。

农村住户调查。2007年，围绕农产品和农业生产资料价格上涨、早春霜冻和干旱等生产条件变化情况，开展市场调研和入户调查，认真分析影响农民增收的利弊因素，撰写有关农民增收和农村经济发展的统计分析文章，为领导决策提供参考依据。

城镇居民住户调查。继续做好城镇居民住户调查工作，加强督促检查，提高调查户的记账质量，做好调查表的收集、审核、编码、数据处理及上报工作，搞好分析运用。

常住人口和“三项”调查（人口变动情况、劳动力、群众安全感抽样调查）。根据国家统计局人口变动、劳动力、群众安全感调查制度和云南省常住人口调查制度的通知要求，协助完成了云南省常住人口及国家“三项”调查任务。

【第二次全国农业普查】 2006年4月3日，县政府下发关于开展第二次农业普查工作的通知，安排部署了全县的农业普查工作。农业普查涉及全县20万左右的农业人口，任务重，难度大。2006年，落实了机构、人员、办公地点和普查经费，制定了普查工作制度、普查计划和普查方案，完成了摸底调查、普查区划分、业务培训、宣传动员等工作，为2006年12月31日开始的入户登记打下了基础。2007年，进行了入户登记、普查表审核、查缺补漏、普查表编码、数据录入、查错改错等工作，优质高效完成了各阶段工作任务。通过普查，掌握了石林县农业生产、农田水利和农村基础设施建设、农业土地利用、农村劳动力转移、农民生活质量、乡村环境等方面的基本信息。

【统计信息工程建设】 2007年，所有定期报表、专项调查和普查全部采用计算机进行数据处理，规模以上工业、建筑业、批发零售贸易餐饮业、能源统计实行联网直报。科学严密、高效便捷的网上直报系统提高了统计数据的及时性和准确性。

【统计法制建设】 2007年，县统计局制订了统计法制宣传教育第五个五年规划和2007年法制宣传教育与依法治理工作计划，清理了行政许可事项和非行政许可审批事项，整理上报了明确行政执法职责相关材料。年内，按昆明市统计局有关要求，组织开展了企业调查、城镇居民住户调查、农村住户调查、农业统计、农村固定资产投资等专业的数据质量检查工作。

（撰稿人：县统计局 杨凤英）

物价管理

【重要价格管理】 严格执行国家制定的烤烟等经济作物价格政策，维护正常的市场秩序，在烤烟收购环节严禁压级压价等坑农害农事件发生，促进农民增收。继续推行和完善主要化肥品种价格调价申报和降价备案制度，贯彻执行化肥经营环节差率控制的各项规定，经常到县城和乡(镇)、村的各销售点调查了解价格的执行情况。对农村义务教育免收杂费后的收费政策落实情况进行监管。按省市要求，完成农村饮水安全工程供水成本、价格及相关情况的调研报告和农村新增用电户安装费用过高的调查报告。巩固清理整顿涉农收费的成果，继续落实收费公示制度。

经测算并报请县政府同意，确定了石林县公有住房和城镇最低收入家庭廉租住房租金标准：直管公有住房砖木、土木结构类房屋（不配套旧房及平房），平均每平方米月租金1.3元，直管公有住房砖混结构类房屋（2003年1月1日以前竣工的不配套房屋），平均每平方米月租金1.9元；城镇最低收入家庭廉租住房平均每平方米月租金0.70元。

【收费管理】 规范行政事业性收费管理，严格遵循审批程序和权限，认真审核收费项目和标准的合法性，办理《收费许可证》合格率达100%。对变更和取消的收费项目，在收到文件的当月通知执收单位办理变更手续。2007年新办《行政事业性收费许可证》1套，变更收费项目8项，减免收费项目1项，取消收费项目1项，注销《行政事业性收费许可证》副本95证。

完成《行政事业性收费许可证》年度审验工作，审验率达100%。审验《行政事业性收费许可证》93套、副本231证；审验行政事业性收费项目279项、收费标准298个；审验行政事业性收费金额3515.49万元，占当年财政收入的27%。

做好收费统计上报工作，完善收费管理台账。认真做好收费清理整顿工作，重点对不再实行收费许可证管理的经营服务性收费进行全面清理，全年清理注销《经营服务性收费许可证》35证。

【价格监测和成本调查】 建立辖区内价格监测报告制度，按质按量上报《昆明市主要居民食品（74个）价格监测报表》、《昆明市主要服务收费（53个）价格监测报表》和《昆明市主要生产资料(81个)价格监测报表》。突出重点做好价格专项监测和专题调查研究，密切关注石油、煤炭、粮食和肉蛋油等副食品市场价格变化，根据市场价格形势，做到一周一报或一日一报。紧紧围绕“三农”问题和建设社会主义新农村，做好农产品成本调查工作。规范成本监审工作程序，进一步提高成本监审工作质量。

【价格监督检查】 为促进公平竞争，规范市场价格秩序，构建和谐社会，围绕群众关心、社会反映强烈的价格热点问题，组织开展了资源性产品、农业生产资料、计划生育、婚姻登记、农机服务、教育等涉农价格和收费的重点检查及专项检查，重点对县建设局、县国土资源局、县民政局、鹿阜镇人民政府、县人民医院、天奇医院、县疾控中心、板桥卫生院等单位的收费执行情况进行检查。全年共查处价格违法行为4件，收缴违法金额4.3万元。认真受理价格举报案件3件，将调查处理情况在规定时限内反馈举报人，做到件件有落实。

【价格鉴证认证】 遵循独立、客观、公正的原则，认真做好司法、行政机关涉案物品价格鉴证工作，受委托出具《价格鉴定结论书》243份，涉案金额203万元。受理其他价格认证委托46件，认证金额346万元。组织力量对石林朋成家畜产品公司、石林兴农粮油经贸有限公司、石林杨保全面条厂、石林飞禽畜养殖有限公司、石林陈香酱菜有限公司、石林雨欧家产品开发有限公司、石林万家欢农业科技开发有限公司、石林琦源养殖场的固定资产进行了认证。

（撰稿人：县发展和改革局 杨艳）

食品药品监督管理

【县食品药品监督管理局】 2002年4月29日，组建昆明市药品监督管理局石林分局。2005年6月30日，成立石林彝族自治县食品药品监督管理局，为省以下垂直管理的直属正科级机构。2007年，县食品药品监督管理局内设办公室、食品安全协调与监察科、药品医疗器械监管科、稽查科，年底有在职职工10人。单位办公地点在鹿阜镇环城西路38号。年内按要求答复了县政协七届五次会议第87号提案。参加了市局组织的“中秋、国庆”联宜会文艺演出，参演的节目获得第二名。在石林申报世界自然遗产工作中，被县委、县政府表彰为“支援单位”；在创建国家卫生县城工作中，被县委、县政府表彰为“工作积极参与单位”；2人在创建国家卫生县城工作中，分别被县委、县政府表彰为“积极贡献者”和“先进个人”。

党组书记、局长：袁家林

副局长：罗金红

【药品市场管理】 全年出动人员1440人次，车辆570辆次，检查涉药单位2362家次，查办药械案件23件（其中简易程序17件，一般程序6件），没收物品22个批次，货值金额2436.50元，罚没款20261.25元。对辖区内1家药品批发企业、38家药品零售企业（含9个零售连锁门店）进行了2次全面的检查。对稽查通报的假劣药品开展专项稽查40多次，开展打击制售假劣药品、超范围经营药品、非法药品广告等违法违规行为的整治。加强对违法违规经营药品行为的查处力度，对3家药品批发企业违规配送药品的行为进行了警告并责令改正。强化药品广告监测，清理违法药品广告宣传板、宣传画60多份，没收违法广告宣传单180多份，按时向昆明市食品药品监督管理局报送监测情况。加强对新办企业的GSP认证和认证后的跟踪检查，检查覆盖面达100%。加强药品监管抽验，完成专项抽验15个批次，监督抽验17个批次，其中监督抽验发现劣药2个批次。组织全县药品、医疗机构药械从业人员培训2期159人次。推进诚信建设，建立辖区内药品零售企业（零售连锁门店）安全信用档案，做到一户一档。

【药品安全和医疗器械管理】 2007年对辖区内1家药品生产企业现场检查4次，对辖区内11家按《昆明市医疗机构药品质量管理规范（试行）》通过检查验收的医疗机构(乡镇及社会办医门诊部以上)追踪检查2次。对医疗机构、疾控中心、妇幼保健院、计划生育服务站、个体诊所使用药品的购药渠道、储存保管、药品质量进行监督检查2次，检查覆盖率100%。做好药品不良反应监测与上报工作，开通药品不良反应监测账户5家，上报不良反应报表52份，超过任务数6份，超额完成13%，县级及以上涉药单位报告覆盖率达100%。加强特殊药品和医疗机构制剂室的监管，对使用特殊药品的医疗机构和县医院制剂室进行现场监督检查4次。加强医疗器械经营企业的日常监管，对所有医疗器械经营企业监督检查2次。继续推进诚信建设，建立企业“红黑名单”制。

【农村药品“两网”建设】 2007年，县食品药品监督管理局重新研究“两网”(农村药品监督网、农村药品配送网)工作，按照大乡（镇)2名、小乡（镇）1名的原则，在全县公开招聘10名协管员，经过2次业务培训后上岗工作。协管员每月对本乡镇所有涉药的小卖部、诊所的药品进行一次巡查；每进一家门都要宣传、讲解一次药品管理法规；每次巡查都要和涉药商铺负责人见面，巡查记录要让负责人签字。从8月份聘用开始，协管员巡查涉药商铺590家。按照“建得起，立得住，有效益，能发展”的原则，加强配送网建设，年内有石林镇卫生院、西街口镇卫生院等16家医疗机构向县医药有限公司提出加入配送点，签订了配送协议；药监部门积极鼓励、支持配送企业争取进入“新农合”、“万村千乡”工程，谋求新的发展。

【食品安全综合监管】 2007年，县政府与全县8个乡(镇)及7个县食安委成员单位签订了食品安全目标管理责任书。县食安委办公室先后到相关成员单位督查协调40余次，收集整理上报食品安全信息16期。进一步制定完善了食品安全事故督查督办制度和食品安全信用管理制度、联合执法工作制度。全年接到食品安全举报5起，兽药饲料投诉案件21起，向相关部门发出督办意见6份，为消费者挽回经济损失近3.1万元。

协调组织相关成员单位开展食品安全联合执法检查7次，出动执法人员1931人次、车辆493台次，检查食品生产加工经营企业、餐饮店、农贸市场、超市5406家次，中小学校食堂50余家次。共查处违法经营食品案件145件，罚没款180273.50元。

开展食品安全进学校、进农村、进社区宣传活动，共接受现场咨询500余人次，发放食品安全宣传材料25000余份，摆放宣传展板36块。

通过媒体宣传报道食品安全知识共6个专题18次，悬挂布标64条。食品放心工程评价工作进展顺利，完成问卷调查100份（其中：社区25份，行政机关25份，学校25份，农村25份）和6个品种18个样品的抽检工作。全年未发生食品安全事故。

【行政审批】 全年核发《药品经营许可证（零售)》5家，初审上报3家门店《药品经营许可证（零售连锁)》申办资料，变更《药品经营许可证》经营地址4家。指导5家新办证个体零售药店申请GSP认证，协助1家零售连锁门店接受GSP检查。

（撰稿人：县食品药品监督管理局 王世云）

招商引资

【注重工作调查研究】 2007年初在县级分管领导带队下，县招商促进局深入各单位调研招商引资工作，掌握全县情况，明确工作目标。在实际工作中，结合工作需要，到官渡区、弥勒县、丽江市等地进行深入学习调研，用新的办法破解难题，用新的思路寻求突破。

【项目策划包装】 围绕石林旅游二次创业，选择重点引资项目，委托专业机构进行深度策划包装。全年重点策划包装招商项目7个，其中：4个五星级酒店项目委托海南正元设计机构，“阿诗玛演艺中心”项目委托云南省群艺馆文产处，“阿诗玛月光城”和“阿诗玛艺术中心”项目委托香港厚土国际规划建筑与景观设计公司做策划包装。围绕五大产业，策划包装了17个重点招商项目，制作成《重点招商项目册》和中英文对照版《中国·石林投资指南》。

【项目推介】 继续推行小分队招商，努力策划会展招商。始终把招商项目推介作为工作的重点，捕捉投资信息，加强合作交流，推进项目签约投产。在“昆交会”上签订了“石林·上海新天地”项目；“珠洽会”上签订了“石林万城·阿诗玛旅游小镇”项目；石林国际火把节招商引资项目推介会上签订了石林南亚东南亚翡翠珠宝玉石加工基地项目、云南汽车配件生产基地项目、旅游商贸城项目、广东温氏集团公司饲料加工项目、新建云林五星级酒店项目、商住房地产开发项目、石林易通航空俱乐部项目等7个投资项目。全年引进重大项目10个，项目协议投资超过100余亿元。

【分解落实工作任务】 分解落实招商引资目标任务，将招商引资工作纳入县对乡（镇）、县对县直有关各部门的工作目标管理考核主要内容，把目标任务分解到8个乡（镇）、16个县直单位和4个招商引资小分队，并签订目标责任书，形成一级抓一级、层层抓落实的工作格局。

【健全工作机制】 根据石林县政府《关于认真做好2007年招商引资工作的通知》的文件精神，于2007年5月15日成立了石林县招商引资项目协调领导小组，由县长任组长，副县长任副组长，相关职能部门领导为成员，加强对重大投资项目的指导和协调，提高项目审批和推进速度。建立重点招商项目县级领导联系和责任单位全程跟踪服务制，对2007年确定的27个重点招商项目确定一名县级领导和一个责任单位负责，及时帮助协调解决重点招商项目审批、建设、经营中存在的困难和问题，提供全方位、跟踪式的全程服务，促进项目早日落地、早见成效。

【外来投资情况】 2007年全县新上项目40个，接转上年项目4个，实际到位国内市外资金6.4亿元，同比增55.8%，实际利用外资4.15万美元，完成进出口总额31万美元。

【三资企业管理与服务】 一是加强安全生产监督、检查工作，每季度至少到企业进行一次安全检查，每个星期至少电话督查一次，减少一般性工伤事故，杜绝死亡事故。二是帮助三资企业解决热点、难点问题，做好矛盾调解工作，为企业营造一个良好的发展环境。

【县招商促进局领导名录】

局　长：赵一民

副局长：杨若平（女）

洪正富

段宏波（女，9月起）

（撰稿人：县招商促进局　李福萍）

安全生产

【县安全生产监督管理局】 2004年5月19日，成立县安全生产监督管理局。2007年内设办公室、监督一科、监督二科，年底有在职职工9人。办公地点在鹿阜镇龙泉路63号。2007年1月，李金宝被国家安全生产监督管理总局评为安全生产监管、煤矿安全监察先进个人。2007年资助支农联系点鹿阜镇新宅村委会5000元生产经费。

局　长：李金宝

副局长：吉路荣

【伤亡事故控制】 2007年初，在县政府与34家责任单位签订目标责任书的基础上，县安监局督促各责任单位与所属各企业、村委会、部门签订安全生产目标管理责任书8960份，通过层层签订责任书，强化了各级领导、各企业主的责任。2007年全县煤矿行业发生事故1起，死亡1人（占指标数的25%），与2006年相比，下降2起2人；工矿商贸企业安全事故下降1起1人，实现零死亡。伤亡事故控制在市政府下达的伤亡控制指标范围。

【制度建设】 为使石林县的安全生产监督管理工作制度化、规范化、标准化，根据《矿山安全法》、《安全生产法》和昆明市政府《关于重大安全事故行政责任追究的规定》，2007年制定了《石林县事故调查、处理制度》、《安全监察例会制度》、《重大安全事故应急处理预案》、《安全生产会议制度》、《安全生产巡回检查制度》，做到制度健全，有法可依，有章可循。

【“安全生产月”活动】 根据国家、省、市对“安全生产月”活动的要求，县安监局认真开展了“综合治理，保障平安”的“六月安全生产月”活动。4月19日下午，县政府组织开展有130人参加的全县性的安全生产工作会，会上安排布置了“安全生产月”活动工作，县安委会下发了《关于印发〈石林彝族自治县2007年“安全生产月”活动方案〉的通知》文件。6月10日下午，县安监局召开有200余人参加的“六月安全生产月”活动动员大会，会上安排布置了“六月安全生产月”活动的各项具体工作。“六月安全生产月”活动期间，各单位根据行业的不同特点，利用广播、电视、悬挂布标、粘贴标语、出黑板报、发宣传材料、组织安全生产大检查等不同形式进行广泛宣传。在整个活动中共播放电视新闻、短片5期7轮，悬挂布标78幅，粘贴标语7432条，出黑板报93块，发宣传材料21000份。各安全生产责任单位还在活动期间组织了“安康杯”安全知识竞赛活动。通过开展“安全生产月”活动，在全社会形成了“遵章守法，关爱生命”、“人人参与，共创平安”的社会氛围。

【安全生产大检查】 开展安全生产大检查和重点行业和领域隐患排查专项行动，加大预防性惩处力度，确保节日及十七大期间无生产安全事故发生。全年共组织安全生产大检查（含封闭、整顿）21次，发出隐患整改通知书21份（63条）。与县直有关职能部门、乡（镇）安监站进行安全检查237次，发出责令书、隐患整改通知书等96份，进行处罚7次，金额达3万多元。

【重点行业和领域隐患排查专项治理】 在专项行动中，各有关单位积极查找隐患、整治隐患，5~11月份工矿商贸企业自查隐患328条，整改隐患324条，整改率99%；交通运输等重点行业自查隐患3条，整改隐患3条，整改率100%。列入重大隐患1条，主要是清水沟天然石材石雕厂麻地冲采矿点，影响供电设施安全运行。由于各有关单位积极查找和整治隐患，做到了横向到边、纵向到底、不留死角，石林县除煤矿行业外，其他工矿商贸生产经营单位实现了伤亡事故为零的成绩。

【行政许可工作】 2007年完成了绍祥采石厂、代仕兴砂厂等10家非煤矿山的评价上报工作。

【安全生产培训】 加大安全宣传、教育和培训力度，使安全发展理念更加深入人心，进一步凝聚共识，营造浓厚的安全生产氛围。2007年共组织和参加安全生产法律、法规、安全生产管理知识、烟花爆竹管理、电工、焊工知识、潜孔钻使用技术等各类培训和学习17期，参加人员2825余人次。深入到各责任单位和企业宣讲安全生产法律法规和常识21期次，使经营管理人员、特殊作业人员均做到持证上岗。

【烟花爆竹经营秩序专项整治】 2007年为确保烟花爆竹经营秩序专项整治达到预期效果，经安委会研究成立专项整治领导小组，组长由县政府分管安全生产的副县长担任，副组长由县安监局局长、县质监局局长、县工商局副局长担任，组员从相关部门抽调。领导小组下设办公室，负责专项整治的日常工作。严格烟花爆竹经营管理，依法打击非法经营活动，保证良好的经营秩序，2007年石林县有1家烟花爆竹批发户、134家个体零售经营点。在营销旺季期间，县安监局共组织市场检查6次25天，取缔非法经营2家，没收非法烟花爆竹16箱，保持了良好的市场秩序，全县无因烟花爆竹经营和燃放而发生的事故。全年代发《昆明市烟花爆竹销售许可》135份。

（撰稿人：县安监局 毕金福）

农　业

气 象

【县气象局】 1964年4月23日成立路南气候站。2007年，县气象局内设综合办公室、业务科、人工影响天气办公室、雷电中心，有干部职工6人。单位住址在鹿阜镇阿诗玛南路212号。

5月，赖艳琼、张凯获云南省气象局“质量优秀测报员”称号；7月，张俊被石林县政府授予石林申报世界自然遗产工作“先进个人”；8月，县气象局被昆明市气象局评为文明创建工作先进台站；9月，李国平被石林县政府授予石林县创建国家卫生县城工作“先进个人”；9月，石林县气象局主持完成的“石林县烤烟冰雹灾害防御技术体系建设及应用”项目获昆明市科学技术进步类三等奖；12月，赖艳琼被石林县政府评为石林县2007年度农田水利基本建设“先进个人”。年内资助支农联系点鹿阜镇东海子村委会3000元生产经费，为西门社区居委会修缮道路捐款2000元。

局　长：李国平（女）

副局长：杨宏勇（11月起）

【降水】 2007年石林县总降雨量正常，降水量为954.2毫米，比历年平均值多6.2毫米，比上年多40.3毫米。1～4月降水量104.7毫米，比历年同期平均值偏多18.2毫米，但降水时间分布不均匀，表现为两头偏多，中间特少。2月下旬至3月末持续晴好天气，土壤墒情较差，春旱偏重，森林火险气象等级持续偏高。雨季于5月12日开始，比上年偏晚11天，比多年平均日期早12天；雨季于9月29日结束，比上年早14天，比多年平均日期早近1个月。5～9月降雨量794.4毫米，比上年同期值多137.2毫米，比多年同期平均值多61.1毫米，属正常范围。汛期降雨主要集中在7～8月，降雨量456.5毫米，占整个汛期降水的57%。9～10月多阴雨寡照天气，出现了一般性的秋季连阴雨天气。汛期内共出现了8次大雨，22次中雨。随着雨季的结束，降水迅速减少。10～11月降水量54.6毫米，仅为多年同期平均值的一半。进入12月后冷空气活动偏弱，水汽含量低，降水量仅0.5毫米。

【气温】 2007年，石林气象观测站平均气温16.5℃，比历年平均值偏高0.7℃，比上年偏低0.7℃。暖冬气候特征十分明显，2006年12月至2007年2月平均气温10.3℃，比历史同期高1.1℃，是1993年冬季以来持续的第14个暖冬。年内气温起伏较大，全年仅3月、6月气温较上年偏高，5月、8月与上年持平，其余各月均较上年明显偏低。全年极端最高气温为6月23日31.6℃，极端最低气温为2月1日0.8℃。

【日照】 2007年，石林气象观测站总日照时数1616.6小时，实照时数占可照时数的37%，比历年平均值偏少576.5小时，比上年少202.0小时。年内除2月、3月、6月日照时数比多年平均值偏多外，其余各月日照时数均比多年平均值偏少。日照时数的减少与观测场环境受破坏有关。

【蒸发量】 2007年石林县总蒸发量1765.2毫米，比历年平均值少145.3毫米，比上年偏少122.7毫米。

【异常气候及影响】 春旱：去冬今春降雨总量正常偏多，但时空分布不均。2月下旬至3月末持续晴好天气，气温偏高，连续44天无有效降水过程，蒸发量大，土壤墒情较差，春旱持续发展，丘陵和半山区出现了轻旱和中旱，局部地区出现重旱，森林火险等级持续偏高。

强降温天气：2月1～2日受强冷空气影响，石林县出现了雨雪天气，日平均气温下降6℃，最低气温下降到0.8℃，部分山区出现了积雪。4月3～4日受弱空气和西南暖湿气流影响，出现了阴雨天气，日均温下降了8.5℃。东部地区出现了“倒春寒”天气。

汛期内局部性洪涝明显，强对流天气突出：主汛期降雨时空分布不均，降水主要集中在7～8月，降雨量占整个汛期降水的57%。持续强降水使得局部地区出现了洪涝，个别水库出现了险情。由于近3年来主汛期降水不足且时空分布极为不均，2007年汛期降雨量偏多，有效缓解了近年来水库蓄水供水不足。6月中下旬受西南暖湿气流和冷空气的共同影响，强对流天气突出。7月中旬至8月由于北方冷空气活动较为频繁，热带低压系统较为活跃，石林县频繁出现强雷雨天气。西街口镇、石林镇、长湖镇、圭山镇、路美邑镇部分地区遭受大风冰雹袭击，冰雹灾害较往年偏重。

秋季连阴雨：9月上旬和中旬以阴雨天气为主，9月气温较常年偏低0.5℃，日照时数不及常年的一半；10月中旬由于冷空气活动频繁，9～22日又出现了入秋以来的第二次阴雨寡照天气。虽然两次过程雨量都较小，但阴雨寡照天气持续时间长，对烤烟及大春作物的成熟收获十分不利。

【气象基础业务】 2007年测报工作基数为8495.0，错情0.5条，错情率0.1‰，测报质量较上年同期有所提高。报文上行传输及时率99%。按云南省“三站四网”业务切换业务运行的通知要求，1月起石林县气象局地面报表中的台站名称调整为石林县国家气象观测站二级站。

在PC-VSAT小站损坏情况下，创新地实现了从省、市局服务器上对micaps各类资料、预报服务产品的自动接收和调用，保障了预报服务过程中及时全面获取气象信息。3～5月、10～12月开展了干旱监测业务，对坝区、半山区、山区不同海拔高度地区采集土样，分析土壤含水量，监测干旱发展情况。4月末开通了电信短信发布平台，增加了对联通、小灵通用户的短信服务。在2月强降温、3月春旱、汛期强降水过程、火把节活动等重要天气服务过程中，及时以传真、手机短信等形式向各服务单位提供中短期及重要天气预报，为各级领导安排工作、科学决策及时提供了气象保障。全年共制作发布年、月气候趋势预测12期，降雪过程及其影响分析、森林防火、春旱、蓄水、防汛等专题气象服务7次，制作发布气象情况反映、雨情信息59期，中短期预报

防雹培训暨总结表彰会

50期，上报灾情2份，发送气象服务短信13164条。按一般性降水评分方法，月降水预报准确率67%，月温度预报准确率75%。

【气象防灾减灾】 2007年2月18日至4月2日连续44天无有效降水过程，面对严峻旱情，县气象局结合行业特点及时向县政府报送人工增雨实施方案。在县委政府的支持下，4月5日开始山头上、威黑水库、三角水库、林森村、小戈丈、宜政6个人工增雨点及时进驻，适时开展增雨作业。

5月17日，县政府办以《关于认真做好2007年人工防雹工作的通知》的文件对防雹工作做了具体安排和部署，成立石林县人工增雨防雹工作领导小组，并投入资金115万元，继续在全县范围内设18个作业点开展增雨、防雹工作。5月22～24日，对全县参加防雹工作的70名防雹作业人员进行了气象知识、法规、通讯、安全操作等方面的培训。通过考核，全体参训人员取得了上岗证。5月26日至6月1日，作业点全部就位并开展工作。6月5～8日，由云南气象火箭厂技术人员对全部火箭发射装置进行了检修，全部合格。在防雹过程中始终坚持安全第一、有效防范的原则，严格执行各项操作规程和管理制度。通过全体指挥人员和作业人员178天的艰苦努力，克服了天气气候异常及新型炮弹质量不稳定等不利因素，适时开展了人工增雨防雹作业，共作业185点次，发射火箭弹1970枚，增加了降雨量，减轻了旱情，降低了森林火险气象等级，防区内未出现大的冰雹灾害发生。

【气象现代化建设】 2007年3月28日，省气象局组织专家评审《石林县气象局迁建项目实施方案》。6月5日，云南省气象局计划财务处批复同意《石林县气象局迁建项目实施方案》，由中央投资100万元，地方投资56万元，单位自筹30万元。9月13日，在大可乡、绿芳塘水库各安装CAWS600-R（T）温雨两要素自动站1套；11月自筹资金在东海子村委会安装了一套气象灾害预警信息机，根据天气变化情况适时向村民播报天气预报及气象灾害预警信息，以解决气象预警信息突破最后零千米的问题。

（撰稿人：县气象局 张 俊）

水 利

【县水务局】 1978年10月，撤销农水林业局，分设农业局、林业局、水利电力局。2001年县水利电力局改称县水务局。2007年，局机关设办公室、财务审计科、规划建设科、水政水资源管理科4个行政科室，县防汛抗旱指挥部办公室、县水土保持委员会办公室、水利工程质检站、灌溉水产管理站、水利物资供应站、水利水电建筑安装工程公司、勘测设计处、地质勘探队、抗旱服务中心9个事业单位，年底有干部职工70名。单位住址在龙泉路13号。

200年，县水务局连续17年被昆明市水利局评为水利工作一等奖；被昆明市爱国卫生运动委员会授予2006年度爱国卫生先进单位称号；被昆明市防汛抗旱指挥部办公室评为2006年防汛工作先进集体；被石林县委、政府评为创建国家卫生县城突出贡献单位、2007年度基层满意的县直单位、2007年度农田水利基本建设先进单位、2006年度财务管理工作先进集体、2006年度人大代表建议和政协提案办理先进集体。2007年向支农联系点圭山镇红路口村委会资助8000元生产经费。

党委书记、局长：余 春
党委副书记：段惠仙（女，2月止）
李彦群（女，9月起）
纪委书记：马桂林（9月止）
何永德（12月起）
副局长：保胜军
桂 明

【水利建设】 截至2007年底，全县建成中型水库2座、小（一）型水库16座、小（二）型水库81座、小塘坝132件。年内全县共完成水利建设项目798件，完成农田水利建设投资10278.7万元，成立农民用水户协会33个。县水务局主管的项目完成投资8528.7万元，其中：小型水利工程完成投资1834.6万元，西干渠节水改造工程完成投资1594.1万元，石林风景区供水工程完成投资5100万元。县烟草公司主管的烟水工程完成投资902万元。县扶贫办主管的扶贫水利工程完成投资52万元。县国土资源局主管的土地整治项目完成投资767万元。高稳产工程完成投资29万元。与计划投资6396.7万元相比，超计划完成3882万元。新增有效灌溉面积8600亩，改善灌溉面积29500亩，解决和改善1.51万人及7300头大牲畜的饮水困难，治理水土流失面积10平方千米。

【农村饮水工程】 2007年2月编制完成《石林县农村饮水安全项目可行性研究报告》，并通过了市水利局评审。县水务局争取2006年中央国债第三批，市级第一、第二批项目资金，在全县8个乡(镇)的23个村委会36个自然村解决农村饮水不安全及饮水困难人数15112人，项目总投资764万元。6月13日召开年度农村人饮解困工作会议，安排布置了具体工作，与各项目村签订目标管理责任书。7月初工程全面开工，8月11日、12日，县水务局组织有关人员对正在实施的农村饮水项目进行检查督促。10月底完成建设任务。完成了西街口镇糯衣人饮、石林镇松子园村人饮、板桥镇龙溪片区人饮等一批群众渴望已久的民心工程。建成各型调节水池15座，架设变压器11台，安装各型水泵15台，安装各型输配水管182.85千米及附属设施，使全县36个地处山区、半山区的农村实现了饮用自来水。

【黑龙潭水库中型灌区（西干渠)节水改造工程】 2007年石林县贷款1000万元启动黑龙潭水库西干渠节水改造工程，云南省水利厅一次性给予300万元补助。1月7日，县政府召集有关单位召开黑龙潭水库中型灌区（西干渠）节水改造工程动员大会。1月21日整体工程开工，4月30日完工，5月1日正式通水，工程总投资1596.34万元。西干渠长30.06千米，改造后实现全线三面光、渠顶有桥、渠旁有路、长年通水的目标，渠系水有效利用系数从0.45提高到0.70，过流量达4立方米/秒，设置了规范取水口、节制闸、闸室房，安装了超声波流量计。在灌区建立了10个农民用水户协会。

治理后的吃水河

【石林风景区供水工程】 石林风景区供水工程批准总投资5493.66万元。工程于2006年3月25日开工，至2007年年底完工。工程从黑龙潭水库西低涵取水，经新建净水厂处理后输往石林小箐村对面团团山顶清水池，然后向石林片区供水。一标段实施涵洞、取水口工程；二标段是建净水厂内建筑物、构筑物；三标段建原水泵站、高位清水池；四标段铺设DN800mm原水管道1100米，DN600mm输水管道7200米；五标段建原水泵房、安装送水泵房泵阀、电气设备、净水设备、高位水池并网阀门、加氯加药设备、电缆敷设、厂区自动化控制等。2007年4月底主体工程完工，8.3千米的供水主管道试水成功，5月1日顺利实现全线通水。12月25日全部批建项目完工，通过联合试车，水厂全面实现自动化生产，投入试运行。

改造后的西干渠

【吃水河治理】 县城吃水河全长1.935千米，途经大兴集贸市场——法院——老财政局——老花台——县医院——龙树路口——药监局——南门街生态待客处——上峰大桥。沿途商店、食堂占用河道建房，排污口直接通吃水河，随意倾倒垃圾等致使河道淤泥1米多深，吃水河变成了臭水沟。2007年，结合全县创建国家级卫生城市工作，由石林县委政府投资597766元，县水务局组织实施清淤和治理。7月31日动工，对沿河居民下发《吃水河清淤治理倡议书》，拆除河道两侧5户临时建筑，清理沟上及两侧堆放物，从商铺地板开口逐段清淤。至8月14日，清理淤积2945.82立方米，支砌河堤挡墙60.8米，浇筑河道底板砼739.6米，铺筑碎石287.7立方米。工程8月20日全部完工，开闸通水。县人民政府明确水务局为吃水河保护管理单位，发布粘贴《石林彝族自治县县城吃水河保护通告》，承包给专人管理。

【抗旱】 至2007年4月13日，全县蓄水6337万立方米，占计划8100万立方米的78.23%。与上年同期相比少198万立方米。

3月起，抗旱指挥部根据蓄水情况，采取多种措施开展抗旱：修订《石林县县管水库供水抗旱预案》，重新调整供水抗旱预案；从叠水发电厂、县防汛办抽调技术骨干组成抗旱服务队，全面检修抗旱库存的51台柴油抽水机和13台6寸自吸泵；借出抗旱抽水机57台（次）；抢修抽水泵站设备60余台(次)，巡回检查、保养电排站50余次；及时潜水检修库闸13次。

【防汛】 5月1日至10月31日整个汛期，防汛抗旱指挥部办公室实行全天24小时值班，乡镇在同一时间内启动防汛工作。7～10月共组织4次大规模的防汛安全检查，日常检查每月不少于2次，对存在安全隐患的险工险段进行督促整改。

6月开通水务局防汛应急系统短信平台，实现全系统和防汛指挥部成员的短信网络服务。8月开通防汛抗旱信息网，下挂石林县水务局应急系统，应急系统包括石林县1965年以来的水、雨汛情及分析资料，库塘坝的防汛应急预案，水情采集系统，可下载防灾减灾应急教育片等。至年底访问量达1000余人次。

防汛仓库共储备抽水机63台、防洪袋4万条、防洪桩3800棵、潜水设备3套、皮划艇3艘、各种应急灯3套、救生衣20件。修编防汛抢险预案，与相关单位签订《石林县2007年度防汛蓄水安全责任保证书》，在降雨集中，大雨、暴雨频繁的7月下旬，下发《关于切实做好当前防汛工作的紧急通知》，7月26日零时启动防汛预警，全县进入防汛紧急状态。8月3日，再次召开全县防汛抗灾紧急会议，部署防汛抗洪救灾工作。先后20余次调遣潜水员下水作业，顺利完成4座水库坝塘的堵漏及5座水库闸门启闭钢绳的拴接。截至12月28日，全县库塘蓄水达8432万立方米，比计划蓄水8100万立方米超332万立方米。

【水利执法】 2007年3月，在“世界水日”、“中国水周”之际，县水务局投入1.65万元，制作大型背景图《水利发展与和谐社会》及涉水法律法规录音带、宣传材料15000份、宣传画3000份、展板8块、悬挂横幅布标7条。年内宣传《石林彝族自治县巴江（试行）管理办法》，对巴江沿岸违法事件多发区增设固定警示牌20块，查处巴江河内网具捕鱼违法案件51起，收缴并销毁电鱼器23台、粘网95张，罚款9050元。认真贯彻执行《石林彝族自治县黑龙潭水库东、西干渠管理办法》，组织水务综合执法队及相关单位160余人，分组对黑龙潭水库东、西干渠56千米渠道两侧2~5米作清理执法，铲除玉米、烤烟、水稻及各种蔬菜206亩，果树157棵。查处无证取水案1件，盗窃水利设施12人，拆除违章建筑1处。全年依法征收水资源费17.2万元。

【水土保持】 2007年7月“水土保持宣传周”、“水土保持宣传月”期间，县水务局投入1.5万元开展水土保持法宣传，发放资料1万余份，制作展板4块，书写标语8条，在板桥、北大村、圭山集镇及县城进行宣传，直接听众达3.5万人次，发放印有“保护水土资源，建设秀美山川”、“搞好水土保持，共建和谐社会”标语的纸杯4万只。9月30日，对月湖小流域综合治理区124名干部群众进行水保项目宣传培训。全年依法审批水土保持方案5件，征收水土流失防治费11.2万元。

2007年6月，完成了珠江石漠化一期巴江源小流域水土保持综合治理工程，完成治理7.22平方千米，其中：甜柿种植3751.65亩，坡改梯659.25亩，配套水窖100个，封育治理6217.5亩，种草206.25亩；完成经果林配水管道安装18.6千米，ф15 x 3米的石砌水池2座，修机耕路964.米，谷坊4座。投资35万元实施黑龙潭水库水源区、月湖水库库区小型水保工程3件。

【城镇供水】 石林县自来水公司负责着石林县城及部分城郊村30个自然村约6万人的供水保障工作。2007年初公司自筹资金150余万元改造一级加压泵站，从而保障了县城供水。在全县开展创建国家卫生县城工作中，公司共完成城区476个二次供水设施清洗，在全县水源点、水质监测工作中做了大量工作。全年售水量达298万立方米，水质综合合格率达99.50%，年销售收入413万元，实现利税144万元，利润49万元。

（撰稿人：县水务局 周艳萍）

农 牧

【县农牧局】 1978年10月，撤销农水林业局，分设农业局、林业局、水利电力局。1983年农业局改称农牧局。2007年，全局下设办公室、计划财务科、农政科3个行政科（室），动物卫生监督检验所、农机监理站2个行使行政职能的事业单位，农业技术推广总站、植保植检站、种子站、茶桑果站、蔬菜办公室、农经站、农广校、农村能源环境保护工作站、畜牧兽医总站、农机管理服务总站10个事业单位，年底有干部职工137人。单位住址在鹿阜镇阿诗玛东路210号。

2007年，县农牧局被中共昆明市委、市人民政府评为“昆明市第一批新农村建设指导员工作先进派出单位”；被县委、县政府命名为“平安单位”，被县委命名为“文明单位”，被县政府评为“2007年环境保护先进集体”。植保植检站所承担的《水稻多样性优化种植技术示范推广》项目获云南省农业厅2006年度农业技术推广二等奖；农村能源环境保护工作站被云南省农业厅评为2007年度农村沼气国债项目建设先进集体；植保植检站被云南省植保植检站评为2007年度全省植保植检工作先进集体。

党委书记：徐朝光（12月前为党委书记、局长）
局　　长：潘佳良（12月起）
党委副书记：杨明森
纪委书记：蒋莉华（女）
副 局 长：蒋春平
　　　　　赵俞智

【粮食生产】 2007年全县粮食播种面积395400亩，比上年增2706亩；总产量达11986.1万千克，完成年计划的104.2%，比上年增0.4%；实现粮食产值24866万元，比上年增4.3%；农民人均占有粮食589千克，农民人均粮食增收25元，保证了粮食生产安全，增加了农民收入。

夏粮播种面积159915亩，其中：小麦65460亩，蚕豆37245亩，大麦26385亩，其他作物30825亩。夏粮总产量3049.5万千克，其中：小麦1255.8万千克，蚕豆717.2万千克，大麦408.4万千克，其他作物668.1万千克。

秋粮播种面积235485亩，其中：

水稻60090亩，玉米96630亩，大豆13710亩，其他秋粮作物65055亩。秋粮总产量8936.6万千克，其中：水稻3466.1万千克，玉米4465万千克，大豆155.5万千克，其他作物850万千克。

【畜牧业生产】 2007年扶持培育饲养山羊300只以上大户5户、鲜奶加工企业3个。通过加强动物疫病防治，确保全县全年无重大疫病发生。

年末生猪存栏166856头，山羊存栏178318只，大牲畜存栏73410头；年内肥猪出栏214542头，菜羊出栏84652只，鲜奶产量1032.9万千克，大牲畜出栏11102头（匹），禽出栏903654只，禽蛋产量130.06万千克。实现畜牧业产值3.97亿元，农民人均畜牧增收85元。

【水果生产】 2007年以甜柿、红梨基地建设为重点，大力推进优质水果无害化、标准化、规模化生产，积极发展高山雪莲、人参果的种植，强化水果实用技术推广，使果品质量和数量得到较大幅度的提高，并成为农民增收新亮点。全年水果总产量达2013.1万千克，实现产值4614万元，农民人均水果增收63.8元。与外商签订出口甜柿200吨。11月29日，由茶桑果站在石林绿野生态观光果园进行蓝莓引种试验项目通过县级验收。

【蔬菜生产】 2007年坚持“以市场为导向、科技为先导、质量为中心”的发展宗旨，不断引进和推广新品种、新技术，认真搞好质量检测；充分发挥农村集体经济组织的作用，加快无公害、绿色标准化生产基地建设；积极引入县内外营销、加工企业，以订单促生产，使蔬菜产业步入公司拉动、以销促产的阶段。全年蔬菜总产量达8085.7万千克，实现产值9326万元，农民人均蔬菜增收21元。

【农业机械化】 2007年以服务农村、服务农民为根本出发点，积极争取国家农业部和省、市对农机的扶持，认真做好新型农机具的示范、推广，使农业机械在农业生产中的重要作用得到充分发挥，为全县粮烟生产作出了积极的贡献。争取中央财政补贴购置大中型农机具47台（套），总价值2007091元，其中：中央财政补贴60万元、农户自筹1407091元，全县8个乡镇共36家农户受益。全年农业机械总动力达20500万瓦特，完成机耕机耙26.5万亩。

【农村能源和环保】 2007年围绕旅游立县、生态美县和社会主义新农村的建设目标，以国债项目“一池三改”建设为契机，在稳步发展以沼气建设为主的可再生能源的同时，认真抓好沼气安全管理使用的宣传培训教育。全年共完成农村沼气“一池三改”建设2650户，推广省柴节能灶1050眼，分别占计划数的100%。培训沼气建池技术人员及安全管理使用人员6480人次。截至2007年底，全县已累计建设农村户用沼气池11836户，占全县总农户数的21.7%。

【农村经济管理】 认真加强农村集体资产和财务管理，切实做好农民减负监督管理和农村税费改革以及农村土地承包经营权证补换发工作，积极开展省级农村集体经济发展项目、村容村貌整治工程项目、农民专业合作组织项目的申报和原农村合作基金会欠款清收工作，稳步推进并全面完成“数字乡村”工程建设。全年共清收原农村合作基金会欠款150万元。在按时按质按量完成“数字乡村”工程建设项目的同时，争取省级农村集体经济发展项目2个、村容村貌整治工程项目4个、农民专业合作组织示范项目1个。

【农业教育事业】 以农村富余劳动力转移技能培训和绿色证书培训为重点，不断拓展农业教育事业发展空间，积极开展农村实用技术培训、学历教育以及新型农民科技培训。全年共完成各类农村实用技术培训128920人次，其中：粮食作物科技培训88760人次，畜牧科技培训25380人次，果蔬茶科技培训9720人次，农机培训860人次，农村能源环境保护科技培训2470人次，农经管理工作培训1060人次，农业执法培训670人次。完成阳光工程培训2645人，农村劳动力引导性培训9053人，技能型培训获证843人，实现农村劳动力转移就业6071人。完成“素质教育工程”绿色证书培训1429人，新型农民培训1540人。利用“三下乡”和科技周活动，广泛开展农业科技、法规的宣传、咨询服务，共发放各种宣传资料32640份（册），提供咨询服务18650人次。

【动物检疫防疫】 2007年，全县共完成活畜检疫125436头，其中：产地活畜（猪、牛、羊）检疫完成59438头（匹、只），检出不合格活畜242头（匹、只），占检疫数的0.4%；市场活畜检疫65998头(匹、只)，检出不合格活畜156头（匹、只），占检疫数的0.2%。进行屠宰检疫39607头(只)，其中：猪屠宰检疫36589头，检出不合格的67头，占被检数的0.18%；牛、羊检疫3018头（只），检出不合格16头（只），占被检数的0.53%。对检出的病害肉均按规定作无害化处理。同时，核发《兽药经营许可证》、《饲料经营条件合格证》224个，没收假劣兽药2678盒(包、瓶)，没收过期、变质饲料395千克，解决消费者投诉28起。完成牲畜口蹄疫免疫47.5万头(只)，禽流感、鸡新城疫免疫150.3万羽，实施猪瘟强制性免疫92315头。4月，总投资13万余元的动物尸体无害化处理点在鹿阜镇大屯村大滑坡赢鸿PIC商品猪养殖示范小区建成。无害化处理点的建成，对提高全县应对和处置重大动物疫情的能力、保护环境发挥了重要作用。

【植物检疫防疫】 2007年依据国家《植物检疫条例》，开展种子、烟草、花卉、雪莲果等植物的检疫，检疫数达4000多吨。根据石林县的气候特点和作物分布，在圭山、路美邑、板桥设置4个测报点，开展小麦白粉病、锈病、蚜虫，蚕豆叶斑病、斑潜蝇、水稻稻瘟病、白叶枯病、稻曲病、螟虫、粘虫、稻水象甲、果树病虫害、农田鼠害等测报工作，全年共发病虫简报8期，使病虫害在发生前及时做出预报，指导农户适时进行防治病虫害。各类作物共发生病虫草鼠害88.99万亩（次），防治188.9万亩（次）。通过积极防治，使病虫草鼠害造成的损失控制到最低限度。

【种子农药管理】 2007年依据《种子法》、《农药管理条例》、《化学药品安全管理条例》、《农药管理条例实施办法》，开展以严厉打击销售违禁剧毒急性鼠药及高毒、高残留农药和假农作物种子为重要内容的专项整治行动11次，对全县8个乡（镇）、7个集贸市场违规销售假农作物种子、剧毒农药和假农药或过期农药的情况进行了全面检查，对违规销售高毒农药甲胺磷、地虫灵经营者户进行了查处，对经营、储存不规范的情况提出了限期整改的要求。同时积极做好经营户的管理，认真办理《农药经营许可证》的换证工作，并继续与各农药经营户签订《农药安全责任书》。全年共印发《农药的安全使用》、《高毒、高残留农药的替代产品》等资料5000余份。11月23日，由县种子站选育的“路单7号”和“路单12号”、“路单13号”在云南省农作物品种审定委员会第六届一次会议上分别通过省级特审和省级审定。

【农机监理】 在加强农机安全教育，强化农机安全管理，确保农机操作安全的同时，按照各级政府对安全生产的要求，全县农机部门以春运、五一节旅游黄金周、国庆长假为重点，积极配合公安交警、交通运政部门，组成联合检查组加大对农用拖拉机违章载人、客货混装、无证驾车等违章行为的查处力度。全年共出动230车次、1835人次，查处交通违法行为480起，处理违法人员189人次。与农机手、农机户签订农机道路交通安全责任书5473份，发放宣传材料9928份，清理农村无牌无证拖拉机5759辆，补办挂牌手续2100辆。全县没有发生重特大农机生产安全事故，农机事故率、重伤率、死亡率均分别控制在4‰、3‰、2‰以下。

【农产品质量安全】 紧紧围绕蔬菜、肉类等农产品的质量安全监管，不断加强执法体系和执法队伍建设，通过采取与相关单位签订安全生产责任书，整治农药市场，加强宣传培训，定期检测、发放蔬菜检测合格证，开展新农药新肥料的推广与示范，强化畜禽肉食品安全检疫检验，加大对兽药、饲料及添加剂违法案件的查处等措施，有效保证了蔬菜、肉类等农产品的质量安全。全年完成蔬菜质量安全样品检测2000个，合格率97.5%；接受农业部抽检蔬菜样品17个，合格率100%；18个产品分别通过有机、绿色和无公害认证，并取得中国绿色食品发展中心颁发的认证证书。

10月19日，县人民政府召开“数字乡村”工程建设工作推进会，要求稳步推进全县“数字乡村”工程，有效促进社会主义新农村建设

【数字乡村建设】 2007年9月11日，根据省、市的统一部署和要求，石林县全面展开了“数字乡村”工程建设。通过县、乡两级政府共同努力，共收集数据表格442份，采集近2万张自然资源、基础设施、文教卫生、特色产业等10余个栏目的图片，建成了覆盖县、乡（镇）、村委会、自然村4级451个信息网页。12月3日，数字乡村建设通过了市级检查验收。

（撰稿人：县农牧局 刘光雄）

现代农业

【农业技术推广】 2007年，以新品种、新技术、新机具的引进、试验、示范为重点，强化新品种和各类科技样板的示范作用，为农民提供最直接的科技示范服务，有效地促进了农牧业生产水平的提高。

粮食生产方面：完成优质水稻移栽40800亩，水稻蜂巢式栽培51200亩，水稻多样性栽培45000亩，水稻壮秧剂2号推广50300亩；种植以路单系列为主的优质玉米80900亩，推广玉米抗旱节水节肥模式化栽培40000亩；种植加工型马铃薯15000亩。水稻、玉米的良种覆盖率达到种植面积的100%。全县共举办粮食作物高产示范样板28800亩，其中：县级优质水稻样板15000亩，玉米抗旱节水节肥模式化栽培样板1600亩，马铃薯示范样板150亩，玉米多样性栽培示范样板50亩，乡级水稻样板10000亩，玉米抗旱节水节肥模式化栽培样板2000亩。种子生产完成了路单系列玉米制种75万千克，“石糯一号种子”2万千克，繁殖“白粒5号”、“川麦107”小麦良种31.38万千克，并进行了路单系列优质玉米新品种选育、水稻新品种和小麦良种种植试验、示范等一系列基础试验工作。

畜牧业生产方面：扶持发展高床厩养技术示范户20户，户均养羊60只；完成生猪杂交改良1.98万窝；牛冻精改良1169头；人工多元化种植苜蓿、多花黑麦草等优质牧草48500亩，推广青贮、氨化饲料57086吨。

水果生产方面：新发展无公害甜柿基地3087.3亩；实施红梨高接换种2078亩，葡萄、梨果实套袋850万个；种植推广人参果10000亩、雪莲果10000亩；完成蓝莓引种试验10亩。

蔬菜生产方面：引进蔬菜新品种32个，通过试验筛选出适宜石林县生产的优良品种11个。推广无公害蔬菜生产配套技术32000亩，其中：推广物理防治技术（杀虫灯）2000亩、粘虫板技术2200亩、生物肥料1000亩、生物农药推广应用13100亩。

【农业产业化经营】 以市场为导向，突出优势产业，在确保粮食安全的同时，进一步加大农业结构调整的力度，以日本甜柿、优质红梨以及无公害蔬菜为主的种植结构调整迈出实质性步伐。全年共争取市级农业产业化经营扶持项目2个，扶持资金70万元。推广种植人参果10000亩、高山雪莲果10000亩、洋蓟5000亩、大蒜6200亩、西兰花3500亩、菜用豌豆10600亩、泰国尖椒2200亩、浅水藕5500亩。截至2007年底，全县累计种植甜柿15000余亩，完成红梨新植和高接换种5600亩。

通过重点扶持培育，已建成年出栏万头生猪养殖小区1个，奶牛养殖小区及奶牛定点挤奶点各1个，PIC扩繁场1个，培育农畜产品开发公司3个，高床圈养羊示范户20户。

【农业龙头企业】 2007年认真贯彻落实县委、县政府《关于扶持发展龙头企业、推进农业产业化经营的决定》，安排专项资金，认定和扶持奖励农业龙头企业23家；争取到市级农业龙头企业14家，争取市级扶持资金135万元。随着全县农业龙头企业的不断发展，对农户的带动能力正逐步增强。年末农业产业化经营市级龙头企业资产总额1.6亿元（其中固定资产1.1亿元），项目总投资4051万元，农产品生产总量3060万千克，年产值1.7亿元，年销售收入1.65亿元，新增效益5500万元，带动农户54323户（次），户均增收150～3500元。农业产业化龙头企业已成为石林县农业产业化发展中的重要力量。

【石林农产品在第三届昆明国际农业博览会上获奖】 2007年9月12～16日，在第三届昆明国际农业博览会上，石林县朋成农畜产品有限公司的“朋成”牌乳饼、石林绿汀甜柿产品开发有限公司的“绿汀”牌甜柿获金奖，石林县酱菜厂的“云林”牌卤腐、杨保全面条厂的“杨保全”牌面条获银奖，陈香酱菜有限公司的“陈香”牌卤腐、青龙矿泉饮料有限公司的“乃古”牌液态除膻羊乳及常温保久乳饼、万家欢农业科技开发有限公司的“万家欢”牌圆黄梨获优质产品奖。

（撰稿人：县农牧局 刘光雄）

林 业

【县林业局】 1978年10月，县农林局分设成立县林业局。2007年局机关内设办公室、森林防火指挥部办公室、营林绿化科、森林病虫害防治检疫科、资源林政管理科、政策法规科（林业综合行政执法大队）、昆明市森林公安局石林分局；管辖国营石林林场、圭山国家森林公园管理处。年底全系统有在职职工117人，其中：林业局局机关39人、国营石林林场29人、圭山国家森林公园管理处8人、8个乡镇农林水综合服务中心41人。单位住址在鹿阜镇石林南路朱家花园。2007年，局机关被县委、县政府授予申遗先进单位和创卫积极参与单位；1月，王惠兰被国家林业局授予全国林业有害生物监测预报优秀测报员荣誉称号。为支农联系点西街口镇威黑村委会筹措建设资金23000元，发展核桃1500亩。

党总支书记、局长：张鹏飞
党总支副书记：张志才
副局长：虎　亮（彝族）
　　　　李映坤
　　　　张永祥（彝族，2月起）
昆明市森林公安局石林分局分局长：
　　　　陈元杰（2月起）

【森林防火】 2006年11月29日，召开全县森林防火工作会议；2007年1月14日，参加了“两市一州”五县（石林县、弥勒县、泸西县、陆良县、宜良县）森林防火联防会议，总结了五县森林防火联防工作；在全县中小学开展第三届“预防森林火灾，保护美好家园”作文、绘画竞赛活动；发放户主责任书（宣传年画）65000多份，书写张贴标语52000条，广播宣传88859次，发放政府通告500份，新建宣传警示牌43块，刷新宣传牌113块，电视宣传75次、电影宣传（录像）227场，出黑板报148期，下发录音带130盒，CD136片，出动宣传车50台次，文艺宣传42场次，召开会议699次，参加会议人员达29893余人。

全县共发生火警1起、荒火2起，过火面积10.86公顷，火灾起数、过火面积、受害森林面积均在市控制指标内，出动扑火工日315余人次（其中警力30人次）、车辆20台次，开支扑火费用0.3万元，起火原因全部查清。实施林下割除110公顷，查处违反野外用火80起，罚款2500余元。

【营林绿化】 在石林风景名胜区实施1000亩退耕还林工程，作业设计于2007年6月20日通过云南省林业厅的评审。原规划在石林风景名胜保护区特级保护区内，但由于退耕还林项目要求选择的树种与遗产地的原始自然景观和自然遗产地的保护要求不协调，后经云南省林业厅、昆明市林业局和石林风景名胜区管理局研究同意，将项目调整至三级保护区。项目完成育苗270万株，退耕还林1000亩、幼林抚育1300亩、重点示范造林300亩、县政府样板林200亩和2007年度国家重点公益林补植补造689亩。11月7日通过检查验收。

在石林林场建设优质早实核桃良种采穗圃300亩和苗圃基地200亩，培育了2008年项目急需的30万株优质早实核桃苗木。在石林镇林口铺村委会大林口铺村小组和老木哨村小组，西街口镇威黑村委会建设了优质早实核桃生产基地0.35万亩。

【林业科技】 县林业局与中国林科院林业研究所在圆湖开展国家林业局重点科技项目“杂种核桃良种选育及区域化试验”石林子项目，引进国内外17个核桃优良品种进行对比选育和晚实品种促花促果试验，8月5日通过了国家林业

8月5日，国家林业局科技司领导及专家组进行项目品种现场查定

局科技司、中国林科院、省林科院领导和专家的现场品种查定，9月27～29日通过了项目组验收。与中国林科院广州热带林业研究所实施“松茸人工促繁技术”开发和推广合作项目；与青岛松树研究所合作开展云南松替代树种辐射松、火炬松等11个家系的引种育苗试验；申报实施了国家林业局重点科技研究项目“出口甜柿优质丰产栽培与加工储运技术开发”。

【森林病虫害防治检疫】 2007年3月8日至4月4日，进行板栗疫病专题调查，开展了松褐天牛生物学研究、天敌饲养及不同诱剂引诱效果对比观察试验。3月18～28日，组织人工247人次、汽车24辆次、拖拉机12辆次、摩托车23辆次、喷粉机78台班对松毛虫进行防治，防治面积2.334万亩，投入资金17万元。5月14～25日，组织专业防治队人工248人次、喷粉机79台班、汽车21辆次、拖拉机19辆次、摩托车10辆次对小蠹虫进行防治，防治面积1.5万亩，投入资金15万元；10月中下旬，组织专业防治队对小蠹虫进行防治，防治面积为3.1095万亩。

【森林资源林政管理】 2007年加强林地林权管理，核发林权证707本，涉及面积8909.4亩，调处林权纠纷11起；通过“爱鸟周”、“野生动物保护宣传月”大力宣传野生动物保护，进一步规范野生动物驯养繁殖和经营活动。完成石林县森林资源规划设计调查（二类调查），2月10日通过省林业厅评审验收；完成林业珍稀植物、古树名木、石漠化专项调查，6月5日通过省林业厅评审。

通过森林资源规划设计调查，石林县有林业用地117.76万亩，占全县国土面积的46.67%；集体林业用地110.88万亩，占全县林业用地面积的94.2%。按森林类别划分，生态公益林86.07万亩，商品林31.51万亩。活立木总蓄积190.02万立方米，森林覆盖率37.03%，其中：有林地覆盖率33.56 %，国家特别规定灌木林覆盖率3.47%。林木绿化率为45.13%，其中：有林地绿化率33.56%，灌木林绿化率7.96%，四旁树绿化率3.61%。

通过林业珍稀植物调查，石林县有珍稀植物24种，其中国家一级1种：银杏；国家二级16种：松茸、中国蕨、扇蕨、翠柏、鹅掌楸、云南拟单性木兰、樟、金铁锁、金荞麦、杜仲、榉树、毛红春、喜树、香果树、异颖草、箭叶大油芒；其他保护级别7种：红花木莲、黄牡丹、滇山茶、香水月季、栌菊木、弥勒苣苔、路南海菜花。

通过古树名木调查，石林县无名木，有古树2519株。按级别为：国家一级2株、二级62株、三级2455株；按树种为：黄连木2201株、麻栎149株、苦楝78株、滇朴20株、清香木18株、棠梨16株、锐齿槲栎6株、高山栲4株、黄背栎4株、合欢4株、香椿3株、复羽叶栾树2株、核桃2株、云南油杉2株、滇鹅耳枥1株、大果冬青1株、高山栎1株、万年青1株、华灰木1株、槐树1株、野山楂1株、云南木樨榄1株、云南山楂1株、云南柞栎1株。

通过石漠化调查，石林县有石漠化土地面积31万亩，占全县国土面积的12.3%，主要分布在长湖镇、西街口镇和石林镇，占全县石漠化土地总面积的83.1%；潜在石漠化土地面积27.6万亩，占全县国土面积的10.9%，主要分布在圭山镇、西街口镇、长湖镇、鹿阜镇和石林镇，主要分布区潜在石漠化面积占全县潜在石漠化土地总面积的95.4%。

【林业执法】 2007年开展绿盾二号专项行动，严厉查处破坏森林资源的违法行为，对2000年以来辖区通讯（信）设施非法占用林地情况进行清理，清理出占用林地塔基35个，非法占用林地2425平方米；查处林业行政案件65起，没收木材3.8544立方米，处以罚款30676.91元，行政处罚64人次；侦破森林刑事案件3件，依法追究刑事责任4人次。

根据石林世界自然遗产申报地环境整治工作的要求，5月22日县人民政府批准了《石林彝族自治县林业综合行政执法大队组建总体方案》。6月6日批准了组建经费，完成了房屋修缮，购置了相关设施设备。7月对招聘的30名石林申遗环境整治区森林资源保护专职管护员进行军训，8月8日举行“石林彝族自治县林业综合行政执法大队”挂牌仪式，正式履行职责。通过体能训练、林政综合执法业务和林业技能培训、防扑火演练后，正式履行石林世界自然遗产地资源保护的职责。

【林业行政许可】 2007年办理林业行

8月8日，林业综合行政执法大队和石林县地方专业扑火队授牌成立

政许可事项934件，受理咨询件95件，办结率为100%，实现了行政许可审批零投诉，为投资者、各类经济组织和人民群众提供了快捷优质高效的服务，被县便民服务中心评为“优秀窗口”。

【生态公益林建设】 2007年实施国家重点生态公益林森林生态效益补偿项目共计328900亩，划分为43个管护责任单位、163个管护责任区，逐级签订管护责任书或管护合同，落实了管护责任，招聘了163名专职管护人员进行专职管护。通过专职管护，增强了森林资源的保护力度，有效遏制了破坏森林资源的违法行为，扭转了林业生态建设边治理边破坏的局面，促进了森林资源的持续增长和森林质量的提高，全县森林系统逐步修复和改善。

为稳步推进全县集体林权制度改革工作，实现生态美县目标和促进石林旅游可持续发展，起草了县级地方公益林的《项目管理办法》、《补偿资金管理办法》、《管护实施办法》、《管护核查办法》，县委、县政府批准从2008年起实施。

【生态美县建设规划】 县第十四届人大四次会议把《关于加快实施生态美县战略，全面改善环境》列为一号议案，要求科学编制《生态美县建设规划》和《林业生态建设规划》，稳步推进全县生态建设。2006年9月成立生态美县建设规划编制工作领导小组，委托云南省林业生态工程规划院编制规划；2007年3月12日，召开了县生态美县建设规划暨林业生态建设规划汇报研讨会，修改完善了规划；7月12日通过了省、市、县领导和专家的评审。

【昆石路景观林二期建设】 按照《石林彝族自治县昆石高速公路景观林建设二期工程实施方案》，在昆石高速公路9.91千米的面山选择独具地方特色的乡土树种进行景观林建设。2007年3月31日，县人民政府批准实施；4月4日，成立了工程建设指挥部；4月5日，召开土地租用动员会；4月14日至5月13日，完成建设用地的租用工作；5月24日，进行了公开招标；5月28日，签订了《工程建设委托监理合同》；6月1日，签订了《施工合同》和《廉政合同》；6月5日，施工单位进驻现场，开展施工放线和挖塘整地工作，经质检合格后，于7月初进入全面栽种阶段；8月底完成栽种和补植工作，进入养护阶段。工程共计实施景观林建设426亩，总投资495万元，种植各类苗木139231株。2007年11月15日通过验收。

【森林资源连续清查】 2007年3月7日至4月29日，县林业局配合省林业调查规划设计院营林分院开展资源连清第五次复查外业工作，对全县按6×8千米布设、面积0.08公顷的39个正方形固定样地进行了调查，查清了2002年至2007年间森林资源的消长动态变化及原因。6月底完成内业整理，形成《石林彝族自治县森林资源连续清查成果》迎接省厅验收。连清成果将为石林县林业工作决策提供真实、有效、可靠的科学依据，为林业发展奠定坚实基础。

【集体林权制度改革】 在森林资源规划设计调查的基础上，县林业局对全县的森林资源状况、林权争议等进行了前期摸底排查，收集、整理了相关资料，进行了专题调研。4月中旬向县委常委会作了专题汇报，起草了县级林改工作实施方案；5月16日，成立县集体林权制度改革工作领导小组；5月29日，抽调22位副科级领导、30名专业技术人员和40名工作人员成立了试点林改工作组；5月30日，召开全县深化集体林权制度改革工作动员会，签订了林改工作目标管理责任书，试点长湖镇、西街口镇全面启动林改工作；6月，完成宣传动员和“3S”业务技术培训；7月，进行摸底调查和编制村级实施方案；8月，完成踏山认界、村级改革方案制定及实施；9月21日召开全县集体林权制度改革工作推进会，举行集体林权制度改革林权证首发仪式，发证54个。12月底，两个试点镇涉及的20个村委会、69个试点村小组都完成了主体改革工作，公益林确权面积36.7万亩，商品林确权面积5.7万亩，签订林地家庭承包合同2436份，发放均利证2953个，已确权核发林权证922本，成为昆明市林改核发林权证最多和启动林改村民小组最多的县区。

（撰稿人：县林业局 唐武青）

新农村建设

【新农村建设办公室】 2006年4月7日，成立县新农村建设办公室。2007年

2月10日，县委进一步调整充实了县新农村建设工作领导小组成员；2月14日从相关单位抽调了9名工作人员充实到办公室。年底有专职干部15人。3月12日，石林县成立了以县委副书记裴演兵为组长，县委常委、副县长毕春华和县委常委、组织部部长王国亮为副组长，县新农村建设工作领导小组成员单位主要负责人为成员的县下派社会主义新农村建设工作队及指导员工作领导小组，下设办公室与县新农办合署办公，办公地点在县农牧局二楼。办公室下派了8个工作队92名指导员（其中：省级4名，市级13名，县级46名，乡镇级29名）到全县92个村委会驻村指导新农村建设工作。

主　任（兼）：毕春华（女，彝族）
副主任（专职）：蒋春平
　　　　　　　　唐纯武
　　　　　　　　龚树明

【宣　传】　2007年，县电视台报道新农村建设新闻95条；昆明电视台报道新闻36条、播出石林县新农村建设稿件26篇；昆明日报、云南日报报道18篇；在人民网、新浪网、新华网开设石林专栏，刊登宣传文章36篇；县新农办与县延安精神研究会联合编创了以宣传新农村建设方针政策为主要内容的“弘扬延安精神，建设和谐新农村”文艺节目，在全县8个乡(镇)进行巡回演出。

【新农政策措施】　2007年，在认真学习中央、省、市政策和广泛调研的基础上，制定出台了一系列新农村建设文件，逐步建立健全了工作运行机制。4月12日，出台了县委、县政府《关于2007年社会主义新农村建设工作的意见》、《石林彝族自治县2007年社会主义新农村示范点建设工作方案》，制订实施了《试点村申报办法》、《社会主义新农村建设示范点建设标准》、《社会主义新农村建设村庄规划编制工作实施方案》、《社会主义新农村建设资金管理办法》、《关于动员和引导社会力量积极参与和支持社会主义新农村建设的意见》、《社会主义新农村建设工作考核办法》、《2007年社会主义新农村建设干部培训工作方案》、《社会主义新农村建设工作指导员管理办法》、《重点建设项目实施办法》等一系列制度、措施和办法，为扎实推进新农村建设提供了保障。

【农民素质教育】　全年配套新农村建设专项经费30万元，并整合其他培训经费，分4期对全县422名村小组长作了专题培训；对市、县、乡镇16个试点村的50名村组干部进行了专题培训；举办了100名村级指导员、新型农民、涉农部门科级干部培训等一系列培训；完成农村实用技术培训8万余人次，富余劳动力转移培训3000人，绿色证书培训1000人，新型农民科技培训1500人。

【试点村建设】　按照试点先行、探索经验、典型示范、整体推进的工作思路，2007年初，县委、县政府制定了《石林县试点村申报办法》、《石林县新农村示范点建设工作方案》和《石林县新农村示范建设标准》等规定，采取自主申报、乡镇推荐、县新农村建设领导小组审定的办法，在全县范围确定了阿乌村委会上赵公庄村、黄家庄村委会黄家庄村、大可村委会小波溪村、麦地庄村委会小滑坡村、林口铺村委会和摩村、绿水塘村委会绿水塘村、糯黑村委会大糯黑村、所各邑村委会所各邑村8个市级试点村，上蒲草村、小屯村委会龙井沟村、中龙村委会小月牙山河、堡子村委会白龙潭村、乐尔村委会天生桥村、宜奈村委会小宜奈村、海邑村委会老寨村、宜政村委会大海子村8个县级试点村，明确了涉及水、电、路、村容村貌整治和产业结构调整等方面的61个建设项目，扎实有效地开展了试点村建设。

全年共投入试点村建设项目资金1386.77万元，其中：省级资金40万元，市级资金160万元，县级新农村建设专项资金投入422.9万元，乡级资金97万元，村级投入396.9万元，社会投入资金103.3万元，农户投入资金166.67万元。12月31日前，16个试点村新农村建设61个建设项目已全部竣工，道路硬化面积达78826.8平方米，修建活动场地11999平方米，建盖公厕31个，垃圾池38个，排污设施6900米，“五堆”清理30950平方米，整治臭水沟、死水塘21824.32平方米，村庄绿化7380平方米。小箐村的旅游产业发展、村庄环境建设成效显著；龙井沟村的产业结构调整迈出新的步伐；阿着底村的民族文化生态旅游村建设取得了新成效。

（撰稿人：县新农村建设办公室　王云春）

烟草业

烟草管理

【县烤烟办公室】 1997年5月，正式挂牌成立县烤烟办公室。2007年底有干部职工3名。单位地址在县政府大楼。年内为支农联系点西街口镇新木凹村委会及其他部分乡（镇）、村、组解决生产发展资金30余万元。2007年，石林县被昆明市政府评为市级烤烟生产收购先进县；县烤烟办公室被县委、县政府评为基层满意的县直单位。

主　任：单用侃

【政策措施】 2007年2月11日，县政府印发了《关于认真抓好2007年烤烟生产收购工作的通知》，要求各乡（镇）人民政府、烟叶站，各村委会，县直各部委办局，县烟草公司从指导思想、目标任务、扶持政策、主要措施四个方面开展工作，全面提高全县烤烟生产质量，进一步巩固烤烟支柱产业地位，促进农民增收和财政增收。

【扶持经费】 2007在生产环节方面的扶持为：烤烟育苗补助480万元；红大品种种植补助680万元；化肥补助810万元，其中：复合肥补助520万元、硝酸钾补助290万元；大田地膜补助172万元；基本烟田建设补助900万元；全县共计划机耕机耙面积3.7万亩，每亩补助45元，共安排补助资金170万元；省、市优质烟每亩分别补助200元，县优质烟每亩补助150元，三项共安排补助500万元；烤房群建设及新建烤房改造补助160万元；人工防雹、灾害保险194万元；生产环节科技推广费60万元；安排烤烟生产、烘烤辅导员补助费233万元。

在收购环节方面：安排专项补助328万元，按50%、30%、20%的比例用于对乡(镇)、村委会、村民小组三级的考核。

【考核奖励】 2007年，扣除直接用于生产的补助和有关建设费用，石林县从育苗、生产管理、烟叶收购、统一运输、先进乡(镇)和种烟能手等方面对各乡(镇)进行了考核兑现和奖励，全县共计兑现奖励632.301万元。

兑现育苗管理费5.6万元，其中：鹿阜镇0.56万元，路美邑镇0.83万元，板桥镇0.8万元，大可乡0.81万元，石林镇0.7万元，西街口镇0.5万元，长湖镇0.8万元，圭山镇0.6万元。

兑现生产各环节管理费59.181万元，其中：鹿阜镇5.075万元，路美邑镇8.583万元，板桥镇8.286万元，大可乡6.403万元，石林镇7.474万元，西街口镇6.544万元，长湖镇8.278万元，圭山镇8.538万元。

兑现烟叶收购专项综合补助328万元，其中：鹿阜镇28.2万元，路美邑镇47.4万元，板桥镇46.4万元，大可乡35.2万元，石林镇41.4万元，西街口镇36.8万元，长湖镇45.6万元，圭山镇47万元。

兑现大田机耕机耙补助费166.5万元，其中：鹿阜镇9.9万元，路美邑镇21.6万元，板桥镇20.25万元，大可乡22.5万元，石林镇23.85万元，西街口镇18.9万元，长湖镇23.4万元，圭山镇26.1万元。

兑现烟叶收购统一运输费65.52万元，其中：鹿阜镇5.46万元，路美邑镇9.45万元，板桥镇9.24万元，大可乡7.14万元，石林镇8.19万元，西街口镇7.35万元，长湖镇9.24万元，圭山镇9.45万元。

对市级烤烟生产收购先进乡镇大可乡、市级烤烟生产收购表扬乡镇路美邑镇和县级烤烟生产收购先进乡镇圭山镇、长湖镇进行表彰，分别奖励2万元、1.5万元、1.5万元、1.5万元；表彰鹿阜镇高树祥、喻天寿，路美邑镇黄和平、代木元、李树平，板桥镇杨家才、保天华，大可乡李树权、王云学、王家清、潘绍华，石林镇资照生、王小启，西街口镇陈德志、李文志，长湖镇何志学、李秀山、毕志福，圭山镇李宏兵、王文学等20户烤烟种植能手，每户奖励500元。两项共计7.5万元。

【生产收购情况】 2007年全县共完成烤烟育苗835亩，占计划的100%，其中：常规育苗275亩，漂浮育苗560亩。完成烤烟大田移栽11.8万亩，占计划的100%，其中：田烟4.5万亩，地膜烟8万亩（田烟、地膜烟统计数有交叉）；K_{326} 4.33万亩，云烟$_{85}$ 1.64万亩，云烟$_{87}$ 4.41万亩，红大1.42万亩。完成省、市、县优烟3万亩，占计划的100%，其中：省优烟0.15万亩，市优烟0.85万亩，县优烟2万亩。

完成烟叶收购1640万千克，占计划的100%，其中：上等烟960.44万千克，中等烟581. 18万千克，分别占收购计划的58.56%和35.44%。上等烟比例比上年增加18.58%，收购平均单价11.98元，与上年实际完成数相比超1.6元。烟叶收购总值达20327.2万元（含红大价外补贴），比上年17703.2万元（含红大价外补贴）增2624万元，增长14.8%。实现烟叶税4333万元，种烟农户户均收入达7256元。

（撰稿人：县烤烟办公室　赵志光）

烤烟种植

【县烟草公司】 1985年1月16日，成立县烟草公司。2007年1月，烟草行业进一步深化改革，实行省、市公司二级管理的母子公司管理体制，取消县级公司法人资格，云南省烟草石林县公司更名为云南省烟草公司昆明市公司石林分公司；6月，昆明市烟草公司进行机构改革，石林分公司下设综合办公室、财务会计科、烟叶管理科、管理信息科、人事劳资科、专卖监督管理办公室、安全保卫科、卷烟销售科8个科室和鹿阜烟站、板桥烟站、大可烟站、路美邑烟站、石林烟站、西街口烟站、长湖烟站、圭山烟站8个烟站。年底有在岗在编职工127人。石林分公司住址在石林县石林中路243号。4月10日，石林分公司被市政府命名为2006年度昆明市群众性精神文明创建活动文明单位。

书记、局长、经理：昂有德（彝族，11月22日止）

书记、经理：计思贵（11月22日起）

副局长、副书记、工会主席：严　波（11月22日止）

局长、副书记、工会主席：严　波
（11月22日起）
副经理：张红生（彝族）
副经理：熊爱林（壮族，
11月22日起）

【三标一体管理体系通过认证】 2007年1月23日召开了开展贯彻ISO9001（质量管理体系）、ISO14001（环境管理体系）和OHSAS18001（职业健康安全管理体系）“三标一体”管理体系三个标准动员大会，开始进行贯标推进小组人员的培训和标准的宣传。5月29日发布了管理体系，6月1日管理体系试运行，12月10～21日北京新世纪认证有限公司进行了认证审核，12月29日取得了认证证书。

【烟用物资】 2007年，共发放籽种87900袋，漂浮盘205272块，基质120750袋，防虫网208500平方米，遮阳网196000平方米，盖膜30280千克，营养液120850袋，垫膜36480千克，常规育苗膜3460千克，播种器200套。共向烟农供应烟草专用复合肥4797.15吨，硝酸钾1723吨，硫酸钾115.85吨，地膜425.44吨，农药42.83吨，绿肥籽151吨。烟草部门扶持补贴烟用物资共达670多万元。

【双控合同种植】 按照“控得住、稳得住”的原则，严格合同签订工作。计划合同任务的分解按烟农申请和条件优先原则进行合同签订，首先保证种植大户、能手、省、市、县优烟和区域规模连片的农户，合同签订严格公示、公告，全县共签订合同27077户。

【育　苗】 2007年，全县共育苗835亩，其中：漂浮育苗560亩，常规育苗275亩。育苗主要采取集中统一育苗，统一管理，全面实行商品化育苗；实行一乡一品的品种布局，杜绝零星育苗和分散育苗。出苗率好，为培育壮苗打下了基础。实行集约化育苗，专人管理，净化品种成效显著。烟农增强掐叶露杆意识，为大田移栽提供了95%以上的高质量烟苗。

【机耕机耙】 2007年，统一规划、统一墒向、统一标准，以沟深沟直、土细、墒面饱满为重点，大力推行机耕机耙。县政府、县烟草部门共补助170万元对连片规模的地块进行机耕机耙。全县机耕机耙面积达6.7万亩，占计划种植面积的56.78%。

【栽　培】 2007年，全县种植红大、K_{326}、云烟$_{87}$、云烟$_{85}$四个品种，实行一乡一品区域化种植。充分把握天帮忙的有利条件，集中最佳节令及时抢抓烤烟移栽，4月25日开烟门到5月5日共移栽烤烟75570亩，占种植计划的64.04%。5月15日圆满完成了11.8万亩的烤烟移栽任务，其中：K_{326} 4.33万亩，云烟$_{85}$ 1.64万亩，云烟$_{87}$ 4.41万亩，红大1.42万亩。种植省优烟1500亩，市优烟8500亩，县优烟20000亩。实现1000亩以上连片的6片9950亩，500～1000亩的27片16860亩，300～500亩的48片18324亩，100～300亩的170片30450亩，50～100亩的132片8815亩。共计383片84399亩。

【轮闲轮作】 2007年，全县烤烟轮作率达76.3%，其中：山区达85%以上，坝区达50%以上，省、市、县优烟达100%。

【中耕薅锄和后期管理】 5月15日烤烟移栽任务完成后，县烟草部门就紧急行动起来，及时转入中耕管理，深入田间分片包干，责任到人，把提沟培土与防洪排涝工作紧密结合进行，做好烟农现场培训和分类指导，查缺补漏，疏通烟田烟地四周排水沟渠，做到深挖中沟、边沟，确保了大部分烟田、烟地沟无积水。同时组织农户进行以揭膜中耕薅锄为中心的浅锄、松土，确保土壤通透性，并按施肥方案和追肥要求，根据烟苗长势情况进行追肥，在移栽后的15～20天内及时追肥把该施的肥料全部施完，做到打孔深穴施。省、市、县优烟一律使用硝酸钾进行追肥，其余地块用烟草专用肥或硝酸钾进行追肥，有效控制了烟农追肥的随意性和高氮肥料用于提苗或追肥的问题。

加大宣传和指导力度，依据不同品种确定烟叶的留叶数，K_{326}、云烟$_{87}$、云烟$_{85}$每株留叶数为20～22片，红大品种每株留叶数为18～20片，全面推广药物抑芽措施，做到药物抑芽覆盖率100%。

做好烟叶成熟采摘。走进田间地头进行指导；利用全县12个烤房群的500座烤房对烟农进行分类指导，按部位，土壤状况、烟株长势进行分类指导烟农采摘。

【烤烟灾情勘查】 2007年6月30日开始，西街口、长湖、圭山、石林等乡镇不同程度遭冰雹、大风、洪水的袭击，公司协助保险公司实地查勘灾情，全年受灾面积为13194.77亩，其中：市、县优烟8949.87亩，常规烟4244.9亩。损失程度达10%的有1886.4亩，20%的有3335.27亩，30%的有3200.9亩，40%的有2167.4亩，50%的有2028.7亩，60%的有521.1亩，100%的有55亩。市、县优烟赔付金额886125.80元，常规烟赔付金额214888元。

【烟草设施建设】 2007年，共投资904.7217万元新建烟水工程11件，新增受益面积14834亩，其中：塘坝工程2件、管网工程1件、提灌工程8件，总容量14327054立方米，涉及7个乡（镇）7个村委会8个自然村1979户农户。新建密集式烤房2座，智能化烤房110座，标准化烤房702座。

【品种试验示范】 2007年，在长湖镇维则村委会推广新品种NC_{102}示范1500亩，示范点海拔在1900米左右，以山地红壤土为主，土壤中性偏酸。定点测产结果：折合亩产量136.7～142.6千克，亩产值1682.77～1766.81元，上等烟比例27.6～32.7%，上中等烟比例85.7～91.6%，与当地K_{326}品种、云烟$_{87}$品种平均亩产量、亩产值相当。与当地对照K_{326}相比，NC_{102}的色度、油分、身份等皆比K_{326}稍差，而结构比K_{326}更疏松。经云南省中烟公司专家评吸，NC_{102}香气质好，香气量适中，质量风格突出，内在化学成分协调，外观质量和评吸得分略高于K_{326}和云烟$_{87}$。

在路美邑镇麦地庄村对7个品种进行区域试验，其中：4个新品种为云烟$_{100}$、云烟$_{97}$、云烟$_{99}$、云烟$_{203}$，3个推广品种为K_{326}、云烟$_{87}$、红大。施肥以测土养分、土壤类型与肥力差异、烟农经验为依据，云烟$_{100}$、云烟$_{97}$和云烟$_{99}$参照K_{326}，云烟$_{203}$参照当地红大进行施肥，其他生产措施完全按照当地优质烟生产措施进行。具体试验情况及其表现见表1至表4。

品种试验基本情况（表1）

地点	示范品种及面积	海拔	土壤类型	播种期	移栽期
路美邑	云烟$_{99}$、云烟$_{97}$、云烟$_{203}$、云烟$_{100}$、K_{326}、云烟$_{87}$和红花大金元各3亩。	1693米	水稻土	2月6日	5月1日

大田主要抗逆性表现（表2）

地 点	品 种	黑胫病	TMV	根黑腐病	PVY	大田前期		大田后期	
		（病株率%）				炭疽病	白粉病	野火病	赤星病
麦地庄	云烟$_{100}$	1	0	23.5	0	无	稍重	轻	轻
	云烟$_{97}$	0.7	0	0	0.5	无	轻	轻	轻
	云烟$_{99}$	0	0.4	0	1	无	轻	轻	轻
	云烟$_{203}$	0	0	0	0	无	轻	较重	较重
	K_{326}	0	7	0	5	轻	轻	轻	轻
	云烟$_{87}$	0	14	0	0	无	轻	轻	轻
	红大	7.5	7.5	0	0	无	轻	轻	轻

试验品种的经济性状表现（表3）

地 点	品 种	产量（千克/亩）	产值（元/亩）	均价（元/千克）	级 指	产 指	上等烟比例（%）
麦地庄	云烟$_{100}$	153.91	2084.56	13.54	0.76	117.11	68.56
	云烟$_{97}$	208.29	2690.07	12.91	0.73	151.13	73.97
	云烟$_{99}$	151.07	1966.22	13.02	0.73	110.46	66.44
	云烟$_{203}$	183.9	2020.24	10.99	0.62	113.5	56.06
	CK	159.58	1805.9	11.32	0.64	101.46	65.42
	云烟$_{87}$	207.90	2339.48	11.25	0.63	131.43	56.61
	红大	139.33	997.52	7.16	0.40	56.04	38.16

试验品种的原烟外观质量表现(表 4)

品　种	成熟度	颜　色	油　份	色度	结构	身份
云烟 100	成熟	多柠檬黄	有	中	疏松	稍薄
云烟 97	成熟	多柠檬黄	有	中	疏松	稍薄
云烟 99	成熟	桔黄	稍有	弱	尚疏松	稍厚
云烟 203	成熟	桔黄	稍有	中	疏松	适中
K326	成熟	桔黄	有	中	疏松	适中
云烟 87	成熟	桔黄	有	中	疏松	适中
红大	成熟	桔黄	多	强	疏松	适中

（撰稿人：县烟草公司　李华云）

烤烟收购

【烤烟收购站点】 2007 年，全县共设 30 个烤烟收购点 46 条收购线，其中：鹿阜镇烟站下设学地山、阿乌、西北街 3 个收购点 5 条收购线；板桥镇烟站下设小屯、青山、碧落甸、叠水岔口 4 个收购点 8 条收购线；大可乡烟站下设大可、坝塘河、南小村、大密枝 4 个收购点 6 条收购线；路美邑镇烟站下设路美邑、麦地庄、萝卜所、堡子 4 个收购点 7 条收购线；石林镇烟站下设乃古、天生关、山头上、新仓 4 个收购 5 条收购线；西街口镇烟站下设西街口、茂舍祖、宜奈、小板田 4 个收购点 4 条收购线；长湖镇烟站下设维则、塘上、海宜 3 个收购点 5 条收购线；圭山镇烟站下设海邑、尾乍黑、矣维哨、亩竹箐 4 个收购点 6 条收购线。

8 月 14 日，石林县召开烤烟收购工作会

【收　购】 8 月 1 日，石林分公司成功承办了全市烟叶收购暨基础建设工作现场会，与会人员参观了大田管理、站点建设、长湖镇维则村烟水工程和萝卜所烟叶烘烤试验示范基地现场。全县自 8 月 18 日开点收购到 11 月 5 日，完成了指令性收购任务 32.8 万担 16400 吨（含出口备货烟叶 1.6 万担 800 吨），占计划的 100%。上等烟比例占 58.56%，收购均价 11.98 元，比 2006 年的 10.38 元增加了 1.6 元。生产总值达 19647 万元，比 2006 年增加了 2396 万元，按 27077 户种烟农户计算，户均种烟收入 7256 元。实现烟叶税 4333 万元。在收购环节共支付烟农资金 1.9647 亿元，红大补助支付 680 万元。

【激励考核机制】 县政府对乡（镇）政府各项工作实行百分制考核办法，2007 年底结合实际得分进行考核奖惩，将烤烟生产、收购工作情况列为重要考核项目；乡（镇）财政税收基数与烤烟收购工作挂钩，实行减量不减基数，增量不增基数的考核办法，烟草部门在烤烟生产中把每道环节的工作进行量化，实行岗位工资绩效考核；在烤烟收购中实行点长负责制。完善收购量、均价、上等烟比例、二次验级实际数等内部目标量化考核制度。一系列措施保证了烤烟收购工作的顺利进行。

【收购业务培训】 7 月 25～29 日，对参加收购的微机员共 79 人进行计量法律法规及收购系统培训和教育。7 月 29 至 8 月 3 日，各收购点点长、定级员、初检员组长、预检员共 310 人进行收购等级国标及消防安全知识培训，经考试合格 285 人，考试合格率为 91.9%，不合格人数 25 人（未录用）。培训结束后及时组织定级员、初检员及预检员深入烟农家中进行分级扎把指导培训，提高分级扎把纯度。

【入户预检制】 县烟草部门在全面推行“入户预检定级、统一包装、约时定点、分批交售、集中运输、密码收购、承诺服务”的基础上，实行在村、组设立预检点进行预检定级。为减轻烟农的负担，2007 年投资 70 余万元实行烤烟统一运输，进一步完善预检制收购方式，形成了集约化的收购管理模式。以预检定级、烟叶统一包装和统一运输规范烤烟收购流程管理，善始善终执行入户预检制，加强收购程序管理，每户烟农准许一人持预约交售通知单到烟点交售烟叶。烟草部门制定了 2007 年烤烟收购工作规则、助收人员目标量化考核办法等制度，将预检员工作情况纳入量化考核，充分调动其工作积极性，要求预检员根据对烟农预检的时间安排，按时到达预检点，对烟农初分的烟叶按部位、色组，对照预检工作质量要求进行预检定级，并按要求装袋封签，分批组织交售，有效维护了烟点的收购秩序，解决了群众卖烟难的问题。

【收购服务】 2007 年，由村委会组织预检员深入烟农家中切实做好分级扎把指导工作，提高烤烟分级扎把纯度；预检员按村委会、村小组的安排，到预检点进行预检定级并开具预约交售通知单，使每位烟农都约时轮流公平交售烟叶；村委会、村小组根据收购点每日的收购量统一组织运输烟叶，减轻了烟农负担。

【原收原调收购模式】 2007 年是实施“原收原调”（原级收购原级调拨）收购模式的试点年，红云集团下派了 5 名质检员到石林县，按工作要求分成 4 个组，分别对 8 个烟站 30 个点进行收购等级指导，并对每个等级取小样及封签后才准调拨烟叶。昆明市烟叶收购质检组在收购期间 3 次到石林县对 50%以上的收购点进行等级抽查，抽查合格率均在 85%以上。“原收原调”统一了全县的收购标准，提高了纯度，增加了烟农的收入。

【收购衡器检定】 6 月 4～15 日，云南省计量测试技术研究院对石林县 165 台收购衡器进行检定，其中：电子称 50 台，台秤 115 台。合格率达 100%。由云南省计量技术监督局颁发了合格使用证书。

【试验示范样品选留】 2007 年石林县认真采集国家局、省局、中烟工业公司、省烟科所、红云集团、市烟草公司所需的各部位、等级的烟样 440 个，收集的烟样为 5169 千克，其中：新品种 H1-H7 烟叶 3843 千克；新品种 H1-H13 烟样 348 千克，制样 116 个；植烟土壤保护试验项目烟叶 750 千克，制样 250 个；土壤差异项目取样 192 千克，制样 62 个；在烟叶采收后收集土样 28 个，用于对烟株吸肥量的检测；国家局、中烟公司、省烟科所及市烟草公司所需烟叶 36 千克，12 个样。

2007 年烤烟收购价格表单位

元 / 千克

等级＼项目	等　级	代 码	价 格
上等烟	中桔一	C_1F	17.80
	中桔二	C_2F	16.40
	中桔三	C_3F	14.40
	中柠一	C_1L	16.40
	中柠二	C_2L	14.80
	上桔一	B_1F	14.40
	上桔二	B_2F	11.80
	上柠一	B_1L	12.40
	上红一	B_1R	11.60
	完熟一	H_1F	12.20
	下桔一	X_1F	12.60
中等烟	中柠三	C_3L	12.70
	下桔二	X_2F	10.50

（续表）

项目 等级	等级	代码	价格
中等烟	中桔四	C_4F	11.30
	中柠四	C_4L	10.50
	下桔三	X_3F	8.50
	下柠一	X_1L	12.20
	下柠二	X_2L	9.80
	上桔三	B_3F	8.40
	上桔四	B_4F	5.20
	上柠二	B_2L	8.80
	上柠三	B_3L	5.40
	上红二	B_2R	9.80
	上红三	B_3R	6.30
	完熟二	H_2F	10.10
	下微青二	X_2V	6.70
	中微青三	C_3V	10.50
	上微青二	B_2V	8.00
	上微青三	B_3V	6.00
	光滑一	S_1	4.90
下等烟	上柠四	B_4L	3.60
	下柠三	X_3L	6.60
	下柠四	X_4L	4.10
	下桔四	X_4F	4.80
	光滑二	S_2	2.60
	中下杂一	CX_1K	4.50
	中下杂二	CX_2K	3.10
	上杂一	B_1K	4.20
	上杂二	B_2K	2.50
	青黄一	GY_1	2.00
	上杂三	B_3K	2.00
	青黄二	GY_2	1.60

（撰稿人：县烟草公司 李华云）

烤烟复烤

【石林天合公司】 1998年12月25日，成立石林天合公司。2007年4月，按照国家局和省局相关文件精神，经公司股东会议批准，石林天合烟叶复烤有限责任公司为云南省烟草公司昆明市公司独资公司。公司实行董事会领导下的总经理负责制，下设总经理办公室、财统部、人力资源部、物资供应部、客户服务部、设备动力部、生产管理部、品质监管部、原料部、综合保障部、安全保卫部、管理信息部12个部门。2007年底，公司全部从业人员1009人，其中长期在岗职工人数215人。公司位于石林县城东大屯。2007年公司荣获昆明市劳动关系和谐企业、消费者满意企业。

董 事 长：赵树昆
总经理、书记：李　俊（4月止）
总 经 理：民晓宁（4月起）
副总经理：吴孝林
　　　　　民晓宁（4月止）
　　　　　阮利昆
　　　　　李一鹏
副书记：梁忠荣（4月起）

【烟叶接收】 2007年共接收初烤烟96.90万担48450吨，其中：市公司52.72万担26360吨，省烟草进出口公司33.90万担16950吨，江苏烟草原料发展有限责任公司3.96万担1980吨，湖南中烟工业公司5.24万担2620吨，武汉烟草（集团）有限责任公司0.99万担495吨，部分替代进出口烟叶配方模块研究0.09万担45吨。

【生产经营】 2007年投入复烤初烟89.79万担44895吨，各项质量指标均达到合格以上。实现加工收入11772.6万元，实现利税4279万元。

【复烤设备】 公司打叶复烤生产线主体设备采用美国MacTavish打叶生产线和Proctor烤机，成品烟包装线采用美国Fishburne预压打包机，生产线设计能力为12000kg/h，年复烤生产能力80余万担，整条生产线水分、温度、流量采用PLC自动控制和SPC计算机统计技术，保证了生产线的工艺控制功能和控制精度；公司有5600KVA变电站，210Km^3/h中央集中除尘系统和两台10T/h锅炉，两台63m^3/min空压设备，30m^3/h的污水集中处理系统，30m^3/h软水处理系统，为生产的正常运行提供了可靠保证。

【综合质量指标完成情况】 公司按照质量管理体系标准要求，在强化生产管理和质量检验力度的同时，注重客户满意度调查，广泛征求客户对产品质量、服务质量的意见，及时处理反馈客户意见，充分满足客户的个性化加工要求，有针对性地加强职工业务技能培训，提高对设备的驾驭能力。2007年，天合公司产品外观合格率、水份合格率、重量合格率、大中片率、叶含梗率、出片率、解把合格率等各项综合质量指标均达到了国家标准和客户的要求。全年省级二级站检验综合得分95分以上，商检全部达到合格并通过了验收。

烟叶分级员培训

【通过三标一体管理体系认证】 2007年初，公司通过了ISO9001（质量管理体系）、ISO14001（环境管理体系）、OHSAS18001（职业健康安全管理体系）三标一体管理体系认证。

【物耗指标】 2007年复烤损耗率6.44%，吨烟耗水2.06m^3，吨烟耗电194.80kwh，吨烟耗标煤96.54千克，吨烟用工1.71人。

【设备技改】 在设备技改方面完成了风雨收烟房和整理车间空气加湿降尘系统安装，一、二润热风循环系统改造，在线杂物粘条安装等技改项目，有效降低了烟叶造碎，改善了车间工作环境，提高了设备的可操控性，产品质量得到了进一步提高。9月制订了《石林天合公司节能减排工作实施方案》，规划了2008年至2010年逐年分步骤的挖潜改造计划，其中方案中的推行清洁生产审核，已于2007年12月初启动。

【安全管理】 2007年，天合公司按照公司职业健康安全管理体系的要求，制定并实施了重大危险源管理方案，加强了安全检查和隐患整改的力度，重大隐患整改率达100%，一般隐患整改率达98%以上。实现了公司"安全达标率100%；无重大火灾事故；无重特大交通事故；无重大安全生产责任事故；无重大社会不稳定事件；无重大政治、刑事、治安案件；消防隐患整改率100%；轻伤事故率≤0.2%；特种设备运行和特种工作人员持证上岗符合国家要求；防止职业病发生，每年职工体检覆盖率达到100%；劳动防护符合法律法规要求”的职业健康安全管理目标。

（撰稿人：石林天合公司 李宏兴）

烟草专卖

【县烟草专卖局】 1985年1月16日，成立县烟草专卖局。2007年，县烟草专卖局下设专卖监督管理办公室、稽查大队、稽查服务分中心，年底有干部职工22名。11月21日，石林县被云南省烟草专卖局表彰为2007年度全省烟叶工作先进单位。

【开展法制宣传活动】 3月15日、5月20日，县烟草专卖局分别参加“3·15”宣传日和科技周宣传活动，出动宣传车10台次，宣传人员34人次，在石林县城、圭山集市、板桥集市、北大村集市开展了法律法规知识宣传、打假成果展示、真假烟鉴别、现场咨询等多项宣传工作，向群众发放宣传材料6000余份，接受群众咨询500余人次，精心制作了三块打假打私成果图板进行现场宣传。

为规范经营户经营行为，提高经营户的法律意识，3月15日县烟草专卖局召集违规经营户38户，邀请了县公安、工商部门的相关执法人员，召开石林县烟草专卖局涉烟违法警示大会。会上各执法部门对现行的法律法规进行了宣传，警示、告诫经营户不要为牟取非法利益，以身试法，铤而走险，各执法部门也表明态度，对涉烟违法案件一律从重从严打击，警示会起到了良好的宣传效果。

【规范证件管理】 2007年，随着城市化进程的加快，石林县原有的980份许可证控制数量已不能适应石林经济发展的需要。石林县烟草专卖局将卷烟零售许可证控制数量增加到了1100份，并于2007年4月20日召开了“核发2007年度烟草专卖零售许可证听证会”。听证会严格按法定程序进行，由县公证处作现场公证，邀请了县政府办、县人大办、县政协办、县公安局、县工商局、县法制办等单位列席监督。为广泛听取各方意见，本次听证会确定由卷烟零售企业代表5人、个体卷烟经营者代表5人、卷烟消费者代表2人、未取得卷烟零售许可资格的代表5人等17人组成，13名代表进行了陈述。通过本次听证会的召开，烟草专卖行政许可工作得到了进一步的规范。

【两烟执法力度】 8月20日，成立了专卖执法大队，大队长李兴国（县委常委、县委政法委书记、县公安局长），副大队长徐梅芬（县人民政府副县长），成员昂有德（县烟草专卖局局长）、单用侃（县烟办主任）、刘林（县工商局局长）、洪敏（县工商局副局长）、金志锋（县公安局副局长）、严波（县烟草专卖局副局长）。从公、检、法、司、人武部、工商、财政及烟草等部门抽调32人组成4个执法中队，由派出所组建30个收购点门卫小组。加强对道路交通的检查力度，在辖区内的石林收费站、半截河收费站、萝卜所、九石阿旅游专线设立检查点，对出入石林县的可疑车辆进行检查，实行24小时值班制度。各乡（镇）坚持从严治内、守土有则的原则，管好自己的人、看好自己的门、收好自己的烟，有效控制烟贩子走村串寨扰乱收购秩序的行为。设立举报电话（电话：7747859），对非法收购、囤积烟叶的实行举报有偿和对举报人保密的政策。

全年共出动打假打私1700人次，查处各类案件37起，总案值达1430093.90元。其中：烟叶案件8起，查获烟叶142677千克，案值达564151.84元；卷烟案件29起，案值达937132.10元（其中查获假烟8起，数量为9354.5条，涉案案值达388471.5元）；查获无证运输卷烟14起，查获各品牌卷烟12131条，案值达536036.50元；查获无证经营案件6起，查获卷烟153.9条，案值为8597.60元；查获未在当地烟草批发企业进货案件1起，查获卷烟17条，案值为1026.50元。8起烟叶案件中移交公安立案侦查涉烟案件的有1起，公安机关拘留1人，逮捕1人。销毁假烟2569.4条。

【开展打假打私专项行动】 根据省、市烟草专卖局关于在2007年元旦、春节期间开展代号为“风暴五号”专项行动的要求，县烟草专卖局分别于1月9日、2月10日分两个阶段，精心组织，联合公安、工商等执法部门对全县辖区内的宾馆、酒店、娱乐场所、集贸市场、车站等售假重点区域进行统一整治。两次行动共出动执法人员468人次，车辆110台次，检查经营户950户，检查娱乐场所、网吧34家，夜市摊点41个，查获无证经营卷烟案件2起，非渠道购进卷烟1起，销售假冒卷烟案件2起，共查获各品牌卷烟245.7条，其中假冒卷烟145.2条。

根据《昆明市烟草专卖局关于转发〈云南省“两烟”打假打私领导小组办公室关于开展“风暴六号”专项行动的通知〉的通知》，石林县“两烟”打假打私领导小组制定了“风暴六号”专项行动实施方案，从2007年6月21日至8月17日，分三个阶段对石林县从事零担货运的企业、单位进行了清理检查。县执法大队对从事零担货运的三家单位及一个交通中转站进行了检查，其中：检查从事零担货运车辆8辆，涉及运输物品10000多件，客运车辆110余台。并对从事零担货运的从业人员进行了相关法律法规的宣传教育。在“风暴六号”专项行动实施过程中，查获2起无证经营卷烟的案件（已移送工商局），查获卷烟16.5条，案值为559.3元；1起非法运输初烤烟叶的案件，查获烟叶数量1460千克，案值为12100元；查获3起无证运输卷烟案件，卷烟数量为2959条，案值191359.00元，其中1起1300条、案值96430.00元，经检验系假冒伪劣卷烟。

【打击非法囤集烟叶窝点】 接群众举报称，有人在圭山镇尾乍黑村非法收购囤集烟叶，数量还在不断增加。县烟草专卖局对此举报信息非常重视，对该村进行严密布控。3月16日凌晨5点，犯罪嫌疑人拉第一车烟叶出来时，被县烟草专卖局联合公安经侦大队在圭山镇查获，当场查获烟叶470件。又经过三天三夜的努力，分别在弥勒依补水库、尾乍黑村礼堂、农户家中共查获初烤烟1835件。弥勒籍犯罪嫌疑人罗树清被当场抓获。经天合公司过磅、省价格认证中心鉴定，该批烟叶总重86.777吨，案值46.624629万元，此案移交公安经侦大队进入司法程序办理。

【卷烟销售情况】 2007年完成卷烟销售42781.71件，占计划41500件的103.09%，销售收入100457595.5元，毛利额20571146.94元，毛利率20.48%，综合毛利率23.96%，单箱收入11740.72元，一二类卷烟比例占12.91%。

【订单管理】 2007年为使广大零售客户共同参与到“按客户订单组织货源”工作中，县烟草部门以片区组织召开客户座谈会，统一宣传解释“按客户订单组织货源”相关知识。座谈会主要从“按客户订单组织货源”的背景、目的、意义；在“订单预测”过程中，如何配合客户经理做好调查数据与分析市场（如季节因素，地区差异，业态类别划分等）；根据自己的实际需求，科学、合理的申请单一品牌单次订货量等内容进行宣传讲解。

县烟草部门通过不断摸索，总结出了一套全新的订单预测工作方法，科学合理地建立了“零售客户动销台账”，不仅降低了订单预测工作难度，还较为有效地提高了整体订单预测准确率。“零售客户动销台账”很快在全市推广使用。全县订单预测准确率和订单满足率在全市名列前茅，订单满足率稳居全市第一。

（撰稿人：县烟草公司 李华云）

工商企业

企业改革

【县属企业改革工作】 2007年，石林县的企业改革工作主要是按照企业改革政策，规范企业改革行为，对缺乏市场竞争力的企业全面推行劣势企业退出市场机制，实施产权制度改革，促使国有资产尽快退出，实现民有民营；鼓励企业职工、国内外客商、非公经济组织、社会法人和自然人等兼并、购买国有产权，自主经营。主要完成情况是：（1）2007年9月，完成石林信达建材装潢有限公司兼并县百货公司的工作；（2）2007年7月，完成自然人李建东兼并县塑料厂的前期工作；（3）2007年8月，完成城镇集体企业县电石厂的改革扫尾工作；（4）2007年12月，完成自然人保林芬兼并县食品公司的工作；（5）制订了石林县企业改革三年（2008～2010年）规划。

通过改革，盘活了国有资产，搞活了县域经济，提高了广大职工的思想认识，解决了长期困扰企业的债务问题，使国有资产实现了保值增值，广大职工的利益得到了保障。

【春节困难职工慰问】 为全面落实社会各项保障政策，切实帮助企业困难职工渡过一个文明、愉快、祥和的春节，构建和谐石林，维护社会稳定，根据国家、省、市有关文件精神，县委、县政府在春节前夕对企业困难职工和劳模进行慰问。慰问标准为：困难职工每人200元，特困职工每人300元，慰问人数为246人，其中：困难职工118人，特困职工128人。县财政共计支付慰问金62000元。

（撰稿人：县发改局 伏小丽）

工业经济

【县经济局】 2004年5月18日，县政府下发《关于在乡镇企业管理局加挂县经济局牌子的通知》，明确在县乡镇企业管理局加挂县经济局牌子，作为主管全县工业经济、非公有制经济的县人民政府直属工作机构，与县乡镇企业管理局实行两块牌子、一套人员，合署办公。2007年8月28日，经县长办公会议研究决定，将县乡镇企业管理局变更法人单位为县经济局，并对县经济局（乡企局）领导班子进行了重新任命和充实。2007年，县经济局内设9个科室，即：石林县工业突破园区建设指挥部办公室、石林县非公有制经济工作领导小组办公室、石林县节能减排工作领导小组办公室、局办公室、规划发展科、企业管理科、节能监察科、经济运行科、培训中心，年底有在职职工13人。单位住址在鹿阜镇阿诗玛南路216号。

2007年2月县经济局被县委命名为“2006年度平安单位”，被县政府授予“2006年环境保护先进集体”；4月被昆明市政府授予“发展乡镇企业先进单位”；7月被县委、县政府授予“石林申报世界自然遗产先进单位”；9月被县委、县政府授予“创建国家卫生城市积极参与单位”。2007年县经济局资助支农联系点圭山镇法块村委会5000余元生产经费。

党总支书记、局长：念晓春
副局长：毕玉兴（彝族）
　　　　李江辉（彝族，10月起）
副书记：史云华（女，10月起）

【工业发展概况】 2007年，全县工业经济以实施“工业富县”战略为核心，以“石林生态工业集中区”建设为主攻方向，以招商引资为突破口，加快发展新型工业，积极培育龙头企业，努力壮大旅游服务业，巩固提高建筑建材业，深度开发名特优产品，大力发展绿色产业为目标，工业经济持续增长，生态工业集中区建设稳步推进，云南众友集团、云南石金集团、石林易通电缆架桥有限公司等一批规模以上工业企业得到进一步发展壮大，传统工业企业得到巩固提升，全县工业企业产品产量继续保持稳定增长，工业产品销售价格逐步提高，利税总额不断增加，全县工业经济持续、健康发展。

【工业经济指标完成情况】 2007年实现工业总产值186959万元，增长21.7%；工业增加值48147万元，增长16.4%；规模以上工业增加值21883万元，增长24.5%；规模以上工业企业达到14户，增长27.3%，主营业务实现60316万元，增长26.3%，利税总额实现10566万元，增长21.6%；规模以上工业企业万元增加值能耗下降23.8%，节能量为53744吨标准煤。全县工业固定资产投资达到23713万元，增长345.3%。

【节能减排】 按照全面落实科学发展观要求，围绕“节能减排、科学发展”主题，结合石林县节约能源和经济发展的实际情况，抓好节能减排工作，节能减排各项工作落实有力，达到了省、市要求。一是实施了一系列节能减排措施，全面清理高耗能高污染企业和淘汰落后产能；二是原煤消费大户官房水泥有限公司实施了生产线的技术改造，采用省级技术实际检测认可的折标系；三是能耗较高的圭峰焦化厂、圭山焦化厂两条炼焦生产线停产。

【园区建设】 规划完成情况：完成了县域工业产业研究、石林生态工业集中区可行性研究报告、生态工业集中区总体规划、生态工业集中区一期4.2平方千米的控制性详规、东南亚旅游商品特色产业园旅游商贸城修建性详规、生态工业集中区环评报告、集中区水土保持方案，生态工业集中区的地形图测绘等基础工作。

征地工作完成情况：完成旅游商贸城一期532亩征地拆迁工作，10月启动了新型制造产业园和翡翠珠宝玉石加工基地600亩项目用地的土地收储工作。

基础设施建设完成情况：石林生态工业集中区40米道路建设，由宜良南洋建筑公司以723.28万元中标，并筹备开工建设。

项目建设情况：完成旅游商贸城主体项目建设正式合同的签定和项目用地的招拍挂工作；中国石林南亚、东南亚裴翠、珠宝、玉石加工基地项目进入项目用地的收储阶段；阿诗玛风情街项目进入办理项目用地的规划建设定点阶段；广东温氏饲料加工项目进入用地收储阶段。

【招商引资】 全年签订招商引资项目5个，到位市外资金7522万元，超额完成任务。6月组织企业参加了第四届泛珠三角区域经贸洽谈会、9月初参加第十六届新疆乌鲁木齐对外经济贸易洽谈会、第十一届中国（厦门）国际投资贸易洽谈会和广州中小企业博览会，9月底到河南参加了2007年全国东西合作经贸洽谈暨农产品加工业博览会，共发放宣传材料400余份，主动推荐招商引资项目10余次。对有投资意向的项目，还分别到成都、广东等地洽谈合作事项；组织企业参加河南农产品加工业博览会、广州中小企业博览会、昆交会、农博会等；精心组织，推介项目，在火把节期间，邀请商家到石林实地考察，积极推介重点招商引资项目，大力宣传区位、资源、文化等方面的优势，争取外来资金到石林投资。

乡镇企业 非公有制

【发展概况】 2007年，全县乡镇企业、非公经济以项目发展为重点，以园区建设为突破口，积极开展招商引资，不断提高现有企业，强化安全管理，扎实开展各项工作，全县乡镇企业、非公经济运行平稳，继续保持快速健康发展，形成了以新型制造业、建筑建材业、旅游服务业、种养殖业、煤炭工业、农特产品加工业为主的六大行业。云南众友集团、云南石金集团、云南兴隆交通旅游集团、云南梦达尔集团、云南兴亚集团等一批企业集团迅速崛起，民营企业一改以前小、乱、差的面貌，正向集约化经营、集团化运作、管理科学的现代化企业发展。

【经济指标完成情况】 实现非公经济增加值58129万元，增长20.1％；乡镇企业实交税金4623万元，增长10.9%；乡镇企业增加值60282万元，增长15.9%；乡镇企业工业增加值27757万元，增长21.8%；农产品加工销售产值5963万元；从业人员达到33758人，新增从业人员3100人，同比增5.1%。乡镇企业、非公企业、非煤矿山未发生安全事故，安全伤亡率为零。乡镇企业、非公经济指标占全县的比重逐年增大，对促进全县农民增收、财政增收、经济发展后劲增强、维护社会稳定起到重要作用。

【新上项目】 2007年乡镇企业、非公经济新上、技改、扩建项目31个，计划总投资66460.5万元，固定资产投资43294万元，实际到位资金17559万元，新增从业人员325人。其中：新上、技改、扩建工业项目22个，计划总投资52615.5万元，固定资产投资32569万元，实际到位资金13559万元，从业人员215人；新上、技改、扩建其他项目9个，计划总投资13845万元，固定资产投资10725万元，实际到位资金4000万元，新增从业人员110人。

【安全管理】 强化目标责任管理，按行政区域划分责任，与各乡(镇)和直属企业签订了《2007年度安全生产工作目标责任书》，实行区域化管理，责任到人，实行一级向一级负责，一级抓一级，层层落实。2007年，全县非煤矿山、生产加工企业未发生安全事故，安全伤亡率为零，全县企业安全生产状况进一步好转。

【产品质量管理】 2007年，组织对全县43家大理石生产加工企业的石材产品进行质量统检，质量检测按《GC/T2001》标准进行，对大理石精板、毛板、薄型凿花毛面板3个系列产品进行了尺寸偏差、角度公差、色差、切线、抗压、抗折、吸水率、放射性8项检测。经检测，优质产品14家，达标产品15家，合格产品14家。

【技术进步】 通过实施乡镇企业技术进步工程，乡镇企业产品科技含量进一步提高，乡镇企业市场竞争力不断增强：云南众友集团完成了石林机器厂的技术改造，生产的隧道、桥梁大型台车已销售进入到多项重点工程中；易通电缆桥架有限公司进行玻璃钢系列产品开发，新建了玻璃钢桥架生产基地，该产品技术含量高，轻质、环保、节能，是钢材桥架的换代产品，填补了西南地区的市场空白；石林泰合经贸有限公司投资收购原维则化工厂，技改扩建后生产轻质碳酸钙、活性钙、纳米碳酸钙；南亚焦化有限公司、圭峰焦化有限公司等企业进行了降低能耗、降低排放、提高产量和质量的技术改造。

【人才培养和转移】 一是依托万家欢农业科技生态园、绿汀甜柿产品开发有限公司、云南众友集团三个农村剩余劳动力转移培训基地共培训678人；培训矿长、安全员140人，石材质量员50余人，提高了企业从业人员的安全知识和业务技能。二是扩大农村劳动力转移就业空间，共转移农村富余劳动力6063人，其中向省外转移农村富余劳动力802人，省内县外转移1059人，县内转移4202人，每人每年增加经济收入3675.96元。通过吸纳和转移农村富余劳动力工程的实施，促进了农村富余劳动力就业面，有效提高了农民的工资性收入和农民工技能素质。

【企村结对】 加快农业产业化经营，推动农业和农村经济结构战略性调整，增强农产品市场竞争力，积极企村结对工作。2007年引导、组织石林万家欢农业科技生态园、绿汀甜柿产品开发有限公司、梦达尔农林牧开发有限公司和石林赢鸿农产品开发有限公司4户重点企业联系村(组)，支持和促进社会主义新农村建设。4个企业结对16个村组，带动发展农户540户1570人，实现非农产业就业95人，占结对村组人数的2%；结对村组工资性收入达900元，占农民人均纯收入的30%。

【“两新组织”党组织建设】 2007年，石林县乡镇企业管理局党总支经县委组织部批准，变更名称为石林县经济局总支委员会，总支委员会共有支委5名，下设6个支部：机关支部、石林县建筑业联合支部、石林县石材行业联合支部、石林县易通电缆桥架有限公司支部、云南众友集团支部、云南石金集团支部，其中云南众友集团支部、云南石金集团支部为7月新成立支部。总支共有正式党员37名，预备党员1名。

【协助做好“申遗”和“五创”工作】在“申遗”和“五创”工作中，投入经费20余万元，组织参与企业45家，完善各种材料200多份，修订规章制度40多个，清洁改造厂区、生活区面积4.5万平方米，新增绿化面积2000多平方米，投放灭害药物100多个点，完成道路硬化130米，开展健康教育8次，参训人员400多人，企业环保专项治理3次，清理高污染高耗能企业和落后产能企业14家，停产2家焦化企业，对3家冶金企业实行差别电价，较好的完成了承担的任务。

【上级扶持】 2007年加大对企业或项目扶持资金申报力度，全年共为企业争取省市级乡镇企业、新型工业化、非公经济资金贴息扶持127万元。其中：争取省级乡镇企业贴息项目1个，扶持资金20万元；市级新型工业扶持项目1个，扶持资金27万元；市级非公经济扶持项目1个，扶持资金34万元，市级乡镇企业贴息扶持项目4个，扶持资金26万元。

（撰稿人：县经济局 李 伟）

商　业

【主要经济指标完成情况】 2007年，石林县社会消费品零售总额实现平稳较快增长，城乡市场增幅差距进一步缩小，节日市场销售灵活。1～12月，全县社会消费品零售总额累计完成91800万元。其中：批发零售业完成49226万元，同比增18.05%；餐饮业完成20895万元，同比增33.63%；住宿业完成2876万元，同比增13.54%；其他行业完成18803万元，同比增22.21%。

从经济成分上看，个体私营经济已成为石林县商品流通的主要渠道，占全县社会消费品零售总额的43.3%。主要完成情况是：国有及国有控股完成社会消费品零售总额32512万元，同比增14%；集体及股份合作企业完成2769万元，同比增41%；个体私营经济完成39739万元，同比增16.45%；其他经济成份完成16780万元，同比增106%。

【生猪定点屠宰工作】 石林县生猪定点屠宰办公室在日常工作中以“强化生猪屠宰管理，净化肉类商品市场，维护消费者权益”为主题开展工作。在工作中强化检验检疫工作，切实把好活猪进场检验关、屠宰检疫关和肉品上市关，对检出的病害猪肉依法进行无害化处理，不准流入市场，堵住了病害猪肉上市的源头，提高了全县肉品卫生质量。同时依照食品卫生法规做好人员、场房、设备和工具的清洁卫生工作，切实加强对定点屠宰场的卫生管理，提高屠宰管理的服务质量和服务水平。

全年累计屠宰生猪15870头，为全县提供新鲜猪肉210多万千克。共查处各种私屠滥宰违法案件2起，处罚罚款600元，有效保证了《生猪屠宰管理条例》在全县的顺利实施和生猪定点屠宰工作的顺利开展。

【成品油市场整顿】 2007年，在完成全县27户成品油经营单位年检工作的基础上，根据省、市有关文件精神，由县发改局牵头，会同工商、消防、技监、安监、气象、规划及税务部门，认真做好成品油市场整顿工作。加强加油站安全生产检查力度，确保人民群众生命财产安全。年内对全县的加油站（点）进行拉网式安全检查5次，发出安全整改通知书1份，对查出的隐患均已进行整改。

由于受国际原油价格上涨等各项因素的影响，2007年11月下旬起油料供应紧张，县内加油站出现严重的排队及限量加油现象。为保证全县的生产、建设、生活秩序正常，促进全县经济又好又快发展，开通了“石林县供应0#柴油绿色通道”，制定了《石林县生产、建设、生活用油实施方案》，经与相关部门协调，每天安排供油18000升，供油范围确定为客运车辆，公路、水库等重点工程机械，大型矿山机械及春耕生产机械、宾馆、饭店生活用油（县城、景区大型宾馆、涉外和接待旅游团队的企业）。

【食盐经营权管理】 经省盐务局批准，从2007年4月1日起，石林县的食盐经营权由县糖烟酒副食有限公司经营，公司从4月5日起开展业务，在经营过程中，发现农村食盐购销渠道混乱。经进行全县“拉网式”检查，共查处违法案件6起，没收假冒“白象”牌食盐58千克、违法食盐171千克，罚款2250元。

【农村食盐“两网”建设】 通过在各乡镇、各行政村、自然村建设农村食盐“两网”（“两网”即安全监督管理网、食盐配送网）配送站、点，实行县、乡（镇）、村三级供应，县城设配送中心，乡（镇）设配送站，村设配送点。严格执行国家食盐价格管理政策，实行价格公示和明码标价，按《食盐批发企业管理质量等级划分及技术要求》国家标准进行配送。县盐政所对所聘用“食盐监督协管员”进行培训（每个乡（镇）至少设1名农村食盐监督协管员，每个行政村设1名协管员），聘用的协管员都在所聘用的区域内监督管理食盐购销业务，协助盐政部门做好盐政管理工作。

2007年底，全县设配送中心1个，配送站5个（海邑、北大村、板桥、双龙商场、大可），配送点42个（路美邑镇8个，圭山镇8个，石林镇9个，长湖镇6个，西街口镇9个，大可乡2个），按市盐务局的要求完成了30%的覆盖率。全年共办理《食盐零售许可证》326户。

【酒类流通备案登记工作】 为切实做好石林县酒类流通备案登记工作，全年共出动100车次、230人次到各经营点上门服务，要求涉及酒类经营的单位、个人限期办理备案登记工作。全年共办理酒类流通备案登记838户。

【物资采购及供应】 2007年，购进民用爆炸物品分别为：炸药370吨（其中：煤矿炸药85.4吨，DT284.6吨），雷管83.6万枚，导爆管7.5万米，导火索50万米，导爆索12.85万米，定向管3.96万根。销售民用爆炸物品分别为：炸药369.7吨（其中：煤矿炸药82.5吨，DT287.2吨），雷管99.5万枚，导爆管3.9万米，导火索55万米，导爆索11.5万米，定向管2.7万根。回收报废车辆66辆（其中：报废各型汽车65辆，拖拉机1辆），旧机动车辆拍卖交易17辆。

【二手车及五小车辆交易】 县物资公司是石林县取得“再生资源综合利用证书”的唯一企业，2007年二手车交易量为17辆（其中代替法院拍卖6辆），对66辆大、中、小型汽车及拖拉机实施报废（其中51辆已成功进行拆解）；办理二手摩托车过户19辆。

【民爆物品专营工作】 自县物资公司成立以来，石林县的民爆物品经营项目就由该公司负责。多年来，该公司实现了经营业绩稳中有增，事故率为零的好成绩。该公司率先试炸成功并推广使用的“岩石专用导爆索”有效替代了原来采石使用的黑火药，提高了使用单位的效率和经济效益，增强了操作员的安全性。2007年8月，县物资公司民用爆炸物品经营项目通过国家级安全现状评价，被评为“安全级”，并办理了“民用爆炸物品销售网点证书”，使民爆安全管理信息系统在石林县顺利启动。

（撰稿人：县发改局 伏小丽）

电力工业

【石林供电有限责任公司】 石林供电有限责任公司是由云南电网公司控股、昆明供电局直接指导管理的县级供电企业之一，2003年9月16日挂牌成立。2007年，公司内部机构设有总经理工作部、党群工作部、财经部、人力资源部、市场营销部、安全监察部、生产技术部（下属大屯、石林、圭山、月湖、板桥5座35千伏变电站）、调度室、鹿阜供电所、板桥供电所、圭山供电所、北大村供电所，年底有职工134人，农村电工91人。单位住址在鹿阜镇东山路。公司固定资产12216.6万元。公司年内继续保持“云南省文明单位”称号，荣获2007年度昆明供电局“新闻报道先进集体”和“信息工作先进单位”称号。2007年7月27日，公司召开第六次股东会暨首届董事会第七次会议，全体股东代表选举唐跃云、朱文涛、宋金莉、刘勇、徐海东、苏云波、钟云为公司董事会成员组成第二届董事会，第二届董事会一次会议选举刘勇为第二届董事会董事长。2007年资助支农联系点糯衣村委会5000元生产经费。

董 事 长：刘永恒（7月止）
　　　　　刘　勇（8月起）
总 经 理：尹卫民（7月止）
　　　　　徐海东（8月起）
副总经理：钟　云（8月起）
　　　　　尹继明（8月起）
　　　　　韩春艳（女，4月止）

【供电能力】 2007年末，石林县境内有昆明供电局所属110千伏路南变电站，主变容量为71500千伏安；公司运行维护35千伏变电站5座（其中4座为双回路供电），主变总容量49300千伏安，全部达到综合自动化水平，满足无人值班要求；35千伏线路8条共164千米；10千伏线路41条共970千米，配电变压器1367台。

2007年电力工业经济指标完成情况表

项　目	单　位	本年完成	上年完成	同期相比%	备　注
供电量	亿千瓦时	1.74	1.48	17.57	
售电量	亿千瓦时	1.64	1.39	17.98	
售电收入	万元	7403.6	6160.6	20.17	
售电平均电价	元/千千瓦时	555.6	542.4	2.4	
售电单位成本	元/千千瓦时	156.93	148.4	5.7	
最高日供电量	万千瓦时	61.38	60.93	1	
平均日供电量	万千瓦时	47.07	41.63	13	
线损率	%	5.48	6.02	–0.54	
电压合格率	%	97.06	97.04	0.02	
供电可靠率	%	99.61	99.48	0.13	城镇99.907 农村99.584
电费回收率	%	100	100	持平	连续7年结零
设备完好率	%	100	100	持平	
负荷率	%	76.68	68.32	8.36	
全员劳动生产率	万元/人年	8.2	7.8	5.1	

【电力安全工作】 公司成立安全监察部，打破2007年以前安全与生产管理职能合一局面，明确了领导安全责任及责任区。开展一线员工安全技能培训，进行173次现场监察，对作业过程进行监督检查和指导，查处7起习惯性违章。开展“1·10”事故警示教育、“安全工作在云南电网”、“安全生产月”、“安全整治月”、“交通安全教育”系列活动；组织开展全县6座小水电自动投切装置、用户自备电源、变电台区、煤矿、非煤矿山、学校等236家安全用电检查，属公司产权的91项隐患，安排98.87万元资金整改，属用户产权的出具《隐患整改通知书》和《责任告知书》，并监督整改，规避安全风险。

石林县完善西部农网35千伏二站三线建成投运

【电网建设】 石林县完善西部农网35千伏“二站三线”是云南电网公司2005年立项投资的计划项目，2006年12月工程开工，石林县政府成立“加快电网建设领导小组”、出台《做好电网建设工作措施和建设征(占)用地以及地上附着物补偿办法标准》，给工程建设营造良好的实施环境。昆明供电局领导、农电工作部技术专家亲临石林县进行工程组织和现场检查指导，公司抽调精干人员配合施工方按进度进行工程组织和艰苦施工协调。8月2日，35千伏移址新建月湖变电站（主变2×5000千伏安）和15.5千米输电线路工程项目通过验收投产；8月10日，35千伏板桥Ⅱ回输电线路10.05千米工程项目通电运行；9月4日，35千伏移址新建圭山变电站（主变2×3150千伏安）和31.34千米圭山Ⅱ回输电线路工程项目竣工投产。“二站三线”五个项目共完成投资1500万元，超计划投资700万元。工程建成后，改善了石林35千伏电网结构，提高了石林35千伏供电可靠性和电压质量，为圭山、西街口、板桥、大可片区今后经济社会发展提供了坚实的电力基础设施保证。

【大修技改】 全年完成生产计划项目54个、增补大修项目72个、隐患整改35项，共计785万元生产投资，实现更新改造10千伏线路10.7千米、新增更换变压器11台、消除变电站和线路缺陷589项，进行变电站设备试验36次，处理线路故障89处，五座变电站开关无油化率和设备完好率100%，主网频率合格率100%，安全装置正确动作率100%，供电可靠率99.61%、电压合格率97.06%，达到南方电网公司考核指标。

【优质服务】 公司开展“优质服务年”系列活动，推出《优质服务承诺》，按《业扩报装作业指导书》流程规范受理报装业务，严格执行客户工程“三不指定”，年内受理769件报装业务，从提供供电方案、审核设计文件到工程实施和验收搭电都未出现超时限情况；针对不同客户需求，实施差异化服务，停电信息100%通知到用户，开通“95598”客服系统；通过定点定时到村、单机收费、延长收费时间拓宽电费缴费方式，解决客户交纳电费难问题。全年承诺兑现率100%，客户满意率99.75%。

年内配合县政府按合法程序对3个关停煤矿进行了停电，完成9项民生供电工程，办复3件人大建议，完成“2007年中国石林火把节”、“石林申报世界自然遗产成功庆典”、“石林五十周年县庆”等重大保供电任务。11月14日，公司“优质服务年”活动成果通过南方电网公司交叉检查考评。年末，公司获云南电网公司2007年“优质服务年”先进单位称号。

【经营管理】 2007年公司从抄、核、收环节入手，开展电费管理专项检查，出台《户表抄收管理办法》，农村走收电费实现日清日结，月电费回收率提高到96%以上，同时讲求财务电费核算分析质量，应收、实收准确率100%，确保了电费安全。年内查处违章窃电26起，补计电量3.37万千瓦时，补收电费5.03万元；检测安装455只计量装置，挽回经济损失4.55万元。

2007年共举办公司层面培训班6个，外部培训25次，共培训530人，并进行了培训效果评估，全员培训率96.38%。

【节能降耗】 公司制定管理降损、技术降损计划，编制节能降耗实施方案，向供电所下达线损考核指标。公司首次对客户进行节能指导服务，对金茂华钢铁厂、益华冶金有限公司、麒麟冶金有限公司3户高耗能企业执行差别电价；组织对用户进行了“文明诚信、科学用电”、“科学用电小点点”、“青春下乡光明行”等12次安全、节约用电宣传活动，公司办公、生产区域照明和VI

标识全部实现节能照明。

【信息化建设】 2007年是公司"信息建设年"，公司按信息化建设方案，投入170多万元，购置微机45台，建成公司与乡（镇）供电所、各变电站和营业点光纤联网工程，完成与昆明供电局OA以及视频会议系统联网前期准备工作，开发成功电费、抄表、收费、资料维护用电MIS子系统和人力资源MIS系统；投资300多万元建成调度自动化系统并投入试运行。

【农电体制改革成果调研】 7月12日，国务院政策研究室农村经济研究司司长叶兴庆、中央农村工作办公室杨时民处长、国家电网公司体制改革办公室处长柴高峰和农电工作部副主任张莲英、中国电机工程学会农电分会秘书万立、湖南省电力公司副总经济师王路、河北省电力公司农电部处长张东组成的调研组在南方电网公司、云南电网公司和昆明供电局领导陪同下到石林县调研农电体制改革。调研得出五方面改革成果：第一，促进了电网建设，提高了电网装备水平；第二，形成管理优势，有效提高了县级公司的管理水平；第三，有效增强了员工的归属感和责任感，提高了员工整体素质；第四，为县级公司营造出良好发展环境，促进企业发展；第五，提高了员工收入，调动了员工积极性。

（撰稿人：石林供电有限责任公司　董玉坤）

煤炭工业

【县煤炭行业管理办公室】 1990年4月，成立煤炭工业局。2002年5月30日，撤销煤炭工业局，成立县煤炭行业管理办公室。2007年，内设机构有综合科、安技科、煤炭经营管理科、财务科，年底有正式干部职工18名。单位住址在鹿阜镇阿诗玛南路148号。2007年，动员全系统干部职工捐资济困2万余元；资助支农联系点圭山镇普拉河村委会公益事业8万余元。

党总支书记、主任：杨炳学（彝族）
副书记：段宏静（9月止）
李金明（彝族，10月起）
副主任：韩保荣（9月止）
念勤生

【煤炭工业指标完成情况】 2007年，全县共有个体私营煤矿21个（县12个煤矿、东源石林煤业有限公司9个煤矿），洗煤厂6个，焦化厂8个，从业人员2000余人。全年生产原煤71.5万吨，比2006年增加21.5万吨，其中：生产焦炭27.65万吨，比2006年增加8.37万吨。实现现价工业总产值31405.7万元，实现销售收入31333.3万元，全系统上缴各种税金1500万元。

【安全生产工作】 2007年煤矿安全生产工作杜绝了重特大事故发生，发生一般性死亡事故1起死亡1人。与2006年相比，事故起数减少2起，死亡人数减少2人，是近年来煤矿安全生产最好的一年。被云南省人民政府授予2007年度煤矿安全生产先进单位，获奖金30000元。

【安全培训教育】 2007年县煤管办对全县煤炭从业人员进行全员培训21期，培训员工2000余人。送省、市煤矿安全培训中心培训特种作业人员316人，培训复训正副矿长60人，培训复训工会主席21人。县煤管办每月16日为各片组织矿长、安全员、瓦检员进行安全教育，各矿每月18日对职工进行全员培训教育，不断提高职工安全素质。

【带班作业规定】 认真落实煤矿企业负责人和生产经营管理人员下井带班作业制度，做到企业负责人每月下井带班作业20天以上、生产经营管理人员25天以上、县煤管办安全监管人员16天以上，切实加强现场管理，严格遵守安全生产的各项规定，层层落实责任，严把安全关。

【安全隐患排查】 2007年县煤管办积极配合市乡镇企业局、云南煤矿安全监察局红河监察分局开展每季度一次联合执法检查。全年开展了4次联合执法检查，查出隐患214条，整改隐患211条，隐患整改率达98%以上。对存有安全生产重大隐患的矿井，依法实施重处重罚，责令停产整改，限期消除隐患，并按相关程序申报验收合格后，方可恢复生产。

【煤矿矿井关闭整合工作】 2007年石林县有3对矿井被省政府列为关闭整合对象，按照"先关闭后整合、上大关小、以优并差、合理布局"的原则，县煤管办实际关闭了千红煤矿、文昌煤矿、鑫旺煤矿二号井3对矿井，进一步实施煤炭资源整合。至年底全县保留21个矿21对矿井，关闭整合工作初见成效。

【"六月安全月"活动】 2007年县煤管办以"六月安全月"和"安康杯"煤矿安全知识竞赛为平台，以各煤矿为单位开展"安康杯"知识竞赛21场次，参加竞赛及受教育人员达1900余人。同时开展以"一通三防"、"雨季三防"和机电设备专项整治为主要内容的安全生产现场大检查，查出隐患160条，整改159条，改善了井下职工的劳动安全生产条件。

【打击和取缔非法开采行为】 2007年县煤管办积极配合县政府组织的打击和取缔私挖滥采行为3次，出动车辆60辆次、人员30人次，投入经费10万元，有力地打击和取缔了私挖滥采行为，有效治理了煤矿行业的流通秩序，取得了明显成效。

（撰稿人：县煤管办　段宏静）

商业总公司

【县商业总公司】 1950年成立县工商科。1956年12月，撤销县工商科，成立县商业局。1992年8月，县商业局转变行政职能成立县商业总公司（国有企业）。1997年8月，改制为股份合作制企业。2007年公司下设办公室、财务部、发展部3个职能部门和云南石林石油有限公司（与中国石油化工股份有限公司云南省分公司合资）、昆明石林大厦、蓝梦酒店、人民旅社、双龙精品市场等经营机构，年底有职工102人，其中股东50人。公司住址在鹿阜镇石林中路104号。2007资助支农联系点长湖镇海宜村委会800元生产经费。

总支书记、董事长、总经理：马继闳
副总经理：张　霖
监事会主席：赵建兴

【主要指标完成情况】　云南石林石油有限公司：完成燃油总购进22.34万吨，完成年计划12万吨的186.17%；完成燃油总销售22.34万吨，完成年计划12万吨的186.17%；实现利润-258.45万元，与2006年相比，亏损降低23%；上缴税收9.46万元。商业总公司：总收入231.05万元，总支出221.79万元，上缴各项税收16.25万元，实现利润9.26万元。

2007年底，公司总资产2487.64万元，负债1692.48万元，净资产795.16万元。

【企业换届选举】　1月28日，公司召开第四届股东大会第一次会议，进行董事会、监事会换届选举。这次换届选举是公司完成第二次产权制度改革后的第一次换届选举。根据改革后新的公司《章程》规定，全体股东按所持有股份的比例以无记名投票方式选举产生了第四届董事会和监事会领导班子，聘请并组建了公司新一届行政领导班子，确定了公司第四届董事会暨行政班子三年任期工作目标。

【规范企业管理】在完成了以“增资扩股，实现股权相对集中”为核心的第二次产权制度改革后，按照“产权清晰、权责明确、政企分开、管理科学”的现代企业制度要求，全面推进企业规范化管理。1月，公司与全体股东签订了新的劳动合同，对股东实行全员合同化管理，用劳动合同调整企业与员工的关系，进一步完善和规范了公司的用工管理。

【盘活资产】　2007年，在对市场进行深入调查的基础上，公司结合资产的不同情况，采取不同的方式，盘活现有资产，提高资产利用率，增收近50万元。首先采取电视广告、在县内各集镇粘贴招租广告的方式开展蓝梦酒店招租宣传，通过竞价招标方式将蓝梦酒店主楼以每年21万元的价格租赁给两个自然人经营管理。其次是与昆明潺潺清真园有限公司签订协议，将石林大厦整体租赁给该公司，每年收取租金40万元，原公司石林大厦4名员工由该公司负责安置，并由该公司负责缴纳这4名员工的“五险一金”。第三是根据石林县商业网点分布和发展变化情况，结合蓝梦酒店所处县城中心商业区的区位优势，经过酝酿讨论，公司自己设计方案，投资20余万元通过竞标方式，利用蓝梦酒店后院闲置场地建成了双龙精品市场并投入使用。第四是人民旅社大院因设备陈旧、房屋老化闲置多年，卫生、安全部门多次要求公司对人民旅社进行改造并加强管理。在石林创建国家卫生县城过程中，因陈旧、老化、脏、乱、差被上级部门强制停业整顿，给公司造成了一定的损失。针对这一情况，公司一方面积极主动与相关部门协调，组织力量对脏乱差进行治理，另一方面积极开展招租工作。通过努力，招租工作顺利完成，在公司的督促和指导下，客房和空场的改造基本达到要求，恢复正常营业。既减少了改造成本，又节约了管理费用。第五是本着最大限度提高资产利用的原则，在留出正常通道的情况下，把总公司办公楼大厅以每年3万元的租金，租赁给昆明泰坦保险代理有限公司作为办公营业场所。

（撰稿人：县商业总公司　赵永平）

供销合作

【县供销社】　1954年8月，成立县供销合作社联合社。2007年2月，县委对县供销社领导班子进行了调整，任命了新一届领导班子。2007年县供销社有党委、理事会、纪委、监事会、工会、妇委会等领导机构和群团组织，下设办公室、财会审计科、经济发展科、基建安储科4个科室，年底有在职职工15人。县社下属有农资公司、外贸公司、贸易中心和8个基层社。全系统干部职工146人，离退休职工175人。机关办公在鹿阜镇双龙小街182号。2007年，县供销社资助支农联系点圭山镇水补衣村委会4000元生产经费，并购买价值1000元的化肥送给10户贫困党员和群众户。

党委书记、理事主任：李光正（彝族，2月止）
何志兴（2月起）
纪委书记：李孝明（彝族，2月止）
袁　宏（2月起）
理事副主任：马天益（2月止）
吴自云（2月起）
李孝明（彝族，2月起）

【主要经济指标完成情况】　2007年，商品购进总额完成8621万元，完成计划的133%；商品销售总额完成9750万元，完成年计划的135.4%；从生产者购进3216万元，完成计划的321.6%；社会消费品零售总额完成1313万元，完成计划的10.9%；农业生产资料销售4459万元，完成年计划的131.1%。

【农资供应】　2007年，供销社的农资供应工作经受了市场的考验。面对市场挑战，供销社大力推进农资代销制改革“五统一”（统一购进、统一配送、统一标识、统一核算、统一资金融通与管理）连锁经营，实行市场化运作。确立了农资供应“渠道不乱、品种对路、质量保证、价格平稳、适时供应、不误农时”的服务理念，有效整合全系统91个化肥代销网点，精心组织品牌货源，做好淡季储备和旺季销售及服务工作，力保全县生产用肥的供给。全年共组织供应各种化肥33043吨，完成县政府考核目标30000吨的110%；供应农药251000千克，完成目标任务150000千克的167.3%；供应农地膜203吨，完成目标任务200吨的101.5%。实现了向政府、农民和市场作出的“数量充足，不出现脱销；质量保证，不出售假货；价格平稳，不随意涨价；服务到位，农民得实惠”的服务承诺。

【农村综合服务社】 2004～2007年，县供销社创建的农村综合服务社达105个，2007年新增27个。综合服务社主要为农民提供生产、生活、农产品购销加工及运输、种养殖科技、文化娱乐、农机具（器）修理、市场信息等综合化服务，具有经营性、服务性、公益性三大功能，使供销社服务“三农”工作更加深入基层、深入群众，改善了农村消费环境，扩大了农村消费，满足了农民群众对生产、生活、娱乐的需要，促进了农民合作经济的发展。

【“万村千乡市场工程”建设】 “万村千乡市场工程”建设工作是县委、县政府委托供销社承办的一项民心工程，是一件农民得实惠、企业闯市场、政府得民心的大好事。2007年，县供销社在对所属购销网络的布局、规模、经营、服务等方面的情况进行调研的基础上，积极创建“万村千乡市场工程”农家店15个，使全县农家店数达到55个（其中农资农家店27个，日用消费品农家店28个）。“万村千乡”农家店的创建，改善了农村消费环境，让广大农民群众买得到货真价实的商品和享受实实在在的服务，促进了农村经济的健康发展。

【参与农业产业化经营与开发】 2007年，维则玉米专业合作社向农民收购玉米达20000吨，比上年的17000吨多收购3000吨；向农民支付收购资金2760万元，比上年的2400万元多支付360万元；助农增收92万元，比上年的65万元多增收27万元，带动农户7000户，户均增收132元。用玉米串换化肥3500吨，比上年的2100吨增1400吨。

石林县养殖协会通过开展全方位服务，为养殖户会员协调解决养殖场合并、引种、扩建等实际问题34起，免费培训养殖技术6500余人次。在协会会员中，养羊的有5户，养羊5000只；养奶牛的2户，养牛50头；养猪的30户，养猪5000头；养鸡的21户，养鸡50000只；养鱼的2户，养鱼156亩。养殖协会年为养殖户优惠提供105万元的畜禽药品和各种饲料8000吨。带动生产基地2000亩，带动农户18000户，年助农增收1000万元。

【阿黑酒业合作社成立】 2007年12月27日，由海邑供销社、石林彝嘉醇酒厂、维则供销社和15户农民等18个成员联合组建的“石林彝族自治县阿黑酒业合作社”挂牌成立。18个成员中有生产商、供应商、营销商，是真正的经济实体。阿黑酒业合作社的成立，翻开了供销社发展“两社一会”（专业合作社、综合服务社和行业协会）新的一页，标志着石林彝嘉醇酒厂进入了一个新的发展阶段。

【农村合作经济组织联合会】 石林县农村合作经济组织联合会是组织和指导全县农民合作经济组织发展的社团组织，其宗旨是为“三农”服务。2007年11月13日，县供销社向县人民政府递交了《关于组建石林彝族自治县农村合作经济组织联合会的请示》。11月27日，县长办公会议批准同意组建。

【企业改革工作】 2007年，针对系统企业参差不齐、发展不平衡等问题，县供销社积极探索，提出了扶弱促强的思想。各企业面对困境，解放思想，因地制宜，大胆探索，成效明显。农资公司和基层社积极完善化肥代销制中的营运方式和管理措施，应对千变万化的市场；海邑供销社不断扩大再生产，开发阿黑酒新产品投放市场；贸易中心大胆探索，推行资产公开承包经营；板桥、城区、路美邑供销社积极盘活资产，招商引资，开展租赁经营；西街口、维则供销社积极支持集镇建设，并做好拆迁维权工作；大可、北大村供销社抓好农资市场开拓业务和延伸服务。通过各企业不断深化改革，搞活了企业，促进了发展，确保了稳定。

【职业培训工作】 全年培训任务400人，实际完成519人，其中：农产品经纪人62人，庄稼医生120人，农民经纪人155人，农业科技53人，会计统计30人，流通网络39人，外出考察学习60人。培训的519人中，县社领导干部23人，中层干部189人，内部职工（含下岗职工）90人，“两社一会”人员86人，乡村基层干部112人，种养殖户人员19人。

（撰稿人：县供销社 敖正林）

粮食购销

【县粮食局】 1952年2月成立县人民政府粮食局；1956年12月改称县粮食局；1993年撤销县粮食局，成立县粮油贸易总公司；1996年恢复县粮食局。2007年局机关设办公室、综合科、会统科，年底有职工17人。因原办公地点阿诗玛粮油大厦引资改造和整体出租，2007年5月局机关搬迁至县城东山路租房办公。2007年县粮食局在全县“平安创建”活动中获县“平安单位”称号，会计、统计工作获全市粮食系统第三名；双龙山生活小区获三星级园林小区称号。2007年资助支农联系点长湖镇豆黑村委会生产经费1000元及豆黑小学进校道路硬化经费5000元，向村委会赠送了价值3500元的桌、椅、沙发、床等办公物品。

总支书记、局长：陈永洪
副局长：李永平
刘光伟

【粮油购销】 2007年，国有粮食企业克服县粮食局为筹集后续改革成本拍卖、出让板桥、北吉村粮库导致的经营网点减少、收购覆盖面缩小、经营粮源不足和由此带来的农发银行在小春收购旺季大副度削减企业贷款，冻结企业收购资金，造成收购量骤减等困难，在1～8月发生亏损17.35万元的不利情况，抓住大春粮食上市的有利时机，深挖内部潜力，千方百计扩大粮食购销。全年国有粮食企业收购粮食1283万千克，其中：玉米562万千克，小麦285万千克，大米16万千克，稻谷420万千克；销售粮食1279万千克，其中：

玉米561万千克，小麦285万千克，大米17万千克，稻谷416万千克，实现销售收入2169万元，实现工业产值120万元，实现利润18.2万元。

非国有粮食企业在国有粮食企业收购锐减，经营受限制的不利情况下，汇集民间资金，积极融入市场，采取灵活的购销方式开展粮食购销。全年共收购粮食1146万千克，销售粮食1149万千克，为及时沟通全县粮食流通作出了贡献。

【依法管粮工作】 按照国务院《粮食流通管理条例》赋予粮食行政管理部门的6项职能和12项监管职责以及省、市、县配套实施意见的要求，县粮食局积极推进依法管粮、依法治粮工作。2007年5月，县粮食局成立推行粮食行政执法责任制工作领导小组，重点抓好粮食流通监督检查，资格审核、统计制度、质量监管等一系列配套规章的贯彻落实；以“依法管粮，服务百姓”为主题，在县科技局等三部门的统一安排下，组织了粮食科技活动周暨《粮食流通管理条例》颁布三周年宣传活动；以做好执法检查，规范粮食流通为重点，对全县已办理粮食收购资格许可证的28户粮食经营户进行专项检查，对未办理收购资格证的粮食经营户进行了警示检查。7月，在上年组织局机关全体干部职工参加省粮食局粮食执法培训的基础上，组织局机关粮食行政执法工作人员参加县上的行政执法知识培训，初步建立起了一支具备资格的粮食行政执法队伍。

认真做好社会粮食流通统计调查工作，此项工作由于受到市、县政府的高度重视，2007年专门安排专项统计调查经费5.4万元（其中：市财政安排固定粮情调查经费1.4万元，县财政安排社会粮食流通统计经费4万元），使社会粮食流通统计调查工作得以全面开展。截至年末，纳入社会粮食统计的19户，比上年增加10户，纳入农户粮情固定调查40户，并全部建立了完整调查基本情况信息，调查信息包括农户家庭人员结构情况、人均耕地、主要种植物、年消费口粮、饲料、籽种用粮等内容。

【储粮安全工作】 2007年，轮换储备粮168.6万千克，其中：玉米90万千克，稻谷78.6万千克。年内，县粮食局将“四无粮仓”评比活动、生产安全、职工居家安全、环境卫生等与县上的“五创”工作有机结合起来，做到一起检查，一起评比，一起整改，使仓库内外，粮面卫生、居家环境等大幅度改善，粮食“一符四无”（账实相符，无虫害、无鼠雀、无霉变、无事故）率达到100%，安全事故零发生。

【盘资维稳工作】 2007年，县粮食局一方面积极利用土地的级差效益，加大闲置资产的变现力度，通过出让板桥、北吉村粮库资产筹集到改革后续成本428万元；另一方面积极引资，将粮油大厦整体出租给洪源农产品销售有限公司开发、改造经营，盘活大厦资产，提升了大厦的服务功能。通过这些工作，不断缩小改革成本缺口，有力地保证了老职工工资福利和医疗费用的来源。同时，为解决老职工医疗保险问题，解除他们的后顾之忧，县粮食局千方百计筹资，与医保中心协调，将退休职工、内退职工和局机关未纳入财政编制职工纳入医保，此项工作预计2008年可完成。

（撰稿人：县粮食局 李培志）

旅游业

综　述

【石林世界自然遗产】 2007 年 6 月 27 日北京时间 14：16、新西兰时间 18：16，联合国教科文组织世界遗产委员会表决通过中国南方喀斯特列入世界自然遗产名录。2007 年 8 月 6 日，在火把节热烈欢快的歌舞声中，石林管理局在石林风景区小游园（世界地质公园碑）处举行世界自然遗产揭碑仪式，在游客中心国际会议厅举行世界自然遗产申报成功答谢会，广泛邀请了十多年来，在石林申报世界遗产过程中，对石林作出过贡献的机构和专家人士出席，答谢会上县领导作了题为《十七年不懈追求与努力，十七年铸就品牌与辉煌》的致辞。

【全国首批 5A 级旅游景点】 2007 年 8月 17 日，国家旅游局在北京隆重召开中国旅游协会景区分会成立暨全国 5A 级景区颁牌大会。国家旅游局局长邵琪伟、副局长张希钦、纪检组长王军等国家旅游局领导出席了大会及颁牌仪式。来自全国 31 个省、自治区、直辖市及相关城市旅游局和旅游景区的 300 多名代表出席了会议。省市旅游局组织了代表团，石林风景名胜区作为 5A 级旅游景区的代表出席了大会。国家旅游局邵琪伟局长等领导为故宫博物院、云南石林等全国 66 家 5A 级旅游景区颁发了标牌和证书。

【中国民间文化遗产旅游示范区】 2007 年 3 月 24 日，在北京 2007（第三届）中国景区博览会上，石林风景名胜区被中国景区与媒体协会评为“中国民间文化遗产旅游示范区”称号。

【全国旅游系统先进集体】 2007 年 4月 27 日，在北京人民大会堂，石林风景名胜区被人事部和国家旅游局授予“全国旅游系统先进集体”称号。

【国家级风景名胜区综合整治十佳单位】 2007 年 12 月 1 日，在北京人民大会堂，石林风景名胜区被国家建设部授予“国家风景名胜区综合整治十佳单位”称号。

【最佳资源保护中国十大风景名胜区】 2007 年 12 月 11 日，在北京人民大会堂，石林风景名胜区被国家建设部授予“最佳资源保护中国十大风景名胜区”称号。

旅游景点

【大小石林景区】 大小石林位于县城北面 8 千米处，是石林风景名胜区开发较早、久负盛名的剑峰形岩溶地貌观赏区。范围包括绿芳塘、石林湖、大石林、小石林、步哨山、李子园、万年灵芝、比目潭等，景区面积 11.92 平方千米，主要游览区面积 4.165 平方千米，自然分布为大石林、小石林、外石林三个区域，林中石峰各不相同，象形象物，已命名的主要景点有 80 多处。

大石林的主要景点有：出水观音、狮子亭、青牛戏水、石屏巍峨、朱德题词、石林胜景、千钧一发、且住为佳、莲花峰、剑峰池、极狭通人、仰天俯地、双鸟渡食、犀牛望月、象踞石台、千年寿龟、凌空笔架、望峰亭、洞府仙韵、刀削峰、坐井观天、一线天、赵官扎营、石监狱、凤凰梳翅、神鞭石、南天门、幽岚深谷、出征将军、蝙蝠狂舞、二龙戏珠、金龟探海、老翁拜山、月宫桥、将军鞋、石林仙女、奇石连理。

小石林的主要景点有：玉鸟池、阿诗玛、唐僧西行、悟空石、幽池、幽池恋人、越王剑、三石门、书生作揖、刘备迎客。安装了五彩斑斓的灯光。

石林外景的主要景点有：猪八戒睡懒觉、五老赛跑、步哨远眺、喜相逢、猩猩戏狗、漫步从容、母子偕游、骆驼骑象、苏武牧羊、石林古崖画、天鹅远瞩、望夫石、怒发冲冠、万年灵芝、比目潭。

【乃古石林景区】 乃古石林风景区距离大小石林 10 千米，位于县城东北 20 千米处，先后被冠予石门峰、和摩站石林、新石林、黑松岩、灵芝林、古石林等名称。1985 年被县人民政府正式命名为“乃古石林”，乃古即撒尼语“古老、黑色”之意。景区面积 7.83 平方千米，石峰颜色黝黑，有“峰上望、地上转、地下钻、古林逛、良缘林、桃花园”的特点，主要景点有：白云湖、鹦鹉岩、梁祝相会、玉象远眺、金猪斗、峰上望、沙弥背经、神龟听经、聚仙台、承露盆、独石成林、象救象、灰龙泉、通天洞、石破天惊、飞来石、双狮恋、孔雀开屏、八卦炉、千剑峰、祝员外寻女、猪八戒背媳妇、大天鹅、玉马金鞍、金鳖负山、鬼谷、松鼠回洞、壁上挂、飞仙幽谷、古林瑶池、孟母教子、龙腾虎跃、老君壶、犀牛触石、古塔洞天、幽谷仙瀑。景区地下溶洞众多，已探明的就有 9 个，已开发的白云洞，洞内钟乳石众多，象形象物，奇景连绵，洞中共命名：天神宝殿、慈母泪、蓬莱仙境、魔鬼峡谷、狮门关、智取蟒珠、仙羊欢歌、美的梦乡、仙女瀑布、仙羊魂、火把石、月宫等 18 个景点，景点连接起来便成为一个引人入胜的神话故事“阿美诺的故事”。乃古石林风景区已封闭，作为世界自然遗产地进行保护。

【大叠水风景区】 大叠水瀑布又称飞龙瀑，位于石林县城西南 23 千米处，其水源系南盘江支流巴江与几弯河汇流的下游白鸽江，江水遇两条平行的断裂层而形成两处较大的落差，第一道称小叠水，第二道称大叠水。大叠水瀑布底海拔 1500 米是石林县海拔最低的地方。景区总面积为 3.5238 平方千米，其中：一级保护区 0.4772 平方千米，二级保护区 1.2847 平方千米，三级保护区 1.7619 平方千米。1999 年由山东泰山索道公司投资建成大叠水索道站，解决了老年人、儿童旅游疲劳及旅游安全问题，极大地改善了景区旅游基础设施条件。景点主要分布在一、二级保护区内，有珍珠泉、小叠水瀑布、大叠水瀑布、仙人洞、清水河等景点。

珍珠泉位于板桥镇龙潭村南，距离大叠水 2 千米，原名瞎白龙潭，因潭中产盲鱼而得名。原水面面积 30 平方米，清澈见底，游鱼、水草历历可见，潭水最小流量每秒 0.24 立方米，从水底冒出的气泡一串串此起彼伏，如珍珠一般，在阳光照射下五光十色，斑斓耀眼。泉水常年保持水温 24 度，是理想的游泳用水，附近村民常到泉边沐浴。已开发成大型游泳池，并建成鱼类养殖基地。

小叠水瀑布位于小叠水村边旁，大叠水上游 1.5 千米处，瀑布落差 20 米，宽约 12 米。

大叠水瀑布当地居民称“老喷水”，为古代路南八景之一的“叠水蒸云”，又称“飞龙瀑”。整个瀑布由两叠瀑布连接而成，第一叠落差约 5 米，第二叠落差 87.8 米，总高 92 余米，宽 30 余米，雨季流量每秒 150 立方米，枯季流量每秒 3.2 立方米。观大叠水瀑布，最为奇特的当属间隙性喷水，哗啦一声，一股气流从瀑布半壁间喷出，将水珠喷洒出十多丈远，整个山谷烟雾弥漫，喷水过后，仔细观察，飞流半壁上出现一个隐隐约约的岩洞，一两分钟后，瀑布流水又掩住洞口，飞流迭入深潭，这种奇景每隔数日才出现一次，每次喷水后水雾都会弥漫整个山谷，有时竟会升到瀑布顶端，在阳光下现出道道彩虹。

仙人洞位于大叠水瀑布对面山腰上，以洞内景观得名，洞长 68 米，高 3～5 米，宽 3～6 米，洞口低狭，仅容一人进出，洞内有石笋、石柱、石幔、石钟乳，形态各异。其中 18 块溶石，仿佛 18 位或坐或立的罗汉，有的吹萧，有的弹琴，有的击鼓，有的跳舞，就像一个剧团在演出。该洞尚未开发，游人入内观赏，必须自备照明设备。

清水河位于大叠水瀑布西北方向的峡谷内，峡谷内流出的清泉汇入大叠水的迭潭中。峡谷长 2 千米左右，谷中河水潺潺，清澈透明，流水落石，溅珠雪白，峡谷两边各种灌木青翠浓绿，小鸟在林中飞舞欢唱，仿佛世外桃源。

【长湖风景区】 位于石林县西边长湖镇旁，距离县城 19 千米，由长湖、独石山、圆湖等景点组成。景区以湖光山色、优美的生态环境和石林喀斯特地貌景观为主体特色，重点开展喀斯特地质环境科普风光游览、休闲娱乐、水上观光游览、民族文化等活动，是以昆明为主要客源地的远郊休闲度假景区。

长湖是地层断裂作用所形成的岩溶湖泊，因湖形狭长而得名，又因湖体掩藏于青山翠岗之中，以往游人足迹罕至，故又称“藏湖”。长湖周长 5.5 千米，宽 300 米，最深 24 米。湖水清澈透明，长年不枯，像一位身材修长的窈窕少女，静卧在青山环抱中，森林覆盖率达到 95%以上。在湖北侧的云南青松林中，石峰成林，30 多处洼地积水常年成湖，与长湖一道组成奇特的高原湖泊群景观。湖东有磨盘山，宛如一尊威严忠厚的守护神，周围尚有大尖山、二尖山、独石山等。优美的自然环境成为避暑、度假、野营的好去处，可以野炊、游泳、垂钓、登山，摘蕨菜、野花、杨梅、蘑菇等山珍野味。

独石山在长湖旁边，独石成峰故得名“独石山”。山上林木苍翠，风光秀美，故又名“独秀峰”。独石山前临维则村，后倚大尖山，陡峻奇险，仅有一前一后两条路上山，有一夫挡关万夫莫开之势。清朝咸丰年间，路南彝族义军领袖赵发在山上安营扎寨，与清军对峙十余年之久，山顶曾建有演武厅、聚义厅，现仅存石水井、石监狱、石城墙等遗物，而营盘石垒拱门至今依然挺立。1938 年，著名历史学家吴晗考察后题诗刊刻于山顶石壁上：“独石山上竖将旗，将军雄略妇孺知。我来已历沧桑劫，犹旁夕阳觅古碑。”

圆湖在长湖南边 2 千米处，九（乡）石（林）阿（庐古洞）旅游专线从湖边经过，湖周长 1.2 千米，湖面面积 0.25 平方千米。长湖风景区东、北部以地质公园范围为界，南、西至九石阿旅游专用公路为界。其中，一级保护区面积为 4.56 平方千米，二级保护区面积 7.62 平方千米，范围为北至祖莫乡村公路，南到大小尖山一线，东至小团山、独石山区域。

【圭山国家森林公园】 位于县城东南 40 千米的圭山镇，是石林县境内最高山，海拔 2601 米，总面积 3206 公顷。山势巍巍雄壮，山顶可观日出、云海，可俯临师宗、泸西、弥勒、石林四县，森林覆盖率达 60%以上，是镶嵌在石林县东南部的一颗“绿宝石”。2000 年 12 月 28 日国家林业局批准圭山森林公园为国家级森林公园。圭山属亚热带低纬高山气候，年降雨量 970 毫米，年均无霜期 210 天，月平均气温变化不大，冬暖夏凉。有保存完好的原始森林植被，具有丰富的动植物资源，查明的圭山森林公园中有植物 137 科、426 属、641 种，其中国家二级保护植物有扇蕨、篦子三尖杉、香樟、厚朴等，省级二级保护植物有小果南烛、裂果漆，还有石林人民引以为自豪的美依花（杜鹃花）、茶花、四照花、火把果、野生杨梅等。野生动物主要有蟒蛇、穿山甲、麂子、野兔、画眉、啄木鸟、白腹锦鸡、果子狸、蜥蜴等。多样性的森林植被融合人文、地理、气象等优美的景观，相互烘托形成了可供观赏、游乐和寻味的组合景观，构成了现代人寻求回归自然，到森林中去旅游、休憩、娱乐、疗养和科考、探索的场所。圭山上有远近闻名的圭山寺，始建于明朝，自古以来香火十分旺盛，是昆明市、曲靖市、红河州乡民最崇拜的佛教名山胜地。每年的“三月三”和清明节前后，成千上万的乡民到寺上朝拜祭祀。圭山还是光荣的革命历史纪念地，“云南人民闹革命，圭山打响第一枪”。当年朱家壁将军率领一支人民的军队以圭山为根据地，先后攻克师宗、丘北，解放广南，为云南的解放事业做出了重要贡献。朱将军的墓就坐落于圭山群峰中，是进行革命历史教育的好课堂。

【芝云洞风景区】 芝云洞风景区为溶洞群景区，包括大芝云洞、小芝云洞、祭白龙洞和天生桥、猪耳朵洞、大干洞等。其中大芝云洞、小芝云洞、祭白龙洞三个洞原来曾经开发并对外开放，后因经营不善，已封闭洞口进行保护。

【未开发景点】 石林县的旅游资源极为丰富，面积广阔，已开发开放的主要旅游景区景点包括大小石林景区、乃古石林景区、长湖景区和大叠水景区。尚待开发的景区有月湖景区、奇风洞景区、仙女湖景区；具有观赏价值而未开发的

石林有阿玉林石林、水塘铺石林、尾博邑石林、所各邑石林、豆黑村石林等10多个片区。这些未开发的景区和石林都比较集中，保存得比较完好，是石林风景名胜区的核心保护区。

旅游规划

【石林风景名胜区总体规划（修编）】 2003年，鉴于1981年编制完成的《石林风景名胜区总体规划》时限已过期，已不适应石林旅游发展的需求，按照国家建设部的要求，在县委、县政府的支持下，石林管理局邀请广西建筑综合设计研究院和云南方城规划设计事务所对原《石林风景名胜区总体规划》进行修编。2005年，《石林风景名胜区总体规划（修编）》完成并上报国家建设部审批。2007年初，国家建设部批准《石林风景名胜区总体规划（修编）》。修编后的总体规划以三级保护区界线为依据，考虑资源分布状况，强调资源的有效保护和可持续利用，对三级保护区范围进行调整，使石林风景名胜区管理范围仍然为350平方千米，与原规划范围保持一致，规划时限为2003年至2020年，远景规划至2030年。

【石林风景名胜区保护条例】 原《路南石林风景名胜区保护条例》是根据国务院1984年颁布的《风景名胜区管理暂行条例》和有关法律、法规制定的，于1990年11月20日昆明市第八届人大常委会第三十三次会议通过，1991年2月7日云南省第七届人民代表大会常务委员会第十六次会议批准，1991年5月1日起施行。2006年12月1日，《风景名胜区管理条例》正式实施，其中明确了景区执法权将以条例的形式授权给景区管理机构。2007年初，为使石林的风景资源得到有效的保护，景区执法权更具操作性，根据县委、县政府的要求，组织了县人大法制委员会、县政府法制办公室和石林管理局办公室、环保监察处、园林绿化处、旅游监察中队等部门的人员组成了《石林风景名胜区保护条例》修订组。几经修改，到2007年8月止，《石林风景名胜区保护条例（送审稿）》已送石林县人大常委会审议，并于9月5日上报昆明市人民政府。

【石林风景名胜区旅游规划研究报告】 2005年初，为实现“创建世界一流景区，打造国际旅游胜地”的宏伟目标，必须以新理念、大思路、大品牌推进石林旅游二次创业，根据县委、县政府高起点、高标准、大手笔做好石林旅游发展规划的要求，石林风景名胜区管理局委托新加坡CPG集团编制《石林风景名胜区旅游规划研究报告》。该报告重点整治核心景区和外围景区，串连各个景点，将自然和人文景观有机结合起来，为当地少数民族建筑创造一个新的民族风格。并从旅游发展的角度，对石林的景观资源进行评价，提出石林的发展定位，同时就管理、行销与促销、人员培训等多方面提出建议，从交通、景点开发、游憩设施、旅游线路规划等多方面进行研究。该报告于2007年4月完成，年底通过专家论证评审。

【云南石林旅游业发展战略规划】 规划是2005年初石林风景名胜区管理局委托上海市人民政府发展研究中心进行编制的思路研究报告，旨在为政府决策提供意见，为进一步编制《石林旅游发展规划》提供思路和依据。规划分为两个部分：第一部分是战略思路研究，提出石林旅游业发展的规划背景、现状评估、发展环境、发展目标与总体战略、空间发展格局与功能布局、产业规划与产品设计，提出相应的发展措施和需要的政策支持；第二部分是概念性区域规划研究，提出概念性规划设想和初步设计方案。规划于2007年1月编制完成，年底通过专家论证评审。

【石林旅游服务区规划】 石林旅游服务区实际上就是未来石林城市的北部，因此称为《石林城市北部概念规划》，该规划是石林旅游服务区建设管理委员会委托云南沃土规划设计咨询有限公司编制的概念性规划。规划区分北、中、南、西四个片区，规划面积约14平方千米。各片区的主要功能定位如下：胜利桥片区（北区）以商贸购物、手工艺实践为主的综合服务区；石林镇片区（中区）以商务会展、餐饮娱乐为主的综合服务区；西纳村片区（南区）以彝族文化体验、房地产开发为主的综合服务区；阿玉林片区（西区）以休闲度假、康体运动为主的综合服务区。规划于2005年7月编制完成。石林旅游服务区北区控制性规划通过县政府审批，南区控制性规划已上报县政府；石林撒尼古城整体规划正进行调整、修改和完善，提交专家论证评审，一期（430亩）项目用地待规划设计方案评审通过后将正式恢复动工建设；石林生态民族运动场建设项目完成概念规划方案编制，前期预备工作有序进行；昆石高速路和西石公路交汇处交通道路改造完成设计方案待筹资建设。

【中国彝族第一村总体规划】 为更加有效地保护自然遗产，推进石林旅游二次创业，县委、县政府决定搬迁位于一级保护区内的五棵树村，建设中国彝族第一村。中国彝族第一村建设工程指挥部委托云南广源设计有限公司编制了《中国彝族第一村总体规划》。中国彝族第一村位于石林旅游服务区南区小箐村南，西面和石林中路相连，距石林主景区2.5千米，距县城鹿阜镇8.9千米。占地面积784亩，一期规划用地484亩，一期总建筑面积120000平方米。计划总投资2.5亿元，安置村民278户937人，年旅游接待规模为35万人次，旅游接待收入3525万元。中国彝族第一村环境上规划科学，布局合理，景观优美；经济上依托石林景区庞大客源市场，发展乡村休闲体验游，打造新景观；文化上以撒尼文化为主线，兼收并蓄其他彝族分支的文化，以生活化、原生态的方式展示彝族文化。规划已于2007年11月按时完成，准备提交专家论证评审。中国彝族第一村建设项目已完成了整体规划、修建性详规和居民住宅单体建筑样板房设计，拟定了五棵树村拆迁补偿初步方案，完成了新村建设土地征用等前期准备工作，举行了新村建设奠基典礼，各项工作正常开展。

【乃古石林景区详细规划】 规划由石林风景名胜区管理局委托上海同济城市规划设计研究院进行编制，规划范围为《石林风景名胜区总体规划》所划定的乃古石林景区的核心景区与一级景区，面积2.42平方千米，定位于遗产旅游，即进行科普教育与生态休闲特色，保护石林遗产。从更大范围把大小石林到乃古石林之间的景观游憩带及乃古石林周边环境资源、乡土文化资源作为一个整体考虑，以三联（联湖、联村、联江）借遗产之名，带动地方发展。规划于2007年4月完稿，已通过专家论证评审。

【大叠水和长湖旅游风景区保护性规划】 两个规划均由石林风景名胜区管理局委托西南林学院编制，是响应石林“建设昆明后花园”的发展目标，在绿色消费成为人们关注的话题和时尚、休闲旅游成为人们生活的一个部分的时代背景下，为满足人们的要求，建设人与自然和谐共处，生态环境良性循环，自然状态不被过多干扰的自然生态旅游区而制定实施的规划。其目的是围绕建设环境优美、健康高效的生态风景旅游区，建成集生态、景观、休闲游乐、展示民族传统文化为一体的生态环保式旅游目的地。其中长湖风景区规划面积约18.64平方千米，大叠水风景区规划面积9.6平方千米。规划于2004年11月编制完成，后经多次修改、充实，正准备提交专家论证评审。

景区建设

【数字石林景区建设】 自2006年建设完成数字一期工程并投入试运行以来，整套系统充分发挥了指挥调度、应急求救、车辆调度等功能，协助石林公安分局破获多起犯罪案件，得到了联合国IUCN专家、全国AAAAA级景区评定组及各界人士的一致好评，工程于2007年1月23日顺利通过了省内专家组的考评验收和市科技局B2B电子商务平台建设项目中期检查。

按“石林旅游B2B电子商务平台”、“石林旅游电子商务整合营销平台”相关要求进行石林旅游网二期建设工作。2007年2月完成数字石林二期建设项目建议书，5月8日和5月13日分别通过了建设部专家组及省内专家组的评审，并正式启动数字二期工程建设。11月13日召开了《石林旅游目的地营销系统建设方案讨论会》，并于12月6日委托云南省邮电设计院有限公司进行方案设计。

【主景区改造】 2007年，大小石林景区有碍观瞻建构筑物拆除和景区单位搬（拆）迁步伐加快，与云南旅游产业（集团）有限公司协商完成石林宾馆改革改制职工安置补偿方案，签订协议并推进后续工作；与省公安厅就云林宾馆搬迁签订协议，进行拆迁评估和新址用地等工作；石林小学搬迁按计划顺利实施，整个学校已搬迁并入石林岔路口小学。

【石林保护区生态恢复建设】 2007年，石林保护区内的生态恢复建设进度加快，完成了保护区内的界碑设置；完成了大叠水面山耕地的征用和租用手续；建立了园林苗木信息库；完成了“石屏峰”至莲花池片区游路和地被植物改造；完成了景区入口叠翠楼片区面山生态恢复建设；完成了环林路沿线、长塘子沿线、绿芳塘沿线和乃古石林有碍观瞻建筑物拆迁旧址及大叠水面山征租地生态恢复规划。生态果园扩建40亩，移植杨梅1200株，使果园总面积达400亩，由于加强管理，杨梅、黑李、油桃已挂果，产生经济效益8余万元，生态效益得到有效改善。

旅游经济

【旅游经济健康发展】 2007年，由于世界自然遗产、国家5A级景区、中国民间文化遗产旅游示范区、综合整治全国十佳单位等国际、国内品牌的获得，极大地增强了石林风景名胜区的吸引力，国内外游客与上年同期相比，得到了稳步的增长，全年大小石林景区共接待游客260万人次，旅游直接收入3亿元，同比分别增8.3%、15.4%，年均分别增11.4%、21.6%。全县接待游客突破300万人次，综合收入10亿元，同比增53.8%；上缴县财政1.96亿元，上缴税金1445万元。其中停车场共接待旅游车辆15万辆，创经济效益57万余元。

【导游管理】 2007年，导游部采取“内请外聘”的方法，对导游员分别进行了旅游心理学、导游业务、导游基础知识、民族文化、地质、石林旅游发展史、旅游接待礼仪等科目的培训，并组织了大小石林导游词、石林地质地貌、昆明机场至石林等科目的现场导游考试。通过培训和考核，使导游员拓宽了知识面，提升了综合素质，提高了讲解水平。同时，每个导游在工作的过程中，认真做好游客意见调查表的发放、收信、汇总及反馈，根据客人的各种意见进行认真分析，制定相应有改进和完善措施，全面提高服务质量，使游客对导游服务的满意率达到99%。全年导游组出导接待游客11万人次，创经济收入180万元，派出各种接待和公务1691人次。4月25日，导游组被中华全国总工会授予“全国五一劳动奖状”。

【石林旅游会员卡业务】 2007年，石林旅游会员中心不断完善和改进旅游会员的管理制度，加大了宣传促销力度，及时更换了宣传材料和会员卡的改版，并加入中英文内容和旅游资讯，在宣传会员卡的同时也为旅游会员提供石林旅游信息服务，共发放宣传资料9000余份。全年新增会员1518人次，续费427人次，在册会员达到2098人。

【民族歌舞表演】 从2007年起，石林风景名胜区的演出团队又增加了一个彝族的老年艺术团。每天上午10点，由石林艺术团在石林大桥上面迎宾；中午1点，石林艺术团在日月广场上表演民族歌舞，每场大约1个小时，10余个节目，节目平均一个季度换一次；下午3点，老年艺术团在大石林的天然舞场表演老年民族歌舞，演出由多个彝族村寨的老年协会轮换演出，每周一换。全年石林艺术团和老年艺术团分别为游客演出360余场，接待游客50多万人次。

旅游管理

【石林风景名胜区管理局、旅游局】 1992年6月，成立石林风景名胜区管理局、旅游局。2007年，设有局办公室、人事处、宣传处、财务处、研究中心、接待处、园林绿化处、规划建设处、环保监察处、企业管理处、旅游监察中队、安全生产监督管理办公室、旅游服务处（分为门票组、停车场组、导游组和夜景组共四个管理组）、信息中心、乃古石林管理处、长湖管理处、大叠水管理处、艺术团、贯标办、综治办，临时性机构石林申报世界自然遗产环境整治办公室和石林创建5A级景区办公室，“申遗”、国家5A级景区申报成功后被撤消。2007年底，全局有正式职工210人，各处室使用的在册临时工作人员747人。

党委书记、局长：李正平

党委副书记、纪委书记：黄宗祥（彝族）

副局长：槐　伟

陶洪林

李光亮（彝族）

张云蕾（女）

冯正清

张　荔（女，1月起）

董绍学（1月起）

【旅游接待】 2007年1月3日，云南省财政厅厅长曹建方在石林景区视察。5月13日，国家人事部副部长杨士秋一行在省、市、县人事领导陪同下参观石林。5月17日，中共中央委员、湖南省委原书记杨正午一行到石林观光，市纪委书记应永生、县委书记柳文炜等领导陪同考察。5月15日，越南国家主席阮明哲和夫人陈氏金枝在石林观光。5月26日，以黄山市委书记、黄山市人大常委会主任王启敏为团长的黄山市党政代表团一行28人，到石林景区考察。石林是黄山市党政代表团考察昆明市旅游文化产业其中的一站。昆明市副市长廖晓珊等市领导和石林县委书记柳文炜、副县长张忠贵陪同考察。5月27日，老挝国家审计署审计长波西·罗万塞一行8人，在省、市、县审计部门领导陪同下游览了石林主景区，县旅游局局长李正平在陪同客人游览中介绍了石林的旅游、建设和发展状况。8月11日，国际奥委会主席雅克·罗格和夫人安妮·鲍薇娜一行到石林观光，并为石林题词：“A wonderful place, congratulations!”（非常壮观的公园，祝贺!）。8月16日，中共中央办公厅秘书局副局长韩立平携夫人及女儿，在省、市、县委领导陪同下参观石林。8月31日，越南国防部长冯光青一行23人在石林参观考察。9月4日，中国国民党副主席江丙坤携夫人一行28人在石林参观考察；同日，由穆罕默德·阿里·阿里法率领的沙特基金会及欧佩克基金会代表团一行5人，在云南省财政厅、云南省民委有关领导和县领导的陪同下参观游览了石林。9月6日，在县委书记柳文炜等领导陪同下，全国人大常委会委员、广东省人大常委会副主任王宁生一行到石林观光考察。9月16日，全国人大常委会副委员长热地一行，在省、市、县相关领导陪同下考察石林。9月18日，美国卡特彼勒亚太区总裁罗德·彼勒，在昆明市副市长赵德光等领导陪同下参观石林。12月31日，云南省委常委、昆明市委书记仇和，昆明市委副书记杨远翔，市委秘书长黄云波在石林县委书记柳文炜、县长李忠德、县旅游管理局局长李正平等领导的陪同下，到石林景区调研。

9月29日，石林风景名胜区管理局、旅游局召开“十一”黄金周假日旅游工作动员会

【综合治理】 2007年，景区综治办认真组织综治成员单位干部职工学习了《石林风景名胜区社会治安综合治理领导小组办公室2007年工作实施意见》、《石林风景名胜区管理局2007年度社会治安综合治理创建治安安全单位目标管理实施方案》及《石林风景名胜区开展2007年“双创”的实施意见（方案）》等文件精神，定时每月1日、15日对全体综治人员进行体能培训，邀请相关人员对综治人员的消防知识、医疗急救技能进行了培训。实行区域划片责任的方式落实责任制，静态管理与动态管理相结合，点、线、面防控方式相结合，治安防控主力军与群防群治、内部单位保卫力量相结合，坚持24小时不间断的治安巡逻防范机制，进一步健全和完善了石林景区的社会性治安防范网络，石林景区社会治安综合治理工作取得实效。全年石林景区共发生治安案（事）11件，主要是盗窃等侵财案件，未发生抢劫等侵犯游客及社区居民人身权利的案件，实现了“发案少、秩序好、群众满意”的工作目标。

【受理投诉和纠纷】 坚持24小时投诉值班制度，坚持“有投必受、有诉必接、有案必查、有信必复”的承诺，全年共受理游客的来电、来人、来信、投诉、举报、抱怨等各种旅游纠纷145起，纠纷调处率100%，受理有效投诉10起，回复游客投诉信件10件，为游客挽回各类经济损失5000元。

【旅游安全生产】 认真落实《安全生产目标责任制》，查隐患、促整改、重教育、促防范，始终把旅游交通安全、酒店消防安全、食品安全、设施安全、游览安全作为全年经常性工作的重点，加强三个黄金周、国际旅游节、火把节等重大节庆活动期间的安全工作，有效预防了旅游安全生产责任事故的发生，实现了安全生产零事故、火灾零事故的目标，经过督查检查，重点单位和部门的责任书签订率达100%，把安全责任落实到每个岗位和人员，做到了“关口前移，重心下移”。以预防、控制重特大事故为根本，加大检查力度，狠抓重大危险源和事故隐患监控整改，全年共开展了14次安全检查，及时下达了《责令限期改正通知书》45份，经过复查验收，全部整改合格。

【资源保护】 2007年，石林风景区的资源保护工作主要从四个方面展开：一是加大资源保护宣传工作，以《风景名胜区条例》宣传贯彻为主线，开展了全方位的宣传攻势，动用多种宣传手段进行宣传；二是加强景区资源保护四级网络建设，及时采取多种方式的沟通和交流，及时划拨2007年度的资源保护补助经费，最大限度地争取了村干部的理解和支持，确保全年无重大资源破坏案（事）件的发生；三是继续加大望城山——石厢子——倒石头——仙女湖——龙马槽核心区域的保护工作，这一区域是“申遗”专家考察区域，也是景区规划的特级保护区，为确保三年后遗产专家的复查要求，对该区实行封闭保护，在外围加大看护工作，严格控制放牧，尽量减少人为活动；四是加强与县林业综合行政执法队的协作，加大景区资源保护巡查力度，加大破坏资源案件的查处力度，全年共查处各类案件6件。

【规范全面管理体系】 2007年，进一步规范石林风景区的全面管理体系，完成了《法律法规及其他要求控制程序》、《对危险源的辨识、风险评价及风险控制策划程序》、《目标及管理方案控制程序》及相关表格的修改规范工作；指导各部门完成2007年环境因素识别、危险源辨识和风险评价、适用法律法规更新工作以及2007年质量、环境、职业健康安全管理目标的制定和考核评价工作；完成了《卓越绩效管理模式的推进实施方案》和《ISO14000国家示范区实施方案》的制定工作，于12月5～7日组织进行了《卓越绩效评价准则》标准的培训，全局部分中层干部及处室体系联络员共30余人参加了培训；8月14～17日组织实施了本年的内部审核工作；9月14日经深圳鹏程国际认证公司现场审核，县旅游局管理体系运行符合标准要求，监督审核顺利通过。

旅游宣传营销

【第三套石林邮票发行】 2007年5月3日，由香港邮政发行的《神州风貌系列第六号——昆明石林》邮票发行仪式系列活动在石林景区莲花池畔的歌舞表演场举行。省、市政府领导，省旅游局、省邮政集团公司、市旅游局、市邮政局和石林县委、县政府的领导及石林管理局领导、各处室负责人参加了发行仪式。同时，举办了“中国南方喀斯特世界自然遗产提名地——昆明石林”集邮展览。

【影视宣传】 2007年1～4月，宣传处积极配合中央电视台摄制《七彩云南·魅力中国——2007元旦双语晚会》（石林分会场）节目、《奥运舵手选拔赛——石林寻宝》节目，配合央视传媒摄制《美丽中国——石林》奥运节目、央视九套摄制《旅游指南》石林节目，配合上海东方卫视摄制《车游天下》栏目石林专题节目、加拿大Canal Evasion旅游电视台摄制《中国欢迎您》石林旅游专题片及昆明电视台摄制《新昆明·新变化》系列采访报道《一周看石林》节目。5月，石林入选首批国家5A级旅游景区，县旅游局与云南电视台、昆明电视台、石林电视台合作，播出石林荣膺首批国家5A级旅游景区新闻和专题系列报道，全面回顾石林申报国家5A级旅游景区历程，展望石林旅游发展未来。6月以来，围绕石林申遗工作，县旅游局与中央电视台《请您欣赏》栏目合作拍摄制作《请您欣赏·世界自然遗产——云南石林》宣传片，于7月29日起分时段在央视一、四、七套播出；与凤凰卫视欧洲台《直通中国》栏目合作录制《天造奇观·云南石林》专题片，于7月29日起面向整个欧洲播出4次。围绕石林申遗成功，县旅游局与中央电视台一、二、四套，澳门莲花卫视，香港《阳光卫视》，上海东方卫视，旅游卫视，云南电视台，昆明电视台合作，现场报道石林申遗成功庆典；协助昆明电视台一套《直播昆明》、《对话雅玫》，二套《梅子开讲》栏目，邀请石林县委、县政府、石林管理局领导及申遗专家做客直播厅，现场采访录制播出“石林申遗专题”系列节目6期。8月，积极配合县委宣传部，做好“2007中国石林国际火把节”、“石林世界自然遗产揭碑典礼”宣传工作，在云南电视台、昆明电视台、石林电视台播出“石林火把节狂欢盛况”和“世界自然遗产揭牌典礼”新闻及专题报道。9月20～27日，协助云南电视台拍摄《欢乐火把节》MTV音乐电视。《欢乐火把节》MTV歌曲由徐荣凯作词，背景穿插云南的彝族风情、风光，录制后在中央电视台三套《中国音乐电视》首播。10月9～20日，协助香港无线电视台拍摄电视剧《少年四大名捕》，该剧播出后将起到良好的宣传效果。

【广播宣传】 2007年6月以来，围绕石林申遗工作，县旅游局与中央人民广播电台、中国国际广播电台、云南人民广播电台、昆明人民广播电台等10余个栏目合作播出新闻和专题报道70多篇。6月27日，中国国际广播电台、中央人民广播电台、云南人民广播电台新闻频率、香格里拉之声、交通之声、昆明人民广播电台在第一时间对“石林申遗成功”的重大喜讯给予多次新闻播报。7月8～9日，中央人民广播电台《直播中国》栏目分别在石林县现场采访石林县委、县政府、石林管理局领导、遗产专家等，采录民间演唱《阿诗玛》，向全国人民展现石林世界自然遗产的全新面貌。

【报刊杂志宣传】 2007年5月在《中国旅游报》、《云南日报》、《春城晚报》、《昆明日报》刊出石林荣膺国家5A级旅游景区新闻报道及祝贺专版；石林景区荣获“2006盘点云南旅游”、“年度最具影响力的老景区改造项目”等4项大奖后，在《春城晚报》刊出石林旅游专题系列报道。6～7月，围绕石林申遗成功，在《人民日报》、《中国日报》、《中国旅游报》、《中国环境报》、《中国文化报》、《中国民族报》、法国《欧洲时报》、美国《国际日报》、香港《成报》、《大公报》、《文汇报》、《云南日报》、《昆明日报》、《春城晚报》、《风光》、《今日民航》、《中国风景名胜》、《假日旅游》、《大观周刊》等30多家报刊上刊登“云南石林申报世界自然遗产成功”新闻报道，发布以“热烈祝贺云南石林列为世界自然遗产”为主题的祝贺专版。《云南日报》、《春城晚报》、《昆明日报》、《都市时报》、《大观周刊》等报纸刊出石林申遗专题系列报道200余篇。8月，在《中国日报》、香港《成报》、《大公报》、《云南日报》、《春城晚报》、《昆明日报》、《都市时报》、《生活新报》等媒体刊出“2007中国石林国际火把节”、“石林世界自然遗产揭牌典礼”新闻和专题系列报道40余篇。9～11月，分别在《春城晚报》、《云南科技管理》、《浪漫昆明》、《昆明旅游》等报刊上刊登石林旅游、数字化建设及旅游资讯等内容。

【网络媒体宣传】 2007年，县旅游局与中国新闻社中国新闻网、新华网合作，开设“云南石林”窗口并设置网页，加强与新华网云南频道、人民网等网站链接。截至10月底，在中新网、新华网、人民网三大新闻网站和新浪网、搜狐网等门户网站上发布石林旅游宣传、荣膺5A级景区、申报世界自然遗产成功网络信息稿件2083篇。加强与县外宣办、县政府信息产业办的联系和沟通，充分利用网络，实现资源共享；与北京红墙广告公司合作，在亚洲较大的四个火车站（北京站、北京西客站、上海站、大连站）25座电视屏幕墙播放石林形象广告和石林申遗成功宣传片。

6月20日下午，县领导与中央、省、市数十家媒体记者举行见面会，就石林“申遗”有关情况进行回答记者提问

【旅行社宣传】 2007年3月22日，县旅游局与省、市重点旅行社92家代表单位组成的“云南旅游诚信联合体服务有限公司”（昆明诚信联合体）合作，签订了2007年旅游合作协议，积极向海内外市场宣传促销，扩大旅游市场渠道。

【公交移动电视宣传】 2007年，县旅游局与昆明公交公司合作，在昆明市区主要公交线路400多辆公交车的移动电视上播出了石林旅游和申遗的形象宣传。

【户外媒体宣传】 2007年，县旅游局与云南、北京等地广告公司合作，更新维护现有广告牌。继续在昆明国际会展中心、昆明国际机场安检大厅、昆明火车站、昆明春城路、昆明市区主要街道公交站台和北京站、大连站等地发布石林旅游形象广告。石林申遗成功后，统一更换画面为“云南石林——世界自然遗产”，加大了户外宣传力度。围绕石林创建国家5A级旅游景区、申报世界自然遗产成功、贯彻《风景名胜区条例》，在县城双龙广场、民族体育场等地人流集中，宣传效果好的公交站台、石林县城入口立交桥、石林县龙泉路立交桥、昆石高速公路宜良与石林交界68千米处跨线桥等地设计制作大型喷绘宣传广告画面。

【旅游会展宣传】 2007年，县旅游局精心策划，认真组织参加了在北京王府井开幕的“第三届中国景区博览会暨世界遗产中国图片展”，宣传营销、文艺展演、新闻媒体等30余人组成了参展、营销队伍。石林美丽的风景和独具特色的彝族撒尼原生态民族风情歌舞表演在北京王府井商业步行街出尽风头。活动分别在天津、太原、南京、苏州、上海等全国十大商业步行街和100个居民社区举行了世界遗产——云南石林图片展。期间印制《中国遗产报》石林特刊15万份，共向社区居民发送《中国遗产报》“石林特刊”等石林旅游宣传资料178950份。组织参加了“2007中国昆明国际文化旅游节—旅游商品交易会”、“2007北京国际旅游博览会”、“2007年中国国内（苏州）旅游交易会”、“泛珠三角（9+2）旅游市场合作座谈会”、青岛“昆明旅游推介会”、“2007第三届海峡旅游博览会”、“2007中国风景名胜区设立25周年成就展”、“2007中国国际旅游交易会”等重要会展。通过一系列会展的形象展示、宣传推介、文艺展演、资料发放，取得了较好效果，扩大了石林的宣传面，提高了石林知名度。

【主题活动宣传】 2006年11月至2007年1月，县旅游局组织参加《都市时报》“金财杯”评选活动，石林景区荣获“十大兴滇传统品牌”大奖。积极组织参加由云南日报报业集团和云南省旅游局共同举办的“2006盘点云南旅游”评选活动，石林景区荣获“年度最具突出贡献的杰出人物”、“年度海内外游客最向往的景区”、“年度最具影响力的老景区改造项目”、“年度最具影响力的旅游节庆活动”四项大奖。4月26日，协办“2007中国昆明国际文化旅游节云南旅游形象大使狂欢石林”活动。5月3日，与昆明市邮政局合作，配合香港邮政在石林风景名胜区举行《神州风貌系列第六号——昆明石林》邮票发行。8月，配合举办了“2007中国石林国际火把节”、“中国南方喀斯特云南石林世界自然遗产揭牌典礼”等系列活动。积极组织参加了“中国风景名胜区设立25周年成就展”网络评选活动及摄影作品大赛活动，参加了“中国老年旅游知名品牌”网络评选活动。

【宣传品制作推广】 2007年，设计制作全新的石林旅游宣传品《石林旅游导图》、《石林招贴画》各20000份，《云南石林申遗成功特别纪念版宣传折页》20400份；与大观周刊合作，编辑制作《大观周刊——石林》特刊50000册；设计制作2008年石林怀历15000册，2008年石林挂历5500册。围绕石林“荣膺5A级旅游景区”、“申报世界自然遗产成功”、“石林火把节”、“创建国家卫生城市”和日常宣传接待工作，制作展出《石林旅游》、《石林风貌》各4期，《石林创建全国卫生城市》和《局活动掠影》40期、展板200余块，制作悬挂各类宣传标语300余条。

【电话铃音和手机短信宣传】 石林申遗成功后，与中国移动、中国联通石林公司和石林电信局沟通，支持石林申遗宣传，在昆明市范围内分别免费发送了祝贺短信100万条（移动）和40万条（联通），全县机关单位电话铃声统一成“祝贺石林申遗成功”铃声。

（撰稿人：石林风景名胜区管理局、旅游局 钟文佑）

会展业

会 议

【《昆明人大》组稿通讯员座谈会】 2007年5月25日，《昆明人大》在石林县召开了改版后的第一次组稿通讯员座谈会。昆明市人大副秘书长、研究室主任赵谊，研究室副主任、《昆明人大》主编陈卫芳，编辑杨家丽、赵淑芳参加了会议，石林县人大沉睡发会主任李绍增、副主任邓世林，县人大办公室副主任付建生以及来自官渡、晋宁、富民、禄劝等县区的部分组稿通讯员应邀参加了会议。

会议由市人大副秘书长、研究室的主任赵谊主持。与会人员对改版后的《昆明人大》给予了充分肯定，同时各抒己见，畅言了各自的期望：1.栏目的设置上不宜太细。2.内容上应多刊载一些指导性文间，增强工作的指导性。3.封一除登载重要会议、重要人物外，应安排登载一些著名景区、景点，既宣传亮点，又突出昆明市的特色。封三应刊载一些摄影、书法、篆刻作品，增加刊物的灵活性。每年的人代会，应加专题彩页，点缀人代会的隆重氛围。4.建立稳定的通讯员队伍，加大业务培训力度。5.增强刊物的可读性，扩大读者群和影响力。6.应注重地方性法规和立法的宣传。7.应适时刊载人事任免动态。8.刊名的尽收眼底写应体现庄重性和艺术性，给人以美感。

【昆明市县（市）区旅游局联谊会】 5月30日，昆明市县（市）区旅游局联谊会在石林县召开。市旅游局领导及13个县(市)区旅游工作者欢聚一堂，探讨区域合作，共商旅游发展。

县长李忠德介绍了石林风景区发展历程、品牌创建、景区目标及发展思路等。本次联谊会执行主席、县委常委、县旅游局局长李正平向与会人员交流了管理机构、景区基础设施建设、景区管理等方面的经验。联谊会上，石林县委副书记裴演兵致欢迎词，并介绍了石林县经济社会发展情况及石林旅游发展情况。

市旅游局局长黄俊峰对石林旅游在“二次创业”中取得的成绩给予充分肯定，尤其对石林重视旅游景区发展规划的制定、品牌的创建和学习借鉴国内外旅游景区的先进管理经验大为赞赏，黄局长还认为石林风景区目前的管理水平已达到国际水平。

联谊会上，各县（市）区旅游局负责人相互交流了旅游工作情况。与会人员还参观游览了石林游客中心、石林地质博物馆、数字石林及石林风景区。

昆明市各县(市)区旅游局联谊会现场

【昆明中共党史学会在石林县举行座谈会】 6月21日，昆明中共党史学会在石林县举行座谈会，考察调研党史工作，纪念中国共产党建党86周年。中共石林县委书记柳文炜代表县五套班子领导和全县23万各族人民，向莅临石林的各位领导和专家学者表示热烈的欢迎，并介绍了石林县情。石林是有着光荣革命传统的革命老区。在解放战争时期，石林圭山地区的各族人民在中国共产党的领导下，打响了云南人民争自由、求解放，武装反抗国民党反动派统治的第一枪，创建了圭山红色革命根据地，把武装斗争的革命火种撒遍云南，为云南人民的解放作出了积极的贡献，在云南的革命斗争史上写下了光辉的篇章。

原中共昆明市委副书记、昆明中共党史学会会长戴文忠主持会议。他在讲话中说：党史工作是党的一项重要工作，是党的建设不可缺少的重要组成部分，是把我们党在长期奋斗里程中积累的经验、取得的教训和形成的优良传统，作为一笔宝贵的精神财富进行挖掘整理，弘扬光大，资政育人，促进科学发展和社会和谐。通过座谈，了解追忆党的历史，弘扬革命传统，研究探索党的建设的新思路、新方法，进一步增强各级党组织对党的建设、党员教育的关心、关注，围绕市委、市政府的中心工作来开展工作，为新昆明建设作出新的贡献。

石林县委党史研究室主任董建平、原地下边纵老同志吉天明、红云集团昆明卷烟厂冯小兰、昆明市妇联张霞、昆明市委党史研究室主任厉忠教等作了交流发言。

【昆明市延安精神研究会新农村建设片区工作会】 6月21～22日，昆明市延安精神研究会新农村建设片区工作会在石林县举行，官渡、盘龙、安宁、晋宁、呈贡、宜良、石林等7县（市）区延安精神研究会新农办领导共40余人参加了会议。

会上，石林县委常委、县委宣传部部长李福军致欢迎词，并简要介绍了石林县的社会经济发展和“申遗”进展情况。市新农办领导介绍了全市新农村建设的基本情况，传达了市委、市政府的部署要求及延安精神研究会怎样参与研究社会主义新农村工作提出意见和建议。7个县市区研究会领导汇报了参与新农村建设的基本情况。市延安精神研究会会长戴文忠到会作指导并讲话。与会人员还到长湖镇阿着底村参观指导了新农村建设工作。

【《石林风景名胜区保护条例（修订草案）》（征求意见稿）的修订会议】 7月3日，石林县邀请省、市人大及有关部门领导和专家座谈，对《石林风景名胜区保护条例（修订草案）》（征求意见稿）的修订献计献策。

按照昆明市第十二届人民代表大会常务委员会立法规划的决议精神，《石林风景名胜区保护条例》修订被列入昆明市2007年度地方性法规立法计划，并要求在2007年9月15日前完成草案送审稿的起草工作。县委、县政府高度重视，成立修订工作领导小组，明确了具体的工作要求、任务、步骤，多次开展立法调研，广泛收集了国家、省、市关于风景区保护等方面的法律、法规、规章和国内部分风景名胜区保护的资料，对现行《石林风景名胜区保护条例》施行中存在的问题、目前在保护和管理中需要解决的方面、今后的发展方向等作深入研究。同时认真学习了《世界地质公园大会章程》和《世界遗产公约》，并征求多方面的意见进行修改完善，形成目前的征求意见稿。征求意见稿共分7章65条，在原《条例》上强化了规划、保护、法律责任等内容。

县委常委、常务副县长段增华对《石林风景名胜区保护条例（修订草案）》（征求意见稿）的起草作了说明。座谈会上，省、市人大有关部门领导和专家从体例、章节划分、文字表述等方面，对《条例（修订草案）》征求意见稿提出了许多切实可行的修改意见、建议和要求。

县委书记柳文炜代表县五套班子和全县23万各族人民向为石林风景名胜区保护和发展事业作出积极贡献的省、市各级领导、各级部门表示衷心地感谢，并就做好《石林风景名胜区保护条例》的修订工作提出意见：一要充分认识修订《条例》是贯彻国家《风景名胜区条例》的客观要求，是创建世界一流景区、打造国际旅游胜地的重要举措，是保护好世界自然遗产石林的重要保障；二要加强领导，确保《条例》修订工作顺利进行；三要加强对《条例》的学习宣传和贯彻落实。柳书记要求各级各部门要本着对人民负责、对历史负责的态度，根据省、市有关部门领导和专家提出的的修改意见建议和要求，集中集体智慧，加强领导，落实责任，搞好协调，把《条例》修改好、完善好。

县委常委、县委组织部部长王国亮主持座谈会。县委、县人大、县政府、县政协领导参加了座谈会。

【昆明市烟叶烘烤工作安排暨技术培训会】 7月12日，昆明市2007年烟叶烘烤工作安排暨技术培训会在石林县召开。会议的主要任务是，总结当前全市烟叶烘烤工作现状，进一步明确2007年全市烟叶烘烤工作相关要求，强化烟叶烘烤的组织管理，全面提升全市烟叶烘烤整体水平。

昆明市烟草公司副经理杨晓安在充分肯定了全市烟叶烘烤工作取得成绩的基础上，指出了全市烟叶烘烤工作存在的问题，并重点对2007年烟叶烘烤工作做了具体安排。要求全市各县市区烟草部门要提高认识，把烟叶烘烤工作作为一项常抓不懈的重点工作来抓；明确任务，切实组织好各县技术培训工作；重心下移，突出服务，切实做好烘烤技术服务工作；以示范促发展，认真组织“红大烘烤示范村”。

会议邀请河南农业大学教授宫长荣围绕烤房设备和烘烤技术发展对与会人员进行了培训。

市烟办、市烟草公司、石林县人民政府、石林县烟办、石林县烟草公司领导及全市各县市区烟草部门有关领导参加了会议。

【昆明市县（市）区审计业务培训班在石林县举行】 为提高和加强审计业务人员的工作水平和业务技能，适应新形势的需求，7月23～25日，昆明市审计局组织各县（市）区审计业务人员到石林进行为期两天的业务知识培训。

培训班邀请昆明市审计局领导和业务能手对《审计法》、《财政违法行为处罚条例》进行分析讲解，还邀请各县、市讲解2006年优秀审计项目案例。

【昆明市烤烟收购暨基础建设工作现场会】 为认真贯彻好国家、省烟叶收购会议精神，针对2007年全市的烤烟生产特点，总结前期烤烟生产工作，进一步统一思想，提高认识，切实加强组织领导，认真抓好烤烟基础设施建设、烤烟生产中后期管理及烟叶收购调拨工作，努力提高烤烟收购质量等级和效益，确保全市烤烟收购任务的圆满完成，8月1日昆明市在石林县召开2007年烤烟收购暨基础建设工作现场会。

上午，会议组织人员参观了长湖镇雨胜村、维则村烤烟生长情况；路美邑镇drag萝卜所现代化烤房群烘烤示范和板桥镇叠水岔口标准化烟叶收购站（点）建设现场。

会上，县委书记柳文炜致辞，介绍了石林县社会经济发展状况和烤烟生产情况。市烟草公司经理郑天一安排烤烟中后期管理及收购情况。红云集团、市烟办等有关部门的领导通报了烤烟生产的有关情况。

市委常委、副市长杨宁在讲话中说，全市烤烟生产工作扎实，措施到位，为抓好烟叶收购打下了坚实基础。下步要切实加强烤烟中后期管理，努力提高烟叶内在质量；把握形势，加强基础，努力实现烤烟产业持续、稳定、健康；严肃纪律，完善制度，全力以赴抓好烤烟收购工作，确保2007年烤烟收购任务圆满完成。市委副书记杨远翔等领导出席会议。

【昆明市农村党建暨新农村建设工作队工作会议】 8月22日，昆明市农村党建工作暨社会主义新农村建设工作队工作会议在石林县召开。会议贯彻落实了全省农村党建工作会议和新农村建设指导员工作座谈会议精神，总结交流昆明市农村党建、新农村建设工作队和指导员工作，安排部署下一阶段工作。全市各县市区和市级相关部门领导参加了会议。上午，实地参观了石林县路美邑镇堡子村、长湖镇阿着底村、石林万家欢农业科技示范园、石林镇为民服务中心，了解石林县农村党建工作和新农村建设工作情况。下午集中开会。会上，县委副书记、县长李忠德致辞，石林县委、安宁市委、富民县委、西山区团结镇党委、嵩明县小街镇党委作了大会交流发言。县委书记柳文炜作交流发言时指出：石林县历来高度重视农村党建工作，采取“五个整合”，着力强化农村基层党组织在农村各类组织和各项工作中的领导核心地位。一是整合农村基层组织建设力量。加强考核，加大投入，健全县级领导包乡抓点、县直部门领导包村帮扶、乡村干部驻村入户三级联系制度，采取示范制、预拨制、拼盘制、检查验收制“四制”工作办法和“四个一点”资金筹集办法，加强村级组织活动阵地建设；巩固和发展全省农村基层组织建设先进县的成果，扎实推进“云岭先锋”工程。二是整合农村基层领导班子建设力量。富有成效地开展了党政领导班子和成员政绩考核评价试点、“科学规范和有效监督县（市）区委书记用人行为”调研试点县、全市新的领导体制和工作运行机制试点县工作，选优配强各级领导班子，广泛开展思想政治建设巡察，提高“三力”建设水平。三是整合党员学习、教育、管理力量。广泛开展“五星”党员户评比活动，积极推行发展党员“四制”工作，创新培训模式，开展全覆盖参学、菜单式选学、案例式教学、责任制督学，增强党员意识，提高党员素质，严格党员管理。四是整合为民服务资源。广泛吸纳农村党政资源、社会资源，积极探索一站式、阳光式、开放式、多元化的为民服务途径，强化乡镇为民服务中心建设，健全县、乡、村、组四级联动、覆盖全县、功能完备的为民服务网络。五是整合基层组织和党员在新农村建设中的优势资源。创新农村党组织设置形式，建立党员“领导干部、农村党员致富能手、群众”三级联系培养致富链条，农村基层组织建设彰显出巨大的生机与活力，农村经济社会发展、农民收入增加、“三个文明”建设进步。

工作会现场

市委常委、市委组织部长张荣明就加强全市农村党建工作提出三点要求：一是围绕中心，服务大局，昆明市农村党建工作取得了新成效。抓班子，农村基层党组织的创造力、凝聚力、战斗力不断增强；带队伍，农村党员的管理与发展工作不断改进；强培训，农村党员干部队伍整体素质不断提升；建制度，农村党建工作不断规范和完善；重服务，农村党员的宗旨意识不断强化；求实效，党建工作对农村经济社会发展的贡献率不断提高。二是认清形势，提高认识，进一步增强做好农村党建工作的责任感和使命感。加强农村党建工作，是推进社会主义新农村建设的必然要求，是统筹城乡发展、构建和谐昆明的迫切需要，是夯实党的执政基础的重要保证。三是强化措施，狠抓落实，在新的起点上努力开创昆明市农村党建工作的新局面。一要加强农村基层组织建设，确保党对农村各项工作的领导；二要加强农村党员和基层干部队伍建设，提高思想政治素质和“双带”能力；三要创新设置方式和活动内容，增强农村基层党组织的活力；四要进一步加强“为民服务中心（站）”建设，着力构建为民服务体系；五要进一步推进农村基层民主政治建设，激发和调动广大农民群众建设社会主义新农村的积极性和创造性；六要加强领导，创新机制，建立领导机制、责任机制、投入机制、激励保障机制和考评机制，确保农村基层党组织建设取得实效。

市委常委、副市长杨宁讲了四点意见：一是提高认识，不断增强做好新农村建设指导员工作的责任感和使命感。二是严格要求，不断提高新农村建设指导员自身工作水平。三是履行职责，在新农村建设中充分发挥好工作队和指导员的作用，大力宣传党的方针政策、推进科学发展、多办实事促进社会和谐、加强农村基层组织建设。四是加强领导，推动新农村建设指导员工作再上新台阶。

【昆明地区职工技能提升活动暨石林县餐厅、客房、计算机类培训班结业典礼】 8月31日下午，昆明地区职工技能提升活动暨石林县餐厅、客房、计算机类培训班结业典礼在石林举行。

市人大常委会副主任、市总工会主席杨丽，市劳动和社会保障局局长张天屏，市总工会党组书记、常务副主席张光华，市就业局局长何文明、石林县委书记柳文炜，县人大常委会主任李绍增，县委常委、常务副县长段增华，县委常委、宣传部长李福军等市县领导带着党和政府的温暖看望慰问了农民工兄弟姐妹，并为在培训中成绩合格的学员颁发国家中级技能证书。

结业典礼上，市人大常委会副主任、市总工会主席杨丽作了“技能培训是对农民工的最大维权”的讲话；市劳动和社会保障局局长张天屏指出，技能培训是推行就业准入制度，规范劳动用工管理，规范企业管理，提高服务水平，发展经济的根本途径，在今后的培训中要紧紧围绕“培训、就业、维权”的主题，把技能培训与稳定就业结合起来，通过提高劳动者的综合素质来促进就业，实现充分就业。县委书记柳文炜代表县五套班子和全县人民感谢市各有关部门对石林县的关心和支持，并简要介绍石林县的经济社会发展情况就业和再就业工作。结合石林县的经济发展现状与人才的需求。

本次培训班6月28日开班，共组织培训学员415名，是石林县近年来组织农民工技能提升培训规模最大的一次。通过一个月的学习、培训，8月2~3日，367名学员参加了国家《职业资格证书》（中级）鉴定考试，319名顺利通过，培训合格率达86.92%。

【昆明市环保局创建国家环保模范城市暨节能减排工作推进会】 9月14～16日，昆明市环保局在石林县召开创建国家环保模范城市暨节能减排工作推进会。会上，市环保局局长赵学农传达贯彻全省节能减排工作会议精神，并结合会议精神，就如何抓好昆明市下步的节能减排工作提出了新的要求。有关部门领导在安排布置如何抓好创建国家环保模范城市中，对前期的创建工作给予肯定，针对目前存在的问题和不足，要求各相关部门和单位突出重点，主功薄弱环节，改善不达标指标；要树立“创模”示范工程和亮点工程，形成昆明创模特色；要完成“创模”档案整编工作，组织开展模拟检查，稳步推进“创模”工作。

【昆明市广播电视村村通暨光缆联网工程建设现场会】 10月22日，2007年“昆明市广播电视村村通暨光缆联网工程建设现场会”在石林召开。

会议采取实地看现场，参观了石林县大、小叠水和陷潭三个村光缆联网工程现场，并走访了部分农户，联网农户均能收看到丰富多彩的有线电视节目。参观后由各县（市）区广电局对2007年“村村通”光缆联网工程建设作经验交流发言。

市广电局局长周昕安排布置2007年后两个月广播电视工作，提出具体要求。

与会人员均表示“昆明市广播电视村村通”暨光缆联网工程建设现场会在党的十七大胜利闭幕之际召开，开得及时，把十七大精神贯穿于广播电视宣传、事业建设中，增强了各县（市）区对下步广播电视工作的创新以及奋斗目标。

各县（市）区广电局局长、分管“村村通”建设的副局长、事业科长近70人参加会议。会议由市广电局副局长宋玉玲主持。

节庆活动

【石林成功申报为世界自然遗产和全国首批5A级旅游景区】 2007年6月27日北京时间14时16分、新西兰时间18时16分，在新西兰基督城举行的第31届世界遗产大会上，表决通过了云南石林、贵州荔波、重庆武隆捆绑申报的“中国南方喀斯特”世界自然遗产项目，石林正式成为世界自然遗产，成为中国第34处世界遗产、第6处自然遗产，填补了昆明市没有世界遗产的空白。当天晚上，石林县举行盛大的庆典晚会，庆祝石林申报世界自然遗产成功。8月6日上午10时，石林县在石林景区举行了世界自然遗产揭牌仪式；10时30分，在石林风景名胜区的新游客中心多功能国际会议厅内，举行了“中国南方喀斯特云南石林世界自然遗产”申报成功答谢会。

8月17日，国家旅游局在北京召开中国旅游协会景区分会成立暨全国首批5A级景区颁牌大会，石林被正式命名为首批国家5A级景区，获此殊荣的景区全国仅66家。石林继成为世界自然遗产后，又获得了这项分量颇重的全国性殊荣，实现了石林旅游品牌的国际、国内双突破。

石林“申遗”走过了17年的艰难历程。1991年，石林在云南最早正式申报世界自然遗产；1994年，由于技术准备不充分，石林主动撤回申报申请；2000年，在建设部的领导、组织和协调下，“中国喀斯特”成为中国第一个跨省联合申报的项目；2004年，“中国喀斯特”更名为“中国南方喀斯特”；2005年，建设部决定，“中国南方喀斯特”由云南石林、贵州荔波、重庆武隆三个片区组成，三个片区的捆绑申报，可同时满足世界自然遗产评选的全部四条标准；2006年1月13日，经国务院签署文件批准，“中国南方喀斯特”申报材料由中国教科文组织全委会正式呈报联合国教科文组织世界遗产委员会，成为中国当年唯一的申报项目；2006年9月3日21时，IUCN专家桑塞尔博士到石林进行考察评估，石林数千名各族群众以最隆重的彝族礼节，热烈欢迎远道而来的尊贵客人。根据世界自然遗产的申报要求，2005年10月以来，景区累计投入整改资金2.84亿元，全面启动了景区建园75年来投资规模最大的提升改造工程。石林申报地核心区（特级和一级保护区）面积120平方千米，缓冲区（二级和三级保护区）面积230平方千米，主要特征是最典型和丰富的大陆剑状喀斯特地貌，罕见的多阶段复杂地质演化历史。

由于重要的科学和美学价值，在此之前，石林就获得过多项荣誉：1982年，被列为中国首批国家重点风景名胜区；2001年，被列为首批国家地质公园；2004年，被联合国教科文组织列为首批世界地质公园。2007年，石林除被列为首批国家5A级旅游景区外，还获得了“中国民间文化遗产旅游示范区”、“国家级风景名胜区综合整治十佳单位”、“最佳资源保护中国十大风景名胜区”等称号。2007年全县接待游客人数突破300万人次，旅游综合收入10亿元，比上年增长53.8%；大小石林景区接待游客260万人次，景区旅游直接收入3亿元，比上年增长15.4%。

世界自然遗产是一个地区自然资源及其价值的顶级品牌，得到了全世界的广泛认同。世界遗产委员会在“中国南方喀斯特”项目的决议草案中这样评价：“‘中国南方喀斯特’代表了世界上湿润热带到亚热带喀斯特景观最壮观的范例。石林县的石林被认为是最好的自然现象和世界上该类喀斯特的最好参照。云南石林包括了发育在白云质灰岩中的乃古石林和出现在湖泊之中的蓑衣山石林。较其他发育了剑状喀斯特的地区而言，石林包含了更丰富的剑状喀斯特形态，更丰富的形态与色彩多样性，并随不同天气和光的条件而变化。”

【石林县荣膺“国家卫生县城”称号】 3月30日，石林县在双龙广场举行响应昆明创建全国文明城市暨文明县城创建仪式，拉开了石林“五创”（创建国家卫生县城、创建国家园林县城、创建国家环保模范城市、创建省级平安县、创建昆明市文明县城）工作的序幕。6月15日，石林县召开创建国家卫生县城誓师大会，1000多名机关干部集体宣誓：为石林旅游塑造形象，苦战150天创建国家卫生县城。8月20日，从国家爱卫会传来喜讯，石林县创建国家卫生县城材料以98分的成绩顺利通过评审。9月28日，石林县召开荣获国家卫生县城命名暨总结表彰大会，隆重庆祝石林成功进入国家卫生县城行列。石林成为云南省第一个荣获“国家卫生县城”称号的少数民族自治县，也是西南四省（市）第一个获此殊荣的少数民族自治县，还是昆明市首个“国家卫生县城”。副省长、省爱卫会主任高峰，昆明市委副书记、代市长张祖林等到会祝贺并讲话。创建“国家卫生县城”的成功，标志着石林影响力得到了新的提升，“创建世界一流景区、打造国际旅游胜地”迈出了新的步伐，生态旅游城市建设步入了新的阶段。

2007年，石林县创建省级平安县、国家园林县城工作通过省级验收，创建昆明市文明县城通过年度评审，创建国家环保模范城市列入昆明市区县责任单位。

【云南省第1000所希望小学举行竣工典礼】 6月6日，云南省第1000所希望小学——石林县长湖镇马帮·茶道·明星·青联·国立希望小学举行竣工典礼，捐款20万元援建该校的著名演员张国立、邓婕夫妇出席竣工仪式，全国人大教科文卫委副主任委员、原云南省省长徐荣凯等领导也出席了仪式。

【2007中国石林国际火把节】 每年农历的六月二十四日，是彝族的传统节日——火把节。这一天，石林的各族人民汇聚在一起，以盛大的民族传统摔跤、斗牛比赛及独具特色的民族民间文艺演出来欢度一年一度的火把节。2007年的火把节与往年不一样，继荣膺国家5A级旅游景区后，石林又获得了“世界自然遗产”的桂冠，石林在喜悦和成功中迎来了2007中国石林国际火把节。这次火把节活动主题为“隆重、喜庆、团结、和谐”。

8月5日，2007年中国石林国际火把节原生态歌舞展演在风景秀丽的长湖镇维则村摔跤场举行。下午2：30，县委副书记、县长李忠德宣布2007年中国石林国际火把节原生态民族歌舞展演暨摔跤活动开始。来自长湖镇10个村委会的原生态歌舞演员尽情歌舞，雨胜村委会的《挥洒丰收棒》、维则村委会的《搓帕鼓王》、蓑衣山村委会的《三弦欢跃彝家》、所各邑村委会的《欢庆盛典》、宜政村委会的《绣》、海宜村委会的《三弦的世界，舞的海洋》、乍龙村委会的《猎》、祖莫村委会的《雄狮争霸》、豆黑村委会的《石林最美》、舍色村委会的《笑留彝家客》，让宾客们充分领略了石林的山水美景和丰富多彩的民族传统优秀文化。下午3：30，2007中国国际火把节摔跤比赛拉开帷幕。在泥泞的红土地上，来自石林彝家山寨和周边县的67名男女选手使出浑身解数，竞相角逐。

8月6日下午2：00，副省长刘平宣布“2007中国石林国际火把节”正式开幕。顿时，石林新摔跤场礼炮齐鸣、鞭炮震天，开幕式主会场顷刻间成了欢乐的海洋。本次火把节开幕式主要由石林民族歌舞文艺队表演和斗牛表演两大板块组成。在文艺队表演中，彝族毕摩队、过山号队、旗幡队、彩虹队、民间鼓号队、唢呐队、撒尼大三弦小三弦舞队、大鼓舞队、民族民间细乐队、狮舞队相继登场，他们整齐的音调和舞步，使在场的观众深深沉醉其中。接下来的斗牛比赛，则向观众呈献出精彩、刺激、惊险的一面，给观众带来一个视觉上的震撼与冲击。当天，共有来自石林及周边地区的100多头水牛、黄牛上场角逐。

8月6日晚，石林在继承传统的基础上不断创新，首次把电影《阿诗玛》的经典音乐和歌舞搬上了“2007中国石林国际火把节”大型文艺晚会的舞台。阿诗玛你在哪里、阿着底是个好地方、洗麻歌、一朵鲜花鲜又鲜、马铃响来玉鸟儿唱等一曲曲清新、悠美的旋律，让数万名观众在轻松、愉快、和谐的氛围中，重温了一部影响了几代人的艺术精品的无穷魅力，走进了一个古老民族勤劳、善良而淳朴的心灵深处，“零距离”感受到了阿诗玛民族文化跳动的脉搏。而在演出开始时举行的大型交响音乐会，则预示着一年一度的石林火把节文艺演出正向更高的欣赏品位和档次发展。

8月6日晚上，石林县城万人空巷，举行了群众性篝火狂欢，把“东方狂欢节”演绎得淋漓尽致。

（本部类由广播电视局、外宣办、史志办及相关单位供稿）

财税审计

财　　政

【县财政局】 1973年2月，恢复成立县财政局。2007年局机关内设办公室、预算科、国库科、行财科、农财科、社保科、综合科、企业科、会计监督科、政府采购办、农业综合开发办，下设国库集中支付中心、票据监管中心2个事业单位，8个乡镇均设立财政所。年底，全系统共有干部职工67人，其中：局机关31人，乡（镇）财政所36人。单位住址在鹿阜镇石林中路93号。年内县财政局向支农联系点鹿阜镇大乐台旧村委会资助春耕生产工作经费5000元，动员干部职工向支农联系点贫困农民捐款2000元，获县级表彰17次、市级9次、省级1次。

局　长：苏云波
副书记、副局长：陈永宁（2月止）
副局长：毕文祥（彝族）
　　　　尹桂华（彝族，9月起）
副书记：钟　涛（9月起）

【年终决算】 2007年全县地方财政总收入24041万元，比上年增12.5%，其中：上划中央和省级税收收入9826万元，比上年增13%。全县地方财政一般预算收入14215万元，完成了调整预算，比上年增12.7%。其中：县本级地方财政一般预算收入6679万元，比上年增5.4%；乡级地方财政一般预算收入7536万元，比上年增20.1%。

全县地方财政一般预算总支出40219万元，比上年增12.5%。扣除上级专款支出10814万元，全县地方财政一般预算支出29405万元，控制在预算调整范围内，比上年增13.4%。其中：县本级地方财政一般预算支出27083万元，比上年增13.6%；乡级地方财政一般预算支出2322万元，比上年增11%。

全县地方财政一般预算收支平衡情况：各项收入合计41125万元，其中：全县地方财政一般预算收入14215万元，上级税收返还和转移支付15173万元，上级专款补助10617万元，上年结余结转902万元，调入其他资金218万元。各项支出合计41125万元，其中：全县地方财政一般预算支出29405万元，上级专款支出10814万元，上解上级支出906万元。收支相抵平衡。

县本级地方财政一般预算收支平衡情况：各项收入合计38405万元，其中：地方财政一般预算收入6679万元，上级税收返还和转移支付15173万元，上级专款补助10245万元，上年结余结转878万元，调入其他资金218万元，下级上解收入5212万元。各项支出合计38431万元，其中：地方财政一般预算支出27083万元，上级专款支出10442万元，上解上级支出906万元。收支相抵赤字26万元。

乡级地方财政一般预算收支平衡情况：各项收入合计7932万元，其中：地方财政一般预算收入7536万元，上级专款补助收入372万元，上年结余24万元。各项支出合计7906万元，其中：地方财政一般预算支出2322万元，上级专款支出372万元，上解上级支出5212万元。收支相抵结余26万元。因乡镇中小学经费上划县级管理，但县乡财政体制未作调整，乡镇收入范围不变，出现了乡镇上解县级支出。

地方财政基金预算收入2913万元，上级基金预算专项补助收入1227万元；地方财政基金预算支出4140万元。收支相抵平衡。（乡镇无财政基金预算收支）

【主要税种完成情况】 2007年，主体税种烟叶税完成4333万元，比上年增15%；增值税完成1504万元，比上年增7%；营业税完成3837万元，比上年增20%；企业所得税完成768万元，比上年增19%。上述4项税种收入占全县一般预算收入的73.46%，合计增收1424万元，占全县一般预算收入增量的89%。增收因素是：房地产业增收800万元，增长473%；烟叶收购（不含出口备货）均价达12.42元，比上年提高1.65元，全年烟叶税同比增收561万元，增长14.8%。其次，政策性因素对财政收入增长的影响较大：认真贯彻执行国家土地出让收益管理政策，土地出让金入库2851万元，增收2234万元；由于烟草公司财务核算和纳税方式发生变化，税收入库进度比往年提前，该公司增值税和企业所得税增长幅度较大；年初国家提高了部分税种的税率和扩大纳税范围，资源税、土地增值税、房产税和土地使用税等小税种也有较好增长。

5月22日，省财政厅副厅长胡苓菩（左三）到石林调研旅游工作

【支持发展】 2007年全县各部门共争取上级专项补助11844万元，其中：财政部门争取省市财政专项资金补助

1366万元。财政部门全年申报项目23个，储备项目11个。安排贴息资金130万元，支持民办教育发展。多渠道筹措建设资金4.3亿元，确保全县重点项目建设顺利实施，及时足额保障石林中路改扩建、石林风景区供水工程、中国彝族第一村建设、黑龙潭水库西干渠节水改造等重点项目建设所需资金，加快农业、环保、城市和旅游基础设施建设，进一步改善投资环境。加大资金整合力度，有效降低投融资成本，集中财力办大事。保持固定资产投资对经济增长的强力拉动，带动财税增收，实现财税与经济的良性互动发展。

【主要支出结构】 2007年，按照科学发展观及构建和谐社会的要求，在确保工资发放和机构正常运转的基础上，财政支出积极向教育、卫生、文化、社会保障和政法等方面倾斜，有力推动基本公共服务均等化，着力解决民生问题，促进社会事业全面协调可持续发展。

全县地方财政一般预算总支出40219万元，具体分项情况是：一般公共服务支出5450万元；国防支出48万元；公共安全支出3010万元，比上年增36%，全力保障公检法部门公用经费按国家规定标准足额安排；教育支出10397万元，比上年增15%，全面落实农村义务教育保障专项经费，惠及全县3.5万名农村中小学生，促进农村义务教育均衡发展；科学技术支出136万元；文化体育与传媒支出588万元，比上年增18%，重点支持实施广播电视“村村通”工程和乡村文化站建设，完善公共文化服务体系；社会保障和就业支出6477万元，稳步推进城乡一体化社会保障体系建设，全力确保城镇低保、农村低保、民政救灾救济等支出，对城市低保户增发临时补贴、专项补助，有效减缓物价上涨压力，落实机关工勤人员和事业人员失业保险；医疗卫生支出3261万元，比上年增43%，进一步完善新型农村合作医疗制度，加大公共卫生服务投入力度，支持重大传染病防治及基层卫生机构建设；环境保护支出360万元；城乡社区事务支出1234万元；农林水事务支出6382万元；交通运输支出1587万元；工业商业金融等事务支出1254万元；其他支出35万元。

【财政支农资金】 2007年，财政资金投入“三农”15188万元，同比增12.7%。投入1152万元财政资金，支持12个市级、13个县级新农村示范村建设。安排1000万元资金支持林业生态美县建设、林权制度改革及石林景区景观林建设。农业补贴网共录入全县8个乡(镇)91个村委会共5.2万户农户的基础信息，通过“一折通”方式，按政策足额兑现国家各项直接补贴资金1326万元，受益农民人均直接增收33.68元。按每头50元标准兑现能繁母猪补贴资金55万元。兑现农机、石油价格补贴63万元。投入财政资金1753万元，支持种养殖业、畜牧业等产业发展，扶持农业龙头企业32家，辐射带动农户1.3万户。投入资金1449万元，完成肉用山羊良种扩繁基地建设等省市开发项目5个。投入财政扶贫资金440万元，实施22个扶贫重点村“整村推进”扶贫工作，有效增加农村贫困人口收入。

【财政资金管理】 积极推进乡财政预算管理方式改革，将各乡镇中小学财务上划县教育局垂直管理；探索将乡镇财政总预算会计集中核算、统一管理。1月将全县所有乡镇人民政府和中小学在职职工工资全部纳入国库集中支付；8月把全县财政供养的1761人离退休人员工资全部纳入国库集中支付范围，从而使石林县财政全供养人员工资实现全员统发，成为昆明市首家将离退休人员工资纳入工资支付软件进行发放管理的县。推行部门综合预算，将部门预算内外经费统一规范由县财政局一个科室进行管理，着力推进部门预算编制的完整性和规范性，发挥预算内外资金整体效应。组织开展对全县128户行政事业单位国有资产清查工作，摸清家底，查找问题，完善国有资产管理措施。不断完善专项资金报账制管理，开展财政专项资金检查，确保资金专款专用，发挥作用。不断规范政府采购，全年采购金额达2225万元，资金节约率达7%。制定财政投资评审管理暂行办法，着力提高财政监管水平。

（撰稿人：县财政局　钟　涛）

国　　税

【县国税局】 1994年7月，成立县国税局。2007年内设办公室、人事教育科、监察室、税政管理科、征收管理科、计划征收科（含办税服务厅）；有直属机构稽查局，事业单位信息中心；有鹿阜税务分局、石林税务分局2个派出机构。年底全局在职干部职工61人。单位住址在县城阿诗玛南路153号。2007年，县国税局被昆明市国税局命名为文明单位，被县委、县政府命名为平安单位，计划征收科被昆明市妇联命名为2006～2007年巾帼文明示范岗，鲁惠丽被云南省国税局授予全省国税系统精神文明建设先进工作者，鲁惠丽、杨金林荣获昆明市国税系统2006～2007年优秀税务工作者称号。向支农联系点西街口镇宜奈村委会资助资金3130元。

党组书记、局　长：赵志忠（彝族）

副局长：刘贵林

王永红

【国税突破亿元大关】 2007年，县国税局坚持“依法征税，应收尽收，坚决不收过头税，坚决防止和制止越权减免税”的组织收入原则，进一步加强税收预测分析和税源管理，各税种收入呈现出良好的增长势头，总收入的增长比例均保持在两位数。全年共组织税收收入10359万元，国税收入首次突破亿元大关，完成市国税局收入考核目标任务9200万元的112.60%，同比增长13.45%，增收税款1228万元。其中：增值税完成6017万元，同比增长6.24%；企业所得税完成3979万元，同比增长29.40%；消费税完成8.7万元；储蓄存款利息个人所得税完成331万元；车辆购置税完成51.6万元；涉外企业所得税退税28.5万元。组织县级地方收入2136万元，完成县政府考核目标任务2134万元的100.11%，同比增收231万元，增长12.12%。

【户籍管理】 截至2007年12月31日，县国税局纳入税收综合征管软件系统征管户数为2147户（增值税一般纳税人为108户，小规模纳税人2039户）。其中：企业类纳税户为390户，个体工商业户为1757户。在多元化纳税申报方式中，上门申报1590户次（含个体不达点户），介质申报155户，储蓄扣税396户，银行网点申报6户。

【申报征收】 加强纳税申报管理工作，全年纳税应申报9819户次，准期申报9818户次，全县平均申报率99.99%，全市平均申报率99.86%，超全市平均申报率0.13个百分点。入库率达100%。全年无新增欠税。

全年应加收滞纳金户数106户，已加收户数106户，滞纳金加收率100%。滞纳金加收率、申报率、入库率均达到年初目标。

2007年多元化申报率目标为80%，全年已采用多元化申报方式的户数达到506户，占纳税户数的79.81%，基本达到年初目标。

2007年处罚率目标95%。全年应处罚户数222户，已处罚户数222户，处罚率达100%，超目标5个百分点。

【增值税管理】 2007年增值税一般纳税人平均税负率目标为提高0.1个百分点以上。全年增值税一般纳税人108户，工业企业户占全县一般纳税人户籍的43.39%、商业企业占56.61%。按照国家税务总局、省、市国税局三级重点税源的监控管理要求，加强了数据质量的监控、分析和利用，强化了税源管理和税负分析。全年增值税一般纳税人税收负担率为5.41%，与上年同期税负相比，增长0.25个百分点。

全年“四小票”（货物运输发票、农副产品收购发票、废旧物资收购发票和海关完税凭证）异常率目标控制在10%以内，异常票审核检查率目标达86%以上。2007年采集运输发票296份，金额456万元，税额111万元；废旧物资发票25份，金额1.25万元。其中：省国税局反馈要求检查的运输发票5份、废旧物资发票25份，经核实，全部为正常发票，检查面为反馈数据的100%，达到了审核检查率目标。同时，面向增值税一般纳税人推行发票网上认证系统，年内自愿进入网上认证的纳税人有22户，网上认证增值税专用发票470份。

个体税收核定管理。2007年核定面目标10%，全年增值税实际核定户数为505户，核定税额为242166元，与上年相比，每月增加税款34675元。达起征点以上的个体户398户，占个体户应核定总数1740户（有14户为查账征收和其他征收方式）的22.87%，超目标12.4个百分点，全年户均核定税款332元。

【企业所得税管理】 按照全年企业所得税定率定额核定征税面目标达到10%以上的工作要求，认真落实《昆明市国家税务局企业所得税核定征收办法》，加大税源管理和数据分析比对力度，实施分类管理，扩大定率核定征税面，挖掘增收潜力，全面加强企业所得税管理工作。截至12月底，全局企业所得税纳税人管理户籍为144户，其中：查账征收户112户、核定征收户32户，核定面达22%，与上年底企业所得税核定面相比，提高了4.14个百分点。

在企业所得税申报管理软件推行工作中，全县92户使用了申报管理软件完成企业所得税年度申报，有99户使用申报管理软件完成了上半年的季度申报，推行面达100%，企业所得税管理水平不断提高。

【发票管理】 严格执行增值税专用发票、普通发票管理规定，加强增值税专用发票申购审批，以及发票相关的表、证、单、书的领、用、发等管理工作，确保发票管理安全，供应及时。6月1日停止使用旧代码普通发票，并做好新代码普通发票的供应和作废发票的清缴、销毁工作。全年普通发票验旧金额录入面目标为100%，发票用户1268户，已基本实现发票验旧金额录入面目标。增值税专用发票、普通发票管理工作做到安全保管、规范使用，全年无发票遗失、被盗等现象。

【落实税收政策】 国务院决定，从2007年8月15日起，对储蓄存款利息所得征收的个人所得税税率，由原来的20%调减到5%，以增加居民储蓄存款利息收益，降低广大中低收入储户的税负。县国税局积极宣传贯彻执行各项税收政策、法律法规，全面推进依法治税。积极处理好组织收入与执行政策的关系，不折不扣落实税收优惠政策，促进地方经济健康发展。2007年共办理征前减免、先征后退、减免退税1814万元，占全年税收收入的17.51%。全年均没有发生执法过错的行为，税收执法水平明显提高。

【税务稽查】 按年初市国税稽查工作要求，稽查查补收入须占全局税收收入的0.3%以上，县国税稽查局全年共查补入库税款70万元，占全局组织税收收入的0.67%，超稽查收入工作目标0.37个百分点。年内稽查局共接收协查函件2件，涉票企业3户，增值税专用发票8份，涉及金额4391217.76元，税额263473.07元；货物运输发票12份，金额10213387.65元。稽查局按协查要求开展实地检查，并按要求在规定时限内进行了回复。

【签订《廉政公约》】 县国税局充分尊重纳税人意愿，积极开展由纳税人自愿与国税机关签订《廉政公约》的活动，2007年共签订《廉政公约》224份（户），自2005年起，累计签订954份（户）。年内对200户纳税人发出回访问卷调查表进行回访，全县国税系统均没有“吃、拿、卡、要、报”等违法违纪行为的发生，以及向纳税人乱摊派、乱收费、推销商品等情况。

【综合业务用房建设】 为适应现代税收管理工作发展的需要，全面实现局机关与税务分局、办税服务厅同址办公，提高工作质量和效率，营造优良、文明的办税环境，县国税局综合业务用房于

2005年4月13日向市国税局申请立项，2006年12月15日市国税局批复同意新建石林县国家税务局综合业务用房。全部工程建筑面积3367.9平方米，其中：办公用房3116.4平方米，职工食堂251.5平方米。工程投资概算941万元。2006年9月开始桩基施工，12月16日主体工程开工。2007年12月24日经各有关部门验收为合格工程。整个工程严格按照《中华人民共和国招标法》、《云南省建设工程招标投标管理条例》、《石林县建筑工程招标投标办法》进行，凡属于达到招投标金额的项目，都在县纪委、县检察院、公证处人员的全程监督下进行了招投标，对中标单位进行公告，甲乙双方签订《廉政合同》。在建设过程中，做到程序合法、规范施工、从严管理。

（撰稿人：县国税局 王文碧）

地　　税

【县地税局】 1994年7月，成立县地税局。2007年局机关内设办公室、人事教育科、监察室、税政科、征管科、计划统计科、规费科、法规科8个科室；派出机构有稽查局和1个征收分局、4个管理分局。年底有干部职工64人。单位住址在路皋镇双龙街1号。2007年县地税局获县级表彰5次、市级表彰2次、省级表彰1次；李国卿、赵志诚获昆明市地税系统税收管理员标兵称号，王永祥被昆明市人民政府评为2006年度昆明市见义勇为先进个人。资助支农联系点石林镇螺蛳塘村委会4000元生产资金。

党组书记、局长：张志斌（彝族）
副　局　长：周家全
　　　　　　金志慧（女）
纪检组长：梅　宁（3~4月）
　　　　　杨立学（4月起）

【征收税费】 2007年县地税局共组织地方税收收入12960万元，同比增长11.6%，增收1349万元。地方税收分预算级次入库情况为：中央级税收入库1076万元，同比增长5%，增收46万元；省级税收入库580万元，增收1万元，与上年同期基本持平；县级税收入库11304万元，同比增长13%，增收1302万元。

社会保险费收入4506万元，同比增长12%，增收490万元；其他费收入448万元，其中：文化事业建设费7万元，旅游宣传促销费150万元，残疾人保障金99万元，工会经费91万元，地方教育附加费101万元。全年共计完成地方税、费收入17914万元。

【地方各税完成情况】 2007年完成营业税入库3836万元，同比增长20.3%，增收646万元（其中：建筑安装业完成1233万元，同比下降5.7%，减收74万元；住宿餐饮业完成326万元，同比增长16%，增收45万元；文化体育业和娱乐业完成838万元，同比下降10.2%，减收95万元；房地产业完成969万元，同比增长363.6%，增收760万元；租赁和商务服务业完成270万元，同比增长3.8%，增收10万元；交通运输业139万元，同比下降3.5%，减收5万元；电信业52万元，同比增长6.1%，增收3万元；邮电业5万元，同比增长25%，增收1万元；其他4万元，同比增长33.3%，增收1万元）。资源税入库360万元，同比增长24.1%，增收70万元。城建税入库463万元，同比增长13.8%，增收56万元。个人所得税入库946万元，同比增长22.4%，增收173万元。印花税入库103万元，同比增长17%，增收15万元。土地使用税入库143万元，同比增长28.8%，增收32万元。房产税入库491万元，同比增长24.6%，增收97万元。土地增值税入库129万元，同比增长28.8%，增收110万元。车船税入库90万元，同比增长2.3%，增收2万元。企业所得税入库846万元，同比下降10.4%，减收98万元。耕地占用税入库500万元，同比下降10.2%，减收57万元。契税入库413万元，同比下降41.7%，减收295万元。烟叶税入库4333万元，同比增长14.9%，增收561万元。另外，教育费附加入库306万元，同比增长13.8%，增收37万元。

【税务登记】 2007年，县地税局共有税务登记户2423户，其中：内资企业542户（国有企业36户、集体企业54户、股份合作企业5户、联营企业1户、有限责任公司189户、股份有限公司13户、私营企业171户、其他企业73户），港澳台商投资企业1户（合资经营企业），外商投资企业3户（中外合资经营企业2户、外资企业1户），个体经营户1837户，其他40户。

【税收优惠政策】 2007年石林县共新办理符合条件的各种减免户30户（累计80户），其中：残疾人减征1户，下岗再就业免征24户，西部大开发继续减征企业所得税4户，西部大开发新办理减征企业所得税1户。全年共减免税款274.53万元，其中：营业税198.62万元、城市维护建设税10.29万元，教育费附加6.11万元，个人所得税10.93万元，地方教育附加1.99万元，企业所得税46.59万元。

【稽查执法】 县地税局制定工作方案，将房地产业、建筑业、服务业、娱乐业、中石化下属各加油站和高收入行业个人所得税作为2007年的重点检查对象，严格按照稽查规程开展专项检查。对检查中发现的涉税问题应查必查、各税统查，对疑点问题刨根问底，不放过任何蛛丝马迹，认真查证，对个别偷逃税款的典型个案，组织业务骨干进行重点解剖，力求查深、查透，并给予严厉打击，发挥了税务稽查的威慑作用。同时，在检查过程中，主动向被检查的纳税人发放《税务稽查廉政执法监督反馈卡》，自觉接受监督，从根本上杜绝了税务稽查人员利用行政执法之便违反国家税收政策而损害纳税人的合法权益。

全年稽查局共查处稽查案件33件，结案26件，查补税款、滞纳金、罚款共34.81万元，其中：营业税1.62万元，城建税0.09万元，教育费附加0.06万元，地方教育附加0.02万元，企业所得税6.17万元，个人所得税2.95万元，房产税13.76万元，印花税

1.44 万元，城镇土地使用税 0.78 万元，车船使用税 0.01 万元，滞纳金和罚款 7.91 万元。稽查办案率 100%，稽查处罚率 13.49%，稽查入库率 100%，稽查结案率 100%。

（撰稿人：县地税局 王文明、李 锟）

审　计

【县审计局】 1984 年 5 月 22 日，成立县审计局。2007 年内设办公室、行政事业审计科、经贸审计科、经济责任审计科 4 个科室，年底有职工 12 人。单位住址在鹿阜镇阿诗玛南路 216 号。2007 年，县审计局被县委、县政府命名为基层满意的县直单位、平安单位、农田水利基本建设先进集体，赵良廷、段云波获得县委、县政府的表彰奖励。筹资 3000 余元支持支农联系点圭山镇矣维哨村委会开展春耕生产及社会主义新农村建设。

书记、局长：赵良廷

副局长：金玉光（彝族）

【审计执法】 2007 年，县审计局共完成审计项目 37 项，查出违规违纪金额 258.8 万元，其中：上缴县财政 25.7 万元，责令纠正金额 233.1 万元。

【本级预算执行审计】 2007 年 3～8 月，县审计局以促进规范预算管理和建立健全公共财政体制为目标，结合政府收支分类改革要求，以预算收入完成情况和预算支出的真实性、合法性和效益性，财政转移支付资金分配的合理性、规范性为重点，对县财政 2006 年度预算执行情况及其他财政收支情况、2005 年度地方税收预算执行情况进行了审计，并延伸审计了大可中心学校等单位预算执行情况和财务收支情况。通过审计，揭示了财税管理体制和部门预算资金分配使用中存在的不足和问题，提出了规范预算管理的意见和建议 11 条。向县人民政府提交了审计结果报告，在县人大常委会上作了工作报告。

【领导干部任期经济责任审计】 2007 年 8～11 月，根据县经济责任审计工作领导小组的安排，县审计局对县发展和改革局局长、县建设局局长、县交通局局长、县烟办主任的任中经济责任进行了审计，对县供销社原主任、原板桥乡乡长进行了离任审计。审计查出部分单位私设“小金库”49 万余元，以及违反预算外资金收支“两条线”管理规定 158 万元和截留坐支财政补贴 13 余万元等问题，其中上缴财政 13.9 万元，责令有关单位纠正 206.1 万元，提出了规范预算管理的意见和建议 13 条。通过审计，促进被审计部门、单位完善制度，加强内部管理，强化对领导干部行使权力的制约和监督，增强领导干部责任感和自我约束意识，有效促进了领导干部依法理财、廉洁从政。

【政府投资项目审计】 2007 年 1～11 月，县审计局对“数字石林”一期工程、石林游客接待中心屋面网架工程、石林风景区供水工程第一合同段、城市建筑风貌改造工程等县列重点工程及石林镇松子园集雨水窖工程、长湖镇马帮希望小学教学楼、大可乡岩子脚希望小学教学楼、板桥镇爱福希望小学教学楼建设项目等 8 项工程决算进行了审计。通过审计，加强了对项目审批、建设工程招投标、经济合同签定等建设程序和决算的审计监督，有效促进了建设单位加强项目管理、提高投资效益。

【专项资金审计】 2007 年，县审计局对石林县新农村建设资金、生态建设资金、新型农村合作医疗资金、社保五项基金、农村养老保险基金、2006 年度省市列扶贫重点村项目资金、2005 年度农村沼气建设国债项目资金、省市县投入村级组织活动场所建设资金、农业产业化项目资金、国债项目石林林场墨西哥柏种子园建设资金、板桥镇矣马伴人饮项目资金、县林业局森林火险治理资金、森林病虫害治理资金等 13 项资金进行了审计，审计资金总量 8100 多万元。通过审计，有效监督了资金使用的合法性、效益性，维护了资金的安全完整，保障了党和政府的惠民政策落到实处。

【行政事业审计】 2007 年 5 月，县审计局对东城区管委会财务收支情况进行了审计，摸清了东城区管委会的财务状况。12 月，根据县政府的安排，对县农牧局种子站改制前资产、负债及所有者权益情况进行了审计，查出了漏缴税金 9 万余元，上缴了县财政，核实了种子站资产和债权债务关系，为顺利推进改制发挥了积极作用。

【工商企业审计】 2007 年 12 月，根据县政府的安排，县审计局对县自来水公司、石林云湖供排水有限公司改制前资产负债及所有者权益情况进行了审计，查出县自来水公司漏缴税金 2 余万元，上缴了县财政，核实了企业资产负债情况，为保障国有资产安全完整，顺利推进工商企业改革发挥了积极作用。

【审计调查】 2007 年 3～8 月，根据省审计厅的统一安排，县审计局对县新型农村合作医疗制度运行情况、2004～2006 年第二期中央政法补助专款和地方配套资金以及县农村信用合作联社 2006 年资产负债损益情况进行了审计调查。通过调查，从宏观上提出了加强和改进管理的建议 9 条。

【审计执法监督】 2007 年 6 月，县政府组成审计执法检查组，对 2006 年下半年至 2007 年上半年完成的 21 个部门（单位）和 7 个乡（镇）的 37 个审计项目进行了审计执法检查和审计行风评议。通过执法检查，相关单位加强了审计整改，审计决定落实率达 100%，管理不规范等问题 90%以上得到纠正。审计执法检查组同时还在 28 个单位中开展了问卷式审计行风评议，被审计单位对审计工作综合满意度达 99%。

【检查指导】 2007 年，县审计局对县财政局、县教育局、县公安局、县地税局、县供销社、县农业银行、县信用联社、县烟草公司等 8 家单位内审机构开展工作的情况进行了检查指导，促进了各有关单位规范内部审计行为，加强了内部管理。

（撰稿人：县审计局 段云波）

金　融

金融综述

【全年金融运行情况】 2007年，石林县金融运行总体平稳，货币信贷保持高位运行，信贷投放持续增长，货币信贷总量适度增长，货币信贷运行态势良好，较好地满足了石林经济社会发展的资金需求。主要特点为各项存款保持增长，储蓄存款继续回落，贷款投放持续增长，农业贷款增势不减，中长期贷款有所下降，金融调控措施得以落实，现金继续回笼。

【存 款】 2007年末，全县金融机构各项存款余额280308万元，比年初增加39109万元，增16.21%。存款运行的主要特点：活期存款增加，定期存款回落，各项存款呈现活期化特点。全县金融机构人民币各项存款在昆明市10个辖县区排第七位。

企业存款增长强劲。2007年末，企业存款余额96073万元，比年初增加23919万元，增33.15%。企业存款呈现活期化特点，其中：活期存款71886万元，比年初增加28523万元，增65.78%；定期存款24187万元，比年初减少4605万元，减15.99%。企业存款回升原因：一是金融机构贷款增加，产生大量派生存款；二是企业效益有所提高，资金回笼加快。

居民储蓄存款增幅减缓。受股市财富效应吸引和存款实际利率仍然为负等因素影响，全县居民储蓄存款增幅持续回落。2007年末，城乡居民储蓄存款余额126123万元，比年初增加1973万元，增1.59%，其中：活期储蓄存款69658万元，比年初增8483万元，增13.87%；定期存款56465万元，比年初减少6510万元，减10.34%。2007年以来，石林县基金投资热销，2007年度全县金融机构共累计代理发行基金逾6亿元，基金投资的增加改变了石林县的投资结构，特别对储蓄的分流产生了一定的影响。

农业存款快速增加。2007年末，农业存款余额27762万元，比年初增加8274万元，增42.46%。

【贷 款】 2007年，全县贷款延续了上年的快速增长势头，为全县经济增长提供了有力的信贷支持。各项贷款余额在昆明辖区10个县（市）中排位第四位，贷款增幅明显高于存款，存贷比在昆明辖区10个县（市）中排位第一位并远远高于全市水平。年末，全县金融机构各项贷款余额227580万元，比年初增加37647万元，增19.82%。

12月末，全县金融机构短期贷款余额184213万元，比年初增加41046万元，增28.67%；中长期贷款持续回落，贷款余额为43367万元，比年初减3399万元，减7.27%。

个人消费贷款小幅回落。2007年末，全县个人消费贷款余额为19995万元，比年初减少62万元，减0.3%。其中个人短期消费贷款余额为520万元，比年初减少2277万元，减81%；个人中长期消费贷款余额为19475万元，比年初增加2215万元，增13%。经过东城区开发后，个人住房贷款需求减缓。住房公积金管理政策改变后，支取方式也较灵活，购房户支取公积金还款，加快了还款进度。同时，新的楼房开盘，增加了按揭贷款的投入。

短期农业贷款增加。2007年末全县短期农业贷款余额118343万元，比年初增加84051万元，增245%。

（撰稿人：人行石林县支行 赵小平 黄荣平）

人行石林县支行

【人行石林县支行】 中国人民银行石林县支行是总行的派出机构，最早成立于1950年3月。2007年，支行内设办公室、基础业务科、综合业务科，年末有干部职工18人。单位住址在鹿阜镇阿诗玛南路133号。全县金融分支机构32个，其中：行使中央银行职能的中国人民银行1个，行使金融业监管职能的银行监管办事处1个，金融、保险营业网点共30个（工行1个支行2家分支机构，农行1个支行2家分支机构，建行1个支行，农村信用社1个联社16家分支机构，富滇银行1个支行，保险公司4个，邮政储蓄2个分支机构）。

2007年，人行石林县支行被昆明中心支行评为A级先进单位、党风廉政建设先进单位，实现了连续三年的先进单位称号。向支农联系点路美邑镇鱼龙坝村委会提供2000元生产经费。

行　　长：张舒平

副 行 长：管水仙（女）

纪检组长：杨宏铭

【货币政策】 2007年，人行石林县支行充分发挥县级央行对货币信贷政策执行情况的窗口指导职能。加强对石林县经济金融运行状况的监测和分析，引导辖内商业银行加大对石林县支柱产业和优势企业的信贷投入，积极引导农村信用社支持“三农”经济的发展。各项货币政策工具运用得当，对引导信贷投向发挥了积极作用。

2007年，人行石林县支行对农村信用社再贷款限额4500万元，为石林县支农积聚了储备资金。

2007年为加强银行体系流动性管理，引导货币信贷和投资的合理增长，保持物价水平的基本稳定，中国人民银行分别10次调整准备金，由9.5%调整到14.5%，农村信用社由7%调整到12%。

石林县金融机构贷款增幅较快，部分银行对热门企业信贷扩张倾向明显。一些贷款扩张较快的银行，资本充足率及资产质量等指标有所下降。随着存款准备金率的逐步上调，两项指标得到了改观。2007年末石林县农村信用社资本充足率由8.56%提高到12.13%，比年初上升了3.57个百分点，不良贷款得到了严格控制。

除农村信用社外，石林县国有商业银行、城市商业银行存款准备金由上级行统一缴存。人行石林县支行继续加强对农村信用社存款准备金的监测，引导其控制货币信贷适度增长，保持金融平稳协调发展，支持扩大直接融资渠道，提高金融资源配置效率，促进全县经济全面、协调、可持续发展。

全年农村信用社按月存款平均余额91168万元，平均存款准备金9718万元，月平均实际准备金率10.66%，最高实际准备金率为12月15.25%，最低实际准备金率为1月8.07%，2007年末实际准备率15.25%。全年石林县农村信用社没有发现迟缴、漏缴存款准备金以及支付困难等问题。

2007年6次利率调整和10次准备金调整后，商业银行、农村信用社、邮政储蓄认真执行各档次的存款利率，没有发现擅自变相提高、降低存款利率的情况。除民贸贷款、扶贫贷款执行优惠利率外，住房等消费贷款商业银行、农村信用社利率均降低了10%的幅度；农村信用社利率较商业银行利率浮动占比和浮动比例较大。

2007年农村信用社改革进入考核阶段，人行石林支行高度重视并作了认真的安排和部署：一是强化连续的动态监测和现场考核机制。二是督促农村信用社建立信息披露制度，完善法人治理结构工作等方面取得实质性进展。三是主动督促、指导和帮助农村信用社制定实施各项改革措施。

在支持农村信用社改革工作中，积极协调地方政府加大清收不良贷款力度，由政府主导成立清收领导小组，公布欠贷欠息的机关事业单位和国家公职人员名单，出台了清收措施，对拖欠农村信用社贷款或担保的机关、事业单位以及国家公职人员进行清收，截至2007年末共收回欠款644万元。

2007年9月6日，998万元的央行票据兑付资金划拨到农村信用社，农村信用社改革试点资金支持工作央行票据成功兑付。

【金融稳定】 2007年通过调查研究和定期召开金融联席会议，了解掌握辖内经济金融运行情况，分析辖内金融机构的经营状况，积极协调地方政府职能部门支持各行社清收不良贷款、盘活不良资产，引导和督促金融机构提高资产质量，降低不良贷款比例，有效防范系统性金融风险。

加强金融稳定再贷款管理，2007年以来人行石林县支行加强了与石林县财政局的联系，及时掌握金融稳定再贷款数据变动情况，确保国家资金安全。

2007年6月、10月对石林县农行股改进展情况进行了调查，11月7～13日人行石林县支行课题调查组对辖内国有商业银行股份制改革对其地方分支机构的影响进行了调查。

【征信、调查研究】 建立了银行信贷登记咨询系统《违规情况登记表》、《查询情况登记表》等13个登记簿，并形成了4项制度，即《情况通报制度》、《银行信贷登记咨询系统查询制度》、《贷款卡专人联系制度》、《年审通知登记制度》。2007年共检审贷款卡41户，占应检总数的21.47%。

2007年6月，石林县开展建立中小企业信用档案工作。中小企业信用档案是中小企业的经济身份证，是中小企业的信用名片。它是全面、客观地记录中小企业基本信息和经营、信用活动，反映企业信用状况的书面文件。2007年末数据采集基本完成。

人行石林县支行成立专门的调研小组，加强组织管理，本着勤于学习、勇于探索、善于思考的工作态度，营造调查研究的工作氛围。2007年，人行石林县支行向地方政府提出的地方经济金融协调发展建议被政府采纳并列入县"'十一五'经济发展规划"内。截至12月底，共上报调研报告和信息56篇，其中：采用信息28篇，调研报告1篇。

【人民币管理】 2007年人行石林县支行严格按照现金管理按季度检查的要求，全年共检查4次，检查了9家次金融机构，营业网点17个，全县金融机构检查面达到100%。检查人数达13人次，检查天数累计达18天，检查工作量累计达到234天，发现违规账户68户，违规提现279笔，违规提现金额9261618.87元。全年共批复提现请示18份，共批准专用存款账户提现42户、临时账户提现1户。

认真做好反假币工作。按照2007年反假人民币宣传工作的主题，全县共设立了27个宣传点，投入人力80多人，布点范围覆盖了县城主要街道、各乡镇基层营业网点，共发放宣传资料40000多份，各宣传点做了展板，石林电视台进行了报道，取得了明显的社会效果。

【支付结算、经理国库】 完善内部控制机制，采取健全规章制度、制定岗位职责、加强事后监督、加大考核力度等方法，把国库、会计工作向精细化方面延伸，防范了国库、会计资金风险，确保国库会计核算系统与支付系统安全稳定运行。

2007年，人行石林县支行国库部门办理中央预算收入累计入库8248.79万元，比上年同期增收544.79万元，增长7.07%；办理省级预算收入累计入库1804.68万元，比上年同期减少465.32万元，减少25.78%；办理地市级预算收入28.82万元，比上年同期增收4.95万元，增长20.74%；办理县级预算收入17128.45万元，比上年同期增收3899.45万元，增长29.48%；预算拨款44688.84万元。认真执行国库资金汇划报解工作，严格按要求及时上划报解资金，最大限度地减少库款在途时间，提高国库资金运作效率。

【安全保卫】 人行石林县支行以防范国库会计资金风险和社会治安综合治理为重点，强化内控管理制度，严格落实安全目标管理责任制，层层签定安全目标管理责任书。全年人行石林县支行无任何安全责任事故发生，积极有效地保障了全行各项工作的顺利开展。

（撰稿人：人行石林县支行 赵小平 黄荣平）

银行业监督管理

【县银监办】 2004年1月17日，中国银行业监督管理委员会云南监管局石林办事处成立。2007年，内设主任岗、综合岗、现场检查岗、非现场监管岗。单位地址在石林县鹿阜镇阿诗玛南路130号。年内1名职工被云南银监局考核为优秀等级。

主 任：刘 俊（彝族）

【银行业运行主要特征】 由于受资产价

格持续上涨和上调准备金率、加息等紧缩性措施的影响，银行体系内部资金短期化、活期化特征日益明显，银行流动性管理难度有所加大。2007 年末石林县银行业定期存款仅占各项存款余额的 28.8%（包括企业定期存款和个人储蓄定期存款），全年银行代售基金逾 6 亿元。石林县 2007 年存贷比例为 81.2%，短期贷款余额占比为 80.9%，中长期贷款余额仅占比 19.1%。国家宏观调控政策趋紧可能引发企业资金链条过紧，整体流动性风险管理难度正在增加，对此监管部门督促金融机构积极拓展负债业务，增强资金来源稳定性，全力保障石林县经济社会发展的信贷资金支持。

【现场检查】 县银监办于 2007 年 8 月配合云南银监局现场检查组，对石林县农村信用社截至 3 月 31 日的贷款风险分类偏离度进行了现场检查，抽查了信用社系统 445 笔贷款风险分类的准确性，检查组向信用社出具了检查事实和定性意见。

2007 年，县银监办运用银监会“1104 工程”即非现场监管信息系统，对农村信用社 2006 年度的资本充足率、资产质量状况、管理状况、盈利水平和流动性五个方面进行了综合评级，石林县农村信用社 2006 年度综合评级为 5A 级。县银监办针对评级中各单项要素存在的不足提出了监管建议。

2007 年 9 月，县银监办会同石林县纪委、县财政局对为完成工作任务，追求政绩而出现的以乡镇、村干部及少数学校教师名义向金融机构借贷，用于修路、架桥、学校建设和搞开发等“私贷公用”现象进行清理。通过清理，摸清全县的“私贷公用”情况，督促各金融机构落实责任，采取有力措施积极清收。同时，要求各金融机构在贷款管理中做到责、权、利相统一，避免“前清后贷”，从根本上杜绝此类违规贷款的产生，确保县域经济社会又好又快发展。

【非现场监管】 通过开展非现场监管，及时、持续监测金融机构的经营和风险状况，为现场检查提供依据和指导，使现场检查更有针对性。对银行业金融机构日常报送的各项监管报表和资料，县银监办实行了专人管理，按月分析，按季汇总出风险监管分析报告。对存在风险隐患的机构及时作出风险提示，保障金融机构稳健运行。

2007 年县银监办召开了 3 次监管工作例会，督促银行业金融机构组织盘活信贷存量，积极处置和清收不良贷款，全县银行业金融机构年末不良贷款余额 9547 万元（其中农村信用社不良贷款为四级分类，即不良贷款分为逾期、呆滞、呆账），不良贷款比例 4.2%，不良贷款余额较上年末下降 1241 万元，不良贷款比例下降了 1.5 个百分点。银行业金融机构不良贷款实现“双降”。

2007 年 7 月，县银监办对农村信用社改革进展情况、增资扩股及资本充足率、不良贷款降幅、专项票据置换资产的清收处置情况、内控制度建设、法人治理结构、各项扶持政策的落实情况、信息披露的合规真实性及支农服务水平、盈利能力和利润分配等方面进行了审核，专项中央银行票据顺利通过上级审批兑付。

【机构和高管人员监管】 2007 年，县银监办按照管理权限，上报云南银监局审批了农村信用社一个网点营业地址的搬迁；上报审批了 11 名农村信用社高级管理人员的任职资格；对 6 名信用分社负责人的任职资格进行了备案。约见了 5 名高级管理人员进行监管会谈。结合石林县银行业金融机构管理上的特点，县银监办加强了案件专项治理工作和治理商业贿赂案件工作的督察指导，全年石林县银行业机构未发生案件，连续 4 年实现了“零”案件目标。

【金融服务工作】 2007 年，县银监办组织金融机构在县城和有集市的乡镇，开展了送金融知识下乡活动，活动期间发放宣传资料 5000 余份，“送金融知识下乡”活动受到了群众的广泛欢迎。同时组织银行业机构开展调研，研究分析经济发展中遇到的问题，为各级领导提供决策依据。进一步规范、完善了商业银行业务经营和同业竞争规则，加强同业竞争监管，营造公平有序的竞争环境。

（撰稿人：县银监办　李静波）

工行石林支行

【工行石林支行】 2005 年 10 月 28 日，成立中国工商银行股份有限公司石林支行。2007 年 2 月，对内设机构进行了整合，设行长室、办公室、营业室、经营科；下辖石林分理处、城区分理处。年末有正式职工 45 人，柜员合同工 4 人。单位住址在鹿阜镇石林中路 116 号。2007 年，石林支行在创建“平安石林”活动中被县委、县政府评为“平安单位”；经营绩效考核为 B++ 级，在省分行营业部综合排名第 8 名。年内，资助支农联系点板桥镇矣马伴村委会 7000 元生产经费；向石林县见义勇为办公室捐款 1600 元，向孤儿许媛同学捐助学费 9500 元。

行　长：杨兴华

副行长：祁　斌

【经营指标完成情况】 2007 年末，各项存款 47432 万元，比年初增 2558 万元，其中：对公存款 21748 万元，比上年增加 5761 万元，储蓄存款 25684 万元，比上年减少 3203 万元。各项贷款 31743 万元，比上年减少 615 万元；不良贷款下降 110 万元，不良占比 0.37%，比年初下降 0.33 个百分点。年末收息率达 99.91%，实现拨备前利润 1333 万元，完成全年计划任务的 186.17%，账面利润 1815 万元，完成全年计划任务的 259.10%。

【不良贷款清收工作】 2007 年，支行班子加大不良贷款清收力度。信贷部门按月分析监控，责任到人，加大关注类贷款的清收；行领导挂钩大户，提前应对，采取措施，严防贷款劣变。加大依法诉讼清收力度，全年对常规手段清收无效的 3 户个人贷款，在认真分析论证的基础上，积极向上级行申报，协调法院采取诉讼，清收取得了一定效果。

落实专人负责，采取“蚂蚁啃骨头”的办法，收回法人客户不良贷款118万元。

【拓展个人市场营销渠道】 年初以来，支行始终把抢抓市场机遇，全力开拓个人市场、扩大营销渠道、加大中间业务产品营销，努力把增加中间业务收入作为支行工作的重点：利用“跑马圈地”的原则，抢抓客户资源，加快传统业务发展，扩展新兴业务；选准目标客户，攻破业务领域，重点发展投行业务；充分利用工行电子银行业务优势，加大营销，引导广大客户接受、使用工行业务产品，培养壮大电子银行客户；利用工行现有资源，努力扩大收入来源。截至12月31日，营销个人网上银行3625户，完成任务的164.77%；企业网上银行49户，完成任务的144.12%；信用卡发卡1256张，完成任务的147.07%；灵通卡发卡6164张，完成任务的112.07%；营销各类理财产品28136.94万元；新开立账户93户，完成任务的124.68%；实现中间业务收入686万元，同比增510万元，完成任务的226.27%。

【内控外防工作】 支行始终把内控外防工作列入重点工作之一，做到常抓不懈。在安全防范意识教育和案件防范警示教育中，组织全行49名从业务人员到晋宁县女子监狱接受警示教育；每季度召开一次“三防一保”和内控管理分析会议，全面提升全行员工内控外防思想意识和遵章守纪的自觉性；加大检查整改违规处罚力度，进一步健全和完善各类操作管理制度；加大业务培训和岗位考核力度，不断健全营业经理工作责任制，努力提升业务核算质量，有效防范内部操作风险，年末会计核算质量辖内考核第二名，排名较上年提升了8位，年平均核算差错率为0.26‰，业务差错率同比下降1.37个千分点；认真落实安全保卫“十项基本制度”，实现全年安全经营无事故。

【提升服务水平】 在全行上下加强金融服务理念的教育，增强“服务第一”的意识，努力提高全行员工规范化服务的自觉性和主动性，真正体现以客户为中心的经营理念；进一步加强服务渠道建设，以崭新的理念打造良好的服务环境，增强网点竞争力；加快自助设备及电子服务渠道的推行运用和更新换代，纵深推进引导分流工程，提高离柜业务占比；推进个人理财核心竞争力项目建设，提升对中高端客户的服务层次；健全服务工作责任制和考评制，推动服务工作有序开展，每半年开展一次服务工作满意度调查，了解掌握客户的服务需求和意见，有针对性地采取措施加以改进；实行首问责任制，规避客户投诉，不断提升服务水平。

（撰稿人：县工商银行 苟同安）

农行石林县支行

【农行石林县支行】 1956年3月，成立中国农业银行路南彝族自治县支行。历经数次变动，1980年1月恢复设立。2007年县支行机关设党办、工会办、办公室、保障部、内控部、财务部、风险部、信贷部、个人部、客户部等7部3室，下设营业室、鹿阜支行、石林风景旅游区支行等3个营业机构，年末在位岗员工71人，办公地点在鹿阜镇阿诗玛东路106号。

2007年，县支行通过了昆明市文明办再创“市级文明单位”的考核验收；年末组织并邀请了县旅游局、县烟草公司等业务友好单位成功举办了“迎奥运”新年篮球邀请赛；投资58万元绿化、美化、亮化了农行小区的居住环境，获得石林县“五星级”园林小区和昆明市“四星级”园林小区称号；营业室大堂经理张琼美获省分行营业部“十佳服务明星”称号。

年内，全行员工累计捐款8361元，捐助宁洱地震救灾、慰问扶贫联系点的10户困难户、捐献见义勇为基金等；9月在大学生入学之际，捐助3.5万元对石林县新录取的7名贫困大学生进行支助；捐资18万元支持尾堵渣、小密枝等9个村委会的新农村建设。

行　　长：韩家荣
副 行 长：毕建锋（彝族）
　　　　　苏　维（彝族）
行长助理：施　煜（7月止）

【业务经营指标完成情况】 2007年末，各项存款余额为95316万元，比年初增加1.7亿元，完成计划任务的213.48%。其中：对公存款余额7.1亿元，个人储蓄存款余额2.4亿元。在全县金融系统28.03亿元的存款总量中，存款市场份额达到34.01%。年末人均存款余额1342.5万元，在全省124家支行中排45位；各项贷款余额104353万元，比上年增加1.95亿元。全年累计发放各项贷款83602万元，收回64109万元，清收不良贷款本息1751万元，完成计划任务的522.34%。年末四级分类正常贷款9.9亿元，占比94.8%，不良贷款5460万元，占比5.2%。五级分类不良贷款5852万元，占比4.50%。四级分类、五级分类不良贷款占比居于全省领先水平。

2007年，全行代理销售基金1.38亿元，代理发行国债5期943万元，代理保险保费262万元，发行贷记卡602张。中间业务收入完成381万元，完成计划任务的113.73%，全省排45位。

全年各项财务收入达6622万元，同比增加1638万元。各项财务支出3997万元，同比减少115万元，实现经营利润2760万元，人均创利38万元，在省分行营业部排11位，全省农行排27位。

【完成股份制改革准备工作】 2007年是农业银行的股改年，全行重点围绕股改准备来开展工作。在信贷资产确权和尽职调查工作中，对不良贷款未真实反映的29户31笔1803.8万元、政策性贷款底数21户27笔2503.08万元（其中：专项划转贷款6户7笔449万元，扶贫开发专项法人贷款8户12笔2029.86万元，扶贫开发自然人专项贷款7户8笔24.22万元）、存量不良贷款形态结构变化98户102笔663.6万元、法人客户32户贷款2117.50万元，自然人客户248户1747.90万元等信贷资产进行了专项尽职调查及确权工作；

对县支行所属的15宗房屋及土地资产进行了清理、分割和办证确权，对5宗闲置房产和1宗土地依法由拍卖公司进行了公开拍卖处置；对3个经营机构进行了全面的法律尽职调查；对全行电子运转设备、车辆、财务费用和各类账务往来进行彻底的清理清查；完成了在岗员工71名、内退员工7名和离退休24名职工的薪酬清理、上收管理工作。8月初在县支行机关分设了个人业务部，使法人客户部与个人业务部分设。精简了8名县支行机关人员充实到业务一线。12月6日，按总、分行的要求，在规定的时间内完成了12名短期合同工的清退工作。

资产处置拍卖会

【机构升格工作】 2007年4月27日，石林营业所完成拆迁改造，按农业银行统一的形象标识装修改造后，迁回新的营业地点营业。报经中国银行业监督管理委员会云南监督局批准后，将“中国农业银行石林县支行石林营业所”升格为“中国农业银行石林风景旅游区支行”，“中国农业银行石林县支行鹿阜分理处”升格为“中国农业银行石林鹿阜支行”，同时核准了张体坤、金华清两名翻牌支行行长的任职资格，7月1日两个翻牌支行正式挂牌。

【信贷基础管理工程】 2007年继续实施积极审慎的信贷策略，继续优化信贷结构和提高信贷资产质量。按质按量完成了客户的评级授信工作，共认定C级客户35户，上报审批AAA级客户2户、AA级及AA+级客户6户、A级及A+级客户2户，授信客户45户，授信总额达12.8亿元。做好法人和自然人客户的日常信贷管理工作，对出现风险的贷款提出风险预警信号和初步处理意见。对信贷档案资料进行清理、补充、完善后存档管理，做到了原始资料账册化、内容标准化、档案移交制度化、档案调阅登记制度化。加强贷款的风险预警，做好贷款的风险分类工作。信贷部门认真履行风险监控职责，对所有信贷业务实施在线监测和贷后管理监督检查，每月十日前发送到期贷款提示，每季度发送贷款风险预警分析报告，督促清收盘活。

【消化财务历史包袱】 为推进股改财务清理工作，对历年形成的应付福利费红字挂账、长期待摊费用和垫付诉讼费等费用挂账进行认真清理，清查了历年挂账入账的原始凭证和发票，写出清理报告上报上级行。年末按相关政策对135万元历史包袱进行消化处理。

【财务管理信息系统上线工作】 财务管理信息系统是农业银行基础管理工程建设的重要内容。根据总行的推广实施方案，3月份对全行资产、应付和薪资等业务数据进行了清理，组织开展了上线演练工作。6月底圆满完成了财务管理信息系统Fmis上线工作。财务管理信息系统的上线，为农行的财务管理上台阶奠定了基础。

【开展代付烤烟收购款工作】 2007年，由县农行负责从社会聘请30名付款员投入到全县的烟叶收购款的代付工作；抽调8名机关员工负责与各乡镇收购点联系收购资金的调度、现金供应、收购款箱的护运和集中保管等工作；与石林县邮政局开展合作，委托县邮政局负责全县31个收购点收购款箱的早送晚接和现金的调配护运，开展好全县的烟叶收购工作。同时完成了中石化石林境内的10个加油站、县内3家医院上门收款任务，累计收回现金2.5亿多元。

（撰稿人：农行石林县支行 段家福）

建行石林支行

【建行石林支行】 1980年9月，中国建设银行路南彝族自治县支行在中国建设银行曲靖地区中心支行路南办事处的基础上建立。为适应总行股改上市的需要，2005年3月改为中国建设银行股份有限公司石林支行。2007年，内设行长室、副行长室、营业室（负责核算和对外服务）、综合科（信贷、保卫、办公室及后勤业务）。年底有职工18人，其中：长期用工8人，短期用工10人。单位地点在鹿阜镇石林中路40号。

行　长：刘兴荣

副行长：聂　磊（9月止）

　　　　杨森宇（10月起）

【经营指标完成情况】 2007年末，支行存款余额27316万元，比年初的26956万元增360万元，增长率为1.34%，其中：企业存款17927万元，比年初的17065万元增862万元，增长率为5.05%；个人存款9389万元，比年初的9891减少502万元。

贷款余额17303万元，比年初的12115万元增5188万元，增长率为

38.25%，其中：对公贷款8500万元，比年初的4500万元，增长4000万元，增长率为88.89%；个人贷款8803万元，比年初7615万元，增长1188万元，增长率为5.60%。

2007年，全年累计投放贷款14879万元，累计回收贷款9691万元。其中：个贷发放259笔2879万元，对公贷款累计发放12000万元。实现利润864万元，比上年增长576万元，实现经济增加值464万元。

【公积金业务】 2007年，支行公积金业务继续保持辖内独家经办，市场占比100%，经办全县公积金存款7841万元，委托个人住房贷款余额6622万元，全年投放301笔4145万元。

【网点转型工作顺利验收】 2007年8月份，按照上级行的要求，支行要在年内通过个人业务网点转型的初验。在上级行的大力支持下，支行在较短的时间内，迅速实现了思想和行动上的转变。工作中严格按转型要求，从小事做起，从细节入手，在很短时间内取得良好效果，并且在2007年12月的网点转型验收中得到了验收组的好评，进一步提升了支行的良好社会形象。

【中间业务】 2007年，支行进一步强化客户经理的作用，对公客户经理与个人客户经理联动，积极主动开展营销，大堂经理做好客户识别、疏导和高端客户管理。全年支行个人基金销售21541万元，个人理财产品销售607万元，账户金销售19万元，全年募集资金总量达22167万元，实现个人中间业务392万余元。

【信贷资产质量控制】 2007年，支行继续加大不良贷款的考核力度，健全了各项考核措施，加大了不良贷款的催收力度。经过全体信贷人员的努力，全行累计发放贷款14879万元，累计回收贷款9691万元。全行贷款按“一逾两呆”分类为：全行正常类贷款余额17233万元，逾期贷款余额为6万元，非应计贷款余额64万元。五级分类为：正常贷款17072万元，关注类贷款207万元，次级12万元，可疑12万元，不良贷款及非应计贷款控制在上级行下达指标内。

（撰稿人：建行石林支行 杨 云）

县农村信用合作联社

【县农村信用合作联社】 县农村信用合作联社成立于1954年。2007年，县联社机关设综合部、信贷部、财务部、稽核部、保卫部，下辖联社营业部、鹿阜信用社、路美邑信用社、板桥信用社、大可信用社、北大村信用社、西街口信用社、维则信用社、海邑信用社、城北信用社（原亩竹箐信用社）和鹿阜分社、大兴分社、城南分社、板桥分社、路美邑分社、石林分社16个营业网点，年底有职工172人。单位住址在鹿阜镇阿诗玛南路195号。2007年，县信用社获省级文明单位1个、市级文明单位1个、县级文明单位4个，1个市级和2个县级巾帼文明岗，1个市级青年文明号。年内向灾区捐款2710元。

县信用联社新建综合业务用房2006年开工，2007年5月1日土建主体工程断水，工程总投资1400万元，工期180天，至12月31日完成投资1024万元。2007年3月3日举行亩竹箐信用社搬迁暨更名仪式，将亩竹箐的营业点搬迁至石林县鹿阜镇莲花路，并更名为“石林彝族自治县农村信用合作联社城北信用社”。2007年向鹿阜镇铺兵村委会资助3000元的生产经费。

理事长：陈　琳（女）
主　任：朱绍明
副主任：唐志明
　　　　朱子祥
监事长、纪委书记：朱绍莲（女）

【经营指标】 2007年末，县信用联社各项存款余额9.7亿元，比年初增1.39亿元，增幅16.85%，完成市联社余额净增计划的118.5%，月平均净增8401万元，完成市联社月平均增长的131%；各项贷款余额7.1亿元，比年初净增1.18亿元，增幅为19.98%，完成年初计划102.6%，月均净增完成216%。存贷比例73.21%。累计发放各项贷款5.36亿元，其中累计发放农户及农业经济组织贷款4.93亿元，占全部贷款累计发放数的86.15%。至12月末，全县共发行金碧卡11137张，超计划任务1137张。2007年，全县农村信用社总收入5997万元，比上年同期增1633万元；总支出5660万元。收支相抵盈余337万元。

【央行票据】 县信用联社998万元的央行票据于2005年入门，2007年可以兑付。为保证央行票据兑付工作的顺利进行，县信用联社于2007年1月20日成立了由县联社领导和部门负责人组成的央行票据兑付工作领导小组，抽出4名工作人员专职负责央行票据兑付工作。9月份成功兑付了998万元的票据资金。

【内控管理】 为促进合规经营，在全县开展了多种形式的核查工作：完成了2006年第4季度至2007年1至3季度的常规稽核工作。通过对库房管理制度、重要空白凭证和有价单证、新发放贷款、贷后催收检查、电脑前台业务操作和会计业务的稽核，各营业网点均能贯彻执行省、市、县联社的各项规定和制度，依法合规经营，真实反映经营状况。全年完成了四个营业网点的全面稽核工作。同时，完成了盈亏真实性、信贷管理、账户、现金、反洗钱等五项专项检查和2007年交流重要岗位人员的离任稽核。

为降低现金押运的风险，确保信用社资金及人身安全，县信用联社与有关单位协调，签订了现金押运协议，各营业网点的现金押运工作于2007年3月1日正式交由保安公司押运，所有营业网点晚上均不留现金及重要物品，全部押运至县信用联社的中心库管理。

按GA38要求对城北信用社、北大村信用社等13个营业网点安装了互锁连动门，到12月，全县信用社的报警系统全部与县110联网，电视监控、防弹玻璃安装达100%，安防设施得到了明显提高。

【信贷工作】 截至12月底，共建立农户经济档案 44950 户，核发《贷款证》37356 户，得到信用社贷款扶持的农户达 38892 户，占全县农户总数的 70%，解决了广大农民贷款难的实际问题，有力地支持了石林县社会主义新农村建设。

年内，全社积极支持扶贫工作及妇联工作：以五户联保及抵押贷款方式分两批发放扶贫贷款 1000 万元，涉及农户 1252 户；以一对一的保证担保方式发放党员致富贷款 100 户，合计 50 万元；发放贷款 57 万元给县妇联，支持 19 户下岗失业职工实现再就业。

【中间业务】 以推进“农金网工程”建设，改善支付结算手段为基础，积极拓展中间业务，拓宽收入渠道，实现中间业务收入。2007 年县信用联社办理的中间业务有：代理机动车辆保险，小额信贷“安贷宝”保险，“惠农一折通”财政直补资金，县国税、县地税的税款代扣代缴，教育系统、各乡镇人员的工资代发，民政资金补贴代付，“新农合”医保资金代收等业务，全年共实现中间业务收入 30 万元。

【社志编纂】 编修《石林彝族自治县农村信用合作联社志》，是 53 年来石林县农村信用社兴衰成败的里程碑，是农村信用社改革与发展成果的结晶，是县信用联社对外宣传的一大亮点。县信用联社领导高度重视此项工作，成立了社志编纂领导小组，聘请了刑洪吉、李润屋两位老同志主笔，聘请了县委宣传部副部长等 3 人作为修志顾问。经过大量的准备工作，《石林彝族自治县农村信用合作联社志》于 2007 年 5 月 17 日正式启动。12 月底已完成文字部分的撰写工作，图片、实物的收集整理和文字编辑工作正在进行之中。

（撰稿人：县农村信用合作联社 刘顺懿）

财产保险

【县人保财险公司】 中国人民财产保险股份有限公司石林支公司成立于 1984 年 4 月。2007 年，支公司内设经理室、业务部、综合部，辖石林镇营销服务部、板桥镇营销服务部、圭山镇营销服务部 3 个农村保险业务服务网点。年底有正式在职员工 8 人，外聘扶助员工 5 人，保险业务营销代理人 23 人，兼业代理机构 5 个。公司住址在鹿阜镇阿诗玛南路 141 号。积极响应县委、政府的号召，参与“送温暖、献爱心”捐助活动，向普洱地震灾区捐款 780 元；资助支农联系点圭山镇亩竹箐村委会春耕生产和村级换届选举工作经费 3000 元。年内获昆明市分公司“2007 年度综合绩效考核三等奖”、“2007 年度社会治安综合治理先进单位”等殊荣；2 名员工分别受到云南省分公司和昆明市分公司的表彰。

总 经 理：普周元

副总经理：符钰麟

【业务发展】 2007 年，支公司再次获得“全县行政事业单位公务用机动车辆保险政府定点采购”。全年为石林县的 8344 辆机动车，120 余家企事业单位、个体和私营业主，7 所学校的 10000 余学生，广大烟农和经济林木种植大户等提供各类意外事故和自然灾害损失风险保障 19.83 亿元。全年实现业务收入 1320.31 万元，人均业务量 165 万元，完成年度计划任务的 105.62%，同比增长 17.78%。其中：机动车辆保险业务收入 988.81 万元，同比净增保费 178.46 万元，增长 22.02%；企业财产保险业务收入 61.51 万元，同比基本持平；家庭财产保险业务收入 2.47 万元，同比略有增长；人身意外伤害保险业务收入 62.06 万元，同比负增长 31.38%；责任险业务收入 40.06 万元，同比增长了 34.02%；农业烤烟保险业务收入 135.40 万元，林木保险业务收入 30 万元。政策性能繁母猪保险工作进入实质性推进阶段。

【职能作用】 全年办结各险种索赔案件 1887 件，为遭受意外事故或自然灾害损失的保户支付了各项赔款 620.80 万元，其中：机动车辆保险赔款 374.69 万元，种植业烤烟保险赔款 110 万元，意外责任保险赔款 60.18 万元，产财类保险赔款 51.57 万元，为受灾保户及时解决生产生活困难提供了有力的支持。已出险报案未办结案件 294 件，涉案金额 54.62 万元。缴纳各项税费 70.75 万元，人均创税近 9 万元。向广大客户积极宣传《道路交通安全法》、《机动车交通事故责任强制保险条例》、《消防安全法》和各项安全法律法规、制度措施，以及防灾防损、安全救助等知识、要求，增强生产经营者的安全防范意识和责任，防患于未然，减少社会财富的损失，充分发挥保险损失补偿和防灾防损的职能作用。

【公司建设】 深入学习党的十七大精神，认真贯彻落实国务院《关于保险业改革发展的若干意见》，省人民政府《关于促进我省保险业务加快发展的意见》。结合石林社会经济发展战略规划，认真制定了《人保财险石林支公司三年发展战略规划》，积极推进农村保险业务营销服务网点建设和增员计划工作，先后在石林镇、板桥镇、圭山镇设立了 3 个营销服务网点，面向社会公开招聘了 11 名营销服务人员，通过培训和试用考察后分配到各网点工作；积极与县财政局、县农牧局商讨能繁母猪保险的实施操作办法，制定了《石林彝族自治县能繁母猪保险保费补贴实施办法（暂行）》，服务于“三农”。抓好《客户服务暂行规定》、《客户服务规范》等的教育实施，进一步树立“以市场为导向，以客户为中心”的经营理念和“客户至上，服务制胜”的服务思想，推进“金牌服务工程”、“理赔无忧——车险快捷”服务承诺，促进服务走上规范化、专业化、个性化、差异化的轨道。全面清理和完善原有的管理制度，规范标准和实务流程，建立符合实际，简洁明确的基本制度框架体系，形成用制度管人，以制度规范行为的工作格局。

【重大赔案】 2007 年，机动车辆保险 5 万元以上重特大赔案共 11 件，支付赔款金额 79.28 万元，其中赔付金额最大的云 AG*952 号车，于 2005 年 12 月 20 日出险，2007 年 4 月 19 日获得保险赔款金额 11.10 万元。

（撰稿人：县人保财险公司 符钰麟）

人寿保险

【县人寿保险公司】 1996年6月，财产、寿险分业经营，成立中国人寿保险股份有限公司石林县支公司。2007年支公司内设总经理室、中介部、综合部、营销部、石林营业部，下辖圭山镇、板桥镇、北大村3个营销服务部，年底有正式职工4人，新录用合同工9人，营销代理人员134人。公司住址在石林县鹿阜镇阿诗玛南路139号。2007年，石林支公司荣获省公司“先进集体”和1人获“先进个人”称号；5人获市公司“业务精英”，1人获“先进个人”称号。2007年资助支农联系点板桥镇小屯村委会5000元生产经费。

总　经　理：李乾华（11月止）
　　　　　　张建康（12月起）
副总经理：范虹铧（12月起）
总经理助理：李　瑛（女，12月起）

【经营指标完成情况】 2007年完成新单总保费1209.6万元，其中：个险业务397.1万元，团险业务174.5万元，中介业务638万元，全面完成市公司下达三项指标任务。收续期保费721.09万元。支公司全年共办理赔案2803件，支付赔款162.4万元，为安定人民生活和减少投保人经济损失提供了经济保障。

【寿险产品与业务服务】 支公司开办的险种有普通寿险、健康保险、意外保险和投资理财分红型保险四大类100多种产品，深受社会欢迎。为方便客户，支公司各部门积极参与“保险知识下乡”活动，定期到各村进行保险宣传，为开辟农村市场服务“三农”，积极拓展营销业务和代理业务，用全新的经营观念大胆改革、不断创新，在社会各界的大力支持下，支公司各项业务得到飞速发展，开创了一个新的经营格局。为拓展业务，支公司培养了一支134人的寿险代理人队伍，扩大了就业市场，为石林县的下岗、失业人员再就业提供了岗位，缓解了政府就业压力。

【人力资源制度创新】 2007年，支公司按照省、市公司录用员工条件，招贤纳士，扩充员工队伍，对业务技能熟练、专业性强、有知识、有管理能力的代理人招聘为公司员工。全年录用合同工9人（其中：高校毕业生录用2人，支公司内部录用内勤人员5人、管理人员2人），签订了劳动合同，打破员工身份界限。同时，建立了员工养老保障制度，提高新签劳动合同员工福利待遇和合理地位，解除临聘员工后顾之忧，提高了员工的工作积极性。

（撰稿人：县人寿保险公司　周宏富）

交通邮电

交 通

【县交通局】 1994年10月，成立县交通局。2007年，县交通局下设局机关办公室、交通建设科、交通运输管理科、公路建设管理所、交通运政管理所、公路路政管理所，加挂“国防动员委员会交通战备办公室”牌子。年底有在职职工48人，单位住址在鹿阜镇阿诗玛东路147号。2007年，获得县委、县政府授予的“石林申报世界自然遗产工作先进集体”、“创建国家卫生县城先进单位”、“2007年度基层满意县直单位”、“2007社会主义新农村建设指导员工作先进派出单位”，县政协授予的“2007年度政协提案办理工作先进单位”，昆明市交通局的“2004～2007年度全市交通系统质量监督管理先进集体”等称号。2007年，县交通局补助支农联系点大可乡大可村委会乡村道路建设、工作经费28.8万元。

书记、局长：王　宏

副书记：李劲松（12月止）

副局长：杨国云

交战办副主任：王留云（2月起）

【交通基础建设】 2007年，配合完成石蒙高速公路石林境内段的外业测量、设计和征地拆迁补偿的价格测算工作；完成石林中路二期路基工程、路面底基层和基层路面的铺筑。2007年12月，鹿平公路（鹿阜镇至大可乡平田村）35.046千米的四级公路路面改造工程竣工，完成投资3225万元，通过验收评定为优良工程。北召公路西街口至召夸段路面改造工程于2007年11月开工，三级公路标准，全长16.7千米，预计2008年5月底竣工，预计投资1328万元。

年内，共测量、设计乡村公路20条135.725千米，改造乡村公路13条102.240千米，硬化乡村公路25条33.484千米，完成投资1155万元（含群众投工投劳和自筹），交通局直接补助资金385万元。

至2007年底，全县公路总里程1109.46千米，其中：国道82.23千米，省道75.689千米，县道263.661千米（硬化145.801千米），乡道499.096千米（硬化84.228千米），村道174.258千米（硬化10.181千米），专用公路14.526千米（硬化13.326千米）。

【县乡公路养护】 2007年管养县乡公路10条，里程共计162.58千米，其中：砂石路101千米，沥青路面61.58千米，共投入养护资金157万元。

【道路运输管理】 为认真贯彻落实省、市、县关于预防特大道路交通事故，规范道路运输行业市场秩序、打击“黑车”等非法营运治理工作，强化对各种普通运输车辆、危险货物运输车辆和驾驶人员的管理，2007年5月成立了专项治理领导小组，明确了工作目标，落实了工作责任。2007年，共征收道路运输管理费111万元，拖拉机养费30.8万元。

【路政管理】 为加大对公路运输车辆超限超载治理的工作力度，根据云南省人民政府2007年1号文件批复，在县复烤厂旁租地设立了大屯超限超载检测站，投资88万元（土地租用费2万元），并于2007年11月27日授牌（省交通厅）开业。

路政管理工作人员始终坚持静态管理与流动管理相结合，做到勤上路、勤巡查、勤管理、勤查处，全年共收回路产赔偿费27万元，罚款30万元。

【客运站点建设】 2007年在县委、县政府领导的关心支持下，新建乡镇（四级）客运站4个，即：北大村客运站、南大村客运站、路美邑客运站、圭山客运站。村委会简易客运站4个，即：舍色村客运站、小屯客运站、小波溪客运站、冒水洞客运站。

【公路运输】 全年石林客运站发班次23540班次，客运量632832人次；石林景区客运站发班次8760班次，客运量83023人次；城乡公交车发班次31万班次，客运量450万人次。

【铁路运输】 南昆铁路穿境48.5千米。2007年，旅客发送73740人次，旅客到达127750人次；旅客周转量52778955人千米；货物发送量210100吨，货物周转量30299461吨千米。

（撰稿人：县交通局　陈卫佳）

邮 政

【县邮政局】 1998年10月1日，邮、电分营，成立了石林县邮政局。2007年，县邮政局内设市场部、综合部，下辖1个投发组、1个物流配送组、3个邮政支局、8个邮政所，年底有在职职工40人。单位住址在鹿阜镇阿诗玛东路127号。2007年实现了资金、人身、通信质量全红，被县委、县政府授予“平安单位”称号。2007年资助支农联系点祖莫村委会4000元的生产经费，同时扶持了农资产品、办公桌椅等物资。

党支部书记、局长：李　辉（5月起）

副局长：杨　涛（6月起）

左春睿（6月起）

马继庆（1～5月主持工作，5月停任）

【主要指标完成情况】 2007年，县邮政局结合县域经济社会的实际情况，以发展为主线、以效益为中心、以创新为方向、以满意为目标、以安全为保证、以加强基础管理为重点，确保各项业务经营目标的完成和通信质量的畅通。全年累计完成业务收入280.46万元，完成年计划的116.86%，同比增长48.41%。各分项业务完成情况为：函件完成18.67万元，同比增长77.11%；包件完成25.15万元，同比增长95.4%；报刊完成41.74万元，同比增长4.1%；集邮收入完成29.26万元，同比增长789.27%；代办业务收入完成1.93万元，同比负增长43.38%；特快专递完成21.97万元，同比增长78.46%；物流业务完成53.42万元，同比增长110.98%；汇兑完成13.13万元，同比增长0.04%；储蓄完成70.99万元，同比增长8.96%；销售商品收入完成3.5万元，同比增长547.56%；其他业务收入完成0.7万元，同比负增长69.53%。2007年业务总量完成240.15万元，同比长11.74%，收支差完成-12.40万元，亏损减少。

【《神州风貌系列第六号—昆明石林》邮票首发式在石林举行】 5月3日，《神州风貌系列第六号—昆明石林》邮票首发式在石林风景名胜区举行，在发行现场举办了“中国南方喀斯特·世界自然遗产提名地—昆明石林集邮展”，同时抽调人员在石林风景名胜区内设立了4个相关邮品展销点，展销香港邮政发行的《神州风貌系列第六号—昆明石林》首日封和票封折以及发行仪式纪念封、纪念邮折等。此次活动，既宣传了石林，又弘扬了集邮文化，得到了中外游客的好评。经过全局职工的共同努力，共实现收入8.3万元。

【刘安东到石林视察】 6月9日，中国邮政集团公司总经理刘安东、中国邮政储蓄银行行长陶礼明等一行到石林县邮政局视察工作。视察中，认真听取了局长李辉的工作汇报，了解了石林邮政的经营情况，实地察看了生产经营场所建设情况，与职工进行亲切交谈，对职工的工作生活情况表示了极大的关心。刘安东总经理对石林邮政的发展以及为地方经济、社会的服务给予了充分的肯定，对全局职工为邮政事业做出的贡献表示感谢，希望全局职工再接再厉，共创邮政发展新篇章。

【烤烟收购款代付工作】 8月至11月初，为配合县烟草公司做好2007年烤烟收购款代付工作，在市局领导的重视和支持下，县邮政局制定了工作方案，抽调60多名工作人员，认真做好此项工作。2007年全县共代付烤烟款2.03亿元，实现手续费收入30余万元，确保了社会效益和经济效益双丰收，让社会和老百姓重新认识了邮政、了解了邮政。

【提升服务质量】 开展“提高服务质量，让用户满意”专项活动，对服务环境、设施、营业、投递服务质量、办事效率、资费执行标准、邮件传递速度、邮件报刊丢损、投递及时准确、查询方便快捷、咨询投诉等指标进行了专项整治，进一步细化了内部管理，规范了作业流程，提高了邮政服务质量和服务水平。

（撰稿人：县邮政局 张美丽）

电　信

【县电信分公司】 1998年10月1日，邮、电分营，成立县电信局。2004年6月，中国电信集团云南省电信有限公司在香港和美国纽约成功上市，石林县电信局遂更名为“云南省电信有限公司石林彝族自治县分公司”。2007年，县电信分公司内设机构为1办、2部、5分部、1厅，即：综合办、市场部、维护安装部、政企客户分部、社区客户分部、农村统包分部、网络分部、设备维护分部、营业厅。年底有各类在职员工48人，机关主要办公地点在石林中路（小东山对面）。2007年，县电信分公司继续保持县级“文明单位”、“平安单位”和“诚信企业”荣誉称号，被昆明市电信分公司评为“先进党支部”；朱丽玲荣获省电信公司“服务明星”称号，邱自华、李蓉、朱艳、周德发被昆明市电信分公司评为先进个人。2007年资助支农联系点上蒲草村委会4000元换届选举和春耕生产工作经费。

经理、党支部书记：邱自华

副经理、工会主席：李海涛（3月起）

【主要指标完成情况】 2007年业务收入计划完成1736万元，实际完成1759.27万元，占年计划的101.34%，与上年同期相比增长7.40%。固定电话新增683部，拆除5196部，年底在网用户17354部，与上年同期相比减少4513部；小灵通新增873部，拆除1437部，年底在网用户3327部，与上年同期相比减少564部；ADSL业务（包含LAN）新增1350部，年底在网用户2844部；新增“致富通”（无线座机）1065户，拆除121户，年底在网用户2594户；新增“平安石林视频监控”和网吧全球眼60多个点。

【营销发展】 2007年县电信分公司对外面临着移动、联通资费下调，对普通电话和小灵通业务的替代，造成业务发展量和话务量的双重下降；对内面临着成本、业务发展和收入的双重压力。年初继续开展预存话费送礼品活动，通过精心组织，共办理“享受固话、感受家”用户7300多户；定期走访政企客户单位，了解客户需求，办理签约“商务常青套餐”10余户，定期走访企事业单位客户，回访网吧客户15家，保持了高端客户的稳定；积极开展“天地通”、“我的E家”资费政策推广，全年办理“天地通”用户400多户、“我的E家”用户36户；对零次、近零次用户以外呼方式用“固话轻松打”资费激活用户。加强客户预警分析，对套餐到期用户主动实施客户挽留工作。做实做牢电话欠费催缴工作，欠费率基本控制在4.0%左右，隔月欠费率控制在4.6%，使县电信分公司在催缴欠费单项指标考核中，首次得到上级5.74分的奖励分。抓住“基金”、“股票”热销的机会，大力推广宽带及互联网增值业务。抓好小业务大市场的推广工作，大力发展企信通、企业邮箱等互联网增值业务，以石林成功“申遗”为契机，共发展集团彩铃1062户，来电显示业务2739户；在全县8个乡（镇）实施了“数字乡村”和县新闻中心ICT（信息系统集成）等项目；全球眼视频监控业务在县公安局实现零突破。“平安石林监控”项目每年为企业产生近50万元的租费收入。

【管线建设和维护】 继续配合县政府对石林中路改扩建进行管线迁改、割接工作。新增“致富通”直放站4个，完成天生桥、北小村两个接入网机房的“光进铜退”改造。

优化网络维护队伍，积极开展业务知识学习和培训工作。实施了致富通、小灵通网络优化和传输网优化工作；配合市公司进行了机房达标整治和部分机房的节能降耗改造，清理管线资源和用户数据，为取消夜班值守打下了基础；在大修、新建项目的管理、材料领用、废旧料管理和工程项目结算上，严格执行省市公司建设流程，防止跑、冒、滴、漏的发生。网络运行质量指标和网络支撑能力有了一定的提高，网络维护人员服务市场、支撑前端客户需求的理念得到进一步落实。

【管理支撑】一是按照管理效能提升计划的工作要求，通过组织架构微调、人员归并，进一步充实了市场营销队伍，前、后端和综合人员比例达到了7：2：1的结构；调整修改了绩效考核管理办法，强化发展、收入、欠费等经营指标的权重，逐步形成全体员工盯市场、盯发展、盯收入的积极性。通过对绩效考核结果的应用，让适合的人做适合的事，适人适岗，薪酬分配公开、透明，每月定时公布薪酬考核结果。二是强化经营分析和业务支撑系统对营销工作的指导作用，通过专题经营分析和《橙色宝典》的应用，有针对性的采取营销派单工作，加强了对商机的管理和挖掘，提高营销工作的针对性和工作效率，规范一线市场人员的服务流程；强调一级帮一级和整体团队理念，同事之间相互支撑、相互帮助的理念已经形成，较好地落实了公司传、帮、带文化。全年服务质量、成本管控和安全生产达到了上级公司的要求。

（撰稿人：县电信分公司 李卫平）

广播电视

【县广播电视局（台）】1992年7月1日，成立县广播电视局。2007年，局机关设办公室、财务科、网络部、事业科、新闻部，年底有职工30人。单位住址在鹿阜镇双龙中巷22号。2007年，县广播电视局被国家人事部、国家广播电影电视总局评为“全国广播电影电视系统先进集体”，被省人事厅、省广播电视局记为“全省广播电视系统先进单位二等功”，受县级表彰4次；个人受市级表彰2人2次，县级表彰12人15次。2007年资助支农联系点路美邑镇路美邑村委会2000元生产经费，捐献衣物187件。

局（台）长：张树忠（彝族）
副局（台）长：付秉云
张　灿（彝族，12月止）

县广播电视局荣获“全国广播电视系统先进集体”称号

【宣传导向】2007年，石林县广播电视新闻紧紧围绕县委、县人民政府的中心工作，宣传全县以大旅游带动经济结构大调整和经济增长方式大转变，加快社会主义新农村建设，加强和改进党的建设，努力实现石林经济社会跨越式发展的新突破；以建设富裕石林、生态石林、文化石林、民本石林、开放石林、诚信石林、法治石林、平安石林为宣传重点，积极推进构建和谐石林。

【广播、电视新闻宣传】坚持正确的舆论导向，充分采集新闻素材，不断提高节目制作和播出质量，完成每周编播3组石林新闻，全年共拍摄、制作、播出《石林新闻》156期；采集制作广播和电视新闻1300多条，其中被昆明电视台选用100余条。根据县委、县政府安排部署，做好“五创”特别是“创建国家卫生县城”的宣传报道，确保每组新闻播出3条创建国家卫生县城相关新闻；完成“创卫”申报汇报片的策划准备及编辑、刻录光碟等工作；全年共拍摄、制作、播出《关注石林》19期、专题31部、公益宣传10部；认真做好全县各级各部门收听、收看党的“十七大”胜利召开盛况及组织学习“十七大”精神的宣传报道。

2007年10月，开通了与昆明电视台联网的新闻回传系统，大大提高了新闻时效性，节约了以往人工上送新闻的经费。新闻回传系统的开通使用，结束了石林电视台人工上送新闻的历史。

【有线电视“村村通”工程】县第十四届人民代表大会第五次会议将“完成200千米农村有线电视村村通工程网络干线铺设，覆盖7500户”列为2007年政府着力办好的十件实事之一。县广播电视局以此为契机，不断提高农村有线电视覆盖率，更生动形象地宣传党的路线、方针、政策和县委、县政府的中心工作，更及时、全面地传达布置全县经济社会发展的重大部署。工程建设涉及全县7个乡（镇）、30个村委会、85个自然村，经县广播电视局勘测预算需要投资470万元。县新农村建设安排资金100万元；昆明市新一轮“村村通”建设安排石林县光缆联网50个自然村，每座补助2万元的设备和材料；7月，经县政府研究批准，分别从2007年和2008年预算外安排270万元资金。县广播电视局抓住机遇，积极做好工程建设相关工作，杆路工程建设于2008年春节前竣工，让更多的群众收看到高质量的有线电视信号。按期按质完成了昆明市新一轮“村村通”建设安排的光缆联网50个自然村任务，并通过市局验收。到

8月15日，省广播电视局主持工作的副局长杨文虎、市广播电视局局长周忻一行到石林县检查指导广播电视工作

2007年底，全县有线电视用户达3万户。

【有线电视网络改造】 针对自建网10余年来电缆线路老化严重，部分村寨信号弱，群众收视效果不好的情况，完成了普豆村、红桥村、碧落甸村的电缆改为光缆联网改造工作；完成了天合烟叶复烤有限责任公司生活区光缆接入网络的改造工程。按期完成了石林中路扩建工程中广播电视光缆干线及涉及部分网络的迁改工程。组织实施对大可、龙潭、路美邑、学地山、小矣马伴、符家村、小箐村、堡子村等多处有线电视杆路的断杆恢复、迁移。加强城区有线电视网络的维护和局部网络的改造，完成了秋实小区和县廉租房第一批住户有线电视入网安装工作。做好2005～2006年度省、市广播电视"村村通"设备、网络的维护、维修工作，确保"村村通"长期通。

【卫星广播电视转星调整工作】 为迎接党的十七大胜利召开，确保广大群众收听收看到十七大精神，根据国家、省、市关于全国、全省、全市卫星广播电视调整总体实施方案，县广播电视局按期按质完成了系统内、系统外的转星调整工作，完成系统内"村村通"卫星地面接收设施25座，系统外宾馆酒店卫星地面接收设施4座、企事业单位（含学校）卫星地面接收设施110座、农村群众零散用户20549户。在抓好转星调整工作的同时，还结合有线电视"村村通"建设，在光缆联网的地方，切实加强卫星地面接收设施管理，对自行拆除卫星地面接收设施入网的用户，采取回收"小锅盖"的办法，只收取安装入网费、免收一年收视费的措施，动员农户积极入网，增加有线电视用户。全年回收"小锅盖"近500套。

【广播电视安全播出工作】 县广播电视局认真贯彻落实上级会议精神，把十七大安全播出工作列为广电工作的重中之重抓紧、抓好，成立了"石林县广播电视局十七大广播电视安全播出工作领导小组"，局长任组长，两名副局长任副组长，成员由各科室负责人组成。明确职责，层层落实，形成严密的安全播出工作体系；积极与县"610"办、综治办、公安、安全、电力等部门密切配合，主动协调做好相关工作，确保安全播出工作万无一失。启动安全播出应急预案，严格坚持机房24小时值班制度，在重要节日、重大活动、重点时段，局长亲临现场直接指挥；选派政治强、业务精、作风硬的同志在一线值班；每天由一名局领导带班，一名局科室负责人到机房与两位值机人员监听、监看，网络维护组所有工作人员进行网络巡查，各组巡查人员和机房工作人员巡查结束将工作情况向局长汇报。严密的工作体系，以及行之有效的管理机制，确保了"十七大"期间石林县广播电视安全、优质播出，牢牢把握住了广播电视的生命线，确保了一方平安。

（撰稿人：县广播电视局　朱琼芬）

信息化建设

【县政府信息产业办公室】 2000年9月，成立石林县网络信息中心；2005年2月，更名为石林县人民政府信息产业办公室，为正科级事业单位，不设内设机构。2007年底，有职工4人。单位住址在鹿阜镇双龙山18号县政府二楼。2007年，县信息产业办获县级先进集体表彰2次，段圳宗获市级先进个人表彰1次、县级先进工作者1次。2007年，县信息产业办资助了支农联系点长湖镇蓑衣山村委会2000元生产经费。

副主任：段圳宗

【电子政务建设工作】 2007年，县信息产业办在电子政务建设方面加强了应用推广工作。一是于2月份完成了对全县电子政务网络终端IP地址的重新规划、调整，累计更改、设置360余个，并通过把分配的IP地址和各终端网卡的物理地址在中心机房服务器上捆绑、限制数据流量的方式，限制了部分用户在上班时间进行电影、游戏下载等违反规定的活动，加强了管理，提高了网络速度，保证了部分单位利用网络开展业务工作的需要。二是加强电子政务网络扩建和维护工作，全年进行网络终端维护500余台次，累计新增双绞线点20余个，改造双绞线点30余个，整个网络扩大到430余台终端。三是完成了石林中路小乐台旧段电子政务网建设的规划设计。四是于10月下旬至11月初完成石林县网上信访系统的规划、建设、试用，保证了网上信访工作、会议和培训的正常开展。五是石林县电子政务视频会议室的硬件和软件系统建设、安装、调试工作于2007年2月全部完成，开始投入使用，所需设备共投入资金12.5万元，保证全县通过视频会议系统积极参加省、市召开的远程会议和各种培训，1~11月完成了10次远程会议及培训工作。

【信息化试点申报工作】　至2007年，石林县已基本具备了申报县域信息化国家级试点的条件，县信息产业办开始了申报工作。4月，拟制了《云南省石林彝族自治县国家县域信息化试点县立项报告》，主要内容包括8个部分：县情概况、区域信息化建设对石林县经济社会发展的重要意义、石林县申报国家县域信息化试点县具备的条件、石林县县域信息化建设的指导思想、石林县县域信息化建设的目标和内容、保障措施、建设周期、评估方式，经县政府分管领导审定后上报市政府审批。此后，经县信息产业办多方协调，申报文本获准上报省政府信息产业办公室。6月，省政府信息产业办公室批准同意上报国家信息化工作办公室。9月，省政府信息产业办公室批复，同意推荐石林县申报国家级县域信息化试点县，同时，批准将石林县列为县域信息化省级试点县。

【网站建设及维护工作】　2007年，石林县成功创建为全国首批5A级景区，申报成为世界自然遗产，被命名为国家卫生县城，“五创”工作不断深入，计算机网络媒介的宣传优势日益凸现。县信息产业办与时俱进，在政府网站上增设了“申遗”、“创卫”、“十七大”、“阳光政务”、“平安石林”等专题报道，全年上载信息近1500条，图片700余张，取得了较好的宣传效果。

【信息化建设指导工作】2005~2006年，县信息产业办联合有关专家顺利指导完成了数字石林景区的一期建设。之后，县信息产业办继续指导二期工程建设，至2007年8月，指导完成了二期建设方案的编制并已上报审批。

石林县的“数字乡村”工程建设从2007年9月11日全面启动，县信息产业办主要负责将此工程建设纳入全县信息化发展规划，做好相关技术指导工作，协调各通信企业完善农村信息基础设施建设。11月10日，全县顺利完成了8个乡（镇）、91个村（居）委会、351个自然村基础信息的上传和上网发布。12月3日，石林县“数字乡村”工程建设通过市级检查验收。

此外，2007年县信息产业办指导完成了石林县城市电子监管报警系统的建设，加强了全县的安全管理工作；指导完成县科技局内部网络避雷系统的建设；完成县委组织部电子政务网与互联网的双网隔离；为县便民服务中心的网络系统进行了重新调整；12月下旬，完成县史志办公室计算机网络系统的规划、设备采购和建设工作。通过对县级各有关单位的积极指导，使全县的信息化建设更加科学、合理、规范。

【域名管理工作】　为更有效地管理石林县的域名，4月底，县信息产业办从石林管理局接收了管理任务，并从5月初开始，着手将原来分散于省外几家注册公司的域名全部转移到昆明，委托云南云之港科技有限公司代理注册。至6月底，转移工作全部完成，并及时续了费。经过这次筛选调整，石林县政府拥有的域名共有17个，其中CN域名4个：ashima.yn.cn、shilin.yn.cn、shilin.gov.cn、shilin.cn，中文域名6个：阿着底.cn、石林国家地质公园.cn、石林.cn、石林阿诗玛.cn、阿诗玛的故乡.cn、石林县人民政府.cn，通用网址7个：石林县人民政府、石林、世界地质公园、中国石林、阿着底、石林阿诗玛、阿诗玛的故乡。

【无线电管理工作】　2007年初，县无线电管理办公室（设在县信息产业办公室）与昆明市无线电管理办公室签署了《云南省无线电管理委托执法协议书》，4月又签署了《2007年度昆明市无线电管理工作责任状》。按照协议书和责任状要求，县无管办加强机构建设，大力组织宣传和贯彻无线电管理政策法规，组织相关人员及时参加无线电管理业务培训。8月底完成了石林县16个新建公众通信网基站的建设规划审查，并上报到市无管办。

（撰稿人：县信息产业办公室　殷琼华）

中国移动石林分公司

【石林移动分公司】　石林移动通信业务于1996年开办，隶属于县邮电局。1998年邮电分营，划归县电信局管理。1999年8月移动通信业务从电信局分出，建立云南移动通信有限责任公司石林彝族自治县分公司。2006年10月1日由于机制改革，更名为中国移动通信集团云南有限公司石林分公司。2007年底公司有在职员工34人。

经　理：李　凡

副经理：李彦平

【主要指标完成情况】　2007年，石林移动分公司完成业务收入3500万元，全年净增移动电话用户6000户，使石林移动的在网用户数达到了75000余户，较好地完成了昆明分公司下达的各项经营生产指标。

为了更好地服务石林地方经济建设，石林移动分公司积极响应政府号召，按照集团公司和省公司的统一部署，继续深化“兴边富民工程”，全县新建17个基站，基本完成对所有村委会的移动信号覆盖。

【网点建设】　2007年公司有自建自营“沟通100”服务厅3个（东城区沟通100A类服务厅、石林大酒店沟通100B类服务厅、巴江沟通100C类服务厅），自建他营营业厅3个（石林板桥营业厅、石林北大村营业厅、石林海邑营业厅），专营店4个（路美邑专营店、华联专营店、圭山煤矿利源专营店、圭山煤矿东方专营店），签约代理商79户，网上服务厅签约代理商30户，网上选号系统代理商45家，代理服务渠道已覆盖全县8个乡（镇）。同时，为配合公司整体营销思路，扩大客户规模，推进农村市场开发，已建立农村服务二渠道116家，全面实现移动服务网点对全县各村委会的覆盖面，这些点在销售和服务农村市场上都起到了很好的作用。

【"农信通"业务】 "农信通"为广大农民朋友提供最及时、最实用、最前沿的农业信息，让您足不出户就可掌握最新农业资讯。2007年6月，石林移动分公司与县农牧局联手，在全县积极推广"农信通"业务。9月，石林移动分公司以长湖镇为试点，以强调移动信息村建设为契机，积极推进"农信通"业务的发展，发展培养了一批村组干部成为移动农村营销的主力军。

【"地方特色彩铃"业务】 配合石林申遗成功，石林移动分公司与县委宣传部联系，制作了申遗成功的专题彩铃。同时，在县委宣传部的支持下，对全县副科以上干部统一定制了此彩铃，在有效实现业务推广的同时，提升了公司整体形象。

（撰稿人：石林移动分公司　黄　丽）

中国联通石林分公司

【中国联通石林分公司】 2003年8月8日，成立中国联通石林分公司。2007年底，有职工21人，外聘保安2人。单位住址在鹿阜镇石林中路133号。2007年8月，捐资4000元圆了石林镇北大村一名贫困学子的大学梦。

经　理：段宏斌（7月止）
　　　　张复阳（8月起）

【主要指标完成情况】 2007年，石林联通完成业务收入1086万元，净增用户2056户，在网用户突破25000户。

【网点建设】 2007年石林联通GSM网络第15期工程圆满结束，新增机站3个，使石林联通的G、C网基站达58个，实现县、乡(镇)、村网络覆盖率达95%以上，网络质量全面升级。

2007年分公司新建服务网点6个，网点累计达88个，销售服务点遍及全县各乡（镇)及部分村委会，方便了用户的购买和使用，降低了用户的购买成本。

【"农业新时空"建设】 2007年，分公司响应国家"社会主义新农村建设"的号召，与县农牧局联手，建立了"农业新时空"项目，并成立了"石林镇农业新时空信息站"。4月27日，昆明市委常委、副市长杨宁在市农业局及县领导的陪同下，在春耕工作会议期间专程到石林镇调研"农业新时空"信息站。"农业新时空"信息站为广大农民提供各项服务，石林镇信息员每天都可以把当天如蔬菜、畜牧产品的交易价格及时快速地发送给农民朋友，农民朋友也可以通过信息站查询种养殖技术和病虫害防治技术，可以到信息站请信息员发布供求信息，当地政府部门可利用农业新时空平台把最新的政策信息、通知信息快速发送给农民朋友。杨宁副市长对农业新时空项目给予了高度赞扬，对联通公司作为企业能树立一种立足农村、服务农民的责任意识表示肯定。

（撰稿人：中国联通石林分公司　徐季红）

城乡建设

城乡规划

【县建设局】 1983年成立县城乡建设环境保护局；1994年10月16日与县土地局合并成立县土地建设环保局；1997年7月，分设为县城乡建设环保局、县土地局；1998年11月9日，县城乡建设环保局分设为县城乡建设局、县环境保护局。2002年8月，县城乡建设局更名为县建设局。2007年，县建设局内设局办公室、规划管理科、建设科、工程建设招投标管理办公室、综合科5个行政科室，房地产管理所、测绘所、环境卫生管理站、监察中队、园林绿化管理站、城建档案室6个全额拨款事业单位和1个全额拨款的二级局防震减灾局，设计室、质监站、定额站3个自收自支事业单位，固体废弃物处置中心企业1个。年底全局有干部职工117名，其中：公务员23名，专业技术人员51名，工人43名。单位地址在石林县鹿阜镇石林南路。2007年，县建设局被市建设局评为2007年度工作先进集体和2007年度安全生产先进集体，被县委、县政府授予2006年度基层满意的县直单位、申报世界遗产先进集体、创建国家卫生县城突出贡献单位，被县委命名为县级文明单位；县建设局建设科被市建设局授予2007年度建管工作先进集体，县建设局招标办、房管所被县委命名为“共产党员示范窗口”；30多人次获县级以上表彰奖励。2007年资助支农联系点板桥村委会3000元生产经费。

书记、局长：吴剑平
副 局 长：严 涛
吴智强
普立云（彝族）
何道敏
副 书 记：郭兆燕（女）

【工程测绘】 2007完成了石林县国土资源局储备地块出让南鹏宾馆旁空地、石林县自来水公司现状、石林兴隆交通集团小东山补员站新建、石林赢鸿农产品开发有限公司旺盛牲畜交易中心、石林县房地产建筑公司东城区1号地现状、县电力公司鹿阜供电所等30余个项目共计3896.589亩的工程测量任务；完成了石林兴隆交通集团板桥客运站新建和南大村客运站新建、县政府行政办公区路网中线、石林县工商行政管理局综合业务用房、县城入城小广场、石林县烟草公司天生关烟点、石林房地产建筑公司双龙滨江花园等20余项工程的放线定桩；完成了河滨路、一期安居工程至冷冻厂、工商局职工宿舍等市政道路纵横断面测量，其建筑面积为24759平方米，道路总长1423米。

【城市规划】 以规划为龙头，高起点、高标准、高品位进行城市规划，充分发挥规划设计引领作用。年内完成了石林县城市总体规划修编、城市绿地系统规划（新版）、石林中路沿线总体规划、环城道路总体规划等重要规划和专项规划，积极配合支持东城区、工业园区、石林中路、东狮路等重点项目的规划建设；加强对各乡镇规划工作的指导。这些规划的编制，对突出地方特色，凸现民族文化，为现代化城市建设提供了科学的指导依据。

【集镇规划】 2007年，各乡（镇）加快对集镇总体规划的修编力度，加大对村庄规划的编制力度，完成了堡子村控制性详规和修建性详规的编制工作，为实施小城镇发展战略提供了科学的指导依据。按照社会主义新农村建设的要求，开展了新农村建设16个试点村庄的规划编制，完成了3套农村民居住宅建设通用图纸的规划设计。

城市建设

【城乡建设概况】 2007年全县完成房屋建设总面积40.85万平方米（其中：住宅面积26.41万平方米），房屋总投资25554万元（其中：房地产投资20751万元，农村自建房投资2834万元，集体投资源1969万元）。全年在建项目94个，完成固定资产投资117696万元。石林旅游服务区古城一期建设工程有序推进，正式启动开发建设；完成威黑水库灌区中低产田改造一期工程；石林中路改扩建一期工程路基工程完工，二期工程正式启动；鹿平公路改建工程进展顺利；污水处理厂全面启动；完成石林岔口园林绿化、巴江一期余留绿化、新建公厕4座、改建公厕8座等工程，城市面貌焕然一新。

全县有自来水厂4个，日净化水量达1.5万立方米，年供水量为457.64万立方米，供水管道长669.6千米，供水普及率100%，饮用水源水质合格率达100%，出厂水水质合格率达100%。全县排水管道长达64.5千米，主要管网、窨井的及时清掏和管护，增强了全县防洪、防汛、排污能力。

住房建设继续推行公积金制度，实施公有住房、房改房等二级住房交易市场上市，启动货币分房和廉租住房制度，开发巴江俪岛小区、电力小区、水岸新城等住宅区，推动住房市场向商品化发展。

【基础设施建设】 立足长远，大力加强基础设施建设，增强城市综合服务功能，增强县域经济发展后劲。年内完成了石林南路至老商场道路建设，完成龙泉路上段、巴江桥环岛路面沥青摊铺1.8万平方米，修补石林中路等街道路面破损4684平方米，铺贴巴江桥环岛、双龙公园后门人行道石材1528平方米；建成148套廉租房，实现三年建设任务一年完成的目标，埋设廉租房排污管道109米；安装驾驶员城广场健身器材14套和林安街、民小路段路灯10组，完成县城主要街道及广场477组路灯维修管理和灯杆刷漆防锈工作；加强对市政公共设施的维护和管理，设施完好率达95%以上。

以“创建国家园林县城”为重点，通过规划建绿、依法护绿、建设增绿、节约建绿、道路补绿、小区添绿、标准养绿等多种形式，大力实施城市绿化、美化、亮化工程，完成了巴江桥下段、石林中路入城前左边广场、石林岔口3个绿化广场的绿化工程建设；实施了商会宾馆、双龙公园主后大门、城古楼等10幢建筑物和重要节点的亮化工程；加强对县城各类公共绿地、公园绿地、各单位庭院绿化的标准管养，重视苗圃生产基地建设，坚持巴江河面漂浮物打捞工作，城市绿化美化成效显著，创建省级园林县城顺利通过省级考评验收，创建国家园林县城稳步推进.

做好市政基础设施的维修，加强对现有城市排水系统的清淤清障、汛期防涝工作，全年完成766座窨井和669个地漏的清掏，确保现有排水系统的正常运转，提高城市载体功能。

【县城建设】 2007年底，石林县城建城区面积6.21平方千米，城市绿地总面积226.54万平方米，绿地率36.48%，绿化覆盖总面积233.32万平方米，绿化覆盖率37.57%；苗圃面积69.98万平方米，苗圃容有量11.27%；县城共有绿化广场及街旁绿地11个，公园10个；公园绿地总面积77.98万平方米，人均公共绿地面积15.81平方米；新建道路1条，新建面积3840平方米，人均拥有道路面积9.01平方米，道路绿化普及率95.12%，达标率90%，干道绿化占道路总用地面积的25%以上；新增路灯220盏，城市道路路灯共计1317组，亮灯率98%；新建居住区绿化面积占30%，改造居住区25%；投入16万元，对垃圾填埋场的进场道路进行了维修，对场内的截洪沟、渗滤液池排水沟进行了维护，垃圾处理能力覆盖至石林镇、石林风景区、县城，日处理垃圾80吨，生活垃圾无害化处理率100%；城市大气污染指数达二级标准，地表水环境质量达三类；燃气普及率80%；万人拥有公共汽车20辆、公厕5.7座；用水普及率100%，水质合格率100%。初步形成了石头特色、旅游特色、地方民族文化特色的城市风貌。

2007年县城建设总投资达16003万元，新增建筑面积2万平方米，实有房屋建筑面积229.74万平方米，实有住宅面积66.30万平方米，住宅人均使用面积达28.21平方米，居住条件不断改善；广电、通信、医疗、卫生、教育等公共建筑、公共设施快速发展。

【建制镇建设】 乡镇区划调整后，除鹿阜镇外有6个建制镇，分别是石林镇、路美邑镇、板桥镇、西街口镇、长湖镇、圭山镇。6个建制镇的镇域面积达1404.46平方千米，建成区面积3.29平方千米，年内完成建设总投资7123万元，其中：住宅1234万元，公共建筑794万元，生产性建筑100万元，市政公用设施4995万元；年内竣工住宅建筑面积2.19万平方米，年末实有住宅建筑面积58.33万平方米；年内竣工公共建筑面积0.95万平方米，年末实有公共房屋建筑面积209.92万平方米；年内竣工生产性建筑面积0.47万平方米，年末实有生产性房屋建筑面积19.63万平方米；有公共供水设施6个，自建供水设施29个，日供水能力0.81万立方米，供水管道长度361千米，用水人口2.05万人，年供水总量361.94万立方米，用水普及率达100%；实有道路长度483.26千米（其中：水泥、沥青路204.10千米，其他铺装道路279.16千米），道路面积324.64万平方米，桥梁数33座，防洪堤长度41.8千米，路灯盏数1198盏，排水管道长度8千米；绿化覆盖面积3379.05亩，园林绿地面积2023.2亩，公园绿地面积514.65亩，绿化覆盖率25.75%，绿地率18.75%，人均公园绿地面积16.71平方米；环境卫生，生活垃圾年清运量1.30万吨，环卫专用车辆设备1辆、公共厕所26座。

【廉租住房建设】 2006年昆明市下达石林县廉租住房建设的指标数为50套。接到廉租住房建设计划后，县政府领导高度重视，成立了以县长为组长的县廉租住房建设管理工作领导小组，建立健全组织机构，使此项工作落到实处。经过多方争取，最终获得三年148套建设任务。工程在石林县城石林南路延长线原物资局仓库南侧，总占地面积7.25亩(4836.29平方米)，建筑面积9539.31平方米，共7幢148套，户型分别是55.96平方米、56.44平方米、58.13平方米、60.06平方米。2006年6月30日开工建设，当年底完工50套，2007年5月11日42户第一批入住户入住。其余工程于2007年7月1日全部完工。该工程的完工，标志着市下达给石林县廉租住房建设三年任务在一年内全部完工，切实解决了城镇低收入群众的住房困难。

首批住户获得廉租房钥匙

【巴江桥下段园林绿化工程】 2007年1月1日巴江桥下段园林绿化工程全面开工建设，该工程总面积8182.39平方米，由云南凯凯科技开发有限公司进行施工，于2007年5月15日全面完工。该工程在建设过程中，精心施工，严格管理，栽植滇无患子、水红木、头状四照花等本地乡土树种577株，栽植本地乡土地被植物地石榴5495平方米，并在河面护坡上用彩色灌木栽植12生肖彝文图案，铺本地石材青石游路507平方米，建设了300平方米圆形广场1个。该工程的完工投入使用，较好地对巴江一期综合治理进行了延续，延长了巴江治理的长度，丰富了城市的绿化空间，增加了城市绿量，为广大市民又添休闲、娱乐好去处，为创建国家园林县城奠定了一定的基础。

【石林岔口园林绿化广场】 2007年9月7日，县建设局组织施工、设计、质监、监理等部门对石林岔口园林绿化广场进行竣工验收，通过实地查看及查验相关资料，评定为合格。石林镇岔口园林绿化广场建设属于街景风貌整治的重要组成部分，按照石林镇街景风貌整治的规划要求，工程施工项目由土建、灯光亮化、给排水、绿化工程4个部分组成，通过规划、设计、立项、招投标等前期准备工作，于2007年3月6日由曲靖兆金园艺有限公司负责建设。2007年9月7日工程竣工，面积18887.95平方米，其中绿地面积3399.95平方米，栽种滇无患子、山玉兰、矮杨梅、狭叶青香桂、头状四照花等乡土树50余株。该工程的完工，将有利于提升石林旅游投资环境、绿色生态和人居环境，有利于丰富城市空间景观及文化内涵，有利于改变石林门户形象和提升石林城市品位，为“创建世界一流景区，打造国际旅游胜地”打下了坚实的基础。

乡村建设

【集镇建设】 乡镇区划调整后，仅留大可乡一个乡建制，乡域面积114.50平方千米，建成区0.57平方千米，集镇总人口0.39万人。2007年内完成建设总投资2973万元，其中：住宅624万元，公共建筑139万元，生产性建筑141万元，市政公用设施2069万元；本年建房户10户，年内新建住宅0.34万平方米，实有建筑面积55.87万平方米，人均居住面积42.38平方米；新建公共建筑0.1万平方米、生产性建筑0.14万平方米，实有公共建筑1.09万平方米、生产性建筑1.13万平方米；有供水设施1个，供水管道长度15千米，日供水量0.16万立方米，年供水总量56.70万立方米，用水普及率100%，人均日用水45.46升；实有道路长度2千米，桥梁1座，防洪堤长度10.2千米。

【村庄建设】 全县共有自然村387个，村（居）民委员会92个。2007年建设总投资5324.99万元，其中：住宅总投资2851.31万元，公共建筑投资502.09万元，生产性建筑投资895.91万元，公用设施投资1075.68万元；本年建房户561户，新建住宅7.13万平方米，年末实有住宅面积达772.20万平方米，人均居住面积43.81平方米；新建公共建筑24.77万平方米、生产性建筑10.18万平方米，年末实有公共建筑110.05万平方米、生产性建筑139.92万平方米；新增供水管道长度32.19千米，排水暗渠道0.51千米；实现村村通电，路灯盏数333盏；自来水受益村庄278个，有供水设施的村庄232个；新铺装道路98.16千米，实有道路长度1184千米，桥梁53座；实现主要街道硬化的行政村73个，实行通公交车或客运班车的行政村72个，对生活污水进行处理的行政村1个，有生活垃圾收集点的行政村27个。

园林绿化

【公共绿地建设及管理】 加大园林绿化美化力度，完成了绿地系统规划编制工作，加大公共绿地建设力度，完成了巴江桥下段绿化、石林岔口广场绿化、石林中路入城前左边广场绿化等公共绿地建设工程，新增绿地8182.39平方米，公园绿地达779816.05平方米，人均公园绿地面积15.81平方米；完善公共绿地绿化，增加绿量，在巴江一期河滨绿地、双龙公园及一、二期扩建、街道绿地、绿化广场等公共绿地中栽植了红花木莲、滇朴、复羽叶栾树、天竺桂、北美红杉、伊桐、云南皂荚、云南拟单性木兰等乔木3913株，火把果、迎春柳、茶梅等灌木7485株，地石榴、矮生麦冬等地被植物35490袋，爬山虎等藤本植物349袋。同时，加强对公共绿地、专用绿地、生产绿地的管养，积极培育引种驯化乡土树种，县城绿树成荫，花团锦簇，美不胜收。

【生产绿地建设与管理】 按照建设生态旅游城市的要求，突出特色，大力培育乡土树木，做好公共绿地节日用草花，先后从野外采集火把果、清香木、坡柳、肉共卫茅、新木姜子等种子20余种，进行处理及贮藏，年底阔叶十大功劳、坡柳、清香木、多脉猫乳已经撒播出苗，繁殖了10万株乡土树；无性繁殖地石榴35万袋；移栽火把果、山桐子、枫杨、牛筋条等5万余袋；为加快乡土树生长并降低培育成本，用油毛毡围植了3000余袋红花木莲，用空心砖围植了80株石楠；扦插繁殖了细叶雪茄花、叶子花、素馨花、蝴蝶藤、彩叶天竺葵等7000余袋。同时，加大对其他生产绿地建设的指导，年内城市规划区有较大规模的苗圃13个，生产绿地总面积70万平方米，占县城建成区面积的11.27%；培育乡土植物62科113属157种，其中：乔木95种19.6万株，灌木40种5.49万丛，花卉10种27万盆，地被12种125万袋。苗木自给率最低达到72%，最高达99.5%，平均达到90%，为石林县城市绿化大量应用乡土苗木、突出地方特色提供了保障。

【专用绿地建设与管理】 全面开展园林式单位（小区）创建活动，2007年有县级园林单位49家，占全县单位庭院的63%；星级园林小区22家，占全县居住小区的62%；绿化先进单位13家，占全县单位庭院的16%。新建居住小区及单位绿地率严格控制在30%以上，改造的旧居住区绿地率控制在25%以上，主干道沿街单位70%以上实现了透绿。

2007年，石林旅游服务区建设管理委员会、石林天合烟叶复烤有限责任公司、石林彝族自治县林业局、中国共产党石林彝族自治县委党校、石林电力工程发展有限公司天奇阿诗玛大酒店、石林彝族自治县教师进修学校、云南省烟草公司昆明市公司石林分公司、石林彝族自治县鹿阜镇大屯小学、昆明医学院第二附属医院石林天奇医院、石林彝族自治县石林实验学校、石林彝族自治县自来水公司、石林彝族自治县建设

8月5日，省建设厅副厅长冯志成（左一）视察园林绿化建设工作

局、昆明中一堂制药有限公司、中国人民武装警察部队石林森林中队、石林彝族自治县人民政府、石林彝族自治县石林镇中心学校石林校点、石林风景名胜区管理局游客接待中心17个单位获得昆明市园林单位称号，中国农业银行石林彝族自治县支行小区、云南省烟草公司昆明市公司石林分公司小区、石林风景名胜区管理局小区、石林天合烟叶复烤有限责任公司小区、石林彝族自治县建设局小区5个小区获得昆明市园林小区称号，为推进园林单位和园林小区的评选活动积累了经验、树立了榜样，全面推进了创建国家园林县城工作的深入开展。

城市管理

【规划的实施管理和监督】 全年共组织项目评审6次，评审项目83个，确保规划的权威性。同时，对申请选址的建设项目，按照规划要求，实地进行现场踏勘，2007年申请选址的建设项目70项，踏勘70项，现场踏勘率达100%。全年办理《建设项目选址意见书》70件，《建设用地规划许可证》30件，《建设工程规划许可证》50件。做好建设工程施工许可证、工程验收合格证的核发工作，建设工程的报批审查24个，核发施工许可证24份，全年核发竣工验收证20份，发证率达100%。

【建筑队伍管理】 2007年进一步优化石林县建筑业企业项目经理数据库，精心组织辖区内13家建筑施工企业进行资质年检，其中有8家房屋建筑工程企业、2家建筑装修装饰企业、2家水利水电企业和1家电力工程企业；完成184个项目经理证的年检、换证工作；根据有关文件精神，组织培训班5期，组织建筑行政主管部门相关管理人员、建筑设计、房地产开发、监理及工程质量监督检测单位的管理和技术人员、项目经理、从事工程造价活动的技术人员及其他原持有《工程建设标准强制性条文培训合格证》的等共199人，其中：项目经理145人，预算员54人；组织建筑业“四大员”继续教育和新办证人员培训194人，建筑业从业人员执证上岗培训88人，组织100多人参加国家建筑注册师考前培训；组织全县40多人参加燃气安全知识培训，共培训行业系统人员600余人次，均取得合格证，不断强化了建筑施工企业相关人员的理论知识，增强了综合素质。针对建筑劳务市场流动量大的特点，严格实施“三证”（暂住证、健康证、上岗证）管理，按谁用工、谁负责制度，积极开展建筑用工三无盲流人员清查。同时，以治理商业贿赂为契机，强化对建筑队伍的管理，确保建筑队伍健康、有序、稳定发展。

【建筑设计】 创新设计理念，突出民族特色和地方石头特色的整体风格，注重在外墙细小之处赋予民族文化内涵，在外观、屋顶设计上体现时代感，力求布局合理、功能完善舒适，体现个性。全年共完成建筑单体设计33项，设计面积2万余平方米，设计产值110多万元。

【招标投标管理】 招投标监督管理工作深入推进，电子政务审批全面启动，工作透明度、社会认可度逐步提高。全年共完成项目报建审批22项，办理建设项目招投标监督备案22项，依法组织公开招投标15项，经批准实行邀请招标2项；建筑规模378362.22平方米，拦标价与中标价之差294.07万元。全部工程均按有关法律法规采用公开招标方式，达到了国家和省、市提出的应招标工程招标率为100%，应公开招标工程公共招标率100%的“双百”目标。同时，积极组织相关业务培训，举办1期招标投标法律、法规及新评标办法的培训，培训人数达100人次，进一步规范全县的招投标管理活动。

【定额造价管理】 全年完成了东管会联排别墅、阿诗玛文化生态园工程、石林大摔跤场、长湖管理处抽水房、大屯变电站、火车站至高速公路口环境整治地形营造工程等75项工程的预结算编审、工程量清单、拦标价计算的编制工作。同时，收集发布了县内的材料价格信息，协助有关部门处理工程造价方面的经济案例及造价纠纷的行政调解和技术鉴定，办理了全县工程建设概、预算专业人员的业务指导及《资格证书》的验证工作，强化对定额造价的监督管理。

【工程质量监督】 全年质监部门共监督在建工程项目32个，监督建筑面积35.18万平方米，竣工验收项目22个，建筑面积3.87万平方米，经监督验收，合格率达100%，实施工程验收备案的项目13个，建筑面积9.31万平方米，工程竣工验收备案率达 60%。对 23 个在建工程项目施行工程结构实体无损检测和结构砌体砂浆强度检测，出具检测报告 23 份，实现了工程质量监督工作由等级核验制向备案制的转变。同时，试验室按程序和技术标准对相关建筑工程的建筑材料、试件、试块等进行试验检测，检测砼试件 2838 组，砂浆试件 1750 组，钢筋力学性能检测 3116 组，烧结砖及砼砌块 96 组，水泥质量复检 90 组，建筑用砂质量检验 54 组，建筑用石质量检验 39 组，普通砼配合比设计试验 102 个，砌筑砂浆配合比设计试验 56 个，开展了室内环境质量检测、土工试验、防水卷材检验 22 组。

【安全生产管理】 2007 年来开展安全生产资料员培训 1 次，参训人员达 30 人次，办理建筑施工安全生产监督备案审查 24 件，监督面积约 30 万平方米，组织专项大检查 6 次，日常现场检查 150 余次，检查发现和提出整改安全隐患 300 余条，查处施工安全违章人员 100 多人次，对安全隐患严重的 7 个工地作了停工整改处理；组织检查 20 次，查处违法经营行为 4 人次，检查经营性用户 200 多户，发放安全教育培训资料 300 多份、宣传资料 5000 多份，2007 年行业管理实现了零死亡目标；实施高考期间施工噪音扰民整治工作，加强对农村民居抗震设防的指导，开工建设防震减灾监测预报中心，人民防空和防震减灾工作逐步加强。

【房地产管理】 全年完成房屋确权登记 684 件，换发新证 215 件，抵押鉴证 1326 件，房屋交易 156 件，危房鉴定 81 件，产权档案立卷归档 1055 件，归档率达 100%，核发商品房预售许可证 2 件，核发房屋拆迁许可证 1 件。同时，加大对直管公房的维修和管理，投入资金 5 万元进行修缮，加大公房安全检查力度，做到防患于未然，确保人民群众生命财产安全。

【市容市貌综合整治】 以“五创”为契机，强势推进城市管理工作。以深入落实“门前三包”责任制为重点，依法查处和取缔占道经营；加强和规范户外广告设置、审批管理，开展户外广告设置安全检查，实行城市小广告长效管理；加大对违法违章建筑、乱倒渣土垃圾、车辆运输泼洒污染城市道路等各类违法违章行为的查处力度，加强对丧葬及开业庆典的管理，开展流浪犬专项整治和人行道车辆乱停乱放整治行动。全年共签订“门前三包”责任书并挂牌上墙 1491 份（户），清理占道经营、流动摊点 4200 余人次，清除违章小广告 30000 余条，拆除存在安全隐患、破旧等影响市容市貌的各类户外广告 22 块、查处违章建筑 5 起、车辆运输泼洒污染城市道路 15 起、破坏公共设施 4 起，捕捉流浪犬 600 多只。

【环境卫生管理】 按照创建国家卫生县城的标准，不断完善环卫基础设施，加大清扫保洁、垃圾清运处置力度，实施公厕改造，完善公厕管理，为创建国家卫生县城作出积极贡献。一是科学规划，制度健全。制定了环境卫生近、中、远期规划，建立健全各项规章制度，制定完善了环境卫生管理、垃圾清运处置、公厕管理等相关制度，完善软件材料，做到制度上墙。同时，完成了县城所有环卫工人标志服的统一，工具配备齐全，做到环卫工人标识明显，衣容衣貌整洁，树立了环卫工人崭新的形象。二是按照《国家卫生县城标准》实行保洁责任制，对清扫人员通过新的组合后，再实行定岗、定人和定路段，进一步明确各自的工作职责和服务范围，对县城主要街道实行全天清扫保洁，清扫保洁达 16 小时以上，每天定时进行 6 次清扫，对城郊结合部每天定时进行 2 次清扫，每周的星期五进行一次大扫除，街道的环境卫生面貌有了较大的改观，确保县城干净整洁。三是取消主街道垃圾桶点，实行定点、定时流动收集垃圾，减少二次污染；投入 30 多万元购置了一辆一车多厢的环卫垃圾车，厢式垃圾箱更换了 5 个垃圾桶点，厢式垃圾处置容量大、运输便捷，一改过去垃圾泼洒多、二次污染的现象，提高了清运效率，营造了良好的市容环境；加大清扫保洁力度，将城郊结合部、背街背巷和卫生死角纳入环境卫生管理范围，全年共巩固清扫道路 51 条，日清扫保洁面积 63.5 万平方米，管理公厕 11 座，安装果皮箱 200 只，设置垃圾厢 8 个、垃圾桶 434 只，清运垃圾 21600 吨、粪水 3000 余吨，处置垃圾 21600 吨，清扫率达 100%；机械化清扫 22.61 万平方米，道路清扫机械化率达 35%；道路机械喷雾降尘和洒水面积 45.08 万平方米，主要道路机械喷雾降尘率和洒水冲刷率达到 71%；县城生活垃圾清运率达 100%、无害化处理率达 100%。

【垃圾填埋场管理】 2000 年石林县利用世行贷款在板桥乡豆子冲投资 2000 多万元建成一座库容 41.7 万立方米垃圾填埋场，日处理量 80 吨，垃圾填埋场建设分为卫生填埋场、进场道路、管理用房建设及垃圾车辆、填埋设备购置。2003 年投入使用，设计规模日处理垃圾 100 吨，设计年限 15 年，采用卫生填埋方法进行，石林县的生活垃圾处置达到日产日清和 100% 的卫生填埋。为完善石林县的垃圾收集和清运系统，成立了固体废弃物处置中心，属自收自支企业单位，有工作人员 5 人，全部为正式职工，有清运处置车辆 19 辆。同时，于 2007 年 6 月 28 日购买推土机一台，并投入使用。建立健全垃圾卫生填埋场作业规定、安全管理制度、劳动纪律管理规定、驾驶员工作规程、财务管理制度、后勤工作管理制度、值班管理制度等管理制度，并上墙执行。加强对垃圾填埋场的管理，垃圾填埋场实行专人 24 小时值班负责制。完成地磅房、管理用房、抽水房、进场道路的修缮工作，开展垃圾场周围的环境整治，垃圾处理按填埋要求每天对垃圾处理场进行打药、压实、覆土一次，并每天对垃圾坝周围的卫生进行两次清理，杜绝垃圾造成二次污染。垃圾无害化处理率达 100%，粪便无害化处理率达 80% 以上。

【城建档案管理】 全年整理工程竣工档案 93 卷，档案收取率达 98%；完成文书档案整理 925 件，其中：永久件 393

件，长期件131件，短期件393件；共查、借阅档案32卷25人次。

【清欠工作管理】 截至2007年12月底，石林县还有50个拖欠项目（建设单位协议销网后，未按协议约定兑付拖欠工程款），全部兑清的项目有12个，已偿金额为565.73万元，拖欠工程款金额为1769.74万元。

【物业管理】 截至2007年12月底，全县进行业主物业管理的小区有12家(其中引进有资质的市物业管理公司1家)，工作逐步走向规范化、制度化的轨道。

（撰稿人：县建设局 唐丽琼）

国土资源管理

【县国土资源局】 1987年3月，成立土地管理办公室，隶属于县建设局领导。1988年2月，成立县土地管理局。1994年10月，县级机构改革，撤销了县土地管理局、城乡建设环境保护局，组建了县土地建设环保局。1997年9月，恢复县土地管理局建制。2002年7月，更名为县国土资源局，领导体制调整为市、县双重领导，以县政府的领导为主。同时，撤销乡(镇)土地管理所，成立乡(镇)国土资源所，由县国土资源局垂直管理。2007年，局机关内设办公室、政策法规科、土地利用规划科、土地利用保护管理科、地籍管理科、地质矿产资源科、国土资源执法监察大队；乡镇设鹿阜镇、路美邑镇、石林镇、西街口镇、长湖镇、板桥镇、圭山镇、大可乡国土资源所。全系统在职在编人员60人，其中：局机关30人，乡（镇)30人。局机关办公地点在鹿阜镇阿诗玛东路80号。

局　长：鲁有福

副局长：赵智红（女，彝族）

陈智宏

赵剑波

【国土资源状况】 2007年全县土地面积1719平方千米。至2007年10月底，全县耕地758243.9亩，园地46041亩，林地1305263.3亩，牧草地5251.1亩，其他农用地70017.1亩，城镇村庄及独立工矿用地64352.3亩，交通用地11720.0亩，水利设施用地18511.0亩，未利用土地273791.1亩，其他土地8848.9亩。一级分类则有农用地2184816.4亩，建设用地94583.7亩，未利用土地273791.1亩。

2007年全县开采的矿产资源有煤、铁、磷、铅锌矿、重晶石、饰面石料用灰岩（大理石)、粘土、砂矿等矿种。至2007年底，全县持有采矿许可证的矿山共125个，其中：饰面石料用灰岩(大理石）矿山67个，水泥用灰岩矿山1个，粘土矿山16个，煤矿山21个，砂石矿山12个，铅锌矿3个，磷矿2个，铁矿3个。

【整顿和规范矿产资源开发秩序】 加大矿山治散力度，结合产业政策和石林县“五创”工作要求，坚持效益优先、以大并小、以优并劣、淘汰弱小，全面整合重点矿区和重要矿种。按照先关闭后整合的原则，首先关闭了圭山煤矿区的16对煤矿和省政府要求关闭的采矿许可证过期的石林县文昌煤矿、千红煤矿和鑫旺煤矿二号井；整合完毕，实际关闭矿山30个，持证矿山数从2006年的151个下降到124个。之后，又变更规范了4个探矿权人的名称，压缩了3个探矿权的勘查区块面积。

进一步巩固历年整顿成果，严厉打击“六乱”反弹行为。与相关部门和各乡（镇）协调配合，抓好重点矿区的专项整治工作，严厉打击各种违法开采行为。全年矿山动态巡查100余天，参与重大治乱专项行动6次（其中：打击煤矿私挖盗采专项行动3次，打击非煤矿山违法开采3次)，共炸封、填埋非法煤矿洞300余个，立案查处非法采煤14起、非法采铁矿3起、非法采砂矿1起、非法采石灰石矿1起，捣毁工棚20间，扣压、没收非法采矿工具100余件；对普通建筑用砂、石、土新设采矿权一律以“招拍挂”方式出让，停止了一切矿业权行政审批方式；积极开展矿山储量核实动态监管工作，督促65个采矿许可证到期的矿山企业进行储量核实，并报经市国土资源局评审备案。通过全年的努力，全面完成了整顿和规范矿产资源开发秩序的工作，完成上交省、市政府矿产资源有偿使用费800万元。

【国土资源规划】 严格执行土地利用总体规划，进一步做好建设项目用地预审、上报、审批工作；根据专项规划和计划，做好用地预测、指标分解，积极遏制低水平重复建设、盲目圈占土地等行为，有力保障国家建设重点工程用地、基础设施建设用地。对每一个建设项目用地进行实地踏勘和严格审查，完成项目建设用地初审38件，面积2845.9991亩。审查出不符合土地利用总体规划、国家禁止供地的项目和供地目录的用地项目2件。完成了旅游商贸城、党政机关办公用房搬迁项目供地上报审批工作，面积450余亩；对存量建设用地进行了收购和规划，全年盘活存量土地300余亩，并按规定进行了拍卖出让，收益1100万元；关停了2个不符合《石林县矿产资源规划》的矿山，对新办矿山一律报经县政府审查，不同意的不予受理。

【经营性用地“招、拍、挂”】 认真贯彻执行《国务院关于加强土地调控有关问题的通知》及相关配套文件，严格执行“有保有压，保障重点”的土地供应政策，对国家限制和禁止的项目，坚决不予审批。全面落实工业用地招标、拍卖、挂牌出让制度，杜绝低价出让工业用地，建立健全了公开、公平、公正的土地市场信息公开发布制度，全年完成21宗地433.3834亩国有土地的“招、拍、挂”出让工作，成交价10929.769万元。

【征地用地土地储备】 2007年完成了巴江三期河道治理和县级重点工程建设项目200余亩的征地和地上附着物的拆迁补偿；完成了西城区东山路延长线第一期道路两侧各200米以内300余亩土地的征用、收储和地上附着物的拆迁补偿；完成了石林县污水处理厂36.594亩和“中国彝族第一村”510亩及工业集中区旅游商贸城385.094亩建设项目的土地征用及用地上报审批；完成了石林花木公司办公楼、石林彝园、干坝塘加油站及石林火车站旁共32.9亩的土地征地拆迁；收储了原属金旅信托投资公司建设项目用地的46.716亩作为石林景区云林宾馆搬迁用地；完成了各项重点工程建设用地及招商引资项目用地收储1500余亩，保证了全县重点工程和招商引资用地。

【土地开发整理】 认真实施土地开发整理工程，确保耕地占补平衡，保障建设项目用地供应。全面完成了大可乡大磨12000亩的国家级投资土地整理项目，移交当地村民管理耕作，使群众当年内受益、得到实惠；石林镇跃宝山7500亩的省级投资土地开发整理项目开工，年内到位资金1168万元。完成了沟渠工程和4000米的田间道路路基工程；路美邑镇和圭山镇的2个省级投资整理项目申报成功，争取到西街口芭茅和大可长梁子2个市级土地整理项目5700亩，投入资金1200余万元；完成3个县级投资补充耕地开发项目1500亩的申报工作，争取到国家、省、市土地开发整理资金3000余万元。土地开发整理工作的开展，加速和加快了石林县社会主义新农村建设步伐，改善了农村生产生活条件，为农民增收打下了坚实的基础。

【土地利用更新调查】 在上年全面完成土地利用现状更新调查的基础上，2007年对全县乡（镇）集镇建设区和工业区等区域进行外业地类调查核查，全面完成土地利用现状更新调查工作及金土工程数据库整合建库工作，为进一步推进土地利用总体规划修编工作创造有利条件。4月，全面启动第二次全国土地调查工作，成立了石林县第二次全国土地调查领导小组及其办公机构，落实了工作人员，制定了工作方案。

加强土地登记规范化建设，严格土地登记程序，对不符合登记条件的宗地一律不予登记，切实保证土地登记权属合法、程序到位、主体正确。全年完成土地登记11454宗，其中：国有土地411宗（变更登记82宗），集体土地11043宗。设定土地抵押登记35宗，抵押金额1.44亿元。

完成征用地统一年产值调查、测算工作和农用地分等定级估价工作中的外业调查、标准样地设置等大量基础性工作，共填制各类表格700余份，外业调查材料年内已上报省国土资源厅。全面开展矿山储量动态监督管理。

实施土地登记公开查询制度和土地登记自我举证制度，提高土地登记的社会公信力，全年提供查询服务16宗地、38人次。

【地质环境保护和地质灾害防治】 2007年加强了地质环境保护和地质灾害防治工作，地质灾害防治工作经费纳入县财政预算，及时足额予以保障。5月中旬，逐级签订了地质灾害防治目标责任书，并下发了地质灾害工作明白卡、避险明白卡及隐患通知书，落实了地质灾害防治观测员。建立了地质灾害防治层层负责、汛期24小时值班、险情巡查和灾情速报等制度，以提高地质灾害监测预警和应急反应能力。启动了矿山地质环境恢复治理保证金的收取工作，制定地质灾害防治方案和应急预案。针对存在严重地质隐患的大可乡平田村地质灾害点制定了专门的防治措施，全面完成了石林镇下打磨箐村的搬迁避让工作。委托省地质调查院开展全县的地质灾害调查与区划工作，界定和划分了整个县域的地貌类型，摸清了全县地质灾害(隐患)点的类型、规模及其分布与特征，为今后防治地质灾害提供了基础数据。全年无因地质灾害造成人员伤亡和财产损失的情况发生，地质灾害避让成功率进一步得到提高。

【国土资源执法监察】 充分利用地球日、土地日、法制宣传日以及“平安石林”宣传月等活动，广泛深入宣传国土资源政策法律法规及地质环境保护和地质灾害防治的基本知识。建立健全了国土资源执法监察机制、土地和矿产资源违法案件责任追究制、国土资源违法案件速报制，健全了县、乡(镇)、村三级执法监察网络信息系统，进一步发挥了土地违法案件查办协调联动作用，案件一有苗头就能得到及时有效的制止。全年共动态巡查94天436人次，立案查处土地（矿产）违法案件55件，制止土地（矿产）违法行为发生67件，收缴罚款40余万元，国土资源违法行为得到及时发现、及时制止、及时查处，案件查处率达100%。

2007年9月25日，根据昆明市土地执法百日行动要求，县国土资源局成立了石林县土地执法百日行动领导小组，编制了《石林县土地执法百日行动方案》，召开了石林县土地执法百日行动动员会。根据要求，对2005年1月1日以来“以租代征”、违反土地利用总体规划扩大工业用地规模、未批先用等土地违法违规行为进行了全面的清理，共清理出2起违法违规用地行为，面积265.47亩(其中耕地264.15亩)。

为切实做好土地违法违规专项行动查处工作，2007年9月28日，县政府办公室转发了《石林彝族自治县进一步开展查处土地违法违规案件专项行动的通知》，对2005年1月1日至2006年9月全县新增建设用地的非法批地、未批先用、少批多用、非法低价出让国有土地情况进行了全面深入细致的清理。经过清理，在这一时间段内全县共有新增建设用地38宗，实际用地面积700.2945亩（其中耕地442.179亩），其中：合法用地15宗，用地面积653.736亩（其中耕地441.9315亩）；违法用地22宗，用地面积46.5585亩(耕地0.2475亩)。对22宗违法用地均进行了立案查处。根据专项行动时间要求，对2005年1月至2007年6月期间的各类建设项目用地和违法违规用地进行清理，在这一时间段内，全县共新增建设用地69件，实际用地面积1265.718亩，其中：合法用地17件，批准用地面积1212.243亩；涉及违法规用地52件，用地面积53.475亩。

【基础测绘管理】 8月，组建了昆明市国土规划勘察测绘研究院石林分院。分院组建后，全面开展了地籍调查测绘服务工作，先后完成了五棵树村搬迁建设项目、旅游商贸城供地、党政机关办公用房搬迁项目用地、县污水处理厂项目和2007年第一批次城镇建设用地项目等9个地块的勘测定界工作；完成了已收储的县工商局石林分局、云南金旅信托投资有限公司、石林兴亚建筑公司、县农村信用联社、县工商局等10宗地的宗地图测量和绘制工作。

【招商引资工作】 2007年，县国土资源局按照县政府《2007年招商引资目标任务责任书》的要求，引进了四川广建房地产开发公司开发建设“西部情”小区，年内该公司已就位资金2000余万元；引进江西海川投资公司开发水岸星城及巴江三期河道治理，当年投资额达2000万元。

（撰稿人：县国土资源局 刘慧英）

环境保护

【县环境保护局】 1998年12月，县环境保护局正式挂牌成立。2007年，县环境保护局内设办公室、环境监督管理科、法规宣教科、环境监察大队、环境监测站，年底有在职职工23人。单位住址在鹿阜镇龙泉路。2007年，县环保局被县委政府评为申报世界自然遗产工作先进集体、创建国家卫生县城工作先进集体及2007年度基层满意的县直单位，被昆明市环境保护局评为环境保护目标责任考核一等奖，被县政府评为2007年度环境保护工作先进集体；罗秀全、何建华、李建春、李剑、黄为获县级表彰奖励。2007年，资助支农联系点石林镇北小村村委会生产经费及办公用桌椅、沙发等共计价值10000余元的资金和物资。

书记、局长：罗秀全

副 局 长：何建华（女）

【环境宣传教育】 围绕环境保护工作目标、“创建国家环境保护模范城市”目标，多渠道、多形式开展各种宣传活动。结合“6·5”世界环境日组织各乡(镇)、各相关单位积极参与宣传教育活动，全县范围共悬挂环保宣传布标30余条，发放宣传材料13000余份；组织开展以“污染减排与环境友好型社会”为主题，以巾帼、青年志愿者自行车巡城为载体的环境保护公众满意率问卷调查活动，共发出问卷调查表1042份，公众满意率达79%；做好“绿色学校”的创建工作，2007年共申报创建绿色学校2所；组织指导“生态乡镇”、“全国环境优美乡镇”的创建。石林县石林镇、长湖镇继成功创建“云南省生态乡镇”之后，2007年继续加大环保投入资金，着力改善环境保护基础设施建设，积极开展“全国环境优美乡镇”创建工作。2007年县环保局共补助石林镇、长湖镇创建资金8万元。年底，两镇通过了省级专家的评审。

【环境管理】 严格执行环境影响评价法和“三同时”制度，从区域总量控制的目标出发，实行“以新带老、总量减少”的原则，辖区内所有建设项目严格依照环境管理权限进行审批，建立完善审批程序，规范审批行为，在建设项目的环境管理中，做到“三到位”（对污染源的现场监督检查确保人员到位；对项目选址定点做到工作人员实地调查工作到位；对调处污染纠纷，解决污染事故做到工作人员现场取证到位）。2007年，共审批建设项目146项，均办理了环境影响评价手续，环境影响评价执行率达100%。执行“三同时”146项，建设项目“三同时”监督管理146项，“三同时”执行率达100%。落实排污总量控制计划，全面实施排污许可证制度，完成对30家持有排污许可证单位的年检工作。

【环境监察】 加强环境监察队伍建设，提高环境监察队伍素质，遵守环境监察人员“六不准”规定，积极参加业务知识培训，提高行政执法能力。严格执行环保法律法规，落实环境监察制度，对已审批的“三同时”项目实施全过程的监督管理，每半年现场监察一次，每月对省、市及本县重点考核企业现场监察一次，每季度对已达标企业现场监察一次，每季度对取缔排污许可证的企业排污规范化情况监察一次，确保治理设施运转率100%。全年对建设项目现场监察共97家，制作现场监察记录205份，发出现场处理决定通知书69份，发出建设项目现场检查处理决定通知书16份，查处违法案件18件，共收缴罚没收入8.5万元。

【环境监测】 2007年，根据市环境保护局、市监测中心站下达的年度环境监测目标责任考核内容和本县的环境监测工作实际，完成巴江流域8个监测点6次地表水环境质量监测，获得有效监测数据1930个。完成县城、石林、乃古石林的环境空气质量监测，完成县城49个点的功能区环境噪声监测，完成县域内污染物排放企业的委托性监测，获得有效数据1404个；完成新建设项目环境影响登记表的委托编制填写；配合省监测中心完成19个《建设项目环境影响报告书、表》的编制服务工作；完成双人持证8个项目的实样考核，考核合格率为100%；完成《2006年度石林县环境质量报告书》及《2006年环境统计》的编制上报；完成每季度环境质量公报的编制上报。开展污染源监督性监测42家，获得有效监测数据1400余个，为环境监察、监管提供了科学的依据。

【依法征收排污费】 认真贯彻执行国务院《排污费征收使用管理条例》，严格执行排污费收、管、用制度，排污收费实行“三公开”（排污量核定公开、排污费计算公开、排污收费核定公开），无违法挪用排污费现象，按时上报排污费有关报表。2007年共完成石材企业、第三产业、煤矿企业等85家企业的排污费征收任务，共收取排污费90.1万元，征收面达100%，征收率达100%。

【老污染源治理】 加强老污染源的监督管理，取缔环境违法，巩固省、市、县重点考核企业污染源达标排放成果。坚持以削减污染物排放总量为主线，推行主要污染物总量控制工作，严格按照与市政府签订的“‘十一五’主要污染物总量削减控制目标责任书”要求，积极落实减排措施，确保实现本年度主要污染物总量削减控制目标任务。全年完成工业企业排污申报登记85家，工业企业排污申报登记执行率达100%，重点工业企业污染物排放达标率达100%，工业固体废弃物处置利用率达100%，危险废物处置率达100%。

【环保专项整治行动】 深入开展饮用水源地环境整治，结合"创建国家卫生县城"工作，对石林县集中式饮用水源地进行全面整治，确保集中式饮用水源地水质达标率达100%；严厉查处污染治理设施未建成或未按规定申请"三同时"验收，擅自投入生产的建设项目或长期以试生产名义违法排污的企业；严厉查处噪声达标区和烟尘控制区的环境违法问题，重点是各娱乐场所噪声和餐饮业油烟及锅炉废气，对达不到环保要求的一律停业整顿；加强对列入省级挂牌督办企业：圭山片区土法炼锌、土法炼焦污染反弹问题，市级挂牌督办企业：石林宏达石材厂、宜耐石材有限公司，县级挂牌督办企业：石林东兴石雕市场、石林金茂华钢铁公司的监督检查和集中整治，着力解决群众反复投诉的环境问题。组织全局干部职工、县乡企局、县煤管办、圭山镇政府、县公安干警共80余人次，投入5万余元专项经费，对圭山片区土法炼锌、土法炼焦现象进行大规模取缔。对宏达石材厂、宜奈石材厂两家挂牌督办企业污染治理设施不配套进行督促整改和指导，并于2007年11月通过市局验收组的验收，同意摘牌。

【调处环境污染纠纷】 2007年7月，开通了"12369"环保投诉热线，进一步畅通了群众的环保投诉渠道，强化了社会监督，今年，共接受并办理环境污染纠纷案件36件，办理人大建议案及政协提案7件，其中主办件3件，按时限完成了办复工作。完成污染纠纷受理率达100%，结案率达100%。

【推进污水处理厂建设】 按照县委、县政府工作要求，县环保局积极与县鹿阜镇、大屯村委会协调完成污水处理厂建设征地拆迁、补偿等前期工作，并按BOT运作模式的有关要求，选定由县电力工程发展有限公司负责县污水处理厂的建设、经营。县污水处理厂于2007年6月18日举行了开工典礼，10月份正式动工建设，预计于2008年6月底完工并投入试运行。

【开展"创卫"工作】 开展"烟尘控制区"和"噪声达标区"建设。在县城建成区建设"两控区"是创建国家卫生县城和创建国家环境保护模范城市的一项指标，也是改善城市空气环境质量和声环境质量的重要措施。为进一步促进和推动城市文明程度，2007年5月，由县环保局牵头负责，在县城建成区范围内开展烟尘控制区和噪声达标区的建设工作。根据监测结果，对11家企业烟尘以及噪声超过排放标准的，进行停业整顿，落实污染治理设施，完成治理并经复测达标后方可允许恢复生产。"烟尘控制区"和"噪声达标区"建设工作于2007年9月6日通过了市政府"两控区"建设工作验收组验收。"两控区"的建成，为进一步保护环境、防治烟尘污染及控制环境噪声污染、改善城市环境质量提供了保障，为推进石林县"五创"工作的开展奠定了坚实的基础。

加强危险废物监督管理工作，对医疗机构及纳入危险废物管理的其他废物生产企业实施监督及规范化管理。2007年，结合石林县"创建国家卫生县城"工作要求，县环保局进一步加强医疗废物处置和污水处理站建设的管理力度，与县卫生局联发了《关于做好医疗废物统一集中处置工作的通知》，要求各医疗机构按医疗废物处置的有关规定做好处置工作。县医院、天奇医院、县妇幼保健院、县中医院、县疾控中心与云南正晓环保有限公司签订了医疗废物处置合同，社会办医所产生的医疗废物统一交由县医院处置，健全了处理台账，落实了危险废物转移联单制，规范了医疗废物的管理和处置。为使医疗废水处理后达标排放，以上各医院建设了污水处理站，均于2007年底投入试运行。进一步加强放射源、放射性同位素和放射装置专项清查及监管工作，辖区内无危险废物排放，医疗废物集中处置率达到100%。

积极开展健康教育活动及爱国卫生运动；做好"创卫"系列宣传活动，共制作"创卫"宣传专栏1期，悬挂宣传布标8条；按要求做好"创卫"考核资料的整编工作，圆满完成了各项"创建国家卫生县城"环境保护指标的落实。

【开展"创模"工作】 向上级业务主管部门积极咨询、协调，争取昆明市政府将石林县纳入昆明市创建国家环保模范城市责任县。在各级领导的支持下，2007年8月经昆明市政府批准，同意将石林县"创模"纳入昆明市创模区县责任单位，与昆明市四城区同步开展"创模"工作。

为确保完成"创模"各阶段工作任务，积极编制《创建国家环保模范城市工作规划》及《创建国家环保模范城市工作方案》。2007年底，完成了《规划》和《方案》初稿的编制工作。

根据石林县"创模"目标责任内容，根据各相关部门的职能职责，进行目标责任内容的分解和细化。对照29项考核指标，做好创模资料（2005～2007年）的收集整理工作。

开展"一源一档"资料整编工作。"一源一档"是企业和环保部门规范环保管理的重要手段，又是作为创模考核时必备的B类基础资料。县环保局及时组织全县重点工业企业召开了专题会议，进行"一源一档"资料整编工作培训，于2007年12月完成了全县重点工业企业的"一源一档"资料整编工作。

实施"八大工程"。围绕社会经济、环境质量、环境建设、环境管理四大体系，以城市环境空气、地面水、噪声、固体废弃物污染防治等为重点，结合七彩云南保护行动，着力实施"碧水工程"、"蓝天工程"、"宁静工程"、"洁净工程"、"细胞工程"、"绿色工程"、"节约工程"、"能力建设工程"等八大工程。

【污染源普查工作】 按照全国第一次污染源普查工作要求，石林县第一次污染源普查工作领导小组办公室设在县环保局。县环保局积极牵头，加强与各相关单位的协调，健全工作机构，落实工作人员，落实工作经费（县政府落实了20万元工作经费），保障了工作的正常开展。2007年完成了污染源普查方案的编制，出动70余人次完成了县辖区范围内的农业源、生活源的摸底调查工作，为即将全面开展的普查工作奠定了基础。

（撰稿人：县环保局　毕桂仙）

东城区建设

【东城区管委会】 2002年9月，成立“石林彝族自治县东城区建设管理委员会”，为县人民政府行使行政职能的议事协调办事机构。2007年，东城区建设管理委员会内设办公室、建设处、综合处，年末有在岗人员10人，其中：实际在岗人员1名，临时聘用人员9名。

常务副主任：严　涛

副　主　任：赵剑波

【开发建设】 东城区的开发建设至2007年已进行了5年，整个开发建设面积1480亩（0.99平方千米）。在前4年开发建设的基础上，2007年完成固定资产投资10481万元，有7个工程建设项目、3个基础设施项目进行施工，其中：龙泉商住区、石金幼儿园、竹雨雅苑完成投资计划，石金幼儿园9月招生入学，龙泉商住区、竹雨雅苑向社会公开售房；天奇电力小区完成建设前期工作，进入全面的基础性工程建设；商业服务中心二期、防震减灾服务中心已完成主体工程建设；春源小区完成建设前的土地使用、规划设计。基础设施项目完成道路铺装76万元、电力亮化31万元、绿化工程17万元，公共基础设施进一步完善。以上项目的建设，在一定程度上解决了不同群体对生产生活用房的需求，城市功能进一步完善，基本完成东城区的规划布局，一个新的现代化旅游城市新区基本形成。

【道路街巷小区命名】 2007年，按照标准化、规范化的具体要求，在调查公示的基础上，对东城区范围内的道路、街巷、生活小区由县地名委员会进行了命名，道路命名的7个，街道命名的10个，巷道命名的9个，小区命名的6个，改变了按规划建设时期使用的代码称呼，为地名的标准化、规范化管理奠定了基础。

【物业管理】 东城区的常住人口近80%居住在各生活小区，20%的人口分散居住在没有物业管理的别墅和街道的商住楼。2007年小区物业管理以市场化运作为主，行政协调为辅，多种形式共存。全区6个生活小区当中，4个小区成立业主委员会，由业主委员会代表业主招聘人员对小区进行管理，2个小区由建筑开发商进行物管服务。小区环境卫生、生活设施管理得到进一步改善和提高，市场化服务管理的意识在住户居民中逐步培育起来，物业管理的运行机制进一步完善。

【规划投资】 截至2007年底，东城区已完成总体规划面积的88.5%，还没有进行项目开发建设的土地170亩，大部分为村组安置用地，主要规划为农贸市场、办公楼、商住楼。

2008年，计划把东城区农贸市场、小东山商住楼、石金佳园列为投资建设项目，投资规模2000万元；天奇电力小区全面开工建设，完成投资8000万元，全部主体工程完工；个别村组无能力进行项目建设而闲置的土地，交由国土部门进行收储，挂牌出让。

【户口迁入】 根据相关政策规定，在东城区购买和建设住房的人员，家庭成员可以迁入，全年累计协助办理户口迁入74户148人。

（撰稿人：东城区管委会　汤自辉）

生态工业集中区建设

【生态工业集中区管委会】 2005年6月16日，成立县生态工业集中区管委会。2007年，县生态工业集中区管委会内设行政办、征地拆迁办、规划建设办、招商引资办4个职能部门，年底有职工20人，其中：实际在岗人员10名，兼职人员7名，临时聘用人员3名。办公地点在县城石林南路教育局附楼。

主　任：何中清

常务副主任：念晓春（兼）

副主任：洪正富（兼）

赵智红（女，彝族）（兼）

杨若平（女）（兼）

普立云（彝族）（兼）

李琼仙（女）（兼）

高云峰（彝族）（兼）

牛云祥（兼）

【生态工业集中区规划研究】 县生态工业集中区位于石林县鹿阜镇北侧白虎山山脉地带，根据新一轮城市总体规划的要求和开发时序，规划范围包括两部分内容。一是县生态工业集中区总体规划范围，东依路石中路（石林大道），西邻326国道（昆河一级公路），北抵小滑坡村（以现状机耕路〈乡村公路〉为界，南至巴江三岔河），规划中的石蒙高速公路从基地内部南北向贯穿而过，巴江则从基地内部蜿蜒穿行。规划范围用地面积4.52平方千米。二是县生态工业集中区发展研究范围用地面积为9.56平方千米。产业发展规划布局为相对集聚、连片开发和集约经营的方式。根据本地的资源特点、民族文化特点和区域区位优势，重点发展四大产业类型（生物制药、绿色农特产品加工、旅游商品开发与制造、先进制造业），并实施向上和向下链式开发。以具有较高科技含量的生态型加工产业为先导，创建石林产业集聚、科技含量高、能源消耗少的生态型、科技型、环保型生态工业集中区，发展成为昆明市域范围内具有一定地位和经济能量的工业新区。

【招商引资】 2007年县政府下达给县工管会招商引资目标任务3500万元，经县政府考核实际完成招商引资任务8650万元。2007年的招商引资工作实行组团招商、传媒招商、节日活动招商、以商招商和跟踪招商，形成了联动的招商局面。

2007年9月3日，县工管会与桂林七彩房地产开发有限公司签订《石林彝族自治县生态工业集中区旅游商贸城整体开发合同书》，石林旅游商贸城（后改为“万城·阿诗玛旅游小镇”项目）是集旅游、民族文化产业、商业贸易、餐饮娱乐、休闲居住为一体的综合开发项目。整体开发用地面积约1000亩，投资6亿元。2007年12月3日前到位资金1亿元。

2007年8月5日，县工管会与广东温氏食品集团西南分公司签订《广东温氏食品集团西南分公司石林公司投资协议》，项目总投资6000万元。项目作为两个基地，第一个项目基地为公司总部（功能建设为行政办公楼、饲料加工厂、肉鸡销售部、技术服务部及职工生活区等），选址在县生态工业集中区规划区内。第二个项目基地为种鸡繁育基地（配套建设存栏鸡25万套的种鸡场与年产2500万只鸡苗孵化厂等）。项目到位资金1450万元，其中注册资金1000万元，土地预付款450万元。

另外：2006年8月9日，县工管会与曲靖东昇家电广场签订了《石林县生态工业集中区阿诗玛民俗风情街项目投资意向协议》，项目选址在生态工业集中区摆蚁塘，规划用地面积23.716亩，总投资1.2亿元，协议签订后到位资金1000万元。

【项目建设】 石林旅游商贸城（现确定为万城·阿诗玛旅游小镇项目）一期工程，建筑红线内用地面积385.049亩，年内已经过国土资源部门土地“招拍挂”，对用地范围打起围墙，并按国家法律规定办理完开发建设的相关手续。生态工业集中区基础设施40米工业大道已办理完相关手续和工程设计，并委托中国远东国际招标公司完成了招标工作，宜良南洋建筑公司以723.28万元的标底中标。

（撰稿人：县生态工业集中区管委会 陈福亮）

房地产开发

【石林房地产开发有限公司】 1992年8月，成立县房地产开发经营总公司。2005年进行国有企业改制，7月组建了石林房地产开发有限公司，成立了股东会、董事会、监事会。公司注册资本800万元，开发资质为三级，在册股东共22人。公司下设机构有行政办公室、财务部、工程管理市场营销部，年底有职工22人，公司住址在鹿阜镇南苑小区19号。为进一步适应市场经济发展的要求和不断完善企业管理的规范化，2007年12月完成了下属石林房地产建筑公司改制工作，组建了石林房地产建筑有限公司，注册资本710万元，建筑资质三级。

董事长：李灿全

总经理：王月虹（女）

副总经理：史剑波

【开发业绩】 巴江俪岛小区开发是石林县“十一五”期间规划的重点实施项目工程之一。2005年底至2006年中，公司完成了巴江俪岛小区项目的立项、规划、设计等各项前期工作，项目用地192.7亩，计划投资2.5亿元，分为两期开发。一期开发8.1万平方米，计划投资1.1亿元，于2007年3月开工，预计2008年4月底完工并交付使用；二期开发7.6万平方米，投资1.4亿元，计划2008年4月开工。

同时，巴江俪岛小区在石林县第一家引进管理较为规范的物业管理公司昆明承兴物业管理公司对小区进行物业管理，预计于2008年4月底正式投入管理。

【黑龙潭河综合治理】 2007年，不断完善游道、亭子等基础设施建设及两岸绿化，形成了一个水面面积达75亩、两岸绿化面积达6万余平方米的生态河道，其中有乔木、灌木、草坪地被100多个品种。治理后的黑龙潭河，将为全面贯通巴江污水截流起到有效作用，同时，黑龙潭河防洪能力也得到明显增强。焕然一新的黑龙潭河成为石林中路和昆河公路进入县城一道亮丽的风景线。

（撰稿人：石林房地产开发有限公司 娄永胜）

科教卫生

教　育

【县教育局】 1989年3月17日，县文化教育局分为县文化局和县教育局。2007年，局机关设办公室、教育科、人事科、计财科、教研室、招考办、督导室7个科室，年底有在职干部职工32人。单位住址在石林南路。

2007年，县教育局荣获全国“有效推进区域教师专业化发展”研究与实验工作先进单位、云南省新一轮民族贫困地区中小学教师综合素质培训项目先进集体、云南省中小学勤工俭学先进集体、云南省“普实”复查县先进集体、昆明市“全国农村学校课外艺术教育活动研究”成果集科研成果一等奖、苏教版小学语文实验教科书实验工作先进集体、县基层满意的县直单位、县创建国家卫生县城工作先进集体等荣誉称号。

2007年，按时办结人大建议13件，政协提案5件，办理满意率达100%，解决了人民群众普遍关心的一些教育难点和热点问题，对促进教育工作起到了积极的作用。资助支农联系点石林镇松子村委会4000元生产经费。

党委书记、局长：李鸿平（1月止）
普光强（彝族，2月起）
党委副书记、纪委书记：张云涛
副局长：毕卫华（彝族）
陈贵云

【教师基本情况】 2007年底，全县有在职教职工2824人，其中：专业技术人员2621人（副高职务157人，中职职务1117人，初职职务1218人，未定职129人），职工203人；离退休教职工829人，其中：退休797人，离休32人。

幼儿园教职工78人，其中：专业技术人员67人，职工11人；小学教职工1521人，其中：专业技术人员1484人，职工37人；初中教职工844人，其中：专业技术人员733人，职工111人；高中教职工352人，其中：专业技术人员310人，职工42人；进修学校教职工13人，其中：专业技术人员12人，职工1人；教研室教职工16人，其中：专业技术人员15人，职工1人。

【学前幼儿教育】 2007年全县有幼儿园28所（含民办幼儿园4所），学前班94个，在园在班校幼儿8586人（含学前班2533人），幼儿入园入班率83.64%。2007年投资方云南石金企业发展集团有限公司依照协议，按照省一级幼儿园标准，投资2800余万元，按期在石林县城东城区新建了一所占地20亩，办学规模1000人，设施设备一流，高标准、高规格的现代化幼儿园。

【九年义务教育】 2007年有小学90所，初中9所；小学在校生24016人，初中在校生10700人。小学毛入学率112.74%，学龄儿童入学率99.08%，辍学率0.27%；普通初中毛入学率111.97%，辍学率0.42%；普通初中升学率90.22%。年内创建昆明市农村示范初中2所（石林镇中学、长湖镇中学）。

中考质量显著提高。昆明市重点高中在10个郊区县招生653人，在石林县录取128人。其中：昆一中招生235人，在石林县录取了47人；昆三中招生55人，在石林县录取了23人。

【普通高中教育】 2007年有普高3所，普高教师310人，普高生3014人。为进一步整合资源、优化管理，更好地发挥集团系统优势，2007年9月高中教育集团实行“一套班子，垂直管理”的新机制，即：高中教育集团设校长、副校长和办公室、教务处、政教处、总务处、教科室5个科室，对集团所属3所学校进行统一领导和垂直管理，取消原集团所属3所学校校长设置和校内科室机构，学校的校名和性质不变。高中教育集团在教育局党委和董事会的双重领导下开展工作，集团校长由教育局长聘任一位副局长兼任，副校长由集团校长聘任。

2007年高考具有“一多一稳一提高”的特点，即600分以上考生比2006年多6人，达12人；一本上线54人，比2006年多1人，二本上线241人，比2006年多39人，上二本线的人数大幅提高。高考文科最高分618分，理科最高分645分，高考录取率为67.38%。

12月28日晚，石林高中教育集团举办2008年新年团拜会暨元旦文艺晚会

【职成教育】 2007年有职高1所，职高生1138人。县委、县政府把民族职业高级中学的搬迁新建工程列为全县重点项目工程，优先保证教育投入，划拨

了1000万元启动资金。年内完成了搬迁新建县民族职业高级中学项目可性行研究报告、立项审批、环境预审和用地测绘等工作。

全年开办成人技术培训班26个，招生263人。开展职业技术培训达3.4万人次，绿色证书培训1000人。扫盲200人，青壮年文盲率城镇控制在2%以内，农村控制在5%以内。

【德育工作】 全面贯彻教育方针，切实贯彻落实《石林县加强和改进未成年人思想道德建设实施方案》，坚持“德育为首”，着力构建“无人不育人、无事不育人、无课不育人、无时不育人、无处不育人”的立体德育网络；积极开展“从我做起，做文明学生，建设和谐校园”主题教育活动，着力构建和谐校园；召开中小学德育工作会，培育、推出了一批德育先进学校；积极开展省级、市级、县级“三好生”、“优秀学生干部”、“先进班集体”评选活动；制定实施《石林县教育系统第五个法制宣传五年规划》，认真开展“普法”宣传教育活动；多形式、多渠道广泛、深入开展禁毒防艾宣传教育活动，学生禁毒防艾知晓率达98%，教师禁毒防艾培训面达100%；在全县中小学广泛开展了环境保护工作，环境教育普及率达85%以上。

【教学教研】 制定实施《石林县提升中考教学质量实施方案》和《石林县提升高考教学质量实施方案》，对全县中小学实行教学质量目标管理与考核；认真贯彻《石林县中小学教学管理规程》，严格按《规程》之规定，对各学校落实《规程》情况进行全程监控、督查和指导。构建以“校本教研”为基础，以片区教研为纽带，以县级教研为导向的教研新机制，开创了教研工作新局面。

【教师队伍建设】 开展教育系统“十要十不准”作风建设活动；积极开展“班主任队伍建设”系列活动，推荐上报144篇班主任论文、案例及15名优秀班主任的优秀事迹材料；积极开展《义务教育法》学习宣传活动，组织全县2731名教师进行普法考试；认真开展教师继续教育培训，培训率达98%以上；中小学教师培训地方选修课7门，校本培训面达100%；组织80多名新教师进行岗前培训；招聘特设岗位教师38名。

【基础建设】 2007年全县实施校舍危房改造工程项目6项，排除危房1479平方米，改建校舍7492平方米，完成投资总额1004.3万元，有效消除了中小学校舍存在的安全隐患；完成中小学办学条件普查，编制了学校布局及校园建设规划；按照规划完成了农村寄宿制学校建设工程，新建校舍7492平方米。鹿阜镇紫玉小学、西街口镇中学被确定为昆明市2007年启动的第一批农村中小学标准化建设工程学校。

【文化建设】 制定实施《石林县校园文化建设实施方案》，建立校园文化建设长效机制；以小记者站工作为抓手，有效推进学校文化建设，有200多篇学生优秀作品在省级刊物《云南经济日报·教育导刊》上刊发。

【“两免一补”工作】 2007年义务教育阶段学生共34716人，杂费全免；免费提供教科书学生12112人，免除资金为75.07万元；补助贫困家庭寄宿制学生生活费21215人，补助总金额为612.42万元。

【安全工作】 继续实行“两制”：校长负责制和责任追究制；严把“三关”：工作人员准入关，食品卫生关和培训关；坚持“六项制度”：专项宣传教育制度，定期检查、总结、研究制度，集体活动申报审批制度，安全事故报告制度，安全工作考核制度，帮教制度。杜绝了重、特大事故的发生，职责范围内未发生任何较大安全事故，为学校营造了安宁、祥和的教育环境。

【人事工作】 2007年主城区学校有5位教师到石林县支教，石林县有18位教师到主城区学校挂职学习；云南师范大学86位学生到石林县支教实习；城区学校11名教师下乡支教。坚持“公开、公平、公正”的原则，严把入口关，面向全国公开招聘高中教师20人、小学初中教师68人、特设岗位教师39人。严格程序，精心组织，有80位教师通过了中级专业技术职务评审委员会的评审，有99名教师通过了初级专业技术职务评审委员会的评审。

【督导工作】 对教育常规工作、重点工作、热点工作、重点项目建设进行全方位的督查指导；完成基建工程审计抽查任务；对申报市级优秀学校的6所中小学进行督导评估并上报市级复评；积极开展等级学校认定评估，评估认定二级三等以上等级学校8所；认真办理信访件18件，及时解决反映的热点问题，有效防止了越级上访和群体上访。

【招考工作】 先后出台了《关于石林县2007年中小学招生考试工作有关问题的通知》、《石林县2007年中小学招生规定》、《关于下达2007年各级各类学校招生计划的通知》等相关政策和规定。做到五个加强：加强招生宣传，加强招生引导，加强对招考监管，加强科学管理，加强科学防范；促进五个强化：强化整体联动，强化程序操作，强化管理责任，强化保密安全，强化招考品牌。各类考试，精心准备，组织严密，考风纯正，树立了招考育人新形象。

【勤工俭学】 逐步形成了“一个统一”、“三个机构”、“三个纳入”、“六个确保”的管理机制。一个统一：实现勤工俭学与育人的和谐统一；三个机构：成立勤工俭学领导小组、勤工俭学办公室、学校勤工俭学工作小组；三个纳入：把勤工俭学工作纳入对学校年度目标管理考核、纳入学校重要议事日程、纳入总务后勤人员年度目标管理考核；六个确保：确保学校有勤工俭学基地、有勤工俭学规划、有勤工俭学项目、有勤工俭学方案、有勤工俭学制度、有勤工俭学专项资金。年内涌现出了板桥镇中学、西街口镇中学、威黑小学、阿怒山小学、阿乌小学等一大批勤工俭学先进典型和校园经济示范学校。

（撰稿人：县教育局 邢聪明）

科技

【县科技局】 1973年6月，成立县科委。1995年改称县科技局。2007年，县科技局内设办公室、业务科、法制综合科，年底有在职职工7名。单位地址在东城区青少年活动中心附近。2007年县科技局继续保留“平安单位”、基层满意的县直单位称号，被市科技局评为科技管理先进集体二等奖。2007年资助支农联系点西街口镇紫处村委会6000元。

局　长：李　韬

副局长：槐永强

【实施县级科技计划】 2007年在充分调研的基础上，紧紧围绕县域经济发展对科技的需求，按照“突出重点，先行示范，以点带面，整合资源，强化管理，全面推进”的原则，组织投入资金412.85万元，其中：县级投入60万元，承担单位自筹352.85万元。实施县级科技计划项目16个，完成了优质人参果示范种植与推广4000亩、高山雪莲规范化种植与开发500亩、万寿菊引种试验示范700亩、西兰花试验示范种植2105亩、优质枇杷示范种植与推广1200亩、桑蚕种养试验示范2200亩、油桃规范化种植与开发营销油桃700吨、葡萄二次挂果试验示范200亩、美国蓝莓引种试验10亩、生态鸡养殖试验示范出栏商品鸡10万余只、大棚蔬菜高效生产试验示范20亩、铁核桃高接换种示范20亩、引进奶牛机械挤奶设备1套、科技创新实验室完成人工菌实验建设并进行示范3万余袋人工菌等项目及工作。通过严格合同管理、加强检查落实、报账制审查批拨科技经费和项目结题验收，16个科技项目都从不同侧面提升了该领域的科技含量，并取得了较好的经济、社会和生态效益，实现新增产值1661.37万元，新增收入1053.27万元。通过科技计划项目的落实，不仅选育、培育了一批地方优势产业，有力提升了县域经济增长中的科技含量，同时还为产业龙头普及了相应的财会知识和应用现代企业管理知识驾驭市场的能力，为全县经济、社会的持续健康稳步发展作出了积极的贡献。

【审列实施上级科技项目】 全年组织审列并实施省、市级科技计划项目8项（省级1项、市级7项）；当年到位资金206万元，其中：省级45万元，市级161万元。具体项目为：《石林旅游电子商务整合营销平台》45万元，《石林旅游B2B电子商务平台》15万元，《日本甜柿规范化栽培及采后商品化处理技术示范》60万元，《科技进村入户示范工程》10万元，《玻璃钢汇线桥架开发与应用》28万元，《昆明市科技特派员试点》3万元，《石林县科技基础条件建设》10万元，《石林有机转换产品生猪标准化养殖技术示范》15万元，《石林生态种养殖示范园建设》20万元。

【产业结构调整科技示范工程】 石林县依据与市政府签订的《科技示范工程目标责任书》的要求，2007年共组织投入275.23万元，其中：市级104万元，自筹171.23万元。组织做好柿叶茶在商品化处理加工生产的基础上，研制并建设柿饼、柿丁脯、柿子糕加工生产车间，完成引进了早、中、晚熟4个品种的试种，实现总产值1391.7万元，辐射带动农户超过900户，圆满完成了合同规定的各项任务指标。在2005～2007年的实施期间，示范工程项目以贯彻落实昆明市科技示范工程政策为背景，采用现代农业产业化发展模式，解决制约石林特色甜柿产业化发展中的关键技术问题，系统引进研发有机甜柿栽培技术、保鲜及商品化处理技术和深加工技术，全面提高日本甜柿规范化栽培及采后商品化处理技术示范效果，共组织投入科技项目资金743.9万元，其中市科技专项经费到位180万元，依托云南农业大学、北京农业大学等科研院所，开展了日本甜柿在石林县的物候期、落果高峰期、叶果比、病虫害防治、修剪整形、品种培育等栽培技术研究和柿叶茶、柿丁脯、柿子糕、柿饼等深加工技术研究与开发，完善编制了日本甜柿在石林的种植技术操作规程，完成新示范推广甜柿5140亩、5个甜柿园的综合技术配套示范、12个甜柿新品种的引进培育，建成年生产50吨的柿叶茶、300吨的柿丁脯、500吨的柿子糕、300吨的柿饼加工生产线，正常年生产总值可达3200万元，上缴税收192万元。三年累计实现总产值3223.6万元，其中：甜柿新增产值2887.6万元，深加工2007年实现产值336万元，投入产出比为1∶4.3。示范工程项目的实施，有效夯实了甜柿特色产业化发展基础，促进了县委、县政府将甜柿产业纳入国民经济发展计划加以组织实施，三年中全县新组织甜柿种植12000余亩，总种植面积超过了17000余亩，有效推进了全县甜柿产业化发展进程，并为全县乃至全省的现代农业发展模式作出了积极的示范。2008年2月28日示范工程项目《日本甜柿规模栽培技术及采后商品化处理技术示范》顺利通过了市科技局组织的专家验收及科技成果鉴定。

【科技进村入户示范工程】 按照建立“技术人员到户，科技成果到田，技术要领到人”的科技推广长效模式及《石林县科技进村入户服务队员和示范户管理办法（暂行）》，2007年共组织投入85万元做好科技进村入户示范工程工作，其中：市级10万元，自筹75万元。在做好服务队和示范户管理的基础上，组织开展了人工菌示范基地建设、板蓝根示范种植等项目，圆满完成了合同规定的各项任务。在2005～2007年的实施期间，进村入户工程共组织投入项目经费137.324万元，其中：市级30万元，县级2.5万元，承担单位自筹104.824万元。组建成立了10名技术人员的服务队，对100户甜柿种植示范户进行技术服务，每年每户示范户接受技术人员指导9次以上，示范户物化补助15万元，开展甜柿种植技术培训263期、11220余人次，示范户2005年比全县人均增收3.6%、2006年增收3.5%、2007年增收5.1%，辐射带动甜柿种植户达1775户。2008年2月28日该项目顺利通过专家验收，得分94分，属优秀行列。

【实施全民科学素质行动计划】 县科技局结合实际，认真实施全民科学素质行动计划。一是认真组织干部职工参加“三下乡”活动，发放各类科技资料、书刊5650份（册），现场科技咨询300余人次。二是组织12家科普联席会议成员单位，围绕“倡导科学、文明、健康的生活方式，建设创新型城市”这一主题，结合石林县“五创”和构建和谐社会、建设社会主义新农村等工作要求，组织开展2007年“科技活动周”活动。活动共展出科普挂图700多幅，出动科普宣传车7次，开展科技咨询1600余人次，开展科普知识、保健医疗和农技知识讲座6期受众300余人次，发放科技宣传资料37000多份、科普书籍1350余册。三是利用网络平台，加大对外科技宣传力度。四是适时在全县组织开展实用技术培训，完成举办各类科技培训班967期，培训9.68万人次。五是组织开展科教电影放映工作，完成放映300次900场电影放映。六是充分发挥科普设施的作用，完成制作科普宣传栏120期、黑板报420期。七是编发内部刊物《科技信息》5期，适时传递科技工作动态和科技信息。八是根据市政府办公厅关于对《科普法》和《省科普条例》的检查、整改要求，认真完成检查及整改。

【加强科技成果管理】 根据市科技局的要求，经组织申报，由县气象局、县烟草公司、县烟办完成的《石林县烤烟冰雹灾害防御技术体系建设及应用》项目获昆明市2007年科技奖科技进步类三等奖。

【加强知识产权管理】 围绕强化知识产权管理，一是在市科技局、市知识产权局、市编办和县科技局、县编办的共同努力下，积极向市编委争取成立县知识产权机构，相关审批事项已报市编办。二是由县科技局牵头，组织了工商、文体、质监、药监等相关部门开展了1次知识产权的维权保护。三是组织开展专利资助日常工作，自9月22日文件执行以来，报批了2项专利资助。2007年是石林县知识产权管理工作逐步迈向规范化、制度化的关键年，具有承前启后的意义。全年共申报专利12项，其中：发明专利4项，实用新型2项，外观设计6项；共授权13项，其中：发明专利2项，实用新型3项，外观设计8项。

【加强科技人才管理】 认真组织开展对昆明市第五批中青年学术和技术带头人后备人选刘世生、吉树全的年度考核工作。经评议：刘世生为“实现年度培养计划目标”，吉树全为“基本实现年度培养计划目标”。2007年9月积极组织2名专业技术人员申报第六批市级中青年学术和技术带头人后备人选的申报，县人民医院副主任医师朱玉高最终人选中青年学术和技术带头人后备人选。

【国家科技进步考核】 为巩固国家科技进步考核成果，县科技局在上级科技行政主管部门的帮助支持下，围绕国家科技进步考核的相关要求，4~5月认真组织相关单位切实做好2005~2006年度科技工作情况汇总、整理，及时填报了相关考核资料，再次通过国家科技进步考核。

（撰稿人：县科技局 杨 伟）

卫 生

【县卫生局】 1951年5月，成立县政府卫生科。1978年11月，成立县卫生局。2007年，局机关内设办公室、人事规划与财务科、综合管理科、疾病控制科、爱卫办，年底有在职职工13人。办公地点在鹿阜镇双龙山18号县政府大楼四楼。2007年，市政府对县政府卫生工作责任目标考核结果为三等奖，艾滋病防治工作责任目标考核结果为一等奖，爱国卫生工作责任目标考核结果为一等奖。9月4日，全国爱卫会命名了36个国家卫生镇（县城），石林县荣膺“国家卫生县城”殊荣，成为全国第二家获得国家卫生县城的少数民族自治县、昆明市首个国家卫生县城；县卫生局、县爱卫办被县委、县政府表彰为创建国家卫生县城工作突出贡献单位，县人民医院被表彰为创建国家卫生县城工作积极参与单位，毕卫红、周保能等5名干部职工被表彰为创建国家卫生县城工作突出贡献者和积极贡献者，卫生系统12名干部职工被表彰为先进个人。县卫生局在2007年昆明市护士岗位技能训练和竞赛活动中获优秀组织奖，职工陈艳萍获护理专业理论知识考试个人单项二等奖，朱颖、官丽萍获个人优秀奖。赵江庆被市纪委等4部门表彰为昆明市纪检监察系统先进个人。2007年资助支农联系点圭山镇小板田村委会3000元生产经费、一套广播设备和一台抽水机。

党委书记：周保能
局　　长：毕卫红（彝族，12月止）
　　　　　周保能（12月起）
党委副书记、纪委书记：赵江庆（女）
副 局 长：王松梅（女，12月起）
　　　　　高炳元
　　　　　黄文学（彝族）

【全县医疗卫生概况】 2007年底，医疗卫生机构设置情况为：全县有公立医疗卫生机构12个，其中：县级医疗卫生机构5个（即县人民医院、县中医医院、县妇幼保健院、县疾病预防控制中心、县卫生局卫生执法监督局），乡镇卫生院7个（即石林镇、圭山镇、板桥镇、路美邑镇、西街口镇、长湖镇、大可乡卫生院）；有社会办医48个，其中：股份制医院1个（即昆明医学院第二附属医院石林天奇医院），个体诊所46个，医务室1个；有村卫生所92个。共开设病床626张，每千人拥有床位2.64张。

卫生人员构成情况为：全县共有卫生工作人员（含诊所、民营医院）840人。全民医疗机构在职人员为474人，其中：卫生技术人员411人（执业医师169人、执业助理医师25人、注册护士127人、药剂人员25人、检验人员31人、其他卫生技术人员34人）；副主任医师以上高级职称22人，中级职称172人。有乡村医生183人，其中：中专以上学历78人，有乡村医生资格证128人。全县每千人拥有卫生技术人员2.3人，其中：执业医师（含助理执业医师）1.27人/千人，护士1.03人/

千人。

医疗机构资产比重为：县直医疗单位县人民医院、县中医医院资产共7154万元，7个乡（镇）卫生院资产共1245万元，全民所有制医疗机构资产合计为8399万元。以民营资本为主体的股份制综合医院昆明医学院第二附属医院石林天奇医院资产为1.2亿元，47个社会办医注册资金总计248万元，民营资产合计12248万元，占全县医疗总资产20647万元的59.32%。

【公共卫生】 卫生应急处置能力逐步加强。建立和完善了突发公共卫生事件相关的48个单项应急处置预案，健全了应急救治队伍和专家咨询委员会，规范了重大紧急信息报送制度。重大传染病及其他新发传染病的监测预警得到进一步加强。

疾病预防控制工作成效明显。坚持“预防为主”的方针，杜绝甲类传染病的传入和复燃，乙类传染病得到有效控制，共报告乙类传染病8种650例，发病率为236.38/十万，未发生甲类传染病疫情。

落实鼠疫、霍乱、结核病等重点传染病的防治措施。对全县22家医疗单位、个体诊所进行Ⅱ号病督查968家次，对县政府所在地及交通沿线的旅社、招待所、宾馆、客房等46家单位进行Ⅱ号病巡查2024家次，未发现疑似病例；坚持鼠疫“疫情三报”和自死鼠“零”报告，以石林镇为固定监测点、其他7个乡(镇)为流动监测点，按月开展鼠疫监测，布鼠笼6021笼次，布鼠夹5400夹次，捕获老鼠164只；作为全国布鲁氏菌病定点监测县，完成了212人份布病血清学监测，发现感染率为1.42%；在乡村和高危人群中开展防治结核病宣传教育和筛查工作，发放结核病健康教育宣传单8万份，制作墙体条幅65条，接待前来咨询群众500余人次，组织县、乡、村卫生防疫人员参加业务培训284人次，完成新涂阳任务数71人，加强项目管理和对219个项目病人的治疗；继续加强艾滋病防治工作，对医务人员、公安民警、乡村宣传骨干、娱乐场所业主、进城务工人员等进行宣传培训2000余人次，发放宣传资料10万余份，发放安全套1万余只，发展小姐同伴教育员16人，继续开展感染者CD4回顾性调查，对羁押人员进行强制检测109人次。

强化计划免疫接种补种工作，实行分级负责，逐级督导制度。报告基础免疫接种情况为BCG接种率98.18%，OPV三针次接种率97.96%，DPT三针次接种率98.16%，MV接种率97.76%，HBV三针次接种率99.07%（其中新生儿首针及时接种率94.79%），保证了免疫预防重点工作和常规工作任务的落实。

建立健全适应社会发展的健康教育工作体系，形成了以县疾病预防控制中心为健康教育业务指导中心、健康教育专兼职人员为骨干、基层医务工作者为依托的健康教育网络，全县网络覆盖率达95%（其中中小学健康教育开课率100%），编印了《创建国家卫生县城知识读本》3万本、《健康教育手册》5万本，进一步提高居民的健康知识知晓率和行为形成率。开展慢性病防治工作，对35岁以上首诊病人测量血压6130人，筛查出高血压病人712人，发放高血压随访卡657张。

健全和完善慢性病监测报告网络，完成1180人死因监测和死亡人员的计算机录入及死亡原因分析。

继续加强学校卫生、环境卫生、食品卫生和职业卫生的监测检疫工作。确定2所中学、1所小学为因病缺课定点监测学校，完成中小学生体检2960人，建立学生健康档案。做好农村饮水等环境卫生信息资料的收集、管理和上报，在枯水期和丰水期对12个农村饮用水源点进行卫生细菌监测22件，发送漂白粉4425千克，对县城二次供水水箱进行细菌、余氯、色度、浊度监测414件，被上级疾病预防控制机构考核为合格。完成了饮食业、公共场所4796名从业人员的健康体检，对38家厂矿进行了职业病基本情况调查和建档。

妇幼保健服务工作稳步推进。围绕降低“两个死亡率”（孕产妇死亡率、婴儿死亡率），重点抓“两个管理率”（孕产妇系统管理率、儿童系统管理率），召开了“两个”死亡分析和“两个”危急急救总结会，制定“两个”死亡的干预措施和工作要求。进一步探索妇幼专干垂直管理模式，加强对妇幼专干的业务培训、技术指导和考核管理，充分调动妇幼保健人员的积极性和主动性。召开乡级例会12次，完成6个专题的乡级人员培训，加强对乡村医生的管理。孕产妇保健覆盖率达97.54%，系统管理率达95.83%，住院分娩率达97.42%，新法接生率达98.65%，儿童保健覆盖率达85.29%，系统管理率达87.31%，幼儿园健康体检率达97.44%。由于措施有力，成效较为明显，孕产妇死亡率为零，新生儿破伤风发生率为零，新生儿死亡率9.12‰，婴儿死亡率13.49‰，5岁以下儿童死亡率17.45‰，达到历年来最佳控制水平。

【医疗服务】 加大卫生基础设施建设。投资1500万元完成了县人民医院国债资金传染病科建设、新住院部建设、住院部广场改造，县疾病预防控制中心实验室改扩建，圭山民族医院业务综合楼建设项目。投资500万元的乡镇卫生院基础设施国债资金项目正在实施。

加快医疗卫生单位设施设备建设。县人民医院投资1000多万元增设了洁净手术部、制氧系统、设备带、8层4排螺旋CT、DR，完成了储血库建设，县妇幼保健院新购了彩色B超、电子阴道镜、盆腔治疗仪等医疗设备，县疾病预防控制中心完成了实验室改造，县人民医院、县妇幼保健院、县中医医院和县疾病预防控制中心建成了污水处理系统。

提升医务人员业务水平，建立了县卫生局中青年学术技术带头人及后备人选库，对中青年学术技术带头人及后备人选实施年度考核和培养目标管理。与昆明医学院联合举办的医学类成人教育大专班95名学员学成毕业。乡村医生中专学历教育已完成理论学习，考试及格率达100%。大力发展农村中医药事业，中医药发展工作被纳入经济社会发展规划，开展第二轮乡村医生中医适宜技术培训，共培训115人，培训合格率达98.56%。历年累计培训178人，累计培训率达 94.68%。

【农村卫生和社区卫生】 启动新型农村合作医疗制度。建立县、乡信息管理网络，实现信息化管理和现代化办公，工作开展顺利，管理逐步规范。2007 年全县参合人数 191810 人，参合率 97%；应就位基金 1054.955 万元，实际到位基金 1050.495 万元，其中：参合农民个人筹资 191.81 万元，中央财政补助 375.87 万元，省级财政补助 95.91 万元，市级财政补助 287.715 万元，县级财政补助 99.19 万元。产生利息 7.3 万元。2007 年新农合门诊、住院总人次为 24506 人次，受益率为 12.78%；住院补偿报销金额 5372183.67 元，占可用统筹住院基金的 61%；门诊减免 421432.4 元，占可用家庭账户基金的 36.62%。农民群众进一步享受到实施新农合政策带来的实惠。

加强农村卫生基础设施建设。完成圭山镇卫生院业务综合楼建设项目，圭山镇卫生院、长湖镇卫生院配备了医疗救护车。落实市、县人民政府“为民办实事”建设项目，新（改）建 52 所规范化村卫生所。

继续推行初保达标工作。按照《云南省农村初级卫生保健规划（2003—2010 年）目标评价标准》，组织实施新一轮农村初级卫生保健规划，乡镇卫生院和村卫生所实行“四统一”管理，加强卫生院的中心枢纽作用，推动农村医疗卫生三级网络建设。复审验收前的各项准备工作已基本就绪。

大力发展城市社区卫生服务。制定了《社区卫生服务发展规划》，加快乡镇社区卫生服务站建设，加强社区卫生服务站（中心）管理。规范了鹿阜镇社区卫生服务中心、县人民医院科兴社区卫生服务中心，新建了板桥、圭山、石林、长湖、路美邑、西街口、大可 7 个社区卫生服务站，撤销了县人民医院社区卫生服务站。先后安排 13 名社区卫生工作人员参加全科医师转型培训和全科护士岗位培训。12 月 4 日由局领导带队完成了对辖区社区卫生服务机构的年终考核。

确定县人民医院为石林县惠民医院，设置惠民病床 10 张，社区卫生服务中心(站)也纳入惠民医院管理，为持有《云南省城市居民最低生活保障金领取证》的城市低保人员提供医疗救助服务。全年县人民医院接待享受惠民医院政策门诊病人 3 人次、住院病人 3 人次，共减免费用 545.72 元。

新（改）建的规范化卫生所

【卫生改革】 县直医疗卫生单位继续实施人事聘用制度，营造能上能下、能进能出的灵活用人机制。继续推行乡镇卫生院会计代领制，加强卫生院财务管理，实行成本核算，降低医疗服务成本支出，提高医疗收益。

根据乡镇卫生院管理办法，经过报名、资格审查、笔试、述职演讲、民主测评、综合考核、组织考察和公示等程序，完成了除鹿阜镇外 7 个乡镇卫生院 7 名院长和 10 名副院长的公开竞聘。

进一步探索新形势下公共卫生服务和防保工作的有效途径，实施乡镇卫生院和县属卫生单位防保工作直线管理机制改革，组织开展新一轮乡村医生聘用上岗工作。

【卫生行业监管】 以“严格执法，热情服务”为宗旨，以食品卫生和公共场所卫生监督为龙头，以医疗市场监督等社会关注的热点问题为突破口，全面开展卫生执法监督工作。严格卫生行政许可的市场准入和承诺制度，完善行政处罚合议制度，建立市场退出机制。完成 23 家社会办医、2 家厂矿医务室、13 家公立医疗机构的经常性卫生监督检查、传染病防治督查 2 次，医疗机构临床用血监督检查 1 次，结核病归口管理督查 1 次。完成 24 家新申请医疗机构职业许可证单位和 9 家社区卫生服务中心(站)执业登记注册的初审。开展打击无证行医专项行动，发出停业整改通知书 32 份，依法取缔无证行医 25 家，没收药品、器械 28 袋、外用药酒 21 瓶。加强餐饮业、食品生产经营单位和食品市场的专项整治工作，开展“五小”（小餐饮店、小浴室、小网吧、小歌舞厅、小旅馆）行业卫生专项整治行动，评定各类公共场所 191 户，监测各类公共场所 105 项次，“五病”（痢疾、伤寒、病毒性肝炎、活动性肺结核、化脓性或渗出皮肤病）调离率达 100%。推行食品卫生量化分级管理制度，完成各类重大会议和活动的卫生保障任务，实现了“零差错”。加强学校和企业的卫生监督管理，全年未发生学校食品安全事件和职业卫生安全事件。

【构建和谐医患关系】 全年进行医疗安全督导检查 6 次，开展“医院管理年”活动调研检查 4 次，调解医疗纠纷 4 件。进一步规范医疗服务行为，推进医疗机构院务公开，增加医疗机构执业信息透明度，自觉接受社会监督。完善医患沟通制度，充分尊重和维护患者的知情权、选择权，更好地维护群众的健康权益，构建健康和谐的医患关系。

加强对广大医务人员的思想道德教育和理想信念教育，深入开展社会主义荣辱观教育，使广大医疗卫生工作者恪守服务宗旨、增进服务意识、提高服务质量。探索建立治理医药购销领域商业贿赂的长效机制，建立健全管理制度，坚决遏制不正之风。年初召开的全县卫生工作会议和卫生系统纪检纠风暨平安创建会议上，局党委书记、局长分别与全县各医疗卫生单位党政主要负责人签订了2007年度《卫生工作综合目标考核责任书》、《创建“平安卫生”目标责任书》、《群众精神文明建设目标考核责任书》、《安全生产目标责任书》、《禁毒工作责任书》、《医疗安全责任书》、《健康教育目标责任书》、《纠风工作目标责任书》和《作风建设责任书》等，形成了一级抓一级、层层抓落实的卫生工作机制。结合行业特点构筑卫生预防和惩治腐败体系。采取个别谈话和集体谈话相结合的方式，对新任命的乡镇卫生院长、局直单位领导、机关人员进行了增强廉洁从政意识、规范从政行为教育；组织县、乡（镇）各医疗卫生单位中层以上党政干部74人到五华区监狱开展警示教育活动，所有参加人员都撰写了《心得体会》；局机关和各医疗卫生单位干部职工根据自己的工作职责和行业特点，围绕服务质量、服务态度等作风方面的内容，向单位作出公开承诺。结合创建国家卫生县城工作，在全系统开展“为创卫，我承诺”活动，共签订承诺书640余份；加强监督检查，实行“医院向社会、科室向医院、职工向科室公开服务承诺制”、分别与药品委托方签订了《拒绝商业贿赂服务承诺书》和《医德医风全程监督卡》，由局纠风办定期不定期对各医疗卫生单位的作风建设进行明察暗访，对个别单位存在的不良行为作了通报并限期整改。

通过加强内部管理，促进行风建设，实现了行业形象的大转变。在卫生行业作风调查和群众满意度测评中，县卫生局机关和县直医疗卫生单位综合满意率达98.56%，同比提高了2个百分点，实现了社会效益和经济效益双提高。

【防治艾滋病】 调整充实了由县政府分管领导任主任、27个县直有关部门主要领导为成员的县防治艾滋病工作委员会，下设办公室在县卫生局。县疾病预防控制中心成立防治艾滋病科，经市编委批准核定防治艾滋病专业技术人员编制10名，2007年招考录用了2名。

艾滋病日宣传活动

制作发放《禁毒和艾滋病防治入户宣传手册》60000册、《艾滋病宣传提纲》录音带182盒、宣传挂图6300余张、宣传单15000余份、宣传折页15000余张、无偿献血形成资料15000余张。群众艾滋病防治知识知晓率，城市达90%以上、农村达80%以上，营造了良好的禁毒防艾氛围。

建成艾滋病初筛实验室并通过省级验收，在医疗单位建立自愿咨询点12个，完成自愿咨询检测202人次；开展孕产妇艾滋病病毒抗体筛查2419人，实施孕期管理；在县民政局婚姻登记处长年设立艾滋病防治自愿咨询检测站，完成婚前自愿咨询及宣传教育2845人次、自愿咨询检测2819人次；加强规范化性病门诊建设，性病病例报告覆盖率达100%。

实施安全套推广工程，深入娱乐场所和羁押场所实施高危人群行为干预工程；确定县人民医院为县艾滋病抗病毒治疗定点医院，积极开展母婴阻断工作；落实“四免一关怀”，对生活困难的艾滋病患者、家属及遗孤提供救助；以县禁毒委协作抓好源头治理工作。

【爱国卫生】 调整充实组织机构，由县政府分管领导任县爱国卫生运动委员会主任、25个县直单位分管领导为成员，独立设置县爱国卫生运动委员会办公室，明确为正科级全额拨款事业单位，核定了7名编制。建立县、乡(镇)、社区、单位四级爱卫组织网络体系，将爱国卫生工作纳入政府工作目标管理。制定了《石林彝族自治县爱国卫生运动“十一五”规划》，广泛开展爱国卫生运动。深入贯彻“政府组织，部门协调，地方负责，群众动手，科学治理，社会监督”的爱国卫生工作方针，树立“抓创卫就是抓环境，抓创卫就是抓和谐”的理念，病媒生物防制成效显著，农村改水改厕稳步推进，群众健康意识不断增强，卫生状况满意率得到提高，单位创建活动积极开展，在2000年、2002

年、2004年、2006年连续四次通过云南省甲级卫生县城考核验收的基础上，创建国家卫生县城工作取得重大突破。

9月4日，全国爱卫会命名了36个国家卫生镇（县城），石林荣膺“国家卫生县城”殊荣，成为全国第二家获得国家卫生县城的少数民族自治县、昆明市首个国家卫生县城，成为石林继首批国家五A级旅游景区、世界自然遗产之后获得的又一项顶级品牌，也是石林县开展“五创”工作夺取的首项品牌。

9月28日，副省长、省爱卫会主任高峰，省政府副秘书长卫星，省卫生厅党组书记、厅长陈觉民，省卫生厅党组成员、副厅长段鸿，昆明市委副书记、代市长张祖林，昆明市委常委、宣传部长张红苹，副市长廖晓珊等省、市领导专程到石林参加石林荣获国家卫生县城命名暨表彰大会，与石林县各级各部门领导和全县各族人民及省市新闻媒体记者共享石林“创卫”成功的喜悦。命名暨表彰大会上，省爱卫会副主任、省卫生厅党组书记、厅长陈觉民宣读全国爱卫会命名决定；市委常委、宣传部长张红苹和副市长廖晓珊代表昆明市委、市政府对石林给予50万元的奖励。副省长、省爱卫会主任高峰代表云南省人民政府对石林县荣获“国家卫生县城”称号表示热烈祝贺。会上，石林县委、县政府对创建国家卫生县城工作中的8个突出贡献单位、10个先进单位、12个积极参与单位和16名突出贡献者、27名积极贡献者、100名先进个人进行表彰奖励，主席台上就坐的省、市、县领导为先进集体和先进个人代表颁奖。

（撰稿人：县卫生局 赵玉红）

文化体育

社会文化管理

【县文化体育局】 1989年3月，县文化教育局分为县文化局和县教育局。1995年2月，县体委与县文化局合并成立县文化体育局。2007年机关设办公室、文化科、体育科、文体市场科，下属单位有县文化市场管理稽查队、县文化馆、县图书馆、县文物管理所、县阿诗玛艺术团、县电影公司、县民族体育服务中心、新华书店（代管党群工作）8个事业单位，全系统有在职干部职工126人，其中局机关11人。局机关办公地点在鹿阜镇石林中路122号。2007年，县文体局资助支农联系点板桥镇冒水洞村委会3000元生产经费。

2007年，县文体局文化工作被昆明市文化局评为一等奖，体育工作被昆明市体育局评为二等奖；被县委、县政府评为石林申报世界自然遗产工作先进单位、创建国家卫生县城工作先进单位、第七届全国残疾人运动会参赛组织奖；荣获昆明市首届健身气功交流展示通讯赛二等奖受组委会表彰奖励。石林镇文化广播电视服务中心图书室被昆明市知识工程领导小组授予镇级图书馆并挂牌；板桥镇图书馆被昆明市知识工程领导小组评为先进图书馆，圭山镇文化广播电视服务中心图书室被评为先进图书室。

2007年，徐跃高被县委、县政府表彰为石林申报世界自然遗产工作先进个人、创建国家卫生县城工作积极贡献者、优秀乡科级干部、昆明市第三届运动会组织工作先进个人；黄树兴、金路、金渝淞被县委、县政府表彰为石林申报世界自然遗产工作先进个人；黄兴被县委、县政府表彰为创建国家卫生县城工作积极贡献者；毕世光被县委、县政府表彰为创建国家卫生县城工作先进个人；方跃章被县委、县政府评为2007年度“优秀专业技术人员”；何丽红被评为昆明市第三届运动会筹备组织工作先进个人；詹卫权作品《赶松球》荣获“华帝·奥运家庭进行时——民间体育游戏征集活动”优秀奖；毕锋、高志明被评为昆明市业余体育训练先进教练员；刘华被评为昆明新华书店连锁有限公司先进经理；李虎、刘黎波被评为昆明新华书店连锁有限公司先进工作者。

总 支 书 记：徐跃高（12月前为总支书记、局长）
局　　　长：张海斌（彝族，12月起）
副　局　长：张海斌（彝族，11月止）
总支副书记：黄　兴（彝族，1月起）

【文化市场经营状况】 2007年底，石林县共有文化、体育经营单位（户）220个，其中：歌舞娱乐场所54户（含夜总会、歌舞厅、卡拉OK厅），电子游戏经营户11户，音像制品经营零售出租点65户，电脑网吧经营户15家，报刊图书出售点16个，图书批发点1个，书画点16个，文化茶室1个，书刊出版物12个，印刷单位3个，打字复印室19个，其他文化点1个，营业演出团队6家；从业人员1200余人。

【文化市场稽查】 2007年，建立文化行政执法巡查制度，完善了《文化行政执法工作制度》、《文化行政执法追究制度》，并严格按照新颁布的《娱乐场所管理条例》，严格歌舞娱乐场所、网吧的审批制度。全年出动检查260余次，出动执法人员149人次，收缴盗版出版物9200余盘（片）。受理群众举报案件11次，查处网吧接纳未成年人等违规行为18起。

【文化市场经营单位（户）法人培训】 年内县文体局采取以会代训方式，对全县文化市场经营单位（户）从业人员进行6次集中培训，培训内容有：新颁布的《娱乐场所管理条例》及相关法律法规、消防安全知识。为取得较好的培训效果，县文体局还请了县公安消防大队、县公安局、县工商局的领导授课。培训班同时发放了法律知识安全材料291份。整个培训工作得到了经营户和广大群众的理解和支持，为依法管理和繁荣文化市场打下了良好的基础。

【网吧、电子游戏管理】 2007年开展了以解决未成年人进网吧为主的整治行动。为了使整治工作不走过场，县文体局在行政执法人员少的情况下，不断增加突击检查和巡查力度。在整治期间不仅天天派人到网吧、电子游戏室巡查，而且实行弹性工作制，定期与不定期地组织开展突击执法检查，部门联合执法检查，并在每天12：00、21：00、24：00三个时段开展定时集中检查，使网吧、电子游戏室的违规问题及时发现、及时查处。全年定时不定时对网吧、电子游戏室的检查190余次。

【“扫黄”、“打非”工作】 2007年石林县的“扫黄”、“打非”工作，以迎接党的十七大为主线，围绕严厉查处危害国家政治安全和社会稳定的政治性非法出版物，坚决清除引起社会强烈不满、危害青少年身心健康的各类文化垃圾，有效打击侵犯知识产权的违法犯罪活动等三大重点开展集中治理。全年收缴盗版VCD2100盘、DVD压缩碟3000余盘、计算机软件210碟，有力打击了不法经营现象，净化了石林县的文化市场环境。

【歌舞娱乐场所管理】 2007年，县文体局、县文化市场管理稽查队对全县的歌舞娱乐场所采取定期不定时的方法进行检查，特别是加大周末的检查力度，有效控制了未成年人进入歌舞娱乐场所，对全县7家存在安全隐患的歌厅下达了《责令整改通知书》。对外来演出活动实施全程监控，杜绝色情表演。共出动检查人员90人次。

【娱乐场所安全检查】 2007年，县文体局、县文化市场管理稽查队对全县文化市场进行了39次安全检查，并与各个娱乐场所经营户签订了《消防安全责任书》。开展“涉安”行业专项检查，积极配合公安机关严厉打击赌博活动，强化对可能涉赌娱乐行业经营户的监督检查，教育广大经营者远离赌博，加大对利用电子游戏进行赌博的查处力度，加强对文化经营场所消防安全的检查管理力度，确保广大人民群众的利益不受损害。

（撰稿人：县文化市场管理稽查队 毕华）

文艺创作

【编排小品《生日》】 县阿诗玛艺术团积极响应县委、县政府关于“文化、科技、卫生”三下乡的号召，在县委宣传部和县文体局的统一部署下，编排创作了小品《生日》及一台具有民族特色的歌舞节目到各乡镇进行“三下乡”宣传演出，丰富了农村文化生活，深受全县广大人民群众的喜爱和好评。

【音乐作品音带出版发行】 2007年，县阿诗玛艺术团二级作曲高磊创作了《校园集体舞》、《欢乐少年》、《跳动》、《石林·我们共同的家园》等节目，其中《石林·我们共同的家园》发表在云南《民族音乐》2007年第5期上。石林县民间歌手毕有和出版发行了第二张个人音乐作品专辑《男儿情二》（MTV）；县文体局金仁祥出版发行了个人音乐作品专辑《欢欢喜喜跳起来》（MTV）。

【美术、书法、摄影创作】 根据昆明市文化局《关于组织作品参加全国第十四届“群星奖”的通知》的文件精神，县文化馆于2007年5月10～21日精心组织了县内业余文艺工作者创作的音乐、舞蹈、美术、摄影等优秀作品30余件，推荐到市文化馆进行评选。经市专家评选，石林县音乐作品《金子阿诗玛》，舞蹈作品《搓帕与大三弦》、《三胡情》，美术作品《彝乡欢歌》、《太阳、人、牛、地》、《晚秋》，摄影作品《一家六口》入选省级评选。少儿美术作品吸金思杰的《22世纪——和谐的太空》、王志君的《畅想——海之梦》荣获全国青少年儿童绘画展优秀作品奖。金牛创作的《丰年》荣获中国美术家协会举办的“描绘新农村全国美术作品巡展”金奖。

2007年石林县摄影作品参加省级评选的有昂继忠的《收工》、《一家六口》，苏云波的《斗牛》、《舞影弦韵》、《石林火把》，盛南的《乃古石林》，其中昂继忠作品《一家六口》荣获中国石林摄影艺术大奖赛银奖。2007年10月石林县建立警示教育基地，举办了警示教育书画展，其展出石林县业余书法、绘画作品194件，深受广大群众的赞誉。

文艺表演

【县阿诗玛艺术团】 县阿诗玛艺术团是一支由政府文化部门主管的专业文艺表演团体，自1971年8月建团以来，始终遵循党的“二为”方向和“双百”方针，深深扎根于阿诗玛故乡这块古老而丰厚的民族文化沃壤之中，曾创作上演了一大批具有地方民族特色和浓郁乡土气息的歌舞节目及彝族迎宾酒歌，深受各族人民的喜爱。县阿诗玛艺术团原坐落于鹿阜镇双龙山8号。2003年9月9日由于拆迁，搬至环城东路25号原老教育局内。现办公楼为砖混结构3层，艺术团使用两层半，其中第三层与县电影公司、县儿童乐园共用。2007年底有职工37人，其中二级作曲1人。

【元旦双语晚会】 2007年1月1日，阿诗玛艺术团积极参与了中央电视台《2007年元旦双语晚会》的部分节目演出。通过这次活动，向全国乃至世界进一步宣传了石林经济社会文化繁荣和发展。

【建军节晚会】 在中国人民解放军建军80周年到来之际，为了让驻石林县的全体指战员过上一个欢乐祥和的建军节，县文化馆在节目编排时间上和火把节有所冲突的情况下仍然全力投入到建军节晚会的节目编排工作中。从7月19日开始，县文化馆辅导室对军民联欢会的10个节目进行了辅导，重点对两首大合唱歌曲《人民军队忠于党》、《我的祖国》进行了精心的辅导，同时县文化馆辅导员杨竹琴还担任了《我的祖国》的指挥，真正体现了军民鱼水情深。晚会的成功演出得到了相关部门领导及驻军官兵的肯定和好评。

电影放映

【县城电影放映】 全年阿诗玛电影院共放映影片和接纳演出团体190场，观众1.3万余人次。与白云山制药厂签订协议，9月份为该厂放映80场宣传电影；10月份配合县防艾办的防艾宣传，放映禁毒宣传电影32场。

【农村电影放映】 在“三下乡”期间，县电影公司派出3支放映队，仅用5天时间就在各乡镇放映电影15次30场，认真完成“三下乡”工作。为做好2007年“2131”工程农村电影放映工作，公司到周边各县区电影公司筹集了大量优秀影片，2月初组织全县15个放映队召开了农村电影工作会议，制定了工作计划，分配了放映任务，3月份开始在全县开展科教电影、“2131”电影放映工作。全年共放映农村科教和“2131”电影1122场，放映普及率达100%，全面完成“2131”电影放映任务。

【校园电影放映】 2007年，县电影公司组织电影放映队进入校园，在全县范围内为中小学放映爱国主义电影40场，为学校爱国主义教育作出了贡献。

群众文化

【县文化馆】 文化馆坐落于鹿阜镇南门街168号，总占地面积4952.06平方米。清光绪14年（1889年）始建，为供祀关羽的庙宇，俗称“武庙”，有大门、前殿、后殿、息养亭等建筑物。民国23年（1934年）10月10日改“武庙”为“民众教育馆”。建国后改为县文化馆。1986年6月2日，武庙被县政府列为县级重点文物保护单位。1990年10月，县文化馆被国家文化部授予“全国先进文化馆”称号；1993年9月，被国家文化部评为全国标准文化馆；1993年12月，被省文化厅评为云南省一级文化馆。2007年县文化馆有办公楼一幢，下设办公室、财务室、音乐舞蹈辅导室、美术书法辅导室、摄影工作室、编辑室、非物质文化遗产保护部7个业务部门，年底有职员11人。

【石林县廉政文化暨警示教育园地开园】云南省首家廉政文化暨警示教育园地——石林彝族自治县廉政文化暨警示教育园地开园仪式于2007年10月11日在县文化馆隆重举行。云南省纪委宣教室主任黄雁林，昆明市纪委副书记王富昌、宣教室主任张洪安、副主任刘玉珍专程参加了开园仪式。县级领导，各乡（镇）党委书记、乡镇长、人大主席、纪委书记，县直各单位党政主要负责人及纪委书记、纪检组长、监察（审）室主任，县纪委全体干部职工200多人也参加了开园仪式。园地以县文化馆内路南清官陈先溶“去思碑”、“路南县贪官许良安遗臭碑”一正一反两块碑为依托，集反腐倡廉成就展、廉政书画展、警示教育片播放、廉政文化专栏、廉政文化源与流雕刻和廉政勤政警句格言为一体，从伟人谈廉、制度保廉、读书思廉、格言寓廉、以碑鉴廉、文化倡廉、案例警廉、亲情助廉8个方面展现了廉政文化相关内容及近年来石林县反腐倡廉工作的开展情况，展示了石林县在加强党风廉政建设，构建教育、制度、监督并重的惩治和预防腐败体系方面所做的不懈努力，也体现出石林县不断探索反腐倡廉新途径、不断创新廉政教育新形式的历程，深刻表现了“文化陶冶心灵、廉洁铸就人生”的内涵。该廉政文化教育暨警示教育园地的建成开园，将对弘扬石林廉政文化，增强反腐倡廉教育的感染力、吸引力、渗透力和亲和力，营造以廉为荣、以贪为耻的氛围，增强广大党员干部的反腐倡廉意识，深入推进党风廉政建设和反腐败工作起到重要促进作用。

【农村文化站室建设调研】2007年，根据市、县政府的总体部署，县文体局成立了农村文化站室建设工作领导小组，争取市、县立项补助并实施完成了路美邑镇文化站和维则村委会、宜政村委会、海宜村委会、豆黑村委会、海邑村委会、糯黑村委会、路美邑村委会、堡子村委会、鱼龙坝村委会、月湖村委会、小密枝村委会、老挖村委会、小箐村委会、和摩站村委会、西街口村委会、芭茅村委会、雨不宜村委会、糯衣村委会、南门社区居委会、小乐台旧村委会、上蒲草村委会、阿乌村委会、黄家庄村委会、冒水洞村委会、小屯村委会、大可村委会、南大村村委会共28个文化站、室的改扩建工程，进一步改善了农村文化活动条件。

【文化“三下乡”活动】2007年1月10～13日，县文化馆配合各有关部门开展石林县2007年文化、科技、卫生“三下乡”活动，组织了石林县非物质文化遗产保护成就图片文字展览，活动先后在鹿阜镇、石林镇、板桥镇和圭山镇举行。

【艺术培训】1月中旬，县文化馆配合县计生局培训20余名少儿美术爱好者，并组织22幅少儿美术作品在县内评选。后推荐到昆明，代表昆明市参加由全国人口计生委宣教司、中国人口宣传中心和中国群众文化学会联合举办的“2007年中国宣传画竞赛活动”。

【群文赛事】2月12日县文化馆协助县委宣传部，组织百余名农村群众赴昆明电视台参加“首届中国云南之花选拔赛”决赛，为石林县追逐“彝族之花”的选手黄树兰助威。通过激烈的争夺，黄树兰获“彝族之花”亚军。

【节日活动】2007年，县文化馆在全县8个乡镇24个村民委员会中，挑选了48个具有地方特色和一定质量的歌舞节目，于2007年2月18日、19日（大年初一、初二）两天，在县城双龙广场进行展演，深受广大市民的欢迎。

【文化遗产保护宣传】2007年，结合石林县文物保护工作实际，利用“5·18国际博物馆日”、“中国文化遗产日”、“科技、文化、卫生三下乡”等活动，深入开展了文物保护法规和文化遗产保护知识宣传展览活动。全年共制作展出文物保护法规和文化遗产保护知识宣传展板18块，制作发放《文化遗产知识问答》、《文化遗产保护法规摘录》宣传材料3000份，制作悬挂宣传布标6条，黑板报宣传3期，使广大群众进一步了解和认识了石林县文化遗产保护情况和相关知识，进一步提高了广大群众加强文化遗产保护的重要意识。

按照昆明市关于申报国家级非物质文化遗产名录实施方案，拟将滇剧、花灯以“昆明滇剧”、“昆明花灯”的项目申报国家级非物质文化遗产名录，石林县也列入重点调查县之一。县文化馆组织相关专业人员对县域内滇剧、花灯较为普及的鹿阜镇、路美邑镇、板桥镇和石林镇展开了全面的调查工作，收集到大量的材料，并形成调查报告上报到昆明市非物质文化遗产保护中心，为昆明市申报国家级名录提供项目依据。

7月15日，完成“大三弦舞”、“撒尼挑花”国家非物质文化遗产项目申报材料，并通过云南省文化厅向国家文化部非物质文化遗产保护中心进行了申报。

2007年8月，按照昆明市文化局《关于转发＜文化部办公厅关于开展中国民间文化艺术之乡命名工作的通知》的文件要求，把国家文化部1988年2月9日命名的“路南现代民间绘画画乡”和2000年5月命名的“歌舞之乡”，按新的“中国民间艺术之乡”项目申报要求重新进行了申报。

2007年7月，根据《云南省文化厅关于推荐国家级非物质文化遗产项目代表性传承人的通知》的文件要求，石林县的撒尼语口传叙事长诗《阿诗玛》作为第一批国家级非物质文化遗产代表作名录，其相应的传承人要进行申报。县文化馆组织专业人员撰写了毕华玉、王玉芳两位传承人的申报材料报市、省非物质文化遗产中心，后在《中国文化报》上进行了公示。县文化馆按照省、市文化部门的要求，结合单位实际，成立了“非物质文化遗产保护部”，并把石林县非物质文化遗产项目材料全部录入了数据库。

【县文化馆通过全国文化馆评估定级市级评估】为进一步提高文化馆的管理

水平与工作质量，推动公益性文化事业建设，文化部决定于2007年开展第二次全国文化馆评估定级工作。根据文化部及省、市的相关文件精神及要求，县文化馆于2007年4月初开始进行筹备工作。其间，成立了石林县文化馆评估定级工作领导小组，组长由徐梅芬副县长担任，副组长由县文体局徐跃高局长担任，成员由相关部门负责人组成。领导小组严格按照新的文化馆评估定级“必备条件”、“评估标准”和“实施细则”，总结经验，查找不足。通过近2个月的准备，形成了翔实的“自评报告”、“存在问题和困难整改报告”等材料48种（份）。2007年6月11日顺利通过了昆明市评估组的评估。评估结果为：自评分890分，市级评估得分908分，为全市县（区）文化馆最高分。

（撰稿人：县文化馆 许 华）

图书工作

【县图书馆】 县图书馆始建于1983年，新馆于1991年落成，地址在鹿阜镇环城东路83—93号，馆舍面积1680平方米。2007年，馆内设服务窗口7个，阅览室读者座席220个，少儿借阅室读者坐席80个，馆藏各类图书88397册，其中：常用工具书1000余种，地方文献240余种（含乡人著述、彝族文献），电子文献336种（24300册），视听文献240余种。图书、报刊目录10套，资料专柜目录3套。馆外服务网点17个。年底有在职职工15人。

【藏书建设】 2007年县财政拨购书和报刊费专款10万元，全年采购新书1776种3552册。征订2008年报纸63种75份，杂志186种186份。装订报纸474册，装订期刊315册，收集资料39册。全年新增入库书刊4380册。修补图书515册，剔除破损图书874册。

【图书分类、著录、目录组织】 2007年完成3552册图书的分类、著录、目录组织等任务，严格按照《中国图书分类法》第四版标准分编著录，误差率控制在2%以内。计算机录入图书3552册，打印目录卡片5318张，按国标要求著录误差率控制在1%以内。组织分类、书名、著者两套三种目录卡片共5318张，制作导卡400余张。

【书目数据库建设】 为使图书馆的管理工作更加规范、科学，使传统图书馆向现代图书馆转变，县图书馆自2004年5月5日开始建图书目录数据库，经过3年多的努力，完成了48534册图书的书目数据录入工作。2007年6月开始著录资料室的图书，把地方文献和民族文献归并单独著录，设立专柜，突出特色，便于读者查阅。数据库建设工作正规范、有序地推进。

【读者服务】 至2007年底，有持证读者5785人。2007年新办借书证570本（其中：通用证440本，社科室专用证130本），换证120本。流通部门每周开馆56小时，节假日照常开馆。全年接待读者126936人次，其中：馆内67936人次，阅报栏45000人次，馆外14000人次（含图书流通点、“三下乡”、图书馆服务宣传周活动等）；流通图书134397册次，其中：馆内流通130897册次，馆外流通3500余册（图书流通点）。为读者代借代还、预约借书、推荐介绍优秀图书1500余册；为社会各界人士提供查阅资料289册（件）、187人次。积极做好参考咨询和定题跟踪服务，解答各类咨询1091条。

【送书下乡】 积极开展送书、送知识、送信息下乡活动，服务基层，服务农村。在“三下乡”活动中，先后到鹿阜镇、亩竹箐、西街口、大可乡结胜村、路美邑等集镇开展丰富多彩的活动，赠送242册价值2624.60元的图书给4个乡（镇）图书室。在活动中发放农村科技宣传资料4500余份，免费书写春联600余副，发放《艾滋病预防须知》小册子1000余份、禁毒图片宣传画杂志等200余册（份）。展出大型图片《防治艾滋病知识》、《远离毒品》展板8块80张图片。与8个乡（镇）图书馆（室）、县武警中队、森林武警、消防大队、石林一中、板桥中学、鹿阜中学、鱼龙坝小学等单位建立了图书流通点，全年共送各类实用性、针对性图书3500册到流通点流通。

【宣传辅导及学术研究】 全年编印《信息参考》12期，文字专栏12期，新书介绍4期500余册，制作布标12条。加强对乡（镇）文化广播服务中心、学校、机关等图书馆（室）的辅导工作，全年共下乡18天69人次，帮助石林镇、板桥镇、西街口镇、部分村委会、教师进修学校等进行业务辅导和图书分编，分编各类图书12672册，进一步规范了乡镇、学校图书馆（室）建设工作。年内撰写专业论文11篇参加昆明市图书馆学会第十二届学术研讨会论文评选，共入选论文11篇，其中优秀论文3篇，刊登在《春城图书馆》期刊1篇。

【全面实施“知识工程”】 2007年，重点扶持了石林镇文化站图书室建设，严格按照昆明市乡镇图书馆示范点的各项指标进行业务指导，并积极推荐申报乡镇图书馆。在昆明市2007年“知识工程”挂牌、表彰大会上，石林镇文化站图书馆、板桥镇文化站图书馆均在挂牌乡镇图书馆行列，同时圭山镇文化站图书室也受到昆明市“知识工程”领导小组的表彰。积极配合市文化局、县文体局开展农村文化室建设工作，按照市文化局“农家书屋”建设工作的要求，县图书馆在新建的27家村委会文化室中，选择具备相应条件的22家上报市文化局审批，逐步完善农村图书阅览条件。

【图书馆服务宣传周活动】 按照昆明市图书馆学会的总体安排，紧紧围绕“图书馆——阅读社会的家园”和“数字阅读、共享文化”的主题，于2007年5月25日在县城举行了图书馆服务宣传周启动仪式。当天展出大型图片《防治艾滋病知识》、《远离毒品》；现场阅览国内外优秀图书300余种，优秀期刊100余种；发放《艾滋预防须知》小册子1000余份，宣传材料500余份；现场咨询、解答读者提出的相关问题，向广大读者宣传图书馆的社会职能、性质、开展的各种业务工作；开展科普竞猜有奖知识问答等丰富多彩的活动，参加活动的群众达4000余人次，取得了良好的社会效益。在馆内宣传栏刊出《大力推进图书馆延伸服务，为构建和谐社会做贡献》等为内容的专刊，大力宣传图书馆的社会职能。在馆内开展小读者知识竞赛活动，丰富和活跃了小读者周末文化生活，拓宽了知识，增长了见识。

【申报国家级珍贵古籍名录】 根据国务院办公厅《关于进一步加强古籍保护工作的意见》的文件要求，县图书馆积极申报馆藏清代彝文手抄本《指路经》为《国家级珍贵古籍名录》。该书为绵纸质、麻布幅面、用墨和竹签抄写，是流传于云、贵、川等彝族地区的《指路经》手抄本中篇幅较长、内容较为翔实、保存较为完整、抄写年代最早的一部彝文古籍。它记载了古代彝族六祖分支后各支系的迁徙路线，反映了古代彝族先民对宇宙、自然、社会、人生的认识和理解。该书通过专家评审，被确定为珍贵古籍入选首批《国家珍贵古籍名录》，并在2008年1月23日《中国文化报》上公示。本次评选，文化部确定了2383部珍贵古籍入选首批《国家珍贵古籍名录》。

【文化部“送书下乡工程”】 国家文化部2006年度“送书下乡工程”配送图书于2007年8月份抵昆，根据云南省文化厅社文处的具体配送方案，石林县鹿阜镇、板桥镇、石林镇、西街口镇、圭山镇、路美邑镇、大可乡共7个文化站获配送图书3080册，总价值7万余元。国家文化部“送书下乡工程”活动的开展，充实和完善了基层文化站的藏书建设和藏书结构，丰富和活跃了农村群众的文化生活，为新农村文化建设奠定了基础。

（撰稿人：县图书馆 李红芳）

文物管理

【县文物管理所】 1991年5月1日成立县文物管理所。2007年内设办公室、文物保护室，年底有专业技术人员7人。办公地点在鹿阜镇环城东路25号第1栋。

【文物安全工作】 2007年对全县重点文物保护单位、文物库房开展了6次文物安全大检查，制作下发了3份《责令限期改正通知书》，督促文物使用单位按要求限期完成整改，确保石林县各级各类文物的安全。

【编制文物事业“十一五”发展规划】 2007年3月，县文物管理所根据省市文物行政主管部门的部署和要求，认真总结“十五”期间文物工作经验，结合石林县文物工作特点和需要，按照石林县社会经济发展的总体思路和规划，科学编制了《石林彝族自治县文物事业“十一五”发展规划》。《规划》分为指导思想、工作原则、总体发展思路、主要目标、基本任务、重点项目、重大工程、保障措施8个部分。

【文物调查保护】 2007年5月，按照《云南省建设工程文物保护规定》，加强对中小型建设工程的文物保护调查工作，对北召公路西街口至木凹子段路面改造工程沿线距路基两侧50米的范围进行了实地勘察。通过勘察，基本摸清了改造工程沿线地上、地下文物的分布和埋藏情况，编制完成了《石林县北召公路西街口至木凹子段路面改造工程沿线文物考古调查评价报告》，并就路面改造工程中有关文物保护的意见和要求向项目管理部门下达了《石林县北召公路西街口至木凹子段路面改造工程文物保护意见书》。

【文物普查准备工作】 国务院决定从2007年4月开始到2011年12月结束，在全国范围内开展第三次文物普查。为确保石林县第三次文物普查工作圆满完成，县文物管理所积极做好石林县第三次文物普查的各项前期准备工作。认真组织相关部门的领导和人员收听收看国务院第三次全国文物普查工作电视电话会议，学习《国务院关于开展第三次全国文物普查工作通知》和省、市人民政府开展第三次全国文物普查工作的有关文件，结合石林县实际制定出台《石林彝族自治县文物普查实施方案》，成立了石林县第三次全国文物普查工作领导小组，组织人员参加昆明市文化局举办的第三次全国文物普查工作业务骨干培训，搜集整理文物普查线索86条，为切实开展好第三次文物普查工作打下基础。

【赵发扎营遗址维修工程】 维则独石山赵发扎营遗址是县级重点文物保护单位，是石林县维则民族文化旅游生态村试点建设的开发利用重点项目和内容之一。由于赵发扎营遗址年久失修，石拱门、石板路、水牢等已出现险情和遭破坏。为认真贯彻落实“保护为主、抢救第一、合理利用、加强管理”的文物工作方针，有效抢救赵发扎营遗址，充分发挥和体现文物古迹在社会经济方面的重要作用和价值，县文物管理所自2007年8月开始，组织人员对维则独石山赵发扎营遗址进行了实地勘察，完成了《维则独石山赵发扎营遗址破损情况勘察报告》，制定了《维则独石山赵发扎营遗址维修方案》，并积极筹集维修经费近20万元，组织施工单位对维则独石山赵发扎营遗址进行了全面抢救维修。通过维修，排除了石拱门濒临倒塌的危险，全面修复加固了遗址后门、石板路、水牢等基础设施。

【调整公布文物保护规划】 自2006年开始，在划定文物保护单位保护范围和建设控制地带意见征求、测绘文物保护单位保护范围和建设控制地带地形图等工作的基础上，拟订了《石林县第二批县级重点文物保护单位保护范围划定方案》和《石林县第一批县级重点文物保护单位保护范围和建设控制地带调整方案》。2007年11月23日，县人民政府以《石林彝族自治县人民政府关于公布第一批县级重点文物保护单位保护范围和建设控制地带调整情况的通知》和《石林彝族自治县人民政府关于公布第二批县级重点文物保护单位保护范围的通知》两个文件予以公布实施，把文物保护单位的保护范围和建设控制地带纳入了城市规划。

【文物利用】贪官许良安遗臭碑和路南知州陈先溶去思碑是市级重点文物保护单位和县级登记文物，两碑素有“臭碑”与“香碑”之称。为全面整合利用文物资源，充分发挥“去思碑”、“遗臭碑”具有的正反两方面的教育作用，根据县委政府关于建设“廉政文化警示教育园地”的要求，2007年8~10月，县纪委、县文物管理所、县文化馆筹措资金，联合对贪官许良安遗臭碑周围各类杂碑、场院杂物进行了搬迁清除，对碑体基础、场院进行了改造加固，铺设了大理石地板，对武庙前后大殿进行了墙体粉刷、地板瓷砖铺设等环境整治工作。同时，为使“臭碑”与“香碑”形成显明的对比，将“去思碑”从鹿阜镇西北街一民居建筑内挖掘移至县文化馆内“遗臭碑”旁，丰富了“廉政文化警示教育园地”陈列展示的内容。

（撰稿人：县文管所　杨冶刚）

群众体育

【县老体协恢复成立】1月30日，在石林县委、县政府的关心重视下，在昆明市老体协、石林县文体局的指导和帮助下，中断了10余年的石林县老体协恢复成立，并选举产生了第三届委员。同时，按照《中共云南省委办公厅、云南省人民政府办公厅关于进一步加强老年体育工作的意见》和《中共昆明市委办公厅、昆明市人民政府办公厅关于进一步加强老年体育工作的意见》，按照“四有”（有专人负责、有办公地点、有经费保障、有经常活动）要求，石林县编办为县老体协增加了一名专项用于老年体育管理服务的事业编制，并在县民族体育场设立了办公地点，县财政局按照石林老龄人口总数以人均1元的标准安排了老体协工作经费3.8万元，为老体协各项工作的开展提供了有力的保障。2007年，县老体协有钓鱼协会、棋类协会、门球协会、信鸽协会、彝家乐艺术团、民间艺术团6个成员单位，会员800余人。

【春节群众体育活动】2007年2月18~19日，县文体局、县体育总会在石林县民族体育场举办了“2007年春节民族体育游园活动”。本次活动的项目有：三人篮球挑战赛、100米滚铁环竞速对抗赛、齐心协力家庭对抗赛、袋鼠跳竞速对抗赛、男子象棋车轮战表演赛、乒乓球单打擂台赛6个趣味性浓、参与面广的体育游园项目。春节期间，共计有3000余人参与了民族体育游园活动。

【公开水域游泳邀请赛】6月23日，由昆明市体育局、昆明市体育总会、石林县人民政府主办，昆明市游泳运动协会、石林县文体局承办的石林长湖公开水域游泳邀请赛在长湖风景区举行，有来自全省各地的300余名运动员参赛，其中年龄最大的60余岁，最小的7岁，昆明大自然冬泳队、昆明市冬泳协会、盘龙区游泳馆分别获男子团体第一、二、三名，昆明雄怡达冬泳队、昆明市威净斯长青游泳俱乐部、昆明五华队分别获女子团体第一、二、三名。

【“百人迎奥运”健身操（舞）展演】7月1日，由县全民健身指导协调委员会、县文体局主办，县体育总会、县老年体育协会承办的2007年“百人迎奥运”健身操（舞）展演在县民族体育场举行，共有来自全县各乡镇及各机关单位的31支代表队300余名运动员参加展演，评比出一等奖1名、二等奖4名、三等奖6名，并进行了奖励。

【“新农村杯”农民篮球赛】7月10~12日，由昆明市体育局、石林县人民政府主办，石林县文化体育局、石林县体育总会承办的石林彝族自治县“新农村杯”农民篮球比赛在县民族体育场举行。本次“新农村杯”农民篮球比赛共有8个乡镇的代表队参加，参赛运动员达100余人。经过角逐，大可乡代表队获第一名，圭山镇代表队获第二名，长湖镇代表队获第三名，石林镇代表队获体育道德风尚奖。

【斗牛比赛】2007年中国石林国际火把节期间，县文体局举办了规模较大的斗牛比赛。按民间传统的方式，比赛设黄牛甲组、乙组、杂交黄牛组，水牛甲组、乙组、杂交水牛组，共6个级别进行，其中：黄牛甲乙组、水牛甲乙组分别取前六名进行奖励，杂交黄牛组、杂交水牛组分别取前三名进行奖励。本次比赛共有来自红河州、昆明市寻甸县等地的198头斗牛参加，观众达10万余人。

【摔跤比赛】2007年中国石林国际火把节期间，县文体局协助长湖镇组织全县的摔跤比赛。为增强团队精神，加大比赛的对抗性，提高观赏性，比赛采用以乡镇为单位组队参赛，共有200余名运动员参加，对前四名代表队进行了奖励。

【暑期培训】7月，县民族体育场举办了一期摔跤培训班，来自各乡镇小学的42名学员参加了培训。为培养石林县摔跤人才，向省市输送优秀运动员，县少体校在42名队员中选拔出一部分参加少体校摔跤训练，进行积极培养。

【足球比赛】8月10~14日，县文体局、县体育总会主办的石林县第六届足球比赛在石林县民族体育运动场举行，共有来自石林风景名胜区管理局等全县各单位的职工100余名运动员组成的5个代表队参赛，火龙代表队、华鹏石材代表队、老伙计代表队分获一、二、三名。

【老年体育活动】结合石林县实际，石林县老体协充分调动会员中的积极分子每天在双龙广场、巴江两岸等群众聚集地开展大三弦、小三弦、健身操、太极拳等群众喜闻乐见的锻炼活动，并在春节、七一建党节、九九重阳节等重大节日与县文体局、县体育总会、县老龄委共同组织老年游园、门球、健身操和健身舞展演等活动，充分展示老年朋友的风采，推动老年体育健身活动健康持久地开展。11月，县老体协组织20余人参加了昆明市第五届老年农民运动会。

【各体育协会活动】2007年，县体育总会指导石林县钓鱼协会、棋类协会、信鸽协会组织开展各类活动，其中由地狗垂钓俱乐部、石林县钓鱼协会举办的“地狗杯”春秋季钓鱼比赛、“石林杯”钓鱼比赛有来自昆明、曲靖、红河、文山等地州市的400余名钓鱼爱好者参与。棋类、信鸽、门球等协会也积极举办各种活动。全年各类协会共计举办30余次活动，参与人数2000人。

（撰稿人：县文体局 何丽红）

竞技体育

【残疾人运动员何称恩又获佳绩】5月，在第七届全国残疾人运动会上，县体育场职工何称恩荣获男子T36级1500米第一名、T36级800米第一名、T36级400米第三名。6月，何称恩代表国家残疾人田径队在世界残疾人奥运会资格赛中荣获男子T36级1500米第一名的好成绩，为我国残疾人田径队取得了2008年残奥会的一张入场券。

【摔跤、拳击在省市比赛中获奖】7月，在云南省摔跤年度赛中，石林运动员获1金、1银、3铜、两个第四名、1个第六名的好成绩。在2007年昆明市第一届中学生拳击比赛中，石林县荣获4金、3银、4铜、团体第一的好成绩。

【参加昆明市第三届运动会】7月，在昆明市第三届体育运动会上，石林县组织了133名青少年参加摔跤、田径、篮球、足球、乒乓球、武术、游泳7个项目的比赛，29名成人参加游泳、乒乓球、健美操3个项目的比赛。石林县的运动员、教练员在本次运动会上表现出了较高的竞技水平和体育道德风范，以24块金牌荣获金牌第四名，以摔跤团体第一、篮球团体第四、游泳团体第五、足球团体第五、乒乓球团体第六、团体总分373分成绩的荣获团体总分第六名，并荣获体育道德风尚奖。摔跤个人获9金12银的好成绩，田径个人获1金1铜，游泳个人获1金2银1铜，武术个人获1铜。

【业余训练】年内，县文体局加强业余训练工作，制定了年度市级联办训练点及体育传统校年度检查评估办法和措施，督促指导各联办点、传统校认真制订年度训练计划、寒暑假期集训计划，并按计划组织训练。县文体局体育科定期不定期到各校检查。全年向市体校输送了19名运动员，超额完成了输送任务。年内县少体校招收新生18名。

（撰稿人：县文体局 何丽红）

对外文化交流

【《三胡情》参加“民族之花选拔赛”演出】2007年，由县阿诗玛艺术团编排及创作的舞蹈《三胡情》应邀参加了昆明电视台首届云南民族之花选拔赛、年度总决赛及颁奖晚会的节目录制。节目播出后，得到了社会各界人士的一致好评。

【原生态民歌录制】4月2日，为进一步打造石林新形象、培养新人才，石林县组织了“阿黑三人组”赴北京参加了《世界民歌栏目》原生态民歌节目的录制，演唱了具有石林地方民族特色的《玩月亮》等曲目。通过这次活动，充分展示了石林原生态民歌的文化底蕴。

【国际旅游节文艺展演】5月1日，县阿诗玛艺术团精心组织相关创作人员编排400余人的大三弦演出队参加了昆明市国际文化旅游节开幕式文艺展演活动，有力地宣传了石林县文化事业的繁荣及发展。

【民族健身操参赛展演】5月25日，县阿诗玛艺术团精心编排了一套具有石林少数民族特色的健身操先后参加了昆明市和云南省少数民族健身操展演比赛。县阿诗玛艺术团在这套节目的编排及表演上都充分体现了石林彝族撒尼人勤劳、积极、健康向上、勇于进取的精神风貌，比赛分别荣获市级二等奖和省级二等奖。

【昆明国际交易会演出】11月1～4日，受昆明国贸中心的邀请，县阿诗玛艺术团参加了2007年中国昆明国际旅游交易会的演出。在演出中，阿诗玛艺术团充分展示了石林县多姿多彩的民族风情，深受国内外来宾的好评。

重大文化活动

【石林国际火把节文艺展演】2007年8月5～6日，一年一度的“中国国际火把节”在石林如期举行。8月5日，在长湖举行的火把节开幕式上，县文化馆担任了文艺方快队表演时的评判工作。8月6日，在石林举行的火把节开幕式上，县文化馆精心组织了由1500余人组成的民族礼仪队、彩绸队、小三弦队、过山号队、旗幡队、鼓号队、细乐队、狮舞队、鼓舞队、唢呐队、大三弦队等12支方块队参加入场仪式的文艺表演。晚上举行了2007年中国石林国际火把节大型民族音乐晚会《唱响阿诗玛》；在县城双龙广场举行火把节狂欢活动，当“大三弦联欢”和“欢欢喜喜跳起来”的音乐响起时，3万多中外宾客起舞狂欢，整个县城变成了一片狂欢的海洋。

【石林申遗成功文艺庆典活动】6月27日下午2点16分，石林县体育场舞台中央的电话铃声响起，传来了县长李忠德从新西兰基督城打来的国际长途电话，喜报石林申遗成功。全场人声鼎沸，锣鼓喧天，各族群众欢呼雀跃，奔走相告。县文化馆组织的1430余人的狮舞队、大三弦队、小三弦队、细乐队、过山号队、鼓号队等9个方块队，在县民族体育场举行规模盛大的庆典活动。当天，在县民族体育场创造了史无前例的白天燃火把、放礼花的历史纪录。晚上，县文化馆又组织了各由100人组成的过山号、鼓号队、细乐队、大小三弦队、狮舞队以及县阿诗玛艺术团和石林管理局艺术演员参加的石林景区文艺联欢庆典演出活动，使整个活动好戏联台，异彩纷呈，把庆典推向高潮。

（撰稿人：县文化馆 许华）

（以上各部分由县文体局毕世光统稿）

文化产业发展

【稳步推进文化体制改革】 2007年，石林县按照党中央和省、市关于深化文化体制改革的部署，进一步转换机制，加强管理，整合资源，增强活力，扩大影响力。在事业单位清理整顿基础上，对县文体局所属事业单位作了如下调整：（1）撤销县儿童乐园机构；（2）将县民族体育运动场更名为县民族体育服务中心；（3）增加县文物管理所事业编制2名；（4）将县电影公司编制由24名调整为15名。在确保党的领导、确保宏观控制力、确保正确导向的前提下，加大新闻单位的改革：（1）核定了县广播电视局（台）机构编制方案；（2）撤销县新闻中心，成立"石林彝族自治县对外宣传办公室、石林彝族自治县人民政府新闻办公室"，两块牌子，一套人马，为直属县委领导的财政全额拨款正科级事业单位，归口县委宣传部管理；（3）单独设置县文明办为直属县委领导的财政全额拨款正科级事业单位，归口县委宣传部管理。

【组织制定《石林县文化产业十一五发展规划》】 从2006年开始，石林县由县委宣传部委托上海社会科学院文化产业研究中心主任花建研究员，带领专家课题组开展《石林县文化产业十一五发展规划》课题研究。课题组根据党的十六大、十七大精神和云南省关于建设民族文化大省及昆明市建设现代新昆明的战略部署，对石林县的经济社会发展情况和文化资源进行了广泛的研究，先后五易其稿，完成了课题研究。2007年8月30日，由石林县委宣传部主持，举行了"石林县文化产业十一五发展规划专家评审会专家论证会"，邀集来自云南省、昆明市、石林县各有关方面的领导和专家，对规划进行了评审。该《规划》原则通过省、市、县有关领导和专家的论证评审，经进一步修订完善后，按程序上报县政府。根据该规划，石林县文化产业将在十一五期间实现三大发展目标：滇东南的旅游市场中心、民族化的文化产业基地、国际性的文化服务园区。该规划设计了石林县文化产业短期有利、长期有效、滚动发展三大战略，规划了石林景区——五棵树民族艺术产业园、白龙潭——田园风光休闲产业园、鹿阜古镇——会展观光产业园、巴江河——文化长河博览园、长湖·阿着底——阿诗玛文化产业园、海宜村——圭山撒尼文化艺术园六个第一批开发的文化产业园区。提出了建设园区开发工程、企业扶持工程、遗产保护和文化原创工程、全员培训工程、特许经营网络工程五大产业工程。提出了加强领导，形成发展合力；创新机制，建立管理结构；建立基金，加大文化投入；培育中介，发展要素市场；落实政策，引进优势主体五大保障举措。规划建议石林县政府从12个方面制订和实施鼓励文化产业发展的配套扶持政策，这些政策包括：加大政府投入的政策、鼓励新办企业的政策、税收优惠的政策、鼓励企业发展的政策、扶持重大项目的政策、鼓励扩大投资的政策、鼓励多元投资的政策 、鼓励创业投资的政策、鼓励发展对外文化贸易的政策、鼓励技术开发的政策、吸引人才加强服务的政策、推动产学研合作的政策。

【深入实施"十个一"工程】 石林题材影视宣传出新成果。央视国际频道播出了《2007元旦双语晚会及石林分会场演出实况》,《乡约》栏目播出了石林彝族自治县成立50周年庆祝晚会《相约石林》，少儿频道《暑期快乐搜友大行动》,《美丽中国》栏目组摄制播出了石林宣传节目。昆明电视台摄制播出了《石林变了》、《一周看石林》、《别说我土》等节目。协调香港有线电视23台《直通世界》栏目组摄播了《和谐彝乡·魅力中国》，香港凤凰卫视《城市纵横》栏目组摄播了石林风光专题片，日本亚洲宽步传播公司赴石林拍摄了电视片《梦见的中国古代文化》，德国VOX电视台到石林拍摄电视片《中国——全球经济一环》。同时，组织协调中央和省、市电视台对石林成功申报世界自然遗产进行了聚焦式宣传报道，县广电台全年共制作播出各种专题片60部。

石林民族艺术精品建设有新进展。组织专家成功开发出石林彝文电脑输入法软件。石林彝族（撒尼）刺绣被文化部列为第二批国家级非物质文化遗产推荐项目公示名单。支持阿着底民族刺绣产品开发技术协会、石林美邑石文化开发公司等文产企业针对市场消费需求，加强专业性的研发，制作了更多的具有石林特色的民族民间工艺品。《2007中国文化产业发展报告》、《中国文化报》、《2006—2007云南文化发展蓝皮书》刊载了《石林刺绣：新农村建设中的重要业态》案例剖析。

继续办好石林国际火把节等重大节庆活动，推进文化与旅游的结合。与人民网云南频道合作开展石林国际火把节节徽、吉祥物有奖征集活动。组织参加了首届中国云南民族之花选拔赛。组织近600人的民间文艺队参加了2007昆明国际文化旅游狂欢节的巡游表演。

建设阿诗玛文化景观大道、文化旅游特色村镇建设等重点文化产业项目有序推进。组织开展了鹿阜古镇保护与开发基本情况调查统计，摸清了家底。年内，圭山镇糯黑村、板桥镇小叠水村、石林镇月湖村、长湖镇阿着底村荣获由昆明市文产办和市旅游局主办的"2007昆明市文化旅游特色村镇"殊荣。

【积极宣传推介重点文产项目】 组织文化企业和重点文产项目参加了第三届中国（深圳）国际文化产业博览交易会等重要会展活动，利用网络、报刊、展版、产品展销等方式，加强对石林特色文化产品和建设阿诗玛演艺中心、中国彝族第一村等重点文化产业项目的宣传推介。火把节和"十一"黄金周，与《云南日报·大观周刊》合作，推出两期石林文化旅游专刊。年内，协助县人大组织部分县人民代表对鹿阜古镇保护与开发工作进行视察。

【2007年度文化产业统计】 文化及相关产业的统计是实现文化产业发展目标的基础性工作。石林县文化及相关产业统计工作由县统计局文化产业统计办公室负责组织开展。2007年1月，石林

县被云南省文化体制改革和文化产业发展领导小组授予“云南省特色文化产业县（区）试点工作二等奖”和“云南省文化产业特色县”荣誉称号。在县委、县政府的领导下，在省、市文产办的具体指导下，2007年石林县文化产业在特色上着力，在重点上突破，夯实基础，狠抓落实，加快发展，取得了新的成效，全县文化及相关产业快速增长，巩固和发展了省级文化产业特色县建设成果。据统计，2007年石林县文化及相关产业单位数（法人、个体户、项目）共计502户，从业人员年平均人数5428人，总收入7191.8万元，实现增加值1.773亿元，增加值比2006年增长33%，文化及相关产业增加值占全县生产总值的8.1%。

（撰稿人：县委宣传部文产办　薛春华）

社会生活

人口结构

【性别结构】 2007年末，按户籍统计，石林县总户数75292户，总人口238865人，其中：农业人口211682人，非农业人口27183人，农业人口占全县总人口的89%；男性人口120371人，女性人口118494人，男女性别比为102：100。

【民族结构】 2007年末，石林县有26个民族，其中：汉族155716人，彝族80993人，苗族623人，壮族607人，回族257人，哈尼族160人，白族163人，傣族113人，其他民族233人。彝族人口占全县总人口的34%。

【年龄结构】 按年龄划分：2007年末，石林县0～4岁人口有11777人，其中：男性6191人，女性5586人；5～9岁人口有17092人，其中：男性8849人，女性8243人；10～14岁人口有18541人，其中：男性9381人，女性9160人；15～19岁人口有18485人，其中：男性9560人，女性8925人；20～24岁人口有15099人，其中：男性7579人，女性7520人；25～29岁人口有19185人，其中：男性9366人，女性9819人；30～34岁人口有23558人，其中：男性11911人，女性11647人；35～39岁人口有26710人，其中：男性13421人，女性13289人；40～44岁人口有23344人，其中：男性11779人，女性11565人；45～49岁人口有11719人，其中：男性5936人，女性5783人；50～54岁人口有13216人，其中：男性6585人，女性6631人；55～59岁人口有9960人，其中：男性4949人，女性5011人；60～64岁人口有8179人，其中：男性4210人，女性3969人；65～69岁人口有6710人，其中：男性3419人，女性3291人；70～74岁人口有5948人，其中：男性2955人，女性2993人；75～79岁人口有4809人，其中：男性2365人，女性2444人；80～84岁人口有2608人，其中：男性1163人，女性1445人；85～89岁人口有1291人，其中：男性531人，女性760人；90～94岁人口有515人，其中：男性192人，女性323人；95～99岁人口有104人，其中：男性27人，女性77人；100岁及以上人口有15人，其中：男性2人，女性13人。

在总人口中，0～14岁人口有47410人，其中：男性24421人，女性22989人。15～64岁人口有169455人，其中：男性85296人，女性84159人。65岁及65岁以上人口22000人，其中：男性10654人，女性11346人。

【出生、死亡人口】 按县公安局落户、销户情况统计，2007年出生人口2371人，其中：男性1243人，女性1128人。死亡人口1237人，其中：男性714人，女性523人。

（撰稿人：县统计局 杨凤英）

民族结构

【全县各民族人口分布基本情况】 2007年末，全县有彝族、汉族、白族、哈尼族、壮族、傣族、苗族、回族等26个民族，总人口238865人。汉族人口155716人，占全县总人口的65.19%，汉族人口分布于全县7镇1乡223个自然村；彝族人口80993人，占全县总人口的33.91%，占全县少数民族总人口的97.41%，主要分布于石林、西街口、北大村、路美邑、圭山等山区半山区乡镇，少数在鹿阜、板桥、大可等乡镇与汉族杂居；苗族有623人，占全县总人口的0.26%，主要分布于圭山镇糯斗村、下部龙村，大可乡树密寨，石林镇大塘子村等山区；壮族607人，占全县总人口的0.25%，主要分布圭山镇普拉河上寨、海邑下海子，路美邑镇小滑坡村，少数在大麦地庄、堡子与汉族杂居；回族257人，占全县总人口的0.11%，主要分布于鹿阜、路美邑、板桥等乡镇；白族、哈尼族、傣族分别为163人、160人、113人，散居于全县各乡镇。

【彝族】 2007年末，石林县境内彝族人口有80993人，是全县人口最多的少数民族，占全县总人口的34%，占少数民族总人口的97.41%。彝族是石林最早的土著居民，有着悠久的历史和文化。早在旧石器时代，其先民就在巴江河两岸生息繁衍，隋唐时期曾建立实力强大的落蒙部，其首领世代担任朝廷命官。明代以后，随着土司制度的崩溃和外来移民的增多，彝族与外来民族的同化和融合日愈加强，内部分化比较突出。至清代已形成了撒尼、黑彝、白彝、彝亲、阿细、阿彝子等众多彝族支系，在分布上最终形成大部分移居山区、少数在坝区与汉族杂居的格居。在石林众多彝族支系中撒尼人数占多数，特征也较为明显，至今仍保留着独特的民族风俗。撒尼自称“尼”，他称“撒尼”、“撒尼泼”，多是落蒙部后裔。撒尼彝语属汉藏语系藏缅语族彝语支东南部方言撒尼土语，至今仍保留并使用着自己的文字，目前收集到的撒尼古彝文共有1200个字，主要由毕摩世代相传。火把节和密枝节是撒尼传统节日中较为隆重和重要的节日。撒尼除少数信仰天主教外，其余都以原始宗教为主，祖先神灵高居于各种神灵之首。婚姻自由是撒尼人的传统美德，青年男女通过跳舞、对歌和平时的生产劳动互相了解，只要双方情投意合，便可请媒人订下终身。

【汉族】 2007年末，石林县境内汉族共有155716人，占全县总人口的65.19%，主要居住于坝区和交通沿线，少数在山区与彝族杂居或聚族而居。元代以前，石林以彝族居多。明洪武至永乐年间，朝廷大量从内地征调军队、组织民力到云南各地屯田，汉族人口骤增。此外由于战争、饥荒等原因，历代都有不少汉族移入石林，逐渐形成今天的分布格局。石林汉语的语法和句法与普通话基本相同，只有稍微的差异。解放前汉族多为包办婚姻，结婚须经瞧房、许口、换柬、过礼和结婚等仪式。传统节日主要有春节、清明节、端午节、中秋节、重阳节、冬至节。汉族信仰佛教、基督教，崇拜祖先、山神。

【苗 族】 2007年底，石林县境内有苗族623人，主要分布在圭山镇糯斗、下部龙村，大可乡树密寨等山区。石林境内苗族一部分于清代咸丰年间从贵州迁人，另一部分于清朝光绪年间从昭通迁人。苗语属汉藏语系苗瑶语族苗语支苗族东北部方言。历史上苗族曾有过文字，但没有保留下来。苗族至今还保留有自己的民族服饰。青年男女婚恋自由，但同宗同姓不能通婚。苗族传统节日有花山节、爬山节、吃新节。“花山节”也叫“采花节”，是苗族传统盛大的节日，每年农历正月初二到初五举行，花山节有对歌、跳舞、赛马、斗牛等活动。石林苗族信仰原始宗教，他们认为巨石、大树有神灵，故都会祭拜。苗族还供猎神，出门狩猎前敬拜猎神，求猎神给予更多的猎物。

【壮 族】 壮族分“黑沙人”和“白沙人”，石林县的壮族为“黑沙人”。2007年壮族有607人，分布于圭山镇普拉河上寨、海邑下海子，路美邑镇小滑坡村，少数在大麦地庄、堡子与汉族杂居。

石林壮族明末清初从文山迁人罗平县，后又迁到石林定居。壮族语言属汉藏语系壮侗语族壮傣语支壮语北部方言。历史上有人创造过一种拼音文字，仅用于书写经文、编山歌、记事等，不广泛使用。1955年创造过一种拼音文字，但石林境内壮族没有使用。壮族婚姻是“父母之命、媒妁之言”的包办婚姻。壮族传统节日有祭老人房、三月三、四月八。壮族信仰原始宗教，崇拜祖先与自然，祭祀内容较多，有祭山神、祭井泉、祭灶神、祭禾神、祭花婆神、祭火神等。

（撰稿人：县民族宗教事务局 王向方）

宗教信仰

【佛 教】 佛教于明朝传入石林县。2007年底，石林县有4所正式批准开放的寺院，即：圭山寺、狮子山寺妙光寺、仙花寺、石峰寺。神职人员7名（尼姑5名、和尚2人），居士500人，信教群众约1600人。佛教有多种教派，节日也多种多样，各地各教派也不统一，石林佛教不强调何宗何派。主要佛事活动有三月三及佛像开光仪式。

【天主教】 天主教是1887年由法国神父保禄·维亚尔（汉名邓明德）为首传人而发展起来的。至2007年，石林县共有批准开放的教堂两处，即路美邑天主教堂和海邑天主教堂。年底有教职人员1名，教堂管理人员13名，教徒1000余人。主要节日有复活节和圣诞节。

【基督教】 基督教于1925年传入石林县。至2007年，经县人民政府批准开放的活动场所有石林基督教堂。年底有教职人员5人，教徒1000余人。基督教最主要的节日有复活节和圣诞节。

【原始宗教】 石林县原始宗教具有浓厚的民族特色和地方特色。石林彝族90%以上都信仰原始宗教，其宗教的内容主要由自然崇拜和祖先崇拜组成。彝族认为天、地、日、月、山、石、火、林都有神灵，因而对天、地、山、石等自然物进行祭拜。在自然崇拜中以每年年末举行的“密枝节”较有特色，祭祀活动以村寨为单位，整个活动历时7天，包括诵经祭祀、游街、打猎等诸多内容。毕摩是彝族原始宗教的神职人员，每个彝族村寨都有1~2名毕摩，在彝族社会中他们担任着祭师和传承民族文化的重任。毕摩有法器和经书，经书从各方面反映了彝族古代社会，具有较高的学术研究价值。

（撰稿人：县民族宗教事务局 王向方）

计划生育

【县人口和计划生育局】 1964年6月2日，成立县计划生育领导小组。1986年10月18日，县计划生育领导小组改为县计划生育委员会。1995年在县级党政机构改革中，县计划生育委员会改设县计划生育局。2004年11月26日，县计划生育局改为县人口和计划生育局。2007年机关内设办公室、计划生育科、人口管理科，年底有在职职工10人。单位住址在鹿阜镇龙泉路128号。2007年共接待来信来访442件，其中：求决类130件，举报类3件，咨询类309件。通过接待，使问题解决在基层，解决在萌芽状况中。2007年石林县人口和计划生育局、鹿阜镇人民政府、圭山镇人民政府被中共昆明市委、昆明市政府表彰为昆明市“十五”人口和计划生育工作先进集体，县、乡、村26位同志为先进个人。2007年单位资助了支农联系点大可乡岩子脚村委会3180元生产经费。

局　长：张睿高（彝族）

副局长：戴宏平

槐丽琼（女，2月止）

黄丽英（女，2月起）

【指标完成情况】 2007年石林县的人口与计划生育工作完成了市政府、市人口和计生委下达的人口与计划生育指标任务。

市政府要求县政府完成以下任务：市政府下达农业人口累计领取《独生子女父母光荣证》户数不低于5427户，石林县实际达到5655户；市委、市政府下达人口自然增长率控制在6.5‰以内，石林县实际控制在5.2‰。

县人口和计划生育局与市人口和计生委签订的人口与计划生育目标管理责任制执行情况：符合政策生育率要求达98%，实际达99.90%。避孕及时率要求达80%，实际达80.5%。人口出生缺陷预防：孕前培训率要求达80%，实际达98%；孕前检查率要求达50%，实际达55%；适宜对象叶酸增补率要求达到30%，实际达50%。“奖优免补”工作：“奖优免补”网站数据准确率要求达99.5%，实际达100%；“奖优免补”政策知晓率要求达90%，实际达98%。宣传教育工作：“5331”工程达标率要求达90%，实际达95%；宣传品进村入户率要求达80%，实际达95%以上；干部教育培训任务已完成。流动人口管理：县人口和计划生育局有专职流动人口管理干部，有专项经费；流动人口信息交换平台回复率要求达95%，实际达98%；婚育证明查验率要求达60%以上，实际达90.95%。文秘、事务工作：按时、按质报送了各种文件及文稿；按要求采用了网络报送信息，每月不少于2条；及时准确上报了各种计划生育数据资料和报表。开展了计划生育村（居）民自治工作。政策法规：违法生育行为查处率要求达80%，实际达80%以上；生育证、独子证办证程序合格率要求达100%，实际达100%；行政复议、行政诉讼案件要求不超过2件，实际没有。开展优生优育系列服务：生殖健康服务覆盖率，户籍人口要求达到80%，实际达81%；流动人口要求达到60%，实际达60%以上；已坚持开展查孕、查环、查病以及孕前指导等咨询服务；完成县计生服务站、圭山镇服务所建设规划、修缮，服务站（所）按规范化开展工作；开展了课题、项目研究，完成了国家人口计生委引产手术调查任务；经省市药具站多次抽查，避孕药具管理达到了规范化要求。协会工作：有会员之家，有工作经费，活动正常，《协会工作手册》记录清晰；组织理事对“奖优免补”工作进行监督、评议，有记录；科学运作“三结合”项目，资金管理有制度，按时、足额归还；认真完成各项工作，做到了全年制作简报不少于6期；协会工作有创新、有特色。综合治理人口问题的新机制建设有新进展。

在2007年12月26日召开的全市人口与计划生育工作会议上，通报了考核结果，石林县、石林县人口和计划生育局均获99分（名列第一）。

2007年末全县总人口238885人，出生人数2504人，出生率为10.53‰；死亡1267人，死亡率为5.33‰；自然增长人数1237人，自然增长率为5.2‰。

【加大投入力度】 县政府在财政较为紧缺的情况下，增加对人口和计划生育工作的投入力度，2007年8月28日县长办公会议研究决定，同意按农业人口每户每月5元、非农业人口（无业居民）每户每月10月的标准核发，从2007年9月起执行，所需经费由县财政承担。2007年，符合条件的3872户农业人口独生子女和215户非农业人口的独生子女保健费均落实兑现，共兑现经费101380元；鉴于县人口和计划生育局建盖办公楼负债较大，影响可持续发展的实际，县财政从预算外安排了20万元用于偿还县人口和计划生育局办公楼工程欠款。2007年，县财政预算安排计划生育专项经费107.43万元，其中：农业人口独生子女保健费30.69万元，服务网络建设经费20万元，计划生育手术、设备、流动人口、优质服务、宣传、出生缺陷、奖优免补工作等专项经费40万元，村级宣传员经费补助16.74万元。全年累计拨款56.44万元，超过了市政府下达县本级2007年计划生育专项经费投入50万元的考核任务。

【计生宣传教育】 为深入贯彻《中共中央、国务院关于全面加强人口和计划生育工作统筹解决人口问题的决定》，开展了《决定》知识竞赛活动，发出答题卡1133份，收回1133份。9月29日积极参加市人口计生委举办的“迎国庆、唱国策、创文明城市、树行业新风”歌咏比赛，组织计生系统40余人参加了演唱，获昆明市人口计生系统2007年国庆歌咏比赛二等奖。统一制作了8块政务公开栏发放到各乡（镇）悬挂，公开了“人口和计划生育群众工作纪律”和“人口和计划生育检查考评工作纪律”等内容。全年利用广播宣传742次，放映电影72场，观众达27799人次；录像53场，观众达15167人次；文艺演出131场，观众达68718人次；固定标语2634条，出黑板报1068期，橱窗298期，印制宣传品92230份，制作宣传广告牌11块，固定宣传栏101块，刊登数1077期，宣传品发行数88212份，种类13种，开展宣传活动70场次，人数达100017人，举办人口与计划生育基础知识培训班8期，参训人数为1549人。全年投入计划生育宣传经费106335元。

【“奖优免补”成效显著】 截至2007年12月底，农业人口累计领取《独生子女父母光荣证》5681户，占一孩家庭10856户的52.33%；自2004年6月1日实施“奖优免补”政策以来，共有5286户农业人口家庭自愿放弃再生育领取了《独生子女父母光荣证》，是2004年5月31日前累计领证395户的13.38倍。2007年符合奖励扶助的对象249人，其中：独男112人，独女124人，无子女13人。2007年分两批审批一次性奖励户237户，确认符合中考加分58人、高考加分5人；符合享受“奖学金”的农业人口独生子女1903人次，其中：小学阶段1558人次，初中阶段345人次。

【计划生育优质服务活动】 2007年放置宫内节育环2582例，皮下埋植术7例，取环1229例，皮下埋植取出术5例；查环52828人次，查孕13810人次，妇检11567人次，发放避孕药具14748人次；为减少人口出生缺陷，提高出生人口素质，开展了TORCH四项、梅毒血清学、乙肝两对半等检查，2007年共检查2035人次。

药具管理实现了县、乡、村、组四级管理网络。药具应用率达99%，药具有效率达99.9%，随访率达95%。

继续全面开展了“五项优质服务”，即：做好优生指导服务，做好不孕不育诊治服务，做好避孕节育服务，做好生殖健康服务，做好少生优待服务。

【流动人口计划生育管理】 2007年印发了《昆明市人口和计划生育委员会2007年度查验〈流动人口婚育证明〉公告》500多份，粘贴到各村（居）委会、集贸市场、流动人口聚集地以及用人单位。4月12～19日，在石林电视台新闻栏目连续播放了《昆明市人口和计划生育委员会2007年度查验〈流动人口婚育证明〉公告》。

为抓紧抓好流动人口计划生育工作，4月份组织有关人员47人，对辖区内流入人口进行了清理、登记、查验。据统计，全县共清理流入人员1880人次，其中：省外流入1113人，省内流入767人；育龄妇女481人。与用人单位、房主签订目标管理责任书281份，发出责令限期补办《流动人口婚育证明》通知606份。对前来接受避孕节育技术服务的流动人口，实行与常住人口同等免费服务，对流动人口做到了同宣传、同管理、同服务。据2007年12月统计，全年累计流入人口4794人，查验人数4657人，查验率为97.14%；流出人口2180人，办理《流动人口婚育证明》的人数为2015人，办证率为92.43％。

【公开竞聘村级宣传员】 继续对村级人口计划生育宣传员实行招考竞聘，全县共聘用93名，一聘3年。5月10日启动招考竞聘工作，全县有201人报名，实际参加理论考试人数为171人。

【计划生育协会工作】 2007年，县计生协会紧紧围绕“少生快富奔小康”这一目标，开展了“三结合”工作，各级协会投入“三结合”项目资金60万元，为实行计划生育户解决了生产、生活中的实际困难和问题。年底，全县有各级协会组织102个，会员30000人。全县每个乡镇有1～2个村委会开展了村(居)民自治试点工作。

（撰稿人：县人口和计划生育局 张煜瑰）

劳动就业

【县劳动就业服务局】 1980年9月16日，成立县劳动服务公司。1990年1月10日更名为县劳动就业服务局，为县人事劳动和社会保障局下属的股所级单位。2007年12月21日，根据县机构编委会文件精神，单位级别确定为副科级，内设1室3科，即：办公室、就业科、培训再就业科、失业保险科。2007年底有职工12人。单位地址在鹿阜镇石林中路民族体育场一楼。2007年1月，单位被县政府表彰为“2006年度石林县就业再就业工作先进集体”；有10人次获得县政府表彰。

局　长：何茂龙（白族）

【就业再就业工作】 2007年开发收集提供有效就业岗位1032个。城镇新增就业786人，其中：持《再就业优惠证》的下岗失业人员再就业292人；下岗失业人员再就业人数中含特殊困难群体就业人数110人，特殊困难群体就业人数中含“4050人员”就业人数78人。城镇登记失业率为1.49%。

【就业再就业政策落实】 继续把全面落实国务院36号、省政府47号和市政府32号文件精神作为促发展、保稳定、构建和谐社会的大事来抓。一是认真组织开展就业再就业“政策实效”行动，围绕“多下一份功夫落实政策，多帮助一批人员实现就业、稳定就业，我们真情相助”行动主题，全面落实税费减免、社会保险补贴等扶持政策。全年办理《再就业优惠证》76本，累计发放1312本，其中：累计持证人数1256人，自然减员56人。共支付再就业资金215.03万元，其中：支付职业培训补贴65.61万元，支付公益性岗位补贴16.75万元，支付社会保险补贴106.84万元，其他支出25.83万元。再就业绿色通道减免税费46.49万元。二是开展对“零就业家庭”的调查和援助工作，共调查872户，认定60户，就业援助60人，确保有就业愿望的“零就业家庭”至少有一人实现稳定就业。三是把位于县城中心的龙泉社区作为全县创建充分就业社区试点。四是正式启动小额担保贷款工作，发出主动为失业人员担保倡议书1000余份，39名失业人员享受无息贷款，共计获得贷款116万元。五是春节慰问下岗失业人员71户，中秋节慰问进城务工人员429人，慰问金额27070元，把党和政府的关爱送到困难群众的心里。

【城乡统筹就业工作】 充分发挥劳动就业部门职能优势，做好农村劳动力转移就业工作。10月在全县范围开展劳动力资源调查，摸清了全县劳动力资源状况。全县共有劳动力资源108197人，其中：有转移就业愿望的32412人，已实现向非农产业转移15114人，还有17298人尚未转移。二是开展农村劳动力的转移输出工作，全年共转移输出农村劳动力6063人，其中：省外802人，省内县外1059人，本县转移4202人。

【失业保险工作】 2007年是失业保险工作取得突破性进展的一年。在县委、县政府的支持下，恢复了机关工勤人员和全额拨款事业单位人员失业保险参保，人数达3808人；民营企业参保35户，比上年增9户，参保人数702人，比上年增366人。

全年核定参保单位202户，比上年增94户；参保人数10547人，比上年增4928人；征缴失业保险金394.94万元，比上年增加187.62万元。单位参保覆盖率78%。

规范执行《昆明市失业保险待遇支出管理规定》，按时足额发放失业保险待遇，有237名失业职工领取失业救济金，共计发放490894元，其中：发放失业救济金339370元，门诊补助费30690元，住院补助2218元，医疗补助1620元，农民工补助107352元，职业培训7100元，创业补助费2544元。

【就业再就业培训】 在上年的基础上新增了电焊、茶艺、烟叶分级员等培训工种。全年举办各类培训9869人，其中：培训持《再就业优惠证》人员114人，全部取得《职业资格证书》；享受失业保险待遇培训和职介406人；对农村劳动力进行引导性培训9043人（其中：职业技能培训2048人，全部取得《职业资格证书》）；培训事业单位专业技术人员计算机专业210人；SIYB创业培训96人。

【人才劳动力市场功能作用】 2007年，县劳动就业服务局组织开展四个专项活动。一是组织实施好“就业援助月”活动，对现有的和新增的“零就业家庭”进行逐户走访，使“零就业家庭”成员中有就业愿望的至少有1人实现稳定就业。二是开展好三月“春风行动”，做好外来务工人员和外出务工人员的就业服务工作，做好有组织的劳务输出，搞好《劳动合同法》和《就业促进法》的宣传。三是开展好五月“民营企业招聘周”活动，积极动员民营企业吸纳城乡劳动力就业，鼓励城乡劳动力转变观念到民营企业就业。四是开展好九月“大中专技校毕业生就业服务周”活动，做

下岗失业人员再就业培训

好大中专毕业生的就业服务工作。全年召开劳务交流会21次，进场8600余人次，发放《春风卡》、《务工人员手册》等宣传资料3600余份，免费求职登记5215人次，成功介绍4564人次，成功率为87.52%。

【劳动保障平台建设】 2007年，在指导帮助7镇1乡和4个社区搞好劳动就业工作的同时，创建龙泉社区为石林县充分就业社区试点。为完善社区劳动保障平台基础设施建设，为7镇1乡和4个社区划拨7.8万元的劳动保障平台建设工作经费，加强“机构、人员、经费、场地、工作、制度”六到位，不断完善以职业介绍、职业指导、职业培训、劳务输出等为重点的社区劳动保障服务功能。

【技校招生工作】 认真组织2007年度技校招生工作，召开技校招生工作会，制定招生方案和工作方案，进行广泛的宣传工作，帮助各招生单位做好协调和组织生源工作。全年招生98名，比上年多15名。

【劳动保障事务代理工作】 为大中专毕业生和下岗失业人员免费提供劳动合同签订、档案代理、社会保险接续、退休申报等服务。全年接收代管城镇失业人员档案37份，累计代管城镇失业人员档案1430人；接收代管未就业大中专毕业生档案413人，累计代管未就业大中专毕业生档案1731人。

（撰稿人：县劳动就业服务局 李桦）

城镇职工基本医疗保险

【县医保分中心】 2001年5月1日，正式挂牌成立县医疗保险分中心，为县人事劳动和社会保障局下属行使行政职能实职副科级事业单位。2007年内设办公室、综合部、审核监督部、财务部，年底有职工11人。办公地点在鹿阜镇石林中路40号。年内完成1件人大代表建议工作。2007年资助了支农联系点路美邑镇大哨村委会3000元生产经费。

主 任：阮星文

【医疗保险参保情况】 按照医保参保扩面任务的要求，全年加强医保参保扩面宣传和动员，超额完成了市下达全县参加医疗保险扩面任务数。截至12月31日，全县共有参保单位193家10874人，比上年新增557人，其中：机关、事业单位136家7879人，企业单位57家2786人，自谋职业、灵活就业人员参保209人。

【医疗保险基金收支情况】 通过医保信息系统划账处理后统计：全年基本医疗保险基金收入10146273.24元，个人账户基金收入10777686.24元，重特病保险基金收入1248896.78元，公务员补助统筹基金收入1254474.19元。由县医保分中心拨付的基金支出情况：基本医疗保险基金支出5540035.90元，个人账户基金支出10035686.99元，重特病保险基金支出198444.75元。

【服务体系及业务办理】 2007年，12家医疗机构与石林县医保分中心签订了《昆明地区城镇职工基本医疗保险定点服务协议》，其中：二级医疗机构3家，一级及其以下医疗机构8家，社区卫生服务中心1家，并有7家定点医疗机构与市医保系统联网。全年参保职工到石林县定点医疗机构就诊总人次为48678人，其中：门诊46688人次，住院1990人次。门诊人次中，二级医疗机构有39415人次，一级医疗机构有6937人次，社区医疗机构336人次，分别占门诊总人次的84.42%、14.86%、0.72%。全年参保人在7家定点零售药店刷卡购药155335人次，其中：在职人员122749人次，退休人员32586人次。个人账户基金药店支付总额6577553.46元，其中：在职人员5176339.09元，退休人员1401214.37元。全年审核批准特殊疾病15人，特殊慢性病65人。

【医疗保险基金的监督管理】 定期向社会公布定点医疗机构平均住院费用、不合理费用查处率及医疗服务质量等情况，接受社会监督。通过了审计部门对基金管理使用情况的审计，并获得了良好的评价。每半年向县纪委监察部门报送基金管理使用情况的报告，采取召开医保座谈会等方式，主动接受相关监管部门和社会各界对基金管理和医保服务工作的监督。

【机关事业单位工伤、生育医疗费报销】 全县机关、事业单位（含自收自支、差额拨款事业单位、上划单位）参加工伤、生育医疗保险人数5435人，参统率达100%。报销工伤医疗费9人次124865.00元，生育费97人163713.00元，计划生育手术54人14754元。

【离休干部医疗费管理】 截至12月底，全县共有离休干部157人，二等乙级以上伤残军人14人。医保中心与县财政局积极协调配合，确保全县离休干部每年人均财政预算15000元的按时拨付。全年离休干部医疗费支出1995210.06元，其中：门诊704人次103006元，住院212人4039天1426920.43元，奖励费用支出465283.63元。

【宣传培训】 3月邀请县级有关领导、卫生、药监、物价、税务等相关部门领导及部分离、退休参保人代表40余人，召开医保座谈会。7月发放140份行风问卷调查表，广泛征集参保人意见和建议。9月组织全县各乡（镇）、居民社区、各中小学校经办人员进行城镇居民基本医疗保险基础信息采集录入工作培训。10月25日上午，召开了全县各单位、各乡（镇)主要领导及业务经办人员会议，安排了城镇居民基本医疗保险工作，下午由县政府办、民政、卫生、残联、司法、财政及居民社区等10余个部门120多人，在县城阿诗玛广场对城镇居民基本医疗保险政策进行联动宣传，发放宣传册4000份，宣传单10000份。全年制作《医疗保险简报》19期，“石医保”红头文件12件，及时上报相关反映医保工作亮点信息；4次召集定点医疗机构、定点零售药店负责人通过以会代训的方式，及时传达医保政策；20余次组织工作人员下到定点医疗机构开展医疗服务稽核工作，面对面与医务人员进行现场交流，解答医务人员提出的疑问收到良好效果。

【城镇居民基本医疗保险】 2007年，昆明市被列为城镇居民基本医疗保险国家79个试点城市之一。县委、县政府非常重视城镇居民基本医疗保险工作，成立了由李忠德县长任组长的领导机构，安排了专项启动工作经费，设立了专门的办公地点，补充了工作人员，完善了网络信息系统等设施，10月份按时启动了城镇居民基本医疗保险试点工作。按照“自已缴纳一部分，政府补助一部分”的原则，全年有4711名城镇居民办理了参保手续。县人民医院、圭山卫生院首批设立为首诊医院。

【全县机关事业单位参保人身体健康检查】 7月10日至10月31日，县医保中心组织全县122家享受公务员补助的机关、事业单位参保职工进行身体健康检查和健康问卷调查活动，此次体检共检7235人，公务员补助支付合计为792617.00元（其中：一般职工6855人，公务员补助金额支付685235.00元；实职正、副科级以上领导380人，公务员补助金额支付107382.00元）。县人民医院体检共计74家单位5218人，其中实职正、副科级以上领导207人；昆医附二院石林天奇医院共计体检48家单位2017人，其中实职正、副科级以上领导173人。

（撰稿人：县医保分中心 马红梅）

新型农村合作医疗

【县合管办】 2005年11月1日，石林县正式启动新型农村合作医疗制度，组建了县新型农村合作医疗管理办公室。2007年底有职工7名(抽调)。

【基金筹集】 2007年全县参加新型农村合作医疗的农村居民191810人，参合率达97%；应到位基金1054.955万元，实际到位基金1050.495万元，基金到位率99.58%，其中：参合农村居民个人缴纳191.81万元，中央财政补助375.87万元，省级财政补助95.91万元，市级财政补助287.715万元，县级财政补助99.19万元。到位基金实现利息7.3万元。

【基金分配】 2007年新农合基金由家庭账户基金、统筹住院基金、风险基金和利息4个类别组成，其中：从总基金中人均提取6元作为家庭账户基金，解决门诊就诊医药补偿费用，共提取家庭账户基金115.08万元，占基金总额的10.96%；统筹住院基金882.89万元，占基金总额的84.05%；按规定提取风险基金52.52万元，占基金总额的5%。

【补偿方案】 2007年乡（镇)级、县级、市级、省级起付线分别为100元、200元、400元、600元，比2006年分别降低70元、100元、200元、200元；报销比例分别为50%、40%、35%、30%，比2006年分别提高了10%、5%、5%、10%；住院补偿报销封顶线为5000元，比2006年提高了2000元。省、市级非营利性定点医疗机构有所扩大，除酗酒、服毒、自杀、自残、打架斗殴、医疗事故、交通事故、营业性所致食物中毒和群体性食物中毒外，其他意外伤害全部纳入新型农村合作医疗补偿报销范围，进一步拓宽了参合农民的受益面。

【政策宣传】 充分利用广播、电视、宣传栏、黑板报、标语、宣传单、新闻专访等形式，营造浓厚的社会氛围。全年共制作电视专题片1期，印发《致农民朋友的一封信》5万份，发放宣传材料3万份，制作宣传栏和黑板报40期，刷写标语270条，悬挂宣传图片450张次。通过广泛宣传，使广大农民群众感受到新型农村合作医疗是党和政府减轻农民医疗费用负担，提高农民生活质量的德政工程和民心工程。由于领导到位、宣传到位、措施到位、方法得当，农民对新型农村合作医疗知晓率达90%以上，极大地促进了农民群众的参合积极性。

【业务培训】 为进一步提高县、乡(镇)合管办以及定点医疗机构工作人员对新农合的业务水平和工作能力，更好地为全县参合农民服务。县合管办就如何做账、如何录入参合人员基本信息、如何修改错误信息、如何录入病历资料、如何审核、如何补偿报销等专题培训4期，参训人员达210人次；以会代训8期，受训人员达300人次。通过培训，使工作人员进一步掌握了新农合工作的操作技能，为更好地开展新农合工作打下坚实的基础。

【基金监管】 严格按照减免补偿程序和按规定比例进行现场减免补偿，实行医院结算、县合管办审核、财政拨付、银行兑付、封闭运行，规范合作医疗基金管理。县财政设立合作医疗基金专户，实行专户管理，定期向社会各界公布基金使用情况，接受监督。县合管办定期对参合人员住院资料进行审核，审核率为100%，对定点医疗机构的医疗服务项目、内容进行多次督导，并向合作医疗管理委员会办公室和监督委员会汇报资金的收支、使用情况。加强对定点医疗机构的监督检查，2007年对县内12家定点医疗机构进行规范化服务和用药行为专项检查4次，覆盖率达到100%。2007年经县审计部门对全县合作医疗基金运行情况进行专门审计，石林县合作医疗基金的管理运行做到了专款专用、规范操作、封闭运行，不存在套用或骗取新型农村合作医疗基金的现象，符合各项规定。

【补偿报销】 2007年新农合门诊、住院总人次为24506人次，受益率为12.78%，新农合住院补偿报销金额为5372183.67元，占可用统筹住院基金的61%，比上年提高了6.73%；新农合门诊减免421432.4元，占可用家庭账户基金的36.62%，比上年提高了1.04%；全县住院补偿报销累计金额达封顶线5000元的有75人，累计报销37.5万元。

通过开展新型农村合作医疗制度，有效地减轻了农村居民医疗费用负担，尤其是重病大病，作用十分明显。据统计，实施合作医疗制度以来，全县农民住院平均费用比未开展合作医疗以前有了明显下降，农村居民“因病致病，因病返贫”等现象得到有效缓解，健康水平进一步得到提高，真正体现出了新型农村合作医疗制度农民得实惠、政府得民心、医院得发展的优越性。

（撰稿人：县合管办 李志兴）

农村养老保险

【县农村社会养老保险管理所】 1993年10月组建了县农村社会养老保险管理处，隶属于县民政局。2003年1月1日，成建制划入县人事劳动和社会保障局管理，名称更换为县农村社会养老保险管理所，级别为股所级。2007年管理所内设1个业务科室，年底有职工6人。单位住址在阿诗玛北路50号。

【养老保险缴费工作】 2007年，通过宣传和动员，全年新增参保人员39人，收取保费356830元，并及时将收取的保费上划到省、市农保基金专户运营。2007年底，全县参保人数达13237人（含领保、退保人员），占应参保人数的9.18%，涉及全县8个乡（镇）92个村（居）委会，376个村民小组，基金累积达11516418.49元。

【养老保险给付工作】 2007年完成了新增领保人员128人的资格审查和认定，继续巩固养老金社会化发放成果，确保养老金100%按时足额发放。新增领保人员首次领取养老金时，由经办机构工作人员亲自上门发放领取证和存折。2007年共有1040人领取养老金（含新增领保人员128人），发放养老金12172.5元，已按时足额发放到领保人手中。

【被征地人员情况摸底调查】 随着石林县城市化、工业化的不断推进，被征地人员逐步增多，为积极、稳步推进被征地人员基本养老保险制度建设，县农村社会养老保险管理所进行了详细的摸底调查工作，基本查清失地村（组）、人员和失地年限。初步统计历年失地人数为49812人，其中：历年全部失地人员9300人，失地后还剩0.3亩以下人员15525人，失地后还剩0.3亩以上人员24987人。调查工作为下步石林县启动被征地人员基本养老保险工作打下了良好的基础。

（撰稿人：县农村社会养老保险管理所 杨金春）

城乡最低生活保障

【农村低保工作】 按照云南省、昆明市、石林县暂行办法和实施方案的要求，认真开展了农村居民最低生活保障工作。截至2007年到12月底，全县农村居民最低生活保障对象达到4180户10028人，全年发放农村居民最低生活保障金3694800元，全县全面建立了农村居民最低生活保障制度。

【城市低保工作】 认真按照政策公开、资金公开、保障对象公开的原则，坚持社区居委会调查、乡（镇）审查、民政局审批和银行发放的管理制度，使低保工作置于社会的监督之下。2007年全县有1200户1965人享受城市低保待遇，其中：在职职工71人，未就业人员284人，灵活就业人员694人，离退休人员74人，“三无”人员13人，在校学生327人，学龄前儿童60人，其他人员442人。保障人数占全县27183人非农业人口的7%。

根据上级有关文件精神，对全县城市低保对象在原保障标准的基础上，从6月份起每人每月增发15元的生活保障补助。其中“三无”人员、60岁以上老年人、重度残疾人在15元基础上再增加补助5元。在每人每月增加15元的基础上，从10月份起再每月增加发放10元的临时补贴。中秋、国庆两节每人发30元的过节费。1～12月份，累计发放保障资金3164190元，位居全市中等以上水平，保障了城市贫困人口的基本生活，做到了应保尽保，不应保的不保，巩固和维护了社会稳定，为全县经济社会协调发展发挥了积极的作用。

（撰稿人：县民政局 孔雪梅）

赈灾救济

【救灾救济工作】 2007年，石林县先后不同程度地遭受了干旱、风雹、冷冻、洪涝等自然灾害。全县因各类自然灾害造成大小春农作物受灾面积47129公顷，绝收面积298公顷；受灾人口

25780人，因灾饮水困难人口2500人，因灾死亡2人，因雷击重伤6人。因灾造成农业直接经济损失760万元。

面对频繁严重的自然灾害，县民政局按照县委、县政府的统一部署，积极开展救灾救济工作。为确保受灾地区群众冬春荒期间有饭吃、有房住、有御寒的衣被，2007年投入救灾款10万元，下拨各乡镇临时扶灾自救款12010元，救济灾民474人次；下拨社会救济临时救济款32850元，救济社会困难户1278人次；慰问因雷击受伤住院病人6人，发放慰问金2400元；安排口粮救济款14.75万元；下拨救灾粮16.6万千克，救助贫困灾民3762人次；组织发放冬寒衣被970床、棉衣440件、绒衣272套、毛毯150床、棉鞋272双、单衣2380套，救助农村五保户、特困户2382人；救助因灾倒塌住房灾民10户，补助恢复建设资金20100元，恢复住房26间。救灾救济工作确保了人民群众的生命财产安全，维护了农村社会的稳定。

【医疗救助工作】 2007年帮助农村低保对象参加新型农村合作医疗交纳个人承担部分2.5万元，大病救助31人发放救助金24.7万元；城市低保对象449人基本医疗救助急诊、门诊补助4.49万元。共支出城乡困难居民救助金31.69万元。

（撰稿人：县民政局 孔雪梅）

住房公积金管理

【昆明市住房公积金管理中心石林管理部】 1994年4月，县住房公积金管理中心成立，与当时的县房改办两块牌子一套人马管理全县的住房资金。2002年12月机构改革，撤销县住房公积金管理中心和县房改办，原县房改办的相关职能转入县建设局，县住房公积金管理中心的职能转入县财政局住房资金管理科管理。2005年10月12日，住房公积金管理职能从县财政局上划市住房公积金管理中心管理，在石林县设立昆明市住房公积金管理中心石林县管理部，为隶属于昆明市住房公积金管理中心垂直管理的正科级事业单位。2007年管理部内设业务科、主任室，年底有职工5人。办公地点在县建行办公楼五楼。2007年石林县管理部被市中心表彰为先进集体。

副主任：杞永祥（彝族，主持工作）

【指标完成情况】 2007年昆明市住房公积金管理中心下达给石林管理部归集住房公积金2900万元，实际完成3545万元，占计划的122%；2007年计划发放公积金贷款800万元，实际完成4145万元，占计划的518%；2007年目标任务要求贷款逾期率控制在2.5‰以内，石林管理部没有逾期贷款的情况发生；2007年计划实现增值收益100万元，实际完成增值收益90万元，占计划的90%；全年共办理职工转移、支取公积金1494件1796万元。

2007年石林县公积金缴交的比例是10%，企业效益好的最高可提高到15%。年末，全县共有177个单位7495人缴存公积金，累计缴存余额9591万元。

年末累计贷款余额6623万元，累计贷款职工796户；解决职工住房面积138702平方米。

截至2007年底，累计办理提取、转移住房公积金5700万元。

【公积金贷款前期管理】 2007年，石林管理部对公积金贷款楼盘前期情况进行提前介入、提前了解情况、提前与开发商磋商的“三提前”办法，在经常对全县开发楼盘了解查看的基础上，3月2日、4月21日、6月12日、9月16日市中心副主任李志华、贷款处李雁曦处长一行对石林县竹雨雅苑、双龙滨江花园、巴江俪岛、水岸星城进行全面实地考察，并对4个楼盘公积金贷款事项进行认真安排，提出了具体的工作要求。2007年贷款计划完成情况比较好，原因主要是通过树立经营理念、强化服务意识、注重信贷前期管理、主动与开发商协作等办法打开了工作局面。

【领导调研】 10月16日，昆明市住房公积金管理中心主任杨琼华一行到石林管理部专题调研管理部各项工作。结合石林管理部当前存在的主要问题，杨主任在调研结束会议上提出，石林管理部要主动与县委、县政府加强联系，尽快争取把建盖管理部办公楼一事提到操作日程上来，通过5年左右的建设，使管理部软硬环境都达到一个全新的水平。

（撰稿人：石林公积金管理部 角家能）

扶贫开发

【县人民政府扶贫开发办公室】 1986年3月，成立县扶贫开发办公室。1995年4月，县扶贫开发办公室合并到县计划与经济贸易局，设立县贫困地区经济开发领导小组办公室。2002年5月，县编委批复成立县人民政府扶贫开发办公室，为正科级单位，归口县计划与经济贸易局。2005年3月，县人民政府扶贫开发办公室由县发展和改革局（原县计划与经济贸易局）管理的正科级单位调整为县人民政府管理的议事协调机构。2007年，内设综合科、项目科两个科室，有职工5人，单位住址在鹿阜镇龙泉路161号。2007年，县扶贫开发办公室被县委、县政府授予“社会主义新农村建设指导员工作先进派出单位”，1人被评为“就业再就业工作先进个人”，1人被评为“农村劳动力转移先进工作者”，1人被评为“农田水利建设先进工作者”。2007年，资助支农联系点板桥镇小戈丈村委会8000元生产经费。

主　任：赵家林（彝族）

【贫困人口数】 通过实施整村推进、劳务输出，小额信贷、挂钩帮带等扶贫开发措施，使贫困地区基础设施得到了加强，人民群众生产生活条件得到改善，贫困人口逐年减少。到2007年年底，全县贫困人口由2005年底的33123人减少到6300户21453人，其中：绝对贫困人口减到7765人，相对贫困人口减到13688人，贫困人口占农业人口的10.2%。

【扶贫重点村和安居温饱村项目建设实施情况】 2007年上半年，实施完成了2006年度省级6个、市级8个扶贫重点村建设项目44件，其中：村内道路建设17件，水利及人饮项目6件，产业扶贫3件，沼气能源项目13件，科技文化及培训项目5件。结算总投资677万元，其中：扶贫资金280万元（省级90万元、市级190万元），整合水利、能源、交通、新农办、民宗局等单位的资金224万元，群众自筹资金及投劳折资173万元。以上项目已通过了市、县两级验收，工程项目为合格。通过实施整村推进项目，提高了1123个相对贫困人口、863个绝对贫困人口的收入水平，有效改善了贫困地区的生产生活条件，进一步加快了贫困地区社会主义新农村建设的步伐。

为做好2007年度20个扶贫村项目的申报列项工作和加大资金的整合力度，县扶贫办积极争取省、市扶贫专项资金。2007年上半年，分三批申报了省级重点村12个、市级重点村8个，争取省、市财政专项扶贫资金400万元，分两批下达了项目实施计划和资金安排；争取县交通局、县水务局、县农牧局、县文体局等部门的支持配合，整合其他部门资金910万元，其中：道路专项资金600万元，水利资金150万元，新农村及农村能源120万元，文体卫生40万元。

为完成好2007年度20个村整村推进项目的实施，县扶贫办积极组织有项目实施的乡（镇）和村委会落实项目的实施。在实施过程中，严格按照《扶贫项目和资金管理办法》进行招投标，并严格把好项目的质量关。2007年下半年，实施省级重点村12个、市级重点村8个扶贫村，投入财政扶贫专项资金400万元，其中：省级180万元，市级220万元。涉及农户3869户14042人，完成了整村推进建设项目45件，其中：村内道路建设项目17件；水利及人饮7件，已竣工投入使用；科技文化室修缮及新建项目15件；产业开发项目6件。

【小额信贷扶贫资金】 2006年，石林县发放了小额信贷扶贫资金800万元，分两批放贷到8个乡（镇）。为确保"贷得出、收得回、有效益"，经过各乡（镇）广大妇女干部宣传发动和催收。2007年10月31日，已收回到期小额信贷资金800万元，收缴率达100%，按照与各乡（镇）签订《小额信贷目标责任书》，兑现和下拨了工作经费。

2007年，由于得到省、市、县领导的重视和支持，向省、市扶贫办争取了小额信贷资金1000万元。为把扶贫资金及时发放到贫困党员和群众手中，5月15日，由县委组织部、县扶贫办、县妇联、县财政局、县信用社等部门在石林镇举行了第一批小额信贷暨党员"一对一"结对帮扶资金发放启动仪式。5月底，在8个乡（镇）发放第一批无息小额信贷资金600万元；8月底，发放第二批发放小额信贷资金400万元。两批共计发放资金1000万元，其中：县委组织部实施党员"一对一结"结对培养工程50万元，县妇联实施小额信贷资金620万元，发展特色企业12户330万元；覆盖全县81个村委会，新组建440个联保小组和130个中心；获贷农户1939户7019人（其中：种植业1012户，养殖业716户，加工业28户，其他行业183户）。

【定点挂钩扶贫】 按照"挂到乡、扶到村，帮到户"的要求，县委、县政府的25个部门分别挂钩联系县内25个省、市列扶贫重点村。结合新农村建设的要求，2007年各部门下派1名驻村指导员，指导新农村建设，充分发挥县直机关挂钩部门的人才、信息、技术和资金优势，为贫困地区办实事。县级党政机关挂钩帮扶部门共有130人蹲点，直接投入帮扶资金25万余元，援助物资折币7万多元，引进资金10万元，举办各类培训班36期7266人，转移和输出农村劳动力5419人。

为使农村党员带头脱贫致富，2007年5月县扶贫办安排小额信贷无息资金50万元，县委组织部组织全县副科以上的党员干部的100名与农村贫困党员中挑出100户"一对一"结对帮扶，每户贫困党员安排5000元生产发展资金，用于发展农户种、养、加工业。通过实施挂钩扶贫和结对帮扶，进一步密切了党群和干群关系，充分体现出社会主义制度的优越性。

【劳动力的培训和转移工作】 2007年，市分配给石林县贫困地区农村富余劳动力培训任务1900人，输出转移1350人。为做好此项工作，县扶贫办作为县劳动输出转移办公室成员单位，积极配合有关部门，把贫困地区劳务输出工作作为一项产业来开发。2007年，在各部门和各乡（镇）的共同努力下，累计培训7800人，转移和输出5800人，其中：省外700人，省内县外1060人，县内4040人。

（撰稿人：县扶贫办 杨云仙）

消费水平

【城镇居民人均可支配收入、消费】 2007年，石林县城镇居民人均可支配收入为11159元。城镇居民人均消费支出9537元，其中：食品消费支出2870元，衣着消费支出1004元，家庭设备用品及服务支出564元，医疗保健消费支出600元，交通和通讯消费支出1830元，教育文化娱乐服务消费支出1573元，居住消费支出893元，其他商品和服务支出201元。人均社会保障支出1205元。

【城镇居民主要消费品拥有量】 2007年年末，每百户城镇居民家庭拥有：摩托车37辆，助力车31辆，家用汽车15辆，洗衣机92台，电冰箱75台，彩色电视机121台，家用电脑37台，组合音响31套，照相机35架，其他中高档乐器4件，微波炉27台，淋浴热水器85台，消毒碗柜10台，洗碗机2台，健身器材2套，固定电话机65部，移动电话212部。

【城镇居民住房和生活条件】 2007年末，城镇居民人均住房面积33平方米。在炊用燃料使用方面，有81%的使用液化石油气，有6%的使用煤，13%的使用电或其他燃料。在饮水方面，13%的饮用自来水，87%的饮用纯净水和矿泉水。96%的城镇居民有卫生设备。

【职工平均工资】 2007年，石林县在岗职工年平均工资15215元，其中：国有经济单位在岗职工年平均工资14961元，城镇集体经济单位在岗职工年平均工资12844元，其他经济单位在岗职工年平均工资为16731元。

【农民人均纯收入和生活消费支出】 2007年，农民人均纯收入达3708元。农民人均生活消费2920元，其中：食品消费支出819元，衣着消费支出188元，居住消费支出753元，家庭设备、用品及服务消费支出171元，交通和通讯消费支出429元，文化教育、娱乐用品及服务消费支出264元，医疗保健消费支出268元，其他商品和服务消费支出26元。

【农民住房和生活条件】 2007年末，农民人均住房面积39平方米，其中：钢筋混泥土结构面积人均14平方米，砖木结构面积人均7平方米，其他结构面积人均18平方米。炊事使用的主要能源，农户中有18%使用煤炭，有64%使用柴草，有5%使用电，有6%使用沼气，有7%使用其他燃气。饮用自来水的农户达87%。

【农民主要耐用消费品拥有情况】 2007年末，每百户农村家庭拥有：洗衣机44台，电冰箱8台，热水器17台，自行车24辆，摩托车35辆，固定电话机45部，移动电话111部，彩色电视机97台，黑白电视机5台，影碟机65台，照相机4架。

【农民食品消费情况】 2007年，农村住户人均食品消费情况：粮食消费量250千克，油脂类消费量5千克，烟叶消费量1千克，豆制品2千克，蔬菜及菜制品消费量101千克，水果类消费量15千克，坚果消费量1千克，消费肉禽及其制品26千克，消费蛋类及蛋制品2千克，消费水产品2千克，消费食糖1千克，消费酒类7千克。

【农民年末粮食结存和主要生产性固定资产拥有量】 2007年，农民人均年末粮食结存1312千克。2007年年末，每百户农村农民家庭拥有：汽车3辆，大中型拖拉机2台，小型和手扶拖拉机30台，动力三轮车2辆，机动脱粒机16台，农用动力机械14台，胶轮大车38架，水泵8台，役畜101头，产品畜76头。

（撰稿人：县统计局 杨凤英）

群众性精神文明创建活动

【精神文明创建活动】 抓好各类群众性文明创建活动，认真组织开展以“八荣八耻”为主要内容的社会主义荣辱观学习宣传教育，广泛开展“诚信石林，从我做起”为主题的诚信建设活动，大力开展讲文明讲卫生讲科学树新风的“三讲一树”活动、农村“十星级文明户”创建活动、文明示范窗口、文明运输线、青年文明号、巾帼文明岗、文明村、文明社区、文明单位、文明学校、文明家庭等基础性创建活动。2007年命名的各级文明单位（村、社区、小城镇）共计99个，其中：市级32个（文明单位22个，文明村9个，文明小城镇1个），县级67个（文明单位41个，文明村24个，文明社区2个）。至2007年底，石林县届期内各级文明单位（村、社区）及文明小城镇共计217个，其中：省级15个（文明单位11个，省级文明村4个），市级42个（文明单位30个，文明村11个，文明小城镇1个），县级160个（文明单位110个，文明村48个，文明社区2个）。

（撰稿人：县委宣传部 赵振虹）

政策法规

中共石林彝族自治县委关于构建和谐石林的实施意见

（2007 年 1 月 16 日中国共产党石林彝族自治县
第十届委员会第二次全体会议通过）

为全面贯彻落实《中共中央关于构建社会主义和谐社会若干重大问题的决定》和省、市委构建和谐社会的工作部署，扎实有效地推进和谐石林建设，提出如下实施意见。

一、构建和谐石林的重大意义、指导思想和总体目标

（一）切实增强构建和谐石林的责任感和紧迫感。社会和谐是中国特色社会主义的本质属性，是国家富强、民族振兴、人民幸福的重要保证，是我们党不懈奋斗的目标。构建社会主义和谐社会，是党中央站在时代和战略的高度，全面把握中国特色社会主义事业本质和未来发展方向，作出的历史性决策，具有十分重要的现实意义和深远的历史意义。改革开放以来，特别是党的十六大以来，县委始终坚持以邓小平理论和“三个代表”重要思想为指导，树立和落实科学发展观，紧紧抓住发展第一要务，一心一意谋发展，聚精会神搞建设，县域经济保持稳步增长，人民生活水平不断提高，社会事业全面进步，精神文明建设扎实推进，民族团结、安定和谐的局面进一步巩固，各级党组织的战斗力和凝聚力不断增强，和谐石林建设取得了积极进展。当前，我县社会总体上是和谐的，但仍然存在着不少影响社会和谐的矛盾和问题，主要是：建设和谐石林的物质基础薄弱；城乡、区域、经济社会发展的协调性不够；资源保护和生态环境建设任务艰巨；教育、文化、卫生、就业、社会保障等关系群众切身利益的问题还需花大力气解决；民主法制还不够健全，影响社会稳定的问题依然存在；部分基层党组织战斗力不强，一些领导干部和党员的素质、能力和作风与新形势新任务的要求还不适应。全县各级党组织和广大党员干部必须保持清醒的头脑，居安思危，增强责任感和紧迫感，最大限度地增加和谐因素，减少不和谐因素，不断提高和谐程度。

（二）构建和谐石林的指导思想。坚持以马克思列宁主义、毛泽东思想、邓小平理论和“三个代表”重要思想为指导，以科学发展观统领经济社会发展全局，按照民主法治、公平正义、诚信友爱、充满活力、安定有序、人与自然和谐相处的总要求，遵循以人为本、科学发展、改革开放、民主法治、正确处理改革发展稳定的关系、在党的领导下全社会共同建设的原则，以解决人民群众最关心、最直接、最现实的利益问题为重点，以经济建设为中心，加快发展社会事业、促进社会公平正义、建设和谐文化、完善社会管理、增强社会创造活力，以发展巩固和谐、以改革促进和谐、以稳定保障和谐，推动社会建设与经济建设、政治建设、文化建设协调发展，扎实推进富裕、生态、文化、民本、开放、诚信、法治、平安石林建设。

（三）构建和谐石林的总体目标。到 2020 年，全县经济社会发展更加协调，城乡、区域发展实现良性互动，差距明显缩小；民主法制更加完善，依法治县深入推进，人民群众的权益得到切实尊重和保障；社会就业更加充分，收入分配更加合理，覆盖城乡居民的社会保障基本建立，人民生活不断改善；文化事业更加繁荣，城乡文明程度和文化品位显著提升；基本公共服务体系更加完善，社会管理更加科学；开放水平明显提高，发展活力显著增强；社会矛盾排查调处的工作格局进一步完善，化解矛盾的机制体制更加健全，社会更加安定有序；资源综合利用率显著提高，生态环境进一步改善，人与自然和谐发展；全面实现建设小康社会的目标，努力形成全县人民各尽其能、各得其所、和谐相处的局面。

二、构建和谐石林的主要任务

（一）推进跨越发展，建设富裕石林。

1. 推动经济又好又快发展，打牢构建和谐石林的物质基础。社会要和谐，首先要发展。深入实施“33542”发展战略，“12345”旅游国际化发展战略，“一路三区、一河三片”现代化城市发展战略，又好又快发展大旅游，推进经济结构调整，转变经济增长方式，加快“旅游立县、粮烟稳县、工业富县、生态美县”建设，全力推进旅游国际化、城乡一体化、农业产业化、工业新型化，创建世界一流景区，打造国际旅游胜地，把石林建成昆明市国际旅游度假休闲核心区和优质烤烟生产基地、畜牧业养殖基地、现代农业生产基地、旅游商品加工基地；建成云南省集旅游、文化、交通、商贸为一体的区域性中心；建成全国最具魅力的生态旅游城市；建成世界自然与文化完美融合的国际知名精品旅游胜地，为构建和谐石林打牢坚实的物质基础。

2. 以旅哺农，以农促旅，扎实推进社会主义新农村建设。坚持“多予、少取、放活”的方针，建立健全“以旅哺农、以农促旅”长效机制。以农民增收为核心，以结构调整为主线，大力发展观光农业、现代农业，加快培育优势特色产业，大力发展农村经济。以改善农村生产生活条件为重点，统筹解决好农田水利、道路交通、饮水安全、新能源、教育、卫生、文化、广播电视等农民要求最迫切、受益最直接的问题。

贯彻中央关于调整支出结构的要求，确保财政直接用于改善农村生产生活条件的投入、用于支持基础教育和公共卫生等社会事业发展的投入稳定增长，不断推进城市基础设施向农村延伸，城市公共服务向农村覆盖，城市现代文明向农村辐射，加快推进城乡一体化。到2010年，分层次建成一批具有示范效应、符合新农村内涵特征、具有旅游特色的小康、文明、生态村。加大扶贫开发力度，完善扶贫机制，突出抓好“整村推进”、劳动力培训转移和产业开发等重点工作。“十一五”期间，全面解决1.4万绝对贫困人口的温饱问题，大幅度减少农村低收入人口。切实提高农民素质，充分发挥广大农民在新农村建设中的主体作用。

3. 突出大旅游发展主导地位，推进石林经济社会跨越式发展。坚持大产业带动大发展，充分发挥比较优势，坚定不移地发展大旅游，以旅游业的大发展带动产业结构大调整和经济增长方式转变。强化产业支撑，巩固以粮烟为龙头的种植业，提升以旅游业为龙头的服务业，加快发展以加工业为龙头的新型工业，壮大以羊产业为龙头的畜牧业，培育以阿诗玛文化为龙头的文化产业。坚持大项目带动大发展，以石林中路城市经济带、九石阿旅游专线阿诗玛民族文化经济带建设为载体，抓好重点项目建设，不断完善基础设施，确保固定资产投资持续增长，加快石林现代化建设步伐。到2010年，城乡之间的发展差距明显缩小，初步形成城乡协调发展的格局。

（二）改善生态环境，建设生态石林。

1. 深入开展“三创”工作，推进生态旅游城市建设。深入实施“一路三区、一河三片”现代化城市发展战略，全面开展国家园林城市、国家卫生城市、国家环保模范城市创建活动，努力打造城市风貌独特、基础设施完善、文化氛围浓郁、服务功能齐全、生态环境优美、充满魅力与活力的生态旅游城市，使城市建成区面积、人口数量、城市化率等指标有明显提高，促进城市发展与人口、资源、环境相协调。到2010年，建成旅游城市；到2015年，建成优秀旅游城市；到2030年，建成生态旅游城市。

2. 加强资源环境保护，提高城乡环境质量。按照建设资源节约型、环境友好型社会的要求，全面推进节能、节水、节材、节地，发展循环经济，提高资源综合利用率。坚定旅游主导产业发展方向，坚持走科技含量高、资源消耗低、环境污染小、经济效益好的路子，实现经济发展、社会进步与环境的协调统一。制定实施环境保护规划和管理办法。高度重视石资源、水资源、土地、森林、草场、矿产的保护和合理开发。修订石林风景名胜区保护条例，加大石林风景名胜区保护区、黑龙潭水库、月湖、巴江等重点区域、重点流域的生态保护和生物多样性保护力度。严格保护基本农田，加强土地管理。加大执法力度，严厉打击私挖乱采、乱砍滥伐、毁林开荒等违法行为。加强对废水、废气、噪声、垃圾等污染物综合治理，建设污水处理厂。到2010年，实现集中处理城市污水达标排放，城市垃圾无害化处置率达100%。

3. 大力实施“生态美县”战略，建设绿色家园。以建设最佳人居环境、国际旅游胜地为目标，科学编制“生态美县”总体规划，着力推进生态建设，实现人与自然和谐相处、和谐发展。以石林景区周边、县城面山、水源涵养区和公路沿线为重点，加大绿化美化力度。抓住“十一五”期间我县列入珠江石漠化治理重点县机遇，重视石漠化治理，实施珠江流域水土流失治理和生态脆弱区恢复治理。加快实施“一池三改”，搞好农村新能源建设，改善农村生态环境。全面推进集体林权制度改革，充分调动全社会参与生态环境建设的积极性。创新造林方式和机制，积极发展林业特色经济。大力开展封山育林、植树造林和退耕还林还草。到2010年，改造和新增造林面积6万亩，森林覆盖率达到46%，林木绿化率达到50%。

（三）弘扬民族文化，建设文化石林。

1. 加强和谐文化建设，筑牢和谐石林的思想道德基础。坚持把社会主义核心价值体系融入国民教育和精神文明建设全过程、贯穿于经济社会跨越式发展全过程，使之成为全县各族人民奋发向上的精神力量和团结和睦的精神纽带。加强理想信念教育，把弘扬以爱国主义为核心的民族精神和以改革创新为核心的时代精神，与践行“昆明精神”结合起来，提炼和培育“石林精神”。加强以“八荣八耻”为主要内容的社会主义荣辱观教育，大力倡导爱国、敬业、诚信、友善等道德规范，开展社会公德、职业道德、家庭美德教育，加强青少年思想道德建设，在全社会形成知荣辱、树新风、促和谐的风尚。开展文明礼仪系列实践活动，积极稳妥地推进殡葬改革，倡导健康文明的生活方式。加强和改进思想政治工作，积极探索和建立做好新形势下群众工作的长效机制。坚持团结稳定鼓劲、正面宣传为主的方针，唱响主旋律，打好主动仗，努力营造倍加顾全大局、倍加珍视团结、倍加维护稳定的良好氛围。坚持把和谐创建与精神文明、平安创建结合起来，广泛开展和谐石林、和谐乡（镇）、和谐单位、和谐村组（社区）等形式多样的和谐创建活动，充分调动各方面参与构建和谐社会的积极性。

2. 大力发展文化事业，满足人民群众日益增长的文化需求。坚持把社会效益摆在首位，加大投入，优先安排关系群众切身利益的文化建设项目，着力构建覆盖城乡的公共文化服务体系。整合资源、整合力量，抓好县、乡（镇）、村（社区）三级文化设施和文化网络建设，实现一村一室，广播电视“村村通”。加强对优秀建筑、历史文化遗产和民族民间文化艺术的保护和传承，支持文化工作者创作体现时代精神、符合人民要求的文化精品。加强文化服务管理，净化文化市场。广泛开展各种形式的群众性文化活动，大力发展社区文化、企业文化、村镇文化、校园文化。扎实推进科技文化卫生法律“四下乡”，丰富农村文化生活。加强城乡体育设施建设，大力开展全民健身运动，提高人民群众健康水平。

3. 加快文化产业发展，促进文化与旅游良性互动。深化文化体制综合改革，鼓励社会资本投向文化产业，大力兴办文化企业，增强文化产业活力。深度挖掘阿诗玛文化资源，实施文化产业“十个一”工程，加快阿诗玛演艺中心、中国彝族撒尼第一村、撒尼古城、鹿阜古镇和民族文化生态村等一批重点项目建设，打造一批民族特色浓郁、具有较强吸引力的文化精品。增强民族民间文化活动品牌注册保护意识，巩固提升中国石林火把节重大节庆活动品牌。加大扶持力度，打造“阿诗玛刺绣”品牌，推进民族民间工艺品加工业快速发展。采取市场化、产业化运作模式，积极探索策划举办全国彝族摔跤锦标赛和中国牛王争霸赛等一批重大赛事活动，全力打造一批以《阿诗玛秘地》为代表的大型原生态民族歌舞艺术精品，实现社会效益和经济效益双提高。

(四) 发展社会事业，建设民本石林。

1. 坚持党的民族宗教政策，促进全县各族人民共同繁荣进步。认真贯彻党的民族政策，落实石林彝族自治县自治条例，坚持各民族共同团结奋斗、共同繁荣发展的主题，牢固树立“汉族离不开少数民族，少数民族离不开汉族，少数民族之间也相互离不开”的思想，不断巩固和发展平等、团结、互助、和谐的社会主义新型民族关系。重视革命老区、少数民族地区经济社会发展，进一步加大扶持力度，加快基础设施和社会事业建设。贯彻党的宗教政策，依法管理宗教事务，有序规范宗教活动，发挥宗教在促进社会和谐中的积极作用。依法妥善处理影响民族团结的矛盾和问题，促进全县各族人民和睦相处、和衷共济、和谐发展。

2. 大力发展各项社会事业，统筹经济社会协调发展。坚持教育优先发展，促进教育公平，办人民满意的教育。深入推进教育综合改革，加快实施“集中、靠拢、收缩”战略，优化教育资源结构。巩固义务教育，普及高中阶段教育，扩大高中优质教育规模，积极做好农村中小学标准化建设工作。规范高中教育集团的管理，组建幼儿教育集团，引导民办教育健康发展。重视和支持职业教育的发展，积极筹建职教中心和石林国际旅游文化学院。积极发展继续教育，推进建设学习型社会。以实现人人享有基本卫生保健服务为目标，深化卫生医疗体制改革，完善公共卫生体系、医疗卫生服务体系、疾病预防控制体系，加快村级规范化卫生所建设，为广大群众提供安全、有效、方便、价廉的公共卫生和基本医疗服务。积极开展计划生育优质服务，突出抓好农村和流动人口计划生育管理与服务，落实“奖优免补”政策，稳定低生育水平，提高人口质量。大力发展科技事业，努力建设创新型社会。积极发展妇女、儿童、残疾人、老龄和金融、保险、史志、档案、气象等各项社会事业。

3. 以人为本，关注民生，让全县人民共享改革发展的成果。依法及时稳妥地处理好关乎人民群众切身利益的迫切问题，努力使全县人民居有其所、病有所医、子女有学上、权益有保障。实施积极的就业政策，统筹做好城镇新增劳动力就业、农村富余劳动力转移就业、下岗失业人员培训和再就业工作，千方百计扩大就业。建立再就业援助机制，着力帮助零就业家庭和特殊困难就业群体就业。落实“两免一补”政策，加大助学帮困力度，着力构建家庭经济困难学生教育保障体系。建立完善社会保障体系，增加社会保障投入，不断扩大失业、养老、医疗、工伤和生育保险覆盖面。完善农民工工资保障制度，积极探索建立失地农民养老保险制度。建立健全土地征用程序和补偿机制，维护被征地农民利益。加强食品、药品质量监督管理，切实保障人民群众身体健康和生命安全。继续搞好廉租房建设，逐步解决城镇低收入家庭住房困难。重视解决城乡困难群众、弱势群体生产生活问题。

(五) 优化发展环境，建设开放石林。

1. 解放思想，深化改革，增强发展活力。摒弃小富即安、不思进取、封闭保守的思想，树立不甘落后、敢为人先、借外兴内的观念，以观念的更新推动跨越式发展，以理念的提升带动石林的更大开放。积极发展开放型经济，依托资源、文化、区位优势，吸引更多的资金、技术、人才、管理向石林流动，构建全方位、多层次、宽领域的开放新格局。深化农村综合改革，落实各项惠农政策，建立有利于改变城乡二元结构的体制机制。推进农村信用社改革，完善农村金融服务体系。深化财政体制改革，加快公共财政体系建设，调整财政支出结构。深化“乡财县管乡用”改革，完善财税增收激励机制。加快投融资体制改革，创新经营石林、经营土地、经营城市的机制，促进投资主体多元化、融资方式多样化、运作方式市场化，拓宽投融资渠道。积极做好旅游、土地、水利、城市、交通等投资公司的组建工作，搭建投融资平台。支持非公企业参与国有企业改革，鼓励非公有资本进入金融服务、基础设施、公用事业、社会事业等领域，不断增强市场主体活力。

2. 优化环境，搭建平台，提高对外开放水平。切实把招商引资作为经济工作的生命线，依托我县资源优势、品牌优势和产业优势，以“三区”、“三片”、“两带”为载体，在重点产业和重点领域实现招商引资新突破。加强项目库建设，策划、储备一批有吸引力、带动性强的项目。坚持对外开放与对内开放并举，“引进来”与“走出去”相结合，创新招商引资方式，促进更多的企业投资石林发展。建立完善重大项目领导联系制、项目推进责任制、项目协调制，落实招商引资目标责任制和激励机制，优化服务环境，提高办事效率，提高招商引资的签约率、履约率、资金到位率。突出旅游主导产业和文化优势产业，坚持利用外资与引进管理经验及专业人才相结合，与经济结构调整相结合，与发展外向型经济相结合，加快重大项目的引进，全面提高招商引资的质量和水平。

3. 大力发展生态工业，加快工业富县步伐。按照集约发展、环保优先的原则，正确处理工业与旅游业发展、环境保护、生态建设的关系，着力解决企业数量不多、规模不大的问题，走新型工业化路子，加快工业经济发展步伐，增强经济发展后劲。扎实推进生态工业集中区建设，引导科技含量高、资源消耗低、环境污染小、经济效益好的产业向园区集中。大力发展旅游文化产品、旅游食品、手工艺品等旅游商品，积极发展生物制药、农特产品加工和先进制造业，优化扶促大，壮大非公企业群体，扩大非公经济总量。到2010年，争取非公经济对地区生产总值的贡献率达到50%以上。

（六）加强社会管理，建设诚信石林。

1. 建设服务型政府，提高社会管理和公共服务水平。按照转变职能、权责一致、强化服务、改进管理、提高效能的要求，强化政府的社会管理和公共服务职能，建设服务、高效、法制、信用政府。加快政府职能转变，继续推进政企分开、政事分开，减少和规范行政审批，简化办事程序，增强政府公信力。加快电子政务建设，推进公共服务信息化。健全完善为民服务中心运行机制，充分发挥县、乡（镇）、村三级为民服务网络作用。认真实施《公务员法》，建设一支高素质的公务员队伍。

2. 建设诚信社会，营造和谐的发展环境。加强诚信教育和宣传，普及信用知识，传播诚信文化，提高全社会守信和维权意识，自觉监督和抵制失信行为，营造“守信为荣、失信为耻、无信为忧”的社会环境。重视政府信用建设，引领社会诚信新风，引导全社会开展诚信活动。加强企业信用建设，推动企业走诚信经营发展路子。整顿和规范市场经济秩序，集中开展打击假冒伪劣、无照经营、行业垄断、商标侵权、虚假违法广告和坑农害农、欺诈、传销等专项执法整治，严厉查处信用失范行为。加强职业道德教育，不断提高各行各业从业者的诚信素质和服务质量标准。强化社会公众诚信教育，树立“诚信为本，操守为重”的良好社会风尚，不断提高公民个人的信用素质。坚持把诚信建设与精神文明创建活动结合起来，以诚信建设促进精神文明建设。认真实施诚信社会建设工程，大力开展创建诚信城市、诚信行业、诚信单位等活动，建立诚信记录、实行诚信承诺、加强诚信监督、强化惩戒措施，推动全县诚信社会建设向纵深发展，使诚实守信在全县蔚然成风。

3. 调动一切积极因素，激发社会创造活力。认真贯彻尊重劳动、尊重知识、尊重人才、尊重创造的方针，重视发挥人民群众的首创精神。把提高自主创新能力摆在重要位置，积极倡导自主创业、艰苦创业、和谐创业，保护创新热情，鼓励创新实践，完善创新机制，宽容创新挫折，营造鼓励人们想干事、会干事、干成事的社会环境。创新人才工作机制，加快人才市场建设，健全服务体系，凝聚和培养善创新、能创业人才。发挥工青妇等人民团体的桥梁纽带作用，团结带领广大职工、青年、妇女，自觉做建设和谐石林的参与者、推动者和实践者。深入开展双拥共建工作，巩固军政军民团结，充分发挥武警部队、民兵和预备役人员在建设和谐石林中的作用。加强全县各民族、各阶层、各团体、各界人士的团结和谐，使全社会的创造能量充分释放、创业活动蓬勃开展、创新成果不断涌现。

（七）保障人民合法权益，建设法治石林。

1. 发展社会主义民主，保障人民民主权利。坚持党的领导、人民当家作主和依法治国的有机统一，依法实行民主选举、民主决策、民主管理、民主监督，推进社会主义民主政治的制度化、规范化、程序化。坚持和完善人民代表大会制度，支持人大及其常委会依法履行职能，围绕全县改革发展稳定大局和人民群众最关心的热点难点问题，加强人大监督工作。坚持和完善中国共产党领导的多党合作和政治协商制度，支持人民政协围绕团结和民主两大主题履行政治协商、民主监督、参政议政的职能，发挥协调关系、汇集力量、建言献策、服务大局的作用。切实加强爱国统一战线工作，充分发挥统一战线在促进和谐社会中的独特优势。推进决策科学化、民主化、法治化，深化党务、政务公开，依法保障公民的知情权、参与权、表达权、监督权。扩大基层民主，健全村务公开、厂务公开等办事公开制度，完善基层民主管理制度，保证人民群众依法行使民主权利。

2. 推进依法治县，全面提高社会法治化程度。牢固树立社会主义法治理念，深入贯彻依法治国基本方略，全面实施“五五”普法规划，推进依法治县。坚持严格执法、公正执法、文明执法，努力建设法治政府，夯实社会和谐的法治基础。按照科学行政、民主行政、依法行政的要求，加快推进政府行政管理体制改革创新，建立健全行政决策机制和制度，推行行政执法责任制、评议考核制和过错责任追究制，完善并严格执行行政复议、行政赔偿和补偿制度。认真贯彻实施好《中华人民共和国各级人民代表大会常务委员会监督法》，加强对权力运行的制约和监督，加强对行政机关、司法机关的监督。

3. 坚持司法为民，维护公平正义。以解决制约司法公正和人民群众反映强烈的问题为重点，逐步建立健全有利于在全社会实现司法公正的司法工作机制。进一步健全人民陪审员和监督员制度，完善审判公开、执行公开、检务公开制度。依法扩大诉讼简易程序适用范围，加强案件审限管理，对涉及赡养、扶养、抚恤金和拖欠农民工工资的案件，实行快立、快审、快结、快执，提高办案效率。健全执行威慑机制，加大生效裁判的执行力度，切实解决执行难问题，维护司法尊严和权威。进一步加强和改进法律援助工作，扩大司法救助范围，减免贫困群众诉讼费，切实解决群众“打官司难”问题。加强司法廉政建设，建立有效的监督制约机制，严肃追究徇私枉法、失职渎职等行为的法律责任。

（八）维护社会稳定，建设平安石林。

1. 统筹协调各方面利益关系，妥善处理社会矛盾。以化解矛盾纠纷，促进社会和谐为主线，坚持标本兼治、预防为主，完善定期排查、敏感期排查、重点问题专项排查制度，健全信访、调解、综治三位一体的矛盾纠纷排查调处机制，构建党政统一领导、部门各负其责、社会共同参与的维稳工作格局。建立健全县、乡（镇）、村（社区）三级信访网络，坚持和完善信访联席会议制度、领导包案制度、领导接待日制度和干部下乡接访、约访、巡访等制度，切实把矛盾化解在基层。建立健全群体性事件预警处置机制，依法及时妥善处置群体性事件。坚持人民调解、行政调解、司法调解有机结合，综合运用政策、法律、经济、行政等手段和教育、协商、疏导等办法，积极预防和妥善处置社会矛盾，维护群众利益和社会稳定。

2. 加强社会治安综合治理，增强人民群众安全感。以建立健全维护和谐稳定长效工作机制为核心，以加强社会治安综合治理为主线，坚持工作重心下移，加强基层基础工作，深入推进“平安单位”、“平安乡镇”、“平安村组（社区）”等创建活动。完善社会治安打防控体系，着力整治社会治安突出问题，依法严厉打击严重刑事犯罪和严重影响群众生命财产安全的多发性犯罪。扫除社会丑恶现象，坚持不懈地打好禁毒和防治艾滋病的人民战争。加强公安派出所、司法所、人民法庭建设，探索社区、农村警务模式，加强基层干警力量，充实群防群治队伍，提高社会治安防范能力。加强对重点人群的教育和管理，努力做好刑释解教和安置帮教工作。重视城郊结合部、治安重点场所、出租房和特种行业管理，消除社会治安盲点。开展国家安全教育、国防教育和保密教育，夯实国家安全人民防线建设基础。

3. 加强安全生产工作，保障人民群众生命财产安全。坚持安全第一、预防为主、综合治理，建立健全安全生产长效监管机制，落实安全生产责任制，强化企业安全生产主体责任，严格安全生产监管。重视安全生产技术保障体系和安全基础设施建设，切实抓好煤矿、非煤矿山、煤气、危险化学品、危爆物品等高危行业和重点领域的安全生产和专项整治。加强公共卫生、交通、消防安全监管，禁止“三无”车辆、农用车和拖拉机载人，减少和杜绝安全事故发生。严格重大安全生产事故责任追究。强化安全生产宣传教育和培训，增强全民安全意识和从业人员安全生产素质。健全完善突发公共安全应急预警机制，有效应对各种自然灾害、事故灾难、环境和公共卫生事件、社会安全事件，最大限度地减少人员伤亡和危害，维护人民群众的生命财产安全。

三、加强党的领导，为构建和谐石林提供强有力的政治保证

（一）提高各级党组织领导和谐石林建设的本领，以党内和谐促进社会和谐。建设和谐石林，关键在党，关键在人。各级领导班子和领导干部要把和谐社会建设摆到全局工作的重要位置，切实担负起构建和谐石林的领导责任，充分发挥“把握方向、制定政策、整合力量、营造环境”的作用。坚持民主集中制，扩大党内民主，推进党务公开，以党内和谐促进社会和谐。拓展党员参与党内事务的渠道，保障党员行使党章赋予的各项权利。大力加强各级领导班子建设，注重培养和选拔懂经济、懂社会管理的干部，不断优化班子结构。认真实施体现科学发展观要求的综合考核评价办法，将领导经济建设和加强社会管理等内容纳入考评体系。实施干部素质能力提升工程，不断提高各级领导班子和领导干部管理社会事务、协调利益关系、开展群众工作、激发社会创造活力、处理人民内部矛盾、维护社会稳定的本领。

（二）加强基层基础工作，增强各级党组织构建和谐社会的凝聚力。把基层党建工作摆在突出位置，坚持党委、总支（支部）抓基层党建工作责任制。巩固和发展保持共产党员先进性教育活动成果，深入实施“云岭先锋”工程，扩大“三级联创”成果。进一步完善“三级联系”制度和民情恳谈制度，注意听取群众意见，做好联系和服务群众的工作。全面加强农村、社区、企业、机关、学校、人民团体和新经济组织、新社会组织的党建工作，扩大党的工作覆盖面，夯实基层工作基础，充分发挥基层党组织凝聚人心、推动发展、促进和谐的作用。加强党员管理，提高党员素质，做好新时期党员发展工作，充分发挥广大党员构建和谐石林的先锋模范作用。重视老干部工作，充分发挥老干部在构建和谐石林中的积极作用。关心和爱护基层干部、老党员、困难党员，凝聚各方力量，促进和谐发展。

（三）坚持“立党为公，执政为民”，营造和谐的党群干群关系。认真贯彻“两个务必”和“八个坚持、八个反对”的要求，以改革创新的精神，切实解决党风政风方面妨碍改革发展、和谐稳定的突出问题。坚持标本兼治、综合治理、惩防并举、注重预防的方针，认真贯彻落实党风廉政建设责任制，推进教育、制度、监督并重的惩治和预防腐败体系建设。加强党员干部廉洁自律、廉洁从政和思想道德教育，推进廉政文化建设，努力营造“以廉为荣、以贪为耻”的社会风气。围绕建设“法治政府、服务政府、责任政府、诚信政府”的目标，加强机关效能建设和行政监察工作，进一步深化民主评议机关、评议行风活动。建立健全监督机制，加大对工程招投标、重点项目资金、农村集体资产和财务管理、土地管理等重点领域的监管力度，坚决纠正损害群众利益的不正之风。加大案件查处力度，坚决惩处腐败分子，以清正廉洁的良好形象和反腐倡廉的实际成果取信于民。用优良的党风促政风、带民风，营造和谐的党群干群关系，以党群干群关系的和谐促进和谐社会的健康发展。

构建和谐石林，是实现石林经济社会跨越式发展、全面建设小康石林的重要保证。全县各级党组织和广大党员干部，要认真贯彻落实中央《决定》精神，按照省、市、县委的安排部署，紧密结合各自实际，明确责任，强化措施，狠抓落实，确保构建和谐石林的各项工作落到实处。

关于进一步做好我县“十一五”农村定点挂钩帮带扶贫工作的方案

（2007年3月18日中共石林彝族自治县委办公室、石林彝族自治县人民政府办公室石办发〔2007〕14号）

为全面贯彻落实科学发展观，构建社会主义和谐社会，广泛动员社会力量参与定点挂钩帮带扶贫工作，共同打好我县“十一五”扶贫攻坚战，促进贫困地区尽快改变面貌，贫困农户尽早增收脱贫，根据《中共昆明市委办公厅、昆明市人民政府办公厅印发〈关于进一步做好我市“十一五”农村定点挂钩帮带扶贫工作的方案〉的通知》（昆办发〔2006〕10号）精神，结合我县实际，特制定本方案。

一、我县扶贫开发工作面临的形势

“十五”期间，县委、县人民政府认真按照中央、省、市的部署，有组织、有计划、大规模地开展扶贫开发工作，贫困地区农民的生产生活水平有了明显的改善，收入明显增加，各项社会事业得到较快发展，扶贫攻坚的阶段性目标如期实现。但按中央、省、市新时期扶贫开发标准，目前全县20个省列扶贫重点村还有12个没有实施，5个市列扶贫重点村仅实施2个。全县还有相对贫困村委会17个，63个自然村群众的生产生活水平较低，尚未列为扶贫重点村；全县农民人均纯收入低于683元以下的绝对贫困人口有1.2万人，944元至684元的相对贫困人口有2.1万人，绝对贫困人口和相对贫困人口之合占全县农业人口的15.9%，特别是这些地区大多位于生态脆弱，资源贫乏，生产生活环境恶劣的区域，扶贫开发的难度大，任务艰巨。

二、扶贫开发工作的指导思想、目标和实施办法

（一）指导思想

以“三个代表”重要思想为指导，树立科学发展观、正确政绩观和马克思主义群众观，坚持开发式扶贫的方针，以贫困自然村为主战场，贫困人口为基本对象，以改善基本生产生活条件为重点，以增加农户收入为核心，以整村推进为主线，突出重点，整合资源，加大投入，切实搞好重点村和安居村建设及产业开发，抓好科技、信贷扶贫、劳务输出、挂钩帮带扶贫工作，加快贫困村和贫困人口的脱贫进程，为扎实推进社会主义新农村建设，构建和谐石林打下坚实的基础。

（二）目标

从2006年到2010年，用5年的时间，按照“挂到乡、扶到村、帮到户”要求，全面推进定点挂钩帮带扶贫工作，突出解决全县省列20个、市列5个扶贫重点村委会3.3万贫困人口的温饱问题，确保“十一五”扶贫攻坚工作取得实效。

1. 解决贫困人口温饱目标。基本解决农村1.2万绝对贫困人口的温饱问题，进一步巩固和提高2.1万低收入人口的温饱生活水平。

2. 基础设施建设目标。基本实现人均有1亩稳产田（地）；基本解决自然村人畜饮水困难；沼气普及率达到60%以上，节能灶普及率达到100%；村委会公路实现常年畅通，自然村基本通简易公路；村委会开通程控电话或移动通信网络。

3. 整村推进目标。实施以自然村为单位的整村推进扶贫规划，全县实施省级重点村12个，安居温饱村6个，市级重点村3个，争取省市列相对贫困村17个，通过实施整村推进扶贫规划，实现“63211”目标，即“六有”、“三建”、“两通”、“一输出”、“一达标”。“六有”：全村人有饭吃、有水喝、有衣穿、有房住、孩子有学上、有病能就医；“三建”：人均建成1亩稳产基本农田（地），户均建成1项稳定可靠的产业增收项目，户均建设1口沼气池或节能灶；“两通”：村村通电、村村通简易公路或村间道路基本硬化；“一输出”：符合条件的户均输出1个劳动力；“一达标”：全村农民年人均纯收入达到解决温饱标准，年人均占有粮食400千克以上。

4. 扶贫劳务输出目标。加大贫困地区农村富余劳动力培训转移力度，每年实现劳动力转移5000人以上。

5. 科技及产业发展目标。加大农村科技知识普及和农业适用技术推广应用的力度，每户贫困户有1名掌握1—2门种养加技能的科技明白人；培植1—2个特色主导产业，扶持1—2个能带动贫困农户发展特色产业的扶贫龙头企业。

6. 社会事业发展目标。及时消除农村中小学危房，适龄儿童义务教育入学率达到98%以上，普及九年义务教育成果不断巩固和发展，青壮年文盲率降到5%以下；村委会有医疗设备、器械、药品、人员配套的卫生室，建立和完善农村新型合作医疗制度，人人享有初级卫生保健；80%以上的村委会有电视、音响、图书配套且科普宣传与科技培训为一体的文化室；广播电视人口综合覆盖率争取达到100%。

（二）实施办法

对省列20个、市列5个扶贫重点村委会实行县级党政机

关定点挂钩帮带扶贫，每个部门分别挂钩扶持1个重点贫困村委会，扶贫点不脱贫，部门不脱钩。

三、扶贫开发工作的主要措施

（一）加强领导，提高认识。

各乡镇党委、政府和各挂钩帮带扶贫部门要认真贯彻党的十六大、十六届六中全会精神，按照“三个代表”重要思想的要求，继续实行扶贫工作党政一把手负责制，动真情，真扶贫，以高度的使命感和责任感，切实加强对扶贫开发工作的领导，健全完善扶贫开发工作的组织领导机构，转变作风，深入实际，提高工作效率，把扶贫开发列入本部门的重要工作，结合各自职能，认真完成好所承担的帮带扶贫任务。

（二）强化措施，狠抓落实。

新时期新阶段定点挂钩帮带扶贫工作必须按照“挂钩点不脱贫、挂钩单位不脱钩”，“实行五年挂钩帮扶承包制”的原则，坚持“挂到乡、扶到村、帮到户”的要求，全面推进定点挂钩帮带扶贫。一是建立健全领导机构。参与定点挂钩帮扶工作的各部门、各单位，要明确分管领导和工作班子，落实专人负责。二是加强调查研究。各部门、各单位主要领导必须着眼于全局的协调发展，带头深入定点帮扶乡镇、村进行实地调查，摸清情况，协调解决定点工作的重大问题，在制定规划、出台措施、安排资金和提供信息、技术、人才服务等方面给予贫困地区更大的倾斜和支持。三是精心制定帮扶规划。根据定点挂钩帮扶村的扶贫开发规划，按照“缺什么，补什么”的原则，结合自身优势，制定具体帮扶规划。四是党员干部与帮扶对象结成对子帮扶，层层落实责任，狠抓落实，形成扶贫帮困的网络体系，以网络化的方式明确扶贫责任制，确保扶贫工作取得实效。

（三）整合资源，实行整村推进。

如期完成扶贫目标任务，从根本上改善贫困村的生产生活条件，就要整合资源，进一步加大投入力度。一方面，要认真贯彻执行国家的扶贫方针政策，管好、用活扶贫资金，最大限度地发挥好经济和社会效益；另一方面，要加强与职能部门的合作，充分调动各方面的力量，整合有关部门的资金、技术向贫困村集中，按扶贫开发规划的要求，采取“整合资源、集中投入、各负其责、捆绑使用、各记其功”的办法，加大对重点扶贫村的投入力度。

（四）强化科教扶贫，提高劳动力素质。

在努力发展经济、解决贫困地区群众温饱的同时，发展科技、教育、文化、卫生等社会事业。把实施科教扶贫，提高劳动者素质放在与改善生产生活条件同等重要的地位。大力加强基础教育和科技培训，从整体上提高贫困地区干部群众的科技文化素质水平。大力普及和推广农村先进适用技术，增强贫困地区群众脱贫致富的能力，提高生产力水平。努力提高通邮、通电话、通广播电视的水平，改变贫困地区信息闭塞、文化落后的状况。每年在贫困村安排一定数额的科技扶贫资金，用于科技培训和实施科技扶贫项目，推动农业科技进步，提高农业生产的科技含量。

（五）加强技能培训，抓好扶贫劳动力转移就业。

加强技能培训，促进劳动力的转移是新阶段扶贫工作的一项重要措施，要结合实际，加强同农业、就业等部门协作，认真制定扶贫劳动力输出转移计划，以强化实用技术技能、法规培训为切入点，努力促进贫困地区富余劳动力转移输出。

（六）扶贫开发与生态环境建设相结合。

全县贫困村的生产生活条件都比较差，坡耕地比重大，干旱、水土流失严重，森林植被差，农村能源开发利用率低，生产力水平低，生态环境恶劣。为改变这一状况，促进贫困地区经济和社会的可持续发展，一方面，要将贫困地区的生态环境建设纳入全县扶贫开发总体规划，根据扶贫项目建设程序，逐年组织实施；另一方面，重点将贫困地区的道路、水利、农村能源等方面的建设项目和产业发展项目，纳入全县国民经济和社会发展规划及年度计划中，逐年改善贫困乡村群众的生产和生活条件，从而实现贫困地区的协调、快速、健康发展。

（七）坚持扶贫开发与社会主义新农村建设相结合。

按照建设社会主义新农村的要求，结合扶贫开发工作的实际，把整村推进与社会主义新农村建设结合起来，积极协调相关部门按工作职能，把涉及扶贫开发的项目纳入“十一五”行业规划，切实加大资源整合力度，扎实推进我县社会主义新农村建设的进程。

（八）加大扶贫资金投入，提高投资效益。

继续争取国家、省、市财政扶持，争取社会捐助以及争取贷款、援助等办法，多渠道筹集资金，较大幅度地增加对贫困地区的投入。扶贫资金要集中用于扶贫规划确定的重点开发项目上，统筹规划，合理使用，提高整体效益。要加强对扶贫资金的管理，设立专户，专账管理，专款专用，实行专项报账制。切实加强对扶贫资金使用的检查、监督和审计，确保扶贫资金落实到村、到户，到项目。

（九）进一步加强和完善扶贫开发统计监测工作。

为及时了解和全面掌握扶贫开发的进展及动态，发现和研究新问题，统计部门要认真做好有关信息的采集、整理、反馈和发布。制定科学、规范、符合实际的监测方案，采取多种方法，准确、全面、系统、动态、及时地反映贫困人口收入水平和生活质量的变化，以及贫困地区经济发展和社会进步的情况，为县委、县人民政府科学决策提供必要而可靠的依据。

石林彝族自治县省列20个、市列5个扶贫重点村委会及挂钩单位表

乡（镇）	村委会名称	联系领导	挂钩单位
石林镇	长跨村委会	王国亮	县残联
	小密枝村委会	张忠贵	县旅游局乃古石林管理处
	水塘铺村委会	黄桂芳	县政协机关
	螺蛳塘村委会	邓世林	县地税局
	*林口铺村委会	李绍增	天合公司
路美邑镇	大哨村委会	李福军	县医保中心
	小河村委会	金琼英	县烟草公司
	*阿怒山村委会	苏云波	县委办
鹿阜镇	*铺兵村委会	段增华	县农村信用联社
	清水塘村委会	李家云	进修学校
西街口镇	宜奈村委会	徐梅芬	县国税局
	芭茅村委会	李兴国	县总工会

乡（镇）	村委会名称	联系领导	挂钩单位
板桥镇	大叠水村委会	者培仙	县旅游局大叠水管理处
	叠水村委会	陈菊珍	县纪委
	龙溪村委会	朱玉和	县发改局
	*冒水洞村委会	赵淑珲	县文体局
大可乡	水尾村委会	周和祥	县民政局
	岩子脚村委会	叶　扬	县计生局
	*中龙村委会	彭　颖	县人大机关
长湖镇	祖莫村委会	毕春华	县邮政局
	雨胜村委会	毕富兴	县委党校
圭山镇	额冲衣村委会	裴演兵	县农行
	当甸村委会	自成相	县人武部
	法块村委会	潘华光	县乡镇企业管理局
	红路口村委会	周兴荣	县水务局

备注：带“*”号者属市列扶贫重点村委会

中共石林彝族自治县委　石林彝族自治县人民政府关于深入开展“五创”工作的通知

（2007年4月13日中共石林彝族自治县委、石林彝族自治县人民政府石发〔2007〕13号）

各乡（镇)党委、政府，县直各部委办局、人民团体、企事业单位，省、市驻石单位：

去年，昆明市全面开展了国家园林城市、国家卫生城市、国家环保模范城市创建活动。最近，又启动了全国文明城市创建活动。为积极响应市委、市人民政府的号召，县委、县人民政府高度重视，在县委十届二次全会和县人大十四届五次会议上提出了创建国家卫生县城、国家园林县城、国家环保模范城市、省级平安县的工作目标。同时，于今年启动了石林县创建昆明市文明县城工作。这是从我县实际出发，为提高城市品位，提升石林影响力作出的一项重大决策；是继“申遗”工作后开展的又一重大活动。为深入开展我县国家卫生县城、国家园林县城、国家环保模范城市、省级平安县和昆明市文明县城创建（以下简称“五创”）工作，现将有关事项通知如下：

一、充分认识开展“五创”工作的重大意义

开展“五创”工作，对于深入实施大旅游主导发展战略，推进石林旅游二次创业，创建世界一流景区，打造国际旅游胜地，加快石林经济社会跨越式发展，构建和谐石林，具有十分重要的意义。开展“五创”工作是利民为民的一项实事工程，是市委、市人民政府赋予我县的一项光荣而艰巨的任务，是对我们领导能力、工作水平和执行力的一次全面检验。全县各级各部门一定要站在战略和全局的高度，深刻认识“五创”工作的重大意义，牢固树立抓创建就是抓环境、抓创建就是抓品牌、抓创建就是抓旅游、抓创建就是抓发展、抓创建就是抓和谐的理念，切实把思想和行动统一到县委、县人民政府的决策部署上来，扎扎实实地推进创建各项工作，

努力营造繁荣、文明、整洁、祥和的城市形象。

二、指导思想

以“三个代表”重要思想为指导，全面贯彻落实科学发展观，按照“创建世界一流景区、打造国际旅游胜地”总体要求，坚持以人为本、创建为民的原则，抓住“优美环境、优良秩序、优质服务”三个核心，突出“塑造城市形象、提高市民素质、营造良好环境、提升管理水平”四个重点，“五创”联动，用一至四年的时间，创建为国家卫生县城、国家园林县城、国家环保模范城市、省级平安县、昆明市文明县城，把石林建成文明开放、道德进步、市容整洁、交通有序、环境优美、生态协调、治安良好、政治稳定、经济繁荣、社会和谐的新型城市。

三、目标任务

今年内要重点确保创建成国家卫生县城、省级平安县、省级园林县城，进入全省城市环境综合整治定量考核前5名，进入昆明市创建文明县城工作先进县城行列；2008年，确保国家卫生县城、省级平安县通过复审，提高省级园林县城创建成果，全省城市环境综合整治定量考核保持在前5名，进入昆明市文明县城行列；2009年，确保国家卫生县城、省级平安县和市级文明县城通过复审，园林县城和环保模范城市指标达到国家级标准；2010年，确保国家卫生县城、省级平安县、市级文明县城通过复审，进入国家园林城市和国家环保模范城市行列。

四、组织领导

成立石林彝族自治县“五创”工作领导小组。

组　长：柳文炜（县委书记）

副组长：李忠德（县委副书记、县人民政府县长）
裴演兵（县委副书记）
李绍增（县人大常委会主任）
者培仙（县政协主席）
李正平（县委常委、县委办主任、县旅游局局长）
李兴国（县委常委、县委政法委书记、县公安局局长）
段增华（县委常委、县人民政府常务副县长）
李福军（县委常委、县委宣传部部长）
徐梅芬（县人民政府副县长）
张忠贵（县人民政府副县长）
苏云波（县政协副主席、县财政局局长）

成　员：王永乔（县委办常务副主任）
王彦平（县政府办主任）
彭天寿（县纪委副书记）
王云龙（县委组织部副部长）
万春林（县委宣传部副部长）
赵永勤（县委政法委副书记）
马海荣（县直机关党委常务副书记）
吴剑平（县建设局局长）
罗秀全（县环保局局长）
毕卫红（县卫生局局长）
赵一民（县发改局局长）
李增喜（县民政局局长）
徐朝光（县农牧局局长）
张鹏飞（县林业局局长）
余　春（县水务局局长）
普光强（县教育局局长）
徐跃高（县文体局局长）
张树忠（县广电局局长）
王　宏（县交通局局长）
刘　林（县工商局局长）
徐永平（县统计局局长）
袁家林（县食品药品监督管理局局长）
李金宝（县安监局局长）
黄宗祥（石林管理局党委副书记、纪委书记）
毕文祥（县财政局副局长）
李静江（县总工会常务副主席）
殷　瑕（团县委书记）
毕金兰（县妇联主席）
李建民（县科协主席）
各乡镇党委书记、乡镇长

领导小组下设办公室和五个工作指挥部。

（一）办公室

领导小组办公室设在县委办，由县委副书记裴演兵同志兼任办公室主任，工作人员从相关职能部门抽调。

（二）创建国家卫生县城工作指挥部

指 挥 长：李忠德（县委副书记、县人民政府县长）

副指挥长：裴演兵（县委副书记）
徐梅芬（县人民政府副县长）

成员由相关职能部门领导组成。

指挥部下设办公室在县卫生局，由徐梅芬同志兼任办公室主任，工作人员从卫生局和相关部门抽调。

（三）创建省级平安县工作指挥部

指 挥 长：李兴国（县委常委、县委政法委书记、公安局局长）

副指挥长：赵永勤（县委政法委副书记）

成员由相关职能部门领导组成。

指挥部下设办公室在县委政法委，由赵永勤同志兼任办公室主任，工作人员从县委政法委和相关部门抽调。

（四）创建国家园林县城工作指挥部

指 挥 长：张忠贵（县人民政府副县长）

副指挥长：吴剑平（县建设局局长）

成员由相关职能部门领导组成。

指挥部下设办公室在县建设局，由吴剑平同志兼任办公室主任，工作人员从县建设局和相关部门抽调。

（五）创建国家环保模范城市工作指挥部

指 挥 长：张忠贵（县人民政府副县长）

副指挥长：罗秀全（县环保局局长）

成员由相关职能部门领导组成。

指挥部下设办公室在县环保局，由罗秀全同志兼任办公室主任，工作人员从县环保局和相关部门抽调。

（六）创建昆明市文明县城工作指挥部

指 挥 长：李福军（县委常委、县委宣传部部长）

副指挥长：万春林（县委宣传部副部长）

成员由相关职能部门领导组成。

指挥部下设办公室在县委宣传部，由万春林同志兼任办公室主任，工作人员从县委宣传部和相关部门抽调。

领导小组成员如因人事或者分工变动，由所在单位相应领导自然补充，不再另行行文。

五、工作要求

（一）加强领导，精心组织。各级各部门要高度重视“五创”工作，把“五创”作为“十一五”期间的重要工作，摆在十分突出的位置，列入重要议事日程，切实加强领导，精心组织实施。各乡镇、各单位要严格按照县委、县人民政府的安排部署，结合各自责任分工，明确工作目标，分解细化任务，制定工作计划，落实责任主体，把创建工作的各项措施落到实处，真正做到思想认识、领导力量、工作班子、具体措施、创建合力和保障机制“六个落实”。

（二）密切配合，协调联动。全县各级各部门要把思想统一到县委、县人民政府的安排部署上来，统一到创建工作的目标要求上来，积极支持和参与创建活动，各司其职，各负其责，相互配合，相互支持，形成上下一心、各方参与、齐抓共管的良好氛围，确保“五创”目标圆满完成。

（三）广泛宣传，全民动员。要采取群众喜闻乐见、富有成效的形式，多渠道、多层次开展宣传活动，深入宣传，广泛发动，把“五创”工作的意义、目标、标准和要求讲深讲透，让广大群众知道创建带来的益处，认识创建工作与自己的生产生活息息相关，真正使创建活动家喻户晓，深入人心，形成人人关心、支持、参与创建活动的良好氛围。宣传、新闻等部门要发挥宣传主渠道作用，加大宣传力度，开设专栏、专版、专题报道，扩大宣传覆盖面，加强舆论监督，及时报道创建活动的工作进度，宣传创建过程中的先进典型、经验和做法，对问题突出的单位公开曝光，鞭策后进，促进工作。

（四）创新机制，务求实效。创新组织领导、责任落实、宣传发动、投入保障、督促检查等机制，形成坚强有力的创建指挥体系，形成高效有序的创建运转机制，形成步调一致的创建工作合力，形成广泛参与的创建工作局面，形成常抓不懈的长效管理机制，确保创建收到实实在在的效果，让群众亲身感受到创建带来的益处，在创建中提高生活质量，从而进一步激发参与“五创”工作的热情。

县委、县人民政府号召，全县各族人民要更加紧密地团结在以胡锦涛同志为总书记的党中央周围，高举邓小平理论和“三个代表”重要思想伟大旗帜，全面贯彻落实科学发展观，在市委、市人民政府的正确领导下，迅速掀起创建热潮，借鉴石林申报世界自然遗产环境整治、城镇交通综合整治等成功经验，继续发扬“立足本职，岗位创优，争创一流”精神，全县动员，全民参与，团结拼搏，奋勇前行，确保“五创”工作目标任务实现，为建设富裕、生态、文化、民本、开放、诚信、法治、平安石林而努力奋斗！

附：1. 石林彝族自治县创建国家卫生县城实施方案

2. 石林彝族自治县创建国家园林县城实施方案

3. 石林彝族自治县创建国家环保模范城市实施方案

4. 石林彝族自治县创建省级平安县实施方案

5. 石林彝族自治县创建昆明市文明县城实施方案

石林彝族自治县创建国家卫生县城实施方案

为进一步加强卫生县城建设工作，优化城市卫生环境，推动生态旅游城市建设，根据全国爱国卫生运动委员会关于开展创建国家卫生县城的有关要求，结合我县实际，制定本方案。

一、指导思想

以“三个代表”重要思想为指导，坚持以人为本，树立科学发展观，深入推进市容市貌环境整治、环境保护、公共卫生、食品卫生等九大工程，全面提高县城卫生水平，努力建设服务功能完善、人居环境一流的卫生县城，创建为国家卫生县城。

二、工作目标

2007年底前县城的相关卫生硬件、软件指标达到国家卫生县城考核标准，确保通过全国爱卫会的综合评估和考核验收。国家卫生县城考核标准共有10大类、62项指标，其中主要指标有以下九项：

（一）市容环境整洁，清扫保洁率达到100%；

（二）环卫设施数量足够，设备完好率达到90%以上；

（三）公厕布局合理，管理规范，重点地区和场所的公厕不低于二类标准；

（四）绿化覆盖率≥30%，人均绿地面积≥5平方米；

（五）公共场所卫生符合《公共场所卫生管理条例》的要求；

（六）食品卫生监督合格率>80%；

（七）95%以上的单位卫生达标；

（八）居民区内环境整洁，道路硬化，无违章建筑，无乱堆乱放，生活垃圾收集密闭化，绿化美化好；

（九）除“四害”工作经常化、科学化，达到国家标准。

三、主要任务

创建范围为县城建成区。主要任务是实施九大工程。

（一）市容市貌环境整治工程

牵头单位：县建设局

协作单位：县环保局、县水务局、县林业局、县交通局、县公安局、县工商局、石林供电有限责任公司

1. 城市道路、公园环境卫生整洁。清扫保洁率达到100%，机扫率达到30%以上，主要道路机械喷雾降尘率和洒水冲刷率达到70%以上。

2. 垃圾收集、处理达标。街巷垃圾容器封闭、整洁；垃圾收集密闭化达到80%以上，定时定点收运；开展垃圾分类收集工作，对生活垃圾进行无害化处理，处理率达到85%以上，并开展垃圾减量化、资源化综合利用试点工作；运输车辆车容整洁，粪便、垃圾做到密闭化运输、日产日清，不污染道路，清运率达到100%。

3. 按照《城市公共厕所规范和设计标准》及《城市公共厕所卫生标准》要求建设和管理厕所。公厕布局合理，数量足够，管理规范，其中公共汽车首末站、旅游景点、繁华街道、重点地区和大型公共场所设置二类以上公厕。

4. 加大绿地建设和裸露地面的治理。城区绿化覆盖率和人均绿地达到国家标准。对人口密度过大的中心区，实行立体绿化，见缝插绿。街道和小区绿化达标，基本消除裸露地面，主要街道有适量街头绿化美化景点，建成一批花园式单位。

5. 加强城市环境秩序管理。严格落实“门前三包”责任制，严厉查处和清理占道经营、露天烧烤、非法大排档、非法洗车、占道修车、占道餐饮摊点、流动商贩等；加强客运管理，整治交通秩序。

6. 整治广告牌匾。拆除未经批准擅自设置的户外广告；严厉查处乱贴乱画乱挂小广告和广告条幅、乱竖乱摆广告招牌；查处出现空置、破损、污迹和严重褪色的户外广告；查处污损、断电、缺损的霓虹灯、灯箱、电子显示装置；纠正内容不健康、用字不规范的广告；清除非法小广告。

7. 拆除违章建筑。围绕旧城改造和市政道路建设，拆除违章建筑，全面整治街巷、居民小区环境。

8. 城市公共设施完善、完好。环卫设施数量足够，设施完好率≥98%；加强对栏杆、候车亭等公共设施的管护，对损坏的公共设施及时修复。

（二）环境保护工程

牵头单位：县环保局

协作单位：县发改局、县水务局、县建设局、县公安局

1. 加强污染物排放总量控制，使各类污染物排放指数有较大幅度的削减；加强机动车尾气排放管理，上路车辆达标排放；大气环境好于二级以上天数达到标准。

2. 县城地区污水处理率达到60%以上。集中饮用水水源地水质、城市水域功能区水质达标率符合国家考核标准。

3. 环境和交通干线噪声达到国家城市区域规定标准。

（三）公共卫生工程

牵头单位：县卫生局

协作单位：县工商局、县文体局、县水务局

1. 认真贯彻国务院颁布的《公共场所卫生管理条例》，有计划、有检查，监督、监测和技术指导规范，资料齐全；公共场所卫生合格率≥95%。

2. 旅馆、美容美发厅、歌舞厅、公共浴室、影剧院、游泳池等公共场所经营单位严格执行《公共场所卫生管理条例》，各项卫生指标达到国家标准。

3. 二次供水设施产权单位或者其委托的管理单位应建立水质管理制度，配备专（兼）职人员，加强水质管理，定期进行常规检测，并对各类储水设施进行清洗、消毒（每半年不得少于一次）；不能进行常规检测的，应当定期将水样送至当地国家站或者地方站检测；按要求对自来水厂和二次供水设施进行卫生监督管理，资料齐全。

4. 认真贯彻《传染病防治法》，有计划、有检查，有相关的配套法规，有关资料齐全；按规定配置传染病管理监督员，依法开展监督管理工作。

5. 医疗机构设有预防保健组织或专职人员，有健全的控制院内感染、疫情登记和报告制度；建立健全门诊日志，设立肠道门诊；无甲、乙类传染病暴发疫情，无脊髓灰质炎病例发生，无院内感染引起的传染病暴发疫情和死亡事故。

6. 全县有健全的疫情报告网络，医疗机构法定传染病漏报率低于2%。

7. 计划免疫实行按周门诊制度；儿童计划免疫单苗、四苗及乙肝疫苗全程接种率达95%；免费接种规范，安全注射率达100%。

8. 加强公共卫生体系建设，提升全县公共卫生服务能力和水平。

（四）食品卫生工程

牵头单位：县卫生局卫生执法监督局

协作单位：县质监局、县食品药品监督管理局、县发改局、县工商局、县农牧局

1. 认真贯彻《食品卫生法》、《产品质量法》，有计划、有检查，监督、监测和技术指导规范，资料齐全；食品卫生监督合格率>80%。

2. 食品加工制售单位严格按照《食品卫生法》、《产品质量法》的要求开展生产经营管理，保证食品的卫生质量，各项卫生工作符合国家有关卫生标准要求。

3. 直接入口食品不得露天制作，销售食品应有防尘、防蝇设施，餐具应严格按要求清洗、消毒，严禁无证经营。

4. 健全各项预防食物中毒的措施，使全县食物中毒呈下降趋势，食物中毒原因查明率逐年提高，不发生重大食物中毒和重大食源性疾患。

5. 食品制售单位除“四害”达标。

（五）建筑工地创卫工程

牵头单位：县建设局

协作单位：县安监局、县发改局、县卫生局

1. 建筑工地管理组织健全，环保、卫生制度落实；施工工地设置隔离护栏（高度不低于1.8米），工地清洁，物料堆放整齐，车辆运输无遗撒、滴漏。

2. 化学物品单独存放，禁止人、物混杂；职工宿舍每间

居住人员不得超过15人，室内通风良好，干净、整洁；工地设置的临时厕所经常保持清洁，基本无蝇蛆。

3. 建筑工地食堂具备卫生许可证，炊事人员具备健康证、卫生知识培训证；建立食品卫生管理制度，严格执行《食品卫生法》和有关规定，施工现场的食堂和操作间相对固定、封闭，并且具备清洗消毒的条件，建立杜绝传染病的措施。

（六）居民区创卫工程

牵头单位：鹿阜镇

协作单位：县建设局

1. 建立卫生管理组织和制度，有专职卫生干部，有专项活动经费；认真落实爱国卫生工作任务和创建国家卫生县城工作任务，积极开展综合整治和卫生检查评比，创建一批文明卫生先进楼（院）和文明卫生先进家庭。

2. 居民区环境整洁，道路硬化，路面平整，下水道通畅，无污水积存，无违章建筑；居民住宅楼（院）公用部位无乱堆乱放、乱贴乱画现象，无违章饲养家禽家畜现象。

3. 居民区环卫设施完善，街巷内有专人清扫，实行全日保洁，责任到人；生活垃圾收集做到密闭化，定时定点收运，并积极开展分类收集和回收利用；公共厕所达到三类以上标准。

4. 镇人民政府有专（兼）职除“四害”工作人员，任务明确，责任落实，工作经费有保证；除“四害”工作资料完整，监督监测的各项数据可靠，能够充分反映日常工作开展情况。

5. 在除“四害”中，坚持以环境治理为主的综合防治方针，各项环境治理措施完善，“四害”孳生地得到有效控制；在化学防治中，注重科学合理用药，不使用国家禁用的药物。

6. 灭鼠、灭蚊、灭蝇、灭蟑工作中有三项达到全国爱卫会规定标准，另一项不超过标准的3倍，通过市爱卫会组织的考核。

（七）市场创卫工程

牵头单位：县工商局

协作单位：县发改局、县卫生局、县爱卫办、县食品药品监督管理局、县公安局消防大队

1. 市场设施规范。设置清晰的市场界牌、标志牌，市场内做到分行划市，摊位、商品摆放整齐，车辆停放有序，摊位、车辆不得挤占消防通道，彻底杜绝市场“三合一”现象。

2. 市场卫生规范。制定卫生保洁制度并落实到位，有专职卫生保洁员负责及时清扫垃圾；设置密闭式垃圾容器，有符合卫生要求的厕所，确保无污水和积存垃圾，经营场所干净整洁；市场内及市场周边30米范围内整洁干净，消除市场“脏、乱、差、臭”的不良影响，禁止使用超薄塑料袋，杜绝“白色污染”和其它有害环境的现象；市场饮食摊点有“两证”（卫生许可证、健康证），雨水、污水排放规范，防鼠设施完善，除“四害”达标。

3. 市场经营行为规范。经营者做到亮照经营，佩戴统一胸牌；市场内户外广告按照“两统一、一规范”标准（制式统一、规格统一，广告内容规范）设置。

（八）机关单位创卫工程

牵头单位：县爱卫办

协作单位：鹿阜镇人民政府，县直各部委办局、人民团体、企事业单位

1. 建立卫生管理组织和管理制度，有专（兼）职的卫生干部，有专项活动经费，认真落实爱国卫生工作任务和创建国家卫生县城工作任务，积极参与创建文明卫生先进单位活动。

2. 单位环境整洁，无违章建筑，道路硬化，路面平整，下水道通畅，无积存污水；环卫设施完善，生活垃圾收集做到密闭化和定时定点收运；公共厕所达到三类以上标准。

3. 室内卫生整洁，会议室及公共活动室有禁烟标志，无烟具及吸烟迹象，公用茶具有消毒设施；职工食堂符合《食品卫生法》的要求，从业人员岗位卫生知识培训符合要求。

4. 绿化美化好，单位花园、绿化小区有一定园艺水平，提倡开展屋顶、垂直等多种绿化形式，可绿化面积绿化率＞90%。

5. 积极开展除“四害”活动，防治措施落实，不使用违禁灭鼠药品；鼠、蚊、蝇、蟑密度基本控制在国家标准规定的范围内。

6. 爱国卫生工作网络健全，各项工作有计划、有总结，创卫资料齐全。

（九）宣传发动与健康教育工程

牵头单位：县委宣传部、县爱卫办

协作单位：县教育局、县建设局、县卫生局、县广电局、县新闻中心

1. 中小学健康教育开课率达100%，中等职业学校开展多种形式的健康教育。

2. 各级医院门诊部及病区有健康教育专栏，向病人及其亲属进行健康教育，住院病人健康知识知晓率≥75%。

3. 社区及工作场所开展健康教育工作，居民基本卫生知识知晓率≥70%，居民健康行为形成率≥60%，职业卫生、女工保健知识培训率≥95%，知晓率≥80%。

4. 大众传媒积极开展健康教育，电台、电视台有健康教育专栏，进行舆论引导和新闻舆论监督。

5. 城市建成区无烟草广告，公共场所设有健康教育专栏，其中有控烟和预防艾滋病、性病的宣传内容及宣传品。

四、实施步骤

（一）宣传动员阶段（2007年1月1日—4月30日）。制定创建国家卫生县城工作方案，有关乡镇、部门依据工作方案制定参与创建工作计划，组建工作机构；广泛开展各种形式的宣传活动，营造良好的创建氛围。

（二）全面实施阶段（2007年5月1日—10月30日）。根据国家卫生县城考核标准和工作方案，建立创建台帐，全面实施创建工作。7月前向市、省爱卫会上报创建国家卫生县城报告；10月底前完成灭鼠达标、灭蟑螂达标、灭蝇达标、灭蚊达标工作任务，并通过市爱卫会验收复审，继续保持省级卫生县城、省级灭鼠先进县城、省级灭蟑螂先进县城和市级灭蝇先进县城等称号；各责任单位定期向县国家卫生县城创建工作指挥部办公室报告创建工作进展情况，并按期按质

按量完成所承担的工作任务，确保各项指标达到国家卫生县城考核标准。

（三）考核验收阶段（2007年11月—12月）。巩固九大工程实施成果，收集、整理、规范创建工作资料，做到数字准确，原始资料完整，迎接全国爱卫会的考核验收，确保一次通过，进入国家卫生县城行列。

五、组织领导

成立石林彝族自治县创建国家卫生县城工作指挥部。

指 挥 长：李忠德（县委副书记、县人民政府县长）

副指挥长：裴演兵（县委副书记）

徐梅芬（县人民政府副县长）

成　员：县卫生局、县建设局、县环保局、县水务局、县林业局、县交通局、县发改局、县工商局、县文体局、县教育局、县安监局、县质监局、县食品药品监督管理局、县广电局局长，县卫生局卫生执法监督局局长，县爱卫办主任，县商业总公司经理，县公安局分管交警工作的副局长，县委宣传部分管新闻工作的副部长，鹿阜镇人民政府镇长

指挥部下设办公室及九个工作组。

1. 指挥部办公室

主　任：徐梅芬（县人民政府副县长）

副主任：县卫生局局长

工作人员：从指挥部成员单位抽调。

工作职责：负责指挥部日常事务和综合协调、指标监督检查工作。

2. 市容市貌环境整治工作组

组　长：县建设局局长

成　员：县建设局、县环保局、县水务局、县林业局、县交通局、县公安局分管副局长

工作职责：组织完成《国家卫生县城标准》中“市容环境卫生”部分各项指标的达标工作任务。

3. 环境保护工作组

组　长：县环保局局长

成　员：县环保局、县发改局、县水务局、县建设局、县公安局分管副局长

主要职责：组织完成《国家卫生县城标准》中“环境保护”部分各项指标的达标工作任务。

4. 公共卫生工作组

组　长：县卫生局局长

成　员：县卫生局、县工商局、县文体局、县水务局分管副局长，县卫生局卫生执法监督局局长，全县各医疗卫生单位、各乡镇卫生院负责人

工作职责：组织完成《国家卫生县城标准》中“公共场所生活饮用水卫生”、“传染病防治”部分各项指标的达标工作任务。

5. 食品卫生工作组

组　长：县卫生局局长

成　员：县卫生局卫生执法监督局局长，县质监局、县食品药品监督管理局、县发改局、县工商局分管副局长

工作职责：组织完成《国家卫生县城标准》中“食品卫生”部分各项指标的达标工作任务。

6. 建筑工地创卫工作组

组　长：县建设局局长

成　员：县建设局、县安监局、县发改局、县卫生局分管副局长

工作职责：组织完成《国家卫生县城标准》中“建筑工地及周边环境”部分各项指标的达标工作任务。

7. 居民区创卫工作组

组　长：鹿阜镇人民政府镇长

成　员：鹿阜镇人民政府分管副镇长、县建设局分管副局长

工作职责：组织完成《国家卫生县城标准》中“居民区卫生”部分各项指标的达标工作任务，落实“门内达标”工作。

8. 市场创卫工作组

组　长：县工商局局长

成　员：县工商局、县发改局、县卫生局、县食品药品监督管理局分管副局长，县爱卫办主任，县公安局消防大队大队长

工作职责：组织完成《国家卫生县城标准》中“市容环境卫生”中市场、商场及周边公共场所各项指标的达标工作任务。

9. 机关单位创卫工作组

组　长：县卫生局局长

成　员：县爱卫办主任，鹿阜镇人民政府分管副镇长，县直各部委办局、人民团体、企事业单位分管领导，省、市驻石单位分管领导

工作职责：组织完成《国家卫生县城标准》中“单位卫生”各项指标的达标工作任务，落实“门内达标”工作。

10. 宣传发动与健康教育达标工作组

组　长：县委宣传部分管副部长

成　员：县爱卫办主任，县教育局、县建设局、县广电局、县卫生局、县新闻中心分管领导

主要职责：组织负责《国家卫生县城标准》中“健康教育和民意测验部分”的达标工作任务，营造人人参与创建工作的社会氛围，组织大型宣传活动。

石林彝族自治县创建国家园林县城实施方案

为加快县城园林绿化建设步伐，优化城市人居环境，改善城市生态功能，推动生态旅游城市建设，根据国家、省、市关于创建国家园林县城的有关要求，结合我县实际，制定本方案。

一、指导思想

以“三个代表”重要思想为指导，坚持以人为本，树立科学发展观，充分利用山、河、湖等自然资源，全面提高城市绿化规划建设和管理水平，加快建设“城在林中、林在城中，城绿相依”的园林景观，不断完善城市功能，提升城市品位，美化人居环境，为市民及游客提供环境优美、方便舒适、具有文化内涵的绿色生态空间，争取早日创建为国家园林县城。

二、工作目标

（一）2007年创建为省级园林县城。城市建成区绿地率达到30%以上，绿化覆盖率达到35%以上，人均公共绿地面积达到8平方米以上。

（二）2010年创建为国家园林县城。城市建成区绿地率达到35%以上，绿化覆盖率达到40%以上，人均公共绿地面积达到9平方米以上；城市街道绿化普及率、达标率分别在100%和80%以上，县城干道绿地率不少于25%；新建居住区和单位庭院绿地率在35%以上，“园林式小区”、“园林式单位”各占60%以上；城市绿化工程苗木自给率达80%以上；义务植树成活率和保存率均不低于85%，尽责率在80%以上；城市污水集中处理率达80%以上，其他相关指标达到国家园林县城标准。基本形成组织管理到位、规划设计科学、景观保护得力、绿化系统完整、市政设施配套的城市建设格局。

三、主要任务

（一）编制城市绿地系统规划

结合县城总规修编，整合我县的自然生态历史文化资源，编制县城绿地系统规划，并广泛征求意见，经批准后纳入城市总体规划组织实施。同时，按照创建国家园林县城的要求，编制植物多样性保护规划。通过规划手段，指导城市公共绿地、生产绿地、防护绿地、附属绿地的合理布局，确保城市绿地系统建设总量适宜、分布合理、植物多样、景观优美。

（二）加快城市绿化立法进程

制定城市绿化管理办法、异地绿化补偿费收取标准等，启动绿色图章制度，确保城市绿地管理做到有法可依、有法必依，保护城市绿化成果。

（三）加快城市绿地建设

到2010年，城市绿地面积达302万平方米，绿化三项指标达到国家园林县城标准。

1. 多管齐下，增加城市绿量。通过规划扩绿、见缝插绿、租地造绿等途径，增加城市绿量，确保城市各项园林绿化指标逐年增长。县城的绿化重点：一是抓好巴江综合治理，把巴江建成城市带状公园，营造丰富的园林景观；二是抓好双龙公园标准管养，将绿地深入城市核心，形成县城绿色核心开放区，构筑县城“绿心加环绕”的区域绿地结构；三是实施昆河公路入城片区环境整治，塑造优美的门户形象；四是实施莲花池片区拆旧换新，改造景观，塑造良好的人文与自然环境；五是实施城市建筑风貌改造，形成城市建筑特色；六是实施阿诗玛文化生态园建设，为石林片区形成园林城市格局创造良好条件；七是加快石林中路扩建进度，形成生态景观绿轴；八是做好石林南路、东山路、石林镇街道道路绿化，形成一街一景；九是做好主城区外围的城市绿化，做好万仙阁、紫玉山、马鞍山、狮子山等周边面山林地以及道路、农田防护林等各种类型的绿化工作；十是抓好东城区、旅游服务区、生态工业集中区绿化，保持城市各项园林绿化指标逐年增长。

2. 突出特色，提升绿化品位。按照建设生态旅游城市的目标，走城市绿化植物多样性、突出地方绿化特色的路子，充分利用我县山水资源独特的有利条件，坚持“精、特、奇、雅”打造城市绿化个性品牌，突出地方民族特色；充分发挥乡土树种优势，按照植物造景为主、以绿为主、乔灌草搭配合理的绿化理念，使绿化植物群错落有致。在绿化建设中，把建筑小品、城市雕塑作为重要内容，与地方民族文化相融合，赋予绿地建设人性化内容，丰富城市绿化的韵味，提升绿化品位。

3. 开展“园林式单位（小区）”评选工作。制定评选标准和评选办法，开展一年一度的“园林式单位（小区）”评选工作，并进行命名和表彰，评选出一批园林式小区、园林式工厂、园林式单位等。到2010年，“园林式单位”达到60%以上。做好“园林式小区”的评选工作，保证新建居住小区绿化面积占小区总用地面积的30%以上，开辟有休息活动园地；改造的旧居住区的绿化面积不少于小区总用地面积的25%。到2010年，“园林式小区”达到60%以上。通过开展评选活动，促进各单位开展单位庭院绿化美化、空地绿化。在项目审批过程中严格按照绿化控制“一票否决权”的要求，新建小区和旧城改造项目进行规划报批时，凡不符合绿化规定的，一律不予审批。

4. 全民参与，拓展绿色空间。以每年“植树节”为依托，广泛发动，全民参与，深入开展义务植树活动，全方位拓展城市绿色空间，义务植树地点应尽量安排在城市规划区周围。义务植树成活率和保存率均不低于85%、尽责率在80%以上，努力建成一批“共青林”、“巾帼林”、“红领巾林”、“军民共建林"、"市民林"等。大力推广城市垂直绿化、屋顶绿化、阳台和室内摆花养草，构建立体型、复合型绿色空间。

5. 构建城乡一体化绿化格局。在加强县城绿化的同时，大力开展农村绿化，植树造林，绿化大地，提高郊区和农村绿化覆盖率，在大环境建设上作文章。有计划、分期分批在城郊营造林带，把城市周围绿化起来，实现城在林中。继续抓好退耕还林，加强综合防护林体系建设和乡村公路两旁的绿色林带建设。大力推进小城镇和村庄及其房前屋后和整个村落的绿化美化。

6. 加强和完善生产绿地建设。大力发展绿化苗圃和绿化基地，加强园林植物引种、育种工作，抓紧培育一批适应当地条件的优良品种，提高生产绿地面积和绿化苗木自给率。到2010年，全县生产绿地总面积占建成区面积的2%以上，城市各项绿化工程所用苗木自给率达80%以上。

（四）加强城市景观保护管理

1. 保护石林的历史文化教育资源。按照历史文化名城保护原则，遵从"重在保护、合理开发"的方针，充分挖掘历史文化内涵，落实保护具体措施，稳步推进鹿阜古镇保护与开发，尽可能保留原有历史文化古迹遗留的历史信息，保存完整历史脉络和风貌，展示石林特有的撒尼文化，使群众不断感受悠久的历史文化底蕴。同时，要加快石林撒尼古城、中国彝族第一村、阿诗玛民族文化旅游生态村等建设，通过雕塑、绿化、水景、石山等景观元素，塑造既能反映和展示彝族撒尼文化、旅游文化、石头文化，又能满足游人动态观赏、休闲活动需求，具有时代气息、舒适、多样、优美、生态的文化活动空间，使之成为城市新的亮点。

2. 严格保护城市古树名木。加强城市古树名木的保护管理，开展古树名木普查，进一步健全古树名木保护档案，明确责任，落实措施，严厉打击各种破坏古树名木的行为。积极采取先进科技措施，做好古树名木的复壮、病虫害防治，提高古树名木的保护水平，发挥古树名木的良好景观效应。

3. 实施城市景观工程。开展市容市貌特别是背街小巷的综合整治，达到路平、灯亮、整洁、美化的效果，不断增强城市景观效果；规范户外广告管理，对户外广告进行全面清理，对不符合景观要求、有损城市形象的广告予以拆除；规范城市店面招牌等，提升档次和品位；新建一批城区小广场、停车场；新建小区坚持高起点设计，体现风格各异，力求美观新颖；新建一批标志性建筑亮化工程；继续抓好城市公厕改造。

（五）改善城市生态环境

以保护自然生态为前提，以发展生态经济为动力，以建设生态型山水园林城市为目标，加强县城东山沟、吃水河清淤清障工作，尽快搬迁县城规划区内的石材厂，注重自然生态保护和水体沿岸绿化，使主城区尽快达到山青、水秀、城绿、天蓝的目标；把小区绿化达标作为重点，动员全社会参与绿化、环境建设，抓好单位绿化、庭院美化、门前净化、拆房还绿、拆墙透绿、见缝插绿工作；城区新建道路要做到建一条、绿一条、美一条；在巩固主次干道卫生清扫保洁的同时，着力改善背街小巷的环境卫生秩序；加强城市山体植被保护，开展林相改造，增强山林季相；以创建国家环保模范城市为契机，高度重视绿色环保，加大大气污染和水污染治理力度，到2010年，城市大气污染指数和地表水环境质量标准均达标。

（六）加快城市配套设施建设

进一步加强城市基础设施建设，把城市市政基础设施作为创建的重要内容，加快配套设施建设步伐，不断增强城市的总体功能和承载水平。加快污水处理厂和截污干管、供排水管网改造和建设步伐，抓好垃圾无害化处理设施、城市公厕、公共交通城市道路及停车场建设，到2010年，形成与城市污水处理工程相适应的污水集纳体系，管网面积普及率达到90%，污水进网处理率达到80%以上，生活垃圾无害化处理率达到85%以上，万人拥有公共交通车辆达10辆（标台）以上，人均拥有城市道路面积保持在9平方米以上，用水普及率达到90%以上，水质综合合格率达到100%，道路机械清扫率达到30%，每万人拥有公厕4座。

四、实施步骤

（一）调查研究阶段（2007年1月—2007年4月）。认真总结我县近年来城市绿化建设管理的经验，根据创建工作目标，组织专题调研，掌握创建政策规定和技术要求，明确创建工作重点和难点，制定创建工作方案。

（二）全面启动阶段（2007年5月—2007年12月）。细化创建工作任务，明确职责分工抓落实；向昆明市园林局提交创建省级园林县城的报告，通过省级园林县城考核评审，确保创建成为省级园林县城。

（三）整体推进阶段（2008年1月—2010年4月）。按照国家园林县城的评选标准，进一步加大园林绿化美化力度，全面加强园林绿化管理，确保各项绿化硬性指标达到创建国家园林县城的要求。

（四）自查和申报阶段（2010年5月—2010年9月）。向昆明市园林局提交创建国家园林县城的报告，积极协调，由省建设厅向建设部提交我县创建国家园林县城的报告。同时，进行自检自查，坚持高标准、严要求，认真对照考核标准，组织摸拟检查，积极查缺补漏，发现问题及时整改，全面做好迎接考核评审的准备工作。

（五）考核评审阶段（2010年10月—2010年12月）。科学组织，周密安排，迎接建设部国家园林县城考核评审组的实地考核评审，争取一次通过，进入国家园林县城行列。

五、保障措施

创建国家园林县城涉及面广、工作量大，是一项系统工程，要实现预期目标，必须采取有力措施，狠抓各项工作落实。

（一）组织领导

成立石林彝族自治县创建国家园林县城工作指挥部。

指挥长：张忠贵（县人民政府副县长）

副指挥长：县建设局局长

成　　员：县发改局、县国土资源局、县环保局、县交通局、县文体局、县水务局、县农牧局、县统计局、县乡企局、县林业局、县教育局、县广电局局长，县旅游局分管园林工作的副局长、县建设局分管副局长，鹿阜镇、石林镇、路美邑镇人民政府镇长

指挥部下设办公室在县建设局，由县建设局局长兼任办公室主任，县建设局副局长兼任办公室副主任；办公室工作人员从指挥部成员单位抽调。

（二）深入宣传，广泛动员

创建国家园林县城需要全社会的广泛参与和支持，要积极宣传创建国家园林县城的重要意义和有关城市绿化的法规政策，充分调动和激发全社会参与创建工作的积极性，使创建工作成为各级各部门和广大人民群众共同关心、共同参与的自觉行动。

（三）严格执法，依法行政

深入贯彻执行《城市绿化条例》、《云南省城市绿化管理办法》等有关法规规章，严格把好新建和改建、扩建项目的绿化审核关，建立健全建设项目绿化工程方案审查、实施管理和施工验收制度，加强城市绿化的全程跟踪监察，确保建设项目绿化指标的全面落实。加大行政执法力度，任何部门和个人都不得擅自改变绿化用地用途，对任意侵占绿地、非法砍伐、破坏绿化的行为予以依法查处。

（四）广辟渠道，加大投入

城市绿化是城市重要的基础设施，是改善生态环境和提高广大人民群众生活质量的公益事业，创建国家园林县城以政府投资为主，把城市园林绿化建设和管养纳入国民经济和社会发展规划和年度计划。在统一规划的前提下，实行“谁投资、谁管理、谁受益”的政策，积极鼓励集体和个人投资兴办园林绿化事业；对有收益的园林建设项目，努力开辟和扩大融资渠道，通过合资、合作、推行股份制等市场运作的形式多方筹集建设资金；通过宣传和引导，鼓励工商企业、苗木生产大户发展城市苗木基地建设，特别要结合城市生态林带建设，建设一批大型苗木基地。

（五）依托科技，提高水平

积极开展城市园林新技术、新设备、新材料的研究应用和园林造园造景方面的科学研究，加强乡土树种驯化、利用及外来品种的引种工作，实现城市生物多样性。加强城市绿化科技服务体系建设，搞好技术培训和技术指导，促进城市绿化水平的不断提高。加强对花草树木的病虫害防治，及时对古树做好防寒、环状施肥、浇灌管养等工作。开通绿地监督举报电话，积极发动广大群众参与城市绿化的管理和监督。

石林彝族自治县创建国家环保模范城市实施方案

为全面提升环境质量和环境基础设施建设水平，稳步推进资源节约型和环境友好型社会建设，根据国家、省、市关于创建国家环保模范城市的有关要求，结合我县实际，制定本方案。

一、指导思想

以“三个代表”重要思想为指导，坚持以人为本，树立科学发展观，以环境质量良好、资源合理利用、生态良性循环、城市优美洁净、基础设施健全、生活舒适便捷、居民健康长寿为目标，以城市环境空气、地面水、噪声、固体废弃物污染防治等为重点，全面推进城市环境综合整治，实现城市基础设施现代化、生态环境优质化、市民素质文明化、城市管理科学化，争取早日创建为国家环保模范城市。

二、工作目标

2007年—2009年，纳入云南省环境综合整治定量考核，确保“城考”名次连续3年名列云南省前5名，到2010年达到国家环境保护模范城市的考核标准要求，力争2010年底前通过国家环保总局的综合评估和考核验收。

三、主要任务

主要任务是围绕社会经济、环境质量、环境建设、环境管理四大体系，实施“八大工程”。

（一）碧水工程。以实施巴江水污染防治计划项目为重点，实施河道疏浚和综合整治工程、工业企业废水治理工程、生活小区生活废水集中处置工程、城市节水和中水回用工程、城市雨污分流管网建设工程、饮用水源保护工程。

（二）蓝天工程。以改善城市交通与环境综合整治试点工作为重点，实施工业企业废气治理工程、清洁能源推广工程、城市道路扬尘污染控制工程、机动车排放污染综合防治工程、烟尘控制区建设和管理工程。

（三）绿色工程。与开展创建国家园林城市工作同步，实施公园建设和道路园林绿化工程、“绿色”社区建设工程、面山植树造林及生态示范区建设工程、自然保护区与风景名胜区建设管理工程、城市自然生态与人工生态系统构筑工程。

（四）宁静工程。以环境噪声达标区建设工程为重点，实施交通秩序整顿和交通噪声治理工程，区域环境噪声治理与管理工程，建筑施工、社会生活噪声、文化娱乐噪声污染治理工程，“宁静”生活小区建设工程。

（五）洁净工程。以城市生活垃圾、工业固体废物、危险废物处置为重点，实施城市生活垃圾分类收集及运输工程、生活垃圾无害化处理工程、固体废物及危险废物安全处置工程以及开展城市白色污染整治等。

（六）节约工程。实施清洁能源推广工程，开展建设节约型社会活动和节水城市行动，降低GDP能耗和GDP用水量等。

（七）细胞工程。开展创建国家环保模范城市系列宣传活

动，进行公众环境意识调查，开展绿色社区、环境优美（生态）乡镇、绿色家庭、绿色单位、绿色学校等创建活动及ISO14000环境管理企业、环境友好企业创建工作。

（八）能力建设工程。开展重点污染源在线监测、环境监测能力建设、环境监理标准化建设和环境信息、宣传及城市环境综合执法能力建设等。

四、实施步骤

（一）调研准备阶段（2007年5月—2007年12月）。5—11月制定创建国家环保模范城市工作方案，完成创建国家环保模范城市规划编制、评审工作；12月，向云南省环保局提交创建国家环保模范城市（以下简称“创模”）报告，经批准后转报到国家环保总局。

（二）宣传发动阶段（2008年1月—2月）。启动“创模”专业工作组工作，各专业工作组制定相应的“创模”工作实施方案；在全县范围内进行广泛宣传，形成良好的“创模”氛围。

（三）组织实施阶段（2008年3月—12月）。以强化城市环境综合整治定量考核工作为重点，组织开展专项治理，加强监督检查，确保在云南省“城考”中连续3年名列云南省前5名。根据“创模”规划，集中财力和物力，加强协调，实施联动，抓好落实，确保“创模”八大工程按质按量完成年度工作任务。各专业工作组对照《国家环境保护模范城市考核指标实施细则》进行检查和监测。2008年10月前针对薄弱环节组织重点整改，准备有关技术报告、档案资料和统计数据。

（四）自检自查阶段（2009年1月—12月）。开展全面自检自查，对存在问题进行整改完善；编写“创模”工作报告和技术报告，报请云南省环境保护局进行验收调研，按照整改意见进行整改。

（五）考核验收阶段（2010年1月—6月）。县人民政府向国家环保总局提交“创模”考核验收请示，云南省环保局向国家环保总局上报审核意见；国家环保总局组织专家组对我县创模工作指标进行技术评估和现场检查，按照专家组的反馈意见进行整改完善后，迎接国家环保总局最后全面考核验收。

五、组织领导

成立石林彝族自治县创建国家环保模范城市工作指挥部。

指 挥 长：张忠贵（县人民政府副县长）

副指挥长：县环保局局长

成　　员：县财政局、县乡企局、县人口和计划生育局、县统计局、县水务局、县农牧局、县建设局、县卫生局、县发改局、县交通局、县林业局、县民政局、县工商局、县国土资源局、县质监局、县食品药品监督管理局、县公安局、县人事劳动和社会保障局、县监察局、县政府法制办的主要领导

指挥部下设办公室和七个专业工作组：

（一）办公室

主　　任：县环保局局长

工作人员：从指挥部成员单位抽调

工作职责：负责指挥部日常工作和综合协调、指挥监督检查工作。

（二）社会经济发展专业组

组长：县发改局局长

成员：鹿阜镇、石林镇、路美邑镇人民政府和县乡企局、县旅游局、县工管会、县财政局、县人口和计划生育局、县统计局、县水务局、县建设局、县环保局、县卫生局的分管领导

工作职责：正确处理保护生态与发展经济之间的关系，使环保投资指数和人均GDP不断增长，使经济增长率高于全国平均水平。控制单位GDP能耗及水耗，推进企业技术改造和产品创新，建立循环经济模式，引导企业走经济效益好、环境污染少、资源消耗低的集约化工业发展道路；保证连续三年环保投资指数比例大于2%，建立政府引导、市场化运作的环保投融资机制。

（三）环境基础设施建设专业组

组　长：县建设局局长

成　员：鹿阜镇、石林镇、路美邑镇人民政府和县发改局、县财政局、县交通局、县环保局、县文化局、县民政局的分管领导

工作职责：加强城市环境基础设施建设，完成污水处理厂中水回用工程建设；提高生活垃圾清运率、无害化处理率；加强对栏杆、候车亭等公共设施的管护，城市公共设施完善、完好；环卫设施数量足够，设施完好率≥98%；加强社区绿化美化，拆除违章建筑，健全文化体育设施；广泛开展创建“绿色社区”、“绿色家庭”活动。

（四）环境污染控制专业组

组　长：县环保局局长

成　员：鹿阜镇、石林镇人民政府和县公安局、县发改局、县财政局、县建设局、县交通局、县工商局、县水务局、县国土资源局、县质监局、县卫生局的分管领导

工作职责：坚持以人为本和城市与自然共存的原则，进一步提高城市环境保护和建设水平；确保集中饮用水水源地水质、城市水域功能区水质达标率符合国家考核标准；逐步取缔分散小型锅炉房，提高清洁能源使用率；加强机动车尾气和施工工地的监督检查和管理；严格新建项目的管理，控制新污染源产生；加强现场监督力度，巩固老污染源达标排放成果，确保污染物稳定达标排放；加强城区交通噪声、固定声源噪声、施工噪声、社会噪声监管，创建“宁静”小区；建设环境噪声达标区、烟尘控制区；对环境污染举报进行调查处理，调查公众对城市环境满意率。

（五）生态环境建设专业组

组长：县建设局局长

成员：鹿阜镇、石林镇人民政府和县环保局、县水务局、县农牧局、县林业局、县国土资源局的分管领导

工作职责：加强公园、花园式单位建设及管理，大力开展绿化，提高建成区绿化覆盖率；加强城乡结合部及周边地

区环境管理，加强饮用水源区生态保护，改善城市整体环境，杜绝生态破坏事故发生。

（六）宣传教育专业组

组长：县委宣传部分管副部长

成员：鹿阜镇、石林镇人民政府和县广电局、县新闻中心、县政府法制办、县教育局、县文体局、县环保局的分管领导

工作职责：利用报刊、电台、电视台等媒体大力开展创模宣传活动；编制系列环保宣传书籍、音像制品；广泛开展创建“绿色学校”等活动；倡导绿色文明的生活方式和环境价值观念，中小学环境教育普及率达到80%以上。

（七）环境管理能力建设专业组

组长：县人事劳动和社会保障局局长

成员：鹿阜镇、石林镇人民政府和县发改局、县财政局、县环保局的分管领导

工作职责：加强环境保护机构建制和环境保护能力建设，达到国家环境保护能力标准化建设要求。

（八）督查组

组长：县监察局局长

成员：县“创模”工作指挥部办公室、县政府法制办的分管领导

工作职责：根据创模总体规划和专题规划确定的任务，将工作目标任务逐项分解到有关部门，内容包括指标、项目、进度等要求；根据条块结合的原则，建立专项工作目标责任制。

石林彝族自治县创建省级平安县实施方案

为认真贯彻落实县第十次党代会及县委十届二次全会精神，深入开展平安创建活动，建设平安石林，推进和谐石林建设，根据《中共石林彝族自治县委关于构建和谐石林的实施意见》，制定本实施方案。

一、指导思想

以邓小平理论和“三个代表”重要思想为指导，以科学发展观统领经济社会发展全局，紧紧围绕“民主法治、公平正义、诚信友爱、充满活力、安定有序、人与自然和谐相处”的目标，以建立健全平安创建工作长效机制为核心，以排查化解社会矛盾纠纷为主线，以打牢基层基础工作为重点，全面落实社会治安综合治理的各项措施，深入开展平安创建活动，实现社会更加稳定，治安更加良好，民族更加和睦，群众更加安康，促进石林经济社会跨越式发展。

二、总体目标

2007年，全县创安工作通过省综治维稳委的考评验收，获得省委、省人民政府命名的“平安县（市、区）”称号。

三、工作任务

（一）加强对敌斗争，维护社会稳定

严密防范和有效打击各种敌对组织和“三股”势力的渗透破坏活动；有效防范和抵制境外宗教渗透活动，及时发现取缔境内非法宗教活动；严厉打击和坚决取缔各种邪教组织，深入推进农村反邪教警示教育活动，落实反邪防邪“四个纳入”工作措施，继续实现“三零”指标，巩固“无邪教乡镇”创建成果。

（二）深入开展“严打”整治斗争，解决治安突出问题

1. 坚持严打方针，严厉打击有组织犯罪、黑恶势力犯罪、杀人、爆炸等严重暴力犯罪以及抢劫、抢夺、盗窃等影响群众生命财产安全的多发性侵财犯罪，命案侦破率达85%以上，当年刑事案件发案数低于辖区近3年的平均值，当年刑事案件破案率高于辖区近3年平均值，当年刑事案件批捕率、起诉率、审结率高于近3年的平均值。

2. 依法严厉打击商业欺诈、金融诈骗、制假售假、欺行霸市、传销等破坏市场经济秩序的违法犯罪；整顿规范农村柴油供应、农药、化肥、籽种等流通环节，防止坑农害农事件发生。全年不发生影响经济正常运行或引起局部社会恐慌的重大经济犯罪。

3. 加大治安整治力度，及时查处和扫除“黄、赌、毒”等社会丑恶现象，净化社会风气。无群众反映强烈的“黄、赌、毒”治安乱点和复杂场所，治安案件查处率达95%以上，年内公众对社会治安的满意率达85%以上。

（三）抓好矛盾纠纷排查调处工作，预防和处置群体性事件

1. 按照“发现得早、化解得了、控制得住、处置得好”的要求，有效预防和妥善处置群体性事件，全年无集体到京、省、市党政机关越级上访事件、围堵党政机关等严重影响社会稳定和治安稳定的事件发生。

2. 坚持乡镇每月一次，村民小组、村委会（社区）每半月一次的矛盾纠纷排查制度，妥善化解各种矛盾纠纷，排查率达100%。坚持和完善信访联席会议制度，定期排查、敏感期排查、重点问题专项排查制度，健全信访、调解、综治三位一体的矛盾排查调处机构。坚持人民调解、行政调解、司法调解相结合，完善多渠道解决争端工作机制，把矛盾纠纷化解在萌芽状态，预防“民转刑”案件发生，矛盾纠纷调解率达100%，成功率达95%以上。

3. 坚持和完善重大决策、重大项目风险评估制度，从源头上预防和减少各类矛盾发生。

4. 坚持“分级负责、归口管理”、“谁主管、谁负责”的原则，把群体上访和涉法涉诉上访作为工作重点，建立健全群体性事件预警处置机制，依法及时妥善处置群体性事件。畅通信访渠道，妥善解决群众信访问题。完善信访工作责任制，维护信访秩序。

（四）加强社会治安防控体系建设，提高社会治安整体防范能力。

1. 加强技防设施建设，大力推广安全技防措施，提升防范的科技含量。

2. 加强基层群防群治组织建设，动员广大群众广泛开展联防联调、联打联治等自防自治活动，提高自防自治能力和水平。

3. 积极探索和建立适合本地的流动人口管理模式。做好流动人口的教育、管理、服务、维权、计生等工作，对流动人口和出租房做到底数清、情况明。

4. 开展对刑满释放5年内、解除劳教3年内不知去向人员的排查工作，了解掌握其去向和现实表现情况，突出管控重点，落实管控措施，做到不漏管。刑释解教人员帮教率不低于95%，安置率不低于80%，重新犯罪率分别低于5%和3%。

5. 完善和落实安全生产目标责任制，把安全生产各项要求和措施落实到生产经营的各个环节，预防和减少安全生产事故，不发生群死群伤事故。

（五）完善公共安全应急救援机制，有效应对各种突发事件

按照《石林彝族自治县人民政府突发公共事件总体应急预案》的要求，抓好救援组织和专业队伍建设，加强装备建设，整合应急救援资源，最大限度地减少事故和人员伤亡、财产损失。

（六）加强预防青少年违法犯罪工作

1. 深入宣传贯彻《预防未成年人犯罪法》和《未成年人保护法》，在全县中小学开设法制教育课，实施“青少年违法犯罪社区预防计划”和“为了明天——预防青少年违法犯罪工程”，开展“未成年人零犯罪社区”创建活动，动员和组织社会各方面力量共同参与做好青少年法制教育工作，青少年违法犯罪逐年明显下降。

2. 加强对城镇流浪未成年人、服刑人员未成年子女、闲散青少年、农村留守未成年人的救助和管理，针对有严重不良行为的青少年开展“一助一”、“多助一”结对帮教和服务工作。以社区和村委会为单位，对辍学、无业在家的闲散青少年及刑释解教人员进行摸底排查，落实帮教责任，帮助他们解决实际困难和问题。

3. 开展打击制售淫秽书刊、有害卡通画册及不良游戏软件行动，着力抓好节假日和学校放学期间的网吧监管。

4. 继续加强校园及其周边治安环境整治，为青少年健康成长营造良好的社会环境。

（七）加强禁毒和预防艾滋病工作

1. 加大毒品堵源截流工作力度，加强歌舞厅、桑拿室、美容美发室、康体娱乐中心等公共娱乐场所贩、吸、食新型毒品的重点整治，继续开展“无毒乡（镇）”、“无毒村委会（社区）”创建活动，做好社区矫助工作。

2. 深入开展禁毒和防治艾滋病“进农村、进社区、进单位、进学校、进家庭”宣传教育活动，最大限度地组织发动社会各界积极参与禁毒和防治艾滋病。落实艾滋病防治工作“四免一关怀”政策措施，把党和政府的关怀落实到每一个艾滋病患者身上。

（八）坚持司法为民，维护公平正义

进一步健全人民陪审员和监督员制度，完善审判公开、执行公开、检务公开制度，提高司法透明度和公信度。加大生效裁判的执行力度，维护司法尊严和权威。加强和改进法律援助工作，解决群众“打官司难”问题。加强司法廉政和反腐建设，严肃追究徇私枉法、失职渎职等行为的法律责任。

（九）加强民主法制建设和思想道德建设

扎实推进“五五”普法和“四五”依法治县，不断完善基层民主选举、民主决策、民主管理和民主监督制度，促进民主法制建设。深入开展以“八荣八耻”为主要内容的社会主义荣辱观教育和法律、科技、卫生进社区、进农村、进企业活动，提升公民的思想道德水平。

（十）加强社会治安综合治理基层组织建设，不断提高综治干部素质

认真贯彻落实中央综治委《关于加强乡镇、街道社会治安综合治理基层组织建设的若干意见》，按照“六有”、“六化”、“六无”的标准，加强村委会、调解委员会等基层综治组织建设，健全工作机制，保障社会治安综合治理各项措施落实到位。加强对基层治保组织的指导培训，不断提高综治干部素质。

（十一）做好铁路护路联防工作

以创建“平安示范路段”活动为载体，全面落实护路联防各项措施，保持铁路治安秩序持续稳定，确保铁路运输安全畅通。

四、组织领导

成立石林彝族自治县创建省级平安县指挥部。

指挥长：李兴国（县委常委、县委政法委书记、县公安局局长）

副指挥长：赵永勤（县委政法委副书记）

成　　员：县综治委各成员单位的主要领导

指挥部下设办公室在县委政法委，由赵永勤同志兼任办公室主任，工作人员从有关部门抽调，统一指挥和组织开展创建工作。

五、工作要求

（一）加强领导，落实责任。各级各部门要充分认识争创省级平安县的重要性、必要性，把创建工作作为一项政治任务来抓，作为一项民心工程来实施，因地制宜完善工作方案，层层建立领导责任制、部门责任制和单位责任制，切实加强组织协调、督促检查工作，把平安创建责任落实到基层、落实到人。

（二）齐抓共管，形成合力。各级各部门特别是创安成员单位要根据平安创建的任务和要求，进一步明确任务，细化职责，找准位置。既要抓好本部门本系统的平安创建工作，又要立足实际，发挥职能优势，积极参与全县平安创建活动，扎实推进平安创建活动深入开展。要注重发挥工、青、妇、民兵、老年协会、群众文艺队伍等群团组织和民间组织的作

用，进一步健全机制，充分调动社会各界各方面的力量参与平安建设，形成全社会关注、各方面参与，齐抓共管的创建格局。

（三）加大宣传，营造氛围。充分借助各类新闻媒体和大众传播网络的舆论引导作用，分层次、多渠道、多形式的广泛宣传平安石林创建活动，营造良好的社会氛围，形成全民参与的强大合力。

（四）加大投入，做好保障。各级各部门要加大对平安创建工作的经费投入，做到年初有预算，并根据工作需要予以追加；要保障创建工作所必须的办公用品，并不断加强基础设施建设；要落实创建工作专职人员，并保障专职人员有足够时间和精力抓创建工作。

石林彝族自治县创建昆明市文明县城实施方案

创建昆明市文明县城，是全面贯彻落实科学发展观，构建和谐石林的内在要求；是提高公民思想道德素质、科学文化素质、健康素质，提升石林形象的重要举措；是昆明市创建国家园林城市、国家卫生城市、国家环保模范城市，积极争创全国文明城市的重要基础和有机组成部分。根据市委、市人民政府的部署及《石林彝族自治县创建昆明市文明县城工作三年规划》的要求，制定本实施方案。

一、指导思想和总体要求

以邓小平理论和“三个代表”重要思想为指导，认真贯彻党的十六届六中全会和县委十届二次全会精神，树立和落实科学发展观，以提高市民素质和城市文明程度为核心，体现以人为本，符合群众需求，努力营造廉洁高效的政务环境、健康向上的人文环境、公平公正的法制环境、规范守信的市场环境、安居乐业的生活环境和可持继发展的生态环境，推动公民文明素质和城市文明程度进一步提升，把石林县城建成思想解放、道德进步、市容整洁、环境优美、交通有序、文明礼貌、治安良好、政治稳定、经济繁荣、社会进步、人民富裕的新型县城，力争2007年成为昆明市创建文明县城工作先进县城，2008年进入昆明市文明县城行列。

二、创建标准和职责分工

（一）经济发展（130分）。

1.经济发展（50分）。有县域经济和社会发展战略及重要政策，国民经济和社会发展中长期规划和年度计划、年度目标；重视和抓好各项规划和计划执行情况的监督检查，及时解决好经济运行和发展中出现的重大问题，促进县域经济持续快速健康发展，经济增幅达到全市平均水平以上。（责任单位：县发改局。协办单位：县直各单位、各乡镇人民政府）

2.企业综合经济效益（40分）。全面完成与市人民政府签订的年度工业经济增长目标，年度辖区内商业网点规划建设任务，年度非公经济考核目标，年度乡镇企业责任目标，年度招商引资和出口指导性目标，有步骤地实施好辖区内“万村千乡”市场工程等。实现市场活跃，物价平稳，秩序良好。（责任单位：县发改局、县乡镇企业局、县工商局、县供销社）

3.财政税收（40分）。认真执行国家财政税收法律法规和各项方针政策，积极推进财税体制改革，大力培植财源，加强税收征管，开源节流，确保预算收支平衡，促进经济社会各项事业的发展。（责任单位：县财政局、县国税局、县地税局）

（二）基础设施建设（150分）。

1.城镇建设（100分）。有经市人民政府批准实施的《城市总体规划》；有经县人民政府批准实施的《近期建设规划》；有政府领导抓城镇建设；建立城镇建设目标考核制度；有相应机构抓规划、建设、管理；地方财政投入一定资金建设市政公用设施项目；有完备的城镇供水设施；有规范建设的城镇生活垃圾集中处理场；城镇建成区200米服务半径有水冲式卫生公厕；生活区内有固定的垃圾收集点或专人定时收运；年内建设或改造2000平方米至5000平方米道路；市政基础设施完善。（责任单位：县建设局、县财政局、县水务局、县环保局）

2.城镇交通运输（20分）。成立道路运输市场清理整顿领导小组；有明确的交通运输实施方案；打击非法营运行为；确保运输市场秩序；客运站（点）布局合理；保证道路畅通。（责任单位：县交通局、县公安局）

3.城镇交通文明畅通（30分）。积极实施“文明畅通工程”，达到“文明畅通工程”实施方案所列标准和要求。（责任单位：县公安局、县交通局）

（三）绿化美化亮化（140分）。

1.绿化（50分）。有城镇绿化管理机构和人员，有城镇绿化施工队伍；有城镇绿化苗木基地；新区建设绿地率达30%，绿化覆盖率达35%；旧城改造绿地率达25%；绿化覆盖率达30%；新建道路、广场绿地按道路宽度、广场种类达到规划强制性条文要求；城镇绿化项目设计、施工必须由有资质的单位承担；绿化项目建设必须按国家规定进入建设有形市场实行招投标；道路红线宽度在40米至50米的绿地率达25%以上，在40米以下的绿地率达20%以上；公园绿地率达70%；广场绿地率达60%；城内绿化苗木自给率达80%；县城规划区范围内“园林单位”和“园林小区”的比例占到60%以上。（责任单位：县建设局）

2.美化（45分）。城镇绿化乔木、灌木、花卉、草地相结合，形成多层次立体绿化；绿化树木、绿化带整齐有致；城镇道路、广场有环卫人员保洁；县城主干街道无架空管线；户外广告、门头招牌依法设置，符合规范。（责任单位：县建设局、县工商局、县民政局、县广电局、县电信局、石林供电有限责任公司）

3. 亮化（45 分）。有城市照明（含路灯、景观灯）建设专项规划，有路灯管理机构或人员；有专用供电设施和供电线路；建成区所有道路有路灯；生活区内有路灯；广场有广场灯、彩灯；使用先进节能光源；路灯布置合理，做好城市照明设施的日常维护和管理工作，路灯装置率达到部颁标准。（责任单位：县建设局、石林供电有限责任公司）

（四）环保与卫生（120 分）。

1. 环境保护（50 分）。（1）城市环境空气质量达 II 级（4 分）；（2）集中式饮用水水源地水质达标率≥96%（4 分）；（3）建成区区域环境噪声平均值达标（4 分）；（4）建成区烟尘控制区覆盖率达 100%（4 分）；（5）重点工业企业废水排放稳定达标率达 100%（4 分）；（6）重点工业企业废气排放稳定达标率达 100%（4 分）；（7）工业固体废物处置利用率≥90%（4 分）；（8）城市污水集中处理率≥80%（4 分）；（9）县城主要街道、背街小巷、卫生死角保洁工作得到加强，垃圾做到日产日清，生活垃圾无害处理率≥85%，可回收垃圾利用率近三年逐年提高（4 分）；（10）环境保护投资指数≥1.7%（4 分）；（11）政府将环境保护目标、计划纳入国民经济和社会发展规划、计划（4 分）；（12）近两年内未发生特大环境污染事故（3 分）；（13）危险废物处置率（包括医疗废物处置率、工业危险废物处置利用率）达 100%（3 分）。（责任单位：县环保局、县建设局、县水务局、县发改局、鹿阜镇人民政府）

2. 医疗卫生（30 分）。城镇医院院务、党务工作年度有计划、有任务、有考核、有奖惩；医院职业道德建设有计划和措施，七项综合指标满意度达 85%以上；医护人员分别持有执业助理医师以上资格证和护士执业许可证并且必须注册；年内不发生医疗责任事故；制定用血制度及措施，确保医疗用血安全；艾滋病防治工作做到有实施方案、有机构、有人员、有经费，完成年度各项工作任务；城镇儿童计划免疫单苗、四苗及乙肝疫苗全程接种率≥95%；餐饮、旅店、娱乐、饮用水、单位食堂等行业从业人员健康持证率达 100%，患病调离率达 100%；县疾病预防控制中心具有应对突发公共卫生事件和重大疫情的比较健全的机制和较强的能力，年度内城区不发生甲类传染病疫情；年度妇幼保健工作做到有计划、有任务、有要求、有考核、有奖惩；城区孕产妇系统管理率达 90%，新法接生率达 98%，5 岁以下儿童保健覆盖率达 85%；幼儿园、托儿所保健覆盖率达 100%，健康体检率达 100%；开展安全套推广使用，落实业主负责制，确保 100% 的旅馆业和娱乐服务场所摆放安全套或者设置安全套发售设施。（责任单位：县卫生局、县人口和计划生育局、县教育局）

3. 爱国卫生（40 分）。爱国卫生工作做到有计划、有任务、有要求、有检查、有总结；坚持实行周末义务劳动日制度，每年元旦、春节、“五一”、“十一”和重大活动各集中开展 1 次城区爱国卫生运动，开展 2 次灭鼠活动；开展省级卫生城镇创建活动；城区中小学健康教育开课率达 100%；城郊村自来水普及率达 80%以上，公共厕所数量达标、卫生符合公厕管理标准。（责任单位：县卫生局、县教育局、县水务局、县建设局）

（五）社会治安稳定（80 分）。

1. 综合治理（20 分）。党委、政府把社会治安综合治理和平安创建、构建和谐社会工作纳入经济社会发展总体规划及年度计划，每半年研究 1 次；配齐负责综治工作的党政副职；层层签订年度平安创建目标管理责任书；人大、政协对综治工作有检查、视察等；每年进行社会治安公众安全问卷调查和治安形势评估分析；制定平安创建工作实施方案；加强保安组织和群防群治队伍建设；加强刑释解教人员、违法青少年帮教工作，推行社区矫正，加强监外执行“五种人”社区矫正工作；加大禁吸戒毒工作力度，创建无毒县（区）、社区（村）；积极开展创建安全文明社区、乡镇及平安单位活动，努力遏制各类可防性案件。（责任单位：县委政法委。协办单位：县直各单位、各乡镇）

2. 社会稳定（20 分）。坚持“预防为主，教育疏导，依法处理，防止激化”的原则，把矛盾纠纷排查调处工作纳入重要议事日程，形成制度，健全台账，竭尽全力，消除隐患，做到群众越级集体上访减少，影响社会稳定的群体性事件减少，群众不满意的热点难点问题减少。对一时难以解决的矛盾纠纷隐患，按照“属地管理”、“归口调处”的原则，落实到主管单位、主管领导或下级有关单位归口调处，分解量化，明确职责，任务到人，逐件调处；制定和完善处置突发性、群体性事件预案，全力维护社会稳定。查禁和取缔邪教组织，加强对邪教骨干分子的教育转化，增强人民群众识别、抵制、反对邪教的意识和能力。（责任单位：县委政法委、县公安局、县信访局、各乡镇）

3. 治安管理（30 分）。党委、政府每年专题研究 1 次社会治安工作，并有记录；社会治安稳定，特大恶性案件得到控制；深入开展打黑除恶专项斗争，加强命案侦破；打、防、控一体化建设得到加强，110 有接警平台，有必需的处警装备，城镇有治安巡逻队；未发生黄、赌、毒问题；编制城镇消防专业规划，并组织有关部门实施；年度无特大火灾事故发生；社区和机关、团体、企事业单位内部保卫组织建立健全，责任落实，有工作经费，能有效开展工作；流动人口、外来务工人员管理服务机构健全，各部门齐抓共管，做到底数清、情况明，教育、管理、服务体系完善。（责任单位：县委政法委、县公安局、县公安局消防大队、县直有关各单位、各乡镇）

4. 人民调解（10 分）。成立依法治理工作领导小组，基层单位建立健全人民调解组织；完成辖区内年度法制宣传教育任务，并积极开展基层依法治理，加强社会主义法治理念教育，推广民主法治社区（村）建设，纠纷调处率达 100%，调处成功率达 95%；按季度开展纠纷排查工作，有效调解民间纠纷，无民间纠纷引起自杀；有效调解群体性械斗和上访，无群体性械斗和上访；规范执法行为，促进司法公正。（责任单位：县委政法委、县公安局、县法院、县检察院、县司法局、县信访局、县政府法制办、各乡镇）

（六）思想道德建设（70分）。

1. 党委理论学习中心组学习（10分）。成立党委理论学习中心组，把精神文明建设理论纳入学习计划；中心组坚持每季度集中进行理论学习一次以上，每次有主题发言人，并围绕学习专题认真组织讨论；中心组学习有记录，并及时进行学习通报；建立和实行中心组学习考核制度。（责任单位：各级党组织）

2. 干部理论学习（10分）。年初制定学习计划，年终写出学习总结；积极组织征订理论学习材料和书籍；坚持每周学习日制度，并作好学习记录。（责任单位：县委宣传部）

3. 干部培训（10分）。每年举办干部理论培训班一期以上；积极选配干部参加上级部门组织的干部学习教育培训活动。（责任单位：县委组织部、县委党校）

4. 思想道德教育（25分）。大力弘扬以爱国主义为核心的民族精神和以改革创新为核心的时代精神，大力加强“八荣八耻”为主要内容的社会主义荣辱观教育，践行“昆明精神”。认真贯彻落实《公民道德建设实施纲要》和《中共中央、国务院关于进一步加强和改进未成年人思想道德建设的若干意见》，加大宣传教育力度，现场组织随机抽查城镇居民对公民基本道德规范的知晓率达90%以上。（责任单位：县委宣传部、县文明办、县妇联、团县委、县关工委）

5. 道德实践活动（15分）。在全社会特别是青少年中广泛开展以“知荣辱、树新风”为主题的道德实践活动，引导人们从自己做起，从身边做起，从点滴做起，把“八荣八耻”荣辱观转化为自觉行动。在党政机关开展创先争优、依法行政、公正执法和争创“人民满意的公务员集体”、争做“人民满意的公务员”活动；在基层党组织开展“先进党支部”和“优秀共产党员”、“优秀党务工作者”评选活动；在基层团组织开展“先进团支部”和“优秀共青团员”评选活动；在学校举行升国旗仪式，开展“优秀少先队员”等评选活动；每年重要节假日、纪念日期间组织群众性庆祝、纪念等文化活动。（责任单位：县委宣传部、县委组织部、县直机关党委、团县委、县教育局、县人事劳动和社会保障局、县文体局、县关工委）

（七）科学文化素质（120分）。

1. 教育事业发展（40分）。认真落实科教兴县战略和人才强县战略，确保教育事业适度超前发展；全面贯彻党的教育方针，大力推进素质教育，不断提高教育教学质量；认真落实基础教育地方政府负责、分级办学、分级管理、以县为主的管理体制，依法实施九年义务教育，做好“两免一补”落实工作，提高义务教育的质量和水平；积极开展创建文明学校活动，不断改善办学条件，为构建和谐石林提供人才支持和知识贡献。（责任单位：县教育局）

2. 科技推广应用（30分）。成立科技工作领导小组，建立科技推广应用和服务体系，尤其是健全农业技术推广服务体系；根据区域经济发展对科学技术的需求，每年筛选出一批先进、成熟的适用技术进行示范推广；把科技示范推广项目列入科技发展计划，由技术推广和科技管理部门按照职责配合组织实施；财政每年安排有应用技术研究开发与科技推广应用资金。（责任单位：县农牧局、县科技局、县财政局）

3. 科普（20分）。党委、政府有领导分管科普工作；有用于公益性科普活动的项目经费，纳入县级财政预算；建立科普文明示范社区；建立科普知识宣传长(画)廊（长度10米以上），每年出4期以上专栏；建立科普活动中心；组织开展街头科普宣传及其他形式的科普宣传活动（每年不少于4次）；开展科普技术培训及青少年科普活动（每年培训各1期以上）；贯彻实施全民科学素质行动计划，提高广大群众的科学文化素质，形成有利于科技创新的社会环境。（责任单位：县科协、县科技局、县财政局）

4. 文化体育广播电视（30分）。文化事业业务经费纳入县级财政预算，并逐步有较大幅度增长；文化新闻出版市场管理机构健全；县城建有文化馆、图书馆、群众文化广场或活动中心；乡镇建有综合文化站（广播电视服务站）并有活动场所，村委会有文化活动室；当地文物设施得到妥善保护，文物有档案和标志（说明）牌；文化馆每年开展各种培训不少于500人次，下基层开展业务辅导不少于15次；图书馆藏书不少于4万册，每年阅读者不少于3000人次，拥有图书阅读者不低于县城人口的10%；县电影院每年放映电影不少于300场；县城每年举办各类群众文艺活动不少于10场，举办各种文艺展览不少于4次；文化广场常年有自发的群众文体健身活动；建有体育馆（场），每年举办各类县级体育运动会不少于4次；乡镇每年开展各种文体活动不少于10次，并拥有5支以上业余乡土文艺爱好者队伍；做到1村1月1场电影；县城内有文化产业建设项目；县城广播、电视人口综合覆盖率达90%以上；乡镇广播电视服务站具备广播电视“村村通”维修维护功能。（责任单位：县委宣传部、县文体局、县财政局、县广电局、各乡镇）

（八）行业服务质量（70分）。

1. 金融服务质量（20分）。认真贯彻落实“严格、规范、谨慎、诚信、创新”的十字行风，加强金融行业职业道德建设；建立和实行严格的经营管理制度；遵守国家法律，按照金融规章制度办事，合规经营，规范服务；对国家的金融资产高度负责，确保金融资产安全；重信誉、守承诺、讲诚实、尽职守；刻苦学习现代经济、科学和金融知识，不断创新金融产品和服务手段。（责任单位：县人民银行及各金融部门）

2. 运输服务质量（10分）。严格依法行政，文明执法；提高窗口服务质量，确保运载安全；营运客车技术性能良好，整洁美观，停放有序。（责任单位：县交通局、县公安局）

3. 商业服务质量（20分）。店容店貌整洁，商品摆放整齐；符合卫生标准；员工服装整洁，挂牌服务；服务热情周到，使用文明用语。（责任单位：县文明办、县工商局、县卫生局）

4. 宾馆服务质量（20分）。宾馆员工着装整洁规范，佩带服务标志；用语文明，态度诚恳，遵守工作纪律；提供热情、及时周到的服务；客房随时保持清洁卫生，物品摆放整齐雅观；餐厅做到服务主动热情，卫生达标，场地、桌椅、餐具清洁，饭菜质量上乘；做好安全防范工作，保证顾客人身财产安全。（责任单位：县文明办、县卫生局、县公安局、县工商局）

（九）产品质量（60分）。

1. 计量标准质量及特种设备管理（30分）。强化定量包装商品计量监管，强制检定的计量器具经检定合格并在有效期内使用；成立标准化工作协调领导小组，积极开展农业、工业标准化工作；制定质量兴县及品牌产品培育扶持发展规划；质量建设列入政府工作日程，加大工作力度；建立健全县城企业质量状况分析制度；严格特种设备安全监察，有效预防和遏制特种安全事故的发生，促进经济社会持续健康协调发展。（责任单位：县质监局、县安监局）

2. 打假治劣（15分）。政府成立打假治劣工作领导小组，与质监等部门签订打假责任状，建立辖区内打假责任制；深入开展食品药品等生产加工业整治工作，确保地方食品药品质量安全；每年元旦、春节、“五一”、“十一”四大节日和重大活动认真组织食品安全、产品质量等打假治劣执法检查活动，重点整治关系人体健康、人身财产安全的生产、生活用品；在行政辖区内积极推进和开展质量诚信活动，创建无区域性制假售假的质量诚信文明县。（责任单位：县工商局、县质监局、县食品药品监督管理局、县卫生局）

3. 市场管理（15分）。（1）依法登记，按规定办理变更登记并按时年检（1分）。（2）市场清洁卫生，交通通畅，经营设施完好，商品摆放整齐，符合卫生标准，划行归市合理（3分）。（3）消防设施完好，安全措施到位（2分）。（4）市场经营管理制度完善，建立商品质量管理、商品退还、消费等投诉处理和防火、防盗、卫生等制度（2分）。（5）建立食品安全责任制，确保流通领域食品安全。督促经营者建立食品安全自律机制，落实进货检查验收索证、索票、购销台账和质量承诺制度，上市食品符合卫生标准，未过保质期，肉禽必须经检验合格，生熟食品分开，熟食品、熟肉制品必须在熟食专柜中销售，专柜有防蝇、防尘设施（2分）。（6）定期开展创建评选“百城万店无假货”示范店（街）、“诚信市场”和“消费者信得过单位”活动，推进打假治劣和净化市场环境（3分）。（7）工商行政管理机关执法人员必须做到严格依法行政，监管到位，无以权谋私、乱收费、乱罚款等违法违规行为（2分）。（责任单位：县工商局、县卫生局、县农牧局）

（十）创建活动（60分）。

县文明办有机构、有专门的行政编制，人员不少于3—5人，职级明确；认真完成县文明委年度工作安排计划，广泛深入开展创建文明县城、文明单位、文明社区、文明村镇、文明行业、文明车间、文明科室、文明楼院、“五好文明家庭”、“十星级文明户”和争做“优秀文明市民”等活动；开展爱国主义教育基地建设；有60%以上的单位和村分别进入省、市、县三级文明单位、文明村行列（如果受届期制和创建指标数限制，则酌情下调此比例）；城镇“五好文明家庭”和农村“十星级文明户”的参评面达90%以上；通过开展创建活动，不断提高城镇居民的思想道德素质和城镇文明程度，形成良好的社会风尚。（责任单位：县委宣传部、县文明办、县妇联、有关单位、各乡镇）

三、实施步骤

创建昆明市文明县城工作从2006年起，分四个阶段进行。

第一阶段：宣传发动阶段（2006年5月～2007年4月）

根据昆明市文明县城创建工作要求，组织专题调研，掌握创建活动情况，提出相应的工作目标和方案。建立领导机构，细化创建工作任务，明确职责分工。县新闻单位开设“创建文明县城、建设文明石林”专栏、专题，广泛宣传发动，加强舆论宣传，注重环境营造，统一广大干部群众思想，引导广大公民理解文明县城创建、支持文明县城创建、参与文明县城创建。

第二阶段：整体推进阶段（2007年5月～2008年5月）

各乡（镇）、县直各单位根据创建的工作责任及其有关要求，结合各自工作职责，认真制定实施方案，逐项抓好落实。

第三阶段：自查申报阶段（2008年6月～9月）

2008年10月前向昆明市文明委提交申报报告。坚持高标准、严要求，认真对照考核标准和测评体系，组织模拟检查，积极查漏补缺，发现问题限期整改。全面做好申报、验收的有关准备工作，争取一次性通过市里验收。

第四阶段：迎查验收阶段（2008年10月～12月）

充分做好各项迎查工作，积极配合昆明市文明县城验收组的检查考核。在通过市级文明县城考核验收后，继续加强制度建设，建立长效机制，保持市级文明县城创建成果，不断提高创建水平，向文明城市创建工作的更高层次迈进。

四、保障措施

（一）广泛宣传，全民动员

紧紧依靠宣传媒体，充分利用各种宣传阵地和宣传手段，强劲造势，在全社会营造全民参与创建活动的浓厚氛围。新闻单位要组织骨干力量，运用各种宣传渠道，设立专栏、专题，组织宣传战役，大力宣传创建文明县城的重大意义、目标要求、方法步骤和主要措施，引导干部群众积极投身创建文明县城，争做文明公民活动。要紧密联系实际，深入报道广大公民参与创建活动的热情，大力宣传创建工作中涌现出的先进典型和经验，同时把正面宣传与反面警示结合起来，加强舆论的正确引导。各级各部门要积极组织开展各类主题宣传教育活动，使创建文明县城活动家喻户晓，全民参与。要通过全方位、立体式的宣传教育，真正在全县形成上下重视、各方支持、人人参与的创建格局。

（二）加强领导，落实责任

1. 成立石林县创建昆明市文明县城工作指挥部。

指挥长：李福军（县委常委、县委宣传部部长）

副指挥长：万春林（县委宣传部副部长）

成　员：各乡镇党委书记、乡镇长，县直各部委办局、

人民团体、企事业单位、省市驻石单位主要领导

领导小组下设办公室在县委宣传部，由万春林同志兼任办公室主任，工作人员从县委宣传部和有关部门抽调。

2. 各乡镇和县直各单位要按照县委、县人民政府的统一部署，制定本单位的创建方案，为石林县创建昆明市文明县城作出积极贡献。各级各部门各单位要牢固树立全县“一盘棋”的思想，各司其职，各负其责，协同作战，合力攻坚，对一些重点、难点问题要加大工作力度，妥善予以解决。驻石省、市各单位要加强协作，密切配合，相互支持，形成合力，共同推进创建工作。

（三）强化督查，严格奖惩

将创建工作纳入全县目标管理考核，加强督导检查，坚持一月一调度，每月通报情况，办公室至少一月召开一次例会。要通过定期检查、随机抽样、现场调度，加快推进步伐，确保各项工作落实到位。各责任部门、各工作组要建立相应的工作制度，定期调度，抓好落实。县人大、县政协要组织人大代表、政协委员对创建工作进行专项检查、视察。县新闻单位要充分发挥舆论监督职能，对创建工作中存在的突出问题经批准后要适时曝光，鞭策后进，促其及时整改。对工作扎实、成效显著的，予以表彰；对未按期完成任务的，予以通报批评；对工作不力，进展缓慢，影响全县创建工作大局的，追究直接责任人和主要领导的责任。

（四）健全机制，加大投入

要根据昆明市文明县城创建评选管理办法及其有关规定，积极探索、建立完善一系列提高县城文明程度的管理制度、办法，使创建文明县城工作走上规范化、制度化轨道。要把创建文明县城工作纳入全县经济和社会发展总体规划，建立以县级财政投入为主导、社会各方参与的多元化投入机制，加快基础设施建设，特别是大型公益设施和基层文化设施建设，保证创建工作顺利推进。

中共石林彝族自治县委办公室　石林彝族自治县人民政府办公室 关于进一步加强干部作风建设的实施意见

（2007年4月27日）

为深入贯彻胡锦涛总书记在中纪委七次全会上的重要讲话精神，进一步加强机关作风建设特别是领导干部作风建设，推动石林经济社会跨越式发展和和谐石林建设，按照县委、县人民政府把今年确定为“作风建设年”、“行政问效年”、“环境建设年”的要求，特制定本实施意见。

一、重要意义

政治路线确定后，干部就是决定因素，干部作风也是决定性因素。党的作风体现党的宗旨，关系党的形象，关系人心向背，关系党和国家的生死存亡。加强领导干部作风建设，是贯彻胡锦涛总书记在中纪委七次全会上的重要讲话精神的具体体现，是全面落实科学发展观、构建社会主义和谐社会的必然要求，是提高党的执政能力、永葆党的先进性的重要保证。当前，我县经济社会发展正处于关键时期，加强和改进机关作风建设特别是领导干部作风建设显得尤为重要和迫切。加快石林经济社会跨越式发展需要良好的作风来推进，实现“十一五”规划目标需要良好的作风作保证，构建和谐石林需要良好的作风抓落实。多年来，全县各级各部门和广大干部在转变职能、改进作风、优化发展环境等方面做了大量工作，取得了积极成效。全县干部队伍总体上是好的，作风是实的，风气是正的，但也要清醒地看到，一些影响发展的问题仍然存在：一是政令执行不够到位，个别党员干部大局意识、服务意识不强，存在“不思为”、“不敢为”、“不愿为”甚至“不作为”、“乱作为”现象，使工作得不到很好落实；二是工作作风不够扎实，个别党员干部作风漂浮，工作拖拉，办事效率不高，互相推诿扯皮，一些重点工作和重点工程难于推进；三是学习风气不够浓厚，有的党员干部不善于学习，知识老化，观念陈旧，行动迟缓，不能创造性地开展工作；四是制度落实不够到位，有的党员干部不能自觉执行制度、落实制度，个别执行力不强，有令不行，有禁不止；五是社会风气净化不到位，在一些地方、一些部门、一些干部群众中存在乱猜测、乱编造、乱议论、乱告状的问题。这些问题虽然发生在少数党员干部身上，但其消极影响和后果不可低估。这些问题的存在，损坏了我县的发展环境，阻碍了全县一系列重大决策的顺利贯彻实施。这些问题，必须下大力认真解决。

二、指导思想

坚持以邓小平理论和“三个代表”重要思想为指导，全面落实科学发展观，深入贯彻胡锦涛总书记在中纪委七次全会上的重要讲话精神，发扬党的光荣传统和优良作风，全面加强思想作风、学风、工作作风、领导作风、干部生活作风建设，弘扬新风正气，抵制歪风邪气，着力解决突出问题，改进干部作风，提高服务水平，优化发展环境，为加快跨越式发展、构建和谐石林提供有力保障。

三、目标要求

（一）干部作风明显改进。按照胡锦涛总书记在中纪委七次全会上提出的在领导干部中大力倡导八种良好风气的要求，

把加强作风建设与加强党的思想、组织、制度建设紧密结合起来，把解决突出问题与建立长效机制结合起来，着力解决机关干部在思想作风、学风、工作作风、领导作风、生活作风等方面存在的问题，弘扬新风正气，抵制歪风邪气，促进全县机关干部作风进一步改进。

（二）队伍素质明显增强。以思想政治建设为基础、能力建设为重点、公务员精神培育为主线，加强机关干部队伍建设，不断提高理论素养和业务能力，促进全县干部队伍素质进一步增强。

（三）服务环境明显优化。结合开展“作风建设年”、“行政问效年”和“环境建设年”活动，深化机关效能建设，规范行政行为，改进服务方式，优化发展环境。

（四）机关形象有效树立。围绕建设学习型、创新型、服务型、效能型、廉政型机关，加强作风建设，努力建设一支为民、务实、清廉、高效的干部队伍，树立良好的机关形象。

（五）党群干群关系紧密。关注民生，为民解忧，着力解决好人民群众最关心、最直接、最现实的利益问题。

四、主要任务

按照胡锦涛总书记倡导的八个方面良好风气的要求，对照当前全县作风建设中存在的问题，结合各部门、各行业实际，从思想作风、学风、工作作风、领导作风、生活作风五个方面查找存在问题，认真制订整顿措施，着力在以下六个方面下功夫、求实效：

（一）重点解决政令不畅问题。一是认真落实县委、县人民政府的各项重大决策，扎实推进重点工作和重点工程；对工作拖拉、互相推诿扯皮、顶着不办的实行问责制。二是坚决纠正有令不行、有禁不止，自觉维护全县改革发展稳定大局，保证政令畅通。三是改进会纪会风，提倡开短会，讲短话、说实话，对会议纪律严格考核。

（二）重点解决损害群众利益问题。一是纠正医药购销和医疗服务中的不正之风。二是严厉打击制售伪劣食品、药品、农资和哄抬农资价格等行为。三是继续查处拖欠和克扣农民工工资等问题。四是严肃查处不顾群众生命安全的失职渎职行为。五是解决少数党员干部思想不解放，精神不振奋，作风不深入，工作不扎实，执行力不强，损害群众切身利益的行为。

（三）重点解决奢靡之风问题。一是规范公务接待，严格执行公务接待有关规定和县政府“三条禁令”；减少迎来送往，减少陪客人数，严禁赊账吃喝。二是严格控制各类办公楼建设规模和办公楼装修档次，未经批准不得擅自建设和装修，经批准的要严格执行有关规定和标准；坚决刹住超规模建设和超档次装修；坚决纠正少数干部借职务调整和调动之机，豪华装修办公室，新配高档办公用品等问题。三是严格执行出国（境）审批制度，确需出（国）境的要严格报批，不得超时超标准，不得报销由个人承担的费用，违规者必究。

（四）重点解决不作为、乱作为问题。一是健全完善奖惩激励机制，着力解决抓多抓少、抓好抓坏、抓与不抓的问题。二是加大对抓落实的监督检查力度，该教育批评的教育批评，该诫勉谈话的诫勉谈话，该追究责任的追究责任。三是强化机关行风评议，定期不定期对机关作风进行明查暗访，该通报的通报，该曝光的曝光，该处理的处理。

（五）重点解决追求低级趣味问题。一是严禁赌博。畅通禁赌举报渠道，鼓励禁赌举报，做到有报必查，有查必究。二是谨防交友不慎，净化社交圈。加强对干部交友的监督，发现问题，及时指出纠正。三是防止生活作风不检点。各级党组织要加强监督，发现问题，及时打招呼，促其改正。对拒不悔改的，要依纪依法查处。

（六）重点解决是非不分、无事生非、搬弄是非问题。一是对依纪依法并出于公心，对群众利益高度负责的举报，以及对促进石林改革发展稳定的举报，予以支持和鼓励。二是对损害党和人民利益，是非不分、无事生非、扰乱人心，干扰和破坏改革发展，搞诬告陷害的，要依纪依法严肃处理。三是要采取坚决有力措施，狠刹少数党员干部中存在的有令不行、有禁不止的自由主义，狠刹怕得罪人、当老好人的好人主义，狠刹无中生有、乱告状的个人主义等歪风。对不认真履行职责、不敢大胆管理以及乱猜测、乱编造、乱告状的要严肃批评，情节严重的要严肃追究责任。

五、组织领导

（一）成立石林彝族自治县干部作风建设领导小组。

组　长：裴演兵（县委副书记）

副组长：王国亮（县委常委、县委组织部部长）

陈菊珍（县委常委、县纪委书记）

段增华（县委常委、县人民政府常务副县长）

李福军（县委常委、县委宣传部部长）

成　员：彭天寿（县纪委副书记）

毕东红（县纪委副书记、县监察局局长）

王永乔（县委办常务副主任）

王彦平（县政府办主任）

王云龙（县委组织部副部长）

张鹏翔（县委宣传部副部长）

领导小组下设办公室在县纪委，由彭天寿同志兼任办公室主任，工作人员从相关部门抽调。各乡（镇）、县直各单位也要成立相应的领导小组，确保工作的顺利开展。

（二）责任分工。

1. 加强思想作风建设。由县委组织部、县委宣传部牵头，各乡镇党委、各基层党组织负责。

2. 加强学风建设。由县委组织部、县委宣传部牵头，各乡镇党委、各基层党组织负责。

3. 加强工作作风建设。由县纪委、县监察局牵头，各乡镇、县直各单位负责。

4. 加强领导干部作风建设。由县委组织部牵头，各乡镇、县直各单位负责。

5. 加强干部生活作风建设。由县纪委、县监察局牵头，各乡镇、县直各单位负责。

各牵头部门要充分发挥职能作用，切实承担起组织协调、督促检查责任；各责任单位要强化措施，狠抓落实，切实加强作风建设；各级领导干部要以身作则，作好表率，带动全县干部作风有明显改进，各项工作有新的推进。

六、保障措施

(一) 开展主题活动，增强工作活力。纪委、组织、宣传部门要根据上级有关要求，结合我县实际，积极开展以“加强领导干部作风建设，进一步提高执行力”为主题的党风廉政教育活动。

(二) 注重总结经验，树立和培育典型。要抓典型、出经验，善于发现典型，及时推广好做法、好经验，促进全县干部作风的明显改进。

(三) 制定有关规定，规范领导行为。坚持把解决问题与建章立制结合起来，注重从制度上巩固成果，健全和落实有关规定，形成作风建设长效机制。由县纪委、县监察局负责，根据石林县作风建设方面存在的问题，开展调查研究，健全完善有关规定。各乡镇、各部门要结合自己的实际，结合部门、行业特点和工作职责制定出作风建设的相关制度并认真落实。

(四) 强化评议工作，提高服务质量。由县纪委监察局牵头，在最近几年开展的民主评议机关作风的基础上，研究制定方案，扩大参评人员范围，改进评议方法，力求做到客观公正，使此项工作推动机关作风建设，提高服务质量，促进经济社会发展。

(五) 加强监督检查，提高执行力。纪检监察机关牵头对各单位开展的作风建设工作情况进行定期和不定期的检查，对因作风问题而影响石林形象，阻碍经济发展的，要严肃处理；宣传部门要充分发挥舆论宣传的监督作用，抓住典型，对个别单位机关工作人员的不良风气要进行曝光；各有关部门要密切配合，加大对重点项目、重点工程完成情况的督查，确保各项任务按时、按质、按量完成。在督查过程中，出现行政不作为的，要追究有关领导的责任；要充分发挥党代表、人民代表、政协委员、新闻媒体和群众的监督作用，通过开展视察、专题督查、民主评议、设立公开监督电话等方式，加大监督力度，扎实深入推进全县干部作风建设。

石林彝族自治县关于加强机关作风建设“十不准”的规定

(2007年5月22日中共石林彝族自治县委办公室、石林彝族自治县人民政府办公室石办发〔2007〕27号)

为认真贯彻落实胡锦涛总书记关于加强领导干部作风建设的重要讲话精神，认真解决我县干部职工在作风方面存在的问题，特制定以下“十不准”。

一、不准对上级党委、政府的重大决策和决定的重大事项阳奉阴违，另搞一套，各自为政，各行其是。

二、不准对群众需要办的事项拖着不办、顶着不办、不负责任、相互推诿、互相扯皮和吃、拿、卡、要。

三、不准无故迟到、早退、擅离岗位和从事与学习、工作无关的活动。

四、不准是非不分、无事生非，乱猜测、乱编造、乱议论、乱告状，传播流言蜚语或散布消极言论和反动言论。

五、不准利用职权和工作上的便利为本人及其亲友谋取不正当利益。

六、不准赊账吃喝、公款相互宴请、进行高消费娱乐活动和超标准更换小汽车、豪华装修办公室。

七、不准赌博或参与涉及钱物输赢的扑克、麻将等娱乐活动。

八、不准酒后驾车、酗酒闹事和饮酒影响工作。

九、不准私自占用下属单位、企业、服务对象的小汽车、办公设备等资产和报销应由个人支付的各种费用。

十、不准做与社会道德相违背、影响形象之事。

以上规定的执行情况，由县纪委、县监察局牵头，有关部门配合，采取定期不定期的方式进行明察暗访和监督检查。对违反上述规定的，视其情节给予诫勉谈话、通报批评或媒体曝光；情节严重的，给予组织处理或按照党纪政纪有关规定严肃处理；构成犯罪的，移送司法机关依法追究刑事责任。

石林彝族自治县关于加强机关作风建设“六项制度”

为进一步加强机关作风建设特别是领导干部作风建设，根据县委办、县政府办《关于进一步加强干部作风建设的实施意见》(石办发〔2007〕21号) 要求，特制定以下“六项制度”。

一、建立责任制。由县级领导与县直机关单位和乡镇主要领导、县直机关单位和乡镇主要领导与副职、县直机关单位和乡镇副职与股所级干部分别签订作风建设责任书，形成一级抓一级，一级对一级负责，层层抓落实的责任机制，确保机关作风建设落到实处。

二、建立告知制。适时将中央、省、市、县关于作风建设的一些行政法规、禁令以及违反行政法规、禁令的处分规定印发广大干部职工，告知哪些能做，哪些不能做，违反了如何处理。

三、建立承诺制。由干部职工根据自己的工作职责和行业特点，围绕服务质量、服务态度等作风方面的内容，向单位作出公开承诺，接受各方的监督。

四、建立督查制。一是由县纪委、县监察局在各单位设立机关作风建设监督牌，公布举报电话，接受社会各界的监督。二是纪检监察机关牵头，有关部门配合，定期不定期对各单位的作风建设情况进行明察暗访。

五、建立问责制。认真落实县委、县人民政府的各项重大决策，扎实推进各项重点工作和重点工程，对行政不作为、乱作为、敷衍塞责、推诿扯皮、效率低下以及执行力不强等问题，实行问责。

六、建立查处制。对督查出的问题和对问责后的问题整改不力、顶着不办、拖延不办的，视情节进行严肃查处，并追究有关领导的责任。

石林彝族自治县人民政府
关于规范县城范围内文明出殡管理的通告

（2007年5月29日石林彝族自治县人民政府石政发〔2007〕9号）

为有效整治我县县城范围内的丧葬陋俗，提倡文明节俭办丧事，创建整洁、优美、和谐、文明的城市环境，塑造和提升石林旅游城市新形象，根据《昆明市殡葬管理条例》、《石林彝族自治县城市管理办法》等有关规定，结合实际，现就规范县城范围内文明出殡管理的有关事项通告如下：

一、认真贯彻落实国务院、省、市有关殡葬管理的规定和要求，反对隆丧厚葬等陈规陋习，倡导科学、文明、健康的丧葬新风尚。

二、县城区域范围内的街道、公路、广场等公共场所禁止在举行丧葬活动时出现以下行为：

（一）文艺队、鼓号队、狮子队等为灵柩（或骨灰盒）送行；

（二）沿街燃放鞭炮；

（三）在街道、公路、广场等公共场所停放遗体、搭设灵棚、停棺及使用、焚烧、抛撒冥币、纸钱、纸火等；

（四）其它不文明出殡的行为。

三、需在县城区域范围内举行出殡仪式的社区居民或当事人，应至少在出殡前一天到所属的社区居民委员会办理申报备案手续并接受监督管理。

四、违反本《通告》禁止事项的，由县文明出殡管理综合办公室视情节进行处罚：

（一）情节轻微，认识较好的，予以批评教育并督促立即改正；

（二）情节较重，不听制止的，没收相关的丧葬用品并责令立即改正；

（三）情节严重，不听制止的，没收相关的丧葬用品，强制立即改正，并对责任人处以1000元以上5000元以下的罚款；造成损失的，责令责任人予以赔偿；构成犯罪的，移交司法机关依法追究刑事责任。

五、对违反本《通告》的行为，任何公民都有权监督和举报（举报电话：0871—7791842）。

六、本《通告》自发布之日起施行。

石林彝族自治县鼓励投资优惠政策

（2007年5月31日石林彝族自治县人民政府石政发〔2007〕10号）

一、固定资产投资在500万元人民币或外资50万美元以上的新办企业，由县人民政府指定有关部门在最短时限内代办齐全相关手续，免收代办费。

二、投资项目所需的水、电、通信等设施，有关部门优先安排建设，所需材料按成本费计收，有偿服务费按上级规定的最低标准收取；投资项目所需水、电等纳入计划优先供应。

三、对新投资项目给予用地奖励

（一）旅游、服务、文化产业、农业项目

1. 固定资产投资在5000万元人民币以上（含5000万元人民币）或外资500万美元以上（含500万美元）的项目，土地出让金留归县级部分全额安排给企业用于项目的基础设施建设。

2. 固定资产投资在1000万元人民币以上（含1000万元人民币）至5000万元人民币或外资100万美元以上（含100万美元）至500万美元的项目，土地出让金留归县级部分的90%安排给企业用于该项目的基础设施建设。

3. 固定资产投资在500万元人民币以上（含500万元人民币）至1000万元人民币或外资50万美元以上（含50万美元）至100万美元的项目，土地出让金留归县级部分的80%安排给企业用于项目的基础设施建设。

（二）工业项目

1. 世界500强、中国知名品牌企业、上市公司投资项目，国家、省级重大产业项目，外商投资企业或国内企业被认证为"高新技术企业"、"出口加工型企业"的项目，对石林产业发展有重大带动作用的项目，以及固定资产投资在5000万元人民币以上（含5000万元人民币）或外资500万美元以上（含500万美元）的生产性项目，给予土地成交价80%的扶持；

2. 固定资产投资在1000万元人民币以上（含1000万元人民币）至5000万元人民币或外资100万美元以上（含100万美元）至500万美元的生产性项目，给予土地成交价60%的扶持；

3.固定资产投资在500万元人民币以上（含500万元人民币）至1000万元人民币或外资50万美元以上（含50万美元）至100万美元的生产性项目，给予土地成交价40%的扶持。

（三）公益项目

对固定资产投资在1000万元人民币（含1000万元人民币）以上的公益事业项目（如学校、医院等）和城市基础设施项目（不含房地产），给予土地成交价50%的扶持。

以上各项扶持资金由县财政预算支付。

四、固定资产投资500万元人民币或外资50万美元以上的新办企业，自投产之日起3年内按实缴税金留归县级财政收入部分的40%给予基金扶持，扶持资金由县财政预算支付。

五、新办企业自投产之日起年缴纳税金留归县级财政收入达20万元人民币以上的（含20万元人民币），可享受3年财政贴息，贴息额度不低于其实缴地方税金的10%（农业龙头企业的贴息政策另文规定）。

六、固定资产投资在500万元人民币或外资50万美元以上，或年纳税在30万元人民币以上的企业，列为县级重点企业，由县监察局实行重点联系保护，每一户重点企业由一名县级领导负责联系。

七、在我县投资新办企业或兼并、承包、租赁国有企业且有固定住所的投资经营者，其户籍管理及子女入学（园）享受当地居民同等待遇。

八、在我县新办或现有企业新增固定资产投资在500万元人民币或外资50万美元以上的项目，除享受国家及省、市有关优惠政策外，同时享受本优惠政策的有关规定。

九、对国内外知名企业或产业带动作用特别大的生产或经营性项目，采取"项目带政策"、"一事一议"的办法给予特殊优惠政策。

十、本优惠政策自公布之日起执行，由石林彝族自治县招商促进局负责解释。

石林彝族自治县城市医疗救助暂行办法

（2007年6月20日石林彝族自治县人民政府石政发〔2007〕18号）

第一章　总则

第一条　为进一步健全和完善社会保障体系，切实帮助城市特困居民解决就医方面的困难和问题，根据《昆明市城市医疗救助暂行办法》精神，结合实际，制定本办法。

第二章　医疗救助的对象

第二条　城市医疗救助对象为享受本县城市居民最低生活保障待遇的人员以及本县规定的其他特殊困难群众。

第三章　医疗机构

第三条　经昆明市人民政府批准设立的惠民医院（昆明市第一人民医院、昆明市第二人民医院、昆明市第三人民医院、云南省精神病院、昆明市精神病院、昆明市儿童医院）和县人民政府批准设立的惠民医院（县人民医院及社区卫生服务中心〈站〉），是我县城市医疗救助对象的定点医疗服务机构。

第四章　医疗救助类型和标准

第四条　全县城市医疗救助包括医疗优待、基本医疗救助、重大疾病医疗救助三种类型。

（一）医疗优待

持有《云南省城市居民最低生活保障金领取证》的我县城市低保人员，到定点医疗机构就医实行如下减免：

1. 门诊、住院使用的药品实行零购销差率收费。

2. 免收挂号费、诊查费。

3. 住院病人中，未参加城镇职工基本医疗保险的，减收检查费、手术费、惠民病床床位费的 30%；已参加城镇职工基本医疗保险的，减收个人自付部分的检查费、手术费、惠民病床床位费的 30%。

（二）基本医疗救助

1. 未参加城镇职工医疗保险、商业医疗保险人员中年龄在 60 周岁以上的低保对象及残疾等级达到二级及其以上的低保对象，按每人每年 200 元的标准给予门诊、急诊医疗补助。

2. 医疗救助对象住院，全年个人住院医疗费用超过 1000 元时，按当年发生医疗费实际个人负担部分的 20%给予救助，全年累计救助额不超过 1200 元。

（三）重大疾病医疗救助

1. 重大疾病范围。本暂行办法所指的重大疾病范围是：慢性肾功能衰竭（需做透析治疗的）；恶性肿瘤（目前仍需抗癌或放、化疗治疗的）；再生障碍性贫血；系统性红斑狼疮；重度精神病；中晚期慢性重症肝炎及并发症；由县民政局确定的其它需要长期治疗且费用较高的特殊疾病。

2. 重大疾病患者医疗救助。享受重大疾病医疗救助对象经县民政局审核确定后，按当年发生医疗费实际个人负担部分的 50%给予救助，全年慢性肾功能衰竭患者最高救助额累计不超过 6000 元，恶性肿瘤最高救助额累计不超过 5000 元；再生障碍性贫血、系统性红斑狼疮和中晚期慢性重症肝炎及并发症最高救助额累计不超过 4000 元，重度精神病患者最高救助额累计不超过 1000 元。

第五条 审核发放医疗救助费用时，剔除以下费用。

1. 医疗单位按规定减免的费用。

2. 患重大疾病救助对象家属所在单位为其报销的医疗费用。

3. 参加各种商业保险赔付的医疗保险金。

4. 职工单位或相关部门补助的费用。

5. 社会各界互助帮扶给予救助的资金。

第五章 申请、审批程序

第六条 医疗优待的申请、审核和审批按照《昆明市惠民医院管理暂行办法》的规定执行。

第七条 基本医疗救助和重大疾病医疗救助的申请、审核和审批。

（一）符合享受基本医疗救助条件的人员持《低保证》、《残疾证》向户籍所在地的村（居）委会或劳动保障和最低生活保障服务站（以下简称服务站）提出书面申请。

（二）符合享受基本医疗救助的人员在住院治疗期间或出院后一个月内，持《低保证》、《残疾证》、《医疗救助证》，以及定点医疗机构出具的《诊断书》、《出院证》和医疗费用收据（原件）向户籍所在地的村（居）委会或服务站提出申请。

（三）申办重大疾病医疗救助的对象应在治疗期间或医疗终结（或出院）后一个月内，持《低保证》、《残疾证》、《医疗救助证》以及由主治医生以上医师出具病情证明（并加盖医院病情证明章）后，并附近两年内与该病相关的详细检查治疗资料（原件复印件）向户籍所在地的村（居）委会或服务站提出申请。

申请人户籍所在地的村（居）委会或服务站受理申请后，应及时对申请人的有关情况进行调查核实，符合条件的，采取适当形式在辖区内公示，公示时间不得少于 3 天，公示无异议的填写《昆明市城市医疗救助申请审批表》（一式三份）或《昆明市城市医疗重大疾病救助申请审批表》（一式三份），由村（居）委会或服务站提出意见，报所在乡镇人民政府确认并签署意见，再报县民政局审批后发给《昆明市城市医疗救助证》（以下简称《医疗救助证》）。

（四）申请重大疾病医疗救助需提交的材料

1. 慢性肾功能衰竭：需有住院病史、B 超诊断报告、肾功能检查异常报告单、肾透析治疗记录。

2. 恶性肿瘤：需有住院病史及两年内抗癌或放、化疗治疗史及病理组织、细胞学诊断或骨髓诊断报告。

3. 再生障碍性贫血：需有住院病史、确诊的骨髓诊断报告。

4. 系统性红斑狼疮：需有住院病史、实验室确诊资料（狼疮细胞、抗 SM 抗体阳性等）、有除皮肤以外的一个以上器官损害检查报告。

5. 中晚期慢性重症肝炎及并发症：需有专科住院病史及门诊用药记录（近两年）、实验室诊断肝功能显著异常报告（GPT≥正常值 3 倍）、B 超诊断报告。

6. 重度精神病：需有专科诊断及专科住院病史、有长期服药治疗史。

经县民政局审核，不符合医疗救助条件的对象，在《昆明市城市医疗重大疾病救助申请审批表》中注明理由，退回乡镇和村（居）委会、服务站，乡镇和村（居）委会、服务站，应以书面形式通知申请人。

第八条 医疗救助金的发放采取就医补助和现金兑现两种方式。

（一）城市医疗门诊、急诊医疗补助金由县民政局直接发给本人。

（二）各乡镇接到县民政局发出的基本医疗救助人员生病住院医疗救助和重大疾病医疗救助通知书后，应及时拨付和通知救助申请人到乡镇领取医疗救助资金，经申请人签字领取后的《医疗救助金发放名册》由乡镇连同申请审批表、通知书一并送回县民政局保存，并建立微机管理档案。

第九条 下列情况发生的医疗费用不享受医疗救助。

（一）由于自杀、自残、打架斗殴、酗酒、违法犯罪所发生的医疗费。

（二）因交通事故、医疗事故以及其他赔付责任人应支付的医疗费用。

（三）未经许可在昆明市及我县批准设立的惠民医疗机构之外的医疗机构就医产生的医疗费用。

第六章 医疗救助资金筹集与管理

第十条 医疗救助资金实行政府财政专项拨款和社会筹集相结合的办法解决，其资金来源包括：

(一) 财政预算拨款。

(二) 福利彩票公益金地方留成。

(三) 定点医疗机构减免。

(四) 社会捐助。

(五) 其他收入。

第十一条 城市医疗救助所需经费除市级补助外，其余由县财政承担。在县财政“社会保障基金专户”下设立“城市医疗救助基金专账”，实行专账核算、专项管理、专款专用。

第十二条 县民政局按照每年度财政预算编制的规定和要求，向县财政局提出下一年度的城市医疗救助资金和工作经费的支出计划，经县财政局审核纳入当年财政预算，报县人民政府批准后执行。

第十三条 县民政局每年每季度末，应将医疗救助的人数和资金发放情况编制成报表，报县财政局和昆明市民政局。

第十四条 对享受门诊、急诊医疗救助的对象实行定期审核，每年审核一次，村（居)委会、服务站要对救助对象相关情况进行复核，根据变化及时办理延续或停止救助手续。医疗救助资金的使用接受财政、监察、审计等有关部门的监督检查及社会的监督。对虚报冒领、挤占挪用、贪污浪费等违法违纪行为，按照有关法律法规严肃处理。

第十五条 定点医疗机构和医疗救助对象接受社会和群众的监督，出现弄虚作假、营私舞弊行为的，由有关部门予以严肃处理，对弄虚作假获取医疗救助资金的单位和个人，要如数追回款项，并视情节轻重依法予以处理。

第七章 组织管理

第十六条 县民政局、县财政局、县卫生局、县人事劳动和社会保障局是城市医疗救助工作的职能部门，要认真履行职责，落实工作任务和工作措施，加强协调配合，认真做好全县城市居民医疗救助工作。民政部门负责城市医疗救助对象资格的审核、审批、救助金的发放工作；财政部门负责城市医疗救助资金的筹集和资金使用的监督管理工作；卫生部门负责定点医疗机构管理工作，指导定点医疗机构全面落实城市医疗救助的惠民政策；人事劳动和社会保障部门负责城市医疗救助重大疾病界定工作。

第十七条 本暂行办法自2007年7月1日起执行，由县民政局、县卫生局、县财政局、县人事劳动和社会保障局按职能负责解释。

石林彝族自治县人民政府印发石林彝族自治县城市园林绿化管理暂行办法等四个规定的通知

（2007年6月23日石林彝族自治县人民政府石政发〔2007〕12号）

各乡镇人民政府，县直各部委办局、人民团体、企事业单位：

《石林彝族自治县城市园林绿化管理暂行办法》、《石林彝族自治县城市绿地及树木认建认养管理暂行规定》、《石林彝族自治县“绿色图章”管理规定》和《石林彝族自治县城市古树名木和古树后续资源保护管理暂行规定》已经县第十四届人民政府第十六次常务（扩大）会议讨论通过，现印发给你们，请认真贯彻执行。

石林彝族自治县城市园林绿化管理暂行办法

第一章 总则

第一条 为加强我县城市园林绿化管理，巩固和提高城市绿化水平，保护和改善城市生态环境，实现创建国家园林县城和建设生态旅游城市的目标，根据国家、省、市有关规定，结合我县实际，制定本暂行办法。

第二条 凡我县城市规划区范围内城市绿地及城市行道树的规划、建设和管理都必须遵守本暂行办法（林业部门管理的林木除外）。

第三条 本暂行办法所指的城市绿地包括公园绿地、生产绿地、防护绿地、附属绿地及其它绿地。

第四条 县建设局是我县城市规划区园林绿化的行政主管部门，负责指导、督促、检查各单位的绿化工作。

水利、铁路、公路等部门分别负责河道、铁路、公路两侧规定范围内的绿化管理工作。

第五条 鼓励和支持开展城市绿化科学研究、先进技术推广工作；鼓励社会各界及个人投资新建绿地及其设施，鼓励认建认养公共绿地及树木。

第六条 任何单位和个人均有承担园林绿化建设及管护的义务，有对损毁树木、破坏绿化及绿化设施等违反本暂行办法的行为进行劝阻、制止、举报、控告的权利和义务，有对城市园林绿化管理工作提出意见和建议的权利。

第七条 任何单位和个人不得侵犯保护绿地及其设施所有者的合法权益。

第二章 规划

第八条 城市规划区的城市绿地规划建设严格按照城市绿地系统规划实施，任何单位和个人不得擅自变更、调整。

第九条 城市绿地系统规划确定的绿化用地，实行绿线管制制度，任何单位和个人不得擅自改变用地性质。

第十条 城市规划区内的单位(小区)应按照城市绿地系统规划，结合实际制定绿化建设管理实施方案，积极创建园林式单位(小区)。

第十一条 根据创建国家园林县城的要求，到2010年，我县城市绿化建设的目标是：城市规划建成区绿化覆盖率达40%以上，绿地率达35%以上，人均公共绿地面积达9平方米以上。

第十二条 城市新建建(构)筑物和架设、铺设各类管线，应按照国家技术规范与树木保持相应距离。绿化用水管网规划纳入城市供排水规划。

第十三条 城市绿化以乡土植物为主，乔、灌、花、草相结合，乡土树种与外来名树种相结合，平面绿化与垂直绿化相结合。

第十四条 公园绿地和附属绿地内乔灌木的种植面积不得少于绿地总面积的70%。

第三章 建设

第十五条 新建、改扩建工程项目的绿化工程建设费用，列入建设项目总投资，由县建设局监督执行。建设单位每年应根据本单位的绿化任务、养护标准和技术要求，安排必需的专项经费。

第十六条 因新建市政设施需要占用城市绿地，或因城市绿化需要迁移、拆除市政设施的，按照批准的城市规划实施。

第十七条 城市绿化工程的设计、施工和监理，由具有相应资质的单位承担，并执行技术规范，确保工程质量。

第十八条 凡进行新建、改建、扩建项目的，建设单位在办理规划手续时，应将附属绿化工程设计方案一并报审批机关审批。

第十九条 实施建设项目必须配套实施附属绿化工程，并与建设项目同时设计、同时建设，在建设工程竣工后2个月内完成绿化工程。建设单位必须按照批准的规划进行施工，因特殊原因确需改变规划的，应当报原批准机关审批。

建设工程完成后，必须依法办理相关验收手续，包含对绿化工程的验收。

各类建设绿地指标：新建工程绿地率不得低于35%，改建和扩建工程绿地率不得低于30%，附属绿地内乔灌木的种植面积不得低于绿地总面积的70%。

第二十条 对符合城市规划，但因客观条件限制，绿地率达不到指标的建设项目，须经县建设局审查同意，其不足指标按规定交纳异地绿化建设费后，方可办理规划许可手续。

异地绿化建设费由县建设局依法收取，财政专储，专门用于异地绿化建设。

第四章 管理

第二十一条 城市公园绿地、行道树由县建设局管理；生产绿地由其生产经营管理单位管理；防护绿地及风景林由林木产权所有单位管理；附属绿地由其所属单位管理；居住区绿地由居住区管委会管理。在管理中，必须建立健全管理制度，适时修剪、施肥、防虫、防病，确保花草树木长势良好及绿化设施良好，设置的护绿标志牌应规范，与绿化环境相协调。当绿地遭受水、旱、风、病、虫、霜、雪等自然灾害时，应及时采取有效措施，降低灾害损失。

第二十二条 任何单位和个人不得擅自改变城市绿化规划用地性质，破坏绿地规划用地的地形、地貌、水体和植被或在绿化规划用地范围内倾倒垃圾及污物、取土、挖沙、采石、葬坟等。

第二十三条 需占道或临时占用绿地施工的，必须经县建设局批准并交纳施工地段防护绿地及行道树护绿保证金。施工完毕后，经施工单位与县建设局共同验收，合格的退还保证金；造成花草树木死亡或损伤的，按有关规定予以赔偿。

第二十四条 任何单位和个人不得擅自占用绿化规划用地，因特殊情况需占用的，须经县建设局审核，报县人民政府审批，并按同时期同区位征地价的2—3倍缴纳绿化用地异地征用补偿费。

第二十五条 禁止擅自砍伐、移植城市规划区内属国家、集体或个人所有的树木。确需砍伐（含自然死亡的树木）、移植的，应依法办理相关手续后方可进行：1.砍伐10株以下活木的，由县建设局审核后报县人民政府审批；砍伐10株及以上活木的，由县建设局初审，经县人民政府审核后报市有关部门审批。砍伐死树由县建设局审批。2.移栽树木由县建设局审批。经批准移栽公园绿地内的树木及城市行道树的，申请单位或个人按每株1500元—5000元的标准向县建设局交纳移栽施工及保活管理费，由县建设局组织实施。经批准砍伐、移植树木的，申请人须在砍伐、移植前予以公示或公告，公示或公告期为5个工作日。

第二十六条 经批准在城市规划区内砍伐树木的单位或个人，有新增绿化用地条件的，在规定的期限内按“砍一栽五”的原则补植胸径不小于6厘米的树木，保证成活并由县建设局验收；无新增绿化用地条件的，每砍一株按5000元—20000元向县建设局交纳异地栽植补偿费，由县建设局另择地点按“砍一栽五”原则补栽。砍伐的树木由树木产权所有单位或个人处理。

第二十七条 城市绿地管护责任单位和树木所有者应对树木进行经常性检查，防止责任事故发生。

树木的高度按国家有关规定与架空线保持安全净距。因树木自然生长影响架空线安全的，由管线主管单位向县建设局提出修剪申请，经批准后由树木管护单位负责修剪，费用由树木管护单位承担；树木管护单位逾期不修剪的，管线主管单位可自行修剪。

因不可抗力或生产、交通事故致使树木倾斜、倒伏可能危及管线、交通、建筑及人身安全的，有关单位可先行修剪、砍伐树木或者采取其它处理措施，并于3日内到县建设局补办相关手续。

各类管线需穿越绿地的，须报县建设局审核同意并交纳护绿保证金后方可实施。

第二十八条 因交通事故或电力、电信、给排水等市政设施建设等原因损坏城市绿地及其设施的，由责任单位或责任人按有关规定向绿地管理责任单位或树木所有者进行赔偿。

第二十九条 城市规划区内的古树名木，由县建设局统一登记造册和挂牌标志，划定保护范围，制定养护措施。养护实行专业养护部门、保护管理责任单位与个人保护管理相结合的原则。

生长在城市公园绿地内的古树名木，由县建设局负责保护管理；生长在其它绿地内的古树名木由相应责任单位保护管理；散生在各单位范围内的古树名木，由所属单位和个人保护管理。

因国家重点建设需要移植古树名木的，由县建设局审核后报县人民政府审批，禁止擅自砍伐、移植或修剪古树名木。

第三十条 我县的义务植树重点安排在城市规划区内的城镇面山、主要交通干线沿线进行。未完成义务植树任务的单位和个人，按5元/株交纳绿化费，专款用于绿化建设和维护。

第三十一条 城市绿地内的水体按管理权限进行管理。巴江河面漂浮物等的清理由县建设局负责；其它绿地内水体的管理由相关绿地管理责任单位负责。各水体责任单位应保持水面清洁、水质良好。

第三十二条 未经批准，任何单位和个人不得擅自在公园、广场及其它公共绿地内举办促销、展演等活动。

第三十三条 任何单位和个人不得擅自使用公园绿地内的水、电。

第三十四条 禁止在公园活动场地、游路及广场上骑自行车、驾驶机动车辆或开展有碍他人正常游园的活动。

第三十五条 禁止下列损坏或污染绿地及其设施的行为：

（一）踩踏城市绿地、道路绿化带、花坛或向水池内倾倒垃圾、污水；

（二）穿行绿篱、爬树、摇树、攀枝、断枝、断杆、断根、采花、摘果、摘叶、刻划树皮、剥皮等；

（三）在树上钉钉、架线、挂钩、拴系物品和牲畜、悬挂广告牌、倚树盖房、搭棚；在树下生火薰烟、设置烧烤摊点；

（四）在绿地内设置营业摊点；

（五）在绿地内倾倒垃圾及污物、取土、挖沙、采石、挖药、铲草、狩猎、捕鸟、葬坟、生火薰烟、燃放烟花爆竹、放养宠物、摊晒衣物、堆放物料、擅自采集植物标本等；

（六）随地吐痰、大小便，乱扔瓜果皮核、纸屑、食品包装等废弃物或在园林绿化相关设施上涂写、刻画；

（七）擅自在绿地内设置广告牌、标牌；

（八）在绿地内进行封建迷信活动；

（九）其它损坏城市绿地和园林绿化设施的行为。

第三十六条 引入县外的植物，应当按有关规定进行检疫。

第五章　法律责任

第三十七条 擅自变更批准的绿化工程设计方案的，责令限期改正；逾期未改或拒不改正的，处以3万元以上5万元以下的罚款。

第三十八条 擅自砍伐、移植树木的，处以被砍伐、移植树木价值3至5倍的罚款；构成犯罪的，依法追究刑事责任。

第三十九条 擅自砍伐、移植古树名木或人为致使古树名木损坏或死亡的，责令停止侵害，赔偿损失，处以每株10万元以上20万元以下的罚款；构成犯罪的，依法追究刑事责任。

第四十条 擅自驾驶机动车辆进入城市绿地及公园游路的，责令改正；造成绿地或游路损坏的，责令赔偿损失，并按照绿地及其设施赔偿费的3至5倍处以罚款。

第四十一条 有本暂行办法第三十五条规定行为之一的，责令停止违规行为，并按下列规定给予处罚：

违反（一）、（二）、（三）项的处以20元以上200元以下罚款；造成严重后果的，责令赔偿损失，并按照绿地及其设施赔偿费的3至 5 倍处以罚款；

违反（四）、（五）、（六）、（七）、（九）项的处以50元以上500元以下罚款；造成严重后果的，责令赔偿损失，并按照绿地及其设施赔偿费的3至5倍处以罚款。

第四十二条 擅自改变规划确定的绿地用地性质、降低绿化指标、越权审批、不按规定程序办理许可手续或者挪用绿化专项费用的，对责任单位处以5000元以上10000元以下罚款。

第四十三条 城市绿化行政管理人员有下列行为之一的，视情节追究责任；构成犯罪的，依法追究刑事责任。

1. 玩忽职守致使国家和他人遭受损失的；2. 滥用职权、徇私舞弊、违法审批的；3. 挪用异地绿化建设费和绿地临时占用费的；4. 不依法履行监督管理职能的。

第六章　附则

第四十四条 本暂行办法由县建设局负责解释，自公布之日起施行。

石林彝族自治县城市绿地及树木认建认养管理暂行规定

第一条 为充分调动全社会力量参与城市绿化美化建设的积极性，结合实际，制定本暂行规定。

第二条 本暂行规定适用于我县城市规划区内已建或待建的城市道路绿化、公共绿地及其范围内的树木和绿化设施等。

第三条 县建设局是城市绿地、树木认建认养的行政主管部门。

第四条 认建形式。自行建设的，由认建单位、团体或个人负责绿地建设；委托建设的，由认建方提供认建资金，委托县建设局组织实施。

第五条 认养形式。由认养单位、团体或个人直接负责养护和管理；由认养方提供养护资金，委托县建设局组织实施。

第六条 鼓励社会各界奉献爱心，积极出资参与城市绿化建设和城市绿地、树木的认建认养；对认建认养达到一定面积、资金投入达到一定额定的单位、团体或个人，可获得设立树木命名标志牌、绿地冠名权等权利。

第七条 绿地认建认养坚持自愿原则，参与认建认养的单位、团体或个人必须具备相应的能力；有能力、自愿进行认建、认养的，由县建设局通过媒体向社会公布。

第八条 绿地认建认养实行协议管理。由认建、认养的单位、团体或个人先确定认建认养的绿地、树木或绿化设施和相应规划设计方案，向县建设局提出书面申请，经审核批准后签订绿地认建(认养)协议，并颁发城市绿化认建(认养)证书。

第九条 认建认养按有关规定和标准进行。认养期限至少为1年，需要对绿地冠名的，认养期限至少为5年。在认养期间，因建设需要占用绿地的，经有关部门批准，根据占用时间适当退还认建、认养经费。如因国家政策或城市规划需终止认建、认养协议的，其造成的损失不作任何补偿。

第十条 认建、认养应严格按县建设局审批的规划设计方案或更新改造方案组织实施，并按有关技术标准和技术规范进行，不得转包。县建设局对认建认养绿化工程施工、养护等进行技术指导和监督。

第十一条 认建认养经费标准。1. 认建按照《园林绿化栽植工程技术规范(试行)》确定的栽种标准执行。认建绿地的资金投入以绿地建设工程决算为准；认建乔木每棵不低于200元（具体根据树种确定）。2. 认养按照《园林绿化养护技术规范(试行)》确定的管养标准执行。绿地养护经费不得低于以下标准：一级养护每平方米不得低于9元/年；二级养护每平方米不得低于7元/年；三级养护每平方米不得低于4元/年（等级标准由县建设局制定）；认养乔木每棵不低于20元/年。

第十二条 认建绿化工程的设计，应当委托具有城市绿化设计资质的设计单位承担，设计方案须经县建设局审批，并按批准的设计方案进行施工。认建绿地工程的施工，由具有城市园林绿化施工资质的施工单位承担，绿化工程竣工后，经县建设局验收合格后方可交付使用。

第十三条 认建、认养单位和个人必须定期向县建设局报告绿地建设、养护进展情况。

第十四条 认建认养资金专款专用，任何单位和部门不得挪用或占用。

第十五条 认建认养的权利和义务

（一）认建认养1株以上乔木或100平方米以下绿地的，可挂牌设立标志牌，由县建设局建立认建认养档案。

（二）认建认养绿地面积在100（含）—500平方米的，除建立认建认养档案外，享有认建认养期内给绿地命名及在绿地中设立命名标志牌的权利，标志牌的规格式样由县建设局统一设计。

（三）认养绿地面积在500平方米（含）以上的，除享有以上权利外，还可按有关规定申请在绿地内设立广告。所设立广告以不影响园林景观、不违反相关广告法规、不影响行车安全和植物正常生长为前提，须经县建设局审批；街道或绿地的冠名须由县有关行政主管部门审核后，报县人民政府批准。绿地冠名权经县人民政府批准后，可以采取拍卖、协议、招标等方式进行，所得资金用于城市绿地的建设和管理。

（四）凡出现下列情况之一的，由县建设局给予通报批评，并视情节责令限期整改、取消认建认养资格等。1. 建设和养护质量未达到规定标准的；2. 擅自变更认建、认养地点、规模的；3. 认建认养资金3个月内不到位，致使绿化建设、养护不能按期进行的。

（五）有下列情况之一的，认建认养单位、团体或个人有权终止协议，并要求赔偿。1. 委托认建、认养资金到位半年以上，无正当理由尚未开工或建设严重超工期的；2. 擅自挤占、截留、挪用认建、认养资金致使认建、认养工作无法开展的；3. 建设和养护质量未达到规定标准的。

（六）在认建认养期间，若被委托方未按委托协议履行职责，委托方可要求限期整改，可不提供资金，或要求返还已提供的资金；若委托方未按协议要求提供管养经费，被委托方可提出限期整改要求，可摘除命名标志牌、拆除绿地内广告；绿地认养单位、团体或个人未按照协议要求和有关规定进行认养或者不能及时提供建设、养护经费的，县建设局可采取限期整改、摘除标志牌、取消绿地冠名权等措施；违反有关园林绿化法规规定的，依法予以处罚。

（七）认养期满前30天内，认养人应到县建设局办理继续认养或终止认养的相关手续；到期未办理的，视为自动放弃，县建设局按规定公示后，由其他申请人(单位)再行认养。

第十六条 认建认养的绿地不改变产权关系，绿地认养单位、团体和个人不得擅自在其认建认养的绿地内增加建筑物、构筑物及其它设施，不得改变绿地的性质和功能。

第十七条 本暂行规定适用范围内的古树名木按照《石林彝族自治县古树名木和古树后续资源保护管理暂行规定》的要求进行管护。

第十八条 本暂行规定由县建设局负责解释，自公布之日起施行。

石林彝族自治县“绿色图章”管理规定

第一条 为建立健全“绿色图章”管理制度，稳步推进县城园林绿化建设步伐，结合实际，制定本规定。

第二条 本规定适用范围为我县城市规划区。

第三条 审核审批规定

凡在城市规划区内进行新建、改建和扩建的建设项目，在办理《建设工程规划许可证》前，由建设单位将项目的平面图及绿地规划设计图报县建设局审核并加盖“绿色图章”(石林彝族自治县城镇绿化审批专用章）后，方可办理《建设工程规划许可证》。

县建设局要认真审核送审的绿地规划设计，做到规划设计合理、图纸与实地相符、工程验收与绿化验收同步进行。未经县建设局实地验收或验收不合格的，不得投入使用；在绿化工程竣工后，必须经县建设局对绿地面积进行审核，并加盖“绿色图章”(石林彝族自治县城镇绿化竣工验收合格专用章）后，方可办理项目竣工验收的相关手续。

因建设或者其它特殊原因，需要砍伐、移植城市绿化树木或临时占用、挖掘城市绿地的，必须经县建设局批准，加盖“绿色图章”(石林彝族自治县城镇绿化审批专用章)，并按相关规定予以补偿后，方可进行施工。

第四条 各类建设绿地指标要求

城市规划绿地总指标：绿化覆盖率达40%以上，绿地率达35%以上，人均公共绿地面积达9平方米以上。

单位附属绿地指标：凡在鹿阜镇、路美邑镇片区的新建项目绿地不少于35%，改建、扩建项目绿地不少于30%；在石林镇片区的新建项目绿地不少于40%，改建、扩建项目绿地不少于35%；学校、医院、部队等单位新建单位绿地不少于40%，改扩建单位绿地不少于35%。

道路绿地率指标：园林景观路绿地率不少于40%，红线宽度少于40米的道路绿地率不少于20%。

居住小区绿地率指标：新建小区绿地不少于35%，改建、扩建小区绿地不少于30%。

公园、广场、小游园等绿地率不少于65%。

第五条 在城市规划区范围内的建设项目，未经县建设局审核签章而进行建设，或未按报批同意的绿化规划施工，擅自减少绿化面积或改变绿化方案、降低绿化水平的，均属违章建设。对违章建设的单位，由县建设局责令其停止建设，限期整改；逾期未整改的，除按有关法律、法规、规章的规定处理外，还应拆除违章建筑，补足规划设计确定的绿地面积。

第六条 本规定由县建设局负责解释，自公布之日起施行。

石林彝族自治县城市古树名木和古树后续资源保护管理暂行规定

第一条 为切实加强县城古树名木和古树后续资源的保护管理，结合实际，制定本暂行规定。

第二条 本暂行规定适用于我县城市规划区古树名木和古树后续资源的保护管理。

第三条 本暂行规定所称的古树指树龄在100年(含)以上的树木。

本暂行规定所称的名木指下列树木：1. 树种珍贵、稀有的；2. 具有历史价值或者纪念意义的；3. 具有重要科研价值的。

本暂行规定所称的古树后续资源指树龄在60年以上100年以下的树木。

国家级古树分为三个级别：1. 树龄在500年以上的为国家一级古树；2. 树龄在300年至499年的为国家二级古树；3. 树龄在100年至299年的为国家三级古树。

第四条 县建设局是城市古树名木和古树后续资源保护管理的行政主管部门，负责对城市规划区内古树名木和古树后续资源进行调查、鉴定、定级、登记、编号、建立档案、设立标志以及专业养护的监督管理和技术指导，并积极组织开展科学研究，推广应用科研成果，宣传普及保护知识，提高保护和管理水平。

第五条 古树名木和古树后续资源管理实行专业养护部门保护管理与单位、个人保护管理相结合的原则。1.生长在城市公共绿地内的古树名木和古树后续资源，由县建设局负责保护管理；2.生长在其他单位绿地内的古树名木和古树后续资源，由相应的绿地管理责任单位负责保护管理；3.生长在各单位范围内的古树名木和古树后续资源，由各单位负责保护管理；4.所有权属个人的，由个人保护管理。变更古树名木和古树后续资源养护单位或个人，须到县建设局办理养护责任转移手续。

第六条 古树名木和古树后续资源管理责任单位和个人因特殊原因不能保护管理古树名木和古树后续资源的，按规定办理相关手续后，由县建设局管理。

第七条 古树名木的保护范围为不小于树冠垂直投影外5米的区域；古树后续资源的保护范围为不小于树冠垂直投影外2米的区域。

第八条 古树名木和古树后续资源的养护管理费用由古树名木管理责任单位或者责任人承担，县建设局可适当给予补助；每年从城市维护管理经费、城市园林绿化专项资金中划拨一定的资金用于城市古树名木和古树后续资源的保护管理。

第九条 古树名木和古树后续资源养护责任单位或者责任人应按县建设局制定的养护管理措施实施保护管理。古树名木和古树后续资源受到损害或者长势衰弱，养护单位和个人应当立即报告县建设局，由县建设局组织复壮。

对已死亡的古树名木和古树后续资源，应当经县建设局确认，查明原因，明确责任并予以注销登记后，方可按规定处理。

第十条 集体和个人所有的古树名木和古树后续资源，未经批准，不得买卖、转让；捐献给国家的，给予适当奖励。

第十一条 任何单位和个人不得擅自砍伐和移植古树名木和古树后续资源。因特殊情况需移植二级古树名木和古树后续资源的，须经县建设局审查并报县人民政府批准；移植一级古树名木的，由县建设局初审并报县人民政府审核，报市有关部门审批。

经批准移植和砍伐（死亡）的古树名木和古树后续资源，须办理移植和砍伐相关手续。

第十二条 禁止下列损害城市古树名木和古树后续资源的行为：

（一）在树上刻画、喷涂、张贴、钉钉、架线、挂钩、拴系牲畜、悬挂物品、倚树盖房、搭棚；

（二）在施工等作业时借树木作为支撑物或者固定物；

（三）攀树、折枝、挖根、采花采叶、摘果摘种、刻划树皮、剥皮等损坏树木的行为；

（四）在古树名木和古树后续资源保护管理范围内堆放物料、停放车辆、设置广告牌、埋设管线、修建建（构）筑物、挖坑取土、取沙、采石、铲草、葬坟、生火熏烟、搭建临时设施、倾倒污水、垃圾及其它废弃物；

（五）擅自砍伐、移植、转让和买卖；

（六）擅自修剪、嫁接、采集标本；

（七）其它有损名木古树的行为。

第十三条 新建、改建、扩建的建设工程涉及或影响古树名木生长的，建设单位必须提出避让和保护措施并报县建设局批准后实施。

第十四条 生产、生活设施等产生的废水、废气、废渣等危害古树名木生长的，有关单位和个人必须按照县建设局、县环保局的要求，在限期内采取措施，消除危害。

第十五条 县建设局应当至少每5年开展一次古树名木和古树后续资源普查，至少每6个月对古树生长情况、养护情况进行一次全面检查，至少每1年对古树后续资源生长情况、养护情况进行一次全面检查，并在检查工作结束后7个工作日内，将检查情况报县人民政府。

第十六条 违反本暂行规定第九条的规定，造成古树名木和古树后续资源轻微损害的，对个人处以50元以上2000元以下罚款，对单位处以500元以上2000元以下罚款。

第十七条 违反本暂行规定第十条、第十一条的规定，擅自砍伐、移植、转让和买卖古树名木和古树后续资源，致使古树名木损害或死亡的，处以每株1万元以上20万元以下罚款；构成犯罪的，依法追究刑事责任。致使古树后续资源受到损坏或死亡的，处以每株500元以上1万元以下罚款；构成犯罪的，依法追究刑事责任。

第十八条 违反本暂行规定第十二条规定，情节轻微的，处以20元以上200元以下罚款；造成严重后果，致使古树名木损坏和死亡的，处以每株10万元以上20万元以下罚款；构成犯罪的，依法追究刑事责任。致使古树后续资源受到损坏或死亡的，处以每株500元以上1万以下罚款；构成犯罪的，依法追究刑事责任。

第十九条 破坏古树名木和古树后续资源标志与保护设施的，按有关标准进行赔偿；构成犯罪的，依法追究刑事责任。

第二十条 城市园林绿化管理人员因实施保护、管理措施不力，或玩忽职守，致使古树名木和古树后续资源损伤或死亡的，按处理权限报有关部门处理；构成犯罪的，依法追究刑事责任。

第二十一条 本暂行规定由县建设局负责解释，自公布之日起施行。

中共石林彝族自治县委办公室　石林彝族自治县人民政府办公室关于切实加强甜柿基地建设管理的通知

（2007 年 7 月 9 日）

各乡镇党委、政府，县农牧局、县财政局：

建设一批甜柿基地，发展甜柿产业是县委、县人民政府加快社会主义新农村建设的重要决策之一。为切实加强对2006 年度已建甜柿基地的管理，确保实现“三年挂果，四年见效”的目标，经县委、县人民政府研究同意，现就切实加强甜柿基地建设管理的有关事项通知如下：

一、切实增强对甜柿基地建设管理的责任感和紧迫感

通过各级各有关部门的共同努力，2006 年，全县共扶持发展甜柿基地 6762 亩，受各种因素影响，6762 亩甜柿基地的建设管理存在一些不容忽视的问题，主要表现为“三个不到位”：一是管理不到位。大部分基地没有追肥和揭膜，杂草丛生，部分基地违反规定套种烤烟、玉米、雪莲果、向日葵等高杆作物，严重影响甜柿苗的正常生长；成活率不够理想，最高的达 97%，最低的仅达 50%，全县 6762 亩甜柿的平均成活率仅为 80%左右。二是技术指导服务不到位。县、乡镇农业技术人员深入基地开展技术指导和服务不够，尚未制定《甜柿基地管理技术规程》，技术培训不到位，大部分基地的种植户不具备基本的甜柿管理技术素质，处于各行其是的管理状态。三是督促检查不到位。有关乡镇、县直有关部门没有将加强甜柿基地建设管理工作提上议事日程，认识不到位，对基地建设管理经验教训的总结不够，主动采取针对性措施加强甜柿基地建设管理的积极性不够。对此，各有关乡镇、县直有关部门要充分认识当前甜柿基地建设管理中存在的突出问题的严重性，增强责任感和紧迫感，切实加强领导，采取针对性措施，确保甜柿基地实现科学、规范、有效管理，为甜柿产业发展打牢坚实基础。

二、采取有力措施切实抓好甜柿基地建设管理

（一）明确管理主体责任

1. 县农牧局是甜柿基地建设管理的技术服务主体，要按照国家食品安全质量标准，尽快制定《甜柿基地建设管理技术规程》，指导种植户实施规范化的生产管理。

2. 有关乡镇是甜柿基地建设管理的组织主体。乡镇长为第一责任人，分管领导为直接责任人，要广泛动员，精心组织，确保辖区范围内甜柿种植户服从技术人员的指导，接受技术人员的直接服务。

3. 种植户是甜柿基地建设管理的实施主体，要自觉服从乡镇的统一组织安排和技术人员的指导，确保每一株甜柿达到生产技术规范化管理要求。

（二）创新技术服务形式

1.分片包干。1000 亩以上的甜柿种植基地每片确定 2 名技术员，1000 亩以下的每片确定 1 名技术员包干负责技术指导和服务。技术员由县农牧局负责选聘，确保在甜柿生产的每个关键环节做到驻村入户，指导到每一个基地，服务到每一株甜柿；每一块基地都要明确责任单位和责任人，并立碑明确，由县农牧局负责。

2.组织培训。由县农牧局负责每年组织 2—3 次甜柿种植户参加的专题技术培训，做到每个种植户都有 1—2 名科技明白人，建立一支业务技术精、责任心强的甜柿生产技术队伍。

3.技术扶持。由县农牧局负责，以招标形式确定技术员，实行技术服务承包制，按照每年每株甜柿 1 元的标准补助技术服务费，所需费用从县级安排的甜柿基地建设专项资金中安排。

4.企业代管。由县农牧局牵头，择优确定有种植管理技术和管理经验的甜柿生产经营龙头企业对分户经营的甜柿基地实行代管或承包。代管费用按技术服务费补助标准执行。具体代管协议由县农牧局负责与代管（承包）企业协商一致后签定。

（三）加强督促检查

由县委办、县政府办定期组织督促检查，每次均形成督查专报，直接向县委、县人民政府分管领导报告。县甜柿产业发展工作领导小组要定期召开甜柿基地建设管理形势分析会，及时协调解决相关问题，确保甜柿基地建设管理收到实效。

（四）落实奖惩机制

由县农牧局牵头负责，从 2007 年起，每年分三次对甜柿基地建设管理情况进行检查，年底对甜柿基地建设管理情况进行专项考核，并列入县对有关乡镇和县农牧局的年度目标管理考核内容。经检查验收达到技术规程规范要求的基地，按时足额给予补助；对达不到技术规程规范要求的，取消补助。

2007 年度甜柿种植按此文件执行。

石林彝族自治县实施《全民科学素质行动计划纲要》工作方案（2006～2010～2020）

（2007年7月10日中共石林彝族自治县委办公室、石林彝族自治县人民政府办公室石办发〔2007〕32号）

为认真贯彻实施《全民科学素质行动计划纲要（2006～2010～2020年）》（国发〔2006〕7号）（以下简称《科学素质纲要》），按照省、市的有关要求，结合我县实际，制定本方案。

一、指导思想

以邓小平理论和“三个代表”重要思想为指导，坚持科学发展观，认真贯彻“政府推动、全民参与、提升素质、促进和谐”的指导方针，发挥政府推动作用，充分调动全社会力量共同参与，大力开展面向未成年人、城镇劳动人口、领导干部和公务员等重点人群的科学素质行动，积极推进科学技术教育、培训、传播与普及工作，不断完善公民科学素质建设的组织实施、基础设施、条件保障、人才队伍监测评估体系，逐步建立公民科学素质建设的长效机制，全面加强全民科学素质建设，为推动科教兴县和人才战略的实施、加快石林跨越式发展奠定坚实的人力资源基础。

二、总体目标

到2010年，科学技术教育、传播与普及有较大发展，公民科学素质明显提高，达到全省县级先进水平。到2020年，科学技术教育、传播与普及得到长足发展，形成比较完善的公民科学素质建设的组织实施、基础设施、条件保障、人才队伍监测评估等体系，公民科学素质在整体上有大幅度的提高，达到昆明市中上等水平。围绕公民科学素质建设最关键、最具基础性的问题，实现以下目标：

——促进科学发展观在全社会的树立和落实。重点宣传普及节约资源、保护生态、改善环境、安全生产、应急避险、健康生活、合理消费、循环经济等观念和知识，倡导建立资源节约型、环境友好型社会，形成科学、文明、健康的生活方式和工作方式。

——以重点人群科学素质行动带动全民科学素质的整体提高。未成年人对科学的兴趣明显提高，创新意识和实践能力有较大增强；农民和城镇劳动人口的科学素质有显著提高，城乡居民科学素质水平差距逐步缩小；领导干部和公务员的科学素质在各类职业人群中位居前列。

——科学教育与培训、科普资源开发与共享、大众传媒科技传播能力、科普基础设施等公民科学素质建设的基础得到加强，公民提高自身科学素质的机会与途径明显增多。

三、组织领导

成立石林彝族自治县贯彻实施《全民科学素质行动计划纲要（2006～2010～2020年）》工作领导小组（以下简称县领导小组）。

组　长：柊文炜（县委书记）
副组长：李忠德（县委副书记、县人民政府县长）
裴演兵（县委副书记）
毕春华（县委常委、县人民政府副县长）
李福军（县委常委、县委宣传部部长）
徐梅芬（县人民政府副县长）
叶　扬（县人民政府副县长）
成　员：王永乔（县委办公室常务副主任）
王彦平（县人民政府办公室主任）
高云曦（县委组织部副部长）
张鹏翔（县委宣传部副部长）
李建民（县科协主席）
李　韬（县科技局局长）
普光强（县教育局局长）
徐朝光（县农牧局局长）
赵一民（县发改局局长）
徐永平（县统计局局长）
马光云（县人事劳动和社会保障局局长）
毕卫红（县卫生局局长）
张睿高（县人口和计划生育局局长）
念晓春（县乡镇企业局〈经济局〉局长）
吴剑平（县建设局局长）
罗秀全（县环保局局长）
余　春（县水务局局长）
张鹏飞（县林业局局长）
张树忠（县广电局局长）
徐跃高（县文体局局长）
陶红林（县旅游局副局长）
毕文祥（县财政局副局长）
赵家林（县扶贫办主任）
李光亮（县委党委副校长）
李静江（县总工会常务副主席）
殷　瑕（团县委书记）
毕金兰（县妇联主席）

李琼仙（县工商业联合会副主席）
徐丽琼（县残联主席）
武经旭（县科协副主席）
段圳宗（县科协副主席、县政府信息产业办副主任）
各乡镇党委书记

县领导小组负责对全县《科学素质纲要》实施工作进行宏观指导；研究制定促进《科学素质纲要》实施工作的政策措施，协调解决实施工作中有关重大问题；对各乡镇、各部门的实施工作进行督促检查。

县领导小组办公室设在县科协，办公室主任由县科协主席李建民同志兼任；办公室工作人员从县领导小组成员单位抽调。办公室负责处理领导小组的日常工作，提出实施《科学素质纲要》政策和措施的建议，督查落实领导小组会议议定事项，承办领导小组交办的事项。

县领导小组办公室建立联络组，负责办公室与各成员单位之间的沟通与协调。各乡镇党委、政府负责本乡镇的组织领导和具体实施工作。

四、责任分工

对全县实施《科学素质纲要》的主要任务及职责分解如下：

（一）未成年人科学素质行动

责任单位：县教育局

责 任 人：普光强

协作单位：县委宣传部、县科协、团县委、县妇联、县广电局、县科技局、各乡镇。

主要任务：

1. 宣传科学发展观，重点宣传我国人口众多、资源有限、人均占有资源远低于世界平均水平的基本国情，使未成年人从小树立人与自然和谐相处和可持续发展的意识。

2. 完善基础教育阶段的科学教育，提高学校科学教育质量，使中小学生掌握必要和基本的科学知识与技能，体验科学探究活动的过程与方法，培养良好的科学态度、情感与价值观，发展初步的科学探究能力，增强创新意识和实践能力。

3. 普及农村义务教育，切实提高农村中小学科普教育质量。为农村未成年人提供更多参与科普活动的机会，培养改善生存状况、提高生活质量和自我发展的能力。

4. 开展多种形式的科普活动和社会实践，增强未成年人对科学技术的兴趣和爱好，初步认识科学的本质以及科学技术与社会的关系，培养社会责任感以及交流合作、综合运用知识解决问题的能力。

（二）农民科学素质行动

责任单位：县农牧局

责 任 人：徐朝光

协作单位：县委宣传部、县林业局、县教育局、县科协、县科技局、县水务局、县国土资源局、县环保局、县人事劳动和社会保障局、县扶贫办、县卫生局、县人口和计划生育局、县广播电视局、团县委、妇联、各乡镇。

主要任务：

1. 面向农民宣传科学发展观，重点开展保护生态环境、节约水资源、保护耕地、防灾减灾，倡导健康卫生、移风易俗和反对愚昧迷信、陈规陋习等内容的宣传教育，在广大农村形成讲科学、爱科学、学科学、用科学的良好风尚，促进社会主义新农村建设。

2. 根据产业结构调整和县域经济特点普及推广适用技术。根据石林的比较优势发展现代农业；围绕科学生产和增效增收，开展多种内容的科学普及活动；激发广大农民参与科学素质建设的积极性，增强科技意识，提高获取科技知识和依靠科技脱贫致富、发展生产和改善生活质量的能力，并将推广适用技术与提高农民科学素质结合起来，着力培养有文化、懂技术、会经营的新型农民。

3. 提高农村富余劳动力向非农产业和城镇转移就业的能力。

4. 提高农村妇女、民族村寨、贫困村寨农民的科学文化素质。

（三）城镇劳动人口科学素质行动

责任单位：县人事劳动和社会保障局

责 任 人：马光云

协作单位：县委宣传部、县发改局、县总工会、县教育局、县科技局、县广播电视局、县卫生局、县人口和计划生育局、县劳动就业服务局、团县委、县妇联、县科协。

主要任务：

1. 在城镇宣传科学发展观，重点倡导和普及节约资源、保护环境、节能降耗、安全生产、健康生活等观念和知识，促进经济增长方式的转变和科学文明健康生活方式的形成。

2. 围绕城镇化进程的要求，提高进城务工人员的职业技能水平和适应城市生活的能力。

3. 提高失业人员的就业能力、创业能力和适应职业变化的能力。

（四）领导干部和公务员科学素质行动

责任单位：县委组织部

责 任 人：高云曦

协作单位：县委宣传部、县委党校、县人事劳动和社会保障局、县科技局、团县委、县妇联、县科协、县广播电视局。

主要任务：

1. 在面向领导干部普及科学技术知识的同时，突出弘扬科学精神，提倡科学态度，讲究科学方法，增强领导干部贯彻落实科学发展观的自觉性和科学决策的能力。

2. 围绕贯彻落实科学发展观和建设学习型机关，调动公务员提高自身科学素质的积极性和主动性，增强终身学习和科学管理的能力。

（五）科学教育与培训基础工程

责任单位：县教育局

责 任 人：普光强

协作单位：县委组织部、县委宣传部、县委党校、县发改局、县科技局、县农牧局、县人事劳动和社会保障局、县总工会、团县委、县妇联、县科协、各乡镇。

主要任务：

1.加强教师队伍建设，培养一支专兼结合、结构合理、素质优良、胜任各类科学教育与培训的教师队伍。

2.加强教材建设，改革教学方法，形成适应不同对象需求、满足科学教育与培训要求的教材教法。

3.加强教学基础设施建设，充分利用现有的教育培训场所、基地，配备必要的教学仪器和设备，为开展科学教育与培训提供基础条件支持。

（六）科普资源开发与共享工程

责任单位：县科协

责任人：李建民

协作单位：县委党校、县科技局、县教育局、县农牧局、县广播电视局、县政府信息产业办。

主要任务：

1. 根据民族旅游文化特点，引导、鼓励和支持科普产品和信息资源的开发，繁荣科普创作。围绕宣传落实科学发展观，创作出一批紧扣时代发展脉搏、适应市场需求、公众喜闻乐见的优秀科普作品。

2. 集成国内外科普信息资源，建立科普信息资源共享和交流平台，为社会和公众提供资源支持和公共科普服务。

（七）大众传媒科技传播能力建设工程

责任单位：县委宣传部

责　任　人：张鹏翔

协作单位：县广播电视局、县教育局、县科技局、县农牧局、县科协、县政府信息产业办。

主要任务：

1. 加大各类媒体的科技传播力度。增加电视台、广播电台中科技节目的播出时间，科普网站和门户网站的科技专栏等大幅度增加。

2. 打造科技传播媒体品牌。提高传播媒体专栏制作传播质量，培育一批读者量大、知名度高的综合性科技专栏、科普展版、电子出版物。

3. 发挥互联网等新型媒体的科技传播功能，培育、扶持若干对网民有较强吸引力的科普网站。

（八）科普基础设施工程

责任单位：县科协

责　任　人：李建民

协作单位：县教育局、县科技局、县建设局、县财政局、县发改局、县农牧局、县总工会、团县委、各乡镇。

主要任务：

1. 拓展和完善现有基础设施的科普教育功能。对现有科普设施进行整合，充实内容、改进服务、激发活力，满足公众参与科普活动的需求。整合利用社会相关资源，充分发挥科研基础设施的资源优势，发展青少年科技教育基地和科普教育基地。

2. 发展基层科普设施。在乡镇、村、社区建设科普画廊、科普活动室、运用网络进行远程科普宣传教育的终端设备等设施。

（九）制定政策、建设专兼职科普队伍及监测评估

责任单位：县科技局

责　任　人：李韬

协作单位：县委组织部、县委宣传部、县发改局、县教育局、县财政局、县人事劳动和社会保障局、县农牧局、县统计局、县广播电视局、县总工会、团县委、县妇联、县科协。

主要任务：

1. 完善有关公民科学素质建设的政策，明确政府、社会组织、企业及公民个人在公民科学素质建设中的责任、权利和义务。根据形势发展需要，对现有政策进行修订、补充和调整。

2. 制定鼓励个人独资或合作兴办科学技术教育、传播与普及机构的政策。

3. 制定表彰和奖励政策。建立有效机制和相应激励措施，充分调动在职科技工作者、大学生、研究生和离退休科技、教育、传媒工作者等各界人士参加公民科学素质建设的积极性，发挥他们的专业和技术特长，形成一支规模较大、素质较高的兼职人才队伍和志愿者队伍。对在公民科学素质建设中作出重要贡献的个人和组织予以表彰和奖励。

4. 开展多种形式的培训和进修活动，加强业务学习，全面提升在职科学技术教育、传播与普及人员的科学素质和业务水平，培养专业化人才，为公民科学素质建设提供人才保障和智力支撑。

5. 增强科技界的责任感，支持科技专家主动参与科学教育、传播与普及，促进科学前沿知识的传播。

6. 开展公民科学素质建设理论研究，加强国内外学术交流，把握基本规律和国际发展趋势，为公民科学素质建设的实践提供指导。

7. 结合我县实际情况，围绕公民生活和工作的实际需求，提出公民应具备的基本科学素质内容，为公民提高自身科学素质提供衡量尺度和指导，并为《科学素质纲要》的实施和监测评估提供依据。

8. 建立公民科学素质状况和《科学素质纲要》实施的监测指标体系，并纳入县社会发展指标体系。

9. 委托有关监测评估机构对公民科学素质状况和《科学素质纲要》实施情况进行监测评估，并提出相应对策和建议。

五、实施步骤

以“十一五”期间为重点，分三个阶段实施：

（一）2007 年上半年

1. 成立组织机构，建立工作制度，明确职责任务，制定工作要点。

2. 推动和指导各系统、各乡镇制定工作方案并组织实施。

3.启动石林县实施全民科学素质纲要工作。

4.设计全民参与的大型科普活动载体并组织实施。

（二）2007 年下半年～2009 年

1.建立健全各种相关机制。

2.启动重点人群科学素质基准研究，进行石林县公众科学素养调查。

3.推进主要行动和基础工程，针对薄弱环节和突出问题，

提出并落实相关措施。

4.落实政策、投入、队伍、奖励等相关保障措施。

5.探索、研究加强公民科学素质建设的工作模式和载体。

6.开展中期监测评估。

（三）2010年～2020年

1.对“十一五”期间实施工作进行总结和评估。

2.研究制定2010～2020年实施工作的阶段目标、任务和措施及工作计划。

3.开展石林县公众科学素养调查。

4.继续推进实施工作。

六、工作措施

《科学素质纲要》实施工作是一项系统工程，涉及范围广，工作量大，难度大。实施的关键在政府推动，核心在全民参与。

（一）突出重点，抓住关键。坚持以重点人群科学素质行动带动全民科学素质的整体提高；抓住科学教育这个关键环节，加强教育资源整合力度；充分发挥大众传媒作用；加强科普资源建设与共享，努力形成社会化大科普格局。针对提高全民科学素质的共性问题，每年确定一个工作主题，围绕主题开展工作。

（二）加强领导，密切协作。县领导小组负责领导《科学素质纲要》的实施工作，进行统一动员部署和检查监督。县领导小组各成员单位按照各自职能范围积极开展工作。责任单位按照本方案提出的主要任务，会同协作单位研究制定可操作的具体工作方案。县领导小组成员单位以外的有关部门，也要结合本部门实际，积极参与实施工作。各乡镇人民政府负责领导和统筹安排本乡镇的实施工作，将公民科学素质建设作为一项重要工作纳入国民经济和社会发展总体规划之中。

（三）加大投入，健全队伍。各乡镇人民政府要根据财力情况和公民科学素质建设发展的实际需要，出台具体政策，将全民科学素质建设的经费列入本级财政预算，加大投入力度，建立以政府投入为主、社会资助为辅的多元化投入机制，保障《科学素质纲要》的顺利实施。各有关部门和人民团体要根据承担的实施工作任务，按照国家预算管理的规定和现行资金渠道，统筹考虑和落实所需经费。建立和发展专职和兼职相结合的工作队伍。

（四）广泛动员，全民参与。以全体公民为科学素质建设主体，发动全民参与《科学素质纲要》的实施。广泛开展宣传和社会动员工作，充分调动全体公民参与实施《科学素质纲要》的积极性和主动性，在全社会形成崇尚科学、鼓励创新、尊重知识、尊重人才的良好风尚。每年围绕主题系统设计全民参与的科普活动，由县领导小组办公室拟订工作方案，多种方式动员全民参与。

（五）沟通协调，形成合力。加强县领导小组成员单位之间的沟通与联系。建立有关部门之间的联络员制度、情况通报制度等工作制度，及时反馈和沟通实施工作进展情况。各成员单位间既分工明确，又协同配合，形成整体合力。搭建社会化工作平台，加强县领导小组成员单位与社会各方面的协调，充分整合、利用现有各类资源。各乡镇党委、政府实施工作与全县整体实施工作保持一致，加强协调，形成上下联通、左右协同的工作格局。

（六）检查监督，推动落实。加强督促检查和监测评估，建立动态协调机制。县领导小组负责对各部门和各乡镇党委、政府的实施工作情况进行检查监督，各乡镇党委、政府对本乡镇实施工作情况进行检查，并将检查监督情况及时报告县领导小组。县领导小组办公室每年根据各部门的实际，研究并提出年度工作要点的建议。

中共石林彝族自治县委
关于推进依法治县建设法治石林的实施意见

（2007年7月30日）

为全面落实科学发展观，深入实施依法治国基本方略，构建社会主义和谐社会，按照《中共昆明市委关于推进依法治市建设法治昆明的意见》（昆发〔2007〕6号）精神，结合我县实际，提出以下实施意见。

一、建设法治石林的重大意义、指导思想、基本原则、目标任务和实施步骤

（一）建设法治石林的重要意义。依法治国是党领导人民治理国家的基本方略，是社会文明进步和谐的重要标志，是国家长治久安的重要保障。改革开放以来，我县切实加强社会主义民主法制建设，在健全民主制度、推进依法行政、促进公正司法、加强法制宣传教育、保障公民合法权益等方面取得了显著成效。但是必须看到，随着我县改革开放的深入和市场经济的发展，人民群众民主法治意识不断增强，依法治县面临着许多新情况、新任务，对法治建设提出了新的更高的要求。面对新的形势和任务，建设法治石林更具有重大的现实意义和深远的历史意义。建设法治石林，是全面推进石林经济社会跨越式发展的重大举措，是全面构建和谐石林的重要保证，是深化依法治县的重要内容。全县各级党组织和广大党员干部必须提高认识，切实增强建设法治石林的责任感和紧迫感，将建设法治石林作为构建和谐石林的重要工

作摆在更加突出的位置，通过加强法治建设，最大限度地增加和谐因素，最大限度地减少不和谐因素，不断提高全县法治水平与社会和谐程度。

（二）建设法治石林的指导思想。坚持以邓小平理论和“三个代表”重要思想为指导，全面落实科学发展观，构建社会主义和谐社会，在党的领导下，以依法治县为核心内容，以执法为民为本质要求，以公平正义为价值追求，以增进社会和谐为重要使命，促进全县社会建设与经济建设、政治建设、文化建设协调发展，加快石林经济社会跨越式发展，全面建设小康社会。

（三）建设法治石林的基本原则。

——坚持党的领导。在党的领导下发展社会主义民主、建设社会主义法治社会，实现坚持党的领导、人民当家作主和依法治国的有机统一。

——坚持以人为本。坚持一切权力属于人民，以最广大人民的根本利益为出发点和落脚点，尊重和保障人民群众依法享有的各项民主权利，尊重和保障人权，充分发挥人民群众在法治石林建设中的主体作用。

——坚持法律至上。国家的法律是党的正确主张与人民意志的集中体现。一切党政机关、企事业单位、社会团体和所有公民都必须遵守宪法和法律，维护法律权威，确保宪法和法律在全县范围内得到全面正确地实施。

——坚持公平正义。在执法、司法的全部活动中，维护社会公平与正义，做到公开、公平、公正，维护人民群众合法权益，维护国家利益。

——坚持法德相济。坚定不移地实施依法治国基本方略和以德治国方针，充分发挥道德规范的重要作用，在加强社会主义法治建设的同时，不断加强社会主义思想道德建设。

——坚持循序渐进。遵循经济社会发展的客观规律，把握法治建设的长期性和渐进性，坚持围绕党和国家中心工作，服务全县改革开放稳定大局，着眼长远、立足当前，有领导、有步骤、有秩序地推进法治石林建设。

（四）建设法治石林的目标任务。到2020年，民主法制更加完善，依法治县得到全面落实，人民的政治、经济、文化、社会权益得到切实尊重和保障，基本实现政治生活、经济生活、社会生活的法治化，公共权力的配置和行使受到有效规范和约束。具体内容是：

——党的执政能力进一步加强，依法执政水平进一步提高；

——人民代表大会制度、中国共产党领导的多党合作和政治协商制度、民族区域自治制度、基层民主自治制度进一步巩固和完善，社会主义民主政治建设全面进步；

——健全行为规范、运转协调的行政决策、执行和监督体制，建立起较为完善的社会主义市场经济运行机制和更具效率、更加开放的行政管理体系，各级政府依法行政、高效廉洁、公正透明；

——司法机关依法独立行使职权，公正司法、严格执法，形成权责明确、相互配合、相互制约、高效运行的司法体制；

——党政机关工作人员依法履职、服务全县公民的理念和能力普遍增强，法治意识和法律素质普遍提高；

——人权得到切实尊重和保障，社会弱势群体和农民的合法权益得到有效保护；

——法律监督机制健全并有效发挥作用，社会信用制度基本健全，法律服务体系完备，安全、诚信、规范的社会秩序和市场经济秩序全面建立；

——社会管理水平有较大提高，社会矛盾纠纷排查调处的工作格局进一步完善，化解矛盾的体制机制更加健全，社会治安良好，社会更加安定有序。

（五）建设法治石林的实施步骤。2008年前完成规划、动员、部署并启动建设工作；2009—2015年全面贯彻落实本实施意见，完成各项任务，基本实现法治化目标；2016—2020年巩固全县法治化建设成果，全面提高全县政治生活、经济生活、文化生活、社会生活的法治化水平。

二、提高各级党委依法执政水平，保证依法治国基本方略贯彻实施

（一）完善党的执政方式。建设法治石林，关键在党，关键在各级领导班子和领导干部。各级党委要坚持党要管党、从严治党，进一步加强党的思想、组织、作风和制度建设，努力增强依法执政本领。牢固树立立党为公、执政为民理念，坚持科学执政、民主执政、依法执政，进一步完善党的执政方式，切实担负起领导责任，加强对建设法治石林重大事务的综合协调，把握方向，制定政策，整合力量，营造环境，充分发挥领导法治石林建设的政治核心作用。按照党委总揽全局、协调各方的原则，充分发挥党委的领导核心作用，加强和改进对人大工作的领导，支持和保证人大及其常委会依法履行职权；加强和改进对政府工作的领导，支持政府履行法定职能、依法行政；加强和改进对政协工作的领导，支持政协履行政治协商、民主监督、参政议政职能；加强和改进对政法工作的领导，支持审判、检察机关公正司法；加强和改进对工会、共青团和妇联等人民团体工作的领导，支持他们依照法律和各自章程创造性地开展工作。

（二）提高依法执政能力。党员干部特别是领导干部要牢固树立法治观念，带头学习法律、遵守法律，维护宪法和法律的权威，切实提高依法治政的执行力，自觉成为建设法治石林的实践者、推动者、宣传者。

三、坚持和完善人民代表大会制度，保障人民群众民主权利

（一）支持和保证人大及其常委会依法履行各项职权。按照宪法和法律的规定，不断巩固和提高人大作为地方国家权力机关的地位，支持和保证人大及其常委会依法行使权力。县人大及其常委会要在县委的领导下，全面履行宪法和法律赋予的各项职责，使党的方针政策和国家的法律得到有效实施。

（二）正确履行人大及其常委会的监督职能。县人大及其常委会要依法履行监督职责，并与支持政府、法院、检察院依法开展工作统一起来。严格遵循坚持党的领导、集体行使职权、不包办代替的原则，紧紧围绕县委工作大局，把事关

改革发展稳定的重大问题和关系人民群众切身利益的热点难点问题作为监督重点，增强监督工作的针对性和实效性。按照《监督法》的要求，抓好关系国计民生的重要法律法规执行情况的检查工作和专题审议，确保宪法和法律得到正确实施，确保行政权、审判权、检察权得到正确行使，确保公民、法人和其他组织的合法权益得到切实尊重和维护。加强对规范性文件的事前审查和备案审查，防止和克服部门利益倾向。

（三）充分发挥人大代表的作用。依法改进人大代表选举工作，坚持实行差额选举制度和选民、代表联合提名候选人等制度，优化代表结构，提高代表的综合素质和履职能力。建立健全人大代表联系原选举单位和选民、人大常委会组成人员联系代表等制度。保障代表知情知政，依法履职，行使权力。做好人大代表议案以及建议、批评和意见的办理工作，落实办理责任制，提高办理质量和实效。加强和规范人大代表在人代会闭会期间的活动，完善代表小组活动以及代表视察、代表走访选民、代表向选民述职并接受选民评议等制度，探索建立代表约见制度，更好地发挥人大代表在体察民情、反映民意、集中民智等履职方面的作用。

（四）加强人大常委会的制度建设。县人大常委会要围绕坚持党的领导、履行宪法和法律赋予的职责、发挥代表作用，进一步完善组织制度和运行机制。完善人大常委会议事程序、会议制度和工作制度，促进人大工作的制度化、规范化、法制化。优化人大常委会组成人员结构，逐步提高其专职比例；加强思想作风建设，努力提高依法履行职责的能力。

四、坚持和完善中国共产党领导的多党合作和政治协商制度，巩固壮大爱国统一战线

（一）完善人民政协的政治协商。要进一步完善人民政协政治协商的内容、形式和程序，加强和改进人民政协的政治协商，切实把政治协商纳入决策程序，就经济社会发展等重大问题在决策之前和决策执行过程中进行协商，积极推进人民政协政治协商的制度化、规范化和程序化，充分发挥人民政协的政治协商在重大决策中的重要作用。

（二）推进人民政协的民主监督。要进一步明确民主监督的内容，完善民主监督的形式，健全民主监督的机制，畅通民主监督的渠道，依照政协章程和有关法律，尊重和保护政协委员民主监督的权利，发挥人民政协民主监督的作用。各级党委和政府要强化接受民主监督的意识，认真听取来自人民政协的批评和建议，自觉接受民主监督。切实发挥政协提案、建议案在民主监督方面的作用，对政协的提案和建议案要高度重视，认真办理，及时答复。党委、政府的监督机构以及新闻媒体要密切与人民政协的联系，加强工作协调和配合，提高民主监督的质量。

（三）保障人民政协的参政议政。各级党委和政府要建立与政协和各民主党派的重大决策和重要情况通报制度，党委和政府有关部门要建立与政协各专门委员会、民主党派机关、工商联对口联系制度，为人民政协参政议政创造条件。人民政协要从经济社会发展大局出发，就经济、政治、文化和社会建设中的重要问题以及人民群众普遍关心的重大问题开展调查研究，反映社情民意，进行协商讨论，通过调研报告、提案、建议案或其他形式向党委和政府提出意见和建议，并积极协助党委和政府做好协调疏导、化解矛盾、理顺情绪、维护稳定工作。

五、全面推进依法行政，加快建设法治政府

（一）切实转变政府职能。要进一步理顺政府与市场、政府与企业、政府与社会、政府与中介组织的关系，充分发挥市场在资源配置中的基础性作用，切实把政府职能转到经济调节、市场监管、社会管理和公共服务上来。深化政府机构改革，合理划分、依法规范政府和政府各部门的职责权限，实现政府职责、机构和编制的法定化。继续开展机关效能建设，进一步提高办事效率。加快公共财政体系建设，推行财政支出绩效评价考核制度，继续深化部门预算、国库集中收付、政府采购和收支两条线管理制度改革，规范行政事业性收费等政府非税收入及管理。到2010年，国务院提出的建设法治政府的基本要求在全县得到全面落实，做到行政管理程序正当、高效便民、诚实守信、权责统一。

（二）全面推进依法行政。认真贯彻国务院《全面推进依法行政实施纲要》，切实做到行政权力授予有据、行使有规、监督有效。全面落实《行政许可法》，依法开展行政许可定期评价和清理工作，继续深化行政审批制度改革，探索相对集中行使行政许可权。严格依照法定权限、法定程序制定行政规范性文件，规范起草、审核、发布程序，完善备案审查制度，建立健全公民、法人和其他组织对行政规范性文件提出异议的处理机制。完善行政决策的规则和程序，建立健全重大问题法律论证、专家咨询、社会公示、公开听证和集体决策制度，健全完善决策跟踪反馈、决策监督和责任追究制度，推进决策的科学化、民主化、法治化。全面实行政务公开，加大财政收支、行政审批事项、国有资产管理、重大建设项目等领域的公开力度。完善行政执法体制，严格依照法定权限和程序行使职权、履行职责。全面推行行政执法责任制度，坚持和完善行政执法过错责任追究制度，落实行政赔偿和补偿制度，完善和实施评议考核制度。完善行政监督制度，创新层级监督机制，支持行政监察、审计等职能部门依法独立开展专门监督，强化社会监督，完善行政投诉处理机制。

（三）提高公务员综合素质。认真实施《公务员法》，加强对公务员的思想和业务教育，促使其增强法治意识，提高法律素质。坚持公务员法律知识培训及年度考试考核制度，把学习和掌握法律知识的情况作为领导干部年度考核和任用考察的重要内容。加强对行政执法人员的法律业务培训和职业道德教育，实行执法人员资格管理制度。对执法人员徇私枉法、贪赃枉法、执法犯法的，要依法严厉惩处。加强法制机构和队伍建设，使其更好地为建设法治政府服务。继续办好政府机关服务投诉电话，深化全县民主评议机关作风活动，确保各级政府机关和广大公务员更好地服务群众。

六、加强司法体制和工作机制建设，维护社会公平正义

（一）积极稳妥地推进司法改革。按照中央和省、市统一

部署，以解决制约和影响司法公正以及人民群众反映强烈的问题为重点，稳步推进司法体制改革，健全权责明确、相互配合、相互制约、高效运行的司法体制，维护司法公正。改革司法机关工作机制和人财物管理体制，逐步实现司法审判、检察与司法行政事务相分离。以国家统一司法考试为依托，实现法官、检察官、律师等法律职业从业人员的统一准入，深化司法人事制度改革，完善法官、检察官遴选制度、评价体系与激励机制，努力造就一支政治坚定、业务精通、作风优良、执法公正的职业化、高素质的执法队伍。到2010年，中央提出的社会主义司法制度必须保障在全社会实现公平和正义的目标要求在全县得到全面贯彻落实。

（二）有效规范司法行为。以“依法治国、执政为民、公平正义、服务大局、党的领导”的社会主义法治理念为指导，坚持实体公正与程序公正并重，坚持司法公正优先、兼顾效率原则，保障公民、法人和其他组织的合法权益。严格规范司法审判行为，坚持和完善立案与审判、审判与监督、审判与执行相分离，全面落实公开审判制度，进一步强化合议庭和独任庭审判案件的审理权、裁判权以及对案件裁判的责任制，完善对法官违法审判责任认定和追究制度。严格规范检察执法行为，提高监督的能力和水平，大力推进检务公开，健全主诉检察官办案责任制。坚决杜绝刑讯逼供等损害当事人合法权益的现象。健全司法纠错机制，依法及时纠正司法过错行为，保证司法机关严格执法、公正司法。

（三）切实维护法律权威。要大力支持和监督司法机关依法行使职权，坚决排除地方保护主义、本位主义等对司法和执法活动的干扰，支持司法机关依法独立行使职权，为司法机关严格、公正、文明执法创造良好的执法环境。依法扩大诉讼简易程序适用范围，加强案件审限管理，对涉及赡养费、抚养费、抚恤金和拖欠职工或农民工工资的案件，实行快立、快审、快执，提高办案效率。着力解决司法不公问题，严肃查处司法人员办“关系案”、“人情案”，保护诉讼参与人的合法权益。有效解决执行难问题，健全执行威慑机制，保证生效的法律文书能够得到切实有效执行，增强司法权威和社会公信力。

七、健全监督机制，加强对权力的制约和监督

（一）加强党内监督。以党员领导干部特别是各级领导班子主要负责人为监督的重点对象，坚持标本兼治、综合治理，完善监督制约机制；建立健全教育、制度、监督并重的惩治和预防腐败体系，努力从源头上预防和治理腐败。

（二）加强人大监督。加大对“一府两院”依法行政、公正司法的监督力度，加强执法监督检查；加强对国有资产管理、重大建设项目等人民群众关注的热点领域的监督，坚决纠正和查处执法不严和严重违法的各类行为。

（三）加强行政机关内部监督和层级监督。强化行政监察、审计等专项监督，确保各级行政部门依法严格履行职责。

（四）加强民主监督。支持和加强人民政协和民主党派、有关人民团体、无党派人士的民主监督，促进党委、政府和司法机关不断改进工作。

（五）加强司法监督。着力健全司法救济功能，依法保障公民的诉讼权利，重点解决人民群众反映强烈的有罪不究、违法办案、裁判不公等问题，确保有法必依、执法必严、违法必究。

（六）加强社会监督。加强工会、共青团、妇联等群众团体的监督，加强信访工作，健全举报制度和举报网络，进一步畅通群众监督渠道。

（七）加强舆论监督。充分发挥各类新闻媒体、互联网的作用，切实加强对执法机关执法行为的监督，提高舆论监督的针对性和实效性。

八、加强法制宣传教育，提高公民法律素质

（一）认真实施法制宣传教育与依法治县规划。围绕全县工作大局，把显著提高全县公民的法律素质作为目标，广泛深入地开展以宪法为核心的全民法制宣传教育。根据不同社会群体，针对重点对象和重点行业特点，创新法制宣传教育形式，提高广大公民尤其是公务人员的法治观念和法律素质，增强法制宣传教育的针对性；切实抓好重点对象特别是领导干部、公务员、青少年、企业经营管理人员和农民的法制宣传教育。以法律“六进”（进机关、进学校、进社区、进农村、进企业、进单位）、创建“民主法治村（社区）”等活动为载体，宣传与人民群众生产生活密切相关的法律知识，增强法制宣传教育的实效性，使广大公民自觉学法、守法、用法，依法维护自身合法权益和国家利益、社会公共利益，使公民、法人和其他组织的合法权益得到切实保护，社会弱势群体受到更多关注和支持。

（二）切实加强思想道德建设。贯彻《公民思想道德建设实施纲要》，广泛深入开展以“八荣八耻”为主要内容的社会主义荣辱观教育，进一步加强新形势下社会主义思想道德建设。引导人民群众树立社会主义荣辱观，做到知荣明耻、扬荣抑耻、近荣远耻，营造明德守法的浓厚氛围。

九、加强平安石林建设，维护社会和谐稳定

（一）强化社会治安综合治理，增强人民群众的安全感。以建立健全维护社会和谐稳定的长效机制为核心，以加强社会治安综合治理为主线，完善社会治安打防控体系和长效机制，依法严厉打击危害国家安全的犯罪活动、严密防范和有效惩治邪教组织的犯罪活动，坚决维护国家安全和政治稳定。坚持“严打”方针，完善工作机制，依法严厉打击各种犯罪活动。大力推进科技创安，整合群防群治力量，构建灵活多样的群防群治网络，不断增强预防和减少违法犯罪的实效。加强流动人口综合管理、服务和维权工作，加强安置帮教、预防青少年犯罪工作，降低流动人口、青少年犯罪率和重新犯罪率。进一步落实平安创建工作领导责任制、部门和单位责任制，健全和完善创建机制，深化创建工作。建立健全综治工作联动机制，充分发挥综治工作中心在维护社会稳定中的重要作用。

（二）强化公共安全管理，保障人民群众生命财产安全。加强公共安全基础建设，完善公共危机管理体系，健全自然灾害、环境污染、公共卫生等突发事件应急机制，提高全社

会应对突发事件和抗御风险的能力。认真落实安全生产责任制，健全安全生产监管体制，严格安全执法，提高安全生产保障能力。依法严厉打击制售假冒伪劣商品等违法行为，强化对食品、药品、餐饮卫生等行业的市场监管，切实保障人民群众健康和生命财产安全。建立健全预防和处置突发事件的预测预警、排查化解、应急处置、组织保障、责任追究等机制，全面提升依法处置突发事件的能力和水平。

（三）健全矛盾纠纷排查调处机制，妥善处理社会矛盾。完善定期排查、敏感期排查、重点问题专项排查制度，健全信访、调解、综治三位一体的矛盾纠纷排查调处机制，构建人民调解、行政调解、司法调解相衔接的大调解格局，引导干部群众把调解作为化解矛盾纠纷的首要选择。建立健全群体性事件预警处置机制，加强社情民意的收集、分析工作，严格落实情报信息的纵向报告、横向通报和先行处置制度。进一步加大协调和督办力度，认真解决区域性、政策性、普遍性的群众集体上访或联名来信所反映的问题，确保处置工作的科学性、可控性、合法性，切实把群体性事件依法妥善处置在基层、内部和萌芽状态。

十、规范市场经济秩序，健全法律服务体系

（一）加强市场监管与诚信建设。依法维护国有经济和非公有制经济等各类市场主体的合法权益，为完善社会主义市场经济体制提供良好的法律服务和法律保障。加快建设社会信用制度，政府要率先加强诚信建设，努力提高社会公信力，增强全社会的信用意识。加快建设企业和个人信用服务体系，建立信用监督和失信惩戒机制。

（二）加强和规范法律服务。完善包括律师、公证、基层法律服务、法律援助、司法鉴定以及其他法律服务在内的法律服务体系，拓展法律服务领域，规范法律服务行为。加强律师队伍建设，优化律师执业环境，完善律师监管机制，规范律师执业活动。规范公证管理和公证服务，积极推进公证体制改革，建立公证行业诚信保障体系，提高公证的公信力。建立和完善司法鉴定管理制度，建立面向社会的统一的司法鉴定体制。建立健全法律援助质量监督机制和经费保障机制，加强对弱势群体的法律援助工作。进一步规范法律服务工作，促进其健康发展。

十一、维护人民群众合法权益，保证全体人民共享改革发展成果

（一）建立社会公平和谐保障体系。始终把最广大人民群众的根本利益作为一切工作的出发点和落脚点，把为群众排忧解难作为永恒的职责。坚持以公平求和谐，加快完善相关制度和政策，逐步做到保证社会成员都能够接受教育，进行劳动创造，平等参与市场竞争和社会生活，依靠法律和制度维护自己的正当权益。建立健全能够全面表达社会利益、有效平衡社会利益、科学调整社会利益的利益协调机制，引导群众以理性合法的形式表达利益诉求，依法逐步建立以权利公平、机会公平、规则公平、分配公平为主要内容的社会公平保障体系。重点做好妇女、未成年人、老年人、残疾人、外来务工人员等社会群体的权益保障工作，保证全体社会成员共享改革发展成果。

（二）健全社会保障体系。以生活困难群体和失地农民为重点，完善扶助困难群体的政策制度，加大扶助困难群体相关法律、法规的执法力度。把扶助困难群体工作纳入法制轨道，切实解决困难群众就业难、生活难、住房难、看病难、上学难等方面的问题。加快建设社会保险、社会救济、社会福利、慈善事业相衔接，覆盖全县居民的社会保障体系；完善城市居民最低生活保障制度；建立健全失地农民失业、养老、医疗等社会保障制度和农村居民最低生活保障制度，并创造条件与城镇社会保障体系接轨。

（三）健全权利救助和维护机制。认真贯彻落实《行政诉讼法》、《行政复议法》、《国家赔偿法》，严格执行国家赔偿和补偿制度。认真解决群众诉讼难问题，加大对经济确有困难的群众的司法救济力度。县法院要依法缓、减、免收诉讼和执行费用。认真贯彻实施《法律援助条例》，加强法律援助的组织建设和制度建设，强化律师的法律援助义务，进一步加强对农民和农民工等弱势群体的法律援助，扩大法律援助受援面。落实地方财政对法律援助的经费保障。加强和改进群众组织的维权工作，完善维权工作机制，充分发挥基层社区居民自治组织和工会、共青团、妇联等群团组织在维权方面的作用。全面落实信访工作各项制度，依法规范信访行为，引导群众通过法律途径反映和解决诉求。

十二、加强对法治石林建设的领导，确保各项任务落到实处

（一）切实加强组织领导。坚持把党的领导贯穿于法治石林建设的全过程，各级党委和政府要把建设法治石林摆到重要位置，提上重要议事日程，列入经济社会发展总体规划，统一部署，制定规划，抓好落实。县委决定成立法治石林建设工作领导小组，履行法治石林建设工作的组织、协调、指导、督促、检查职能。领导小组下设办公室在县司法局，具体负责法治石林建设的日常工作。领导小组办公室要加强调查研究，深化细化法治石林建设的各项目标任务，适时研究制定相关规划、政策和措施，建立科学的评价体系和考核办法，作为组织指导、运行实施和检查考核法治石林建设工作的依据。各乡镇、各部门要围绕县委关于建设法治石林的决策和部署，切实加强领导，结合各自实际，采取有效措施，扎实推进法治石林建设。

（二）建立健全工作机制。加快建立法治石林建设工作责任制，明确党委、人大、政府、政协的职责，明确人民法院、人民检察院等有关机关和部门以及群团组织、企事业单位的任务。要落实工作责任，建立健全一把手负责制，工作责任制和监督考核制，形成统一领导、分工负责、相互配合、协调一致的工作格局，保证建设法治石林各项工作有组织、有计划、有步骤、有重点地推进。

（三）营造良好社会环境。各级领导干部要牢固树立社会主义法治理念，带头学法、守法，提高自身法治意识和法律素养，在建设法治石林中发挥表率作用。坚持依靠全县人民，充分发挥各类群团组织和驻石单位的积极作用，最大限度地

调动社会各界和人民群众投身法治石林建设的积极性、主动性和创造性。充分发挥舆论的正面导向作用，通过各种宣传渠道，采取群众喜闻乐见的方式，加大对建设法治石林重大意义、指导思想、目标任务和工作重点等内容的宣传力度，及时总结和推广先进典型，营造人人关心、人人支持、人人参与法治石林建设的良好舆论氛围。

石林彝族自治县城市公园管理规定

（2007年7月31日石林彝族自治县人民政府石政发〔2007〕15号）

第一条 为加强我县城市公园的管理，充分发挥公园的生态效益和社会效益，为市民创建优美、和谐的生态空间和休闲环境，根据《昆明市城镇绿化条列》、《石林彝族自治县城市管理办法》等法律、法规、规章的规定，结合实际，制定本规定。

第二条 本规定适用于县城规划区和石林集镇规划区范围内已建成的各类公园和城市街道绿地等的管理。

第三条 城市公园管理指对城市公园内的绿化、设施及其水体的管理。

第四条 县建设局是我县城市公园管理的行政主管部门。

第五条 在城市公园管理范围内禁止下列行为和活动：

（一）踩踏、碾压绿地；在活动场地、游路、广场上骑自行车、驾驶、停放机动、非机动车辆（绿化养护及清扫保洁作业车除外）。

（二）穿行公园绿篱、爬树、摇树、攀枝、断枝、断根、采花、摘果、摘叶、剥树皮、采集植物标本等；在绿化树、景观设施及其它设施上喷涂、刻画。

（三）在树木或灯杆等其它设施上钉钉、架线、挂钩、拴系物品和牲畜、悬挂广告牌；私搭乱建、摆摊设点、设置广告牌、标牌。

（四）倾倒垃圾、取土、挖沙、采石、挖药、铲草、狩猎、捕鸟、葬坟、生火薰烟、燃放烟花爆竹、摊晒衣物、堆放物料；随地吐痰、大小便、乱扔瓜果皮核、纸屑、食品包装等废弃物；向公园河道及其它水体内倾倒垃圾、排放污水、扔死畜、洗衣洗物、捕鱼、电鱼、炸鱼、毒鱼等。

（五）破坏、损坏、擅自使用供水、供电、照明设施、园林景观小品等。

（六）放养畜禽或高声喧哗、高音量奏放音乐。

（七）进行封建迷信活动。

（八）其它破坏、损坏公园绿化、亮化设施的行为。

第六条 任何单位和个人都应遵守本规定，有举报、制止城市公园管理范围内禁止的行为和活动的权利和义务；违反上述规定的，由县建设局或有关部门根据有关规定予以处罚；构成犯罪的，移交司法机关追究刑事责任。

第七条 本规定由县建设局负责解释，自公布之日起施行。

石林彝族自治县农村居民最低生活保障工作实施方案

（2007年8月20日石林彝族自治县人民政府办公室石政办发〔2007〕111号）

为进一步完善社会保障制度，加快推进城乡社会救助体系建设，逐步建立农村最低生活保障制度，切实维护和有效保障农村困难群众的基本生活权益，努力实现对城乡困难群众最低生活保障全覆盖的目标，根据《昆明市农村居民最低生活保障暂行办法》（昆政发〔2007〕31号）的有关要求，结合实际，制定本方案。

一、指导思想

以邓小平理论和“三个代表”重要思想为指导，坚持以人为本、为民解困的原则，逐步建立和完善与农村经济社会发展相适应，面向农村特困人口的生活保障制度，保障农村困难居民的基本生活，维护社会稳定，构建和谐社会，促进全县经济社会又好又快发展。

二、基本原则

（一）坚持保障农村困难群众基本生活的原则；

（二）坚持公开、公平、公正的原则；

（三）坚持政府救助与社会帮扶和劳动自救相结合的原则；

（四）坚持属地管理的原则；

（五）坚持分类施保、动态管理的原则。

三、保障范围

（一）无劳动能力、无生活来源、无法定赡养、抚养、扶

养义务人的老年人和未成年人(已享受五保供养的不在此范围);

(二) 因家庭成员患病导致家庭生活常年困难的;

(三) 家庭主要劳动力严重残疾导致家庭生活特殊困难的;

(四) 因生存条件恶劣,自身无法维持基本生活、常年贫困的;

(五) 县人民政府认定的其他情形的特殊困难户。

有下列情形之一的,不能享受农村低保待遇:

(一) 家庭成员有使用移动电话、摩托车(或非经营性机动车辆)、计算机等非基本生活所需品的;

(二) 三年内自建住房(危房修缮除外)、购买商品房或婚、丧、嫁、娶大操大办造成家庭困难的;

(三) 因赌博、吸毒、嫖娼行为而造成家庭生活困难、且尚未改正的;

(四) 安排子女择校就读或子女在义务教育期间进入收费学校就读的;

(五) 在法定劳动年龄内有劳动能力(在校就读学生除外)但无正当理由不参加生产劳动的;

(六) 不按规定如实申报家庭收入,无特殊原因连续两次不按时领取低保金的,或不按规定参加低保待遇年度审核的;

(七) 县人民政府认定不能享受低保待遇的。

四、保障标准与执行时间

(一) 保障标准

以维护农村居民基本生活所需的衣、食费用,适当考虑用电、燃料等所需费用,农村居民最低生活保障标准分为三个补助档次:1.家庭人口1人的每人每月补助70元;2.家庭人口2—3人的每人每月补助50元;3.家庭人口4人以上的每人每月补助40元。

(二) 执行时间

从2007年1月1日起执行。每年7月20日—8月25日为村(居)小组、村(居)委会和乡镇人民政府调查审核时间;每年8月26日—8月31日为审批、发证时间。

五、申请、审批和发放管理办法

(一) 申请与审批

1. 由本人(户主)向户籍所在地的村(居)民小组提出享受农村特困居民最低生活保障待遇的书面申请,并出具家庭困难证明材料;

2. 村(居)民小组收到申请后应召开村(居)民小组干部或村(居)民代表会议评议、核实申请人家庭成员和生活状况,确认其是否符合农村低保对象,符合的填写《昆明市农村居民最低生活保障申请审批表》,报村(居)民委员会;

3. 村(居)民委员会收到申请表后应召开村"两委"会议进行评议、核实,在本村(居)民委员会辖区范围内张榜公示(公示时间5天以上)无异议后,由村(居)民委员会报乡镇人民政府审核;

4. 乡镇人民政府审核并提出审核意见后,送县民政部门审批;

5. 经县民政部门审批同意的,发给《云南省农村居民最低生活保障金领取证》和存折。

(二) 发放与管理

1. 资金发放办法

由县民政部门依据批准享受的农村居民最低生活保障标准,委托农村信用社以存折形式按季度发放。

2. 管理

对农村居民最低生活保障对象实行动态管理。享受农村居民最低生活保障的对象当收入超过保障标准或不符合保障对象条件时,本人(户主)应主动到本乡镇民政部门报告并按程序办理停发保障金手续;本人(户主)不报告的,由所在乡镇民政部门调查核实并按程序办理停发保障金手续。

六、资金筹措及管理

全县农村居民最低生活保障所需经费由市财政补助50%、县财政承担50%,县财政承担部分列入年度财政预算,纳入社会救助资金专户,实行专项管理、专账核算、专款专用。

农村居民最低生活保障资金由县民政部门向县财政部门提出用款计划,县财政部门按季度核拨。

七、工作要求

(一) 加强组织领导,确保资金落实

各乡镇人民政府、县直有关部门要高度重视农村居民最低生活保障工作,建立健全政府主导、民政部门主管、有关部门配合的工作机制,采取切实可行的措施,确保这一惠民政策落到实处。

(二) 加强制度建设,严格依法办事

要认真贯彻执行《昆明市农村居民最低生活保障暂办法》,严格规范农村低保审核把关程序,推动农村居民最低生活保障工作向规范化、制度化、科学化方向发展,确保符合低保条件的农村困难居民纳入低保,杜绝对不符合低保条件的农村居民进入低保。

(三) 严肃财经纪律,强化监督检查

县财政、审计部门要适时对保障金的使用情况进行监督、检查、审计,确保资金安全使用。对采取虚报、隐瞒、伪造等非法手段,骗取最低生活保障待遇的,要及时追回保障金并视情节对有关人员予以处罚,情节严重构成犯罪的要坚决移送司法机关予以处理。

石林彝族自治县人民政府办公室关于实施“数字乡村”工程建设的通知

（2007年9月10日）

各乡镇人民政府，县直各部委办局、人民团体、企事业单位：

为深入贯彻落实国家、省、市关于发展现代农业，推进社会主义新农村建设的有关文件和会议精神，加快全县农业和农村信息化发展，以信息化促进现代农业发展和社会主义新农村建设，现就实施“数字乡村”工程建设的有关事项通知如下：

一、指导思想、基本原则和目标任务

（一）指导思想

坚持以邓小平理论和“三个代表”重要思想为指导，全面贯彻落实科学发展观，紧紧围绕建设小康、文明、生态、和谐新农村的目标任务，强化农村信息基础设施建设，完善信息服务体系，提高信息服务人员素质和服务质量，加快信息技术在农业生产经营和农村社会管理服务中的应用，全面提高全县农村社会管理服务的信息化水平，努力缩小城乡“数字鸿沟”，促进全县现代农业发展和社会主义新农村建设。

（二）基本原则

坚持政府牵头、市场运作，统筹规划、整合资源，统一标准、分步实施，注重实效、安全可靠，扎实推进“数字乡村”工程建设。

（三）建设目标

今年到“十一五”末，重点加强农村信息基础设施建设，以云南省“数字乡村”信息网为依托，以村（居）委会为网站维护基点，逐级链接汇总，形成覆盖全县7镇1乡的所有村委会、社区居委会及自然村的信息采集、分析、预测、发布等功能于一体的农业和农村信息网络服务体系平台；全县各乡镇普遍建立起较为完善的农村信息服务网络，行政村信息服务网络覆盖面达100%，实现行政村互联网、广播、电视“村村通”；通过平台建设，实现以文字、数据、图片等方式全面展示和反映全县以自然村为起点的农村基本情况，及时为各级领导、各部门和广大农民群众提供网络信息服务。

二、建设内容

（一）建设内容

1. 完善农村信息基础设施。进一步完善农村通信基础设施，大力推进农村互联网络建设，确保信息网络安全、稳定、高效运行。加快乡村信息服务平台建设，逐步形成覆盖县、乡镇、村、农业龙头企业、农民专业合作组织、批发市场、生产经营大户的农业和农村信息服务体系。

2. 建立和完善农业农村综合信息数据库。按照社会主义新农村建设20字方针，围绕“四通五有三达到”目标，科学规划，统一标准，规范栏目，加快建立和完善以自然村为基础的农村基础情况、乡风民俗、政策法规、政策补贴、政务公开、村务公开、农业生产管理、农业科技、农村财务管理、农业生产资料、农产品市场、农产品质量标准、名优产品、农业企业、农民专业合作组织、招商引资、农村剩余劳动力转移、农村资源环境管理、农村规划建设、农村疫情监测防治、林业、农田水利基础设施建设、防汛抗旱、饮水安全、水土保持、气象、扶贫开发、卫生、计划生育、社会保障等农村经济社会信息数据库，以图、表、文、声、像等多种形式提供农业农村综合信息。

3. 建设农业农村综合信息网络平台。积极协助省、市建立和完善新农村建设信息综合网站、涉农部门门户网站、涉农专业信息服务网站等农业农村综合信息服务网站；加快我县各级农业农村综合信息网站建设，办出特色，并逐步上档升级，为各级各部门提供全方位的信息服务，努力形成与省、市连接，县、乡镇、村级协同合作、上下联动的农业和农村信息网络体系，最大限度地开发和利用信息资源，逐步实现“一站发布、全网共享”。

县、乡镇、村级“数字乡村”信息服务网络平台建设内容具体为：

（1）县级网站：建设县“数字乡村”信息网站；完成县级站点运行和维护所需设备的配置和更新；管理全县站点，培训管理人员；审核向上级平台报送的信息。

（2）乡镇级网站：建设乡镇“数字乡村”信息网站；完成本级站点运行和维护所需设备的配置和更新；管理本级站点；审核向上级平台报送的信息；组织完成辖区内各村（居）委会和自然村的信息上网工作。

（3）村级网站：完成基站信息运行维护所需的配置；组织完成本村（居）委会、自然村的网页制作、基础信息采集、上网等工作。

4. 推进农业生产经营管理信息化。有重点、有步骤地推广先进的农业智能生产管理技术和计算机自动控制等技术在农田水利建设、农田作业、良种工程、农作物栽培管理、造林绿化、森林防火、病虫害防治、畜禽饲养管理等方面的应用，建立完善农作物栽培管理、动植物病虫害防治、畜禽饲养管理等电脑农业专家系统，建立农产品质量安全、疫病监测预警、农产品和农业生产资料市场信息管理等服务系统，加快农业机械和装备的信息化，加快推进农产品流通和农资配送电子商务信息系统的开发和推广应用，大力推进信息技术在农产品加工、包装、贮藏、运输、销售以及农资物流配送与连锁经营等环节中的应用。

5. 推进农村社会管理服务信息化。积极探索农村社会管理服务信息化工作的新思路，建立完善法律政策咨询、政策补贴、农村现代远程教育、乡村建设规划、农村土地管理、农村卫生防疫、农村劳动力就业、农村社会保障、农村公共事件应急处理等信息系统，加快普及信息技术在农村教育、科技、建设、文化、医疗、卫生、社会保障和社会治安等公共事业中的应用，促进农村管理服务的民主化、科学化和规范化。

6. 推进农业和农村信息服务进村入户。引导科研机构和涉农企业、通信运营商，开发适合农村特点、适合农村需要、方便农民使用、价格比较低廉的电子信息产品。依托新农村综合信息网络平台、各涉农网站、农村现代远程教育系统等信息网络资源，搞好面向农民的各种技能培训，提高农村劳动力的技能。发挥龙头企业、农民专业合作组织、营销经纪人、专业大户的带动作用，创新信息服务模式，探索网上办事和“一站式”服务，大力推广电脑、广播、电视、电话、信息接收机与科技服务相结合的信息服务模式，以多种方式、多种渠道提供面向“三农”的信息服务，加快信息进村入户步伐，全方位满足农民群众多层次的信息需求。

三、实施步骤

（一）准备阶段（2007年9月20日前）。成立县、乡镇“数字乡村”工程建设领导机构，明确人员，落实办公地点，制定具体实施方案；开展相关培训；完成相关设备采购、安装、调试，接入云南省“数字乡村”信息网。

（二）全面推进阶段（2007年9月21日—11月30日）。基础信息采集，各乡镇收集、整理、审核上报以自然村或村民小组为起点的数据采集表；进行图片、视频资料采集，各乡镇完成辖区内村（居）委会、自然村的照片和视频图像拍摄采集制作；进行数据录入和上网发布。

（三）检查验收阶段（2007年12月1日—12月31日）。开展自检自查、查缺补漏和补充完善，接受省、市检查验收。

（四）完善和应用阶段（2008年1月1日以后）。全面总结建设经验，不断充实完善网页内容，突出地方特色，拓展运用领域，加强网络管理的维护，实现网络安全、高效运行。

四、主要措施

（一）加强领导，落实责任

各级各有关部门要把“数字乡村”工程建设作为一项基础性，战略性的工程摆上重要议事日程，列入信息化发展总体规划和新农村建设发展规划，明确目标任务，建立责任制度，强化督促检查，确保建设工作按计划稳步推进。

要建立和落实部门责任制，加强部门之间的协调配合，强化优势互补，形成各负其责、相互配合、齐抓共建的工作机制。县农牧局负责组织协调有关部门实施“数字乡村”工程建设，处理县“数字乡村”工程建设领导小组日常事务；县政府信息产业办负责将“数字乡村”工程建设纳入全县信息化发展规划，做好相关技术指导工作，协调各通信企业完善农村信息基础设施建设；县发改局负责将“数字乡村”工程纳入重大投资计划并审定相关投资项目；县财政局负责落实“数字乡村”工程建设补助资金并加强对资金使用的监督管理；县统计、交通、建设、水利、林业、民政、民宗、扶贫、教育、卫生、气象等部门负责相关信息的采集、整理、交换以及相关信息系统的建设和服务；县国土资源局负责农村地理、地籍等信息系统的建设、推广和服务；县广电、电信、移动、联通等部门负责广播、电视、电话、手机短信平台等信息系统的建设及宣传工作；各乡镇人民政府要依托农经、农科、统计、宣传等单位和村（居）委会等，组织抓好具体工作的落实，保证各项工作按时按质完成；各村（居）委会要积极争取县直各部门的支持帮助，新农村建设驻村指导员要积极配合做好各项信息采集处理、上下沟通联系等工作。

（二）强化制度，健全机制

加强制度建设，研究制定支持农业信息化发展的优惠政策措施，强化信息基础设施建设、信息资源开发利用、信息服务市场管理等方面的建章立制工作，制定农业和农村信息采集、传输、发布和服务等标准，建立完善管理、监督制度，明确职责和任务，加大对各项制度执行的监督检查力度，实现网络管护的规范化、制度化，确保网络安全、稳定、高效运行。

把“数字乡村”工程建设与“三电合一”项目、电子政务等建设结合起来，建立工程标准和技术规范，整合网络资源，联合共建共管，避免重复建设和资源浪费，真正做到网络互联互通和信息资源共享。同时，加强信息资源开发利用，认真进行采集数据的分析、整理、核实、报送和发布，及时、定期进行数据更新，确保基础数据的准确可靠。

（三）加大投入，加强培训

建立以政府投入为引导、社会投入为主体的多元化农业和农村信息化投融资机制，为“数字乡村”工程建设和运行管理提供稳定的经费保障。积极争取国家、省、市对农业和农村信息化建设的资金投入，县、乡镇财政要将“数字乡村”工程建设所需资金列入投资计划和年度财政支农经费预算，对“数字乡村”建设工程的信息资源采集、硬件更新配置、软件设计开发、人员培训和网站的运行、维护等方面给予补助。同时，支持和鼓励电信、联通、移动、邮政等通信运营企业加大投入、积极参与，不断拓宽建设筹资渠道。

将农业和农村信息化人才培养列入信息化培训总体规划，采用学校教育、继续教育、社会教育等多种途径和远程教育、在线培训等多种方式，加强信息采集、传播方法和农业科技、经营管理知识以及计算机网络应用基础知识的培训，加快培养一批能够熟练运用信息技术手段的农村信息管理服务人员和农村信息员队伍，提高农村信息员采集、分析、整理、发布信息的能力。同时，充分发挥基层农业技术推广机构的作用，联合其他基层涉农部门的力量，依靠村组干部、龙头企业、农民专业合作组织和经营大户，构建具有较高素质的农村信息化人才队伍体系。

（四）加强宣传，营造氛围

加强“数字乡村”工程建设的宣传工作，积极采取新闻报道、信息交流、经验介绍等方式，展示建设成果，推广成功做法和经验，普及信息技术知识，增强广大农业生产、经营和管理者的信息意识，充分发动科研院校、企业、专家等社会力量参与，形成全社会共同关心支持和广泛参与“数字乡村”工程建设的良好氛围。

石林彝族自治县城镇居民基本医疗保险试点工作实施方案

（2007年9月13日石林彝族自治县人民政府办公室石政办发〔2007〕116号）

根据国务院、省、市关于开展城镇居民基本医疗保险试点工作的相关文件和会议精神，为认真做好我县城镇居民基本医疗保险试点工作，结合实际，制定本实施方案。

一、指导思想

以“三个代表”重要思想为指导，积极探索和完善城镇居民基本医疗保险政策体系，形成合理的筹资机制、健全的管理体制和规范的运行机制，逐步建立以大病统筹为主的城镇居民基本医疗保险制度，促进社会公平正义，构建社会主义和谐社会。

二、工作原则

试点工作坚持低水平起步，根据经济发展水平和各方面承受能力，合理确定筹资水平和保障标准，重点保障城镇非从业居民的大病医疗需求，逐步提高保障水平；坚持自愿原则，充分尊重群众意愿；对参保居民实行属地管理；坚持统筹协调，做好各类医疗保障制度之间基本政策、标准和管理措施等的衔接。

三、工作目标

2007年9月底前做好全县城镇居民基本医疗保险试点准备工作，10月份启动，2008年底实现城镇居民基本医疗保险全覆盖。

四、组织机构和工作职责

（一）组织机构

1. 县人民政府成立县城镇居民基本医疗保险试点工作领导小组，由县人民政府主要领导任组长，分管领导任副组长，县人事劳动和社会保障、教育、财政、残联、民政、工会、卫生、发改、公安、食品药品监管、编制、广电等部门为成员单位。

2. 县医保中心为县城镇居民基本医疗保险经办机构，负责全县城镇居民基本医疗保险的具体业务，主要包括参保对象审核登记、保费核定、保费征收、统筹基金上解和支出管理等工作。

3. 各乡镇要成立由乡镇长任组长、分管领导任副组长的乡镇城镇居民基本医疗保险试点工作领导小组，具体负责组织实施本乡镇城镇居民基本医疗保险试点工作。

（二）工作职责

1.县人事劳动和社会保障部门、编制部门负责积极与市编办衔接，做好医疗保险经办机构设置、人员编制落实及人员抽（选）调工作。

2.县财政部门负责做好资金保障工作。

3.县卫生、食品药品监管部门负责开展对定点医疗机构的监督管理。

4.县民政部门负责核定城镇低保对象并向医疗保险经办机构提供相关资料，对城镇贫困居民实施社会医疗救助。

5.县公安部门负责参保对象的户籍确认工作，出具有关户籍证明。

6.县发改、工会部门负责困难企业职工的认定统计工作。

7.县教育部门负责督促各学校做好在校学生的参保登记和参保费的代收代缴工作。

8.县残联负责做好有关残疾人的残疾等级鉴定、残疾证发放、管理和出具有关证明等工作。

五、相关政策及工作要求

（一）参保对象

1.在县城及各乡镇人民政府所在地各类学校就读的全体学生（含非农户口、农业户口及外来暂住人口）。

2. 未参加城镇职工基本医疗保险的我县非农业户口城镇居民。

（二）参保对象审核及基础数据采集录入

县教育局负责以学校为单位设立学生信息录入经办点，开展学生信息基础数据采集和录入工作；各乡镇人民政府负责所属行政区域内除学生以外的未参加城镇职工基本医疗保险非农业户口城镇居民（本县户籍）的数据采集工作，在乡镇人民政府或村（居）委会设立信息录入经办点，以家庭为单位进行信息采集和录入。信息录入前，要认真核对参保人员的户口本或身份证（或公安部门出具的证明）、低保证、残疾证、低收入家庭证明等，并复印存档，以备查验；特殊人群(即持《城市低保金领取证》的低保对象；持昆明市残疾人联合会批准核发的《残疾人证》且残疾等级达到《中国实用残疾人评定标准》一至二级的人员；低收入家庭〈指家庭月人均收入低于480元标准的家庭〉中60周岁以上的老年人）凭村（居）委会和乡镇人民政府出具的证明确定。信息采集和录入工作必须于2007年9月22日前完成。

县城镇居民基本医疗保险试点工作领导小组办公室于2007年9月23日—24日按全市统一要求对数据进行汇总，并将符合参保条件人员的数据于2007年9月25日上报昆明市城镇居民基本医疗保险试点工作领导小组办公室。

（三）个人自缴部分基金的筹集

由医疗保险经办机构审定符合条件的参保对象并汇总登记造册，详细列明参保人员所属群体、个人缴费金额、中央、省、市、县财政补助金额及缴费合计等项目，将登记造册表分发到各乡镇、村（居)委会和学校进行代收个人自缴部分基金后，统一交至我县城镇居民基本医疗保险基金财政专户。

（四）定点医疗机构的申报、审核和认定

按照平等、自愿的原则，各社区卫生服务机构、各一级、二级医疗机构可向县人事劳动和社会保障部门提出书面申请，附相关申报材料，由县医疗保险经办机构进行审核，并报市劳动和社会保障部门审批认定后，与县医疗保险经办机构签订服务协议，明确双方的责任、权利和义务。此项工作必须于2007年9月26日前完成。

（四）定点医疗机构管理

1. 参保人员住院时，成年参保居民需凭《中华人民共和国社会保障卡》和身份证到城镇居民基本医疗保险定点医疗机构登记住院，未成年参保居民需凭《中华人民共和国社会保障卡》和《昆明市城镇居民基本医疗保险证》到城镇居民基本医疗保险定点医疗机构登记住院方可进行报销，严禁冒名顶替、弄虚作假。

2. 城镇居民基本医疗保险实行社区首诊制和双向转诊制度，参保居民首先到定点的乡镇卫生院、社区卫生服务机构诊治（突发疾病抢救除外），因病情需要转院治疗的，由乡镇卫生院或社区卫生服务机构出具转诊转院证明后方可转入二级及其以上定点医疗机构治疗。各定点医疗机构要严格遵守有关政策规定，严格审批住院手续，严格基金支付范围，坚持因病施治、优质服务的原则，及时进行住院费用结算。

3. 县医疗保险经办机构要认真审核、结算基本医疗费用，及时向定点医疗机构支付医疗费用，不得利用工作之便谋取私利，确保基金安全、完整和平稳运行。

石林彝族自治县城市绿线管理暂行规定

（2007年10月20日石林彝族自治县人民政府办公室石政办发〔2007〕148号）

第一条 为加强城市生态建设和环境保护，改善人居环境，促进城市可持续发展，根据《中华人民共和国城市规划法》、建设部《城市绿线管理办法》、《昆明市城镇绿化条例》、《昆明市城市规划管理技术规定》等法律、法规、规章的有关规定，结合实际，制定本暂行规定。

第二条 本规定所称的城市绿线是指城市各类绿地范围的控制线，包括已建成绿地和规划预留绿地控制线。

第三条 石林彝族自治县城市规划区范围内城市绿线划定和管理适用于本暂行规定。

第四条 石林彝族自治县建设行政主管部门，负责本县城市绿线的划定和管理工作。县国土资源、水务、林业、爱卫、交通、旅游、公安等部门和鹿阜镇、石林镇人民政府在各自职责范围内，共同做好城市绿线管理工作。

第五条 城市绿线应当按照城市绿地系统规划、控制性详细规划和修建性详细规划划定，没有划定的按照本暂行规定划定。

第六条 城市绿地系统规划是城市总体规划的组成部分，也是确定各类城市绿线的重要依据，县建设行政主管部门应当依据《绿地分类标准》划定城市绿地系统规划中的城市绿线。城市绿地系统规划中的城市绿线应当包括以下内容：

（一）公园绿地中的综合公园、专类公园；

（二）防护绿地；

（三）生产绿地及其它绿地。

其中，生产绿地面积应当不少于建成区面积的2%。

第七条 控制性详细规划应当根据不同类型用地规定绿地率控制指标。控制性详细规划划定的城市绿线应当包括以下内容：

（一）公园绿地社区公园中的居住区公园；

（二）公园绿地中的带状公园、街旁绿地；

（三）防护绿地；

（四）附属绿地中的道路绿地。

第八条 修建性详细规划应当根据控制性详细规划，针对各类建设工程项目明确绿地布局，提出绿化配置的原则或方案。修建性详细规划划定的城市绿线应当包括以下内容：

（一）公园绿地社区公园中的小区游园；

（二）附属绿地中的居住绿地、公共设施绿地、工业绿地、仓储绿地、对外交通绿地、市政设施绿地和特殊绿地。

第九条 现有公园绿地中的综合公园、专类公园按照现状用地范围划定城市绿线。规划公园绿地中的综合公园、专类公园按照规划用地范围划定城市绿线。

公园绿地外围可以划定一定范围的景观协调区。

第十条 社区公园应当按照《城市居住区规划设计规范》划定城市绿线：

(一) 居住区集中绿地不小于10000平方米；

(二) 居住小区小游园集中绿地不小于4000平方米；

(三) 居住组团集中绿地不小于400平方米。

以上社区公园的绿地至少要有一条边临近相应级别的道路。

第十一条 对外交通绿地和道路绿地，按照以下原则划定城市绿线：

(一) 高速公路的，路基外侧不少于50米；

(二) 主要公路的，路基外侧不少于20米；

(三) 快速路的，道路红线外侧不少于15米；

(四) 道路宽度为40至50米的，道路红线外侧不少于10米；

(五) 道路宽度为30至40米的，道路红线外侧不少于8米；

(六) 道路宽度为25至30米的，道路红线外侧不少于5米；

(七) 道路宽度小于25米的，道路红线外侧不少于3米；

(八) 准轨干线的，边轨外侧不少于30米；支线、专用线的，边轨外侧不少于20米。

规划确定的主要商业街区道路，可以不按照上述指标控制。

第十二条 河流按照以下规定划定城市绿线：

河堤外侧绿线最小距离为：巴江、东山河不少于50米；其它一般河流，河堤外侧不少于8米；

第十三条 城市居住区绿地、单位附属绿地按照《城市用地分类与规划建设用地标准》、《昆明市城市规划管理技术规定》划定城市绿线。

第十四条 城市绿地系统规划经县人民政府批准后，由县建设行政主管部门进行公示。

控制性详细规划划定的城市绿线，由县建设行政主管部门公示公布。

修建性详细规划划定的城市绿线，由建设单位连同建设工程项目规划的其它内容一并进行公示。

第十五条 划定城市绿线为现有绿地的，由县建设行政主管部门按照属地管理原则确定管理单位，并登记造册、存档，建立现有城市绿地和规划绿地的数据库，实行绿地数据动态管理。

划定城市绿线为规划绿地的，由县建设行政主管部门负责监督管理。

第十六条 各类建设工程应当与其配套的城市绿地同步设计、同步施工、同步验收。附属绿地建设达不到规定标准的，其建设工程不予验收。

第十七条 城市规划区内各类建设工程项目的选址，必须符合城市绿地系统规划的要求。

城市绿线内的用地，不得改作它用，不得违反强制性标准以及批准的规划进行开发建设。

有关部门不得违反规定批准在城市绿线范围内进行建设；因建设或者其它特殊情况需要临时占用城市绿线内用地的，必须依法办理相关审批手续。

在城市绿线范围内不符合规划要求的建筑物、构筑物及其它设施应当限期拆除。

第十八条 任何单位和个人都有保护城市绿地、服从城市绿线管理的义务，并有权对违反城市绿线管理的行为进行制止和举报。

第十九条 违反本暂行规定的，由县建设行政主管部门依照《中华人民共和国城市规划法》、建设部《城市绿线管理办法》、《昆明市城镇绿化条例》、《昆明市城市规划管理条例》等法律法规进行处罚。

第二十条 有关行政主管部门及其工作人员违反本暂行规定，擅自在已经划定的城市绿线范围内审批建设项目的，依法对有关责任人员给予行政处分；构成犯罪的，依法追究刑事责任。

第二十一条 本暂行规定由县建设局负责解释，自发布之日起施行。

中共石林彝族自治县委
关于认真做好县乡镇换届选举工作的实施意见

(2007年10月31日)

根据有关法律和政协章程规定，按照中央和省、市委的统一部署，2008年初，我县县人大、政府、政协和6个乡镇人大、政府将进行换届。这次换届，是全县各族人民政治生活中的一件大事。认真做好换届工作，对于加强我县各级领导班子建设、学习贯彻好党的十七大精神、保证我县“十一五”规划的顺利实施，加快石林经济社会跨越式发展都具有十分重要的意义。根据中央、省委有关要求以及《中共昆明市委关于认真做好2008年县（市）区人大、政府、政协领导班子换届工作的通知》（昆发〔2007〕16号）精神，结合我县实际，现就做好我县县人大、政府、政协以及乡镇人大、政府领导班子换届选举工作（以下简称县、乡镇换届选举工作）提出如下实施意见。

一、换届选举工作的指导思想和原则

这次县、乡镇换届选举工作，要坚持以邓小平理论和“三个代表”重要思想为指导，深入贯彻落实科学发展观，坚持和完善人民代表大会制度、中国共产党领导的多党合作和政治协商制度，推进社会主义民主政治建设，坚持干部队伍“四化”方针和德才兼备原则，严格执行《党政领导干部选拔任用工作条例》和有关法律、章程的规定，以提高素质、优化结构、改进作风、增强活力为重点，继续推进领导班子配备改革，进一步扩大民主，改进干部考察工作，真正把那些政治坚定、能力突出、作风过硬、群众信任、善于推动科学发展和促进社会和谐的优秀干部选拔到领导岗位上来，努力把我县县、乡镇领导班子建设成为朝气蓬勃、奋发有为、团结和谐的坚强领导集体，为贯彻落实党的十七大提出的各项任务、促进我县经济社会跨越式发展、构建和谐石林提供坚强的组织保证。

这次县、乡镇换届选举工作必须坚持以下原则：一要坚持党的领导。换届选举工作的全过程都要在县、乡镇两级党委的统一领导下进行，保证换届选举的正确方向，坚定不移地走中国特色社会主义政治发展道路。二要坚持充分发扬民主。在党委的领导下，相信和依靠群众，充分发扬社会主义民主，切实尊重和保障选民和代表的选举权利。三要坚持严格依法办事。要按照宪法和有关法律的规定，做好换届选举的各项工作，确保换届选举依法进行。

二、加强换届选举工作的组织领导

县乡镇换届选举工作，在县委的统一领导下进行，由石林彝族自治县县、乡（镇)换届选举工作领导小组负责对换届工作的组织、指导、协调、督促检查。具体工作由县人大常委会、县政协、县委组织部、县委统战部以及县、乡镇选举委员会负责组织实施。

县人大常委会党组要提出县、乡镇两级选举委员会人选，报县委批准后，由县人大常委会任命。县、乡镇两级选举委员会要在同级党委和县人大常委会的领导下，认真做好县、乡镇两级人大代表的选举工作，按时选出县、乡镇人大代表；县政协、县委组织部、县委统战部要遵照政协章程，按照相关程序，做好政协委员和常委的提名推荐工作。

三、认真组织好人大代表选举和政协委员协商提名工作

（一）严把人大代表和政协委员的政治素质关。

选举人大代表、协商提名政协委员时要注重代表和委员的政治素质、议政能力、文化水平、身体素质。选出的人大代表和协商产生的政协委员必须具备以下条件：热爱祖国，努力实践“三个代表”重要思想，模范遵守宪法和法律；能密切联系群众，反映人民的意愿，有较强的履行代表和委员职责的责任感和能力；有一定的文化知识，能起草代表议案和意见建议以及委员提案；身体健康，能积极参加闭会期间的代表和委员活动。人大代表、政协委员候选人推荐和提名工作分别由县人大、县政协、县委组织部和县委统战部负责。政协委员中的中共委员、常委由县委组织部审核提名，非中共委员、常委由县委统战部审核提名，由县委统战部汇总形成政协委员、常委建议名单。委员建议名单以县委组织部、县委统战部的名义征求县政协党组意见后提交主席会协商讨论，并报县委批准后由主席会提交县政协常委会协商通过；常委建议名单以县委组织部、县委统战部的名义征求县政协党组的意见后，报县委批准，提交政协全体会议协商选举。人大代表和政协委员初步人选确定后应分别听取县人大、县政协党组的意见，人大代表可由选民10人以上联合提名，也可由政党、人民团体推荐，但提名的人大代表候选人不能超过正式代表候选人人数。对提名的人大代表候选人和协商的政协委员人选，按照有关要求，必须进行组织考察，其中县人大代表候选人由县委组织部与县人大组成考察组进行考察；县政协委员候选人由县委组织部与县政协、县委统战部组成联合考察组进行考察；乡镇人大代表候选人由乡镇党委负责组织考察（既是乡镇人大代表候选人，又是县人大代表候选人的，由乡镇党委考察后，报县委组织部审查，不再进行重复考察)，不符合条件的不能推荐和协商提名。考察中要加大与公安、纪检、司法、民宗等部门的沟通，对涉黑涉恶和参与非法宗教活动等违法行为或者品行恶劣的人推荐或提名为人大代表、政协委员候选人的，一经发现，必须妥善做好工作，由推荐者及时撤回提名。

（二）进一步优化人大代表和政协委员的结构。

按照省、市的有关要求，这次换届选举，我县县、乡镇两级人大代表名额与上届相同；县政协委员的名额与上届委员相比有所增加。县人大代表172名。其中，非中共党员代表候选人不少于35%，妇女代表候选人不少于30%，少数民族代表要按照法律的规定予以保证，连任代表可占30%左右。县人大常委会组成人员的名额设置为23名，其中，专职组成人员应占50%以上，要有适当数量的人选能够任满两届。第八届县政协委员设169名。其中，中共党员占40%左右；非中共党员占60%左右；少数民族占34%左右；妇女占25%左右。第八届县政协常委设27名，其中，中共党员占37%左右；非中共党员占63%左右；少数民族占34%左右；妇女占25%左右。除工作需要外，各级人大代表之间、人大代表与党代表之间、人大代表与政协委员之间一般不交叉。

四、以换届选举为契机，进一步加强领导班子建设

按照新形势新任务的要求，抓住换届选举的有利时机，进一步选好配强县乡领导班子。

（一）坚持德才兼备原则，进一步树立正确的用人导向。

要严把政治关、政绩关和作风关，大力选拔政治坚定、善于推动科学发展、善于促进社会和谐，具有强烈的事业心，求真务实、不图虚名、踏实干事、不搞形式主义，群众口碑好，秉公用权的干部。坚持把领导干部的思想作风、学风、工作作风、领导作风、生活作风等方面的表现作为衡量干部德才素质的重要方面。围绕提高执行力、创新力、凝聚力和行政效能、办事效率，形成从作风上看干部用干部的务实导向。要严把廉洁关，注意听取纪检监察机关对有关人选的意见，对于在廉洁自律方面有反映的，要认真调查核实清楚，

防止干部考察失真失实和“带病提拔”、“带病提名”。

（二）运用综合考核评价办法，进一步改进干部考察工作。

坚持把全面深入贯彻落实科学发展观的实际成效作为考核干部政绩的根本标准和评价干部的基本依据，全面、系统、客观、公正地考察干部。总结和运用今年上半年我县开展“科学规范和有效监督县委书记用人行为”试点工作中的好做法、好经验，进一步完善考察内容，把干部践行“八个方面良好风气”要求等的情况作为考察的重要方面，以增强考察工作的针对性、实效性。乡镇现任领导班子成员在全额定向民主推荐中推荐票不超过半数，或在民主测评中不称职票超过三分之一，经组织考察确属不宜提名的，不再提名。

（三）优化领导班子结构，进一步增强班子整体功能。

着眼于推动科学发展、促进社会和谐，着眼于领导班子长远建设，进一步改善和优化领导班子结构。把主要领导干部的选配摆在突出位置。根据工作职责、特点和岗位要求，拓宽视野，多渠道选拔干部。

高度重视优秀年轻干部和女干部、党外干部、少数民族干部的选拔配备。进一步加大选拔优秀年轻干部的力度，实现领导班子年龄结构的合理配备。要结合换届发现一批优秀的年轻后备干部。在选拔优秀年轻干部的同时，应合理使用其他年龄段的优秀干部。要注重年轻干部和女干部、党外干部人选的质量。应注意培养选拔少数民族优秀干部，乡镇领导班子要按照有关规定选配少数民族干部和妇女干部。

要积极推进干部交流。落实干部交流的有关规定，加大重要岗位干部和优秀年轻干部的交流力度。要进一步加大机关与乡镇之间、乡镇与乡镇之间的干部交流力度，以利于优化领导班子结构，增强班子活力。交流干部原则上要能任满一届，尽量提前到位，以利于换届选举。乡镇领导班子成员在同一职位任职满10年的，必须交流。其他领导班子成员在同一职位任职满10年的，应当交流。新提拔进政府领导班子的人选，要有适当数量易地交流任职。干部交流工作要通盘考虑，统筹安排，注意保持领导班子的相对稳定。既要加强对交流干部的教育，严肃纪律，坚持个人服从组织，又要关心爱护交流干部，进一步完善和落实干部交流的配套政策，注意解决他们的实际困难。

五、严格执行换届选举有关政策规定，积极推进领导班子配备改革

要认真贯彻中央和省、市委有关精神，以精简领导职数、规范年龄界限、优化领导班子结构为重点，统筹兼顾，积极稳妥地推进领导班子配备改革。

（一）关于领导班子职数。这次换届，根据省、市委的文件规定和要求，县人大领导班子设5名，政府领导班子设6名，政协领导班子设5名。兼任县公安局局长的政府副职不占政府领导班子职数。

各乡镇领导班子职数按照2006年乡镇机构改革确定的职数执行。政府领导班子设4名，人大主席设1名。

（二）关于党政领导班子成员交叉任职。要认真落实云发〔2007〕13号文件的有关规定，县级党委和政府领导班子成员交叉任职要达到3名。根据我县实际，乡镇党委和政府领导班子成员交叉任职要达到2名以上，以利于解决党政领导班子分工重叠等问题，实现党政领导班子的精简。

（三）关于提名年龄界限。按照省、市委的规定和文件精神，换届时，县人大、政府、政协领导班子成员中，女年满51岁、男年满55岁以上的一般不再继续提名，保留职级待遇、退出领导班子，到龄退休。参照市上的有关精神，为了便于工作的连续性，换届时乡镇领导班子成员中，提名年龄女一般不超过45岁、男一般不超过50岁；原则上任不满一届的一般也不再继续提名。领导班子中非中共党员领导干部比照上述年龄界限可适当放宽。提名年龄以实足年龄计算，时间计算到召开换届选举会议时（按2008年2月计算）。

根据中央和省、市委有关规定，不再受理领导干部更改年龄的有关事宜。

（四）关于领导班子结构的具体要求。按照省、市委的规定，换届时，县政府领导班子中，35岁以下的干部至少要有1名。县人大、政府、政协领导班子中，原则上要各有1名女干部。县政府领导班子要配备1名党外副职，县人大领导班子副职中要有适当数量的党外干部，县政协领导班子副职中党外干部不少于50%。

换届时，各乡镇领导班子中，原则上每个乡镇一般至少要有1名少数民族干部，一般要有1名30岁左右或30岁以下的干部，一般要有1名女干部，也要注意考虑党外干部。

六、工作步骤

这次县、乡镇换届选举工作本着依法、分步骤、按程序进行的原则进行，总体时间安排是：从2007年10月1日开始，在12月底以前，选出新一届县、乡镇两级人大代表，2008年1月底以前召开新一届县、乡镇两级人民代表大会第一次会议和县政协八届一次会议。原则上分为以下五个阶段：

第一阶段（10月1日至10月31日）：主要是做好成立选举机构、制定代表选举和委员协商提名工作计划。召开县、乡镇两级换届选举工作会议，培训县、乡镇换届选举工作骨干，划分选区和分配代表、委员名额，进一步开展好换届选举宣传动员工作。

第二阶段（11月1日至11月30日）：主要是进行选民登记和选民资格审查、公布选民名单、提名推荐代表候选人、张榜公布代表候选人。协商提名政协委员。原则上乡镇人大、政府领导班子拟任人选到工作单位就位。

第三阶段（12月1日至12月31日）：确定正式代表候选人，对县人大代表候选人和协商提名的政协委员进行组织考察。对代表候选人进行投票选举，选举产生县、乡镇两级人大代表，对当选代表的资格进行审查，培训县、乡镇两级人大代表。协商产生政协委员。

第四阶段（2008年1月1日至1月31日）：组织做好相关工作，召开新一届县、乡镇两级人民代表大会第一次会议，选举产生新一届县、乡镇两级国家行政机关领导人员。原则上乡镇新一届一次人民代表大会在2008年1月10日以前开完；县第十五届人民代表大会第一次会议和县政协八届一次

会议在2008年1月20日左右召开。

第五阶段（2008年2月1日至29日）：主要是对整个县、乡镇两级人大换届选举工作进行检查，总结成绩和经验，找出差距，为今后的换届选举工作提供借鉴；县人大常委会、各乡镇人大主席团要写出换届选举工作总结报告，报同级党委和上一级换届办、上一级人大常委会；要组织好各种表格、文件、资料的填报、整理、归档等工作。

七、加强党的领导，充分发扬民主，严格依法办事，确保换届选举工作顺利进行

做好县、乡镇换届工作，充分发扬民主是基础，严格依法办事是保障，切实加强党的领导是关键。要正确处理加强党的领导、充分发扬民主和严格依法办事之间的关系，坚持三者的有机统一，扎实做好县、乡镇换届选举工作。

（一）充分发挥党委的领导核心作用，确保换届选举工作的正确方向。各级党委要高度重视，把换届选举工作摆上重要议事日程，成立换届选举工作领导机构，把加强党的领导贯穿于换届选举工作的始终，切实发挥领导核心作用，总揽全局、协调各方，积极支持人大、政协依照法律和章程履行职责、开展工作。人大、政协要在同级党委的统一领导下，按照党委的决策积极主动地做好工作。纪检监察机关和党委组织、宣传、统战等部门，人大、政协有关机构以及民族事务部门、共青团、妇联等要加强沟通、密切配合，形成工作合力。要认真贯彻执行民主集中制原则，换届的重大事项要坚持集体讨论决定。要充分发挥党的思想政治优势，加强思想政治工作，教育和引导干部讲政治、顾大局，正确对待进退留转，自觉服从组织安排。要按照有关要求做好人大代表选举和政协委员协商提名工作，重点把好代表、委员的政治关，进一步优化代表、委员结构，增强广泛性和代表性。代表、委员中的中共党员要自觉增强党的观念，认真贯彻党组织的决定和主张，充分发挥先锋模范作用。要广泛听取各方面意见，集中大家的智慧，起草好《政府工作报告》和“两会”其他文件。要组织代表、委员认真讨论大会各个报告，使讨论报告的过程成为进一步提高认识、统一思想、发扬民主、凝心聚力的过程。要统筹考虑换届人事安排方案，精心组织好大会选举，确保上级党委批复的人事安排方案顺利实现。

（二）坚持走群众路线，把发扬民主贯穿于换届工作的全过程。要进一步落实群众对干部选拔任用的知情权、参与权、选择权和监督权，增强干部考察工作的透明度，使广大群众的愿望和要求得到充分的表达与尊重。要适当扩大参加民主推荐人员的范围，并注意吸收人大、政协有关人员参加民主推荐，改进党外干部人选的推荐方式，适当扩大考察公示范围。要认真做好人事安排方案的说明工作，改进候选人的介绍方式，使代表、委员更好地理解和支持党委的主张。要为代表、委员真实表达选举意愿创造必要的环境和条件。要通过扩大推荐、考察、酝酿、提名和大会选举等各个环节的民主，使换届人事安排具有广泛和坚实的民意基础。

（三）严格依法按章开展工作，把依法按章办事贯穿于换届工作的各个环节。坚持差额选举制度，进一步完善代表联合提名方法，把代表联合提名人选与组织考察推荐人选有机地结合起来。人大代表依法联名提出的候选人与主席团提名的候选人具有平等的法律地位。代表联名提出的候选人，如不符合有关法律和任职资格条件规定的，或在政治态度、廉洁自律等方面有问题的，要根据选举办法的有关规定，不列为候选人，同时向代表做好解释和说明工作。要组织代表、委员学习有关法律、章程和政策，自觉地依法按章办事。领导干部要带头遵守法律及章程，维护法律及章程的严肃性和权威性。要改进工作方式，善于运用法律程序和依据政协章程贯彻党委意图、解决换届选举工作中的问题。要尊重依法按章选举的结果。

（四）严肃组织人事纪律，努力营造风清气正的换届环境。纪检监察机关与组织人事部门要密切配合，加大监督检查力度，坚决防止和纠正换届中的不正之风和违纪违法违章行为。对跑官要官、买官卖官和搞拉票贿选等非组织活动的，发现一起、坚决查处一起。要及时妥善处理各种干扰、破坏选举工作的行为。要认真做好换届选举的宣传报道工作，加强正面引导，弘扬正气、抵制歪风。要把广大干部的精力引导到讲团结、干实事、谋发展上来，确保在整个换届过程中思想不散、秩序不乱、工作不断，切实做到换届工作与日常工作两不误、两促进。

各乡镇党委要严格按照中央和省、市、县委的要求，制订切实可行的换届工作方案，扎实抓好每一环节的工作。换届工作中的重大问题要及时请示报告，妥善处理，确保换届工作任务圆满完成。

中共石林彝族自治县委
关于进一步加强和改进督促检查工作的实施意见

（2007年11月12日）

为切实推动中央和省、市委重大决策、工作部署的贯彻落实，建立健全抓落实的长效机制，促进全县经济社会又好又快发展，努力构建和谐石林，根据《中共云南省委关于进一步加强和改进督促检查工作的意见》（云发〔2007〕1号）、《中共昆明市委关于加强和改进督促检查工作的实施意见》（昆发〔2007〕3号）和省、市督查工作会议精神，结合石林实际，现就进一步加强和改进我县督促检查工作提出如下意见。

一、充分认识加强和改进督促检查工作的重要性

1. 加强和改进督促检查工作是加强党的领导，提高党的执政能力的重要内容。开展督促检查工作，推动决策落实，是我们党一贯坚持的领导作风、领导方法和优良传统，是各级党委的重要职责，也是各级党委办公室的重要工作。多年来，在中央和省、市委的正确领导下，全县各级各部门转变作风，抓督查，抓落实，有力推动了党的路线、方针、政策和县委重大决策部署的贯彻执行。进一步加强和改进新形势下的督查工作，有利于加强党的领导、维护党的权威、强化党的监督、执行党的纪律，确保政令畅通；有利于全面贯彻落实科学发展观、加强和改善党对经济社会发展全局的领导；有利于更好地发挥党委总揽全局、协调各方的作用；有利于提高各级干部的领导水平、执政能力，全面推进经济、政治、文化、社会建设和党的建设。

2. 加强和改进督查工作是推动中央、省、市、县委和全县各基层党组织决策落实的主要手段。开展督促检查，是确保决策目标实现的重要手段，是丰富完善决策的主要过程。面对新阶段的新目标和新任务，需要采取更加有力的措施加强和改进督查工作，不断完善抓落实的长效机制，确保中央、省、市、县委和全县各级党组织各项决策的落实，促进石林经济社会又好又快发展。

3. 加强和改进督查工作，是促进领导干部转变作风，密切党同人民群众联系的重要途径。督促检查，从根本上说是对各级领导干部工作作风的监督和检查。要通过进一步加强和改进督查工作，切实做到决策、落实并重，促使各级领导机关和领导干部努力克服形式主义和官僚主义，不断改进工作作风，提高办事效率，把心思凝聚到谋发展上，把本事用在干事业上，把功夫下在抓落实上，把更多的时间放在深入基层、调查研究上，把更多的精力花在解决问题、多办实事上，努力实现好、维护好、发展好最广大人民群众的根本利益，进一步密切党同人民群众的血肉联系。

二、加强和改进督促检查工作的指导思想、目标任务和基本原则

4. 指导思想：坚持以邓小平理论和“三个代表”重要思想为指导，全面贯彻落实科学发展观，解放思想、实事求是、与时俱进，紧紧围绕县委的中心工作、重大部署以及人民群众关注的热点难点问题开展督促检查，不断增强工作的针对性和实效性，确保中央、省、市、县委和全县各级党组织重大决策、重要工作部署落到实处，为维护党的权威和最广大人民群众的根本利益，深入实施“33542”发展战略、“12345”旅游国际化发展战略和“一路三区、一河三片”现代化城市发展战略，促进全县经济社会又好又快发展，全面构建和谐石林提供重要的推动力量。

5. 目标任务：根据新形势、新任务的要求，认真研究和把握督查工作的规律，不断丰富和发展督查工作理论，创新工作方式和机制，建立完善督查领导体制，建立集决策督查、专项查办、综合协调、督查调研、业务指导等任务为一体的督查工作体系，切实加强督查队伍建设，努力形成党委统一领导、部门齐抓共管、运行机制完善、保障措施有力、工作网络健全的督查工作格局，提升督查工作的质量和效率，推动、促进和保障中央、省、市、县委和全县各级党组织重大决策、重要工作部署的贯彻落实。

6. 基本原则：

——明确主体，分工负责。总揽全局、协调各方抓落实的主体是各级党委。坚持把上级党委和本级党委决策落实的督促检查有机结合起来，分级负责、分工协作，自觉主动地抓好贯彻落实。

——突出重点，重在推动。紧紧围绕中央、省、市和县委中心工作，准确把握工作重点，抓住影响全局的突出问题、主要矛盾和薄弱环节，集中力量，突出重大决策督查、强化重点工作督查、狠抓专项查办工作、围绕人民群众反映的热点难点问题开展督查，把督促检查贯穿到决策实施的每个阶段、每个环节、每个方面，全面推动决策的贯彻落实。

——客观公正，务求实效。坚持一切从实际出发，一切从效果出发，全面、准确、客观地反映决策贯彻落实情况。切实转变作风，深入开展调查研究，用抓落实的成果检验督查工作的成效。

——权责一致，各方配合。加强协调配合，共同抓好落实工作。县委根据全县工作重点，授权县委目标管理督查工作领导小组开展督促检查并按要求报告督促检查情况；各乡

镇、部门根据各自工作重点，授权各自督查工作领导小组开展督促检查并按要求报告督促检查情况。各乡镇、部门督查工作领导小组同时接受县委目标管理督查工作领导小组的领导。

——科学规范，不断创新。遵循督促检查工作的规律，按照制度化、规范化的要求，积极探索创新督查工作方式方法，建立和完善科学及时、高效快捷的督查工作机制，不断开创督查工作新局面。

三、建立完善工作机制，确保督查工作落到实处

7. 建立完善党委督查领导体制。县委成立目标管理督查工作领导小组，由县委书记任组长，县委副书记、县人民政府县长和县委专职副书记任副组长，县纪委、县委组织部、县委办主要领导为成员。县委目标管理督查工作领导小组定期召开会议，研究确定全县督查工作年度计划和阶段性任务，安排部署全县重大决策督查工作；适时组织开展集中督查活动。领导小组下设办公室在县委办公室，为县委目标管理督查工作办公室（简称县委目督办）。县委目督办要根据领导授权，做好督促检查中的组织协调，负责领导小组的日常事务。全县各乡镇党委和各部门党组织也要成立相应的督查工作领导小组，负责党委督查工作的领导和组织协调，代表党委统筹协调各方抓好督促检查工作，并组织开展经常性的督促检查活动，推动决策落实。

8. 落实督查工作责任。各级党委是抓督查工作的领导者和组织者，对督促检查工作负总责。党委书记是督促检查工作的第一负责人，既要带头抓督查，又要负责督促和协调党委领导班子成员按照分工抓好各项工作落实。各党委领导班子成员负责按照党委决定和分管工作范围开展督促检查，逐项抓好落实。各级党委在制定决策、部署工作的同时要对督促检查提出明确要求，做到决策与落实并重。

县委目督办是县委授权开展督促检查的主要工作机构，在县委的领导下负责开展具体的督促检查工作，主要职责是：(1) 负责对中央和省、市、县委重大决策、重要工作部署的贯彻落实情况进行督促检查，确保政令畅通；(2) 负责中央和省、市、县委领导重要指示、批示及上级领导机关交办的有关事项的查办落实；(3) 负责新闻媒体或者在其它渠道反映的有关重要情况、有价值的批评建议，以及一些热点难点、问题解决的督促落实；(4) 负责对涉及县级党群、政法系统各部门和各乡镇党委的人大代表建议、政协提案以及重要信访件办理工作的督查；(5) 牵头负责全县年度主要工作目标的编制、分解和监控。协调和指导县级党群部门及归口县委考核的目标责任单位拟定年度工作目标，按程序审核、报批并下发执行；(6) 负责各目标责任单位目标管理日常工作的组织、指导和综合协调，组织开展半年抽查和年终考核；(7) 围绕县委中心工作以及重大决策开展督查调研，提出建议，供领导决策参考；(8) 负责全县党群部门及归口单位督查工作的业务指导及人员培训工作；(9) 负责对乡镇领导班子目标管理的组织、协调、指导、检查和考评工作；(10) 负责县委目标管理督查工作领导小组的日常工作；(11) 负责《督查简报》、《督查专报》等内部载体的编发工作。(12) 完成上级和县委、县政府、县委目标管理督查工作领导小组领导交办的其它工作。各乡镇、各部门是决策落实的具体承担者，应自觉接受县委和县委授权机构的督促检查。

9. 建立完善督查工作制度。

——建立落实情况报告制度。全县各乡镇党委和各部门党组织要建立和完善落实情况报告的工作制度。领导班子成员要定期向党委报告所负责和分管工作落实进展情况。各乡镇、各部门每季度要报送一次县委重大部署、重点工作、重大项目的贯彻落实情况，每半年要报送一次全局工作推进情况，遇紧急、特殊情况要及时报告。对市下达的目标考核指标任务完成情况，每季度报送一次进展情况，随时报送推进过程中遇到的困难问题及采取的措施。对县委领导同志的重要指示、批示必须在3天内办理完毕，并及时将办理情况反馈县委目督办，3天内无法办理的，须向县委督查领导小组说明具体原因。县委目督办要及时督查、收集整理并实事求是地向县委报告各乡镇、各部门贯彻落实县委决策部署的情况。在督查工作中，反映出来的一些好经验、好做法及取得的成效以县委目督办《督查专报》的形式向县委和上级党委报告。

——建立督促检查统筹协调制度。凡是以县委名义开展的督促检查活动，一般应在年初向县委目标管理督查工作领导小组提出计划，由领导小组研究确定，统筹协调。需进行临时督查的，应提出方案送领导小组办公室协调后报批。

——完善分解立项和跟踪督查制度。对重大决策和工作部署，各级党委要及时进行任务分解，并立项督查。对县委重大决策和重要工作部署的贯彻落实情况，每年进行两次以上的跟踪督查和随时抽查；对年度重点工作的贯彻落实情况，由县委目督办组织开展两次以上集中实地督查。

——完善督查联系制度。加强县委督查部门和政府督查部门的联系，定期召开联席会议，通报工作情况，加强工作协调，并根据工作适时开展联合督查；每两年召开1次党委系统督查工作会议，研究督查工作重点和开展督查工作的方式，交流工作经验，研究工作措施，提高工作水平；对一些政策性、业务性较强的重要督查工作，要积极与有关部门及承办单位共同研究方案，共同组织实施；加强督查部门与人大、政协相关部门的联系，充分发挥人大法律监督、政协民主监督的作用，积极探索党委督促检查与人大代表、政协委员视察相结合的有效工作机制；加强督查部门与新闻媒体的联系，充分发挥舆论监督和群众监督的作用，努力提高督查实效。

10. 探索创新督查工作方式方法。在继续坚持综合反馈、催报检查、督查调研、实地督办、集中督办与不定期抽查结合、明查与暗访结合、交叉检查与联合督查结合等方法的同时，注意总结创新，积极探索新的领导体制下抓督查促落实的新方法、新途径、新手段，不断丰富督查工作的思路、方法和机制，采取灵活多样的手段，提高督查效果和质量。

四、建立完善成果运用机制，确保督查工作取得实效

11. 提升督查效果效力。党委督查工作领导小组或党委目

督办独立开展的督促检查形成的督查报告，是领导同志和各部门了解决策落实情况的重要渠道，除及时报送党委领导外，可抄送同级相关部门。要提高督查报告的质量，做到重点突出、喜忧兼报、平实精炼、全面客观。对督促检查中带有普遍性、倾向性和苗头性的问题以及人民群众反映的热点难点问题，要主动立项，经报批后责成相关部门限期解决。

12. 加强落实情况通报。对中央、省、市以及县委重大决策、重要工作部署，县委领导同志批示交办事项的落实情况，要及时通过适当的形式，在适当的范围内进行通报。年度重点工作的贯彻落实情况以县委目督办《督查简报》的形式或在各级党员领导干部大会上进行通报。对落实工作敷衍塞责、弄虚作假、落实不力的，要发出整改通知书，限期整改，整改达不到要求的，在符合保密规定的前提下，可在全县干部大会上通报或通过新闻媒体公开曝光。

13. 加强督查考核评价工作。各级党委要建立健全抓督查落实的绩效考核制度、奖惩制度、责任追究制度，通过制度建设推动抓落实、求实效导向机制的形成。县委督查工作领导小组对各乡镇、县直部门贯彻落实中央、省、市、县委重大决策部署的情况进行年度考核，按照县对乡镇、县对县直单位目标管理考核办法执行；对抓落实工作突出、成效显著的给予表彰和奖励；对落实不力，造成工作被动或失误的进行通报批评；造成严重后果的，要追究责任。各级各部门要将考核评价结果纳入干部政绩考核评价体系，作为干部选拔任用的重要依据。

五、建立完善工作保障机制，确保督查工作力量得到提升

14. 加强党委督查部门建设。县委目督办在抓落实工作中承担着重要责任。要按照中央、省、市关于加强督查、狠抓落实的要求，进一步加强和充实党委督查机构和人员。县委目督办按副科级机构设置，隶属县委办公室，领导高配，核定行政编制4名，领导职数按一正一副配备，根据工作需要，县委办公室增设1名副主任职数，专任县委目督办主任；乡镇、部门督查部门设兼职督查员，原则上不安排专门人员编制，负责人由一名党组织副职兼任。

15. 切实加强督查队伍建设。要按照“讲政治、勤学习、善思考、干实事、正人品”的要求，全面提高督查人员的素质和能力。坚持用科学理论武装头脑，通过思想政治教育、理论研究、学习培训、实践锻炼等方式，切实提高督查人员适应形势、维护大局的能力，应用理论、分析思考的能力，组织协调、解决问题的能力，开拓创新、勇于探索的能力，勤政务实、廉洁自律的能力，努力建设一支政治强、业务精、作风硬、纪律严的高素质督查干部队伍。

16. 改善督查工作条件。各级党组织和领导干部要创造条件让督查工作人员充分了解党委的决策意图、工作思路和部署，明确授予其必要的督促检查权力。督查工作主要负责人可列席同级党委(党组)会议、现场办公会等相关的重要会议；跟随领导下基层调研、检查工作；参与重大突发事件的处置，及时了解情况，并根据授权进行督促检查。要为督查工作人员提供阅读文件和资料、配备交通工具和现代化办公设备等必要的工作条件，保障督查工作专项经费等，确保督查工作顺利有效开展。

六、建立完善领导机制，确保督查工作形成合力

17. 强化抓落实领导责任制。全县各级各部门要不断增强抓督查的主体意识，把督促检查工作摆上重要议事日程，切实履行工作职责，明确责任分工，强化抓落实领导责任制，认真抓好决策部署贯彻落实的督促检查。要切实加强对督查工作的领导，定期听取督查工作情况汇报，研究、安排部署督查工作。县委常委会每年专题听取一次县委目标管理督查工作领导小组工作情况汇报。县委目标管理督查工作领导小组每半年听取一次县委目督办工作情况汇报，及时帮助解决督查工作中遇到的困难和问题，安排布置督查工作任务。

18. 加强统筹协调。全县各级各部门要加大对中央、省、市、县委重大决策贯彻落实的督促检查力度，加强统筹协调，在充分用好各级督查队伍力量的同时，充分发挥纪检监察、组织、信访等部门和新闻单位的作用，有组织、有计划、有针对性地开展联合督查，充分调动各方面的积极性，形成全县上下齐心协力、狠抓落实的强大合力。

石林彝族自治县人民政府关于公布第一批县级重点文物保护单位保护范围和建设控制地带调整情况的通知

(2007年11月23日)

各乡镇人民政府，县直各部委办局、人民团体、企事业单位：

县人民政府于1986年10月下发了《关于划定第一批重点保护文物范围和确定负责管理单位的通知》（路政发〔1986〕80号），明确了第一批县级重点文物保护单位的保护范围和建设控制地带；二十多年来，随着文物保护工作的不断发展，部分文物的保护范围和建设控制地带划定不科学、不合理、操作性不强、保护范围说明文字表述不严谨、四至界线不清等问题逐步暴露出来，科学调整保护范围和建设控

制地带十分必要而迫切。为进一步加强文物保护工作，县人民政府决定对第一批县级重点文物保护单位保护范围和建设控制地带进行调整，现将调整情况公布如下：

一、文笔塔

地点：板桥镇冒水洞村文笔山顶。

现保护范围：“东北、西北至各方延伸30米为保护区。”

调整原因：文字表述不准确，四至界线不清，范围划定不合理。

调整后保护范围：以文笔塔塔心为基点向东、西、南、北各方外推20米为界。保护范围面积1600平方米。

二、大砂石桥

地点：板桥镇板桥村虎街与马街之间，横跨巴江。

现保护范围：“桥横头两边各延伸出10米至电杆，东：即上游到镇政府围墙对齐对岸（包括永胜桥在内），西：下到铁工厂大门河段。”

调整原因：文字表述不准确，四至界线不清。

调整后保护范围：北至永胜桥外缘，南至铁工厂门口，大砂石桥东、西两端各延5米为界。保护范围面积3612.57平方米。

三、普鲁海牙墓

地点：鹿阜镇紫玉山山顶。

现保护范围：“以坟为中点，前延出15米，右、后方各延伸20米为界。”

调整原因：文字表述不准确，四至界线不清，范围划定不合理。

调整后保护范围：以墓葬为基点向东、西、南、北各方外推30米为界。保护范围面积3600平方米。

四、芝云洞碑记

地点：石林镇乐尔村芝云洞内。

现保护范围：“以芝云洞碑为基点向四方延伸5米，以芝云洞洞顶，刻有‘芝云洞’三大字，以字为基点向四方延伸2米等为重点保护区。”

调整原因：文字表述不准确，四至界线不清，范围划定不合理。

调整后保护范围：以芝云洞碑为基点向东、北方各外推15米，向西、南方各外推25米为界。保护范围面积1600平方米。

五、毕恒光烈士革命活动遗址

地点：长湖镇维则小学内。

现保护范围：“以独石山脚、石头埂为界，南以小路直到小凹子石岩脚为界，学校南以围墙为界，一直对下至西齐柏刺条树、银柏树、又到核桃树，直向东学校右侧通中学小后门线齐小路下埂脚为界。”

调整原因：文字表述不准确，四至界线不清，范围划定不合理。

调整后保护范围：东、南、北以维则小学现状围墙为界，西至教学楼前篮球场外缘。保护范围面积8337.23平方米。

六、白石岭旧石器遗址

地点：板桥镇羊脚迹村。

现保护范围：“以公路岔口山嘴人工挖沙或水冲刷的中层文化层为基点，方方延伸出一百米内。”

调整原因：文字表述不准确，四至界线不清，范围划定不合理。

调整后保护范围：东、南至山脚水沟，西至板桥中学水泥路水沟外侧，西北以保护标志碑向变电站方向推80米沿现有耕地界（土坎）为界，北以青山二号电杆往北推75米为界。保护范围面积15574.9平方米。

七、大哨护三团烈士墓

地点：路美邑镇大哨村。

现保护范围：“东西（即坟前后）各延伸15米，南北各延伸5米为界。”

调整原因：文字表述不准确，范围划定不合理。

调整后保护范围和建设控制地带：保护范围以护三团烈士陵园现状围墙为界。保护范围面积1542.97平方米。以现状围墙外推5米为建设控制地带。建设控制地带面积2425.26平方米。

八、朱德题词

地点：石林风景区大石林景区内。

现保护范围：“四周均以游道为界，除正前方从石脚向前延伸7米外，其三方各伸出5米。”

调整原因：文字表述不准确，四至界线不清，范围划定不合理。

调整后保护范围：以题词石壁向西外推15米，向南推32米，向北推15米，向东推20米为界。保护范围面积1645平方米。

九、石林崖画

地点：石林风景区大石林景区内。

现保护范围：“以岩画为基点，东南北向外延伸出50米为界；西（即进口处）延伸120米为界。”

调整原因：文字表述不准确，范围划定不合理。

调整后保护范围：以石林崖画为基点，向东、西、南、北方各外推15米为界。保护范围面积900平方米。

十、乍龙彝文摩崖题记

地点：长湖镇乍龙村。

现保护范围：“以岩字为基点，方方延伸100米为保护区。”

调整原因：文字表述不准确，范围划定不合理。

调整后保护范围：以摩崖为基点向东外推12米，向西、南、北方各外推30米为界。保护范围面积2520平方米。

十一、解放军烈士墓

（一）石林镇老鹳窝墓地

地点：石林镇老鹳窝。

现保护范围：“以烈士坟为基点，东齐柏油公路边，西到山顶电话线杆号‘796’和‘707’号为界，南齐高压电杆，北至公路边。”

调整原因：原址在石林岔口，后迁至老鹳窝，需重新划定保护范围。

调整后保护范围：东、南、北以陵墓基座缘口外推20米为界，西以陵墓石阶缘口外推20米为界。保护范围面积4360

平方米。

（二）北大村新寨墓地

地点：石林镇北大村新寨。

现保护范围：“东齐小水沟、坟堆和沟间，南以保家珍水田的从上田埂柏树对西下埂为界，北以小普四水田边埂为界，一直到东水沟边。”

调整原因：文字表述不准确，四至界线不清，范围划定不合理。

调整后保护范围和建设控制地带：保护范围以烈士墓现状围墙为界。保护范围面积 533.86 平方米。建设控制地带从烈士墓围墙向东、西、南、北各外推 5 米为界。建设控制地带面积 1104.39 平方米。

十二、万仙阁

地点：大屯村南。

现保护范围：“东齐敬老院大门外水泥路口，西、南、北均以水沟、围墙为界。”

调整原因：根据城市建设规划需调整保护范围。

调整后保护范围：西、北两面以城周敬老院现状围墙为界，东、南两面以城市规划道路边线为界。保护范围面积 6463 平方米。

十三、贪官许良安遗臭碑

地点：县文化馆内。

现保护范围：“东以相邻的人民旅社围墙为界，南齐马家巷、西南齐民房、书店宿舍山墙脚，西齐书店宿小房前墙与大门成直线，大门延伸到南门街口饮食业服务公司相邻的围墙为界。”

调整原因：文字表述不准确，四至界线不清。

调整后保护范围：东、南、北以县文化馆现状围墙为界，西至武庙大门瓦屋面西坡滴水处。保护范围面积 4798.71 平方米。

十四、武庙

地点：县文化馆内。

现保护范围：“东以相邻的人民旅社围墙为界，南齐马家巷、西南齐民房、书店宿舍山墙脚，西齐书店宿小房前墙与大门成直线，大门延伸到南门街口饮食业服务公司相邻的围墙为界。”

调整原因：文字表述不准确，范围划定不合理。

调整后保护范围和建设控制地带：东、南、北以县文化馆现状围墙为界，西至武庙大门瓦屋面西坡滴水处。保护范围面积为 4798.71 平方米。建设控制地带：东以文化馆围墙外推 10 米，西至南门街内缘，北至环城东路内缘，南至马家巷为界。

十五、文庙

地点：县一中。

现保护范围：“东、东南、东北等以围墙为界，南齐文昌宫右耳房后墙脚，西齐崇圣祠后石埂，北齐大殿东府后墙柏树为界。”

调整原因：文字表述不准确。

调整后保护范围：北至学生餐厅、学生宿舍山墙，南至教学综合大楼，东至县一中大门及大门周围的围墙，西至崇圣祠遗址后水泥路外缘。保护范围面积为 16762.39 平方米。

石林彝族自治县人民政府
关于公布第二批县级重点文物保护单位保护范围的通知

各乡镇人民政府，县直各部委办局、人民团体、企事业单位：

县人民政府于 2002 年 4 月下发了《关于公布第二批县级重点文物保护单位的通知》（石政发〔2002〕13 号）。为确保文物保护单位的真实性和完整性，县人民政府决定公布第二批县级重点文物保护单位保护范围如下：

一、海宜昂氏彝汉文宗谱碑

地点：长湖镇老海宜村。

保护范围：东、南、北以土坎为界，西以百年古树黄连木为基点，延伸至 22.5 米处为界。保护范围面积 753.3 平方米。

二、黑龙潭水库纪念碑

地点：黑龙潭水库大坝坝埂。

保护范围：东至黑龙潭水库大门，西、南以石板游路为界，北至水库坝埂柏油路内缘。保护范围面积 8226.95 平方米。

三、独石山赵发扎营遗址

地点：长湖镇维则村。

保护范围：东至九石阿旅游专线公路内缘，西至维则小学围墙，南以维则村至九石阿旅游专线公路土路为界，北至长湖镇中学围墙。保护范围面积 41853.10 平方米。

四、革命烈士纪念塔

地点：县城双龙广场。

保护范围：东至县粮食局职工宿舍，西至阿诗玛转台接进县人民政府水泥路路面内缘，南以革命烈士纪念塔基座外推 35 米，北以浮雕基座外推 30 米。保护范围面积 7140.58 平方米。

五、邕州古道石板哨至天生关路段遗址

地点：石林镇石板哨至天生关古驿道沿线。

保护范围分两段：第一段，东至 3 号桩，西至 1 号桩为界，南、北各从古道两侧外缘外推 5 米为界；第二段（天生关村内段），东至 5 号桩，西至 4 号桩，南、北各以古道两侧边缘为界。

石林彝族自治县地方志事业发展规划（2007—2010 年）

（2007 年 11 月 27 日中共石林彝族自治县委办公室、
石林彝族自治县人民政府办公室石办发〔2007〕39 号）

为推动我县地方志事业健康快速发展，更好地服务于“文化石林”建设和全县经济社会发展，根据国务院《地方志工作条例》和省、市有关文件精神，结合实际，特制定石林彝族自治县地方志事业发展规划（2007—2010 年）。

一、基本情况

编修地方志是中华民族的优良传统，地方志在历史发展中不断发挥着“存史、资治、教化”的功能，在保存历史、传承文明、反映国情地情、服务地方经济社会发展、推动“三个文明”建设等方面都有着不可替代的重要作用。新中国成立后发展起来的地方志事业，是中国特色社会主义事业的重要组成部分，是社会主义文化建设的系统工程，是承上启下、继往开来，服务当代、有益后世的公益事业。我县具有编史修志的优良传统，现存多部自清朝康熙年间到民国时期的地方志著述。上世纪七十年代末开始组织社会主义新方志的编纂工作，并于 1987 年 4 月成立县地方志工作常设机构，即县志编纂委员会办公室，为县人民政府正科级事业单位，1994 年更名县史志办公室。县史志办成立以来，主要负责开展县志和年鉴的编纂出版工作，同时，对专业志、部门志、乡镇志的编写出版进行业务指导，并组织各种地情书籍的编辑出版工作。经过二十年的发展，我县地方志工作已形成了“党委领导、政府主持、部门配合、社会参与”、稳定高效的组织机制和工作格局，尤其是近几年来，地方志事业发展取得了丰硕成果。

1996 年出版了我县第一部社会主义新方志《路南彝族自治县志》。2001 年 3 月，在全市率先启动第二轮社会主义新方志修编工作，至 2006 年 12 月全面完成《石林彝族自治县志（1989—2000）》的编纂出版工作。从 1999 年起，连续编辑出版《石林年鉴》8 部，各年度的年鉴均在省级及其以上的出版物评比中获奖，其中：2004 年版年鉴获“全国首届地方志年鉴奖”综合一等奖，2005 年 7 月入选中国知识资源总库“中国年鉴全文数据库”，实现自创刊以来所有年鉴资料的数据化和网络化，成为我县对外宣传的重要阵地和外界了解石林的窗口之一。编写了《天下奇观数石林》、《石林彝族传统文化与社会经济变迁》、《石林经济文化探索》等地方文献，开展了《中国百县市经济社会调查路南卷》、《石林彝族自治县概况》修编修订；根据省、市有关部门的要求，完成了《云南年鉴》、《昆明年鉴》、《云南小康年鉴》石林部分的资料撰写，参与县内外 60 余部书刊的撰稿和编辑工作，出版部门志、乡镇志 25 部，收集了大量的专业志、部门志、乡镇志和企业志等修志资料。

二、指导思想

以邓小平理论和“三个代表”重要思想为指导，深入贯彻党的十七大精神，全面落实科学发展观，与时俱进，求真务实，努力推动地方志事业可持续发展，充分发挥地方志事业保存历史、服务现实、教育人民的重要作用，为全县经济社会跨越式发展提供坚实的文化资源和智力支持。

三、发展目标

一是切实做好续修县志工作，高质量出版，全方位发行，多途径促进读志用志活动的开展，全面完成第二轮修志任务；二是对《石林年鉴》进行全面改版，精心编校，使之成为展示我县改革发展和阿诗玛文化建设成果的重要阵地，在保持全省领先水平的同时，努力打造国内精品年鉴；三是切实加强地方文献的收集整理，强化对阿诗玛文化全方位的研究；四是以地方志成果上网工程为突破口，进一步做好地情知识的普及和应用工作，将县史志办建设成为县情资料信息中心、地方文献收藏编纂中心和阿诗玛文化展示研究中心。

四、工作任务

（一）完成第二轮地方志续修工作，促进地方志事业深入发展。指导有条件的部门或乡镇新修或续修部门志、乡镇志或其它专志。鼓励有条件的社会主义新农村建设试点村编写村社志，展示社会主义新农村建设试点成果，记录经济社会变迁状况。支持具有丰厚历史文化的民族文化生态村、民族传统文化保护村编纂民族村寨志，重点记录民族传统文化事项，积极抢救历史资料，保存历史文献，促进优秀民族文化的传承、弘扬和开发使用。发动和引导一批经济实力强、文化意识强的企事业单位，资助、扶持和参与编纂具有重要意义和价值的专业志、部门志、企业志、村寨志、学校志等志书。积极引导社会力量编纂出版反映地域特色的便览性资料，如石林地方简史、石林县志简编、石林图志、地情概览、市民手册、旅游指南等。

（二）高质量编撰《石林年鉴》，打造国内精品年鉴品牌。通过改版和完善年鉴编校质量管理，提高年鉴的权威性、实用性，强化地情信息资料载体功能，突出时代特点和地方特色，在保持《石林年鉴》在全省的领先地位的同时，争创全国精品年鉴。同时，利用中国知识资源库这一技术平台，推进年鉴数字化建设，在出版传统纸质出版物的同时，在互联网上推出电子版《石林年鉴》，方便社会各界阅读利用。

（三）利用现代技术手段和其它有利条件，积极推进石林方志馆建设和地方志信息化建设。根据国务院《地方志工作条例》和《石林彝族自治县自治条例》的规定，积极开展石林方志馆的筹建，把方志馆建成全县地情资料收藏、宣传教育中心和整理研究中心，到2010年基本达到地方文献与地情资料内容较为丰富、硬件设施较为齐全、资料存储检索基本实现电子化的目标，力争藏书达到5000册（含复本）。方志馆资料要重点收集我县及周边各县（市）区各种媒介的文献资料，同时收集国情地情书刊资料、有代表性的少数民族自治地方志书和年鉴，形成科学系统和便于利用的县情资料体系。按照馆网合一的原则，实施地方志成果上网工程，建设县情资料网站，将县级志书和年鉴全部数字化并上网运行，实现编辑、审改、出版的电子化和网络化。

（四）以“文化石林”建设为契机，积极开展文化研究和编纂活动。把地方志工作与打造石林旅游品牌和阿诗玛文化品牌结合起来，强化对民族传统文化和民族新文化建设的研究，联合国内高校、科研院所对县内以阿诗玛文化为核心的民族文化遗产（如火把节、密枝节等）进行深入系统研究，推出单项或系列科研成果，将县史志办建设成为阿诗玛文化研究中心，为阿诗玛文化的保护、传承、弘扬和发展作出积极贡献。

（五）扎实做好地方文献整理开发工作。多渠道筹集资金，对以旧志为重点的地方文献进行全面整理开发，条件成熟时编辑出版多卷本的石林阿诗玛学术经典全集，使之成为石林地方文献经典丛书，扩大石林在国内外的影响力，同时为保存和传承石林历史文化提供新载体、新途径。整理开发工作要依靠专家，注重质量，保证学术价值。

五、工作措施

（一）加强组织领导。将地方志事业发展纳入全县经济社会发展规划和年度计划，切实做到领导到位、机构到位、人员到位、经费到位、措施到位，为做好新时期地方志工作创造有利条件。县史志办要创新工作机制，切实担负起编修本级志书的业务职能和管理本县地方志工作的行政职能；要根据地方志事业规划和上级工作部署，制定和实施年度工作计划；要加强工作规范化、制度化建设，每年对全县开展地方志工作的情况进行调查、检查和总结，对各乡镇各部门贯彻执行《地方志工作条例》和开展地方志工作的情况进行评估。全县各级各部门要高度重视地方志基础建设和修志手段现代化建设，确保人力、物力、财力投入到位。

（二）加强队伍建设。在县史志办编辑人员和各部门撰稿人中培养选拔地方志工作中青年业务骨干，积极发挥其主力军作用。采取多种形式，有计划地对现有地方志工作人员进行业务培训，组织开展业务研讨，努力提高地方志工作人员的思想素质和专业技能。不断优化地方志工作队伍的文化结构、专业结构和年龄结构，完善各项制度，规范工作机制，激发工作动力，使地方志工作者成为重视学习、善于学习、不断学习的模范，成为善于进行理论思考、历史思考、现实思考的研究型人才。在新一轮修志工作中，要学习借鉴外地先进经验，加强地方志工作的横向交流。积极筹建县情研究会，使之成为地方志工作者与社会各界联系的桥梁、合作的纽带。

（三）建立地方志事业发展保障机制。多渠道筹集地方志事业发展经费，建立地方志事业发展基金，支持开展地方志编纂和阿诗玛文化研究活动，县财政对重点编纂和研究成果出版予以补助。建立评比表彰奖励制度，对地方志优秀成果进行评比，对地方志工作先进集体、先进个人予以表彰。

石林彝族自治县农村中小学标准化建设实施意见

（2007年12月10日石林彝族自治县人民政府办公室石政办发〔2007〕160号）

根据昆明市人民政府《关于印发昆明市农村中小学标准化建设实施意见的通知》（昆政发〔2007〕29号）精神，结合实际，提出我县农村中小学标准化建设实施意见如下：

一、指导思想

以“三个代表”重要思想和科学发展观为指导，以巩固“两基”成果，全面提升农村义务教育质量和水平为目标，以推进县域内义务教育内涵发展、规范发展、均衡发展为重点，坚持政府主导、效益优先、整体提升的原则，2007年—2010年期间，在全县分期分批实施农村中小学标准化建设，使区域内学校布局结构、教育资源配置更加合理，推动城乡教育均衡、协调发展，实现城乡教育一体化。

二、工作目标和任务

（一）工作目标

总体目标：到2010年，实现全县农村中小学校布局布点科学合理，生均占地、校舍建筑面积、教学设备等硬件设施达到国家标准，教学、生活、运动区域合理分区，结合农村教师队伍建设工程、农村中小学教育教学质量提高工程、农村中小学现代远程教育工程、帮困助学工程、校园文化建设工程、农村寄宿制学校勤工俭学工程和农民职业技术培训工程的实施，大力推进城乡教育均衡发展，构建与石林经济社会跨越式发展相适应的农村义务教育体系。

具体目标：2007年—2010年期间，全县完成15所农村中小学标准化建设，其中：新（迁）建2所，改（扩）建13所；农村乡镇初级中学、中心完小标准化覆盖率达100%，学校校均人数明显增加。

1. 改扩建农村乡镇初级中学7所。

2. 建设县属高中2所，其中：新迁建1所，改扩建1所。

3. 改扩建县属小学1所。

4. 改扩建农村乡镇中心完小4所。

5. 新迁建农村完小1所。

（二）工作任务

按照统筹规划、分期分批实施的原则，2007年启动2所，完成1所；2008年启动4所，完成4所；2009年启动5所，完成5所；2010年启动4所，完成5所。

三、工作机构与职责分工

（一）工作机构

为加快对全县农村中小学标准化建设工作的领导，成立县农村中小学标准化建设领导小组。

组　　长：李忠德（县人民政府县长）

常务副组长：徐梅芬（县人民政府副县长）

副 组 长：苏云波（县财政局局长）

王彦平（县政府办主任）

普光强（县教育局局长）

赵一民（县发改局局长）

成　　员：鲁有福（县国土资源局局长）

杨春宝（县人事劳动和社会保障局局长）

吴剑平（县建设局局长）

潘佳良（县农牧局局长）

赵良廷（县审计局局长）

罗秀全（县环保局局长）

毕玉昌（县民宗局局长）

赵家林（县扶贫办主任）

毕东红（县监察局局长）

段圳宗（县政府信息产业办副主任）

陈贵云（县教育局副局长）

各乡镇人民政府乡镇长

领导小组下设办公室在县教育局，由普光强同志兼任办公室主任，陈贵云同志兼任办公室副主任。

各乡镇要相应成立工作机构，确保此项工作顺利推进。

（二）职责分工

1. 领导小组负责根据上级要求和我县实际制定配套政策，审定年度实施计划，研究解决农村中小学标准化建设工作中的困难和问题。

2. 领导小组办公室负责全县农村中小学标准化建设日常工作，对各乡镇上报的项目规划、设施设备配置计划进行严格审核，对项目实施进行指导和督促检查。

3. 各乡镇人民政府是农村中小学标准化建设的责任主体，主要负责制定本区域内中小学布局布点调整规划，按时完成项目前期调研、用地提供、项目建设“三通一平”等工作。

4. 发改部门要结合社会主义新农村建设，将农村中小学标准化建设纳入国民经济和社会发展总体规划及年度计划，并负责项目立项工作。

5.财政部门负责项目建设资金筹集并及时足额拨付项目资金，与审计部门共同做好项目资金使用管理的监督、审计。

6.建设、国土资源部门根据国家、省、市的有关法律法规、规范和标准，将农村中小学标准化建设纳入农村建设规划，负责指导项目规划方案的审批、征地、工程报建、质量监督、竣工验收等工作。

四、实施原则和建设标准

（一）实施原则

1. 各乡镇人民政府要按照实事求是、因地制宜的原则，在充分调研、摸清底数的基础上，科学规划农村中小学校布局布点，编制本地区农村中小学标准化建设规划。

2. 市、县两级补助资金优先安排县域义务教育阶段学校布局、布点和资源调整规划、征地拆迁及“三通一平”等基础工作已经完成，具备实施农村中小学标准化建设条件的乡镇；乡镇按投资项目管理规定程序向县农村中小学标准化建设领导小组办公室书面申报项目建议书、可行性研究报告及相关资料，具备施工条件的由县发改部门当年立项或积极争取上级部门当年立项建设。

3. 项目建设严格执行国家《农村普通中小学校建设标准（试行）》（建标〔1996〕640号），确因特殊情况需调整建设指标的，报县农村中小学标准化建设领导小组研究确定。

4. 结合社会主义新农村建设，农村中小学撤校并点后剩余或闲置资源，要与当地学前教育、农民技术培训、文体等设施建设统筹安排。

（二）建设标准

1.学校班级数量严格按照国家《农村普通中小学校建设标准(试行)》（建标〔1996〕640号）设置，班级数量需增加的，应根据教学规律增加。

2.教学仪器设备按照教育部颁布的相关科目一类标准设置，图书按照教育部《中小学图书馆（室）规程(修订)》标准配置。

五、项目实施和管理

（一）农村中小学标准化建设试行“代建制”，通过专业化项目管理，最终达到控制投资、提高投资效益和管理水平的目的。

（二）投资标准：校舍新建按950元/m^2安排，校舍修缮按300元/m^2安排。

（三）市级财政投资补助50万元以上（含50万元）的建设项目，由市级有关部门审批；市级财政投资补助50万元以下的建设项目，由县有关部门审批。

（四）农村中小学标准化基本建设、设备投资由市、县两级承担，基本建设资金按7∶3承担，教育教学设备按5∶5承担，资金承担比例适用于“十一五”期间。

（五）各学校设备配置计划经县农村中小学标准化建设领导小组办公室初审后报县农村中小学标准化建设领导小组同意后，统一上报市教育局农村中小学标准化建设办公室审核，由市财政局根据政府采购相关法律法规对采购方式及组织形式进行审批。

（六）农村中小学标准化建设土地征用费及“三通一平”费用由县、乡镇人民政府承担。

1.县直属学校标准化建设土地征用费及“三通一平”费用由县级财政承担。

2.各乡镇学校标准化建设土地征用费，由县财政按地区类别不同，按5万元/亩补助鹿阜镇、石林镇，按3万元/亩补助板桥镇、路美邑镇，按2万元/亩补助西街口镇、长湖镇、圭山镇、大可乡，不足部分由乡镇人民政府承担。

（七）项目建设必须严格按照国家现行有关法律、法规、规章、行业标准、基本建设程序进行。各学校要对工程质量进行全程跟踪和检查。

（八）县财政局、县教育局要按照有关规定，加强对农村中小学标准化建设资金使用的监督管理，当年立项的，实施项目所需资金纳入当年财政预算，专款专用、专账核算、统一支付。

（九）项目竣工后，市、县两级有关部门将组成项目验收组进行验收。对未能按时竣工验收的项目单位，要追究相关人员的责任，并在全县范围内通报批评。

六、其他

（一）为进一步降低建设成本，提高投资效益，各级各有关部门要按照云南省人民政府办公厅《关于减免基础教育工程建设项目规费的通知》（云政办发〔2003〕18号）要求，及时足额减免农村中小学标准化建设项目涉及的规费。

（二）各级各部门在办理农村中小学标准化建设项目的立项、征地、规划、报批等手续过程中，要开通“绿色通道”，简化办事程序，提高办事效率，为项目单位提供便捷高效的服务。

（三）建立项目进展情况报告制度和信息反馈制度，对工程进展情况实行电子化监测。各学校定期向县农村中小学标准化建设领导小组办公室报送项目进展情况工作简报和相关图片、影像、报表等资料。

艺 文

申遗文献

云南石林申报世界自然遗产大事记

一、首次“申遗”主动撤回申报申请

1. 1991年，石林在云南最早正式申报世界自然遗产。

2. 1992年5月31日，联合国教科文组织国际与自然资源保护联盟专家桑塞尔博士和卢卡思博士应中国联合国教科文组织全国委员会和建设部的邀请，到石林考察评估石林自然景观。当时，石林是我国第二批申报世界自然遗产的五个景区之一。IUCN专家实地考察后提出建议:由于技术准备不充分，申报文本中缺少与世界同类喀斯特地貌的系统比较内容。

3. 1993年1月19日，接到中国联合国教科文组织全国委员会通知，经有关国际专家考察和世界遗产委员会主席团初审，认为石林缺乏有关地质资料及国际权威地质学家的论证，因此未向委员会会议推荐审议。建议石林就有关问题继续进行考察论证及材料补充工作，待今后时机成熟时再次申报。在这种情况下,石林主动撤回了申报申请。

二、十七年“申遗”路漫漫

为圆石林的世界遗产之梦，从1991年起，石林历届县委、县政府和广大人民群众在中央、省、市各级各部门的关心、支持、帮助下，根据专家建议，为申报世界自然遗产进行了长达17个年头的不懈努力。

1. 1994年8月，石林邀请国内外120余名专家，在石林召开了“喀斯特与洞穴风景旅游资源开发与保护”国际学术研讨会，与会代表全面考察了石林，并一致通过了支持石林申报世界遗产的决议，并对石林的保护与开发提出了很好的建议。

2. 1995年7月10～16日，来自澳大利亚、奥地利、英国、美国和中国的27名知名专家，在石林召开石林申报世界遗产工作研讨会。

3. 1996年2月4～10日，石林组织国内外专家在石林进行实地考察，专家们撰写了论文，并集结出版了《石林，自然遗产中的珍宝》（中英文对照）一书。

4. 1998年4月13日，联合国教科文组织，世界遗产委员会主席伯恩德·冯德罗斯特到石林考察，中国联合国教科文组织全国委员会、国家建设部、国家文物局的领导以及云南省建设厅领导参加了考察。考察组同时就石林申报世界自然遗产工作及要求进行了工作会谈，昆明市政协主席张朝辉参加了会谈。石林丰富的喀斯特景观与良好的管理给冯德罗斯特留下了深刻的印象。

5. 1999年1月24日，石林在北京人大会堂召开了“石林开发与保护会议”，有关的全国人大领导、国土资源部领导、地质专家、旅游专家到会。

6. 1999年4月，石林管理局与中科院地理研究所在石林成立石林研究中心。石林研究中心成立后，召开了一系列学术研讨会，并邀请了福特等国际知名的喀斯特专家研究石林，为石林与IUCN专家牵线搭桥，争取IUCN专家对石林修编规划工作的指导和支持，讨论石林申报世界自然遗产所要进行的基础研究工作等。

7. 2000年11月1日，在石林组织召开了“二十一世纪岩溶学暨石林旅游可持续发展研讨会”，国内著名的喀斯特专家汇聚石林，共同研究石林喀斯特的可持续发展。

8. 2001年3月29日，时任石林县人民政府县长、县申报世界遗产工作领导小组组长赵德光主持召开会议，研究并决定了2001年度申报世界遗产要做的工作。

9. 2001年9月7日，联合国教科文组织官员艾德到石林考察。

10. 2001年11月18～19日，石林公园建园七十周年暨石林申报世界遗产研讨会在石林举行，中国工程院院士卢耀如，中国科学院地质研究所研究员张寿越，国土资源部地质博物馆研究员潘江及中国科学院地理科学与资源研究所研究员宋林华等专家、学者前来参加了研讨会。会议讨论了石林申报世界自然遗产存在的问题和将来的努力方向。

11. 2002年1月19～25日，世界保护联盟亚洲办公室主任汉斯博士和助手王铁姆博士到石林考察，中国科学院地理研究所研究员宋林华、国际合作主管孙樱博士参加了考察。同时讨论了石林申报世界自然遗产的前景、优势与迫切需要解决的问题以及一些具体的技术问题。

12. 2002年11月1日，“石林保护与开发国际研讨会”在石林召开。

13. 2003年10月28～29日，国家建设部在贵州省兴义市组织召开了“中国喀斯特申报世界遗产工作座谈会”。会上，建设部风景名胜区专家顾问、中科院地理研究所博士生导师、研究员宋林华介绍了中国喀斯特的遗产申报和科学价值以及遗产价值。

14. 2003年12月3日，联合国教科文组织按照规定程序，派出伊德博士和科姆博士组成的专家组，对石林首批申报“世界地质公园”工作情况进行了为期两天的实地考察。

15. 2004年2月13日，联合国教科文组织“世界地质公园”专家评审会投票表决通过，石林等中国八大景观入选首批“世界地质公园”名录。

16. 2004年6月27～29日，第一届“世界地质公园”大会在北京召开，联合国教科文组织地学部正式宣布了25个世界首批“世界地质公园”。

17. 2004年6月28日至7月7日，联合国教科文组织第28届世界遗产委员会会议在我国苏州举行，石林景区参加了由建设部组织的“世界遗产展”活动。

18. 2004年7月5日，石林“世界地质公园”揭碑开园。

19. 2004年9月20～23日，联合国教科文组织与中国国家建设部在昆明召开“中国世界遗产生物多样性保护国际研讨会”。会议的主要内容除中国遗产保护成果展示和世界遗产地的管理经验交流外，还进行了两个重要的议程，一是研究了“中国喀斯特景观申报自然遗产的捆绑提名”问题，二是分组考察石林喀斯特景观。

20. 2005年9月开始，石林景区开始对景区内有碍观瞻建筑物进行拆除，着手准备申报世界自然遗产环境整治工作。

21. 2005年10月29日，结合中国喀斯特天坑国际考察团专家在广西桂林召开总结会的有利时机，中国南方喀斯特联合申报世界自然遗产文本编写工作组邀请国内外喀斯特专家在广西桂林召开了“中国南方喀斯特联合申报世界自然遗产专家座谈会”。

22. 2005年12月6日，负责中国申报世界自然遗产的国家主管部门——建设部城建司在北京国谊宾馆主持召开了“中国世界自然遗产申报项目专家评审会”，评审会对包括中国南方喀斯特在内的4个项目进行了评审，这些项目是从我国60多个世界自然遗产申报项目中筛选出来的。

三、“中国南方喀斯特”申报项目的由来

1. 在2000年召开的IUCN喀斯特生态系统与世界遗产亚太论坛上，世界自然遗产联盟鼓励正在进行的云南石林遗产申报项目以“中国喀斯特”系列提名的方式，尽快捆绑申报世界自然遗产。在建设部的领导、组织和协调下，“中国喀斯特”成为中国第一个跨省联合申报的世界自然遗产项目，并从2001年开始，先后在云南石林、贵州兴义、云南昆明、广西桂林等地开展了一系列广泛的国际国内论证会。

2. 2004年9月20日，在中国世界遗产生物多样性保护国际研讨会暨建设部申报世界遗产工作会议上，国际保护联盟喀斯特专家艾勒瑞·史密斯（Elery Hamilton－Smith）、威廉姆斯·保罗　（Paul w.williams）提出了将“中国喀斯特”名称改为“中国南方喀斯特”的建议，得到了与会专家代表的支持，并确认更名为“中国南方喀斯特”。

3. 2005年9月，建设部决定，“中国南方喀斯特”申报项目的三个片区为云南石林喀斯特、贵州荔波喀斯特和重庆武隆喀斯特，三个片区捆绑申报，可满足世界自然遗产评选的全部四条标准，由贵州省建设厅牵头组织文本编制等相关申报工作。

4. 2005年11月，江西三清山、山西五台山、云南大理和中国南方喀斯特等四项自然遗产申报地进入最后竞争，争夺中国2006年唯一的一个申报提名。同年12月30日，国家建设部正式决定，2006年中国申报的世界自然遗产提名地为“中国南方喀斯特”。

四、“中国南方喀斯特”石林提名地申报进程

1. 2006年1月13日，经国务院签署文件批准，“中国南方喀斯特”申报材料由中国教科文组织全委会正式呈报联合国教科文组织世界遗产委员会，成为中国当年唯一的世界自然遗产申报项目。

2. 2006年2月，石林申申遗环境整治工作全面展开。

3. 2006年3月1日，联合国教科文组织世界自然遗产中心 Francesco　Banbarin 主任给联合国教科文组织中国国家委员会秘书长田小刚的信中说：“中国南方喀斯特”世界自然遗产提名地在技术上满足世界遗产公约操作指南中列出的全部要求。“中国南方喀斯特”世界自然遗产提名地整套材料已经送到IUCN评审，IUCN将联系安排提名地考察评估的事宜。

4. 2006年3月13～16日，滇、黔、渝的遗产专家和申报地政府领导组成联合考察组，对石林提名地的考察线路、环境整治进行了为期4天的实地考察。

5. 2006年4月28日，“中国南方喀斯特”申报世界自然遗产工作汇报会议在北京召开。会议由中国联合国教科文组织全国委员会秘书长田小刚主持，专门听取了滇、黔、渝“中国南方喀斯特”申报项目工作进展情况，研究工作对策，解决存在的实际问题。

6. 2006年5月31日至6月2日，滇、黔、渝申报世界自然遗产工作组对石林申报地进行实地检查。检查组称赞石林的环境整治工作为其他两地做出了榜样。

7. 2006年6月22日，白恩培、徐荣凯、秦光荣、杨崇勇、罗正富、杨应楠、刘平等省领导及云南省绿化委员会成员单位的部分领导来到石林义务植树，支持石林申报世界自然遗产。

8. 2006年7月8日，“中国南方喀斯特”组团参加第30届世界遗产大会，在大会期间向与会的世界遗产专家全面宣传介绍“中国南方喀斯特”世界自然遗产提名地的情况。

9. 2006年7月31日至8月3日，为全面做好石林世界自然遗产提名地9月上旬迎接IUCN专家的实地考察评估，国家建设部及云南、贵州、重庆、四川四省市联合组成“申遗”专家组，在石林进行了为期4天的实地考察模拟演练，标志着以云南石林为主的“中国南方喀斯特”角逐2007年世界自然遗产进入了最后冲刺的关键阶段。

10. 2006年8月11日，昆明市人民政府副市长梁晓谷带领昆明市交通、城建、国土资源、规划等部门负责人，专程到石林调研石林申报世界自然遗产工作，现场办公解决石林“申遗”冲刺过程中遇到的困难和问题，要求市级各相关部门高度重视，从资金、政策、人力物力等方面全力以赴支持石林冲刺“申遗”。

五、世界自然保护联盟（IUCN）专家实地考察评估石林世界自然遗产提名地

2006 年 9 月 3～5 日，联合国教科文组织世界遗产委员会派出 IUCN 资深专家桑塞尔博士一行，对石林世界自然遗产提名地进行实地考察评估。

9 月 3 日下午 5 点 30 分，云南省副省长刘平和时任昆明市市长王文涛等省、市、县领导在昆明金龙饭店会见了由 IUCN 专家桑塞尔博士，中国科学院院士袁道先，中国工程院院士卢耀如及国家建设部、世界遗产委员会中国全委会有关专家组成的考察组一行。在会见中，桑塞尔博士说：“来到云南有回到家的感觉，见到了很多老朋友。在过去的 25 年里，我到过世界 100 多个国家，考察世界自然遗产提名地。这次来到中国，一切都安排组织得很好。IUCN 的职责是促进遗产提名地当地的保护意识，要列入世界遗产是一件很不容易的事情，我将尽全力做好评估考察工作。我期待着到石林 3 天的考察评估能够圆满成功。”

9 月 3 日晚上 9 点，桑塞尔博士一行在时任石林县委书记柳文炜、县长李忠德的陪同下抵达石林，数千名各族群众以最隆重的彝族礼节，铺出长达 600 余米的红地毯，捧出最醇的玉米酒，采来最艳的山花，编成最美的七彩花环，吹起最雄壮的过山号，跳起最欢快的大三弦，燃起最缤纷的焰火，载歌载舞热烈欢迎远道而来的尊贵客人。

9 月 4 日上午，桑塞尔博士一行在新近落成投入使用的石林游客接待中心国际会议厅认真听取了昆明理工大学梁永宁教授代表“中国南方喀斯特”世界自然遗产提名地所作的申报陈述。申报陈述会议结束后，桑塞尔博士为石林题词：“从 1992 年我与卢卡思来到石林，到现在已经是很长时间了，与第一次踏上石林时候相比，完美、干净又整洁的环境，先进而完善的设施令人印象深刻，祝贺你们。”随后，桑塞尔博士一行参观了石林喀斯特地质地貌博物馆，在阿诗玛生态文化园亲手种下了象征友谊的香樟树。

9 月 4 日下午，桑塞尔博士一行实地考察评估了乃古石林、大石林、李子箐石林等片区。晚上，考察组一行来到长湖实地考察，在愉快的气氛中，桑塞尔博士发表了热情洋溢的祝词，他说：“重回 14 年前到过的地方，感到很荣幸、很高兴，你们所做的工作是卓有成效的，因开垦而受到损坏的地方已经得到了很好的修复，你们付出了艰苦的努力，你们的努力一定会得到良好的回报，石林一定会成为一个十分优秀的世界遗产提名地。”

9 月 5 日上午，桑塞尔博士一行沿野外考察线路对石厢子、望城山等石林申报世界自然遗产核心区和缓冲区进行了实地考察评估。在考察间隙，桑塞尔博士与尾博邑村委会的村民进行座谈，详细了解村民的生活、生产情况及环境保护的情况。同时饶有兴致地了解了彝族撒尼人制作火草褂的工序。

9 月 5 日下午 2：30，桑塞尔博士一行圆满结束对石林世界自然遗产提名地为期三天的考察评估，在数千名彝族群众的热烈欢送中离开石林。

中国南方喀斯特申遗文本(云南石林)

石林喀斯特世界自然遗产提名地满足下列遗产标准而被提名：

(viii) 反映地球演化历史主要阶段的杰出范例，包括生命的记录，重要的、正在进行的地貌演化，重要的地貌形态或自然地理特征；

(vii) 具有超乎寻常的自然现象或非同寻常的自然美和美学价值。

2. a-2-1 自然地理

地形地势：云南石林喀斯特提名地位于中国云南省昆明市石林县境内。区内地势东高西低、北高南低，海拔 1720～2203 m，文笔山为最高峰，海拔 2203 m。地形上归属于中国地形单元的第二阶梯的云贵高原西部的云南喀斯特高原（图 2–1）。

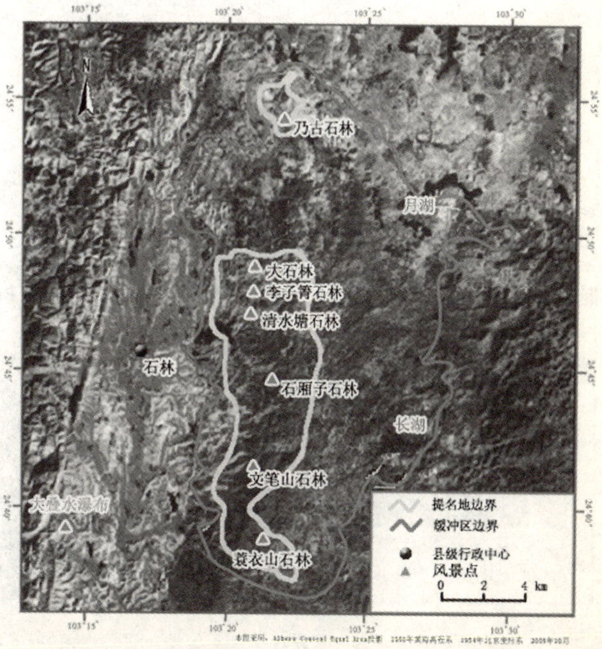

图 2–1 石林喀斯特世界自然遗产提名地卫星影像图

气　候：石林喀斯特提名地气候属低纬亚热带高原季风气候，具有“冬无严寒，夏无酷暑，四季如春，干湿分明”的特点。区内最热月为 7 月，平均气温 20.8℃，最冷月为 1月，平均气温 8.2℃，极端最高温度为 33.6℃；干湿季特征显著，

每年 5 ~ 10 月（夏秋半年）为雨季，11 月至翌年 4 月（冬春半年）为旱季。区内降水不均，年降水量在 800 ~ 850 mm，蒸发量在 1800~2500 mm。

水　文：石林喀斯特提名地属珠江流域上游的南盘江水系。水体可分为地表水和地下水，巴江为区内主干河流，源于山神庙峰北部（山头上附近），呈北东－南西向贯穿本区，途经乃古石林、北大村、天生桥、路美邑、鹿阜镇，在与宜良县交界的山地处汇入南盘江，两江交汇处因断裂抬升和河流溯源侵蚀，形成著名的大叠水瀑布。

土壤与植被：石林提名地土壤以红壤为代表，伴有各种石灰土，是石灰岩盐风化的结果；地带性植被以半湿润常绿阔叶林为代表，有滇青冈林、黄毛青冈林、高山栲林以及铁橡栎林、锥连栎林、旱冬瓜林，现状植被以暖性针叶林（云南松林）为代表，喀斯特湖泊植物群以海菜花系群落为代表。

2. a-2-2 区域地质

地质构造：石林地区位于扬子地块西南缘，区域构造受北东向师宗－弥勒断裂、南北向小江断裂及牛头山古隆起构成的基底影响，控制着石林地区地貌形成、盆地演化和沉积建造。石林地区自早二叠世末期脱离海洋环境，上升成为陆地，此后经历了漫长持续的抬升过程。古近纪时，石林地区的海拔约为 700 ~ 800 m。新近纪以来，受喜马拉雅隆起的拖动，快速抬升至现今海拔 2000 m。在长期的抬升过程中，发育石林的二叠系灰岩产状大致保持水平，倾角小于 15°，这对石林地貌的形成至关重要，否则岩层沿层理滑落，难以形成

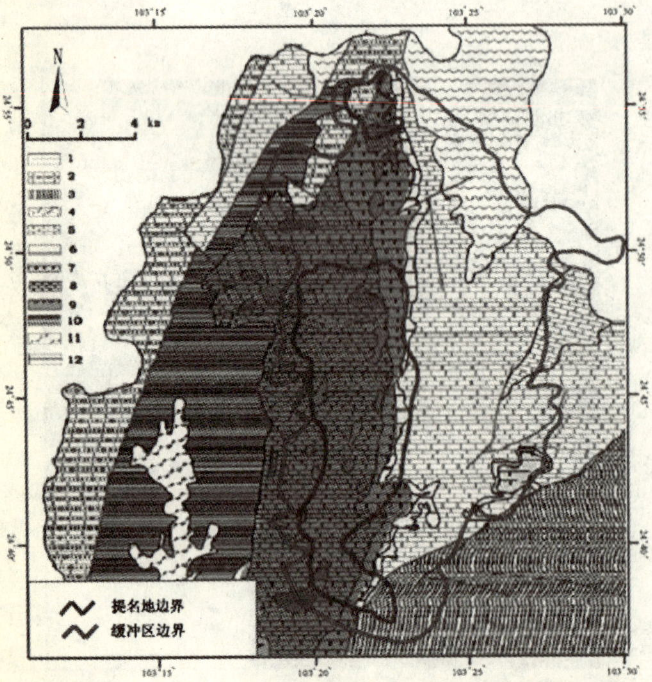

图 2-2 石林喀斯特世界自然遗产提名地区域地质简图

高大石柱。各时代的碳酸盐岩中普遍发育两组沿节理形成的裂隙，泥盆系中两组裂隙的方向为 40 ~ 50° 和 280 ~ 300°；石炭系为 320 ~ 330° 和 10 ~ 20°；二叠系为 300 ~ 340° 和 40 ~ 70°。两组裂隙将岩石分割成网格状，裂隙的加深加宽分离出石芽、石柱。因此裂隙的密度和强度对石林地貌的形成起着控制作用。裂隙过密，则岩石破碎，易被溶蚀夷平；裂隙过稀，则形成溶丘；裂隙间隔为 20 ~ 50 m 时，易分割溶蚀成石林。提名地一些地区的两组裂隙中，一组发育较强而另一组较弱，因而形成“薄墙状”喀斯特（图 2-2）。

地层岩性：350 km² 提名地范围内出露最广泛的地层和岩性有三套，即晚古生代碳酸盐岩沉积、晚二叠世玄武岩、古近纪湖泊沉积。石林喀斯特提名地外围则有更古老的早古生代和元古代地层分布。石林地区的喀斯特地貌主要发育于古生代碳酸盐岩地层，而石林地貌则仅发育于中二叠统灰岩和白云质灰岩。

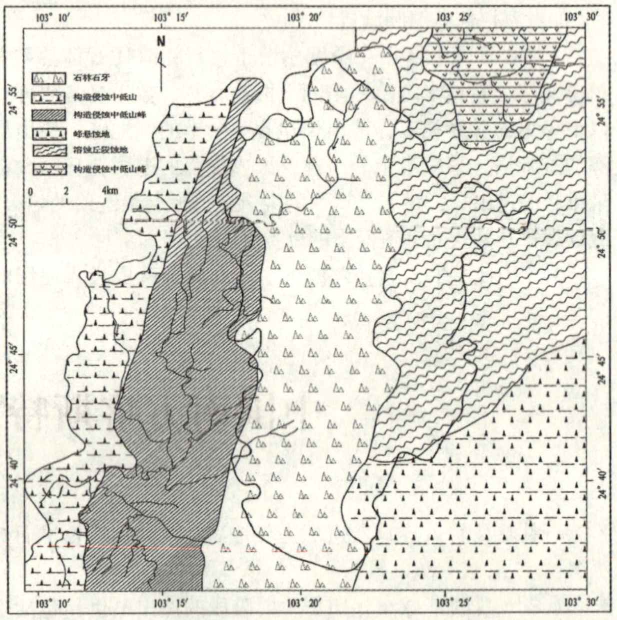

图 2-3 石林地区地貌简图

水文地质：石林地貌主要是碳酸盐岩经水（降水、地表水、地下水）的溶蚀作用而形成，因此水文地质条件控制着石林的发育和分布特征。位于提名地西侧的巴江是现今石林地区的岩溶基准面和侵蚀基底。巴江自北向南穿越整个路南盆地，流程 30 km 左右。在南端以地貌裂点－瀑布的形式与南盘江沟通。由于裂点瀑布的存在，限制了下游河流的溯源侵蚀，因而石林地区继承和保持了新近纪以来完整的小流域喀斯特系统。而这种系统又是在古近纪以路南古湖为侵蚀基底的溶蚀格局的基础上演化发展而来。现今石林地区共可划分出 6 个地下水系统。

2. a-2-3 喀斯特地貌

云南石林地处云贵高原腹地之滇东喀斯特高原上，高原

面起伏较为和缓，切割轻微，海拔高度在 1700～1950 m 之间，仅个别山脊，山峰海拔超过 2200m。区内广泛地分布着下古生界巨厚的碳酸盐岩地层，并发育面积达 900 多 km^2 的、类型多样的高原喀斯特地貌，其中以石林喀斯特为主要地貌类型，在其发育演化过程中形成许多类似喀斯特地貌类型。在提名地内，以不同形态的高大溶柱为特征的石林地貌，发育于二叠系栖霞组和茅口组碳酸盐岩地层。与石林伴生的还有其他喀斯特地貌成分，如石芽和溶洞等，还与一些微喀斯特形态共存，如流痕和溶痕等（图 2-3）。

2. a-2-3a 石林分布及特征

在石林地质公园范围内，石林成簇成片分布于山顶、岭脊、斜坡、沟谷等各种地形。每一片石林的特点各不相同。

【大石林和李子园箐石林】 大石林的知名度最高，是人们领略何为“石林”的传统地点。这里中二叠统茅口组浅灰色厚层纯灰岩经溶蚀形成了最具代表性的剑状喀斯特，但因岩性差异而与乃古石林风格迥异，只见具锋利刃背的石柱如长茅利剑，密密匝匝，直刺天穹。石柱间溶蚀廊道，如迷宫疑阵，迂迴曲折，变化多端，稍不留神，便迷途其中。石林中有各种藤类植物，沿岩壁石缝攀沿而上，如绫罗帷幔，装点石柱，线条明显、质地坚硬的石柱与柔和纤软的植被在质地、色彩上形成巨大反差，形成强烈的对比美（照片 2-1、2-2）。

照片 2-1 大石林地貌

【乃古石林】 “乃古”，彝语“黑色”之意。乃古石林位于提名地北部，发育石林的地层主要为中二叠统栖霞组白云质灰岩。通常白云质灰岩因为比纯灰岩抗溶蚀的能力强，而难以达到溶蚀的极端形态——以尖顶和锋利溶痕为特征的剑状喀斯特。然而乃古石林由于其特殊的原因，却发育了完美的剑状喀斯特。乃古石林整体呈黑色，石柱高大密集，远望似高墙古堡，古朴粗犷，雄伟壮观，无论是石林本身还是与周围环境一起，都展现了一流的自然美（照片 2-3）。

【清水塘—石厢子石林】 位于提名地中部开阔起伏的溶丘洼地地形，石林成片分布于山顶、斜坡、洼地和湖泊之中。由于大部分处于自然状态，展现了丰富的高原石林喀斯特景观。在这里可以同时看到形成于不同时期的石林，有刚从玄武岩盖层下出露的早二叠世石林；有从古近纪湖泊沉积层下再次出露的始新世石林；有位于山顶、新近纪以来一直出露、现已稀疏的残余石林；也有位于水中，正在发育形成的现代石林。这里是展示石林“世代”关系及不同地貌特征的理想场所。

照片 2-2 李子园箐石林

【蓑衣山—文笔山石林】 位于提名地南端，石林或分布于海拔 2200 m 的文笔山岭脊，掩于密林之中，或分布于蓑衣山季节性积水洼池，显示了石林在垂向上的分布层次。尤其是蓑衣山石林，石峰、石柱的分层性极好，多者可达 18～20 层，

照片 2-3 乃古石林

立于水中，犹如一幅幅天然盆景。

2. a-2-3b 石林形态

一些单独出露的石柱可以根据它们各自的形态分成 4 大类，另外的一些由于其独特的形态无法被列入这 4 大类。

【剑状石林】 分为两种类型，一是以大石林为代表，二是以乃古石林为代表。前者高度在几米到 40 多米不等，柱体分割，顶部为剑状－刃脊溶痕，往下分别有溶蚀贝纹、溶蚀井、溶蚀穿孔（洞）、溶蚀凹槽、生物根状溶痕，以及层间溶痕，石柱间的溶蚀廊道的宽度几十厘米至几米。后者的高度在 10 ~ 30 m 不等，上部 1 ~ 3 m 内是大量的尖锋溶痕、溶蚀笛管和裂隙溶痕，中下部基本相连或仅有窄而深的裂隙溶沟或溶蚀井等，表面布满黑白相间的不规则溶蚀斑块（照片 2-4）。

【柱状石林】 分布于溶丘（或突岩）顶部、溶丘斜坡和溶蚀洼地中，柱体上下直径基本等大，高度从几米到 20 米不等，柱体上的溶痕为残余形式，溶痕的尖锐特征钝化（照片 2-5）。

照片 2-4 剑状石林

照片 2-5 柱状石林

【塔状石林】 分布在起伏和缓的高原面、溶丘、岭脊上的上细下粗呈成层叠置状的石柱，像塔，高度可超过 20 m。在中层和薄层状灰岩、白云质灰岩地层多见。石柱上有多达 10 层的层间溶痕和溶蚀穿洞。

【蘑菇状石林】 分布于溶丘顶部或洼地、盆地边坡，形态独特，上粗下细，高度在几米至 10 多米，柱体的溶痕不完整，多为残余形。此类石柱保留较少，多是单个出现（照片 2-6）。

【不规则状石林】 石柱形态呈难以分类的不规则状。

2.a-2-3c 石林发育演化模式

【土下侵溶蚀、地表溶蚀与生物喀斯特】 路南石林的地面出

照片 2-6 万年灵芝

露高度是该区地壳持续抬升、地表溶蚀与地下溶蚀、面状溶蚀与线状溶蚀、顶部蚀低与基部加深加宽溶蚀的综合结果。地表溶蚀与土下溶蚀对石林的发育有不同的影响。土下溶蚀有两种情况：一种是岩石裂隙中的土壤作用—土蚀作用，它加深、加宽裂逢，使石芽、石柱分割和高度增加，并为后期地下水溶蚀创造新流通条件；另一种作用是在地下含水层集中区，通过空间较大的垂向节理和裂隙，地下水快速而强烈的溶蚀碳酸盐岩，形成以剑状石芽和石柱为代表的石林或石芽集合体。地表侵蚀溶蚀主要有雨蚀和微生物作用。雨蚀作用改变石柱石芽表面形态和使其高度降低，而微生物作用改变岩石结构和使石柱颜色改变。

【地貌演化模式】 2.7 亿年前的早二叠纪及更早的泥盆、石炭纪时期，石林地区为广阔的海洋环境，沉积形成了数百米厚的碳酸盐岩地层。2.5 亿年前，地壳运动使石林地区脱离海洋环境，上升为陆地，同时石灰岩受到挤压，产生破裂，在海洋边缘湿热气候条件下，雨水等沿裂隙溶蚀，形成了最早期的石林。随后的晚二叠纪初期，扬子地台的裂陷作用造成沿四川西部、贵州西部和云南东部一线产生大规模岩浆喷溢，基性岩浆（玄武岩）沿断裂溢出地表堆积厚度达几十至几百米，不仅覆盖了大部分石林地区，而且炽热熔岩流进石林地貌，使早期形成的石芽、石柱被烘烤和掩埋（图 2-4）。

在随后1.6亿年的中生代时期（三叠纪、侏罗纪、白垩纪），石林地区大部分时间处于被玄武岩覆盖和缓慢抬升的过程，持续的剥蚀作用使玄武岩盖层变得越来越薄。

6千5百多万年前的中生代末期和新生代初期（晚白垩纪－古新世），石林地区局部玄武岩盖层已被剥蚀，石灰岩在早期的石林重新出露地表，开始了新一轮石林的发育（照片2-7）。

5千多万年前的始新世，石林地区的地貌格局又发生了重大变化。由于受到早喜马拉雅运动的影响，区域性的掀斜式抬升，使石林地区形成了一个大型的内陆山间湖泊——路南古湖，其范围大致相当于现今的路南盆地。由于地表水不断从湖周向湖泊汇集，在湖底形成了碎屑沉积——红色砂页岩。这一时期，石林的发育又分为两种情况，一是在湖水淹没范围，重新显露的石林再次被湖泊红色沉积所覆盖。二是湖周地区，因为有较强的水动力条件，在早期石林地貌的基础上，继续石林的发育演化，很可能这一时期湖周山坡上有一片片不亚于现今所具有的高大雄伟的石林。

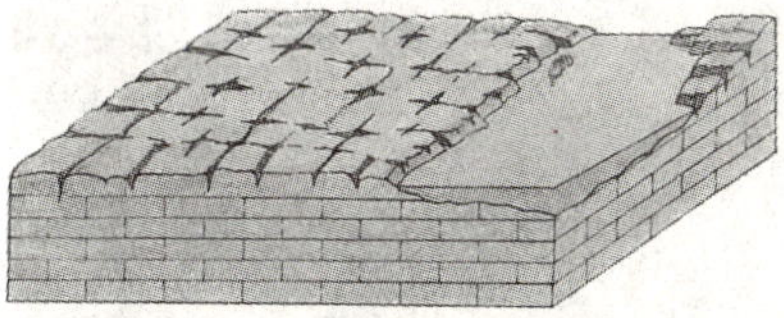

A　2.6亿年前，地壳运动使石林地区逐渐上升成为陆地。石灰岩受到挤压，形成两组裂隙。

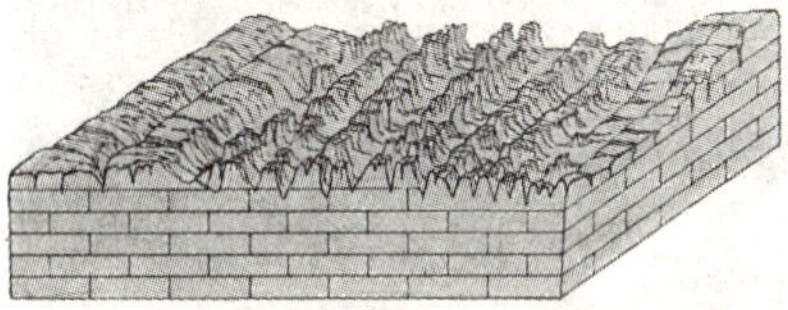

B　2.6～2.5亿年前，石林地区为低海拔环境，石灰岩中发育了最早期的石林地貌。

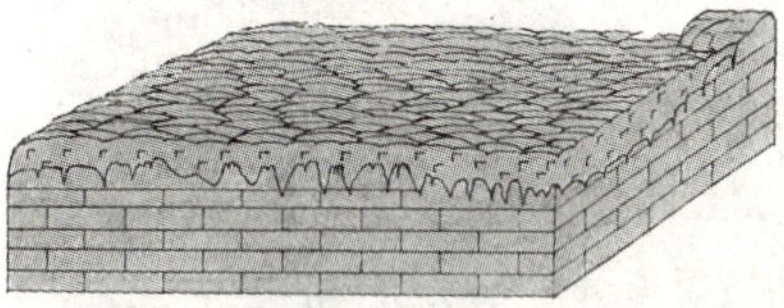

C　2.5亿年前的晚二叠世末期，火山作用形成的玄武岩覆盖了石林地区并一直持续到中生代。

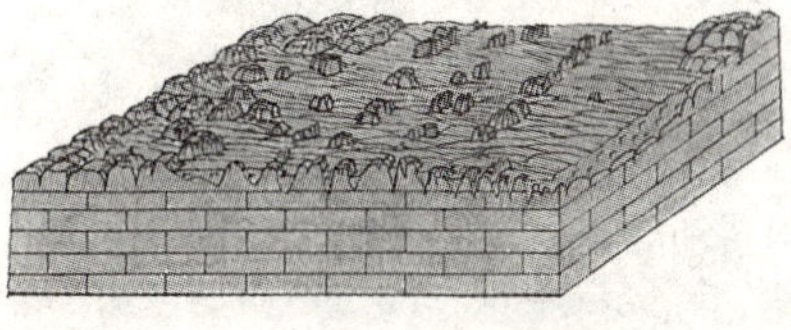

D　6千5百万年前的中生代末期，局部玄武岩被剥蚀，一些早期石林再次出露地表。

E　5～2千万年前的古近纪始新世－渐新世，掀斜抬升使石林地区西侧成为古湖。部分石林再次被湖泊沉积物覆盖，同时，湖周围又有新的石林发育

E　2千多万年前的新近纪中新世以来，古湖消失，石林地区逐渐向现今的高原盆地演化，同时发育了最新一期的石林

图2-4 石林喀斯特发育演化示意图

照片2-7 被玄武岩覆盖并再次出露的石芽

路南古湖存在了约3千万年（始新世－渐新世），至2千3百万年前，由于地壳抬升，古湖中心南移，面积缩小，最后在南部大叠水一带出现地貌裂点，湖水泄出，古湖消亡。

从新近纪至今，伴随着青藏高原的隆升，石林地区处在间歇式的持续抬升过程，这期间形成了以巴江为侵蚀基准面的地貌格局并持续至今。石林喀斯特的发育更为复杂多样，有不同的“世代”关系。一些石林这一时期才摆脱玄武岩的覆盖，露出地表，持续其自早二叠世末期以来，间断了2亿多年的发育演化。另一些石林则摆脱了古近纪的红层覆盖，二次出露地表，继续其演化，白垩纪末～古新世时便出露地表并未被古湖沉积所覆盖的石林，在这一时期也出现了分化，

照片2-8 被红层覆盖并再次出露的石芽

位于坡顶、岭背之上的，已逐渐成为稀疏、浑圆不断消亡的残余状石林。位于洼地等汇水中心部位的则不断有尖锐、密

集的新生石林。此外，部分最早期的石林至今还覆盖在玄武岩之下，还有一部分石林则覆盖在红层之下（照片 2-8）。

由上可知，石林的发育大致可分为四个时期：1）早二叠世末；2）中生代末—始新世；3）始新世—渐新世；4）中新世—现今。目前所展示的是上述四个时期石林的继承、叠置和替代的结果。

在石林地貌的地质演化过程中，石林地区的地理环境也发生了很大变化，经历了从海洋到陆地、从海岸低地到内陆准高原、从山间湖盆到高原河谷盆地的过程。纬度和海拔增高，气候也从炎热湿润热带气候转变为亚热带高原季风气候。

2.a-2-3d 石林自然美

石林的色彩会因天气而异，如大石林，晴天望之，一片浅灰；阵雨之时，顿成浓黑色，宛如一幅泼墨山水，端庄凝重；雨过天晴，无数石峰又魔幻般自刃脊边缘开始，由黑变白，此时黑白相间，如工笔重彩，须臾之间，又都还其本来面目，多端变化，让人叹为观止。自古以来，石景是中国古典园林的重要组成部分。风景园林是人造和浓缩的自然景观，因而其最高境界是逼近自然，即“虽以人筑、宛如天成”。长久以来，石林景观的自然和谐、千姿百态、美妙绝伦倍受园艺家的推崇，给中国园林艺术以深刻影响。许多石景建造的原则，如“立峰”的造型标准“瘦、漏、透、皱”、“卧石”的标准要如出土的石芽等，都是石林景观的写照。因此石林的空间形态是中国造园艺术的模本，被誉为“造园之源”。

照片 2-9 象形石柱—“阿诗玛”

照片 2-10 莲花峰 （大石林）

照片 2-11 大石林胜景

照片 2-12 石芽与石林

石林的石峰、石柱、石芽，形态各异、状人拟物、惟妙惟肖，许多已被当地的撒尼人命以形象的称谓。如“阿诗玛”形似撒尼传说中的英雄少女阿诗玛（照片 2-9），头戴包头、身负背篓、亭亭玉立、昂首远望。还有“莲花峰”（照片 2-10）……，像这样以撒尼人形象命名的地点有百余处，表明了石林景观与撒尼文化紧密联系。

石林的表面形态丰富多彩，各种溶沟、溶痕、溶纹、溶窝等都有发育，如美妙雕刻装点石柱表面，极具特色，纯灰岩（茅口组）表面的溶痕细腻平滑、齐整密集，如刮刀刻制。白云质灰岩（栖霞组）表面溶痕粗糙散乱，凸凹不平，近看杂乱无章，远看却排列有致，似一幅幅凿刻图案（照片2-11）。

石林的美不仅仅限于奇峰异石的美，而且还体现在与其他喀斯特地貌成分和不同背景多种多样的组合所呈现的整体美。石林或突兀于广阔的石芽原野、或残留山脊，或藏于林

照片 2-13 石林与植被

照片 2-14 滇青冈林 （Cyclobalanopsis glaucoides）

间，或立于湖泊洼地（照片2-12）……变化万千，展现了一幅幅美妙的石林喀斯特画面。

2.a-2-4 生物群落与生物种类

2.a-2-4a 植物群落与植物区系特点

石林喀斯特提名地在植物地理上属泛北极植物区、中国—喜马拉雅森林植物亚区、滇中高原小区。石林地区森林覆盖率为32%，保存和展示了典型的亚热带高原喀斯特生态系统。提名地区内有7种陆生植被类型：常绿阔叶林、硬叶常绿阔叶林、落叶阔叶林、暖性针叶林、稀树灌草丛、灌丛、草甸（照片2-13）；另有典型的高原喀斯特湖泊生物群落——高原海菜花系群落。植被类型中，高山栲林、滇青冈林、黄毛青冈林是云贵高原喀斯特地区常绿阔叶林的代表性植被；铁橡栎林、锥连栎林为中国西南喀斯特山地特有的硬叶常绿阔叶林，是与古地中海植被有衍生关系的古老残遗植物。高山栲林是我国亚热带西部偏干性的常绿阔叶林代表性植被之一；滇青冈林和黄毛青冈林是云贵喀斯特高原的半湿润常绿阔叶林中偏干的地带性植被（照片2-14）；铁橡栎林和锥连栎林为代表的硬叶常绿阔叶林是中国西南地区喀斯特山地中土壤偏干的特有植被类型，在发生起源和演化历史上与地中海沿岸的硬叶常绿阔叶林具有联系，是一类古老植被的残遗或古地中海植被的直接衍生物；云南松林是暖性针叶林中我国西部偏干性亚热带的典型代表群系。

在稀疏林灌草、湿地还有其它的植被类型分布，在湖内发现了另一种重要的喀斯特植被—海菜花群落（Ottelia acuminata）。

石林喀斯特提名地内有维管植物147科533属889种，蕨类植物有14科25属43种，裸子植物仅有3科9属13种，被子植物有130科499属833种。提名地的植物区系成分具有中国－喜马拉雅成分和中国—日本成分，以及全东亚成分，表现出过渡性。中国—喜马拉雅成分的代表性种子植物有：火把花属（Colquhounia）、珊瑚盘属（Corallodiscus）、移衣属（Docynia）、吊石苣苔属（Lysiontus）、滇芎属（Physospermopsis）、扁核木属（Prinsepia）、石莲属（Sinocrassula）、阴行草属（Siphonostegia）等；中国—日本成分的代表属有木通属（Akebia）、苦苣苔属（Conandron）、汉防己属（Sinomennium）、侧柏属（Platycladus）等；全东亚成分有兔儿风属（Ainsliaea）、白芨属（Bletilla）、党参属（Codonopsis）、四照花属（Dendrobenthamia）、批杷属（Eriobotrya）、薄皮木属（Leptodermis）、石蒜属（Lycoris）、沿阶草属（Ophiopogon）、败酱属（Patrinia）、吉祥草属（Reineckea）等。区内现有国家级保护植物8种，如金铁锁、黄牡丹、海菜花等；有省级保护植物20余种，如云南皂荚、大果枣、网膜木等；还有近百种提名地、昆明地区和云南省特有和珍稀植物，如路南凤仙花、短隔鼠尾等。根据红色植物名录与评估标准，石林提名地列入红色植物名录者30种（见财产清单表）。

2.a-2-4b 动 物

石林喀斯特提名地动物区划属东洋界、西南区、滇中高原小区。历史资料与调查发现脊椎动185种，其中兽类42种，鸟类87种，爬行类32种，两栖类12种，鱼类12种，其中有中国国家二级保护动物的兽类有7种，鸟类有8种。

【鸟类】 主要有白腹锦鸡、珠颈斑鸠、赤胸啄木鸟、楔尾绿鸠、大斑啄木鸟、高山旋木雀（Certhia himalayana）、橙翅噪鹛、白喉噪鹛、白颊噪鹛、金胸雀鹛、白眶雀鹛（Alcippe morrisonia）、黄颈凤鹛（Yuhima flavicollis）、白领凤鹛（Yuhima diademata）、黄眉柳莺、绿背山雀（Parus monticolus）、红

头尾山雀（Aegithalos coninnus）、黑头长尾山雀、棕头鸦雀（Paradoxornis webbianus Yunnanensis）、点翅朱雀（Carpodacus rhodopeplus）、蓝喉鹟、方尾鹟、铜蓝鹟（Eumgias thalassi-na）、红眉朱雀（Carpodacus plucherrimus）、灰卷尾等。

【兽类】 有鼩猬、长尾鼩（Soriculus caudatus）、长尾大麝鼩（Crocidura dracula）、短翼菊头蝠（Phinolophus lepidus）、肥鼩、熊猴、云南攀鼠、黑白鼯鼠、大绒鼠、滇绒鼠、红颊长吻松鼠（Dremomys rufihenis）、白喉松鼠（Rupestes forresti）、白背松鼠（Callosciurus finlaysoni）、侧纹岩松鼠、林麝、斑林狸，穿山甲等（照片 2-15）。

照片 2-15 穿山甲 （Manis pentadectyla aurita Hodgson）

【两栖类】 有滇蝾螈、呈贡蝾螈、蓝尾蝾螈、四川湍蛙、华西蟾蜍（Bufo andrewsi）、华西雨蛙、滇蛙、无指盘臭蛙、双团棘胸蛙、云南小狭口蛙、胫腺蛙等。

【爬行类】 有绿背树蜥、昆明龙蜥、云南龙蜥、云南半叶趾虎指名亚种（Hemiphyllosactylus y·yunnanensis）、长肢滑蜥（Scincella doriae）、细蛇蜥、滇西蛇、黑线乌梢蛇、银环蛇云南亚种（Bungarus multicinctus wanghaotingii）、竹叶青云南亚种（Trimeresurus stejnegeri yunnanensis）、白链蛇等。

【小区的古北界动物】 有岩燕（Ptyonopyogne rupestris）、灰眉岩鹀、红翅旋壁雀、宝兴歌鸫（Turdus mupinensis）、褐头鸫、黄头鹡鸰、树鹨、褐柳莺、棕眉柳莺等；兽类的林姬鼠、大耳林姬鼠、黄鼬、普通田鼠、巢鼠、四川田鼠等，以及爬行类的粗疣壁虎（Gekko scabridus）、草绿龙蜥、丽纹龙蜥等，它们多耐旱。

【洞穴动物】 1991 年 3 月 18 日首次在尾博邑洞穴的暗河浅滩发现石林盲高原鳅，它是中国已发现的 11 种洞穴鱼类之一和第四种洞穴条鳅亚科鱼类，隶属鳅科条鳅亚科高原鳅属。该鱼种群数量少于 5 尾，最大体长 61.0 mm。石林盲高原鳅与中国云南的个旧盲高原鳅、南盘江高原鳅具有相近的亲缘关系，可能源于同一个祖先。类似于南盘江高原鳅的祖先曾广泛分布于滇东南，后来随地下河的发育分别进入个旧卡房芭蕉箐洞和尾博邑洞，因地理阻隔演化而成。蝙蝠有暗褐色菊蝠和大马蹄蝠，成群或单个栖息于溶洞中。前者体重 10~20g，前臂长 55~60mm，体背浅棕褐色，腹毛灰棕色；后者体重 60~65 g，前臂长 90~95 mm，背毛棕黑色，腹毛茶褐色。

2. a-2-5 人类活动

照片 2-16 摄于 20 世纪 30 年代的石林

照片 2-17 石林提名地的人与环境

旧石器时代便有人类在石林地区活动，数千年前石林地区散落着的大大小小氏族部落，便是现今石林彝族的祖先。2004年，石林喀斯特提名地总人口约961人，缓冲区总人口约4632人，提名地人口密度为8人/km²，缓冲区人口密度为20人/km²，且以少数民族人口居多，主要是彝族，包括撒尼、阿细、阿哲等分支。

石林地区人类开发利用土地、森林、石材、矿产资源历史悠久，自然环境受到一些影响，虽然18世纪、19世纪的矿业、森林采伐业严重地干扰了地方植被森林，现代旅游设施、旅游活动也影响了当地植被和森林，但当地居民的民族传统，如密枝山文化，保留了一些地带性植被，自1931年建公园以来，受到保护的地点出现了地带性植被恢复林（照片2-16）。

在长期的历史演化中，当地彝族人与石林喀斯特地貌和构成这种地貌的岩石——石灰岩结下了不解之缘，不仅形成了适应于石林喀斯特环境的生存方式，而且形成了与石林景观密切联系的民族文化（照片2-17）。石林已融入当地撒尼人生活的各个方面，包括宗教、节庆、诗歌、舞蹈、建筑等等。石林的石柱上留有早期彝族人的岩画和石刻。与周围环境的这种和谐关系持续至今，并且为游人所共见。石林实际上表达的是彝族人民的文化，也向游客提供了高质量的服务和公园管理。为了欢迎每天到来的客人，对公园自觉的日常管理成为其最重要特征之一。

从石头旮旯到世界遗产

——石林创新旅游品牌之路

□□ 刘世生

今天的石林风景区已经是世界自然遗产，世界著名的风景名胜区，她以罕见的喀斯特自然风光和绚丽多姿的彝族风情蜚声海内外，并日渐成为中外游客瞩目的旅游目的地。石林旅游业所具有的云南旅游龙头品牌和石林县域经济主导产业优势地位，除了自然造化之外更凝聚着风景区管理者和当地人民的智慧和辛勤。正是这种天人合一的努力，在经历了一次次的品牌创新之后，铸就了石林逐步迈向世界一流旅游区的资质和潜力。

一、富饶的贫困

石林彝族自治县是世界著名的喀斯特风景旅游区，彝族文化风情世界瞩目，被誉为“喀斯特博物馆”、“歌舞之乡”、“摔跤之乡”、“民间绘画画乡”，每年吸引着200多万来自世界各地的旅游者的造访光临。改革开放以来经济社会的快速发展把石林县推向全省少数民族自治区域的前列。

但昔日的石林县却是十分贫困落后的地方。清朝时期是全省有名的“四大穷州”，民国时期被列为“三等穷县”。在超过全县总面积60%的喀斯特地区，普遍存在着水源匮乏、土地贫瘠的问题，在这里生息的少数民族和汉族居民多以种植荞麦、玉米、马铃薯和以畜牧业等为生，加之社会制度对民族地区的歧视，人民生活十分困难。流行在解放前的《圭山谣》这样唱道：“老圭山啊老圭山，山高林密雾茫茫，阿细笛子吹得惨，撒尼姑娘泪汪汪。荞子饭，吃不饱，麻布衣裳破又烂。”汉族民间流传着这样的说法，“路南州官来也哭走也哭”——“前来上任望着荒凉破旧的州城哭，卸任离开望着憨厚朴实的百姓哭”。在那样封建专制的时代，在那样保守落后的社会，守着再多再好像石林这样世界级的自然瑰宝，也只能落得“除了贫穷还是贫穷”的命运。

中国共产党取得政权后，首先对导致落后的社会制度进行改造，让各族人民翻身当家作主，自主管理自己的事务，自己主宰自己的命运。1951年11月召开石林县各族各界人民代表会议，从各民族各界推举出来的三百多名代表参加会议，通过政治协商团结起来共同建设新社会。从1952年底开始，分两批在全县范围内进行了土地改革，废除了封建土地所有制，实行农民土地所有制，占总人口50%的贫雇农人均分得1.7亩土地，拥有了自己的生产生活资料，可以自主地生产生活，实现了千百年来中国农民梦寐以求的理想。以后，共产党及其各级地方政府，不断引导和率领广大农民走社会主义道路，进行了一系列有益的探索。党的十一届三中全会后，中国实行改革开放政策，在城乡进行了大规模的规划、建设和发展工作，取得了辉煌的成就，解决了农民的温饱问题。但就是在这样的时期，在相当长的一段时间里，石林美丽神奇的自然资源也没有受到人们多大的重视。在当地人的眼中，人们看到的不是神奇美丽，或者说这神奇和美丽在贫困重压下的人们眼里也没有什么实际的价值。在那个时候的农民包括大部分干部的眼中，石林是荒凉的、长不出庄稼、结不出果实的石头森林，遍地生长的石头甚至成为农民发展生产的障碍。很多地方的干部群众，都有在农田基本建设中炸掉石头扩大土地面积的经历。石林风景区及其周边的居民们，能够在“掘地求生”的生活里保留下这些巧夺天工的石头峰林，确实付出了很大的牺牲。

“守着金山讨饭吃”，是中国人常说的一句耐人寻味的话，其中既隐含着几分轻松善意的自嘲或讥讽，又确确实实有着痛心疾首的，甚至是感到黔驴技穷般的无奈和苦痛。在这样的苦痛和无奈里，石林中的劳动者面对热烈的阳光，面对那些偶然遭遇的嘲讽，憨厚木讷地笑着，把一切变成历史的记忆。贫穷是人最基本的待遇。面对贫穷，石林人历来心平气和地生活，心平气和地创造。富饶的贫困，贫困的富饶，是对立面也是统一体，相互纠缠相互渗透，随着时间的演进和历史的推移，转化和突变也在其中慢慢生长，一旦达到某一个量的极限，就会出现一个新天地。这一切都需要等待，等待，漫长的等待。但这样一个量变到质变的过程，也不是单单等就能够等来的，更需要力量的蓄积和机遇的把握。石林人就是一次次努力追寻和把握机遇，以平凡的劳动和创造蓄积力量，最后达成一次又一次质的飞跃。

二、品牌培育：漫漫修远路

不论是在人类发展史还是自然的变迁史上，这样的事例都不胜枚举，并非所有杰出的人类创造或者稀有的自然珍宝都能够被人们所认知和珍视，也非所有被认知和珍视的事物都能够激发和实现出其内部所蕴涵的意义、功能和价值。石林就是这样一个典型的例子。

从我们掌握的资料看，中国人对石林的求索和认知从来都是兴趣盎然的事。远在公元前三世纪的中国第一个伟大诗人屈原在其伟大的作品《天问》中就发出了“焉有石林”的置疑和感叹。到中国兴盛的大唐时代，一代文学宗师柳宗元又有“石胡不林，往视西极”的对答。然而，由于历史资料的稀缺，我们无法确定这些先人的问答，指向的主体是否就是今天的石林。石林确实是太古老太神秘了，古老神秘得让每一个关心它的人，都无法从历史的长河里窥视到它完整的形象。

从宋元时期开始，今天的乃古石林风景区等地就在内地的汉文史书中有了明确记载，并作为一方胜览向全国读者加以推介。到了明朝万历42年（1614年），当时的路南知州汪良发现芝云洞后，认为地方虽然“土薄民穷”，但“浮生如梦，好景难逢，修否在人，穷通有数”，毅然决然顶着各种非议，组织开发建设，将其培育为地方的风景名胜。明清时期，大批文人雅士又竞相以诗词歌赋吟咏夸耀石林风景，不仅使大小石林、芝云洞、大叠水等风景扬名滇南三迤，而且芝云洞、大叠水还分别以“石硐仙踪”、“叠水蒸云”的名号，位列当时的“路南八景”。

民国时期，作为彝族人的“云南王”龙云，利用其政治身份和各种建设机会，饬令省内各部门加紧石林的开发建设，着力扶持石林的发展，并极力向国内外宣传推介石林。由于抗战时期云南作为中国的大后方，各方名人云集昆明等地，纷纷到石林旅游观光，有不少文化名流摄影撰文介绍石林。在这样特殊的环境条件下，石林名声顿时大震，不仅成为国内名胜，而且在国外也有了一定的名声，各地游客络绎不绝。

借助这一机遇，县政府和社会各界积极行动起来，全力筹划建设自己的美好家园。1939年，当时的路南县政府制定颁布了《保护石林风景名胜办法》。1942年，又成立石林公园和黑龙潭公园建设委员会等机构，多方筹集资金进行建设保护。鉴于当时处于国难和战争环境，建设成绩非常有限。但它最大的功绩就在于，它第一次以政府的名义把“石林公园”的概念提了出来，首次划定了以大石林为中心的1000余亩山石景观作为公园建设和保护的范围，制定了《石林公园初步建设规划》，奠定了石林风景名胜区发展的基础。1946年还成立了石林公园管理所，作为政府管理机构，专门负责石林公园的建设和管理。正因为有了民国时期的基础，新中国成立初期，石林就被新生的人民政府加以重视，以至于在极左思潮尘嚣直上，无时无地不片面提倡“艰苦奋斗”的年代，在采石炼铁的“大跃进”和普遍炸石造地修梯田的“农业学大寨”等运动中，也能够保留住石林这片净土，确实十分不容易。

1952年，石林作为当时云南对外接待的为数很少的几个旅游点之一，由县政府成立石林管理所，一方面对石林进行有效的管理，同时负责上级领导和外宾到石林参观访问的景区接待。石林的建设和管理得到党和国家领导人的关心和地方各级政府的大力支持。1955年5月周恩来总理一行游览石林，对石林的建设提出了若干重要指示，如要解决缺水和绿化差的问题等等。县人民政府立即组织人员制定《路南石林、芝云洞、天生桥、长湖风景区初步规划》，在石林修筑环林公路，修缮进入景区的公路，引水入石林，开展群众性绿化活动，修建旅游和接待设施等。1958年编制《石林美化设计书》和《芝云洞美化意见书》。后来，在云南大学党委的帮助下，又专门进行了园林设计工作，形成了《石林造园设计图集》。1960年2～5月，云南省林业厅又组成规划设计小组，规划制定了《石林公园初步设计说明书》，确定了公园的设计原则，划分出了水土保持区、重点绿化区、科学教育区、体育活动区和疗养区等五个功能分区。1963年，石林管理所上划省政府，归省交际处领导，成立石林招待所负责景区管理和外事接待工作。1964年又划转省文化局管理，成立石林管理处，内设办公室、接待科、对外群众服务部、园林建设科，负责对石林风景区的管理和接待国内外宾客。后来，由于随之而来的社会动乱，石林只修筑了部分游路和服务设施。

在1973年县商业局建盖的石林饭店建成开业以前，除国内外重要宾客由管理机构负责食宿接待外，普通游客只能是自带饮料食品，随游随走。从这以后，石林饭店经营食堂、商店、冷饮、相馆、旅社，在游客不多的情况下，初步解决了游人的吃住游购等问题。1978年4月1日，石林风景名胜区开始凭门票入园游览，大小石林的门票价格为0.05元。再往后，石林旅游服务设施开始逐步建立和完善起来。但总的来看，一直到1980年8月云南省政府将石林风景区交地方管理以后，才有了根本的改变。当然，这种改变并非是由于管理权的变化，而是在中国实行了改革开放政策，以及改革开放不断深化这一更为广阔的背景下实现的。

综而言之，从明朝万历四十二年（公元1614年）农历二月路南知州汪良开辟芝云洞风景，到1980年8月云南省政府向石林地方政府移交石林管理权，总共经历了366年的漫长时间，石林风景区经过各方共同努力，已经当之无愧地成为省级品牌，并在国内具有一定的知名度。但由于处于改革开放以前的时期，各方面的建设和发展还处于比较低的层次，要在下一轮的品牌大战中稳操胜券，还需要付出更多更为艰巨的努力。借用屈原《离骚》中的名句，“路漫漫其修远兮”，石林人还需努力“上下而求索”。

三、品牌创新：敢拼会拼才能赢

前些年有一首非常流行的歌叫《爱拼才会赢》，现在好像也还有很多人喜欢唱，并把歌名当成真理，实则不然。一个品牌的打造，爱拼仅仅是一个起点，拼的是“意气”，如果不敢拼不会拼，仅仅依靠死拼蛮拼，最后也不会有什么好收获好结局。“敢拼”拼的是实力，“会拼”拼的是智慧，只有实力加智慧的拼搏，才可能“运筹帷握之中，决胜千里之外”，收到“百战不殆”的效果。

随着国门的敞开和改革的深入，各地经济社会的发展出现出“千帆竞发，万舸争流”的局面，品牌创新犹如逆水行舟，不进则退。石林风景区交由县级地方政府管理后，石林县成立石林风景区管理委员会，昆明市张朝辉副市长担任主任，县政府副县长闫志刚担任副主任，下辖石林管理处，主要行使对大小石林的管理权。1983 年 12 月，石林管理处归并县园林管理局，实行“两块牌子一套班子”的机构体制。1985 年 10 月，成立石林风景区人民政府筹备组，园林局、管理处在筹备组领导下进行工作。1987 年 7 月 1 日成立石林镇人民政府，主管大小石林、乃古石林、芝云洞 3 个风景区和风景区所在地的 3 个农村办事处和 11 个自然村。1992 年 6 月，把石林风景区管理机构分离出来，成立石林风景名胜区管理局，1994 年成立县旅游局与风景区管理局实行“两块牌子一套班子”，对全县的七个风景区进行统一管理。一场争夺发展制高点的品牌创新大战，悄然从这里拉开序幕。

从 1980 年到 1992 年这段时间，石林的发展进入一个非常关键的时期，有千头万绪亟需重新清理规范，也有无数的机遇来来去去，能否抓住这些机遇促成质的飞越，是摆在石林人面前最实际也是最紧迫的问题。1980 年云南省委、省政府责成省建设局成立石林风景区规划工作组，编制石林风景区总体规划，于 1981 年 3 月完成《石林风景区总体规划说明书》，确立了以旅游为目的，以石景为重点，在石林“天下第一奇观”上做文章，在艺术创造上下功夫，充分突出风土人情，尽量保持山野情趣，为旅游创造优美、独特、方便、舒适、自然、奇妙的生态环境，令人望而极喜、流连忘返的规划指导思想。1982 年 11 月 8 日，石林风景区被国务院审定为首批国家风景名胜区。石林跻身于国家级品牌，并没有让人感到有什么惊喜或诧异，因为凭借历史以来形成的实力，应该说是实至名归、顺理成章的事。1984 年 10 月，省建设局规划小组完成了《石林风景名胜区总体规划补充内容》。1985 年 10 月，云南省建设厅和昆明市政府共同完成了《关于石林风景区总体规划补充材料的报告》，上报国家建设部审批。1987 年 1 月 10 日，国家建设部批准实施《石林风景名胜区总体规划》，认定“石林风景名胜区是以峰林型岩溶地貌为主要特色，兼有溶洞、湖泊、瀑布等自然景观，并具有浓厚地方民族风情的国家重点风景名胜区。”同时认定：“石林风景名胜区管理范围，包括大小石林、乃古石林、芝云洞、奇风洞、月湖、飞龙瀑（大叠水）、长湖等七个景区以及大小石林至乃古石林风景沿线和大石林至芝云洞风景沿线的景点，面积约 43.9 平方公里。1987 年 6 ~ 12 月，由市县有关单位组成的石林规划研究组依据总体规划，完成了《石林风景区旅游发展规划》。1991 年勘定了石林风景区保护范围，制定实施了《石林风景名胜区保护条例》。这些旅游规划和保护条例的制定实施，为石林风景名胜区的保护发展提供了依据。

但另一个方面，在当时旅游景区相对较少的情况下，石林的游客数量急剧增长，对景区建设产生了巨大的压力，出现了规划建设跟不上旅游业发展需要的问题。1980 年石林风景区游客总数为 13.9 万人次，1981 年猛增到 40.8 万人次，1985 年快速增长到 93.2 万人次，到 1988 年首次突破百万大关，达到 101.8 万人次。巨大的游客流量，带来的必定是巨大的商业机会和商业利益。在投资匮乏和旅游压力的双重作用下，石林县委政府做出了国家、集体、个体一齐上的策略，以应付当时的旅游压力。1985 年，县人大常委会、县人民政府、县政协分别牵头成立乃古石林、芝云洞、大叠水三个风景区开发领导小组，筹集资金进行开发建设，至 1986 年元旦全部建成开放，使石林风景名胜区开放的景区由 1 个增加到 4 个，开放面积从 11.92 平方公里增加到 24.41 平方公里，有效地分流了游客，同时增加了旅游收益。但由于规划滞后、管理不到位等多方面的原因，风景区土地乱占滥建、垃圾乱堆滥放、车辆乱停滥放、景观资源受到破坏、群众尾随游客甚至强行兜售商品、景区治安案件频发，游客投诉多，省市县驻景区单位各自为政，协调统一困难，严重影响了景区的形象和声誉。

针对这一情况，县委政府决定对石林风景区进行认真的整治。首先是由县委统一领导，县政协牵头进行风景区开发管理研讨，1991 年 9 月写出了《路南彝族自治县旅游开发管理研讨报告》，提出方案供县委决策参考。1992 年石林风景名胜区管理局成立后，迅速开展石林风景区的治理整顿工作，从 1994 年开始成立由县领导挂帅的石林风景名胜区社会治安综合治理领导小组，组成了集公安、工商、税务、物价和环境监察为一体的 73 人的综合治理队伍，全力进行风景区各个方面的治理整顿工作。同时，依照总体规划，以建设发展促进和巩固治理成果，投资 1520 万元建成 3 个宾馆，扩大了接待能力和接待档次；投资 1200 万元建成了 5700 平方米的综合商场和 12000 平方米的停车场，改变了乱摆摊点、乱停车辆的局面；出资 850 万元，征用了主景区内的耕地、林地 1000 余亩，将五棵树村转制成立为农工商集团总公司，通过“农转非”、安排就业等渠道解决农民的出路问题。这次治理整顿成功的原因，在于改变过去从外部单纯治理限制农民权利的弊端，景区农民被自外而内吸纳整合到体制内部，使得景区管理者和景区原住民之间的关系由过去的对抗对立，转变成为利益共同体，过去的矛盾自然化解和消失了。由于景区治理营造出了积极和谐的发展环境，各项建设自然也得到了飞速发展。经过随后4年多坚持不懈的治理整顿，景区的环境面貌发生了根本的改变。

同时也就是在这个十分关键的转折时期，一件意想不到的严重事件给石林风景名胜区的发展笼罩上了一层厚重的阴影。1991年石林风景区在云南最早正式申报世界自然遗产。在此之前，中国刚刚开始申报世界遗产不久，全国仅有长城、故宫、泰山、莫高窟、北京周口店北京人遗址、黄山等六处列入世界遗产名录，并且几乎都是以文化遗产为主申报的，对申报世界自然遗产十分陌生。中国当年向联合国教科文组织提出申报的有武陵源、九寨沟、黄龙、黄果树、石林等五处。石林风景区申报文本由同济大学风景科学研究所编制，1991年9月由国家建设部部长侯捷签署后报世界教科文组织。1992年5月31日，世界自然保护联盟（简称IUCN）的两位专家桑塞尔、卢卡斯到石林评估考察。石林包括当时的省市有关部门在内，由于缺乏接待以情景化为主的专家考察的经验，加之石林正处治理时期，在风景区的管理上没有给专家留下好的印象，以及技术准备不充分，申报文本中缺少与世界同类喀斯特地貌的系统比较内容。因此之故，专家在反馈意见时提出撤回文本的的建议。因为按规定，每个申报项目只有一次申报机会，为确保以后申报成功，石林主动撤回了申报申请。这一次申报的挫折，让石林付出了十分惨重的代价，一次失误就将申报工作延误推迟了14年。在这以后，世界遗产的申报又有新的规定，对一个国家的申报名额作了近乎苛刻的限制。同时，世界上又有一大批与石林相类似的自然遗迹列入世界遗产名录，给再次申报增加了困难。

除了沉寂，似乎还是沉寂。在每一个关心申报世界遗产的人心里，石林沉寂了，没有了棱角，没有了拼劲和虎气。但在这种追逐浮华表象的另一面，石林人全力孕育着一场更为激烈和深刻的实力较量。在石林，没有任何人在任何场合表达过失却机遇的撕心裂肺的伤痛。但从他们兢兢业业的、一丝不苟的工作中，人们仍然能够切身地感受到他们对擦亮品牌、找回自尊的渴望与追求。不善于表达感伤的石林人，就以自己辛勤劳作的方式，努力找回自己失却的世界。不同的是，经过这样一次重大的挫折让石林人真真切切地体会到了以智慧做事、用实力讲话的道理。不论是作为经验和教训，1992年石林申遗的伤痛，都是宝贵而具有划时代意义的。它鞭策了一群人，唤醒了一代人，让他们头脑得到了洗涤，境界得到了提升，为迎接新的挑战积蓄了经验和力量。

四、擦亮品牌：细节决定成功

传统粗放的劳动方式，熔铸出来的必然是大大咧咧、不拘小节的精神性格。而现代社会的工业化、组织化生存方式，需要的则是严谨科学、谨小慎微的行为方式和价值取向。在传统农业社会向现代工业社会的急剧转型过程中，要想获得先机和发展的主动权，首要的就是要培育出科学严谨的团队作风和工作精神。

1992年，中共石林县委六届四次全会作出决定，将旅游业作为石林县的支柱产业来培育，争取用3到5年时间甚至更长的时间，把旅游业培育成与烤烟并驾齐驱的支柱产业，提出了旅游兴县的发展目标。1994年10月石林县委托昆明市人民政府咨询委员会和经济研究中心对1994～2000年石林旅游经济发展进行研究，形成了《路南县旅游经济效益翻番对策研究》，建议石林旅游业发展要充分发挥两个优势，加强十个服务，创造三个一流水平，全面增强服务功能和提高经济效益，到2000年在1993年的基础上实现全县旅游经济综合收入翻三番，使之成为新兴的支柱产业。1996年8月26日，县委、政府召开全县旅游工作会，总结“八五”期间的旅游业成效、经验和问题，研究确定“九五”期间及2010年旅游业发展规划。主要目标是：到2000年，游客数量要翻一番，经济收入翻两番，即全县接待游客300万人次，旅游总收入达3亿元，使旅游业成为全县主要的经济支柱，使石林成为滇东、滇东南的旅游辐射中心，在云南、全国乃至世界各地形成更稳定、更广泛的客源市场；到2010年，接待游客数和人均消费水平进一步提高，总收入达10亿元。在发展措施上，提出要建立旅游发展基金，每年从门票收入中提取6%，用于重点区域、重大项目的基础设施建设，实行有偿使用、滚动发展；建立石林研究会，每年从门票收入中提取0.5%作为专项经费，建立一支得力的、有一定层次的研究队伍，为全县的旅游发展提供指导；提取1.5%作为石林旅游宣传促销专项费用，进一步加大对石林景区的宣传力度，提高石林的知名度。

以后，石林就利用这些资金在加大基础设施建设的同时，邀请一大批国际一流的喀斯特研究专家对石林进行研究，多次召开国际喀斯特学术研讨会，加大石林研究尤其是石林演化和国际对比研究力度。1999年4月16日，石林风景名胜区管理局与中国科学院地理研究所（2001年更名为“中国地理科学与资源研究所”）联合成立开放式的石林研究中心。石林研究中心学术委员会主任由中国科学院院士袁道先担任，副主任以下委员由国内外最著名的喀斯特方面的专家担任，包括中国的卢耀如、宋林华、马福臣、赵楚年、俞锦标、杨明德、左小平、陈锡成、张发明、耿宏等，国外的D.福特（加拿大）、J.詹姆斯（澳大利亚）、P.威廉姆斯（新西兰）、J.萨拉蒙（法国）等。仅仅是到2000年4月，就召开了二次学术委员会会议，总计批准研究项目18个，研究经费113万元。通过开展石林科学研究，不断深入科学地了解认识石林喀斯特景观的科学价值及其演化特征和在国际喀斯特地貌中的地位；不断研究认识石林地区生态环境演替的规律；不断研究认识石林地区农村经济和少数民族的社会发展与石林风景资源开发、生态环境演变之间的关系，力求建立人的发展与资源、环境的良性协调以及经济的可持续发展。另一个重要的收获尤其值得一提，就是大量的国际学术考察研讨活动、大批国际一流的研讨成果，使石林过去薄弱的科学研究一跃成为最光彩耀眼的亮点，使石林成为世界喀斯特科研的重要基地，进一步提升了石林在国际上的地位和品位。

1997年7月29日，中共云南省委、省人民政府为将云南建成旅游大省，专门在石林召开石林规划会议，讨论省旅游局、昆明市政府、香港中华经济交流协会编制的《昆明石

林国家风景名胜区发展规划》，以及云南旅游集团关于石林重点项目的实施意见。和志强省长在会上作了《提高认识，科学规划，为把石林建设成为世界级旅游景区而努力》的重要讲话。会议根据石林天造奇观的特色和全省旅游业发展中的“龙头”地位，确定石林的保护和开发必须以创建世界级旅游景区为目标，争取到2000年石林景区建设上一个新台阶，到2010年最终建成国际标准的世界级风景旅游区。石林规划会议后，石林的旅游业发展进入了快车道。加之一系列重大会议活动在昆明的举办，有力地促进着石林旅游业和相关行业的发展。1999年，借助昆明举办世界园艺博览会的东风，石林游客首次突破两百万人次，达到206万人次，门票收入超过1亿元，达到1.02亿元，综合收入超过3亿元，对财政的贡献超过4000万元，创造了历史以来最好的经济效益和社会效益，使石林成为旅游大县。石林风景名胜区也先后获得全国风景名胜区先进集体、全国旅游行业先进集体、全国文明风景旅游区示范点、全国保护旅游消费者权益示范单位等荣誉，2001年1月被评定为国家AAAA级旅游区，2001年3月被评定为首批中国国家地质公园，2004年2月成为首批世界地质公园。

在这些成绩面前，石林人不再停下脚步，省市各级政府也不再敢稍有松懈，上下一心往前赶，“不进则退”成为石林人最流行的名言警语。2002年5月30日，石林县召开石林旅游服务区建设工作会议，布置石林旅游二次创业工作，决定以多功能摔跤场、停车场、阿诗玛生态文化广场建设为突破口，围绕“旅游强县”、“生态美县”目标，大力弘扬以阿诗玛文化为代表的地方民族文化，高起点、高标准、高品位建设设施齐全、功能完备、环境优美、民族文化特色浓郁、与国际接轨的旅游综合服务区，逐步实现旅游服务区与游览区分离，最终实现石林旅游由单一观光型向休闲度假、科学考察、康体娱乐等综合型旅游转变，带动相关产业发展，提高旅游的综合效益，再创石林旅游辉煌。2003年12月，石林县委县政府制定出台“33532”发展战略和石林现代化城市发展战略，进一步深化和完善了发展思路，同时加快旅游服务区各项工程建设。2005年9月，云南省委常委、昆明市委书记杨崇勇同志到石林调研旅游工作，为石林提出了“创建世界一流景区，打造国际旅游胜地”的旅游发展目标。根据这一目标，石林县委、政府及时制定了“12345”旅游国际化发展战略，提出“石林最大的优势是旅游，实现经济社会的跨越式发展，关键在旅游业，希望在旅游业，突破也在旅游业”，以及“旅游业就是石林经济社会发展的生命线”的思想,以申报世界自然遗产、国家5A级景区为契机，以旅游业的大发展推进石林县域经济的大调整，以旅哺农，以农促旅，加快新农村建设，实现石林经济社会的跨越式发展。

在随后的几年里，石林按照依法治景、规划先行的原则和建设资源节约型、环境友好型社会的要求，按照世界级景区的标准加强景区规划、项目设计和旅游管理。不惜巨资聘请了新加坡CPG集团、上海发展研究中心和同济大学的专家、学者及建筑设计大师，为石林作旅游规划、建筑设计和战略研究，力求在传承和弘扬优秀民族文化的基础上进行创新，放眼百年，以科学发展观和可持续发展的理念谋划石林未来的发展。目前，石林已对1995年国务院批准执行的《石林风景名胜区总体规划》进行了修编，相继编制完成了《石林世界地质公园总体规划》、《石林旅游发展规划》、《石林风景区生态建设规划》、《长湖风景区保护性开发规划》和《大叠水风景区保护性开发规划》。在长期的探索和管理实践中，石林已经逐步形成了自己独具特色的管理模式，以“统一管理为前提，法规制度为后盾，综合治理为龙头，行业监督为骨干，群众自律为基础，目标责任为保证，承诺服务求信誉，宣传促销助发展”被国内外旅游界誉为“石林管理模式”。2003年11月，石林景区在全国风景名胜区中率先顺利通过了ISO9000质量管理体系、ISO14000环境管理体系、OHSMS18000职业健康安全管理体系“三标一体化”国际认证，并连续三年通过了国际认证中心的监督审核，使石林的管理步入了与国际接轨的“科学化、标准化、程序化、制度化”发展轨道。

加强对石林的保护，让石林造福人民。每年投入上千万的资金,进行与景观相协调的生态绿化；有100余人的管理人员24小时巡逻；有65人的石林风景资源专业保护队伍和1000多人的县、局、乡、村四级资源保护网络，对石林进行有效监控和巡查。环保部门定时对景区的空气、水质进行监测，保证景区环境质量；在远离景区的地方建有污水污物处理场，保障景区内的污水、垃圾及时排放和及时清运处理；同时，每年组织大量人员到景区周边72个村寨进行大规模的环境资源保护宣传活动，增强景区村民的资源保护意识。2004年2月成为首批世界地质公园后，石林管理局严格按照联合国教科文组织世界地质公园工作指南的要求，在一、二、三级保护区的基础上，划出特级保护区，投入资金近2亿元，通过建设国家重点风景名胜区监管信息系统和环境资源卫星定位遥感监测保护系统，开展大规模环境整治、大面积退耕还林、清理取缔石材厂矿、突出“阿诗玛”民族文化特色开发旅游项目、丰富民族文化内涵等措施，逐步恢复石林原生态，对石林旅游资源实行更加科学的保护管理和开发。

全面启动了建园75年来投资规模最大的景区提升改造工程。投资上亿元，拆除了有碍观瞻的建筑物1.3万平方米，科学修复景观面积6万平方米，种植各种苗木13万株，实施了景区管网入地工程，新增了两条游览线路，设置了用中、英、法、日、韩等五种语言加以说明的人性化标志标牌200多块，垃圾箱40多个，IP应急求救电话60多部，移动星级厕所6个，节能星级生态厕所2个，为游客提供了更加方便实用的亲情式服务。同时，投资2000万元新建了4000平方米的多功能游客接待中心；投资7000万元建设数字化景区，开发了石林旅游门户宣传网站，建成了石林风景名胜区管理局内部的办公光纤网络平台、景区游路视频监控系统、旅游会员管理系统、停车场智能管理系统、旅行社签单结算系统、便携式选择播放语音导游系统。数字化景区建设全部完成后，游客调度监控、车辆调度、报警求救、内部调度、外部联运将全部实现信息化管理，更好地为游客提供人性化服务。

在各方条件比较成熟的情况下，石林举全县之力开展申报世界遗产的冲刺。由于在现有的世界遗产中，喀斯特的代表性已较充分，根据世界自然保护联盟的提议，2005年9月国家建设部决定“中国南方喀斯特”申报项目的三个片区为云南石林喀斯特、贵州荔波喀斯特和重庆武隆喀斯特。经过多方角逐竞争，2005年12月30日，国家建设部正式决定2006年中国申报的世界自然遗产提名为“中国南方喀斯特”。为不再失去这次唯一的申遗机会，石林人大力开展环境整治，精心设计申遗考察线路，精心编制申报文本，多次邀请国内国际喀斯特研究和申遗专家到县进行模拟考评，发现问题及时整改，并对考察专家的接待制定了详细的方案，作出了长期周密的准备。到2006年10月底，石林累计投入“申遗”环境整治资金9100多万元，完成了申报地核心区1369.24亩耕地退耕和植被恢复，防治核心区森林病虫害10万余亩；清除了公路沿线风景石、风景树上的标语，修复路面20000平方米，对沿街、沿线有碍观瞻的建筑物进行了拆迁整治和植被恢复；完成了乃古石林250亩土地租用绿化及停车场、门票房等建筑设施拆除；建成了石林景前区阿诗玛生态文化园和新的石林游客接待中心、售票大厅及地质博物馆。

2006年9月3~5日，当世界遗产委员国际自然保护联盟（IUCN）专家桑塞尔博士再次到来石林进行世界自然遗产提名地的实地考察评估时，受到了石林人民的热烈欢迎和热情接待。十四年后重返石林，七十多岁的桑塞尔先生对石林发生喜人的变化感到十分震惊，对石林的建设和管理尤其是数字化石林的管理、景区旅游设施的建设十分满意，并给予了高度的评价，认为石林景区的保护建设和管理水平都是世界一流的。在考察中，他一次又一次地被石林人在许许多多的细节安排和工作精神所感动，他不止一次地伸出大拇指夸赞石林，表示希望能够届时亲自前来给石林颁发世界遗产证书。之后，石林和有关方面积极联系，继续努力工作，根据专家要求及时提供补充资料，及时化解出现的困难和问题，把申遗工作一步步推向成功，不仅顺利摘取了国家AAAAA级旅游景区的桂冠，而且成功获得了“世界自然遗产”这一梦寐以求的至高品牌，把石林的品牌创建推向了一个无法超越的历史高度。在提交世界遗产大会审议时，世界自然保护联盟（IUCN)的代表对石林作如下陈述评价：云南石林是世界上剑状喀斯特的模式地；云南石林是最好的自然现象和世界上同类喀斯特的最好样板的代表地。

是金子就总有发光的一天。石林所具有的世界价值没有人能够否认，石林人为石林走向世界所付出的努力没有人能够否认。炽热涌动的岩浆积累到一定的能量就必然有喷发的一天，高效执著的劳动积累到一定的数量就必然有收获的喜悦。如果说2007年5月8日石林顺利晋级为中国首批AAAAA级旅游景区，石林人民才只是露出一丝浅浅微笑的话，6月27日下午2点从新西兰基督城第31届世界遗产大会传来石林列入世界自然遗产名录的喜讯，则激起了石林人民无法压抑的激动、自豪、喜悦、幸福、满足和陶醉。全县上下沸腾了，城乡各地沸腾了，人们纷纷停下手中的工作，走出房门，走上大街，弹响大三弦，吹响金竹笛，耍起狮虎面具，跳起欢快的舞蹈，熊熊的篝火在炽热的阳光下燃烧，灿烂的礼花在晴空中爆响，狂欢的激情一浪高过一浪，天地为石林欢歌，世界为石林陶醉……

结 语

历经旅游品牌创新的一路风雨之后，石林人终于以自己诚实智慧的劳动赢得世界的认同，赢得了自己应有的收获，为中国赢得了第六项世界自然遗产，实现了春城昆明世界遗产零的突破。几代人的艰苦努力，几代人的不懈追求和开拓创新，终于让今天的石林旅游业站在了一个新的发展起点上，继续向世界一流景区和国际旅游胜地大步流星地迈进、拼搏。

但获得世界品牌不是终点而是一个崭新的起点，它一方面为生态环境、政治经济、文化社会诸多方面的和谐发展提供助推作用，同时也更加需要当地人民切实肩负起保护自然和传承传统文化的历史重任。祝愿走向世界的石林人民用世界的眼光、世界的胸怀，借助获得的一项项闪光品牌，不断推进石林的改革发展，不断创造出无愧于石林、无愧于世界、无愧于时代的新文化和新生活，早日实现“创建世界一流景区，打造国际旅游胜地”的宏伟目标。

2006年11月20日初稿

2007年8月21日改定

石林申遗成功贺电选

（2007年7月2日）

『按语』2007年6月27日，北京时间14时16分，在新西兰基督城举行的第31届世界遗产大会全票表决通过由云南石林、贵州荔波、重庆武隆组成的“中国南方喀斯特”世界自然遗产申报项目，石林成功列入《世界遗产名录》。6月27—28日，我县举行了一系列庆祝活动，期间，国家民族事务委员会，国家旅游局，省人民政府，省建设厅，市委、市政府，云南丽江、贵州荔波、重庆武隆、内蒙古克什克腾旗党委、人民政府等纷纷发来贺电、贺信，向石林成功列入《世界遗产名录》表示祝贺，同时肯定了石林申报世界自然遗产成功所取得的成就，并对石林县今后的发展致以殷切希望。现将部分贺信、贺电摘编刊印，以飨读者。

国家民委贺电

中共石林彝族自治县委、县人民政府：

值此联合国教科文卫组织正式批准将以云南石林为主的“中国南方喀斯特”列入《世界遗产名录》之际，特向你们表示热烈祝贺！

你们此次申报世界遗产获得成功，是对你们过去所做大量工作的肯定。希望你们以此为契机，进一步搞好石林自然资源的保护和可持续利用，促进民族地区经济社会又好又快发展，不断造福各族人民。

国家民族事务委员会

二○○七年六月二十七日

国家旅游局贺信

中共石林彝族县委、县人民政府：

欣悉联合国教科文组织第31届世界遗产委员会会议将云南石林、贵州峰林、重庆天坑群等组成的“中国南方喀斯特”地形地貌奇观列入世界自然遗产名录。在此，国家旅游局谨致以热烈祝贺。

石林是我国首批5A级旅游景区，是云南乃至中国旅游业的知名品牌。这次在云南省委、省政府的高度重视和相关部门的共同努力下，石林成功申报为世界自然遗产，对进一步提升“七彩云南”的知名度和美誉度，巩固云南的旅游品牌，促进旅游业发展具有十分重要的意义。希望以此为契机，按照科学发展观的要求和云南省委、省政府的部署，抓住机遇，进一步整合旅游资源，加强资源保护，加大市场营销，努力提高管理服务水平，将遗产资源优势转化为旅游产业优势，为推动经济社会又好又快发展做出新的更大的贡献。

国家旅游局

二○○七年六月二十八日

云南省人民政府贺电

石林彝族自治县人民政府：

欣悉联合国教科文组织第31届世界遗产委员会已将以云南石林为主的“中国南方喀斯特”列入《世界遗产名录》，云南省人民政府向你们表示热烈祝贺！

石林成功申报世界自然遗产是党中央、国务院正确领导和建设部等部委关心帮助的结果，是社会各界大力支持的结果，也是云南各族人民共同努力的结果。以云南石林为主的“中国南方喀斯特”列入《世界遗产名录》，这是对石林喀斯特的科学价值、美学价值和在世界喀斯特地质地貌中的独特性、完整性和珍贵性的充分肯定。

石林成功申报世界自然遗产，不仅对加强喀斯特地质地貌的保护具有十分重要的推动作用，同时还将对全省经济社会发展产生积极而深远的影响。希望石林县以“申遗”成功为契机，按照“严格保护、统一管理、合理开发、永续利用”的方针，正确处理好保护与开发的关系，切实维护好世界遗产地的崇高荣誉，努力开创人与自然和谐发展的新局面，推动全县经济社会可持续发展，为建设富裕民主文明开放和谐云南作出应有的贡献！

云南省人民政府

二○○七年六月二十七日

云南省建设厅贺电

中共石林彝族自治县委、县人民政府：

欣悉联合国教科文组织第31届世界遗产大会将“中国南方喀斯特——云南石林”列入《世界遗产名录》，云南省建设厅向你们表示热烈的祝贺！

石林被列入《世界遗产名录》，这是对石林价值的充分肯定，它必将对石林县经济社会发展产生积极而深远的影响。石林从申报到成功列入《世界遗产名录》，17年的足迹，凝聚着你们的科学态度和进取精神，体现了你们追求卓越、辛勤奉献的崇高境界。石林是石林县的，也是云南的、中国的，同时也是世界的，是不可再生的宝贵资源，我们有责任把它保护好、管理好。希望你们坚持“科学规划、统一管理、严格保护、永续利用”的原则，恪守联合国《保护世界文化和自然遗产公约》，处理好资源保护和开发的关系，坚持可持续发展。我们坚信，有大家的共同关爱和石林县各族人民的精心呵护，石林世界自然遗产的明天会更美好。

云南省建设厅

二〇〇七年六月二十七日

中共昆明市委、市人民政府贺电

中共石林彝族自治县委、县人民政府：

欣悉联合国教科文组织第31届世界遗产委员会会议通过决议，将以石林为主的“中国南方喀斯特”列入《世界自然遗产名录》。值此圭山沸腾、盘江放歌、全市各族人民欢欣鼓舞的喜庆时刻，中共昆明市委、昆明市人民政府向你们并通过你们向彝乡各族人民表示热烈祝贺！向为石林赢得这一殊荣付出大量心血的各级领导和海内外各界人士致以衷心的感谢！

石林是喀斯特地质地貌的精华和代表，享有世界盛誉。石林自被命名为“世界地质公园”之后，申报“世界自然遗产”又获成功，这是国际社会对石林科学和美学价值的充分肯定；也是我市科学处理好资源保护与开发关系的重大成果，是昆明旅游二次创业迈出坚实步伐的一座重要里程碑，是全市经济社会发展中的一件大事。

市委、市政府希望并号召石林县和全市广大干部群众更加紧密地团结在以胡锦涛同志为总书记的党中央周围，坚持以邓小平理论和“三个代表”重要思想为指导，深入贯彻落实科学发展观，在省委、省政府领导下，倍加珍惜和维护好世界自然遗产的崇高荣誉，把“申遗”成功作为新的契机和起点，坚持“严格保护、统一管理、合理开发、永续利用”的方针，紧紧围绕“创建世界一流景区、打造国际旅游胜地”的目标，努力把石林建设成为世界自然与文化完美融合的国际精品旅游区，让石林这一“天造奇观”再放异彩，为促进人与自然和谐相处、加快推进现代新昆明建设、夺取全面建设小康社会新胜利而奋斗！

中共昆明市委

昆明市人民政府

二〇〇七年六月二十七日

中共荔波县委、县人民政府贺信

中共石林县委、县人民政府：

天地承瑞气，山水蕴佳音，值此申遗成功的辉煌时刻，中共荔波县委、荔波县人民政府携全县17万各族人民向你们表示最热烈的祝贺！向世居在石林遗产地传承着朴素的自然崇尚理念与和谐生产生活方式的各族人民表示崇高的敬意！

“中国南方喀斯特”荣列世界自然遗产名录，是党中央、国务院及各级各部门高度重视和正确领导的结果，是石林、荔波和武隆人民携手并肩、共同努力的结果。世界自然遗产的称号是难得的荣誉，是发展的机遇，更是艰巨的责任，让我们继续携起手来，以申遗成功为起点，认真执行世界遗产公约，充分利用世界自然遗产的平台，加强交流与合作，强化遗产地的保护与管理，共同打响世界遗产顶级品牌，为创建世界著名景区、打造国际旅游天堂而努力奋斗。

我们坚信，坚持科学发展观，走可持续发展道路，“中国南方喀斯特”这一璀璨珍奇瑰宝必将在中华大地上熠熠生辉，石林和荔波古老雄奇的喀斯特风光必将有着更加光辉灿烂的未来！

中共荔波县委
荔波县人民政府
二〇〇七年六月二十七日

中共武隆县委、县人民政府贺电

中共石林彝族自治县委、县人民政府：

来电收悉，对贵县的祝贺致以诚挚的谢意。申遗鏖战五春秋，喜庆捷报今日传。值此申遗成功、三地同庆之际，中共武隆县委、武隆县人民政府携全县40万人民向你们表示最热烈的祝贺！武隆人民将和同为世界自然遗产地的石林彝族自治县23万各族人民共享成功的喜悦！

过程愈多曲折，结局愈显圆满。“中国南方喀斯特”荣列世界自然遗产名录，是党中央、国务院及各级各部门高度重视和正确领导的结果，也是石林、荔波、武隆三地人民齐心协力、亲密合作的结果，更是三地人民翘首以盼的大喜事。我们相信，通过三地的亲密携手，交流协作，“中国南方喀斯特”必将打造为世界遗产顶级品牌，创建世界顶名景区。

借着“中国南方斯特”申遗成功之势，三地的旅游发展必将插上腾飞的翅膀，社会、经济、文化的发展必将增添强大动力。我们坚信，坚持科学发展观，走可持续发展道路，“中国南方喀斯特”这一人类共有的世界自然遗产，必将放射出更加绚丽迷人的光芒，三地人民必将迎来更加辉煌灿烂的明天！

中共武隆县委
武隆县人民政府
二〇〇七年六月二十七日

令人惊叹的“石林”

□□琼瑶

我们终于到了石林。来石林之前，我和鑫涛，看了许多有关石林的资料，我们知道昆明附近，有个“石林”，被称为世界八大奇观之一，是个不可不去的地方。但是，真正的“石林”，到底有多么奇妙？据小冯说：我们是连“想象”都无法“想象”的！

真的，这是一个无法“想象”的地方，也是个无法用笔墨来形容的地方！其壮丽、雄伟、辽阔、奇异……简直让文字变得无能！我想，连画家和摄影家也无法捕捉它。因为任何画家和摄影家都只能取局部的形象，而石林的壮观，绝非一两个钟头或画面所能表达。要体会它的壮丽，只有身历其境，等你身历其境，会不相信自己眼睛所看到的，脚下走过的，身边耸立着的……那各种奇峰怪石，连绵不断。这才憬然醒悟“鬼斧神工”四个字，其来有自！真不知是几千千几万万年前，天降神兵，会搬来这么几千千几万万块巨石，让它们堆砌耸立在这辽阔的路南彝族的平原上，变成一片苍苍茫茫、嵯嵯峨峨的巨石森林，让后世的几千千几万万民众不断地瞻仰，不断地惊叹！

我们去石林是经过小冯仔细安排的，早上九时出发，小冯和邬湘陪我们去。等上了面包车，我们才知道，小张和老鲁已经另外开一辆车，比我们早出发两小时，去预先安排我们的食宿及一切。因为我们还要玩阿庐古洞和乃古石林，所以要在石林住两夜。上了车，大家一路嘻嘻哈哈。邬湘、杨洁、李蕙都是当年篮球国手，这次因为我，大家又重聚一“车’，当然有聊不完的话题。小冯忙着向我们介绍云南种种：大理的风花雪月不提了，丽江的雪峰冰山终年不化，雪地上开满雪莲。西双版纳的傣族，风情万种。“西南古道”的边陲文化，澜沧江的飞瀑怒潮，保山古城的沧桑，以及彝族、白族、傣族、苗族……的各种习俗，还有衣服上绣着“披星戴月”图案的丽江小女……

说得我怦然心动，只怕路程太长，我会被这位冯树森先生给“说”得留在云南，去当“徐霞客”第二了（徐霞客是明代的旅行家，他芒鞋黎杖，历尽千辛万苦，走遍了云南边陲地区。现在的云南边区，名胜处常有徐霞客的塑像）。石林离昆明一百二十六公里，车行约四小时。到了石林，住进新建的旅社，我们住的小楼名叫“雅客”。窗外耸立着几块巨石，我已经惊喜地叫着：“石林！”小冯探头一看，叹口气说：“这是‘石头’，不是‘石林’！你如果把这几块小石头说成石林，会把石林气死！”

哈哈！原来石林还会“气死”，小冯此人，舌粲莲花，说不定会把“石林”说得“活过来”。

午餐之后，邬湘提议，大家去睡个午觉，避开太阳最烈的时候，也避开游人较多的时候，因为游石林需要“体力”，小睡片刻，养精蓄锐，再去玩石林。这提议和我的“夜访长城”有异曲同工之妙，我立刻附议。所以，我们出发去玩石林时，是午后四时，大部分的游人已经散了，石林静悄悄地耸立在黄昏的阳光下，山风静悄悄地在石缝中穿梭，我们一行人，终于走进了这古老苍茫的巨石之林。

小冯、邬湘、小张、老鲁都不知道来过石林几百次了，但是，他们仍然请了一位撒尼族的少女来给我们导游。原来，石林地区，是属于撒尼族（彝族中的一支）的。这位撒尼族少女长得明眸皓齿，非常漂亮。穿着撒尼族的服装，白衣服、白裙子，腰上系着颜色鲜丽的红腰带和绣花的三角巾，头上是顶红白相间的帽子，帽子上缀着珠饰，一绺银色的流苏，从帽子上一直垂到胸前，煞是好看。

我们就跟着这位撒尼族姑娘，走进光怪陆离，如同人间幻境的石林。巨石嵯峨，高大壮丽，我们时而在巨石脚下弯来绕去，时而沿着石阶，攀爬到巨石顶端。这样走了一会儿，走到一块高高的巨岩上，这儿有座“望峰亭”，我们站在亭内，向四面一望，被那一望无际、重重叠叠的峰海给震慑住了。鑫涛连声说：“哇！怎么会如此壮观？简直不可思议！太不可思议了！这片石林，到底有多大？”

信吗？石林占地有四十多万亩，如今开发出来，供人参观的，有一千两百多亩。撒尼姑娘告诉我们，如果夜里走进去，常常迷失在林内，走一夜都走不出来。初霞好不容易爬上了“望峰亭”，登高一望，满嘴哇呀不已，告诉我说，她的腿都软了。再看到这栉比鳞次的峰峰相连，她心惊胆战地问：“这些石头，我们要一个一个去爬吗？”

“不必都去！”小张说，她是石林的权威，每年都要来好多好多次，每块石头她都了如指掌。“但是，像莲花峰、小象峰、一线天、剑峰池……这些著名的地方，是一定要去看的！否则，就等于白来石林一趟！”

“不白来！绝对不白来，我这样一看，已经领会了石林的伟大！”初霞慌忙说：“我看，什么莲花峰、小象峰我也不必去了，杨洁心脏不好，也不必去了，我们就坐在这亭子里等你们吧！”可怜的初霞，她为了陪我，这一路真是舍命陪君子。此时，她虽有怯意，小冯却不许她退缩，怂恿着她说：

“去！一定要去！我们不走原路回来，你们坐在亭子里，也等不到我们！还是跟我们一起走吧！”

我看着那些千奇百怪的嵯峨巨石，兴奋得不得了。这样巨大的石峰，结合成这样一片巨大的丛林，这种“奇景”，真是我“连想象都无法想象”的！我一听小张的介绍，就更兴奋了，拉着小张的手，我急急地说：“我不管他们去不去，我一定要去看看！什么莲花峰、小象峰……我全要去看一看！我们走吧！免得天黑了看不到了！”

小张看我兴致如此高昂，拉着我的手就往前走。小张以前是篮球国手，当地篮球教练，她常带学生来爬石林，算是对学生体能的一种训练。此时，她带我游石林，真是使出了她的浑身解数。原来，石林有许多地方，连落脚之地都没有，要从巨石上手脚并用，像猴子一样爬上去。小张手脚伶俐，上下巨石，如同平路。而我却气喘吁吁，“爬”得好辛苦，有时，真恨不得变成蜈蚣，有一百只脚来帮忙，免得摔到石头下面去。那些巨石，都拔地而起，高耸入去，摔下去准是粉身碎骨。小张为了照顾我，拉的，扶的，推的，抱的，拖的……全用齐了。在到“莲花峰”的“路”上，因为许多地方，都是窄窄的一道石桥，两边临空，下面是深谷，初霞走得脸色发青。最后，她看到还要再攀高，攀高后又要越过一块悬空的石桥，才能到莲花峰上，她就忽然间恐惧症大发，用背抵住一块石壁，双手紧紧地扶住石壁的边缘，她像只大壁虎般贴在那石壁上，拼命摇着头喊：“我不去了！打死我我也不走这样的石头！我要下去，我的头都晕了！”她这样一叫，大队人马都停了下来。因为有杨洁在乐山险些晕倒，又有扬扬在峨眉摔伤的纪录，大家都说不要勉强。小张却不顾大队人马的停滞，拉着我的手继续前进，只一会儿，我们两个就和后面的队伍脱了节。我见石峰越爬越高，身子两边，又没有绳索栏杆可保证，不免走得胆战心惊。小张不住口地鼓励着我，安慰着我：“一点都不要怕，有我在！等会儿，你坐在莲花峰上留张照片，会把大家羡慕死！”

留张照片？拍照的人全没来呢！我一回头，却见到一张熟悉的年轻面孔，拿着照相机对我猛拍！发现我在看他，他对我笑笑。我怔了怔，脱口而呼：“他不是我们的司机吗？”

“是呀！”小张说：“司机小王，平常就爱拍照，这次听说是来给你们开车，他就带了照相机来了！”

这位司机小王，后来也成为我们这“疯疯癫癫旅游团”的要员之一，当我们这一行人到大理时，他和鑫涛，因酷爱摄影，竟成知音，沿途随时可以紧急煞车，只为了看中了一个摄影目标，两人就冲下车去大大拍摄一番。此是后话，暂且不提。当时，为了要过一条仅容一人上下的陡坡和石桥，我已经自顾不暇，没时间去和小王寒暄。小张停在路口，正和另一批游客打交道，原来莲花峰状如一凤莲花，亭亭玉立地耸立在众峰之中，特别高，特别秀拔。

可是，通往莲花峰的“路”是绝对的单行道，除非那些游客折回来，我们就没办法走过去。这时，那几位游客正占据着莲花，坐在花瓣上，左一张照片，右一张照片地拍个没完。小张急于请他们让路，他们却兴致正高，不肯回来。我拍拍小张说：“不要紧，我已经看到莲花峰就好了，不要去扫别人的兴，你不是说还有小象峰吗！”

“是呀！小象峰！”我这一说，小张眼睛一亮，精神全来了。“你爬到小象峰顶上去，和小象合影一张，一定好玩极了。上次我把邬湘也弄上去了，邬湘手脚并用，拍照的时候不肯站起来，拍出来，活像另一只小象，因为有四只脚，把我们大家都笑死了！来，我们不从原路回去，我们走洗衣板！”

我当时脑筋里并没转过来，邬湘是运动员，如果需要“手脚并用”，又“不肯”站起来，那地形的险恶，可想而知，怎是我所能攀爬的？我那时根本来不及想，因为小张拉着我的手，就走上了一块名叫“洗衣板”的巨石。

原来，那洗衣板是一片呈四十五度倾斜的大石面，石面上，像洗衣板一样，有一条一条的横棱，踩上去滑不留足，陡峻得惊心动魄。这时，我什么都顾不得了，只是一个劲儿埋着头往上爬，在小张又拖又拉之下，好不容易走完了那“洗衣板”。我们又翻翻爬爬，越过好几个峰头，然后，小张指着前面峰顶喊：“看！小象峰！”

我看过去，乖乖，不得了！那小象挺立在蓝天白云下，笔直地站在那儿，高不可攀。我四面看看，无路无桥、无落脚之地，怎可能上去？我又没有翅膀。我正犹豫中，小张根本不给我思索的时间，伸手把我用力一拉，就拉上了一块大石头，她用自己的脚给我做“踏板”，不住口地说：“要上去！你一定要上去！因为，即使是云南当地人，能爬上小象峰的也没有几个！你难得来石林，一定要留个纪念！来，不会像你想象那么难，不要怕！有我！”

小张，张深修，张教练，张国手……我这条命交给你了！我心里嘀嘀咕咕，手脚完全不敢休息，眼睛不敢往下看，生平第一次，知道什么叫“爬上去”。我爬着，小张又推又拉又拖又抱又扶又抓，最后再用力一托，我终于攀住象尾巴，危危险险地站起来了。这一站起来，听到峰底下欢声雷动，我小心翼翼地看过去，原来我们的大队人马，都在峰下，战战兢兢地，仰视我和小张的“表演”。我迎风而立，万峰千峰，皆在脚下，不禁生出一份油然自得的征服感。

怎样下的小象峰，我已经弄不太清楚，总之，小张出的力比我多就对了。好不容易到了峰下，鑫涛、初霞、杨澍、李蕙、小冯、邬湘、扬扬、老鲁、承赉……给了我一阵热烈的鼓掌。大家把我团团围住，你一言，我一语，讲个没停。

“我来石林这么多次，从来不敢走洗衣板，也从来不敢上小象峰！”小冯说。“琼瑶！”初霞嚷得比谁都大声：“我这次是真的服了你！服得五体投地！”“不简单，她小小的个子，体力、胆量都不小！”李蕙接着说。“玩起来比谁都疯！”

“比咱们这些篮球国手都有办法，啊？”杨洁嚷着。

“说真的，”小张一本正经地对大家说：“她很有一些运动细胞！”一句话说得我大笑了起来。我这人，从小缺少的就是运动细胞。小时候，学跳高会抓住竿子一起跳，学游泳喝了一肚子水，学跨栏把一路栏杆全踢翻，学躲避球第一个被打到，学篮球老往人少的地方跑……这一生，连跳绳和踢毽子都没学会过。没料到，今日到了云南，居然被称认为“很有运动细胞”！因为我“很有运动细胞”，在接下来的石林之游里，小张又带着我上坡下山入深谷。最难的一件事是，她看到石峰上荡下来的一段千年石藤，她居然像猴子般爬上去荡秋千，荡完了，她要求我也来一个！我想，我这位张深修教练，已经完全忘了我只能拿笔杆，其他诸事低能！而我呢，也被这位张教练给催眠了，居然胆大妄为地上了古藤。古藤因我的重量而悬空摇荡起来，吓得我几乎尖叫出声。小张及时稳住古藤，把我的手脚又拉又塞的塞进藤缝里，让我在藤上坐稳。鑫涛和小王忙不迭地给我拍照，我面露笑容，手心冒汗。不过，心中却蛮得意的，毕竟，同行的人里，只有我上了小象峰，只有我上了千年古藤！石林，实在是个太好玩的地方。在一些石峰与石峰之间，也偶然有大块的平原，像“阿诗玛”前面的空地一样。

“阿诗玛”是石林中著名的天然石像。那石像伫立在草原上，背着背篮，遥望前方，连鼻梁、眼窝都非常清晰。阿诗玛是撒尼族中传说的人物。据说，阿诗玛原是个美丽的小女，因为被坏人掳去作妻子，阿诗玛抵死不从，她的哥哥阿黑跑来救她，带着她逃走，走到“十二岩子脚”，遇到大洪水，阿诗玛被卷入漩涡，失去踪迹。水退后，阿诗玛化为石像，化为回声，伫立在石林里。像阿诗玛这种传说，石林中到处都是。只是，阿诗玛是其中最著名的。阿诗玛的空地上，有骆驼，有撒尼族人设的照相摊，可以穿着撒尼族的服装，骑上骆驼，留影纪念。一时间，承赉、初霞、鑫涛和我都大发童心，换上衣服，骑上骆驼，纷纷留影一番。石林中最美的一段，是“剑峰池”。一把一把如剑般直立的石笋，从一片湖水中拔地而起，直入天际。水色碧绿，水中，石影宛然，抬头往上看，直像一把把石剑，参差不齐地耸立着。这种美景，真让人叹为观止！

那天，由于时间已晚，我们并没有把石林走完，第二天一早，我们要去阿庐古洞，大家约好，从阿庐古洞回来后，将再访石林。就依依不舍地回到旅馆。

吃完晚餐，我们又欣赏了撒尼族的民族歌舞。原来，撒尼族的青年男女，会用树叶吹出曲调，用以传达心声。当他们用那薄薄一片树叶，你吹一句、我吹一句的边吹边舞时，真是美妙极了，也浪漫极了。

《魔磁》第三部：云南石林远古臆想

□□ 卫斯理

我还在想，由此可知，柯克和我，至少有一个共通点，那便是如他刚才所说的那样，我和他，都是好奇心极强烈的人。

柯克船长在继续说下去：“这的确是个很耐人寻味的问题，你想，某方面的特务所感兴趣的，应该是走在科学尖端的东西，而那玩意儿，是要被送到博物院的，某国的特务为甚么会对一件老古董发生了那么强烈的兴趣，你不以为事情奇怪么？”

我心中暗叹一声，我对柯克的抵制失败了，我不得不承认。他十分会说话，而且，他深切了解对方的心理，他已找到了我这个好奇心极强的人的弱点，使我不能不接受他的话！

我自然而然地点了点头：“是的，那太奇怪了，看来极不调和。”

柯克船长道：“所以，我才接受了这件任务，更何况对方出的价钱，是如此之高。”

我不但不再厌恶他，而且，有点开始喜欢他的坦白。他摆明就是这样的一个人，为了钱，为了对自己有利，甚么都做，那反倒容易应付得多了，老实说，他至少比将我骗到这里来与他会面的陈子驹和方廷宝这两个人，要可爱得多了！

我再和他讲话时的语气，也减少了敌意，而变得和他讨论起来，我问道：“既然你有了那样的好奇心，你难道未曾向对方询问一下，那究竟是甚么？”

柯克船长点头道：“我问了，但是他们不肯说。”

我笑了起来：“算了，你有办法令他们说出来的，是不是？”

柯克船长也笑了起来：“的确，我曾用了很多方法使他们说出来，但是他们坚持不肯说，不过我自己有自己的办法，我作过一番调查，对那件东西的来龙去脉，多少有了一点概念。”

我被柯克船长的话，引得心痒难熬，忙道：“那么，是甚么东西？”

柯克船长道：“在中国，有一个地方，叫云南？”

我皱了皱眉，因为我不明白何以柯克船长忽然在现在这种情形之下，提起中国的云南来，但是他既然提起了中国的一处地方，作为一个中国人，总应该有多少表示，是以我道：“是的，云南省，那是中国许多美丽的省份之一，你提起它来，是甚么意思？”

柯克船长却并不回答我的问题，只是自顾自说下去：“在云南省东部，有一个地方叫路南？”

我又点了点头，道：“是的。”

我一面回答着他，一面心中，不禁十分奇怪。老实说，像柯克船长那样的海盗，知道中国有个云南省，已经不容易了，至于自他口中讲出云南东部的路南地方来，简直令人惊奇了。

柯克船长含笑地望着我：“你是一个中国人，你可知道中国云南省的路南地方，有甚么着名的东西?”

我也笑了笑：“自然知道，路南有举国闻名的石林，那是景色最奇特的地方，成千上万奇形怪状的石柱，耸立在地上，有的高达十几丈，那是地质学上喀斯特现象形成的一个奇景。”

柯克很有兴趣地听着：“你去过?”

我道：“去过，不过，现在我们讨论的事，和路南石林，有甚么关系?”

柯克船长道：“你等一会就可以明白了，请你多对我说一些石林形成的事。”

我皱了皱眉，因为我一时之间，实在猜不透柯克船长究竟是为了甚么，将路南石林，和三个知名科学家坠机、某国特务的阴谋这几件看来完全风马年不相干的事联系起来。

我自然心急地想获得答案，但是我也知道，如果我不是首先回答了他的问题，他是不会再往下说的，是以我道：“路南石林的景象，极其雄伟，石林的形成，有不少美丽的传说——这些全是神话，其中之一，和八仙之一的张果老有关，关于八山——”

我讲到这里，顿了一顿：“中国的神话传说太多了，各个神话人物之间的来龙去脉，牵涉着许多不同的故事，除了生长在中国，从小就听惯了这种传说的人，才弄得清他们的关系之外，我认为一个外国人，根本无法弄得明白。”

柯克船长道：“我同意你的说法。”

我于是不再说路南石林形成的神话，我道：“从科学的观点来看，石林这片地方，它的面横，约有二十平方里，原来是海底，那些石头，是海底的巨石，经过了亿万年海水的侵蚀．后来由于地壳变动，海水变成了陆地之后，大石见到了阳光，这些大石全是石灰岩，容易风化，脆弱的部分，经过了上亿年的风化而消失，剩下的就是千奇百怪的石柱，这种现象．在地质学上称为‘喀斯特’现象，世界各地都有，在南斯拉夫，也有一大片喀斯特现象形成的自然奇观。”

柯克船长一直用心听着：“那些石柱，自然都有着悠久的历史了?”

我道：“自然，地质学家的估计是，两亿八千万年之前，它已形成了!”

柯克船长像是十分向往地道：“它们的历史，实在太久远了!”

我好奇地望着他：“你这样说是甚么意思？路南石林，只不过是集中了许多形状奇特的石头。形成了一个奇丽的景色而已，它们的年龄，并不是特色，地球上任何一块石头，都有上亿年的历史。”

柯克道：“是，可是它们不同。普通的石头，并没有被风化，你明白我的意思么？我是说，石林中的石柱，从海底到了陆地，又经过风化作用，本来是深藏在海底的石头中心部分，现在暴露在空气之中了。”

我呆了片刻：“我仍然不明白你的意思。”

柯克船长忽然变得异常兴奋了起来，他挥着手道：“你真的不明白？要是在三亿年前，海底的一块巨石中心部分，藏着一件秘密的东西，经过三亿年之后，这件秘密东西，就可能暴露在空气之中!”

我又呆了片刻，才道：“船长，你的想象力，实在太过丰富了!”

柯克船长摇着头：“卫先生，你太令我失望了，照你以往的纪录来看，你决不是用这样的话来回答我的人！你应该同意我的想法!”

我耸了耸肩：“并不是不同意你的想法，你准备到路南石林去，在每一根石柱上，检查有没有甚么秘密东西，暴露在石柱之外?”

柯克道：“事实上我不必要那么做，因为有一件东西，已经被人发现，而且，正是我们现在要去找的!”

我陡地站了起来。

在那刹间，我心中的惊讶，当真是难以形容的。

柯克道：“现在你一定完全明白了，刚才我已经说过，那件本来该陈列在博物院中的东西，是由三位科学家带来的，而那件东西，原来属于一个中国人，根据我了解的结果，那位中国人，是在一次路南石林的旅行之中，从其一根石柱上敲下来的。”

我深深吸了一口气，一半像是在自言自语：“那是甚么?”

柯克船长笑了起来：“这也正是我的问题，那是甚么？请别轻视我，我的了解工作做得十分广泛。那位中国人是一个大富翁，有一幢很大的房子，那东西曾作为他厅堂的装饰，我甚至已约晤了见过那东西的人，据说，那是一块形状十分奇特的石头，但是在石头中，有一个圆形的球状物露出来，那球状物大小，约有一尺直径，露出的部分，不足六分之一，看来相当光滑，像是一个制作极精美的金属球。”

我道：“太有趣了，某国特务，何以会对之有了兴趣?”

柯克船长道：“那是我的推测，我想，可能是其中有一个特务，看到过那东西，感到这东西有研究的价值，是以发生了兴趣。”

我摇着头：“船长，你的推测太肤浅了，如果他们仅仅认为那东西有研究的价值，他们决不会因之而谋杀了三名科学家，并毁了一架飞机，他们之所以那么做，是因为对那东西，已有了初步的认识。”

柯克点头道：“你说得对。”

我道：“那位中国人，他为甚么宁愿将这东西送给博物院，而不愿高价让给某国呢?”

柯克道：“第一，他有钱，不在乎钱。第二，他极其憎恨某国。”

我叹了一声：“于是乎，造成了三个科学家沉身海底的悲剧。”

柯克船长没有立时说甚么，船舱中沉默了大约半分钟，我又道：“又回到老问题上来了，这件事，和我一点关系也没有，你找我干甚么？"

柯克船长道："我读过许多你的记述，知道你是对一切怪诞的事有兴趣，而且想象力丰富，你相信任何寻常人认为不可能的事，我需要你这样的一个助手。"

我并没有立时表示我的意见，柯克船长又道："或者，我的说法应该修正一下，我需要你的帮助，因为你有处理不可思议的怪事的经历，我不知那东西是甚么，如果有你在一起，那么，就好得多了！"

我瞪着他："你的意思，是指那个球形体？你以为里面会是甚么？"

柯克船长摊着手，道："我不知道，完全无法想象，你想，石林形成，已有将近二亿年的历史，那东西的年龄，至少在二万万年以上，我怎能想象得出里面是甚么？可能是史前怪兽的巨蛋——"

我不等他讲完，便笑了起来："好了，别再往下说了，再讲下去，就变成第八流的幻想电影了！"

柯克有点不满地瞪着我，我道："船长，你或许不明白，中国人的手工精巧，世界闻名，我们能将象牙雕成二十三层，层层都可以转动的象牙球，要将一个球形物体，镶进石头中去，令它只有六分之一露在外面，那是容易不过的事！"

柯克的神情，显得很愤怒，他的声音也提得很高，他道："你不肯和我合作，还是你以前的一切记述，全是虚构的？"

我立时回答："两者都有！"

柯克也站了起来，他双手按在桌上，身子俯向前，有点恶狠狠地瞪着我："请你别忘记一点，刚才是你自己说的，某国特务一定对那件东西已有了初步的认识，是以才会做那样的事！别忘记，某国特务决不是笨蛋，他们全是最聪明的人！"

我呆了半晌。在这以前，我已经承认过，柯克是一个十分会说话的人，这时，他用我的话来驳斥我，使我根本没有辩驳的余地。

我想了一想："或许那东西真的很有研究价值，但和我不发生关系，甚至和你也不发生关系，因为就算你将它找到了，它也会立时落在某国特务的手中，他们不见得会请你我来一起研究！"

当我的话说完之后，柯克船长忽然大笑了起来，他一面大笑，一面用手用力拍着我的肩头，道："好朋友，你忘了一件事。"

我翻着眼："甚么事？"

他大声道："你忘了，我是柯克船长！"

我立时明白了他的意思，在那一刹间，我也不禁深深地吸了一口气。

我道："船长，你不是在开玩笑吧，你准备欺骗他们？你明知他们不是好对付的！"

柯克船长仍然笑着："正因为他们不易惹，我去惹他们，那才够刺激，而且，国际警方既然找不到我，他们自然也没有法子找得到我！"

我的脑中，那时真是十分混乱。三个科学家的死，沉在海底的飞机，某国特务的谋杀行为，一个富有的中国人送出来的东西，中国云南的路南石林，一个球状物，二万万年前的历史，这一切一切，在我的脑中纠缠着，使我的思想，极度紊乱。

我当然极有兴趣来看看那东西究竟是甚么，那正是我的兴趣。

但是当我想及我必须和柯克船长在一起的时候，我就宁愿舍弃我的兴趣了。

所以，我在呆了半晌之后，摇着头，道："对不起得很，我不想和你一起永远在海上流浪，如果你还可以称得上君子，那么，请你让我回去，不论你自己如何去做，都与我无关！"

当我毅然拒绝了他的话之际，他显得极其愤怒，他涨红了脸，捏着拳头，甚至连指节骨，也正"格格"地发出声响来。

当他在发怒的时候，他看来的确十分可怖。

但是，等我把话讲完之后，他那种愤怒的神情，忽然消失了，他变得有几分沮丧，也有几分卑夷，挥着手，带点疲倦地道："好，你走吧，算我找错了人，你可以走了，我不再需要你。"

我立时向舱门口走去，当我打开门的时候，他忽然又道："但是，如果你真对一切不可解释的事有浓厚兴趣，那么，你一定会后悔的。我一生之中，也遇到过不少奇特的事，但是我认为，这一件事，最值得仔细研究，也一定会有极其惊人的发现！"

柯克船长的话，的确使我动心，但是他那种卑夷和看不起我的神情，却伤害了我的自尊心，是以我毫不客气地道："祝你早日孵出一头恐龙来！"

我不等他有甚么反应，就用力关上门，甲板上几个大汉，好奇地转过头来望着我，我已跳上了船舷，立即跳到了由方廷宝驾驶来的那艘游艇上。

我也不去理会方廷宝了，我怀疑陈子驹和方廷宝两人，和某国方面，多少有一点联系，他们也有可能根本就是柯克船长的手下。方廷宝既然曾将我骗到这里来，我这时已可以离去，当然不必关心他了。

我一上了那艘游艇，第一件事，就是抛开缆绳，柯克的船上，有很多人望着我，但是他们并没有阻止我。接着，我发动了引擎，游艇在海面上转了一个弯，向前疾冲了出去，渐渐地，柯克的船已看不见了。

当我驾着游艇，快近岸的时候，天气便变得恶劣起来，接着，便是滂沱大雨。

幸而这时，我早已看到了码头上的灯光，在一片迷雾和大雨之中，我跳上了岸，只不过奔了几步，身上已被雨淋得湿透了。

我奔过了对面马路，在一个电话亭避着雨，本来，我还不想吵醒白素，想等到一辆街车经过，然而等了很久，连车影都不见，我只好打电话回去，由她驾着车来接我。

大雨仍未止，当我向白素叙述的时候，就像是做了一场很长的噩梦一样。

白素静静地听着我的叙述，并没有参加甚么意见，她也见过不少古怪的事了，是以并不感到如何惊奇。她在我讲完之后，才道："你的决定很好，和柯克船长这样的人在一起，有甚么好处？"

我皱着眉道："我现在在考虑，是不是应该和警方联络一下，告诉他们，他们找的位置不对，而且通知他们，柯克船长就在附近。"

白素微笑着："那也不必要了，军警联合搜索，有着最新的仪器配备，不见得会不如柯克船长。"

她望了望窗外，自言自语地道："天气那么坏，海面搜寻工作，根本无法展开。"

我洗了一个热水浴，躺了下来，很快就睡着了，一觉睡到下午二时才醒，翻开报纸来看看，仍然是打捞工作毫无进展。

我在看完了所有的报纸之后，打了一个电话给杰克上校，当我报出了自己的名字之后，杰克上校粗声粗气地道："对不起，有话快说，我很忙！"

如果不是我太了解这位上校的脾气的话，我一定立时就放下电话了！

我道："好的，你很忙，那么我不说了，虽然我有一点关于沉机的资料。"

杰克上校叫了起来："别放下电话，你是怎么得到那资料的，是些甚么资料？说！"

我笑了起来："你不是很忙么？"

杰克上校咕哝地骂了一声，我道："现在的搜寻地点是错误的，我已经知道，飞机之所以会失事，是由于某国特务的破坏。"

杰克上校呆了片刻："你真是神通广大，我们也是才从一些迹象中，开始在怀疑这一点，你怎么倒早已经知道了！"

我道："这才叫神通广大啊，上校，我建议你应用声波金属探测仪，将你现在的位置，向左移，那你就有机会，先发现那飞机了！"

杰克上校呆了一呆："你说'先发现那飞机'，是甚么意思？"

我绝不想出卖柯克船长，但是，在柯克船长和杰克上校之间作一选择，我当然选择后者，因为我并不曾忘记，国际警方曾颁发给我一种特殊的证件，证明我和国际警方之间的特殊关系，全世界有这样证件的人，不超过十七个。这可以说是我的一种殊荣。

是以，当杰克上校那样问我之际，我就道："那还不容易明白？杰克，除了军警联合的搜寻队之外，还有别人，也在找寻那架沉进了海底的飞机！"

杰克上校呆了片刻，我想，那一定是我的话，令他感到震惊了。可是，出乎我的意料之外，在他呆了片刻之后，他忽然"哈哈"大笑起来："卫斯理，你虽然诡计多端，但是这样的谎话，决计骗不过我！"

当我向他道出了实情之后，我绝料不到他的反应竟会是那样的，我不禁十分恼怒："上校，我是有确凿的证据，才向你那样说的。"

可是杰克却继续笑着，像是因为他识穿了我的"阴谋诡计"，而感到十分高兴。老实说，我决不欣赏杰克的为人，他那种令人讨厌的自作聪明，有时，简直是令人无法忍受的。他一面笑着，一面道："你以为在海底打捞飞机，是普通的潜水打鱼？告诉你，我们有着最新的仪器配备，尚且没有把握可以找得到沉在海底的飞机，别向我危言耸听，说是有甚么犯罪分子，也在打捞这只飞机！"

我冷冷地道："我没有话说，我怎能对一头驴子说甚么？"

杰克怒道："你别出口伤人，辱骂警官是有罪的！"

我笑道："在电话中辱骂也有罪么？而且，你的确是一头驴子，不但我这样认为。连柯克船长，一定也有相同的感觉。"

在我还未曾说出"柯克船长"的名字来之际，我已经听到了杰克发出了一连串愤怒的咆哮声，但是他总算还好，未曾摔坏电话，是以他听到了我最后的一句话，突然之间，他静了下来。

过了相当长的时间，他的声音变得平静得多了，他道："你是想告诉我，柯克船长这个臭名昭彰的家伙，也在打这架飞机的主意。"

我道："你明白这一点，那就好了！"

杰克又道："等一等，我们的确有柯克东来的情报，但是这架飞机上并没有甚么值钱的东西，只有三个科学家的尸体。死了的科学家，和死了的瘪三，没有甚么分别，是甚么打动了柯克的心？"

杰克既然在向我请教了，我倒也不必太为已甚，是以我没有继续讽刺他，只是道："据我所知，三位科学家之中的一位齐博士，带了一件礼物来，给本市的博物馆。"

杰克道："是，那不过是一件古董。"

我立时道："就是这件古董，某国的特务，对之感到极大的兴趣，他们因此制造了飞机失事，由于他们不便公然露面，是以才出了重价，委托柯克船长，找到这件东西，这便是整件事的过程。"杰克"嘿嘿"地乾笑着，他虽然对我的话，没有作任何批评，但是我和他认识，决不止一年半载了，我自然知道他这样乾笑着是甚么意思，他是根本不信我的话，但是又怕万一是真的，是以不敢用尖酸刻薄的话驳斥我。

我不等他有进一步的反应，又道："希望你们留意一下，别让柯克船长先得了手！"

杰克有点心不在焉地道："某国特务感到兴趣的东西，究竟是甚么？"

本来，我可以将我和柯克船长的谈话，详详细细告诉他的，那就得从石灰岩风化，形成"喀斯特现象"讲起，再讲到中国云南省的路南石林。

但是我却知道，就算我详细说了之后，杰克的反应，一定仍然是一阵嘿嘿的乾笑，我自然不必为了听他的那种乾笑而大费唇舌。

是以我只是简单地道："我不知道，上校，我不知道那是甚么。"

我并没有骗他，事实上，我的确不知道那是甚么。根据柯克船长所说的，那是有六分之五，嵌在石头中的一个圆球，然而，那圆球是甚么，他不知道，我也不知道。

我自然知道柯克的意思，他的意思是，那圆球在至少二万万年之前，陷在石灰岩之中，在二万万年之后，由于石灰岩的风化，才显露了出来。

然而对于柯克船长的那种设想，我不敢苟同（这或者就是柯克船长对我失望的缘故），因为二万万年之前，那时，地球上还处于洪荒时代，可能还是三叶虫作为地球主人的时代！

我自问是一个想象力很丰富的人，但是无论如何，我的想像力还未曾丰富到认为三叶虫会制造一只圆球，将之藏在海底的石灰岩中的程度。

自然，这时我所想到的一切，也未曾向杰克上校，作任何表示。

杰克在略呆了一呆之后，道："你真的不知道?"

我道："真的不知道，连柯克船长也不知道，但是某国特务可能知道一些梗概，要不然，他们不会如此不择手段想得到那东西，你不妨和情报部门联络一下，或者可以有一点头绪。"

杰克又呆了片刻，才道："谢谢你，无论如何，谢谢你告诉我这些。"

听得他说"无论如何"，我的怒意，不禁往上直冒，我几乎忍不住又要破口大骂起来，因为说了半天，杰克仍然不相信我的话。

但是我却没有骂出来，我只是叹了一声，放下了电话。我已尽了责，实际工作如何进行，那并不是我的事，我已然通知了杰克上校，信与不信，是他的事！

除了我仍然不时在想，那东西究竟是甚么之外，倒也没有甚么别的牵挂。

一连两天，报上很多有关打捞工作的新闻。但是失事飞机却仍然未曾发现。

从报上的报导来看，杰克上校最后还是相信了我的话的。因为他们变换了找寻的地点，并且派出很多水警轮，在作现场的戒备。

我相信在那样的情形之下，即使杰克上校没有甚么发现，柯克船长一定也拣不了便宜去。

到了第三天早上，杰克上校方面，事情仍然没有甚么进展。我忽然想到，警方的行动，再没有结果，可以在报上获知，但是柯克船长是不是有了收获，新闻记者是不会知道的。我可以到陈子驹那里去打听一下消息，是他藉词骗我和柯克船长会面的，可知他和柯克船长有一定的联络，我不妨去打探一下消息。

石林往昔

过大年

□□金五

我头一回记得过大年，就是抗战胜利后第一个春节。那时我才四岁半，家里过年咋吃咋玩，过后也就全忘了。倒是在外头赶过三场大热闹，从小到老一直忘不掉。

大年初一瞧迎会，路南全城闹翻天。四哥带我守在城楼下，只听见锣响鼓响炮仗响，就见搽脂抹粉、穿红戴绿的多多人，成群结队游进城来。他们有的边唱边跳，有的装哭装笑，有的假打假闹，引得满城人众争着瞧。亏得四哥手不停来嘴不闲，见着哪样都指着叫，我才晓得人家是在崴花灯、跳蚌壳、颠毛驴、舞狮子、耍龙灯、打霸王鞭……还有人装扮成观音娘娘、唐僧法师……各自打坐在木架位上，由多人抬着游过街。最了不起的是高跷队，脚绑木杆有房子高，就仿神仙在天上走，当中有的想歇歇气，屁股一歪就坐在街边厦子上。我看得正着迷，四哥扯起我的手就走，跟着高跷撵着瞧……

转过西北街，迎会的队伍直奔城隍庙去了。因为人多挤不进去，四哥就带我去二舅家，坐在门口歇歇脚。有个老夷人（今彝族），扛着一条挂红布的扁担，一边游街一边喊：“初四，初四，路美邑啰!”我问二舅：“他在整哪样?”二舅说：“正月初四，路美邑要摔跤。到时候，舅舅领你们去瞧热闹!”

初四那天早饭后，二舅果然约个朋友，一同来我家，带上四哥拉起我，一齐出城去路美邑。听说要走十里路，可是我才走到金家坟，就脚酸腿软走不动，全靠二舅和那朋友，轮换着把我背到跤场去。

路美邑的摔跤场，设在村外一个山凹凹里。我们来到那里时，四周早就挤满人，夷人、汉人混杂坐。我见跤场中间平地上，好几对大力士跤手在摔跤，只要哪位先摔倒，全场同叫一声“哦!”就仿突然起闷雷。我看了一阵热闹就坐不住了，哼哼唧唧挨到半晌午，二舅才带我们出场外，找个小摊买羊肉吃。吃饱肚子后，二舅叫四哥领我玩，他和朋友再去看摔跤。

四哥先带我逛进村，摸进天主教堂，偷看洋神父诵洋经。后又逛回跤场外，观看夷人跳大三弦舞，硬是跳得地上冒黄灰。天擦黑时听见几声土炮响，赶忙去瞧收跤场〔闭幕〕，只见拔头竿〔夺冠军〕的大力士，高举着挂红布的长竹竿，身披几条老长的布，威风抖抖绕着场走。他后头跟着一队人，打鼓吹号放炮仗……

摸黑进村子，二舅带我们上夷家门，只见院子里铺些青松毛，有几十人坐在地上狂喝酒。二舅和主人打过招呼，人家就请我们坐下吃饭。见我认生不敢动筷，二舅忙说：“老夷人的风俗，进门就是客，见酒你就喝，见饭你只管吃!”我也真饿了，急忙端起土大碗，大嚼包谷饭，猛喝青菜汤，吃了个气撑肚子胀。见我打瞌睡，二舅放下酒碗，抱我进房子首〔里〕，放在铺满稻草的地上，要我“放放心心先睡觉”……

第二天大清早，我们告别主人家，离开路美邑，二舅又背起我，顺着大路返回家。在路上，二舅又说起，正月初八黑龙潭赶会，到时再领我和四哥去。我小哥俩当然喜欢死啰!

小哥俩今日等，明日盼，总算盼到初八日，二舅却没有到我家来。等呀等，等到太阳快当顶，四哥等得不耐烦，偷偷拉我出了门，说是要带我去黑龙潭，一定能找到二舅舅。我人小没主意，高高兴兴就跟他走了。

四哥说，去黑龙潭只有六里路，可是我才走出两三里，就像苍蝇搓脚懒着不动。四哥比我大三岁，也没有力气背我走，只得陪着我，歇一阵又走一程，歇歇走走好几回，才算挨近黑龙潭。这时，正巧碰着祭龙队伍上山来，我一下子来精神了，紧跟着四哥撵上去瞧。最好玩的是，瞧见有个踩高跷的汉子，一步踩滑摔大跤，屁股跌坐在卖米线的摊子上，引得路上的众人笑个饱。

来到黑龙潭，顾不得看龙王庙祭龙和高戏台上唱戏，四哥拉我东跑西跑，钻头觅缝去找二舅。不过我还是看得见，龙王庙烟雾腾腾，火光闪闪，神仿遭灾挨火烧。龙潭水绿阴沉沉，真像老龙就要飞出来。我越看越害怕，根本不敢靠近庙和潭，生怕被老龙伸手拽进水里去。

找死找活还是不见二舅，肚子饿得咕咕叫，四哥也没办法了，只得领我返回家。可是，走不多远我又走不动，歇了几回才走到蚊子口，眼看太阳快落山了，又累又饿又心慌，急得我坐在路上嚎〔哭〕。幸好，爹爹派三哥来找我们，才算把我背回家。为领我去黑龙潭，四哥被爹爹揍了一台〔顿〕。

过了这个大年，我才晓得一年之中，就数过年最热闹最好玩。以后每逢过年，我都常去看摔跤，也有几次去黑龙潭赶过会。只可惜再没有见过办迎会，这个风俗也就失传了。

清秀鹿阜镇

□□金 五

听老辈人讲，路南自元朝开始建州，州城就在如今的小古城，但那时只是个打土围墙的彝人寨子。明朝成化年间实行改土归流，朝廷派来的流官取代了土司官，才围绕鹿阜山另筑新州城，五百年后成了民国时代的路南县城。我小时候见过烧有“成化”二字的城砖，证明老人说的不假。

我幼年所见的路南城，是一座小小巧巧的古城。小就小在城墙周长才三华里，“咂支烟的功夫能绕半城”；巧就巧在城墙的东、西两头尖尖，南、北两面扁扁，形状很像一条船。民间也有传说：“城是一条船，装着鹿阜山，压住大鳌怪；金鸡啄鳌鱼，全城会摇晃。”

正因为城中有鹿阜山，所以城区得名鹿阜镇。

路南城内有南门街、东门街、西北街、小东门街，总共四条小街，其中正街就是不足百公尺长的南门街。城内大约三分之二的面积有房屋，另外三分之一是水塘、菜地和树林，乍看像个大村镇。南城外有两条小街和一条长街，分别叫顺城街、横街和武庙街（俗称大街心），合成一片与城内差不多大的居民区，统称南门街。这城内和南门外，再加上近城的西门外、龙树、牛屎坡、对过、学地山、小古城几个小村子，老百姓都叫“城区”。解放初听爹说，城区仅有千把户五千多人口，当然只算个小县城。

我大哥少小出远门，久居昆明大城市，但时常怀念着“清清秀秀的路南城”。经他的提醒，我也开始观察，果然发觉我们的路南城，是座清秀出奇的美家园。

有一回，我背柴转来半路上，坐在高山坡上暂歇脚，远望路南坝子栽秧忙，满田满坝水汪汪，真像一个大海子。再望坐落坝子中央的紫玉山、鱼山、黉学山，全被密林覆盖，就像一串翠绿的海岛，将县城包藏得严严实实，唯独冒出魁阁的大宝顶。这时我才想到“路南城是海龙船，拴在魁阁下”，倒是很形象，确实很清秀。

如果说远望是一座清秀的小城，那么再到城里城外走走瞧，这座小城真清秀！

先逛逛城内的县衙和城外的文庙、武庙，都见古树成林、花草繁茂，鸟语花香似公园。再绕城墙走一圈，见护城河中栽莲种茭瓜，四季活水绕城淌，真是游玩散步的好去处。更有城内的西门到北门，保留着百十亩大的一片藕田，每到盛夏莲花开，其中的震觉寺就像漂浮在花池上。难怪古时路南就有“花城”之称，而我觉得叫花镇更恰当。

路南也是名副其实的水城。除了一条护城河，城内外还有十多个清汪汪的水塘子，更有从巴江引来的吃水沟。吃水沟从鸽子洞流到“三步两孔桥”，一沟就分三沟，流向南门外的居民区，不仅给全城居民送来甜河水，也使河边住户成了“小桥流水人家”。前人还在武庙长街的靠南头，建起一座叫水阁的过街楼，楼下是街道，街下是小河，还真像昆明拓东路上的状元楼。正因为城内城外河、塘多，路南城才占着风水好，全城区都显得很清秀。

要说路南城外的风景好，美景都出在俗称东山河的巴盘江。这巴江源头在石林北边深山中，另一源头出自城东郊的黑龙潭。这两条水在金家坟山下交汇后，流近县城绕个弯，接二连三展现出美景观，成了一条天然的风景带，是全城众人最爱游耍的好地方。

巴江近城的第一桥，是用几棵大树搭成的东山桥。东桥头有座破旧的东山寺。西桥头以下是一条长堤，通到半里外的鸽子洞，堤上是栽满柏树的林阴道，堤下江滩长满芦苇。县中的师生最爱在这段江堤上散步，看柏树迎风摆，苇花白茫茫，江水亮闪闪。有一回我跟着几个大娃娃，夜游巴盘江，从东山桥上跳下水，漫游到鸽子洞。东岸田野稻花香，西岸芦苇花翻白浪，天上江上两明月，伴我水中逍遥游，一时之间发迷醉，疑是身在天河漂。

从鸽子洞到双龙坝，风景美如山水画。江西岸是鱼形的长山，其名叫鱼山，也有人叫双龙山。山上长满扁柏树，山顶上建有壮丽的魁阁，山腰上有云大附中开辟的运动场，山尾处有旧官僚的别墅叫竹庄。抗战时期鱼山改成双龙公园，虽然既简陋又清冷，但运动场上开大会，经常能聚集几千上万人。

双龙公园的魁阁，三层六角大宝顶，是全城最高最雄伟的古建筑。据说这魁阁建成时，轰动了省城和邻州县，许多人赶来参观，连云贵总督看了都赞不绝口，还把造阁的朱掌墨带到省城去盖官衙。我小时候常登魁阁玩，见底层空空如也，中层供一座魁星神像，顶层四季风满楼。推窗望四方，山川沃野尽收眼底；石击天花板，飞起一群受惊鸟；偶有浮云低飘过，真想伸手抓一把。那时我就满以为，这魁阁揽云该是路南城的第一景！

这鱼山之下的巴江河上，有一座石砌的滚水坝。传说古人在江上筑坝，多次合拢不成，后来见二蛇对游过江，人们就在蛇游处筑坝成功，因此取名多龙坝。江水漫坝而流，形成人造飞瀑，声震一两里外；坝下有几座碾米房，“咯吱、

咯吱”的声音日夜在伴奏；长年江风劲吹，送暖送凉送清香。这就是路南古八景中的“响水清风”。我常和小伴去双龙坝游玩，戏水、听水声、观水花、看碾米……从来就玩不厌烦。

双龙坝的下方是竹庄，栽有几百竿凤尾竹，种有几十种果木花卉，还盖有一院漂亮的小楼房，是全城独一无二的别墅庄园。旧社会，我跟着主人的侄儿去过竹庄，感觉真是个避暑躲凉的好去处。新社会，竹庄办成县招待所，众人都可以进出，如同游耍一个小公园。

竹庄南头的江面上，抗战时候架起一座公路桥，老百姓都叫它大河桥。这大石桥下的江底上，有一块很大的黄石头，民间叫它蛤蟆石。传说古时有个蛤蟆精，常在江中兴风作浪，后来，它有一回翻起肚皮晒太阳，才被老天发雷打死掉，化成一块大石头。我曾在桥上仔细看，那石头真像个癞蛤蟆。这大河桥下的江边上，还是城中娃娃们在鬼节放河灯的地方。我也去那里放过一回灯，只见满河漂的是灯光点点，照得水波闪亮，真是好看极了。

总之，就因为有了这条巴江河，不但路南坝子成了米粮川，路南城也变得更清秀！

当然，路南城也并非十全十美，最不美的就是会发大水灾。每逢初夏老天连降暴雨，西山一带的山民倒高兴了，家家忙着泡田栽秧，但是城北坝子却遭水灾，千亩良田变汪洋。一旦大水冲垮上圩的堤埂，县官就下令紧闭四城门，保全城内不挨淹，却防不住大水冲进西门外，几百户人家全泡汤，“灶窝洞首〔里〕拿大鱼”，哪能把家产损失补回来？这种“西山忙栽秧，西门外嚎丧”的情形，我小时候也亲眼见。可喜到了解放后，人民政府兴修水利，几年的功夫就见成效，县城的水患就彻底消除了。

清秀古朴的路南城，是我可爱的故乡，也是我心中的一块圣地。

（注：“〔 〕”为加重点符号的方言词汇的注释。）

音　像

《男儿情之二》　毕有和歌舞作品专辑（VCD），由石林喃咪阿诗玛文化音响传媒工作室制作，云南音像出版社出版，云南广播电视公司发行，音像版号 ISRC CN—G10—07—368—00/V ·J6。本专辑收录了“彝乡新农村”、“健康万事顺”、“儿女的心声”、“待客歌”、“无聊的闲话”、“向往的地方”、“客多心乐”、“红眼病”、“醉歌”、“教诲”、“找火草的姐妹们”11 首歌舞作品。《男儿情之二》继续保持了上辑作品朴实自然、易学易唱、贴近生活的风格，深受广大彝族群众的喜爱。

《走进石林路花》　黄志明原创歌舞作品专辑，云南民族文化音像出版社出版发行，音像版号 ISRC CN—G15—07—307—00/V·J6。专辑收录了“秋去春来”、“情笛”、“良种丰收”、“人与自然”、“脱贫”、“真爱夫妻”、“啊！钞票”、“建设新农村”、“兄妹情”、“美在石林”、“人参果之村”、“严防假钞”、“迎客歌”13 首歌舞作品。一首首发自内心的纯朴的歌曲，唱出了彝族群众积极向上的生活态度。

图　书

《旅 途》　西北师范大学文学院历史系吴剑华（石林籍学生）、化工学院陈家忠（普洱籍学生）合著诗集作品，2006 年 6 月由敦煌文艺出版社出版，书号 ISBN 7—80587—793—9，1/32 开本，印数 1000 册，定价 16 元。专辑收录了五卷 107 首诗歌，其中吴剑华的四卷 96 首。书前有西北师范大学文学院院长、教授、《敦煌》诗刊主编彭金山的序言——“爱与寻觅”。序言中写到：“吴剑华来自云南的石林，那儿是阿诗玛的故乡，美丽的阿诗玛把回声永远地留在了那里。这块多情的土地养育了吴剑华的生命，也给了他一颗敏感的诗心，作为红土地忠实的儿子，他对自己的家乡怀有深厚的爱，他用他的诗歌倾诉着对故乡无尽的思念和爱恋。无论是写给父老乡亲、异性朋友的诗，还是抒写田园、山水，几乎所有诗中都蕴藏着一个巨大的乡土情节”。作者在后记——“背叛自己只是为了找回最初对乳汁的忠贞”中袒露了创作历程：“在我二十岁前，我的写作对象没有越过红土地。到了 2003 年秋天，我到了一个完全陌生的地方，经过一段时间的适应后，我喜欢上了北方，喜欢她悠久的历史和多姿的文化。因此，我开始抒写她，那是我怀着对母亲河的深深眷恋开始创作的”。由此，这本书完成了作者从家乡石林到西北兰州的心路历程，最终找到了自己的心灵归宿，诗集终于破茧而出了。

《石林诗词集锦》　政协石林县委员会、石林风景名胜区管理局编，吴克文主编，2006 年 10 月由云南新闻出版集团公司、云南美术出版社出版发行，书号 ISBN 7—80695—433—3/I·50，1/32 开本，字数 141 千字，定价 22.80 元。本书收录了反映不同时代、不同体裁、不同风格的诗词佳作 326 首，不少名人大家的诗词从形式到内容都“道出奇景，穷形尽相；写出真情，曲尽其妙；写出哲理，言深意长”。达到相当的境界，可称为石林文化中的瑰宝。本书前有彩页及赵浩如的序言，后有编者的编后记。

《夜色阑珊》　邓世林散文作品专辑，2006 年 10 月由云南出版集团公司、云南美术出版社出版发行，书号 ISBN 7—80695—437—6/I·51，1/32 开本，200 千字，印数 1000 册，定价 29 元。全书共收录作品 46 篇，分为四个板块：一是故乡和亲友题材，其中包括作者的第二故乡石林；二是四海内外的游记；三是社会杂感；四是上世纪70年代早期的习作，亦作为历史的一面镜子收录于集子之中。“生命的四季各有纷呈，春有勃发与料峭，夏有多彩与变故，秋有浓重与悲凉，冬有孕育与雪剑，我们都各拥人生的感悟”。这是作者对人生的深切感悟。本书前有黎方的序一、米思及的序二，后有郑祖荣的评论和作者的跋。

《小时候》 金五散文作品专辑，2007年6月由云南民族出版社出版发行，书号ISBN 978—7—5367—3726—6/K·979，1/32开本，200千字，印数1000册，定价28元。《小时候》分为上篇（1945～1949）、下篇（1950～1953），共51篇散文。作者在序言中说：“在那些风云变幻的岁页，我虽然生长在偏僻小镇一农家，却有幸上过省城，进过工厂，下过乡村，能用自己稚嫩的感官，见识了滇省一方的大乱大治，感受到故乡小县（指路南县，编者注）的风物变迁，体验过农工生活的酸甜苦辣，并深深印记在天真的童心中。而今相隔半个世纪，我将当时的所见所闻和所行所感，原原本本地写出来，亦可一吐我的爱家、爱乡、爱国情。”足见一个文艺工作者对家乡人民的热爱和赤诚之心！本书最大的特点是用儿时方言写作。因是公开出版，为使广大的读者能够理解，在编辑过程中，部分方言作了删改，保留的方言词汇也加了注释。本书前有作者的自序，后有后记，文笔朴实而优美，却富有令人忍俊不禁的诙谐幽默感，使人在轻松欢快的语境中领略了石林县的一段沉寂往事，是石林县迄今为止写得最好的历史风物类散文。

人物

新任县级领导简介

罗朝峰 男，汉族，1968年6月出生，云南省永胜县人，1992年6月加入中国共产党，1993年7月参加工作，硕士研究生学历。现任中共石林县委书记。

1986年9月至1990年7月，在云南师范大学政治教育专业读书；1990年7月至1993年7月，在西南师范大学攻读马克思主义哲学硕士学位并毕业；1993年7月至1995年9月，在昆明市人民检察院工作；1995年10月至1996年6月，参加昆明市委第二批“村建工作队”；1996年7月至1999年2月，任昆明市人民检察院办公室副主任；1999年2月至2001年1月，任昆明市人民检察院办公室主任；2001年1～2月，任五华区人民检察院代理检察长；2001年2月至2003年3月，任五华区人民检察院检察长；2003年3月至2005年8月，任五华区人民政府副区长；2005年8～12月，任昆明市人民政府办公厅党组成员、昆明市便民服务领导小组办公室副主任（主持工作）、党组成员；2005年12月至2008年7月，任昆明市人民政府副秘书长、办公厅党组成员、昆明市便民服务领导小组办公室主任、党组书记；2008年7月至今，任中共石林县委书记。

王昆 男，汉族，1962年1月出生，籍贯云南陆良，1979年8月参加工作，1990年4月加入中国共产党，大学本科学历。现任县委常委、组织部部长。

1979年8月至1982年8月，在昆明市饮食公司金碧管理处工作；1982年9月至1986年7月，在云南大学历史系历史学专业学习；1986年7月至1992年8月，在昆明市委党校任教；1992年8月至1996年11月，任昆明市委政研室综合处副处长；1996年11月至2002年3月，历任昆明市委组织部调研室副主任、组织二处副处长；2002年3月至2006年6月，任昆明市委组织部研究室主任（其间，2005年9月任副县级组织员）；2006年6月至2007年10月，任昆明市委组织部副县级组织员、组织二处处长；2007年10月至今，任中共石林县委常委、组织部部长。

张达 男，汉族，1971年1月出生，云南省罗平县人，1989年8月入伍，1992年6月加入中国共产党，昆明陆军学院大学学历。现任县委常委、县武装部政委。

1989年8月至1993年7月，在昆明陆军学院学习；1993年7月至1997年8月，在35207部队先后任二枪连排长，一连副政治指导员，团政治处副连职、正连职干事；1997年9月至2003年2月，先后在77211部队士兵训练一中队任政治指导员兼教员、干部训练二中队副中队长兼教员、干部训练一中队代理政治教导员兼教员、干部训练一中队政治教导员兼教员；2003年3月至2008年2月，在成都军区司令部办公室军事工作研究室任正营职、副团职、正团职研究员；2008年3月起，任中共石林县委常委、县武装部党委书记、政治委员。

毕宏志 男，彝族，1964年11月出生，石林县圭山镇普拉河上寨村人，1982年7月参加工作，非党人士，研究生学历，中学高级教师。现任县人大常委会副主任。

1982年7月至1989年8月，在石林县圭山镇中学任教；1989年9月至1993年8月，在石林县民族中学任教；1993年9月至1995年8月，任石林县鹿阜镇中学副校长；1995年9月至1998年3月，任石林县教育局教研室副主任；1998年4月至2005年8月，任石林县民族中学校长；2005年9月至2008年1月，先后任石林县政协教文卫委副主任、主任；2008年2月起，任石林县人大常委会副主任。

戴平 男，汉族，1968年4月15日出生，云南省大理州人，1990年8月参加工作，1998年6月23日加入中国共产党，中央党校大学学历。现任县人民政府副县长、县公安局局长。

1990年8月至2000年12月，在昆明市公安局盘龙分局工作；2000年12月至2002年7月，任盘龙分局东站派出所副所长；2002年7月至2005年6月，任盘龙分局董家湾派出所所长；2005年6～12月，任盘龙分局警令处主任；2005年12月至2008年1月，任盘龙分局副局长；2008年1月起，任石林县人民政府副县长，石林县公安局党委书记、局长。

刘珉语 男，汉族，1965年11月出生，云南省文山州人，1987年7月参加工作，1988年7月加入中国共产党，大学学历。现任县法院院长。

1983年9月至1987年7月，在西南政法大学法律系学习；1987年8月至1992年9月，在昆明市中级人民法院工作（其间，1987年8月至1988年7月，参加昆明市讲师团到路南县城镇中学任教；1990年12月至1991年7月，到禄劝县则黑乡民安乐村扶贫）；

1992年10月至1994年9月，任昆明市中级人民法院科员级助理审判员；1994年10月至1996年11月，任昆明市中级人民法院副科级助理审判员；1996年12月至1997年10月，任昆明市中级人民法院副科级审判员；1997年11月至2002年2月，任昆明市中级人民法院立案庭正科级副庭长（其间，1999年5月至2001年6月，西南政法大学研究生课程进修班在职研究生毕业）；2002年2月至2003年9月，任昆明市中级人民法院立案庭正科级庭长；2003年10月至2008年1月，任昆明市中级人民法院立案庭庭长（享受副县级待遇）；2008年1月，任石林县人民法院副院长、代理院长；2008年2月起，任石林县人民法院党组书记、院长。

王海东 男，汉族，1972年1月出生，云南省玉溪市人，1989年3月入伍，1991年8月加入中国共产党，昆明陆军学院毕业，中央党校本科学历。现任县人民武装部副部长。

1989年3月至1992年8月，在云南省军区边防第七团直属七连、机炮连、一营一连当战士；1992年9月至1994年6月，在昆明陆军学院学习；1994年7月至1997年1月，先后任云南省军区边防第七团二营四连实习排长、排长、军务股参谋（其间，1996年3月至1997年2月，在石家庄陆军参谋学院学习）；1997年2月至1998年1月，任思茅军分区作训科正排职参谋；1998年1月至1999年2月，任云南省军区边防第七团一营三连副连长；1999年3月至2000年9月，任思茅军分区直工科副连职管理员；2000年10月至2003年3月，先后任云南省军区边防第七团四连副连长、三连连长、一营副营长；2003年4月至2004年9月，任云南省人民武装学院教员兼二中队队长；2004年9月至2005年3月，任昆明警备区司令部作训办副营职参谋；2005年3月至2008年3月，任呈贡县人民武装部政工科科长；2008年3月起，任石林县人民武装部副部长。

知名人物

梁永宁 昆明理工大学国土资源工程学院教授，博士研究生导师，研究方向为旅游地质与地质遗迹。国家建设部世界自然遗产专家、“中国南方喀斯特”申遗专家组组长、石林申报世界自然遗产的领军人物。

梁永宁教授祖籍山东，1957年出生，11岁随父亲来到云南。1977年，考入昆明理工大学地质学专业，研究生毕业后留校任教。1988~1989年，赴加拿大做访问学者，1998~1999年赴美国威斯康星大学做访问学者。主持多项国家、省部级项目，发表论文20余篇，著有《三江并流》、《中国石林》等。作为全国顶尖的世界遗产专家，从2001年开始连续多次参加世界遗产大会，主持和参加多项中国世界遗产申报项目的技术工作。2001~2003年担任“三江并流”申报世界自然遗产专家组组长，在实地资源调查、申报文本编写、考察陈述、宣传展示和对外交流等方面做了大量工作，为“三江并流”成功申遗做出突出贡献。2003~2004年担任云南石林申报“世界地质公园”专家组组长，为石林列为首批世界地质公园做出突出贡献。2005~2007年担任中国第一个跨省市联合申报的世界自然遗产——“中国南方喀斯特”项目专家组组长。2007年6月，该项目的组成地云南石林、贵州荔波、重庆武隆成功列入世界遗产名录。

石林申遗经历了漫长的17年，梁永宁教授参与其中14年，对石林怀有深厚的情谊。2001年担任专家组组长，更加频繁地国内国外到处跑，每年参加遗产大会，不停地向专家宣传、汇报石林的情况，经历了无数次的陈述、汇报。除了对石林的资源进行管理与保护外，还手工绘制了立体导游图，开展科学石林建设的指导和推动工作。在石林申报世界自然遗产中，梁永宁和其他专家一道，对石林进行了完善的、系统的研究和论证，用智慧和心血编写了大量的申报资料，使石林喀斯特的科学价值、美学价值和在世界喀斯特地质地貌中的独特性、完整性和珍贵性受到了国内外专家的广泛重视，得到了世界遗产保护联盟的认同，确保了石林成功列入世界自然遗产名录。梁永宁教授还接受石林县的聘请，担任经济社会发展顾问，为石林旅游业的发展作出了重大贡献。

娄永清 又名石松。1938年1月生，男，云南石林人，中共党员，九三学社社员，广西大学社会科学与管理学院教授，广西新闻出版局审读员，广西创造学会秘书长。1961年毕业于云南大学，曾在广西民族学院、广西社会科学院等单位工作，1993年获教授职称。长期以来从事哲学、科学社会主义等学科的理论研究，先后发表过110多篇、70余万字的文章，担任过一些著作的主编、副主编。现有成果主要集中在下列两个方面：一是哲学相对论，已发表《哲学相对论》、《哲学相对论的出发点》、《哲学相对论规律规》、《物质第一性，精神第一位》、《反决定、宇宙进化的主动轮》（该文稿转载于《中国“八五”科学技术成果选》）、《论相对性范畴》（该文发表于《中国社会科学》1997年第4期）。20多年来，三易其稿，写出56万字的学术专著《哲学相对论》，2005年12月由人民出版社出版。该书是娄永清教授25年潜心研究马克思主义哲学的成果，也可以说是他一生之中酷爱、学习、探讨这门“智慧之学”的心得。全书分绪论、狭义哲学相对论、广义哲学相对论、认识论的相对论、方法论的相对论五篇，使用“哲学相对论”来阐述马克思主义世界观、历史观、认识论、方法论的基本原理。2006年10月，该书参加第九次广西社会科学研究优秀成果评奖，获得专著类成果一等奖。二是社会主义辩证法，已发表相关文章30余篇，其中有代表性的有：《社会主义辩证法的新思路》、《社会主义社会发展阶段探索》、《论社会主义社会是独立的社会形态》等。主持撰写专著《社会主义社会矛盾论》，该书38万字，已由广西人民出版社于1997年2月出版。2005年1月由云南人民出版社出版的《社会主义：20世纪风云与前瞻》一书，重点展现了社会主义在各国的传播和一国到多国的发展，深入分析了苏东社会主义的发展及剧变的经验教训，突出研究了社会主义在中国的曲折发展历程，探讨展望了社会主义的未来走势和前景。

新闻人物

武内刚 男，1957年10月23日出生，日本爱知县名古屋市人，现为日本爱知学院大学、名城大学、爱知县立大学客座历史学讲师，石林阿诗玛文化研究者。

武内刚祖籍日本三重县松阪市，出生于日本兵库县姬路市。1982年毕业于日本立命馆大学文学部史学科东洋史学专业。1988年从爱知学院大学院文学研究科历史学完成博士学位课程学习，获得文学硕士学位。1988年7月首次从日本到石林旅游，留下十分美好的印象。1989年到云南大学档案系留学，师从何耀华教授和尤中教授进修南诏大理国时期的彝族历史，其间多次到石林考察和旅游。1992年随日本《读卖新闻》主办的学术交流团再次到石林考察，并开始了他研究石林彝族文化的漫长旅途。每年的二三月和八九月，武内刚都会到石林度假和考察。他起了一个彝名叫“阿巴码”，经常穿着撒尼褂，还学会了汉语和撒尼语，在石林城乡结交了不少好朋友。他非常注重实地调查研究，力求做到实地研究和历史文献研究相结合，研究重点是以石林彝族撒尼人为中心的彝族文化，包括彝族内部各支系关系、彝族与汉族历史关系研究两大内容。2000年出席了在石林召开的第三届国际彝学研讨会，2004年出席了阿诗玛国际学术研讨会。在《立命馆史学》、《名城大学人文纪要》、《日中文化研究》、《中国语杂志》等刊物撰写发表了《关于南诏大理国的国家结构的看法》、《彝族撒尼人的山地民文化》、《撒尼人的婚姻》、《围绕撒尼人的民族集团关系》、《汉化与民族化——从中国云南石林彝族自治县的事例》、《关于云南彝族的民族动态》、《见于长篇叙事诗〈阿诗玛〉的民族集团表象》等论文。现正致力于明朝屯田制度和清朝汛塘制度对石林彝汉关系影响的研究。

杨继平 男，汉族，1970年5月7日出生，石林县板桥镇龙潭村委会慈门村人。1993年毕业于云南农业大学。大学毕业后，曾开过碟片租赁店、书店、录相室、茶室、家电铺，曾在《商界名流》杂志作过首席记者，在云南省金潇湘影视公司做过创作员，系云南省作家协会会员。现在家创作40集电视连续剧《烟农》。

杨继平高中时开始迷上文学，曾有大量小小说、散文、诗歌在《石林文化报》发表。高二时在《文苑》杂志发表短篇处女作《顾儿鸟》；2003年在《小小说月刊》发表《鼠王》，后被《故事精选》转载；2006年在《滇池》第3期发表中篇处女作《烟农》，同年发表中篇小说《孤独的鱼》(《滇池》第11期)。

《烟农》发表后引起极大反响，很快被《小说选刊》第5期转载，之后又被收入《2006中国年度中篇小说》年选。2007年4月19日，《烟农》获第四届“滇池文学奖”。4月24日，《烟农》被云南莘星影视文华公司以10万元现金买断著作权，创国内新人中篇处女作著作权之最。5月23日，杨继平接受该公司委托，担任电视连续剧《烟农》的编剧。

目前，杨继平还完成并发表了对云南省农业银行行长字如钧、玉溪水松纸厂厂长何金星、滇红集团董事长王天权专访的报告文学。又一中篇小说《白头偕老》现已定稿，有望在近期发表。

乡土艺人

毕华玉 男，彝族撒尼人，1953年3月12日出生，石林县西街口镇寨黑村人，初中文化，复员军人。现供职于石林县民宗局文史研究室，从事彝族民间习俗研究。其父亲、爷爷、祖父、曾祖父均为当地有影响力的毕摩，毕华玉为第五代毕摩传人。

由于受家庭的熏陶，毕华玉自幼热爱民族民间礼仪活动，34岁时正式跟父亲和堂哥学习彝文和民俗礼仪的各种套路，并主持本村的丧葬仪式，成为本地有威望的毕摩传人。他热爱民族民间文化，加之学习刻苦，对彝族撒尼的民俗传统内涵研究得比较透彻，办理各类民俗礼仪活动仔细、认真，深受当地民众的赞誉。毕华玉在不断的学习中，主持民俗礼仪的水平日益得到提高，目前他能主持“占卜”、“祭祀”、“叫魂”等60多种民俗礼仪，收藏有《尼姆》、《占卜书》、《指路经》、《阿诗玛的传说》、《地名古歌》等五套彝文古籍，内容涉及本民族的政治、经济、文化艺术、历史、哲学等方面。他能写、能说、能唱，先后参与整理了《祭祀》、《密枝祭词》、《地名古歌》等彝文著作，个人译著有《指路经：自家书，舅家书》、《姑娘出嫁》、《美丽的阿诗玛传说》等，参与翻译的《彝族撒尼祭祀词译疏》、《路南彝族密枝节仪式歌译疏》荣获昆明市人民政府社会科学优秀成果二等奖和三等奖作品毕摩图四幅被云南省博物馆收藏1999年至今，毕华玉参与举办了8期彝族撒尼毕摩培训班，培养村寨毕摩传承人600多人次，使毕摩文化得到了传承和发展。

中央电视台四、八、十二频道及“高原艺术中心”等媒体曾对毕华玉的传承工作作过宣传报道，受到了法国、德国、日本、美国、韩国等学者们的采访，还参与拍摄了《星空下的节日》、《健康之星》等专题电视片。

毕华玉是石林县乃至周围县区著名的毕摩传承人，有较广泛的影响力，他精通古彝文，对毕摩调唱法驾轻就熟，加之他出身于毕摩世家的特殊师承关系，对撒尼叙事长诗《阿诗玛》各种版本的演唱形式十分熟悉，是石林县非物质文化遗产重要的继承者和传承人。

2005年，毕华玉被命名为石林县非物质文化遗产传承人。2007年6月，先后被昆明市文化局、昆明市民族事务委员会及云南省文化厅、云南省民族事务委员会命名为省、市非物质文化遗产传承人；同月被国家文化部命名为国家级非物质文化遗产项目《阿诗玛》代表性传承人。2008年6月14日，云南省非物质文化遗产保护中心在石林县糯黑村为获得国家级非物质文化遗产传承人称号的毕华玉举行了佩戴绶带仪式。

王玉芳 女，彝族撒尼人，1941年出生，石林县长湖镇宜政村人，是石林县非物质文化遗产重要的继承者和传承人。

王玉芳从幼儿时代开始，便受彝族撒尼传统文化的熏陶，加上天资聪颖，可以说是在撒尼民间歌谣《摇篮曲》中长大的。她深受家人和周边浓郁的彝族传统文化的影响，16岁便开始跟随母亲和寨子里的民间歌谣高手学唱“该迷”（情歌）、“喜调”、“骂调”、“库吼调”、“叙事调”、“牧羊调”“犁地调”、“绣花调”、“织麻调”、“月琴调”、“口弦调”、“三弦调”、“婚礼调”、“哄睡调”等各类民间歌谣。尤其是在少女时代，她在山里放牧，只要听到山那边的牧牛娃和山这边的牧羊女对调子，她细细听慢慢品，觉得唱词曲调质朴感人，具有浓烈的泥土气息，便有心地学、记、背，在背地里悄悄地学唱起来。她每次在山上放羊，只要哪座山上有唱调子的，她就把羊往那座山头上赶，为的是听调子、学调子。王玉芳天生一副清脆的好嗓门，加上她勤学好练，不断向村里村外的民间前辈歌手请教，她的演唱技艺日益得到提高。后来，她熟练地掌握了彝族撒尼的经典民歌《牧羊姑娘》、《圭山彩虹》、《竹叶长青》、《库吼调》、《地名调》等，特别是对彝族撒尼语口传叙事长诗《阿诗玛》情有独钟，几种版本、几种演唱形式，她都能信手拈来，脱口而出，声情并茂，极具感染力，被彝族撒尼人誉为“阿诗玛”。

由于高超的演唱技艺，王玉芳在县级组织的历届彝语山歌比赛中累累获奖。她还经常被弥勒、泸西等周边县邀请去交流传唱民歌。目前，王玉芳的徒弟有大儿媳金荣芬和孙女普瑞等。

2002年，王玉芳被命名为云南省民族民间音乐艺人；2005年，被命名为石林县非物质文化遗产保护名录《阿诗玛》文化传承人；2007年6月，先后被昆明市文化局、昆明市民族事务委员会及云南省文化厅、云南省民族事务委员会命名为省、市非物质文化遗产传承人；同月被国家文化部命名为国家级非物质文化遗产项目《阿诗玛》代表性传承人。2008年6月14日，云南省非物质文化遗产保护中心在石林县糯黑村为获得国家级非物质文化遗产传承人称号的王玉芳举行了佩戴绶带仪式。

金牛 男，彝族撒尼人，1969年3月22日出生，石林县老海宜村人，2003年毕业于云南艺术学院。现为云南省美术家协会会员，昆明市美术家协会会员，是石林农民画的重要代表。

出生于文艺世家的金牛自幼酷爱书画艺术，并与现代农民画结下不解之缘。从20世纪80年代至今，挖掘、整理到大量有价值的创作素材，创作出了一批具有代表性的优秀民间绘画作品，在国内各级美术展览中入选或获奖。1990年10月，绘画作品《织麻布》入选云南省第二届群众美术作品展。1994年12月，《闹公房》在昆明市文化局、市群艺馆举办的“群辉美术作品展”中获奖。1996年12月，《说媳妇》、《串姑娘》、《彝寨风光》、《春播图》、《一对金黄鸟》、《收板栗》等六件作品入编《路南现代民间绘画优秀作品集》。1999年10月，《说媳妇》被选登在《中国画报》第十期美术专栏；《春播图》、《收板栗》、《挂包谷》、《串姑娘》等入编《昆明现代民间绘画精粹》；《阿诗玛》、《拼搏》、《酿酒歌》入选文化部主办的99‘中国当代民间绘画作品邀请展。2001年，《彝家甜蜜酒》、《小院里的祝米客》、《闹公房》、《丰收》、《丰年》等入选昆明市现代民间绘画“红土乡情”并在中国美术馆展出。2002年，《火把节之夜》、《小院里的祝米客》入选春城美术书法摄影作品展。2003年9月，《大千世界》入选“云南山泉”画家乡大赛。2004年1月，举办现代民间绘画个人作品展。2004年9月，获全国现代民间绘画优秀画家提名奖。2005年5月，《火把节之夜》、《彩虹寨》、《黄金宅》、《耕耘》等七件作品入选云南省农民画展并入编该画展作品集。2006年2月，被石林县委、县人民政府授予“乡土拔尖人才”称号。同年7月，《彝乡欢歌》在第二届中国农民书画展中获农民画一等奖。同年12月，《祭密枝》在昆明市第三届优秀文艺作品创作“茶花奖”评选中获三等奖。2007年7月，《丰年》获中国美术家协会举办的“描绘新农村全国美术作品巡展”一等奖。

逝世人物

李春富 男，彝族，1929年7月8日出生，宜良县九乡乡法干里村人，1953年2月加入中国共产党。

1949年6月至1953年2月，参加宜路游击大队护乡三团，分别在宜良九乡、得马、洪山区任战士、乡区干部；1953年3月至1956年11月，先后担任路南县供销合作社生产资料股副股长、监事委员会主任、路南专卖公司负责人、路南县农产品采购局负责人；1956年12月至1962年12月，任宜良县人民委员会委员、副县长（其间，1958年12月至1959年5月在南京军区空军4592工程指挥部〈陆良机场〉任行政处副处长）；1963年1～12月任宜良县财委办公室副主任；1964年1月至1969年3月，任路南县财政经济委员会副主任、党组书记；1969年4～12月任"五七"干校生产员；1970年1月至1973年3月，任路南县办煤矿党支部书记；1973年4月至1979年3月，任路南县财贸办公室副主任（其间，1978年8月至1979年3月任中共路南县委常委、财办主任）；1979年4月至1980年7月，任路南县革委会副主任、财办主任、对越自卫还击支前委员会主任；1980年8月至1983年10月，任中共路南县委副书记、县人民政府县长，党组书记；1984年6月至1990年2月，任路南县政协第二、三届主席、党组书记；1990年2月经市委批准离休。

李春富在党的培养教育下，始终保持廉洁奉公、无私奉献的优良品质，积极为全县经济发展、社会稳定出谋献策，为石林县委、政府和政协工作留下了宝贵经验。2007年10月17日上午1时30分因病逝世，享年78岁。

人物表

石林彝族自治县2007年取得高级职称专业技术人员名录

序号	姓　名	所在单位	职称	评定时间
1	周建雄	石林县种子站	高级农艺师	2007-10-18
2	阮学才	石林县植保站	高级农艺师	2007-10-18
3	段益云	石林县农广校	高级农艺师	2007-10-18
4	太明生	昆明市水电工程质量监督站石林分站	高级工程师	2007-9-7
5	娄琼英	石林县建设局	高级工程师	2007-9-7
6	王向方	石林县民宗局民族文史研究室	副译审	2007-9-30
7	邱道华	石林县文化馆	副研究馆员	2007-9-30
8	黄　兴	石林县文物管理所	副研究馆员	2007-7-26
9	王绍锟	石林县鹿阜镇中学	中学高级教师	2007-10-27
10	李绍林	石林县大可乡中心学校	中学高级教师	2007-10-27
11	盘忠武	石林县西街口镇中心学校	中学高级教师	2007-10-27
12	李文启	石林县圭山镇中心学校	中学高级教师	2007-10-27
13	杨晨鸿	石林县圭山镇中心学校	中学高级教师	2007-10-27
14	蔡志琼	石林县圭山镇中心学校	中学高级教师	2007-10-27
15	梁雁来	石林县石林镇中心学校	中学高级教师	2007-10-27
16	李　峰	石林县长湖镇中心学校	中学高级教师	2007-10-27
17	李菊英	石林县鹿阜镇中学	中学高级教师	2007-10-27
18	陈立忠	石林县鹿阜镇中学	中学高级教师	2007-10-27

续 表

序号	姓名	所在单位	职称	评定时间
19	王中建	石林县圭山镇中心学校	中学高级教师	2007-10-27
20	段培林	石林县实验学校	中学高级教师	2007-10-27
21	杨普文	石林县路美邑镇中学	中学高级教师	2007-10-27
22	张永云	石林县板桥镇中学	中学高级教师	2007-10-27
23	王小平	石林县鹿阜镇中学	中学高级教师	2007-10-27
24	殷建华	石林县鹿阜镇中学	中学高级教师	2007-10-27
25	李志强	石林县长湖镇中心学校	中学高级教师	2007-10-27
26	李国云	石林县板桥镇中学	中学高级教师	2007-10-27
27	朱继祥	石林县实验学校	中学高级教师	2007-10-27
28	马　敏	石林县路美邑镇中学	中学高级教师	2007-10-27
29	梁雁飞	石林县路美邑镇中学	中学高级教师	2007-10-27
30	符永平	石林县板桥镇中学	中学高级教师	2007-10-27
31	王保平	石林县石林镇中心学校	中学高级教师	2007-10-27
32	王建林	石林县一中	中学高级教师	2007-10-27
33	关大庆	石林县民族中学	中学高级教师	2007-10-27
34	高玉德	石林县一中	中学高级教师	2007-10-27
35	李　志	石林县民族中学	中学高级教师	2007-10-27
36	严柱才	石林县民族中学	中学高级教师	2007-10-27
37	杨方清	石林县民族中学	中学高级教师	2007-10-27
38	楚琼英	石林县一中	中学高级教师	2007-10-27
39	段开放	石林县一中	中学高级教师	2007-10-27
40	王树云	石林县民族职业中学	中学高级教师	2007-10-27
41	张　聪	石林县民族职业中学	中学高级教师	2007-10-27
42	张云喜	石林县委党校	高级讲师	2007-10-30
43	李永福	石林县委党校	高级讲师	2007-10-30
44	普凤琼	石林县委党校	高级讲师	2007-10-30
45	胡彩玲	石林县委党校	高级讲师	2007-10-30
46	陈丽琼	昆明市石林县妇幼保健院	副主任医师	2007-8-10
47	杜　鹏	昆明市石林县人民医院	副主任医师	2007-8-10
48	张瑞玲	昆明市石林县农技推广总站	高级农艺师	2007-10-18
49	普志文	昆明市石林县农技推广总站	高级农艺师	2007-10-18
50	杨继华	石林县广播电视局	主任记者	2007-12-27

石林彝族自治县2007年度
优秀科级干部、公务员、村干部、村民小组长、
专业技术人员、烤烟种植能手、民营企业名单

☆☆ 根据《中共石林彝族自治县委、石林彝族自治县人民政府关于对2007年度优秀干部、专业技术人员、烤烟种植能手和民营企业进行表彰奖励的决定》(石发〔2007〕9号)编制

一、优秀科级干部(13名)

1. 李金宝　县安全生产监督管理局局长
2. 李　学　县保密机要局局长
3. 徐永平　县统计局局长
4. 余　春　县水务局党委书记、局长
5. 李劲松　县检察院副检察长
6. 段正平　鹿阜镇党委书记
7. 刘琴龙　石林镇党委副书记、镇长
8. 黄宗祥　石林管理局党委副书记、纪委书记
9. 周保能　县卫生局党委书记、局长
10. 何建华　县环保局副局长
11. 王光学　县政府办公室副主任
12. 张红光　北大村派出所所长
13. 李宏伟　县委办公室副主任

二、优秀公务员(10名)

1. 李林春　县建设局
2. 卢贵林　县水务局
3. 杨红文　县人民法院
4. 冯国良　路美邑镇人民政府
5. 赵　勤　县发改局
6. 李学才　县委组织部
7. 赵玉英　鹿阜镇人民政府
8. 任　芳　县公安局
9. 赵荣春　县政府办公室
10. 李绍莲　县财政局

三、优秀村干部(10名)

1. 杨金富　鹿阜镇阿乌村党总支书记、主任
2. 李朝元　鹿阜镇西北社区党总支书记、主任
3. 谢有兴　板桥镇小屯村党支部书记、主任
4. 詹　伟　大可乡岩子脚村党总支书记、主任
5. 王家林　路美邑镇小河村党支部书记、主任
6. 刘志生　石林镇和摩站村党支部书记、主任
7. 龙利生　西街口镇格渣村委会主任
8. 张建学　长湖镇舍色村党支部书记、主任
9. 黄正开　圭山镇矣维哨村党支部书记、主任
10. 李　雄　板桥镇青山村党支部书记、主任

四、优秀村民小组长(10名)

1. 郑宝兴　鹿阜镇三板桥村委会三板桥村民小组长
2. 季贵林　板桥镇小屯村委会龙井沟村民小组长
3. 王家升　大可乡结胜村委会雨落甸村民小组长
4. 焦永全　路美邑镇路美邑村委会第二村民小组长
5. 张国保　石林镇林口铺村委会和摩村民小组长
6. 赵学信　石林镇乐尔村村委会乐尔村一组小组长
7. 娄国民　西街口镇西街口村委会西街口村民小组长
8. 赵志强　长湖镇雨胜村委会雨胜村民小组长
9. 杨光兵　圭山镇糯黑村委会大糯黑村民小组长
10. 姜汝堂　圭山镇普拉河村委会茂山村民小组长

五、优秀专业技术人员(11名)

1. 王惠兰　县林业局林业工程师
2. 李璇玲　县疾控中心副主任医师
3. 王邦海　县农牧局农技推广总站站长、高级农艺师
4. 解道学　大可乡水尾小学校长、小学一级教师
5. 杨秀文　县交通局公路建设管理所所长、工程师
6. 丁卫平　县建设局设计室主任、高级工程师
7. 毕晓冬　县史志办副主编、编辑
8. 张云喜　县委党校教务主任、讲师
9. 方跃章　县文体局文物管理所所长、馆员
10. 汪　江　县广播电视局助理工程师
11. 杨新民　县旅游局宣传处处长、副研究馆员

六、烤烟种植能手（20名）

1. 李树权　大可乡中龙村委会中龙潭村
2. 王云学　大可乡南大村村委会南大村
3. 王家清　大可乡结胜村委会雨落甸村
4. 潘绍华　大可乡岩子脚村委会阿慈村
5. 杨家才　板桥镇小屯二组
6. 保天华　板桥镇马街一组
7. 高树祥　鹿阜镇上赵公庄村
8. 喻天寿　鹿阜镇干山冲村
9. 黄和平　路美邑镇董家庄
10. 代木元　路美邑镇大地梁子
11. 李树平　路美邑镇喃喃石箐
12. 资照生　石林镇和摩站村委会和摩站村
13. 王小启　石林镇站屯村委会站屯村
14. 陈德志　西街口镇芭茅村委会芭茅村
15. 李文志　西街口镇糯衣村委会上寨村
16. 何志学　长湖镇海宜村委会新海宜村
17. 李秀山　长湖镇蓑衣山村委会蓑衣山老寨
18. 毕志福　长湖镇所各邑村委会所各邑新寨
19. 李宏兵　圭山镇水补衣村委会水补衣村
20. 王文学　圭山镇尾乍黑村委会尾乍黑村

七、优秀民营企业（20家）

1. 昆明石林兴隆交通旅游集团有限公司
2. 云南石林兴亚实业集团
3. 石林南亚焦化有限责任公司
4. 石林彝族自治县兴隆焦化厂
5. 云南众友电缆桥架集团有限公司
6. 石林三协电动游览车观光有限公司
7. 石林商联投资集团担保有限公司
8. 石林育才投资开发有限公司
9. 石林万家欢农业科技开发有限公司
10. 石林绿汀甜柿产品开发有限公司
11. 云南梦达尔集团
12. 云南石金企业发展集团有限公司
13. 石林电力工程发展有限公司
14. 云南水利建筑机械化工程公司
15. 石林房地产开发有限公司
16. 石林海川投资有限公司
17. 石林房地产建筑有限公司
18. 石林彝族自治县城州建筑公司
19. 石林县兴云洗煤厂
20. 东源石林煤业有限公司千红煤矿

石林彝族自治县第三届有突出贡献优秀专业人才名单

☆☆ 根据《中共石林彝族自治县委、石林彝族自治县人民政府关于授予王邦海等十位同志第三届“石林彝族自治县有突出贡献优秀专业技术人才称号”的决定》（石发〔2008〕22号）编制

1. 王邦海　县农业技术推广总站 高级农艺师
2. 刘世生　县史志办公室 副编审
3. 吉树全　县园林绿化管理站 高级工程师
4. 朱玉高　县人民医院 副主任医师
5. 李建东　云南众友电缆桥架集团有限公司 工程师
6. 刘琼珍　石林高中教育集团 中学高级教师
7. 毕华玉　县民宗局 助理翻译
8. 赵吉奎　县种子站 高级农艺师
9. 梅为云　石林绿汀甜柿产品开发有限公司 高级农技师　助理农艺师
10. 毕艳华　石林风景名胜区管理局 助理工程师

石林县正科县管领导干部名单

（截至2007年底，共171人，其中：妇女22人，少数民族55人，非党7人）

单位	姓名	职务	妇女	少数民族	非党
县委办	王永乔	办公室常务副主任			
	毕卫东	办公室副主任		1	
	李宏伟	办公室副主任			
	周林春	办公室副主任			
	李　学	县保密机要局局长			
	李焰熊	县接待处处长			
县人大	段维亚	办公室主任			
	赵存仙	办公室副主任	1		
	付建生	办公室副主任			
	杨礼有	财经工委主任		1	
	赵磊明	民工委主任、县科协副主席（兼）			1
	张纯武	民工委副主任		1	
	张明华	人事工委主任			
	杨　炳	人事工委副主任			
	昂自华	教科文卫工委主任		1	
	杨永俊	教科文卫工委副主任		1	
	岁永宁	法工委主任			
县政府办	王彦平	办公室主任			
	王光学	办公室副主任			
	李玉华	办公室副主任		1	
	陈永宁	办公室副主任兼县外事办主任			
	普向梅	办公室副主任兼县便民办主任	1	1	
	李林青	办公室副主任	1	1	
	苏健康	办公室副主任			
	李劲松	办公室副主任			
县政协	李绍玉	办公室主任			
	毕宏志	教文卫史委主任		1	1
	槐丽琼	教文卫史委副主任	1		
	槐可跃	提案委主任			
	罗有华	经济建设委主任			

续 表

单 位	姓 名	职 务	妇 女	少数民族	非 党
县纪委	彭天寿	常务副书记			
	毕东红	副书记、监察局局长		1	
	马雪娟	副书记	1		
	娄林华	办公室主任			
县委组织部	王云龙	常务副部长		1	
	高云曦	副部长	1		
	赵 蓉	副部长、县委老干部局局长	1		
县直机关党委	马海荣	常务副书记		1	
县委宣传部	万春林	常务副部长兼县文明办常务副主任		1	
	唐纯武	副部长			
	张鹏翔	副部长			
县统战部	李光正	副部长		1	
	黄宏星	副部长		1	
县委政法委	李永华	常务副书记			
	李何红	副书记			
“610”办	陈咏冰	主任	1	1	
县信访局	陈德富	局长			
县总工会	李静江	常务副主席			
	陈国斌	副主席		1	
团县委	普建勇	书记		1	
县妇联	毕金兰	主席	1	1	
县科协	李建民	主席			
县烤烟办	单用侃	主任			
县人事局	马光云	党总支书记			
	杨春宝	局长兼县编办主任、县委组织部副部长			
县民政局	毕建春	党总支书记		1	
	窦兴亮	局长		1	
县发改局	赵一民	党委书记、局长			
	高云华	副局长、石管会副主任		1	
县扶贫办	赵家林	主任		1	

续 表

单 位	姓 名	职 务	妇 女	少数民族	非 党
县安监局	李金宝	局长			
县建设局	吴剑平	党总支书记、局长			
	吴智强	副局长			
	严 涛	副局长、东管会常务副主任			1
县司法局	龙贵生	局长		1	
县计生局	张睿高	党支部书记、局长		1	
	戴宏平	副局长			
县科技局	李 韬	局长			
县审计局	赵良廷	局长			
县交通局	王 宏	党总支书记、局长			
县环保局	罗秀全	党支部书记、局长			
县民宗局	毕玉昌	局长		1	
县农牧局	徐朝光	党委书记			
	潘佳良	局长			
县林业局	张鹏飞	党总支书记、局长			
市森林公安局石林分局	陈元杰	局长（正科级）			
县水务局	余 春	党委书记、局长			
县文体局	徐跃高	党总支书记			
	张海斌	局长		1	
县教育局	普光强	党委书记、局长		1	
	毕卫华	副局长		1	
县卫生局	周保能	党委书记、局长			
	王松梅	副局长、县爱卫办主任	1		
县统计局	徐永平	局长	1		
石林管理局	张云蕾	副局长、石管会常务副主任	1		
	黄宗祥	党委副书记、纪委书记		1	
	陶洪林	副局长			
	李光亮	副局长		1	
	槐 伟	副局长			
	冯正清	副局长			

续 表

单 位	姓 名	职 务	妇 女	少数民族	非 党
	董绍学	副局长（公开招聘）			
	张 荔	副局长（公开招聘）	1		1
县经济局	念晓春	党总支书记、局长、县乡企局局长			
县粮食局	陈永宏	党总支书记、局长			
县煤炭办	杨炳学	党总支书记、主任		1	
党史研究室	董建平	主任			
县志办	刘世生	主任		1	
县广电局（台）	张树忠	局（台）长		1	
	付秉云	副局（台）长			1
县委党校	黄甫生	副校长		1	
	李光亮	副校长			
	时月慧	副校长	1		
教师进修学校	李国昌	党支部书记、校长			
县残联	徐丽琼	副主席、理事长	1		
县供销社	何志兴	党委书记、理事会主任			
商业总公司	马继闵	党总支书记、董事长			
鹿阜镇	段正平	书记			
	张 奕	副书记、镇长			
	张春学	人大主席		1	
	沈学文	保留正科级职级待遇			
石林镇	李 湖	书记			
	刘琴龙	副书记、镇长			
	赵恒谦	人大主席		1	
路美邑镇	毕福祥	书记			
	李忠华	副书记、镇长		1	
	张永刚	人大主席			
西街口镇	毕丽英	书记	1	1	
	喻永生	副书记、镇长			
	刘春泉	人大主席			
圭山镇	刘明春	书记			

续 表

单 位	姓 名	职 务	妇 女	少数民族	非 党
	李雄彬	副书记、镇长		1	
	姬卫国	人大主席			
长湖镇	黄玉林	书记		1	
	宗家富	副书记、镇长			
	王谷明	人大主席			
板桥镇	毕少学	书记		1	
	殷 琨	副书记、镇长	1		
	陈宇杰	人大主席			
大可乡	蒋开彦	书记		1	
	槐建华	副书记、乡长			
	王余秋	人大主席			
县公安局	梁开毅	副政委			
	张永青	党委副书记、副局长			
	李红星	副局长			
	陈春云	副局长		1	
	金志锋	副局长			
	陈立林	纪委书记、督察长			
	杨宏轩	政治部主任	1	1	
	赵志明	警令部主任			
	陈福存	法制工作室主任			
	娄张祥	刑侦大队大队长			
	秦 元	刑侦大队教导员		1	
	董荣华	巡警大队大队长			
	汪保云	经侦大队大队长			
	金学亮	国安大队大队长		1	
	王家云	治安大队大队长		1	
	昂锦祥	治安大队教导员		1	
	段茂方	交警大队大队长			
	文 雄	交警大队教导员			
	陈立勇	禁毒大队大队长			

续 表

单 位	姓 名	职 务	妇 女	少数民族	非 党
	李永纯	禁毒大队教导员			
	娄长生	监所大队大队长			
	王继华	监所大队教导员			
	施晓楠	石林风景区派出所所长			
	杨继锋	石林风景区派出所教导员			
	刘子宏	鹿阜派出所所长			
	王 云	鹿阜派出所教导员			
县人民检察院	李劲松	副检察长		1	
	毕秀明	副检察长			
	王 虹	副检察长	1	1	1
	钱琼珍	党组成员、纪检组长	1		
	杨俊杰	政治处主任、办公室主任			
	周洪涛	反贪局局长			
县人民法院	赵景文	副院长		1	
	张国忠	副院长		1	
	储 平	副院长			1
	陈立清	党组成员、政治处主任			
	段惠仙	党组成员、纪检组长	1	1	
	李昆华	执行局局长	1		
	苏志荣	民事一庭庭长、正科审判员			
	毕天星	板桥法庭庭长、正科审判员		1	
合 计			22	55	7

石林县副科县管领导干部名单

(截至2007年底，共214人，其中：女46人，少数民族68人，非党23人)

单 位	姓 名	职 务	妇 女	少数民族	非 党
县委办	刘春蕾	行政后勤科科长	1		
	赵志萍	综合信息科科长	1	1	
	李云梅	秘书科科长	1		

续　表

单　位	姓　名	职　务	妇　女	少数民族	非　党
	李海涛	信息督查政研室主任		1	
	杨小林	县接待处副处长	1		
县人大办	李世雁	财经工委副主任	1		
县政府办	段顺波	政府法制办副主任			
	秦　梅	综合科科长	1		
	殷　勤	行政后勤科科长	1		
	罗燕林	督办科科长			
	灶兴明	秘书科科长		1	
县政协办	陈永能	办公室副主任		1	
县纪委	赵文平	执法监察室主任			
	王家智	案件审理室主任			
	王丽红	党风廉政室主任	1		
	李立宏	监察局副局长		1	1
	李海林	纪检监察室主任			
县委组织部	王　勇	部务委员、办公室主任			
	陈晓娟	部务委员、人才科科长	1		
	周震波	副科级组织员、干部科科长			
	杨志华	副科级组织员、干部监督科科长		1	
	王宗祥	县委党员电教中心主任			
县委老干部局	杨　梅	副局长	1	1	
县直机关党委	张培一	副书记、纪委书记			
县委宣传部	赵振虹	部务委员、办公室主任	1		
	昂文强	县文明办副主任		1	
县委政法委	周向琨	委务委员、办公室主任			
	毕欧阳	政治处主任		1	
县信访局	毕文书	副局长		1	
团县委	陈雪梅	副书记	1	1	
	朱加智	副书记			
县妇联	符锐冰	副主席	1	1	

续 表

单 位	姓 名	职 务	妇女	少数民族	非党
县总工会	段云梅	副主席、女工委员会主任	1	1	
县科协	武经旭	副主席			
	高云峰	副主席		1	
县工商联	李琼仙	副会长(白族)	1	1	
县人事局	黄 丽	副局长	1	1	
	赵永宇	县编办副主任			
	刘文华	社保局局长			
	阮星文	医保分中心主任			
	岳劲松	党总支副书记		1	
	何茂龙	就业局局长		1	
县民政局	毕金星	副局长		1	
	龚树明	副局长			
	施丽红	副局长	1		
县发改局	李贵祥	党委副书记、纪委书记		1	
	熊有翼	副局长			
	杨若平	副局长、招商局副局长	1		
	洪正富	副局长、招商局副局长			
	李国银	副局长、滇中水泥厂厂长		1	
	段宏波	明确为副科级	1		
县安监局	吉路荣	副局长			
县建设局	普立云	副局长、石管会副主任		1	
	何道敏	副局长			
	郭兆燕	党总支副书记	1		
县司法局	苏晓松	副局长			1
县计生局	黄丽英	副局长	1		
县科技局	槐永强	副局长			
县审计局	金玉光	副局长		1	
县交通局	杨国云	副局长			

续 表

单 位	姓 名	职 务	妇女	少数民族	非党
	王留云	副局长、县交通战备办副主任			
县财政局	毕文祥	副局长		1	
	尹桂华	副局长		1	
	钟 涛	党支部副书记			
	冯晓琨	国库支付中心主任			
县环保局	何建华	副局长	1		
县民宗局	李毅飞	副局长			
县农牧局	杨明森	党委副书记		1	
	蒋丽华	纪委书记	1	1	
	蒋春平	副局长			
	赵俞智	副局长			
县林业局	张志才	党总支副书记			
	李映坤	副局长、圭山森林公园管理处副处长			
	虎 亮	副局长		1	
	张永祥	副局长、石林林场场长		1	
县水务局	李彦群	党委副书记	1		
	何永德	纪委书记			
	保胜军	副局长			1
	桂 明	副局长			1
	黄云仙	黑龙潭水库管理处处长	1	1	
县文体局	黄 兴	党总支副书记		1	
	毕玉珍	副局长	1	1	
县教育局	张云涛	党委副书记、纪委书记			
	陈贵云	副局长			
县卫生局	赵江庆	党委副书记、纪委书记	1		
	高炳元	副局长			
	黄文学	副局长		1	
县爱卫办	马劲松	副主任			

续 表

单 位	姓 名	职 务	妇女	少数民族	非党
县统计局	马院华	副局长			
石林管理局	毕清林	纪委副书记		1	
	李 忠	办公室主任			
	徐建平	乃古石林管理处副处长			
	毕德华	长湖管理处副处长		1	
	王银丹	大叠水管理处副处长			
县经济局	史云华	党总支副书记	1		
	毕玉新	副局长、县乡企局副局长		1	
	李江辉	副局长、县乡企局副局长		1	
县粮食局	李永平	副局长			
	刘光伟	副局长			
县档案局	高凤玉	局长		1	
县煤炭办	李金明	党总支副书记		1	
	念勤生	副主任			
党史研究室	李卫萍	副主任	1	1	
县外宣办	张雪刚	副主任			1
信息产业办	段圳宗	副主任、县科协副主席			
县委党校	金仕明	总务处主任		1	
	李永福	教研室主任		1	
	张云喜	教务处主任		1（苗族）	
教师进修学校	段增平	党支部副书记			
	赵荣红	教师进修学校副校长			
县人民医院	尹家福	副院长			1
	杜 鹏	副院长		1（白族）	
	黄兴和	副院长			1
	刘 辉	副院长			1
县残联	李宏鸣	副理事长			1
县供销社	李孝明	副主任		1	

续　表

单　位	姓　名	职　务	妇女	少数民族	非党
	袁　宏	纪委书记			
	吴自云	副主任			
房地产开发公司	李灿全	党支部书记、经理			
鹿阜镇	赵子华	党委副书记			
	李红珍	纪委书记	1	1	
	雷振涛	副镇长			
	赵晓梅	副镇长	1		
	秦卫强	副镇长			
	秦绍林	人武部长			
石林镇	艾世武	党委副书记			
	虎志兰	纪委书记	1	1	
	毕志锋	副镇长		1	1
	岭红芝	副镇长	1	1	
	槐树波	副镇长			
	张志祥	人武部长		1	
路美邑镇	毕绍军	党委副书记、纪委书记			
	牛云祥	副镇长			
	高俊春	副镇长	1		
	李国兵	副镇长			1
	杨兴有	人武部长			
西街口镇	张　彪	党委副书记、纪委书记			
	黄继斌	副镇长		1	
	岁汉霖	副镇长			
	毕德辉	副镇长		1	
	董贵林	人武部长		1	
圭山镇	王斌宁	党委副书记、纪委书记			
	毕连兴	副镇长		1	
	槐以东	副镇长			

续 表

单 位	姓 名	职 务	妇女	少数民族	非党
	赵保祥	副镇长			
长湖镇	赵相平	党委副书记、纪委书记			
	曾跃祥	副镇长			
	张 灿	副镇长		1	
	刘云芬	副镇长	1		
	王 新	人武部长			
板桥镇	李 勇	党委副书记、纪委书记			
	段鹏光	副镇长			
	毕学林	副镇长		1	
	余平波	副镇长			
	李春华	人武部长			
大可乡	李雪梅	党委副书记、纪委书记	1		
	李云湖	副乡长			
	毕晓红	副乡长	1	1	1
	孔德卿	副乡长			
	朱树霖	人武部长			
县公安局	王惠珍	警令部副主任	1		
	范 劲	警令部副主任			1
	高树春	刑侦大队副大队长			
	李润桥	刑侦大队重案中队队长			
	赵玲丽	刑侦大队情报资料中队队长	1		
	徐 翔	刑侦大队技术中队队长			
	沈继坤	刑侦大队鹿阜中队队长			1
	董李坤	刑侦大队机动中队队长			1
	谭宏斌	刑侦大队石林岔口中队队长			
	赵紫波	巡警大队副大队长			1
	雷树云	巡警大队直属中队队长			
	杨 斌	巡警大队鹿阜中队队长			1

续 表

单 位	姓 名	职 务	妇女	少数民族	非党
	李永振	巡警大队石林中队队长			
	李 宝	治安大队副大队长			
	赵建平	交警大队副大队长			
	普文和	交警大队副大队长		1	
	杨家学	交警大队副大队长			
	何 勇	交警大队城区中队队长			
	窦玉英	交警大队城区中队指导员	1	1	
	蒋永安	交警大队石林中队队长		1	
	王浏祥	交警大队公路巡逻民警中队队长			
	杞佳平	交警大队事故处理中队队长			
	沈菊兰	交警大队车辆管理中队队长	1		
	尹庆钢	交警大队内勤中队队长			
	张家友	计算机信息监察大队副大队长		1	1
	赵荣民	警务督察大队副大队长（主持工作）			
	赵琼珍	监所管理大队副大队长	1		
	彭 能	石林风景区派出所副所长			
	金永志	石林风景区派出所副所长、石林岔口派出所所长		1	
	冯保祥	鹿阜派出所副所长			
	娄学林	路美邑派出所所长			
	张红光	北大村派出所所长		1	
	杨永兵	西街口派出所所长		1	
	陈晓明	圭山派出所所长			
	李自平	长湖派出所所长			
	陈云森	大可派出所所长			
	李树经	板桥派出所所长			
县人民检察院	王智学	监所检察科科长			
	昂志学	反渎职侵权局局长		1	
	胡天明	民事行政检察科科长		1	

续 表

单 位	姓 名	职 务	妇女	少数民族	非党
	杨 帆	公诉科科长	1		1
	丁 立	专职检察委员会委员			
	槐丽华	专职检察委员会委员	1		
县人民法院	李子文	立案庭庭长			
	徐吉昆	石林法庭庭长			
	昂志忠	圭山法庭庭长		1	
	李发文	办公室主任		1	
	赵泳全	行政审判庭庭长			1
	李家议	民事审判二庭庭长			1
	高菊玲	审判监督庭庭长	1		
	陈金平	刑事审判庭庭长			1
	李树林	法警大队队长			
	杨 勤	专职审判委员会委员	1		
	曹 勇	专职审判委员会委员			1
合 计			46	68	23

2007年石林县第一批录取到普通高等院校学生名单

科 类	姓 名	性 别	民 族	文化分	升学分	层 次	录取院校
文 史	桂 朝	男	汉族	578	588	本科	云南师范大学
文 史	胡一帆	女	彝族	562	572	本科	云南师范大学
文 史	杨渔萍	女	彝族	577	597	本科	云南大学
文 史	韩 飞	男	汉族	573	573	本科	云南师范大学
文 史	张黎超	男	汉族	542	542	本科	云南警官学院
文 史	马虹竹	女	汉族	587	587	本科	云南师范大学
文 史	刘洪洲	男	汉族	553	553	本科	云南警官学院
文 史	刘星辰	女	汉族	574	574	本科	云南师范大学
文 史	王林飞	女	汉族	578	578	本科	云南师范大学
文 史	方 磊	男	汉族	597	597	本科	云南师范大学
文 史	保艳梅	女	汉族	593	593	本科	西南科技大学
文 史	赵秋莹	女	汉族	554	554	本科	云南警官学院
文 史	徐燕华	男	彝族	565	575	本科	云南警官学院
文 史	李 宾	男	汉族	608	618	本科	中国人民公安大学
文 史	张清丽	女	汉族	595	595	本科	云南师范大学
文 史	戴海平	男	汉族	599	599	本科	云南大学
文 史	李云辉	女	汉族	586	586	本科	云南师范大学
文 史	董王平	男	汉族	595	595	本科	云南大学
文 史	杨树琼	女	汉族	573	573	本科	云南师范大学
文 史	王丽云	女	汉族	578	578	本科	东北林业大学
理 工	毕红娟	女	彝族	553	573	本科	云南师范大学
理 工	李笑峰	男	汉族	633	633	本科	厦门大学
理 工	赵文斌	男	汉族	587	587	本科	昆明理工大学
理 工	李建晶	男	汉族	524	524	本科	云南警官学院
理 工	付红良	男	汉族	553	563	本科	云南师范大学
理 工	许胜仟	男	汉族	630	630	本科	华北电力大学(保定)
理 工	潘晓强	男	汉族	565	575	本科	昆明理工大学
理 工	段会梅	女	汉族	555	555	本科	云南师范大学
理 工	余定勇	男	汉族	515	515	本科	云南警官学院

续 表

科 类	姓 名	性 别	民 族	文化分	升学分	层次	录取院校
理 工	毕 丽	女	彝族	613	623	本科	中国药科大学
理 工	张继涛	男	汉族	587	587	本科	中国地质大学(武汉)
理 工	李秋蓉	女	彝族	593	603	本科	西南大学
理 工	普云锴	男	彝族	520	520	本科	云南警官学院
理 工	李红梅	女	汉族	600	600	本科	中南大学
理 工	王 庆	女	汉族	570	570	本科	云南师范大学
理 工	刘 欣	男	汉族	511	511	本科	云南民族大学
理 工	陈国琳	男	汉族	520	520	本科	云南警官学院
理 工	娄洁姗	女	汉族	617	617	本科	青岛大学
理 工	毕洁霞	女	彝族	557	577	本科	云南师范大学
理 工	金凤红	男	彝族	503	523	本科	云南警官学院
理 工	汤 进	男	汉族	569	569	本科	华南农业大学
理 工	李春丽	女	汉族	564	564	本科	云南警官学院
理 工	董维宇	男	汉族	555	555	本科	云南师范大学
理 工	杨丽娟	女	汉族	577	577	本科	云南大学
理 工	余志敏	男	汉族	598	598	本科	辽宁大学
理 工	李文彪	男	汉族	603	603	本科	云南大学
理 工	王玉珠	女	汉族	560	560	本科	云南师范大学
理 工	高建斌	男	彝族	611	621	本科	广西医科大学
理 工	刘梦华	男	汉族	587	597	本科	云南大学
理 工	段冰华	男	彝族	561	571	本科	昆明医学院
理 工	孙启柱	男	汉族	645	645	本科	北京师范大学
理 工	王 燕	女	汉族	597	597	本科	西南大学
理 工	陈小艳	女	彝族	545	555	本科	云南师范大学
理 工	伏云龙	男	汉族	563	563	本科	云南师范大学
理 工	王春财	男	汉族	629	629	本科	华北电力大学(北京)
理 工	王俊龙	男	汉族	595	595	本科	中国药科大学
理 工	潘文才	男	彝族	586	596	预科	吉林大学

附 录

石林彝族自治县 2007年国民经济和社会发展计划执行情况 与2008年国民经济和社会发展计划草案报告

——在石林彝族自治县第十五届人民代表大会第一次会议上

（2008年1月23日）

县发展和改革局局长　赵一民

各位代表：

受县人民政府的委托，我向大会报告石林彝族自治县2007年国民经济和社会发展计划执行情况与2008年国民经济和社会发展计划草案，请予审议，并请县政协委员和其他列席同志提出意见。

一、2007年国民经济和社会发展计划执行情况

2007年是实施“十一五”规划的重要一年，在县委的正确领导下，在县人大、县政协的监督支持下，县人民政府认真贯彻落实党的十六大、十七大和中央、省、市经济工作会议精神，坚持科学发展观，全面实施“33542”发展战略和现代化城市发展战略，解放思想，加快发展，开拓进取，扎实工作，全面完成了县第十四届人大五次会议确定的国民经济和社会发展计划目标。全县经济呈现良好的发展势头，国民经济持续快速健康发展，社会事业全面进步，人民生活水平进一步提高。

（一）县域经济持续增长，经济结构不断优化

初步核算，2007年全县实现地区生产总值222321万元，同比增11.1%，其中：一产业66361万元，增6.7%；二产业58047万元，增14.7%；三产业97913万元，增11.8%。一、二、三产业的比重为30：26：44，经济结构不断优化。

（二）旅游业快速发展，文化产业初显成效

按照“创建世界一流景区、打造国际旅游胜地”的要求，着力实施“12345”旅游国际化发展战略，规划编制进展顺利，《石林风景名胜区总体规划》修编获国务院批准，《石林旅游业发展战略规划》等五个规划通过专家评审；品牌创建取得历史性突破，石林成功申报成为世界自然遗产和全国首批5A级旅游景区，石林还被列为中国民间文化遗产旅游示范区，石林国际国内品牌创建全面丰收；旅游基础设施建设不断完善，石林撒尼古城建设项目引进了云南圆通投资有限公司开发建设，中国彝族第一村建设完成项目立项和规划设计；完成阿诗玛文化生态园建设工程、石林景区供水工程和石林景区扩容改造、环境整治和美化工作；加大宣传促销力度，不断提高石林知名度，海内外游客持续增长，有力地促进了旅游、餐饮、住宿、交通、购物、娱乐等相关行业的发展，旅游业综合效益明显提高，大小石林景区接待国内外游客260万人次，增8.3%，景区旅游直接收入3亿元，为年计划的107%，增15.4%；全县接待游客突破300万人次，旅游综合收入10亿元，增53.8%。

文化产业实施“十个一”工程，着力打造以阿诗玛文化为代表的文化品牌，完成了石林“大三弦”申报第二批国家级非物质文化遗产，做好申报第二批国家级非物质文化遗产传承人的大量前期工作。加大鹿阜古镇保护与开发的工作力度，成立了鹿阜古镇保护与开发工作协调领导小组，按照统一规划、分期实施的原则，推进鹿阜古镇保护与开发工作。发掘民族民间文化艺术，一批民间文化实体企业逐步形成和壮大，2007年文化产业增加值1.77亿元，同比增32.8%，占地区生产总值的8%。

（三）农业生产稳步发展，新农村建设顺利推进

大力调整农业产业结构，扶持龙头企业发展，努力实现农民增收。2007年全县实现农业增加值66361万元，增6.7%；农民人均纯收入3708元，增7%。农业基础设施进一步改善，全年完成水利建设工程798件，总投资10278.7万元，新增有效灌溉面积8600亩，解决和改善了1.51万人及7300头大牲畜的饮水困难。

粮烟生产实现了丰产丰收。粮食总产达1.203亿千克，为计划的107.9%，同比增1.95%；烤烟生产荣获云南省烤烟收购先进县称号，全县烤烟收购总值1.96亿元，同比增16.7%；均价为11.98元，同比增11.1%，种烟农户户均收入7256元。

新农村建设进展顺利，完成18个试点村的村庄规划编制，新建27个规范化村卫生室，完成“一池三改”沼气1850户，完成广播电视村村通工程200千米主干线，新增入网7500户，改造和修缮乡村公路27条78公里。

（四）招商引资成效显著，工业经济持续增长

高度重视招商引资工作，把招商引资作为全县经济工作的生命线抓紧抓好，努力营造良好的招商舆论氛围和发展环境。创新招商方式，由县级领导带队的四个招商小分队，向沿海和市外发达地区主动招商；重视项目策划，抓好项目包装，制作中英文版《石林投资指南》、重点招商项目册和《投资石林》多媒体光盘；落实目标责任制，强化招商措施及经费保障，不断提高招商引资在乡镇和部门年度考核中所占分值的比重。加大基础设施建设，石林中路改扩建将“三区”有机地连接起来，搭建了石林招商引资大平台，招商引资成效显著，全年招商引资新上项目45个，结转上年在建项目4个，到位市外资金6.4亿元，完成计划的128%，同比增长66.25%；实际利用外资4.15万元美元，实现外贸出口30万美元。

工业经济持续增长，全县实现工业增加值4.8亿元，增11.7%。加快民营经济发展，完成增加值60282万元，增15.85%；实交税金4623万元，增10.99%。国企改革不断深化，完成塑料厂、食品公司产权制度改革，完成百货公司改制扫尾工作。

（五）固定资产投资快速增长，基础设施建设不断完善

着力把固定资产投资作为拉动经济增长和改善投资发展环境的重要工作抓好，东城区建设进展顺利，石林旅游服务区开发有序推进，工业集中区招商引资明显；完成黑龙潭水库西干渠建设工程；完成石林中路改扩建一期沥青路面铺筑和二期路基工程；鹿平公路改造工程完工通车，动工建设北召公路西街口至召夸段路面改造工程；动工建设污水处理厂；完成巴江河道治理二期工程和石金幼儿园建设项目。全年完成固定资产投资11.77亿元，增28.6%。

（六）财税金融平稳运行，市场经济秩序不断规范

实现地方财政一般预算收入14215万元，同比增长12.7%，完成调整预算；地方财政支出29405万元，同比增长13.4%。年末全县各项存款余额280308万元，增16.2%，各项贷款余额227580万元，增19.8%；储蓄存款126123万元，增1.6%，年末人均储蓄存款5280元，城镇居民人均可支配收入11159元，增长8.6%。

全县市场货源充裕，群众生产生活品供应正常。在全县8个乡镇继续开展“万村千乡市场工程”试点，设立15个村级日用消费品农家店，杜绝不合格食品和日用品在农村泛滥；加强食品、药品安全整治，全年没有发生食品、药品安全事故；开展红盾护农行动，稳定农资市场。全年社会消费品零售总额完成9.18亿元，增21.1%。

（七）生态建设得到加强，环境保护取得实效

实施生态美县战略，编制完成了《生态美县规划》并通过专家评审；加大生态环境建设力度，投资495万元，完成9910米昆石高速路沿线面山410亩景观林建设工程；完成申遗环境整治；稳步推进集体林权制度改革；加强环境整治，积极开展创建国家环保模范城市工作；重视城市绿化美化，全面推进国家园林县城创建工作，加强对城市绿地的建设和养护，人均公共绿化面积达15.81平方米，绿地率达36.48%，绿化覆盖率达37.57%。

继续治理整顿土地和矿业市场秩序，加大对煤矿、非煤矿山和矿产品加工企业的治理整治力度，查处无证开采、越界开采、私挖滥采，有力地打击非法采矿行为，使辖区内的矿业秩序明显好转。加大安全生产专项整治工作力度，杜绝了重特大事故的发生，减少了一般性事故。

（八）统筹经济与社会发展，全力构建和谐石林

“五创”工作全面启动，国家卫生县城创建成功，省级园林县城、省级平安县城、昆明市文明县城通过验收。积极推进科技与经济结合，狠抓科技创新、成果示范和技术推广应用，提高科技对经济增长的贡献率；实施教育综合改革，大力改善办学条件，启动西街口和紫玉两所农村中小学标准化建设；卫生体制改革进一步深化，新型农村合作医疗参合人员192728人，参合率达97%；贯彻执行“奖优免补”政策，降低生育率，全年人口自然增长率5.2‰，年末人口总数238885人；文化、体育、广播电视事业加快发展，广场文化丰富多彩，村村通广播电视建设有序进行，电视传输质量不断提高，全民健身活动蓬勃开展，体育竞技水平不断提高。就业和再就业工作进一步加强，城镇新增就业人数786人。实施农村特困居民最低生活保障制度，社会保险覆盖面进一步扩大。完成城市低收入居民廉租房建设148套。实施扶贫“整村推进”，解决了2080人绝对贫困人口的温饱问题，巩固了4320人相对贫困人口的温饱问题。

在充分肯定成绩的同时，我们也清醒地看到经济运行中存在的困难和问题，主要表现在：经济总量小，产业结构不尽合理，工业经济发展滞后；旅游业的转型速度不快，对相关产业的带动作用有待加强；支撑文化产业的项目少，文化产业对经济增长的贡献率不高，研究开发文化产业项目任重道远；农业产业化经营程度不高，龙头企业带动作用还需要加大；工业对经济增长的支撑力不强，生态工业集中区基础设施滞后，引进项目落地难；招商引资项目推进不快，落实难度进一步加大；财政收支矛盾突出，财政资金对建设和发展支持的压力不断加大。

这些困难和问题，我们务必高度重视，在发展和改革中，采取切实有效措施认真加以解决。

二、2008年国民经济和社会发展计划目标建议

2008年是全面建设小康社会的重要一年，按照“十一五”规划的目标，2008年人均生产总值将在2000年的基础上翻一番，因此，2008年经济和社会发展的总体要求是：以邓小平理论和“三个代表”重要思想为指导，认真贯彻党的十七大和中央、省、市经济工作会议精神，坚持以科学发展观统领全局，以现代新昆明建设为契机，以又好又快地发展大旅游为主题，以旅游立县、粮烟稳县、工业富县、生态美县为目标，深入实施“33542”发展战略和石林现代化城市发展战略，大力推进旅游国际化、城市现代化、农业产业化、工业

新型化进程，全力创建世界一流景区，打造国际旅游胜地，积极推进社会主义新农村建设，在产业发展、城市建设、节能减排、招商引资方面取得实质性突破，更加重视生态保护，更加关注民生问题，构建和谐社会，努力实现石林经济社会跨越式发展的新突破。

2008年国民经济和社会发展计划目标建议：

(1) 地区生产总值增长11%；

(2) 农业增加值增长6.5%；

(3) 工业增加值增长15%；

(4) 旅游直接收入增长7%，旅游综合收入增长20%；

(5) 地方财政一般预算收入增长12%；

(6) 全社会固定资产投资增长20%；

(7) 社会消费品零售总额增长16%；

(8) 农民人均纯收入增长6%，城镇居民人均可支配收入增长7%；

(9) 人口自然增长率控制在6.5‰以内，城镇登记失业率控制在3.5%以下；

(10) 单位生产总值能耗降低3%以上。

要实现上述目标，重点做好以下九个方面的工作：

(一) 充分发挥品牌效应，推进旅游业又好又快发展

利用石林世界自然遗产和国家5A级景区两大品牌，精心策划、认真组织，针对国际、国内两大市场，采取灵活多样的宣传方式，加强对“长三角、珠三角”、四川、重庆、贵州等重点城市的宣传营销，做好春节、“十一”黄金周、暑期等假日旅游宣传促销工作，利用火把节、国际旅游交易会等会展节庆活动开展宣传促销，让世界更多的人了解石林、向往石林、共享世界喀斯特精华。加强景区硬件设施建设，加快景区单位的搬迁和景区改造提升，加快中国彝族第一村建设步伐，启动五棵树整体搬迁；加快撒尼古城建设，建设一流的购物中心、游客中心、演艺中心、餐饮中心、会展中心和五星级酒店；继续改造提升环林路沿线生态景观质量，整合李子园箐、步哨山等景点，扩大景区容量。按审定的乃古石林景区保护性开发规划实施基础设施建设，整合设计新游线，建设原生态喀斯特旅游景区；推进数字化石林建设二期工程，建设景区配套的监管系统和环境、资源保护系统，科学地保护好宝贵的自然资源。实施乃古石林景区服务设施建设、长湖景区和大叠水景区生态绿化环境整治。加快石林旅游二次创业步伐，促进石林旅游由单一观光型向复合型转变，扩大旅游二次消费。2008年大小石林景区接待国内外游客270万人次，旅游直接收入3.2亿元，全县接待游客320万人次，旅游综合收入12亿元。

(二) 发展阿诗玛文化产业，建设文化石林

依托石林旅游品牌优势，挖掘以阿诗玛文化为代表的民族文化资源，繁荣民族文化事业，发展文化产业。加快文化产业基地和石林特色文化产业群建设，打造具有核心竞争力的文化产品和文化品牌，实现文化与旅游的交融，提高旅游业综合效益。编制全县文化产业发展规划，建立文化产业项目库；实施重大文化产业项目带动战略，启动鹿阜古镇保护与开发一期建设，筹建阿诗玛演艺中心和石林民族工艺品、旅游商品交易中心；实施《九石阿旅游专线阿诗玛民族文化经济带发展规划》，推进沿线特色文化村镇建设，建成开放7个阿诗玛民族文化旅游生态村。培育一批开发经营文化项目的龙头企业，促进文化产业发展，确保2008年文化产业增加值占地区生产总值的9%以上。

(三) 强化农业基础地位，推进社会主义新农村建设

巩固和发展烤烟支柱产业，抓住列为国家级烤烟生产标准化示范县的契机，规范烤烟生产各个环节的措施和要求，走质量效益型的道路，全力打造国内知名品牌；进一步完善烟水基础配套工程，加大烤房改造力度，着力推广密集式烤房，提高烤烟烘烤调制水平，提高烟叶收购质量和等级纯度。种植优质烟11.8万亩，收购烟叶1640万千克，其中：上等烟比例达40%以上，上中等烟比例达90%以上，烤烟收购总值稳中有升。

调整农业和农村经济结构，扶持龙头企业，大力推进农业产业化，努力增加农民收入。粮食生产在稳定种植面积、确保粮食安全的基础上，加大优良品种和科技推广力度，以水稻旱育稀植、简化育秧、蜂巢式栽培和玉米高产配套技术为重点，促进农业整体效益提高，全县粮食总产1.2亿千克，人均产粮550千克以上。壮大以羊产业为龙头的畜牧业，稳步推进羊产业健康发展，生猪生产以扶持养殖大户为重点，扩大良种辐射面。加大农业龙头企业的扶持力度，发挥龙头企业的带动示范作用，不断开拓市场，畜牧业产值实现4.2亿元。利用良好的生态环境和区位优势，抓好以果品、蔬菜为龙头的绿色产业发展，新增甜柿种植面积5000亩，扩大人参果、核桃、枇杷等特色果品的种植规模；积极实施农业标准化生产，加强农产品质量安全体系建设，继续开展无公害、有机农产品认证和产地认证，增强市场竞争力。扶持发展省级农业龙头企业3个，市级龙头企业16个，县级龙头企业25个。

继续稳定、完善和强化各项支农政策，建立以旅哺农、以城带乡的长效机制，积极争取上级资金支持和面向社会各界及企业捐资，继续投入1000万专项资金，加大投入，推进新农村建设。坚持规划先行，完成县、乡镇两级的总体规划和16个试点行政村的村庄建设规划，继续实施农村道路硬化、农村安全饮水、有线电视村村通、能源替代、农村公厕、农村卫生所建设等工程，建设一批“九有”行政村、“九有”自然村和“九有”农户。

(四) 打造工业发展平台，加快推进工业富县

按照县域工业发展规划和生态工业集中区总体规划，发展生态工业，引导企业和项目向园区集中，实现产业集群化发展。加大政策扶持力度，研究制定加快工业经济发展和园区建设的相关政策，凸显政策支撑力。按照“规划起点高、建设速度快、服务功能全”的总体要求，加快工业集中区基础设施建设，重点解决企业用地和水电路、通讯、排污等基础设施建设，完成40米宽工业大道的修建，逐步形成工业园区内的循环交通网络，启动旅游商贸城、南亚东南亚翡翠珠宝玉石加工基地、阿诗玛风情街、广东温氏集团饲料加工等项目的建设，争取列为省级特色产业开发园区。

强化工业企业的服务，做好太阳能光伏发电、60万吨焦化改扩建、天生山制药、官房水泥厂搬迁、众友工程模板等大项目的协调服务工作，充分挖掘企业发展潜力，鼓励工业企业实施品牌战略，走集团化、规模化的发展道路，增加产量和产值。2008年全县工业增加值增长15%，使工业经济成为石林经济增长的新亮点。

（五）加强基础设施建设，保持投资持续增长

以“三区”建设和石林中路沿线、巴江沿江开发为重点，完成石林中路改扩建工程，完成北召公路改建工程，支持石蒙高速公路指挥部启动石蒙高速公路建设项目；加大农田水利建设力度，重点实施团结水库加固扩建、月湖水库除险加固、黑龙潭中型灌区东干渠节水改造等项目；继续推进“三区”建设，石林撒尼古城一期开发具备接待条件，启动生态工业集中区旅游商贸城、工业大道和入区项目开工建设，加快巴江俪岛一期、东城区天奇花园等房地产项目建设；石林县党政机关办公用房完成主体工程，加快工商综合业务用房建设进度，实施巴江污染治理三期工程，建成污水处理厂；完成东山路延长线至狮子山公园道路建设，启动西城区开发。2008年全社会固定资产投资增长20%，成为带动县域经济增长的重要支撑。

（六）加强招商引资，增强经济活力

进一步研究石林具有竞争优势的特色项目，加强重点项目的策划包装；加快“三区”开发，搭建招商引资新平台；创新招商方式，动员全社会力量参与招商；继续组织招商小分队，在沿海和市外发达地区，主动上门招商；加大招商项目宣传，组织参加各类招商洽谈会和项目推介会，扩大招商项目推介面；重视对外来投资企业的服务，全方位提高服务质量，使投资者效益好、想发展，实现以商招商；加大工作力度，建立重点项目协调例会制，加强对“昆明大型太阳能光伏并网发电试验示范电站”、“南亚、东南亚翡翠珠宝玉石加工基地”、“石林·云铜桃园水乡”、“石林撒尼古城”、“旅游商贸城”、“石林南亚焦化厂改扩建”、“云南天生山制药”、“石林·上海新天地”、“石林阿诗玛风情街”、“广东温氏饲料加工及禽类养殖”等大项目的跟踪服务，重点落实项目用地，提高签约项目实施的成功率。争取2008年引进国内市外资金6亿元，引进外资300万美元。

挖掘石林具有比较优势的特色产品，扶持发展绿色无公害果蔬产品、民族刺绣工艺品，鼓励有条件的企业自营出口，使石林的特色产品走出国门，拓展国际市场，促进外向型经济的发展，2008年外贸出口总额达60万美元。

（七）做好财税金融工作，促进县域经济发展

按照建立公共财政的总体要求，进一步优化支出结构，充分发挥财政资金的导向作用，提高财政资金使用效益；积极培育新财源，支持发展重点产业项目；积极推进各项财政改革，推进乡（镇）财政预算管理方式改革，完善部门预算，稳步开展国库集中支付工作；加大税收执法力度，强化税收征管，做到应收尽收，实现地方财政一般预算收入增长12%的目标。金融工作突出抓好金融监管，强化内部管理，优化信贷结构，降低不良信贷资产比例，加大对基础设施建设、旅游业、文化产业、工业、龙头企业、消费性贷款的信贷支持。

（八）实施“生态美县”战略，建设生态文明

加强生态环境建设，强化旅游资源保护，实现旅游和经济社会可持续发展。建立生态环境保护和建设目标责任制，继续投入资金1000万元，重点抓好石林风景区、水源涵养区、县城周边40平方公里范围的面山绿化工程。加强农村生态环境保护，做好农村面源污染治理和生活垃圾处置。对环境污染和生态破坏严重的采矿区，实行限期整治，加快污染治理和生态环境恢复。按照创建国家园林城市的要求，实施城市绿地系统规划，进一步加大园林绿化美化力度，提高绿化覆盖率和绿地率。

合理开发利用资源，提高资源利用率；做好土地开发整理工作，做到耕地占补有余。大力推行节水、节能、节电，降低单位产值能耗，建设节约型社会，发展新型建材，推广节能建筑。做好节能减排工作，继续实行差别电价政策，逐步淘汰落后产能企业。

（九）促进社会事业发展，努力构建和谐石林

认真落实农村义务教育“两免一补”政策，完善贫困学生资助制度，促进教育事业和谐发展；实施农村中小学标准化建设，大力发展职业教育，实现普高与职高教育协调发展，开工建设石林民族高级职业中学。改善农村文化基础设施条件，新建、改造27个村级文化室。控制人口数量，提高人口素质，继续推行“奖、优、免、补”政策，全年人口自然增长率控制在6.5‰以内。增加农村卫生投入，完成国债项目乡镇卫生院改扩建项目,提高公共卫生服务水平，使全县的医疗卫生状况进一步改善；扩大新型农村合作医疗，参合率达97%。大力推进科技进步，加快先进适用技术的推广运用，提高科技对经济增长的贡献率。

加强和谐社会建设，更加关注民生，更加注重社会公平，认真解决涉及群众切身利益的问题。加大扶贫整村推进力度，切实改善贫困村生产生活条件，减少贫困人口7676人；建立市场导向的就业机制，拓宽就业渠道；加大农村富余劳动力培训转移输出力度，增加农民收入；在保障职工基本养老和基本医疗需求的前提下，不断拓宽养老、医疗、失业、工伤、生育等社会保险覆盖面；探索建立失地农民养老保险制度，增强社会保障能力。

进一步整顿和规范市场经济秩序，重点加强对成品油市场、药品、食品安全监督管理，确保经济健康发展；继续深化重点行业和领域安全生产专项整治，加大安全设施投入，采取超常规措施，杜绝重特大事故发生，有效遏制一般性事故。

各位代表，各位委员，2008年是新一届政府的开局之年，是认真贯彻落实党的十七大精神，全面建设小康社会和石林经济社会实现跨越式发展的重要一年，我们要在县委的坚强领导下，在人民代表和政协委员的监督支持下，抢抓机遇，开拓创新，团结拼搏，扎实工作，确保年度各项目标任务圆满完成，开创石林经济社会发展的新局面。

石林彝族自治县2007年地方财政预算执行情况和2008年地方财政预算草案报告

——在石林彝族自治县第十五届人民代表大会第一次会议上

（2008年1月23日）

县财政局局长　苏云波

各位代表：

受县人民政府委托，现将石林彝族自治县2007年地方财政预算执行情况和2008年地方财政预算草案报告如下，提请县第十五届人大一次会议审查，并请县政协委员和其他列席人员提出意见。

一、2007年地方财政预算执行情况

2007年，在县委的坚强领导下，在县人大和县政协的监督支持下，财税部门牢固树立科学发展观，狠抓财税保增收，筹集资金保重点，改革创新促发展，服务大局创佳绩，圆满完成了县第十四届人民代表大会第五次会议确定的财政预算任务。地方财政收支总额和运行质量再创历史最好水平，总支出跃上4亿元新台阶。呈现出收入增势良好，支出运转平稳，重点保障到位，资金效益提高等特点，有力促进了全县经济社会又好又快发展。

（一）全县财政收支预算执行情况

1.财政一般预算收支及平衡情况

全县地方财政总收入24041万元，比上年增12.5%，其中：上划中央和省级税收收入9826万元，比上年增13%。全县地方财政一般预算收入14215万元，完成了调整预算，比上年增12.7%。其中：县本级地方财政一般预算收入6679万元，比上年增5.4%；乡级地方财政一般预算收入7536万元，比上年增20.1%。

全县地方财政一般预算总支出40219万元，比上年增12.5%。扣除上级专款支出10814万元，全县地方财政一般预算支出29405万元，控制在预算调整范围内，比上年增13.4%。其中：县本级地方财政一般预算支出27083万元，比上年增13.6%；乡级地方财政一般预算支出2322万元，比上年增11%。

全县地方财政一般预算收支平衡情况：各项收入合计41125万元，其中：全县地方财政一般预算收入14215万元、上级税收返还和转移支付15173万元、上级专款补助10617万元、上年结余结转902万元、调入其他资金218万元；各项支出合计41125万元，其中：全县地方财政一般预算支出29405万元、上级专款支出10814万元、上解上级支出906万元。收支相抵平衡。

县本级地方财政一般预算收支平衡情况：各项收入合计38405万元，其中：地方财政一般预算收入6679万元、上级税收返还和转移支付15173万元、上级专款补助10245万元、上年结余结转878万元、调入其他资金218万元、下级上解收入5212万元；各项支出合计38431万元，其中：地方财政一般预算支出27083万元、上级专款支出10442万元、上解上级支出906万元。收支相抵赤字26万元。

乡级地方财政一般预算收支平衡情况：各项收入合计7932万元，其中：地方财政一般预算收入7536万元、上级专款补助收入372万元、上年结余24万元；各项支出合计7906万元，其中：地方财政一般预算支出2322万元、上级专款支出372万元、上解上级支出5212万元。收支相抵结余26万元。因乡镇中小学经费上划县级管理，但县乡财政体制未作调整，乡镇收入范围不变，出现了乡镇上解县级支出。

2.财政基金预算收支及平衡情况

地方财政基金预算收入2913万元，上级基金预算专项补助收入1227万元，地方财政基金预算支出4140万元。收支相抵平衡。（乡镇无财政基金预算收支）。

3.2003年至2007年地方财政主要指标增长情况

2007年与2003年相比：全县地方财政总收入年均增长8%，上级税收返还和转移支付补助年均增长34%，上级专款补助年均增长28%，全县地方财政一般预算收入年均增长9%，全县地方财政一般预算支出年均增长21%。

以上收支和平衡情况均为初步决算数，待与市财政局结算后会有所变化，到时再将变化情况向县人大常委会作专题报告。具体收支明细情况详见附表一至附表四。

（二）主要工作措施

为更好地促进全县经济社会又好又快发展，财税部门着力增强工作责任感，切实提高执行力，围绕目标狠抓落实，

主要做好以下几项工作：

1. 完善增收机制，促进地方财政收入持续稳定增长

一是完善财税目标考核机制，继续与各乡镇、各收入组织部门签订《财税增长目标考核责任书》，将收入任务层层分解落实；二是积极支持税务部门实行“征、管、查”三权分离的税收征管体制改革，利用计算机网络技术等先进手段对纳税人监管到户、责任到人，不断完善征管措施，有效防止税源流失，做到应收尽收；三是及时召开税收协调分析会，密切关注收入进度和财税运行形势变化，注重预算执行进度的均衡性和稳定性，提前研究各项政策变动对我县财政收入的影响，及时提出应对措施；四是严格执行“收支两条线”规定，加强财政票据监管，规范非税收入管理，拓宽增收渠道，确保圆满完成全年预算收入任务；五是积极争取上级财政转移支付，与上年相比有较大增长。

2. 优化支出结构，促进以改善民生为主的财政投入不断增加

按照科学发展观及构建和谐社会的要求，在确保工资发放和机构正常运转的基础上，财政支出积极向教育、卫生、文化、社会保障和政法等方面倾斜，有力推动基本公共服务均等化，着力解决民生问题，促进社会事业全面协调可持续发展。一是财政资金投入教育 10397 万元，同比增 15%，全面落实农村义务教育保障专项经费 1322 万元，惠及全县 3.5 万名农村中小学生，促进农村义务教育均衡发展；二是医疗卫生支出 3261 万元，增 43%。进一步完善新型农村合作医疗制度，有效缓解农村居民“看病难、看病贵”的问题。加大公共卫生服务投入力度，支持重大传染病防治及基层卫生机构建设；三是文化体育与传媒支出 588 万元，增 18%，重点支持实施广播电视村村通工程和乡村文化站建设，完善公共文化服务体系；四是稳步推进城乡一体化社会保障体系建设，全力确保城镇低保、农村低保、民政救灾救济等支出。对城市低保户增发临时补贴、专项补助，有效减缓物价上涨压力。投入财政资金 491 万元，全面推行农村居民最低生活保障制度。安排 127 万元资金，落实机关工勤人员和事业人员失业保险；五是全力保障公检法部门公用经费按国家规定标准足额安排。公共安全支出 3010 万元，增 36%。有效增强了执法能力，维护社会稳定；六是安排“五创”工作经费 681 万元，确保全县“五创”工作顺利开展，有力促进“平安和谐”石林建设。

3. 履行财政职能，促进全县经济社会又好又快发展

紧紧围绕全县经济社会发展战略，强化财政资源配置职能，重视财源建设，重视项目申报，重视反映汇报，积极争取上级各项扶持，综合运用财政各种政策和手段，多渠道筹措资金推进县域经济较好发展。全年争取上级专项补助 11844 万元，其中财政部门共申报项目 23 个，争取省市财政资金 1366 万元，储备项目 11 个。安排贴息资金 130 万元，支持民办教育发展。多渠道筹措建设资金 4.3 亿元，确保全县重点项目建设顺利实施，及时足额保障石林中路改扩建、石林风景区供水、中国彝族第一村建设、黑龙潭水库西干渠节水改造等重点项目建设所需资金，加快农业、环保、城市和旅游基础设施建设，进一步改善投资环境。加大资金整合力度，有效降低投融资成本，集中财力办大事。保持固定资产投资对经济增长的强力拉动，带动财税增收，实现财税与经济的良性互动发展。

4. 落实惠农政策，促进社会主义新农村建设取得实效

紧紧围绕促进农业增效、农村繁荣、农民增收这一财政支农中心工作，持续增加“三农”投入，着力改善农业基础设施建设，认真落实各项支农惠农政策，确保新农村建设取得实效。一是财政支农资金持续稳定增长。财政各项资金投入“三农”支出 15188 万元，同比增 12.7%，达到了财政支农支出“两个高于”的法定要求。在确保对水利、农业、扶贫等正常稳定投入的基础上，投入 1152 万元财政资金，支持 12 个市级、13 个县级新农村示范村建设，继续安排 1000 万元资金支持林业生态美县建设、林权制度改革及石林景区景观林建设，彰显生态文明意识；二是完成我县“农业补贴网”建设。共录入全县 8 个乡镇 91 个村委会共 5.2 万户农户的基础信息。通过“一折通”网络，按政策足额兑现国家各项直接补贴资金 1326 万元，受益农民人均直接增收 33.68 元。兑现能繁母猪补贴资金 55 万元。兑现农机、石油价格补贴 63 万元。公共财政的阳光普照到全县 19 万广大农民，使广大人民群众共享全县经济改革发展成果；三是投入财政资金 1753 万元，按照“扶优、扶大、扶强”的原则，支持种养殖业、畜牧业等产业发展，扶持农业龙头企业 32 家，辐射带动农户 1.3 万户，使畜牧业逐步成为我县农民增收的新路子；四是农业综合开发做到主动服务于全县新农村建设。完成肉用山羊良种扩繁基地建设等省市开发项目 5 个，投入资金 1449 万元。经市审计局严格审计，认为项目管理到位，资金核算规范、项目成效显著，示范带动效应明显，成为一项民心工程；五是投入财政扶贫资金 440 万元，实施 22 个扶贫重点村“整村推进”扶贫工作，有效增加农村贫困人口收入；六是继续推进农村综合改革。清理核实锁定乡村债务，严格制止产生新债务，积极支持化解历史性债务，促进全县农村健康稳定发展。

5. 深化改革创新，促进财政工作效能和监管水平稳步提高

创新是事业前进的不竭动力。一年来，财政干部积极推进改革创新，加强制度建设，完善预算资金拨付流程，坚持把制度管理贯穿于财政工作各环节，促进依法行政，为民理财，着力打造“阳光财政”。积极推进乡财政预算管理方式改革，将各乡镇中小学财务上划县教育局垂直管理；探索将乡镇财政总预算会计集中核算、统一管理。稳步推进国库集中支付制度改革，开展预算执行系统培训，实现财政全供养人员工资全员统发，简化拨款环节，撤并科室账户，资金归并国库集中管理，确保财政资金安全有效。推行部门综合预算。将部门预算内外经费统一规范由县财政局一个科室进行管理，着力推进部门预算编制的完整性和规范性，发挥预算内外资金整体效应。推进财政财务管理信息化建设，规范财务核算，提高工作效率。大力组织开展对全县 128 户行政事业单位国有资产清查工作，摸清“家底”，查找问题，完善国有资产管理措施。继续推行并不断完善专项资金报账制管理，开展财

政专项资金检查，确保资金专款专用，发挥作用。不断规范政府采购，全年采购金额达2225万元，资金节约率达7%。制定财政投资评审管理暂行办法，着力提高财政监管水平。

6. 加强作风建设，促进财政干部执行力进一步提升

按照各级加强行政效能建设的要求，广泛开展“简化手续，提高效率”主题活动，狠抓行风、作风和党风廉政建设，把日常管理、作风建设融于精神文明建设之中。加强内部队伍建设，拓展财政管理外延，组织好全国第三届会计知识大赛石林赛区的初赛工作，抓好单位财务人员培训，全年共举办《会计基础》、《中级会计电算化》等业务培训8期，参训人员达481人次，着力提升业务素质，切实提高执行力，有效促进财政各项工作，取得了财务核算较规范、资金安全有保障、拨款手续有简化、执行能力有提高、工作作风大转变的良好实效。

各位代表、各位委员：2007年财政各项工作均已圆满完成，财政运行质量显著提高、保障能力持续增强、工作成效日益明显。同时，我们也清醒地认识到，壮大县域经济，增强财政实力，提高财政资金管理使用的规范性和有效性仍需常抓不懈。主要问题是：一是缺乏大项目拉动，全县工业基础薄弱、经济总量小、产业附加值低、财源结构单一的状况还未根本转变，财政持续稳定增收的经济基础仍不牢固；二是财政资金筹措困难，有限的财政资金难以满足我县经济社会各项事业全面发展的需要，国家逐步实施从紧的货币供应政策，融资困难，资金供给与需求之间仍将存在较大缺口；三是投融资渠道不宽，基础设施建设单纯依靠政府大量举债投入，尚未形成社会多元化投融资格局；四是加强财政监督，规范资金管理，提高资金使用效益任务艰巨。面对这些前进中的问题、发展中的困难，我们将以党的十七大精神为指引，振奋精神，坚定信心，切实增强做好财政工作的紧迫感和责任感，通过加快全县经济社会发展、深化财税改革、加强资金监管来逐步解决。

二、2008年地方财政预算草案

按照县委关于着力推进全县经济社会全面协调可持续发展的战略构想，财政工作需要保持持续稳定的发展态势，努力为实现全县经济社会跨越式发展提供强大稳固的财力保障。随着石林中路改扩建等一批重点项目的继续建设，石林旅游将乘申遗成功之势稳步发展，资源优势转变为经济优势步伐加快，实现财税持续稳定增收的经济发展环境较为有利。但与此同时，人员经费等刚性支出增长较快，关爱民生、促进社会和谐发展需加大财政投入，全县财政收支矛盾将进一步加剧。结合新形势、新任务，2008年全县预算安排和财政工作的总体思路是：以邓小平理论和“三个代表”重要思想为指导，认真学习贯彻党的十七大精神，全面落实科学发展观，按照“十一五”发展规划及县委十届四次全会决定，坚持加快发展，优化支出结构，着力解决民生民享问题，加快构建社会主义和谐社会、全面建设小康社会进程；勇于探索，敢于创新，强化财税征管，狠抓增收节支，深化财政改革，完善资金监管，提高资金使用效益，紧密围绕推进基本公共服务均等化，着力建设有利于科学发展的财税制度，促进全县经济社会又好又快发展。

根据上述总体思路，2008年地方财政预算的主要指标建议安排如下：

（一）财政一般预算收支及平衡情况

全县地方财政总收入26530万元，比上年增10%，其中上划中央和省级税收收入10602万元，比上年增8%。全县地方财政一般预算收入15928万元，比上年增12%。其中：县本级地方财政一般预算收入7881万元，比上年增18%；乡级地方财政一般预算收入8047万元，比上年增6.8%。

全县地方财政一般预算支出29730万元（不含上级专款支出），比上年增1%。其中：县本级地方财政一般预算支出27095万元，与上年持平；乡级地方财政一般预算支出2635万元，比上年增14%。全县预算内新增财力主要用于人员经费和社会保障等支出。重点项目建设等全县经济社会发展所需资金主要通过预算外多渠道筹集，并确保收支平衡。

全县地方财政一般预算收支平衡情况：各项收入合计30669万元，其中：地方财政一般预算收入15928万元、上级税收返还及转移支付补助14603万元、调入其他资金138万元；各项支出合计30669万元，其中：全县地方财政一般预算支出29730万元、上解上级支出939万元。收支相抵平衡。

县本级地方财政一般预算收支平衡情况：各项收入合计28008万元，其中：地方财政一般预算收入7881万元、上级税收返还及转移支付补助14603万元、上年赤字26万元、调入其他资金138万元、下级上解收入5412万元；各项支出合计28034万元，其中：地方财政一般预算支出27095万元、上解上级支出939万元。收支相抵赤字26万元。

乡级地方财政一般预算收支平衡情况：各项收入合计8073万元，其中：地方财政一般预算收入8047万元、上年结余26万元；各项支出合计8047万元，其中：地方财政一般预算支出2635万元、上解上级支出5412万元。收支相抵结余26万元。

（二）地方财政基金预算收支及平衡情况

地方财政基金预算收入3020万元，地方财政基金预算支出3020万元，收支相抵平衡。（乡镇无财政基金预算收支）

2008年的预算安排，体现了“统筹兼顾、积极稳妥、量入为出、收支平衡”的预算编制方针，体现了构建社会主义和谐社会的基本要求，体现了以人为本、全面协调可持续的科学发展观，也体现了有保有压、集中资金保重点的原则。

三、坚定信心，坚持发展，确保圆满完成2008年财税任务

2008年是县第十五届人民政府的开局之年，也是实施“十一五”规划承上启下之年。我们一定要深入学习贯彻党的十七大精神，全面贯彻落实科学发展观，围绕推进基本公共

服务均等化，以石林申遗成功为契机，以“五创”工作为动力，进一步强调均衡平稳持续发展，坚定信心，理清思路，强化职能，确保增收。主要做到：

一是履行职能促发展。紧紧围绕“十一五”经济社会发展规划，履行财政职能，科学安排预算，合理调配资金，着力改善旅游基础设施建设，打造最适宜人居环境，重点确保石林中路、中国彝族第一村等项目建设资金；发挥财政资金放大积聚效应，通过加大财政补贴、贴息等方式引进银行、民营企业等社会资金进入参与基础设施、社会公益等各个领域建设；创新财政资金支付方式，采取按比例分年度支付建设资金的方法，有效缓解资金不足，促进项目建设；建立融资信贷偿还信用机制，按时偿还到期债务，巩固提高政府诚信；拓宽投融资渠道，支持成立投融资公司，鼓励企业尝试通过发行地方债券来进行融资的新模式，不断探索建立社会多元化融资新格局。根据财政承受力，保持并不断扩大融资规模，力保经济建设投入资金链不断。重视财源建设，做好项目储备，加大申报力度，选好选准项目，抓好抓实项目包装推介，积极争取上级资金支持我县发展，并做到整合项目，整合资金，集中财力办大事。努力争取第二板块财政扶持政策。确保我县列入国家级农业综合开发县。加快推进县域经济发展方式转变，统筹城乡经济协调发展。

二是狠抓财税保增收。强化财税目标管理，加强经济运行形势及财政调研分析，主动反映协调，多方沟通联系，积极支持配合，不断完善税收征管体制，管好既有税源、开辟现实财源、建设将来税源。认真分析企业所得税“两法合并”后对我县财税收入的影响，及时提出应对措施。规范非税收入管理，严格执行“收支两条线”规定。努力完成全年预算任务，实现收支平衡。

三是优化支出建和谐。公共财政就是民生财政。要进一步关注民生，提倡民享，重点保障人员经费支出，持续加大对“三农”、教育、医疗卫生、社会保障等公共服务投入。积极筹措调度资金，不断优化支出结构，拓宽就业门路，促进就业再就业；加快建立覆盖城乡居民的社保体系，提高新型农村合作医疗和城镇居民基本医疗保险补助标准；完善基本医疗服务；逐步提高农村义务教育公用经费保障水平；积极整合财政支农资金，建立健全财政支农资金稳定增长机制，加快以人为本的公共财政支出体系建设。着力解决人民群众最关心、最直接、最现实的利益问题，让广大人民群众共享经济改革发展成果。强化预算管理，充分考虑人员经费快速增长对地方财政形成的巨大支出压力，财政支出做到保障基本、力保重点、突出民生、统筹兼顾，妥善处理好“吃饭”与“建设”的矛盾。

四是改革创新求进步。继续完善近年来的改革创新工作，确保取得实效。推进乡财政预算管理方式改革，加强部门预算编制的综合性和规范性管理。运行预算执行管理系统，启动国库集中支付工作，注重加强指标的规范性、及时性管理，切实提高支出预算执行进度，避免指标、资金积压。积极推进财政财务信息化建设，全县一级预算单位全部实现会计电算化，彻底规范单位会计核算，大力提高科学理财水平。

五是强化监管提效益。加快建章立制步伐，继续推行完善财政专项资金报账制，不断健全完善财政投资评审管理暂行办法，启动财政投资评审工作，有力促进主管部门对建设项目严格监督，科学管理，牢固树立“节支也是增收”的理念。通过管理来提高资金使用效益，节约发展成本，实现投资效应最大化。逐步建立以提高政府管理效能和财政资金使用效益为核心，以结果为导向的项目资金管理模式。

六是作风建设强素质。深入学习领会党的十七大对财政工作提出的新要求、新任务，坚持以人为本，加强队伍建设，积极推进财政科学化、精细化管理。抓好业务培训，提高综合素质。加强内部控制，狠抓财政行风、作风及党风廉政建设。把先进性建设和执政能力建设作为财政党建工作主线，开展“为民、务实、清廉”主题教育，抓实财政系统精神文明创建活动，使财政干部职工自觉遵守党纪国法，秉承优良传统，弘扬新风正气。不断提高科学理财、民主理财、依法理财的能力和水平。

总之，我们坚信，在县委的坚强领导下，在县人大、县政协的大力监督支持下，各有关部门通力协作，财税部门密切配合，扎实工作，开拓创新，认真学习贯彻党的十七大精神，全面落实科学发展观，就一定能圆满完成今年市县下达的财税各项工作任务，为新一届人民政府财税工作开好头、起好步，为全面建设石林小康和谐社会打下坚实的经济基础。

石林彝族自治县人民法院工作报告

——在石林彝族自治县第十五届人民代表大会第一次会议上

（2008年1月23日）

县人民法院代理院长 刘珉语

各位代表：

我代表石林彝族自治县人民法院，向大会作法院工作报告，请予审议，并请县政协委员和列席人员提出意见。

一、五年工作回顾

五年来，我院在县委的正确领导和上级法院的指导下，在县人大、县政协的监督和县政府及社会各界的关心支持下，以邓小平理论和“三个代表”重要思想为指导，坚持科学发展观，全面贯彻党的十七大以及全国政法工作会议精神，努力践行“公正司法，一心为民”工作方针和“公正与效率”工作主题，牢固树立社会主义法治理念，增强司法能力，提高司法水平，充分发挥人民法院依法惩治刑事犯罪、处理矛盾纠纷、支持和促进依法行政、保障人权、调节社会关系的职能作用，各项工作取得了新的进展。五年共受理各类案件8666件，审执8441件，结案率为97.40%。为维护公平正义，构建和谐社会，为全面推进依法治县和“平安石林”创建提供了良好的司法服务和保障。

（一）充分发挥职能作用，全面履行审判职责

1. 坚持宽严相济刑事司法政策，贯彻罪刑法定、罪刑相适应刑法原则，切实抓好刑事审判工作

刑事犯罪是影响社会安全和稳定的一个主要因素，依法打击刑事犯罪，维护社会的安全和稳定是构建社会主义和谐社会的一项主要内容，是人民法院的重要工作任务。五年来，我院共受理各类刑事案件917件1547人，审结917件，审结率为100%。判处十年以上有期徒刑81人，三年以上十年以下有期徒刑296人，三年以下有期徒刑685人，拘役、缓刑、免予刑事处罚、单处罚金、无罪等485人。

工作中，一是依法严厉打击危害公共安全的犯罪，坚决维护社会稳定。如对投放危险物质造成了西街口镇清水塘村村民100余人中毒恶劣后果的被告人毕志昌，判处其有期徒刑十四年。二是坚决打击危害社会治安的刑事犯罪，特别是抢劫、绑架等暴力性犯罪、有组织犯罪、涉枪涉爆犯罪，如：对在石林风景区采用持刀威胁、用胶带封嘴、用鞋带捆绑等手段，抢劫四川大学瑞典籍留学生“高山”，造成极为恶劣社会影响的被告人唐金龙、董明华、周平，分别判处有期徒刑15年和14年；对在矿山寻衅滋事、暴力抗法并打伤我县公安局民警的罪犯李扬尾和孙继伟、朱智文分别判处有期徒刑五年和三年。三是继续依法打击贪污、贿赂、挪用公款等职务犯罪。如原县民族与宗教事务管理局局长黄甫友贪污、受贿被判处有期徒刑十五年，原石林县人民医院院长王永生商业贿赂被判处有期徒刑十年；此外，岁家兴贪污案，海正德、高福兴职务侵占案等一批影响较大、案情复杂的社会热点案件的被告人均依法受到了严惩。

在严惩严重犯罪行为的同时，对那些主观恶性不大，犯罪情节较轻，具有法定从轻、减轻处罚情节的犯罪，依法从轻、减轻或免除处罚。对适用缓刑不致再危害社会的被告人，依法宣告缓刑。并对不构成犯罪的依法宣告无罪。做到重点突出，区别对待，宽严相济，罪刑相适应，既体现重刑的严厉，又体现轻刑的宽大，从而有利减少对抗，促进社会的平安稳定。

2. 服务构建和谐社会大局，树立司法为民思想，依法调节社会主体的民事活动，加强民商事审判工作

五年共受理民商事案件5191件，审结5163件，审结率为99.46%。一是依法审理各类经济、合同纠纷案件，平等保护各种经济主体的合法权益，确实保护公平交易，促进诚实信用及合同原则的建立和推行，维护民事主体之间正常、稳定的交易活动。二是探索、总结群体性利益案件和农村收益分配案件的审理途径和经验。此类案件是在我县经济社会不断发展、城市化进程不断加快过程中产生的新类型案件。因受传统观念、历史原因和法律意识淡薄等因素的影响，当事人抵触情绪大，经常纠缠不休，甚至集体上访。如陆良县波漠村王祖会等诉我县西街口镇芭茅村陆德荣等财产损害赔偿纠纷案，芭茅村近200名村民到政府和法院上访，给我县社会稳定带来了隐患，经过说服、教育、疏导，当事人双方自愿和解，避免了矛盾纠纷的激化。此外，还依法审结了北大村小寨250名村民、小林口铺140名村民、板桥镇邓家山村58名村民分别诉村民小组等大量复杂群体性案件。在审理此类案件时，我院从切实维护农民切身利益出发，注重法、理、情的融会贯通，并充分取得乡镇党委、政府的支持，最大限度地化解争议双方的矛盾，确保了一方平安。三是坚持“能调则调，当判则判，调判结合，案结事了”十六字民商事案

件审判方针，重视运用调解“快捷、高效、低成本、低风险”的优势，将调解贯穿于诉讼全过程，实现案结事了，定纷止争，促进和谐的审判目的。五年中调解结案4149件，调解率50.22%。四是强化保护弱势群体意识，确保弱势群体通过诉讼维护自身合法权益。五是加强对当事人的举证指导，把当事人举证与依职权调取证据有机结合，切实解决当事人举证困难问题，保护公民合法权益。

3. 以促进依法治县进程为中心，坚持支持行政主体依法行政与维护行政相对人合法权益相结合，加强行政审判工作

五年共受理行政诉讼案件20件，审结20件，审结率为100%。按照合法性原则对111件非诉行政案件进行审查，裁定准予执行94件，不予执行11件，申请人撤回申请6件。一是始终紧紧围绕县委政府的中心工作，从促进依法行政和维护社会稳定的大局出发，加强与行政主体的沟通交流，对行政主体执法过程中存在的问题，及时提出司法建议，提高行政执法水平，促进依法行政。二是注重保护行政相对人的合法权益，使人民群众树立“法律至上”的信心，维护法律权威。三是积极探索行政案件协调解决的新途径，大胆实践行政和解方式，以此缓解行政主体与行政相对人之间的关系，努力建立和完善解决行政争议的有效机制。

4. 以最大限度地保护当事人实际利益为出发点，建立完善执行工作制度，探索执行工作新途径，加大执行工作力度

五年来，我院共收执行案件2427件，执结2230件，结案率达91.88%，执结标的达4495.7万余元。在执行工作中，一是不断建立、健全执行工作制度，如申请执行人告知、执行期限预警、执行案件合议、查封扣押物品专人保管等工作制度，形成规范、高效的执行工作运行机制。二是进一步规范中止执行程序，明确终结执行的标准，避免产生新的执行积案。三是加大法制宣传力度，营造自觉履行义务和全社会理解、支持执行工作的舆论氛围。四是依法惩治拒不执行生效裁判的被执行人和妨碍执行的案外人，改善执法环境。五是在保障债权实现的同时，兼顾被执行人的利益，选择最佳的执行手段、方法和时机，尽量避免和减轻对被执行人及其未成年家属生活的影响，充分尊重被执行人的基本人权，避免苛刻的执行措施和行为。六是大力推行执行和解制度，提高案件执结率，减少执行信访案件，注重法律效果和社会效果的统一。七是建立执行案件信息管理系统，加强执行威慑机制，努力解决执行难顽症。此外，2007年正式建立和启动石林县人民法院执行工作联动机制,改变法院单打独斗的执行工作现状，形成依靠国家和社会力量的共同参与，多管齐下，多措并举，合力破难的新的执行工作格局，切实保护当事人的合法权益，维护党的威信和法律的尊严。

（二）延伸审判工作职能，大力宣传法制成果

1. 延伸审判职能作用，扩大办案社会效果

一是通过对8000余件案件的公开审判，用具体的案例对广大群众进行直观、具体的法制宣传，通过以案释法、以案普法，延伸公开审判成效，扩大办案社会效果。二是重视对青少年犯罪案件审理方式的探索改革，坚持寓教于审、审教结合、注重预防，对缓刑人员进行回访考察，延伸审判职能。三是认真实施司法救助，使孤寡老人、残疾人等经济确有困难的当事人打得起官司，使其诉讼权利得以保障，五年共对220件案件实行了诉讼费的缓、减、免。四是抓好预防，对审判中发现的治安隐患和管理漏洞，及时向有关方面提出司法建议，五年共提出司法建议12份，对预防和减少纠纷起到了积极的作用。五是我院大力强化为县委、政府中心工作服务意识。例如，抽调干警参加村级“两委”换届选举工作和新农村建设，积极参与东城区兴建、双龙公园改扩建、巴江河治理、西石公路拆迁、申遗环境整治、石林中路修建过程中遇到的一些涉法问题的研究，提供法律建议，配合做好相关工作等。六是积极参与创建“平安石林”和“无毒县”等“五创”活动，为构建和谐社会积极贡献自身力量。

2. 加强调研及信息宣传工作

不断建立、健全调研宣传工作制度，从2005年开始，采取“明确任务、加强培训、信息员固定、强化考核”等措施，注重审判管理、队伍建设和法学理论与实践方面的调查研究和宣传报道，共向上级法院、县委等报送调研论文、审判案例要览、精品案例及优秀法律文书共86篇，报送工作简报202篇。一些干警的文章在国家、省、市、县等刊物上刊载，4篇案例被《中国审判案例要览》选用，5篇被昆明中院评为《精品案例》，97篇工作简报被省、市、县级采用。同时利用电视、报纸等媒体，加大对法院工作的宣传报道，仅2007年，昆明电视台报道我院案件审理、执行工作情况等7期，《云南法制报》、《春城晚报》、《都市时报》等报刊报道了13期，扩大了审判工作的社会效果。

（三）深化法院改革、确保司法的公正和高效

1. 完善审判运行机制，强化案件质量管理

一是通过案件受理审查程序，将符合受理条件的纠纷纳入司法解决的范围，对新类型案件的受理问题进行分析研究，慎重受理敏感案件，讲究工作方法，注意工作态度，杜绝“门难进，脸难看，事难办”的不良作风，防止个案处理不慎造成工作被动而影响社会稳定。制定出台了《案件流程管理操作规则》，全面规范案件流程管理，提高了办案效率。二是切实加强内部审判监督，制定《案件质量评查规定》，对每年审结的案件按比例抽查，抽查比例从2003年的15%上升至目前的30%，检查方式从2003年以前的每半年一次改为目前的每月上报检查一次。对评查过程中发现的程序、实体等方面的问题，予以通报，通报方式从2003年的半年一次增至现在的每季度一次，从而不断提高案件质量。三是抓实、抓好申诉信访工作，采取有效措施，严格登记制度，切实转变工作作风，增强干警处理重审、再审、涉诉信访、上访案件的能力，努力把这类案件减少到最低限度。

2. 完善诉讼制度，确保公正与效率

深化刑事审判方式改革，进一步扩大刑事简易程序的适用范围，通过简化对被告人的讯问和证据的出示等审理内容，缩短了庭审时间，提高了诉讼效率；在民事审判中建立“大民事”审判格局，实行繁简分流，使简单的案件快审快结，

复杂的案件精审、深审，形成高效的民事审判机制；积极开展行政诉讼制度改革，建立完善行政诉讼证据制度，改革庭审方式，引入和解机制;进一步探索和完善执行制度的改革，改变以法院调查作为发现债务人财产主要途径的传统做法，通过当事人及有关单位、部门、人员协助提供线索，引进社会力量共同参与破解执行难问题，努力最大限度地实现债权；进一步规范庭审，确保当事人平等享有诉讼权利，以程序公正促进实体公正；进一步明确院长、庭长、审判委员会、合议庭各自的职责，既保证了审判委员会对审判工作重大问题的决策，又充分发挥了合议庭和独任审判员的作用;完善审判工作目标考核管理办法，建立符合审判规律的考核评估机制，鼓励和调动审判人员多办案、快办案、办好案。

3. 全面落实人民陪审员制度

在各级各部门的支持下，顺利完成了人民陪审员的名额确定、选任、经费保障和岗前培训等工作，把人民陪审员制度落到实处，不断促进司法公正。目前，10 名人民陪审员参与了刑事、民事及行政案件的审理 37 件次，在强化司法民主监督、推进普法教育和法治进程方面发挥了一定的作用。

（四）以建设学习型法院为目标，努力提高干部职工素质，加强班子及队伍建设

1. 重视班子建设，形成坚强领导核心

在县委的领导下，按照组织原则和要求，配齐配强我院领导班子。加强班子成员的人生观、世界观、价值观和权力观、地位观、利益观教育，造就一个讲大局、讲团结、讲党性的领导班子，发挥领导核心作用；坚持民主集中制原则，对重要案件、经济开支、人事任免等涉及全局的问题，坚持集体讨论决定。通过竞争上岗选拔了六名中层干部，配备了二名专职审判委员会委员，为带好队伍和顺利开展工作创造了条件。

2. 加强学习培训，提高干警政治和业务素质

一是贯彻党的十六大、十七大精神，认真学习党的章程，牢记为人民服务的宗旨，树立司法为民的思想，自觉践行“三个代表”重要思想，同时以《法官职业道德基本准则》、《法官行为规范》为读本，对法官进行系统的职业道德规范教育，引导法官爱岗敬业，公正司法；二是精心组织，认真开展了保持共产党员先进性学习教育和整改活动、“规范司法行为，促进司法公正”专项教育整改活动、“八荣八耻”教育学习活动、社会主义法治理念教育活动以及“立党为公，执政为民”等各项专题教育活动，把法院的思想政治建设、职业道德建设提升到一个更高的水平；三是重视学习培训，提高干警审判业务素质。切实落实每周五学习日制度，学习政策、法学理论，不断更新法官知识，增强法官新形势下正确适用法律的能力，提高干警的职业素养；组织干警参加省市法院及县上安排的各种业务培训达 300 余人次；鼓励干警参加各种学历教育和国家司法考试，我院干警大专以上学历达 94.74%，8 名干警通过了国家司法考试，2 名干警在读研究生。

3. 狠抓党风廉政建设，严格干警作风纪律

严格执行党风廉政建设责任制，签订党风廉政建设责任书，认真落实《法官法》等有关法官管理和廉政纪律的各项规定，积极开展廉政谈话、述职述廉、廉政文化专题讲座、警示教育等系列活动，不断加强监督制约机制，提高干警拒腐防变能力。严抓治理司法随意性、治理言行冷硬、治理文书错漏、治理违规饮酒“四项”治理工作。坚持按照胡总书记倡导的“八个方面”的良好风气，结合昆明中院提出的“五个坚持”、“五个不准”、“十个一”和“八个不让”加以整改。在市委、县委督查警容警车的基础上，本院内部对警容警车又进行了不定期督查，使干警强化作风纪律意识和廉洁自律意识，树立良好的司法形象。

（五）加强司法政务管理，促进审判工作

为更好地服务审判工作，我院不断加强司法政务的管理，扎实做好各项政务、事务工作。一是在县委、人大、政府、政协和上级法院高度重视和大力支持下，自审判大楼投入建设以来，我院克服困难，积极筹措资金，切实推进审判法庭建设，现在审判大楼即将竣工，我院的执法条件必将得到大大改善，为树立起良好的法治形象提供坚实的硬件基础。另外，石林法庭已验收合格，可以投入使用;二是采取完善制度与落实制度双抓并举，始终重视做好建章立制工作。2003 年、2007 年分别两次围绕审判管理、队伍管理、司法政务管理不断建立健全规章制度，进行制度汇编工作，形成科学、规范的管理机制体系;三是实现档案微机管理，清理和录入计算机档案 2 万余件。

（六）坚持党的领导，自觉接受人大及社会各界的监督

我院始终坚持在党的领导和人大、政协及社会各界的监督下开展工作，重大案件及时向县委汇报，确保案件的处理与经济和社会发展相统一，并自觉接受人大、政协和社会各界的监督，认真落实意见、建议和提案的办理工作，2007 年制定实施了《关于办理人大代表议案、建议、意见和政协委员提案工作的暂行规定》，建立完善的议案、建议、意见、提案的办理机制；制定实施《对外宣传报道管理暂行办法》，规范对外宣传工作，与媒体建立良好的沟通渠道。认真贯彻执行《监督法》，更加自觉、主动地接受好党和人民的监督，把法院工作始终置于人民群众的监督之下。与此同时，我院注重加大违法审判责任追究力度，加强对违法违纪问题的查处，努力从源头上预防和遏制审判权、执行权的滥用，推进司法文明、司法公正和司法廉洁。

各位代表，过去的五年，我院工作取得了一定的成绩，这是县委正确领导的结果，与人大和政协的有力监督及政府和社会各界的关心支持是分不开的，与各位代表、委员的关心支持是分不开的。在此，我代表石林县人民法院对关心、支持法院工作的人大代表、政协委员和社会各界人士表示衷心的感谢并致以诚挚的敬意！

在肯定成绩的同时，我们也清醒地看到，我院工作仍然存在着一些问题和不足，主要表现在：少数干警素质不高，责任心不强，思想水平和业务水平还不能完全适应新形势的需要，工作作风需进一步改进；有的案件审理质量不高，个

别案件办案周期过长，审判质量和效率需要进一步提高；少数案件执行效果不明显，执行工作力度还需进一步加大。对于这些问题和不足，我们将高度重视，认真分析研究，进一步采取有力措施，切实加以解决。

二、今后五年工作目标

各位代表，今后五年是全面贯彻党的十七大精神、推进石林经济社会跨越式发展的重要五年。人民法院是党领导下实施依法治国方略的重要载体，是构建和谐社会的保障力量，随着人民法院第二个五年改革纲要的实行，石林法院也将进入一个新的历史发展时期，新的使命赋予我们的责任更加重大、任务更加繁重。为此，我院将“高举中国特色社会主义伟大旗识，以邓小平理论和“三个代表”重要思想为指导，深入学习贯彻十七大精神，全面落实科学发展观，紧扣全面建设小康社会中心任务，围绕‘公正与效率’这一工作主题，坚持‘公正司法，一心为民’的工作指导方针，化解社会矛盾，促进社会和谐；调节经济关系，保障社会发展；坚持宽严相济，确保社会稳定；加强制度建设，完善保障机制；加强队伍建设，提高保障能力。为确保今后五年工作任务的圆满完成，我院将全力做好以下五个方面的工作：

（一）树立司法和谐理念，不断推进审判执行工作的开展

以正确适用法律和规范文明司法为要求，追求个案诉讼与整体司法运行和谐，努力实现司法和社会的良性互动，让法律协调走入社会生活；坚持宽严相济刑事司法政策，维护社会治安稳定；建立多元化矛盾纠纷解决机制，推进和谐社会建设；探索行政纠纷和解机制，化解行政争议；改革执行工作机制，努力解决执行难问题。

（二）继续重视领导班子及队伍建设

坚定不移推进领导班子成员及干警思想政治素质建设和作风纪律建设，树立良好司法形象；加强法官队伍职业化建设和其他各类人员的专业化建设，逐步建立法官助理制度；落实《法官法》的规定，推动建立和完善适合法官职业特点的任用、晋升、奖励、抚恤、医疗保障和工资、福利、津贴制度。

（三）加强司法审判管理与司法政务管理

建立健全审判管理制度，提高审判工作质量和效率，使案件质量评查率达到100%；完善审判流程管理制度，统一管理模式；建立大立案管理系统，有效规范立案与审判、执行工作的关系，推进审判流程的规范、有序、高效运行；建立远程立案系统和庭前速裁制度，解决群众起诉难、纠纷解决慢等问题；坚持完善制度与落实制度双抓并举，通过制度管人，实现有序、规范和高效的管理目标。

（四）推进司法改革，建立公正、高效、权威的司法运行机制

改革和完善诉讼程序制度，实现司法公正，提高司法效率，维护司法权威；改革和加强人民法院内部监督和接受外部监督的各项制度，完善对审判权、执行权、管理权运行的监督机制，保持司法廉洁；不断推进人民法院体制和工作机制改革，建立符合社会主义法治国家要求的现代司法制度。

（五）大力推进法院文化建设

建立以审判大楼建设、制度建设、法官行为规范、精神价值追求为基本内容的法院内部文化，体现司法和谐、公平正义、人文关怀的法院文化内涵，以文化推进法院的发展；以普及法律知识、以案释法、以案说法等形式，逐步推进建立“法律是任何社会主体从事社会活动不变的行为规则”的法院外部文化，增强公民法律意识，促进依法治国方略实现。

三、2008年的工作任务

（一）树立司法和谐理念，指导和谐审判体系构建

一是树立平安稳定的大局意识，强化刑事司法理念和人权保障意识，依法审理刑事案件。努力提高审理刑事大案要案的能力，始终把维护国家安全、社会稳定作为审判工作第一位的政治责任，把审理好贪污贿赂、渎职犯罪作为关系党和国家生死存亡的重大任务，把坚决依法惩治危害人民群众生命财产的暴力性犯罪置于打击锋芒所向，把始终坚持依法从重从快打击毒品犯罪放在重要位置不松懈。同时，重视尊重和保障被告人的合法权益，坚持无罪推定、疑罪从无、不冤及无辜的原则，坚持惩办与宽大相结合的长效机制，真正做到不枉不纵，确实实现刑罚的公平正义。注重对被害人权益的保护和救助，重视适用好法律规定的罚金刑和财产刑，重视保障刑事附带民事案件被害人合法权益的认定和保护，探索刑事附带民事案件中民事裁判执行率提高的方式与途径，以此营造良好的法制环境和社会环境。

二是重视民事审判在化解社会矛盾中的重要作用，保护民事主体的合法权益。建立完善多元纠纷解决机制，不断拓宽与“诉讼途径”相补充、相衔接、相配合的纠纷解决渠道，努力使民事审判切实成为保障人民群众合法权益最直接、最具体、最重要的有效途径，促使人民群众安居乐业，维护社会和谐稳定。

三是改进完善行政诉讼制度，促进行政争议化解。坚持合法性审查，妥善处理行政争议，不断探索实践案件协调和解机制，切实做到保护合法权益，促进依法行政，优化司法环境，促进法治政府和法制社会的形成。

四是继续攻坚“执行难”，维护司法权威。进一步认真贯彻中央政法委关于切实解决人民法院执行难问题的精神，在县委和人大、政协以及政府、社会各界的领导、监督和关心、支持下，充分发挥联动机制的作用，进一步强化执行威慑；建立执行案件困难救助机制，切实保护困难、弱势群体的切身利益；不断创新执行方式，加大执行力度，切实努力提高生效裁判的执结率，最大限度地实现债权人的合法权益。

五是继续深化法院改革，规范审判管理。严格执行和落实《案件质量评查规定》，加大案件质量评查力度，提高办案质量；继续实行流程管理机制，建立以审限为中心的案件流程管理制度，对于各类案件审理、执行设立期限预警制度和督办制度；继续完善信访制度，落实信访责任，建立与党委、政府信访联动机制，增强为民意识;推进法官判后答疑制度的建立，面对面向当事人解疑释惑，加大对当事人的法律宣传与教育，提高初访接谈的息诉率，做到判前预防，判后答疑，化解初访，治理重访，使当事人服判息诉。

（二）加强领导班子及队伍建设，致力营造人民法院的和谐环境

认真思考和实践怎样把环境的和谐构建好，使职责履行有保障，业务工作有发展，团队精神有增强，干警队伍有活力；努力营造出以人为本、改革发展、科学管理、严格纪律、人文关怀、心齐气顺、向心凝聚的良好氛围。在班子建设上，力求既发挥集体智慧力量，又发挥个体的聪明才智；继续狠抓党风廉政建设和作风改进，增强领导及干警的廉政意识，牢固树立终身学习的思想、司法为民的群众观点和服务群众的观念；继续推进法官职业化建设，为提高司法能力提供人才保障。

（三）继续抓好“两庭”建设，提升工作环境，服务审判工作

在审判大楼顺利建成的基础上，积极推进板桥、圭山两个派出法庭的建设，并尽快建立以审判为中心，以科技支持为后盾的后勤保障服务体系，积极推进办公现代化建设，提高办公自动化水平，实现审判场所规范化管理。

各位代表，依法治国任重道远，构建和谐势在必行。我们将高举中国特色社会主义伟大旗帜，以“三个代表”重要思想为指导，全面贯彻落实科学发展观，在县委的正确领导下，在人大、政协的监督和政府、社会各界的关心支持下，充分发挥审判职能作用，大力推进民主法制建设，共同铸就公平正义的利剑，惩恶扬善保平安，构建和谐奔小康，为开创石林县经济社会跨跃式发展提供良好的司法保障和服务，为全县各族人民的幸福安康而不懈努力！

石林彝族自治县人民检察院工作报告

——在石林彝族自治县十五届人民代表大会第一次会议上

（2008年1月21日）

县人民检察院检察长　柏安云

各位代表：

我代表石林彝族自治县人民检察院，向大会作检察工作报告，请予审议，并请政协委员和其他列席人员提出意见。

一、五年来的工作回顾

党的十六大以来，我国的改革开放和社会主义现代化建设取得了举世瞩目的成就。面对新的机遇和挑战，石林县检察院以邓小平理论和“三个代表”重要思想为指导，认真贯彻落实全国政法工作会议和全国、省、市检察长会议精神，牢固树立“立检为公、执法为民”的指导思想，深入实践“强化法律监督、维护公平正义”的工作主题，严格按照“加大工作力度，提高执法水平和办案质量”的总体要求，坚持党的领导，自觉接受监督，全体干警认真履行检察职责，较好地完成了工作任务，为维护社会政治稳定、民族团结，促进石林经济又好又快发展，创建平安和谐石林作出了积极贡献。

（一）切实履行检察职能，全力维护社会稳定

1. 依法行使批捕起诉职权，严厉打击各种刑事犯罪

五年来，县检察院共受理公安机关和本院自侦部门移送审查逮捕案件740件1248人，经审查批准（决定）逮捕696件1168人，批捕率为93.6%，公安机关撤回报捕16件28人，追捕5人，不捕28件52人；受理审查起诉881件1558人，向县人民法院提起公诉765件1332人，报送昆明市检察院审查起诉81件162人，公安机关撤案14件34人，追诉6人，作出不起诉决定21件36人，不诉率为2.3%。

在工作中，坚持“严打”方针，对故意杀人等严重暴力犯罪，批准逮捕29件42人，报送市检察院审查起诉30件41人；对带黑恶性质的有组织犯罪和团伙犯罪，批准逮捕77件318人，向县法院提起公诉120件557人；对“两抢一盗”等侵犯公民财产、人身权利犯罪，批准逮捕370件536人，向县法院提起公诉386件681人，报送市检察院审查起诉2件11人；对毒品犯罪，批准逮捕51件69人，向县法院提起公诉2件3人，报送市检察院审查起诉44件63人。

在工作中，适时分析研究刑事发案的趋势，突出打击重点，坚持“什么犯罪突出就打击什么犯罪”的办案原则。针对我县2006年盗窃电力、电信设施犯罪案件一度发案较多的情况，侦查监督、公诉部门加大工作力度，依法快捕快诉，共批准逮捕该类犯罪案件13件42人，起诉24件58人，有力地打击了犯罪分子的嚣张气焰，遏制了此类案件的高发态势。针对2007年团伙犯罪突出的情况，侦查监督部门及时与公安机关密切配合，形成打击合力，共批准逮捕团伙犯罪案件28件138人。其中依法打击了以敖永明、李锋为首的在公共场所持械斗殴的犯罪团伙，有力地震慑了犯罪，增强了人民群众的安全感，切实维护了社会治安稳定。

在工作中，认真贯彻宽严相济的刑事司法政策，努力做到宽严有度，该严则严，通过打击犯罪，维护法律的权威和尊严；当宽则宽，注重化解矛盾，促进社会和谐。建立未成年人犯罪和轻微刑事案件办理机制，对涉嫌犯罪的未成年人坚持教育、感化、挽救的方针。如公诉部门在审查史××、李××盗窃案时，查明二人作案时未满18周岁，且系初犯、偶犯，经过耐心细致的法律教育，使二人认识到其犯罪行为的社会危害性，并主动向被害人赔礼道歉，得到了被害人的谅解。通过走访学校、村委会，认为二人具备帮教条件，我院依法作出了不起诉决定，同时建立了回访考察制度，定期或不定期对被不起诉人进行回访考察和有针对性的帮教，挽救了失足青少年，减少了社会不和谐因素。

2. 坚决查办和预防职务犯罪，促进反腐败斗争深入开展

县检察院坚决贯彻中央和上级检察机关反腐败的重大决策部署，坚持把查办和预防职务犯罪工作摆在突出位置。五年来，共受理贪污贿赂犯罪案件线索92件，初查54件，立案侦查19件19人，提起公诉的17件17人均作了有罪判决。通过办案为国家和集体挽回经济损失218.04万元，收到了良好的法律效果和社会效果。在查办教育、医疗卫生系统等重点行业、领域职务犯罪的同时，着力查办发生在群众身边、群众反映强烈的农村基层干部职务犯罪案件。如查办了我县鹿阜镇小乐台旧村委会梁红林采取虚报冒领的手段，贪污国家补助款18余万元一案，通过该案的办理，维护了国家利益，确保了社会稳定，纯洁了干部队伍。

为促进依法行政，立案查办了国家工作人员渎职侵权案

件5件6人，加强与行政执法部门、行业管理部门的联系，建立和完善了信息交流、案件移送制度，形成打击和预防渎职犯罪的合力。

在查办职务犯罪的过程中，坚持“打防并举、标本兼治、重在治本”的方针，充分发挥检察机关的职能，以查案作为预防职务犯罪的切入点，针对发案单位管理制度上存在的漏洞，积极开展个案预防、行业预防。如在查办县人民医院原院长王永生受贿40余万元一案后，向县医院发出了“完善药品、器械采购制度，健全监督制约机制”的检察建议。县医院根据检察建议，进一步加强制度建设，制定整改措施，从管理上堵塞漏洞，取得明显成效；先后组织国税局等多家单位共370余人到罪犯服刑场所开展警示教育；建立了重大工程同步预防工作制度，先后派员参加县内重大工程的招投标30余次，改事后监督为事前监督、同步预防；先后与县工商局、地税局等7家单位建立了预防职务犯罪工作协调小组，共同研究预防职务犯罪对策，把经常性的教育活动与注重预防的实效性有机地结合起来，拓展了预防工作的新思路，五年来，这七家单位均未发现职务犯罪案件。

3. 强化法律监督，维护司法公正

强化法律监督，维护公平正义是检察工作的永恒主题，是维护法律的正确实施，依法保护当事人合法权益的重要途径。

依法开展刑事立案监督和侦查活动监督。坚决纠正以罚代刑、有案不立以及插手经济纠纷、不该立案而立案等执法不严的问题，在敢于监督和善于监督上下功夫，刑事立案监督工作取得了良好效果。侦查监督部门发现立案监督案件线索15件15人，经审查有8件8人不具备立案条件，审查结案。监督公安机关立案的7件7人，县法院均作了有罪判决，有效地维护了司法公正。如侦查监督部门在审查案件中发现西街口宜奈村冯照荣多次随意殴打他人，情节恶劣，群众敢怒不敢言，其行为已涉嫌寻衅滋事罪，应当依法追究刑事责任。侦查监督部门监督公安机关立案后，经我院提起公诉，县法院以寻衅滋事罪判处冯照荣有期徒刑三年，打击了“村霸”，净化了社会风气。在审查中发现不该立案而立案的，监督公安机关撤案1件1人，维护了当事人的合法权益，做到有罪追究、无罪保护。在工作中加大对侦查活动的监督力度，发现侦查活动中的违法情况后，口头纠正50余次，书面纠正9次，发出检察建议3份，规范了侦查活动，促进了文明办案。

依法开展刑事审判监督。五年来，公诉部门对县法院一审判决提出抗诉4件5人，市中级人民法院改判2件3人，在认识上存在争议2件2人。在审判监督工作中，既重视对无罪案件、量刑畸轻案件提出抗诉，也注重对轻罪重判、量刑畸重案件加强监督。如我院提起公诉的潘利兴涉嫌过失致人死亡案，一审以潘利兴构成故意伤害罪判处有期徒刑11年，我院审查后认为定性不准，量刑畸重，提出抗诉后，市中级人民法院以潘利兴构成过失致人死亡罪改判为5年，通过本案的办理，充分体现了打击与保护并重的执法观念，维护了司法公正。

依法开展监所检察和刑罚执行监督。以看守所的安全防范、规范化管理为重点，切实加强监所检察工作。一是对看守所收押和出所人员的各种法律文书进行检查，共检查2259份，确保手续齐全合法。与在押人员谈话200余人次，通过谈话消除在押人员的不稳定因素；二是大力清理、纠正超期羁押现象，坚持对超期羁押和超时限办案进行跟踪监督，严格执行换押、提前告知、定期催办制度，使各个环节超期羁押现象大幅度减少。2003年检察发现超期羁押案件7件17人，自2006年以来未发生超期羁押现象，确保了程序的公正；三是加强检察室规范化建设，全面开展争创“一级规范化检察室”达标工作；四是积极办理发生在监管场所的犯罪案件。如对在押人员张平等人故意伤害一案建议公安机关立案侦查，依法追究了张平等人的刑事责任，打击了牢头狱霸，维护了监管场所的正常秩序。

依法开展民事行政审判监督。五年来，民事行政检察部门共受理民事申诉案件51件，通过审查立案19件，对一审生效判决提请市检察院抗诉7件，对二审生效判决建议提请市检察院抗诉5件，经再审改判6件。如张彦云诉北大村乡落水洞村民小组支付工程款一案，村民小组不服一审民事生效判决，提出申诉。我院审查后发现该判决认定事实错误，提请市检察院抗诉，市中级人民法院再审依法改判，为落水洞村民小组挽回了4万余元的经济损失，维护了集体的合法权益。县检察院在审查民事申诉案件中，以化解社会矛盾为主线，遵循息诉与抗诉并重的工作思路，对法院判决、裁定正确的申诉案件，通过宣传法律法规、政策以及耐心细致的说服、教育，使当事人息诉服判，共办结此类案件39件，有效地维护了司法权威。

4. 积极参与社会治安综合治理，化解社会矛盾

县检察院立足检察职能，积极参与“平安创建”活动，配合有关部门开展治安突出问题集中整治工作，参与处置突发事件4次，引导人民群众依法表达诉求，认真处理涉法涉诉上访。五年来，控告申诉部门共受理群众来信、来访、案件线索259件476人次，均按照规定妥善处理，其中处理集体访6起191人次，涉法上访7件，复查不起诉案件8件8人，把涉法涉诉上访处理在初访、个访阶段，把矛盾纠纷化解在萌芽状态。

5. 积极开展专项行动，增强服务中心工作的自觉性

五年来，县检察院根据中政委及上级检察机关的统一安排部署，积极开展专项整治行动。一是参与打击“两抢”专项行动，依法快捕快诉，共批准逮捕抢劫案件63件127人，提起公诉66件128人，批准逮捕抢夺案件17件23人，提起公诉20件30人；二是结合“整治私挖滥采”专项行动，严厉打击非法采矿、盗伐、滥伐林木等破坏环境资源的案件，共批准逮捕24件29人，提起公诉72件156人；三是开展“治理商业贿赂”专项工作，共立案6件6人，提起公诉6件6人；四是开展“核查纠正暂予监外执行罪犯脱管、漏管”专项行动，核查监外执行罪犯384人，对我县辖区内有17人漏

管的问题及时书面向县政法委报告，提出监管对策；五是开展“涉法涉诉矛盾纠纷排查化解”专项工作，对排查出来的7件属我院管辖的案件，按照“及时排查，各负其责”的原则，对上访群众热情接待，耐心劝说，把问题解决在首办环节，上访人都息诉罢访，2007年无涉法涉诉上访、申诉案件发生。

（二）深入推进检察改革，大力加强自身建设

1. 规范执法行为，办案质量明显提高

县检察院高度重视规范化建设，坚持把执法活动的规范化建设作为提高执法水平和办案质量的重要工作来抓，有效开展“规范执法行为，促进执法公正”专项教育活动，完善自侦部门工作考评机制，强化办案安全防范措施，实行审讯全程同步录音录像，杜绝刑讯逼供；坚持驻所检察官约见制度，建立超时限办案预警机制；严格按照批准逮捕、公诉案件的证据标准，实行“一案三卡”告知制度，对不捕不诉的案件，严格按照“四级审查”程序①办理。五年来，我院对事实不清、证据不足的案件作出不批准逮捕决定24件27人，作出不起诉决定8件10人，改变侦查机关案由15件38人，五年来没有发生错案。

2. 创新检察机制，增强工作活力

实行主诉、主办检察官办案责任制，是检察机关办案机制改革的重大举措。通过参加市检察院的考核，在公诉部门选任了2名主诉检察官，在自侦部门选任了3名主办检察官，增强了办案责任，提高了工作效率；自侦部门推行办案探组制，实行一案一总结，提高了证据收集、分析归纳能力；在侦查监督、公诉、民事行政检察部门率先推行办案自动化，增加了办案的科技含量，提高了办案效率；民事行政检察部门与司法局建立了律师代理当事人申诉制度，拓宽民事案件当事人寻求法律救济的渠道。

3. 加强队伍建设，提高整体素质

县检察院按照“建班子、强队伍、规执法、推公开、重培训、严监督、创和谐、树形象”的工作思路，把班子建设作为队伍建设的关键。以“争一流工作业绩，创省级文明单位”为目标，以教育整顿和业务培训为途径，使队伍整体素质得到明显提高。加强廉政文化建设和检察文化建设，在全体干警中征集自律格言37条，提出了“肃、爱、智、辨、水、容、廉”的“七字”检察文化理念②，2006年荣获“省级文明单位”称号。

坚持业务立检，在强化业务培训，造就高素质专业化检察队伍上苦练内功。先后组织干警参加反渎职侵权及刑事申诉赔偿业务培训；结合工作需要，邀请了省、市检察院专家为全院干警进行了公诉业务、侦查监督业务、办案自动化等专题讲座；积极组织干警参加学历教育和国家司法考试、公诉业务考试、侦查监督部门岗位练兵活动，五年来，我院已有5名干警先后通过了司法考试，大专以上学历达100%，本科以上学历达89.2%，为打造专业化队伍奠定了坚实的基础。

4. 加强基础建设，执法保障不断改善

在县委、人大、政府的重视、关心和支持下，在有关部门的大力帮助下，我院的业务经费保障逐年改善，新办公业务用房的投入使用，车辆、电脑、办公设施的不断更新，为检察工作的开展奠定了良好的硬件基础。检察系统局域网的开通、审讯同步录音录像的推行、办案自动化的启动、电子触摸案件查询系统的运用，为全面履行检察职能发挥了重要作用。

各位代表，五年来，县检察院在工作中锐意创新、开拓进取，探索和积累了新的经验。

一是必须坚持党的领导，以科学发展观统领检察工作。中国共产党是中国特色社会主义事业的领导核心，只有坚持党的领导，才能保证检察工作始终沿着正确的政治方向健康发展；只有坚决贯彻党对落实科学发展观的基本要求，自觉用科学发展观认识和解决检察工作中的重大问题，才能推动检察工作可持续发展。

二是必须深入实践“强化法律监督，维护公平正义”的工作主题。公正执法，是实施依法治国方略的必然要求，是人民群众的强烈愿望，也是检察工作的核心和永恒主题。检察工作必须不断强化监督职能，加大监督力度，提高监督水平，增强监督实效，促进公正司法，努力维护国家法制的统一和尊严，保障在全社会实现公平和正义。

三是必须立足检察职能，提升服务大局的自觉性。构建社会主义和谐社会，服务服务大局是检察工作的出发点和落脚点，必须紧紧围绕党委和政府的重大决策和部署，适时调整工作重点，综合运用打击、保护、监督、预防等检察职能，保障改革，维护稳定，促进发展，为我县的全面建设创造良好的法治环境，在服务大局中推动检察工作全面发展。

四是必须自觉接受监督，确保检察权的正确行使。检察机关作为国家的法律监督机关，要牢固树立监督者更要自觉接受监督的观念，防止检察权被滥用。要自觉接受人大的法律监督和政协的民主监督，认真办理人大、政协及其代表、委员提出的意见、建议，并及时反馈办理情况；要继续推行人民监督员制度③，人民监督员通过对查办职务犯罪过程中的“三类情形”、“五种情况”④进行监督，进一步增强检察机关执法的透明度，充分发挥人民监督的作用，确保公正执法，提高检察机关法律监督的公信力；要坚持党的群众路线，倾听群众呼声，关心群众疾苦，真诚地接受群众的监督。

回顾五年的历程，石林检察工作在服务大局中加强，在锐意改革中发展，在破解难题中前进。县检察院开拓创新，努力深化和实践新时期检察工作主题和总体要求，全体检察干警以务实的作风，积极进取，全面正确履行法律监督职责，提升了检察机关的执法形象。这些成绩的取得是石林县委的正确领导、人大的监督、政府和社会各界大力关心、支持的结果。在此，我代表石林县检察院全体干警向多年来一直关心、支持石林检察工作的人大代表、政协委员及各界人士表示衷心的感谢并致以崇高的敬意！

各位代表，县检察院的工作虽然取得了一定成绩，积累了一些经验，但我们也清醒地看到，检察工作中还存在着一些问题和不足,主要是部分检察干警的素质还有待提高，执法观念和执法水平还不能适应新时期的要求；贯彻宽严相济的刑事司法政策还需进一步探索;反腐败工作成效与人民群众的要求还有一定差距，查办职务犯罪的力度还应该进一步加大；检察工作的科技含量还不高，离科技强检的要求还有差距，检察行政装备保障还需进一步改善。对以上存在的不足和问题，院党组将高度重视，在今后的工作中认真研究，切实加以改进。

二、今后五年的工作目标和任务

未来五年，是全面建设小康社会的关键时期，也是检察事业创新发展的关键时期。石林县检察院的总体目标和任务是：“以邓小平理论和‘三个代表’重要思想为指导，以科学发展观为统领，全面贯彻落实党的十七大精神，按照中央政法工作会议、全国检察长会议精神，牢固树立社会主义法治理念，坚持执法为民，着力维护社会公平正义，着力保护人民生命财产安全，着力维护社会稳定，着力服务石林经济社会发展大局。”为确保上述目标任务的圆满完成，结合石林县社会经济发展的形势和社会治安状况，我们将重点抓好以下几个方面的工作：

（一）要进一步坚定检察工作的正确方向，在提高队伍政治素质上下功夫

要坚定不移地坚持中国特色社会主义道路，努力在执法思想、执法实践、执法作风等各方面真正体现中国特色社会主义的正确方向。要坚持以依法治国、执法为民、公平正义、服务大局、党的领导为主要内容的社会主义法治理念指引检察工作，正确履行宪法和法律赋予的职能，牢牢把握科学发展观的精神实质，把深入实践新时期检察工作主题和总体要求作为在检察工作中贯彻落实科学发展观的重要切入点和着力点，不断深化对主题和总体要求的认识，努力推动检察工作的科学发展。

（二）要进一步强化服务意识，在增强大局观念上下功夫

要紧紧围绕石林经济社会发展大局谋划检察工作，坚持“立检为公，执法为民”的指导方针，以高度的责任感和使命感开展工作，办好案件。正确处理好打击与保护、办案与服务、办案数量与办案质量的关系，讲究执法办案的方式方法，时刻牢记办案不忘经济发展，办案不忘保障人权，主动为经济社会发展服务，自觉保障当事人的合法权益，以全面、优质、到位的检察服务推动石林社会和谐发展。

（三）要进一步强化检察业务，在履行检察职能上下功夫

要进一步提高批捕和公诉工作质量，建立健全宽严相济的经常性工作机制，将轻微刑事犯罪等案件及时纳入大调解机制，兼顾案件办理和矛盾解决，促进社会和谐，彰显人文关怀，努力打造平安稳定的社会环境、规范有序的法治环境和安居乐业的生活环境。继续坚持“系统查，查系统”的反贪工作思路，建立和完善自侦案件侦查工作机制，加强对职务犯罪新情况和新趋势的研究，提高发现、打击和防范的能力。强化执法监督，切实加强对有案不立、有罪不究、以罚代刑和重罪轻判等执法监督工作，维护司法公正。进一步加强民行、控申举报、监所检察等各项工作，推进检察工作全面发展。

（四）要进一步强化执法能力，在提高队伍素质上下功夫

要把队伍建设放在更加突出的位置，建和谐班子，带和谐队伍，努力用队伍建设的新成效保障检察工作的新发展。一是不断提升检察文化的层次和内涵，打造文化育检的新平台，激发干警的使命意识、责任意识、创新意识和危机意识，在全院形成一个争先创优的强烈氛围；二是坚持从严治检和从优待警相结合，积极构建队伍管理与监督的长效机制，尽力解决好干警工作、学习和生活中存在的困难和问题；三是持之以恒地抓好教育培训、岗位练兵和司法考试培训工作，努力培养职业化、复合型检察人才；四是大力推进科技强检，改善物质技术装备。加强信息技术在检察工作中的应用，提高办公、办案信息化水平。强化制度管理，狠抓监督落实，把执行力作为提升工作水平的一项重要工作，加大探索力度，不断拓宽创新领域，力争在业务工作、队伍建设、保障机制等方面实现全面改进和提升。

三、2008年的工作思路

（一）要充分行使检察权，切实维护人民权益

要坚持以人为本，坚持执法为民，坚持司法公正，把维护好人民权益作为检察工作的根本出发点和落脚点，始终把履行法律监督职能的重点和着力点放在促进解决人民群众最关心、最直接、最现实的利益问题上。

1. 要依法严厉打击各种刑事犯罪活动

要结合石林社会治安形势，坚持“严打”方针，严厉打击故意杀人、绑架、爆炸等严重暴力犯罪以及“两抢一盗”等多发性侵犯财产犯罪、毒品犯罪、破坏自然资源的犯罪；协同有关部门对治安突出问题和治安混乱地区进行综合治理，着力解决社会治安中的热点难点问题，严惩危害农村稳定的犯罪，不断增强人民群众安全感。

2. 要深入推进查办职务犯罪工作平稳健康发展

要进一步加大工作力度，提高执法水平和办案质量，使查办职务犯罪工作更好地适应法制发展的要求；着力查办与民生密切相关的行业和领域的职务犯罪；严肃查办发生在党政领导机关内，国家工作人员利用职权进行权钱交易等职务犯罪案件；依法查办工程建设、医药购销、资源开发等重点领域中的商业贿赂犯罪案件；加强对人权的司法保护，依法查办国家机关工作人员利用职权实施的非法拘禁、非法搜查、刑讯逼供等严重侵犯人权的犯罪案件；继续深入开展职务犯罪预防，创新工作方法，加强对策研究，增强预防工作的针对性和实效性，从源头上减少犯罪的发生。

3. 要抓住影响民生的突出问题，加大法律监督力度

要进一步完善对司法权行使的监督机制，加强对诉讼活动的法律监督，依法监督纠正诉讼活动中违反法定程序、侵犯当事人诉讼权利的行为；正确把握抗诉条件，运用抗诉手段加强对有罪判无罪、无罪判有罪、量刑畸轻畸重的监督，

切实解决执法不严、司法不公问题。在刑罚执行和监管活动监督中，继续做好纠防超期羁押和对监外执行罪犯脱管、漏管的监督工作。要着力加强民事抗诉工作，突出监督重点，对侵害社会公共利益和弱势群体利益的案件，对违反法定程序和行政干预或者地方保护，审判人员贪污受贿、徇私舞弊导致错误裁判的案件，坚决依法提出抗诉，切实维护司法公正。要加强涉法涉诉上访工作，切实化解社会矛盾，提高新形势下做好群众工作的本领，带着深厚的感情为群众排忧解难，健全维护群众权益机制，拓宽社情民意表达渠道。

4. 要深入贯彻宽严相济的刑事政策

把贯彻好宽严相济刑事政策作为检察机关服务和谐社会建设的重要途径，下更大力气、采取更有力措施，把这一政策落实到执法办案的各个环节，进一步细化政策措施，加强调查研究，抓紧研究制定有可操作性的具体办法，规范贯彻宽严相济刑事政策的适用标准和具体方式，把这一政策落实到每一个案件的处理上，体现到检察机关执法办案的全过程。要加强与公安、法院等有关部门的沟通协调，进一步完善相互间的衔接机制。

（二）要毫不放松地抓好检察队伍建设

要按照严格、公正、文明执法的要求，全面加强检察队伍建设，突出抓好领导班子建设，大力加强队伍专业化建设，切实抓好作风建设和反腐倡廉建设，积极开展检察文化建设，不断提高检察队伍的思想政治素质和业务工作能力。要继续抓好全员业务培训和司法考试工作，着力解决我院执法主体资格短缺、检察官面临断层等问题；强化检察干警维护社会公平正义的意识，严格规范执法行为，努力造就一支政治坚定、业务精通、作风优良、执法公正的检察干部队伍。

各位代表，在新的一年里，我们将在县委和上级检察院的领导下，认真履行检察职责，自觉接受人大、政协及社会各界的监督，主动争取政府和社会各界的大力支持，与时俱进，振奋精神，以更加优异的成绩，为构建和谐石林、促进石林社会经济跨越式发展做出更大的贡献！

注 释：

“四级审查”程序：指不捕不诉案件，由承办人提出审查意见，经科室集体讨论，分管领导审批最终由检察委员会集体讨论决定。

“七字文化理念”：“肃”是执法理念，指严肃执法，维护公平正义；“爱”是道德理念，指爱国家，爱人民，爱同志，爱家人，爱岗敬业，尊老爱幼；“智”是工作理念，指人的聪明才智应以“明足以烛理”，故不惑中培养；“辩”是思维理念，指明辨是非，惩恶扬善；“水”是管理理念，指持心如水，公平待人，公正做事；“容”是和谐理念，指强修养，练气质，友爱和谐；“廉”是自律理念，指严以律己，知荣明耻，从我做起。

人民监督员制度：为了加强对人民检察院查办职务犯罪案件工作的监督，提高执法水平和办案质量，确保依法公正履行检察职责，维护社会公平正义，根据宪法、人民检察院组织法等有关法律，人民检察院查办职务犯罪案件，实行人民监督员制度，接受社会监督。

“三类情形”、“五种情况”：

“三类情形”：指犯罪嫌疑人不服逮捕决定的；拟撤销案件的；拟不起诉的。

“五种情况”：指应当立案而不立案或者不应当立案而立案的；超期羁押的；违法搜查、扣押、冻结的；应当给予刑事赔偿而不依法予以确认或者不执行赔偿决定的；检察人员在办案中徇私舞弊、贪赃枉法、刑讯逼供、暴力取证等违法违纪情况的。

2007年石林彝族自治县国民经济和社会发展统计公报

石林彝族自治县统计局

2008年4月28日

2007年，全县各族人民在县委、县政府的正确领导下，坚持以邓小平理论和“三个代表”重要思想为指导，以科学发展观统领经济社会发展全局，认真贯彻落实党的十六大、十七大和省第八次党代会、市第九次党代会、县第十次党代会精神，以旅游立县、粮烟稳县、工业富县、生态美县为目标，团结一致，开拓进取，全力推进旅游国际化、城乡一体化、农业产业化、工业新型化，加快社会主义新农村建设。全县国民经济保持又好又快发展，结构优化，效益提高，社会和谐，民生改善，各项社会事业全面发展，人民生活水平继续提高。

一、综合

国民经济平稳快速发展。初步核算，全年实现生产总值（GDP）222322万元，比上年增长11.1%。其中：第一产业实现增加值66362万元，比上年增长6.7%；第二产业实现增加值58047万元，比上年增长14.7%；第三产业实现增加值97913万元，比上年增长11.8%。三次产业结构为29.9∶26.1∶44。全县人均GDP达到9279元。

二、农业

围绕农业增效、农民增收和农村稳定的目标，以调整结构、强壮支柱、发展现代农业和特色农业为重点，解放思想，更新观念，加大投入，强化科技，提高农业综合生产能力，推动农业又好又快发展，加快社会主义新农村建设步伐。认真落实支农惠农政策，兑现各种涉农补贴，做好农村富余劳动力转移工作，为农业增产、农民增收和农村经济发展创造了有利条件。全县实现农林牧渔业总产值118196万元，比上年增长8.24%，其中：农业产值69291万元，增长10.49%；林业产值2012万元，下降9.97%；畜牧业产值42338万元，增长5.04%；渔业产值1256万元，下降0.73%，农林牧渔业服务业产值3299万元，增长13.52%。

粮烟稳产，巩固了农业基础地位。稳定粮食播种面积，扩大优质品种覆盖面，实现粮食丰产丰收，粮食总产量119861吨，比上年增长0.4%。全面提升烤烟生产水平，烤烟收购总值1.94亿元，均价12.42元，创历史新高。

按照扶强大户、建设基地、壮大产业的思路，稳步推进畜牧业生产规范化、标准化和专业化。扶持和培育以羊产业为重点的龙头企业，带动规模化养殖的发展，发展壮大畜牧业。今年以来，畜产品价格一路上扬，有力地推动了畜牧业生产的进一步发展。

蔬菜、水果等绿色产业健康发展，特色农业发展规模不断壮大，农业产业化稳步推进。蔬菜产量80187吨，比上年增长9.84%；水果产量20130.7吨，增长33.24%。

2007年主要农林牧渔业产品产量及其增长速度

产品名称	单位	产量	比上年增长±%
粮食总产量	吨	119861	0.4
# 稻谷	吨	34660.1	0.14
玉米	吨	44650.4	1.11
小麦	吨	12558.2	-1.28
蚕豆	吨	7171.8	-1.68
油料	吨	1346	39.39

续 表

产品名称	单位	产量	比上年增长±%
烤烟	吨	16124.4	-2.0
蔬菜	吨	80187	9.84
水果	吨	20130.7	33.24
肉类总产量	吨	23397.5	1.71
# 猪肉	吨	18156.9	-0.3
牛肉	吨	1216.7	17.54
羊肉	吨	2098.7	10.81
奶类产量	吨	10329.4	2.72
水产品产量	吨	1256	2.03
大牲畜出栏数	头	11102	7.28
猪出栏数	头	214542	1.65
牛出栏数	头	9079	12.95
羊出栏数	只	85296	10.89
家禽出栏数	只	904048	8.96
禽蛋产量	吨	1300.6	5.98
大牲畜年末存栏数	头	73410	1.23
猪年末存栏数	头	166856	-2.23
牛年末存栏数	头	48038	2.6
羊年末存栏数	只	179760	3.2

三、工业和建筑业

受市场需求的拉动，工业品销售价格提高，主要产品产量较快增长。新产品的开发及生产，促进了工业经济的发展。全县实现工业总产值186959万元，比上年增长17.19%。规模以上工业实现产值60964万元，增长22.41%；规模以上工业增加值21883万元，增长20.51%。

2007年石林县主要工业产品产量

产品名称	单位	产量	比上年增长±%
发电量	万千瓦小时	1614	36.20
自来水生产量	万吨	436	6.86
原煤	万吨	71.6	58.40

续　表

产品名称	单位	产量	比上年增长±%
焦炭	万吨	34.6	7.12
生铁	吨	31456	101.25
铁矿石原矿量(实物量)	吨	90000	63．64
水泥	万吨	17.6	-3.3
耐火材料制品	吨	622	-9.72
卤腐	吨	1468	1.66
大理石板材	万平方米	169	-7.14
复烤烟叶	吨	29346	-2.62

投资促进了全县建筑业的发展，建筑企业完成总产值20858万元，比上年增长25.57%。建筑企业实现增加值9900万元，比上年增长18.9%。房屋建筑施工面积296562平方米，比上年增长102.55%。

四、固定资产投资与房地产开发

全社会固定资产投资117696万元，比上年增长28.58%。其中：城镇固定资产投资82914万元，增长13.98%，农村及农村私人投资9042万元，下降18.29%；房地产开发投资25740万元，增长233.20%。

五、国内贸易

随着收入的增长，城乡居民消费领域不断扩展。宏观经济形势的全面向好，带动了消费品市场的繁荣。吃、穿、用三大类商品需求向高层次发展，行、住、娱消费更为广泛，高档耐用消费品升级换代加快。商品交易市场的改造，改善了购物环境，扩大了市场容量。良好的市场秩序，丰富的消费商品，活跃了城乡市场，促进了居民消费。肉食、粮油、蔬菜等消费品价格的上涨，使消费总额进一步增长。社会消费品零售总额91800万元，比上年增长21.10%，其中：非公有制经济实现零售额46276万元，占全县零售总额的50.41%。按行业分，批发业零售额7103万元，增长11.65%；零售业零售额49226万元，增长18.05%；住宿业零售额2876万元，增长13.54%；餐饮业零售额20895万元，增长33.63%；其他行业零售额11700万元，增长22.21%。按地域分，县级实现消费品零售额55707万元，比上年增长20.07%；县以下实现消费品零售额36093万元，增长22.72%。

六、旅游

按照“创建世界一流景区、打造国际旅游胜地“的要求，深入实施“12345”旅游国际化发展战略，二次创业取得重大突破。石林成功创建为全国首批5A级旅游景区，成功申报成为世界自然遗产，荣获“中国民间文化遗产旅游示范区”、“国家级风景名胜区综合整治十佳单位”、“最佳资源保护中国十大风景名胜区”等荣誉称号。旅游基础设施不断完善，城市建设步伐进一步加快，成功创建为国家卫生县城，提升了城市形象。广泛灵活、形式多样的宣传促销，进一步扩大了石林在海内外的知名度，增强了石林在国际国内旅游市场的吸引力和竞争力。宏观经济的全面向好，人民生活水平的提高和生活质量的改善，旅游消费潜力扩大。加之各种节假日、公休日和“五一”、“十一”旅游黄金周的拉动，石林旅游蓬勃发展，带动了餐饮、住宿、交通、购物、娱乐等相关行业的发展，综合效益明显提高，为财政增收和加快县域经济发展作出了突出贡献。大小石林景区接待国内外游客260万人次，比上年增长8.3%；旅游直接收入3亿元，增长15.4%；全县接待游客突破300万人次，旅游综合收入10亿元，增53.8%。

七、财政、金融

坚持以财源建设为中心，培育新的财政增长点，依法加强税收和非税收入的征管，强化财政监管，做好节支工作，壮大财政实力，促进了全县经济社会的平稳较快发展。全县财政总收入27210万元，比上年增长17%。县级地方财政收入17128万元，比上年增长29%，其中：一般预算收入14215万元，增长13%；基金收入2913万元，增长371%。财政支出总计44359万元，比上年增长24%，其中：一般预算支出40219万元，增长20%；基金支出4140万元，增长89%。

金融机构继续实施稳健的货币政策，存贷款持续增加，金融业务扩大，有力地支持了全县经济的发展。年末金融机构人民币各项存款余额280308万元，比年初增长16.21%，其中：企业存款余额96073万元，比年初增长33.15%；储蓄存款余额126123万元，比年初增长1.59%。金融机构人民币各项贷款余额227580万元，比年初增长19.82%，其中：短期贷款184213万元，比年初增长28.67%；中长期贷款43367万元，比年初下降7.27%。全年金融机构现金收入706471万元，比上年同期增长17.99%；现金支出621557万元，比上年同期增长10.21%；现金净回笼84915万元，比上年同期多回笼50159万元。

八、社会事业

优先发展教育，推进农村中小学标准化建设，改善办学条件。加强“九年一贯制”管理，落实“两免一补”政策，巩固“集、靠、收”改革成果，促进义务教育均衡发展。推进非义务教育管理改革，扩大高中教育规模，稳步发展职业教育。职业中学招生526人，在校生1138人，毕业生306人。普通高中招生975人，在校生3014人，毕业生1154人。初中招生3836人，在校生10700人，毕业生3881人。普通小学招生3910人，在校生24016人，毕业生3913人。幼儿园在园幼儿8586人。小学学龄儿童入学率达99.08%，小学毕业生升学率达98.77%，初中毕业生升学率38.68%。

深化文化体制改革，构建与社会主义市场经济相适应的文化体系；新建、改造村级文化室27个，改善农村文化基础设施条件。开展丰富多彩的城乡文化体育活动和全民健身运动，促进文化体育事业繁荣发展。村村通广播电视建设有序进行，电视传输质量不断提高，年末全县电视人口覆盖率100%，广播人口覆盖率93%。

全县共有各类卫生机构13个，卫生床位626张，卫生技术人员585人，其中执业医师和执业助理医师247人。卫生体制改革进一步深化，新型农村合作医疗参合率达97%。

全面落实就业和再就业政策，年末城镇登记失业率1.28%。

“五创”工作全面启动，国家卫生县城创建成功，省级园林县城、省级平安县城、昆明市文明县城通过验收。城市化进程进一步加快，年末全县城市化水平达27%，比上年提高1.12个百分点。

九、人口、人民生活

年末全县常住人口24.03万人。年末户籍人口238865人，其中：农业人口211682人，非农业人口27183人，农业人口占全县总人口的89%。男性人口120371人，女性人口118494人，男女性别比为102：100。彝族80993人，占全县总人口的34%。进一步落实“奖优免补”政策，降低生育率，提高出生人口质量，人口自然增长率5.2‰。

坚持以人为本，统筹安排城乡人民生活，让百姓从经济增长中得到实惠。全县在岗职工年平均工资15215元，比上年增长18.07%，其中：国有经济单位在岗职工年平均工资14961元，增长17.23%；城镇集体经济单位在岗职工年平均工资12844元，增长41.45%；其他经济单位在岗职工年平均工资为16731元，增长4.55%。城镇居民人均可支配收入11159元，比上年增长8.5%。农村居民人均纯收入达到3708元，比上年增长7%。

注 释：

1. 生产总值、三次产业增加值的绝对值按现价计算，增长速度按可比价计算。
2. 人均GDP按常住人口计算。
3. 规模以上工业企业是指年主营业务收入500万元及以上独立核算工业企业。
4. 农村居民人均纯收入的增长速度为扣除价格因素影响后的实际增速。

昆明市石林风景名胜区保护条例

（2008年2月2日昆明市第十二届人民代表大会常务委员会第十六次会议通过
2008年3月28日云南省第十一届人民代表大会常务委员会第二次会议批准）

第一章　总 则

第一条　为有效保护和合理利用石林风景名胜区的自然资源、人文资源，根据国务院《风景名胜区条例》和有关法律、法规，结合实际，制定本条例。

第二条　在石林风景名胜区内进行活动或者与石林风景名胜区保护相关的单位和个人，应当遵守本条例。

第三条　石林风景名胜区的保护，应当符合世界自然遗产地和世界地质公园的要求，遵循科学规划、统一管理、严格保护、永续利用的原则。

第四条　石林彝族自治县人民政府设立石林风景名胜区管理机构，负责石林风景名胜区的保护、利用和统一管理工作，其主要职责是：

（一）依法制定管理制度，负责石林风景名胜区保护的宣传；

（二）组织实施石林风景名胜区规划；

（三）协调有关部门完善石林风景名胜区的基础设施和公共服务设施；

（四）组织进行石林风景名胜区游览区的安全管理；

（五）依法行使行政审批和行政处罚权；

（六）县级以上人民政府赋予的其他职责。

石林彝族自治县建设、国土资源、林业、水务、环保、农业、卫生、食品药品监管、公安、交通、工商、安监、民族宗教等有关部门及石林风景名胜区保护范围内的镇人民政府应当按照各自职责，协同做好石林风景名胜区的保护、管理工作。

第五条　任何单位和个人都有保护石林风景名胜区资源和环境的义务，并有权对损害石林风景名胜区资源和环境的行为进行制止、检举。

昆明市人民政府和石林彝族自治县人民政府对保护石林风景名胜区成绩突出的单位和个人，应当给予表彰奖励。

第二章　规 划

第六条　石林风景名胜区规划分为总体规划和详细规划。

石林风景名胜区的规划应当按照国务院《风景名胜区条例》及相关法律、法规的规定编制审批。

第七条　石林风景名胜区保护范围内的镇规划和村庄规划应当符合石林风景名胜区规划。规划审批时，应当征得石林风景名胜区管理机构的同意。

第八条　经批准的石林风景名胜区规划、石林风景名胜区保护范围内的镇规划和村庄规划应当向社会公布。

第九条　石林风景名胜区规划是石林风景名胜区保护、利用和管理的依据，任何单位和个人不得违反或者擅自改变。

第十条　石林风景名胜区内的建筑物、构筑物和其他设施应当符合石林风景名胜区规划，不符合石林风景名胜区规划的应当依法拆除。

第十一条　为实施石林风景名胜区规划，可以依法征收石林风景名胜区保护范围内集体所有的土地和单位、个人所有的房屋及其他不动产，并按照国家有关规定给予补偿。

第三章　保 护

第十二条　石林风景名胜区保护范围是国务院批准的《石林风景名胜区总体规划》确定的面积为350平方公里的区域，划分为特级、一级、二级、三级保护区。

特级保护区是全面体现石林喀斯特地质、地貌、遗迹和天然名胜的区域，包括望城山、石箱子、雷打石、仙女湖、李子园箐区域；文笔山、蓑衣山区域；乃古石林与棺材山之间的区域。

一级保护区是主要体现石林喀斯特地质、地貌、遗迹和天然名胜的区域，包括大石林、小石林、乃古石林、大叠水、长湖等区域。

二级保护区是除特级、一级保护区以外的石林残丘、石芽原野、溶丘洼地的区域。

三级保护区是除特级、一级、二级保护区以外的环境保护协调区域。

第十三条　各级保护区和禁止相关活动区域的具体界线，由石林风景名胜区管理机构依据《石林风景名胜区总体规划》划定，并设立界桩（碑）。

第十四条　石林风景名胜区内禁止下列行为：

（一）开山、采石、开矿、开荒、修坟立碑等破坏景观、植被和地形地貌的活动；

（二）修建储存爆炸性、易燃性、放射性、毒害性、腐蚀性物品的设施；

（三）建设冶炼、电镀、化工、制革等污染环境的项目；

（四）猎捕野生保护动物；

（五）在非指定地点倾倒建筑、工业等废弃物和生活垃圾；
（六）超标排放大气污染物、水污染物、噪声等有害物质；
（七）在景物或者设施上刻划、涂污；
（八）烧荒、在非指定地点野炊等违规用火；
（九）种植破坏生态的植物；
（十）其他损害石林风景名胜区资源和环境的行为。

第十五条 二级保护区内，除遵守本条例第十四条规定外，还禁止下列行为：
（一）挖砂、取土；
（二）在禁牧区放牧；
（三）在禁止地点燃放烟花爆竹。

第十六条 一级保护区内，除遵守本条例第十五条规定外，还禁止下列行为：
（一）建设宾馆、招待所、培训中心、疗养院等与保护风景名胜资源无关的建筑物、构筑物和其他设施；
（二）设置、张贴广告；
（三）在非指定地点吸烟。

第十七条 特级保护区内，除批准的科学考察外，禁止一切人工建设及其他影响景观和生态环境的活动。

第十八条 禁止销售、购买、运输石林风景名胜区内的石峰、石芽、石笋、石钟乳、石柱等石景。

第十九条 在石林风景名胜区内进行影视剧拍摄、科学考察，应当经石林风景名胜区管理机构批准，并遵守有关规定。

第二十条 在石林风景名胜区内进行下列活动，应当经石林风景名胜区管理机构审核同意后，依照有关法律、法规的规定办理审批手续：
（一）从事本条例禁止范围以外的建设活动；
（二）在二级、三级保护区内设置、张贴广告；
（三）举办大型游乐等活动；
（四）改变水资源、水环境自然状态的活动；
（五）砍伐、移植树木；
（六）其他影响生态和景观的活动。

第二十一条 石林风景名胜区内不得从事经营性的挖砂、取土活动。因石林风景名胜区内道路和设施维护，确需在三级保护区内挖砂、取土的，应当经石林风景名胜区管理机构审查同意，报国土资源等有关行政主管部门批准后，在指定地点挖取，并按规定恢复植被。

石林风景名胜区内的居民因生活需要，在三级保护区内挖砂、取土自用的，应当在石林风景名胜区管理机构指定的地点挖取。

第二十二条 石林风景名胜区内经批准的建设项目，建设单位在施工前应当记录环境原貌。施工过程中应当采取有效措施，保护景物、植被、水体、地貌和环境。施工结束后应当及时清理场地，进行绿化。

经验收合格的建设项目，建设单位应当及时向石林风景名胜区管理机构提交工程竣工档案。

第二十三条 石林风景名胜区内的建筑物、构筑物及其他设施，应当体现历史风貌，突出地方民族特色，并与周围景观和环境相协调。

第二十四条 昆明市人民政府和石林彝族自治县人民政府，应当对石林风景名胜区有计划地投入保护资金。对重点保护项目资金，除国家和省有关部门的投入外，可以采取社会捐助、国际援助等形式筹集。

第四章　管　理

第二十五条 石林彝族自治县人民政府应当确定石林风景名胜区保护管理目标，并负责监督、检查本条例的实施情况，向昆明市人民政府报告。

第二十六条 石林风景名胜区管理机构应当建立健全安全管理、监测、预警制度，制定自然灾害等突发事件的具体应急预案。

第二十七条 石林风景名胜区管理机构应当科学合理地确定各景区、景点的游客容量和游览路线，制定疏导游客的具体方案，设置路标路牌、公共服务、地质科普和安全警示等标志。

第二十八条 石林风景名胜区管理机构应当组织协调各有关部门建立健全封山育林、护林防火和病虫害防治的工作机制。

石林风景名胜区管理机构应当建立健全石景、文物古迹、古树名木的保护和管理档案，并实施动态管理。

第二十九条 石林风景名胜区管理机构应当组织协调各有关部门，加强对风景名胜区内的环境卫生、饮食安全和服务质量的监督、检查。

第三十条 石林风景名胜区管理机构应当协助公安部门加强石林风景名胜区的治安管理，确保游客的人身安全和国家、集体、个人的财产安全。

第三十一条 进入石林风景名胜区游览区的交通工具，应当按照规定的路线、时速行驶，并在指定的地点停放。

第三十二条 在石林风景名胜区游览区进行经营活动，应当在石林风景名胜区管理机构指定的地点经营，不得游动叫卖和强行兜售商品。

第三十三条 进入石林风景名胜区游览区的人员应当按照规定购买门票。

利用石林风景名胜区内的资源进行经营活动的单位和个人，应当向石林风景名胜区管理机构缴纳风景名胜资源有偿使用费。

石林风景名胜区的门票收入、风景名胜资源有偿使用费以及筹集的资金，主要用于石林风景名胜资源的保护、管理以及基础设施的建设。

第三十四条 使用石林风景名胜区标志的，由石林风景名胜区管理机构按照有关规定和要求授权；未经授权，任何单位和个人不得使用。

第五章　法律责任

第三十五条 违反本条例第十四条第（八）项规定的，由石林风景名胜区管理机构责令停止违法行为、限期恢复原状；逾期不改正或者拒不恢复原状的，由石林风景名胜区管理机构对单位处5000元以上2万元以下罚款，对个人处1000元以上5000元以下罚款。

第三十六条 违反本条例第十五条第（二）项规定的，由石林风景名胜区管理机构责令改正，处100元以上500元以下罚款。

第三十七条 违反本条例第十六条第（三)项规定的，由石林风景名胜区管理机构处50元罚款。

第三十八条 违反本条例第十八条规定的，由石林风景名胜区管理机构没收所销售、运输、购买的石景和违法所得；销售者和购买者恶意串通的，分别并处5万元以上15万元以下罚款。明知是本条例禁止销售、购买的石景而运输的，对运输者并处5000元以上2万以下罚款。

第三十九条 违反本条例第十九条规定的，由石林风景名胜区管理机构责令改正，处1万元以上3万元以下罚款。

第四十条 违反本条例第二十一条第二款规定的，由石林风景名胜区管理机构责令停止违法行为，限期恢复原状，并按照每立方米处100元罚款，不足1立方米的，按照1立方米计算；情节严重的，处1000元以上5000元以下罚款。

第四十一条 违反本条例第三十一条规定的，由石林风景名胜区管理机构责令改正，处50元以上200元以下罚款。

第四十二条 违反本条例第三十二条规定的，由石林风景名胜区管理机构责令改正，处50元以上200元以下罚款。

第四十三条 违反本条例第三十三条第一款规定的，由石林风景名胜区管理机构责令改正，处应购门票价款一倍以上两倍以下罚款。

第四十四条 违反本条例第三十四条规定的，由石林风景名胜区管理机构责令停止违法行为，限期改正；逾期不改的，处5000元以上3万元以下罚款，有违法所得的，没收违法所得。

第四十五条 违反本条例规定的其他违法行为，由石林风景名胜区管理机构依照国务院《风景名胜区条例》或者其他有关法律、法规的规定予以处罚；石林风景名胜区管理机构无权处理的，应当及时移送或者通报有权处理的行政主管部门，有权处理的行政主管部门应当依法及时予以处理，并将处理情况通报石林风景名胜区管理机构。

第四十六条 国家机关工作人员违反本条例规定，玩忽职守、滥用职权、徇私舞弊的，依法给予行政处分；构成犯罪的，依法追究刑事责任。

第六章 附则

第四十七条 本条例自2008年7月1日起施行。1990年11月20日昆明市第八届人民代表大会常务委员会第三十三次会议通过，1991年2月7日云南省第七届人民代表大会常务委员会第十六次会议批准的《石林风景名胜区保护条例》同时废止。

索引

本索引按重要词语与所指内容所在页码顺序编制。方法步骤为：(1)按所列词语第一个汉字汉语拼音的第一个字母分类；(2)同类的词语按页码顺序排列；(3)类与类之间的顺序按英文字母排列。

A

B

C

D

E

F

G

H

J

K

L

M

N

P

Q

R

S

T

W

X

Y

Z